파시즘의 서곡, 단눈치오

시인, 호색한, 전쟁광

THE PIKE
GABRIELE D'ANNUNZIO

파시즘의 서곡, 단눈치오

시인, 호색한, 전쟁광

Poet,
Seducer,
and Preacher
of War

루시
휴스핼릿
지음

장문석
옮김

글항아리

일러두기
· 원서에서 이탤릭체로 강조한 것은 고딕으로 표기했다.
· 본문 하단의 부연 설명은 옮긴이 주다.

레티스와 메리에게, 사랑을 담아

단눈치오의 초상화, 연인 로메인 브룩스의 1910년 작품

*GABRIELE
D'ANNUNZIO*

1부

—

이 사람을 보라

1. 창

1919년 9월 시인이자 비행기 조종사이며 민족주의 선동가이자 전쟁 영웅인 가브리엘레 단눈치오가 186명의 이탈리아군 출신 폭동자들의 지도자가 되었다. 그는 새빨간 피아트 자동차를 타고서 폭동자들을 이끌고 어디론가 향했는데, 이 자동차는 당시 한 목격자가 영구차로 착각할 정도로 한 아름의 꽃들로 뒤덮여 있었다(단눈치오는 꽃의 숭배자였다). 단눈치오의 목적지는 크로아티아의 항구도시 피우메였다. 이 도시는 당시 전쟁에서 승리한 연합국 지도자들이 파리에서 전후 논공행상을 하는 가운데 이제는 파산해버린 오스트리아-헝가리 제국으로부터 분리시키려고 논의하던 곳이었다. 당시 연합국 측을 대표하는 한 부대가 단눈치오의 진로를 가로막았다. 연합국 최고사령부의 명령은 분명했다. 필요하다면 사살해서라도 단눈치오의 진격을 저지하라는 것이었다. 그러나 이 연합군 부대는 이탈리아군 소속이었고, 그래서 이탈리아인 부대원 대다수는 단눈치오가 지금 하려는 일에 공감하고 있었다. 잇따라 장교들도 명령을 따르지 않았다. 나중에 단눈치오가 한 기자에게 말하기를, 정규군 장병들이 길을 터주면서 자신을 뒤따르고자 탈영했던 과정은 거의 코미디나 다름없었다.

단눈치오가 피우메에 도착할 무렵 그의 추종자는 2000명 이상으로 불어났다. 그는 도시에서 밤새도록 자신을 기다리던 열광적인 군중의 환대를 받았다. 아침 이른 시각에 도심 광장을 지나가던 한 장교는 여성들이 이브닝드레스를 입고 총을 든 채 광장을 가득 메운 모습을 목격했다. 이는 단눈치오가 연합국에 반발하여 스스로 '두체Duce'•이자 독재관으로서 피우메를 장악한 15개월 동안 그 장소가 어떠했는지를—환상적인 연회장이자 전쟁터—잘 말해주는 정경이었다.

가브리엘레 단눈치오는 격정적이되 일관되지 않은 정치적 견해를 지닌 인간이었다. 단눈치오는 스스로 평하기를, 단테 알리기에리 이래로 가장 위대한 이탈리아 시인으로서 민족을 대표하는 '시성詩聖'이라고 했다. 그는 실지회복주의 운동irredentist movement••의 대변자였고, 그의 열정적 추종자들은 한때 이탈리아였던 모든 곳 혹은 이탈리아 땅이라고 간주된 모든 곳, 이전 세기에 이탈리아인들이 외국의 지배자들로부터 해방되었을 때 미처 회복하지 못한 모든 곳을 탈환하기를 원했다. 피우메로 진군하며 그가 내건 목표도 이탈리아 주민이 다수를 차지하는 그곳을 이탈리아의 일부로 만드는 것이었다. 그가 도착한 지 단 며칠 만에 그런 목표는 비현실적이라는 게 분명해졌다. 단눈치오는 패배

• 라틴어 '둑스Dux'에서 유래한 이탈리아어로 '지도자'라는 뜻. 이 용어를 의식적으로 처음 쓴 사람은 단눈치오—최초의 두체—지만, 훗날 이탈리아 파시즘의 창시자인 베니토 무솔리니의 공식 호칭이 되었다.
•• 일반적으로는 실지失地, 즉 자국의 잃어버린 땅을 수복하자는 운동을 총칭하지만, 실지회복주의 이념과 운동 자체는 이탈리아에서 발생했다. 이탈리아 민족주의자들은 트렌티노와 베네치아 줄리아, 이스트리아, 달마티아 등 오스트리아로부터 회복하지 못한 영토를 비롯해 이탈리아 것이라고 생각된 모든 영토를 '실지 이탈리아Italia irredenta'라고 부르면서 이 영토들의 탈환을 요구했다.

를 인정하기는커녕 자신의 봉토가 될지 모를 이 작은 땅에 원대한 전망을 투사했다. 이 땅은 단지 영토 분쟁의 대상이 아니었다. 여기서 단눈치오는 하나의 현대적 도시국가, 즉 정치적으로 매우 혁신적이고 문화적으로 몹시 세련되어서 전쟁에 지친 칙칙한 세계 전체를 압도해버리는 그런 곳을 창출하고 있다고 선포했다. 그는 자신의 피우메를 "비루한 바다 한가운데서 빛나는 탐조등"이라고 불렀다. 그곳은 바람에 실려 떠다니다 점화되어 세계를 환하게 불태우는 신불이었다. 요컨대 "번제Holocaust의 도시"•였던 것이다.

피우메는 정치적 실험실이 되었다. 사회주의자와 아나키스트, 생디칼리스트, 그해 초부터 파시스트를 자처한 자들이 그곳에 집결했다. 아일랜드의 신페인당Sinn Féin ••과 인도 및 이집트의 민족주의 그룹들도 속속 도착했고, 영국 정보원들이 신중히 그들의 뒤를 밟았다. 지구상에 안주할 고향이 없는 그룹들도 있었다. 즉 자유연애와 화폐 퇴출을 주장하며 오래된 마을의 무화과나무 아래에서 모임을 갖던 '완성을 향한 자유 영혼 동맹'도 있었고, 일종의 정치 클럽 겸 거리 갱단이라고 할 수 있는 '요가YOGA'라는 단체도 있었다. 특히 '요가'에 소속된 한 회원의 말을 빌리면, 이 단체는 "무한한 역사의 바다에서 축복받은 자들의 섬"이었다.

단눈치오의 피우메는 환락경Cockaigne의 땅으로서 사회 상규가 적용되지 않는, 모든 것이 허용되는 공간이었다. 그곳은 또한 코카인의 땅이었다(당시 수법대로 작은 금색 상자에 담겨 방수 외투 주머니에 실려왔다). 탈

• 홀로코스트는 일반적으로 나치 독일이 자행한 유대인 대학살을 가리키지만, 원래는 희생물을 태워버리는 제의, 즉 번제를 말한다.
•• 아일랜드의 독립을 추구하며 1905년에 창당된 공화주의 정당이다. '신페인'은 아일랜드어로 '우리 자신' 혹은 '우리만으로'라는 뜻이다.

영병과 아드레날린에 굶주린 전쟁 베테랑 모두가 그곳에서 경제 불황과 지루한 평화로부터의 안식처를 찾았다. 마약 밀수꾼과 매춘부들이 그들을 따라 도시로 들어왔다. 한 방문객은 화대가 그렇게 싼 곳은 본 적이 없노라고 말했다. 귀족 출신 딜레탕트들과 질풍노도의 10대 청소년들, 시인과 시인 지망생들이 서구 세계 전역에서 이곳으로 밀려왔다. 1919년의 피우메는 1968년 샌프란시스코의 헤이트애슈베리*처럼 불만에 가득 찬 이상주의자들의 국제 우애를 끌어당기는 자석 같았다. 그러나 단눈치오의 추종자들은 히피들과는 달리 사랑뿐만 아니라 전쟁도 하기를 바랐다. 그들은 언제 폭발할지 모르는 화약이었다. 유럽의 모든 외무부에서는 피우메에 정보원을 파견해 단눈치오가 무엇을 하려는지 신경을 곤두세운 채 감시하고 있었다. 호텔이란 호텔은 기자들이 모두 점거했다.

단눈치오는 이미 베스트셀러 작가이자 숭배받는 시인이고 유명 극작가로서 그의 연극 공연엔 왕족까지 참관하며 대성황을 이루었다. 이제 그는 피우메에서 실제 인간들의 삶을 재료 삼아 예술 작업을 하는 중이라고 허풍을 쳤다. 피우메의 공적 생활은 거리-극장이 하나로 연결되는 공연 그 자체가 되었다. 한 관찰자는 그 도시에서의 삶을 끝나지 않은 7월 14일**에 빗대었다. "이 모든 노래, 춤, 불꽃놀이, 모닥불, 연설을 보라. 그리고 멈추지 않는 웅변! 웅변! 웅변!"

단눈치오의 피우메 점령이 종막을 고하던 때, 이상사회에 대한 그의 꿈은 그 자체 인종 갈등과 폭력 의식으로 점철된 악몽으로 변질되었

---

*　샌프란시스코에 있는 히피 거리.
**　1789년에 일어난 프랑스 혁명 초기에 바스티유 감옥이 함락된 날로 그 자체 혁명을 상징하는 날짜다.

다. 단눈치오가 1년 조금 넘게 피우메를 점령하고 있을 때, 그를 축출하려고 진지하게 시도한 열강은 없었지만, 결국 이탈리아 전함 한 척이 피우메 항구에 도착해 단눈치오의 사령부를 포격하자, 그는 닷새간의 전투 끝에 항복했다. 그러나 그의 명령이 통용되는 동안 피우메는—그 자신이 정확히 그렇게 되기를 의도했듯이— 수천 명의 출연자와 전 세계의 관객을 거느린, 특별한 리얼리티 드라마의 무대였다. 그것은 말하자면 다음 반세기의 역사에서 가장 어두운 주제들이 공표된 무대였던 것이다.

단눈치오는 새롭고 더 나은 세계 질서, 즉 '시학의 정치'를 창출하기 위해 작업하고 있다고 믿었다. 그의 군단에 열렬한 마음으로 자발적으로 합류한 보수적 민족주의자들은 물론이요, 그를 "유럽의 유일한 혁명가"로 부르며 캐비아 한 상자를 보낸 블라디미르 일리치 레닌에 이르기까지 각양각색의 정치 성향을 지닌 관찰자들도 그렇게 믿었다. 그의 추종자들은 피우메를 회춘의 장소로, 즉 모든 불순물이 깨끗이 헹궈지고 이제 더 자유로우며 아름다워질 장소로 봤다. 그러나 정작 거기서 창출된 문화는 회고적으로 볼 때 급속히 타락하여 아주 고약한 특성을 띠게 되었다. 예컨대 번개 표시로 장식된 검은 제복은 제복 착용자를 불길한 느낌의 초인처럼 보이게 했다. 군사적 스펙터클이 마치 신성한 제식들인 양 눈앞에 펼쳐졌다. 젊음의 숭배는 비행 청소년을 정당화하는 근거로 타락했다. 소수 종족들은 괴롭힘을 당했다. 결코 끝날 것 같지 않은 행렬과 축제들이 지도자 숭배를 치장하기 위해 고안되었다. 오늘날 이 모든 현상은 시학의 정치가 아니라 난폭한 권력 정치의 전형적인 요소들로 보인다. 훗날 베니토 무솔리니는 『파시즘의 세례 요한』이라는 제목의 단눈치오 전기를 저술할 것을 독려했다. 단눈치오 자신은 이 파시스트 지도자를 자신의 천박한 모방자로 봤는데, 자신이 구세주 무솔리니를 준비시킨 단순한 전조 현상(세례 요한)에 불과하다는 주장에 불쾌해했다. 그러나 단눈치오는 파시스트적이지 않았더라도 파시즘은 단눈치오적이었다. 검은 셔츠와 로마식 경례, 노래와 전투 구호, 남성성과 젊음, 조국과 피의 희생에 대한 찬양은 모두 무솔리니의 로마 진군이 있기 3년 전에 이미 피우메에 있던 것들이다.

파시즘과 이에 연관된 정치적 신조들이 어떤 경제적·정치적·군사적 환경 속에서 번성했는지에 대해서는 그동안 많은 논의가 있었다. 단눈치오의 이야기는 그런 운동들을 다른 각도에서 조사해보고 그런 운동들에 선행하는 문화적 기원과 그런 운동들이 편승한 심리적·감정적 필요가 무엇이었는지 확인해볼 수 있는 돋보기를 우리에게 제공한다. 과연 단눈치오가 신낭만주의 성향의 젊은 시인으로부터 민주주의 정부의 권위에 도전하는 급진적 우파 반란의 선동가로 변모한 과정을 지켜보노라면, 파시즘이 예외적인 역사 운동의 기형적 산물이 아니라 유럽의 지적·사회적 삶에 깊이 뿌리내린 경향들로부터 유기적으로 성장해 나온 어떤 것임을 알게 된다.

그런 경향 중 일부는 명백히 예외적인 것이 아니었다. 단눈치오는 고전과 현대 문학을 두루 섭렵한 인물로서 나름의 폭과 깊이를 지닌 사려 깊은 문화의 아들이었다. 그는 (그 자신 대문자로 표현한) 아름다움과 생명, 사랑, 상상력 등 모든 지고지선한 것을 대변했다. 그럼에도 그는 이탈리아를 불필요한 전쟁으로 몰고 갔는데, 이는 그가 전쟁이 어떤 이점을 준다고 믿었기 때문이 아니라 거대한 지각 변동을 일으킬 폭력 그 자체를 갈구했기 때문이다. 피우메에서 그가 감행한 모험은 치명적이게도 이탈리아 민주주의를 불안정한 상태로 몰아넣었고, 파시즘의 허풍과 폭력으로 가는 길을 닦았다. 그는 타고난 '예민함', 즉 삶의 충만함을 완전히 경험하고 기념하는 자신의 재능에 자부심을 지녔다. "나는 썰물 때 바닥을 드러낸 해안가를 맨발로 걸어다니며 발바닥 밑에서 꿈틀대는 것을 살피고 주우려고 거듭 몸을 숙이는 어부와도 같다."

단눈치오는 살아 있는 모든 것을 사랑하는 사람, 말하자면 환생한 성 프란체스코처럼 보이기까지 했다. 그럼에도 그의 전쟁놀이는 어떤 면에서 보더라도 혐오스러웠다. 그는 이탈리아의 적들에게 오물을 뒤집어씌웠다. 그는 적들을 엽기적인 범죄자로 단죄했다. 그는 적들의 피를 요구했다.

이탈리아의 미래주의자 필리포 토마소 마리네티에 따르면, "쾌락을 주는 그의 재능은 가히 악마적이다". 단눈치오에 결사반대한 사람들조차 그에게 저항할 수 없는 매력이 있음을 인정했다. 이와 마찬가지로 유럽 차원의 파시스트 운동들은 과거든 현재든 비난받아 마땅하지만, 역사는 그 운동들이 뿜어낸 잠재적 매력을 증언한다. 그런 운동들의 부활을 막기 위해서라도 우리는 그 운동들의 악폐를 인지하고 그 유혹의 힘까지 이해할 필요가 있다. 단눈치오는 무솔리니가 애써 포장하려고 한 만큼 파시즘의 지지자는 결코 아니었다. 단눈치오는 미래의 두체를 겁쟁이 허풍선이로 조롱했다. 그는 독일의 아돌프 히틀러도 경멸했다. 그러나 단눈치오의 피우메 점령이 이탈리아의 민주주의 정부에 결정적으로 상처를 입혔고, 3년 후 무솔리니의 권력 장악을 간접적으로 가능케 했다는 것은 확실히 사실이다. 물론 무솔리니와 히틀러 모두 단눈치오에게서 아주 많이 배웠다는 것도 사실이다. 또한 단눈치오의 생애와 사상이 그가 번제Holocaust의 도시를 병합한 후 20여 년 만에 원래의 구상보다 훨씬 더 끔찍한 유대인 대학살holocaust로 귀결될 문화사의 일부가 되었다는 것도 사실이다.

시인 단눈치오가 피우메로 향했을 때 그의 나이는 56세였는데, 당시 그는 전시활동과 문학적 재능으로 찬사를 받고 있던 만큼이나 빚과 결투, 연애 추문으로 악명을 떨치기도 했다. 그는 비행기 사고로 한쪽 눈을 잃었고, 피우메를 향한 일생일대의 모험에 착수했을 때도 지독한 고열에 시달리며 거의 제대로 서 있을 수조차 없을 만큼 기력이 떨어진 상태였다(약 5000만 명이 스페인 독감으로 사망했던 시기임을 고려하면, 그의 상태는 결코 가벼이 여길 수 없었다).

어깨도 좁고 처져 있으며 키도 작달막하고 머리까지 벗겨진 단눈치오는, 충직한 비서의 말에 따르면 "끔찍한 치아"를 가진 것으로도 유명했다. 그런 만큼 그는 외모로만 보면 정말이지 볼품없었다. 그럼에도 단눈치오와 사랑을 나눈 연인들의 긴 목록에는 2명의 당대 유럽 최고의 여배우 중 한 명인 엘레오노라 두세가 올라 있고(당시에는 사라 베르나르만이 그녀의 경쟁자였다), 그는 여성을 유혹하듯이 군중을 쉽게 조종할 수도 있었다.

오늘날 시인들은 오직 소수에게만 관심을 받는다. 그러나 단눈치오는 작가가 대중을 매혹하며 정치적 영향력을 발휘할 수 있는 시대를 살았던 시인이자 소설가, 희곡 작가였다. 예컨대 그의 희곡『사랑 그 이상Più Che l'Amore』이 발표된 날 밤에 그가 체포되었다는 소식이 날아들자, 역시 단눈치오 원작의 연극인「배La Nave」의 초연이 끝난 후 관객들은 극장 밖으로 몰려나가 연극에 나오는 구절을 인용해 무기를 들자고 외치면서 로마 시내를 행진했다. 또한 그가 낭송회를 열면 외국 열강의 정보원들은 그의 영향력을 두려워하며 촉각을 곤두세웠다. 그가 논쟁적인 시를 쓰면 이탈리아의 주요 일간지들은 1면을 미리 비워두고 시 전체를 게재했다.

이탈리아는 신생국이었다. 남부 이탈리아(부르봉 왕조가 통치했던 양시칠리아 왕국)는 단눈치오가 태어나기 2년 반 전에 북부 이탈리아의 피에몬테 왕국*에 병합되었다. 그리고 1870년 프랑스군이 로마에서 철수한 틈에 로마가 회복되어 신생 이탈리아가 완성되었을 때 그의 나이는 일곱 살이었다. 일찍이 이탈리아를 만든 이들은 리소르지멘토Risorgimento **의 영웅이었다. 이제 누군가 나서서 "이탈리아인들을 만들" 때였다(이 표현은 당대의 정치 수사학에서 자주 인용된 문구였다).*** 단눈치오가 이런 사명을 자신의 일로 받아들인 것은 20대의 대부분을 고풍적인 운문 형식의 에로틱한 서정시와 프랑스식 픽션을 쓰는 데 보내고 난 다음이었다. 일찍이 독일의 괴테와 러시아의 푸시킨은 탁월한 문학적 저자일 뿐만 아니라 새로운 민족 문화의 창조자로 널리 찬사를 받았다. 단눈치오도 그렇게 되고 싶었을 것이다. 그는 이렇게 주장했다. "내 인종의 목소리가 나를 통해 말한다."

그는 동료들 사이에서 칭송을 받았다. 이미 20대부터 주도적인 탐미주의 그룹을 이끌었다. 나이를 먹으면서는 자기 세대뿐 아니라 젊은 세

• 사보이아 왕조의 사르데냐 왕국이라고도 하며, 이탈리아 본토의 서북부 피에몬테 지역과 사르데냐섬을 영토로 보유했다. 피에몬테 혹은 사르데냐 왕국은 독일 통일을 주도한 프로이센처럼 이탈리아 통일을 주도한 국가였다.
•• 문자 그대로 '부흥'이라는 뜻으로 19세기 이탈리아의 독립과 통일, 자유를 추구하는 민족운동과 이 민족운동이 전개된 시기를 가리킨다. 리소르지멘토의 결과로 1861년 통일 이탈리아 왕국이 등장했다.
••• 온건파 정치가인 마시모 다첼리오Massimo d'Azeglio는 1861년 이탈리아 통일을 지켜보면서 이렇게 말했다. "이탈리아를 만들었다. 이제 이탈리아인들을 만들 차례다." 이 말은 국가 형성에도 불구하고 민족(국민) 형성이 이뤄지지 못한 이탈리아 통일의 아이러니를 암시한다. 훗날 국가와 민족(국민)의 괴리를 상징하는 관용구로 널리 인용된다.

대 사이에서도 널리 칭송받는 작품을 썼다. 제임스 조이스는 단눈치오를 두고 소설을 새로운 경지로 이끌었다는 점에서 플로베르 이후의 (그리고 조이스 자신 이전의) 유일한 유럽 작가라고 추켜세우면서 그가 키플링, 톨스토이와 함께 19세기에 출현한 "가장 놀라운 재능을 타고난 세 명의 작가"에 포함된다고 평가했다. 프루스트도 자신이 단눈치오의 한 소설에 대한 "광적인 애독자ravi"라고 선언했다. 그런가 하면 헨리 제임스는 단눈치오의 예술적 지성이 보여주는 "특별한 깊이와 섬세함"을 찬양했다.

그러나 단눈치오는 무엇보다 작가였음에도 불구하고 결코 고독한 문필가는 아니었다. 그는 자신의 말이 반란의 불꽃을 점화시켜 민족을 활활 불태우기를 원했다. 전시에 가장 유명한 그의 활동은 비행기를 몰고 트리에스테*와 빈으로 날아가 폭탄 대신 (물론 폭탄도 떨어뜨렸지만) 전단지를 뿌린 일이었다. 요컨대 단눈치오에게 저술은 곧 군사 예술이었다.

단눈치오는 눈부신 자기 홍보의 달인이었다. 그는 자신을 가리발디에 비유했는데, 리소르지멘토의 낭만적 영웅으로서 가리발디의 이미지—판초와 붉은 셔츠, 세속 성인의 자기희생에 비견될 만한 게릴라 전사의 돌진—는 그의 군사적 무용만큼이나 이탈리아 통일의 대의에 중요했다. 단눈치오는 과거 인물들의 광채를 종종 빌려 썼다. 또한 자신을 미래의 역동성과 동일시했다. 그는 어뢰정과 비행기, 자동차 옆에서

* 이탈리아 동쪽 끝에 위치한 도시. 이탈리아인들은 트리에스테를 자기네 영토로 간주했지만, 당시는 유고슬라비아에 속해 있었다. 이탈리아 민족주의를 볼 지핀 '실지 이탈리아'의 일부였다.

사진 촬영을 했고, 반들거리는 대머리부터 최고급 가죽 부츠의 코끝에 이르기까지 맵시 있고 말쑥하며 현대적 이미지의 광채를 뿜어냈다. 훗날 은퇴한 뒤 그는 정치가로서 자신의 가장 큰 힘이 정확히 무엇이었는지를 다음과 같이 꿰뚫어보았다. "나는 내 행동에 지속적으로 상징적인 힘을 부여하는 법을 알고 있었다." 그의 첫 번째 소설 속 주인공도 다음과 같은 교훈을 얻었다. "사람은 예술작품을 만들 듯이 자신의 삶도 예술작품으로 만들어야 한다." 단눈치오는 그 자신이 실존 자체이기도 한 경이로운 예술품을 만들기 위해 쉼 없이 작업했다.

그는 최신 대중매체를 영악하게 이용했다. 그는 젊은 문사文士치고는 비평과 가십, 촌평, 자서전적 성격의 에세이 등을 쏟아낸 다산多産의 작가였다. 그와 진심어린 교분을 나눈 한 지인은 그가 스스로의 가치를 떨어뜨리고 있다고 생각했으나, 언론에 뿌린 이념의 씨앗이 책에 심은 것보다 더 빠르고 확실하게 공중의 의식에 발아하여 과실을 맺을 거라고 썼다. 그는 포식자가 먹잇감에 이끌리듯이 공중에 이끌리는 자신의 허구적인 또 다른 자아를 묘사하기도 했다.

단눈치오는 청중에게 접근하면서 새로운 유형의 공인이 되었다. 최초의 텔레비전 방송은 그의 인생 말년에나 겨우 가능해졌지만, 당시 그의 영향력은 현대 대중매체의 전문가에 비견될 만한 힘을 발휘했다. 그는 사회 계급과 정치 위계를 존중하거나 지배 계급의 인정을 추구하는 대신에 사람들과 맞대면하며 인기를 권력으로 전환시켰다. 이탈리아 역사가 에밀리오 젠틸레가 말했듯이, 파시즘이 피우메로부터 취한 것은 정치적 신조가 아니라 "정치를 하는 방식"이었다. 피우메 이후로 이 방식은 거의 전 세계에 통용되는 보편적인 것이 되었다.

1919년 12월 단눈치오는 피우메에서 주민 투표를 요구했다. 피우메

주민들은 단눈치오가 직접 도시를 통치하길 원하는지, 아니면 그를 도시에서 추방할지를 결정해야 했다. 그는 어슴푸레한 레스토랑에 앉아서 자신의 지지자들과 함께 체리브랜디를 홀짝거리며 투표 결과를 초조하게 기다렸다. 그는 지지자들에게 주장하기를, 실물 크기로 만든 자신의 밀랍 인형이 파리 박물관에 전시되어 있다고 했다. 그는 일단 현재의 모험이 끝나면 그 인형을 달라고 요청해 베네치아에 있는 자기 집 창문가에 앉혀놓고 곤돌라 뱃사공들이 관광객들에게 보여줄 수 있도록 할 예정이라고 말했다. 그는 자신과 같은 부류의 사람은 운명적으로 두 가지 실존, 즉 사인私人으로서의 실존과 공적 이미지로서의 실존을 갖는다는 점을 잘 알고 있었다. 그는 자신의 인기가 굿판의 흥을 북돋워주고 자신에게 돈을 벌어다주며 군대의 사기를 끌어올리고 어쩌면 정부까지 전복시키는 데 이용될 수 있다는 것을 잘 알고 있었다.

단눈치오의 이야기가 아무리 현란하고 파란만장하다고 해도 그의 이야기를 개인의 놀라운 재능과 인생 드라마의 범위로 국한해서는 안 될 몇 가지 이유가 있다. 그의 이야기는 그 순수한 기원을 고전고대에 두고 있는 문화사의 흐름을 보여주며, 르네상스의 경이와 19세기 초 낭만주의의 이상론을 거치되, 궁극적으로는 승마 부츠와 '곤봉'•으로 이어지는 흐름을 관통한다.

단눈치오는 여러 언어로 게걸스럽게 읽어내는 독서가였다. 그는 한때는 무시되었으나 다시 때를 만난 이념들을 부활시키는 데 일가견이 있었고, 어떤 흐름이 막 출현하고 있을 때 이미 그것이 대세가 될 것을 꿰뚫어보는 능력이 있었다. 19세기 후반이나 20세기 초반의 문화적 유행

• 여기서 승마 부츠와 곤봉은 20세기 이탈리아 파시즘을 상징하는 소품이다.

가운데 그가 탐구하지 않은 주제는 거의 없을 정도였다. 새롭고 영향력 있는 것을 식별해내는 후각이 워낙 예민했기에 (한때 친구였으나 적이 된) 로맹 롤랑은 그를 창槍에, 나아가 "이념들을 기다리며 조용하게 떠돌며" 웅크리고 있는 포식자에 비유했다. 단눈치오는 표절 혐의로 비난받는 일이 되풀이되었고, 일부 비난은 정당한 것이었다. 그는 강한 인상을 받은 신예 작가들의 다양한 기법을 채택하고 그런 기법에 적응하는 가운데 눈부신 '혼성 모방자pasticheur'가 되었다. 그는 조반니 베르가* 처럼, 플로베르처럼, 도스토옙스키처럼 썼다. 그러나 좀더 지적인 비평가들은 그가 타인의 것을 그저 모방했다기보다는 전유했음을 알아차렸다. 그는 자신의 지성에 양분을 공급해주는 어떤 것이 주위에 어른거리기만 하면, 어김없이 그것을 창槍으로 꿰어 낚아채고 게걸스럽게 소화한 뒤 다시 더 나은 표현으로 세상에 내보냈다.

그는 타인들의 것을 빌려 썼으나, 동시에 타인들에게 자기 것을 빌려주기도 했다. 이미 프로이트 이전에 그는 매끈한 기계류에서 느낀 흥분의 정체가 무엇인지 완전히 이해하고 있었다. 그는 어디엔가 쓰기를, 금속으로 만들어진 전함의 뱃머리야말로 "악마적인 남근 숭배의 연장"이라는 식이었다. 1890년대에 니체를 읽으면서는 자신의 저작에 이미 내재해 있던 이념들을 인식하게 되었다. 그는 에즈라 파운드가 음유 시인들을 모방하기 시작한 시점에서 사반세기 전에 르네상스 이전의 시인들을 본보기로 삼고 있었다. 그는 니진스키와 스트라빈스키가 「봄의 제전」으로 반란의 불길을 점화하기 30년 전에 남근 숭배적인 목신牧神들

• 이탈리아의 소설가이자 극작가로서 진실주의verismo를 대표하며 훗날 네오리얼리즘에도 큰 영향을 미쳤다.

인 파우누스들*과 기독교 이전 시대의 제전들에 대해 쓰고 있었다. 그런가 하면 필리포 토마소 마리네티가 '미래주의자 선언'에서 가차 없이 도래할 새로운 기계 시대의 미학을 선언하기 20년 전인 1888년에 단눈치오는 어뢰에 대한 송시를 썼다. 그는 자동차와 전화, 비행기와 기관총을 사랑했다. 과연 마리네티의 선언은 시민사회가 크게 오염되어 있어서 오직 전쟁으로만 정화될 수 있다는 관념을 비롯해 알게 모르게 단눈치오와 상통하는 다양한 감성으로 가득 차 있었다.

그의 정치는 그의 문화적 취향만큼이나 절충적이었다. 그는 정당 정치인이 아니었다. 그는 자신이 독특한 존재로서 중요한 일을 하게 될 거라는 확고한 예감을 지니고 있었기에 타인이 제시한 강령에 맹목적으로 굴종할 인간은 아니었다. 게다가 단눈치오가 정치에 투신한 시기는, 그가 피우메로 진군하고 난 뒤 몇 개월 만에 극단파들이 중도에 반대하며 결집함으로써 서로 적대적인 진영으로 갈라선 그룹들이 공동의 대의를 형성하던 때였다. 민족주의(이제는 우파와 동일시된)와 생디칼리슴(좌파)은 단눈치오의 동시대인들 중 한 명의 말에 따르면 "에너지와 의지의 독트린"과 같았다. 둘 다 협상보다 폭력을 선호했다. 둘 다 정치 과정을 이성이 아닌 신화의 견지에서 이해했다. 그들은 "주식중개인과 조제사들"로 대표되는 "타산적이고 물질적인" 민주주의 사회에서 "오직 두 가지 귀족적 경향"을 대표하는 영웅적 요소였다. 단눈치오에게, 그리고 그를 따른 파시스트들에게 중요한 것은 이론적 강령이 아니라 스타일과 생기, 활력이었다.

---

* 로마 신화에서 파우누스는 반인반수의 목신牧神으로서 그리스 신화에서 판이나 사티로스에 해당된다고 볼 수 있다. 머리에 뿔이 달리고 털로 뒤덮인 염소나 양의 다리를 가지고 있으며 변덕스럽고 색을 밝힌다. 이 책에서는 종종 단눈치오를 비유하는 말로 쓰인다.

　　　　　　　　　　　　　　　1부　이 사람을 보라

피우메에서 단눈치오는 자신의 작은 도시국가를 위한 헌법을 기초했다. 그가 '카르나로 헌장Charter of Carnaro'•이라 부른 헌법은 여러 면에서 주목할 만한 자유주의적 헌정 문서였다. 그것은 성인 보통선거권과 절대적인 양성 간 법적 평등을 약속했다. 사회주의자들은 헌법에 환호했다. 그러나 1920년에는 "파시스트 국가의 청사진"이라는 비난을 한 몸에 받았다.

두 명의 단눈치오가 있다. 한 명은 자연과 신화를 서정적으로 노래한 '안전한' 단눈치오이고, 다른 한 명은 자신을 따르는 이탈리아인들에게 세상을 피로 흠뻑 적시라고 요구하면서 위험한 애국주의와 영광의 이상을 내세운 강탈 행위의 서막을 열어젖힌 전쟁광이라는 '위험한' 단눈치오다. '안전한' 단눈치오를 찬미하는 사람들은 종종 '위험한' 단눈치오의 존재를 무시하거나 심지어 부정하려 했다. 무솔리니의 몰락 이후 단눈치오가 그처럼 아름다운 시를 썼기 때문에 실제로는 파시즘에 대해 일말의 동정심도 없었다거나 거꾸로 그의 정치가 몹시 형편없었기 때문에 그의 시도는 실제로는 그저 그런 것이었다는 식으로 평가하는 것이 관례가 되었다. 나는 이 두 가지 견해에 반대한다. 두 명의 단눈치오는 한 명의 동일인이다.

단눈치오는 투쟁이 얼마나 무서운 것인지를 정확히 알고 있었다. 그는 젊은 시절에 호기심에서 병원을 방문한 적이 있다. 그는 애인들이 앓아누웠을 때 세심하게 간병해주었고, 고통의 순간과 죽음의 문턱에서 애인들에게 최고의 사랑을 속삭여주었다. 전시에는 전선에서 몇 주

• 단눈치오가 제청한 피우메의 헌법으로 피우메 인근의 카르나로만의 명칭에서 이름을 땄다.

를 보내며 학살을 목도하고 미처 매장되지 못한 시체들의 냄새를 맡았다. 그는 부상병과 죽은 친구들의 몸뚱이가 부패해가는 과정을 세심하게 기록했다. 그는 전시 연설에서 반복적으로 '희생'이라는 단어를 사용했는데, 그때마다 (기독교 시대와 이교 시대 모두의) 종교적 우화들을 인용하면서 공동체를 위해 젊은이들이 죽임을 당한 사실을 일깨우곤 했다. 그는 자신이 좋아한 두 명의 전투기 조종사가 실종되었을 때 일기장에 그들이 죽었기를 열렬히 바라노라고 썼다.

단눈치오는 가장 현명한 사람들 축에 속하면서도 타인과 가장 공감하지 못하는 사람들 편에 속하기도 했다. 그는 어린아이처럼 무례하고 이기적이었다. "그는 어린아이였다." 이는 프랑스 소설가 르네 부알레브의 평인데, 계속해서 이렇게 썼다. "그는 천 가지 거짓말과 속임수로 자신의 본심을 드러낸다." 단눈치오는 어린아이와 다름없이 타인들을 오직 자신과의 관계 속에서만 바라보았다. 여성과 사랑에 빠졌을 때는 여성에 대한 숭배자가 되었으나, 일단 여성에게 권태를 느끼면 그녀에 대한 생각을 일시에 거두어버렸다. 그는 훌륭한 고용인이었다(비록 봉급을 제때 지급하지는 못했지만 말이다). 그는 작은 어린아이들의 해맑음에 감동을 받았다. 자신이 기르는 개들에게도 상냥했다. 그러나 그가 언젠가 썼듯이, 음식을 시중드는 여성은 집 안의 가구보다도 못한 존재로서 걸어다니는 찬장에 불과했다.

단눈치오의 가장 유명한 시 하나는 여름 끝자락에 해안가를 배회하는 아브루초*의 양치기들에 대한 것인데, 이들은 주위에 파도처럼 일렁이는 양 떼에 둘러싸인 채 성서에 나오는 가부장들처럼 겉옷을 휘감고

---

* 이탈리아 중동부에 위치한 주로서 주도인 라퀼라를 비롯해 키에티와 페스카라 등의 주요 도시들이 있다. 페스카라는 단눈치오의 고향이다.

수염을 기르고 있었다. 이 시는 부드러우면서도 웅장한 느낌을 주는 사랑스런 서정시였다. 그러나 단눈치오를 아는 사람들에게 그것은 순수한 목가시로만 읽힐 수 없다. 그는 종종 동트기 전에 졸고 있는 19세기 도시의 거리들을 가로지르는 양 떼와, 양털이 달빛에 섬뜩하게 은박지처럼 빛나고 있는 장면에 대해 썼는데, 이는 일상적이되 다른 작가들은 절대로 포착하지 못하는 그런 장면이었다. 그에게 동물은 농촌의 목가를 조금도 떠올리게 하지 못했다. 동물은 도축되기를 기다리는 한 무리의 피조물에 불과했다. 군대도 마찬가지였다. 그는 어떤 생각에도 겁먹지 않았다. 동시대인인 영국의 윌프레드 오언이 그와 똑같은 방식으로 비유하기 3년 전인 1914년에 이미 단눈치오는 군인들을 태우고 이동하는 열차를 보고서 이를 군인들의 식량이 되기 위해 전선으로 끌려오며 북프랑스의 도로들을 휘젓고 있던 소 떼에 비유했다. 오언처럼 단눈치오도 전쟁에서 남자들은 가축처럼 죽는다는 사실을 잘 알고 있었던 것이다. 그러나 오언과는 달리 단눈치오는 죽음이 "달콤하고 우아한 dulce et decorum"• 것일 뿐 아니라 숭고한 것이라고 생각했다.

1915년 5월 로마의 어느 날 저녁에 단눈치오는 호텔 방에서 지인 둘과 가벼운 환담을 주고받고 있었다. 한 사람은 조각가인 빈첸초 제미토였고, 다른 한 사람은 카사티 후작이었다(단눈치오는 후작의 부인, 즉 카사티 후작 부인—"나를 놀라게 할 수 있는 유일한 여성"—과 오랫동안 '사랑 같은 우정amitié amoureuse'을 나누었다). 그런데 이 유쾌한 간주곡이 끝난 뒤 단눈치오는 발코니로 나가 가장 열정적인 연설을 토해내며 창문 아

• 고대 로마 시인 호라티우스의 시에 나오는 유명한 구절이다. "조국을 위한 죽음은 달콤하고 우아하다Dulce et decorum est pro patria mori."

래 운집한 군중을 충동질하여 성난 폭도로 뒤바꿔버렸다. "만일 시민들을 폭력으로 충동질하는 것이 범죄가 된다면, 그렇다면 나는 그런 범죄를 저지른 데 자부심을 느낀다." 오직 세 개의 계단과 하나의 창유리만이 도회풍의 세련된 사교계 명사이자 문필가로서의 단눈치오와, 자신의 동포들에게 정당하게 선출된 대표들을 살해하고 유럽 땅을 피로 적시라고 요구하는 열에 들뜬 선동가로서의 단눈치오를 구별해주고 있었던 셈이다. 이 두 가지 개성은 모두 진실한 것이었다. 그에 대해 쓰면서 나는 이 두 명의 단눈치오를 모두 설명할 수 있는 방법을 발견해내려고 애썼다.

단눈치오의 일생은 거의 모두 기록으로 남아 있다는 점에서 틀림없이 흔치 않은 경우다. 주머니에는 언제나 수첩이 있었다. 나중에 수첩들은 그에게 중요한 자료가 되었다. 수첩에 적힌 내용은 시와 편지와 소설로 재탄생했다. 그가 비행할 때면(아니, 그가 비행을 배운 적이 없었다는 점에서 표현을 바꾸면, 차라리 비행기로 운반될라치면), 비행기가 대공포화를 요리조리 피하는 가운데 자신이 받은 인상들을 메모해둘 수 있도록 특별 주문으로 구입한 만년필을 소지했다. 그는 자신이 만난 여성들의 의상과 섹스어필도 즉시 메모하기 위해 여성들이 사라지기 전에 이미 수첩을 펼쳐들었을 것이다. 그는 집에서 혼자 식사하며 점심을 차려주는 하녀에 대해서도 수첩에 묘사해두었다. 미식가인 만큼 아스파라거스에 대해서도 메모를 남겼을 정도다.

그의 저작들은 여전히 생생하게 타오르는 섹스에 대한 묘사로 가득차 있다. 밤을 함께 보낸 뒤 이튿날 띄운 편지에서도 단눈치오라면 연인에게 간밤에 그들이 나눈 쾌락을 반추하며 묘사했을 텐데, 이는 단눈치오 자신에게는 비망록이자 희곡의 허구적 장면을 위한 초안으로서 아주 은밀한 종류의 포르노그래피였다고 할 수 있다. 우리는 단눈치오가 침대나 벽난로의 잿불 앞에 깐 융단에서(그는 추위를 엄청나게 탔다), 그렇지 않으면 여름밤 숲에서 격리된 정원에서 무엇을 했는지 자세히 알고 있다. 우리는 그가 허벅지 사이에 성기를 숨기고 여자로 변장하는 놀이를 때때로 즐겼다는 사실까지도 알고 있다. 우리는 그가 펠라티오를 많이 즐겼음도 알고 있다. 그래서인지 최소한 키가 170센티미터 이상 되는 여성을 선호하거나 그렇지 않은 경우에는 하이힐을 신는 것을 선호했는데, 이는 충분히 추측할 수 있듯이 무릎을 꿇고 애무하기 쉬웠기 때문이리라. 우리는 그의 묘사가 연인들의 외모뿐만 아니라 신체의 은밀한 곳들과 입천장, 귓바퀴, 목덜미의 짧은 털들, 겨드랑이와 성기 냄새까지 아우르고 있음을 알고 있다.

단눈치오의 거대한 문학적 산물인 수첩들과, 그보다 훨씬 더 방대한 양의 편지들을 통해 나는 한 남자의 내면을 들여다볼 수 있었다. 그의 사상과 취향, 감정, 육체적 감흥 등을 말이다. 그가 죽은 병사들의 군화 더미를 보고서 비애감을 느끼며 얼마나 큰 감동을 받았는가. 또한 그 레이하운드의 털로 만든 코트의 따뜻한 감촉을 얼마나 좋아했는가. 그리고 그가 약 반세기 동안 공인으로 활동했기 때문에 나는 그 자신의 이야기뿐만 아니라 그의 외면적 행위에 대해 다른 이들이 들려준 숱한 이야기도 참조할 수 있었다. 이 책에는 많은 관점이 담겨 있다. 그리고 단눈치오의 삶이 다른 사람들의 삶과 마찬가지로 복잡했기 때문에 그런 관점들은 때때로 서로 모순되기도 한다. 한 지인은 11월의 어느 음울한 날에 그가 피렌체 아르노강 다리의 돌난간에 기대어 있는 모습을 보고 그가 입고 있는 레인코트가 우아하다고 생각했고(그는 항상 말쑥하게 차려입고 다녔다), 순발력 있게도 그가 시작詩作에 몰입하고 있다고 추측해 아는 척하지 않는 게 낫겠다고 판단했다. 그러나 단눈치오 자신이 설명했듯이, 당시에 그는 애인이 언제 올 것인지의 여부 외에는 아무것도 생각할 수 없었음을 우리는 알고 있고, 나아가 그가 밀회를 위해 미리 쿠션 뒤에 향수를 뿌린 손수건들을 집어넣고 침대를 꽃들로 뒤덮는 등 치밀하게 장식한 방에 그녀를 들여놓고 무슨 일을 했는지 알고 있다.

나는 아무것도 꾸미지 않았지만, 전기보다는 픽션 저술에서 더 많이 사용되는 기법들을 자유로이 차용했다. 나는 꼭 연대기적인 순서에 따라 관찰하지는 않았다. 시초가 꼭 최선의 출발점은 아니다. 시간의 보폭은 다양하다. 나는 한꺼번에 수십 년을 빠르게 훑어보다가도 경우에 따라 속도를 줄여 어떤 주, 어떤 밤, 어떤 대화를 아주 세밀히 들여다보기도 할 것이다. 음악 용어를 빌리면(비록 내가 온전히 할애하지 못한 단눈치오의 중요한 주제가 있다면, 그것은 바로 음악 감상일 것이다), 나는 한 인간과 그가 품었던 사상의 편린들을 끊지 않고 부드럽게 연주하는 '레가토'와 딱딱 끊어 연주하는 '스타카토'라는 기법들을 번갈아 사용하는 방식으로 설명했다. 나는 한 인생—대부분의 인생이 그러하듯이 연속적이되 연결되지는 않는 흐름으로 이루어진—을 일관성 있는 이야기로 풀어놓을 때 빠지기 십상인 허구화의 함정을 피하려고 했다. 단눈치오는 자신의 작품 『배』가 연극으로 초연된 1908년의 베네치아에서 자신을 기리는 연회와 기념식에 참석해 고상한 감정들과 전쟁 선동이 뒤죽박죽된 연설을 수차례나 했다. 그러나 그는 "한 번의 환성이 터지고 다음 환성이 터질 때까지" 그 사이에 애인에게 선사할 완벽한 선물을 찾느라고 엄청난 시간을 허비했다고 기록하고 있다. 그가 마침내 찾은 것은 고풍스런 에메랄드 반지—그로서는 엄두도 못 낼(당시 그는 빚쟁이들 때문에 집에 갈 수도 없었다)—였는데, 반지를 담을 상자가 여전히 문제였다. 그는 여러 곳을 뻔질나게 드나든 뒤에야 옛 베네치아 공화국의 국가 원수인 도제doge의 모자 모양으로 된 초록색(그녀의 눈 색깔과 어울렸다) 가죽 상자를 발견해냈다. 이렇게 설명함으로써 나는 연회에서 근엄하게 행동하는 인간 단눈치오와 골동품 상점들을 이 잡듯 뒤지고 있는 인간 단눈치오를 공평하게 묘사하려고 했다.

두 가지 이미지가 단눈치오를 연구하는 나의 방법이 어떤 것인지 설명하는 데 도움이 된다. 첫 번째 이미지는 그 기원이 단눈치오가 33세 때, 그러니까 베네치아에서 여배우 엘레오노라 두세 주변에 기거했던 1896년으로 거슬러 올라간다. 거기서 그는 조르조 프란케티와 사귀었는데, 그는 최근에 베네치아의 카날 그란데Grand Canal*에서 가장 환상적이고 화려한 저택인 카 도로Ca' d'Oro를 구입해 15세기 베네치아-무어풍으로 멋지게 복원했다. 당시 프란케티는 바닥 모자이크 포석鋪石 작업에 열중하던 터라 땀과 돌먼지를 뒤집어쓴 채 무릎에 슬리퍼를 대고 돌들이 흩어져 있는, 알록달록하게 치장된 공간을 이리저리 기어다니고 있었다. 거기서 단눈치오는 그와 함께 사각형의 반암과 사문석을 시멘트 속에 끼워넣었다. 그렇듯 모자이크용 각석들처럼 각종 논평과 기사를 서로 끼워맞추면서 나는 내 연구 대상의 분열성과 복잡성을 충분히 드러내는 설명을 제시함과 동시에 이것들이 원대한 기획의 일부였음을 조금씩 보여주고자 했다.

또 다른 이미지는 단눈치오의 비서이자 정보원, 개인적인 물품 조달인, 그리고 성적 영역에서는 돈 조반니의 레포렐로Leporello**에 해당되

---

* 베네치아를 관통하면서 수상 교통의 중심 역할을 하는 대운하.

는 존재로서 30여 년간 그를 수발해온 톰 안톤지니로부터 나온다. 안톤지니는 단눈치오가 1910년 파리에서 보낸 열정적인 수개월을 가리켜 "만화경"으로 묘사했다. 구식 만화경에서 보석처럼 밝게 빛나는 유리 조각들은 널빤지 관을 비틀어 돌림에 따라 재배치되어 부분들은 같지만 그 패턴이 바뀌게 된다. 과연 각종 이미지와 이념이 단눈치오의 삶과 사상에서 반복적으로 떠오르며 현실에서 허구로, 다시 허구에서 현실로 움직여간다. 순교와 인간적 희생, 절단된 손들, 라일락 향기, 이카로스와 비행선들, 아기들의 달콤한 연약함, 반신반수의 초인 등이 바로 그런 이미지와 이념이다. 나는 조각들을 펼쳐 보였다. 나는 그것들이 어떻게 이리저리 위치 바꿈을 하는지도 보여주고자 했다.

단눈치오는 많은 이에게 혐오의 대상이었다. 단눈치오의 동시대인으로서 저명한 철학자이자 역사가인 베네데토 크로체는 그가 "관능과 사디즘, 냉혈한 딜레탕티슴에 경도되었다"고 말했다. 단눈치오를 좋아한 톰 안톤지니도 그가 "일부다처제와 간통, 절도, 근친상간, 비행, 성물 매매, 살인, 식인 취향 등으로 비난받았고, 한마디로 말해서 로마의 폭군인 헬리오가발루스***가 모든 점에서 그의 스승이었다고 할 수 있다"라고 썼다. 1938년에 그가 사망한 뒤 영국 외무성에서는 공식적인 추모사를 보낼지 말지에 대한 논의가 있었는데, 이때 밴시타트 경은 그를 "극악한 불한당"으로 지칭하면서 그 제안에 격렬하게 반대했다고 한다. 이런 적대감은 계속됐다. 제1차 세계대전의 이탈리아 전선에 정통한 역사가인 마크 톰프슨은 수십만 명의 군인을 사지에 몰아넣은 이탈리아

** 돈 조반니의 하인으로서 주인을 위해 여자들을 물색하고 주인과 함께 갖가지 엽색 행각을 벌인 것으로 유명하다.
*** 엘라가발루스라고도 하며, 고대 로마 제정의 제23대 황제다. 괴팍하고 잔인한 기행으로 유명하며, 나중에 군대에 의해 살해당했다.

군의 총사령관인 카도르나 장군에 대해서는 분별 있게 완곡하게 쓰고 있다. 무솔리니와 파시즘의 시작을 묘사하는 과정에서도 그의 어조는 절제가 있다. 그러나 유독 단눈치오에 대해서만큼은 '불쾌' '사악' '정신 이상'과 같은 단어들을 사용했다.

나는 그런 비난의 언어를 아껴두었다. 나는 자칭 "남성성의 시인"에 대한 글을 쓰는 여성이자 전쟁광에 대해 글을 쓰는 평화주의자이지만, 그렇다고 그에게 동의하지 않는다고 소리 높여 선언하는 것으로 내 할 일을 다 했다고 안도할 수는 없다. 단눈치오는 단순히 혐오스럽거나 광적인 인물로만 치부될 수 없다. 그는 자신의 조국을 불필요한 전쟁에 끌어들이려는 선동에 골몰했고, 일생 동안 그가 표명한 견해들은 종종 역겨움을 불러일으킨다. 그러나 그의 생각이 역겹다고 말하는 것은 그가 제시한 문제의 위중함을 오히려 무시하는 것이다. 세계대전 내내 단눈치오는 반복해서 10대 징병자들을 호출했고, 그들 중 거의 아무도 이탈리아의 전쟁 목적이 무엇인지 알지 못한 채 이미 죽은 자들의 피가 그들의 '희생'을 요구한다고 외친다는 이유 하나만으로 죽어갔다. 이 책을 쓰고 있을 때도 그와 매우 유사한 사상—그보다는 덜 현란하게 치장되었지만—이 아프가니스탄의 전쟁을 정당화하기 위해 단속적으로 터져나왔다. 많은 이가 죽었다. 싸움이 백해무익하고 싸움에 종지부를 찍어야 함을 인정하는 것은 죽은 자들을 배신하는 일일지도 모른다. 그래서 더 많은 이가 죽어야 한다. 필경 이런 추론은 불쾌하다(나는 그렇다고 생각한다). 그러나 건전하게 생각하는 사람이 극소수라고 하여 이들의 생각을 '정신 이상'으로 몰아갈지라도, 그것은 정신 이상이 아니다. 그것은 완전히 정상적이다.

1928년 마르게리타 사르파티가 자신의 연인인 베니토 무솔리니에 대한 전기를 출판했다. 이 책에서 사르파티는 단눈치오를 가리켜 "전쟁을 예언하고 설교하며 몸소 전쟁에서 싸운" 인물로 찬미했고(전쟁을 설교하는 것은 파시스트의 견해에서 존경할 만한 일이었다), "파시즘의 불멸하는 청년 정신인 용맹하고 의협심 강하며 환상적이고 냉혹한 정신"을 처음으로 표현한 시인에게 아낌없는 환호를 보냈다. 유대인이었던 사르파티는 훗날 그런 "환상적이고 잔인한 정신"에서 탈피하기 위해 황급히 이탈리아를 떠나야 했지만, 한동안 그녀는 그런 정신을 찬양하고 단눈치오를 찬미했다. 특히 사르파티에게 단눈치오의 저작은 검은 셔츠를 입은 파시스트들이 1922년 로마에 진군하면서 대중가요를 부를 때 들은 우렁찬 소리만큼이나 "대담하고 희망적이며 위대하고 조건 없이 믿을 수 있는" 어떤 것들로 가득 차 보였다.

제1차 세계대전이 발발한 뒤 첫 겨울에 단눈치오는 프랑스에 살고 있었고, 특혜를 받은 시찰자로서 몇 번인가 전선을 방문할 기회가 있었다. 거기서 그는 죽은 병사들이 10명씩 수직으로 포개어져 말뚝에 묶여 있는 광경을 봤다(혹은 본 척했다). 당시 무솔리니는 바로 얼마 전에 사회당을 탈당하여 암중모색 중이었다. 그러나 이미 단눈치오는 자신이 열정적으로 받아들인 군국주의와, 조만간 그로부터 나오게 될 정치적 신조를 은밀하게 표현하는 상징적 이미지를 발견했다. 과연 꼿꼿이 선 시신들의 피 묻은 더미는 고대 로마의 동전들에서 자주 보이는 엠블럼을 떠올리게 했는데, 이는 곧 이탈리아 도처에서 출몰할 상징, 즉 도끼 주위에 나뭇가지들을 동여맨 다발인 파쇼fascio였다. 도끼는 법의 생사여탈권을 의미했다. 다발을 이룬 나뭇가지들은 무력한 개인들이 단일한 권력체, 즉 '파시스트' 국가 주위로 결집한다는 것을

표상했다.•

• 단수형으로 파쇼fascio 혹은 복수형으로 파시fasci는 고대 로마 공화정의 최고 정무관인 콘술consul의 대권을 상징하는, 일종의 왕 홀이라고 할 라틴어의 파스케스fasces에서 유래했다. 콘술의 보좌관들인 릭토르lictor들이 들고 다닌다고 하여 릭토르 파스케스라고도 불린다. 이 파스케스는 도끼 주위에 나뭇가지들을 동여맨 다발의 형태였다. 파시 혹은 파쇼는 19세기 후반 시칠리아의 농민 조직의 명칭(동맹)으로 부활했고 20세기 초반 파시즘(파쇼의 이념)의 어원으로 재활용되었다.

2. 관찰

1881년 로마. 여기 가브리엘레 단눈치오가 있다. 그는 17세이고 갓 학교를 졸업해 평단의 호평을 받은 두 권의 시집을 낸 조숙한 작가다. 그를 관찰하는 이는 에도아르도 스카르폴리오인데, 그도 21세밖에 안 된 앳된 젊은이다. 그는 11년째 현대 이탈리아 국가의 수도 노릇을 하고 있는 고대 도시 로마*에서 야심만만하게 자신의 길을 개척하고 있다. 스카르폴리오는 자신이 편집자로 있던 주간지의 사무실 안에 있다. 방은 잡담하는 사람들로 가득 차 있다. 스카르폴리오가 소파 위에 늘어져 빈둥거리며 하품하고 있을 때 젊은 시인이 방으로 들어온다. "한눈에 곱슬머리와 여자 같은 달콤한 눈을 가진 이 작은 녀석. (…) 나는 움찔하여 벌떡 일어나 이례적으로 그에게로 갔다. (…) 가브리엘레는 우리 모두에게 열광의 대상이요, 믿기지 않는 숭배의 대상이었다. 그는

---

* 1861년 통일 이탈리아 왕국이 공식 출범할 때만 해도 로마는 아직 회복되지 못했다. 로마는 여전히 교황청 소유였고, 프랑스 수비군에 의해 보호받고 있었다. 그러나 이탈리아 정부는 1870년 프로이센-프랑스 전쟁을 틈타 군대를 출동시켜 로마를 전격 점령했고, 교황은 스스로를 "바티칸의 포로"로 선언하며 이에 저항했다. 결국 로마는 1871년에 공식적으로 통일 이탈리아 왕국의 수도가 되었다.

1부 이 사람을 보라

애된 청년 단눈치오

매우 친절하며 온화했고, 자신이 갓 일구어낸 성공의 무게를 우아하게 감당했는데, 과연 모든 사람이 자발적인 우정과 애정에 이끌려 그의 주위에 몰려들었다."

곱슬머리는 조만간 사라질 터였고(단눈치오는 30세 무렵에 거의 완전한 대머리가 될 것이었다), 온화함은 스카르폴리오의 상상력 바깥에서는 결코 존재하지 않았을 것이다. 이미 젊은 시인은 능숙한 자기 홍보의 달인이었다. 그는 로마에 도착하기 몇 달 전에 일간지 편집자들에게 익명으로 자신이 말에서 떨어져 때 이른 죽음을 맞이했다는 소식을 보낼 정도였다. 과연 눈부신 경력이 예고되던 상황에서 미처 꽃을 피워보기도 전에 싹이 잘려버린, 빛나는 재능을 소유한 젊은이의 애통한 이야기는 널리 기사화되어 탄식을 유발했다. 곧 그달에 출판된 이 비극적 소년의 두 번째 시집은 날개 돋친 듯 팔렸다. 젊은 시인의 요절이 '오보'임이 드러났을 때, 이미 단눈치오는 재능이 아무리 출중하더라도 단순히 재능만으로는 얻을 수 없는 유명세를 타게 되었다.

스카르폴리오는 첫 만남이 있은 지 몇 달 후에야 이 자웅동체의 순결함을 지닌 소년이 호황을 누리던 수도 로마에서 영악한 청년이 되어가는 중임을 깨닫고 탄식할 것이었다. "나는 가브리엘레가 파티에 참석하기 위해 몸단장을 하고 향수를 뿌린 모습을 처음 봤을 때 온몸이 뻣뻣해진 것을 잊을 수 없다." 20세의 나이에 단눈치오(스카르폴리오에게는 "수줍음 많고 선머슴 같은 소녀"로 보였다)는 공작의 딸을 임신시키고 사랑의 도피 행각을 벌임으로써 자신의 세속적 야심과 남성성을 만천하에 드러낼 것이었다. 26세의 나이에 이미 가십 언론 등에 게재한 숱한 기사는 물론이요, 네 권의 시집과 두 권의 단편집을 발간한 저자인 그는, 곧 첫 번째 장편소설을 발표할 것이었다.

1893년, 이제 30세가 된 단눈치오는 나폴리에 살고 있다. 그는 빚쟁이들을 피해 로마를 떠났고, 그해가 다 가기 전에 똑같은 이유로 나폴리에서도 도망쳐야 할 판이었다. 그는 3편의 소설과 10여 편의 단편을 출간해 돈을 쥐기 시작했으나, 터무니없는 빚을 갚기에는 역부족이었다. 그는 아내와 세 아들을 버렸고, 8년 동안 열정적으로 사랑한 엘비라 프라테르날리의 곁도 떠났다. 이제 그는 시칠리아 공작의 딸인 마리아 그라비나와 함께 살고 있는데, 그녀와 함께 단눈치오는 간통죄로 징역형을 선고받았다(일반 사면이 그들을 구해주었다). 그의 저술―탁월한 만큼이나 자주 구설수에 올랐던―과 불꽃같은 라이프스타일, 그의 엄청난 빚과 결투, 연애 사건 등이 당시 그를 국제적 명사로 만들어주었다.

　개인사에서 크게 좌충우돌했던 이 시기에 단눈치오의 정치적 사유의 토대가 놓였다. 그는 니체를 읽고 있었고 이 철학자의 저작에서 엘리트주의에 대한 자기 확신을 갖게 되었다. 그는 다시 창檜처럼 행동하면서 선동적으로 니체적인 선언문을 작성한다. "인간은 두 가지 인종으로 나뉠 것이다." 그는 계속해서 쓴다. "순수한 의지의 에너지로 부상하게 될 우월한 인종에게는 모든 것이 허용될 것이다. 반면 열등한 인종에게는 거의 아무것도 허용되지 않을 것이다." 물론 단눈치오는 그 자신이 우월한 인종의 일원이라는 사실을 털끝만큼도 의심하지 않았다.

　이제 그는 리하르트 바그너에 매료되었다. 단눈치오는 음악을 숭앙하지만, 음악가는 아니다. 음악을 듣기 위해서는 음악가들을 찾아야 한다. 그는 작곡가 니콜로 판 베스터루트를 시도 때도 없이 방문하여 피아노로 오페라 전곡을 연주해달라고 졸라대는 한편, 대본에 따라 「트리스탄과 이졸데」를 최소한 열 번이나 낭송한다. 그는 음악을 통해 감정의 거대한 분출을 느끼고 그런 분출이 어떻게 절제되는지를 이해하기 위해 반복과 변주의 패턴을 듣는 법을 배우고 있다. 그는 판 베스터루트를 몇 시간이고 피아노 앞에 잡아둔다. "「트리스탄과 이졸데」는 일종의 병적인 강박관념으로 가득 차 있다." 그는 특정 구절들을 반복해서 듣기를 고집한다. 그는 "사랑의 묘약으로 시작된 고통들"에 꼼짝없이 포박된다.

집에서는 절망적인 곤경에 처해 있다. 재산 압류를 하러 온 집행관들이 임대한 집 문밖에 진을 치고 있다. 마리아 그라비나의 정신 상태도 온전하지 않다. 그러나 단눈치오는 이 괴로운 소란에서 초연해지는 요령을 알고 있다. 판 베스터루트와의 음악 모임은 고스란히 바그너에 대한 그의 영향력 있는 에세이와 자살 충동을 일으키는 소설인 『죽음의 승리』로 이어졌는데, 이 소설에서 연인들은 며칠 동안 「트리스탄과 이졸데」를 연주하고 노래한 뒤 소설 속 주인공이 애인을 절벽으로 끌고 가 비자발적인 '사랑의 죽음liebestod'•으로 이끈다.

같은 해 마리아 그라비나도 스스로 목숨을 끊으려고 할 것이다. 그의 아내는 이미 자살을 시도했다.

1895년 8월 단눈치오는 그리스행 요트의 갑판 위에서 벌거벗은 채 적나라하게 일광욕을 즐기고 있다. 최근에 그는 지금까지 받아본 적 없는 최고의 보수를 받았는데, 이게 모두 자신의 첫 번째 소설인 『쾌락』을 번역해 출간한 프랑스 출판사 덕분이다. 요트 여행에 동반한 손님들 중에는 단눈치오 소설의 프랑스어 번역자인 조르주 에렐도 있다.

• 오페라 「트리스탄과 이졸데」에서 이졸데가 부르는 사랑의 아리아 제목이다.

에렐은 실망한다. 그는 이 요트 여행에서 진지한 관광과, 그것의 연장선상에서 진술한 문학적 토론을 기대했다. 그러나 단눈치오는 배 안의 다른 젊은 이탈리아인들과 음담패설을 주고받거나 항구에서 있을 디너파티에 입고 갈 셔츠를 다림질하는 문제에만 안달복달하면서 그저 햇볕을 쬐기만을 원하는 것 같다. 일행이 엘레우시스에 도착하자, 에렐은 단눈치오가 "여행 내내 우리의 유람과는 아무런 관련도 없는 것들, 그러니까 애정 행각과 사교계 인물들에 대해 떠들어대면서 거의 코빼기도 보이지 않는다"고 쓰고 있다. 기차 여행 중에도 그는 바깥 풍경에 눈길 한번 주지 않고, 자기 얼굴에 실크 손수건을 얹어놓은 채 꾸벅꾸벅 졸기만 한다. 파트라스와 피레우스에서는 도착하자마자 매춘부를 찾으려고 사라져버린다. 에렐은 자신의 잡지에서 이렇게 쓰고 있다. "정말이지 가브리엘레 단눈치오에게는 어린아이와 같이 유치한 면이 있다."

에렐이 미처 파악하지 못한 것은, 단눈치오의 마음이 몹시 빨리 바뀌기 때문에 어떤 인상을 얻기 위해 오랫동안 응시하거나, 아니면 자신이 보고 있는 것을 반추하기 위해 고독한 침묵을 유지할 필요가 없다는 점이다. 오죽하면 요트 여행에서 돌아온 뒤 단 며칠 만에 단눈치오는 자신의 첫 번째 희곡인 『죽은 도시』의 집필을 위한 구상에 들어가는데, 이는 그리스 여행 중 미케네 방문에서 영감을 얻은 것이다. 8년 후 그는 현대적 서사시인 『마이아Maia』를 쓸 것이다. 에렐이 매우 지저분하다고 생각한 파트라스 매춘굴의 방문 경험이 절반은 희극이고 절반은 심오하게 슬픈 에피소드인 서사시로 변모하여 제 모습을 드러낼 것이다. 이 서사시에서 이제는 끔찍하게 나이를 먹어버린 트로이의 헬레네는 싱싱한 것들이 뿜어내는 쾌락과 아름다움이 실은 덧없는 것임을 상징한다.

1895년 12월. 피렌체의 카페 감브리누스. 카페에 함께 있는 앙드레 지드가 단눈치오를 유심히 바라보고 있다. "그는 게걸스럽게 바닐라 아이스크림을 먹고 있다. 그는 내 생각에 별다른 노력을 기울이지 않고서도 매력적인 훌륭한 매너로 말하고 있다. (…) 그를 보면 문학이나 천재성을 전혀 떠올릴 수 없다. 그는 짧고 뾰족하며 옅은 금빛 수염을 기르고 있다. 차갑지만 부드럽고 감미롭게 또랑또랑한 목소리로 말한다. 시선은 다소 차갑다. 아마도 그는 잔인하거나 아니면 그의 세련된 관능이 그렇게 보이게 하는 것 같다. 그는 납작한 검은 중절모를 쓴다."

그리스에서 돌아온 후 단눈치오는 엘레오노라 두세와 관계를 맺기 시작했다. 그는 지드에게 이렇게 말한다. "나는 미케네의 부서져가는 문 아래에서 소포클레스를 읽었습니다." 이 독서는 아주 잠깐 동안이었음에 틀림없지만—단눈치오의 미케네 방문은 점심 때문에 금방 끝났다—그의 주장은 자신이 위대한 고전 전통의 상속자라는 감정은 물론이요, 그 자신과 두세가 당시에 품고 있던 프로젝트와 기가 막히게 맞아떨어진다. 그들은 알바니 언덕*에 원형 극장을 지어 단눈치오의 연극과 그리스 비극 작품을 나란히 공연하는 국립 야외극장으로 운영할 요량이다.

지드와의 대화 주제는 당대 유럽 문학으로 옮겨간다. 단눈치오는 지드에게 자신이 마테를링크의 "진부함"과 입센의 "미적 감각의 결여"를 싫어한다고 말한다. 그는 프랑스 작가들의 작업도 모두 알고 있다.

* 로마에서 동남쪽으로 20킬로미터쯤 떨어져 있는 이곳에는 고대 로마인들이 알바누스산이라 불렀던 곳이 있고 더위를 피하기 좋아 많은 빌라가 위치해 있다.

"나는 미소를 머금고 그에게 말한다. '과연 당신은 모든 것을 읽었군요!'

'제게서 무슨 말을 기대하시나요?' 그가 변명하듯이 말한다. '나는 라틴 사람입니다.'"

"라틴 사람"이라는 것은 단눈치오의 자기 정체성에서 매우 중요하다. 이는 훗날 그의 정치에서 지배적인 주제가 될 것이다. 그는 앵글로색슨인과 게르만인을 "야만인"으로 부를 것이었다.

"나는 작업하는 동안에는 지독한 사람이 된답니다." 그가 지드에게 말한다. "1년 중 9~10개월 동안 하루에 쉬지 않고 12시간을 작업하지요. 이미 많은 책을 썼습니다." 이것은 아주 약간의 과장일 뿐이다. 단눈치오의 연애관계는 수많은 추문을 불러일으켜서 대중은 그를 딜레탕트로 생각하지만, 그의 생활 대부분은 거의 고독 속에서, 그리고 집중적인 노력을 쏟으며 흘러갔다. "내가 글을 쓸 때", 그는 말한다. "일종의 자석 같은 힘이 마치 간질 환자처럼 내게 달라붙습니다. 나는 『무고한 존재』[그의 두 번째 소설]를 아브루초의 수도원에서 3주 반 만에 썼습니다. 만일 누군가가 나를 방해한다면, 나는 그를 총으로 쏴버렸을 겁니다."

지드는 이렇게 쓰고 있다. "그는 이 모든 것을 전혀 거들먹거리지 않고 차분하며 달콤한 어조로 말했다."

일찍이 스카르폴리오의 넋을 잃게 만든 이 졸린 듯한 달콤함을 주문처럼 불러내는 능력이야말로 언제나 단눈치오와 함께할 재능이었다. 그런 달콤함의 이면에 무심함이 있음을 꿰뚫어볼 정도로 그를 잘 아는 사람들조차 그런 달콤함에 어김없이 무장해제되고 만다. "당신에게 인사할 때 그의 얼굴은 활짝 피어나지요." 훗날 그의 측근이 될 사람 중

한 명은 이렇게 말한다. "그리고 당신은 굴복하고 말 겁니다! 당신은 굴복하지 않을 수 없어요! 물론 당신이 그러든가 말든가 실제로 그는 개의치 않지만요!"

1901년 1월. 토리노. 앙드레 지드와의 만남이 있은 지 5년 후 단눈치오는 몇 편의 희곡과 가장 유명한 소설 한 편을 썼고, 절묘한 서정시 모음집인 『알키오네Alcyone』의 출간에 착수했다. 그와 두세는 피렌체 북쪽의 세티냐노에 위치한 서로 인접한 집에 살고 있는데, 그들이 피크닉을 갈 때마다 가십 기사들이 작성되고 이 커플의 어울리지 않는 외모(두세는 거의 5년 연상이고 그녀의 연인보다 키가 훨씬 더 크다)가 반복해서 캐리커처로 그려진다.

이제 단눈치오의 문학적 경력이 절정에 달해 있고, 그는 시인에서 정치인으로 변신을 꾀하고 있었다. 1897년 그는 고향 아브루초의 선거에서 승리했다. 선거 캠페인에서 그는 "시학의 정치"를 설파했다. 공직에 있은 지 겨우 2년 만에 그는 선거에서 낙선한 뒤 정치의 시학을 집필하기 시작했는데, 공격적이고 민족주의적인 성향의 송시들을 지었다. 이제 그는 토리노에 있는데, 여기서 이 송시 중 최근의 것, 즉 주세페 가리발디에게 헌정된 1000행의 시를 공개적으로 낭독한다.

필리포 토마소 마리네티도 파리 잡지인 『질 블라스Gil Blas』*의 기고자로서 토리노에 있다. 조만간 미래주의 운동의 조직자이자 대변인으로 널리 알려지게 될 마리네티는 많은 글을 쏟아내는 언론인이다. 얄궂게도 마리네티는 단눈치오에게서 대중 연설가로서의 새로운 잠재성을

• 1879년 파리에서 창간된 문학잡지로서, 잡지명은 알랭 르네 르사주Alain-René Lesage(1668~1747)의 소설 『질 블라스』에서 따왔다. 이 소설은 주인공 질 블라스의 파란만장한 모험을 다룬 피카레스크 소설picaresque novel이다. 피카레스크 소설이란 스페인어에서 '악당'을 뜻하는 '피카로picaro'에서 유래하는데, 곧 악한 소설이나 건달 소설을 말한다.

발견한다. 단눈치오 자신이 즐겨 '시성詩聖'인 양 연출했던바, 이 시인은 38세지만 그 위일 수도 있고 아래일 수도 있거나, 아니면 전혀 나이를 먹지 않는 것처럼 보이기도 한다. 어두운 색 정장을 차려입고 단추까지 꽉 채운 단눈치오는 "아이보리 색 머리카락을 지닌 작은 흑인"처럼 보인다. "승리에 대한 기대감으로 전율이 통할 정도로 날카로운" 그의 눈은 "기묘하게 광채를 발하고 있다". 그의 얼굴은 "마치 야망의 불길에 타버린 듯이 창백하고 건조하다." 이는 객관적인 묘사가 아니다. 마리네티는 자신의 눈에 "야망과 긍지의 코르셋으로 한껏 조여져 있는" 것처럼 비친 단눈치오를 질투하고 있다. 심지어 이렇게 비웃는다. "가브리엘레는 언제 어디서나 잘 표현된 구절들을 통해 세상을 들었다 놨다 할 수 있기를 꿈꾸고 있다." 이는 마리네티 자신도 조바심 내며 꿈꾸는 것이고, 지금까지는 단눈치오가 이를 더 잘해내고 있다.

단눈치오는 연단에 자리를 잡고, 마리네티의 생각으로는, 렌틸콩 찜 요리를 보여주기 위해 뚜껑을 여는 일류 요리사인 양 퍼포먼스를 시작한다. 그는 주먹으로 탁자를 부드럽게 치며 매우 느리게 원고를 읽는다. 그의 입술은 불가사의할 정도로 붉다. 일부 동시대인들은 그가 화장을 한다고 기록했다.

낭송회가 끝나고(한 시간 반 정도 걸린다) 군중은 떠들썩하게 그를 칭송한다. 그는 환호에 답례하기 위해 반쯤 몸을 일으키고 머리를 숙여 인사한다. 마리네티는 새로 유행하는 전깃불에 비쳐 그의 대머리가 얼마나 반들거리며 빛나는지를 새삼 깨닫는다. 전깃불은 기계 시대의 영웅을 위한 철두철미하게 현대적인 후광이다.

1904년 세티냐노. 여기에 단눈치오에 대한 또 다른 견해가 있다. 이번에는 어느 오후에 단눈치오가 침대로 이끈 익명의 한 여성의 것이다.

단눈치오는 강박적일 정도로 난잡하다. 지난 3년 동안 그는 방대한 시선집인 『찬가Laudi』를 완성했다. 그가 8년 동안이나 관계를 맺어온 엘레오노라 두세와는 끝이 났고, 예전보다 더 방탕하게 돈을 쓰고 있다. 그의 새로운 연인인 젊은 미망인 알레산드라 디 루디니 후작 부인은 위험천만할 정도로 병색이 완연하다. 익명의 부인이 단눈치오가 보낸 초대장의 추신—"저 혼자 당신을 기다릴 겁니다"—에 화답하여 단눈치오에게 온 것도 아마 알레산드라가 병원에 입원해 있던 시기일 것이다.

익명의 부인은 장미꽃으로 가득한 작은 응접실로 안내받는다. "장미꽃이 어디에나 있다—화병에도, 도자기에도, 접시에도 있다. 장미꽃 잎들이 카펫에도 흩뿌려져 있다." 단눈치오는 자신의 매력을 발산하기 위해 옷을 차려입는 데도 크게 신경을 쓴다. 긴 창문 밖에 등나무 덩굴로 뒤덮인 페르골라*가 햇빛에 연한 자줏빛 베일을 드리운다. 방은 숨 막힐 정도로 덥고, 방 안은 단눈치오가 14세기 문헌에서 발견했다고 주장하는 제조법에 따라 손수 만든 향수인 '악과 눈티아Acqua Nuntia'의 향내로 가득 차 있다. 그는 피렌체의 한 약제사에게 부탁해 향수를 만들었다. 향수는 무라노 유리병(이 또한 시인이 주문 제작한)에 담겨 있고, 라벨까지 붙어 있다(라벨 디자인도 신경 써서 제작되었다).

마침내 집주인 단눈치오가 검정 테두리의 짙은 파란색 기모노를 입고 나타난다. 밀회를 위해 편리하게 벗을 수 있는 의상을 입는 게 단눈치오의 습관이고, 그는 항상 자신의 여성 방문객이 이용할 수 있도록 기모노를 준비한다. 검은색 작은 탁자 위에는 은색의 큰 쟁반이 있고

---

* 담쟁이덩굴을 지붕으로 한 일종의 정자.

그 위에는 사모바르와 컵 2개, 은색 접시에 담긴 밤과 얼음 등이 있다. 단눈치오는 차(매우 향긋한 중국차)를 마신 뒤 부인이 앉아 있는 의자 밑의 융단에 책상다리를 하고 앉아 그녀의 손을 자신에게로 가져가 유혹하기 시작한다. "그의 몸짓으로부터, 그의 목소리로부터 나의 전 존재가 저항할 수 없는 사랑의 대기로 가득 채워져 저돌적인 욕망의 물결이 밀려나왔다." 이 과정에 대한 많은 묘사가 있다. 단눈치오는 상대방을 어김없이 설복시키는 위대한 구애자였다. 그 익명의 부인은 "법도 없고 인습도 없는 신비로운 영역으로" 굴러떨어진 듯한 느낌을 받는다. 이리하여 손쉽게도 "시인의 음악적 표현들이라는 달콤한 독약에 취한" 그녀는, 명시적으로 섹스에 동의함으로써 체통을 잃을 위험 없이 이미 황홀경에 취해 그의 침실로 인도되는 것이다.

그들의 황홀경도 끝이 났고, 단눈치오는 그녀의 곁을 떠난다. "15분 후 나는 그가 서재에서 책장을 넘기고 있는 것을 봤다." 말 한마디 없이 그는 그녀를 마차에 바래다준다. 그녀는 마차를 타고 어디론가 사라진다. "장난감처럼 버려졌다는 끔찍한 느낌"을 뒤로하고 말이다. 단눈치오의 주문서상으로는 그녀가 타고 갈 마차도 "부자의 관처럼" 장미꽃으로 뒤덮여 있었다.

1906년 여름. 단눈치오는 피사 인근 해안가에 위치한 으리으리한 빌라를 임대해 살고 있는데, 이곳은 예전 토스카나 공작의 집이었다고 한다. 희곡 『요리오의 딸』은 단눈치오를 단번에 문학적 스타로 만들어주었을 뿐만 아니라 그를 추종하는 사람들의 목소리를 대변해주기도 했다. 초연된 날 밤에 사람들은 이렇게 외쳤다. "이탈리아 시인 만세 Evviva!"

알레산드라도 여기에 있으나, 지금은 모르핀에 중독되어 있고 단눈 치오는 이미 새로운 연인인 피렌체 백작 부인에게 매일같이 연서를 쓰고 있다. 거의 20년 만에 처음으로 그는 자기 아들 셋 전부와 함께하고 있다. 어느 날 아침 그들은 해안가에 즉흥적으로 모인다. 단눈치오는 소나무 숲속으로 말을 질주하거나, 수영하거나, 신형 카누의 노를 젓는다. 젊은 아이들도 놀라게 만들 정도의 에너지로 이 모든 활동에 몰입한다. 점심때는 15명의 하인 중 일부가 공식적으로 서빙을 하는 가운데 단눈치오는 흰색 린넨 정장을 차려입고 있는데, 이 정장은 그가 이동할 때마다 가지고 다니는 100여 벌의 정장 중 하나다. 그러고 나서 밤늦게까지 글을 쓴다.

영감에 넘치는 시인인 움베르토 사바는 단눈치오의 아들 가브리엘리노가 초대한 손님인데, 이 모임에도 보인다. 43세에도 여전히 육체적으로 건강한 상태의 단눈치오는 사바에게 더없이 정중한 태도로 인사한다. 그는 듣기 좋은 말로 상대방의 기분을 맞추며 다른 이들의 눈을 피해 정원 안으로 들어가 돌 벤치에 함께 앉는다. "그가 내게 여독 때문에 피곤하진 않은지, 또한 자신의 시 일부를 낭송하는 게 너무 귀찮지는 않은지 물었다." 그러나 사바에게 선택권이 있다는 것은 사바의 희망 사항일 뿐이다. 그는 자신의 행운을 믿을 수 없다. 그는 어쨌든 선택의 여지 없이 해야만 하는 것이다. 단눈치오는 칭찬 일색이다. 그는 사바의 작품을 자기 편집자에게 추천해도 좋을지 묻는다. 유명 인사의 관대함에 감동한 사바는 거의 눈물을 흘릴 지경이다. 그 경이로운 순간에 모든 것이 그와 함께 있다. 수년이 흐른 뒤에도 사바의 귀에는 단눈치오와 함께 걸을 때 발밑에서 버석거리던 솔잎 소리가 아직도 생생하다.

대화는 계속된다. 이탈리아에는 오직 세 명의 위대한 시인이 있었다, 라고 단눈치오는 말한다. 단테와 페트라르카, 레오파르디가 바로 그들이다. 단, 단눈치오 자신이 등장하기 전에 국한해서 말이다. 사바는 시인의 아들들이 아버지에게 '아빠'라고 부르지 못하고 있음을 눈치 챈다. 시인은 아들들에게 자신을 '마에스트로'로 부를 것을 명한다.

그 후 사바는 자신의 주요 원고들을 송달한다. 그러나 어떤 대답도 받지 못한다. 단눈치오는 사바의 시들을 어느 누구에게도 보내지 않는다. 심지어 사바에게 되돌려주지도 않는다.

1909년 9월. 브레시아의 에어쇼 현장. 운집한 5만여 명의 인파가 난생처음 보는 비행기에 탄 채 저 높이 있는 한 남자의 놀라운 스펙터클을 보고 있다. 이 에어쇼는 윌버 라이트와 오빌 라이트 형제가 최초의 동력 비행기를 조종한 지 6년 만의 일이고, 윌버 라이트가 처음으로 유럽에서 '플라이어 1호'를 선보인 지 13개월 만의 일이며, (이곳 브레시아 현장에 있던) 루이 블레리오가 영국 해협을 횡단한 뒤 20미터 상공에서 도버성 인근 초지에 수직으로 추락 착륙하다가 동체는 다 부서졌으나 조종사 자신은 조금도 다치지 않았던 사건이 일어난 지 불과 6주 만의 일이다. 단눈치오는 무아지경에 빠져 있다. 그는 선포하기를, 인간이 창공을 정복한 것은 새로운 것의 도래를 알리는 전조다. 즉 그것은 "새로운 문명, 새로운 삶, 새로운 하늘이다!" 그리고 "이 서사시를 노래할 줄 아는" 시인이 필요하다. 그 시인은 다름 아닌 자신이다. 그는 브레시아에 운집한 언론인과 사진사들 앞에서 시를 읊으며 낭송회 겸 기자회견 겸 사진촬영회를 연다. 이미 10년 전에 처음 이카로스에 대한 시가 발표된 바 있다. 단눈치오는 이미 학생 시절부터 비행을 꿈꾸고 있었다.

그는 다음 소설을 위한 자료 수집 차 브레시아에 있다. 또한 비행기를 탈 계획을 용감하게(이미 몇 명의 조종사가 목숨을 잃었다) 구상하고 있다. 이제 그는 프란츠 카프카와 그의 친구 막스 브로트의 주목을 받고 있다. 이 두 사람은 가르다 호숫가에서 함께 휴가를 보내고 있다. 카프카는 의기소침하다. 그에게서 영감이 떠나가고 있기 때문이다. 그의 기분도 울음이 터지기 직전이다. 브로트는 카프카가 다시 글을 쓰게 하기 위해 에어쇼에 대한 여러 이야기를 지어보자고 제안한다.

이 두 젊은이는 바짝 말라버린 활주로 위 거대한 군중 속에 섞여 있다. 그들 모두 스탠드에 "호화찬란한 귀부인들"과 신사들 사이에 단눈치오가 있음을 알아챘다. 브로트는 단눈치오가 뿜어내는 "여성적 매력"에 놀라워하면서 그의 존재가 "철두철미하게 경이롭다"는 사실을 깨닫는다. 카프카는 그런 인상을 받지는 않는다. 그의 설명에 따르면, 단눈치오는 "부족한" 인물이며 이는 명백한 진실이고, 동시에 "나약한" 인물이다(달리 표현하자면, "여성적"이라고도 말할 수 있을 것이다). 카프카는 단눈치오가 귀부인들 사이를 깡총거리며 뛰어다니고 올도프레디 백작(에어쇼의 주최자들 중 한 명) 주변을 "수줍게" 어슬렁거리는 중이라고 기록하고 있다.

단눈치오는 수줍어하진 않지만, 그의 몸짓은 공손하고 태도는 비굴하며 간사하다. (사진을 보면 그가 옆 사람 쪽으로 몸을 기울인 채 머리를 일방적으로 숙여 인사하고 있음을 알 수 있다.) 올도프레디는 그날의 주빈으로서 그가 동의하느냐 마느냐에 따라 단눈치오가 비행할 수 있느냐 없느냐가 결정될 판이다. 그러나 단눈치오는 평범한 청탁자가 아니다. 브로트에게는 브레시아의 주요 인사들이 단눈치오를 '이탈리아 제2의 국왕'처럼 대우하고 있는 것으로 보인다.

나중에 그는 미국 조종사인 글렌 커티스와 이탈리아 조종사인 마리오 칼데라라의 승객으로서 두 번의 짧은 비행을 한다. 그는 가죽 비행 헬멧을 쓴 채 카메라 앞에서 포즈를 취한다. 착륙하자마자 그는 『코리에레 델라 세라Corriere della Sera』의 기자와 인터뷰를 한다(기회가 닿는 대로 자신을 추켜세우려는 예민한 감각은 한 번도 그를 떠난 적이 없다). 그가 말하기를, 비행은 신성하다. 언어의 '귀재divo'인 그조차 비행을 묘사할 단어를 찾지 못할 정도로 신성하다. 그것은 섹스만큼이나 형용할 수 없는 어떤 것이다.

단눈치오는 정치 분야에서 점점 더 호전적이고 민족주의적으로 변모하고 있는데—군부가 공군력에 투자하기 수년 전에—새로운 비행 기계들의 전략적 잠재성을 꿰뚫어보고 있다. 이듬해에 그는 제공권을 장악함으로써 이탈리아가 위대한 민족의 반열에 오를 수 있다고 반복해서 강연한다.

1910년. 세티냐노에서 재산 압류를 하러 온 집행관들이 단눈치오의 집에 있다. 단눈치오는 한편으로는 빚쟁이들에게 쫓기고 다른 한편으로는 사랑스러운 음색과 충실한 남편이 있는 긴 다리를 지닌 러시아 백작 부인을 쫓아다니고 있는데, 자신이 프랑스 치과의사의 치료를 받아야만 한다는 사실을 만천하에 공표하면서 파리로 도망간다. 그가 파리에 도착하면서 약간의 소동이 발생한다. 그는 프랑스에서 20여 년 전부터 베스트셀러 작가였다. 다시 한번 그는 사교계에서 화젯거리가 되기 시작하고, 그와 만난 사람들은 그에게서 받은 인상을 기록해두고 있다.

이제 그는 48세다. 지드에게 그는 "예전보다 더 쪼들리고 주름살이 더 패였으며 더 왜소하게" 보인다. 과연 그에게는 좋은 치과의사가 필요

나이가 들어감에 따라 단눈치오는 여성들로부터는 호감을 샀지만, 남성들로부터는 혐
오감을 자아냈다.

하다. 그는 "틈이 벌어져 있고 들쭉날쭉 우습게 생긴 건강치 못한 치아"를 갖고 있다, 라고 단눈치오가 집적거리던 한 프랑스 여배우가 기록해 두고 있다. "그는 지금까지 본 사람 중에 유일하게 흰색, 누런색, 검은색의 삼색기 같은 치아를 가진 사람이다." 나이를 먹어감에 따라 그가 풍기는 성적 아우라가 점점 더 모호해지면서, 여성들에게는 호기심을 자아내는 한편, 대부분의 남성에게는 혐오감을 주게 되었다. 몇몇 지인은 그의 좁은 어깨와 펑퍼짐한 엉덩이, 반지를 낀 작고 하얀 손, 안달복달하며 야단법석을 떠는 태도, 얼굴이 화끈거릴 정도의 과도한 칭찬에 대해 말하고 있다. "그의 태도는 전혀 호감을 주지 못한다." 르네 부알레브의 평이다. "그는 이탈리아 코미디에 나오는 어느 주인공처럼 들어간다. 혹자는 대번에 그가 곱사등이라고 상상할 수도 있다."

이 모든 사실에도 불구하고 단눈치오는 일부 사람에게는 뿌리치기 힘든 매력을 발산한다. 이사도라 덩컨은 그의 친절한 응대를 받은 여성이라면 "자신의 영혼과 존재가 저 신성한 베아트리체와 함께 거니는 천상의 세계로 고양되는 듯한 느낌을 받을 것"이라고 증언한다. 젊은 영국 외교관인 해럴드 니컬슨은 단눈치오와 단눈치오만큼이나 속물적인 두 명의 유럽 명사와 함께 토론하는 자리에서 이 프티 부르주아 출신의 시인이 "정체가 묘연한 녀석"이라고 서둘러 결론짓는다. 그러나 양성애자였던 니컬슨은 단눈치오가 한 귀족의 응접실에서 자신의 시를 열정적으로 낭송하는 것을 들은 뒤로는 그에게 홀딱 반해버린다. 그리하여 니컬슨은 당돌하게도 파티장을 빠져나와 단눈치오의 목소리가 자신의 귀에 "마치 은으로 만든 종처럼" 울려 퍼지는 걸 느끼며 "여전히 흥분에 들뜬 채" 선창가를 거니는 것이다.

표면적으로 사람을 홀리게 하는 것, 저 너머에 있는 어떤 것을 꿰뚫어보는 파리지앵들이 있다. 단눈치오는 결코 쓰지 않을 책들에 대해 계약금을 챙긴다. 그는 호텔 숙박료도 지불하지 않고 호텔에서 도망친다. 언젠가 단눈치오가 표절 혐의로 정당하게 비난한 적이 있는 프랑스 민족주의 작가인 모리스 바레스는, 시인 단눈치오의 이기적이고 탐욕적인 면을 명징하게 꿰뚫어본다. "그는 단단한 부리로 모이를 찾아다니는 새와 같다. (…) 이 작고 단단한 병정, 이 욕심꾸러기 정복자는 내 손바닥까지 쪼아먹으며 상처를 낸다." 다른 사람들은 단눈치오에게 싫증을 느낀다. 그의 가장 위대한 사랑은 과거지사가 되었다. 그의 가장 훌륭한 시들도 이미 과거의 것이다. 이탈리아를 떠나면서 그는 민족을 상징하는 얼굴로서 자신의 역할을 잃어버렸다. 열정적인 동성애자인 로베르 드 몽테스큐 백작이 그를 차지했고, 그를 파리의 고급 사교계에 소개하지만, 이따금씩 그의 가면이 벗겨지는 것을 느낀다. 누군가가 이렇게 꿰뚫어본다. "시들어버린 것…… 그의 콧구멍은 전투에서 손상되어 움푹 꺼져버린 얼굴의 콧구멍들처럼 일그러져버렸고, 입가도 형언할 수 없는 공포를 표현하고 있다."

디아길레프의 러시아 발레단이 파리에서 포킨의 안무에 레온 박스트의 무대 연출로 「클레오파트라」를 공연하고 있다. 주인공 역은 러시아 최고의 미인이자 양성애자인 이다 루빈시테인이 연기하고 있다. 그녀는 이 밤이 지나가기 전에 다 벗어버릴, 풍성한 가발을 쓰고 보석이 점점이 박힌 하늘거리는 옷을 입은 채 무대에 나온다. 단눈치오는 몽테스큐와 함께 객석에 있다. 공연이 끝난 후 그들은 무대 뒤로 가는데, 거기서 루빈시테인은 여전히 "야만적"으로 보이는 거대한 보석과 약간의 모슬린으로 몸을 치장한 채 사람들을 "알현"하고 있다. 바레스와 에

드몽 로스탕 등 문단의 유명인들이 모두 만찬 의상을 빼입고 거기에 있다. 단눈치오가 이야기를 이어간다. "그 비좁은 공간에서 나는 벌거 벗은 경이로운 다리들을 구경하면서 평소처럼 대담하게 바닥에 엎드려—내가 제비꼬리 연미복을 입고 있다는 것도 망각한 채—발에, 장미에 키스하고 발목에서 무릎까지, 허벅지에서 가랑이까지 훑어 올라가 마치 플루트 이중주가 중지된 틈에 울려 퍼지는 플루트 독주처럼 신속하고 부드럽게 입술을 맞춘다. 그 상황을 상상해보라! 스캔들이 아닌가!" 구경꾼들은 당혹해한다. 루빈시테인은 흡족해한다. 단눈치오는 눈을 들어(똑바로 섰을 때조차 그는 그녀보다 15센티미터쯤 작다) 헝클어진 거대한 푸른색 가발 아래 드리운 그림자 사이로 그녀가 미소 짓고 있으며 "고혹적인" 입 모양을 짓고 있음을 본다.

곧 그들은 일종의 성적 관계를 맺게 될 테고(이처럼 공적 만남뿐만 아니라 사적 만남에서도 성적 관계는 단눈치오의 입과 루빈시테인의 하체 사이의 관계다), 그녀는 단눈치오 원작의 연극 「성 세바스티아누스의 순교」에서 주연을 맡게 될 것이다. 연극에서 성자는 오랫동안 단눈치오의 성적 판타지에서 묘사되어온 대로다. 이제 그는 그런 판타지를 새로운 친구인 클로드 드뷔시의 악보와—다시금—박스트의 무대 연출로 한 편의 길고 풍성한 뮤지컬로 탈바꿈시키려는 것이다. 파리 주교는 신도들에게 이 공연을 보지 말라고 한다. 그것은 선량한 가톨릭교도라면 봐서는 안 될 금서 목록에 오른다.

1915년 3월. 전쟁 발발 이래로 오직 "인종들 간의 거대한 투쟁"만이 부패한 사회를 정화할 수 있다고 믿는 단눈치오는, 파리에서 이탈리아가 영국과 (라틴 자매) 프랑스 편에서 참전할 것을 주문해왔다. 그는 이탈리아로 귀국할 계획을 세우지만, 귀국 시점을 기다리면서 9월에 독일 점령 아래 화염에 휩싸인 성스런 대성당을 보기 위해 이탈리아 언론인 친구인 우고 오예티와 함께 랭스로 간다. 오예티는 통행증과 자동차를 구했다. 그는 서부 마레에 있는 17세기풍 맨션에 들르는데, 거기서 단눈치오는 동양식 물건들이 어지럽게 흩어져 있는 방을 잡는다. 방문자는 이 방을 "100명의 부처의 집"이라고 명명했다. 시종 한 명이 여러 개의 여행 가방과(단눈치오는 결코 짐이 가벼운 여행객이 아니다) 음식이 가득 찬 광주리들을 들고 나타난다. 그런 뒤 단눈치오가 등장하는데, (오예티의 정장과 중절모와는 달리) 희미하게나마 군인풍이 나는 복장을 차려입은 그 모습이 "언제나 그랬듯이 우아하고 미려하다". 민간인 신분이라는 게 그에게는 부끄러운 일이다. 그는 운전모를 쓰고 승마 바지에 각반을 두른 채 곱슬곱슬한 노란색 여우 털로 테두리가 장식된 값비싼 갈색 코트를 걸치고 있다.

그들은 랭스까지 전쟁터가 "달빛에 비치는 풍경"을 뚫고 차를 몰고 간다. 도처에 죽은 말들이 있는데, 배는 부풀어 올라 있고 다리는 허공을 향해 들려 있다. 위대한 고딕 양식의 대성당은 지붕이 날아가버렸고 창문은 비어 있으며 돌들은 검게 그을려 있다. 총성도 들린다. 전선에서 멀지 않은 곳이다. 단눈치오는 조용하고 신중하다. 그는 스테인드글라스 파편과 비틀린 납 조각, 첨탑에서 떨어진 꽃문양이 새겨진 돌조각을 줍는다(이 세 가지는 23년 후 그가 죽을 때까지 책상 위에 놓여 있을 터이다). 그는 거기에 있다고 알고 있는 동상들을 보려고 모래 자루들을 기어오른다. 그는 관광 안내 책자를 열심히 공부해왔다. 그는 다음과 같은 메모를 남기고 있다. "비둘기들이 마치 천사의 날개가 갑자기 확 펴지는 것처럼 날개를 펼치고 날아오른다."

1부 이 사람을 보라

그는 이번에 처음 랭스를 방문하는 것이지만, 이미 대성당의 화재에 대한 글을 쓴 적이 있다. 그 글의 각 구절은 "나는 …을(를) 봤다"라는 거짓말로 시작되고 있었다. 그는 검게 그을린 대성당의 잔해가 독일식 "폭력 행위"의 이미지를 얼마나 강력하게 만들어내고 있는지를 잘 알고 있고, 그 자신의 찬사가 이를 인증하리라는 것도 잘 이해하고 있다. 그의 가짜 목격담은 유용한 선전이었다. 그러므로 구태여 사실일 필요는 없었다.

여행에서 돌아오는 길에―여전히 그 죽음의 풍경 속에서 미학자이자 시인인―단눈치오는 도로가 성자들에 대한 중세의 묘사들에 나오는 좁고 긴 '띠 깃발들'처럼 어떻게 구부러져 있는가에 주목한다.

1915년 5월 17일. 로마. 카피톨리노* 언덕. 단눈치오는 5년간 프랑스에 체류한 후 재충전되어 귀국했다. 이미 50세가 넘었건만, 그의 인생에서 가장 격정적인 시기가 막 시작되려 하고 있다. 유럽은 전쟁이 한창이고, 그는 새로운 매체―연설―와 새로운 페르소나―민족 영웅의 페르소나―와 새로운 사명―동포들에게 위대해지라고 역설할 사명―을 발견했다. 이탈리아는 여전히 중립을 지키고 있다. 12일 전에 조국에 돌아온 이래로 그는 끊임없이 열변을 토하고 있는데, 연설 하나하나가 평화의 노선을 경멸하며 좀더 남성적일 것을, 좀더 호전적일 것을 주문하는 내용 일색이다.

이제 그는 고대 로마의 심장에서 항상 그렇듯이 흥분하기 쉬운 군중

---

* 카피톨리노Capitol, Capitolino는 캄피돌리오Campidoglio라고도 불리는 로마의 일곱 언덕 중 하나다. 고대 로마 시대에 유피테르 신전 등이 있었고 승리한 장군들이 펼친 개선 행진의 종착점이기도 했다. 16세기에 미켈란젤로에 의해 언덕 광장이 재정비되었다.

에게 연설하고 있다. 단눈치오 자신은 몇 달 후 부상을 당해 병상에 누운 채로 그 장면을 다음과 같이 회상할 것이다. "얼굴들, 얼굴들, 얼굴들이 마치 주먹 사이로 쏟아지는 뜨거운 모래처럼 무수하게 붕대를 감은 눈앞을 지나간다. 카피톨리노 언덕의 그 5월의 밤에 모인 군중은 위대한 로마의 군중이 아니던가? 거대하고 파문을 일으키며 울부짖는 군중이 아니던가?"

노이로제 탓에 까다롭기 그지없는 단눈치오는 항상 조금만 더러워도 몸서리를 치곤 한다. 이제 그는 그런 사적인 불안을 정치적 분노로 바꿔낸다. 그는 자신의 거대한 어휘를 능숙하게 구사하면서 "불결함"의 동의어들로 자신의 연설을 가득 채운다. 구질서는 악취를 풍기고 깨끗이 파괴되어야 한다. 소심한 정치인들은 썩은 고기처럼 처리되어야 한다. "불결한 것을 모두 청소하라! 부패한 것을 모두 하수구에 쏟아버려라!" 이탈리아와 그 정부, 정치 시스템 전체는 더럽고 지저분하고 불결하며 오염되어 있고 망가져 있으며 수치스럽고 오물 덩어리이며 비열하고 악취 나며 감염되어 있고 불쾌하며 역겹고 전염병을 옮기며 질병에 걸려 있고 고약하며 썩어 있으며 부패하고 곪아 있으며 신성 모독적이다. 그는 이 모든 것을 불로 소각하기를 주문하는데, 이는 곧 홀로코스트(그가 애용한 표현)로서 부패의 악취를 정화하기 위해서는 거대한 피의 홍수가 필요하다는 것이다.

단눈치오는 정신이 나간 상태다. "내 창백한 얼굴이 하얀 화염으로 불타고 있는 것처럼 느낀다. 내 안에 나는 없다. 나는 소요의 악령과 같다. (…) 내 모든 말이 매끄러운 금속의 반사광처럼 내 두개골 아래에서 울려 퍼진다."

장광설이 절정에 이를 때쯤 그는 하나의 소품을 내보인다. 그 옛날 가리발디의 부관들 가운데 가장 공격적인 인물인 니노 빅시오의 것이었던 칼이다.

"나는 칼을 쥐고 칼을 뽑는다. (…) 그 날카로운 칼날에 입술을 갖다 댄다. (…) 나는 내 영혼을 빼앗겨 광란에 빠진다."

군중이 눈물을 흘리며 울부짖는다. 단눈치오는 번개를 친다. 그는 청중에게 어떤 수를 써서라도, 그러니까 살인을 해서라도 유화론자들이 다시 의회에 의석을 얻는 일이 없게 해야 한다고 역설한다. "리스트를 만들어라. 그들을 추방하라. 인정사정 봐주지 마라. 당신은 옳은 편에 있다."

그의 연설은 폭동의 방아쇠를 당긴다. 수백 명이 체포된다. 그들 중에는 마리네티도 있는데, 그는 자신의 '미래주의자 선언'에서 "현대 수도에서 형형색색의 다성적多聲的인 혁명의 물결"을 찬미했던 인물이다. 체포된 사람 중에는 한 잡지 편집자도 있는데, 그의 이름은 베니토 무솔리니다.

일주일 뒤 수상 안토니오 살란드라는 이탈리아의 참전을 선포한다.

1917년 8월. 전쟁. 단눈치오는 동분서주하는 '연락장교'로서 아드리아해의 전함 갑판에서 야간 기동 작전에도 참가해봤고, 잠수함을 타고 해저를 정찰해보기도 했다. 그는 티마보강을 따라 있는 산악지대에서 끔찍한 전투에 참여해 적의 포화 세례를 여러 번 받았고, 그때마다 용케 탈출했다. 그는 비행기 사고에서도 살아남았는데, 그 후 몇 달 동안 어두운 방에 꼼짝없이 누워 있어야 했고, 결국 한쪽 눈을 잃었다. 허풍 떠는 수사학에 질색하던 어니스트 헤밍웨이조차 그가 "성스러울 정도로 용감한" 사람임을 기꺼이 인정한다.

연락장교 단눈치오

한편 슬로베니아 산악 지대에서 오스트리아 부대를 추적하는 비행 임무에 대한 단눈치오의 설명이 시작된다. 그는 전투비행대대장이다. 다음 편지는 단눈치오가 가장 최근의 연인이자 베네치아의 거대한 저택들 중 한 채의 여주인으로서 그 황금색 광채가 나는 황갈색 눈이 무라노 유리 제조업자(그는 신중한 글라스 수집가다)가 사용한 색깔들 중 하나를 떠올리게 한다고 하여 벤투리나라고 부른 여인에게 보낸 것이다. "나는 벤투리나가 친구와 함께 기쁨을 만끽하리라고 생각하오. 이곳은 불의 지옥이오. 적들을 기관포로 처리하기 위해 적 보병들 상공 150미터 지점까지 하강했소. 그들의 군복을 똑똑히 알아볼 수 있을 정도였고, 햇볕으로부터 목덜미를 보호하기 위해 착용한 천이 펄럭거리는 모습까지 선명했소. (…) 기적이 아니겠소! 총알 하나가 내 머리를 스쳐 조종석 뒤편 봉에 맞아 튀었소. 그 순간 '핑' 하는 소리가 또렷이 들렸고 몸을 돌려 보니 강철봉이 움푹 패여 있는 것이 아니겠소. 또 다른 총알 한 발이 내 다리 사이를 통과했소. 그 숱한 총알들이 비행기 날개에 구멍을 만들고 프로펠러를 망가뜨리며 줄을 끊어버렸소. 하지만 우리는 멀쩡하다오!"

누구보다 민감한 단눈치오는 12일 전 전쟁 예식에 자기 비행대대에 새로운 전투 구호를 가르쳤다. 자기 생각에 지나치게 노골적이고 야만적으로 들린 종래의 "입, 입, 입, 우라Ip, Ip, Ip, Urrah!" 대신에 그리스어로 외치라고 명령했다. "에이아, 에이아, 에이아, 알랄라Eia, Eia, Eia, Alalà!" 이구호는 그의 주장에 따르면 트로이 전쟁의 영웅 아킬레우스의 전투 함성이다. 그는 이 함성을 아이스킬로스와 핀다로스에서 발견했다. 이를 자신의 희곡들에도 사용했다. 이제 그는 부하들에게 작고 약한 널빤지와 헝겊으로 만들어진 조종석에서 직립하여 구호를 외치라고 명령하고 있다.

단눈치오의 항공기는 고지대 산악로를 행군하는 적군 밑을 하강하다가 다시 "경사면을 기어오르는 마차처럼 헤르마다산 측면 위로" 상승하며 선회한다. 비행대대는 더 많은 폭탄을 적재하기 위해 기지로 귀환한 뒤, 다시 오스트리아군의 거포가 버티던 상공 위에서 전투에 돌입한다. "우리는 대공포탄들이 마치 흉측한 쥐새끼들이 공기 중에 굴을 파는 모양으로 비행기 기수와 꼬리를 스쳐 지나가는 것을 봤다." 이는 단눈치오가 이제껏 견뎌낸 것 중 가장 격렬한 십자포화다. 이는 "지금껏 살아오면서 어느 것과도 바꿀 수 없는 경이로운 순간"이다.

1919년 4월. 이미 전쟁은 끝났다. 파리 강화 회담의 대표들은 붕괴한 오스트리아-헝가리 제국의 유산을 나눠먹으면서 여전히 베르사유에서 회의를 하고 있다. 전쟁이 끝난 이래로 단눈치오는 이탈리아가 정당한 몫을 차지하지 못한 채 기만당하고 있으며, 따라서 이탈리아의 전승은 "불구의 승리"에 지나지 않는다고 부르짖고 있다. 이제 그는 베네치아에 있는데, 산마르코 광장에서 연설하며 이탈리아인들에게 다시 무기를 들자고, 그래서 신생 유고슬라비아 국가가 자기 땅으로 주장하지만 단눈치오 자신의 표현을 빌리면 "이탈리아의 왼쪽 허파"라고 할 수 있는 영토—이스트리아와 크로아티아, 달마티아 해안—를 되찾자고 요구하고 있다. 친이탈리아 성향의 아일랜드인 월터 스타키도 거기에 있는데, 처음에는 단눈치오의 외모를 보고 끔찍이도 실망한다. "난쟁이 똥자루만 한 키에 부리부리한 눈, 두툼한 입술—정말이지 비극적인 이 무기들처럼 기괴하기 짝이 없는 괴물이다." 스타키는 다른 많은 사람처럼 반신반의하면서 이렇게 의문을 제기한다. "이 남자가 진짜 엘레오노라 두세가 사랑한 남자 맞는가?"

단눈치오는 연설을 시작한다. 스타키는 즉시 "매혹당한다". 단눈치오는 군중을 향해 "최고의 바이올리니스트가 스트라디바리우스를 켜는 것처럼" 그렇게 연주한다. 그는 말을 주저하는 듯한 시늉을 한다. "말이 필요한 시기는 지났습니다." 그러나 그는 이미 준비해놓았듯이 명민하게 꾸며둔 거의 예식과도 같은 공연에 필요한 소품으로서 거대한 이탈리아 국기를 가져왔다. 그의 태도는 성직자와 같고, 그의 말투는 주도면밀하게 계산되어 있다. "결코 서두르거나 호들갑스러운 몸짓은 아니었다. 때로 가상의 지팡이를 휘두르듯이 한 팔을 천천히 치켜올리곤 했다." 그 효과는 가히 최면을 거는 듯하다. "어조가 중세 음유 시인의 노래처럼 구불구불한 강을 타고 오르락내리락했고, 바다 수면 위 올리브유처럼 거대한 청중 사이로 퍼져나갔다."

이 올리브유는 험한 파도를 진정시키기 위함이 아니라 더 성나게 하고자 고안된 것이다. 조금씩, 조금씩 점진적으로 그의 목소리는 점강법처럼 높아지는데, 단눈치오는 청중의 감정을 점점 조여나간다. 그는 군중을 달구어 자기 말에 응답하도록 유도함으로써 자신이 건 마법에 취하도록 한다. 연설에 대한 그 자신의 기록은 군중의 응답을 이렇게 나타내고 있다. "모든 사람이 '우리는 그것을 원한다'고 외친다. 광장 전체가 떠나갈 듯한 환호성으로 메아리친다." "광란의 환호." "사람들은 '예'를 외친다." "사람들은 다시금 더 높은 소리로 '예!'를 외친다." "사람들은 외침을 반복하고 들고 있는 깃발들을 휘두른다." 그의 연설이 절정에 달할 때, 스타키는 이렇게 쓰고 있다. "수천 명의 눈길이 마치 그의 힘에 최면이 걸린 듯 그에게 붙박여 있다."

1919년 9월. 단눈치오가 행동을 취했다. 그는 피우메로 진군했고, 자신을 이 도시국가, 그러니까 작지만 이제는 전 세계적으로 유명해진 도시국가의 통치자로 선포했다. 그의 부하들 중에는 (단눈치오보다 서른 살 정도 어린) 시인 조반니 코미소도 있는데, 그는 단눈치오가 피우메로 진군할 당시 연합군 수비대에 복무하고 있다가 그에 합류하기 위해 재빨리 탈영한 인물이다.

단눈치오는 군악대가 연주하고 군중이 노래하는 요란한 와중에 총독 관저에 입성한다. 코미소도 현장에 있다. 차에서 내릴 때 단눈치오는 워낙 몸집이 작은 데다 고열로 고생하던 만큼 "아주, 아주 허약한" 상태로 보인다. 코미소는 단눈치오가 밖에 있는 사람들에게 연설할 장소인 널찍한 발코니로 통하는 층계참을 올라갈 때 그의 뒤를 따르며 서로 밀치고 당기는 인파 속에 있다. 코미소의 의혹에 대해 이 허약한 환자는 피우메가 이 미치고 비루한 세상의 유일한 빛이라고 선언하면서 "믿을 수 없는 힘"으로 연설하기 시작한다. 모여 있는 군중은 눈물을 흘리거나 박장대소하면서 악다구니를 써대며 열정을 분출한다. "이 남자가 나를 설복시켰다." 코미소가 쓴다. "마치 그 옛날의 예언자들처럼 말이다."

며칠 후 코미소는 면도하던 중 창밖에서 와자지껄한 소란이 벌어지고 있음을 느껴 무슨 일인가 하고 얼굴에 면도용 거품을 칠하며 셔츠를 풀어헤친 채 바깥을 내다본다. 저 아래 거리에서 군인들이 멋진 장식이 달린 알프스 산악부대원용 펠트 모자를 쓴 아주 작은 남자 주위를 떼 지어 빙빙 돌고 있다. "그는 영악하고 무례한 소년처럼 보였다. 그는 팔로 다른 사람 하나를 잡은 채 사진을 찍고 있었다." 그는 바로 단눈치오였는데, 자신의 왕성한 에너지를 자기가 가장 잘할 수 있는

1부 이 사람을 보라

일―자신에 대한 스펙터클을 만드는 일―에 쏟아붓는 중이다. 그는 피우메 교외에 도착하고 나서는 사진 기사가 따라올 수 있도록 잠시 휴식을 취하기도 했다. 피우메에서 권력을 차지하자마자 그가 취한 첫 번째 조치들 중 하나는 자신의 보도 부서를 만든 일이다. 그다음 15주 동안 단눈치오의 이미지는 그 자신에 의해 주도면밀하게 마련된 것으로서 일간지들을 통해 서구 세계로 타전될 것이다.

1920년 11월. 영국 귀족 출신 문필가인 오스버트 시트웰이 "단테 이래로 이탈리아어를 가장 빛낸 작가"가 자신의 도시국가에서 무슨 일을 하는지 알 수 있을까 하여 피우메에 왔다. 시트웰은 형형색색의 무법자들 천지의 거리를 발견한다. "모든 사람이 단눈치오가 손수 디자인한 제복을 입고 있다. 일부는 수염을 기르고 사령관처럼 머리를 박박 밀었다. 다른 이들은 허리춤까지 산발을 하고 이마가 헝클어진 채 술이 달린 검은 터키모를 쓰고 있다. 모든 사람이 망토와 깃털 장식, 늘어뜨린 검은 띠를 착용하고 있고 로마식 단검을 소지하고 있다."
시트웰은 청중을 확보하는 데 성공한다. 그는 "군인들이 널브러져 있고 타자수들이 정신없이 오가는…… 비잔티움 양식을 어설프게 모방한 화분들" 속에 야자나무가 가득한, 열주가 세워진 홀을 지나가고 있다. "거의 완전히 깃발들로 도배된 듯한" 내실에서 그는 피렌체에서 온 실물보다 조금 더 큰 규모의 도금된 성인 조각상 두 개와 거대한 15세기 청동 종 하나, 그리고 회녹색 군복을 입고 가슴에 훈장을 주렁주렁 달고 있는 사령관(이제 단눈치오가 애호한 호칭)이 있음을 발견한다. 그는 예민하고 피곤해 보인다. 그러나 대머리에 애꾸눈인 그를 보면, "단 몇 초 만에라도 울부짖는 폭도를 분노한 당파로 바꿔내는 특별한 매력을 느낄 수 있다".

시트웰이 피우메에 도착한 이후 위대한 지휘자인 아르투로 토스카니니가 오케스트라와 함께 이 도시에 왔다. 토스카니니의 방문을 환영하기 위해 단눈치오는 고대 로마의 검투 경기만큼이나 위험천만한 모의 전투를 준비한다. 4000여 명이 참여해 진짜 수류탄으로 서로를 공격한다. 처음에는 음악대로 참여한(베토벤의 교향곡 제5번을 연주했다) 오케스트라도 싸움에 참여하게 된다. 100여 명이 부상당하는데, 그중에는 5명의 오케스트라 단원도 있다.

이제 단눈치오는 시트웰과 그 사건에 대해 토론하면서 군단병들의 상태를 설명한다. 그들은 "전투를 기다리는 데 지쳐 있고 그래서 자기네끼리라도 전투를 해야 한다". 그러나 단눈치오는 자신을 둘러싼 혼란에 대해서는 일절 말하려고 하지 않는다. 그는 말하기를, 시트웰의 방문은 자신이 처한 "심각한 고립 상태"를 덜어준다는 점에서 정말이지 환영할 만한 일이다. 군인들은 모두 사기충천해 있지만, 그는 고만고만한 사람들(그의 견해에서 자신에 견줄 만한 사람은 없다)보다는 각 분야에서 유명한 찬미자들이 동참해주기를 바란다. 그는 시트웰에게 새로운 영국 시인들(이들 중 가장 뛰어난 인물이 바로 시트웰의 여동생인 이디스다)에 대해 질문한다. 그들은 퍼시 셸리에 대해, 그리고 영국산 그레이하운드에 대해 담소를 나눈다.

1921년 1월. 단눈치오는 이탈리아 정부를 위해 피우메를 병합했다고 주장하지만, 그의 불장난은 다른 나라들을 당혹케 하고 자기 나라를 요동치게 했다. 이탈리아 정부는 군대와 전함을 파견하여 그를 끌어내리려고 했다. 몇 해 동안 단눈치오는 "피우메가 아니면 죽음을!"이라는

1부 이 사람을 보라

노래로 군중을 이끌어오고 있었다. 그러나 적들이 자신을 추종하는 무리가 될 거라고는 기대할 수 없었다. 닷새간의 전투 끝에 그는 철수하는 데 동의한다. 1만2000명 정도 되는 피우메의 이탈리아 주민들은 그가 떠나가는 모습을 지켜본다. 한 지지자에 따르면, "그는 꽃들로 뒤덮인 채 눈물을 흘리며 떨어지지 않는 발걸음으로 도시를 빠져나가고 있다". 그날 이후 그는 운전기사만 대동하고 베네치아 석호에 차로 도착한다. 그의 오랜 시종인 톰 안톤지니와 군단 장교 한 명이 그를 만나기 위해 모터보트를 가져왔다. 불빛은 꺼져 있다. 육지와 바다 모두 안개에 자욱이 덮여 있다. 단눈치오는 망토로 몸을 감싼 채 가죽 운전모를 착용하고 있다. 안톤지니가 보기에 그는 "갑자기 늙고" 얼이 빠진 듯하다. 그는 두 사람을 포옹하고 말없이 보트에 탄다.

그들은 바르바리고궁까지 짧은 여행을 한다. 단눈치오는 거기서 집을 임대했으나, 진짜 집이라기보다는 6년 전에 떠나온 프랑스에서의 가재도구들로 가득 찬 가구 보관소에 가깝다. 그가 자신의 짐—수천 권의 책과 수백 개의 부처상, 성 세바스티아누스의 그림 복제품—을 베네치아로 모두 가져오려면 아홉 대의 짐마차가 필요했다. 이제 그 짐은 뒤죽박죽으로 그의 고층 방들을 가득 채우고 있다. 서류더미도 상자 밖으로 넘쳐난다. 먼지가 가득한 카펫들도 돌돌 말린 채 구석에 처박혀 있다. 단눈치오의 집사는 주인이 좋아하는 대로 집안을 훈훈하게 데워놓음으로써 그의 마음을 풀어주려고 했다. 안톤지니와 장교가 집안에 들어가자, 그들은 땀을 흘리기 시작한다.

이튿날 단눈치오는 자기 부하 여섯 명을 호출한다. 그는 자신을 둘러싼 혼란에 격분한 성미 까다로운 인물이다. 그는 부하들에게 북부 이탈리아에 자신을 위한 새로운 집을 찾아보라고 명령한다. 그에게는 그랜드피아노와 욕실, 세탁실, 충분한 땔감과 석탄, 전용 정원 등이 필요하다. "만일 8일 이내에", 그는 말한다. "자네들 중 누구도 내게 적당한 집을 찾지 못한다면, 나는 운하에 투신해버릴 작정이야."

1925년 1월. 단눈치오는 가르다 호숫가 산비탈의 한 집에 있는데, 거기서 그는 여생의 대부분을 보낼 것이고, 그 집은 점차 기묘한 설치예술로 변형될 것이다. 즉 일부는 이것저것 뒤섞여 있는 자신의 방대한 소유물을 위한 전시 공간이고, 다른 일부는 그 자신의 다중적인 인격이 외면화된 공간이 될 것이다. 또한 일부는 전쟁기념관이고, 다른 일부는 세속적 기쁨을 위한 정원이자 장려한 영묘가 될 것이기도 하다. 그는 이 공간을 비토리알레Vittoriale라고 부른다.

베니토 무솔리니는 1922년 10월 로마 진군을 통해 총리직으로 가는 길을 터나가면서 자신의 정치적 입지를 구축했다. 이탈리아 공중의 눈에 단눈치오가 무솔리니의 새로운 정권을 열렬히 지지하는 것으로 비친다면, 이는 무솔리니에게 이득이 될 것이다. 그러나 실상 무솔리니와 단눈치오는 서로를 의심의 눈초리로 바라본다. 시인은 이단아이고 위험스러우리만치 영향력이 있다. 따라서 그를 보이는 곳에 두고 안전하게 관리해야 한다. 그를 움직이려면 그의 재물 욕심을 이용하면 된다. 무솔리니는 이렇게 말한다. "썩은 이빨을 뺄 수 없으면 금으로 씌우는 게지." 그는 이 말대로 행한다.

무솔리니는 몇몇 거대한 기념품을 포함하여 온갖 잡동사니 선물을 기증함으로써 가뜩이나 기묘한 비토리알레의 모습을 더욱 기묘하게 만든다. 처음에는 단눈치오가 빈 상공으로 날아갔을 때 탔던 비행기가 이곳에 온다(단눈치오는 특별히 비행기를 집안에 들이려고 원형 홀을 짓는다). 그다음에는 단눈치오가 아드리아 함대에서 과감한 공격을 감행할 때 탔던 모터보트가 온다. 단눈치오는 보트를 타고 호숫가를 오르내린다(그러다가 심한 감기에 걸린다). 또한 다음에는 20여 개의 궤도 트럭을 통해 분해된 채 수송된, 전함 '풀리아'호의 선체 앞부분이 온다. 데센차노 기차역에 하역되어 호숫가를 따라, 그리고 산비탈 위로 끈기 있게 수송되어 단눈치오의 요새로 실려온 선체 일부는, 목적지에 도착해 재조립된다. 구체적으로 묘사하면, 선체의 사라진 뒷부분은 돌로 재현되었는데, 전함은 마치 일렁이는 파도를 뚫고 나아가는 것처럼 단눈치오의 장미 정원 위에 사이프러스 나무로 덮인 경사면 한쪽에서 돌출해 있는 모습이다. 이 선물은 단눈치오가 갑판에서 직접 훈련시킨 일련의 실제 선원들을 승선시킴으로써 완성된다.

　그리고 이제야 비로소 우리는 지금까지 살펴본 대로 관찰자들의 눈이 아니라 우리 자신의 눈으로 단눈치오를 볼 수 있게 된다. 우리는 유튜브의 '폭스 무비톤Fox Movietone' 뉴스릴에서 단눈치오가 전함 '풀리아'호를 설치한 직후에 전함의 갑판 위에서 개최한 작은 파티 장면을 볼 수 있다. 파티는 큰 종이 울리면서 시작된다. 그런 뒤에 여섯 발의 축포가 터진 뒤 함포에서 나온 연기가 언덕 주변을 자욱이 가린다. 파티 주최자가 가슴에 훈장을 주렁주렁 단 군복을 입고서 모자 쓴 숙녀들을 대동한 채 미소 지으며 갑판에 나타난다. 현악 4중주가 연주를 한다. 단눈치오는 집중하여 연주를 듣는다(카메라는 고맙게도 그의 성한 눈 쪽으로 찍고 있다). 그는 지금 좀더 튼튼하고 약간 구부정하다. 그는 클라리넷으로 몇몇 소품을 연주한다. 컷. 이제 단눈치오는 즐겁게 낄낄거리며 이빨이 거의 다 빠진 모습을 방심한 채 드러낸다. 사람들은—그의 저술에 유머러스함이 완전히 빠져 있음을 고려하면—종종 그가 얼마나 잘 노는지를 깨닫고 놀라워한다. 그는 영화 촬영을 위해 시 낭송에 초대받기도 했다. 그는 왁자지껄한 사이에 손을 휘젓고 단테의 『신곡』 지옥편의 도입부를 지껄여댄 후 여자 친구들 곁으로 돌아간다.

무솔리니는 자신이 권력에 접근하기 3년 전에 단눈치오에게 이탈리아 왕정을 전복하고 단눈치오를 수반으로 하는 '통령 정부'를 수립하자고 제안하는 편지를 썼다. 당시에 두체였던 사람은 바로 단눈치오이고, 무솔리니는 그의 조력자로 만족했던 것이다. 이제 단눈치오는 과거의 지도자다. 앞으로 1920년대 내내 단눈치오가 자신의 거대한 공적 영향력을 이용하여 전면에 나설 거라고 기대하는 사람들이 있을 것이다. 그들 중에는 무솔리니가 개인 권력을 공고화하기 위해 타협한 것에 당황한 파시스트들도 있을 테고, 시인이 좀 덜 난폭한 정권의 수반이 될 수 있다고 믿는 반파시스트들도 있을 것이다. 물론 그들이 기대한 것은 모두 허상에 불과할 것이었다.

1937년 9월. 베로나 기차역. 무솔리니가 새로운 동맹자인 아돌프 히틀러를 방문하여 독일 국민에게 자신을 소개한 후 로마로 돌아오는 길이다. 단눈치오—평생 격렬하게 독일에 반대하는 편에 섰던—는 무솔리니에게 히틀러를 "잔인한 어릿광대"에 비유했다. 그렇기는 해도, 비록 그가 비토리알레를 거의 떠나지 않는다고 할지라도 이번만큼은 무솔리니에게 예우를 갖추기 위해 그를 맞이하려고 가르다로부터 여행길에 나선다. 이제 단눈치오는 74세이고, 여전히 호색한의 성적 왕성함을 뻐기려 해도 나이는 어쩔 수 없는 데다 매독과 코카인 때문에 정상이 아니다.

단눈치오의 전기를 쓴 프랑스 작가 필리프 쥘리앙이 묘사한 뉴스릴은 다음과 같은 장면을 보여준다. "단눈치오가 건축가 마로니의 팔에 기댄 채 열차 창문까지 깔려 있는 레드카펫 위를 질질 발을 끌며 걸어가자 두체가 창문에 몸을 기댄다. 동화에서나 나올 법한 도깨비 같은 미소를 지으며 무솔리니가 그의 손을 잡는다." 무솔리니는 열차에서 내려 운집한 군중에게 연설할 발코니로 향한다. "작은 노인 하나가 주절대고 앙상한 손을 휘저으며 그의 뒤를 뒤뚱뒤뚱 따라간다. 무솔리니는 속도를 줄이지 않고서 때때로 그 노인네를 내려보며 미소 짓지만, 군중의 우레와 같은 환성 때문에 단눈치오가 무슨 말을 하는지 도통 한마디도 알아듣지 못한다." 결국 두체는 무뚝뚝하게 앞으로 나서 단눈치오에게 자기 곁으로 오라고 손짓하지 않고 시인 곁을 떠나 시인을 망각한 군중 속을 헤쳐 자동차가 있는 곳으로 돌아간다.

비토리알레에 파견된 무솔리니의 정보원에 따르면, 당시에 단눈치오가 두체에게 하려고 했던 말은 이것이다. "저는 당신이 지금 하고 있는 일을 지지하며 그 어느 때보다 당신을 찬미하는 바입니다." 그러나 단눈치오를 부축해주던 마로니는 그가 비토리알레로 돌아와 의기소침한 상태로 이렇게 중얼거렸다고 기록해놓고 있다. "이게 끝이야." 다섯 달 후 단눈치오는 사망할 것이었다.

3. 6개월

1915년 수난일*의 동이 튼 직후 가브리엘레 단눈치오가 기르던 그
레이하운드들 중에서 가장 아끼는 놈인 '플라이'가 파리의 동물병원에
서 죽었다. 플라이가 잔뜩 부어오른 다리 때문에 엎드리지도 못하고 벌
벌 떠는 동안 단눈치오는 이 모습을 지켜보며 밤을 꼬박 새웠다. 결국
수의사는 그가 개를 "놓아주어야" 한다고 선언했다. 그렇게 한 뒤 단눈
치오는 거리를 걸었다. 이날은 기독교 달력에서 가장 슬픈 공휴일이라
서 파리의 4분의 3이 텅텅 비었다. 도시에서 그래도 유복한 주민들은
이전 해 프랑스 정부가 보르도로 옮길 때 함께 피란을 갔다. 그나마 단
눈치오를 스쳐 지나간, 도시에 남아 있는 얼마 안 되는 사람들도 모두
제복을 입었고, 부상을 당한 사람 일색이었다. 그는 악기점 창문 앞에
서서 일부 바이올린을 보고 감탄했다(음악 애호가이자 괜찮은 제조자로
서 그는 '악기 제조술'에 큰 관심을 갖게 되었다). 섬세한 윤곽과 어두운 광
택이 방금 죽은 사랑스러운 개를 떠올리게 했다.

* 예수 그리스도의 재판과 처형, 십자가에서의 죽음을 기리는 날. 비극적인 일이 있던 날이지
만 기독교 신앙에서 매우 중요한 의미를 띠어 '좋은 금요일'로 기념한다.

동물병원으로 돌아온 뒤 병원 직원이 그를 위해 플라이의 몸을 보여주었다. 플라이의 눈은 항상 그러했던 것처럼 그를 애타게 바라보는 "검은 구멍들"과 같았다. 그는 개의 유체를 먼저 면포와 린넨과 붉은 다마스크 천으로 싸고 마지막으로 래커칠이 된 흰 상자에 담았다. 작업자가 뚜껑을 못으로 박자, 그는 플라이가 어둠 속에 홀로 있는 걸 얼마나 무서워했는지를 떠올렸다. 그는 자동차 뒷좌석에 관을 놓고 천천히 베르사유 근처의 농장으로 향했는데, 거기서는 다소간 버림받은 애인인 나탈리 골루베프가 점점 줄어드는 그의 사냥개 무리를 보살피고 있었다. 프랑스가 전쟁에 휩쓸린 이래로 많은 개가 식량 부족으로 살아남지 못했다.

무덤이 마련되었다. 나탈리는 플라이의 머리맡에 물망초와 아이비가 담긴 바구니를 내려놓았다. 그날 단눈치오의 수첩에는 다음과 같이 무신경하게 휘갈겨 쓰여 있다. 기관총 소리(전선에서 매우 가까웠다). 수탉의 울음소리. 여기저기 연기. "말라붙은 진흙 같은 창백한 색깔의 방파제…… 이 끔찍한 인생…… 비행기들의 진동, 이미 썩고 있을 플라이의 가엾은 눈…… 말로 형언할 수 없는 슬픔." 그 후 단눈치오는 나탈리와 아침을 먹었는데, 5년 전에 그는 나탈리를 쫓아 이곳 프랑스에 왔고, 그녀와 함께 이따금 달콤한 밤을 보내곤 했다. 그들은 조용했다. 단눈치오는 플라이의 자식과 손주들을 지켜보면서 땅속에서 썩기 시작할 사냥개의 미끈한 몸을 생각했다.

단눈치오는 여성들에 대해 쓸 때와는 달리 다정한 어조로 개들에 대해 쓰고 있다. 며칠 내에 그는 나탈리에게서 떠나 두번 다시 그녀를 보지 않을 터였다. 그 후로는 나탈리에 대해 애수적이기는커녕 신경질적으로 언급한다. 플라이의 죽음으로 개인적으로 의기소침한 감정의 기복을 겪은 그날은, 단눈치오의 공적인 삶이라는 측면에서 보자면 소용돌이치듯 흥분으로 고조된 시기에 속해 있다. 그는 플라이를 황폐한 들판에 묻으면서 자신의 지쳐버린 인생의 한 자락도 함께 묻었고, 새로운 인생이 시작되기를 더는 가만히 기다리고만 있을 수 없었다.

지난여름 전쟁이 발발한 이래로 그는 잘못된 장소에 갇혀 꼼짝 못한 채 자신의 역할에 대한 확신도 없이 자기 나이만 느끼고 있었다(그는 52세였다). 그러나 1915년 3월 7일 그는 결국 며칠 전 받은 편지 한 통을 보게 될 여유가 생겼다(그는 수많은 팬레터의 수신자로서 종종 편지를 수 주 동안, 혹은 영원히 뜯어보지 않은 채 방치하곤 했다). 편지에는 일찍이 주세페 가리발디와 그의 추종자들이 시칠리아 원정을 위해 출항한, 제노바 근처의 작은 어항 콰르토에 세워진 한 기념물의 사진이 있었다. 시칠리아 원정은 현대 이탈리아의 기원 신화에서 가장 스릴 넘치는 에피소드였고, 또 여전히 그러하다. 1860년 가리발디는 정부의 허락 없이 형편없이 무장한 1000명 남짓의 의용병 부대를 이끌고 시칠리아에 상륙했다. 그다음 몇 달 동안 그는 부르봉 왕실의 나폴리 왕국 군대를 남부 이탈리아에서 일소함으로써 자유롭고 통일된 이탈리아의 창출로 이어지는 역사적 과정의 물꼬를 텄다.

가리발디는 단눈치오가 특유의 기이함으로 악명 높았던 것과는 정반대로 아름다운 것으로 유명했다. 가리발디는 특유의 금욕주의와 고결함으로 유명했다. 그는 이탈리아 절반의 독재자로 등극한 후 옥수수 한 포대 외에 어떤 것도 취하지 않았다. 반면 단눈치오는 수십 벌의 정장과 수백 장의 셔츠를 구입하며 상습적으로 계약을 파기하고 빚을 떼어먹는 인물이었다. 그러나 두 사람에게는 몇 가지 중요한 공통점도 있었는데, 그 가운데에는 경이로운 성적 에너지와 오스트리아인들(수 세기 동안 이탈리아 대부분을 지배한)에 대한 혐오감이 있었다. 1915년 파리에서 단눈치오는 이 위대한 인물의 손자인 페피노 가리발디와 접촉했는데, 당시 그는 프랑스인들과 나란히 이탈리아 의용병 군단을 지휘하고 있었다. 단눈치오는 이탈리아로 귀국할 적당한 때를 기다리고 있었다. 하마터면 폐지 상자로 들어갈 뻔한 편지가 그에게 기회를 주었다. 콰르토항에 있는 기념물의 사진은 가리발디의 출항 55주년을 기념하여 5월 5일에 모습을 드러낼 터였다. 이 제막식의 조직자들은 이 기념식 때 연설하기 위해 단눈치오가 귀국할 의향이 있는지 궁금해했다. "나는 편지를 뜯어 읽어보았다. 그리고 보라! 모든 것이 환해졌다!"

한 해 전 전쟁이 개시되었을 때, 이탈리아는 중립으로 남았다. 총리 안토니오 살란드라와 외무장관 시드니 손니노는 이탈리아군이 전쟁에 돌입할 수 없을 정도로 형편없는 상태임을 잘 알고 있었고, 따라서 일찍이 1882년에 체결한 3국 동맹의 조항, 즉 이탈리아는 오스트리아 및 독일과 전쟁하지 않는다는 규정을 준수할 것이라고 선포했다. 단눈치오에게 이런 중립 노선은 부끄럽게 보였다. 이탈리아는 싸워야 했고, 이는 단지 이득을 취하는 문제가 아니라 자존심의 문제였다. 지구상의 너무나 많은 국민이 조국을 단지 "박물관과 리조트, 휴양지, 프러시안블루 색의 지평선을 가진 국제 신혼여행지"쯤으로 생각했다. 그렇지 않다는 것을 보여주어야 했다. 1914~1915년 겨울을 거치면서 단눈치오는 프랑스어와 이탈리아어로 발간되는 잡지들의 지면을 통해 튜턴족 "무리"에 맞서 프랑스(전쟁에서 영국과 러시아의 역할은 그의 관심사가 아니었다) 편에서 참전해야 한다고 이탈리아 정부에 요구해나갔다. "이 전쟁은 그저 일시적이고 순간적이며 가상적인 이해관계의 갈등이 아니다." 그는 계속해서 쓴다. "그것은 인종 사이의 투쟁이며 화해할 수 없는 열강 사이의 적대이자 피의 재판이다."

프랑스 정부는 당연히 단눈치오가 자신의 동포들에게 자기네 편에서 참전해야 한다고 부르짖는 것을 조장하는 데 여념없었다. 그가 제노바에서 온 편지를 읽기 전날 밤, 프랑스 관리인 장 피노가 그를 만나러 왔다. 단눈치오의 태도는 그에게 그리 만족스럽지 못했다. "구부정한 작은 남자가 그저 말라비틀어진 허영심에만 꼿꼿이 의지할 뿐이다." 단눈치오 또한 피노가 논의하기 위해 가져온 제안에 그다지 좋은 인상을 받지 못했다. 페피노 가리발디의 의용병 군단은 당시 영웅적으로 싸우고 있었다. 페피노 이외에 가리발디의 다른 손자들 중 두 명을 포함하여 많은 군단병이 전사했다. 이제 생존자들은 동료 이탈리아인들이 행동에 나설 수 있도록 독려하기 위해 고향으로 돌아가야 했다. 패션 디자이너인 마담 파캥이 위대한 가리발디 부대원들이 반세기 전에 입었던 종류의 붉은 셔츠를 2000벌 제공할 것을 약속했는데, 이번에는 실크로 제작될 터였다. 이 모험은 쿠데타와 같거나, 아니면 정치적 연극과 같은 어떤 것이었다. 쿠데타라면 무능해 보였고, 정치적 연극이라면 연출이 서툴기 짝이 없었다. 단눈치오는 불안했다. 피노가 떠난 후 그는 겨자씨 연고를 가슴에 바르고—당시 그는 심한 감기에 걸린 상태였다—침대에 누웠으나, 오랫동안 뒤척여야 했다. 일생 동안 그의 기분은 왕성한 에너지와 의기소침함의 양극단을 오락가락했다. 이날 그는 심히 가라앉아 있었다. 그는 "마치 죽음을 청하듯이" 잠을 청했다.

이튿날 아침 제노바에서 온 편지를 읽었을 때, 그는 즉각 기분이 날아올랐다. "나는 갈 것이다. 나는 붉은 물결의 '가리발디니' 군단을 이끌 것이다." 그는 자기 수첩에 이렇게 썼다. "콰르토에 도착하기 위해

(…) 기꺼이 흘릴 피를 적재한 배로 티레니아 해를 건너기 위해." "아폴로의 섭리"가 그를 도울 것이었다.

페피노 가리발디가 오후에 그를 만나러 왔다. 두 남자는 방을 어슬렁거렸는데, 둘 다 너무 흥분해 앉아 있을 수 없었던 모양이다. 단눈치오는 키가 작고 평소처럼 산뜻하게 몸치장을 하고 있었다. 반면 가리발디는 큰 키에다 얼굴은 주름이 깊게 패고 눈빛은 빛나며 프랑스군에서 대령을 뜻하는 붉은색 소매의 푸른 군복 상의를 입고 있었다. 단눈치오가 자신의 계획을 설명했다. "2000명의 무장한 젊은이는 (…) 엄숙한 기념물을 빙 둘러선 채 목숨을 바쳐 정복할 각오로 출발 대기할 것이오." 그 자신은 이 군사적 쇼의 조물주이자 연출자이며 주연배우였다. "이탈리아가 아무리 보지 못하고 듣지 못한다고 해도 콰르토항의 바위에서 솟아나오는 신호를 보지 못할 리는 없고 그 호소를 듣지 못할 리도 없소." 가리발디도 똑같이 감동했다. 그는 말하기를, 그것은 하나의 화염이자 하나의 시가 될 것이었다. 아침만 해도 "욕설을 섞은 약간의 불평"을 하며(치질 탓이거나 한 해 전 옮은 성병 탓에) 기분이 좋지 않은 채 일어난 단눈치오는, 이제 신이 나서 "내면에서 솟구치는 음악적 급류"에 휩싸인 채로 그날을 마감했다.

그로부터 3주 뒤쯤 플라이가 죽은 슬픈 날이 찾아왔고, 슬픈 부활절을 나탈리와 함께 보낸 뒤 멜랑콜리하게 짐을 싸는 과정이 있었다. 단눈치오는 사람들이 파리의 집을 치우며 짐을 옮기는 모습을 지켜보면서 이렇게 썼다. "생명이 정맥으로부터 흘러나오듯이, 인생도 집 밖으로 흘러나가는 법이다." 그는 아끼는 그레이하운드들 가운데 몇 마리를 다른 이들에게 주었다. 두 마리는 미래의 육군 원수인 페탱에게 주었다.

단눈치오는 평소처럼 돈이 절실하게 필요했다. 여행 자금을 충당하기 위해 그는 엘레오노라 두세가 준 빛나는 에메랄드를 저당잡혔다. 그는 콰르토에 가기 전에 한 달 동안 가볼 곳이 있었는데, 대서양 연안의 아르카숑에 있는 자신의 빌라였다. 거기서 그는 두 편의 호전적인 논설과 콰르토에서 쏟아낼 연설문을 쓰는 데 힘을 모았고, 한 외과의사의 딸이자 훌륭한 여자 승마기수(단눈치오는 "아마존 여전사들"에 대한 찬미자였다)와 프랑스 땅에서 벌인 마지막 연애관계에도 힘을 쏟았다. 이 아마존 여전사가 이웃에 산다는 것을 단눈치오에게 알려주어 두 사람 사이에 다리를 놓은 이는 그의 집사 겸 내연녀 겸 뚜쟁이기도 한 (단눈치오가 '아엘리스'라고 부른) 아멜리 마조베르였다.

파리로 돌아와서는 자기 홍보에 푹 빠져 기자회견을 가졌다. 『파리 통신』의 한 기자는 단눈치오의 옷장을 보고 크게 놀랐다. 그의 비서는 재단사에게 받은 맞춤 정장을 찾느라 바빴고, 비서의 기록을 보면, 그 달에 단눈치오가 엄청난 양의 새로운 넥타이와 스카프 등을 구매했음을 알 수 있다. 그는 연설문을 이탈리아 총리인 살란드라와 파리 및 밀라노의 일간지 편집자들에게 보냈는데, 5월 5일 아침까지는 비밀이 유지되어야 한다는 엄격한 단서를 붙였다. 그는 『르피가로』의 편집자에게 이렇게 말했다. "주사위가 던져질 참이다." 이런 언어적 유희는 단눈치오가 자신을 제2의 율리우스 카이사르로 여기면서 전쟁을 내켜하지 않는 로마에 영웅적으로 군사적 운명을 부여하는 역할을 자임하고 있었음을 드러내준다.

그는 리옹 역에서 뻑적지근한 송별회를 가졌다. "여성들이 역으로 몰려들었다." 그는 이렇게 썼다. "이 여성들 대부분이 내 침대에 친숙한 이들이다." 나탈리는 플랫폼에 모습을 드러내지 않았다. 단눈치오가 그녀를 "성가신 존재"로 여겨 농장으로 돌려보낸 것이다. 그러나 아르카 송 출신의 아마존 여전사는 그를 배웅하러 나온 군중 속에 있었고, 아 마도 다른 연인 몇몇도 거기에 함께 있었을 것이다. 단눈치오와 마찬가 지로 내털리 바니의 살롱에서 만난 성적 정체성이 모호한 동인 그룹의 회원이자, 단눈치오를 유일한 남성 연인으로 두었던 로메인 브룩스의 친구인 레즈비언 소설가 시빌라 알레라모는, 그가 그 전해에 "넷, 다섯, 혹은 여섯 명"의 여성과 동시에 연애사업을 벌이고 있었다고 단언하기 도 했다.

1915년 5월 4일, 그러니까 단눈치오가 파산한 채 수치스럽게도 황급 히 이탈리아를 떠난 지 정확히 5년 후에 그는 다시 국경을 넘었다. 그 가 전쟁 발발 이후 첫 몇 개월 동안 파리에서 개들을 위한 고급 양장 점 의상을 주문하거나(패션 디자이너 찰스 워스가 만든 빨강 파랑의 의상) 입으로 불어서 만드는 유리 제조술을 익히고 자신의 특허품인 향수의 레시피를 만지작거리며 빈둥거리고 있을 때, 단눈치오는 동포들의 집단 상상력 속에서 민족적 영광을 구원할 인물이 되고 있었다. 그는 아무 리 재미있다고 해도 어쨌거나 점잖지 못한 탈선행위를 저지른 유명 인 사로서 조국을 떠났다. 그런데 이제 민족주의의 메시아로서 귀국한 것 이다.

한 세대 전의 위대한 시인인 조수에 카르두치는 일찍이 그런 인간의 도래를 고지한 바가 있었다. "도래하는 거장을, 장엄하고 위대한 이탈리 아 정신을, 이미 날개를 퍼덕이며 우리에게 다가오는 천재를 맞이하라." 단눈치오 자신도 마찬가지로 "그는 침묵 속에서 죽음을 물리치며 다가 오리라/우리에게 필요한 영웅이"라며 수수께끼 같은 글귀를 남겼다. 그 는 프랑스에 체류하는 동안 민족주의와 군국주의 성향의 이탈리아인들로부터 메시아적인 영웅의 지위와 광채를 얻었다. 밀라노에서 단눈치 오의 지지자들은 그의 귀환을 축하하기 위해 그의 시를 낭송하는 일련 의 모임을 조직했다. "그는 자신의 숭고한 전망에 넋을 빼앗긴 채 자신 의 아름다운 조국을 망각한 것처럼 보였다." 한 찬미자는 이렇게 썼다. "그러나 아니다! 새 여명이 동터오르자마자 그는 자랑스럽게 일어나 떨 리는 사랑으로 위대한 어머니의 가슴에 안겼다."

단눈치오가 탄 열차가 위대한 어머니의 국경에 도착했을 때, 그는 스스로도 설명했듯이 고향땅을 처음 보고서 감정적으로 압도당하지 않으려고 눈을 질끈 감았다. 일단 이탈리아 땅에 들어온 후 그는 가는 곳마다 열광하는 군중과 맞닥뜨렸다. 젊은 여성들은 열차의 발판에 오르기도 하고 그가 탄 객실 창문에 입을 맞추기도 하며 그에게 꽃을 전달하기도 했다. 이튿날 『코리에레 델라 세라』에 따르면, 토리노에서 "그를 만지려고 수천 명이 손을 내밀었다". 단눈치오는 목이 메인 채 열차 창문에서 그들을 향해 연설했다. 그가 제노바로 향하자 한 대학교수는 강의를 취소하고 학생들에게 역사를 배우는 대신 역에서 단눈치오를 만나 "역사를 살자"고 역설했다.

단눈치오는 어렵사리 자동차에 올라타 북새통을 이룬 사람들을 뚫고 나아갔다. 안전하게 호텔에 도착한 후 그는 발코니에 나와 흥분한 군중에게 연설했다. "조국을 떠나 있은 5년 동안 내 뒤에는 슬픔만이 남아 있었습니다. 이제는 사라졌습니다!" 사실로 말하자면, 그가 더 일찍 귀국하는 것을 방해한 요소는 단지 그러고 싶지 않은 자신의 의향이었다. 그러나 이제 자신의 부재를 "망명"으로 포장했다. "이제 나는 살고 있습니다, 나는 오직 살기를, 새로운 인생을 살기를 원합니다."

1부 이 사람을 보라

이튿날 그는 부두에서 연설했다. 이미 그의 연설문을 읽은 국왕 비토리오 에마누엘레는 콰르토항에 가지 않는 게 낫겠다고 판단했다. 정부 각료들도 마찬가지 생각이었다. 이탈리아는 여전히 중립이었다. 단눈치오의 수사학은 너무나 공격적이어서 왕실과 내각의 인사들로서는 받아들이기 편치 않았다. 그럼에도 그는 어조를 누그러뜨려달라는 요청을 받지는 않았다.

부둣가에 인파가 몰려들었다. 그 가운데 가리발디의 '천인대' 생존자 100여 명도 있었는데, 이들은 영웅적인 이탈리아 건설의 살아 있는 기억이었다. 이와 마찬가지로 파캥이 재단한 제복 상의를 착용한 새로운 '가리발디니'도 거기에 있었다. 뉴스 사진들은 인산인해를 이룬 밀짚모자들로 에워싸인 기념물을 보여준다. 남자들(여자들은 거의 보이지 않는다)은 더 잘 보려고 바위 위로 기어오르거나, 아니면 물에서 인파에 시달리느니 차라리 배에 옮겨 타기도 한다. 행사를 개최한 시장이 연단에 모인 귀빈들에게 자신을 소개했다. 이처럼 단눈치오는 진행 방식을 바꿈으로써 자신이 현대 정치 과정을 잘 이해하고 있음을 산뜻하게 보여주면서 군중을 향해 연설을 토해냈다.

그는 어떤 확성 장치도 없이 자신의 말을 수천 명의 청중에게 전달할 수 있었다. 독일 만평가인 트리어는 나중에 그를 가리켜 얼굴을 찡그리고 입을 크게 벌려 고함을 치며 연설하는 인물로 묘사하기도 했다. 그러나 이런 이미지는 진상을 오도하는 면이 있다. 그가 청중을 향해 참전하자고 선동하는 와중에도 그의 전략은 장광설을 늘어놓는 것이 아니라 도취시키고 매혹하는 것이었다. 그의 언어는 폭력적이며 매너는 우아했다. 콰르토항에서 행한 그의 연설은 가히 한 곡의 빛나는 '말-음악'이라고 할 만했다. 그 연설에서 단눈치오는 가리발디가 이끈 '천인대'

콰르토항에서 연설하는 단눈치오. 그의 수사학은 극히 공격성을 띠면서도 우
아했다.

의 영웅주의를 기리면서 그들의 영광을 자신의 것으로 전유하고자 했다. 그는 가리발디의 가장 유명한 구절을 인용했다. "여기서 우리는 이탈리아를 만들거나, 아니면 죽을 것이다!" 그는 고대 로마 영웅들의 고귀한 영감에 대해서도 연설했다. 그는 청중에 영합하고 청중을 도발하면서 위대한 선조들과 같이 되라고 촉구했다. 그는 자신의 선동 정치를 어르고 달래는 듯한 장엄한 종교 제례의 리듬으로 감쌌다. 그는 일련의 참된 행복의 표현들로 연설을 마무리했다.

영광에 굶주리고 목마른 젊은이들에게 복 있을지니, 그들에게 만족을 베푸실지어다……
자비로운 자들에게 복 있을지니, 빛나는 피의 강물을 멈추시고 상처를 꿰매주실지어다……
가장 많은 것을 가진 자들에게 복 있을지니, 그들은 가장 많은 것을 줄 수 있고 가장 많은 것을 행할 수 있을지어다……
승리하여 귀환한 자들에게 복 있을지니, 그들은 새로운 로마의 얼굴을 볼 수 있을지어다.

그것은 주문呪文과 같았다. 사람을 홀리는 것이었다. 신성 모독이었다. "이 남자는!" 로맹 롤랑은 분개하여 이렇게 썼다. "문학적 허구성의 화신이라고 할 만한 이 남자는 감히 자기가 예수라도 된 양 처신한다!" 롤랑은 한때 단눈치오의 친구로서 그와 잘 지냈으나, 이제 그들은 전쟁에 대한 입장 차이로 정면으로 대적하고 있었다. 롤랑은 평화주의자인 반면, 단눈치오는 "이탈리아로 하여금 조약을 위반하고 동맹국들에 맞서 전쟁을 벌이라고 선동하는 산상수훈"을 설파했다.

물론 단눈치오의 쇼맨십이 매우 인위적이고 그의 연설 또한 터무니없이 현학적이라고 생각한 사람들도 있었다. 그러나 단눈치오는 자신이무얼 하고 있는지 잘 알고 있었다. 그는 정치가 공연 예술이라는 걸 꿰뚫고 있었다. 그해 나중에 단눈치오는 한 사제가 "무식한 사람들이 고상한 웅변을 이해하지 못하리라고 믿으면서" 교육받지 못한 군인들에게 너무나 단순하게 연설하는 모습이 얼마나 우둔하고 오만한 것인가에 주목했다. 그는 그런 실수를 저지르지 않았다. 그는 톡 쏘는 듯한 리듬과 쨍그렁거리는 선언, 거대한 추상과 공명하는 신화로 이루어진 주문을 제공했다. 그의 청중이 그가 말한 것의 의미를 잘 따라가든 말든간에 그들은 최면을 거는 것처럼 말하는 그의 방식에 열렬하게 화답했다. 콰르토항에서도 군중은 파도처럼 앞으로 나아가며 '라틴 자매'인프랑스를 지지하는 표시로 '라마르세예즈'를 불렀고, 전쟁을 연호했다.

도시는 열렬한 민족주의자로 가득 찼다. 거듭하여 단눈치오는 연설을 해달라는 요청을 받았다. 나흘 동안 그는 일곱 번 연설했다. 그의 연설들은 전 유럽에 타전되었다. 이탈리아 각료들은 신경이 곤두섰다. 그들은 극도로 민감한 비밀 협상을 벌이는 중이었고, 단눈치오는 위험스럽게도 포문이 열린 대포와 같았다. 손니노는 콰르토항에 그가 출몰한것을 가리켜 "어릿광대짓"이라고 촌평했다. 마리니 장관도 "멍청한 짓"이라고 일축했다. 그러나 프랑스 기자들은 그에 대한 찬미와 감사의 마음으로 가득했다. 그의 적들도 역시 큰 관심을 표명했다. 예컨대 단눈치오가 고성을 지르며 도취된 모습을 묘사하고 있는 한 독일 만평에는다음과 같은 지문이 딸려 있었다. "그의 거대한 입 크기에 맞는 구경의대포가 우리에게 있다면 만사형통일 텐데."

당시 제노바에서 벌어지던 일은 단눈치오가 예전의 댄디 시인에서 민족의 구원자로 환골탈태하는 과정이었다. 그러나 호텔 방이라는 사생활의 영역으로 다시 들어가면, 그는 여전히 구제 불능의 낭비가에 난봉꾼이었다. 그와 함께 제노바에 온 우고 오예티는 편집자이자 친구인 루이지 알베르티니에게 그 주에 보낸 편지에서 단눈치오가 자신의 명성과 참전론의 대의를 뒤섞어버리는 위험한 짓을 하고 있다고 우려하면서 단눈치오라면 알베르티니의 말을 들을 테니 그를 제지해달라고 요청하기도 했다. "그는 평판 나쁜 여성들의 치마 속을 킁킁거리는 데만 관심이 있다." 한 적대적인 의원은 곧 단눈치오 씨가 자신과 동행한 익명의 여성 두 명이 물어야 할 고액의 숙박료를 지불하지 않고서 제노바 호텔 '에덴 팰리스'에서 도망친 것이 맞는지에 대한—물론 '맞다'는 대답을 예상하면서—의회 청문을 열 것을 요구하기도 했다.

보기보다 간단치 않은 것은 비단 단눈치오의 개인적인 부활만이 아니었다. 주연배우 자리를 요구한 정치 드라마에서 그가 어떤 역할을 맡아야 할지도 간단치 않은 문제였다. 그는 동포들에게 3국 동맹을 거부하고 프랑스와 영국과 러시아 편에서, 즉 3국 협상 편에서 참전해야 한다고 역설하기 시작했다. 그다음 두 주 넘게 그는 반복해서, 그리고 점점 더 거친 언어를 사용해가며 그렇게 하기를 주저하는 정부 각료들을 비난해댔다. 그러나 단눈치오는 모르고 있었지만, 정부는 이미 정확히 그가 주장한 바를 실행하고 있었다.

겨울 내내 총리 살란드라와 외무장관 손니노는 양편과 동시에 협상하는 중이었고, 3국 협상 측에서 제시한 조건이 좀더 매력적이라는 결론을 내렸다. 단눈치오가 아직 파리에 있던 4월 26일에 이탈리아 통치자들은 비밀리에 영국 및 프랑스와 런던 조약에 조인했는데, 이에 따라 이탈리아는 영국 및 프랑스 편에서 참전하는 데 동의했다. 5월 1일 손니노는 내각에 3국 협상과 합의(실제로는 이미 그 전에 도달한 합의)에 도달할 수 있도록 3국 동맹을 거부하라고 요청했다. 5월 3일, 그러니까 단눈치오가 남행 열차를 타기 바로 전날에는 살란드라 정부가 공식적으로(그러나 여전히 비밀리에) 이탈리아와 독일 및 오스트리아-헝가리와의 유대를 파기했다.

훗날 단눈치오는 자기가 정부 기밀들에 모두 은밀히 관여하고 있었다고 주장했지만, 이것은 거짓말이다. 프랑스 체류 중이던 지난 몇 주간 그는 언론의 2급 가십거리와 주변적 정치인들로부터만 정보를 긁어모았을 뿐이다. 조만간 자신이 그토록 험한 말로 두들겨 패게 될 정부 당국과는 그 어떤 비밀 연락도 없었던 것이다. 단눈치오 자신은 알지 못했지만, 그는 특유의 소란과 과장된 몸짓으로 참전을 요구하면서 이미 열려 있는 문을 크게 두드리고 있었던 셈이다.

단눈치오가 콰르토항에서 연설한 후 이튿날 아침에 제노바시는 단눈치오에게 800킬로그램짜리 14세기풍 돌사자 석고 모형을 선물했다. 그는 사자(성 마르코와 그가 부활시키려 했던 베네치아 제국의 상징)를 받았고, 이를 그날의 연설에 이용했다. 그는 집이 없었음에도 항상 거대한 골동품을 받고 기뻐했다. 정오에 다시 연설을 했는데, 이번에는 가리발디의 베테랑들이 대상이었다. 단눈치오는 그날 밤 시장에게서 청동 방패를 선물로 받았는데, 이에 좀더 장황한 연설로 화답했다. 연설을 계속해나가면서 그는 점점 더 선동적으로 변모해갔다. 그는 대학생들에게 이렇게 외쳤다. "가라! 너는 신불을 태우려고 바람에 떠다니는 불꽃이다. 화염을 지펴라!"

　　　　　　　　　　　1부　이 사람을 보라

그는 닷새간 여자 친구들과 더불어 휴식과 여흥의 시간을 보낸 뒤 로마로 이동했다. 비밀리에 군사적 개입을 추진하는 데 여념없던 살란드라 행정부는 궁지에 빠졌다. 국왕과 교황, 대다수 군 지도자들을 포함하여 이탈리아인 다수는 여전히 중립을 선호했고, 의회 또한 그러했던 것이다. 평화를 주장하는 주화파를 이끈 사람은 자유주의 정치가인 조반니 졸리티였는데, 그는 특유의 영악한 실용주의로 인해 이미 단눈치오에게는 혐오스러운 인물로 낙인찍혀 있었다. 졸리티는 네 차례나 총리를 역임한 바 있었다. 그는 1915년에 내각에서 물러났지만, 지난 20여 년간 그러했듯이 여전히 의회를 지배하고 있었다. 의회에서 그는 반복하여 전쟁 개입에 대한 반대 주장을 펼쳤는데, 그의 견해에서 전쟁 개입으로 이탈리아가 얻어낼 것은 거의 아무것도 없었다(훗날 그가 옳았음이 입증되었다). 그를 따르는 지지자도 많았다. 그달에 300명 넘는 의원이 연대 표시로 그를 방문하여 자신들의 명함을 남겼다.

그러나 졸리티의 적들은 좀더 요란스러웠다. 이탈리아 전역에서 전쟁 찬성 시위가 발생하고 있었다. 영국 방문객으로서 야심만만한 정치인이었던 휴 돌턴은 모든 계급 출신의 선량한 수백, 수천 명이 로마와 그외 이탈리아 도시의 거리를 천천히 행진하면서 느릿하지만 끝없이 "졸리티에게 죽음을, 졸리티에게 죽음을"이라고 외쳤다고 보고했다. 로마에 주재한 영국 대사 리넬 로드 경도 참전을 지지하며 포폴로 광장에 모인 시위대의 수가 20만 명이 넘는다고 추산했다. "그들은 통상 시위에 참여할 만한 유형의 사람들이 아니라, 오히려 부르주아지 중에서도 가장 훌륭한 부류를 포함한 질서 있고 규율 잡힌 군중이었다."

이 영국 목격자들은 자연히 이탈리아인들이 기꺼이 자기 나라 편에서 싸울 의향이 있다는 생각으로 기울었다. 그들이 시위자들을 "가장 훌륭한" 사람들이라고 묘사한 것을 보면, 그들의 선입견을 알 수 있다. 비록 로드 대사 자신은—런던 조약의 기밀은 아직 발설되지 않았기에—잠자코 있어야 했지만, 대사 부인은 대사관 발코니에서 전쟁 찬성 시위자들에게 꽃을 던졌다. 실제로 모든 참전론자가 그렇게 "규율 잡히고" "질서 있는" 것은 아니었다. 로마에서는 중립주의 정치인들이 거리에서 구타를 당하기도 했다. 당시 잡지 편집자인 베니토 무솔리니는 자신의 독자들에게 이렇게 요구했다. "쏴라, 분명히 말하노니, 한 다스의 [중립주의] 의원들을 등 뒤에서 쏴라." 그러나 로드 대사가 말했듯이, "사람들은 광장으로 밀려 내려왔고" "자신들의 의지를 선언했다". 살란드라는 의회 동의 없이는 무장력을 동원할 수 없었고, 졸리티는 하원에서 다수파를 통제하고 있었다. 교착 상태를 뚫으려면 무언가가, 혹은 아마도 누군가가 필요했다.

단눈치오는 5월 12일 로마에 도착했다. 『코리에레 델라 세라』의 기자는 그가 탄 열차를 맞이하려고 10만 명이 모였다고 추산했다. 기차역에서는 소란스런 장면들이 연출되었다. 단눈치오는 찬미자들의 북새통 속에서 하마터면 밟혀 죽을 뻔하다가 간신히 인파를 헤치며 대기한 차로 향했다. 남아 있는 사진들은 베네토가街가 검은 모자들의 강을 이루면서 이 끝에서 저 끝까지 인파로 발 디딜 틈 없는 모습을 보여준다. 그는 레지나 호텔에 당도한 후 안전을 위해 식당 문을 통해 들어갔다. 그 직후 발코니에 나타나 국왕과 모후(참전에 우호적인 걸로 알려진)에 대한 충성을 선언하고 청중에게 겁쟁이와 유화론자들을 "내부의 적"으로 공격할 것을 요구했다.

그다음 며칠 동안 단눈치오는 점점 더 들끓는 군중을 향해 반복해서 연설했다. 프랑스의 『시대Le Temps』지 특파원인 장 카레르는 그를 이렇게 묘사했다. "나는 그렇게 침착하게 공중 앞에 나서는 웅변가를 본 적이 없다. 즉석에서 만들어진 연단에 선 그의 표정은 대리석같이 창백하고 두 눈은 이글거리며 고독하게 빛났다." 말 그대로 그는 번쩍번쩍 빛났던 것이다. 또 다른 관찰자는 "그의 대머리에서 빛나는 광채와 그의 안경에서 발산되는 번쩍임"에 대해 쓰기도 했다(실제로 안경은 그 자신이 "캐러멜"이라고 부른 외알 안경이었다).

단눈치오는 무시무시하지만 잘 계산된 분노를 터뜨리며 반복적으로 자기 나라 정부를 비난했다. 그는 언젠가 쓰기를, 욕망에 포박된 자에게는 여성의 입이 흡사 꽃과 낙원, 모든 쾌락의 관능적 축소판과 같다고 하면서도 (욕망이 충족된 후인) 며칠, 몇 시간 후에는 불쾌해—끈적거리고 역겨울 정도로 따뜻하며 놀랄 정도로 단단한—보일 수도 있다고 했다. 그렇듯 바짝 타올랐다가 이내 지루해져서 연인들과 쾌락으로부터 뒷걸음질치며 급격한 기복을 보이는 변덕스러운 감정이 이번에는 평시 이탈리아의 사회 관습과 정치 제도로 향하게 되었다. 로마는 하수구였다. 그 통치자들은 침 흘리고 지린내 풍기는 노인네들이었다. 시민들의 삶은 끔찍한 난국에 빠져 있었다.

그는 유럽 전역에서 반향을 일으킬 수 있는 감정들을 대변하고 있었다. 일찍이 마리네티는 전쟁을 "유럽의 위생학"이라고 불렀다. 당대의 정치적 수사학과 시학에서 시민들의 실존은 음울하고 어둑하며 도덕적으로도 헐렁하고 육체적으로도 너저분하다. 이와는 대조적으로, 전쟁터는 무기들이 번들거리고 환희로 번쩍거리면서 밝게 타오르고 있다. 무엇보다 전쟁터는 깨끗하다. 영국이 선전 포고를 했을 때, 루퍼트 브룩은 "명예심이 굳어버린 허약한 마음을 버리자/그리고 절반은 진심이 없는 자들과 그들의 더러운 노래와 따분한 일상들도 버리자"라고 하여 자신의 기쁨을 선포했다. 단눈치오와 마찬가지로 브룩도 전쟁에 대해 자신이 "껑충 뛰어 그 맑음 속으로" 뛰어들 수 있는 구원의 생기로 간주했다. 독일에서 토마스 만도 전쟁을 "정화와 해방"으로서 환영했다. "폭풍이 다가오게 하라." 헝가리의 데죄 코스톨라니는 이렇게 외쳤다. "그리고 우리의 살롱들을 일소하자."

단눈치오는 로마에 도착한 이튿날 아침 페르디난도 마르티니 장관을 예방했는데, 장관은 1870년대에 잡지 『판풀라 델라 도메니카Fanfulla della Domenica』*의 편집자로서 단눈치오가 조숙한 학생 기고자였던 시절부터 그를 알고 있었다. 그들이 나눈 대화 기록은 없다. 동시대인들은 마르티니가 3국 동맹의 거부와 런던 조약에 대해 말했을 거라고 추정했다. 그는 아마도 단눈치오를 신뢰하지는 않았겠지만 그에게 그런 말을 했을 것 같다. 바로 그 며칠 전에 마르티니는 국왕이 콰르토항에 가지 말아야 한다고 조언하면서 다음과 같이 썼다. "단눈치오는 오직 자기 자신과 자신의 성공만을 생각한다. (⋯) 그는 경이로운 천재성에도 불구하고 도대체가 정치적 감각은 고사하고 상식조차 없다. (⋯) 그는 쉽사리 우리와 타협할 수 있을 것이다." 그러나 전쟁에 개입한다는 결정은 의회와 국민이 참전에 우호적인 여론을 형성하기 전까지는 현실화될 수 없었다. 단눈치오는 바로 그런 여론 몰이에 도움을 주었다.
그날 밤 단눈치오는 호텔 발코니에서 연설을 했는데, 이는 그때까지

---

* 1870년 피렌체에서 창간돼 이듬해부터는 로마에서 발간된 일간지. 마르티니를 비롯한 영향력 있는 인사들이 많이 관여했다. 1879년부터는 신문의 부록으로 일요판 『판풀라 델라 도메니카』를 발행했는데, 이는 이탈리아 통일 후 처음 발간된 전국적 규모의 문학 주간지로서 이탈리아 문단에 커다란 영향력을 행사했다.

1부 이 사람을 보라

의 모든 연설 중에서도 가장 격분에 찬 것이었다. 지금까지 그가 정부의 묵인으로 연설할 수 있었다는 게 틀림없는 사실일 테지만, 그의 언어는 위험천만할 정도로 불길했고, 그가 선동한 행위들은 범죄적이었다. 그는 신랄한 용어로 평화의 옹호자들을 공격했다. 로마의 분위기 자체가 그들의 반역 행위가 나온 웅덩이였다. 여전히 전쟁과 거리를 둔 사람들은 반역자, 조국의 "암살자", 이탈리아의 사형집행인들이었다. 참전에 반대하는 졸리티는 프로이센의 밧줄로 민족의 목을 조르고 있었다.

단눈치오는 국민이 선출한 대표들에 대한 폭력적인 공격을 공공연하게 옹호하고 있었다. 그는 로마의 폭도들에게 법을 그들의 수중으로 빼앗아가라고 요구했다. 그는 자신의 청중에게 "땀에 젖은 프로이센의 발에 신긴 장화를 핥고 있는" 유화주의자들을 공격하라고 역설했다. 그는 "투석과 방화"를 요구했다. 그의 수사학은 예전보다 더 광란에 빠져들고 있었다. "내가 여러분께 말하노니, 여기에, 로마에 반역이 있다! 우리는 병든 가축 무리처럼 팔리고 있다." 그는 사람들에게 전쟁에 반대하는 의원들을 추적하라고 역설했다. "행동대를 조직하라!"('행동대squadra'는 파시스트들이 단눈치오의 말 가운데 취한 많은 표현 중 하나다.) "지켜보라. 그들을 붙잡아라. 그들을 체포하라!" 한 관찰자는 그가 잠시 연설을 멈추었을 때 터져나온 환성이 폭풍과 같았다고 보고한다. 그가 지금까지의 용어들 중 가장 독설적인 용어를 사용하여 졸리티를 비난했을 때 ("악마적인 두툼한 입술의 늙은 사형집행인"), 폭풍은 "사이클론으로 바뀌었다".

단눈치오는 자신의 웅변에 취해, 자신이 아첨하고 선동한 군중의 광기에 취해, 자신이 제시한 피가 낭자한 전망에 취해 우뚝 서 있었다. 52세인 그는 청년의 "가차 없는 순수성"을 찬양했다. 일평생 수행한 작업이 모호하면서 아름다운 말들을 한데 꿰어내는 것이었던 시인으로서 단눈치오는, 장광설을 비난하고 신속하며 분명한 행동, 특히 필요한 경우에는 잔인한 행동까지 서슴지 않고 요구했다. "말할 때가 아니라 행동할 때다." 그는 군중이 리소르지멘토 찬가를 부르도록 유도하면서 연설을 끝맺음했는데, 연단 아래 사람들이 후렴구를 부르는 동안 자신은 작고 흰 손으로 박자를 맞추었다. "백인대에 가입하자/우리는 죽을 준비가 돼 있다!/이탈리아가 우리를 불렀다!" 톰 안톤지니는 모후가 궁전 창문 뒤에서 노랫소리를 들으며 감동받아 눈물을 흘렸다고 보고한다.

그날 밤 살란드라는 사임안을 제출해 거꾸로 좀더 확실한 권한 위임을 보장받으려고 했다. 이튿날인 5월 14일 로마가 들썩였다. 화가 자코모 발라는 「형체들이 부르짖다, 이탈리아 만세」와 「애국 시위」(두 작품 모두 단눈치오가 참여한 소요에서 영감을 받았다)라는 작품을 통해 당시의 폭력적으로 고양된 분위기를 자신의 흥분에 들뜬 소용돌이치는 캔버스에 옮겨놓았다. 오스트리아 대사관은 폭도의 습격에 대비하여 총검으로 무장한 보병대에 의해 경비되었다. 군중은 의회 건물인 몬테치토리오궁으로 몰려가 집기를 부수고 의원들을 공포에 떨게 했다. 오후에 국왕은 졸리티를 호출하여 그에게 정부를 구성해줄 것을 요청했다. 졸리티는 거절했다. 그의 생명이 위험에 처했다. 그러나 졸리티가 권력을 떠맡는 것을 불가능하게 만든 것은 두려움이 아니라 원칙이었다. 국왕은 이미 런던 조약에 서명했다. 그의 새로운 총리는 그것을 실행에 옮겨야 할 것이었다. 졸리티는 그동안 자신이 공개적으로 격렬히 반대해온 전쟁에 나라를 끌어들일 수 없었다. 국왕과 살란드라는 그를 당혹스러운 처지로 몰고 갔다. 졸리티는 정부를 구성해 통치할 기회를 거절함으로써 정부에 반대할 힘도 잃어버렸다.

그날 저녁 단눈치오는 언론 협회에서 연설한 뒤 로마의 그랜드 오페라하우스인 테아트로 코스탄치로 이동했다. 이미 예정된 공연에 난입한 그는, 연극의 제1막이 끝난 직후 무대에 올랐다. 거기서 그는 이탈리아가 전쟁에 참전할 것이라는 소식을 공개하는 임무를 자임했다. 그의 공지는 단호하고 극적이었다(선동가로서 그는 처음 콰르토항에서 정교한 산문시 한 곡을 낭송한 이래로 불과 며칠 만에 그토록 먼 길을 단숨에 주파해온 것이다). "내 말을 들으시오!" 그가 시작했다. "내 말을 들으시오! 나는 여러분께 중대한 말을 하고자 합니다. 여러분이 알지 못하는 것입니다. 조용히 해주십시오. 내 말에 집중해주세요. 그리고 얼른 일어나주십시오, 여러분 모두!" 다시 단눈치오는 졸리티를 규탄하기 시작했다. 그에 따르면, 졸리티는 "국왕과 조국을 배신한" 인물로서 "흉측한 촉수들이 자기 대가리를 휘감는 낙지처럼 거짓말을 밥 먹듯이 하는 냉혹하고 교활한" 인물이다. 단눈치오는 "선량한 시민들"에게 복수를 하라고 역설했다. 그의 연설은 살인 교사나 다름없었다. "만일 피가 흐르면, 그런 피는 참호에서 흘린 피만큼이나 신성할 것이다." 그 후 그의 지지자들 일부가 소방차 한 대를 빼앗아 소방차 사다리를 이용하여 졸리티의 집에 난입하려고 했다. 그들은 경비대에 의해 퇴치되었다.

국왕은 살란드라에게 새로운 정부를 구성하도록 했다. 졸리티는 패배를 인정하고 로마를 떠났다. 이리하여 주전파는 역사가 마크 톰프슨이 말한 대로 "이름만 다르지, 실질적인 쿠데타"를 수행했다. 사회주의 지도자 필리포 투라티는 이때 자신이 느낀 절망감을 다음과 같은 통찰력 있는 몇 마디의 말로써 표현했다. "부르주아지로 하여금 자신의 전쟁에 뛰어들게 하라. 어떤 승자도 없을지니. 모든 이가 패배자가 될 것이다." 이제 전쟁으로 가는 길이 활짝 열렸다. 그러나 단눈치오는 여전히 말하고 또 말했다. 그가 자임한 임무는 정부 정책의 단순한 변화를 뛰어넘는 어떤 것이었다. 그는 새로운, 더 위대한 이탈리아의 탄생을 위해 협력하고 있었다. "군중이 마치 일하는 여성마냥 온갖 불만을 토해내고 있다. 그들이 몸부림치며 자신의 운명에 목숨을 걸고 있다. (…) 불현듯 제비들이 나타나 울고 있는 어두침침한 전장의 하늘 아래 모든 것이 열정과 소란, 창조와 도취, 위험과 승리로 가득 차 있다."

　제노바와 로마에서의 눈코 뜰 새 없이 바쁜 나날들은 곧 '빛나는 5월radiant May' •이라는 단눈치오의 새로운 신화학으로 이어질 것이었다. '불타는 5월'은 그가 그때까지 알려지지 않은 예술 형식으로 하나의 걸작을 창조했던, 영광스러운 후광으로 치장된 시기를 가리킨다. 일찍이 1906년에 단눈치오는 친구인 조각가 클레멘테 오리고가 자신의 시에 영감을 받아 청동상을 주조하는 모습을 지켜본 적이 있는데, 이 청동상은 힘센 수사슴과 격투하는 켄타우로스 ••를 묘사한 것으로서 거대하고 복잡한 형상을 띠고 있었다. 청동상을 만드는 작업실은—뜨거운 열기와 주물공들의 대담함, 예술가적 기교와 위험이 한데 결합된 채—단눈치오에게 쉽게 잊히지 않는 인상적인 광경을 제공했다. 그는 이 광경을 한 소설에 이용했다. 이제 1915년의 시점에 단눈치오는 오래전에 본 그 광경을 자신이 이탈리아 민중에 대해 수행하고 있는 일을 상징하는 이미지로 반복해서 호출했다. 그는 대장간에서 쇳조각들을 때려 부수어 새로운 합성물을 만들어내듯이 타락한 옛 이탈리아 사

• 1915년 5월 민족주의적 열정에 휩싸인 채 대규모 참전론 시위가 벌어진 시기를 빗댄 표현.
•• 그리스 신화에서 상체는 인간이고 허리 아래부터는 말인 반인반수족. 성정이 난폭하고 방탕하다. 그러나 온화하고 지혜로운 경우도 있는데, 켄타우로스족의 현자 케이론 혹은 키론은 숱한 영웅들의 스승이기도 하다.

회를 부서뜨리고 있었다. 그는 불순물로 가득 찬 인간이라는 재료를 정화하고 있었다. 인간이라는 재료를 자신의 웅변이 토해내는 백색의 열기로 녹여내고 있었다. 1915년 5월 17일 그는 로마의 카피톨리노 언덕에서 연설했는데, 그 자신의 설명에 따르면, 그의 말들은 뜨거운 쇳물이 주형틀로 흘러들어가도록 주물공이 주형틀의 덮개를 해머로 내리치듯이 군중을 두드려댔다고 한다. 그의 귀에 '소란'은 용광로가 뿜어내는 뜨거운 숨소리로 들렸다. 군중은 자신의 의지대로 주조될, 백열처럼 이글거리는 쇳물이나 다름없었다. "모든 주형틀이 입을 벌리고 있다. 거대한 동상이 주조되고 있다."

그날 카피톨리노 언덕 위의 로마 황제 마르쿠스 아우렐리우스의 청동 기마상 주변에는 제비들이 무리 지어 날아와 시끄럽게 지저귀며 옥신각신대고 있었다. 우리가 이 장면을 알 수 있는 것은, 단눈치오가 그 정경을 기록해두었기 때문이다. 황홀경에 빠진 군중을 오케스트라의 지휘자처럼 조종하면서도 단눈치오는 새와 꽃(연설 당일 밤 코스탄치 극장의 붉은 카네이션 더미)을 관찰하거나 말 엉덩이의 감촉을 손으로 느낄 정도로 충분히 초연했던 것으로 보인다.

그는 대중을 움직이는 눈부신 연설 기법을 빠르게 발전시켜가고 있었다. 그는 청중에게 조금도 쉴 틈을 주지 않고 흥분을 들쑤셔대는 법을 알고 있었다. 그는 종교 예배의식이나 고전 드라마에서 빌려온 수사학적 트릭을 교묘하게 이용했다. "내 말을 들으시오!" 그가 외쳤다. "내 말에 집중하시오!" "내 말을 이해하시오!" 군중은 기꺼이 그의 편에 합류했고, 그의 "만세evvivas!" 삼창에 짐승처럼 울부짖으며 화답했다. 과연 이런 종류의 연설은 결코 이성적인 연설이라고는 할 수 없고, 차라리 집단 최면 행위라고 보아야 한다. 드라마 작가로서 단눈치오의 작업

은 종종 웅장한 구상과 스펙터클한 무대, 감정적 폭력에 대한 호소를
보여주었지만, 당시 '불타는 5월'의 시기에 그가 보여준 모습은 그 이전
수준을 훌쩍 뛰어넘는 어떤 것이었다.

마침내 단눈치오는 자신만의 기예를 발견한 것이다. 로맹 롤랑은 짐
짓 놀라워하며 그를 선동가 마라*에 비유하기도 했다. 단눈치오는 대
중 운동의 향도가 되었다. 그가 자동차를 몰고 카피톨리노 언덕에서
내려올 때, "머리가 헝클어지고 얼굴이 벌겋게 상기된 채 좀 전에 막 싸
움질을 마치기라도 한 듯 땀을 뻘뻘 흘리는 일단의 청년들"이 단눈치오
가 탄 차를 향해 육탄공세를 펼치며 뛰어들어 차를 거의 땅 위로 들어
올리기까지 했다. "전투는 승리로 끝났다. 거대한 종이 울렸다. 하늘 전
체가 불타고 있었다. 나는 전쟁의 기쁨에 흠뻑 취했다."

그런 특별한 일련의 공개 시위들이 정확히 어떤 정치적 효과를 발휘
했는지에 대해서는 논란의 여지가 있다. 런던 조약은 단눈치오가 프랑
스에서 귀국하기 전에 이미 비준되었으나, 그의 개입 없이 살란드라와
그의 내각은 (대부분 전쟁을 두려워한) 유권자들을 자기네 편으로 끌어
오지 못할 거라는 점이 명백했다. 그러나 단눈치오의 실제 영향력이 어
떻든 간에 그가―그 어떤 제도적 권위도 보유하지 않은 순수한 사적
개인으로서―선출된 정부에 자신의 의지를 부과할 수 있을 정도로 공
중에 호소력을 내뿜었고, 또 공중을 전쟁으로 이끈 사람이라는 점은
확실했다. 그는 이탈리아의 민주주의 제도의 대표자들에 맞서 날선 공
격을 주도함으로써, 또 자기 주위에 모여든 군중을 내전을 방불케 할

* 프랑스 혁명기의 선동가이자 언론인.

갈등으로 몰아댐으로써 자임한 임무를 수행했다. 만일 열에 들뜬 당시 로마에 국가의 적이 있었다면, 그는 졸리티가 아니라 단눈치오 자신이 었다.

일찍이 니체는 국가를 가리켜 "무자비한 억압 기제", 요컨대 "먹잇감을 구하는 금발의 맹수 떼"로 정의한 바 있다. 단눈치오—그 자신 사회적 양심이나 시민적 의무에서 해방된 니체적 '초인Übermensch'이 되려는 환상에 심취한 이로서—역시 유권자들에 대해 그 어떤 존중심도, 민주주의 제도의 권위를 침해한 것에 대해 그 어떤 죄책감도 갖지 않았다. 10여 년 뒤 무솔리니는 1915년 5월의 사건들을 가리켜 '혁명'으로 지칭할 것이었다. 즉 그 영광스런 달에 "최초의 두체"였던 단눈치오가 선동한 이탈리아 민중은 명예를 입증하고 영광을 쟁취할 권리를 부르짖으며 부패하고 소심한 지배자들에 맞서 봉기했고, 곧 지배자들은 치욕적으로 무릎을 꿇었다는 것이다. 진실은 그렇지 않았다. 하지만 겉으로는 정부가 법의 지배를 무시한 선동가가 늘어놓은 장광설에 따라 행동하기 시작한 듯 보였고, 이는 입헌적 민주주의에는 불길한 징조였다.

카피톨리노 언덕에 출몰해 격렬한 흥분을 지핀 직후에 단눈치오는 아벤티노 언덕으로 철수하여 고독하고 한가롭게 산책을 즐겼다. 그의 소설 『쾌락』에 나오는 연인들이 말을 타고 같은 길을 달릴 때, "금빛 먼지들이 사이사이로 떠다니는 시커먼 사이프러스들 속에서, 석양에 불타오르듯 새빨갛던 제국 궁전들의 거대한 형상이 두 사람의 눈에 들어왔다."• 그렇듯 단눈치오도 로마 체류 시절에 엘비라 프라테르날리와

• 『쾌락』의 우리말 번역을 참조했다. 가브리엘레 단눈치오, 『쾌락』, 이현경 옮김, 을유문화사, 2016, 128쪽.

위대한 사랑을 나누었다. 그날 저녁 그는 그녀에 대해 생각했다(비록 그 달에 그녀가 보낸 편지에 답장을 하지 않을 것임에도 불구하고 말이다. 단눈치 오는 한때 맹목적으로 사랑했던 여성들이 늙어가는 모습을 보는 것을 좋아하지 않았다). 그는 프랑스에서 보낸 '망명'의 5년을 곱씹었다. 그는 자신이 명성을 얻고 결혼도 하며 몇 번인가 사랑에 빠진 경험을 했던 도시, 그리고 무엇보다 젊음을 향유했던(그는 다시 스물일곱 살의 시절로 되돌아갈 수만 있다면 그 무엇이라도, 심지어 그의 가장 아름다운 시집인 『알키오네』라도 주겠노라고 썼다) 도시로 돌아가야 한다는 생각에서 벗어날 수 없었다. 그는 로마의 말타 수도원* 문에서, 정확히는 이 문의 열쇠 구멍을 통해 보이는 성 베드로 성당 돔의 유명한 모습을 바라볼 때, 자신의 눈썹 높이에서 어른거리는 작은 별과 같은 어떤 것을 봤다. 그것은 반딧불이로서 1910년에 이탈리아를 떠난 이래로 그가 처음 본 것이었다.

이 반딧불이에 대해 그는 자신의 수첩과 편지, 그리고 일종의 비망록인 『야상곡Notturno』에 카피톨리노 연설만큼이나 많은 공간을 할애하여 기록해두었다. 과연 단눈치오의 사례는 예술적 재능과 섬세한 감수성이 정치적 극단주의 및 폭력 취향과 결코 어울릴 수 없다는 단순한 믿음을 여지없이 허물어뜨렸다. 그는 정적들을 공격하며 열변을 토하고 군중을 살인 행위로 내몰다가도 몇 시간 안 돼 재스민 향기 넘치는 로마의 밤길을—수심에 잠겨, 노스탤지어에 취해—거닐곤 했다. 로마의 다채로운 아름다움에 대한 그의 평가는 전형적으로 풍부한 학식을 가진 사람의 것이었고, 아주 미세한 자연의 경이로움에 대한 그의 반응

---

* 공식적으로는 로마 소재 말타 기사단 수도원 빌라를 가리키며, 이 빌라의 문에 있는 열쇠 구멍을 들여다보면 비밀의 정원을 관통해 시야가 뻗어나가 성 베드로 성당의 큐폴라가 보인다고 한다.

1부 이 사람을 보라

역시 전형적으로 시인의 것이었다.

이탈리아가 오스트리아-헝가리 제국에 선전포고한 날, 단눈치오는 몇몇 지지자와 함께 만찬을 가졌다. 그리고 아주 늦게, 그러니까 먼동이 터올 무렵 지지자들에게 연설을 했다. 이 연설은 귀에 거슬리는 공적 연설의, 조용하면서도 극도로 불길한 피날레를 장식했다. 그는 조국을 전쟁에 참여하게 한 자신의 역할에 대해 일말의 죄책감도 느끼지 않고서 다가올 대학살을 학수고대하고 있었다. 그는 쉬지 않고 연설한 날들을 "열정의 주간"이라고 지칭하며 너스레를 떨었다. 이날 밤의 만찬은 겟세마네 동산에서의 마지막 기도였다고 할 수 있다. 바로 단눈치오가 자신과 청취자들에게 다가올 공포를 느끼게 한 순간이었다. "어제 거리와 광장에서 소요를 일으키며 소리 높여 전쟁을 요구한 사람들의 모든 혈관에서 피가 솟구쳤다." 그는 "곧 흩뿌려질 젊은 피"로 이루어진 고귀한 희생자 군단과 함께 콰르토항에 도착한다는 생각에 기뻐 어쩔 줄 몰라 했다.• 이제 그는 "열 번째 뮤즈인 에네르게이아Energeia"에게 헤아릴 수 없이 많은 생명을 봉헌할 수 있기를 목이 빠지게 기다렸다.•• 에너지의 여신은 "신중한 말보다 넘치는 피를 사랑하고" 언제라도 그 피에 흠뻑 몸을 적실 태세였다. 그는 다음과 같은 조용한 기도로 끝맺음했다. "하나님께서는 죽어서든 살아서든 광명의 장소에서 우리가 서로를 다시 찾는 것을 허락하신다."

쇼는 끝났고, 단눈치오는 긴장이 풀렸다. 1915년 여름에, 그러니까

• 여기서 단눈치오는 가리발디가 의용병을 모아 콰르토항에 도착해 바로 여기로부터 남부 원정을 개시한 역사적 사건을 상기하고 있다.
•• 그리스 신화에서 원래 뮤즈는 9명이다. 열 번째 뮤즈는 '히든카드'다. 가령 플라톤은 열 번째 뮤즈로 사포를 꼽았으며, 여기서 에네르게이아는 '에너지'라는 뜻이다.

5월에 한바탕의 연설 마당이 지나고 7월에 전선으로 출정하기 전에 단 눈치오는, 그의 비서인 톰 안톤지니에 따르면, "가장 절망적인 경박함"의 심연으로 추락했다. 그는 아엘리스를 파리에서 자기 곁으로 불렀고 (아니나 다를까 나탈리는 초대받지 못했다), 다시 안톤지니가 우리에게 말해주는바, "리셉션에서 만찬까지, 친밀한 티파티에서 심지어 가장 은밀한 밤까지" 함께 다녔다. 이탈리아의 새로운 군사적 운명의 선지자로서 단눈치오는 화제의 인물이었다. 이제 여성들은 그가 예전보다 더 유혹에 저항할 수 없게 되었다는 것을 알았다. 단눈치오의 아들 마리오는 한 부유한 아르헨티나 부인이 보란 듯이 그의 옆에 있기 위해 호텔 방을 예약했다는 사실을 전해주고 있다. (그는 그녀가 보낸 꽃다발을 받았으나, 정작 꽃다발의 기증자는 거부했다. 그가 말하기를, 그녀는 "너무 말랐어".) 이사도라 덩컨도 거기에 있었는데, 그녀는 운이 좀더 좋았다. 그의 연애 행각 때문에 공중 사이에서 그의 인기가 누그러지지는 않았다. 오히려 그의 전투성이 그의 성적 매력에 부가되었다. 그의 성적 정복으로 철갑을 두른 듯한 남성적 이미지가 강화되었다.

그는 글을 쓰지 않고 있었다. 이제 그는 영웅이었고, 예전보다 더 시장성이 좋은 상품이 되었다. 그가 전쟁으로 재촉하며 몰아넣은 민중은 그가 전쟁 송시를 써주기를 고대했다. 그러나 단 한 구절도 나오지 않았다. "나는 앉아서 하는 작업에 두려움을 느낀다"고 그는 그해 여름에 썼다. "이제 펜도, 잉크도, 종이도, 그 모든 것이 헛되고 또 헛되도다. 오직 행동을 위한 흥분된 욕망만이 나를 집어삼키고 있다."

그는 젊은 시절에 군인의 삶에 대해 그다지 큰 열정을 보이지는 않았다. 그는 교묘하게 병역을 회피했고, 더 이상 징집 연기가 불가능한 것처럼 보였을 때 마지못해 조국에 봉사했다. "확실히 그것은 내게 죽음이었다"라고 그는 연인에게 썼다. "아리엘 상병!"(단눈치오는 자신의 페르소나에 모델이 된 셸리처럼 자신을 셰익스피어가 창조해낸 중성적인 정령의 이름을 따서 불렀다.)* "섬세한 아리엘! 당신은 그를 상상할 수 있겠소?" 그는 싫어도 막사에서 살아야 했고, 손수 말을 손질해야 했다. 그는 군대를 제대하여 한시름 놓게 되었다. 이제 사반세기 후에 그는 다시 군대에 들어가지 못해 안달이었다.

로마에서 소집 명령을 기다리고 있을 때 그는 멋진 군복을 만드는 게 힘들다는 데 조바심을 쳤다. 일간지 『코리에레 델라 세라』의 편집장으로서 자신의 신문에 단눈치오의 '전쟁 찬가'를 게재하려고 한 루이지 알베르티니는, 그로부터 시 대신 재단사를 구하기 어렵다며 불평을 늘어놓는 편지를 받았다. 그러나 곧 단눈치오는 노바라 창기병의 우아한 흰색 복장을 갖추고 나타나, 옷에 대한 놀라울 정도로 복합적인 감상을 표현하고 있었다. "이미 나는 하나의 카스트에 속해 있음을, 나아가 군대 규칙의 포로임을 느낀다." 그는 아오스타 공작―키 작은 왕의 키 큰 카리스마적 사촌으로서 제3군을 지휘한―의 참모진에 배속되어 자신만의 전쟁을 수행할 무제한의 재량권을 허용받을 것이었다. 그는 총사령관인 카도르나 장군으로부터 어느 전선에나 방문하고 어떤 작전에나 참여하는 것이 가능하다는 허락도 받아놓았다. 그는 지휘관이 아니라 영감을 불러일으키는 자가 될 터였다.

그는 7월 말 북쪽으로 이동하면서 처음 이탈리아에 당도했을 때와 거의 같은 흥분을 느꼈다. 마르티니 장관은 이 세계적으로 유명한 시인을 보면서 저돌적인 사춘기 소년의 형상을 명료하게 떠올리기도 했는

• 아리엘은 셰익스피어의 작품 『템페스트』에 나오는 공기의 정령.

데, 단눈치오가 우디네에 있는 군사 기지에 직접, "조용히" 찾아갔더라면 더 좋았겠지만, "불행히도 그는 떠벌리지 않고는 배겨낼 재간이 없었다"고 기록하고 있다. 단눈치오는 어머니께 작별 인사를 드리기 위해 페스카라를 방문했는데, 당시 그의 어머니는 마비 증상이 있었고 말도 하지 못하는 상태에서 아브루초 동향인의 극진한 수발을 받고 있었다. 그는 페스카라로 가는 도중에 페라라의 시장에게 자신의 희곡 '파리시나Parisina' •의 원고 증정식을 가졌는데, 이때 그는 "이 도시의 아름다움을 [자신의] 용맹한 마음에 고이 간직하겠노라"라고 선언했다. 마르티니는 이 행사를 가리켜 "공중을 짜증나게 하는 바보 같은 짓거리"로 매도했으나, 그는 틀렸다. 공중은 이 짓거리에 뜨겁게 반응했던 것이다.

여느 때와 마찬가지로 단눈치오는 내일은 없다는 듯이 돈을 물 쓰듯 썼다. 이는 전쟁이 막 개시된 시점임을 고려하면 어쩌면 당연한 반응이기도 하겠으나, 알베르티니와 같은 이들에게는 몹시 화가 나는 일이었음에 틀림없다. 당시 알베르티니는 단눈치오의 비공식적 매니저와 같은 역할을 하면서 그가 재차 재정 파탄 상황에 근접해가는 모습을 똑똑히 지켜볼 수 있었다. 단눈치오는 두 달 동안 머물렀던 값비싼 호텔 레지나에 비용을 결제할 방법이 없었다. 거의 3년 후에도 여전히 호텔 비용 대신에 담보 잡힌 옷과 장식품으로 가득 찬 트렁크들을 어떻게 하면 되찾을 수 있을까를 골똘히 궁리하고 있었다. 그는 자신의 출판업자인 트레베스에게도 원고료를 미리 주는 셈치고 말 두 필만 사달

• 15세기 이탈리아 페라라의 공작 니콜로 데스테Niccoló d'Este의 두 번째 부인의 이름이다. 일찍이 영국 시인 바이런 경은 파리시나와 데스테 공작의 서자인 우고Ugo 사이의 불륜을 노래했는데, 단눈치오가 바이런을 각색해 희곡작품으로 재탄생시켰다. 단눈치오는 이 비극의 무대인 페라라에 자신의 작품을 헌정한 것이다. 페라라는 훗날 파시즘의 2인자인 이탈로 발보의 거점으로서 파시즘의 주요 탄생지가 될 것이라는 점에서도 의미심장하다.

라고 졸랐는데, 당시 단눈치오는 명색이 기병 장교로서 말 정도는 스스로 조달할 수 있어야 했다. 이제 알베르티니는 그에게 곧장 아오스타 공작의 참모본부에 가라고 충고했다. 이는 분별 있는 충고였다. "거기서 당신은 하루에 4리라짜리 정규적인 식사를 할 수 있을 겁니다. 아마 숙박비도 필요 없을 겁니다. 군에서 한 달에 400리라씩 지급해줄 것은 물론이고요. 앞날이 창창해지는 거지요!" 물론 이는 단눈치오가 바라는 종류의 앞날은 아니었겠지만 말이다. 베네치아에 도착하자마자 그는 호텔 다니엘리에 체크인을 했는데, 당시 이 호텔은 세상에서 가장 크고 화려한 축에 속했을 것이다.

이탈리아인들에게 제1차 세계대전은 주로 오스트리아와의 국경 지대를 따라 전개된 전쟁이었는데, 다름 아닌 베네치아의 북쪽과 동쪽 산악 지대가 주요 교전지였다. 도시 베네치아는 전쟁으로 크게 달라졌다. 당대 베네치아 지방사가인 지노 다메리니에 따르면, 1914년 여름은 유독 빛나는 계절이었다. 미국인과 영국인, 프랑스인, 독일인, 헝가리인, 러시아인 방문객들이 도시의 호텔과 레스토랑, 해변을 가득 채운 채, "서로 경쟁이라도 하듯 사치와 누드와 방탕과 카니발의 환상과 위선적 우아함을 과시했다". 대운하를 따라 줄지어 있는 저택들은 그 소유자가 대부분 단눈치오의 옛 지인들이었는데, 불빛과 음악으로 뜨거운 밤을 연출하며 24시간 문을 활짝 열어놓고 있었다. 그 당시에 사라예보의 암살 사건이 발생했고, "첫 포성의 메아리에 그 모든 사람…… 조명들과 비단, 보석들과 무사태평하고 변화무쌍한 놀이와 세련됨…… 등등이 사라졌다. 마치 회오리바람이 삼켜버린 것처럼 말이다". 1년 후 단눈치오가 당도했을 당시에 베네치아는 일종의 해군 기지가 되었고, 적군의 임박한 공격의 위험에 노출되어 있었다. 거대한 운하들은 봉쇄되었다. 최소한 15세기 이래 땅이 부족했던 베네치아인들이 그토록 갖고 싶어 한 정원의 대용으로 만든 목재 옥상 '발코니들altane'도 곧이라도 무너질 듯한 모습으로 방공요원들에 의해 점거되었다. 또한 일찍이 화가 카르파초가 고급 창부들이 대낮에 머리를 표백하는 모습을 그리곤 했던 높은 전망대에도 탐조등과 사이렌이 설치되어 있었다. 동상들은 모래 포대들로 은폐되었다. 저택과 교회들도 보물을 치우거나 숨긴 채 앙상한 뼈대만 드러내고 있었다. 호텔들은 병원이 되었다. 대저택들의 현관홀은 피란민들의 숙소가 되었다. 가장 밝은 때에도 베네치아에서는 길을 잃기 쉬웠다. 정전이 되었을 때는 숫제 미궁이 되어 거주자들은 마치 맹인처럼 밤거리를 더듬거리며 다녀야 했다.

단눈치오는 북쪽으로 이동하는 도중에 자신의 수첩에 이렇게 썼다. "공허감과 거리감. 삶과 삶의 이유가 나에게서 멀어지고 있다. 두 물줄기 사이에, 과거와 미래 사이에 존재하는 것이라고는······ 지루함. 미적지근한 물······ 행동의 필요." 따라서 베네치아에 도착하자마자 단눈치오는 행동에 착수하고자 했다. 이틀 만에 그는 해군의 야간 기동 작전에 참여해 선도 구축함에 탑승한 채 적함들과 대적하리라는 희망으로 오스트리아가 점령한 트리에스테를 향해 동진했다.

그는 이 항해에서 달빛과 전함이 가른 물살의 무늬와 함포 옆에서 조용히 식사하는 수병들에 대해 기록을 남겼는데, 이 모든 것이 나중에 그의 전시 저술에 포함될 터였다. 그는 목격자가 될 것이었다. 또한 '영감'이 될 것이었다. 그가 이곳에 도착하기 2주 전에 이탈리아 순양함 '아말피'호가 어뢰 공격을 받고 침몰했다. 상당수의 이탈리아 수병들이 전사했다. 단눈치오는 전선에 복귀하는 '아말피'호의 생존 수병들에게 이렇게 연설했다. "지금은 말이 필요한 때가 아닙니다." 그는 이 말을 꽤 여러 차례에 걸쳐 연설의 화두로 우려먹었다. 그러나 말이 필요 없다지만 정작 그가 그들에게 준 것은 말이었다. 전쟁의 깨알같이 남은 날들에 걸쳐 그는 반복해서 연설하고 또 연설할 것이었다. 전투에 파견되는 사람들에게, 지쳐서 돌아오는 사람들에게, 그리고 전우들을 매장하는 사람들에게 연설할 것이었다. 그는 피와 희생, 기억과 애국심, 그리고 이 탈리아를 위해 죽은 자들에게 빚진 산 자들의 의무에 대해 역설했다. 그의 장례 연설들은 불행한 징집자들에게 사후에 영웅의 존엄성을 부여했다. 그가 전투 직전에 토하는 열변은 현대전의 살육을 고상한 희생으로 포장했다. 연설가로서 그의 재능은 전쟁의 도구가 되었다.

그러나 다른 사람들을 계속해서 설득하고 다니는 일은 그에게 만족스럽지 않았다. 그는 초인에 적합한 다른 역할을 찾았다. 그 다른 일을 바로 하늘에서 찾았다. 단눈치오는 항상 비행에 매료되곤 했다. 수십년 동안 시에 이카로스의 신화를 인용하고 또 인용했다. 우리는 이미 1909년에 그가 브레시아 에어쇼에서 첫 비행을 한 것을 알고 있다. 또

단눈치오는 항상 비행에 매료되곤 했다.

한 그는 프랑스 체류 시절에 빌라쿠블레의 비행장을 자주 다녔고, 몇 번인가 비행한 적도 있다. 1915년 7월에 베네치아에 도착한 직후 그는 베네치아 석호 초입에 마련된 공군 기지 섬인 포르테 산탄드레아에 갔다. 그리고 거기서 젊은 조종사인 주세페 미랄리아를 만났다.

단눈치오에 따르면, 미랄리아는 연줄이 좋고(그의 부친은 나폴리 은행의 대표이사이자 정계의 거물이기도 했다) 황금으로 도금된 듯한 초록빛이 감도는 노란 눈을 가진 구릿빛 피부의 소유자였다. 그는 달랑 호신용 권총 하나만 들고서 단독으로 적군이 점령한 폴라에 잠입한 것으로 유명세를 탄, 말하자면 동료 군인들의 귀감이었다. 과연 미랄리아는 전시에 단눈치오에게 사랑받는 동지임과 동시에 젊은 용기와 적합한 희생의 이상을 고스란히 체현한 아이콘이 될, 일련의 젊은 사자들 가운데 최초의 인물이었다고 할 수 있다. 단눈치오가 말하기를, "이제 스무살이 된 자들에게 축복 있을지어다". 그는 그들의 아름다움을 경배하고 질투했으며, 전쟁으로 인해 그들과 나란히 무장한 동료로서 살 수 있게 된 것에 무한한 쾌락을 느꼈다. 그들의 죽음은 그에게는 경이로움 그 자체였다. 그들이 죽었을 때, 그들이 차례로 스러져갔을 때, 단눈치오는 그들을 자신의 새로운 전쟁 신화학의 순교자이자 영웅으로 만들면서 수많은 저술과 연설에서 정교하게 세워놓은 '만신전pantheon'에 그들을 안치했던 것이다.

단눈치오는 미랄리아로부터 트리에스테에 대한 공습 계획이 수립되어 있다는 사실을 듣게 되었다. 트리에스테는 아드리아해의 맨 위에 위치한 코즈모폴리턴한 도시로서 당시에는 오스트리아의 주요 항구였는데, 이탈리아의 실지회복주의자들이 가장 열망했던 영토 중 하나였다.

이곳은 단눈치오의 취향에 딱 들어맞는 곳이었다. 그는 조종사였다. 베네치아와 트리에스테는 겨우 150킬로미터 떨어져 있을 뿐으로, 현대의 비행 거리로 보면 엎어지면 코 닿을 데였다. 그러나 1915년 당시에는 상당한 거리였다. 쇼맨십이 강한 단눈치오로서는 이 비행이 일종의 빛나는 연극적 선전 효과를 발휘할 거라고 내다보았다. 그는 결행하기로 마음먹었다. 그와 미랄리아는 트리에스테 항구의 오스트리아 포좌들에 폭탄을 투하하려고 했으나—단눈치오와 관련된 한 더 중요하게는—도시의 주요 광장들에 전단지(물론 그 자신이 직접 쓴) 또한 뿌리려고 했다.

미랄리아와 함께 그는 이 비행을 성사시킬 방법과 수단에 대해 의논하기 시작했다. 그는 자신이 굽어봐야 할 해안선 지도들을 연구했다. 그는 전단지를 담을 작은 모래주머니들을 위한 훌륭한 디자인을 고민했고, 손수 리알토 시장에서 필요한 양만큼 캔버스 천을 구입하기도 했다. 그는 여러 해에 걸친 치밀한 준비 과정 덕분에 자신이 비행으로 인한 신체적 고통을 견뎌낼 만큼 충분히 강해졌고 작은 비행기의 불안정한 가로대 위에 앉은 채 폭탄과 모래주머니들을 던질 수 있을 만큼 충분히 자신감이 붙었다고 행복하게 회고했다. 그는 "트리에스테의 이탈리아인들에게"라는 메시지를 작성했는데, 이를 통해 트리에스테의 임박한 해방의 대의에 헌신하려는 자신의 결의를 제시했다. 그런 후에 직접 손으로 수도 없이 베껴 쓰면서 자신의 서명(정교하지만 아라베스크 무늬처럼 읽기 힘든)에 조금이라도 실수가 있는지 꼼꼼하게 확인했다.

조만간 소문이 퍼졌고, 이는 기자들의 귀에도 들어갔다. 단눈치오가 하는 일이라면 무엇이든 가십거리가 될 뿐만 아니라 훌륭한 보도 기사감이 되었다. 한 베네치아 언론이 이 치밀하게 기획된 비행을 공포해버려 시인이 그 비행에 참여할 것임을 보도했다. 소규모 항공대를 지휘하는 제독은 이중으로 난처한 입장에 처했다. 하나는 보안 수칙 위반—단눈치오가 연루된 작전에서 적에게 기밀을 유지하는 일은 명백히 어려웠다—이라는 난처함이었고, 다른 하나는 이 유명한 부하가 죽어버려서 상관을 곤혹스럽게 만들 거라는 위험이었다. 살아 있는 단눈치오는 군대의 사기를 진작시키는 데 유용한 인물일 수 있었고, 앞선 10여 년 동안 써낸 격렬한 민족주의적 시를 계속해서 생산하는 한 전쟁에 대한 민간인들의 노력을 독려하는 데 도움이 되었다. 다른 한편 죽은 단눈치오는 민족 전체의 사기에 해로운 영향을 미칠 수 있었다.

제독은 비행 계획에 반대했다. 이에 단눈치오는 항의했다. 제독은 상관들에게 자문을 구했다. 전보들이 로마와 베네치아, 우디네에 위치한 전선 인근의 총사령부 사이에 어지러이 오갔다. 당국자들 중 누구도 그 비행을 인정하려들지 않았다. 곧이어 다음과 같은 명령이 하달되었다. 단눈치오의 목숨은 "너무나 귀중하다". 그러므로 단연코 그의 목숨을 지켜야 한다. 그가 이런저런 위험한 작전에 참여하는 것은 금지되었다. 이에 격노한 단눈치오는 권부 최상층에 호소했다. 7월 29일에 그는 살란드라 총리에게 인상적인 편지 한 통을 써 보냈다.

이 편지에서 단눈치오는 다음과 같이 입에 발린 말을 해댔다. "견실하고 관대한 영혼의 소유자인 총리시여, 당신만큼은 저를 이해해주셔야 합니다." 그는 자신의 신체적 능력을 강조했다. 자신은 침실용 모자를 쓰고 슬리퍼를 신은 구식의 허약한 문필가가 아니라는 것이었다. 자신은 모험가였다. "제 온 생애가 위험한 게임이었습니다." 그는 자신이 보여준 지난 대담성을 과시했다. "저는 로마 인근 평원의 울타리와 장애물에 맞서 천 번이나 위험한 고비를 넘겼습니다." (그는 여우 사냥을 좋아했다.) 프랑스에서는 "랑드 지방의 어부들이 증언해주듯이" 종종 악천

1부 이 사람을 보라

후에도 대서양 바다에 나갔다고 했다. 그런가 하면 서부 전선에서도 반복해서 적진 침투를 감행했음을 주장했다. (그는 전선을 두 차례 시찰했는데, 프랑스 쪽의 안전 지역에만 머물렀다.) 가장 중요한 사실을 말하자면, "나는 조종사입니다. (…) 나는 여러 번 높은 고도를 비행했습니다". (이 또한 엄격하게 볼 때 사실이 아니었다.) 그리고 자신은 그저 용감하기만 한 것은 아니라고 했다. 자신은 유용한 지식과 기술을 갖추고 있다는 것이었다. 또한 이스트리아 지방과 트리에스테를 잘 알고 있음을 강조했다. 한마디로 자신은 "명민한 정신"의 소유자라는 것이었다.

그는 자신의 신조를 내보이면서 다음과 같이 고집스런 용어로 요구 사항을 표현했다. "원컨대, 빌건대…… 이 끔찍한 반대를 철회하소서." 그는 자신이 원하는 방식대로 위험을 감수하는 일이 허용되지 않는다면 곧장 전선으로 달려가서 고의로 위험을 자초할 것임을 암시하기도 했다. 영웅적 삶을 살지 못하도록 "나의 과거, 나의 미래"에 빗장을 지르는 것은 "나를 불구자로 만들고 나를 무가치한 존재로 만드는" 일이었다. 이탈리아의 모든 군대와 언론, 민중이 그를 "전쟁 시인"으로 보고 있었다. 이제 당국은 그를 박물관의 전시물로 다루려 하고 있었다.

마르티니 장관은 고작 여우 사냥과 유람선 여행이 단눈치오가 하려는 유의 역할에 적합한 경험을 제공한다는 생각에 실소를 금치 못했다. 그러나 살란드라 총리는 단눈치오의 절실한 어조에 강한 인상을 받았다. 비행 금지 명령은 철회되었다. 비행 계획은 착착 실행에 옮겨질 터였다.

이에 기뻐 어쩔 줄 몰라 하며 단눈치오는 다시 비행에 필요한 물품들을 쇼핑하기 시작했다. 그는 수예점들에서 트리에스테 주민들에게 보낼 편지들을 장식할 리본(빨강, 하양, 초록으로 이루어진 이탈리아 국기 색깔의 리본)을 선택했다. 그는 성 마르코 성당 앞에 쌓여 있던 모래주머니들 중 하나를 슬쩍 가져오기도 했다. 과연 베네치아 제국의 허브라고할 수 있는 이 고풍스런 건물, 즉 산마르코 성당의 기운으로 축성된 모래주머니의 내용물은 그의 작은 짐 꾸러미에 물리적 무게뿐만 아니라 역사적 무게까지 더해줄 터였다. 그는 손수 두꺼운 모직 속옷과 긴 내복을 구입했고, 모든 준비를 끝마쳤을 때, 그러니까 작은 가방들을 모두 하나의 큰 가방 안에 담았을 때, 그는 "짐 꾸러미 곁에서 기쁨에 겨워 전쟁무戰爭舞를 추었다".

거사일은 8월 7일로 결정되었는데, 단눈치오는 이날을 길일이라고 봤다. 그는 홀로—비행 초창기에는 현실적으로 피할 수 없었던—죽음을 준비했다. 그는 몇 달 후 그와 같은 사명을 띠고 출발하던 날 아침에 대해 다음과 같이 썼다. "돌아온다는 생각일랑 경멸받아 마땅한 것으로 접어두고." 그리고 비행 전에 조종사와 함께 비행기 안에 한번 앉아보면서 항로와 설비 등에 대해 편히 이야기를 주고받은 일을 회상했다. 그러나 "우리 모두가 백주대낮에 끔찍한 현장에서 두개골이 부서지고 숯덩이가 되어 금니만이 반짝인 채 처참한 몰골이 될 수도 있음"을 잘 알고 있다고 썼다. 그는 유언장을 작성하여 이를 알베르티니에게 위임하기도 했다.

8월 6일 그와 미랄리아는 시험 비행을 나갔다. 단눈치오는 예전에도 비행해본 경험이 있으나, 그저 비행장 주변에서 잠깐 날아본 것이 전부였다. 이제 그는 여태껏 극소수의 사람만이 봤던 방식으로 베네치아라는 거대한 도시를 굽어보았다. 그는 그 경험을 기록한 첫 번째 작가였다. 그는 조종사들이 모두 그러했듯이 두꺼운 가죽 장갑을 끼고 있었다. 미랄리아의 턱끈을 조여주기 위해 장갑을 벗었을 때 그는 손가락이 얼어붙는 듯한 추위를 느꼈다. 그래도 사정없이 흔들리는 작은 비행기의 앞좌석에서 안전벨트를 매고 몰아치는 바람을 그대로 맞으며 단눈치오는 자신의 인상을 고집스레 수첩에 휘갈겨 썼다. 물살을 가르며 배가 지나간 자리는 "승리의 여신의 손바닥"과 같다. 운하들로 나뉜 베네치아의 섬들은 잘게 잘린 빵조각들과 흡사하다. 도시가 꽃이라면 긴 철교는 꽃의 줄기에 해당된다. 베네치아 석호의 입구에서 바람에 일렁이는 바닷물은 마치 비둘기의 목 언저리처럼 보는 방향에 따라 무지갯빛을 띠고 있다. 베네치아 본토―8월의 건조함 아래―는 하늘거리는 리본을 단 레즈비언의 거들을 착용한 금발 여성과 같다. 이 새로운 광경들을 탐욕스럽게 관찰하고 단도직입적인 직유법으로 포착하면서 단눈치오는 불편함이라든가 현기증, 혹은 두려움에 대해서는 단 한마디도 언급하지 않았다.

8월 7일 아침 그는 평소처럼 욕실에서 준비를 끝내고―욕탕에서 시중을 드는 하인에게 스포츠 마사지를 받았다―자신이 세심하게 돌본 육체가 해질녘 즈음에는 갈기갈기 찢어져 널브러질 가능성에 대해 생각했다. 아침 식사(진한 커피와 함께) 후에 다시 쇼핑을 나가 또 한 벌의 모직 점퍼를 장만했다. 그는 전날 감기 기운을 느꼈음에 틀림없다. 호텔 다니엘리로 돌아오는 길에 모로시니 백작 부인을 만났는데, 그녀는 마침 자기 딸인 디 로빌란트 백작 부인과 동행하고 있었다. 거사를 앞두고 지인과 사교용 잡담을 하고 있는 자신의 모습을 새삼 깨닫는 것은 단눈치오에게는 전쟁 경험에서 가장 기이한 일들 중 하나였다. 신문의 가십난에 "왕관을 쓰지 않은 베네치아 여왕"으로 알려진 안나 모로시니는 대운하변에 있는 다 물라 저택의 여주인으로서 시인의 관대한 친구였다. 그날 아침 단눈치오는 그녀의 눈이 얼마나 아름다운지 새삼 깨닫고 자신의 수첩에 "여전히 육감적"(그녀는 당시 51세였다)이라고 적어놓았다. 그는 지금 자신이 무슨 일을 하려는지에 대해 그녀에게 말했고, 그러니 자신에게 부적을 하나 주면 좋겠다고 익살스럽게 요구했다. 그녀는 부적을 주는 대신 덕담을 해주는 것으로 끝났으나, 그날 밤 전화하겠노라고 약속했다. 그는 나중의 약속에 대해서는 일절 무신경한 사람이었다. "나는 그녀가 무엇을 원하는지 알지 못한다"라고 그는 썼다. 그날 아침 욕실에서의 단상을 고려하면, 단눈치오에게 다가올 밤은 아주 먼 나중의 일이었음에 틀림없다. 호텔 방에 돌아와서는 담뱃갑에 담배를 채우고 모직으로 된 복장을 펼쳐놓은 뒤 다음과 같이 자문했다. "저 위는 추울까, 아니면 <u>저 아래</u>는 어떨까?" (밑줄은 단눈치오가 쳤다.) 그는 바다의 침대에 대해 생각하고 있었다. 그는 죽지 않고 포로로 잡히는 경우를 생각하면서 효능 만점이라고 굳게 믿었던 설사약 6정과 약간의 현찰을 지갑에 넣었다. 그런 다음 아래로 내려가 비행장으로 가는 곤돌라를 잡았다. 미랄리아가 그를 기다리고 있었다. 그들은 다른 어떤 이탈리아 조종사들보다 더 멀리 날아가게 되고, 적군의 포화 안에 갇힐 비행에 나섰다.

그날 단눈치오가 소지한 수첩에는 시인의 육안으로 관찰한 내용—"불행한 바다를 물어뜯고 있는 방파제의 이빨"—이 대화 내용과 섞여 있다. 두 사람은 비행기 소음이 너무 커 서로 말할 수 없었다. 단눈치오가 비행의 물리적 환경에 대해 유일하게 불평한 것도 바로 엔진이 내는 끔찍한 소음이었다. 그는 밀랍 귀마개를 장만하지 않은 것을 후회했다. 그와 미랄리아는 수첩과 펜을 앞뒤로 주고받으며 소통했다. 단눈치오는 그렇게 주고받기 위해 몸을 부자연스럽게 꼬아야 했다. 그들이 처음 주고받은 말은 기쁨에 벅찬 다정한 내용이었다. "계속 상승하고 있나요?" "당신은 청동으로 된 스님[일본의 불교 승려]처럼 보입니다." 단눈치오는 그렇게 미랄리아에게 말하고 있다. "커피 생각나요?" "그것도 아주 뜨거운 걸로." 그러나 곧이어 황급한 메시지들이 그들 사이에 오간다. 단눈치오는 그저 풍경("석호의 창백한 안색에서 꼬불꼬불한 운하들은 마치 공작석처럼 초록빛을 띠고 있다")을 기록하기 위해 그 자리에 있는 것이 아니었다. 그는 폭격수이기도 했다.

그들은 비행기의 이착륙 장치에 부착된 원통들에 몇 개의 폭탄을 싣고 가던 중이었다. 폭탄들 중 하나가 꼼짝도 하지 않았던 게 분명하다. 단눈치오는 폭탄을 빼내기 위해 애를 썼다. "끄집어낼 수 없겠는데." "끈 가지고 있는 거 있어요?"

미랄리아는 그에게 신중한 지시를 내렸다. "절대로 나사를 돌리면 안 됩니다…… 그냥 밀어보세요. 그래서 헐거워지는지 보세요. 하지만 돌리지는 마세요." 폭탄은 언제 폭발할지 몰랐다. 설령 당장 폭발하지는 않더라도, 미리 헐겁게 해놓지 않으면, 착륙할 때 거의 틀림없이 폭발할 터였다. "착륙할 때, 양손으로 받치고 있겠습니다." 단눈치오는 미랄리아에게 그렇게 말했다. 단눈치오의 전쟁 기록을 비웃는 사람이 많았으나, 그가 겪은 위험은 현실이었고, 그가 위험에서 발휘한 용기도 현실이었다.

그들의 시야에 트리에스테가 들어왔다. 향후 3년 이상 동안이나 전쟁터가 될 바위투성이의 카르소 고원*을 배경으로 8월의 태양 아래 반짝이는 백색 돌의 도시인 트리에스테. 그들은 자기네 밑의 희뿌연 안개구름을 봤다. 바로 대공 포화를 받고 있다는 신호였다. 곧 그들은 포격

---

* 이탈리아어로는 카르소Carso, 슬로베니아어로는 크라스Kras, 독일어로는 카르스트Karst다.

소리를 들을 수 있었고, 맞았다는 걸 느낄 수 있었다(귀환 중에 그들은 단눈치오의 팔꿈치 언저리의 동체에 총탄 하나가 박혀 있는 걸 발견할 것이었다). 그들은 계속 하강했다. 바다에 적 잠수함들이 떠 있는 것을 봤고, 그들을 향해 폭탄을 투하했다. 저공비행을 하는 도중에 단눈치오는 작은 모래주머니들을 아래로 내팽개쳤는데, 거기에 부착되어 있던 리본과 페넌트들이 공중에 흩뿌려지는 걸 봤다. 일부는 쓸데없이 바다에 떨어졌고, 다른 일부는 으리으리한 은행과 세관들이 자리 잡고 있는 트리에스테의 해안가 광장에 떨어졌다. 그가 전단지를 떨어뜨린 목적은 단지 메시지를 전달하기 위함만은 아니었다. 그의 목적 중에는 말을 떨어뜨린 곳에는 응당 폭탄도 떨어뜨릴 수 있다는 것을 보여주기 위함도 있었다. 그는 그곳의 친이탈리아 주민들을 자극하기 위해 갔지만, 동시에 오스트리아 지배자들에게 두려움을 안겨주기 위해 가기도 했다. 그의 전시 위업 대부분이 그러했듯이, 이 첫 비행은 적의 군사력에 대한 실질적인 공격이었다기보다는 적의 사기를 떨어뜨리기 위한 공격용 시위였다고 할 수 있다.

그와 미랄리아가 폭탄이 제대로 움직이지 않는다는 사실을 발견한 것은 귀환할 때였다. 단눈치오는 엔진 소음이 귀청을 때리는 상황에서 취약한 기체가 균형을 잃을지 몰라 일부러 조종사의 갑작스런 움직임을 막을 수 있도록 비좁게 설계된 조종석에 앉아 폭탄과 필사적으로 씨름해야 했다. 그는 종종 고전 비극에 나오는 영웅적인 죽음을 갈망하곤 했다. 이제 그는 비행기가―폭발하면서 추락하여 위로 튕기는 모양새가―비극적이기는커녕 우스워 보일까봐 짜증이 났다. (그가 당시에 얼마나 평정심을 유지하고 있었는지에 대해 우리는 알지 못한다.) 당장은 폭탄이 꼼짝도 하지 않는 문제를―아마도 그와 미랄리아가 기록해놓고 있듯이, 헝겊과 단눈치오의 벨트의 도움으로—해결하는 데 집중해야 했다. 어쨌든 그들은 무사히 귀환하는 데 성공했다.

그 순간부터 다메리니에 따르면 베네치아인들은 "절절한 애정 공세로" 단눈치오를 에워쌌다. 예전에 그는 귀족 서클에 초대받은 특별 손님이었다. 그러나 이제는 한때 로마에서 그러했듯이 베네치아에서도 대중의 우상이 되었다. 찬미자들이 그의 주위로 떼 지어 몰려들었다. 그들은 잠깐이라도 그의 모습을 보려고 안달하면서 호텔 다니엘리 주변을 서성거렸다. 그가 호텔을 나와 걸어갈라치면 군중이 리바 델리 스키아보니 거리를 따라 그를 호위했다. 그가 곤돌라나 최근에 도입된 모터보트를 타고 호텔로 돌아올 때면 군중은 배를 대는 선착장에 구름같이 몰려들어 그가 뭍에 발을 들여놓지도 못할 지경이었다.

그는 민족 영웅으로서의 새로운 삶을 막 시작하려는 참이었고, 그가 연기한 캐릭터는 고색창연하면서도 최신 유행을 타는 어떤 것이기도 했다. 그는 물리적 파괴 수단보다는 선전 수단을 선호했고, 본질적으로는 현대적 세련미를 과시하고 있었다. 그는 신기한 것을 좋아하는 홍보 대사였으나, 동시에 기사도 시대에서 유래한 중세 영웅, 그러니까 군마를 비행기로 대체한 중세 영웅이기도 했다. 영국 총리인 로이드조지가 말했듯이, "조종사들은 두려움도, 수치도 모르는 창공의 기사다. 모든 공중전이 로망스이며, 모든 기록이 서사시다". 모든 전선에 걸쳐 그렇게도 참혹하고 그렇게도 소름끼치는 양상으로 전개된 전쟁에서, 비행기를 타고 적의 대공 포화에도 털끝 하나 다치지 않고서 리본으로 장식된 전단지를 뿌리고 온 단눈치오는, 창공에서 태어나 창공을 누비며 사람들에게 용기를 북돋우고 기쁨을 선사하는 근사한 영웅처럼 보였다.

그는 호텔 다니엘리로 돌아왔다. 우리는 모로시니 백작 부인이 약속한 대로 그날 밤 전화했는지 여부를 알지 못한다. 그러나 이튿날 그녀가 단눈치오에게 그녀 자신의 이름과 그의 공훈일이 새겨진 작은 은색 상자를 보냈고, 단눈치오는 또 그 나름대로 이 상자가 기념하는 날이 자신이 쓴 "나의 모든 송시보다" 더 소중하기에 상자를 늘 소중히 간직하겠노라고 감사를 표했다는 사실은 알고 있다. 그는 수십 년 동안 자칭 천재이자 유럽에서 가장 유명한 인물로 행세한 연후에 그 자신 느끼기에 예전보다 더 중요한 제2의 인생을 살기 시작했다. "과거의 모든 것이 미래의 모든 것으로 다함께 흘러들어간다"고 그는 썼다. "평생에 걸쳐 이 순간을 기다려왔다."

바로 이 대목에서 우리는 과거로 돌아가 그의 인생이 흘러왔고 또 흘러들어간 물줄기들의 위치를 그려보며, 이 물줄기들이 얼마나 먼 곳에서 발원했는지, 또 그 수원水源이 진흙탕인지 아니면 맑고 투명한 샘인지를 가늠하며, 이 물줄기들이 어떻게 서로 만나 어울려 끝내 하나로 합쳐지기까지 다시 분기하는지 관찰하고, 마침내 이 물줄기들이 피의 바다로 흘러들어가는지를 추적할 필요가 있다.

GABRIELE
D'ANNUNZIO

2부

—

물줄기들

4. 숭배

가브리엘레 단눈치오Gabriele D'Annunzio는 성모 마리아에게 수태고지를 전한 대천사 가브리엘Gabriel of Annunciation이다. 시인에게는 자신의 이름이 암시하는 모든 것이 기쁨이었다. 자기 이름에는 귀족의 이름을 뜻하는 요소•도 있고 성서와의 연관성도 있으며 이런 연관성이 자신을 초인으로 부각시킨다고 생각했다. 그는 의심쩍은 세상에 계시를 전하는 대천사였다. 그의 이름은 확실히 실명으로서 적어도 진짜로 물려받은 가족명이었다(그의 이름은 너무나 절묘해서 일부 동시대인은 그가 의도적으로 작명했다고 주장했다). 그의 아버지는 태어날 때 이름이 프란체스코 파올로 라파녜타Francesco Paolo Rapagnetta였지만, 프란체스코의 삼촌인 단눈치오d'Annunzio가 후사를 두지 못해 프란체스코를 자신의 상속자로 삼자, 프란체스코는 자기 성을 공식적으로 단눈치오로 바꾸었던 것이다. 그의 아들은 바로 이 이름을 따랐다. 가브리엘레 단눈치오가 그 명성과 부가 절정에 달한 때에 사용한 응접실용 팔걸이의자의 등

• d'Annunzio란 di Annunzio를 연서한 형태이고, 여기서 di는 곧 이탈리아 인명에서 귀족을 뜻하는 요소다.

받이에도 다음과 같은 말이 새겨져 있었다. "주님의 천사가 우리와 함께하신다."

단눈치오는 경건한 사람은 아니었으나, 기독교 숭배의 장식적 요소들에 몰두한 인물이었다. 그는 자기 주위를 교회용 설교대와 기도용 의자와 향로와 원래 성수를 담도록 만들어진 성수반聖水盤으로 한가득 둘러쳤다. 자신의 정치적 지지자들에게 하는 연설도 예배와 마찬가지로 부름과 화답의 순서로 이루어져 있었다. 그에게 군인들은 순교자였고, 망가진 무기들은 성물이었다. 그는 희대의 호색한이었지만, 동시에 금욕주의자이기도 했다. 아시시를 방문한 후에는 자신과 성 프란체스코 사이의 유사성을 발견해냈고, 수도사 방식으로 옷 입기를 즐겨했다 (원래 참회복은 거칠기 짝이 없었지만, 단눈치오는 속에 연보라색 실크 원피스를 받쳐 입었다).

피우메에서 그는 성 비토 대성당에서 유사 예배를 집전했고, 자기 자신의 인격을 너무나 열렬하게 숭배할 것을 독려했기 때문에 피우메 주교는 그의 무리들이 현대의 오르페우스를 위해 그리스도를 저버렸다면서 자신의 분노를 기록에 남겼다. 말년에 그는 가르다 호숫가의 자기 집을 자화자찬의 성지로 개조하는 데 열중했다. 그는 자기 자신을 제외하고 그 누구도 숭배하지 않았으나, 숭배는 항상 그를 매료시켰다. 만일 신성을 상징하는 행위가 창조라면, 단눈치오—그의 창조성은 넘쳐흘러 체력이 소진되었을 때에야 그의 펜이 느려졌다—야말로 신과 같은 존재였다. 그는 그렇게 생각했다. 그의 소설 『아마 그렇거나 그렇지 않을 거예요』에 나오는 영웅은 사르데냐섬의 해안에 비행기를 불시착시켜놓고 그 황량한 풍경에서 홀로 다음과 같이 성찰한다. "내가 신이 아니라면 신은 존재하지 않아."

신앙은 그가 타고난 문화를 형성한 요소였다. 신과 성자들에 대한 기독교적 신앙. 기적에 대한 믿음. 어른이 된 단눈치오는 근대성과 그것이 야기하는 모든 시끄러운 소음을 받아들였으나, 오직 양과 가축의 울음, 수레의 덜그럭거림과 짚더미의 바스락거림만이 소음이라면 소음이라고 할 세계에서 성장했다. 과연 1860년대의 아브루초는 외진 세계였고, 한동안 그렇게 남았다. 이 지역에서는 아펜니노산맥이 아브루초를 이탈리아의 서쪽 해안가의 대도시들로부터 격리시킨 채, 곰과 늑대만이 사는 민둥산들로 에워싸이고 산기슭에는 돌담으로 둘러싸인 시골 도시들이 버섯의 밑면처럼 갈라진 바위들에 걸터앉아 있었다. 바로 이곳으로부터 지형은 점차 아드리아해로 기울어져갔는데, 아브루초 선원들은 아드리아해 건너편 동쪽의 달마티아 해안 지역과 교역했다. 땅은 야트막한 절벽으로 둘러싸였는데, 아브루초의 주도이자 단눈치오의 고향인 페스카라 인근은 평평한 모래밭과 소나무 숲(지금은 소나무 대부분이 호텔로 가는 길을 트기 위해 베어졌다)으로 에워싸여 있었다. 단눈치오의 중년기로 거슬러 올라가면, 그는 이 돌담들 사이에, 꽃이 핀 나무들이 흩어져 있는 낮은 언덕들 사이에 돌아오기 위해 이주했다. "한 쌍의 흰색 소들이 끄는 페인트칠된 마차가 해안을 따라 지나간다. 바다로 비스듬히 기울어진 모래땅은 거의 파도가 치는 곳까지 일구어져 있다. 콩을 심은 고랑들. 포도나무들이 흡사 관절염을 앓는 노인의 손처럼 뒤틀려 있다. 거무죽죽한 짚더미들. 군색함, 근면함…… 저 위에 우뚝 솟은 산."

이 모든 것(특히 군색함)이 단눈치오의 배경에 단단히 부착되어 있는 것들이었다. 그러나 그가 아브루초를 사실상 떠났음에도 불구하고 그의 픽션과 비망록들에는 그 모든 것이 현존하고 있었다. 그는 사투리

듣는 것을 좋아했다. 그의 명성이 절정에 달한 중년 시절에 그는 동향 출신을 하인으로 고용하기도 했다. 그는 고향의 풍경을 추구했다. 두세와 토스카나에서 함께한 시절 마리나 디 피사에서, 그리고 '망명' 시절 프랑스 대서양 해안가의 아르카숑에서 그는 자신이 소년 시절 알고 있던 아드리아 해안가와 닮은, 소나무로 에워싸인 해안가에 살려고 했다. 그는 반복해서 그 장소에 대해 글을 썼다. 그의 상상력을 가장 강력하게 잠식한 고향의 광경은 바로 고향 주민들의 종교적 삶이었다. 이는 그에게 혐오감을 주면서도 매력을 뿜어낸 현상이었다.

오지 마을들에서 교회는 그저 숭배의 장소만이 아니었다. 교회는 공동체의 토템이었고, 교회를 치장하는 데 고된 노동과 희생, 농민들의 변변찮은 저축이 아낌없이 투자되었다. 순례자 행렬이 "우리의 낡은 침대보를 장식한 자수들처럼 줄을 맞춰" 시골길을 지나가고 있었다. 단눈치오의 유년 시절에 추종자들에게 메시아로 알려진 한 순회 설교자가 푸른 튜닉을 입고 붉은 망토를 두르며 나막신을 신고 그 지역을 방랑했다. 사람들에게 곡식과 가축을 버리고 자신을 따르라고 요구하면서 말이다. 수백 명이 그 말을 따랐다. 그들은 이 마을 저 마을 돌아다니며 노래하면서 구걸했다. 훗날 단눈치오가 쓰기를, "광신의 바람이 이 끝에서 저 끝까지 지역을 휩쓸었다".

아브루초에서 가옥은 소박하며 큰 교회는 드물었다. 지역에서 가장 두드러진 기념물이라고 해봐야 고산 지대의 은거지들―1000년 이상 전부터 고독한 신비주의자들이 기거했고, 그 추종자들이 수 세기 동안 위태롭게 지은 사당이 있는 동굴과 크레바스들―이 고작이었다. 단눈치오는 자신이 물려받은 혈통을 규정하기 위해 그런 이미지들을 빌려와야 했다. "나는 고대의 피를 물려받았다"고 그는 썼다. "나의 선조들은 마이엘라의 은자였다. (…) 그들은 피가 날 때까지 스스로에게 채찍질을 했다. (…) 그들은 늑대의 목을 조르고 독수리의 깃털을 뽑았다. 그리고 엘레나가 십자가에서 가져온 못*으로 큰 바위에 인장을 새겼다." 그는—일생 원통하게도—허구적 영웅상을 제공할 귀족 혈통의 조상이 없었던 관계로 또 다른 종류의 엘리트에 속하는 회원 자격을 스스로에게 부여했으니, 극단적인 종교적 신성을 타고난 엘리트가 바로 그것이었다.

단눈치오의 아버지인 프란체스코 파올로는 은자와는 완전히 거리가 먼 인물이었다. 그는 시골의 소지주이자 포도주 판매상이었다. 가브리엘레의 유년 시절에 그의 아버지는 페스카라 시장을 역임한, 지방 도시에서는 나름 유명 인사였다. 단눈치오는 페스카라나 그 주변을 무대로 한 최초의 이야기들에서 항구와 막사와 시장의 부산함이, 작고 어두운 밤에 갇혀 덧문이나 창문 틈새로 거리의 삶을 엿보는 여성들의 좌절감과 대조를 이루는 장소를 주문처럼 불러냈다. 교회 종이 시간을 알리고 사제들이 죽어가는 자들에게 종부성사를 해주며 거리를 지나가고 있다. 규칙에 따라 엄선된 젊은이들은 성주간Holy Week에 그리스도의 고통을 나타내기 위해 교회 램프가 꺼진 자비로운 어둠 속에서 서로를 은연중에 압박하고 있다. 그리고 장례식과 후드를 입은 조문객들의 긴 행렬을 수반한 상여, 눈 부분만 빼고 모두 가려진 얼굴들, 제사 때의 흰 옷을 입고 첫 성찬식으로 가는 소녀들의 행렬이 시골 도시의 주된 볼거리를 제공한다.

* 엘레나는 로마 황제 콘스탄티누스의 어머니로 예수 그리스도를 십자가에 못 박을 때 사용된 못을 찾아 가져왔다고 전해진다.

도처에 신성한 것들이 있다. 가브리엘레가 남동생과 함께 쓴 침실에서 침대를 뺀 가구라고 하면 기도용 소파 정도가 있었다. 벽에는 티치아노와 라파엘로가 그린 성화가 걸려 있었다. 아브루초를 배경으로 한 단눈치오의 소설들 중 하나에는 한 여인이 오후에 연인과 침대에서 즐기기 전 벽에 걸린 수많은 성인의 인물화를 베일로 가려야 한다고 스스럼없이 말하는 대목이 나온다. 하나님과 하나님의 대표자들은 모두 소년 단눈치오 곁에 있었으며, 그들은 편안함을 주었다기보다는 일종의 감시자 역할을 했다.

프란체스코 파올로 단눈치오는 육욕이 강한 남자로서 방종하고 비만했다. 훗날 단눈치오는 아버지를 역겨워하게 될 것이었다(아닌 게 아니라 그는 아버지의 난잡한 연애생활과 상습적인 과소비를 자기 자신에 대한 끔찍한 자화상으로 봤기 때문이다). 그러나 어린 시절에는 아버지를 기쁘게 해드리려고 열심이었다. 프란체스코 파올로의 낭비벽은 실로 엄청났던 것 같다. 카니발 기간에 그는 자기 집 발코니에 서서 관습대로 거리에서 흥청거리는 사람들에게 한 줌의 금화와 은화를 던져주었는데, 이런 장면은 틀림없이 그의 꼬맹이 아들에게도 깊은 인상을 준 듯하다. 가브리엘레 단눈치오도 자기 인생 대부분을 돈을 정신없이 뿌려대는 데 써버렸으니 말이다. 프란체스코 파올로는 쇼를 좋아했고, 또 주위를 깜짝 놀라게 하는 것을 좋아했다(이 두 성향은 가브리엘레에게도 유전되었다). 그는 자신의 하얀 비둘기들을 최신의 아닐린 염료로 염색하곤 했고, 집의 안뜰에서 이 비둘기들—분홍, 초록, 자주, 주황의 새들—을 날려보냈다.

가브리엘레는 부모의 귀염둥이였다. 아버지는 그를 진지하게 대해주었다. "그는 나를 함부로 대하지 않으셨고, 단 한 번도 놀린 적이 없었다." 그에게는 형제(미국으로 이민 가기 전에 음악가이자 사기꾼이 된) 한 명과 누이 셋이 있었다. 그러나 가브리엘레야말로 집안의 신동이자 소황제였다. 가브리엘레는 어머니인 루이사 데 베네딕티스를 흠모했는데, 그가 말하듯이, 이런 아들의 사랑은 어머니의 끔찍한 사랑을 받은 데 대한 보답이었다. "어머니의 눈짓만으로도 내겐 천국이 따로 없었다."

집은 여인 천하—하녀와 누이들, 노처녀 고모들, 할머니—였고, 그는 모든 여성의 귀한 보물이었다. 동네 아주머니들이 어머니를 만나러 올 때면 그는 떡하니 한가운데 소파에 앉았고, 그러면 아주머니들은 그를 "희귀한 짐승"을 보듯 감탄을 연발하며 쳐다보았다. 열한 살의 나이에 기숙학교에 들어간 그는 향수어린 편지들을 집에 보냈는데, 이 편지들에서 어린 시절의 빛나는 이미지들, 어쩌면 성자의 유년기 이야기들에서 곧바로 튀어나올 것 같은 장면들을 불러내곤 했다. "어렸을 때 즐거움으로 반짝이던 어머니 방으로 아침에 맨 먼저 온 아이가 저라는 거 기억하시죠? 어머니께 꽃을 갖다드리곤 했던 것도요. (…) 그늘 하나 없는 행복한 시절이었어요."

실제로는 그늘이 있었다. 시골에서 사는 것은 (단눈치오 가족이 부분적으로 그러했듯이—그들은 도시 바깥의 빌라 푸오코에 별채를 갖고 있었다) 잔혹한 현실에 노출되는 일이기도 했다. 단눈치오가 어린 시절을 회상한 많은 이야기는 죽어가는 짐승들에 대한 것이다. 그중에는 코 주변이 하얀 밤색의 작은 사르데냐산 말인 아퀼리노의 죽음도 있었는데, 그는 한밤의 평화로운 마구간에서 아퀼리노에게 사과와 각설탕을 주곤 했던 것이다. 또한 농장 관리인이 잔가지들로 만든 새장과 함께 준 메추라기도 있었다. 반세기쯤 후에 단눈치오는 이 연약한 피조물이 임시변

어린 시절의 단눈치오

통으로 만들어진 창살을 향해 돌진하여 뼈가 드러날 정도로 머리가 깨진 일을 회상할 터였다. 가축을 도살하는 날이면 그는 칼에 베인 돼지들이 내는 울부짖음과 대야로 흘러넘치는 엄청난 양의 피에 넋이 나가 구석에 숨어 얼굴을 벽 쪽으로 돌리고 끔찍하게 벌어진 자기 입을 손으로 가려야 했다. "삶은 마치 돼지 잡는 칼을 손에 쥐고 뒤쫓아오는 것처럼 그렇게 나를 두려움에 빠뜨렸다." 그는 '학살' 이후 밤새도록 흐느껴 울었다.

가브리엘레의 교육은 미혼의 독실한 두 자매와 함께 공부하는 것으로 시작되었는데, 그는 질병과 성적 절망에 대한 한 이야기—『처녀들의 책』(나중에 『처녀 오르솔라』로 개작된)—에서 그녀들을 잔인하리만치 비방할 것이었다. 이 소설에서 두 여자 선생님이 읽기와 쓰기, 종교 수업을 한 것을 묘사한 대목은 실제 경험을 회고한 것처럼 보인다. "선생님들이 엄숙한 어조로 원죄와 원죄의 공포와 영원한 처벌에 대해 말할 때면 크게 치켜뜬 그녀들의 눈은 놀라움에 가득하고 분홍빛 나는 작은 입은 겁에 질려 크게 벌어져 있었다. 아이와 물건에 대한 묘사가 너무나 생생하여 살아 꿈틀거리며 내게 다가오는 것 같았다. (…) 가시에 묶여 핏방울을 흘리는 나사렛 사람이 결코 잊을 수 없는 고통스런 눈빛으로 사방에서 나를 지켜보았고, 커다란 굴뚝에서 뿜어져 나오는 연기도 끔찍한 형상을 띠고 있었다." 다른 곳에 사는 다른 아이들에게는 가위 인간이나 거대한 늑대나 사나운 토끼가 두려움의 대상이었겠지만, 단눈치오와 그의 친구들에게 귀신bogeyman은 신성deity과 하나이자 동일한 것이었다.

어머니 루이사는 남편과의 관계를 빼고는 사회적으로 단절되어 있었다. 그녀는 아들을 오르토나 해안가의 외갓집에 보내곤 했다. 외갓집은 수도원과 요새를 이어 붙여 엉성하게 지은 구조물로서 엄청난 두께의 벽과 숨겨진 안뜰로 이루어졌고, 긴 복도와 감방같이 생긴 방들을 거느리고 있었다. 아직 엎드려 기어다닐 시절에 단눈치오는 꽃과 동물 문양이 새겨진 바닥 타일에 매료되었다. 이제 직립보행하고 말할 줄 알게 되자, 회칠된 벽에 끼워진 세라믹패널에 그려져 있는 우화들을 설명해달라고 조를 터였다.

오르토나의 외갓집에 체류할 때 가장 경이로운 일은 또 다른 친척인 수녀원장님을 방문하러 간 것이었다. 그녀는 "독사들vipers"이라고 부른 작은 꽈배기 비스킷을 먹으라고 내주었다. 그녀가 '영광스런 미스터리들'을 가르칠 거라고 말하며 그에게 자수정 묵주를 들고 있으라고 주었을 때, 나중에 성물들의 지칠 줄 모르는 수집가이자 유사 종교 의식의 독창적인 무대연출자가 될 가브리엘레는, 흥분에 휩싸여 크게 숨을 쉬었다. 이보다 훨씬 더 스릴 넘치는 사실은, 이 수녀원장께서 가브리엘레를 사랑하는 조카로 여겨 방문객 접대용 거실을 지나 곧장 수녀원으로 들어가도 좋다고 허락하신 일이다. 그리고 수녀원장실의 은밀한 곳에서 그는 원장님이 "점쟁이의 기예"를 발휘하시는 모습을 지켜보기도 했다. 당시 그는 아홉 살로 이제껏 어떤 남성도 들어가보지 못한 장소에 있도록 허락된 소년이었다. 그것도 교회가 금지한 의식*을 실행하는 것을 실제로 도우면서 말이다. 그는 혼란스러우면서도 황홀한 방식으로 자신이 금지된 선을 넘어섰음을 의식하면서 그녀가 향내 나는 허브들을 불에 던지는 과정을 지켜보며 의식에 사용된 친근한 소품들, 즉 "숭어 내장과 무지갯빛이 나는 생선 비늘과 허브 잎들"을 관찰했다. 이

* 점치는 의식을 가리킨다.

나이 든 숙녀는 산뜻한 머리 가리개와 머리띠를 착용했음에도 영락없는 여자 마법사의 모습 그대로였다. 그는 그녀를 두려워했다. 그녀는 그의 손을 잡고 그의 과거와 미래가 두 손바닥에 씌어 있다고 설명했다. 마치 비밀 이야기가 목판 성상화에 그려져 있듯이 말이다. 방은 연기로 가득 찼다. 무릎을 꿇고 양팔을 벌려 수녀복의 소매가 마치 돛처럼 펼쳐진 상태에서, 수녀원장님은 무아지경에 빠져들고 있는 것처럼 보였다. 가브리엘레는 공황 상태에 빠졌다. 그는 수련 수녀가 나타나 구출해줄 때까지 미친 듯이 문을 두드리며 고함을 질러댔다.

당시 마술과 점괘는 수녀원의 담장을 넘어선 지 오래였다. 수녀원 바깥세상에서는 두말할 나위 없이 흔한 일이었다. 아브루초 사람들은 교회를 열심히 다니고 단식과 축일을 충실히 지켰으나, 그들의 문화에서 기독교는 이교적인 마법과 공존하고 있었다. 단눈치오는 '신들린' 사람들의 광란이 고함과 휘파람 소리 등과 뒤섞이며 고조되는 모습을 보면서 일찍이 서로 불협화음을 이루는 모순적인 제의들을 목격했다. 그가 전하는 한 이야기에서 페스카라의 한 여성이 퇴마사를 찾았는데, 퇴마사는 흰 노새를 타고 시내로 온 수염이 무성한 노인이었다. 그는 금으로 만든 삼각형 귀걸이를 달았고, 외투에는 손가락만큼이나 큰 은색 단추들이 달려 있었다. 그는 장님도 볼 수 있게 하고 귀신에 홀린 사람들도 정신이 돌아오게 한다고들 했다. 그가 도시 바깥의 동굴에서 함께 사는 아내는 낙태 시술자였다. 다른 이야기들에서 단눈치오는 자신이 저주받았다고 굳게 믿고 있는 불행한 어부에 대해, 또 밤에 흡혈귀를 막기 위해 오두막집 문 앞에 놓아둔 썩어 악취가 진동하는 죽은 개에 대해, 그런가 하면 엄마가 제 자식을 신들렸다고 하며 죽게 놔둔 아이에 대해 썼다. 이 마술적 관행들에 대한 일부 이야기는 그가 자기 친구인 민속연구가 안토니오 데 니노에게서 슬쩍 차용한 것이고, 다른 이야기들은 어린 시절에 직접 본 것이다.

아브루초는 양들의 천국이다. 초록의 길들이 마치 풀의 강을 이루듯이 저 고산 지대의 목초지로부터 아래로 길게 뻗어 바다로까지 연결된다. "까마득한 옛날 선조들이 밟았던 길을 따라" 매년 양떼를 몰고 그 초록의 길들을 내려가던 양치기들에 대한 단눈치오의 시는, 그가 정기적으로 고향을 방문하지 못하게 된 한참 후에야 쓰였으나, 그의 어린 시절부터 이동 방목은 그 지방의 가장 대표적인 연중행사로서 잘 익은 버찌의 수확만큼이나 계절을 알려주는 확실한 징표였다. 양치기들과 해안가 평원에서 농사를 짓던 농부들은 순수한 믿음과 제의의 풍성한 저장고였다. 단눈치오는 지루하지도 않은지 반복해서 출생부터 사망까지 일생을 엄숙하게 노래하는 애절한 송가를 묘사한다. 또 곳곳에서 마치 "쉼 없이 오르락내리락하는 파도처럼" 불렸던, 순회 유랑 극단의 노래들도 있다. 그는 아브루초의 마을들에서 여전히 잔존하는 한 제식을 기록하고 있다. "1년 동안 잘 먹어 살찐 흰 황소가 등에 작은 어린아이 하나를 태우고서 깃발과 양초들 사이로 멋진 장관을 연출하며 교회로 행진한다. (…) 교회 중앙에 도착하면 황소에게 똥을 누게 한다. 김이 모락모락 나는 똥 무더기를 보면서 신도들은 한 해 농사가 잘될 것임을 확신한다."

단눈치오는 수확기에 관습적으로 불린 정교한 찬송가를 묘사했다. 음식과 포도주가 담긴, 그림이 그려진 큰 항아리를 든 여자들의 행렬이 태양과 지주와 하나님을 찬양하면서 들판으로 이어지는 광경이 눈에 선연하다. 남자들은 여자들이 오는 것을 듣고는 낫을 바닥에 내려놓았고, 농부들의 우두머리가 식전 기도를 이끌었는데―"그는 열정에 휩싸여 즉석에서 2행시를 지어 불렀다"(이 즉흥시는 잘 기록되어 있다)― 나머지 무리는 다음과 같이 큰 소리로 화답했다. "태양이 불타는 동안 강철날도 번득이네. 저 우뚝한 옥수수 더미도 불덩이처럼 번득이며 서 있네."

아이는 이 광경을 봤고, 성인이 된 아이는 한 무리의 인간들이 어떻게 말의 힘으로 한데 결속하고 흥분하는지를 기억해냈다.

단눈치오는 기독교의 독실한 삶에서 유혹을 느꼈다. 이따금 침울해질 때면 종교적 은둔이 주는 평화를 갈망하곤 했다. 이와 동시에 그에게는 개인적인 종교 의식들도 있었고, 그는 마술적인 사고방식도 좋아했다. 그는 태어날 때 양수막 때문에 질식할 뻔했다가 겨우 살아났다. 그렇게 태어난 아이는 제2의 시야를 갖는다고들 했고, 양수막 자체는 양수막을 뒤집어쓴 아이를 익사하는 것으로부터 보호해줄 수 있는 부적이 되었다. 단눈치오의 양수막은 끈이 달린 작은 실크 꾸러미에 보관되어 있었다. 아이였을 때 그는 이것을 항상 목에 걸곤 했다. 어른이 되어 이를 회상하면서 그는 그런 부적의 효능을 믿는 여자들―어머니와 고모들과 간호사―의 '미신'에 대해 짐짓 무시하는 척 썼으나, 그 자신도 전쟁 내내 어떤 행동에 나설 때면 어김없이 호주머니에 한두 개의 부적을 넣곤 했다.

그는 항상 주저하는 사람이었다. 어떤 결정을 내려야 할 때마다 자주 원시적 형태의 점괘에 의존했다. 그는 무작위로 책을 열어 읽게 된 첫 번째 구절이 암시하는 메시지를 찾았다(이는 그가 "키벨레의 여신을 섬긴 고대 사제들"로부터 취했다고 주장한 관행이었다). 그는 징조들을 찾았다. 에메랄드는 행운을 가져왔다(이는 가공의 미신에 불과했으나—공교롭게도—실제로 일어난 일이기도 했다. 일찍이 엘레오노라 두세는 그에게 두 개의 큰 에메랄드를 주었는데, 그는 이것을 저당잡혀 파산을 면할 수 있었던 것이다). 그는 신통력이 있다고 하는 사람들을 방문했고, 점성술사들에게 자문을 구했다. 그는 카이사르의 "주사위는 던져졌다Alea jacta est"라는 문구가 새겨진 작은 보석 상자에 상아 주사위 한 벌을 넣어 갖고 다녔고, 결정이 필요할 때 자주 주사위를 던져 나온 결과를 확인했다. 그는 어린 시절에 알았던 농부들의 원시적 종교성을 혐오하기는 했으나, 세련된 성인이 되어서도 그가 뒤에 남기고 온 촌락사회의 많은 미신을 털어내지는 못했다.

그가 여섯 살 때쯤 단눈치오의 누이 한 명이 그를 불러 작은 주먹을 펴서 자신의 보물인 인공 진주를 그에게 보여준 적이 있다. 그 즉시 이 둥글고 광택이 나는 것을 갖고 싶다는 열망에 사로잡혔다. 당시 집의 처마 밑에 제비 둥지가 있었다. 그는 달걀 하나를 훔쳐 후다닥 꼭대기 층으로 달려가 비좁은 발코니로 나갔다. 그러나 키가 너무 작아 둥지에 손이 닿지는 않았다. 이에 다시 방 안으로 들어가 의자를 찾았다. 그는 끝까지 포기하지 않고 의자를 끌어냈다. 맞은편 집 창가에서 이 광경을 보던 여자들이 그에게 고함을 쳤다. 그는 아랑곳하지 않았다. 의자 위로, 다시 주철로 만든 발코니 난관을 기어올랐다. 아래는 포장 도로였고 3층 높이였다. 그리고 나무 덧문을 잡고 손을 위로 내밀었다. 놀란 여자들이 더 크게 고함을 질러댔다. 저 아래에서 길을 가던 행인들도 걸음을 멈췄다. 가게 주인들도 나와서 목을 길게 빼고 이 광경을 지켜보았다. 어린 소년은 저 아래의 와자지껄한 소리를 들을 수 있었을 것이다. 그는 필사적으로 팔을 뻗었으나 닿지 않았다. 오히려 화가 난 제비들이 그의 머리 주변을 쪼아댔다.

갑자기 누군가가 아이의 허리춤을 붙잡고 밑으로 내렸다. 부모가 거기 있었던 것이다. 어머니는 부들부들 떨었고, 아버지는 창백해져서 매를 맞아야겠다며 화를 냈다. 그는 창문에서 멀찍이 옮겨져, 미세하게 떨고 있는 상태에서 침대에 뉘여졌다. 나중에 그는 그들—어머니와 아버지와 아이—을 세속의 삼위일체로 봤다고 회고했다. 고모들은 울면서 그에게 매달렸다. 마치 슬픔에 빠진 성모 마리아들이 죽은 예수 그리스도를 부둥켜 잡고 울듯이 말이다. 그러나 가족의 성찬식은 방해를 받았다. 이제 아이가 죽었다고 생각한 군중이 거리에 모여 장례식에서 내곤 하던 으스스한 곡소리를 내기 시작했다. 가브리엘레의 아버지는 아이를 번쩍 들어 창백한 표정으로 흐느적거리며 발코니로 안고 갔다. 이내 곡소리가 기쁨의 환성으로 바뀌었다.

노년에 접어들어 이 사건을 묘사하면서 단눈치오는 이 최초의 발코니 출현을 하나의 전조로 간주했다. 그 자신이 주장하듯이, 그는 어린 시절부터 공적 삶에서 두각을 나타냈다. 좀더 적절하게 표현하면, 이는 종교적 심상이 그의 상상력을 휘저었음을 말해준다. 학창 시절 생활부 하나에는 "믿음이 크게 결여되어 있다"라고 적혀 있다. 열여섯 살 때 그는 밀턴의 『실낙원』과 바이런의 『카인』에 매료되었는데, 이 두 시에 나오는 영웅들은 모두 하나님을 거역한다. 그는 다윈에 대해 경탄했다. 그는 만일 신이 존재한다고 해도 "우리가 고통받는 것을 지켜보며 즐거워하기 위해 인류를 창조한 악당이나 얼간이"라고 말함으로써 그 특유의 "역겨운 이단성"으로 선생님들을 놀라게 했다. 그러나 이 모든 것에도 불구하고 그에게는 자신을 그리스도로, 부모님을 마리아와 요셉으로 보는 것이 자연스러웠다. 가브리엘레가 어린 시절을 함께 보낸 사람들의 공동체적 삶과 신앙, 그들의 노래와 기도, 그들의 주문과 축제가 마음의 자산을 이루고 있었던 것이다.

5. 영광

단눈치오가 페스카라에서 어린 시절을 보낼 때 매일 오후 늦게, 오렌지색이나 진노란 색 혹은 적갈색의 넓은 돛 두 개를 단 아브루초식 어선들이 강 어귀에 나타나곤 했다. 아홉 살이던 해 어느 날 가브리엘레는 그들에게 인사하기 위해 선창가로 내달렸다. 어선 하나에 친구가 타고 있었는데, 친구가 선물로 새조개를 주었다. 친구가 준 걸 받아들고서 페스카라 요새의 허물어진 성벽 틈새에 조개를 놓고 녹슨 옛날 대포 옆에 두 다리를 벌리고 서서는 주머니칼로 조개 입을 강제로 벌리려고 애썼다. 어려운 작업이었다. 칼이 미끄러졌다. 심하게 베이고 말았다. 손에 피가 흥건했고 대포에도 뚝뚝 떨어졌다. 그는 어지러움을 느끼기 시작했다. 손수건도 너무 작아 지혈하는 데 별 소용이 없었다. 그는 셔츠 소매를 잘라 상처 부위를 동여맸다. 즉시 붕대가 피로 물들었다.

한적한 곳이었고 밤이 다가오고 있었다. 머리 위의 오래된 담장 너머로 염소 머리가 보였다. 요사스런 악마적인 눈길로 그를 쳐다보면서 말이다. 그는 이 오래된 병기창의 천장에 거미들이 들끓었고, 시골 여성들이 월경을 멈추게 하고자 거미줄을 이용했음을 기억해냈다. 이제 부들부들 떨며 앞에서 날쌔게 움직이는 것들을 쫓아내려고 고함을 치면서 어둠과 폐허를 뚫고 길을 찾으며 칼로 거미줄을 잘라 피가 나는 손에 칭칭 휘감고는 반쯤 기절한 상태로 비틀거리며 집으로 갔다.

중년 시절에 이 어린애 같은 장난을 이야기로 쓰면서 단눈치오는 이 야기의 배경을 먼 산간 지대로 설정하여 불타는 듯한 구름이라는 멋진 풍광을 이용했다. 그는 엄지손가락에 난 흉터를 "나를 처음부터 다른 사람들과 구분해주는 지울 수 없는 표식"으로 소중히 여겼다. 그가 이 사건을 기술한 에세이의 제목은 '고매한 운명의 첫 표식'이었다.

단눈치오가 성장해감에 따라 수많은 영웅의 이미지와 이야기가 그를 감쌌다. 페스카라에서 사는 단눈치오 가족의 거실은 아이네아스˙를 묘사한 그림으로 치장되어 있었다. 그림의 배경에는 트로이가 불타고 있었다. 아이네아스가 아버지 안키세스의 예언대로 위대한 운명을 성취하기 위해 장도에 오르는 모습인데, 그림에서 그는 두려움 없이 미래를 향해 내딛는 것처럼 연극적으로 묘사되어 있었다. 이처럼 단눈치오도 아버지의 야심을 성취하기 위해 세상을 향해 출발한 것이었다.

그는 이탈리아에서는 영웅 시대라고 할 수 있는 시절에 성장기를 보냈다. 아브루초는 19세기 중엽에 나폴리의 부르봉 왕정이 통치한 양시칠리아 왕국의 일부였다. 가브리엘레가 태어나기 3년 전에 가리발디가

˙ 트로이의 장군으로 불타는 트로이를 빠져나가 어머니인 베누스 여신의 인도를 받아 로마 인근으로 이주해 원주민들과 함께 도시 라비니움을 건설했다는 전설상의 인물. 그리고 아이네 아스의 아들 아스카니우스가 도시 알바 롱가를 건립한다. 그런데 아스카니우스의 13대 후손 이자 알바 롱가의 왕인 누미토르가 형제 아물리우스에 의해 축출된다. 아물리우스는 후환을 없애고자 누미토르의 딸이 낳은 쌍둥이인 로물루스와 레무스를 버리지만, 쌍둥이는 늑대에 의해 키워지고, 마침내 기원전 753년 로물루스가 팔라티노 언덕에서 로마를 건국한다. 이렇게 보면, 베르길리우스의 서사시 주인공인 아이네아스는 로마의 시조가 되는 셈이다.

1000명 남짓의 의용병을 이끌고 시칠리아섬으로 갔고, 이곳에서 지방 지원자들을 받아들여 증원된 병력으로 부르봉 군대를 섬에서 몰아냈다. 왕은 신경이 곤두선 채 망설였다. 휘하의 장교들은 가망 없을 정도로 사기가 저하되었다. 가리발디가 칼라브리아 지역을 거쳐 나폴리를 향해 진격함에 따라 허약한 왕정의 부대들이 편을 바꾸거나 군복을 벗고 고향 앞으로 갔다. 그가 쓴 이야기 하나에서 단눈치오는 틀림없이 반복적으로 들었을 장면 하나, 그러니까 페스카라 요새가 텅 비워진 채 "부대들이 무기와 장비를 강에 버리고 해산하는" 장면을 묘사한다.

사보이아 왕조의 비토리오 에마누엘레 왕*은 가리발디가 정복한 지역들을 병합하기 위해 군대를 이끌고 남부로 왔다. 프란체스코 파올로 단눈치오는 페스카라에 군대를 보내달라고 청하기 위해 안코나에 있는 왕의 병영에 찾아갔던 사절단의 일원이었다. 군대가 페스카라에 왔을 때, 왕 자신은 (곧 모든 이탈리아의 왕이라는 칭호를 갖게 될) 단눈치오의 처마 아래에서 밤을 보냈다. 단눈치오 가문은 나름의 미력이나마 그런 방식으로 이탈리아 민족국가의 형성을 도왔던 셈이다.

당시는 처음으로 대량 인쇄가 가능해진 시대였다. 가리발디와 비토리오 에마누엘레에 대한 인쇄물들이 성스러운 교회 인쇄물처럼 경외심의 대상이 되면서 반도 전역에 걸쳐 집집마다 담장을 장식했다. 단눈치오의 집에도 그런 인쇄물이 고전 영웅들의 위업을 묘사한 인쇄물과 함께 발에 채일 정도로 굴러다녔다. 마치 영웅적인 행위가 다시 도래한 시대처럼 보였다. 가브리엘레가 일곱 살 때 프랑스인들이 교황의 세속권에 대한 지지를 철회했고, 비토리오 에마누엘레의 군대가 로마로 진

---

* 사르데냐 왕국의 왕이자 1861년에 탄생한 신생 이탈리아 왕국의 초대 왕인 비토리오 에마누엘레 2세를 가리킨다.

공했다. 독립적이고 통일된 이탈리아 국가가 완성되었다. 나중에 단눈치오는 그 9월의 밤에 잠이 들었다가 환한 횃불을 들고 거리를 행진하는 사람들이 부르는 시끌벅적한 노래와 팡파르 소리, 그리고 "로마!"를 연호하는 외침을 듣고 다시 깨어났다고 회상했다.

단눈치오는 열한 살에 기숙학교에 보내졌는데, 이곳은 프라토에 위치한 치코니니 왕립학교로서 당시 이탈리아에서 가장 훌륭한 학교로 평가받고 있었다. 프란체스코 파올로는 아들이 '토스카나화'되기를 바랐다. 단테와 마키아벨리와 로렌초 일 마니피코*의 언어인 토스카나 방언이야말로 새로운 이탈리아 엘리트들의 표준어가 될 것이었으니 말이다.
치코니니 왕립학교는 거대하나 음울하다. 18세기풍의 외관 뒤에는 아치형 천장과 주석 등불로 이루어진 긴 복도들이 있다. 예배당 하나와 우아한 소극장이 하나 있지만, 소년을 집에서처럼 편안히 품어줄 곳은 거의 없다. 가브리엘레는 도처에서 기숙학교 어린이들이 겪는 비참함을 느꼈다. 기숙학교에서 보낸 몇 년을 글로 회상하면서 그는 학교를 자신의 "감옥"으로 묘사한다. 그는 매일매일의 산책 후에, 그리고 감금과 금지의 분위기로부터 어쩌다 해방시켜주는 얼마 안 되는 외박 후에 다시 학교 정문 안으로 걸어 들어갈 때의 우울함을 회고한다. 그는 기숙학교에 다닌 4년 내내 긴 여름 방학 중에도 페스카라로 돌아갈 수 없게 될 것이었다.
매정한 환경에서 스스로를 돌보며 살아야 한 아이들은 나중에 절대로 열기 힘든 껍데기를 마음 안에 키우는 법이다. 그렇듯 단눈치오도

• 15세기 이탈리아 르네상스 시대에 피렌체를 지배했던 메디치 가문의 걸출한 통치자.

공감 능력이 유난히 부족한 성인이자 야비한 친구, 그리고 믿을 수 없는 연인이자 불성실한 아버지로 성장했다. 그의 눈에 동료 인간 집단은 가축 떼만큼이나 관심을 불러일으키지 못하는 비천한 존재처럼 보였다. 적어도 그의 감정적 불감증의 일부는 아마 초창기 학창 시절의 유배생활 탓일 수 있다. 그러나 당시에 그는 그런 엄격한 처우에 대해 의무의 충실함뿐만 아니라 뜨거운 열정과 사랑의 서약으로 대처했다. 그는 학교에서 자기에게 부과된 과제, 즉 자신의 영재성을 입증할 과제를 언제나 전심전력으로 완수했다. 기숙학교에 입학한 첫해에 그는 "사랑하는 아버지"에게 학급에서 1등을 했노라고 자랑스럽게 편지를 썼다. "오, 이 말들이 제 입에서 터져나오는 게 얼마나 달콤한지요, 지금 저는 아버지의 바람을 실현시켜드리고 있다는 느낌이 들어 얼마나 기쁜지 모르겠어요."

이미 학창 시절부터 그는 열정에 넘치는 작은 애국자였다. 그는 열세 살의 나이에 쓰기를 자신에게 두 가지 사명이 있다고 했다. "사람들에게 조국을 사랑하라고 가르치는 것……그리고 이탈리아의 적들을 죽도록 증오하는 것!" 이런 예민한 감수성은 특별한 것이 아니었다. 당시 이탈리아는 각기 아주 다른 역사를 지닌 지역들이 불안정하게 통합된 신생국이었다. 또한 많은 경우에 서로 알아듣지 못할 정도로 극히 다른 방언들을 사용하는 민중도 이탈리아를 사랑하는 법을 배울 필요가 있을 터였다. 이탈리아 민족주의는 불안스러울 뿐만 아니라 호전적이기도 했다. 19세기 후반은 모든 유럽인에게 민족주의 시대였지만, 새로 만들어져 불안한 통합을 유지한 민족들—특히 독일과 이탈리아—에게 민족주의는 국가에 대한 단순한 사랑이 준종교적이고 에로틱한 충동들과, 특히 영웅 숭배에의 갈망과 복잡하게 뒤얽혀 있었다. 단눈치오에게 그처럼 모호하되 극단적인 감정들은 그 자신의 "고매한 운명"의 이념과 합체되어 있었다.

프란체스코 파올로와 가브리엘레는 공히 그 운명을 믿었다. 15세의 나이에 아들은 아버지에게 이렇게 썼다. "저는 칭찬을 사랑합니다. 왜냐하면 당신께서 제게 줄 칭찬을 즐기시리라는 걸 알기 때문이죠. 저는 영광을 사랑합니다. 왜냐하면 당신께서 제 이름이 영광스럽게 불리는 데 기뻐하시리라는 걸 알기 때문입니다."

영광, 영광, 영광. 이 단어가 그의 사춘기 시절 편지들에서 항상 종을 울리고 있다. "그는 완전히 헌신적이다." 학교생활 기록부에는 이렇게 씌어 있다. "스스로 유명해지려 한다." 그의 초창기 사진 하나는 곱슬머리에 엄격한 표정, 단호한 눈매를 가진 10대 소년을 보여준다. 그 사진에는 친필로 "영광을 위하여"라고 씌어 있다. 그에게 영광으로 가는 길은 문학이었으나, 종교 수련자가 스스로를 채찍질하며 금욕주의적 생활을 하듯이, 혹은 군인 지망생이 신체를 훈련하듯이 그렇게 스스로를 준비시켰다.

표준 교육 과정만으로는 충분치 않았다. 그는 바이올린과 플루트 연주법을 배웠다. 그는 보컬 레슨도 받았다. 그리고 휴일에는 오비디우스의 『변신 이야기』의 '논평들'을 수록한 편집본을 번역하는 일을 자임했다. 저녁 공부가 끝났음을 알리는 신호가 울리고 모두 침대로 들어갈 때, 그는 다른 아이들의 남은 램프 기름을 모아서 밤늦도록 더 공부하곤 했다. 그는 아버지에게 학급에서 1등을 했노라고 다시 편지를 쓰면서 이렇게 덧붙였다. "제가 그런 성적을 거두기 위해 얼마나 노력했는지 아버지께서 아실 수 있기를!" 그는 자신을 몸에 인증 마크가 새겨진 영

웅으로 봤다. 그는 훗날 쓰기를, 자신의 왼쪽 어깨가 다른 쪽보다 낮은
데, 그렇게 될 정도로 성장기에 오랜 시간 책상 앞에 엎드려서 공부했
다고 말했다.

  학교 측에서 시험을 건너뛰어도 좋다고 했을 때, 그는 어머니에게 보
낸 편지에서 크게 실망했노라고 썼다. "1등을 차지할 게 뻔합니다." 열
여섯 살 때 그는 부활절에 부모에게 여섯 통의 편지를 보냈는데, 모두
이탈리아어로 쓴 한 통을 포함하여 그리스와 라틴어, 영어, 프랑스어,
스페인어로 쓴 편지였다. 언젠가 자신이 쓰게 될 위대한 책이야말로 자
신이 오를 "정상"이라고 그는 확실히 느끼고 있었다. 적어도 편지에 그
렇게 썼다.

치코니니 기숙학교 시절

치코니니 기숙학교는 군사적 방식에 따라 운영되었다. 소년들은 청록색 바지와 큰 단추 및 견장을 단 외투가 한 벌이 된 멋진 제복을 입었다. 그들은 학생 신분이었으나, 동시에 장난감 병정이기도 했다. 그들은 2개 '중대'로 편성되었고, 각 중대는 다시 4개 '분대'로 이루어졌다. 품행이 훌륭한 소년들은 장교의 영예를 얻었다. 2학년 때 단눈치오는 '하사'가 되었다. 3년 뒤 그는 '상사'로 진급했고, 마지막 겨울에는 학교에서 '사령관'이 되었다('사령관'은 나중에 피우메에서 스스로에게 부여한 칭호이기도 했다). 소년 시절은 레슨과 스터디 시간의 시작과 끝을 알리는 드럼 소리로 토막토막 끊어졌다. 체육은 군사 훈련이었고, 소풍은 행군이었으며, 게임은 전투였고, 그들의 영웅은 정복자였다.

학생들의 공부 시간에서 가장 큰 비중을 차지한 것은 고전 공부였다. 이는 서구 세계의 학교들에서는 관행이었지만, 이탈리아 어린이들에게 라틴 문학과 로마 역사는 특히나 각별한 중요성을 지녔다. 예컨대 영국의 학동들은 일찍이 로마 공화정이 스파르타에서 차용한 금욕적 덕성을 함양하고 로마의 금욕주의와 후기 빅토리아 시대의 불굴의 정신 사이의 유사성을 깨우치도록 교육받았을 것이다. 또한 그들은 영 제국과 로마 제국을 동일시해야 했을 테고, 매콜리의 『민요집』*을 읽으면서도 로마 영웅들의 용기와 영국의 식민지 장교들의 용기를 비교해야 했을 것이다. 그러나 이탈리아 어린이들에게는 영국 어린이들처럼 그렇게 어렵사리 양자를 비교하며 상상력을 최대한 발휘하는 노력이 필요치 않았다. 이탈리아 어린이들은 플루타르코스의 『영웅전』을 읽으면서 다름 아닌 이탈리아의 토착 영웅들의 이야기를 발견했다. 오비디우스

• 토머스 배빙턴 매콜리Thomas Babington Macaulay가 1842년에 펴낸 『고대 로마 민요집』.

2부 물줄기들

와 호라티우스를 읽는 것은 곧 그들의 천재성이 자기 민족의 위대성을 입증하는 시를 읽는 것을 뜻했다. 베르길리우스의 『아이네아스』는—약 12세기 동안 지속된 충돌 이후에—마침내 새로이 출현한 국가의 건설 과정을 묘사했다. 리비우스와 카이사르는 이 국가가 어떻게 투쟁하고 어떻게 정복했는지 말해주었다. 타키투스는 (이 경우는 특별히 즐거움을 주었는데) 이탈리아인/로마인들이 북방의 게르만족, 그러니까 소년들의 부모와 선생님 세대에 북부 이탈리아를 지배했던 오스트리아인들의 선조라고 할 야만인 게르만족을 격퇴한 과정을 생생하게 묘사했다. 단눈치오의 생애 말기에 접어들어 무솔리니는 '로마적인 것Romanità'에 대한 공적 숭배의 전통을 만들 것이었다. 단눈치오처럼 교육받은 어린이들에게 그런 숭배는 어색한 인위적 구성물이 아니라 오히려 지적 생활의 초기부터 역사적 감각과 덕성 관념의 밑바탕을 형성한 연상들이 자연스레 굳어진 결정체였다.

영광은 고대에 국한되지 않았다. 19세기 유럽인들에게 위대한 정복자는 나폴레옹이었다. 토머스 칼라일이 1848년에 개탄했듯이, 위대한 인물이 희귀한 세계에서 한미한 신분으로부터 몸을 일으켜 마침내 유럽 전역을 차지한 초인으로 등극하기까지 나폴레옹의 신분 상승에 대한 기억은 정말이지 영감을 불러일으키는 것이었다. 그를 불구대천의 적으로 간주한 사람들조차(바이런과 같은 영국인과 톨스토이 같은 러시아인들) 그에게 매료되었다. 이탈리아인들에게는, 약간의 애국적 궤변을 섞어 말하면, 나폴레옹이 이탈리아인이라고 주장할 수도 있는 근거가 있었다. 이탈리아인 입장에서는 프랑스인 보나파르트가 프랑스 군대를 지휘하며 이탈리아를 침공했다고 생각하기보다는 코르시카인 부오나파르테가 혐오스런 오스트리아인들을 (일시적이나마) 몰아내는 데 성공했다고 생각할 법했다. 나폴레옹은 이탈리아인들에게 다함께 일어나 단결하자고 독려했다. 그러면서 그들에게 삼색기를 주었다. 사실로 말하자면, 그는 이탈리아의 미술관들을 약탈했고, 이탈리아 공국들을 자기 친인척에게 특별 하사품으로 선사했다. 그러나 이탈리아는 그의 영광에서 일익을 담당했다고 주장함으로써 위안을 얻을 수 있었다.

프란체스코 파올로 단눈치오는 아들을 영웅으로 만들려고 애쓰면서 자신의 신비스런 기억을 이용했다. 아버지는 프라토의 학교에 있는 아들을 방문하여 그에게 이탈리아 왕 나폴레옹의 이미지가 새겨진 동전 하나와 드 라스 카세스 백작이 쓴 『성 엘레나의 비망록』을 가져다주었다. 백작은 나폴레옹의 조력자들 중 한 명이었고, 몰락한 황제와 함께 감옥 섬에 있었다. 그의 8권짜리 비망록은 엄청난 베스트셀러가 되었는데, 보나파르티즘 숭배의 본질적인 텍스트가 되었다. 단눈치오는 이 책을 읽으면서 강박적으로 집착하게 되었다. 그는 헝겊들과 말 편자 못 등이 뒤죽박죽된 자신의 첫 번째 보물 컬렉션을 완성하여, 이를 "성 유물함"이라고 불렀다. 그는 하나님이 아니라 "나폴레옹 보나파르트로 불린 우리 주님"의 숭배자가 되었다.

프라토에서 만난 선생님들은 단눈치오의 기대에 못 미쳤다. 그는 아브루초의 옛 선생님들에게 "연하고 통통한" 사제들은 자신을 결코 가르칠 수 없노라고 편지를 썼다. 그는 열심히 공부하는 학생일지언정 유순하지는 않았다. 학창 시절에 대한 비망록에서 그는 지붕으로 기어 올라가 하루 종일 거기에 머물렀을 때를 비롯해 식당에서 음식 던지기 전투를 벌이며 장군직을 맡은 일 등을 묘사했다. 그는 공인된 낭만주의 전통에서 반란자였다. 명민했지만 사나웠다.

그러나 그는 지도와 후원이 필요하다는 점을 깨달았다. 프란체스코 파올로는 할 수 있는 일은 다 해주었으나, 단눈치오는 더 많은 아버지를 원했다. 그것도 자신을 계속 도와줄 수 있는 거대한 문필세계에 연줄을 가진 영향력 있는 원로들을 원했다. 그는 숨이 멎을 정도의 엄청난 자신감으로 무장하여 자기 자신을 위해 거꾸로 된 아카데미를 창출하려고 했다. 이 아카데미는 한 명의 현자와 그로부터 배우려는 다수의 학생으로 이루어진 세계가 아니라 한 명의 학생—그 자신—과 다수의 빛나는 현자로 이루어진 세계였다.

15세의 나이에 그는 마침내 여름방학을 맞이하여 고향에 내려올 수 있었다. 학교로 돌아가는 길에 볼로냐에 들러 카르두치의 『야만인 찬가』를 구입했다. 카르두치는 당시 이탈리아에서 유명한 시인이었다. 그의 태도는 널리 알려져 있듯이 무뚝뚝하기 그지없었다. 또한 그의 견해는 이단적이었다. 그는 일반적으로는 기독교 가치를, 특수하게는 가톨릭교회를 공격하면서 이교주의의 성스런 감각성(무엇보다 영국의 탐미주의자인 월터 페이터와 앨저넌 스윈번이 이미 탐구한 주제)으로 되돌아가자고 주장한 대표적인 이탈리아 논객이었다. 그의 가장 기념비적인 저작은 『사탄 찬가』라는 제목을 달고 있었다. 하나님을 야유했던 소년인 단눈치오는 즉각 카르두치의 저작으로부터 강한 인상을 받았고, 이를 모방하려고 했다. 몇 달 후 그는 이 위대한 시인에게 학생의 어휘가 아니라 전사의 어휘를 구사한 편지를 보냈다. 그는 편지를 쓰면서 "영광과 강력한 일격"에 대한 열정으로 흥분하여 온 몸으로 "전투의 에너지"가 용솟음치는 걸 느꼈다. "오, 시인이시여, 저는 당신 편에서 싸우렵니다!"

카르두치가 이 기묘하게 호전적인 팬레터에 답장을 보낸 것 같지는 않다. 단눈치오는 자신을 그저 답신을 받고 자랑하려고 유명 인사들에게 편지를 쓴 "건방진 아이로, 꽉 쥐어짜진 레몬 껍질처럼 텅 빈 사람으로 간주하지" 말아달라고 간청했다. 이 대목에서 당시 카르두치가 그를 특별하게 생각해야 할 이유는 딱히 없었을 것이다. 그러나 곧 단눈치오는 스스로를 입증하기 시작할 것이었다.

처음으로 출판된 그의 시는 16세가 된 달에 움베르토 국왕에게 헌정한 찬가였다. 프란체스코 파올로는 시를 인쇄했고, 복사본을 왕의 생신에 페스카라의 중앙 광장에서 군악대 연주를 듣기 위해 모인 사람들에게 배부했다. 몇 달 후 가브리엘레의 첫 시집인 『첫 봄Primo Vere』─ '봄'을 뜻하는 'primavera'와 '첫 시들'을 뜻하는 'primo vere'를 동시에 함축하도록 교묘하게 조합한 제목─이 출판되었다(이번에도 아버지의 비용으로). 단눈치오 자신은 이 시들을 가리켜 "스카이블루 색의 청명함과 뿌연 어둠"이 공존하는 "젊은 시절의 장밋빛 섬광들"로 묘사했다. 시집의 주제는 너무나 에로틱하고 삐딱해 치코니니 학교의 교사들은 이 시집을 학교 도서로 구입해야 할지 말지, 혹은 단눈치오가 아무리 명민하다 할지라도 그를 퇴학시켜야 하는 것은 아닌지 고민해야 했다. 그가 다룬 주제는 아무리 봐도 낯부끄러운 것이었다. "나는 흥분으로 떨리는 심정으로 그대를 수련꽃 위에 놓았지. 경련이 이는 입술로 그대에게 입 맞추었어. '너는 내 거야!'라고 외치며…… 당신은 독사처럼 온몸을 비틀며 신음했어." 그러나 그의 구문은 완벽했고, 고전 운문 양식의 적용도 정확했다. 이로써 그는 공식적으로 문단에 등단했던 셈이다.

카르두치는 그의 편지를 무시했지만, 단눈치오는 이제 자신만의 명함을 갖고 있었다. 당시 16세로서 여전히 학교에 다니던 단눈치오는, 또 다른 유명 인사와 접촉을 가졌다. 엔리코 넨초니는 비평가이자 영국 문학 애호가였다. 단눈치오는 학교─"나의 슬픈 감옥"─에서 그에게 자신의 첫 시집인 『첫 봄』을 보내며 편지를 썼다. 넨초니는 피렌체에 있는 자기 집으로 소년을 초대했는데, 피렌체는 프라토에서 기차로 얼마 되지 않는 거리에 있었다. 두 사람은 거의 스물여섯 살의 나이 차이에도 불구하고 곧 절친한 친구 사이가 되었다.

넨초니는 키가 멀쑥하고 신경이 예민한 사람이었다. 그는 시를 낭송할 때 긴 손으로 크게 휘저었고, "어떤 태도를 취하든 약간 떨리는 듯한 모습"을 보였다. 단눈치오는 자신들의 관계를 소크라테스와, 이 철학자가 정신을 잃을 정도로 매료된 아름다운 알키비아데스와의 관계에 비유했다. 이 젊은 시인에 대한 넨초니의 영향력은 실로 거대했다. 훨씬 나중에 단눈치오는 그들이 일종의 종교적 통과의례, 그러니까 말하자면 "견진성사"•로 처음 만난 날을 묘사했다.

넨초니는 에드워드 번존스와 단테 가브리엘 로세티의 라파엘로 전파前派•• 회화의 복제본들을 단눈치오에게 보여주었다. 또한 옥스퍼드 교수인 월터 페이터를 읽어보라고도 충고했는데, 페이터의 『르네상스 역사 연구』(단눈치오가 치코니니에 입학하기 전해인 1873년에 처음 출간된)는 영국 탐미주의자들과 단눈치오 자신에게 하나의 신조를 제공하게 될 책이었다. 이 책에서 페이터는 예술사의 정전들을 재평가했을 뿐만 아니라(보티첼리를 위대한 소수의 반열에 올린 인물이 바로 페이터였다) 미와 열정의 가치에 대한 신념을 격정적으로 선포했다. 인생은 짧다. "다채롭고 드라마틱한 인생에서 우리에겐 한정된 격정만이 허락되는 법이

• 세례성사로 이미 하나님의 자녀가 된 신자들이 교회와 더욱 굳건하게 결합하기 위해 성숙한 믿음을 확인하는 의식.
•• 라파엘로 전파 형제단은 1848년 영국의 왕립아카데미에 다니던 젊은 화가들에 의해 결성된 단체로, 라파엘로 이전 이탈리아 화가들에게서 배워 아카데믹한 규율을 뛰어넘어 자연에서 진실과 영감을 얻자고 주장했다.

다." 그 어떤 것도—확실히 인습이나 세간의 도덕은 아니다—탐미주의 자가 열정과 갈망, 그리고 페이터의 가장 유명한 문구를 빌리면, "격렬한, 보석 같은 불꽃hard gem-like flame"으로 타오르는 것을 막을 수 없다. 단눈치오는 새로운 것을 잘 받아들이는 학생이었다. 일생에 걸쳐 그 모든 일시적 쾌락, 그 잠깐의 사랑을 두 팔 벌려 환대한 것을 자랑으로 여겼을 것이다.

넨초니는 토머스 칼라일의 저작들도 소개해주었는데, 칼라일의 『역사에서 영웅과 영웅 숭배와 영웅적인 것에 대하여』는 위대한 인간들에 대한 단눈치오의 존경심을 확인해주고, 나아가 인간의 역사를 만드는 것은 사회주의자들이 주장했듯이 경제적 힘들이 아니라 탁월한 개인들의 행위라는 단눈치오의 확신을 강화해주었다. 넨초니의 지도 아래 단눈치오는 곧 자신이 모방하게 될, 육감적인 방식의 표현으로 유명한 존 키츠를 비롯해 성인 시절의 상당 기간을 이탈리아에서 보낸 두 명의 영국 낭만주의자를 읽었다. 퍼시 셸리와 바이런 경이 바로 그들이다. 단눈치오의 시에는 확실히 이 두 사람의 시가 준 영향력이 얼마간 존재했다. 그러나 시보다는 그들의 개성과 정치에서 배운 것이 훨씬 더 중요했다. 말년에 그는 바이런의 것이라고 주장한 반지를 소유했고, 자신과 바이런이 얼마나 공통점이 많았는지 되풀이하여 즐겁게 말하곤 했다. 수영 솜씨라든가 '망명' 시기(두 사람 모두 '망명'을 자초했다), 혹은 베네치아에서의 사랑과 난잡함, 엄청난 명성 등이 그런 공통점이었다.

셸리와 바이런은 모두 인습을 조롱하고 가문과도 단절하여 동포들을 스캔들로 놀라게 한 귀족이었다. 두 사람 모두 격렬하게 정치적이었다. 셸리의 급진적 평등주의는 제국의 영광에 대한 단눈치오의 경외감과는 어울리지 않았다. 그러나 셸리가 일상의 지루함과 도덕적 타락을 견디지 못한 것과 초월적 영광의 비전을 위해 고투했던 것은 단눈치오를 극도로 흥분시키기에 충분했다. 단눈치오는 셸리에 대해 이렇게 썼다. "그는 법과 신앙, 폭정, 미신에 맞서 빛을 위해 싸운다." 과연 셸리는 신격화된 존재, 그러니까 "세상에서 가장 위대한 시인 중 한 명"이었다.

바이런은 훨씬 더 유혹적인 모델이었다. 그는 성적으로 구제불능의 난봉꾼으로 기억되었다. 바로 이것이 10대의 단눈치오에게는 특히나 흥미롭게 다가온 특징이었다. 또한 바이런은 저작을 통해 돈방석에 앉았을 뿐만 아니라—이보다 훨씬 더 구미가 당긴 것으로—예전에는 승리의 전사나 국가수반만이 향유할 수 있는 종류의 유명세를 탄 시인이었다. 그는 정치적으로 활동적이었다. 1820년대 초 베네치아에서 살면서 바이런은 비밀 혁명 조직으로서 사반세기 뒤 이탈리아 리소르지멘토가 될 운동의 전조를 보여준 이탈리아 민족주의자들, 곧 카르보나리 단원들*과 접촉했다. 바이런은 자유롭고 통일된 이탈리아의 비전을 가리켜 "정치의 시학 그 자체"라고 불렀다. 단눈치오에게는 정말이지 스릴 넘치게도 바이런의 사례는 시인이 또한 영웅이 될 수 있고, 시와 정치가 합체되어 영광으로 이어질 수 있음을 잘 보여주었다.

단눈치오는 여전히 자기 자신과 작품을 홍보하느라 분주했는데, 부유한 밀라노인으로서 예술품 감정가이자 엄청난 부를 소비하는 예술품 수집가인 체사레 폰타나에게 소개받을 기회를 잡았다. 단눈치오는 그에게 자신에 대한 "심리학적 스케치"를 그려 보냈다.

• 카르보나리Carbonari를 문자 그대로 풀면 '숯 굽는 사람들'이며, 19세기 초 빈 체제와 오스트리아 지배 아래의 복고 왕정들에 맞서 이탈리아의 민족주의와 자유주의 운동을 주도했던 비밀 결사 조직이다.

그는 편지에서 쓴 대로, "다가오는 젊은 시절의 첫 불꽃들"에 가슴이 뛰고 있다. 그는 "지식과 영광을 지나치게 갈망한 나머지 종종 어둡고 고통스런 우울감에 시달리고" 있다. 그는 그 어떤 "멍에"도 참을 수 없다. 그는 "하찮은 영혼"을 경멸한다. 그는 "새로운 예술과 사랑스런 여인들의 열렬한 연인"이다. 바로 이것이야말로 "나의 취향에서 가장 특별한 것이자 나의 견해에서 가장 결연한 것이며 가혹할 정도로 솔직한 것이고 파멸할 정도로 풍요로운 것이자 실성할 정도로 열정적인 것이다. (…) 그 밖에 무엇이 필요하랴? 아! 내가 잊은 것이 있다. 나는 사악한 시인이자 용감무쌍하게 꿈을 좇는 사람이다." 이렇듯 이 편지는 구두점과 느낌표 따위는 무시하고 꾸밈없는 어조로 쓴 자기 홍보의 표본이다. 편지에서 단눈치오는 스스로를 낭만주의적 영웅 모델에 합체시킨다. 그는 세련된 악덕들(아름다운 여인과 사악한 시들)에 대한 권리를 주장한다. 그는 자신이 여전히 얼마나 젊은지 은근슬쩍 상기시킨다. 그다음 두 해에 걸쳐 단눈치오는 폰타나에게 몇 번씩이나 밀라노의 편집자들에게 자신을 위해 말을 넣어달라고 부탁했다.

『첫 봄』의 복사본들은 모두 발송되었다. 그중 한 권은 영향력 있는 비평가인 주세페 키아리니에게 갔다. 그에게 접근하려고 띄운 편지에서 단눈치오는 당신과 같은 유명 인사에게 소개받자 자신은 마치 제대로 된 말 한마디 못 한 채 삶아진 새우처럼 부끄러워 얼굴이 새빨개지고 손으로 모자만 비비 꼬고 있는 촌스런 농부만큼이나 부끄러울 뿐이라고 썼다. 이처럼 달콤한 수줍음의 이미지를 연출함으로써, 이 뻔뻔한 자기 광고업자는 노인에게 매우 좋은 인상을 주어, 두 사람은 곧 자기들이 하인리히 하이네와 호라티우스를 사랑한다는 공통점이 있음을 발견하고서 이에 대해 진심어린 서신들을 주고받는 관계로 발전했다. 단눈치오는 이제 일급의 스승을 발견했고(그는 키아리니에게 보낸 잇따른 편지에서 이런 표현을 썼다. "나의 너무나 사랑스런 교수.") 동시에 귀중한 언론 보도를 탈 수 있게 되었다. 1880년 5월 키아리니는 로마의 유명한 문학 주간지인 『판풀라 델라 도메니카』에 단눈치오의 『첫 봄』에 대한 논평을 실었다. 키아리니는 이제 막 17세가 된 단눈치오를 "비범한 재능"을 타고난 "혜성처럼 등장한 시인"으로 극찬했다. 이미 며칠 전에 단눈치오는 그에게 다음 번 책을 보냈고, 이때 늘 마음속에 담아두었던 질문을 던진 편지를 동봉했다. 만일 자신이 그저 "매력적"이고 "만족스런" 정도에 지나지 않는다면 자신은 즉시 절필할 것이다. 자신은 "그저 그런 예술가…… 그저 그런 시인"으로 남는 것을 도저히 참을 수 없다. 그럴 바에야 차라리 엔지니어나 변호사가 되는 것이 낫다. 혹은 (아버지처럼) 작은 시골 도시 시장이 되는 것이 낫다. 그렇다면 중요한 문제는 이것이다. "나는 온몸으로 영광을 누릴 자격이 있는가?"

데뷔작이 나온 지 1년 안에 단눈치오는 두 권을 더 출간했다(단눈치오의 저작은 궁극적으로 48권에 달할 터였다). 최근 돌아가신 할머니께 헌정한 『기억 속에서In Memoriam』는 1880년 5월에 출간되었고, 이어서 11월에는 『첫 봄』의 제2판이 나왔는데, 여기에는 43편의 새로운 시가 추가되었다(단눈치오는 경력 전체에 걸쳐 원래의 책을 반복해서 개정하고 재장정하며 재판매할 것이었다). 두 권 모두 프란체스코 파올로가 인쇄업자에게 비용을 지불했으나, 단눈치오 자신은 개인적으로 책 디자인을 책임졌다. 그는 이미 책의 생산과 문학 비즈니스에 대해 잘 알고 있었다. 학교 책상에서 작성하여 인쇄업자에게 부친 편지에서 그는 종이 재질과 서체를 두고 실랑이를 벌이기도 했다. 그는 인쇄업자가 제시한 출판 조건에 대해 논쟁을 벌였으며, 지방 서적판매상과 배포 조건을 협의했다. 책의 홍보와 관련해서는 아버지와 아들이 각기 역할 분담을 했다. 프란체스코 파올로는 『첫 봄』(제2판)의 출간을 기념하기 위해 빌라 푸오코의 테라스에서 연회를 개최했다. 가브리엘레는 책에 대한 관심을 끌어모을 기발한 방식을 찾았다.

영국 낭만주의자들을 읽으면서 그는 키츠와 셸리의 이른 죽음이 그들의 이름에 신비로운 안개를 덮어주었다는 사실을 고찰했다. 피렌체에 발간된 『가체타 델라 도메니카Gazzetta della Domenica』의 편집자가 페스카라로부터 익명의 제보자(단눈치오 자신)에게서 엽서 한 장을 받은 때는 『첫 봄』의 제2판이 출간되기 며칠 전이었다. 이 엽서는 "문필 공화국에서 이미 주목받는 젊은 시인"이 말에서 떨어져 갑자기 사망했음을 편집자에게 알려주었다. 편집자는 그 이야기를 대서특필했다. 뉴스가 이탈리아 전역에 걸쳐 게재되었다. 토리노에서는 "마지막 뮤즈로 태어난 사람"의 비극적 죽음을 애도했다. 페라라에서는 "부모의 기쁨이자 친구들의 사랑, 스승들의 자랑"이었던 경이로운 소년에게 헌사를 바쳤다. 이제 학생 시인은 더 이상 "문필 공화국"에서만 회자되는 인물이 아니었다. 그는 유명 인사가 되었다. 아직 영광을 성취하지는 못했으나 명성을 획득했다.

6. 사랑의 죽음

토스카나의 봄볕이 따가울 무렵 제방 사이로 흐르는 강물이 꽃들과 어우러져 있다. 인근에는 교회의 큐폴라가 반짝이며 키 큰 사이프러스 나무들이 오래된 빌라의 담장 위에 우뚝 솟아 있다. 푸른 언덕들은 저 멀리 배경으로 펼쳐져 있고. 길을 따라 어두운 피부의 아가씨 한 명이 온다. 검은 눈에다 검은 머리카락에 검은 눈썹을 가진 몹시 창백한 안색. 한 젊은 남자가 그녀를 향해 걸어간다. 며칠 후 남자는 자신이 영원히 그녀의 것이라고 말하는 편지를 여자에게 부친다.

이 광경은 단테 가브리엘 로세티 혹은 번존스가 그린 작품에 나오는 것일 수 있는데, 그의 작품의 복제판들을 가브리엘레는 넨초니의 방에서 본 적이 있다. 또한 이 광경은 테니슨의 『왕의 목가Idylls of the King』 혹은 스윈번의 『비너스 찬가Laus Veneris』에 나오는 장면일 수도 있다. 가브리엘레는 이 두 시인을 읽고 있었다. 과연 이 광경은 이 두 시인 중 한 명이 묘사한, 살과 피를 가진 두 10대의 만남이었다. 당시 단눈치오는 마지막 학기를 남겨두고 부활절 휴가를 맞이하여 피렌체에 있었는데, 자신이 좋아한 선생님의 17세 딸과 격정적인 사랑에 빠졌다.

10대의 단눈치오

이것이 최초의 에로스 경험은 아니었지만 첫 번째 로망스였음은 틀림없다. 단눈치오의 경우에는 모호한 단어가 올바른 단어다. 그의 모든 연애 사건은 현실의 관계—색정적이고 격렬한—이면서 동시에 문학적 창작물이었다. "쓰기 위해 산다vivere scrivere"는 것이 그의 모토였다. 성적 경험은 특히 그의 창작 에너지에 기름을 부었다. 훗날 그는 첫 키스를 회상하면서 그것은 "나의 삶이 나의 예술이 되고 나의 예술이 나의 삶이 되기 시작한 바로 그 순간"이었다고 썼다. 그는 사랑할 때 펜을 쥐었다.

강가에서 만난 검은 눈의 소녀는 지셀다 추코니였다. 검은 머리카락에 넓은 하관을 지닌(가브리엘레의 어머니처럼, 또 그가 사랑하게 될 몇몇 여성처럼) 그녀는, 당시 여성으로서 특별히 좋은 교육을 받은 뛰어난 피아니스트였다. 그녀의 아버지인 티토 추코니는 치코니니에서 현대어를 담당했고, 이제 단눈치오의 또 다른 멘토가 되었다. 추코니는 늠름한 풍모를 자랑했고, 단눈치오가 종종 경멸적으로 쓰곤 했던 "기름진 손을 가진 사제들"과는 전혀 다른 종류의 교사였다. 그는 예전에 가리발디 곁에서 싸우기도 했다. 그는 시인을 자처했다. 교사는 이 명민한 학생과 친밀한 관계를 유지했고, 그와 날이 저물도록 오래 산책을 즐겼으며, 그를 피렌체에 있는 집에 초대했다.

단눈치오는 중년 무렵에 회한에 젖어 당시 모습 그대로 자신에 대해 묘사했다. "숱이 많은 검은 머리카락 아래의 부드러운 이마. 우울감이 가득한 큰 눈에 형용할 수 없이 순결한 느낌을 주는 순수한 라인의 눈썹." 이런 묘사는 비록 자기 느낌에 불과하지만 사진들과 일치한다. 지셀다는 그에게 반했다. 단눈치오는 당시 아브루초를 배경으로 한 단편소설들을 쓰기 시작했는데, 이 소설들은 기 드 모파상과 조반니 베르가의 영향을 크게 받았다. 단눈치오는 두 번째 방문 때 지셀다에게 자신의 단편들 중 하나를 읽어주었는데, 이 소설은 벙어리 걸인과 얼어 죽은 작은 소녀의 시체가 나오는 기괴한 이야기였다. 그는 처음에 지셀다를 만났을 때 강가를 걸으면서 "뭐가 뭔지 모르겠다"는 느낌을 가졌다. 그러다가 그녀가 자신의 소설을 듣고 그녀의 속눈썹이 눈물로 젖은 것을 봤을 때, 단눈치오는 이것이 사랑이라고 판정했다.

그는 학교로 복귀했다. 프라토로 돌아간 후 그는 자신의 사랑을 그녀의 아버지이자 자신의 선생님인 티토 추코니에게 고백했다. 티토는 지셀다에게 편지를 써도 좋다고 허락해주었다. 며칠 내에 보내온 답신에서 그녀도 그를 사랑한다고 말했다. 학교 기숙사에서 단눈치오는 새벽까지 잠들지 못한 상태에서 그녀의 사진들에 키스하고 장문의 편지를 썼다. 때로 그는 여느 10대들처럼 표현했다. "나는 행복해, 행복해, 행복해." 혹은 "당신을 사랑해, 사랑해, 사랑해." 때로 그의 편지들은 당시 그가 얼마나 흥분된 상태에 있었는지를 잘 보여준다. "내게 키스해주오, 엘다, 당신의 작은 손으로 내 머리카락을 쓰다듬고 나를 사슬에 매인 표범처럼 떨게 해주오."

단눈치오의 에로틱한 경력은 일찍 시작되었다. 치코니니 학교의 멋지게 차려입은 소년들이 프라토 주변을 지나갈 때면, 한 교사가 주목했듯이, 그는 젊은 여성들 쪽으로 몸을 돌려 빤히 쳐다보는 경향이 심했다. 그는 피렌체에 있는 가족, 친구들과 공휴일을 보내면서 그 집의 딸(그의 나이 14세 때 딸은 17세임에도)을 고고학 박물관까지 에스코트했고, 에트루리아 방에서는 마치 배고픈 노동자가 하루의 고된 일을 마치고 음식에 덤벼들듯이 게걸스럽게 그녀의 입에 덤벼들며(그가 나중에 회고했듯이) 동시에—일종의 주체할 수 없는 전율과 함께—그녀의 스커트 속 또 다른 비밀의 '입'을 생각하면서 그녀에게 키스를 퍼부었다. 수학여행 중에는 선생님의 눈을 피해 할아버지가 물려주신 금시계를 팔아 그 돈으로 창녀에게 가 첫 성경험을 하기도 했다. 그해 여름 16세 때, 그러니까 마지막으로 집에서 방학을 보냈을 때, 그는 페스카라의 점잖은 소도시 사회에서 몇몇 숙녀와 불장난을 저지르기도 했고—그 자신의 후일담에 따르면—포도밭에서 한 농부의 딸을 붙잡아 땅에 눕혀 고함치며 저항하고 공포로 떨고 있던 소녀를 겁간하기도 했다.

이로부터 2년 후 지셀다를 만났을 당시, 섹스에 대한 그의 갈망은 죽음의 고통 및 환상에 대한 취향과 맞물려 있었다. 처음 그에게 사랑의 불을 지핀 것은 지셀다의 눈물을 봤을 때였다. 그는 그녀에게 쓴 편지에서 "나는 그때의 눈물을 다시 흘리게 하고 싶소"라고 썼다. 그녀가 자기에게 한마디라도 해주길 간절히 바라면서 흐느껴 우는 모습을 상상했다. 그는 그녀의 불행을 머릿속에 떠올리며 즐겼다. 심지어 그녀의 시신을 보고 싶다고 그녀에게 말하기까지 했다. 그는 그녀가 마치 로세티의 유명한 시이자 그림에 나오는 죽은 소녀인 "은총을 입은 처녀 Blessed Damozel"인 양 죽은 듯 창백한 모습을 사랑했고, 실제로는 그보다 훨씬 더 창백한 모습을 좋아했을 것이다. 그는 도시의 꽃집이란 꽃집은 다 다녀서 갖은 꽃들로 마차를 치장하고 꽃들 위에 그녀를 묻고 싶다고 그녀에게 말하기도 했다. "그래! 당신을 파묻을 거야! 당신을 죽게 하고 싶어!"

충분히 예상할 수 있듯이, 그는 티토 추코니에게 당신의 딸을 품고 보호할 거라고 약속하기는커녕 오히려 다음과 같이 선언하는 편지를 썼다. "나와 엘다는 오래 살 수 없습니다." 그와 지셀다 두 사람은 우리가 아는 한 건강 상태가 완벽했으나, 단눈치오는 이렇게 썼다. "우리의 차가운 몸이 꽃들의 양분이 되기 위해 땅에 떨어질 것이고, 우리는 저항할 길 없는 우주의 힘 속에서 의식 없는 원자들로 해체되어 사라져 버릴 것이다." 단눈치오는 아직 바그너의 「트리스탄과 이졸데」(그의 소설인 『죽음의 승리』가 바로 바그너 작품의 변주라고 할 수 있다)를 듣지 못한 상태였지만, 여기에 나오는 아리아인 '사랑의 죽음Liebestod'에 대한 환상이 이미 그를 사로잡고 있었다. 그는 지셀다에게 이렇게 썼다. "만일 당신이 지금 여기에 있다면, 우리는 서로를 죽이고 말 거야…… 당신은 이런 열정에 깃든 그 모든 비극적 공포를 느낄 수 없는 거야?"

이 젊은 커플 사이에서 거의 매일 편지가 오갔다. 그녀는 자신의 사진과 책갈피 속에 넣어 납작해진 꽃들을 그에게 보냈다(당시 그녀의 아버지는 사절단의 일원으로 활동하고 있었다). 그 대신 그는 그녀에게 말들을 보냈다. 수천수만 단어로 이루어진 말들을 말이다(2년이 채 안 되는 시기 동안 약 500통의 편지). 이는 전적으로 종이 위의 말들로 이루어진 연애 사건이었다. 단눈치오는 지셀다와 만난 지 겨우 엿새 만에 키아리니에게 편지를 보내 자신의 '베아트리체'를 발견했음을 자랑스레 떠벌렸다. 그렇게 단눈치오는 새로운 단테가 되었고, 가엾은 지셀다는 일찍이 단테가 흠모한 소녀의 역할을 떠맡게 되었다. 단테가 불과 두 번 만난 소녀(둘의 만남에 대한 단테의 극화된 설명은 문학적인 것이었지만), 단테의 시에 영감을 불어넣고 자신의 이상을 체현한 소녀, 그러나 실제의 삶은 단테와 아무런 관계도 없었던 소녀의 역할을 떠맡았던 것이다.

단눈치오는 지셀다를 그 자신이 마음대로 그린 이미지에 적합한 액세서리로 만드는 작업에 착수했다. 그는 그녀가 준 사진에 나타난 인습적인 포즈("너무나, 너무나 평범한")에 개탄했다. 그는 그녀가 "시인의 팔에 안긴, 거만하면서도 수심에 가득 찬" 모습으로 비치기를 바랐다. 그는 그녀의 이름도 바꾸었다(그는 만나는 모든 연인의 이름을 새로 지을 것이었다). "나는 당신을 엘다라고 부르겠어"라고 그는 썼다. 이 이름은 지셀다보다는 귀여운 느낌을 주었고, 과연 그가 그녀에게서 바라는 어린아이의 이미지에 딱 들어맞았다. "당신은 키 큰 성인 여성이 아니야"라고 그는 썼다(그는 많은 연인이 자신보다 키가 더 클 때에도 "귀염둥이"라고 부를 것이었다). 그는 그녀를 "빔바(베이비)"라 불렀고, 그녀가 심통 부리는 아이 역할을 하는 육아 놀이를 상상했다. "그렇게 작은 발로 땅을 밟으면 못 써…… 이리와 엘다…… 빔바, 작고 예쁜 귀염둥이. 나를 용서해줄래?…… 웃고 있는 거야, 정말이야?" 그러나 그는 그녀를 어린아이로 만들고 지배하는 것을 좋아했음에도, 자신 또한 지배받는 것을 좋아했다. 그는 그녀가 "나쁘고" "사악한" 존재라고 말했다. 그러면서 그녀에게 검게 입는 법을 가르쳤다. "나는 창백한 색깔의 옷을 입은 여성을 혐오하고 또 혐오해." 창백한 색깔의 옷은 가뜩이나 창백한 그녀의 피부를 더 도드라지게 할 터였고, 그가 그녀에게서 기대한 또 다른 종류의 역할, 그러니까 키츠의 "무정한 미인La Belle Dame sans Merci"이나 테니슨의 모건 르 페이와 같은 "마녀" 역할에나 적합한 것이었다.

학기가 끝났고, 마침내 젊은 연인들은 사랑을 고백한 이후 처음으로 만났다. "어제 얼마나 행복한 시간을 보냈는지!"라고 단눈치오는 이튿날 지셀다에게 썼다. "12시간 내내 우리는 서로 안고 길고 긴 키스를 하며 사지가 떨리는 것을 느끼면서 달콤한 말을 속삭였던 것을 알아?" 물론 그녀는 알고 있었지만, 단눈치오에게 경험은 글로 적고 나서야 실체적인 것이 되었다. 피렌체에 머문 11일 동안 그는 서정시 몇 편을 썼는데, 이 시들은 이듬해에 "가장 위대하고 아름답고 사랑하는 영감"인

엘다에게 헌정되어 출간될 『새로운 노래Canto Novo』에 수록되었다. 피렌체를 떠나 페스카라로 갈 당시에 그는 그녀에게 푹 빠져 있다고 생각했다. 자신의 딸이 특별한 재능을 가진 소년의 눈을 사로잡았다는 걸 안티토는 둘의 관계를 일절 반대하지 않았다. 단눈치오는 자신감에 넘쳐 아버지와 딸을 향해 자신의 부모님이 아들을 애지중지하며 아들이 행복한 일이라면 무엇이든 들어주신다고 말했다. 그렇게 장담한 후 페스카라로 떠났다.

그의 첫 번째 장편소설인 『쾌락』에서 단눈치오는 자신의 영웅인 안드레아 스페렐리가 돌연 자기 곁을 떠날 것이라고 불가해하게 선언한 아름다운 애인 때문에 괴로워하는 모습을 묘사했다. 그녀는 함께 타고 있던 마차를 멈추게 하고 그를 내리게 한다. 그는 절망에 빠져 있다. "엘레나가 탄 마차가 네 개의 분수 쪽으로 사라져갔을 때, 그는 무슨 일을 했던가?―아무 일도 하지 않았다. 다만 솔직해지려고, 일상에서 벗어나려고 했다." 스페렐리는 집으로 가 저녁 정장으로 갈아입고 디너파티에 간다. 2년 후 그녀를 우연히 다시 만날 때까지 그녀에 대해 많이 생각하지 않으려고 말이다. 확실히, 스페렐리는 자신의 창조주인 단눈치오의 충실한 자화상은 아니었다(그는 단눈치오보다 훨씬 더 부자이고 귀족이다). 그러나 저자와 소설 속 주인공은 아주 많은 면에서 닮아 있었고, 그런 성격적 특성이야말로 그들이 공유하는 것이다. 단눈치오가 엘다를 대할 때 냉소적이었다고 판단할 근거는 없다. 그는 잠시 동안 그녀와 사랑에 빠졌다. 아마 그녀와 결혼하려고 진심으로 생각했을 것이다. 그러나 일단 피렌체를 떠나자 그녀를 그렇게 그리워하는 것처럼 보이지는 않았다.

　　　　　　　　　　　　　　　　　　　2부 물줄기들

그해 여름 단눈치오에게 인생은 달콤했다. 18세에 마침내 학업을 마친 그는, 그 앞에 기다리고 있는 명성이 손짓하는 어른의 세계로 막 들어갈 참이었다. 그는 자신이 사랑했던 장소로, 함께 놀았던 친구들의 무리로 되돌아가서 바닷가에서 길고 달콤하며 생산적인 여름을 보냈다. 가족들은 흐뭇한 심정으로 그를 자랑스러워했다. 프란체스코 파올로는 『첫 봄』에 수록된 시들의 제목을 프레스코로 거실 벽에 써놓았다. 그는 열심히 작업했다. 농부의 삶을 소재로 한 소설들을 썼는데, 이는 이듬해에 『처녀지Terra Virgine』라는 책으로 출판될 것이었다. 그 밖에 『새로운 노래』에 수록된 시 몇 편도 썼다. 또한 일상을 즐겼다. 승마와 수영을 하고 달빛을 받으며 뱃놀이를 했다.

엘다에게 보낸 편지들은 요령부득으로 그녀 없이도 삶이 얼마나 충만하고 즐거운지 암시하는 힌트로 가득 차 있다. 그가 연인에게 편지를 쓰는 동안 사람들은 그를 가만 놔두지 않는다. "젠장! 내 방에 친구들이 밀물처럼 몰려들고 있어…… 잠시 자리를 비우더라도 용서해주길…… 그들은 벽에 걸려 있는 검이란 검은 모두 꺼내들고 끔찍하게 소란을 떨고 있어."(그런 다음 잠시 후 단눈치오는 펜싱에 심취했다.) 그는 모든 사람으로부터 지나칠 정도로 사랑과 관심을 받았다. 그는 여행을 준비할 때 어머니와 세 누이, 두 고모가 모두 방에서 짐 싸는 일을 도와주고 있다고도 했다. 그가 다른 여자 친구를 원한다면—이듬해 그 자신의 설명에 의하면—페스카라강 저편에 있는 휴양 도시인 카스텔라마레에 가면 흥겨운 일이 아주 많이 널려 있었다. 긴 모래 해안과 산책로에는 해수욕객이 많았다. "여인들의 머리 주변에서 수증기처럼 아른거리는 베일들! 퐁파두르 부인 스타일 의상의 아라베스크 무늬와 꽃무늬 패턴으로 장식된 신체들의 유연함! (…) 꽃들로 치장된 큰 모자 아래에서 터져나오는 웃음소리들!" 아브루초의 언론인 카를로 마니코는 그와 같은 일군의 젊은 여성 주변에서 까딱까딱 인사하던 단눈치오를 두고 "할미새처럼 거만한"* 모습이라고 묘사했다. 반짝거리는 작은 새처럼 말쑥한 남자인 그는, 에너지와 자기애로 충만한 채 지방의 영웅에게 쏠리는 온갖 관심에 걸맞게 몸치장에 신경 쓰면서 엘다가 그리워하는 동안에도 자기 생활을 즐겼다.

그가 자기 부모님이 엘다와의 약혼에 동의해주리라고 단언한 것은, 곧 입증되겠지만, 잘못이었던 것으로 드러났다. 특히 그의 아버지는 아들이 몹시 자랑스러운 나머지 그렇게 어린 나이에 평범한 교사의 딸과 결혼하는 것에 동의하기 어려웠다. 그리하여 가브리엘레와 엘다 모두에게 만족할 만큼 자주 엘다를 보면서도 동시에 학업을 지속할 수 있는 방법, 즉 피렌체 대학에 진학하는 것보다는 오히려 엘다와 멀리 떨어진 로마 대학에 진학하는 것으로 부자간에 합의를 봤다. 가브리엘레가 이 결정에 얼마만큼 반발했는지는 알 수 없다. 수도인 로마는 확실히 야심만만한 젊은이에게 적합한 장소였고, 아닌 게 아니라 단눈치오는 대단히 야심적인 젊은이였다. 게다가 엘다와 함께해야 한다는 절실함도 그리 크지 않았던 것으로 보인다.

그는 연인에게 매일 편지를 썼다. 그는 그녀의 아찔한 미모를 찬양하는 시들을 지었다. 그러나 그녀가 자기를 보러 피렌체에 잠깐 "외유 scappata"라도 나오면 어떻겠냐고 제안했을 때, 그는 그런 생각이 어처구니없다고 일축했다. 그가 쓰기를, 그녀는 전혀 거리 감각이 없었다. "당신은 정말로 페스카라에서 피렌체에 가는 것이 잠깐의 '외유'가 된다고

---

* 단눈치오를 할미새에 비유한 이유는 명확하지 않지만, 할미새는 몸집이 가늘고 길며 꼬리를 위아래로 흔드는 버릇이 있다고 한다.

생각하는 거야?" 필경 이 말 뒤에 그는 밀라노에서 열린 미술 박람회를 방문하고 집으로 가는 길에 잠시 들를 거라고 덧붙였다(그러나 그렇게 하지 않았다). 엘다로서는 그가 밀라노까지도 갈 수 있는데 그보다 훨씬 가까운 피렌체에 들를 수 없는 이유가 뭔지 묻는 게 당연했을 것이다. 그는 "당신에게 다시 키스할 수 없다면 죽을 거야"라고 썼지만, 여전히 키스하지 않고서 시간만 흘려보냈다. 그는 11월에 로마로 떠나기 전날 밤 이렇게 썼다. "생각해봐, 우리가 못 본 게 5개월째야. 장장 5개월이란 말이야." 그러나 이렇게 오래 만나지 못한 책임은 그 자신에게 있었다.

결국 마지막 만남 이래로 반년 만에, 즉 크리스마스에 그는 연인을 다시 보려고 로마에서 기차를 타고 피렌체로 향했고, 거기서 십이야 Twelfth Night까지 머물렀다. 그가 떠날 당시 그들은 너무나 "거친 키스"를 나눈 나머지 엘다의 입은 부어올라 화끈거렸다. 그로부터 다시 6개월이 지났다. 그사이에 그는 거의 매일같이 엽서로 자신이 "완전히 당신의 것이며 영원히 당신의 것"임을 약속했다. 지셀다는 거듭거듭 자기에게 오라고 애원하는 편지를 썼다. 그러나 항상 핑계가 있었다. 그에게는 언제나 마감 시한이 닥친 일들이 있었던 것이다. 가령 군대 소집을 피하기 위해 정기적으로 대학 출석부에 확인을 해야 했다. 또는 부모님이 오시기로 되어 있었다. 그들이 처음 만난 지 1주년이 되는 4월 15일에 그는 그녀와 함께할 수 없는 자신의 무능을 탓하고 미래의 가정적인 삶의 행복한 전망을 일깨우는 편지를 썼다. 그는 온갖 그림과 옛 무기와 희귀 의상으로 가득 찬 사랑스럽고 밝은 서재를 가질 것이었고, "6보격의 시를 짓다가도 끊고 당신에게 달려가 키스할 것이었다". 여기서 눈치 챌 수 있는 것은, 그가 그녀를 상상하는 것보다는 자신의 서재를 그려보는 것에 더 창조적인 에너지를 쏟아부은 것처럼 보인다는 사실이다. 그가 말하기를, 그녀에게 당장 달려가는 것은 힘들다. 그는 그녀가 애원하는 소리를 듣고 있는 것처럼 보인다. 그러나 그녀를 방문할 수는 없다고 말한다. 그 이유는 설명하지 않고서 말이다.

이 편지를 쓴 지 2주 후에 그는 사르데냐섬으로 가는 두 친구와 함께 로마 역에 갔다. 그는 단지 그들을 배웅해줄 요량이었으나, 갑자기 충동적으로 그들과 함께 여행에 나섰다. 보름달이 바다 위로 떠오르는 광경을 볼 기회를 그냥 흘려버릴 수는 없노라고 선언하면서 말이다. 그는 단춧구멍에 백장미 한 송이를 꽂고 연꽃 모양의 손잡이가 달린 지팡이만 갖고 있었다(그 세대의 탐미주의자들에게 연꽃은 "이시스 여신의 홀"로서 남근의 상징이자 일체의 동양적이고 이국적인 것의 축소판이었다).
여행은 재미있었고, 계획은 엉망진창이 되었다. 기차에서 이 젊은이들은 메추라기 사냥을 위해 습지대에 온, 사냥 모자를 쓴 몇몇 귀족과 어울렸다. 몹시도 유쾌한 잡담이 오간 후 사냥꾼들이 자리를 뜨자 나머지 세 명의 젊은이는 좌석에 몸을 쭉 뻗고 누워 창밖으로 다리를 내밀었다. 그들이 내려야 할 치비타베키아 역에서 단눈치오는 결정을 못 내리고 머무적거렸다. 처음엔 더 이상 함께 못 갈 거라고 말했다가 다음엔 합류하겠다고 말했다. 그러나 이리저리 헤매다가 바에서 베르무트를 주문하고 거기서 내내 배를 기다렸다. 그날 밤 바다 위에서 그는 달빛에 대한 송시를 수첩에 적어내려가면서 갑판 위를 거닐었다. 날씨가 바뀌었다. 바람이 세졌고, 그는 무서워 얼굴이 노래졌다가 메스꺼움을 느껴 선실로 내려갔다. 거기서 그는 린넨 정장을 입은 채 떨고 토하면서 끔찍한 밤을 보내야 했다.
사르데냐로의 여행은 소년다운 치기로 시작되었으나, 마음을 바꾸는 경험으로 발전했다. 친구들은 마수아의 광산들을 방문했고, 단눈치오는 광부들이 일하며 살았던 그 지옥 같은 환경에 대해 편지에서 인상적으로 설명했다. 광부들은 빛도 없고 악취만 가득한 터널로 내려갔는데, 거기서는 "끈적거리는 뜨거운 증기가 우리를 감쌌다. 증기가 부드러운 젖은 혀처럼 우리 얼굴을 핥는 듯 느껴졌다. 땀에 젖은 두 손이 우리 손을 움켜쥐고 있는 듯 보였다". 그는 지셀다에게 이렇게 썼지만, 그녀—가엾은 소녀—는 그가 하루 이틀도 그녀를 보러 올 겨를이 없다면서도 즉흥적으로 로마를 떠나 3주간이나 여행했다는 사실에 충격을 받았다. 다음 달 그는 남은 여름방학을 페스카라에서 보내기 전 피렌체에서 열흘간 그녀와 함께했다. 거기서 그는 노 젓는 배의 이름을 '랄라Lalla'로 지어주었으나, 정작 현실의 지셀다에게 편지를 보내는 빈도는 크게 줄었다. 그는 1883년 2월에 마지막으로 그녀에게 편지를 썼다.

단눈치오는 거리낌 없이 여성들을 유혹하고 나서는 무정하게 버리는 돈 조반니의 명성을 급속히 얻었다. 기실, 그는 항상 누군가에게 작별을 고하는 일이 엄청나게 어렵다는 것을 알고 있었다. 그가 만성적으로 결정장애에 빠진 것도 어느 정도는 그 때문이었다. 치비타베키아 부두에서 그가 주저했던 것도 이 남자의 전형적인 성격 탓이었다. 그리고 그가 누군가에게 '아니오'나 '안녕'이란 말을 하지 못한 것도 얼마간은 그 때문이었다. 그는 어떤 제안도 거절하지 못했다. 어떤 일에 동의했다가도 나중이 되면 약속을 지키지 못했다. 몇 년 후 팬들과 주제넘은 옛 친구들 때문에 괴롭힘을 받는 유명 인사가 되었을 때도, 대화가 아무리 지루해도 도무지 대화를 끝낼 수가 없었다. 그 대신 수수께끼 같은 말을 중얼거리며 방을 나갈 뿐이었다. 방문객들은 그가 언제라도 돌아올 거라고 기대하며 계속 기다렸지만, 그런 기다림은 헛될 뿐이었다. 그에게는 하인을 해고하는 일도 끔찍하게 어려웠다. 프랑스 해안가에 살았을 때, 그는 집사에게 마부를 해고하라고 지시해놓고는 정작 자신은 이 불편한 일을 피하기 위해 잠깐 파리로 갈 정도였다. 원치 않는 초대를 직접 거절하기보다는 말도 안 되는 핑계를 대기 일쑤였다. 예컨대 그는 운전기사를 시켜 초대자에게 전화를 걸어 자신이 초대받은 점심시간 동안 열기구를 타고 하늘에 올라갔다가 한동안 지상에는 내려오지 않을 거라고 말하게 할 정도였다.

그의 연애 사건들이 시간을 질질 끌며 파경을 맞은 것에는 또 다른 이유도 있다. 여성이 불행해할수록 그에게는 그만큼 흥미로운 일이 되었다. 그가 지셀다에게 가겠다고 약속했다가 계속 미루며 그녀를 감질나게 하면 할수록 그의 머릿속에 떠오르는 그녀의 이미지는 사랑스러웠다. "당신은 틀림없이 슬플 거야, 아주 슬플 거야, 내 가엾은 천사님!"이라고 그는 썼다. "당신은 절망적인 욕망에 사로잡혀 나를 생각하게 될 거야." 그녀가 실망한다는 생각—그의 "거친 키스"를 받지 못한다는 생각—을 떠올리는 것만으로도 좋았다. 그녀를 그토록 드물게만 만났기 때문에 그는 실제로 엘다가 얼마나 창백하고 파리해졌는지 알 수 있는 입장이 아니었다. 그러나 사디스트적인 동정심에 몰입하여 그녀에게 이렇게 쓰기도 했다. "나의 핼쑥한 오필리아, 나의 가엾은 배신당한 처녀여." 정작 그 자신이 배신자라는 사실은 직접 인지하지 못하면서 말이다. 그 대신 그녀가 힐난할 때면 그는 미쳐버릴 듯 비통해지는 것으로, 혹은 비통하다고 말하는 것으로 응수했다.

편지를 작성한 단눈치오는 그 편지들을 수신한 소녀만큼이나 허구적인 구성물이었다. 사르데냐로의 도피는 모차르트의 「돈 조반니」에서 공연되었을 법한 한 장면과 함께 막을 내렸다. 당시 사르데냐 지방 여성들과 과도하게 친밀했던 단눈치오와 그의 두 친구는 여객선을 타는 곳까지 적대적인 사르데냐 남성들의 추적을 받아야 했다. 이 코믹한(깜짝 놀랄 만한 일이기도 하지만) 에피소드는 우리에게 '할미새' 단눈치오—고향 도시 바깥으로의 여행에서 거들먹거리며 불장난하는 매우 젊은 남자—의 진면목을 흘끗 보여준다. 여행 중에 그와 함께한 친구 한 명은 이렇게 썼다. "그는 당시에 슬쩍 사라졌다가는 그다음에 우리가 찾기도 전에 입에 쥐를 물고 고양이처럼 다시 나타났다." 여기서 '쥐'는 젊은 여성을 뜻한다.

단눈치오는 엘다에게 편지를 쓸 때면 전혀 다른 사람이 되었다. 사랑과 근심으로 가슴이 두근거리며 심지어 자살까지 생각하는 사람이 된 것이다. "나는 끔찍한 심연 속에 갇혀 있어." 그는 이럴 바에야 관계를 청산하자는 그녀의 최후통첩을 들은 연후에 이렇게 썼다. "나는 바위 꼭대기에 홀로 있어. 빛도 볼 수 없어. 희망도 없어. 당신은 내게서 모든 것을 앗아가버렸네." 그의 마지막 편지는 그녀로서는 읽기 곤혹스러웠음에 틀림없다. 일단 시작은 이렇다. "우리는 항상 서로를 사랑했어." 그런 다음 이렇게 이어진다. "기억들은 가차 없이 공허한 꿈처럼 흩어지고 마는 법." 그는 자신이 그녀에게 야기한 불행에 대해 역겹게도 우아한 태도를 가장하여 발언하고 있는 것이다. 편지는 이랬다저랬다 하는 잔인한 순서에 맞춰 결론을 향해 나아간다. "안녕." 그는 반복적으로 이 말을 사용한다. 그의 말로는 자기도 슬프단다. 글을 더 쓰는 것은 그녀를 더 슬프게 만들 뿐이란다. 다시 "안녕". 그러나 다음에는 이렇게 말한다. "더 이상 말이 필요 없는 열정으로 당신의 입에 키스하오." 사람을 돌아버리게 하는 동정심도 어김없이 등장한다. "오 나의 가엾은 순교자여!" 다시 "안녕, 안녕". 그런 다음 마지막으로, 지금까지의 말로 거짓이 분명해진 말이 두 번 확언된다. "나는 당신의 것, 항상 당신의 것." 그는 그때 막 20세에 접어들 무렵이었다. 4개월 후 그는 결혼했다. 물론 상대는 엘다가 아니었다.

38년간의 침묵 끝에 마침내 1921년 지셀다는 단눈치오에게 그의 편지들을 팔아도 괜찮은지 묻는 편지를 썼다. 그녀는 이 편지들이 자기 아들의 결혼에 필요한 만큼의 돈을 마련해줄 수 있을 거라는 희망에 부풀었다. 그녀는 그의 편지들을 그렇게나 오래 보관했다는 점에서 단눈치오의 여인들 중에서는 이례적이었다. 단눈치오는 잇따른 연애 사건들의 대미를 장식할 때마다 한때 사랑한 여인에게 위대한 열정이 사그라지는 데 대한 감미로운 회한의 표현으로 가득 찬 편지를 썼지만, 결국에는 자기 편지를 돌려달라고 퉁명스레 요구하는 것으로 끝났다. 그는 지셀다에게 편지들을 자기 변호사에게 넘겨주어야 한다고 답했다. 그녀를 만나주지도 않았다.

7. 고향

　가브리엘레의 방으로 들이닥쳐 펜싱 검들로 끔찍한 소음을 냈던 혈기왕성한 또래들이 아브루초에서 알고 지낸 유일한 친구들은 아니었다. 페스카라에서 남쪽으로 몇 킬로미터 밖에 있는 프랑카빌라에는 화가 프란체스코 파올로 미케티가 살고 있었다. 그는 단눈치오의 가장 충실하고 관대한 친구가 될 터였다. 미케티는 가브리엘레보다 열여덟 살이나 연상이었는데, 그런 점에서 그에게 성공한 예술가로서 아버지와 같은 존재가 되어주기에 충분했다. 여름 내내 가브리엘레는 프랑카빌라에서 스스로를 '체나콜로Cenacolo'—만찬 서클이나 만찬 룸으로 번역되는, 그러나 이탈리아어에서는 곧잘 소크라테스가 주재한 향연이나 예수의 최후의 만찬을 뜻하는 말로 사용되는—라고 부르는 창의적인 동년배 집단과 어울렸다. 이 모임에 항상 참여한 이는 훗날 단눈치오의 많은 시에 음악을 붙일 작곡가 프란체스코 파올로 토스티와 조각가 콘스탄티노 바르벨라였다.

　가브리엘레가 열일곱 살 때, 그러니까 여전히 1년 더 학교를 다녀야 했던 1880년경에 그는 이미 '체나콜로'의 어엿한 회원이었다. 그는 처음에는 해안가에 있는 미케티의 작은 집에, 그리고 나중에는 미케티가 집과 작업실을 이사해 자기 식대로 개조한 수녀원 집에 말을 타고 오가거나 아예 짐을 싸와 머무르곤 했다. 훗날 그는 짠내 나는 바닷바람이 방이란 방엔 모두 불어치곤 한 "고독한 해안가 집"을 회상하면서 "오, 프랑카빌라의 아름다운 날들이여!"라고 썼다. "거기서 인생이 꽃피었다." 그는 10년 이상이나 그 집단에서 최연소 회원이었는데, 집단에서 몇몇은 이미 상당한 명성을 얻기도 했다. 넨초니를 비롯한 그의 멘토들이 중등 교육 수준에서 그를 돌봐준 선생이었다면, '체나콜로'는 그의 대학이었다. 그가 엘다에게 쓴 편지에 따르면, 그와 미케티는 "장장 7시간 동안 쉼 없이 예술에 대해, 다름 아닌 예술에 대해" 대화를 나누고 또 나누었다.

서클은 일차적으로 문학 집단이 아니었다. 미케티의 친구들 중에는 시인보다 화가와 음악가와 학자가 수적으로 더 많았다. 작가로서, 문화비평가로서 단눈치오의 위대한 힘들 중 하나도 문학에 대해서뿐만 아니라 음악과 시각예술에 대해서도 조예가 깊고 이것들을 높이 평가했다는 사실에서 나왔다. 그는 항상 시각적 효과들을 꼼꼼하게 관찰하는 사람이었다. 그는 지치지 않는 관찰자였다. 밀라노에서 열린 현대미술 전시회를 방문하려는 그의 계획도 단지 엘다를 기다리게 하려는 수작은 아니었다. 그는 진실로 전시회 광경에 흥분해 몸을 가누지 못할 정도였다. 그의 소설에서 예술작품들은 중요한 기능을 수행하는데, 일종의 상징이자 준거점, 영감, 최음제의 역할을 하는 것이다. 그의 주인공들 중 한 명은 자신을 레오나르도의 자화상 모델로 삼는다. 또 다른 주인공은 한 여성에게 그녀의 손만 봐도 그녀의 나신이 코레조의 '다나에'*의 나신만큼이나 아름다울 것임을 알 수 있다고 말하면서 밤을 함께 보내자고 제의한다. 그의 시는 색깔들로 가득 차 있다. 그는 소설 속 여주인공들에게 회색 옷을 입히곤 하지만, 침침한 회색이 전부는 아니다. 색조는 다변화된다. 잿빛 회색이 있는가 하면, 비둘기 깃털의 회색이 있고, 땜납의 회색이 있는가 하면, 창백한 하늘빛의 회색이 있는 것이다. 프랑카빌라에서 그는 화가 친구들의 눈을 통해 보는 법을 배우고 있었다. 그의 초기 소설들은 예상을 뛰어넘는 빛나는 색깔들로 가득 차 있다. 표백된 듯한 마른 바위를 배경으로 빛나는 다홍색 양귀비들, 녹주석이나 터키석 빛깔이 나는 하늘, 자주색 산맥, 거지의 진홍색 재킷, 나무들을 비추는 밝은 초록빛 강, 그리고—반복해서 자주 나오는—은빛 혹은 납빛 바다 위에 보이는, 형광 빛 도는 주홍색 및 황갈색 돛들이 뿜어내는 찬란함. 이 모든 것은 다름 아닌 미케티가 그린 장면들이다. 단눈치오의 과제는 그의 이미지들을 말로 변환시키는 것이었다.

그의 귀도 눈만큼이나 예리했다. 시선집에 가장 많이 포함되는 그의 시 '소나무 숲속의 비La Pioggia nel Pineto'는 잎사귀에 떨어지는 빗소리를 묘사하는 동시에 모방하는, 아름답게 조율된 '말-음악'의 작품이다. 그는 자신이 한때 오케스트라에서 악기가 조율되지 못했음을 지적함으로써 지휘자 토스카니니를 놀라게 한 사실을 자랑스럽게 말하곤 했다. 그의 일생에 걸쳐 음악은 가장 큰 쾌락들 중 하나였다. 일찍이 로맹 롤랑이 쓰기를, "어느 누구도 그보다 더 잘 음악을 들을 순 없다".

프랑카빌라에서 그는 작곡가들과 작곡에 대해 이야기를 나눌 수 있

• 코레조(1489?~1534)는 이탈리아의 화가로서 바로크의 출현을 예고한 종교화와 에로틱한 신화화의 대가다. '다나에'는 그리스 신화에 나오는 아르고스 왕의 딸이다. 그녀의 미모에 반한 제우스와의 결합에서 영웅 페르세우스가 태어났다. '다나에'는 서양 회화에서 아름다운 누드화의 대표적인 소재가 되었다.

었고, 조각가와 화가가 자신들의 비전에 어떻게 형태를 부여하는지를 관찰할 수 있었다. 거기서 그는 집주인이 그린 스케치가 나뒹구는 방에서, 조각가 바르벨라가 자기 곁에서 흉상을 제작하고 또 다른 친구가 만돌린으로 슈베르트를 연주하며 토스티가 자장가의 후렴구를 부르는 가운데 글을 쓰곤 했노라고, 적어도 우리에게 그렇게 말하고 있다. "[미케티의] 집은 진정으로 예술의 신전이고, 우리는 이 신전을 지키는 사제들이다."

단눈치오가 자신의 고향을 문학에 적합한 주제로 보기 시작한 것은 바로 그 신전에서 생활할 때였다. 미케티와 함께 그는 고향의 배후 산악 지대로 오랫동안 여행에 나섰다. 이 외출로 그는 고색창연하면서 이국적인 세계에 발을 내디뎠다. 시골 사람들은 "들창코와 납작한 입술을 가진 거의 난쟁이들"이었으나, 나름대로 "동양적으로" 화려한 의복을 갖추었다. 단눈치오는 어느 결혼식 파티를 두고 "실크 드레스와 양단 스카프, 큰 금귀고리. 신나는 기타 소리에 맞춰 터지는 축사. 총소리…… 색종이 조각 세례…… 명랑한 외침"이 어우러진 일종의 반란과 같다고 묘사했다.

'체나콜로'의 회원들은 모두 아브루초의 전통문화에 관심이 많았다. 토스티는 아브루초 민요를 채집하고 있었다. 미케티의 친구들 중에는 역시 아브루초 방언을 연구하고 민담을 필사하는 젠나로 피나모레와, 『아브루초의 관습과 의상』이라는 책을 6권씩이나 펴낸 민속학자 안토니오 데 니노가 포함되어 있었다. 시인 브루니는 아브루초 방언으로 시를 썼는데, 토스티는 이 시를 부활절의 야외 예배에서 부를 '젊은이들의 합창'으로 변주했다. 훗날 단눈치오는 미케티의 모든 작품을 관통하는 주제는 "너무나 혈기왕성하고, 너무나 사려 깊으며, 너무나 노래를 사랑하는 고대 아브루초의 생기발랄한 인종"이었다고 썼다.

한 세기 이상 유럽 지식인들은 폐물이 된 민속 문화의 잔재들을 찾아 고립된 농촌 공동체들을 뒤져왔다. 민속학은 민족주의가 외래 체제에 맞서 스스로를 일으켜 세울 필요가 있는 상황에서 특히 열정적으로 연구되었다. 고대 게일어 시들(대부분 가명인 오시안Ossian이라는 이름으로 출간된)을 "발견한" 제임스 맥퍼슨과 그의 찬미자이자 계승자인 월터 스콧 경은 스코틀랜드의 하일랜드 지방에서 민요와 민담을 채집하면서 스코틀랜드가 그 남부의 정치적 지배자인 잉글랜드 못지않게 풍요로운 문화유산을 지니고 있음을 입증하고 싶었다. 야코프 그림과 빌헬름 그림이 성장할 무렵에도 대다수 독일 국가는 나폴레옹 지배 아래에 있었다. 그들이 "독일의 보통 농민들 사이에서 발견한" 요정 이야기들을 채집한 것은 단순히 보존활동 차원이 아니라 "상상력 넘치는 국가 형성"의 시도였다. 1893년 아일랜드에서 게일어와 게일 문학의 보존 및 증진을 위해 발족한 게일 동맹도 아일랜드 독립 국가를 향한 열망을 고취하려는 목적에서 결성되었다.

그렇듯 미케티는 자수를 놓은 드레스 상의와 집에서 짠 붉은 치마를 입은 그림 같은 농민 여성들을 찾아서, 또 토스티는 들판에서 수확하는 농부들이 부른 노래들을 필사하면서 아브루초를 구석구석 여행했는데, 이를 통해 새로운 이탈리아 민족을 위한 문화적 기반을 제공하고 있었다. 그러나 많은 애국적 민속학자가 깨달았듯이, 토착 문화의 진정한 유산을 식별해내는 작업은 몹시 어려운 일이었다. 그림 형제가 신생 독일에 순수한 게르만적 배경의 이야기를 제공하려고 채집한 민담들도 실은 프랑스 위그노들*이 수입한 것이었다. 단눈치오의 이탈리아 친구들도 이탈리아 외적인 영향력에 마음이 흔들렸다. 그들이 다룬 주제는 토속적이었으나, 그런 주제에 대한 관심을 일깨운 것은 애당초 외국의 사례들이었다. 미케티의 그림들은 많은 부분 프랑스 사실주의자들에게 빚지고 있다. 코로와 쿠르베, 밀레가 바로 그들이다. 심지어 그들의 서클 이름인 '체나콜로'도 실은 차용한 것이다. 이미 반세기쯤 전에 파리에서 빅토르 위고가 '세나클Cénacle'이라는 서클을 주도한 바 있다.

프랑카빌라에서 단눈치오는 수영을 즐겼다. 그는 탁월한 수영 선수였다. "거기서 우리는 벌거벗은 해변의 미개인들처럼 물속에 텀벙 뛰어들었다." 또한 그는 말을 타고 모래사장을 따라 질주했으며, 작은 배를 몰고 앞바다로 나가기도 했다. 그와 친구들은 서로를 위해 요리를 했고, 과연 하인이나 엄마의 시중을 받는 데 익숙한 젊은이들답게 서투르게 요리를 했다. 그는 손수 만든 거대한 오믈렛을 자랑스레 기억해낼 것이었다. 미케티는 해변에서 사진을 찍기 위해 친구들에게 포즈를 취하라고 했다. 단눈치오는 스스로도 상상한 대로 파우누스처럼 보인다. 이마로 흘러내린 곱슬머리와 에너지가 충전된 호리호리한 몸매. 사진 몇 장에는 남자들과는 대조적으로 어울리지 않게 긴 소매 가운을 입고 커다란 모자를 쓴 여인들도 있다. 이런 영상은 과연 단눈치오가 엘다에게 보낸 편지에서 말했던 바와 같이 수도승 같은 생활은 결코 아니었다.

비록 단눈치오가—당시에든 그 이후에든—술을 절제하긴 했지만, 당시 저녁에는 항상 포도주가 있었다. 또한 그가 열정적으로 좋아한 아

• 프랑스의 칼뱅주의 계열의 신교도들.

단눈치오는 탁월한 수영 선수였다.

편도 있었다("나는 한시도 아편 중독자가 된 적은 없었다"). 자신이 마약 때문에 "혼절한" 것을 알고 나서는 곧바로 아편을 끊었다("그러나 얼마나 아름다운 시간을 보냈던가!"). 밤에는 꽉 찬 달빛에 비쳐 나뭇가지가 은색으로 변한 올리브 나무들 사이에(단눈치오가 자신의 소설들에서 반복해서 이용한 효과) 자리 잡고서 토스티가 채집해 '세레나데'로 각색한 노래와 자장가를 함께 불렀다. 때때로 그들은 등 뒤에서 주변 시골의 눈에 띄지 않는 노동자들이 내는 괴상한 소리와 반복적인 멜로디를 들었을 것이다.

1880년 여름 내내 미케티와 단눈치오는 둘 모두에게 특히나 도움이 된 두 차례의 여행을 떠났다. 한 번은 수확철에 토코 디 카사우리아라는 마을에 갔던 일이다. 거기서 그들은 잘생긴 여인과 몇몇 술 취한 수확꾼이 어울리는 장면을 목격했다. 미케티는 그해 겨울 자신의 가장 유명한 그림들 중 하나인 「요리오의 딸La Figlia di Jorio」을 위한 습작에 나섰는데, 이 그림은 결국 14년 후 제1회 베네치아 비엔날레에 전시될 것이었다. 이 그림은 다홍색 치마와 숄을 걸친 한 농민 여성이 걸어가는 모습을 엉큼하게 곁눈질하는 사내들을 묘사한다. 단눈치오는 이 주제를 훨씬 더 폭력적인 방식으로 각색할 터였다. 그는 한 인터뷰에서 그 사건을 이렇게 묘사했다. "갑자기 작은 광장에 아름다운 젊은 여성이 등장했습니다. 그러자 태양과 포도주와 욕정에 야수로 돌변한 수확꾼 무리가 흐느적거리며 고함을 치면서 그녀를 따라갔습니다." 그 한 장면으로부터 그는 성적 금기의 위반과 군중 폭력에 대한 이야기를 생각해냈는데, 이는 사반세기 후 그의 가장 성공적인 희곡인 『요리오의 딸』이 될 것이었다.

기억할 만한 또 다른 여행은 숨도 못 쉴 만큼 뜨거운 여름날에 밀리아니코의 산판탈레오네의 교회를 들렀던 일이다. 교회는 성인 축일을 기념하고 원죄를 속죄하며 기적을 간구하기 위해 온 순례자들로 북새통을 이루고 있었다. 미케티는 1883년 로마에서 전시되어 큰 호평을 받게 될 그림 「서약The Vow, Il Voto」에서 그 광경을 묘사했다. 이 그림에서 그는 소녀들이 입고 있는 자수를 놓은 의상들의 멋진 색상과 교회의 높은 창문들에서 비스듬히 비치는 햇빛, 그리고 은총을 갈구하러 온 죽어가는 자들의 비극적 드라마가 연출하는 장관을 그렸다.

그러나 단눈치오에게 교회에서의 그 장면은 공포의 쇼였다. 그의 설명에서는 어두운 교회 공간에 밀집한 신체들로부터 동물의 악취가 난다. 군중 한가운데에는 일종의 고랑이라고 할 만한, 인간 벽으로 둘러쳐진 좁은 통로가 열려 있는데, 이 길로 열렬한 신도들이 기어가고 있다. "서너 명 혹은 다섯 명의 광신도가 바닥에 배를 깔고, 혀를 먼지 쌓인 바닥 돌에 대며, 발은 자기 체중을 지탱하기 위해 꼿꼿이 세운 채로 고통스러워하며 기어왔다. 파충류 같다." 그들의 발과 손에는 피가 묻어 있다. 그들은 조금씩 앞으로 나아가며 침으로 성호를 긋기 위해 앞에 있는 바닥을 핥고 있다. "앞의 광신도가 남긴 붉은 얼룩들을, 뒤따르는 광신도의 마른 혀가 문지르고 있다." 이처럼 차례로 기어가는 자들은 각자 성자의 은빛 흉상의 목 주변을 "증오심이라도 보여주듯 전력을 다해" 끌어안고 성자의 금속 입에 자신의 피 흘리는 입을 맞추면서 "일종의 경련과도 같은 쾌락을 느끼며" 매달려 있다. 주위에서 지켜보는 자들은 신음하고 있다.

단눈치오는 계속해서 그 장면으로 되돌아올 것이었다. 그가 밀리아니코에서 목격한 것을 가장 완벽하게 묘사한 것은 15년 후에야 『죽음

미케티, 「서약」

의 승리』를 통해 출간될 터였지만, 초기 소설들에서 반복해서 종교적 위안과 종교적 광신, 그리고 군중의 힘이라는 테마를 변주하여 표현할 것이었다.

학창 시절의 마지막 겨울방학 동안 단눈치오는 첫 산문집인 『처녀지』에 포함될 몇몇 단편을 썼다. 아마도 티토 추코니의 성화에 못 이긴 듯 그는 졸라―특히 『무레 신부의 과오』―와 빅토르 위고의 『파리의 노트르담』, 그리고 조반니 베르가의 신작 『들판의 삶』을 읽고 있었다. 곧이어 그는 모파상과 플로베르를 발견했다. 그의 독서 목록에 새롭게 추가된 것들도 그의 저술을 통해 확인할 수 있다. 그는 자신이 읽은 외국 문학의 사례들에서 아주 많은 것을 취한다. 구문들을 반복하고 통사적 합성어를 재생산한다. 그의 줄거리는 차용된 것들이다(그의 희비극적 연인들 중 한 명은 집시 소녀의 사랑을 갈구하며 여위어가는 종치기다). 그의 구조도 이미 만들어진 것이다. 가령 「처녀 안나La Vergine Anna」• 는 진행되는 순서 하나하나가 플로베르의 「순박한 마음」을 그대로 따르고 있다. 더욱 중요한 사실로, 다른 작가들의 사실주의는 단눈치오에게 자신이 토착 지방에서 발견한 재료들을 사용할 수 있다는 것을 보여주었다.

단눈치오는 빅토르 위고처럼 감상주의자도 아니었고, 졸라처럼 사회 정의를 위한 운동가도 아니었다. 그는 농민이나 노동자들이 감내한, 사람을 멍하게 만들 정도의 고단한 삶을 묘사할 때도 자비심보다는 역겨

• 이 소설은 단눈치오의 소설집 『페스카라 이야기』에 실려 있다. 『페스카라 이야기』는 이미 1884년에 출간된 『처녀들의 책』과 1886년에 출간된 『산판탈레오네』를 합본해 1902년에 출간되었다.

움에 가까운 어떤 태도를 취한다. 아브루초에 대한 그의 소설들도 어리석은 폭력으로 가득 차 있다. 자신의 불구 자식을 앞세워 구걸하는 거지와 질투심에 눈먼 어부의 도착적인 사랑, 도마뱀을 아주아주 천천히 죽이며 쾌감을 느끼는 가엾은 바보 등이 그런 사례다. 단눈치오는 그렇듯 강등된 인간 군상을 사례로 취하며 각각의 모습을 신중하게 가공된 산문으로 윤색하는 것이다. 미케티와 그의 친구들은 그에게 풍부한 제의와 믿음을 간직한 고향의 문화유산에 관심을 가져야 한다는 사실을 가르쳐주었다. 그들은 그것을 좋아하라고 설득하지는 않았다. 그는 자신의 허구적 '분신들alter egos' 중 하나로 하여금 자신이 사랑하는 고향이 원시적 공포와 유치함으로 가득 찬 시골임을 성찰하게 한다. 이는 흡사 손가락으로 여인의 향기로운 머릿결을 쓰다듬다 머리 안에 "이가 바글거리는" 모습을 발견하는 것과 같다.

고향에 대한 단눈치오의 감정은 그의 정치와 정체성에서 중요한 테마가 될 것이었다. 그는 이렇게 썼다. "나는 아브루초의 흙을 발바닥에 묻히고 다닌다." 그러나 확실히 거기서 살려고 하지는 않았다. 1914년에 페스카라 당국은 그가 지역이 배출한 위인임을 인정하여 집을 선사하겠다고 제안했다. 그는 거절했다. 당시만 해도 그는 이탈리아에서 파산 상태였고, 프랑스에서도 엄청난 빚을 지고 있었다. 그럼에도 아브루초는 촌스런 벽지였고, 페스카라는 구시대와 끔찍하고 불결한 죄악들을 생각나게 하는 장소였다. 단눈치오는 "나의 아브루초"라고 부른 곳에 대한 주체할 수 없는 애정을 고백했음에도 불구하고 고향에 처박혀 사는 것보다는 호텔 지배인들을 등치고 찬미자들에게 빌붙어 사는 것을 훨씬 더 선호했다.

8. 젊음

"젊다는 것이 주는 (…) 무한한 즐거움을 노래하라"라고 18세의 단눈 치오는 썼다. "땅의 과실을 입에 물고/소리 내며 게걸스레 우적대는 하얀 이빨들." 일찍이 주세페 마치니가 1830년대에 결성하여 리소르지 멘토를 이끈 비밀 민족주의 운동은 '청년 이탈리아Giovine Italia, Young Italy'•로 불렸는데, 운동은 신생 민족이 노쇠한 지역들을 얼기설기 접 붙인 느슨한 통일체가 아니라 진정으로 혈기왕성한 새로운 실체가 되어야 할 것임을 예고했다. 단눈치오도 정치 경력을 시작할 때 그와 똑같은 수사를 구사할 테지만, 자기 자신을 위해서도 젊음을 예찬했다. 처음 로마에 도착했을 때, 그는 친구와 후원자들 사이에서 자신이 가장 젊다는 사실에 주체할 수 없는 기쁨을 느꼈다.

객석은 준비되었다. 그는 1881년 11월 로마를 향해 출발하기 전날 밤 지나치게 일찍 유명세를 타게 된 것에 대해 짐짓 불평하는 척하면서 엘다에게 편지를 썼다. "너무나, 너무나 많은 친구가 거기서 나를 기

• 이탈리아 애국자이자 혁명가인 마치니가 종래 카르보나리의 음모가적 활동 방식을 비판하면서 대중적 민족 운동을 펼치기 위해 1831년에 결성한 단체다.

다리고 있었소, 그렇게나 많은 찬미자가 말이오. 첫 며칠간은 두렵기까지 할 것 같소!"

단눈치오는 로마 대학 문학부에 등록했고, 몇몇 강의에도 출석했다. 그러나 그의 에너지는 대부분 학교가 아닌 다른 곳에 쏠렸다. 학생 신분을 유지하던 동안 처음 출간된 그의 소설들은 『판풀라 델라 도메니카』에 게재되었는데, 이 주간지의 편집진에는 그의 멘토인 넨초니가 포함되어 있었고, 『첫 봄』에 대해 키아리니가 관대한 비평을 써준 곳도 바로 이 주간지였다. 그 밖에도 유용한 연줄로는 아브루초 동향인으로서 주간지 『프라카사 대장Capitan Fracassa』•―젊은이들이 쓰고, 또한 젊은이들을 겨냥하여 사뭇 불경하고 풍자적인 내용을 다룬 주간지―의 편집자이자 시인인 에도아르도 스카르폴리오가 있었다. 언젠가 자기 책상에 앉아 흐드러지게 하품하다가 자기 사무실에서 단눈치오를 처음 보고 전기가 통한 듯 짜릿함을 느꼈던 사람도 스카르폴리오였고, 그런가 하면 이듬해 여름 단눈치오가 사르데냐로 떠났을 때 동행했던 사람도 스카르폴리오였다. 단눈치오는 이미 출간된 자기 책들을 일종의 명함으로 삼아 조만간 교육받은 중간 계급 독자들로 이루어진 새로운 출판 시장에 혜성처럼 나타나 시와 소설과 기타 잡문들을 언론에 판매하는 다산多産의 프리랜서 작가가 될 터였다.

스카르폴리오는 그를 샤토브리앙이나 빅토르 위고의 지면들에 나오는 어떤 존재, 그러니까 "시인의 낭만적 이상의 육화"로 봤다. 그가 새로 알게 된 한 지인은 그에 대해 "연고를 발라 번지르르하고 향내 나는 밤색 머리채"(평생 그는 고급 창부만큼이나 자기 몸을 관리하는 데 열심이었다)

• '프라카사 대장'은 프랑스의 시인이자 문학비평가인 테오필 고티에Théophile Gautier의 소설 제목 '프라카스 대장Le Capitaine Fracasse'에서 유래했다.

와, "교회 행렬의 아기 천사의 이마처럼 부드럽고 하얀 이마"를 묘사한 적이 있다. 오래전에 그는 모험적 성향이 강한 출판 기획자 안젤로 솜마루가를 만나기도 했다(솜마루가는 곧 뇌물 및 갈취 혐의로 형사 소송에 휘말릴 터였다). 당시 솜마루가는 추문이 될 수도 있는 새로운 작업에 언제라도 나설 채비가 되어 있노라고 떠벌리고 다녔다. 곧 그는 단눈치오에게 자신이 발간하는 잡지에 기고하라고 권했고, 이 젊은 작가의 다음번 산문집과 첫 번째 단편집을 출간하는 모험에 나설 것이었다.

교황이 어쩔 수 없이 세속 권력을 이탈리아 국가에 양보한지 거의 10년이 지났고, 처음엔 토리노를, 나중에는 피렌체를 수도로 삼았던 이탈리아 정부는 이제 로마로 이주한 상태였다.* 수 세기 동안 이 도시는 아름답긴 하나 후미진 곳이었다. 1881년경 로마는 거대한 건축 부지였다. 1000년 동안 고대의 성벽들 안에서 자라온 올리브 숲과 소 방목지가 호황을 누리는 도시로 쇄도한 정치인과 보좌관들, 공무원, 언론인, 기업가들을 수용하기 위해 지어지는 건축 부지가 되었다.

처음에 단눈치오는 스페인 대로와 스페인 광장 사이에 위치한 시내 다락방에 기거했다. 유곽이 바로 인접해 있었다. 그는 밤에 귀가할 때면 어김없이 집 대문에 기대어 있거나 대문을 발로 걷어차고 있는 유곽 고객들과 맞닥뜨렸다. 육체적으로 혈기왕성한 그는 아침에는 펜싱 스쿨에 갔다가 오후에는 교외로 나갔다. 그는 새로운 친구들과의 만남을 즐겼다. "노란 응접실"이라는 별칭을 갖고 있던 『프라카사 대장』의 편집 사무실은, 창문이 좁은 골목길을 향해 뚫려 있고, 위층에는 맥

---

* 1861년에 공식 출범한 통일 이탈리아 왕국은 처음엔 토리노를 수도로 삼았다가 1866년에 피렌체로 바꾸었다. 1871년 로마를 회복하면서 이탈리아의 수도는 로마가 되었다.

주 가게가 있던 원룸이었다. 사무실의 노란 벽지는 기고문을 전달하거나 가십을 물고 온 작가와 예술가들, 배우와 정치인들이 남긴 스케치와 슬로건들로 뒤덮여 있었다. 여기서는 항상 대화 소리가 끊이지 않았고, 사람들이 북적여 공간이 부족해질 때면 직원들은 매주 새벽 잡지 편집본을 인쇄소에 넘긴 후 후련한 마음으로 아침 식사를 했던 인근 제과점으로 슬쩍 비켜주곤 했다. 솜마루가의 『비잔틴 크로니클』은 루스폴리 저택 안에 훨씬 더 큰 공간을 사용하고 있었는데, 다소 퇴폐적인 분위기를 머금고 있었다. 어느 아침 단눈치오는 "참으로 아름답고, 문학에는 문외한인 한 숙녀"를 만나게 될 희망에 부풀어 "한달음에" 계단을 뛰어올라갔다고 회상하기도 했는데, 당시 단눈치오와 몇몇 동료 작가는 이 숙녀의 총애를 받기 위해 경쟁하던 처지였다.

단눈치오는 미케티의 소개로 한 모임에 들어갔다. 카페 로마 혹은 우아한 18세기풍 카페 그레코에서 밤마다 유쾌한 모임이 열렸다. 카페 그레코는 특히 화가들이 좋아하는 모임 장소였는데, 이 화가들 중 몇몇은 곧 단눈치오의 친구이자 그의 책 삽화가가 되었다. 또한 "어두운 복도로 가득 찬 신비로운 아파트"에서 파올로 토스티와 함께한 밤도 있었다. 토스티가 몇 시간이고 계속해서 피아노 건반을 즉흥적으로 두드려대고 검은 레이스와 흑옥석으로 치장한 가수 메리 테셔가 슈베르트의 가곡을 부르는 동안 손님들은 소파나 바닥에 나른하게 누워 있었다. 디오클레티아누스 목욕탕의 폐허 안에 있던 조각가 무아즈 에즈키엘의 스튜디오에서의 모임도 있었다. 그런가 하면 "일단의" 젊은 예술가들이 살고 작업하던, 테베레 강둑 아래 집에서의 밤 모임도 있었다. 거기서는 함께할 수 있는 여성들도 있었다. 단눈치오는 한 아브루초 친구에게 자신이 "음탕한 창부의 흰 어깨 위에서" 시 구절을 썼노라고 자랑하는 편지를 보내기도 했다. 이로부터 떠오르는 광경은 과연 문학적이다—단눈치오는 피에르 쇼데를로 드 라클로의 『위험한 관계』에 나오는 냉소적인 비콩트 드 발몽을 모델로 삼아 연기하고 있는 것이다. 그러나 실제로 그가 묘사하고 있는 것은 유곽을 방문했을 때의 일이다.

　단눈치오는 로마에 도착했을 때부터 결혼할 때까지 약 1년 반 사이에 일련의 시들을 썼는데, 이들 시에는 성적 음탕함과 성에 대한 역겨운 혐오감이 번갈아 나타나고 있다. 소네트인 '나도 모르는 사이 L'Inconsapevole'가 그런 정서를 압축하고 있다. 그것은 부패해가는 시체의 살을 먹고 자라는 무성한 나뭇잎과 피가 흐르는 상처와도 같은 꽃을 꺾으려다 독초에 손이 찔렸음을 알게 되는 누군가를 묘사한다. 이 시들은 '외설'을 둘러싼 뜨거운 논쟁을 촉발했다. 단눈치오는 이 시들에서 흠잡을 데 없는 운율은 물론이요, 르네상스 시대의 포르노 작가인 피에트로 아레티노의 작업 이래 초유의 솔직함으로 성을 묘사했노라고 자랑했다.
　그는 새벽에 자신의 지친 머리를 여인의 굴곡진 가슴에 누이고 여인의 엉덩이 한가운데에 패인 "고랑 위에 오르는" 것에 대해 글을 쓴다. 그는 소네트에서 펠라티오의 느낌을 생생하게 묘사하는 데 집중한다. 그는 침대 위에서뿐만 아니라 종이 위에서도 쾌락을 추구하고 있었지만, 그에 대해 행복해지지는 않았다. "욕망의 불꽃이 차가운 역겨움으로 잦아들고 사랑의 베일이 무기력한 나체 앞에서 벗겨지고 나면, 남는 건 불결한 살을 마주하는 끔찍한 슬픔뿐." 첫 번째 소설에서 그는 방탕한 영국 귀족 남성이라는 전혀 공감하기 어려운 캐릭터에 아레티노에 대한 자신의 취향을 투사한다. 그는 스카르폴리오에게 말하기를, 자신은 아브루초의 겨울에서만 느낄 수 있는 저 상쾌한 차가움을 갈망하며, 그 외의 모든 것에 싫증나고 불쾌할 뿐이라고 했다. 그는 소네트인 '그러나 채워지지 않는Sed non Satiatus'에서 "내 야성적인 젊음의 힘이 여인들의 품안에서 죽어가고 있다"고 썼다. 그에게 여성적인 것은 항상 지나치게 익은 과일과 같았다. 그 대신, 젊음은 순수하고 깨끗하며 강력하고 야성적이며 남성적이었다.

9. 귀족

1879년 5월의 어느 일요일 아침 치코니니 학생 군단이 학교 음악대를 앞세우고 군사 명령에 따라 프라토에서 포조 아 카이아노까지 10킬로미터 정도를 행군했다. 그들은 행군을 잠시 멈춰 야외 아침 식사로 빵과 살라미, 와인을 먹었고, 주변에 흐드러지게 피어 있는 데이지 꽃을 꺾었다. 이때 웬일인지(당시 그는 아직도 소년이었기 때문에) 가브리엘레 단눈치오의 머리에는 수석 교사의 사모님에게 부케를 선물하면 좋겠다는 생각이 들었다.

단춧구멍과 모자 끈에 꽃을 끼운 채 소년들은 포조로 행진했다. 그들 앞에는 도시에서 미리 온 다른 일파가 기다리고 있었고, 그들은 "국왕 만세!"를 외치면서 일찍이 로렌초 대공을 위해 줄리아노 다 상갈로*가 지은 바 있는, 지금은 왕실 주거지(거의 이용되지 않은)인 메디치 저택을 향해 행군했다.

단눈치오는 건물에 매료되었다. 이곳은 그가 꿈꾼 종류의 완벽한 무

---

* 15세기 후반 피렌체의 통치자 로렌초 대공(로렌초 데 메디치)이 총애한 건축가(1445~1516).

대였다. "꽃들이 그려져 있고 가치를 따질 수 없는 그림들로 치장된 큰 방들. 우아하고 미스터리한 욕탕들. 그리고 도처에 존재하는 많은 램프와 거울, 상감된 궤짝들, 대리석 탁자들을 비롯해 넋을 빼앗길 정도의 귀중하고 고풍스런 것들이 널려 있다." 그는 다른 소년들이 정원으로 뛰쳐나갈 때에도 뒤에 남았다. 한 15분 정도 그는 한때 조르조 바사리*가 세상에서 가장 아름다운 방이라고 불렀던, 프레스코화가 그려진 살롱에 홀로 남아 절반은 에로틱한 환상에, 절반은 이탈리아 귀족의 화려함과 위대함에 대한 경외심 어린 명상에 심취했다. "나는 비앙카 카펠로**의 실크 드레스가 바스락거리는 소리와 함께 그녀가 내는 한숨 소리와 달콤한 말을 듣고 있는 듯했다." 비앙카 카펠로는 16세기를 대표하는 미인으로서 단눈치오는 알레산드로 알로리가 그린 초상화를 우피치 미술관에서 볼 수 있었다. 그녀와 그녀의 연인인 메디치가의 남성 통치자는 1578년 같은 날에 의문의 죽음으로 생을 마감했는데, 아마도 친척들에 의해 독살당한 것으로 보인다. 단눈치오는 이 살인과 금지된 열정에 관한 이야기에 스릴을 느꼈다. 언젠가 그가 다짐했듯이, "투구의 얼굴 가리개 뒤에서 눈빛을 번쩍이며 칼을 뽑는" 완전 무장한 기사를 보겠노라고 했다.

소년들은 야외에서 점심을 먹은 후 배를 타러 갔으나, 비가 오기 시작했다. 저택 1층에는 아치가 이어진 회랑이 빙 둘러쳐져 있었다. 소년들은 비를 피해 회랑으로 들어가 춤을 추기 시작했다. 떠들썩한 광경이었으나, 지적인 면에서뿐만 아니라 성적인 면에서도 성숙했던 단눈치오

* 이탈리아 화가이자 르네상스 이탈리아 예술가들의 열전을 쓴 작가(1511~1574).
** 베네치아 귀족의 딸로서 토스카나 대공인 메디치 가문의 프란체스코 1세의 애인이자 두 번째 아내(1548~1587).

에게는 무언가가 결여되어 있었다. 그는 저택 집사의 세 딸을 지켜보고 있었다. 그는 "물 한 잔"을 얻기 위해 집안으로 미끄러져 들어가 세 여자 중 가장 예쁜 딸에게 춤을 추지 않겠느냐고 물었다—"왈츠 한 곡 추실래요?" 그녀는 흔쾌히 동의했다. 그들은 큰 살롱으로 들어갔다. 곧 몇몇 다른 아이가 합세했다. "그리하여 우리는 진정한 댄스파티를 가졌다…… 바쿠스의 주연." 그는 한때 로렌초 대공이 거닐었을 바닥 위에서 이탈리아의 황금시대에 활약한 가장 존경받는 예술가들이 치장한 벽들 사이에서 빙글빙글 돌며 춤을 추었다. 당시 열여섯 살이었던 단눈치오는 어머니에게 이렇게 말했다. "나는 아주 많이 즐거웠답니다. 아주 아주 많이요."

페스카라에서 자란 유년 시절에 단눈치오는 시내에서 가장 좋은 집에 사는 시장 집안의 장남으로서 귀한 대접을 받았다. 집안의 시골 별장인 빌라 푸오코에는 넓게 난간이 둘러쳐진 테라스가 있었고, 테라스의 석조 기둥들 위에는 국왕과 왕비의 흉상 모양으로 만들어진 점토 항아리들이 얹혀 있었는데, 알로에 잎이 왕관을 이루고 있었다. 아버지의 사치벽으로 가족이 일부 땅을 팔 수밖에 없었을 때, 가브리엘레는 농민과 그 식솔들이 망명을 떠나는 왕비를 둘러싸듯이 어머니 주위에 모여드는 광경을 봤다. 사람들은 너나없이 내놓은 물건들을 가져갔는데, 그중에는 살구가 많이 달려 있는 가지들과 포도주병, 새끼 양도 있었다. "일부는 무릎을 꿇고 어머니 치마 주위에 입을 맞추기도 했다. 다른 이들은 눈물범벅이 되어 내 손에 입을 맞추었다." 가브리엘레는 대접받는 게 당연하다고 여기는 분위기에서 성장했다. 그는 다른 친구들과도 어울려 놀기는 했으나, 한 친구가 나중에 회상하기를, 누군가가 그의 대장 노릇에 이의를 제기할 때면 "그는 얼굴이 벌게져서 불같이 화를 내며 이마에 혈관 줄 세 개가 툭 튀어나오는 것이었다". 아브루초의 집에서 그는 자기보다 사회적 지위가 낮은 사람은 거의 만나지 않았다.

로마에서의 사정은 달랐다. 나중에 그는 인간은 여가를 누리며 생각하고 느낄 수 있는 우월한 부류와, 다른 한편 생계를 위해 일해야 하는 부류로 나뉜다고 쓸 것이었다. 그는 자신이 천성적으로 첫 번째 계급에 속한다는 사실을 단 한 번도 의심해본 적이 없지만, 원통하게도 환경이 자신을 두 번째 계급으로 밀어넣었다고 생각했다. 그는 고용된 작가, 말하자면 글쟁이였다. 시 몇 수를 파는 것만으로는 충분치 않았다. 그는 곧 책과 음악과 전시회에 대한 논평을 비롯해 상점과 카페, 그리고 유럽풍 거실에 일본식 장식품들을 어떻게 치장하면 좋을지에 대한 잡문들을 쓰면서 가십 칼럼니스트가 되었는데, 말이 좋아 가십 칼럼니스트이지 실은 헨리 제임스의 소설인 『데이지 밀러』의 속물적인 내레이터가 '삼류 작가penny-a-liner'라고 부른 일종의 사회적 기생자social parasite나 다름없었다.

로마에 도착한 지 7년 만에 단눈치오는 프랑카빌라로 돌아가 6개월 동안 엄청난 성공을 거두게 될 첫 소설 『쾌락』을 집필했다. 소설은 우젠타 백작인 안드레아 스페렐리가 경험한 사랑의 모험을 들려주고 있다. 그는 처음엔 미망인이 된 젊은 엘레나 무티와 사랑에 빠지는데, 무티는 먼저 그에게 에나멜을 입힌 해골을 사주지 않겠느냐고 부탁하면서, 그리고 비좁은 마차 안에서 그의 목에 깃털 목도리를 감겨주며 순식간에 그를 포옹하면서 그에게 접근한, 아름답고 제멋대로이면서 적당히 타락한 여인이다. 엘레나에게서 버림받고 결투에서 부상을 당한 후 무기력에 빠진 스페렐리는, 곧이어 엘레나와 똑같이 아름답지만 고상한 정신과 순수한 마음을 가진 재능 있는 피아니스트인 마리아 페레스와 사랑에 빠지는데, 페레스는 오랜 망설임 끝에 스페렐리의 유혹에 굴복하여 결국 그에 의해 파멸에 이른다.

소설에는 단눈치오가 기자로서 7년 동안 기록해둔 관찰들이 녹아들어 있다. 그는 경마대회와 자선 바자회, 음악회, 스페인 광장의 고풍스런 보석 상점들 주변의 혼잡함 등을 묘사한다. 이 모든 곳은 생계를 위해 일해야 했던 작가가, 직업의식을 발휘하여 하마터면 접근할 수 없을 뻔한 상층 계급의 회원들 옆에 서 있었던 장소였던 것이다. 탁월한 단눈치오 연구자인 안나마리아 안드레올리는 엘레나 무티가 처음에 식사하러 저택 계단을 오를 때의 모습이 미묘하게도 뒤와 밑의 시점에서 묘사되고 있다는 점에 주목했다. 단눈치오는 새로 이사한 로마에서는 거리의 이방인이었다. 그는 출입이 금지된 곳으로 특권 계층 사람들이 문을 열고 가는 모습을 뒤와 밑에서 지켜봐야만 했다. 그리고 그 문의 일부가 그에게 열렸을 때도, 그는 환영받는 손님이 아니라 그저 불편한 기자로서 그곳에 들어갈 수 있었다.

로마에서 귀족은 심지어 그들을 알려고 하지 않는 사람에게조차 도처에서 눈에 띄었다. 단눈치오는 마차들이 대로 아래로 달려가는 모습과 마차에 탄 숙녀들이 두꺼운 베일을 쓰고 모피로 몸을 감싼 채 등을 대고 누워 있는 모습을 봤다. 슈필만의 케이크 상점에서는 봉봉 사탕을 사면서 서로 쓰고 있는 모자에 대해 품평하며 '한가하게' 잡담을 나누는 귀족 숙녀들의 대화를 엿들었다. "검은 레이스의 작은 모자"니, "타조와 백로 깃털 장식"이니 하는 말들을 엿들었다. 경마장에 가서는 인파 사이에서 "여신들"에게 바치는 시를 짓기도 했다. 대리석처럼 하얀 팔이 금팔찌들과 꽃 패턴의 망사로 반쯤 가려진, 그러나 "하마 같은 남편"을 둔 "익명의 금발 디아나 여신"에게, 또 초록 치마와 붉은 깃털로 장식된 모자를 쓴 아마존 여신에게 말이다. 오페라하우스에서는 무대 앞 일등석에 앉아 박스석의 숙녀들을 응시하며 칼럼을 위해 그녀들의 패션을 적어두기도 했다. 예컨대 산파우스티노 공주에 대한 묘사는 이렇다. 그녀는 "창백한 푸른빛에서 점차 바다 초록색으로 변하다가 결국 거의 투명해지는 색깔의 드레스를 차려입고…… 매끈한 어깨에는…… 붉은 새틴으로 마감된 금빛 비버 모피를 두르며…… 그녀의 높이 올린 머릿결에 반달처럼 빛나는 광택". 또한 하얀 새틴 차림의 키지론달로리 백작 부인은 "연꽃 줄기처럼 매끈하다". 시아라 공주와 아빌리아나 공작 부인은 모두 검은 양단 차림이다. 안토넬리 백작 부인은 청록색 줄무늬가 있는 꼭 죄는 실크 드레스를 입고 있다. 이런 식이다. 매일, 매주 그는 이름과 보석과 직물들의 리스트를 쏟아내며 그 각각의 물리적 속성과 예전에는 알지 못했던 여성들의 값비싼 액세서리의 내역을 마치 애무하듯이 적어두고 있었다.

그는 숙녀들이 오페라하우스 안에서도 여전히 모피를 두르고 있을 때면 화가 났다. "숙녀들은 달빛처럼 은은하게 빛나는 어깨를 가리고 있다." 『쾌락』이 출간된 후 그의 독자들은 소설 주인공 스페렐리가 단눈치오의 자화상이라고 믿었지만, 귀족적인 스페렐리는 수첩을 들고 다니는 이 젊은 기자와는 매우 달랐다. 이 젊은 기자가 이브닝드레스를 입은 우아한 숙녀를 어렴풋하게라도 볼 수 있는 유일한 기회는 오페라하우스의 좌석에서 고개를 들고 이리저리 쳐다볼 때뿐이었다. 그것도 숙녀가 자신의 긴 숄을 거추장스럽게 여겨 거둬버리기를 기대하면서 말이다.

수도에 체류한 지 두 번째 겨울에 아브루초에서 로마로 돌아오자마자 이 19세의 단눈치오는 정장 한 벌을 맞추었고, 아버지에게는 자신이 "상류사회high life"—단눈치오 자신의 영어 표현—에 진입하고 있다고 썼다. 물론 '삼류 작가'로서 그는 훌륭한 지위를 가진 다른 게스트들처럼 환대받지는 못할 것이었지만, 점차 음악회나 무도회, 그리고 '피크닉 piqueniques'—오리엔탈 천막들을 치고 온실 화초들을 무성하게 장식하여 심야에 시작되는 옥내 행사—에 참여할 수 있었다. 그는 나름대로 자신의 길을 개척하고 있었던 것이다.

스카르폴리오는 충격을 받았다. 단눈치오가 한 묶음의 신고전주의적 시들과 고상한 사실주의적 소설들을 갖고서 로마에 도착하여 누가 강요한 것도 아닌데 알아서 나른한 부자들에게 경박하게 아첨하기 시작했기 때문이다. "그는 6개월 동안 이 무도회에서 저 무도회로, 또 로마 근교의 아침 승마 모임에서 보잘것없는 숙식만이 제공될 뿐인, 포마드 기름만 잔뜩 바른 늙은 바보의 집에서 개최되는 저녁 파티로 옮겨 다니고 있었다. 그의 머리에는 그 어떤 진지한 생각도 떠오르지 않았다. 그는 비단 목걸이를 찬 애완견이다." '체나콜로' 회원들이 아브루초 스타일로 수수한 저녁 모임을 갖고 있던 어느 날 밤 두 사람은 논쟁을 벌였다. 스카르폴리오는 단눈치오가 티 하나 없는 와이셔츠의 커프스에 뭐라도 묻을까 싶어(당시 세탁소를 이용하려면 돈이 많이 들었다) 안절부절 못하는 모습을 보고 성을 냈다. 단눈치오는 단눈치오대로 스카르폴리오가—아마도 고의로—시인의 검은 정장에 빵 부스러기를 흘리자 심하게 짜증을 냈다.

단눈치오 입장에서도 자신이 하는 일에 부끄러운 점이 있음을 인정하지 않을 수 없었다. 항상 그래왔듯이 생계를 위해 벌어야 한다는 것이 그에게는 혐오스럽기 짝이 없는 현실이었다. "엘다, 이 얼마나 굴욕적인 일인가 말이오. (…) 여기서 사람들이 마치 가축처럼 팔리고 있으니." 그러나 단눈치오의 견해에서 대중 저널리즘에는 하등 문제가 없었다. 그는 독자를, 더 많은 독자를 원했다. 게다가 그가 상점과 테이블 세팅과 숙녀들의 모자에 대해 글을 쓸 때에도 그런 주제들 때문에 격이 떨어진다고 생각하지도 않았다. 스카르폴리오에게 그런 것들은 사소하겠지만, 단눈치오는 그런 삶의 모습들을 관찰하고 기록하는 것만으로도 기분이 좋았다.

그는 옷에 신경을 많이 썼다. 그의 소설에 나오는 여주인공들도 다들 세심하게 묘사되는 훌륭한 옷을 차려입고 있다. 가령 마리아 페레스는 포추니 플리츠* 가운을 입고 정원을 거닌다. 단눈치오는 가운의 세밀한 상태, 녹이 슨 것 같기도 하고 크로커스 꽃의 수술 같기도 한 "이상하리만치 표현할 수 없는 색상"을 묘사하는 데 두 문단을 할애하고 있다. 그는 허리에 묶인 청록색 리본과 옷깃을 고정시켜주는 풍뎅이 모양의 터키석 색깔의 브로치, 히아신스 화환으로 장식되어 옷차림을 완성시켜주는 모자에 대해 우리에게 묘사해준다. 그런 묘사를 통해 그는 이탈리아 원시파Primitives** 화가들, 특히 그가 가장 좋아한 현대 화가들인 단테 가브리엘 로세티와 로런스 알마타데마를 암시하고 있다. 그에게 패션은 시각 예술의 연장이었다. 그는 거실의 장식과 여성의 의상이 풍경이나 회화만큼의 진지한 관심을 받지 못할 이유가 조금도 없다고 생각했다.

---

* 입체적인 물결의 효과를 주기 위해 주름을 많이 잡은 스타일로서 스페인의 디자이너 마리아노 포르투니(1871~1949)의 이름에서 유래했다.
** 인위적이고 세련된 문명보다는 소박하고 야성적인 자연에서 영감을 받아 단순함과 자유로움을 추구한 예술가들을 총칭한다.

상류사회는 그저 즐거움을 주는 스펙터클로만 넘쳐나지는 않았다. 단눈치오는 『쾌락』에서 쓰기를, "고대 이탈리아의 귀족은 세대에 걸쳐 엘리트 문화의 가족 전통, 그러니까 우아함과 예술성이 가득한 가족 전통을 생생하게 유지했다".

그는 자기 주변 어디에서나 그런 기념비적인 전통들을 발견했다. 로마 전체가 고대 유적이었고, 단눈치오는 과거가 켜켜이 쌓인 이 폐허에 대한 지칠 줄 모르는 탐구자였다. 그는 로마 광장의 신전과 무너진 아치들을 기어올랐다. 그는 외진 언덕들에 위치한 수녀원과 성당들을 비롯해 거대한 석조물들이 돌출해 있고 수도교들의 잔해와 무덤이 가득한 로마 근교를 누비고 다녔다. 그는 로마 제국 궁전들의 거대한 폐허를 정처 없이 거닐었다. 그는 이 성당에서 저 성당으로 옮겨다니며 음악을 듣고 조각상들에 대해 메모했다. 그러나 그를 감동시킨 것은 황제들의 로마나 교황들의 로마(이탈리아 민족주의자들이 새로운 민족의 수도를 '제3의 로마'*라고 말할 때 염두에 두고 있던 앞선 두 개의 로마)가 아니었다. 단눈치오가 가장 열정적으로 반응한 로마는 위대한 귀족 가문들의 로마였다.

그는 귀족의 저택을 사랑했다. 그는 오직 바깥에서만 볼 수 있는 저택의 외관을 찬양했지만, 수많은 저택의 앞마당을 실컷 헤집고 다녔다. 서로의 형태를 모방하고 있는 석조 장식물과 분수들, 사이프러스 나무와 오벨리스크들, 그리고 널찍하고 굽은 계단과 덩굴로 감싸진 아치 및 사자 조각상들로 지탱된 대리석 벤치가 있는 정원들은, 그야말로 경이로운 장소였다. 그는 이 모습들을 기억 속에 차곡차곡 저장하여 다가

* 민족주의자 마치니는 황제들의 로마 및 교황들의 로마와 대립하는 '제3의 로마'로서 민중의 로마를 제창했다.

올 날들에 자신의 상상력을 위한 식량으로 삼았다. 그는 여름밤에 연인들을 그런 장소들로 데려가 이끼가 낀 석조 난간에 연인들의 이름을 새기고 키스하며 나이팅게일들이 지저귀는 소리를 들었다. 그리고 우리가 아는 한 최소한 두 번인가 이곳에서 벌거벗은 채 사랑을 나누었다.

그 정원들은 꿈속에서 어렴풋이 본 풍경들처럼 사라질 위험에 처해 있었다. 다음 20년 동안 이탈리아의 정치생활을 지배할 민족주의 정치가인 프란체스코 크리스피는 이렇게 선언했다. "우리는 로마에서 이탈리아를 건설해야 한다." 열린 공간이면 어디나 투기꾼들의 과녁이 되었다. 아벤티노 언덕과 자니콜로 언덕은 수많은 분양지로 나뉘었다. 비토리오 에마누엘레 대로가 도시 한가운데를 관통하게 되면서 중세와 바로크 시대의 골목들은 사라졌다. 단눈치오가 이 수도에 온 지 몇 달 안 됐을 즈음 당시 로마에 거주하던 영국인 오거스터스 헤어는 지난 12년 동안 새로운 정권이 "자신을 포장하고 자신의 이익을 추구하면서 그 옛날 고트족과 반달족의 침공 때보다 더 많이 로마를 파괴했다"고 썼다.

단눈치오는 일단 명성을 얻어 영향력을 행사할 수 있게 되자 정력적인 보존활동가가 될 터였다. 예컨대 루카가 여전히 중세 성벽을 보유하고 있는 것도 대개는 단눈치오 덕분이다. 그러나 당시 젊은 언론인에 불과했던 단눈치오가 할 수 있었던 일은 환경 파괴를 그저 한탄하는 것이 전부였다. "지난봄 제비꽃들이 마지막으로 잔디처럼 흐드러지게 피었던" 공원들은 이제 회반죽과 붉은 벽돌 더미로 뒤덮였다. 수 세기 동안 아무런 방해도 받지 않고 나이팅게일들이 지저귄 작은 숲들도 이제 "마차 바퀴들이 내는 소음, 마부와 일꾼들의 쉰 고함 소리"가 지배했다. 이제 개발을 위해 그 부지가 팔려나간 빌라 시아라의 월계수들도 "베어지거나, 아니면 주식중개인과 장사꾼들의 작은 정원을 장식하기 위해 앙상하게 서 있다". 그는 루도비시 가문의 장중한 저택인 빌라 아우로라의 정원들에서도 고풍스런 사이프러스 나무들이 뿌리째 뽑혀 그 검은 뿌리가 무참하게 드러난 모습을 봤는데, 이것 역시 새로 증축될 베네토 가도의 아파트 단지를 위해 강요된 희생의 결과였다. 야만주의의 광풍이 로마를 덮치고 있다고 그는 썼다. "여인상 기둥과 헤르메스 기둥들처럼 영원할 것만 같았던 빌라 알바니의 회양목 울타리들도 시장에 팔리거나 죽음으로 내몰릴 예감에 떨고 있다."

이 광풍은 새로운 이탈리아 행정 수도의 건설과 함께 중간 계급 출신의 관리와 상인과 사업가들이 유입되는 현실에 대한 은유였다. 1880년대의 로마에서 단눈치오의 열렬한 애국심은 논리적으로 보자면 이탈리아의 해방에 대한 찬양과 통일된 조국을 이끄는 정권에 대한 헌신적인 충성으로 이어지는 것이 맞지만, 그런 현실은 그의 예술적 감수성과 충돌하는 것이기도 했다. 그의 생각에 귀족들이 생생하게 보존했다고 믿은 문화는 "아름답고 희귀한 수많은 것을 천박하게 익사시키는 (…) 오늘날의 음울한 민주주의의 홍수"•에 휩싸일 위험에 처해 있었다.

그는 점점 더 자주 만나기 시작한 귀족들을 무비판적으로 찬양하지는 않았다. 그러나 그의 소설에 나오는 상층 계급 캐릭터들이 아무리 방탕하고 어리석을지라도, 그들은 여전히 낮은 계급 출신들에게는 허용되지 않는 우아함을 보유하고 있다. 단눈치오가 상상해낸 안드레아 스페렐리 백작은 결투의 시작점에서 극도의 긴장 속에 "경계하며" 서 있으면서도 한 점 흐트러지지 않는 태도로 "고상한 귀족의 스프레차

• 『쾌락』에 나오는 표현. 단눈치오, 『쾌락』 49쪽을 참고하라.

투라sprezzatura"•를 보여준다. 또 다른 소설에서도 단눈치오는 부르주아 출신 애인의 맨발을 보며 느끼는 젊은이의 역겨움을 세련되게 묘사한다. 그 맨발은 그에게 불결함과 천박함을 연상시키는, 안타깝게도 속물적인 어떤 것으로 보인다. 단눈치오에게는 심지어 상층 계급의 발등이 보여주는 곡선도 평민의 발등보다는 훨씬 더 고상했다.

학창 시절 포조로 소풍 나갔던 때, 단눈치오는 소녀들의 환심을 삼으로써 그 우아한 저택의 내부에 들어갈 수 있었다. 성인이 되어 로마에 살 때에도 그와 똑같은 게임을 했다. 펜싱 학교와 승마장 마사에서 그는 상층 계급 출신의 젊은이들을 많이 만났다. 그들이 흠잡을 데 없이 깔끔하게 차려입고 클럽의 계단들을 성큼성큼 걸어다니는 모습을 봤다. 기차에서는 그들과 같은 객실 칸을 이용하기도 했다. 그러나 그는 그들의 일원이 아니었다. 그는 용감한 기수였으나, 철저한 회원제로 운영되는 여우 사냥 클럽인 '치르콜로 델라 카차Circolo della Caccia'에 들어가는 데는 무려 12년이나 걸렸다. 그럼에도 여성들은 훨씬 더 접근하기 쉬웠다. 스카르폴리오는 상류사회에 대한 단눈치오의 열정에 성적 동기가 있다는 것을 당연하게 여겼다. "겨울에 거대한 로마 저택들의 문이 열리자마자, 그는 숙녀들에게 달콤한 말을 늘어놓기 시작한다."

스페인 광장과 스페인 대로 사이의 3~4개 블록은─앤티크 상점들과 보석 가게로 가득 찬─단눈치오에게는 그 자신도 말하듯이 공공연한 "불장난flirtation"─그 자신의 영어 표현─을 하기 위해 여성들을 유

• 르네상스 시대의 천재들이 지닌 어떤 미덕, 그러니까 위대한 일을 아무렇지도 않게 해내는 태도를 가리킨다. 힘들고 어려운 일을 티내지 않고 우아하며 침착하게 완수하는 것이야말로 천재의 방식인 셈이다. 이는 카스틸리오네의 『궁정인』에서 유래한다.

혹하는 데 안성맞춤의 무대였다. 『트리부나La Tribuna』에 기고한 짓궂은 글에서 그는 쇼핑하면서 포착할 수 있는 에로틱한 기회들에 대해 묘사했다. "당신의 손은 슬쩍 숙녀의 몸을 쓰다듬을 수 있다. 자수가 놓인 실크의 감촉을 느끼면서 말이다." 그가 독자들에게 설명하기를, 크리스마스 선물을 고를 때도 은밀히 즐길 수 있는 방법은 "무궁무진하다". "당신은 많이 알려지지 않은 골동품 상점에서 특별한 것을 봤다고 그녀에게 말한 뒤 그녀를 거기에 데려가라. 그리고 여러분이 문제의 장식품을 자세히 보려고 허리를 굽힐 때 그녀의 머릿결이 당신의 귀를 간지럽히는 것을 느낄 수 있을 것이다." 그런 뒤에, 잠시 후 당신은 그 친밀함의 기억을 이용할 수 있다. "'공작 부인이시여, 당신은 기억하나요?⋯⋯ 그때 당신은 친칠라 털로 장식된 밤색 외투를 걸치고 있었지요. 야네티 상점 앞에서, 상감 세공품과 은색, 장미색 키메라들*의 무늬가 새겨진 가죽 제품 사이에서 햇빛을 가득 받으며 서 있던 당신은 무척 예뻤지요⋯⋯ 그날 아침 당신은 몹시 아름다웠어요⋯⋯ 너무 친절하고⋯⋯ 너무 달콤하고 등등. 당신은 기억하나요?' 만일 공작 부인이 기억한다면, 당신은 거의 확실히 그녀를 정복한 것이다."

그가 누구를 생각하고 있었는지를 추측하기란 그리 어렵지 않다. 1883년 4월, 즉 엘다에게 마지막 편지를 쓴 지 몇 달 안 돼 단눈치오는 콘세르바토리궁에서 상류 귀부인들의 모임에 참석하게 되었다. 그가 쓴 글은 예술 서적과 패션에 대한 메모 및 사교 잡지들을 얼기설기 버무려 만든 것이다. 그는 구겨진 벨벳 옷을 입고 조용한 자태를 내뿜는 디갈레세 공작 부인을 언급하며 그녀가 하얀 깃털 모자를 쓰고 대리석

---

* 그리스 신화에서 키마이라라고도 하며, 한 개체에 여러 종을 결합해 사자의 머리와 염소(양)의 몸통 및 뱀의 꼬리를 가진, 머리 셋 달린 괴물이다.

조각상 옆에 서 있던, 금발 머리의 딸 마리아를 보며 자주 미소 짓는 모습에 주목한다. 단눈치오는 긴 속눈썹 아래에서 "금빛으로 알록달록하게 빛나는 생생한 터키석"이라는 수수께끼 같은 진술로 글을 마무리한다. 그다음 달에 발표되어 추문을 일으키기도 한 그의 시 '5월의 죄 Peccato di Maggio'에서 단눈치오는 바로 그와 같은 눈을 가진 젊은 여성을 유혹하는 것에 대해 묘사한다. 그 직후 그와 마리아 디 갈레세는 사랑의 도피 행각을 벌였다.

단눈치오는 넨초니에게 다음과 같이 썼다. "마침내 저 자신을 사랑을 위해 완전히 포기할 수 있게 되었습니다. 저 자신과 그 밖의 모든 것을 잊어버리고서 말입니다." 공작 부인 딸 마리아 아르두앵 디 갈레세(사진에서 마리아는 단눈치오와의 사이에서 얻은 아들 마리오를 안고 있다)는 그보다 한 살 어렸고, 당시 누군가에 의해 "18세기풍 파스텔 톤의 여리고 우아한 자태 (…) 시의 이미지"로 묘사되기도 했다.

가족은 귀족 성을 보유했으나, 마리아의 부모 중 누구도 고대 귀족 가문에서 태어나지는 않았다. 그녀의 아버지는 노르망디 출신의 시계공 아들이었는데, 1849년 프랑스군 하급 장교로서 로마에 왔다. 갈레세 저택에 거처를 정했거나, 아니면 그저 저택에 딸린 승마장을 다녔을 뿐인지는 알 수 없지만, 그는 과부가 된 공작 부인을 만나 구애하고 마침내 사로잡아 그녀와 결혼함으로써—교황 특별법 덕택에—그녀의 지위를 공유할 수 있었다. 아내가 죽자, 그는 부르주아 출신의 훨씬 더 어린 여성과 재혼했다. 그러나 아무리 거저 얻은 것이라도 공작 칭호는 고풍스런 경외의 대상이었다. 15세기풍으로 지어진 그의 집 알탕궁은 인상적인 건물이었다. 그의 둘째 아내이자 마리아의 어머니는 왕비의

마리아, 그리고 단눈치오와의 사이에서 낳은 아들 마리오

시중을 드는 궁정인이기도 했다.

아직까지도 거론되는 한 가십에 따르면, 공작 부인이 먼저 단눈치오에게 관심을 보였다고 한다. 그녀는 이웃이자 곧 단눈치오의 좋은 친구가 될 루이지 프리몰리 백작에 의해 "우아하고 고혹적이나 소설 속 여주인공처럼 히스테리가 강한" 것으로 묘사되기도 했다. 프리몰리는 그녀가 지속적으로 시인들과 어울렸다고 덧붙인다. 작가와 예술가들은 그녀의 살롱에서 상류사회와 만났다. 이것은 일종의 내부 서클이었는데, 단눈치오도 거기에 초대받았을 것이다. 그렇지 않다면 아마도 프리몰리가 모임을 위해 "마음과 혈통 모두 귀족인 두 사람"을 초대했을 때 모녀를 만났을 것이다. 단눈치오는 확실히 그즈음에 그의 집을 방문했고, 두텁게 커튼이 쳐진 벽감에 야자나무에 반쯤 가려진 작고 낮은 침대가 "숙녀와 평화롭게 대화를 나누는 데" 최적의 장소를 제공하는 "은밀하게 구석진 곳"에 대해 신이 나서 글을 썼다.

단눈치오와 공작 부인 사이에 무슨 일이 벌어졌든 간에 그는 곧 그녀의 딸에게 관심을 돌렸다. 프리몰리 백작은 자신의 일기장에 이 사건을 언급하면서 저택의 구석진 곳에서 마리아가 그를 찾는 모습을 상상한다. "젊은 시인은 (…) 중세의 백마 탄 기사만큼이나 아름답다. 그가 그녀의 어머니를 위해 거기에 있었던가? 그녀는 자신을 위해 그를 취했던 것이다." 젊은 커플이 만나는 일은 그리 어렵지 않았다. 훗날 마리아는 향수에 잠겨 프리몰리에게 자신이 야네티 상점 윈도 안에 보이는 사랑스런 물품들에 감탄을 연발한 일이나, 아니면 스페인 광장의 꽃 가판대에서 제비꽃을 구입한 일을 썼다(『쾌락』에 나오는 모든 숙녀는 자신의 머프* 안에 작은 제비꽃다발을 지니고 다닌다). 단눈치오도 종종 그런 곳에서 마리아와 함께했다. 얼마 안 가 그들은 교외에서 말을 타면서도 만났다. 그리고 '5월의 죄'가 실제 사건을 묘사한 것이라면, 이 야외에서의 밀회야말로 정말이지 가슴이 터질 정도로 쾌락적인 일이었다. 지빠귀들이 지저귀는 숲에서 시인의 화자는 "날씬한 금발의 여자 친구" 앞에 무릎을 꿇는다. 그의 손은 그녀의 몸을 마치 하프를 타듯이 희롱한다. 그녀는 그의 몸 위에 올라타 이리저리 흔들리며 황홀해한다. 그들은 나란히 눕는다. 그녀의 풍성하게 펼쳐진 머리카락이 마치 그녀가 누울 침대가 되는 듯하다. "나는 느끼네/그녀의 가슴이 봉긋하게 올라온 곳을, 음탕한 곳에/내 손이 미치자, 도톰한 꽃들처럼……" 그녀는 죽은 듯이 얼어붙었으나, "그녀는 파도처럼 밀려오는 쾌락에 소생하네./ 나는 성배를 마시듯 그녀의 입 위에 내 입을 포갠다. 정복지에서 몸을 떨면서."

시에 나오는 여성의 이름은 옐라(마리아의 변형인 마리엘라의 축약형)다. (이름을 이렇게 지었다는 점에서) 단눈치오는 전혀 조심성이 없다. 아마도 자신이 마리아를 얻을 유일한 방법이 일단 그녀에게 씻을 수 없는 오명을 뒤집어씌운 다음 구원해주는 절차밖에 없음을 계산했을 것이다. 공작 자신도 침실에서 귀족의 작위를 획득한 벼락 출세자였음에야, 자신의 길을 따라온 사위를 곱게 환영해줄 리 없었다. 오히려 정반대였다. 그해 이른 여름 즈음에 그녀는 임신했으나(마리오 단눈치오는 이듬해 1월에 태어났다), 여전히 그녀의 아버지는 '삼류 작가'와의 결혼을 결사적으로 반대했다.

1883년 6월 28일 가브리엘레 단눈치오와 마리아 디 갈레세는 기차를 타고 피렌체로 향했다. 그들의 도피는 널리 기사화되었다. 아마도 단

• 모피 뒷면에 헝겊을 댄, 일종의 방한용 토시를 말한다.

눈치오 자신이 언론에 제보했을 것이다. 그들의 부적절한 행위를 얼마간 변호해주려는 시도가 있었다. 추문을 일으킨 사랑의 도피 행각을 다룬 기자들은 대부분 이 커플이 기차역에서(전보가 기차보다 빠르다) 경찰서장과 맞닥뜨려 로마로 압송되었다고 주장했다. 이는 점잖은 픽션에 불과했다. 서장이 그들을 발견한 것은 이튿날 아침 호텔 헬베티아에서였다. 마리아는 로마로 떠밀려 되돌아갔으나, 공공장소에서 함께 밤을 보냄으로써 이들 연인은 마리아의 부모가 결혼을 인정하지 않을 수 없을 거라 확신했다.

그러나 인정한다고 해서 반드시 승인하거나 축복하는 것은 아니다. 공작은 자신의 딸을 데리고 간 작가 나부랭이에게 몹시 화가 나 알탕궁의 예배당에서 거행된 결혼식에도 참석하지 않았다. 설상가상으로 그는 마리아와 새 남편에게 일절 재정 지원도 하지 않은 것은 물론, 만나주지도 않았다. 단눈치오를 조금 두둔하자면, 그는 마리아가 지참금이 없다는 사실에, 혹은 장인에게 버림받음으로써 자신이 그토록 열망했던 귀족 서클에 들어갈 입장권을 주지 못한다는 사실에 실망했다는 표시를 전혀 남기지 않았다. 부부는 목가적인 신혼을 즐기기 위해 도시를 떠났다. 마리아는 단눈치오에게 명문가 태생의 창백한 진주였고, 단눈치오는 마리아에게 곱슬머리를 가진 백마 탄 기사였다. 한동안 그들은 행복했다. 그는 그녀를 페스카라로 데려가 아버지의 빌라 푸오코에서 1년 조금 넘게 함께 생활했다. 감미롭고 사랑스런 아내와 함께 합법적인 '성생활horizontal life'을 즐길 자유를 마음껏 누리면서 말이다. 결국 그가 로마에 돌아왔을 때, 그는 딸린 식구들을 책임져야 했다. 마리아의 부모는 딸의 조급한 결혼 직후에 헤어졌고, 한동안 공작 부인은 딸 마리아와 사위 단눈치오와 함께 살았다. 단눈치오가 행운을 쫓았다

고는 해도, 매우 서툴게 쫓았음에 틀림없다. 그는 부와 지위를 얻기는
커녕 그로서는 부양하기 힘든 두 명의 여성, 그러니까 이제는 불명예를
안고 살아야 할 군식구들만 얻었던 것이다.

10. 아름다움

단눈치오가 처음 프리몰리 백작의 집에 갔을 때, 그는 당시 선구자적인 사진작가이자 스스로 니커보커 바지를 입고 사진의 셔터를 눌러대는 통통 튀는 댄디 신사인 집주인에 대해 할 말이 있었던 것으로 보인다. 프리몰리는 단눈치오에게는 또 한 명의 멘토가 될 인물이었는데, 훗날 단눈치오가 일으킬 연애 사건들 중 적어도 두 건에서 중재자 역할을 할 터였다. 그러나 백작의 집에서 보낸 첫 저녁 모임들에 대해 말하면서 단눈치오는 사람들은 건너뛰고 그저 무생물만 길게 거론한다.

차이니즈레드로 칠해진 큰 방안에는 꽃다발과 새나 백합 모양의 유리 램프 갓이 있고, 바닥에는 온갖 잡동사니가 널브러져 있었다. 단눈치오는 이렇게 말한다. "눈부신 불빛, 금빛 자수가 놓인 띠가 에스파냐-모리스코 양식의 도자기를 감싸고 있다. 긴 베네치아산 벨벳이 사무라이 검으로 고정되어 있다. 16세기 지구의와 연보라색 망토가 초현대적 예술가의 신성 모독적인 그림의 배경이 되고 있다." 이렇듯 낡은 것과 새로운 것, 아름다운 것과 기묘한 것이 병존하는 뒤죽박죽된 공간은 나중에 단눈치오가 자기 집 인테리어를 할 때 모델이 되었는데, 과연 이런 공간은 창조자의 삶의 드라마와 설치미술 작품 모두를 위해 세팅된 것이라고 하겠다.

단눈치오는 당대인들의 '장식품 수집광'에 대해 다음과 같이 썼다. "로마의 모든 거실은 (…) '진귀한 것들'로 가득 차 있다. 모든 부인이 자신의 쿠션에 주교의 망토를 씌우거나 장미꽃을 움브리아 약제 단지나 칼케돈 포도주잔에 꽂아둔다." 그것은 단눈치오가 열심히 쫓아갔던 시대의 유행이었다. 그는 옛날 동전과 인쇄물, 작은 조각상을 찾아 캄포 데이 피오리 광장의 가판대를 이 잡듯 뒤지고 다녔다. 그는 경매장에도 자주 들렀다. 『쾌락』에서 스페렐리와 엘레나 무티는 죽은 추기경의 유품을 판매하는 곳에 들른다. 작고 정교한 물품들이 호주머니 사정이 넉넉한 구매자들에게 잘 보이도록 진열되어 있다—로마식 카메오 장신구와 삽화가 있는 기도서들, 보르지아 궁전의 세공사들이 만든 보석이 있다. 엘레나는 특별히 예쁘게 생긴 것을 건드릴 때, 그녀의 "귀족적인" 손가락이 미세하게 떨리는데, 이는 스페렐리를 기쁘게 한 바로 그 '떨림frisson'으로서 그녀가 성적 황홀경에 빠졌음을 나타내는 징표이기도 하면서 그녀의 귀족적 취향이 얼마나 고상한지 보여주는 증거이기도 했다.

단눈치오가 각별히 즐겨 다닌 상점은 일본 장식품을 판매하는 베레타 자매의 가게였다. 그는 "칠기류와 청동품, 직물, 도기류 등 온갖 진귀한 것들이 각양각색의 물품이 놀랍도록 뒤범벅된 공간에 널브러져 있는" 상점의 어수선함을 사랑했다. 일본 공예품은 1850년대 이래 점차 서양 세계에 소개되었고, 단눈치오가 로마에 도착했을 즈음에는 거의 유행하다시피 했다. 유행을 포착하는 것은, 그 유행이 새로운 헤어 장식이건 혁신적인 내러티브 기술이건 정치 이론이건 간에 이미 단눈치오의 출중한 재능들 중 하나였다. 그는 이탈리아 수도에서 입는 것, 읽는 것, 생각하는 것뿐만 아니라 파리의 '최신 유행'에도 민감하게 반응하면서 프랑스 현대 저작들을 탐독하고 있었다. 그는 쥐디트 고티에가 번역한 일본 시집에 대해 비평문을 썼다. 그는 공쿠르 형제가 동양 미술을 후원한 것에 찬사를 보내기도 했다. 진홍색 벽과 광택 나는 검은 목조 장식장을 갖고 있고 향나무와 백단유 향기가 은은하게 나는 베레타 상점도 단눈치오적인 스타일을 형성한 장소들 중 하나였다.

진귀품들은 불행히도 가격이 비쌌고, 1880년대 초에 단눈치오는 자기 작품들이 성공을 거두었음에도 불구하고 필요한 만큼 구입할 수 없었다. 반면에 그의 책임은 점점 커져갔다. 그와 마리아는 첫 15개월간의 신혼생활을 페스카라에서 보냈고, 아버지 프란체스코 파올로는 빌라 푸오코에서 사는 것을 허락해주었다. 거기서 아들 마리오가 1884년 1월에 태어났다. 단눈치오는 책임 있는 아버지임을 입증하지는 못할 것이었으나, 아들의 탄생에 감동을 받았다. "나는 우리에 갇힌 짐승처럼 방 이곳저곳을 헤집고 다녔다. (…) 나는 가냘프고도 달콤한 아기 울음소리를 들을 수 있었다. (…) 내가 느낀 것을 어떻게 말로 표현할 수 있을지 모르겠다." 그는 푸른 눈에 작디작은 입을 가진 이 작은 분홍빛 생명에 대해 기뻐 어쩔 줄 모르며 글을 썼고, 아이를 위한 계획을 짰다. 마리오는 화가나, 아니면 과학자가 될 것이었다. 그의 두 번째 소설인 『무고한 존재』에는 아기의 작은 손과 젖은 잇몸, 거칠게 휘젓는 팔과 초점 없는 눈에 대한 사랑스런 묘사들이 포함되어 있다. 그러나 이 소설은 부모의 부부생활을 방해하는 유아—아내가 다른 남자와 낳은 아이—를 법률상의 아버지가 살해하는 것으로 끝을 맺는다. 마리오가 태어난 지 한 달이 채 되지 않았을 때, 단눈치오는 아기를 할아버지와 할머니에게 맡기면서 이렇게 썼다. "아기가 너무 심하게 울었다."

아브루초에서 그는 또 다른 단편집을 완성했는데, 플로베르에게서 크게 영향받아 상층 계급 여성들의 성적 갈망을 묘사한 작품이었다. 책은 1884년 여름에 솜마루가에 의해 세 누드 여성이 그려진 표지 디자인과 함께 출간되었다. 단눈치오는 이 그림이 "외설적"이라며 항의했다. 곧 저자와 출판업자 사이에 각종 언론의 칼럼난을 통해 뜨거운 설전이 오갔다. 그러나 이 외관상의 다툼은 아마도 저자와 출판업자가 책을 홍보하기 위해 의도적으로 꾸민 일이었을 공산이 크다.

또한 단눈치오는 로마의 저널들에 기사를 송고했으나, 점점 밑천이 떨어져가고 있었다. 특히 공휴일에 페스카라 시내를 행진한 취주악단에 대한 기사는 당시 소재가 떨어져 어쩔 수 없이 짜내어 쓴 글이었다. 그는 개인적으로 취주악단의 요란한 음악을 혐오한다는 점을 인정했다. 친구들도 떠나가는 중이었다. 그가 스카르폴리오에게 쓰기를, "어느 누구도 나를 보러 오지 않는다". 그는 존중받지 못한다고 느꼈다. 최신 저널들을 보내달라고 애원했다. "어떤 것도 내게 오지 않는다. 절망적이다." 1884년 11월 아직 21세인 그는 로마로 돌아왔다. 『트리부나』의 편집장이자 정기 기고자로서 직업을 갖기 위해 아내와 아기를 대동하고서 말이다.

다음 4년 동안 그는 하루도 빠짐없이 일하며 로마의 사교생활과 문화생활에 대한 수백 편의 잡문을 써야 할 것이었다. 때때로 그는 박식한 비평가로 행세했다. 그는 책과 전시회를 논평했다. 르낭의 『예수의 생애』를 토론하면서는 일찍이 호메로스가 노래한 엘리시움Elysium •에 대한 논문을 집필했다. 종종 경박한 '상류생활'의 관찰자가 되기도 했다. 장례식과 경마대회에 대해, 음악회와 파티에 대해 글을 썼다. 어느 날엔 사냥 후 먹은 고기에 대해 세세하고 자극적인 이야기를 쓰기도 했다. 로즈메리와 타임을 가미한 토끼 고기, 송로 버섯 향이 나는 소스 바른 거위 간 파테, 그리고 샴페인. 그는 가장 우아하게 코담배를 맡는 방법을 알려주었다. 또한 신사가 오페라를 보러 갈 때 격에 맞춰 입는 법에 대해서도 규칙들을 열거했다.

그는 많은 필명을 사용했다. 즉 찰스 비어 드 비어 경Sir Charles Vere de Vere으로,** 라일라 비스킷Lila Biscuit으로, 아프무슈Happemouche로, 불 칼프Bull-Calf로, 퍽Puck이나 바텀Bottom으로(1887년에 그는 『한여름밤의 꿈』의 번역서를 출간할 준비가 되어 있다고 공언했다. 그러나 출간되지 않았다), 미칭 말리코Miching Mallecho로(셰익스피어의 작품에서 유래한 이름),*** 일본식 이름인 슌 수이 카쓰 카바Shiun Sui Katsu Kava로, 그리고 가장 자주 미니모 공작Duke Minimo으로 글을 썼다. 이런 가짜 페르소나들은 이름일 뿐만 아니라 제각기 나름의 하인과 저택과 사교생활을 가진 자기 완결적 캐릭터였다. 그는 그들의 자잘한 실수를 발명해냈고, 다양한 목소리를 통해 발언했다. 가령 찰스 비어 드 비어 경은 친구 돈나 클라리

• 그리스어로는 엘리시온Elysion이라고 하는데, 고대 그리스인들이 상상한 사후세계. 일종의 지옥인 지하세계 하데스와는 달리 신과 관계된 자들이나 영웅들이 가는 일종의 천국이라고 할 수 있다.

•• 일부 사람들이 믿기에 셰익스피어의 작품을 진짜로 썼다고 하는 옥스퍼드 백작 에드워드 드 비어에서 유래한 것으로 보인다.

••• 셰익스피어의 『햄릿』 3막 2장의 햄릿 대사에 나온다. "글쎄, 이건 '미칭 말리코'라 부르는데 **은밀한 악행**이란 뜻이오." 여기서 미칭miching은 영어 방언에서 동사인 숨다 혹은 잠적하다라는 뜻의 'miche'의 현재분사 형태이며, 말리코mallecho는 스페인어인 악행이라는 뜻의 'malhecho'에서 유래한 것으로 보인다. 단눈치오가 자신의 필명을 '은밀한 악행'으로 지은 것은 흥미롭다. 윌리엄 셰익스피어, 『햄릿』, 최종철 옮김, 민음사, 1998, 109쪽을 참조하라. 강조는 옮긴이.

벨을 묘사한 뒤, 그녀가 야생 나귀 가죽으로 장정된 수첩에 쓴 일기를 길게 인용한다(당시 단눈치오는 발자크를 발견했다).* 가공의 저자의 가공의 친구라는 점에서 실제의 저자로부터 이중적으로 거리를 두고 있는 돈나 클라리벨이 여우 사냥개들의 모임에 대해 설명한 대목은 가볍고 우스운 비현실적인 가공의 이야기다. 단눈치오의 주요 작품들은 유머 감각을 보여주는 대목이 전혀 없지만, 이 초기 작품들은 장난기 가득하고 우스꽝스럽다. 이 하류 작가는 소설가에 의해 재창출된 무대와 캐릭터와 상황들을 그저 관찰만 한 것이 아니라 허구의 기술까지 시도해본 것이다.

그가 가장 많이 사용한 가명은 귀족명이었지만, 미니모 공작(공작들 중 최하위라는 뜻)이라는 이름에는 서글픈 아이러니가 있었다. '공작'의 작품들 중 하나에서 그는 자신과 친구들이 기차 객차에서 어떻게 거부당했는지를 기억해낸다. "우리는 마치 허접한 언론인인 양 큰 힘에 의해 거부당했다." 단눈치오는 자신의 실제 인격이 자신이 되고 싶은 종류의 인격의 시선에서 어떻게 보일지 잘 알고 있었던 것이다.

그가 가공해낸 또 다른 자아인 안드레아 스페렐리는 스페인 계단의 정상에 있는 추카리궁의 호화롭게 장식된 넓은 아파트에 사는데, 그 아래 모퉁이를 돌면 한때 단눈치오가 유곽 옆 다락방을 빌렸던 곳이 나온다. 단눈치오가 상상한 공작 부인 엘레나 무티도 방이란 방은 모두 조각된 상자와 고전적인 흉상들, 청동 접시와 황금색 유니콘들이 자수로 놓인 커튼으로 장식되어 있는 바르베리니궁의 아파트를 갖고 있다. 단눈치오 가족은 근처에 좁은 길이 있는 비좁은 임대 아파트에서

---

* 오노레 드 발자크의 『나귀 가죽』을 가리킨다.

살았다. 1886년에 그의 둘째 아들인 가브리엘리노가 태어났다. 1년 후에는 베니에로가 연이어 탄생했다. 안드레아 스페렐리가 점심 파티 후에 태피스트리가 걸린 방으로 돌아오면, 하인이 저녁 만찬을 위해 옷을 입을 때임을 알려줄 때까지 벽난로 앞에서 몸을 죽 펴고 노곤하게 휴식을 취하며 미와 예술에 대해 사색에 잠긴다. 반면에 스페렐리를 창조한 소설가에게는 원고 마감 시한과 갚아야 할 빚, 그리고 아쉬운 소리를 해야 할 채무자들이 있었다. 그는 자신이 "비참한 일상의 고된 일"이라고 부른 것 때문에 조금도 쉴 틈이 없었다.

무도회에 가기 전에 스페렐리는 여느 때와 마찬가지로 로마의 대저택에서 열리는 만찬에 초대받은 상태다. 이와는 반대로 단눈치오는 맥줏집에서 홀로 식사한 후 꾸벅꾸벅 졸면서 주변에 동백꽃과 요람들이 걸린 무도회장 꿈을 꾸었다. 요람마다 아기들이 있고, 아기들은 모두 목청 높여 울고 있다. 소음을 참기 힘들다. 무도회장이 커플들로 가득 차자, 신사들이 각기 아기를 집어올려 무동을 태우거나 겨드랑이에 끼거나 조끼 안에 넣고서 춤을 추려 한다. 아기들은 비명을 지르고 몸부림을 치며 손가락으로 춤추는 신사의 눈을 찌른다. 이 모든 시끌벅적함 속에서 결국 꿈꾸는 자이자 소설 쓰는 자는 잠에서 깬다. 그것은 꿈이다. 아기를 보느라 지친 새내기 부모라면 알 만한 꿈, 특히 태어난 지 2년 반도 안 된 아기가 둘이나 딸린 채 (이 소품이 쓰인 당시에) 작은 아파트에 사는 젊은 아버지라면 꿀 수밖에 없는 꿈이다. 그토록 찬미하고 갈망해 마지않은 화려한 삶을 살고자 하건만 소매가 닳도록 일하며 밤낮으로 자식에게 시달리는 젊은 아버지의 꿈 말이다.

단눈치오가 쪼들렸다고는 해도 이 때문에 그가 괴로웠던 것은 아니다. 어쨌든 그에게는 해야 할 일이 있었으니 말이다. 마리아는 진술하기를, 기한 내에 납부해야 할 집세와 공과금 고지서를 받자마자 남편은 "작은 새처럼 가볍고 즐겁게" 외출해 비취 장식품을 사는 데 돈을 모두 탕진했다. 그의 소비 충동은 좋게 말해 무모했고, 나쁘게 말하면 병적이었다고 할 수 있다.

그는 이해타산적인 인물이었다. 그의 편지들을 보면, 그가 에너지의 상당 부분을 출판업자를 구슬리거나 윽박질러 아직 집필되지 않은 책들에 대해 과도하게 거금을 지불하도록 하는 일에 썼다는 것을 알 수 있다. 일단 그의 소설들이 해외에서 출간되면, 그는 환율을 계산해 이에 따라 해외 판권 지불액을 청구할 때를 신중하게 따져보는 것이었다. 유명세를 타던 중년 시절에 그는 한 호텔 경영자가 수표를 은행에 예치하는 대신 자필 서명으로 쓸 수 있도록 보관하고 있다는 말을 듣고서는 다른 사람들도 그렇게 하도록 설득할 방도가 있는지 궁리하기도 했다. 그는 물욕이 강한 데다 구제 불능의 낭비벽도 있었다. 마리아는 그 이전의 특권적인 삶을 포기하고 난생처음으로 가사 일을 맡아 정육점과 빵집에 지불할 현금을 애타게 모으려 했지만, 남편은 『크로나카 비잔티나』에 기고한 글에 대한 원고료를 직접 받는 대신 솜마루가로 하여금 꽃집에 물려 있던 빚을 갚도록 했다.

『트리부나』에서 2년을 일한 후 그는 소유주인 마페오 콜론나 디 시아라에게 편지 한 통을 띄웠는데, 이는 봉급 인상 요청서이기도 하고 또 다른 문학적 자화상이기도 했다. "제게는 기질적으로나 본능적으로 불필요한 것들을 필요로 하는 성향이 있습니다." 그는 아름다운 것이라면 반드시 손에 넣어야 했다. "저는 평범한 집에서도 아주 잘 살 수 있습니다. 3페니짜리 컵에 차를 마실 수도 있고 2리라짜리 손수건에 코를 풀

수도 있습니다. (…) 그 대신, 치명적이게도 저는 페르시아 카펫과 일본 접시, 청동 제품, 상아, 장신구 등 쓸모없지만 사랑스런 모든 것을 원했습니다. 이 모든 것은 제 가슴속 깊이 터무니없는 열정으로 사랑한 것들입니다." 이 자기 묘사에 변명조라고 할 만한 것은 없다. 대천사 가브리엘이 강림하여 인색한 상인의 방법에 따라 쓸 수 있는 방법을 모두 쓰더라도 그의 지출을 감당할 수는 없을 것이다. '생각하고 느끼는' 능력이 있는 그 어떤 고등 존재도 마찬가지일 것이다. 낭비는 귀족의 악덕이자 관대함의 전도된 형태다. 게다가 단눈치오는 자기 마음대로 물 쓰듯 돈을 쓰는 단순한 낭비가가 아니었다(물론 그런 면도 강했지만 말이다). 그는 조금도 과장하지 않고 문자 그대로의 의미에서 말하자면 미에 대한 찬미를 도덕성의 차원으로 승화시킨 탐미주의자였다.

예술비평과 언론 기사를 쓰면서 단눈치오는 이전 세대의 보들레르가 개척한 길을 따르는 것이 기뻤다. 『악의 꽃』의 저자 또한 영향력 있는 예술비평가이기도 했고, '댄디'에 대해 그가 쓴 에세이는 새로운 종류의 영웅이 어떤 존재인지를 규정했다. "이 존재는 다른 어떤 목적도 없다. 단, 자신이 직접 아름다움의 이상을 배양하고 열정을 충족시키며 느끼고 생각하려는 목적을 제외하고 말이다." 보들레르는 단눈치오가 탐욕스럽게 읽은 프랑스 퇴폐주의자와 상징주의자들 사이에서 많은 추종자를 거느렸다—테오필 고티에와 앙리 레니에, 스테판 말라르메 등이 바로 그들이었다. 1882년, 즉 단눈치오가 로마에 체류한 첫해에 그가 넨초니와 함께 읽은 월터 페이터가 처음 로마를 방문했고, 잇따라 동성애적 환상과 철학적 명상을 뒤섞은 소설인 『에피쿠로스주의자 마리우스』를 썼다. 반면에 페이터의 에세이들을 "아름다움에 대한 신성한 포고문"이라고 부른 오스카 와일드는 미국을 여행하는 중이었다. 거기서 와일드는 벨벳 프록코트와 새틴 반바지를 입고 '아름다운 집House Beautiful'에 대해 강연했다. 이 강연은 단지 인테리어 양식에 대한 것이라기보다는 인생이 예술작품과 같은 방식으로 만들어져야 한다는 단눈치오적인 정언명령과 긴밀히 호응하는 어떤 영감에 대한 것이었다.

그처럼 아름다운 인생이란 고대적이면서 동시에 현대적이었다. 일찍이 조수에 카르두치는 "현재에 대한 문학은 모두 천한 쓰레기일 뿐"이라고 쓴 적이 있다. "그렇다면 진정한 예술로, 그리스와 로마의 예술로 돌아가자. 이 이탈리아 사실주의자들은 얼마나 초라한 난쟁이처럼 보이는가!" 단눈치오는 한때 그런 난쟁이들 중 한 명이었지만, 결혼한 지 1년 반 동안 써서 (고대풍의)『키메라La Chimera』와 (중세풍의)『이사오타 구타다우로Isaotta Guttadauro』로 출간한 시들은, 여러 세기 전의 시 형식을 빌려 새롭게 쓴 사례다. 여기에 쓰인 단어들과 심상(백합과 석류들, 병든 처녀들)은 라파엘로 전파를 떠올리게 한다. 이 시들의 압운 형식은 긴밀하며 운율은 노래와 같다. 에로틱한 상징으로 두텁게 둘러싸인 보석과 꽃들이 고상한 처녀들과 이들을 정중하게 대하는 구혼자들 주변에 세심하게 배치되어 있다. 심지어 철자에도 고풍스런 티가 가득하다. 『이사오타 구타다우로』의 출간 직후에 하나의 패러디가 나올 텐데, 바로『리사오토 알 포미다우로Risaotto al Pomidauro』가 그것이다(토마토 리소토라는 뜻─똑같이 속임수를 쓴 고풍스런 방식의 철자).

스카르폴리오가 패러디를 출간했다. 표면상으로 크게 조롱받은 단눈치오는 그에게 결투를 신청했는데, 결투는 쌍방 모두 상처 없이 끝났다. 이 패러디와 도전, 결투라는 일련의 소동이 모두 ('음란한' 표지 삽화를 둘러싸고 솜마루가와 벌인 실랑이처럼) 두 친구 사이에서 단눈치오의 새로

운 시들에 대중의 관심을 돌리기 위해 의도적으로 준비된 것이라고 많
은 사람은 의심했다.

11. 엘리트주의

1885년 9월 단눈치오는 카를로 마니코라는 언론인과 논쟁을 벌였고, 그에게 결투를 신청했다. 학창 시절에 단눈치오는 수상 경력이 있는 펜싱 선수였다. 로마에서도 그는 계속해서 펜싱 연습을 했으나, 실제 결투에서는 단눈치오보다 키가 훨씬 크다는 이점이 있는 마니코가 그를 눌렀다. 단눈치오는 머리에 부상을 입었는데, 얕은 상처이기는 했지만 그를 겁주기에는 충분했다. (『쾌락』의 영웅은 결투를 하다가 죽을 고비를 넘긴다.) 작가이자 편집자인 마틸데 세라오가 그 싸움판에 배석했다. 그녀는 진술하기를, 단눈치오한테 피가 많이 나는 것을 보고 의사가 상처 부위에 지혈제(과염소산철)를 들이부었다고 한다. 출혈은 멎었지만, 화학 약품이 단눈치오의 모낭에 영구적인 부작용을 낳았다―혹은 세라오에게 그런 식으로 말하라고 단눈치오가 시켰다. 그 직후에 단눈치오는 대머리가 되었다.

단눈치오의 전기작가 모두가 줄기차게 반복하여 들려주는 이 이야기는 사실과 다르다. 단눈치오의 사진들을 보면, 그의 반들거리는 골상에는 흉터 하나 없음을 알 수 있다. 사진들이 보여주는 바는, 머리카락이 점차로, 보통의 경계선을 따라 벗어지고 있었다는 사실이다. 그는 다른 남자들이 머리가 벗어지는 과정과 똑같이 대머리가 되고 있었던 것이다. 그러나 단눈치오는 다른 남자들과 같기를 원치 않았다. 그는 예전의 "숱 많은 곱슬머리"에 자부심을 지녔었다. "청년ephebe"—그가 즐겨 사용한 단어—이 끝나가는 시점을 맞이한다는 것은 고통스러웠고, 그래서 무언가 변칙이 필요했다. 머리가 벗어진다는 이 진부한 불행은 전투에서 부상을 입은 것이라는 상상으로 대체되어야 했다. 그는 이제 중성적인 악동의 이미지에서 탈피하여 스스로를 위해 새로운 페르소나를 구축해야 했다. 바로 남성적 영웅의 페르소나가 그것이었다.

많은 이탈리아인이 그런 영웅, 그런 전제 군주적인 위대한 남성을 갈구하고 있었다. 이탈리아의 의회민주주의는 (항상 그러했듯이) 절망적일 정도로 불안정했다. 통일 이탈리아는 첫 40년 동안 행정부를 서른다섯 번이나 갈아치우고 있었다. 통일 이탈리아 국가가 탄생한 직후 첫 10년 동안, 즉 1860년대에 이탈리아는 담배 독점권을 둘러싼 노골적인 부패 스캔들이라는 오점으로 얼룩졌다. 1873년경에는 의원들 중 한 명이 의회를 가리켜 "정직한 사람들이 대부분 체면과 품위를 잃고 마는 더러운 돼지우리"라고 묘사하기도 했다.

예전에 권력을 독점했던 귀족들은 의회를 두고 죄다 천박한 말로만 무성한 곳이라고 경멸했다. 좌파 정치인들은 의원들이 부자 외에 어느 누구도 대표하지 않는다며 불평했다. 선거 역시 조작되었음이 명백했다. 설령 투표함이 조작되지는 않았다고 해도, 정말로 자유롭게 투표가 이루어지는 경우는 별로 없었다. 초창기에 유권자는 소수였고, 선거권을 확대하는 선거법 개혁도 그저 반동 세력의 힘을 강화시키는 데 기여했을 따름이다. 투표자의 사회적 지위가 낮아질수록, 이들 투표자는 자신의 사제나 지주가 가르치는 대로 유순하게 투표하는 경향이 강했다. 시골에서 새로운 민주주의는 중세 봉건제와 많은 부분에서 흡사해 보였다. 영국 역사가 크리스토퍼 더건은 이렇게 요약한다. "모든 종류의 뇌물 공여—금전과 음식, 일자리와 대출 제공—가 다반사로 일어났고, 폭력—산적이나 마피아—으로 악명 높은 대다수 남부인들 사이에서는 투표자를 겁박하는 일이 횡행했다. 선거일은 빈번히 축제일로 돌변했다. 이날 지주들은 마치 봉건 군대라도 되는 양 지지자들을 행진시켜 투표소까지 끌고 갔는데, 행렬에는 악단과 사제, 고위 관리들도 뒤따랐다." 의회에 의석을 얻은 소수의 "신참"도 전임자들과 마찬가지로 자기 잇속만 챙긴다며 사람들은 수근댔고(대부분 맞았다), 설상가상으로 교육 수준도 형편없었다.

단눈치오가 로마에 온 지 몇 달이 지난 1882년에 주세페 가리발디가 사망했다. 가리발디는 인생 끝까지 이탈리아 정부에게는 항상 말썽을 일으키는 거추장스런 존재였는데, 죽은 뒤에도 그는 이탈리아의 토템이 되었다. 한때 그의 부관들 중 한 명으로 활동했던 프란체스코 크리스피는 칼라일의 말을 패러디하여 이렇게 선언했다. "역사의 어떤 시기에는 (…) 섭리에 의해 예외적인 존재가 이 세상에 나타난다. (…) 그의 경이로운 공적들은 상상력을 붙잡으며, 대중은 그를 초인으로 간주한다." 가리발디는 그런 존재였다. "이 남자의 일생에는 신성한 것이 존재했다."

가리발디는 일생 자신이 '독재관dictator'이 되어야 한다고 제안해왔다. '독재관'이란 말은 라틴어에서 오랫동안 사용되지 않은 호칭이었다.* 그것은 이미 오래전에 사라져버린 어떤 연상들을 다시 떠올리게 하는 말이었는데, 민족적 위기의 시대에 일정 기간 특별한 권력을 위임받은 사람을 의미했다. 이따금 가리발디는 설명하기를, 선원으로 활동할 때도 자신만이 폭풍우를 뚫고 배를 몰아갈 수 있는 선상의 유일한 사람이라고 생각해 때로 배의 키를 쥐었을 때처럼 바로 그런 권력을 원하노라고 했다. 그가 일등 공신의 역할을 하여 새로 탄생한 이탈리아에서도 정치인들의 부패와 무능에 환멸을 느끼며 바로 그런 '독재관'이 나오기를 많은 사람이 갈망하고 있었다. 1876년에 한 정치비평가는 "오늘날 이탈리아는 강력한 폭풍우 속에 표류하는 배와 같다"고 썼다. "조타수는 어디에 있는가? 나는 그를 볼 수 없다."

단눈치오는 학창 시절에 다윈을 읽었고, 진화가 지속적인 과정이라는 핵심 논점을 재빨리 파악했다. 이로부터 어떤 세대에서든 다른 이들보다 더 고도로 진화한 개인들이 있으리라는 논점이 잇따랐다. 단눈치오의 견해에서 남성들(과 여성들)은 평등하게 태어나지 않았다. 『쾌락』의 스페렐리는 이 저택 저 저택 돌아다닐 때 거리에서 일하는 노동자들을 보고 침울해진다. 그들 중 일부는 다치거나 병들어 있다. 다른 이들은 외설적인 노래를 부르며 팔짱을 끼고 으스댄다. 이들의 존재는 신과 같은 귀족들이 사색에 잠겨 있는 따뜻하고 향기로운 거실 바깥에는 대부분이 "금수"와도 같은 하등 인간들이 무리 지어 몰려다닌다는 불편한 사실을 일깨워준다.

• 로마 공화정 시대에 최고 정무관은 임기 1년인 2인의 콘술, 즉 집정관이었다. 그러나 국가 비상시에는 임기 6개월인 1인의 딕타토르dictator, 즉 독재관으로 바뀌었다. 여기서 독재관은 엄연히 공화정의 헌정 안에 있었음을 알 수 있다. 단, 그것은 예외 상황의 산물로서 정상 상황이 복귀되면 소멸했다. 가리발디도 1860년 '천인대'를 이끌고 시칠리아를 정복한 다음 스스로 '독재관'임을 선포했다. 그가 그 후에도 '독재관'이 되기를 원했고 사람들도 '독재관'의 출현을 갈망했다는 대목은, 당시까지만 해도 '독재관'이 오늘날의 '독재자'처럼 전면적으로 부정적인 의미를 띠지는 않았음을 암시한다.

　　　　　　　　　　　　　　　　　　　　　　　2부 물줄기들

단눈치오는 한 작곡가 친구에게 이렇게 썼다. "제발 당신 자신을 소중하게 여기세요. (…) 투쟁을 두려워하지 마세요. 그것은 다윈의 생존 **투쟁**struggle for life—단눈치오의 영어 표현—이랍니다. 불가피하고 멈출 길 없는 투쟁이지요. 패배를 인정하는 자에게 화 있으라. 미천한 자에게 화 있으라!" 그의 친구는 이와 같은 "비기독교적 공리들"에 충격을 받아서는 안 되었다. 그는 계속 말한다. 이타심과 겸손함 따위는 한쪽에 제쳐두라. "내 말을 들으세요. (…) 내겐 악착같이 팔꿈치 싸움을 벌인 경험이 많으니까." 그는 공격적이며 경쟁적이고, 또 그렇다는 것에 자부심을 느낀다. 단눈치오는 아직 니체를 읽지 못했으나, 이미 니체적인 방식으로 생각하고 있었다. "하잘것없는 것들의 지배는 종식되었다. 폭력적인 것들이 솟아오른다."

12. 순교

언젠가 공작의 딸 마리아는 이렇게 말한 적이 있다. "남편과 결혼할 때 나는 시와 결혼한다고 생각했답니다. 차라리 한 권에 3.5리라 하는 그의 시집을 샀더라면 더 좋았을 텐데 말이지요."

그들의 목가는 오래가지 못했다. 단눈치오가 아내와 아기를 로마로 데려간 직후에 그는 동료 언론인으로서 페베아Febea라는 필명으로 『프라카사 대장』에 글을 쓰는 올가 오사니와 연애관계를 시작했다. 새로운 연애에 착수한 연인에 따르면, 올가는 프락시텔레스*의 헤르메스 상과 똑같은 머리를 갖고 있었다. 단눈치오는 그녀의 "이상하리만치 핏기 없는 얼굴"과 너무 일찍 희게 세어버린 머릿결을 좋아했다. 그녀는 현명하고 인습타파적인 성격을 지니고 있었다. 여성이 언론에 글을 쓴다는 것은 당시에는 흔치 않은 일이었다. 그는 자신들의 관계가 시작되던 바로 그달에 있던 언론사 주최 무도회에서 그녀가 소파에 몸을 누인 채 신사들에게 둘러싸여 위트 있는 "잡담들"을 주고받으며 박장대소하던 모

---

* 기원전 4세기경에 활동한 고전기 그리스의 조각가.

습을 묘사했다.

단눈치오는 독립심이 강한 여성들에게 끌렸다. 그는 자신의 에세이나 소설에 다시 쓰일 긴 문구들을 연애편지에 삽입하여 여성들에게 보내 자신의 판단이 맞는지 시험하는 일을 좋아했다. 그는 여성들이 안목 있는 독자이기를, 자신을 즐겁게 해줄 수 있는 상대이기를 바랐다. 그는 한때 엘다를 "아기"(그들이 만났을 때 그녀의 나이를 고려하면 거의 문자 그대로 받아들여도 좋을)라고 불렀으나, 보통은 아기 같은 파트너를 선택하지 않았다. 올가 오사니는 단눈치오보다 몇 살 더 연상이었고, 그의 연인이 될 만큼 충분히 성숙하고 재능 있는 여성들 중 한 명이었다.

그들은 단눈치오가 일본식 병풍으로 장식하고 초록색 실크로 둘러친, 만남 전용으로 임대한 방(자기 가족도 부양하기 힘든 남성에게는 무모한 낭비라고밖에 할 수 없는)에서 밀회를 즐기곤 했다. 그렇지 않으면 그들은 16세기풍 빌라 메디치(당시나 지금이나 로마의 프랑스 아카데미인)의 정원들을 거닐기도 했다. 헨리 제임스는 매너리즘 스타일로 가꾸어진 이 정원들을 두고 "로마에서 가장 고혹적인 곳"이라고 했다. 제임스는 인공적으로 가꾸어진 화단들 위로 펼쳐진, 나무가 무성한 언덕을 사랑했다. "보스케토Boschetto•는 비현실적이고 불가해한 매력을 뿜어낸다. (…) 사철 푸른 떡갈나무들이 가득한 작고 어스름한 숲. 동화에라도 나올 법한, 귀신이라도 나올 법한 희미한 빛, 연한 잿빛 초록색 톤으로 뒤덮인 곳." 어느 날, 오사니가 "흡혈귀가 문 자국들"을 그에게 남기며 한바탕 사랑을 나눈 뒤 단눈치오는 "표범처럼 얼룩점들이 찍힌" 몸으로 방을 나섰다. 이튿날 저녁에 그들은 다시 빌라 메디치의 "어스름한 숲"

• 작은 숲을 가리킨다.

에서 만났다. "갑작스레 욕망이 분출했다. 달이 털가시나무를 은은히 비추고 있었다. 나는 숨었고, 밝은 색 여름 정장을 벗었다. 내가 마치 협죽도에 묶인 포즈를 취하며 거기 기대어 그녀를 불렀다. 달이 내 벗은 몸을 목욕시켜주었고, 내 몸에 생긴 모든 키스 자국이 눈에 띄었다."

그 당시 유행하던 거실 게임은 '인물 알아맞히기'였다. 게임 참여자들은 옷을 차려입고(종종 매우 공들여) 역사적 인물이나 전설상의 인물과 같은 포즈를 취했다. 그러면 다른 손님들이 누구를 연기하고 있는지 알아맞혀야 했다. 올가는 단눈치오가 낸 어려운 문제를 즉석에서 추측했다. "그녀가 '성 세바스티아누스!'라고 외쳤다." 그런 뒤에 그녀가 그를 포옹하자, 그는 달콤한 떨림과 함께 보이지 않는 화살이 자기 몸을 관통해 뒤의 나무에 박히는 것 같은 느낌을 받았다.

그날 밤 직후 단눈치오는 스스로 '성 세바스티아누스'라고 서명한 편지를 보내 고대 카르타고를 무대로 한 플로베르의 소설인 『살람보』를 읽으라고 권했다. 이 소설에서는 빛나는 육체를 가진 리비아 전사가 여사제에 대한 사랑 때문에 고문을 받고 죽어간다. 수많은 인간 희생양이 무정한 신을 위해 희생되는 것이다. 단눈치오는 그녀에게 이렇게 말했다. "이 책을 읽음으로써 당신의 아름다운 지성은 육감적인 쾌락들 중에서도 가장 심오한 쾌락을 길어올릴 수 있을 겁니다."

고통과 쾌락의 공존은 19세기 후반 예술과 문학에서는 상식적인 것이었고, 성경 이야기와 성인 전설들에서도 자주 나오는 주제였다. 플로베르는 기독교 성인들이 감내한 자해 고문들에 대해 쓴 적이 있다. 일찍이 스윈번은 "오 창백한 갈릴레이여, 당신이 정복했다!"라고 하면서 "세상은 당신이 불어넣은 입김으로 음울하게 커나갔다"라고 썼지만, 스윈번의 시들도 단눈치오의 시들처럼 종교적 심상으로 가득 차 있다. 오스카 와일드도 (앞선 플로베르처럼) 조만간 살로메와 세례 요한의 이야기를 사디스트적인 방식으로 화려하게 각색한 소설을 쓸 것이었다. 과연 성경에 나오는 주제들은 동양적 무대와 고대적 위대함을 동시에 제공했는데, 그렇듯 시간적으로나 공간적으로 이국적인 것들을 자극적인 피 냄새에 덧칠된 순교자 숭배와 결합시켰던 것이다.

성 세바스티아누스는 성적 암시가 가득한 순교자다. 바사리는 프라 바르톨롬메오가 그린 성 세바스티아누스의 그림이 이 그림을 보는 여성들에게 "음탕한 욕망에 불을 지핀다"는 이유로 제단에서 제거되어야 했다고 우리에게 전해준다. 거의 3세기 후 스탕달은 그 문제가 없어지지 않았다고 보고했다. 귀도 레니가 그린 성 세바스티아누스의 그림들 (그 중 몇 점이 남아 있는)도 "경건한 여성들이 그림과 사랑에 빠졌다"는 이유로 철거되었다.

세바스티아누스는 4세기 초 로마의 장교로서 기독교 신념 때문에 사형을 선고받은 인물이었다. 13세기에 나온 성인 열전 개요인 『황금전설The Golden Legend』은 그가 무수한 화살을 맞고 죽을 때까지 방치되었다고 전한다. 그는 부활하여 자신의 기적적인 탈출로 인해 공동 황제인 디오클레티아누스와 막시미아누스가 그리스도의 신성한 힘을 인정할 수 있다는 희망으로 제국 궁전으로 돌아왔다. 황제들은 여전히 완고했다. 세바스티아누스는 두 번째 사형을 선고받았다. 그는 구타당해 죽었고, 시신은 하수구에 버려졌다.

초창기 그림들에서 세바스티아누스는 장교 신분에 걸맞게 점잖은 의관을 갖추고 턱수염을 기른 중년 남성으로 묘사되었다. 그러나 14세기경에 이르면 화가들이 그를 벌거벗은 아름다운 청년으로 묘사하는 것이 관례가 되었다. 1370년대에 조반니 델 비온도는 그를 말뚝 저 위에 묶여 있는 채 샅바 외에는 아무것도 걸치지 않고 흡사 십자가형을 당하는 그리스도의 모습을 떠올리는 자세로 그렸는데, 온몸에 화살을 맞아 그 모습은—한 초기 도상학자가 말했듯이—"고슴도치와 같았다". 이어진 묘사들은 더 우아하고 더 에로틱하다. 피에로 델라 프란체스카와 안토넬로 다 메시나, 안드레아 만테냐, 귀도 레니 등 수많은 화가가 고통의 황홀경에 빠진 듯 고개를 떨구고 거의 벌거벗다시피 한 아름다운 몸에 화살들이 잔인하게 관통된 채로 서 있거나 기대 있는 그의 모습을 묘사했다.

화살들은 큐피드를 연상시킨다. 화살들에 의해 관통되었다는 것은 성적 열정에 불이 지펴졌다는 뜻이다. 단눈치오와 올가가 빌라 메디치의 정원에서 밀회를 가졌을 때는 아직 지그문트 프로이트가 신경증을 연구하지 않은 시기였지만, 이미 단눈치오는 육체적으로 완벽한 청년이 고문 도구들에 의해 무력하게 관통되는 장면이 강력한 황홀경의 이미지를 불러일으킨다는 것을 알고 있었고, 이를 설명하기 위해 굳이 정신분석 이론이 필요하지는 않았다.

단눈치오는 성 세바스티아누스에 몰두했다는 점에서 다른 동시대인들과 관심을 공유했다. 바로 마르셀 프루스트와 토마스 만, 오스카 와일드(감옥에서 풀려난 후 이름을 세바스찬으로 정했다), 사진작가 프레더릭 홀랜드 데이가 그들이었다. 이 사람들을 비롯해 세바스티아누스 찬미자인 미시마 유키오(그의 이념과 생애는 많은 면에서 단눈치오의 이념과 생애를 반영하고 있다)와 영화 제작자 데릭 저먼, 사진작가인 피에르와 질*은 모두 적어도 어느 정도는 동성애적이었다고 할 수 있다. 성 연구를 개척한 단눈치오의 동시대인인 독일의 마그누스 히르슈펠트는 성 세바스티아누스의 그림들이 각별한 즐거움을 야기하는 '도착_{invert}'의 이미지들에 포함된다는 점을 확인했다. 단눈치오의 세바스티아누스 숭배는 그의 성적 지향에 피할 수 없는 문제들을 제기하고 있다.

단눈치오가 열렬한 여성 성애자였다는 사실은 방대한 문서로 입증된 사실이다. 그가 남성들과도 성을 즐겼는지 여부는 알 수 없다. 그가 학창 시절에 보낸 편지들 중 일부가 그것을 암시한다고 해석될 수도 있겠으나, 단눈치오 일생에서 동성 친구들이 마치 연인처럼 감상적으로 서로 편지를 쓴 것은 자주 있었던 일이다. 여기에 사춘기 시절 다른 소년과 나눈 우정에 대한 그의 설명이 있다. "곁눈질로 힐끗, 아주 힐끗 우리의 눈길이 마주치자마자, 서로 미소가 번졌다. (…) 그리고 나는 우리의 우정이 타올랐던 순간, 내게는 설명할 도리 없는 아름다움으로 반짝이던 바로 그 순간을 잊지 못했다." 그는 나이 많은 후원자들에게 편지를 쓰면서도 감정적이고 심지어 불장난을 하는 듯했다. 그는 체사레 폰타나에게 이렇게 썼다. "저는 당신의 사랑스런 편지를 스무 번이나 읽고 또 읽었습니다. (…) 그렇게도 달콤하고 친밀한 애정 표현에 대한 보답으로 제가 말할 수 있는 게 뭘까요? 저 역시 당신을 사랑한다는 말일까요? (…) 오 믿어주세요, 믿어주셔야 해요, 소중한 친구여."

만일 단눈치오가 이 소년이나 남성들과 성적 접촉을 했더라도, 그가 공식적으로 인정하지 않았다는 것은 놀라운 일이 아니다. 당시에는 어느 누구도 감히 그렇게 할 수 없었으니 말이다. 그러나 오늘날 우리가 접근할 수 있는 상당량에 달하는 그의 사적인 글들─편지와 수첩, 메모─을 보면, 그리고 가장 내밀한 연애생활의 세세한 것까지 포함하여

• 프랑스 출신의 현대 사진작가인 피에르 코모이Pierre Commoy와 질 블랑샤르Gilles Blanchard를 총칭하는 이름이다.

모든 것을 기록해두는 강박증을 가진 그의 습성을 고려하면, 동성애에 대한 기록이 전혀 없다는 것은 그가 동성애를 하지 않았다는 사실을 강력하게 시사한다. 비망록에서 그는 다른 소년들과의 감정적 '우정'과 아직 경험하지 못한—당시 시점에서—'사랑'을 명시적으로 구별한다. 그의 후기 소설인 『아마 그렇거나 그렇지 않을 거예요』에서 그는 한 쌍의 남자 친구들과 함께 남성적인 모험에 착수하는 동지들을 상상한다. 그들의 동지애는 정확히 "깨끗하기" 때문에 강력하다. 같은 세대에 속한 대다수의 사람처럼 그도 남자끼리의 동지애를 에로틱한 것으로부터의 탈출, 그가 잠자리를 함께하는 여성들의 집착과 들볶음과 퇴폐성으로부터의 탈출로 이상화했다.

그러나 단눈치오의 성적 지향이 무엇이었든 간에 그에게는 성적으로 모호한 무언가가 있었다. 여성적인 귀여움과 소녀 같은 목소리로 스카르폴리오를 단숨에 홀려버린 이 사춘기 소년은, 일반적으로 이성애의 남성성으로 간주되는 기준보다 훨씬 더 여성적인 취향, 즉 의상과 꽃과 테이블 세팅법에 큰 관심을 지닌, 펑퍼짐한 엉덩이를 가진 작은 남자 어른으로 성장했다.

사람들은, 특히 여성들은, 그중에서도 젠더 정체성이 모호한 여성들은 그에게 관심을 표했다. 단눈치오가 올가 오사니에게서 기쁨을 느낀 것은 그녀의 "아름다운 중성적 머리"였고, 아닌 게 아니라 자신이 창조한 소설 속 주인공인 안드레아 스페렐리도 '어느 남녀추니의 이야기 Story of a Hermaphrodite '•를 쓰고 있다. 그의 허구에서 단눈치오는 반복

• 남녀추니 혹은 허마프로다이트란 한 몸에 남성과 여성의 두 생식기를 가진 사람을 말한다.

해서 자매나 절친한 친구들과 같은 둘, 셋의 여성 커플을 불러내는데, 우리의 주인공은 이들 사이에서 한 명을 선택하거나, 아니면 이 육감적인 여성 서클 안에 혈혈단신으로 들어가야 하는 것이다. 동시에 스페렐리와 사랑에 빠진 마리아 페레스와 그녀를 초대한 친구는 기숙학교 시절 서로의 머릿결을 쓰다듬으며 관능적인 쾌락을 나눈 것을 기쁘게 회상한다. 그리고 『쾌락』에는 두 명의 공공연한 레즈비언 캐릭터도 나온다. 이들 중 한 명은 공작 저택에서의 점심식사 장면에 등장하는 "걸걸한 남자 같은 목소리"를 지닌 귀부인인데, 그녀의 검은 눈동자는 "너무나 자주 공작 부인의 초록 눈동자와 마주치며 시선이 뒤섞였다". 다른 한 명은 짙게 화장했으나 곱슬머리가 너무 짧아 아스트라한 모피 모자를 쓴 것처럼 보이는 화류계 여자인데, 남성용 재킷과 조끼를 입고 외알 안경을 끼며 남성용 크러뱃을 매고 있었다. 그녀는 저녁 식사 테이블에서 담배를 피우며 게걸스럽게 굴을 삼킨다. 스페렐리는 그녀의 매너와 외모에서 "악덕과 타락, 기괴함"이 풍기는 것을 알아보고 이에 묘한 매력을 느낀다.•

8년 동안 단눈치오의 연인이었던 엘레오노라 두세도 양성애자라는 소문이 돌았다. 또한 단눈치오가 프랑스 체류 시절에 관계를 가졌던 로메인 브룩스도 레즈비언이었다. 여배우이자 무언극 배우인 이다 루빈시테인과 괴짜 백만장자인 루이사 카사티 역시—이 두 여성은 그와 성관계보다는 깊은 친교를 나누었다—공개적으로 나체나 복장 도착을 보여줌으로써 의도적으로 성 정체성을 연출하기도 했다. 그러나 올가와 빌라 메디치 정원에서 보낸 그날 밤으로부터 사반세기가 지난 후 단눈

• 레즈비언으로 추측되는 두 여성에 대한 묘사는 단눈치오, 『쾌락』 318, 380쪽에서 찾아볼 수 있다.

치오가 (드뷔시의 음악과 함께) 희곡 『성 세바스티아누스의 순교』를 썼을 때, 그는 이 작품을 명시적으로 이다 루빈시테인을 염두에 두고 썼다. 단눈치오 판본의 연극에서 세바스티아누스—그렇게도 많은 게이 남성의 환상이 되었던 희생자 영웅—는 여성이 연기해야 할 배역이었던 것이다.

당시에 그는 아마도 적극적인 동성애자는 아니었을 것이고, 사도마조히스트였던 것은 확실해 보인다. 단눈치오는 로마와 그 보물들을 샅샅이 탐색하면서 특히 미켈란젤로의 「피에타」에 감동을 받았다. 그는 자신의 어머니를 미켈란젤로의 성모로, 자기 자신을 죽은 그리스도로 상상하는 자아도취적인 상상의 나래를 폈는데, 그럼으로써 인물 알아맞히기 게임에서 상상력을 발휘하여 아름다우면서도 일그러진 거의 전라 상태의 젊은 남성을 연기하기도 했다.

죽어가는 젊은 남성에 대한 숭배는 단눈치오가 영국 낭만주의자들 속에서 발견한 테마들 중 하나였다. 그는 자주 "안락한 죽음과 반쯤 사랑에 빠진" 비극적 시인인 키츠를 언급했는데, 단눈치오는 키츠의 마지막 집이 있던 스페인 광장을 매일같이 지나다녔다. 그리고 셸리는 그 자신이 죽기 전에 키츠를 '아도네이스'에서 감미롭게 애도했는데, 결국 30세의 나이로 요트 항해 중 익사했다. 1883년 단눈치오는 자기 판본의 '아도니스Adonis'를 썼는데, 여기서 이렇게 결론 내린다. "그리하여 젊은이가 죽었다. 나의 꿈과 나의 예술이 상상한 대로 고통과 아름다움의 위대한 미스터리 속에서." 『쾌락』에서 스페렐리는 마리아 페레스를 로마에 있는 영국인 시인의 묘지로 데리고 간다. (오스카 와일드는 키츠의 묘지를 방문하고 키츠와 성 세바스티아누스 사이의 유사성에 대해 사색하며 그들 각자에 대해 "자신의 시대에 앞서 살해당한 미의 사제"라고 추도한 적이 있다.) 단눈치오의 소설 속 연인들도 시인을 애도한다. 마리아는 검은 베일을 벗어 백장미 다발을 감싸 셸리의 묘지 위에 놓는다. "그는 우리의 시인이에요."

셸리가 죽은 지 60여 년 만에 낭만주의는 테니슨과 보들레르의 후기 낭만주의적 멜랑콜리로 숙성해갔고, 그다음엔 데카당스로 과도하게 숙성해버렸다. 죽을 운명의 젊은이에 대한 낭만주의적 이미지에 단단히 포박된 아름다운 슬픔은 좀더 흥분된 분위기와 좀더 빤한 담론에 자리를 내주었다. 단눈치오는 자신의 성적 파트너를 위해 순교당한 성인을 흉내 내면서 고통받으며 죽어간 젊은 남성의 이미지로 성적 흥분을 자아냈다. 훗날 그는 그런 이미지가 현실화된 것을 볼 기회가 많을 터였다. 1915년 그는 "언제라도 피 흘릴 준비가 되어 있는" 젊은 의용병 부대의 우두머리로서 콰르토항에 도착할 계획을 세웠는데, 이 젊은 의용병들이야말로 일찍이 플로베르가 『살람보』에서 묘사한 '번제holocaust'에서 죽는 노예들과 같은 인간 제물이었던 것이다. 세계대전 기간 내내 단눈치오는 반복해서, 그리고 점점 더 고양된 어조로 전사한 장병들을 "순교자"로 불렀고, 이들의 죽음을 아름다운 젊은이들의 희생으로 명예롭게 추존했다. 에로틱한 환상으로 시작해 미학적 유행으로 형체를 갖춘 어떤 것이 학살의 모티프가 될 것이었다.

13. 질병

단눈치오가 바르바라 혹은 바르바렐라로 불렀던 엘비라 프라테르날리 레오니는 그보다 한두 살 연상으로 황금빛 피부에 크고 창백한 눈을 지닌 여성이었다. 그는 1887년 4월의 어느 연주회에서 그녀와 알게 되었는데, 그때 그의 나이는 24세였고, 아내는 셋째 아이를 임신하고 있었다. 그달 말경에 이르면 그와 바르바라는 거의 매일 만나게 되는데, 처음에는 단눈치오의 예술가 친구들의 작업실을 전전하다가 곧 밀회 전용 방을 구하게 되었다.

단눈치오가 쓰기를, "한 여성을 전율시키는 데는 헤라클레스의 괴력도 히폴리토스의 아름다움도 명성의 힘에 미치지 못한다." 당시 그는 각별히 매력적인 종류의 명성을 향유했다. 그는 관습을 뛰어넘는 에로틱한 시들로 추앙받는 시인이자, 사랑의 도피 행각으로 스캔들을 일으키는 연인이었다. 그는 수많은 동료의 환호를 받는 진지한 예술가이면서 동시에 천하가 다 아는 난봉꾼이기도 했다. "사랑에 빠져 있는 여인들이 말할 수 있다는 것은 얼마나 달콤한가. (…) 내 안에는 육체와 영혼, 미스터리한 존재가 있으니, 이 키메라들이 비상하면 여성들은 열정으로 황홀해진다." 요컨대 시인은 스타였고, 여느 스타처럼 소녀 팬들을 몰고 다녔다. 한 친구는 단눈치오를 가리켜 "사이렌, 어느 누구도 저항할 수 없는 사이렌"이라고 썼다. 단눈치오가 바르바라를 만났을 당시에 그는 올가와 결별한 후 최소한 한 건의 위태로운 연애관계를 맺었다. 아마도 기록에 남지 않은 다른 관계들도 있었을 것이다. 그러나 바르바라와는 절실하게 사랑에 빠졌다. 그녀가 잠깐 로마를 떠났을 때도 그는 그녀의 편지를 필사적으로 받기 위해 우체국을 배회하고 평소의 그답지 않게 카페 모르테오에서 말 한마디 하지 않고 앉아 있다가 결국 북받쳐 눈물을 흘리며 자리를 떴던 것이다.

바르바라는 그의 단골 소재였던 귀족 출신은 아니었다. 그녀의 부모는 하층 중간 계급 출신으로서 강한 지역 사투리를 쓰는 독실한 가톨릭교도였다. 그녀는 20세에 억지로 결혼에 떠밀렸는데, 남편은 과시용으로 귀족 칭호를 쓴 볼로냐 사업가인 레오니 백작이었다. 레오니는 그녀를 몹시 거칠게 다루어서 그녀는 불과 수주 만에 그를 떠나 양친과 살기 위해 고향으로 돌아왔으나, 남편은 이따금씩 찾아와 남편으로서의 권리를 요구하곤 했다. 안드레아 스페렐리의 애인이 다른 남자와 결혼한 후 스페렐리에게 말하길, 만일 관계를 계속 유지하길 바란다면 자신은 얼마든지 스페렐리와 남편에게 모두 성적 호의를 베풀 용의가 있다고 말했을 때, 스페렐리는 아연실색하여 그녀의 제안을 거부한다. 실제 삶에서는 이런저런 경우에 단눈치오로서는 그런 상황을 받아들이지 않을 수 없었다. 심지어 그는 바르바라가 남편 레오니가 방문한 후에 멍이 들고 겁에 질린 모습을 은근히 즐겼던 것으로도 보인다.

바르바라는 매혹적인 여성이었다. 그녀의 사진들을 보면, 그야말로 시크한 젊은 여성임을 알 수 있는데, 특히 도톰한 입술에 화장한 입, 살

엘비라 프라테르날리 레오니

짝 치커뜨면 안구의 홍채 뒤에서 하얗게 빛나는 눈매를 가졌다(단눈치오의 당대 전기작가들 중 한 명에 따르면, 그녀는 "로마에서 가장 아름다운 눈"을 가졌다). 단눈치오는 (평소처럼 양성이 혼합된 모습에 기뻐하며) 그녀의 소년 같은 외모와 자주 쓰고 다니는 남성용 작은 모자들을 찬양했다. 그녀는 독서량도 많고 지적이었다. 연인에게 새로 번역된 톨스토이와 도스토옙스키의 책을 읽으라고 권한 사람도 바로 그녀였다. 그녀는 밀라노 음악원에서 공부하기도 한 능숙한 피아니스트였다. 무엇보다 단눈치오가 보낸 수백 통에 달하는 편지에서 미루어보건대, 그에게 가장 매혹적이었던 점은 그녀가 만성적으로 아팠다는 사실이다. 그녀는 간질을 앓았고, 몇몇 산부인과 질환으로 고생했다. 그녀는 남편으로부터 성병을 옮았을 수도 있었다. 그녀는 한 번의 유산을 경험했을 수도 있거나, 아마도 선천성 기형을 갖고 있었을 것이다. 어떤 경우든 그녀는 병들었고 항상 고통에 시달렸다.

이 모든 사실은 단눈치오에게는 몹시 흥분되는 일이었다. 대학 시절 그는 꼭 출석해야 할 강의도 빼먹기 일쑤였지만, 관심사인 생리학자 야코프 몰레스호트*의 강의만큼은 자리를 지켰다. 그의 초기 단편들은 주도면밀하게 묘사된 질병과 부상의 이미지로 가득 차 있다. 그는 자신의 소설 속 여주인공들, 즉 엘레나 무티(『쾌락』)와 줄리아나 헤르밀(『무고한 존재』), 이폴리타(『죽음의 승리』) 등이 앓던 질병의 세세한 내용을 확인하기 위해 바르바라에게 의지한 측면도 있었을 것이다. 소설 속 여주인공들은 모두 실제 인물(바르바라)과 마찬가지로 병 때문에 일시적으로 접근할 수 없을 때 오히려 더 매력적으로 보였다. 땀에 젖어 축축

---

* 네덜란드 출신의 생리학자로서 하이델베르크 대학 교수를 역임했지만 무신론적 신념으로 자리를 잃고 취리히 대학과 로마 대학 등지에서 강의했다.

한 창백한 이마, 갈라진 입술, 흐릿한 눈동자, 이 모두가 마치 성적 황홀감의 징표인 것처럼 묘사되어 있다. 일종의 최음제로서 질병은 데카당스 문학에서 단골 소재였지만, 무엇보다 단눈치오가 특별한 열정으로 반응한 소재였다. 『쾌락』에서 그는 병상이 주는 유혹을 에로틱한 방식으로 세밀하게 묘사하기도 했다. 바르바라는 실제 삶에서 그런 전율을 느끼게 해주었다. 그녀가 병상에 누워 있었을 때 단눈치오는 그녀에게 보낸 편지에서 "이처럼 아프고 지친 당신이 나를 기쁘게 하구려"라고 썼다. "당신의 아름다움은 병으로 정화되었소. (…) 당신의 얼굴은 수심 깊은 초인적인 창백함을 띠고 있소. (…) 당신이 죽는 순간 숭고한 미의 빛에 닿을 수 있으리라고 생각하오."

그들이 함께했던 처음 몇몇 순간을 포함하여 바르바라의 고통이 극심해 성관계가 불가능해진 때도 있었다. 그러나 이는 문제가 되지 않았다. 그들의 사랑을 방해하는 장애물이 있어도 오히려 그들의 쾌락은 강해진 것으로 보인다. 단눈치오는 황홀감을 느낄 수 있었던 것에 대해 감사의 마음을 전하는 편지들을 썼는데, 여기서 그들이 나눈 긴 키스를 회상하며 자신이 어떻게 그녀의 몸 구석구석을 핥고 빨고 물었는지 반복해서 상세하게 말하고 있다. 그는 임대한 방에 있는 큰 팔걸이의자의 위아래에서 어떻게 머리에서 발끝까지 서로의 몸에 상처를 냈는지 묘사했다. "내가 열에 들떠 이 편지를 쓰면서도(나는 얼마나 떨고 있는지!) 나는 과즙을 빨아들이듯이 탐욕스럽게 당신의 장미를 애무할 때 받은 느낌을 여전히 내 입술 사이에서 느끼고 있어요. 당신은 기억하시나요?"(단눈치오에게 장미는 그가 읽고 있던 중세 시인들의 용례에서처럼 여성의 성기를 가리켰다.) 그는 눈을 감고 누워 그녀의 차가운 입술이 그다음 번에는 자기 몸의 어느 부위에 닿을지를 추측하면서 얼마나 감미로운 시간을 가졌는지 회상한다. 그런가 하면 자제할 필요가 없을 때도 있었다. 그의 편지들은 기차 객실에서 나눈 "난폭한" 사랑을 이야기한다(그는 거의 토씨 하나 틀리지 않게 『죽음의 승리』에서 이 구절들을 반복할 터였다).

바르바라와의 관계로부터 그의 시작詩作 주기에서 성숙한 시절이 도래했음을 알려주는 신호탄이라고 할 『로마 애가Le Elegie Romane』가 탄생했다. 이 제목은 괴테로부터 빌려온 것이었다. 철학적 토대도 셸리와 쇼펜하우어에게서 끌어왔다. 물질세계와 인간 감정 사이의 교신 correspondances을 강조하는 대목은 필경 단눈치오가 읽고 있던 프랑스 상징파에게서 영감을 끌어온 것이었지만, 애가의 눈부신 성취는 명백히 단눈치오 자신의 힘으로 이룬 것이었다.

당시에는 시인이 표현 수단에 대한 완벽한 통제권을 갖고 있었다. 그는 자신의 시 형식을 극단으로까지 밀고 나간다. 그리고 자신의 감정적 목적에 맞게 비틀고, 운율을 이용하여 어떤 때는 구슬프게, 다른 때는 흥겹게 효과를 낸다. 시들 중 하나에는 바르바라의 이름도 나온다. 그 모든 시에서 그녀는 "내 편에 있는 유일한 사람"이며, 최초의 독자들 중 한 명이다. 연애관계의 초창기 시절을 묘사하는 시들에서는 행복감이 시행을 두드리고 있다. 어느 오후 빌라 데스테의 정원들에서 바르바라와 함께하며 단눈치오는 애가 한 수를 두 판본으로 나눠 썼는데, 여기서 그는 분수와 장미, 나무들, 모든 잎사귀, 경이로운 티볼리 정원의 식물 줄기가 아름답고 생명력을 발하는 것도 모두 그녀 덕분이라고 했다. 이 두 판본의 원고는 다 남아 있다. 모두 6월의 같은 날 어느 오후에, 하나는 5시에, 다른 하나는 6시에 지어졌다.

그는 바르바라에게서 눈을 뗄 수 없었다. 그녀와 떨어져 있을 때마다 그녀의 육체에 대한 채울 수 없는 욕망으로 괴로워했다. 전기 작가 몇몇은 그녀가 일생일대의 사랑이었다고 묘사했지만, 그가 편지에서 가장 자주 사용한 단어는 '사랑'이 아니라 '욕망'이다. 『쾌락』의 독자들은 소설의 저자가 안드레아 스페렐리와 같은 부류의 태연한 유혹자일 거라고, 그러니까 아무 이유 없이 그저 따분함과 허영심만으로 친구의 애인과 사랑을 나누는 유혹자일 거라고 상상했다. 그러나 단눈치오는 무심한 돈 후안이 아니었다. 일생 섹스에 대한 그의 욕구는 몹시 외설스런 향락으로 이어졌으나, 그것은 때로 타인들에게, 그리고 자기 자신에게조차 잔인한 것이기도 했다.

상상의 작업 속에서는 켄타우로스와 키메라, 사티로스들°과 기타 잡종적 존재들이 떠오른다. 그는 반복해서 스스로를 파우누스로 묘사한다. 그것은 곧 허리 위는 부드러운 피부의 호모 사피엔스이되, 허리 아래는 털북숭이 짐승으로서 떠돌아다니는 반인반수를 뜻한다. 파우누스들은 당시의 유행이기도 했다. 단눈치오는 말라르메의 유명한 시°°를 읽었으나, 그에게 그 이미지는 하나의 근본적인 갈등을 표현하고 있었다. 한편에서 그런 자기 묘사는 흥에 겨운 자만심, 즉 젊은이가 즐거이 스스로를 짓궂은 동물로 볼 정도로 자기 육체에 대해 드러내는 자신감의 표현이지만, 다른 한편에서는 자기혐오와 수치심의 표현이라는 점도 암시하고 있다.

바르바라와 만난 지 몇 주 뒤 단눈치오는 가족의 파산 위기 때문에

° 그리스 신화에서 디오니소스를 추종하고 님프들의 꽁무니를 뒤쫓는 반인반수의 무리를 말한다. 머리에 뿔이 달리고 얼굴이 넓적하며 귀는 뾰족하고 말꼬리를 단 채 항상 술에 취해 있고 색을 밝힌다. 로마 신화의 파우누스에 해당된다고 할 수 있다.
°° 『목신의 오후』를 가리킨다.

페스카라로 오라는 기별을 받았다. 아버지 프란체스코 파올로가 위험천만하게도 가산을 탕진한 것이다. 어머니의 유산도 거의 다 사라져버렸다. 누이들의 지참금은 꿈도 꿀 수 없었다. 다음 6년여 동안 단눈치오는 아버지의 파산으로 크게 악화된 재정 문제에 허덕이며 살게 될 것이었다. 그는 어머니에게도 여생 동안 생활비를 보내드려야 할 터였다.

소설을 읽고 소설가의 일생에 대해 확실한 무언가를 추론해낼 수 있다고 상상하는 것은 현명치 못한 일이 되기 십상이지만, 단눈치오의 『죽음의 승리』(1889년에 집필되기 시작해 5년 뒤 최종본이 출간된)는 예외적인 경우다. 그것은 저자 자신이 실제 보낸 연애편지들이 토씨 하나 틀리지 않게 반복된 소설이며, 소설이 처음 쓰인 장소까지도 정확하고 세밀하게 묘사하고 있다. 단눈치오는 로맹 롤랑에게 그것은 "전혀 상상의 것이 아니"라고 말했다. 소설 속 주인공인 조르조 아우리스파는 단눈치오와 마찬가지로 세련된 젊은 도시민으로서 아브루초에 있는 자신의 가족을 재방문한다. 소설 속 아버지도 단눈치오의 실제 아버지와 판박이다. 더 고통스러운 것은 그것이 일종의 자화상이라는 것이다. 저자가 흉물스럽게 왜곡된 유리에 비치고 있는 셈이다.

단눈치오는 1887년 여름에 아버지를 만나러 갔을 때 그 자신도 이미 수입을 다 써버린 상태였다. 아우리스파의 아버지도 단눈치오의 아버지와 마찬가지로 애인의 지출을 감당하느라 아내와 자식들을 부양해야 할 비용을 탕진했다. 단눈치오도 가족이 절실하게 필요로 했던 돈을 바르바라와의 밀회를 위해 방을 빌리는 데 사용했다. 소설 속 아버지는 찔려 하면서도 빤한 거짓말을 늘어놓는다. 단눈치오는 여전히 아내와 살면서도 거의 매일 바르바라와 만나며 입만 열면 거짓말을 했음에 틀림없다. 아우리스파는 까다로우면서도 신체적으로 세련됐다. 단눈치오도 그와 마찬가지인데, 학창 시절에 이미 세탁소에 과도한 비용을 지불했을 정도로 깔끔한 키 작은 남자다. 아우리스파는 아버지에 대해 불평한다. "뚱뚱한 체격에 다혈질이고 정력적인 아버지에게서는 육욕에 가득 찬 뜨거운 입김이 온몸에서 뿜어져 나온다. (…) 그의 얼굴에는 폭력적이고 가혹한 자연의 흔적이 남아 있다. (…) 이 모든 것이 그[아우리스파]에게는 구역질이 날 정도로 불쾌하다. (…) 그리고 나, 그러니까 나는 이 남자의 아들이다!" 단눈치오도 자신의 실제 아버지를 보면서 똑같이 그 자신에 대한 흉물스런 캐리커처를 본 것처럼 흠칫 놀라는 것이었다. 즉 도리언 그레이의 다락방에 있는 초상화처럼(오스카 와일드의 소설은 단눈치오의 소설 『죽음의 승리』가 처음 발간된 같은 해에 출간되었다), 프란체스코 파올로 단눈치오는 아들이 보이는 최악의 결점들을 투영하는 이미지였던 것이다. 만일 아들이 파우누스—인공적인 목초지에서 뛰노는 예쁜 피조물—였다면, 그 아버지는 그런 목신을 낳은 고약한 염소였다.

1887년 여름 동안 아마도 단눈치오가 아버지의 일 때문에 아브루초에 머물러 있었을 동안 셋째 아이를 임신한 마리아는 바르바라가 남편에게 보낸 편지 한 통을 읽게 되었는데, 편지는 그들의 관계가 어떠했는지를 명료하게 보여주었다. 우리는 이 뜻밖의 누설로 인해 남편과 아내 사이에 어떤 일이 일어났는지는 알지 못한다. 다만, 그들이 남남이 되는 게 그로부터 3년 후라는 사실만큼은 분명하다. 그러나 단눈치오는 나중에 둘 사이에 "폭력적인 장면들"이 연출되었음을 암시했다.

14. 바다

단눈치오는 자신이 바다에서, 범선 '이레네'호의 선상에서 태어났음을, 그리고 이런 "바다의 잉태"가 자신을 타고난 항해자로 만들어주었음을 반복해서 자랑했다. 그는 스스로를 바다의 신 글라우코스와 동일시했다. 그는 자신이 "항해의 다이몬"*을 갖고 있다고 주장했고, 자신을 "바다의 늑대"라고 불렀다.

이런 주장 대부분은 그의 환상이 만들어낸 난센스에 불과하다. 단눈치오가 가족의 고향이 있는 페스카라라는 건조한 땅에서 출생했음은 기록이 말해주는 바다. 역겹게도 그는 평소 성향대로 자신이 바다 한복판에서 태어났다고 날조한 것이다. 그러나 단눈치오의 일생 동안 페스카라와 그에 인접한 해안 도시들이 바다와 관련 있는 공동체였음은 사실이다. 철도가 도래하기 전에 광대한 땅은 가공할 만한 장애물이었다. 넓게 트인 물이야말로 고속도로였다. 사람들은 공동지가 아니라 공해公海에 의해 서로 연결되었다. 단눈치오의 아버지가 벌어들인

---

* 다이몬daemon은 고대 그리스의 '다이몬daimon'에서 유래한 말로, 신과 인간의 중간적 존재이거나 신에 가까운 영혼, 수호신 등을 가리킨다.

수입도 (적어도 그가 수입을 벌어들이고 있던 동안에) 좁은 아드리아해를 통해 피우메와 차라, 세베니코, 라구사, 스팔라토—현재는 각각 리예카와 차다르, 세베니크, 두브로브니크, 스플리트—와 같은 달마티아 도시들과의 교역에서 나왔다. 그 당시 이 도시들에는 상당수의 이탈리아 주민들이 살고 있었고, 도시들은 이탈리아의 동부 해안에 위치한 항구와의 교역은 말할 것도 없고 종종 친족관계까지 유지하며 긴밀한 유대감을 자랑했다. 단눈치오의 초기 단편 중 몇몇은 목재와 곡물, 포도주와 건과일을 교역하며 바닷길을 오가는 선원들에 대한 것이다. 그렇다면 아브루초가 고향 땅이라면, 아드리아해는 고향 바다였다고 주저하지 않고 말할 수 있다.

노년에 접어들면서 그는 젊은 시절 먼 바다까지 수영하러 나갔던 기억들을 곱씹길 좋아했다. "나는 홀딱 벗은 상태에서 장난치는 돌고래들을 만났고, 헤엄쳐 낚싯배까지 가려고 애썼다. 내 몸을 닦아주고 천으로 감싸준 어부들이 오렌지 색깔이나 푸르스름하게 녹슨 듯한 색깔의 펄럭이는 돛 아래에 있다. 질그릇으로 즉석에서 요리한 뜨거운 수프와 송어, 넙치, 오징어 모두 후추를 쳐 진홍색으로 보인다. 나는 허겁지겁 먹는다. 포만감이 들고 배고픔은 잊는다. 선원들은 내 주위에 빙 둘러 서서 놀라워한다. 마치 내가 깊은 바다에서 그물로 다른 많은 물고기와 함께 건져올린 기묘한 바다 생물이라도 되는 듯이 말이다."

1887년 여름 그의 개인사에서 한바탕 소동이 일어났다. 바르바라가 그녀의 부모에 의해 억지로 리미니로 보내졌고, 그곳에서 자매끼리 몇 주를 보내야 했다. 그녀의 남편이 그녀를 배웅하기 위해 역에 나타났다. 그녀의 부모와 남편은 공히 이 감당할 수 없는 빚에 허덕이는 유부남과의 관계를 눈치 채고 있었고, 나아가 서로 다른 이유로 한탄하고 있었던 것으로 보인다. 마리아는 또 마리아대로 가장 최근에 일어난 남편의 심각한 외도를 알고 있었다. 최근에 부모를 방문한 일도 단눈치오에게는 트라우마가 되었고, 실제로 이만저만 걱정이 아닐 수 없었다. 사면초가의 상황에서 구원의 동아줄은 바다로 달아나는 초대장의 형태로 내려왔다.

그해 8월 초에 장난삼아 쓴 한 원고에서 '미니모 공작'(단눈치오의 필명)은 항상 말도 안 되는 계획을 꾸미는 한 무명의 친구를 놀린다. 어느 열대야에 루스폴리궁 근처의 한 카페에서 이 친구는 '공작'과 함께 어느 쾌활한 무리에 끼여 구리 색깔의 인조 나무 아래에서 가수가 "쿠쿠 송"을 부르는 동안 긴 유리잔으로 얼음을 띄운 레모네이드를 마시고 있다. 그는 아드리아해로 배 타고 나갈 거라고 떠든다. 아브루초 해안가의 한 항구에서 출발하여 베네치아와 이스트리아 인근의 트리에스테를 향해 북진한 다음 다시 달마티아 해안을 따라 남쪽으로 간다는 것이다. 그는 거기서 경이로운 과일들이 주렁주렁 달린 나무와 다이아몬드처럼 빛나는 바다를 볼 것이라고 장담한다. 아름다운 여성들—하얀 피부에 푸른 눈을 가진 금발의 여인들과 강렬한 검은 머리의 여성들—도 만날 것이다. 모든 사람이 폭소를 터뜨리지만, 단 한 명 "셸리의 열렬한 사도"인 아돌포 데 보시스만은 웃지 않는다. 그러나 모든 사람이 열정에 들떠 있다. 데 보시스도 이 항해에 자원하면서 '우리는 퍼시[셸리]처럼 죽을 것이다'라고 선언하고, 그러면서 다른 이들의 입을 막기라도 하듯 셸리의 시를 길게 인용하기 시작한다. 거사는 어이없이 끝난다. 책략의 제안자가 기차 시간에 너무 늦게 로마 역에 나타나고, 안타깝게도 여름 한동안 도시에 남아 있을 수밖에 없다며 체념한다. 그러나 실제로 속편이 잇따른다. 데 보시스가 있었던 것이다. 그는 이탈리아에서 셸리를 번역하고 강력하게 옹호하는 주요 인물이자, 단눈치오의 절친한 친구이기도 하다. 배를 가진 사람도 다름 아닌 바로 그다. '레이디 클라라Lady Clara'라는 이름의 쾌속정이다. 그리고 이 배를 몰고 아드리아해로 나가자는 그의 제안을 충동적으로 받아들인 사람은 말할 것도 없이 단눈치오다.

이제 임신 마지막 달에 이른 마리아의 곁을 떠나면서 단눈치오는 페스카라에서 데 보시스와 만났다. 그들의 항해는 미적 격식을 갖춘 뒤 시작되었다. 그들은 페르시아 양탄자와 수많은 쿠션, 팔걸이 없는 세공된 의자들을 함께 가져갔다. 그들은 두 명의 선원을 고용했는데, 단눈치오가 그들의 거창한 이름만 보고 경솔하게 선택한 사람들이라서 곧 분명해지듯이 둘 다 형편없는 선원이었다.

단눈치오는 여러 방식으로 자신의 시대를 앞서갔는데, 그중 한 방식은 바로 일광욕에 대한 열정이다. 그는 옷을 홀딱 벗고 하루 종일 미동도 않고 갑판에 누워 있는데, 그저 몸의 다른 쪽에 태양을 쪼이려고 뒤척일 뿐이다. 그는 리미니에서 잠시라도 바르바라를 보려고 했다. 그녀는 거기서 철저하게 보호받고 있어서 그는 입술 한번 훔치지 못했으나, 적어도 그녀는 '레이디 클라라'호의 마스트에 묶어둘, 자수 놓은 빨간 깃발을 만들어 그에게 건네줄 수는 있었다. 데 보시스와 다시 바다로 나간 뒤 그는 가식적이되, 미적 격식을 갖추어 즐겼다. 해안에서 피크닉을 즐기려고 멈췄을 때, 두 젊은이는 하얀 린넨 옷으로 갈아입고 해변에 양탄자와 쿠션과 은색 찻잔 세트를 가져가 그들 나름의 법도대로 흥청거리며 놀면서 서로 사진을 찍어주었다.

리미니 북단에서 그들은 너무 먼 바다로 나갔다. 바람이 거세졌다. 배는 달마티아 해안을 향해 나아가고 있었다. 다시 새파랗게 질린 단눈치오는 아무 도움도 되지 않았다. 고용 선원 두 명도 나을 건 없었다. 데 보시스는 자신의 작은 배와 사투를 벌였지만, 곧 통제 불능의 끔찍한 사태를 맞이했다. "퍼시처럼" 죽겠다는 호언장담이 갑자기 현실이 되었으나, 다행히 이탈리아 함대가 인근에서 기동 훈련 중이었다. '레이디 클라라'가 허우적대는 모습이 포착되었고, 레이디는 곧 순양함 '아고스티노 바르바리고'에 의해 구조되었다. 이 작은 배는 처음에는 견인되다가 나중에는 숫제 장갑함의 갑판 위로 인양되었다. 그들의 목숨은 구조되었고, 단눈치오의 인생은 새로운 방향을 향하게 되었다. 그는 이 무모한 항해를 "단순한 시인"으로서의 실존에서 민족의 대변자로서의 삶으로 이행해나가는 계기로 간주했다.

'아고스티노 바르바리고'호가 두 명의 쓸모없는 글쟁이를 떨구어놓을 베네치아항에 입항할 때, 단눈치오는 강력한 철갑 함선의 갑판 위에 있다는 사실이 그렇게 기쁠 수가 없었다. 이듬해에 그는 송가 '아드리아해의 어뢰'에서 "매끈한 칼날처럼 아름다운" "마치 금속이 두근거리는 심장을 감싸듯" 힘차게 고동치는 빛나는 전함에 대해 노래했다. 그가 쓰기를, 그토록 거대한 무기는 오직 "냉혹한 용기"를 가진 남자들에 의해서만 다루어질 수 있었다. 바다에는 여전히 보기만 해도 오싹한 거대한 전함의 함교에 다리를 벌리고 걸터앉은 영웅을 위한 장소가 있었다. 마치 그 옛날의 기사들이 갑옷 입힌 말 등에 다리를 벌리고 걸터앉아 있었듯이 말이다.

이탈리아와 오스트리아, 독일 사이의 동맹—20여 년 뒤 단눈치오가 격분하여 반대하게 될 3국 동맹—은 5년 전인 1882년에 체결된 바 있다. 이와 동시에 이탈리아 행정부는 그렇듯 썩 내키지 않는 동맹에 어쩔 수 없이 가담해야 할 상황을 불편해하면서 이탈리아 육군을 양성하고 함대를 창출하기 위한 노력을 개시했다. 이제 "바다의 늑대"를 자처한 단눈치오는 이 주제에 푹 빠졌다. 그는 '아고스티노 바르바리고'호 선상에서 장교들의 브리핑을 받은 후 일련의 논쟁적인 글을 썼다. 이는 곧 『이탈리아의 무적함대』라는 제목으로 출간될 것이었는데, 여기서 그는 민족주의적 논거를 통해 더 많은 전함을 건설해야 한다고 주장했다. "새로운 전함이 행복하게 진수되면서 여기저기서 터져나오는 함성과 갈채, 축복의 목소리가 반도의 이쪽 끝에서 저쪽 끝까지 떠나갈 듯 울려퍼진다."

이 글들은 함대 건설을 위한 재정과 설비, 수병의 훈련 등의 문제에 대한 실질적인 제안으로 가득 차 있었다. 나른하기 짝이 없는 찰스 비어 드 비어 경과 쾌락만을 좇는 미니모 공작, 변덕쟁이 아프무슈는 공학과 해군 규율에 대한 자료를 읽고 진지하게 사색하는 논평가이며, 나아가 놀라울 정도로 호전적인 성격의 인물로 변신했다. 단눈치오는 미래에 어뢰정이 수행할 역할과 적함에 입힐 타격을 예언했다. 그는 어뢰정 승무원들의 분위기를 이렇게 상상했다. "그 어떤 인간적 즐거움도 괴물 같은 전함이 침몰하는 장면을 지켜볼 때 느끼는 그들의 즐거움에 필적할 수는 없다." 이것은 그 자신의 목소리였다. 그가 예전에 썼던 가십 및 패션 잡문과는 달리 이 글들은 단눈치오 자신의 실명으로 출간되었다.

마침내 단눈치오와 동료들은 베네치아에 상륙했고, '레이디 클라라'

호는 베네치아의 조선소Arsenale로 운반되었다. 조선소는 한때 베네치아를 동지중해의 지배자로 만든 거대한 함선들이 건조된 곳이다. 단눈치오가 도시에서 처음 본 곳이었다. 그는 해상의 영광이라는 주제에 마음이 사로잡힌 채 들떴기에 조선소에 도착하자마자 이곳은 그에게 이탈리아의 지난 위대함을 상징하는 곳이 되었다. 현대 세계에서 그의 정치를 정당화해줄 역사적 근거는 더 이상 로마 제국이 아닌 베네치아 제국이었다. 베네치아에 도착한 지 얼마 안 돼 단눈치오는 셋째 아들이 태어났다는 기별을 받았다. 그는 아내에게 아들의 이름을 베니에로라고 지으라고 전보를 쳤다. 이는 레판토 해전에서 활약한 제독이자 도제의 이름을 딴 것이었다.[*]

베니에로의 아버지는 바르바라와 만나야 하기도 했고, 또 돈이 없어 아들의 탄생을 지켜볼 수도 없었다. 『죽음의 승리』에서 소설 속 여주인공인 이폴리타는 베네치아에서 조르조 아우리스파와 만난다. 이 목가적인 회상에서 한 가지만큼은 사실이 아닐 것이다. 소설에서 연인들은 호텔 다니엘리에서 품위 있게 체류한다. 실제 현실에서 단눈치오는 리바 델리 스키아보니 근처에서 훌쩍 떨어진 허름한 호텔에 방을 잡았다. 이곳에 체류하는 것만도 그에게는 버거웠다. 그는 숙박비도 낼 수 없어 데 보시스가 친절하게도 대신 내줄 때까지 꼼짝없이 호텔에 묶여 있었다.

• 1571년의 레판토 해전에서 활약한 도제는 세바스티아노 베니에르다.

15. 데카당스

여기 『트리부나』의 지면에 새로운 유행인 늦은 오후의 "가든파티garden-parties"—단눈치오의 영어 표현—에 초대된 젊은 신사들에게 단눈치오가 해준 조언이 있다. 그들은 이브닝드레스를 입어서는 안 되고, "그 대신 심플한 르댕고트redingote•"를 입어야 했다. 바지도 색이 지나치게 옅어서는 안 되며 너무 꽉 끼어서도 안 되는데, "유행대로 헐렁해야" 한다. 크러뱃은 매듭이 크고 밝은 색깔이어야 하며, "모자는 흰색에, 취향에 따라 반쯤 상복차림처럼 검은 리본을 달 수 있다".

이처럼 단눈치오는 개인적인 치장이라는 주제를 진지하게 생각했지만, 당시에 자신의 재능을 낭비하고 있다는 사실이 스카르폴리오에게 만큼이나 단눈치오에게도 분명해졌다. 그가 밤늦도록 공부하려고 급우들의 램프 기름을 훔쳤던 것이 고작 이것을 위한 것이었단 말인가? 그가 처음에는 고전들에 정통하고, 더 최근에는 영국과 프랑스, 러시아에서 나오는 최신의 가장 혁신적인 저술들에 정통해질 정도로 실력을 갈

• 영국 승마 외투에서 유래해 프랑스식으로 변형된, 길고 허리가 꼭 끼는 외투를 가리킨다.

고닦은 것이 고작 그런 헛소리를 쓰기 위함이었단 말인가? 그런 것이 타고난 재능을 펼쳐야 할 천재에게 마땅한 방법일까? 그런 장신구들이 위대한 일을 할 운명을 타고난 사람에게 마땅한 관심사일까? 명백히 아니다. 1888년 7월 스물다섯 살의 나이에 단눈치오는 『트리부나』의 직장을 박차고 나와 로마를 떠났다. 그는 프랑카빌라에 있는 미케티의 수녀원 집으로 퇴각해 방문 위에 "출입금지clausura"—폐쇄적 교단에 서처럼—라는 말을 써놓았다.

그는 5개월 동안 연인도, 아내도, 아들들도 만나지 않고서 그곳에 틀어박혔다. 그는 소설이야말로 자기 시대에 가장 적합한 문학 형식이라고 확신했다. 그는 소설을 혁신하고 동시에 위대한 현대 작가의 명성을 얻겠다는 각오를 다졌다. 로마로 돌아왔을 때, 그는 『쾌락』을 탈고한 상태였다.

그는 미케티에게 수도승 무리의 우두머리를 가리키는 옛날 단어를 써서 "수도원장"이라는 별명을 붙여주었고, 마치 자신이 그의 교단에 합류라도 한 양 행동했다. 단눈치오는 자기 방에 틀어박혀 끈덕지게 작업했다. 바르바라는 자신을 만나러 토리노에 와달라고 애원하거나, 아니면 며칠만이라도 로마에 돌아와달라고 간청하는 편지를 보냈다. 그는 거절했다. 작업은 일절 방해받아서는 안 되었다. 그것은 시련이자 영웅적 노동이며 헌신적 행위였다.

우리가 아는 한, 그는 수개월 동안 금욕적으로 생활했다(과연 그에 따르면, "50~60킬로미터 이내에 여자라고는 병든 걸인이나 아이가 스무 명이나 딸린 가난한 어머니들이 전부"였기 때문에). 그는 자학적으로 은둔생활에 매달렸다. "어제는 아침에 5시간을 작업한 뒤 오후에 연속으로 7시간 동안 한 번도 일어나지 않고 책상을 지켰다. 작업을 마치자 지쳐서 죽을 것만 같았다."

　그는 당시까지 알려지지 않은 새로운 픽션 형식을 창출하려는 의도
가 있었다. 그때까지 그는 사실주의적 이야기와 라파엘로 전파의 몽환
적 심상으로 가득 찬 시들을 썼다. 이제 그는 두 가지 경향을 결합해,
귀스타브 모로의 그림에 나오는 것과 같이 보석으로 치장해 남성들을
유혹하는 성경 속 여자들만큼이나 위험한 여성들을 창조해냈는데, 이
들은 머나면 이국적 과거 속에 살았던 이들이 아니라 그 자신이 잘 알
고 있는 현재의 로마에 살고 있는 여자들로 재현되었다. 이 현실의 여
성들은 음모와 짭짜름한 겨드랑이를 갖고 있고, 키스할 때면 입에서 새
로 나온 싸구려 피크 프린 비스킷Peek Frean biscuits* 냄새가 났다.

　항상 그러했듯이 그는 고대적인 것과 현대적인 것을 함께 추구하고
있었다. 단눈치오는 고전도 잘 알고 있었고, 극소수에게만 알려진 초기
이탈리아 문학도 잘 알고 있었다. 그는 중세 성직자들의 저술을 연구하
고 있었고, 그들의 주문을 외는 듯한 운율과 인간의 마음과 양심에 대
한 섬세한 검토에서도 배우고 있었다. 그러나 그는 역시 개인의 내면생
활과 이를 형성하는 "보이지 않는 힘"을 표상할 수 있는 문학이 "문학적
전통의 총체적 파괴"와 함께 시작되어야 한다고 믿는 비평 이론(그는 최
근에 폴 부르제의 『현대 심리론』에서 강한 인상을 받은 상태였다)에 정통한
모더니스트이기도 했다.

　저녁에 미케티는 계단을 뛰어올라 그의 방으로 갔는데, 단눈치오는
그날 새로 쓴 페이지들을 큰 소리로 읽고 있었던 것 같다. 중국차를 끓

• 1857년 제임스 피크와 조지 프린이 런던에 세운 제과 회사에서 만든 비스킷을 말한다.

이는 주전자에서 뿜어져 나오는 증기가 그에게는 자신들의 지성을 표현하는 이미지로 보였다. 차 냄새도 향이 교회 전체에 번지듯 고요한 분위기의 방 전체에 번지고 있었다. 그들은 각기 종사하는 예술 분야의 작업에 전념하는 은자였다. 그들은 또한, 그가 기억하기로는, 일찍이 호메로스의 전사들이 그러했듯이 하루 종일 "고된 단식"을 한 다음 사방으로 바다에 둘러싸인 채 저녁을 먹는 영웅이었다.

『쾌락』은 스페인 광장 주변의 로마 시내에 대한 공중 쇼트aerial shot와 함께 시작된다. 광장과 주변 거리들은 바쁘게 돌아간다. 지나가는 마차와 사람들이 내는 희미한 소음이 들리는 듯하다. 가을의 오후로, 태양이 금빛으로 비치며 희뿌연 대기의 감촉은 멜랑콜리하다(단눈치오는 정확히 그런 오후의 정경을 묘사하는 시들을 썼다). 카메라의 시점視點은 점차 하강하여 창밖을 보는 것처럼 추카리궁의 방들로 옮겨간다. 도금된 크리스털 화병들에 꽂혀 있는 장미 송이들에 카메라가 잠시 머물러 있다가 집 내부를 훑고 지나간다. 카메라는 거의 부지불식간에 보티첼리의 그림에 잠깐 머무는데, 그림에는 방에 있는 것과 똑같은 화병이 성모 뒤에 보인다. 그런 다음 카메라는 방으로 되돌아가고 이제 우리의 영웅, 안드레아 스페렐리가 보인다.

영화적 언어는 단눈치오의 내러티브 기술에 잘 들어맞는다. 활동사진 카메라가 발명되기 5년 전에 이미 그는 자신의 첫 소설을 마치 영화 대본처럼 구성했다. 『쾌락』의 내러티브는 명료하게 시각화된 장면들의 연속이다. 내러티브는 플래시백과 점프 컷, 롱 쇼트와 명상적인 보이스 오버voice-over* 등의 기법들을 사용한다. 프랑카빌라에서 단눈치오는 미케티에게 말하기를, 자신의 소설들이 (당시에는 아직 발명되지 않은 영화처럼) "과학의 엄밀함과 꿈의 유혹"을 결합시킬 거라고 장담했다.

『쾌락』에서 단눈치오는 아름다운 삶의 비전을 보여주는 듯하나, 종국에는 그런 삶이 공허하고 불모의 것임을 폭로한다. 그는 걸음걸이와 의상 감각과 꽃꽂이 취향 등 그 모든 것으로 볼 때 엘리트에 속한 사람들을 묘사한다. 그는 그들을 꿈결처럼 사랑스러운 세팅 속에 집어넣는다—르네상스 저택들의 벽에 걸린 태피스트리와 길을 잃기 딱 좋은 테라스가 있는 정원. 그는 그들에게 멋진 옷을 입히고 소형 골동품들을 제공하는데, 그 모든 게 매우 감각적으로 묘사되고 있어서 허구적인 배경 전체가 페티시즘의 대상이 될 정도다. 그러나 그는 항상 자신의 책이 "내가 슬픔을 안고 그렇게도 만연한 부패와 타락, 기만, 허위, 부질없는 잔인함을 연구한" 보고서exposé라고 주장했다.

소설의 주인공은 다른 남자들의 아내를 나른하게 유혹하는 난봉꾼이다. 그는 열정도 없고 자책감도 없이 자신이 경멸하는 매춘부들과 한가로운 저녁을 보내는 인물이다. 도박과 무심한 유혹, 난폭한 성적 학대 등 그 모든 것이 플롯의 일부를 이루면서—단눈치오가 그렇게 암시하듯이—이 외관상 아름다운 세계에 만연해 있다. 새틴 이브닝가운을 걸친 숙녀들은 멀리서 보면 여신 같지만, 단눈치오가 이 숙녀들이 나누는 잡담을 엿듣기 위해 가까이에 확성기를 들이대면, 이내 그녀들은 하찮고 악의적인 존재라는 게 명백히 드러난다. 숙녀들은 다른 사람들의 외모를 헐뜯는다. "저 여자는 추기경처럼 쫙 빼입었지만 낙타처럼 보이네." 또한 다른 사람들의 연애 사건을 독기 어린 어조로 씹어댄다. 그러면서도 자신들의 연애담은 뽐낸다. 젊은 귀족들은 무도회장 구석에 서

• 화면에 보이지 않는 상태에서 내러티브가 들리는 영화 기법.

있는데, 의상은 흠잡을 데 없으나 대화는 외설적이다. 이 사람들은 멸종한 카스트의 마지막 표본들이다. 소설에서 가장 선동적인 페이지 중 하나에서 단눈치오는 장필리프 라모*의 가보트gavotte**를 권태와 불모, 절망의 비전을 부추기는 영감으로 간주한다. "미래는 이미 흙을 파버리고 시신을 받아들일 채비가 되어 있는 묘지와 같이 음울하다." 아름다운 것에 대해 섬세한 평가를 내리면서도 다른 동료들에게 절대 공감하지 못하는 거의 자폐적인 스페렐리는, 결국 연인의 가구를 사들임으로써 사랑의 상실을 보상받으려는 부질없는 시도를 한다. 결국 『쾌락』은 데카당스에 대한 연구인 것이다.

단눈치오가 열정적으로 읽고 있던 프랑스 작가들 중 한 명인 에드몽 드 공쿠르는 이렇게 썼다. "우리는 문명 때문에 죽어가고 있다." 당시 프랑스 지식인들은 라틴 문화의 상속자로 자처했는데, 이런 자부심은 1870년 프랑스-프로이센 전쟁에서 프랑스를 패퇴시켜 치욕을 안겨준 "게르만 야만인들"에 의해 혼란에 빠졌다. 19세기 후반 프랑스의 산업적·예술적 삶에서 감지되는 거대한 창조적 에너지를 고려하면, 그들이 스스로를 쇠퇴하고 몰락하기 시작한 문명의 일부라고 느꼈다는 사실은 당혹스럽기 짝이 없다. 그들은 '데카당스'라는 말을 자신들이 공유하는 특별한 감수성, 그러니까 진실한 감정처럼 고지식하고 안이한 어떤 것에 대한 무성의한 경멸심을 묘사하는 데 사용했다. 그들은 그런 경멸심을—매우 섬세하고 세련된 것으로—자화자찬하는 동시에 정력 감퇴와 의지박약의 산물로 한탄하기도 했다.

이런 데카당스가 새로운 것은 아니었다. 단눈치오는 학창 시절에 바

• 프랑스의 작곡가.
•• 프랑스의 무도곡을 말한다.

이런을 읽으면서 환상이 깨진 시인-귀족의 페르소나를 맞세워보려는 생각에 사로잡히기도 했다. 프랑스 낭만주의의 원전이라고 할 샤토브리앙의 소설 『르네』는 몹시 고상해 수준 낮은 민주주의 세계에서는 결코 행복할 수 없는, 이와 동시에 너무나 지적이어서 형편없는 동료들을 경멸하지 않을 수 없는 우월한 유형의 정신을 그에게 제시해주었다. 『쾌락』의 주인공 안드레아 스페렐리도 이 원형들에 많은 것을 빚지고 있고, 나아가 자신의 권태를 달래기 위해 순결한 젊은 여성과 불장난을 저지르며 무의미한 결투에서 그녀의 약혼자를 죽이는 푸시킨의 예브게니 오네긴도 연상시킨다. 그러나 스페렐리에게는 더 많은 동시대의 모델이 있었다.

1883년 스테판 말라르메는 세기말 데카당스의 핵심 인물이라고 할 로베르 드 몽테스큐 백작의 집을 방문했다. 촛대들에서 희미한 빛이 새어나오는 그의 집에서 말라르메는 흰색 곰 가죽 깔개 위에 있는 썰매를 비롯해 수도승의 방처럼 꾸며진 방과 요트 선실과 같은 또 다른 방, 그리고 루이 15세 시대의 예배단과 합창대와 제단을 갖춘 세 번째 방을 봤다. 서재에는 보석 색깔로 현란하게 장정된 책들이 있었고, 너무 많이 장식되어 죽어버린 거북의 도금된 등껍데기도 있었다. 말라르메는 친구인 조리카를 위스망스에게 보낸 편지에서 이 집 방문에 대해 묘사했다.

위스망스는 단눈치오처럼 예전에는 노동자 계급이나 농민 캐릭터들이 등장하는, 졸라에게서 큰 영향을 받은 사실주의적 픽션을 썼다. 단눈치오처럼 그 자신도 부르주아지 가운데서도 열심히 일하는 계층 출신이었다(그는 공무원이었다). 위스망스도 단눈치오와 마찬가지로 자기네와는 달리 고풍스런 이름을 내세울 특권과 가히 삶의 작품이라고 할 아름답게 치장된 방에서 생각하고 느끼는 데 전념할 수 있는, 여가를 가진 사람들에게 매혹되었다. 1884년, 그러니까 단눈치오가 마리아와 자식들을 대동하고 로마에 돌아왔던 해에 위스망스는 데카당스적인 취향과 가치의 결정판이라고 할 소설인『거꾸로À Rebours』*를 출간했다.

단눈치오도 곧 『거꾸로』를 입수했다. 그는 나중에 자신의 프랑스 번역자에게 『쾌락』도 그와 유사하다고 인정했다. 위스망스의 책은 그의 마음에 쏙 들었다. 위스망스의 문학 스타일은 단눈치오의 소설 속 주인공의 라이프스타일처럼 격식에 맞는 것이었다. 소설의 구문은 난해하고 어휘는 고풍스럽다. 위스망스는 단눈치오처럼 진기한 구문들을 수첩에 잔뜩 기입했다가, 그 자신의 말대로, 글을 쓸 때 뿌려놓아 문장들을 "반짝거리는 금속 장식"처럼 윤을 내는 단어 수집가였다.

위스망스의 소설 속 주인공인 장 데 제셍트는 좋아하는 책들을 한 권씩 읽는 데 적합한 최적의 세팅을 하고자 거실을 구획하여 각각 서로 다르게 장식한다. 그는 "자신만을 위한 특별 운송 편을 통해 중국으로부터 러시아를 거쳐 신속하게" 배달된 훌륭한 황차를 마신다. (우리는 앞서 단눈치오가 중국차를 어떤 방식으로 음미했는지를 봤다.) 이 "액체 향수"를 데 제셍트는 달걀껍질처럼 반투명한 도자기 컵으로 홀짝이고, 때로는 (비록 식욕이 거의 없는 그이지만) 은도금이 살짝 벗겨진 접시 위에 올린 작은 토스트 조각을 먹는다. (단눈치오의 안드레아 스페렐리도 정확히 똑같은 방식으로 은도금한 식기류를 갖고 있다.) 드 몽테스큐를 따라서 데 제셍트도 아직 살아 있되, 온몸이 도금되고 보석으로 치장된 거북 한 마리를 풀어놓음으로써 자신의 카펫 색상들을 돋보이게 장식한다.

• 제목의 '거꾸로'는 자연에 역행한다는 뜻이다. 위스망스의 이 책은 19세기 후반 부르주아의 정신적·육체적 욕망들을 모아놓은 집합소라고 할 만하다.

바르비 도르빌리*는『거꾸로』에 대해 작가가 "자신에게 총부리를 겨눌 것인가 아니면 십자가 발치에 조아릴 것인가"를 선택해야 하는 어떤 염세주의를 표현했다고 선언했다. 위스망스는 후자를 선택했다. 소설이 출간된 지 8년 후 그는 트라피스트회** 수도원에 들어갔다. 나중에는 성직에 취임했다. 이 점에서 그와 단눈치오는 근본적으로 달랐다. 단눈치오는 자기 방과 소설 속 주인공의 방들을 기독교적 장식품으로 채워 놓았으나, 기본적으로는 비신자였기 때문에 스스로 은둔을 선택할 때에도 이따금씩 잠시 동안만 은둔했을 뿐이다.

『쾌락』에서 스페렐리는 연인의 거부에 쓰라림을 느끼면서 다른 연애 관계들에 착수한다. 그는 "깨끗한 것을 더럽히는 데 쾌감을 느끼며" 예전에는 흠잡을 데 없는 평판을 유지했던 숙녀들을 유혹하는 데 나선다. 그의 난잡한 관계는 여성들에 대해서뿐만 아니라 자기 자신에게도 해를 끼친다. "흡사 나병과 같은 굴욕"의 표시가 그의 몸에도 나타났던 것이다. 단눈치오의 소설은 반짝반짝 빛나지만, 그 정도가 지나쳐 불타버릴 것만 같다. 그는 프랑카빌라에서 예전에 미케티의 소개로 알게 되어 다음 28년 동안 그의 출판업자가 될 밀라노인 에밀리오 트레베스에게 보낸 편지에서 자신이 "가장 슬프고 가장 영적인 책"을 썼노라고, 이 소설은 "가장 고매한 도덕성"으로 가득 차 있노라고 말했다.

단눈치오는 조금 더 많이 저항하고 있었다. 위스망스의 데 제셍트는 영구히 시골로 퇴각하여 은둔자가 된다. 반면에 단눈치오의 안드레아 스페렐리는 오늘 저녁만은 홀로 성찰하며 시간을 보내자고 결심했다가

---

* 미스터리 단편을 많이 쓴 19세기 프랑스 소설가.
** 프랑스 시토에서 시작된, 외부와 완벽히 차단된 채 고행과 묵상 등 엄격한 복종을 이상으로 하는 수도회.

도 한 시간도 안 돼 매춘부들과 함께 밖에서 저녁 식사를 하자는 세 명의 젊은 귀족의 제안을 수락했던 것이다. 20대의 단눈치오에게는 몇 달 동안의 "출입금지"는 필요했을지언정, 영구히 이승과 육신의 쾌락을 포기할 의향은 추호도 없었던 셈이다.

16. 피

『쾌락』의 안드레아 스페렐리는 어느 날 음악회가 끝난 후 자신의 으리으리한 아파트로 돌아가는 길에 시위가 발생하여 마차가 로마 거리 위에서 오도 가도 못하게 되자 짜증이 난다. 1887년 1월의 일이다. 사람들이 의회 건물을 향해 행진하고 있고, 군대가 이들을 해산시키려 하고 있다. 시위대는 흥분하고 분노한 상태다. 스페렐리는 이탈리아 군대가 에티오피아의 도갈리에서 학살당했다는 소식을 들었으나, 이는 그에게 아무 의미도 없는 사건이다. 그는 사망자가 단지 "400명의 짐승이고, 잔인하게 죽임을 당했다"며 동승한 여성에게 말한다.

이 "짐승들"은 형편없이 무장한 침공 부대 소속이었다. 그들은 자기네보다 10배가 넘는 에티오피아 군대에 의해 습격당했고, 마지막 한 사람까지 도륙되었다. 도갈리가 이탈리아인들에게 의미하는 것은 로크스 드리프트Rorke's Drift*가 영국인에게 의미하는 것이나 리틀 빅 혼Little Big Horn**이 미국인에게 의미하는 것과 같았고, 민중적 수사에서 인명

---

* 1879년 남아프리카에서 영국군은 이산들와나 전투에서 줄루족에게 대패당하고 작은 초소인 로크스 드리프트에서 처절한 방어전을 펼쳤다. 영국군은 로크스 드리프트에서 가까스로

의 희생은 영웅주의와 자기희생의 신화로 전환되었다. 수백 명에 달하는 백인의 죽음은 전설로 과장되고 슬픔으로 흐려져, 수천 명의 원주민이 재산을 빼앗기거나 토지를 강탈당하거나 죽임을 당했다는 또 다른 당혹스런 이야기들을 간단히 퇴색시켜버렸다. 당시 『쾌락』이 출간된 1889년 여름은 400명의 전사자가 애국주의적인 대의에서 500명의 명예로운 순교자가 되어 로마 기차역 정면에 세워진 기념물로 추도되고 두 번째 에티오피아 침공이 목전에 다가오고 있을 때였다.

『쾌락』에 나타난 입장은 스페렐리와, 그를 소설로 창조한 단눈치오를 하나로 여긴 사람들의 분노의 합창을 야기했다. 단눈치오도 단눈치오대로 분개했다. 그는 이 구절이야말로 스페렐리가 "괴물"임을 명명백백하게 보여주는 소설 속 대목이라고 항변했다. 그는, 즉 단눈치오는 소설 속 주인공의 데카당스한 반군국주의를 공유하지 않았음이 거의 확실해 보인다. 그는 아프리카 전쟁에서 죽은 사람들을 추념하는 송시를 쓰지 않았던가?

새로운 민족사가 시작되었을 때부터 이탈리아 애국주의는 불만과 좌절로부터 연료를 공급받았다. 단눈치오가 세 살이었던 1866년에 여전히 불완전했던 민족은 오스트리아와 프로이센 사이의 전쟁에 정당한 이유도 없이 개입했다. 두 북방 열강 사이의 갈등은 이탈리아에 유혈 사태 없이 베네치아와 그 배후지인 베네토 지역을 획득할 절호의

승리했지만, 매우 참혹한 전투라서 생존자들도 정신이 이상해지거나 폐인으로 살았다고 한다.
•• 1876년 미국 와이오밍과 몬태나 경계를 흐르는 리틀 빅 혼 강 근처에서 조지 암스트롱 커스터 장군이 이끄는 제7기병대와 인디언 전사들 사이에 참혹한 전투가 일어났다. 이 전투에서 미국 기병대는 전멸당했는데, 전사한 기병대원들은 머리가죽이 벗겨지고 사지가 절단되었다고 한다.

기회가 되었다. 오스트리아인들은 이탈리아의 중립을 대가로 그 지역에 대한 통제권을 양보할 용의가 있었던 것이다. 그러나 이탈리아 통치자들은 유혈 사태 없는 평화로운 해결책보다는 정확히 유혈 사태 자체를 원하고 있었다. 의회에서 가리발디의 추종자 한 명은 다음과 같이 선언했다. "우리가…… 세상에서 한자리를 확보하려면 수많은 이탈리아인의 피를 흘려야만 합니다." 그는 이렇게 주장함으로써 결국 프란체스코 크리스피의 예전 주장을 되풀이한 것이나 다름없었다. 말하자면, 이탈리아가 "위대한 민족"으로서의 지위를 입증하려면 "피의 세례"가 필요하다는 것이다. 이탈리아 작가인 에드몬도 데 아미치스도 전쟁이 포고되었다는 소식에 기뻐 어쩔 줄 몰라 거리로 쏟아져 나와 축제 분위기를 만들며 구호를 외친 군중에 대해 기록을 남겼다. "이탈리아에게 최고의 날이다! 위대한 전쟁! (…) 이것이 바로 민족이 만들어지는 방식이다!"

결과는 굴욕적이었다. 수주 만에 이탈리아 군대는 패배를 당해 쿠스토차로 후퇴했다. 다시 오스트리아는 프로이센군의 압박을 받자 이탈리아가 전쟁에서 물러나면 베네토를 넘겨주겠다고 제의했다. 이탈리아 국왕 비토리오 에마누엘레 2세와 그의 장군들은 이 제의를 거부했다. 그들은 영토가 아니라 영광을 원했다. 7월에 리사 해전이 발발했다. 수적으로 열세인 오스트리아군이 이탈리아군을 패퇴시켰다. 이탈리아 해군의 총사령관은 상원에서 무능과 태만과 불복종 혐의로 탄핵당했다. 주세페 베르디는 이렇게 썼다. "우리는 얼마나 비참한 시대에 살고 있는가! 초라하기 짝이 없는 시대 아닌가! 위대한 것은 없다. 심지어 위대한 범죄조차 없다!"

어쨌든 이탈리아는 베네토를 되찾았는데, 이는 승리의 전리품이 아니라 프랑스 황제 나폴레옹 3세가 베푼 호의의 결과였다. 상식적으로만 보면, 이는 축하할 만한 일이었으나, 피의 세례와 민족 건설을 갈망한 애국자들에게는 실망스런 일이었다. 크리스피는 이렇게 썼다. "이탈리아인이 되는 것은 한때 우리가 갈망했던 것이다. 이제 작금의 상황에서 그것은 수치스런 일이 되었다." 단눈치오와 같은 세대의 이탈리아인들에게 그런 수치는 피로 지워져야 할 얼룩이었다.

19세기 후반 민족주의자와 낭만주의자들의 주장에는 피의 강이 넘실댔다. 피. 피. 피. 이 단어가 의회 연설에서, 신문 사설에서 귓전을 때리고 있었다. 어쨌든 피가 흘러야만 했다. 왜, 무엇을 위해 피가 흘러야 하는지는 부차적인 문제였다. 문학적 환상의 영역에서 단눈치오의 소설 속 주인공 안드레아 스페렐리는 (기실, 숱한 젊은 남성이 그러했듯이) 사소한 모욕을 둘러싸고 벌인 결투에서 거의 죽을 뻔했다. 현실 정치의 영역에서는 정치가들이 전쟁을 벌일 핑계를 찾는 데 혈안이 되었다.

유럽 전역에서 이와 똑같은 유혈적 수사학이 사용되었다. 영국의 계관 시인인 테니슨 경은 시의 화자이자 주인공인 '마우드'에게 "다가올 전쟁에서 세계의 희망"이라는 빛나는 비전을 제공했는데, 이는 그 불특정의 전쟁들에 대한 어떤 합리적 정당화가 있기 때문이 아니라 순전히 평화가 "실수와 수치로 가득 차 있고,/말하지 않아도 불쾌하며 혐오스럽고 끔찍한 것"인 반면에 "불의 심장을 가진 전쟁의 피처럼 붉은 꽃"은 "순수하고 진실한 것"이기 때문이었다. 프랑스에서 조르주 불랑제 장군은 피의 기운을 북돋는 힘에 대해 말한 적이 있다. 독일에서는 영리한 비스마르크 총리가 독일이 싸워야 할 특별한 이유가 없음에도 자신의 현실주의가 젊은 황태자(곧 카이저가 될) 빌헬름 주위에 포진한 무리의 호전적인 외침에 묻히게 되었다며 항변했다. 1880년경 이탈리아의 모든 집단의 대변인들도 전쟁—어디서 일어나든 상관없이 어쨌든 전쟁—을 요구하며 애국심을 표출하고 있었다. 평화는 사기를 떨어뜨리는 것이었다. 민족성은 "전쟁의 도가니"에서 강화되어야만 했다. 이 전쟁은 정확한 전략적 목표도 요구하지 않는다. 전쟁은 위대하고 영광스러운 것, 영혼에 좋은 것이었다.

정당한 이유 없는 이탈리아의 에티오피아 침공은 도갈리의 재앙으로 끝났다. 조국에 힘을 불어넣어줄 것으로 기대한 강한 남자, 프란체스코 크리스피가 도갈리의 재앙 직후에 총리로 취임했다. 단눈치오가 『쾌락』을 쓰고 있었을 동안에 크리스피는 프랑스에게 시비를 걸어 전쟁판에 끌어들이기 위해 불철주야 노력하고 있었다. 영국의 대리 대사도 이렇게 보고할 정도였다. "크리스피 경의 위대한 야심과 활동의 동력은 장소와 방법을 불문하고 이탈리아에 군사적 성공을 가져오는 것이다." 이탈리아의 인텔리겐치아도 크리스피의 호전성을 지지했다. "그대에게 영광 있으라!"라고 주세페 베르디는 썼다. 이 총리를 "위대한 애국자"로 지칭하면서 말이다.

뚜렷한 목표 없는 전쟁은 연기되었다. 크리스피가 빈에 파견한 특사는 오스트리아인들(이제는 프랑스인들에 대항하여 의도적으로 계획된 전쟁에서 이탈리아 편이 되어야 할)이 "일종의 감정적이고 박애적인 평화 애호"(그는 이것이 극히 당혹스럽고 개탄스럽다고 봤다)에 물들어 있다고 보고했다. 그리고 이런 상황은 "우리가 단지 우리 자신의 이해관계만으로 전쟁을 야기하는 것이 매우 어려운 일"임을 의미한다고 했다. 피를 원하는 이탈리아의 갈증은 1889년 두 번째 에티오피아 침공으로 부분적으로 해소되었다. 그러나 사반세기 후 단눈치오와 다른 이들이 이탈리아

2부 물줄기들

인들을 "거대한 전쟁"으로 몰아넣게 한 수사학은 당시에 이미 형성되고 있었다.

17. 명성

음악뿐만 아니라 에로틱한 기회를 포착하기 위해 찾아다녔던 음악회들에서 단눈치오는 이따금 프란츠 리스트를 봤다. 40여 년 전에 유럽 전역은 '리스트 애호Lizstomania'로 야단법석이었다. 리스트를 흠모하는 여성들은 이 마에스트로가 버린 피아노 줄로 팔찌를 만들고 그가 피우고 남은 시가 꽁초를 로켓 펜던트 안에 넣고 다녔다. 그의 공연은 무아지경을 유발하고 환상을 불러온다고들 했다. 청중 전체가 대중적 히스테리를 일으키듯이 정신이 쏙 빠질 정도였다. 일찍이 1844년에 하인리히 하이네가 "진정한 정신 이상, 민족의 기록에서 일찍이 찾아볼 수 없는 흥분!"이라고 묘사했듯이 말이다. 단눈치오가 리스트를 봤을 때, 그는 이미 70대로 노쇠한 상태였으나, 여전히 신비스런 스타의 존재감을 발휘하고 있었다. 리스트는 앞 열의 두 숙녀 사이에 앉아 있었고, 음악이 끝나자 통로 쪽으로 내려갔는데, 리스트 찬미자들이 그가 나가는 모습을 지켜보려고 경건한 태도로 도열해 있었다.

이 광경에 단눈치오는 감동을 받았다. 어깨까지 내려오는 리스트의 유명한 헤어스타일도 이제는 백발이 되었으나 단단한 은으로 만들어진 듯 보였다. 단눈치오는 쓰기를, 리스트를 흠모하는 사람들은 "마치 사제가 성체를 거양할 때 신도들이 응시하는 것과 같이 일종의 종교적 황홀감에 젖어" 그의 뒤통수를 응시하고 있었다. 리스트는 한마디 말도 하지 않았으나, 다른 사람들의 말을 들을라치면 한쪽으로 삐딱하게 머리를 기울이곤 했다. 단눈치오는 자신의 시계로 시간을 재보았다. 노인은 한 번에 30분 동안 미동도 하지 않고서 자세를 유지할 수 있었다. "그는 살아 있는 사람이 아니라 거의 금속과 밀랍으로 만들어진 우상처럼 보였다."

리스트처럼 단눈치오도 그와 같이 기묘하게 구분되는 존재, 즉 유명 인사가 될 것이었고, 그는 개인과 '우상', 그러니까 한 개인에게 씌워진 페르소나의 명성 사이의 차이를 잘 이해했다. 노년에 단눈치오는 "'가브리엘레 단눈치오'가 되는 것의 두려움"에 대해 열정적으로 글을 썼다. 그것이 두려움이건 아니건 간에 그 페르소나는 다름 아닌 그 자신이 창출한 것이었다. 그것은 그가 명성을 추구하는 과정에서 특별한 에너지와 창조력을 보여줄 터였다.

그는 활기차게 자신의 소설을 홍보하는 일에 착수했다. 단눈치오의 견해에서 볼 때 에밀리오 트레베스는 이탈리아에서 "책을 어떻게 선보여야 하는지" 아는 유일한 출판업자였다. 두 사람은 단눈치오 자신의 인물상—열심히 일하는 생계형 작가—에 소설 속 주인공의 이미지, 즉 바이런과 같은 귀족의 아들에 "훤칠하고 늘씬하며 고대의 혈통만이 수여할 수 있는, 누구도 모방할 수 없는 우아함을 지닌" 스페렐리의 이미지를 덧씌우는 방식의 홍보활동을 고안해냈다.

사실과 허구를 가르는 막을 침투하기란 불가능했다. 단눈치오의 친구인 현실의 예술가 아리스티데 사르토리오는 픽션의 주인공 스페렐리(아마추어지만 우아한 방식으로 작업하는 시인이자 데생 화가)가 소설 속에서 만드는 가공의 에칭을 실제로 제작해달라는 주문을 받을 것이었다. 그림은 도발적이다. 엘레나 무티가 황도 12궁이 자수로 놓인 호화로운 청색 비단 침대보에 누워 있다. 단눈치오가 소설에서 사랑스런 세밀한 묘사로 펼쳐놓은 침대보는—그런 이미지들에서 직물 주름이 흐르듯이—사르토리오의 그림으로 흐르듯이 미끄러져갔다. 엘레나의 사랑스런 상체가 노출되어 있고, (여기에 특별한 '전율'을 일으키는 이미지가 있는데) 그레이하운드 한 마리가 그녀에게 기대어 가슴을 핥고 있다. 단눈치오는 자신의 소설이 포르노그래피가 아니라고 열심히 항변해야 했다. 그는 홍보물에 대해서는 그다지 깐깐하지 않았다. 그는 사르토리오에게 자신들이 공히 어떻게 이득을 얻을 수 있는지를 설명하면서 이렇게 말했다. "우리는 한정판 부수만 찍을 겁니다. 신비한 분위기를 주면서 팔아야죠." 사르토리오는 문제의 본질을 정확히 파악하여 그림에 '파스텔화가 안드레아 스페렐리'라는 서명을 넣었다. 그림은 코르소* 거리에 있는 화방의 전면 진열창에 전시되었다.

단눈치오는 더 폭넓은 반응을 원했다. 그는 저널리즘을 완전히 포기한 적이 없었다. 한동안 소설과 시로 상당한 돈을 벌어들이고 있을 때조차 그랬다. "나는 무명의 대중과 신속하게 소통하는 것이 좋다"고 그는 썼다. "현대 예술가가 최신 미디어와 이따금씩이라도 연결되는 것은 좋은 일이다." 이와 똑같은 이유로 그는 최신의 대중적 장르의 글을 쓰기로 선택했다. 그는 저널이 새로 나온 소설의 요약문을 실으면 판

* 로마 시내의 코르소 거리를 가리키는 듯하다.

매 부수가 치솟는다는 사실을 눈치 챘다. 그만큼 픽션에 대한 수요가 있었고, 이탈리아에서는 오히려 공급이 수요에 훨씬 못 미쳤던 것이다. 단눈치오의 견해에서 볼 때, 알레산드로 만초니—1840년에 출간되어 일반적으로 가장 위대한 이탈리아 소설로 간주되는 『약혼자I Promessi Sposi』의 저자—를 이을 만한 계승자는 없었다. 말이 나왔으니 말이지 만, 실상 그는 만초니에 그다지 열광하지는 않았다.

이제 그는 교육받은 엘리트만을 위해서가 아니라 대중 시장을 위해서도 글을 쓰고 있었다. 그가 확신하기로, 소설 독자들 중에는 여성이 압도적으로 많다. 그들 대다수는 부유하지도 않고 상층 계급 출신도 아니었지만, 부자와 귀족들이 어떤 사람인지에 대해 읽는 것을 좋아했다. 그는 초창기 이야기들에서 걸인과 노동에 지친 어부들에 대해 썼다. 그러나 그가 지금 기쁘게 해주려는 청중은 아브루초 농민들의 고난에는 전혀 관심이 없었다. 그들은 "평범한 현실"을 발 딛고 올라서기를 원했다. 이에 따라 그는 독자들에게 더 이상 노동하지 않아도 상관없고 인생이 관능적인 쾌락이나 지적인 신비를 통해 다채롭게 전개되는 환상세계를 제공했다.

그렇게 하는 과정에서 그는 공중의 취향을 그대로 받아 적지는 않았다. 그는 자기만의 취향을 따라가고 있었다. 그는 인기를 원했지만, 인기를 얻기 위해 타협하지는 않았다. 『쾌락』은 비타협적으로 실험성이 강하면서도 대중적으로 큰 성공을 거두었다는 점에서 문학사에서 희귀한 작품이다. 그것은 수많은 추문을 몰고 오면서도 즉각 베스트셀러가 되었다. 한 당대 언론인의 말을 빌리면, "수천 명의 젊은이가 안드레아 스페렐리 스타일로 옷을 입고 움직이며 말하고 걷고 담배를 피웠다. 여성들도 여주인공들의 태도와 인테리어 장식을 모방했다." 장기적으로 그것은 국제적 차원에서 '비평가의 찬사succès d'estime'를 얻었다. 헨리 제임스는 단눈치오의 "열정적 감수성"과 "빛나는 시각적 감성" "그의 개방적이고 아름다운 스타일"에 찬사를 보냈다. 제임스는 카사노바의 자서전도 "잘 구성되고 훌륭하게 요약된 안드레아 백작의 다채로운 서사시에 비하면 싸구려 저널리즘"으로 보인다고 결론지었다. 이제 단눈치오가 만들어진 것이다.

18. 초인

『쾌락』의 출간 이후 6년 동안 단눈치오는 차례로 로마, 아브루초, 다시 로마, 여러 군 막사들, 다시 로마, 다시 아브루초, 나폴리(계속 나폴리만 인근의 임대하거나 빌린 집에서), 로마, 프랑카빌라, 페스카라, 다시 로마에서 살았다. 그가 원해서 그토록 많이 이사 다닌 것은 아니었다. 이시기 단눈치오는 상당량의 시와 기사를 비롯해 한 편의 중편소설과 세편 이상의 장편소설을 썼고, 이 저술들로부터 상당한 수입을 얻기 시작했다. 그러나 빚을 청산하기에는 여전히 턱없이 부족했다. 그는 공개적으로 미학자/댄디/시인의 멋진 포즈로 나타났지만, 가정의 삶에서는 언제나 문을 두드리며 재산 압류를 하러 온 집행관들의 끔찍한 독촉에 시달려야 했다.

바르바라와의 관계는 지속되었지만 5년째 접어들면서 점점 그늘이 드리워갔다. 그가 1888년에 아내와 결정적으로 별거하고 나폴리로 이사한 후, 공작 부인 마리아 그라비나 크루일라스 디 라마카와 새로운, 그러나 가장 파국적인 관계를 맺기 시작했을 때에도 단눈치오는 여전히 바르바라의 방문을 받았다. 자신이 얼마나 그녀를 좋아하는지를 말하며 그녀를 안심시키면서 말이다. 당시 병적이고 추악하며 끔찍할 정도로 심각한 일련의 재앙이 있었다. 단눈치오의 아버지가 파산을 선언하고 죽은 것이다. 단눈치오의 아내 마리아 아르두엥 디 갈레세와 단눈치오의 새로운 애인 마리아 그라비나는 각기 자살 시도를 했는데, 두 여자의 절망은 부분적으로는 단눈치오와의 관계에서 비롯된 것이었다. 그는 마리아 그라비나와의 관계 때문에 간통(나폴리 법에서 형사 범죄인) 혐의로 감옥에 들어갈 뻔하기도 했다. 단눈치오의 네 번째(이자 단눈치오가 가장 사랑한) 자식인 딸 레나타가 태어났고, 거의 죽을 고비를 넘겨야 했다. 훗날 노년에 접어든 그는, 젊은 시절의 어느 밤에 작은 딸아이를 팔에 안고—근육에 경련이 일어나면서도 온몸을 바쳐 아기의 열을 내리게 하는 데 집중하면서—그때까지 느끼지 못했던 가장 순수하고 강력한 감정에 북받쳐 동틀 때까지 있었던 일을 회상했다.

그의 저술은 점점 더 대중적이고 상업적으로 되어감에 따라 점점 더 논쟁의 중심에 놓였다. 스릴 만점의 위악적인 글을 풀어놓는 작가라는 항간의 명성이 높아짐에 따라 그의 문학 동료들의 존중심도 그와 같이 변모해갔다. 『쾌락』이 프랑스에서 출간되자, 책은 대중 언론의 지면에서는 물론이고 소르본의 식자층 찬미자들이 개최한 학술회의에서도 스캔들을 일으켰다.

이즈음은 단눈치오에게 널뛰기를 하는 듯한 시기였다. 즉 공적으로 그의 명성은 한바탕의 정신없이 바쁜 작업으로 공고해진 반면, 사적으로는 하나의 절망적 상황이 지나가면 다른 절망적 상황이 찾아오는 가운데 무기력과 자기기만의 상태에서 비틀거렸다. 이즈음은 그의 독서와 사유가 정치적인 신조로 수렴되는 시기이기도 했다. 여기에 이 시기의 몇몇 일화가 있다.

로마. 1889년 2월의 비 내리는 밤. 단눈치오는 밀폐된 마차 안에서 바르바라가 그녀의 어머니와 함께 머물던 집 밖에서 기다리고 있다. 하루 종일 그는 그녀의 집 문밖에서 오락가락하며 그녀에 대한 욕망으로 괴로워한다. "길거리에도, 마차 안에도 비가 세차게 쏟아지고 있었다. 폭우는 몹시 폭력적이었다."

불륜을 저지른 연인의 삶은 비참해질 수 있다. 심야가 지나 어느 순간 바르바라가 나타난다. 한 남자와 함께 있다. 그녀의 남편이다. 단눈치오는 그들이 집안으로 들어가는 걸 지켜보고 있고, 레오니 백작이 떠나기를 기대하며 계속 기다린다. 1시간 10분쯤 지난 후 그는 포기하고 아내와 자식들이 기다리고 있는 아파트가 아닌 바르바라와 밀회를 나눈 임대한 방으로 간다. "그다음에 새로운 번민이 찾아왔소. (…) 내 귀는 작은 소리에도 민감하게 반응했소. 두세 번인가 나는 길거리로 뛰쳐나갔지. (…) 당신의 목소리를 들을 수 있으면 좋겠다고 상상했소." 그녀는 오지 않는다. 새벽녘이 되어 잠에 빠진다. 그는 몹시 지쳐 "죽음이 필요한" 상태라고 느낀다.

5개월 후. 프랑카빌라에 있는 미케티의 수녀원 집. 단눈치오는 분명한 의도를 천명하고서 이곳에 도착했다. "이번 여름에는 기필코 걸작을 쓰겠다." 이제 미케티는 해변가 아래에 있는 작업실에서 그가 눈물을 흘리고 있는 모습을 봤다. 그의 옆에는 산더미 같은 새 종이들이 쌓여 있으나 지금껏 쓴 것이라고는 겨우 세 장 정도다. 그나마도 새로 나올 책의 첫 페이지가 아니다. 세 장 모두 자살에 대해 끼적거린 것인데, 한 장은 자신의 어머니에게, 다른 한 장은 바르바라에게, 나머지 한 장은 미케티에게 쓴 것이다. 그의 손가락 마디에서는 피가 나고 있다. 그는 기절할 때까지 주먹과 머리를 벽에 부딪혔다. 그의 이마에 멍이 생겼다. 미케티는 아연실색하고 이해할 수 없어 한다. 단눈치오는 속에 있는 말을 모두 쏟아낸다. 바르바라의 "병약하고 관능적인 아름다움, 그녀의 결혼과 함께 따라온 질병, 남편의 부도덕함…… 그 무엇으로도 치유할 수 없는 나의 열정…… 그 모든 장애물에도 불구하고 지금 당장 그녀와 함께하고 싶은 욕구, 그럴 수 없다면 죽어야 한다는 등."

그의 멘토들 중 한 명은 『쾌락』을 읽자마자 "정액 냄새"가 난다며—이 책에서 가장 기억해둘 만한 몇몇 페이지는 에로틱한 환상을 펼쳐내는 대목이다—단눈치오에게 조언하기를, 다음번 작품을 쓸 때에는 작업 기간에 까탈스럽지 않은 내연녀, 말하자면 "암소 같은 여자"를 들여 성적 긴장을 풀라고 했다. 이 멘토보다 단눈치오의 마음을 더 잘 알고 있었던 미케티는 그를 위해 "암소"가 아니라 바르바라를 데려오는 일에 착수한다. 이 진실하고 관대한 친구인 미케티는 단눈치오에게 은신처까지 제공하고, 거기서 그와 함께 있으라며 바르바라를 설득한다.

단눈치오가 생활했던 은둔지의 스케치

두 달 동안 연인은 단눈치오가 아직 종교적 격리의 환상에 젖어 있을 당시 "은둔지"라고 불렸던 작은 집에서 생활했다. 이 집에 대한 스케치가 있다. 집은 가장 가까운 기차역에서 비포장 길을 걸어 40분 정도 걸리는 곳에 있다. 집은 아드리아해를 굽어보는 절벽 위에 있는데, 단눈치오가 미리 바르바라에게 경고했듯이 "생활의 편의는 일절 기대할 수 없으나" 눈앞에 펼쳐진 바다의 광막함을 즐기고 하루 종일 사랑을 나누기에는 나무랄 데 없는 완전히 격리된 곳에 위치해 있다. 단눈치오는 새로운 시집의 출간을 준비하고, 나중에 『죽음의 승리』로 출판될 소설을 쓰기 시작한다.

그해 여름 바르바라가 그의 곁을 지키고 있는 가운데 완성한 초고를 보면, 그의 열정이 진정되고 있음을 알 수 있다. 밤새도록 비를 맞으며 그녀를 기다리던 남자는, 언제 그랬냐는 듯 쾌락에 질려 있다. "한 여성이 늘 함께한다는 사실이 영적으로 고양된 정신에 가하는 타격"이라는 구절이 그의 메모에서 발견된다. 소설은 여러 면에서 단눈치오와 바르바라를 닮은 두 사람을 묘사하는데, 그들은 "은둔지"와 같은 외딴 집에서 살며 해안가에서 수영하고 모래사장에 설치한 오렌지색 실크 텐트 안에서 사랑을 나누면서 유일한 이웃인 농부와 어부들의 행사를 관찰하고 한 어부 가족이 익사한 아이의 죽음을 애도할 때 창백한 표정으로(단눈치오와 바르바라도 실제로 그랬다) 이를 지켜본다.

훗날 단눈치오는 로맹 롤랑에게 말하기를, 바르바라가 잠들었을 때 그녀 옆에 앉아 그녀의 자는 모습을 메모해두었는데, 그는 이를 자신의 소설에서 "끔찍한 솔직함"으로 묘사했노라고 했다. 그의 여주인공(단눈치오가 바르바라에게 명시적으로 말하듯이, "바로 당신"이기도 한)은 바다 공기를 맡으며 생기가 돈다(단눈치오는 그녀의 병약한 모습을 좋아한다). 그녀는 태양에 검게 그을려 있다(단눈치오는 파리한 여성을 좋아한다). 달리 할 일이 없던 그녀는 농민 출신의 식모와 함께 놀고 요리와 같은 "일상적인 일들"로 바쁘다. 그녀의 얼굴에서 어느덧 영적인 모습은 사라지고 속물적인 모습만 남아 있다. 그녀의 쾌락은 "동물적"이다. "그녀는 자신을 떠나보내고 있다." 소설 속 남자 주인공은 그녀가 보여주는 어떤 매너리즘들, 특히 담배를 돌돌 마는 방식과 같은 매너리즘을 발견하고, 이것이 "매춘부 같은" 모습임을 떠올리며 충격을 받는 것이다.

소설 속 남자 주인공은 성적으로 접촉할 때 눅눅하고 불결한 살이 닿는 역겨운 기분을 알고 있다. 사랑이 "지나간 다음에는 죽은 것들로 가득 찬 거대한 거미줄만이 남는다"고 그는 반추한다. 단눈치오와 바르바라의 관계는 그다음 3년 동안에도 지속될 것이지만—다시 헤어지면서 열정이 재점화되었다—그해 가을 그들이 로마로 돌아온 직후에 그는 미몽에서 깨어난 애가인 '빌라 키지Villa Chigi'를 쓴다.

밤새도록—얼마나 길었던가!(새벽이 찾아오지 않을 것만 같았는데),
열정과 미칠 듯한 불안으로, 나는 지쳐버렸어
우리의 뒤섞인 육신에, 우리의 입맞춤에 불꽃을 다시 태우려고.
그녀는 입 맞추며 더 이상 내 영혼을 삼키지 않았지.
그녀는 입 맞추며 그저 자기가 흘린 눈물만을 삼켰지.

1890년 3월. 단눈치오의 스물일곱 번째 생일날. 그는 신체검사를 받으러 군병원으로 가고 있다. 대학생이라서 면제를 받을 수 있다는 그럴듯한 근거로 병역(모든 이탈리아 남성에겐 의무인)을 몇 년 동안 연기한 뒤 마침내 입대를 결심한 것이다. 군인의 삶은 그를 질겁하게 만든다.

그는 들끓는 빈대 때문에 괴롭고 그렇게도 많은 사람과 몸을 부비며 생활하는 것도 메스꺼울 정도다. 매일 장시간 훈련을 해야 했기 때문에 소설 쓰는 작업도 중단했다. 그는 자신의 말을 손수 손질해야 하고 마구간도 청소해야 한다. 몸을 씻을 겨를조차 없다. "내게 최악의 적은 이보다 더 흉포하고 비인간적인 고문을 나로서는 상상할 수 없을 거라는 사실 그 자체다."

이런 불평에도 불구하고 그는 관대한 처우를 받고 있었다. 그는 이미 아버지를 방문하기 위해 연장 휴가까지 받기도 했다. 이제 그는 '신경쇠약증'을 치료하기 위해 좀더 많은 시간을 쓰고 있다. 그는 기분 전환 삼아 병원 해부실에 가서 시체 해부를 참관한다. "피, 그렇게도 많은 피, 죽음의 악취, 무표정한 의사들." 그는 심각하게 손상된 2구의 군인 시신을 관찰한다. 그중 1구는 출혈이 너무 심해 참관인들에게까지 피가 튄다. 때는 저녁이다. "그림자와 참관인들의 속삭이는 소리, 외과수술용 메스의 번쩍거림, 이 모든 비극적인 것이 나를 흥분시킨다." 그는 자기 방으로 돌아와 바르바라에게 해부된 시체에 대해 편지를 쓴다. "나는 아직도 두개골이 갈라지고 가슴이 절개되어 개복된 커다란 몸을 보고 있다오."

단눈치오는 인간의 몸―자기 자신과 다른 사람의 몸―에 대해 잘 알고 있는데, 이는 여느 문학 동료들과는 구별되는 대목이다. 그는 바르바라에게 보낸 연애편지에서도 그녀의 은밀한 곳을 세밀하게 묘사하는 등 정확히 여인의 몸속을 좋아한다. 그의 소설에서도 그는 여주인공들이 흘리는 땀과 내뿜는 숨까지 볼 수 있을 정도로 그녀들에게 밀착한다. 그는 분홍색 속눈꺼풀과 겨드랑이, 콧물로 막힌 콧구멍, 맨발 등에 대해 쓴다. 『아마 그렇거나 그렇지 않을 거예요』에서 봄에 찾아오는 제비들을 보기 위해 일군의 여성이 창가에 몰려들 때, 여성들은 좌우로 나란히 정렬된 서로의 다리들을—즐겁게, 그러나 어색하게—의식한다. 이 여성들은 육신을 가진 존재이며, 우리 모두 그렇다. 이는 단눈치오에게는 어떤 때는 경이롭다가도 다른 때는 역겹고 또 어떤 때는 불쌍하게 보이는 사실, 그러나 어쨌든 절대로 잊을 수 없는 사실이었다.

1890년 4월 페스카라에서 시인의 사촌인 프란체스코 단눈치오가 권총으로 자살했다. 6월 6일에는 단눈치오의 아내인 마리아 아르두앵디 갈레세가 위층 창밖으로 투신했다.

마리아는 두 다리만 부러지고 목숨은 건졌다. 그녀의 자살 시도에는 다양한 동기가 있었다. 그녀는 남편의 초창기 전기작가들 중 한 명에게 자살 시도 당일 자신을 절망에 빠뜨린 사람은 바로 자기 아버지였다고 말했다. 아이 하나를 데리고 외출했다가 길거리에서 아버지를 만난 그녀는, 외손자를 소개해주려고 했다. 그러나 아버지가 "당신 누구야? 난 당신 몰라"라고 말하며 일언지하에 호의를 묵살했다. 또 다른 기록에 따르면, 단눈치오가 라스티냐크라는 발자크의 소설에 나오는 인물의 이름을 필명으로 쓰는, 부부가 모두 아는 한 언론인 친구의 접근을 그녀가 유도하지 않았냐고 비난하자 이에 마리아가 제정신을 잃을 정도로 흥분했다고 한다. 심지어 그녀가 연인의 아이를 임신했을 거라는 가십도 있었다. 이 모든 이야기는 믿을 만한 근거가 있지만, 마리아에게 가장 심한 고통은 언제나 불성실한 남편인 단눈치오에게서 비롯된 것이었음에 틀림없다. 최근에 그는 아내와 자식들과 함께 사는 똑같은 건물에 바르바라와 함께하는 사랑의 둥지를 새롭게 마련함으로써 아내에게 또다시 굴욕을 안겨주기도 했다.

그는 마리아가 병원에 누워 있을 때 열심히 병문안을 갔다. 그는 언제나 병상 옆에서는 배려심이 큰 남자였다. "그녀는 항상 아프고 고통스러운 한에서 나를 기쁘게 한다"며 그의 소설 속 주인공인 조르조는 되새긴다. 그러나 아내의 자살 시도가 있던 바로 그날 그는 자기 아내가 최소한 3주는 입원해 있어야만 하기에 로마로 서둘러 돌아오라고 재촉하는 편지를 바르바라에게 썼다. 마리아는 병원에서 퇴원하자마자 그와 결정적으로 갈라섰다.

자살의 유령이 단눈치오의 픽션들은 물론이요, 그의 편지와 일기에도 배회하고 있다. 『죽음의 승리』(마리아가 자살 시도를 했을 때 이미 부분적으로 완성된)는 어떤 자살과 함께 시작된다. 조르조와 이폴리타가 핀초 정원을 걷고 있을 때, 그들은 가파른 비탈에 설치되어 있는 난간 주변에서 일군의 남성이 웅성대고 있는 것을 본다. 아래 도로 위에서는 한 짐마차꾼이 막대기로 피에 엉겨붙은 금발의 머리카락 흔적들을 가리키고 있다. 한 여성이 투신한 것이다. 그녀의 시신은 이미 옮겨지고 난 뒤다. 그들이 현장을 떠나갈 때 조르조는 "망자에게 신의 가호가 있기를"이라고 말한다. "무슨 일이 일어났는지 더 이상 의심할 여지가 없었다."

자살은 낭만적 행위였다. 죽음은 말하자면 간절히 바라던 첫날밤처럼 단눈치오가 책을 읽으면서 반복해서 발견하게 될 개념이었다. 그가 학창 시절부터 사랑했던 영국 시인들은 죽음에 심취한 자들이었다. 한 여인에 대한 이룰 수 없는 사랑 때문에 스스로 목숨을 끊었던 괴테의 젊은 베르테르는 한때 유럽 전역에서 모방 자살의 물결을 몰고 왔다. 단눈치오의 생애에도 또 한 번 자살의 물결이 독일어권을 휩쓸었다. 가령 아르투어 슈니츨러의 딸과 후고 폰 호프만슈탈의 아들, 루트비히 비트겐슈타인의 형제 셋, 그리고 구스타프 말러의 형제 등이 모두 자살로 생을 마감할 것이었다. 슈니츨러는 자살 동기를 이렇게 설명한 적이 있다. "위신 혹은 부채 문제 때문에, 인생의 권태로부터, 혹은 순전히 가식에서." 1889년 이제는 사라졌다고 생각된 유행이 오스트리아-헝가리 제국의 계승자인 루돌프 공이 자신의 애인 마리 베체라를 죽인 다음 자살하면서 다시 불붙었다. 이 사건이 일어난 지 정확히 7개월 후 단눈치오는 이와 유사한 동반 죽음을 결말로 삼은 소설을 쓰기 시작했다.

1913년 프랑스에서 단눈치오는 화자의 이름이 기묘하게도 데시데리오 모리아르Desiderio Moriar —'죽음의 욕망'이라는 뜻—인 중편소설을 썼다. 그는 이 마지막 저작에 이렇게 서명했다. '죽음에 매혹된 가브리엘레 단눈치오.'

단눈치오는 병역을 마치고 결혼생활도 청산한 후 1890~1891년의 겨울을 스페인 광장 인근의 널찍한 1층 집에서 보냈다. 바르바라가 자주 방문했고, 오랫동안의 금욕생활로 다시 그녀에 대한 욕망이 불타오른 단눈치오는 벽난로에 장작을 올리고 커다란 불꽃 앞에서 다마스크 쿠션 더미들 위에 벌거벗은 채 그녀와 함께 누워 있곤 했다.

단눈치오는 바르바라가 추천해준 러시아 소설들을 읽고 있었는데, 이 소설들은 1880년대에야 프랑스와 이탈리아에 그 번역본이 출간되기 시작했다. 그는 도스토옙스키로부터 새로운 어조의 목소리와 새로운 주제를 끄집어냈다. 19세기의 지난 20여 년 동안 로마는 라스콜니코프•와 같은 독신 남자들로 넘쳐났고, 이들 중 많은 수가 집에서 멀리 떠나와 한창 호황을 누리고 있는 도시에서 생을 이어나가려고 고투했다. 1891년 봄 내내 단눈치오는 그런 인간 군상을 배경으로 한 중편소설 『조반니 에피스코포』를 썼다.

교육 수준이 낮고 거친 매너를 보이는 일군의 남성이 하숙집에 함께 살고 있다. 그들은 매일 밤 하숙집에서 먹고 마시며 성에 굶주린 채 예쁘장하게 생긴 하녀에게 욕정을 느낀다. "열이 올라 질식할 듯하다. 귀가 벌겋고 눈이 번들거린다. 야비하고 거의 짐승 같은 표정이 실컷 먹고 마신 남자들의 얼굴에 선연하다. 곧이라도 기절할 것 같다. (…) 나는 팔꿈치를 끌어들여 그들과 조금이라도 멀찍이 떨어지려고 한다."

『죽음의 승리』에 나오는 연인들 주변의 투박한 농민이나 야수적인 도시 노동자들처럼 단눈치오의 픽션은 인간 말종들sub-human로 가득하다. 그의 다윈주의는 점점 악의적으로 변해갔다. 그의 상상세계는 꼭 생존할 필요도 없고 생존할 가치도 없는 부적격자들로 가득 차 있었다. 도스토옙스키의 『죄와 벌』에서 살인자 라스콜니코프는 "보통 사람들과는 다르기에 월권이나 범죄를 행해도 좋고…… 어떤 방식으로든 법을 어겨도 좋을 절대적 권리를 지닌" 우월자들이 있다고 믿는다. 단눈치오의 다음 작품은 『무고한 존재』인데, 여기서 주인공 툴리오는 아기를 죽인다. 소설은 불특정 다수에게 고백하는 형식을 취하고 있다. 툴리오는 단언한다. "인간의 정의는 나를 건드리지 못한다. 이 세상의 어떤 법정도 나에게 판결을 내릴 수 없을 것이다."•• 툴리오는 라스콜니코프와 마찬가지로 자신에게 지상의 법으로부터 절대적으로 면제될 특권을 허용하는 예외적 지위, 즉 초인superman의 지위를 주장하는 것

• 도스토옙스키의 『죄와 벌』에 나오는 유명한 주인공의 이름.
•• 『무고한 존재』의 우리말 번역을 참조했다. 가브리엘레 단눈치오, 『무고한 존재』, 윤병언 옮김, 문학과지성사, 2018, 7쪽.

이다.

1891년 3월. 재산 압류를 하러 온 집행관들이 단눈치오의 집 대문을 두드려대고 있었다. 그는 이미 파산을 선언한 상태였다. 그를 고소한 사람은 카페 로마의 지배인인데, 이 카페에서 단눈치오는 수년 동안 외상으로 먹고 마셨다. 그의 재정 상태는 너무나 복잡해서 도무지 이해할 수 없다. 그는 빚을 빚으로 돌려막았고, 그의 보증인들은 그가 버는 것보다 쓰는 게 훨씬 더 많다는 끔찍한 현실을 은폐하기 위해 그저 요식 행위에 불과한, 가상의 안전망일 뿐인 보증을 서주었다.

그는 가구와 물품을 가득 넣은 몇 개의 컨테이너를 프랑카빌라로 발송했고, 거기서 미케티(단눈치오에게 역시 거액을 빌려준)는 형편이 좋아지면 다시 가져가겠다는 그의 약속을 믿고 빚 정산금 대용으로 받아둠으로써 다른 채권자들로부터 그의 재산을 안전하게 보관해둘 터였다. 단눈치오가 보낸 이삿짐 목록을 보면, 그의 돈이 어떻게 순식간에 빠져나갔는지를 알 수 있다. "물결무늬가 새겨진 하프, 두 개의 까만 기둥, 파란색과 황금색의 일본 쟁반, 바로크식 액자에 표구된 보티첼리의 「봄」 에칭, 보헤미아산 유리로 만들어진 큰 접시, 그림이 그려진 긴 코르도바산 가죽, 두 개의 멧돼지 엄니, 구름 사이로 햇빛이 비치는 형태의 제단화 한 점, 큰 앤티크 동양 양탄자 열 개……" 이런 식으로 목록은 계속된다. 전부 합쳐 80개가 있고, 모두 방 하나짜리 아파트에 있던 것들이다.

이제 그는 그 모든 것이 떠나버리는 걸 보며 그 자신도 도시를 떠난다. "나는 불길한 새벽녘에 완전히 힘이 빠진 채 아프고 절망스러운 마음으로 출발했다." 그는 항상 그렇듯이 예의 피난처인 프랑카빌라로 도피한다. 그의 수호천사이자 아버지 같은 수도원장 미케티가 그를 맞이

2부 물줄기들

한다.

　나중에 그는 3주 반 만에 『무고한 존재』를 완성했노라고 자랑할 것이다. 실은 석 달 가까이 걸릴 테지만, 그렇다고 해도 그렇게 빨리 완성했다는 것은 정신과 의지의 놀라운 승리라고 할 만하다. 그는 바르바라에게 편지를 보내 이제 막 싹트기 시작하는 과실수들과 멀리 보이는 숲을 은은히 가리는 회녹색의 안개를 묘사했는데, 그런 다음 이와 똑같은 묘사를 소설 속에 다시 이용한다. 그는 마을 세례식에도 참석한다. 그가 접한 노래와 제식들이 소설 내러티브에도 직접 인용된다. 그는 참기 힘든 성적 흥분 상태에 대해 그녀에게 편지를 쓰지만, 그럼에도 방문하고 싶다는 바르바라의 간청을 다시금 뿌리친다. 그가 그녀에게 말한 "야만의 깃발gonfalon"—영어뿐만 아니라 이탈리아어에서도 고풍스런 단어—이 계속 휘날린다.

　7월 중순께 그는 완성된 원고를 에밀리오 트레베스에게 부친다. 이미 몇 달 전부터 그는 트레베스에게 선금을 달라고 졸라대왔다. 자신이 훌륭한 투자처라고 말하면서 말이다. 트레베스는 그의 다른 책 시리즈 원고들도 전부 받을 수 있는 입장이다. 확실히, 이 출판업자는 그의 원고를 거부하지 않을 것인가? "나는 지금 현금이 동봉된 답신을 절실히 기다리고 있습니다." 트레베스는 소설을 다 읽기 전에는 어떤 제안에도 응하지 않을 것이다. 단눈치오는 소설을 보낸다. 3주가 지난 후 청천벽력과 같은 답신이 온다. 『무고한 존재』는 "극도로 비도덕적임". 이는 예정된 수순이다(트레베스는 최근에 톨스토이의 『안나 카레니나』와 『전쟁과 평화』의 이탈리아어 번역본을 출간한 바 있는데, 따라서 톨스토이의 주제와 기법을 전유한 단눈치오에게서 별다른 인상을 받지 못한다). 트레베스는 이 소설을 출간하지 않을 것이다. 게다가 바르바라도 그에게 결별을 위협하는 편지를 쓴다(그들은 안 본 지 5개월이 넘었다). 결혼도 파탄 나고 연애도 위태로우며 직업 전망도 어두워진 단눈치오는, 프랑카빌라를 떠나 나폴리로 향했다.

트레베스가 거부한 소설은 단눈치오에게 국제적 명성을 안겨줄 것이었다. 소설의 고백 형식은 혁신적이다. 주인공이자 화자인 툴리오 헤르밀은 스스로에 대해 "엄격한 감시의 눈길"을 한시도 풀지 않는 사람으로 묘사한다. 그와 같은 툴리오의 자아는 몹시 변덕스러워 자신의 의식 속을 맴도는 타락과 참회, 다정함과 사디즘의 급류를 추적하며 스스로를 "다중 영혼multanime"이라고 묘사한다. 『무고한 존재』는 위대한 심리소설 가운데서도 가장 미묘한 뉘앙스를 풍기는 소설이다. 그것은 또한 가장 강력한 스토리텔링을 지닌 작품이기도 하다.

툴리오는 대부분의 단눈치오 소설의 주인공처럼 여가를 즐기고 지적으로 세련되며 감정적으로 피곤한 당대의 로마 신사다. 그는 아름다운 아내 줄리아나에게도 곧잘 불성실했고, 그녀는 또 그녀대로 남편의 사랑을 되찾기 위해 절망적으로 애쓰면서 다른 남자의 유혹에 기꺼이 넘어갔다. 부활절에 그들이 시골에 있는 어머니 집에 체류하는 동안 툴리오는 부부 간의 화해를 원하지만, 줄리아나는 이제 다른 연인의 아들을 임신한 상태다. 커플은 버려진 민가인 빌라 릴라에서 하루를 보내고, 라일락 냄새가 진동하는 정원에서 남편의 팔에 안겨 황홀해한다. 툴리오는 그녀와 다시 격렬한 사랑을 나누지만(아닌 게 아니라 그녀는 힘든 임신 탓에 얼굴이 파리하고 병색이 완연한데, 이는 단눈치오가 좋아하는 여성의 모습이기도 하다), 그는 아내가 다른 남자의 아이를 뱄다는 말에 충격을 받는다. 아기가 태어났다. 다른 집들은 크리스마스를 축하하기 위해 성당에 간 동안 한겨울에 툴리오는 아기의 숄을 벗기고 아기를 그 추운 날씨에 열린 창가에 벌거벗긴 채 방치하여 결국 치명적인 감기에 걸리게 한다.

트레베스가 공중의 비난을 두려워한 것은 당연한 일이었다. 결국 소설이 출간되었을 때, 『판풀라 델라 도메니카』의 한 비평가는 "단눈치오의 새로운 소설에서는 구멍마다 (…) 시큼한 독약이 스머나온다"라고 개탄했으며, 그것이 풍기는 역겨운 "부패와 타락의 악취"를 비난했다. 독자들에게 충격을 준 것은 비단 부부의 동반 간통과 유아 살해뿐만이 아니었다. 성행위를 비롯한 인간 신체의 세밀한 묘사도 불편함을 야기했는데, 단눈치오는 키스하는 입에 묻은 뜨끈한 점액질과 아기 윗입술에 엉겨 붙은 콧물, 코르셋을 벗은 가슴의 부드러움을 묘사한 것이다. 그뿐만이 아니라 그는 연인을 사랑할 때 연인의 마음에서 교대로 떠오르는 욕망의 파동들과 잔인함과 비위가 상할 정도의 역겨움을 법의학적인 엄격함으로 분석한다. 많은 사람에게 이는 너무나, 지나치게 현실적이었다.

덜 예민한 독자들에게 『무고한 존재』는 소설이 시만큼이나 아름답고 감정적으로 도발적일 수 있다는 단눈치오의 주장을 입증하는 사례다. 반복적이고 다채로운 이미지들의 조합은 전체 작품을 일종의 단어들의 태피스트리로 만든다. 의자의 팔걸이에서, 혹은 병상의 침대 시트 위에서 미동도 하지 않는 줄리아나의 손, 하얀 국화 다발, 몬테베르디의 오페라에 나오는 에우리디케의 비탄,• 빈집 처마에 켜켜이 쌓인 제비 둥지들. 이 모든 모티프가 번갈아 나오며 내러티브를 통해 음악적으로 메

• 몬테베르디는 첫 오페라로 「오르페우스」를 작곡했다. 오르페우스는 아름다운 아내 에우리디케를 두고 있는데, 아내가 독사에 물려 죽자 그녀를 살려내려고 하계로 내려가 하데스와 페르세포네를 리라 연주로 감동시킨다. 이에 하데스는 에우리디케를 풀어준다. 단, 지상으로 올라갈 때까지 뒤를 돌아보지 않는다는 조건을 단 채. 그러나 지상을 얼마 남기지 않고 오르페우스는 에우리디케를 돌아보게 되고, 이에 에우리디케는 다시 하계로 끌려간다.

아리치는 일련의 후렴구를 이루는 것이다. 헨리 제임스는 『무고한 존재』가 "격분한 감정"에 대한 최상의 지배력을 보여준다고 선언했다. "다른 스토리텔러들은 비유컨대 안에 들어갈 수 없도록 차단된 문밖에 남아 있으면서 그저 이따금씩 안에서 들리는 희미한 소리를 포착하기 위해 문밖에서 귀 기울이고 있는 듯한 느낌을 주는 반면, 그만은 홀로 안에 잘 자리 잡고서 그 장소의 주인으로서 그곳 전체를 헤집고 다닌다."

단눈치오는 "자신의 삶을 만들려고" 열망하지만, 그는 단호하게 결정하는 사람이 아니라 충동에 이끌리는 사람이다. 미케티는 나폴리에 갈 것이고, 단눈치오도 딱히 다른 곳에 있을 긴급한 이유가 없기에 거기로 함께 갈 것이다. 둘의 친구인 스카르폴리오와 그의 아내 마틸데 세라오가 나폴리에 살고 있다. 단눈치오는 사흘 동안 저녁에 그들에게 『무고한 존재』를 낭송해주고, 그들은 자신들의 저널인 『코리에레 디 나폴리Corriere di Napoli』에 연재로 실어주기로 한다.

만일 로마가 새로운 메트로폴리스의 에너지로 북적이는 도시라면, 나폴리는 우아하게 타락한, 이제는 사라진 왕국의 도시다(부르봉 군주들은 1860년 가리발디가 도시에 진격했을 때 서둘러 도시를 떠났다). 화산과 바다 사이에 자리 잡고 있는 극적인 모습에 숨이 턱 멎을 듯하다. 나폴리 당국은 부패했다. 당국은 오직 조직범죄 집단인 카모라Camorra의 동의 아래서만 움직이는데, 아닌 게 아니라 시칠리아에 마피아가 있다면 나폴리에는 카모라가 있다고 할 수 있다. 나폴리 사회는 어떤 면에서 보더라도 데카당스하다. 그래서인지 단눈치오는 이곳이 썩 마음에 든다고 느낀다.

이 유명한 작가는 곧 이곳 나폴리에서 최소한 두 명의 유명한 여주인의 거실을 뻔질나게 들락날락거릴 것이다. 한편 어느 악명 높은 해결사가 이곳에 없어서는 안 될 대부업자들과 단눈치오가 만나도록 주선해주고, 『코리에레 디 나폴리』의 사무실에서는 스카르폴리오와 세라오가 이곳의 인텔리겐치아 집단에 그를 소개시켜준다. 그는 또 한 명의 명석한 아브루초 사람인 철학자 베네데토 크로체와 미래에 이탈리아 총리가 될 프란체스코 니티, 안토니오 살란드라 등과 만난다. 사반세기쯤 후에 크로체는 단눈치오에 대한 신랄한 비판자가 될 것이고, 니티는 단눈치오의 정치적 맞수가 될 것이다. 그러나 당시에 그들은 모두 함께하는 것만으로도 즐거운 재능 있는 젊은이들이었다. 이제 그는 예전과는 다르게, 좀더 남성적으로 보인다. 급속히 벗어지는 머리를 짧게 깎았고─검은 곱슬머리가 더 이상 안 보인다─짧고 뾰족하며 황금빛이 두드러지는 턱수염을 기르고 있다. 그는 외알 안경을 좋아하며 한 여인을 노골적으로 쳐다보다가 이 여인의 친구인 신사와 실랑이를 벌이기도 한다.

그와 바르바라는 편지를 주고받는데, 이 편지들에는 독설과 포르노그래피 수준의 판타지가 번갈아 나온다. 그는 편지에서 자신이 항상 "성유물함"을 지니고 다닌다고 말하는데, 바로 그녀의 사진 한 장과 그녀의 음모 한 올을 담은 로켓 펜던트다. 그녀가 방문한다. 그들은 언쟁을 벌인다. 그는 가을볕과 카포 디 몬테의 정원들, 그리고 이제는 희미해지는 사랑에 대한 애잔한 시를 쓴다. 단눈치오가 절친한 친구에게 말하기를, 그들의 사랑은 종착점을 향해 달려가고 있다. 그는 대부업자이자 뚜쟁이 여인의 집에 바르바라가 찾아갔다는 사실을 알려주는 익명의 편지를 받는다. 아마도 이 여인은 바르바라에게 빚을 청산해줄 수 있는 재력가 남성을 구하는 데 도움을 준 것 같다. 아마 단눈치오도 자책감을 조금이라도 덜려고 그렇게 믿은 것 같기도 하다.

그는 이미 바르바라를 대신할 다른 여성을 발견했다. 나폴리에 도착한 직후 그는 백작 부인 마리아 그라비나와 만난다. 단눈치오보다 두 살 연상이고 키도 몇 센티미터나 더 큰 마리아 그라비나는, 포병 장교와 결혼하여 슬하에 아이 둘, 혹은 넷을 두고 있다(기록마다 다르다―아이 수가 얼마가 됐든 어쨌거나 그녀는 조만간 아이들을 버릴 것이다). 그녀는 시칠리아 출신에 공작의 딸로서 눈동자는 검고, 붉은 머리카락이 눈에 띄게 섞여 있는 흑단 같은 머릿결의 소유자다.

잇따른 겨울 내내 단눈치오는 여전히 바르바라에게 열렬한 연애편지를 쓰면서도 마리아에게 구애할 것이다. 봄에 일련의 불행한 사건들이 찾아온다. 마리아의 남편인 안귀솔라 백작이 잘못된 투자로 돈을 날린다. 그는 나폴리의 집을 포기하고 가족의 영지에 칩거한다. 마리아 그라비나는 남편과 함께 떠나기를 거부한다. 그녀는 남편 집을 나와 아이들을 외갓집에 데려가고 법적 이혼을 요구한다. 그녀의 부모는 생활비를 끊는다. 그녀는 임신했음을 알게 된다. 단눈치오는 아버지가 되어야 한다. 그녀는 유산을 시도하나 실패한다. 그녀의 남편이 집을 방문하여 그녀와 단눈치오의 불륜 현장을 목격한다. 백작은 법적 소송에 나선다. 그의 고소는 법정에서 근 1년을 끌었는데, 그동안 연인들은 나폴리 법에서 간통이 징역형에 해당되는 범죄라는 걸 알고서 불안하게 동거하고 있다. 단눈치오는 마리아와의 관계를 질질 끌고 갈 의도는 없었지만, 이제 와서 그녀를 포기할 수도 없다고 느낀다. 그녀는 남편과 이혼하고 부모와도 소원해진 채 그에게 매달리고, 그녀의 임신으로 "사태는 숨 돌릴 틈 없이 전개된다".

나폴리와 로마는 여전히 서로 격리된 사회다. 나폴리에서 가십은 느리게 퍼진다. 바르바라는 여전히 새로 사귄 연인에 대해서는 아랑곳하지 않은 채 단눈치오를 방문하겠다는 편지를 띄운다. 단눈치오는 왜 방문하면 안 되는지 핑계거리를 찾는다. 그는 돈이 없다. 마리아 그라비나와 그녀의 아이들이 단눈치오의 하숙집으로 이사 온다. 단눈치오는 로마에 살 때처럼 나폴리에서도 빚이 급속하게 늘고 있다. 어디서나 "우리가 돈을 빌린 사람들의 밥맛 떨어지는 행렬"이 그의 꽁무니를 따라다닌다. 조만간 재산 압류를 하러 온 집행관들이 하숙집에 들이닥칠 것이다. 그는 집에서 쫓겨났다. 그동안 모아놓은 수집품들도 압류되었다. 그는 다시 노숙인 신세가 되었고, 이번에는 임신한 여자와 그녀의 네 아이, 그리고 아이들의 유모까지 딸린 상황이다.

마리아 그라비나의 친구 한 명이 나폴리 시내에서 30킬로미터가량 떨어진 나폴리만에 면한 오타야노성의 부속 건물을 빌려주어 이 오갈 데 없는 비참한 무리에게 구원의 손길을 내민다. 무대는 나무랄 데 없으나, 환경은 끔찍하다. 겨울이 시작되고, 마리아 그라비나도 임신 3개월째에 접어든다. 단눈치오는 이렇게 쓰고 있다. "이 거대한 봉건 영주의 성은 얼음집이나 다름없다." 단눈치오라는 남자는 애인들이 벌거벗은 채 하루 종일 바닥에 안락하게 누워 있어도 좋을 정도로 집안 온도를 유지하는 사람, 그래서 방문객들이 집안에 들어오면 질식할 것 같다고 불평하게 만드는 사람임에야 그가 얼마나 끔찍한 환경에서 살고 있었는지 짐작할 수 있다. "이 방들은 마치 대성당의 신도석처럼 너무 높고 넓어 따뜻하게 데우는 것도 불가능하다." 마리아 그라비나의 아이들은 시끄럽고 요구하는 게 많아 단눈치오 자신이 얼마나 오랫동안(거의 2년 동안) 제 아이들을 안 보고 살아왔는지 계속 상기시켜준다. 그들은 우유 배달부에게도 돈을 줄 수 없다. 빵도 살 수 없다. 장작은 꿈도 못

꿀 일이다. 단눈치오는 예전의 집주인에게 우편물을 보내달라고 부탁할 수도 없는 처지다. 방세도 내지 않아 여전히 방세 독촉에 시달리고 있었으니 말이다. 그는 바르바라에게 (혼자 있다고 암시하면서) 자신이 저주받은 희생자라고 한탄하며 자신(패션의 선도자, 미니모 공작!)이 정장 한 벌과 잠옷용 셔츠 두 벌 외에 모든 의상을 빚쟁이들에게 빼앗겨버린 사실을 말해 동정심을 자아내려고 한다.

그렇기는 해도 어쨌든 그는 그럭저럭 살아나간다. 그는 델라 마라 남작 부인에게 떼를 쓰는 시를 보내 어느 앤티크 상점의 창가에서 본, "어느 모로 보나 유명 작가에 어울릴 법한", 그러나 안타깝게도 자기로선 꿈도 꿀 수 없는 사랑스러운 물건인 루이 16세의 책상을 자신을 위해 구입해달라고 애원하기도 했다. 만일 책상을 구입해준다면, 시인에게 값비싼 후의를 베푼 많은 귀족 여성의 반열에 들게 될 거라면서 말이다. 백작 부인이 집세가 무료인 성을 그에게 제공했던 것과 꼭 마찬가지로 이 친절한 남작 부인은 시인이 살고 있는 성이 무척 추워보였기에 그에게 저택을 한 채 빌려준다. 그리고 아주 가끔이긴 하나 수입이 생겨도 시인은 우유 배달부에게 돈을 주는 대신 시내로 나가 외식을 한다.

결국 바르바라는 마리아 그라비나와 눈에 밟히는 아이들의 존재에 대해 듣게 된다. 그녀는 "모든 것을 알고 있다"고 쓴다. 뻔뻔한 단눈치오는 답신에서 만일 그렇다면 그녀는 "내가 폭력적인 사건들에 휘말리며 출구도 없는 미로에 갇혀도 내 의무를 다했다는 사실" 역시 알아야 한다고 말한다. 바르바라에게 보낸 그의 마지막 편지는 자기기만과 자존심의 놀라운 표본이라고 할 만하다. 그는 자신이 결코 그녀에게 거짓말을 하지 않았다고 말한다. 그는 그녀가 분노에 눈이 멀어 했던 말에 대해 그녀를 용서한다. 그는 또 다른 사랑을 찾으라고 그녀에게 권한다―단, 자신을 당혹스럽게 만드는 방식을 피해달라고 요청한다. 자기 자신에 대해서는 "나는 앞에 벼랑이 놓여 있다고 해도 앞도 보지 않고 아찔한 길을 계속 걸어갈 것이다. 나는 눈물로 흐려진 얼굴로 지난 위대한 사랑을 돌아보려고 하지 않을 것이다". 그는 도스토옙스키적인 예외적 존재이며, 인간의 판단을 뛰어넘는 존재다. 그는 또한 그 어떤 것에도 책임이 없는 무력한 희생자다. 그는 불행하다. 동정을 받아야 한다. 그는 최선을 다하고 있다. 어떤 것도 그의 잘못은 아니다. 잘못은 예전에도 없었고, 지금도 없으며, 앞으로도 없을 것이다. "운명이 얼마나 나를 괴롭히는지 믿을 수 없을 지경이다."

이렇듯 부당한 대우를 받는 여성들과 재산 압류를 하러 온 집행관들, 법적 소송, 느닷없는 도피 등 이 모든 아수라장 속에서도 단눈치오는 오롯이 작업을 계속한다. 나폴리에 2년간 체류하면서 그는 일련의 시와 소설, 기사들을 생산해낸다. 그는 발행이 중단된 『죽음의 승리』를 수정하고 완성하며 다음 소설인 『바위 위의 처녀들Le Vergini delle rocce』을 쓰기 위해 자료를 수집한다. 또한 그는 그동안 쓴 시들을 모아 『천국의 시Poema Paradisiaco』를 출간하는데, 이 시집에는 시간이 흘러도 변치 않게 대중에게서 사랑받은 몇 편의 시가 포함되어 있다.

그는 자극적인 새로운 경험들과 마주하고 있다. 나폴리에는 1870년 대에 리하르트 바그너가 라벨로*에 체류한 당시에 그를 알았던 사람들이 있다. 그리고 판 베스터루트에게 「트리스탄과 이졸데」를 연주해달라고 끈질기게 재촉한다. 또한 정치에도 관심이 많다.

* 이탈리아 남부 캄파니아주 살레르노군에 속한 아말피 해안에 위치한 작은 마을.

1890년대 이탈리아에서 정당들은 이데올로기가 아니라 이해관계의 공유를 통해 규정되었다. 중도 연립을 표방한 행정부는 이권 거래를 통해 구성되었다. 냉소적으로 상호 이익에 기반을 두고 수립된 동맹체들은 미약하기 짝이 없어서 의원들이 정치 당파를 이리저리 바꾸도록 유혹받거나 협박받는 과정을 묘사하기 위해 '변신 정치trasformismo'●라는 말이 만들어질 정도였다. 프란체스코 크리스피는 그런 과정에 대해 신랄하게 비판한다. 그는 쓰기를, 의회에서 중요한 투표가 있을라치면 언제나 대혼란이 일어난다고 했다. "정부 지지자들은 표를 얻기 위해 복도를 따라 죽 늘어서서 장소가 미어터질 지경이다. 이때 보조금과 훈장, 운하, 다리, 도로 등 모든 것이 약속된다." 부패가 만연했고, 정치적 입장에 상관없이 정치평론가들은 변화를 요구했다.

에도아르도 스카르폴리오와 마틸데 세라오도 공히 의회 정부의 무력함을 비난하는 데 동참했다. 그들이 발간하는 『코리에레 디 나폴리』는 이탈리아의 민주주의 제도를 지속적으로 비판했다. 단눈치오는 이 저널에 1892년 9월에 쓴 한 기사에서 한발 더 나아가 민주주의 자체를 공격했다.

그의 논설은 자극적이게도 "선거 짐승La Bestia Elettiva"이라는 제목을 달고 있다. 그는 선언하기를, 다수는 "자유를 누릴 자격이 없다". 엘리트가 "항상 그렇듯이 곧 권력의 지배권을 다시 획득할 것이다." 미래에 대한 자신의 비전도 펼쳐낸다. "인간은 두 인종으로 나뉠 것이다." 순수한 의지의 에너지로 스스로를 고양시키는 우월한 자들에게는 모든 게 허

● 우리말로 '이합집산'이나 '합종연횡'으로도 번역될 수 있는 이탈리아 특유의 정치 관행. 일반적으로 1876년 '역사적 좌파'의 영수인 아고스티노 데프레티스가 집권하면서 이 관행이 시작되었다고 한다. 요컨대 '변신 정치'란 뇌물이나 엽관을 통해 정치적 반대파를 흡수하거나 중립화하는 밀실 거래 정치를 가리킨다.

용될 것이고, 열등한 자들에게는 아무것도, 거의 아무것도 허용되지 않을 것이다. 여기서 단눈치오는 전통적인 계급 구분을 말하고 있지 않다. "진정한 귀족은 고대 혈통 귀족 가문의 줏대 없는 상속자들과는 조금도 닮은 점이 없다." 오히려 지배 인종의 구성원은 자신의 "개인적 귀족성"에 의해 구별될 것이다. 그는 W. E. 헨리의 시 '정복되지 않는 자 Invictus'—1888년에 처음 출간된—에 나오는 화자와 마찬가지로 자기 운명의 주인이자 자기 영혼의 선장이다. "그는 자기를 지배하는 힘이다." 그의 손은 투표지로 더럽혀지지 않을 것이다. 민주주의적 절차에 참여하는 것은 그를 "평민들plebs"과 동등한 수준으로 격하시키는 일로, 그로서는 결코 받아들일 수 없다.

1895년의 한 만찬석상에서 단눈치오는 "인생에서 열렬한 것도, 폭력적인 것도 출현하지 않는 것"보다는 차라리 "부패putrefaction"를 위해 건배하자고 제의했다. 그는 자신의 생각을 다윈을 암시하며 설명했으나, 실제로 생물학에 대해 말하지는 않았다. 그의 건배사는 정치생활의 지속적 타락을 암시했는데, 여기서 의회민주주의가 자멸함으로써 단눈치오적인 영웅들이 발 딛고 설 땅이 생기리라는 분명한 희망을 포착할 수 있다. "나는 피에서 피어날 장미꽃들에 건배하는 바입니다."

1893년 6월 단눈치오의 아버지 프란체스코 파올로가 죽었다. 그는 부음을 카페에 앉아 있을 때 받았다. "어떤 위로의 말도 소용없다"라고 그는 말했다. 그는 페스카라로 갔지만, 너무 늦게 갔다. 그가 어떤 이유로 아버지의 장례식을 놓쳤는지는 알 수 없지만, 어쨌든 부동산 분할 과정에 참석할 때에는 정시에 도착했다. 유산 분배는 슬프고 추악한 일이었다. 그는 빚을 청산할 수 있을 만큼의 충분한 상속분을 원했지만 실망할 수밖에 없었다. 페스카라의 집은 어머니 거주용으로 남아야 했지만, 그 외 가족 재산은 전부 처분되어 망자의 빚을 갚는 데 충당되어야 했다.

단눈치오는 『죽음의 승리』를 프리드리히 니체를 암시하면서 소개한다. "우리는 초인Übermensch의 도래를 맞이하기 위해…… 예술 분야에서 준비하고 기다려야 합니다." 단눈치오는 문화적 시류 변화를 감지하는 예의 재능을 발휘하여 실제로 니체의 책을 읽어보기도 전에 니체의 저작을 언급하기 시작했다. 그러나 1893년에 이 철학자의 저술들을 발췌해 엮은 프랑스어 번역본이 출간되었다. 단눈치오는 이 책을 움켜쥐었다.

전기작가와 비평가들은 통상 그때 이후로 단눈치오의 생각이 대부분 니체의 사상에서 유래했다고 주장한다. 그러나 진실은 이 두 저자가 공히 같은 스승을 따르는 과정에서 같은 결론에 이르렀다는 데 있다. 단눈치오와 마찬가지로 니체도 도스토옙스키에게서 강한 인상을 받았는데, 니체는 그를 두고 "내가 배워야만 했던 유일한 심리학자"라고 불렀다. 단눈치오와 마찬가지로 니체도 대문자 인간Man—두 사상가 모두 여성 인류에 대해 큰 관심을 두지 않았다—이 "먼 미래의 훨씬 더 고매한 운명"을 성취할 수 있기를 희망하는 다윈의 제안에 주목했다.

"인간에게 원숭이란 무엇인가?" 니체는 이렇게 자문자답했다. "웃음거리 아니면 견디기 힘든 수치. 초인에게도 인간은 꼭 그와 같은 존재, 즉 웃음거리 아니면 견디기 힘든 수치다."* 새로운 인종은—새로운 동물종조차—점진적으로 탄생한다. 니체에게는 단눈치오의 경우에서처럼 그 "고매한 운명"은 오직 엘리트만을 위해 준비된 것이었다. 니체가 인생의 비극적인 암흑 속에서 "밝은 빛"이라고 본 그 예외적 존재들, 즉 위대한 창조적 영혼들은 하층 민중을 억누르는 대가로만 빛날 수 있다. "인류는 하나의 단일한 강력한 인간종이 번성할 수 있도록 통째로 희생되어야 한다—그것이 진보일 것이다."

단눈치오는 이와 같은 두 인종 이론을 통해 그런 이념을 잘 받아들일 수 있었다. 훗날 프랑스 체류 시절 그는 이사할 때 짐을 나르는 일꾼들에 대해 불평을 늘어놓으면서 수첩에 다음과 같은 의문을 적어두었다. "트렁크를 나르면서 쉴 새 없이 떠드는 저 인간들과 내가 정녕 같은 종에 속한단 말인가?" 이런 의문은 두말할 것도 없이 '아니오'를 정답으로 하고 있었다.

니체의 초인은 생물학적 진화의 정점이었다. 게다가 초인은 도덕적 판단을 초월하는 "선과 악을 넘는" 예외적 존재였다. 니체는 충격적 범죄를 저지른 자들을 극찬하기도 했다. 그는 쓰기를, 인간은 "파르지팔 Parsifal ** 같은 사람보다는 체사레 보르자 *** 같은 사람이 되기를 갈망하는 편이 더 좋을 것이다." 누군가가 대개의 삶이 보여주는 누추하고 하찮은 상태를 초월하길 원한다면, 나아가 니체가 그러했듯이 "더 이상 동물이 아닌" 상태로, 그러니까 니체가 "영혼의 참주들tyrants of the Spirit" ****이라고 불렀던 위대한 철학자와 성인과 전사-영웅과 예술가들

• 프리드리히 니체, 『차라투스트라는 이렇게 말했다』, 장희창 옮김, 민음사, 2004, 16쪽을 참조하라.

•• 중세 문학에서 아서 왕 이야기에 나오는 원탁의 기사들 가운데 한 명이다. 영어로는 퍼시벌Percival이라고 한다. 그는 리하르트 바그너의 오페라 『파르지팔』의 주인공이기도 한데, 파르지팔은 어리석을 정도로 순진하고 죄의식에 사로잡힌 인물이다.

••• 르네상스 시대 이탈리아에서 활약한 냉혹한 정치가. 아버지인 교황 알렉산데르 6세의 후광 아래서 정적들을 제거하며 이탈리아 중부 로마냐 지역을 통합해나갔다. 니콜로 마키아벨리는 체사레 보르자를 '새로운 군주'의 한 사례로 보기도 했다.

•••• 참주는 고대 그리스 세계에서 출현한 독재자를 가리킨다. 니체는 『인간적인, 너무나 인간적인』에서 위대한 그리스 철학자들을 '영혼의 참주'라고 불렀다.

의 반열로 고양되기를 원한다면, 규율과 무자비함과 거침없는 의지가 필요했다. 그는 학창 시절 단눈치오가 그러했듯이 나폴레옹에 경의를 표했다. 니체의 견해로는 프랑스 혁명의 유혈 사태와 아수라장(그러잖아도 니체가 개탄했던)은 그런 '천재'의 출현으로 충분히 보상받았다. "이와 유사한 행운을 얻기 위해서는 우리의 전체 문명이 완전히 붕괴하기를 열망해야 할 것이다." 그는 영웅적인 것, 거대한 것을 갈망했다. 그는 초인의 도래를 일종의 예수 출현으로 학수고대했다. "이 용을 죽이는 자들의 담대한 발걸음을 상상해보라."

1848년 토머스 칼라일은 이렇게 쓴 적이 있다. "인간은 하늘에서 태어났다. 그는 환경의, 필연Necessity의 노예가 아니라 오히려 그것의 의기양양한 정복자다." 단눈치오는 칼라일의 저작을 이미 10대부터 읽어서 잘 알고 있었다. 니체도, 단눈치오도 하늘의 섭리가 지상의 문제에 개입한다고 생각하지 않았다. 그들은 공히 "위대한" 존재가 되려면 자기 자신의 의지를 행사함으로써 삶에 가치를 부여하여 필연을 정복해야 한다는 데 동의했다. 니체는 "삶의 노예"가 아니라 삶의 주인이 되어야 한다고 선언하면서 하루에 불과 4시간만 자는 습관을 들이기도 했다. 단눈치오가 한때 "출입금지" 팻말을 붙이고 은둔생활을 했던 시기가 있었듯이 니체도 금욕적이었다. 니체에게 자기 규율과 자기 고행은 자신을 낮추는 방식이 아니라 자신을 고양시키는 수단이었다. 단눈치오는 이렇게 썼다. "사람은 자기 삶을 예술작품으로 만들듯이 만들어야 한다." 단눈치오는 니체의 저작에서도 그와 똑같은 메아리를 들을 수 있었다. "사람은 자기 자신의 삶에서 우러나는 있는 그대로의 예술작품을 만들어야 한다."

2부 물줄기들

『죽음의 승리』에 나오는 주인공은 어느 날 아침잠에서 깬 뒤 일찌감 치 자기 침실에 불청객이 와 있음을 깨닫는다. 불청객은 이제는 운이 다한 옛 학창 시절 친구이며 돈을 꾸기 위해 징징대면서 감언이설을 늘 어놓는 녀석이다. 이 쓰레기는 혐오스럽고 경멸적인 존재로 묘사된다. 캐릭터들의 가장 정교한 자기기만까지 분석할 수 있는 소설가인 단눈 치오는, 옛 친구에 대한 그런 묘사가 무엇보다 자기 자신에게 들어맞는, 은밀하게 희화화된 자화상이라는 사실을 알았어야 했다.

나폴리에서 그의 빚은 예전보다 더 불어났고, 빚을 갚지 않기 위해 피해다니는 기술도 더 정교하고 은밀해졌다. 그가 벌어들인 모든 것은 이미 수중에 쥐기도 전에 예약된 곳으로 빠져나갔다. 그는 우표조차 살 수 없었다. 그의 친구들은 결코 갚을 가망이 없는 돈을 빌려달라고 간청하는—혹은 위압적으로 요구하는—편지를 발송하는 비용도 대 신 내주어야 했다. 집에 먹을 것이 전혀 없던 때도 있었다. "나는 앞이 거의 보이지 않을 지경이다." 단눈치오는 한 친구에게 그렇게 썼다. "아 침도 못 먹었고 현기증이 난다." 그는 자살에 대해 말하면서 동정심을 자아내려고도 했다. "이렇게 힘들게 사느니 차라리 급류에 몸을 던지는 게 낫겠다." 그는 그물에 뭐가 걸렸는지 보려고 허리를 굽히는 가난한 어부들이 부러울 지경이었다. "나는 걸인들이 부럽다. 죽은 자들도 부럽 다." 그는 심지어 올가 오사니, 그러니까 필명 페베아에게 돈을 간청하 기도 했다. 자신이 몹시 괴로워서 언제라도 미쳐버릴 것 같다고 넋두리 를 하면서 말이다.

결국 먼저 백기를 든 것은 마리아 그라비나의 정신 상태였다. 단눈치 오의 나이가 30세 되던 1893년은 '끔찍한 해annus horribilis'였다. 그해 1월에 마리아 그라비나가 레나타를 출산했으나, 출산은 전혀 행복하지 않았다. 아기가 많이 아팠다. 마리아는 젖을 물릴 수도 없었다. 단눈 치오에 따르면, 불행 탓에 그녀의 젖도 상했다. 법원 명령에 의해 큰 아이들도 그녀의 곁을 떠나야 했다. 단눈치오에게는 다행스럽게도, 아이들은 친아버지의 양육권 아래로 들어갔다. 그녀는 자신이 감내할 수밖에 없는 그런 고통과 불안을 견딜 수 없었고, 비참함에 분노를 터뜨렸다. 그녀는 질투심도 폭발했다(그런 데에는 이유가 있었다―베네데토 크로체는 단눈치오가 연인과의 밀회 때문에 자신과의 약속을 어겼다고 불평했다). 단눈치오가 몇 시간만이라도 그녀를 집에 놔두고 나폴리로 나갈라치면 그녀는 광분했다. 고성이 터졌고, 폭력적인 장면도 연출되었다.

레나타는 백일해에 걸렸고, 생명이 위독한 상태까지 갔다. 가까스로 아기는 살아났으나, 몇 주 안 돼 또 다른 충격이 올 것이었다. 불륜 커플에 대한 안귀솔라 백작의 고소가 법원에 제기된 것이다. 단눈치오와 마리아 그라비나는 법정에 출두해야 했고 간통죄로 5개월 징역형을 선고받았다. 당시 단눈치오에게 간통은 진심으로 후회스럽기 짝이 없는 일이었다. 다행히 그들은 일반 사면을 받아 형을 살지는 않게 되었지만, 그들이 뒤집어쓴 불명예는 너무나 굴욕적이었다.

단눈치오는 여전히 빚을 갚지 못한 상태였다. "또 시작되었다. 빚쟁이들이 집 밖에 음울하게 나란히 줄을 서 있다. 하루에도 스무 번씩 문두드리는 소리와 상스러운 목소리가 들리는 가운데 나는 차곡차곡 억압된 쓰디쓴 분노로 숨도 쉬지 못할 지경이었다." 더 큰 위기가, 더 큰 굴욕이 기다리고 있었다. 채권자들이 거리에서 단눈치오를 불러 세워 집으로 끌고 가 포위했다. 마리아 그라비나는 질투와 책망과 분노에 가득 찼다. 그가 자기 곁을 떠나 아브루초로 가겠다고 말한 어느 날, 그녀는 거의 정신이 나간 상태여서 단눈치오는 그녀의 자살 시도를 막기 위해 방바닥에서 그녀와 씨름을 벌였고 심지어 집주인에게까지 도움을 청해야 했다. "한 시간 내내 우리는 그녀가 바닥이나 벽에 머리를 찧지 못하도록 초인적인 사투를 벌여야 했다."

이 사건 이후 그는 몸도 아픈 데다 마음도 비참하여 도무지 일이 손에 잡히지 않았다. 그는 며칠 동안 마리아 그라비나를 레시나 교외의 작은 집에 놔둔 채 시내로 숨어버렸다. 그가 레시나로 돌아왔을 때 재산 압류를 하러 온 집행관들이 다시 집에 들이닥쳐 그나마 남아 있던 가재도구—카펫과 옷, 의자—를 몽땅 가져가버렸다. 가엾은 부부와 아기는 다른 집을 빌리기 위해 외출해야 했는데, 이때 공작의 딸 마리아 그라비나는 입고 있던 옷밖에 다른 걸칠 옷도 없었다.

천만다행으로 구조의 손길이 오고 있었다. 이탈리아 애호가Italophile인 프랑스 교사 조르주 에렐이 단눈치오가 나폴리에 도착한 무렵 이 도시를 방문했다. 두 사람은 서로 만나진 않았지만, 이 프랑스인은 『코리에레 디 나폴리』를 즐겨 읽었고, 귀국길에 오를 즈음에는 구독료를 뽑고도 남을 정도였다. 『무고한 존재』가 저널에 연재되기 시작했을 때, 에렐은 단숨에 "매료되었다". 그는 이 소설의 번역에 착수했고, 이 사실을 단눈치오에게 알려주었다. 단눈치오는 그를 독려해주었다. 1892년 9월 『무고한 존재』가 '불청객L'Intrus'이라는 제하에 에렐의 프랑스어 번역으로 『시대』지에 연재되기 시작했다. 이듬해에 단눈치오가 빚쟁이들의 독촉을 받으며 나폴리만을 오르락내리락 뛰어다니고 있을 때, 파리에서 단행본이 출간되었다. 책은 '문제작succès de scandale'이라는 평가와 동시에 '비평가의 찬사'를 모두 받게 되었다. 호평이 이어졌다. 판매량이 급증했다. 단눈치오는 중요한 곳에서 성공을 거두었다.

1890년대 파리는 서구 세계의 지적 허브였다. 단눈치오가 러시아 소설가들과 니체를 발견한 것도 프랑스어 번역본을 통해서였다. 나머지 세계가 처음 단눈치오를 발견한 것도 프랑스어 번역본을 통해서였다. 인세가 프랑스에서 단눈치오에게 들어오기 시작했는데, 그의 저작이 더 많이 그곳에서 출간됨에 따라 인세 수입도 늘어나고 들어오는 빈도도 잦아졌다. 독일과 영국의 출판사들도 이 새로운 이름에 주목했고, 각 나라 언어로 번역본을 발간하기 위해 판권을 사들였다.

그러나 그의 운명에서 이 반전은 너무 늦게 일어난 까닭에 그가 직면한 문제들을 해결해줄 수 없었다. 단눈치오와 마리아 그라비나는 레시나의 집에서 쫓겨났고, 프랑스 출판사에서 들어오는 돈은 여전히 새 발의 피였다. 비록 명예로운 방법은 아니더라도 인세를 기다리는 것보다 빚에서 더 빨리 헤어날 수 있는 방법이 있었다. 1893년 10월 단눈치오는 발등에 떨어진 급한 부채부터 갚아야 할 처지였다. 스카르폴리오에 따르면, 마리아 그라비나가 예전의 연인으로부터 상당한 양의 돈을 구했다. 비록 스카르폴리오가 많은 힌트를 주고는 있지만 우리는 그녀가 돈을 받은 대가로 어떤 답례를 했는지 알지 못한다. 어쨌든 이 돈으로 한숨 돌릴 수 있었다. 그들을 포위하고 있던 채권자들도 어느 정도 진정되었고, 드디어 단눈치오는 이 말도 많고 탈도 많은 애인과 아기를 동반하고 로마로 갔다. 그리고 그들을 거기에 놓아둔 채—진정으로 한도의 한숨을 내쉬며—자신은 프랑카빌라의 미케티 집으로 가 거기서 홀로 머물렀다.

19. 남성성

단눈치오가 나폴리를 떠났을 때, 도시의 전당포 주인들 중 한 명은 그에게서 돈을 받기는 글렀다고 깨끗이 포기하고 그 대신 단눈치오가 잡힌 저당물들을 경매에 내놓았다. 저당물 중 하나는 모피 코트였다. 경매소는 사람들로 발 디딜 틈이 없었다. 입찰 경쟁도 심했다. 단눈치오는 유명 인사였고, 그가 벗어놓고 간 옷들은 마치 유물처럼 수집할 가치가 있는 물건이 되었다.

또한 그는 그 자신의 평가에 따르건, 아니면 점점 더 늘어나는 지지자들의 평가에 따르건 간에 두말할 필요 없는 천재였고, 세계도—단눈치오 자신이 상기시켰듯이—이 사실에 주목하기 시작했다. 그는 예나 지금이나 자기 홍보의 달인으로서 『무고한 존재』를 긍정적으로 평가한 프랑스 쪽 논평들을 이탈리아 저널에 다시 게재하도록 손을 썼다. "파리의 분위기는 광란의 도가니다. 이 말밖에 달리 할 말이 없다." 그는 이렇게 신이 나서 보고했고, 그 표현을 확산시켰다. 나폴리에서 그가 했던 마지막 일은 그 자신과 그의 저작들을 특집 주제로 소개하는 잡지 특별호의 출간을 관장한 것이다. 특별호는 '단눈치아나D'Annunziana'

라고 불렀는데, 여기에는 오스트리아의 젊은 시인 후고 폰 호프만슈탈의 열정적인 에세이 한 편도 게재되었다. 에세이는 단눈치오 자신이 (최고의 찬사를 보내는 형용사들을 슬쩍 삽입하여) "번역했다". 그는 이 특별호들을 트레베스와 그의 프랑스 편집자에게 보냈다. 명성은 세심한 보살핌을 먹고 사는 식물이었고, 그는 아무리 곤란한 상황에 처하더라도 명성을 잘 돌볼 것이었다.

1894년 봄 미케티의 수녀원 집의 보호구역으로 돌아온 그는, 4년 동안 방치된 『죽음의 승리』를 탈고했고, 새로운 시집을 출간했다. 고국에서나 해외에서 그의 공적 지위와 권력은 점점 더 커졌다. 그는 로마에 사는 한 참을성 있는 친구의 임대 아파트에 마리아 그라비나의 거처를 잡아주었다(일생 단눈치오는 다른 사람들을 자기편으로 설득하는 특별한 재주가 있었다). 그러나 몇 달 후 그녀의 간청에 굴복하여 프랑카빌라의 작은 집, 빌리노 맘마렐라를 임대했다. 그는 연구를 위해 가장 너른 방을 차지했고, 늘 그러했듯이 이 방을 다양한 수집품으로 채웠다. 그해에 찍은 한 사진은 자수를 놓은 직물이 덮여 있는 소파 위 쿠션들 사이에 그가 오달리스크화▦*처럼 비스듬히 누워 있는 모습을 보여준다. 마침내 마리아 그라비나와 레나타는 그와 함께 살게 되었다. 그들은 행복하지 않았다. 단눈치오는 한 친구에게 마리아와 사는 것은 "상상을 초월하는 고문"이라고 말했다. 그녀는 외모도 잃었다. 설상가상으로 "끔찍한 신경쇠약 탓에 악마로 돌변"할 정도로 "거의 완전히 미친" 상태였다(이는 단눈치오의 몇몇 친구가 증언하는 사실이다). 그는 그녀가 아무 일도 안

* 오달리스크는 원래 튀르크 술탄의 시중을 두는 여자 노예를 뜻하는 말에서 유래했다. 오달리스크화는 서양 오리엔탈리즘의 한 표현으로서 동양풍의 여성 나체화를 가리킨다. 장오귀스트 앵그르의 작품이 유명하고 피에르오귀스트 르누아르나 앙리 마티스 등도 그렸다.

2부 물줄기들

한다고 말했다. 그를 고문하는 일만 빼고 말이다. "내가 대관절 뭘 잘못했기에 이런 골칫거리를 떠맡아야 한단 말인가?"

마리아는 연민을 크게 불러일으킬 만도 했다. 그녀는 정신병을 앓고 있었다(아마 정신분열). 그녀는 자신의 사회적 지위와 아이들, 그리고 자신을 더 이상 사랑하지도 않고 심지어 좋아하지도 않는 남자를 위해 자기 가정을 희생했다. 그녀의 부모는 딸과 연을 끊고 싶어했다. 그녀의 개인 재산도 추징되어 전남편과의 사이에서 낳은 아이들에게 갔다. 그녀는 고립되고 불안정한 상태였으며 질투심을 폭발시켜 단눈치오를 괴롭히고 분노를 터뜨려 그를 놀라게 했다. 그의 연구를 방해하고 그의 원고를 찢었다. 권총을 구해 자살 시도까지 했다. "이 얼마나 창피한 일인가!" 단눈치오는 그렇게 논평했다. "그리고 아마도 내가 그녀를 죽인 거나 다름없다고 비난하는 사람들이 틀림없이 있을 것이다."

오달리스크화처럼 비스듬히 누워 있는 단눈치오

1894년 9월 단눈치오는 조르주 에렐을 처음으로 만나기 위해 베네치아로 갔다. 그는 매일 밤 플로리안 카페*에 앉아 열렬한 찬미자들을 만났다. 매일 밤 더 많은 이가 모였고, 밤이 이슥할 때까지 15~20명의 젊은이가 그의 테이블에 모여들어 듣기 좋은 말을 내뱉으며 자리를 지켰다.

어느 날 밤 단눈치오는 호텔로 돌아가는 길에 이 밤을 낭비하는 것에 대해 한탄했다. 그는 곤돌라를 한 척 대절해 "망각된 작은 운하들의 신비롭고 환상적인 모습"을 2~3시간씩 탐험하면 얼마나 좋겠냐고 말했다. 이에 에렐은, 그렇다면 왜 그 많은 사람을 만나느냐고 물었다. 단눈치오는 희미하게, 그러나 아마도 진실하게 다음과 같이 대답했다. "나로서는 달리 어찌 할 도리가 없어요. 정중히 초대하는데 거절할 수도 없고, 초대해준 보답으로 초대장을 보내지 않을 수도 없어요." 카페에서 30분 정도의 만남 제의를 거절하든, 아니면 서로 해만 끼치는 오랜 관계를 청산하든 간에 자신이 단호하게 거절하지 못한다는 그의 말은 사실이었다. 그의 친구와 친척들은 그에게 마리아를 떠나라고 권했지만, 그는 여전히 그런 결정을 내켜하지 않았다.

실제로 그는 에렐에게 실토한 것 이상으로 찬미자들이 자기를 따라다니는 것(집에 있을 때의 고통과는 너무나 다른)을 마음껏 즐긴 듯하다. 그해 9월에 그가 한 번 이상 만난 사람 중에는 시간이 지나서도 절친한 친구와 협력자로 남은 이가 많았다. 그런 사람들 가운데에는 단눈치오가 "신비 박사Doctor Mysticus"라는 별명을 붙인 예술사가 안젤로 콘티가 있었는데, 그는 베네치아의 건축과 회화에 대해 단눈치오의 안내자

---

* 베네치아의 명물이라고 할, 산마르코 광장에 있는 유명한 카페.

가 될 사람이었다. 또한 고대 그리스 조각상에서 볼 수 있는 튜닉처럼 주름이 잡히고 거미줄처럼 미세한 직물을 만드는 경이로운 디자이너인 마리아노 포르투니도 있었다. 그가 디자인한 직물은 놀라울 정도의 현대적인 과감함으로 여성들의 몸을 감쌌다. 그와 만난 이후로 단눈치오의 실제 여인이든, 아니면 픽션 속 여인이든 간에 그녀들은 모두 포르투니 가운을 자주 입을 것이었다(마르셀 프루스트도 포르투니 가운의 열광적인 찬미자였다). 그런가 하면 오스트리아 황실의 프리츠 폰 호엔로에와 그의 애인도 알게 되었는데, 그들은 미니 궁전인 카세타 로사를 꾸미려고 로코코 장식품을 열심히 수집하고 있었다. 20여 년 뒤 단눈치오는 그들로부터 이 궁전을 빌릴 터였다. 그 밖에도 베네치아인이든 외국인이든 베네치아의 저택 여주인도 많이 알게 되었는데, 이들 중 다수가 이 유명 시인을 모시려고 안달이었다. 단눈치오가 다닌 서클의 또 다른 회원 중에는 엘레오노라 두세도 있었다.

단눈치오에게 베네치아에서의 체류는, 그 자신도 인정했듯이, 정확히 올바른 마음 상태에서 마음의 눈으로 고대의 아름다운 것들을 보는 안목을 그에게 남겨주었고, 나아가 "나의 노래하는 책"에 필요한 애수 어린 슬픔을 그에게 안겨주었다. 베네치아에 온 직후에 그는 『바위 위의 처녀들』의 집필에 착수했다. 이 소설은 일찍이 그가 공언한 대로 "신비적인 것과 이성적인 것"을 혼합하여 마치 음악처럼 의식을 연주하는 현대 산문 형식의 내러티브를 쓰겠다는 야심에 가장 근접한 것이었다.

그는 언젠가 "고대 혈통 귀족 가문들의 줏대 없는 상속자들"을 경멸적으로 언급한 적이 있다. 이 소설에서 그는 바로 그들을 우리 눈앞에 데려와 보여준다. 나폴리와 시칠리아에서 쫓겨난 부르봉 왕조에 충성스런 한 가족이 흐릿한 앤티크 거울들을 비롯해 '구체제ancien régime'의 유물로 가득한 미궁과도 같은 시골 저택으로 은거했다. 집안의 가장은 존경스러운 옛 귀족의 대표자이지만, 그의 아내는 미쳐 있다. 그녀는 이따금씩 정원 길목에 그 비대한 몸을 드러내는 불길한 인물로서 진한 회색 옷을 입은 두 명의 시종이 그녀를 따라다닌다. 두 아들은 의지박약이다. 한 명은 이미 서서히 진행되는 치매로 '정신을 잃은' 상태이고, 다른 한 명은 그와 똑같은 운명을 겪을지 모른다는 두려움에 극도로 떨고 있다. 이 가족은 적어도 겉으로 보이는 바에 따르면 좋은 혈통을 갖지 못했고, 정확히 이것이 소설 속 주인공인 칸텔모가 (단눈치오 입장에서는 아이러니하다고 할 만한 것이 전혀 없는) 그들을 바라보는 방식이다. 그리고 소설 제목에 나오는 처녀들, 즉 세 딸이 있는데, 이들은 모두 귀족이고 성적 매력을 지닌 아름다운 여성이다. 칸텔모는 자신의 신부이자, 스스로 믿기에 운명적으로 자기가 낳을 위대한 영웅의 어머니가 될 여성을 선택할 의도를 갖고서 이 오래된 집에 온다.

소설의 도입부는 칸텔모의 세계관을 길게 드러내 보여준다. 허구적 캐릭터의 견해가 반드시 소설가의 견해일 필요는 없지만, 이 경우 우리는 양자가 똑같다는 것을 알게 된다. 칸텔모가 느끼는 많은 감정은, 단눈치오가 예전에 실명으로 발표한 논설과 에세이로부터 토씨 하나 바꾸지 않고 인용한 것들이다. 칸텔모는 자기 조상의 초상화 한 점을 소유하고 있는데, 초상화의 주인공은 레오나르도 다빈치가 그린 용병대장이다. (단눈치오가 나폴리에 있을 때, 그는 가브리엘 세아유가 새로 출간한 레오나르도에 대한 영향력 있는 전기를 읽은 적이 있다.) 그는 당시 유행하던 또 한 명의 위대한 스승인 소크라테스도 인용한다. (월터 페이터의 『플라톤과 플라톤주의』는 단눈치오가 『바위 위의 처녀들』의 집필을 시작하기 정확히 2년 전에 출간된 바 있다.) 니체와 단눈치오처럼 칸텔모도 현대의 정치 과정을 비웃는다. 그는 "힘은 자연의 첫 번째 법칙"이며, 인간은 세대에 걸쳐 "가장 적합한 자가 다른 모든 자에 대한 지배권을 확립할 때까지" 서로 투쟁할 운명이라는 신념을 선언한다. 세습되는 귀족성이라는 고색창연한 개념에 새로운 진화의 개념을 꼬아서 그는 이렇게 선포한다. "각각의 새로운 생명은 이전 생명들의 총합으로서 미래의 조건이다." 조상들의 위대함이 책임을 부과한다. 칸텔모는 "도래할 영웅"의 아비가 될 것이었다.

마리아 그라비나의 정신 이상은 단눈치오의 픽션에도 침투했다. 단눈치오가 "바위 위의 처녀들"의 어머니가 걸린 치매가 처녀들의 삶에 대한 저주라고 쓰고 있을 때, 그의 옆방에는 단눈치오 자신의 저주로 미쳐버린 여성, 마리아 그라비나가 있었다. 그는 자신이 "잠깐이라도 고개를 돌리거나 채찍을 손에서 놓으면 영락없이 덤벼드는 야생 짐승을 길들이는 사람처럼" 산다고 묘사했다. 그는 한 친구에게 마리아 그라비나의 성적 요구 때문에 몹시 지쳤으며 무섭다고 실토했다. 에렐에게도 말했듯이, 그녀는 "나를 움직이지 않는 물건처럼 완전히 소유하기를" 바랐다.

그는 자유로워질 방법을 전혀 찾지 못했다. 그저 도망가는 편이 훨씬 더 간편했다. 1895년 여름 스카르폴리오가 그리스를 거쳐 이스탄불로 가는 긴 항해를 제의했을 때, 단눈치오는 대번에 이를 받아들였다.

여행은 에렐에게는 고역이었는데, 앞서도 봤듯이, 항해 내내 단눈치오는 니체로 쏘다니고 음담패설을 쏟아냈던 것이다. 요트가 전적으로 스카르폴리오의 것이었음에도, 단눈치오는 배의 지분을 갖고 있는 체하며 제가 주인인 양 행세했다. 떠나기 전에 그는 에렐에게 옷 따위는 거의 필요치 않다고 장담했다—선상생활은 공개될 리 없고, 해변에서 식사할 일도 없으리라는 말이었다. 그의 말을 철석같이 믿고 달랑 옷 한 벌만 장만한 이 프랑스인은, 단눈치오가 만찬용 양복 상의 하나를 비롯해 무려 여섯 벌의 상의, 그것도 모두 하얀색 상의로 준비하고 기타 30장이 넘는 셔츠와 여덟 켤레의 구두를 넣은 짐을 갖고 와서는 아테네에서든 다른 곳에서든 모든 초대에 꼬박꼬박 응하며 자신들을 하염없이 기다리게 하자 아연실색하지 않을 수 없었다.

단눈치오는 이제 국제적인 유명 인사였고, 바로 이 사실을 즐기고 있었다. 그러나 『무고한 존재』의 변덕스런 주인공을 묘사하기 위해 만들어낸 용어인 "다중 영혼"은 그 자신에게 똑같이 적용될 수 있었다. 그리스에서 그의 매너는 게으른 플레이보이와 같았으나, 수첩은 그와 매우 다른 내면을 드러내주기도 한다. 단눈치오가 반복적으로 그랬듯이 나체로 일광욕을 하며 매일 성적 접촉 없이 살아야 하는 것에 불평하는 모습은 에렐에게 너무나 유치하게 보였을 것이다. 그러나 프랑스인에게는 무례함과 우둔함의 극치로 보인 것이 단눈치오에게는 완벽한 여행의 진수로 이해되었다.

그는 월터 페이터가 고대 그리스의 "가벼운 마음의 종교"라고 부른 것을 추구했고, 니체가 『비극의 탄생』에서 묘사한 디오니소스적 생명력을 흡입할 수 있기를 희망했다. 그는 즉흥적으로 신성한 의례를 만들어내기도 했다. 선상에서 그는 일몰의 아름다움에 바치는 향을 피우려고 소귀나무 가지들을 태우기도 했다. 그는 조만간 케임브리지에서 뮌헨까지 도처에서 유행하게 될, 일종의 신이교주의neo-paganism를 발전시키고 있었던 것이다. 그는 벌거벗은 채 수치로부터 자유를 느끼며 기뻐했다. "나는 헬레니즘이 내 뼛속까지 침투해 있다고 느낀다. (…) 아테네에서 태어나 젊은이들과 함께 체육관에서 훈련하지 못하는 것이 유감이다." 그는 갑판에서 수다를 떨기도 하고 졸기도 하며 창녀들을 찾아 지저분한 뒷골목을 배회하거나 빳빳하게 풀을 먹인 셔츠를 입고 번쩍이는 구두를 신고는 대사관 만찬에 참석하는 등 에렐의 기준에서는 전혀 시인답지 않게 행동했다. 그러나 어쨌든 그는 시인이었다. 여행에서 돌아오는 며칠 동안 그는 최초의 희곡으로서 그리스 비극 작가들에게서 형식을 빌리고 당시 고고학자들이 발굴한 화려하고 강력한 신화와 피의 이야기들에서 주제를 따와 『죽은 도시』의 집필에 착수했다.

요트 여행은 단축되었다. 그들은 원래 비잔티움(이스탄불)까지 항해할 예정이었으나, 요트는 보스포루스 해협까지 결코 가지 못했다. 단눈치오는 어쨌든 스카르폴리오와 다른 사람보다 몇 주 먼저 돌아왔다. 그는 아무런 수치심도 없이 태양에 그을린 몸을 보여주며 활보하고 이교적 쾌락주의자의 포즈를 취했지만, 그의 몸은 기대에 못 미쳤다. 계속 뱃멀미에 시달렸던 것이다. 수니온곶 인근에서 풍랑을 만났을 때, 그는 해안에 내려달라고 사정하여 결국 페리를 타고 집으로 돌아갔다.

1895년 가을 그리스에서 돌아온 직후에 미케티가 단눈치오의 초상화를 그렸다. 초상화 모델을 서고 있던 모습을 찍은 사진을 보면, 두 친구가 작업실에서 구겨진 셔츠 차림으로 웃으면서 편한 시간을 보내고 있다. 그러나 그 결과로 나온 초상화는 전혀 다른 이야기를 전해준다. 단눈치오의 초창기 사진과 초상화는 수심에 잠기고 자기 성찰적이며 멜랑콜리한 낭만적 시인의 모습을 보여준다. 그러나 이번 초상화는 새로운 페르소나를 보여준다. 하늘 경관을 배경으로 단눈치오가 홀로 산 정상에 서 있는 듯하다. 원래의 좁고 처진 어깨는 영웅의 풍채에 맞게

1895년 미케티가 그린 단눈치오의 초상화

확대되었다. 머리카락은 (사진에서 보이는 것보다 훨씬 더) 진하다. 뾰족한 턱수염도 더 진하고 실물보다 더 부각되어 있다. 콧수염 끝은 왁스를 발라 못처럼 뾰족하게 치켜올라가 있다.

비공식적인 사진들에 나오는 모습을 보면, 그는 머리가 한쪽으로 기울어져 있고 두꺼운 눈꺼풀이 눈을 반쯤 가린 채 친구들을 의뭉스럽게 비스듬히 쳐다보고 있다. 그러나 이 초상화에서 그는 목을 곧추세우고 저 위를, 저 밖을 응시한다. 얼굴은 약간 옆으로 돌린 채 관객을 쳐다보는 것이 아니라 자신의 위대한 운명을 향하고 있다. 에렐은 이 그림이 공개되자마자 즉각 그 의미를 파악했다. "이것은 두말할 필요 없이 '초인' 단눈치오를 그린 첫 번째 초상화다."

20. 웅변

　『프라카사 대장』 사무실의 노란 벽지에 있던 낙서에는 일련의 캐리
커처가 있다. 그것들 중에는 이탈리아에서 가장 유명한 여배우로 입술
은 넓고 부드러우며 우아하게 굴곡진 체형과 창백하고 우수 어린 눈을
가진 아름다운 엘레오노라 두세의 옆모습 그림도 있었다. 때는 1885년
성 밸런타인데이다. 당시 22세의 젊은 나이에 『프라카사 대장』에 기고
문을 쓰던 가브리엘레 단눈치오는, 로마의 코르소 거리 포장 도로 위에
서 한창 진행 중이던 카니발 축제를 구경하며 군중에게 과자나 사탕,
꽃 따위를 던져주기 위해 저택 발코니에 서 있던 귀부인들에 대해 원고
를 쓰고 있었다. 그때 단눈치오는 애인 올가 오사니가 티토니궁 발코니
에 있는 것을 봤는데, 그녀 옆에 "화려하게 장식된 배경막인 듯 꽃무늬
블라인드를 배경으로 윤곽이 드러난 '시뇨라 두세'의 기묘한 일본식 머
리"를 기록했다. 당분간 그는 당시 좋아했던 '일본 예술품'의 유행 사례
의 하나로만 이 여배우에 관심을 둘 것이었다.
　이로부터 거의 10여 년이 지난 1894년 베네치아에서 단눈치오는 이
'디바'에게 정식으로 소개를 받았다. 한 해 전 엘레오노라 두세는 옛 연

인 아리고 보이토에게 보낸 편지에서 자신이 단눈치오의 『죽음의 승리』를 읽었는데, "그 지옥 같은 단눈치오의 영혼을 사랑하느니 차라리 한구석에서 남몰래 죽는 편이 나을 것"이라고 썼다. 그를 사랑한다는 마음이 이미 그녀의 마음에 떠올랐던 것이다. "나는 단눈치오를 혐오한다. 그러나 그를 흠모한다."

단눈치오와 두세가 처음 만난 후 두 사람 사이에 팬레터와 답장 이상의 어떤 것이 오갔을 것 같지는 않다. 그러나 두세는 『쾌락』을 구해 바쁜 순회공연 중임에도 다 읽었다고 한다. 단눈치오 편에서도 그리스에서 돌아온 직후인 9월에 다시 베네치아에서 대단히 불가해하지만 암시적이기도 한 문구를 기록해두었다. "사랑과 고통에 바침Amori. Et. Dolori. Sacra." 한참 뒤 단눈치오 자신이 제시한 낭만적 설명에 따르면, 그는 새벽에 곤돌라에서 막 내리고 있을 때 엘레오노라와 만났는데, 당시 그들은 각기 밤을 하얗게 지새우고 나온 터였다. 두세는 이렇게 썼다. "굳이 말하지 않아도 우리가 하나로 결합되어 있다는 무언의 합의가 가슴속에서 우러나왔다." 그렇게 단눈치오의 일생에서 가장 유명한 연애 사건이 시작되었다.

엘레오노라 두세는 당시 37세로서 새 연인보다 거의 다섯 살 연상이었다. 단눈치오와 마찬가지로 그녀도 사실상 어린 시절부터 사생활이 없는 삶을 살았는데, 이는 그녀가 단눈치오처럼 명성을 갈망했기 때문이 아니라 순회 극단 가족에서 태어나 일해야 했기 때문이다. 그녀는 12세의 나이에 프란체스카 다 리미니* 역에 캐스팅되었고, 13세 때에는 셰익스피어의 줄리엣 역에 발탁되었다. 20세 때에는 나폴리의 한 극단에서 모든 공연의 주연을 맡았다. 그녀가 단눈치오를 만났을 무렵에

노련하고 독립적인 데다 유명세를 얻었던 배우 엘레오노라 두세

는 북미와 남미, 영국, 오스트리아, 프랑스, 독일, 러시아 등지를 순회하면서 뒤마 피스의 '춘희' 역을 맡아 고통받는 여주인공 역할을 열연하며 가는 곳마다 사라 베르나르[••]에 필적하는 가장 섬세하고 아름다우며 우수 어린 여배우라는 박수갈채를 받았다. 그녀는 일련의 슬픈 결말을 격정적으로 연기하면서 인생의 한창때를 여배우로서 살았다. 청중은 그녀를 흠모했다. 그러나 만족할 수 없었다. 그녀가 하는 일은 "초록색 천을 붙인 마분지 나무들 사이에서" 사실주의 드라마를 연기하는 것인데, 이걸로 마음은 충족되지 않았다. 런던에서 성공적인 시즌을 끝낸 후 그녀는 이렇게 썼다. "이렇듯 원숭이처럼 삶을 흉내 내는 일은 영혼을 얼마나 좀먹는지!" 그녀는 말하자면 "고뇌와 가능성"을 원했다. "삶의 그 심연"을 얻으려고 발버둥친 것이다. 과연 단눈치오는 그녀가 그런 심연에 닿을 수 있도록 도와줄 적임자였다.

두세는 노련하고 독립적이며 부유했다. 항상 이동이 잦았는데(단눈치오는 그녀를 "유목민"이라고 불렀다), 남자를 대동하고 다니는 유형의 여성은 아니었다. 그녀는 자신이 예술가로서 남자의 기를 빨아들이는 유형이라기보다는 오히려 영감을 불어넣는 유형이었다. 팬 군단을 거느리고 다닌 여성이었던 만큼, 그녀의 연인이 된다는 것은 이 여배우를 흠모하는 숱한 사람 가운데 선택되었음을 뜻하는 것이었고, 꼭 그만큼 만족스러움을 안겨주는 일이었다. 단눈치오는 이렇게 썼다. "극장이 박수갈채로 떠나갈 듯하고 욕망의 불꽃으로 타버릴 듯할 때, 청중 속에서 그

• 13세기 이탈리아 라벤나의 영주 귀도 다 폴렌타Guido da Polenta의 딸로 리미니의 영주 잔초토 말라테스타Gianciotto Malatesta와 결혼했다. 그녀는 남편의 동생인 파올로 말라테스타Palo Malatesta와 사랑에 빠지는데, 이 사실을 안 남편에 의해 연인과 함께 죽음을 맞는 비극의 주인공이다. 프란체스카 다 리미니의 사랑 이야기는 단테의 『신곡』 연옥편에도 나오며, 많은 화가와 작곡가에 의해 재현되었다.
•• 프랑스 출신의 유명한 여배우로서 본명은 로진 베르나르Rosine Bernard다.

녀의 시선을 유일하게 받는 남자, 그녀의 미소를 받는 남자는 자부심으로 날아가버릴 것만 같다."

그들은 함께 많은 일을 했다. 함께 있으면 남자의 입에서 말이 쏟아진 만큼이나 여자의 입에서도 말이 쏟아졌다. 그의 문장 구조는 항상 완벽하다. 반면에 그녀의 문장 구조는 없는 것이나 매한가지다. 그들이 주고받는 편지를 보면, 남자는 흠결 하나 없는 말의 직물을 짜고 있음을 알 수 있다. 반면에 여자는 말을 더듬거리며 분출시킨다. 그럼에도 그들은 각자 자신의 천재성을 확신하는 두 예술가의 기분 좋은 자만심을 공유한다. 그녀는 처음으로 밤을 함께 보낸 후 이렇게 썼다. "그에게 신의 은총이, 은총이 있기를. (…) 당신의 영혼을 느꼈고 다시 나의 영혼을 느꼈답니다. (…) 아, 당신에게 어떻게 말해야 좋을지 모르겠어요. 하지만…… 아시죠? 보고 계시죠? 내 손을 꽉 붙잡아주세요!"

두세는 연극조의 과장되고 유머감각이라고는 없는 모습을 보여주었다. "그녀는 모든 게 너무나 인위적이었다." 톰 안톤지니는 그렇게 썼다. "그래서 나는 단눈치오가…… 그렇게 뻔하고 지루한 여성과 부자연스러운 관계를 수년 동안 어떻게 견딜 수 있었는지 의아했다." 그러나 단눈치오는 그녀의 멜로드라마 같은 인생에서 하나의 배역을 연기하는 것이 좋았다. 그들은 보통 사람들은 이해할 수 없는 난해한 말을 주고받으며 그 심오한 의미에서 생기를 얻는 것처럼 보였다. 그들은 모두 경험에 굶주려 있었다. 그가 자신과 자신의 의식에 대한 세계에 최대한의 주의를 집중시키는 훈련을 했다면, 그녀는 (그 역시 인정했듯이) 쉼 없이 "더 많이 살고 더 많이 느끼기를" 바랐다. "삶, 삶, 자유로운 삶, 절대적으로 자유로운 삶"이 그녀가 갈망한 "전율!"이었다.

단눈치오처럼 두세도 드높은 포부를 품고 열심히 일하는 예술가였다. 그와 마찬가지로 그녀도 자신만의 셰익스피어와 자신만의 소포클레스를 알고 있는 독서가였다. 새로운 작품들에도 민감하게 반응했음은 물론이다. 가령 입센의 『인형의 집』은 그녀의 정규적인 레퍼토리이기도 했다. 또한 그와 마찬가지로 그녀도 워스Worth*에서 재단한 옷이나 마리아노 포르투니가 디자인한 찰랑이는 가운을 입고서 오래된 값비싼 유리와 훌륭한 장정의 중고 서적을 구입하며 쇼핑하는 것을 사랑했다. 그들 각자는 상대방의 존재를 통해 일체감과 자기 확신을 느꼈다. "당신이 믿는다면, 나도 믿을 거예요." 그렇게 그녀는 말했다. 그리고 그의 편에서도 그녀가 죽은 후 자신이 했던 모든 것—"내가 과일을 깨물어 먹는 법도…… 풀밭에서 제비꽃이나 네잎 클로버를 꺾으려고 무릎을 꿇는 법"—이 그녀를 얼마나 황홀하게 만들었는지를 기억했다. 심지어 체온으로 동전에 녹청이 많이 생기게 하려고 동전을 바지 주머니에 집어넣는 방식도 그녀에게는 황홀했다. "기솔라Ghisola만큼 나를 사랑한 여인은 그 전에도, 그 후에도 없었다."(기솔라는 그녀의 많은 이름 중 하나다.) "일찍이 '피라우스타pirausta'가 용광로 속에서 살았듯이, 나는 그녀의 눈길 속에서 살았다."('피라우스타'란, 대大플리니우스**에 따르면, 작고 얇은 날개를 갖고 불 속에서 사는 용이다.)

단눈치오는 에렐에게 마리아 그라비나의 고통에 책임이 있기에 그녀 곁에 있어야 한다고 말했지만, 이처럼 매력적인 대안이 눈앞에 있는 이상 양심의 가책 따위는 가뿐히 극복할 수 있었다. 물론 관계를 신속하고 깔끔하게 끝낸 것은 아니다—과연 단눈치오답게 말이다. 실제로 그가 마리아를 완전히 떠난 것은 그로부터 2년쯤 후였다. 그러나 훨씬 전

---

* 영국 출신 디자이너인 찰스 프레더릭 워스의 양장점.
** 고대 로마 제정 초기에 활동한 박물학자로서 『박물지』를 남겼다.

부터 그녀는 단눈치오의 바쁘고 화려한 삶에 가려져 음울한 나락으로 가라앉고 있었다. 1895~1896년 겨울에 그는 두세와 함께 몇 주 동안 베네치아와 피렌체, 피사를 여행한 다음, 그녀가 순회공연을 떠난 후에야 프랑카빌라로 돌아와 글을 쓰기 시작했다. 그들은 8년 동안 그런 식으로 함께 머물기도 하고 떨어져 있기도 했는데, 이 8년은 단눈치오의 인생에서 가장 안정되고 창조적인 시기였다.

단눈치오에게는 위대한 여배우와의 관계가 시작되면서 극작가로서의 경력도 함께 시작되었다. 그녀와의 관계가 시작되기 전에 그가 극장을 자주 다녔다는 증거는 없다(비록 초기 소설 중 하나에서 지방 순회공연 중의 경박한 여배우를 냉소적으로 묘사하는 부분이 있기는 하지만). 그러나 니체의 『비극의 탄생』을 읽은 후 그는 희곡의 잠재력에 대해 다시 생각하게 되었다. 바그너의 음악에 심취하게 된 것도 지면의 글보다는 공연이 직접적으로 더 강력한 메시지를 전달하는 방식임을 깨닫는 데 도움이 되었다. 그리스에서 돌아온 지 3주도 안 돼 그는 트레베스에게 최초의 희곡작품인 『죽은 도시The Dead City』에 대해 말하기 시작했다.

그는 또한 연기자로서 데뷔했다. 국제 미술 전시회, 즉 제1회 베네치아 비엔날레가 1895년에 개최되었다. 미케티의 그림인 '요리오의 딸'이 벽면 한쪽을 차지하며 전시되었는데, 당해 수상작이 되었다. 단눈치오는 비엔날레 관계자들에게 친구의 작품에 손수 '찬가'를 붙여주겠노라고 약속했다. 그는 4월 개막식에서 낭송하기로 했지만 약속을 어겼고, 그 대신 전시회 폐막식 때 연설하겠노라고 했다. 결국 11월에 오페라하우스인 라 페니체의 도금된 대리석 홀에서 단눈치오는 연설했다.

산문과 운문이 섞인 낭랑한 연설이었다. 연설은 베네치아와 티치아노, 베로네세, 바다와 유리(단눈치오는 이미 유리 제작으로 유명한 무라노섬을 방문한 적이 있고, 유리공의 작품에 대한 안목 있는 수집가가 될 터였다), 그리고 이제는 쇠락한 과거 베네치아의 빛나는 제국에 대한 명상을 포함했다. 단눈치오는 한 찬미자에게 자신이 에테르에 적신 설탕 덩어리를 먹으며 잠을 쫓으면서 하룻밤 만에 연설문을 썼노라고 말했는데, 이는 영웅적인 창조자이자 마약을 복용하는 데카당이라는 두 가지 페르소나를 훌륭하게 접목하는 이야기라고 할 것이다. 사실 연설은 10년 전에 쓴 시인 '가을의 꿈'의 재탕이었고, 약간 수정되어 단눈치오의 다음 번 소설인 『불Il Fuoco』에 수록될 내용이었다. (단눈치오는 재료를 여러 번 재활용하는 것을 좋아했다.)

단눈치오의 작업은 주로 앉아서 머리를 쓰는 방식으로 이루어졌지만(그는 종종 서서 쓰기도 했으므로 '앉아서'라기보다는 '꼼짝 않고'라는 표현이 더 낫겠다), 그의 마음에는 그런 작업 방식이야말로 육체적으로 영웅적이라고 할 만했다. 그는 운동선수나 전사가 그렇듯이 그런 작업 방식에 잘 훈련되어 있었고, 훗날 그런 작업 방식이 그의 몸에 남긴 흔적을 자랑스러워했다. 즉 작가의 가운데 손가락에 굳은살이 생겼고, 평생 구부정한 자세로 책을 들여다보니 한쪽 어깨가 다른 쪽보다 처지는 방식으로 어깨에 살짝 변형이 왔던 것이다. 그는 아름다운 목소리를 얻기 위해 기울인 노력에 대해서도 자부심이 컸다.

그의 미성에 대해서는 많은 증언이 있다. 단눈치오의 작품에 대한 가장 열렬한 찬미자 그룹에 속한 영국 시인 아서 시먼스는, 로마에 있는 프리몰리 백작의 저택에서 그의 성경 낭송을 들은 적이 있는데, 언젠가 파리에서 해럴드 니컬슨이 그의 낭송을 들었을 때와 꼭 마찬가지로 넋이 빠질 지경이었다. 그리고 그의 외모를 보고 설핏 실망한 찰나에 그가 입을 떼자마자 그런 실망감이 눈 녹듯 사라졌다는 여성들의 많은 증언도 있다. 그의 목소리는 "달콤하고 부드러우며 벨벳 같다"는 찬사가 절로 나왔고, 그런 목소리를 이용한 매너도 매혹적이었다.

그는 미성이 그저 타고난 것이 아니라 스스로 창조한 것임을 즐겨 강조하곤 했다. 소년 시절에 그가 말도 없이 집 밖에 놀러 나갔다 돌아왔을 때, 근심하던 어머니는 일종의 환영과 안도의 노래로 그를 맞아주었고, 머리를 이리저리 흔들며 아들에게 노래를 흥얼거려주었다. "여기에 매혹된 나는 어머니의 방식을 모방하고 나의 연설을 그녀의 연설에 맞춰 조율함으로써, 내 목소리는 그 어느 때보다 더 아름다워질 수 있었다." 치코니니 학교에서 처음에는 아브루초 사투리 때문에 놀림감이 되었다. 그러나 단눈치오는 자부심이 강하고 경쟁심도 지독했기에 재빨리 사투리를 교정했다. 당시든 나중에든 그는 고전들을 읽으면서 고대 웅변가가 군중을 휘어잡기 위해 연설을 이용한 방식을 숙고했는데, 예컨대 키케로가 청중의 감정에 "격렬한 동요"를 일으키기 위해 "거의 가수가 그러하듯이 미문을 미성으로 바꿔놓은" 방식에 대해 글을 썼다.

그는 운문뿐만 아니라 산문에서도 반복된 음절들이 지적인 의미를 뛰어넘는 도발적이고 감정적인 호소력을 갖는다는 점을 잘 알고 있었다. 이로부터 반복된 구절들과 주문 같은 후렴들이 그의 소설을 아로새기고 있었다. 또한 영롱하게 빛나는 가늘고 긴 문장들의 리듬에도 각별한 주의를 기울이곤 했다. 그런가 하면 연설할 때 전달 방식에서도 마치 "각각의 단어 둘레에 윤곽선을 긋듯이" 천천히, 그리고 또렷이 발음하곤 했다. (그의 몇몇 동시대인은 그 효과를 이렇게 묘사한다. 처음에는 "무채색으로" "영혼 없이" "건조하게" 혹은 "단조롭게" 들리지만, 급격히 청중에게 최면을 건다.)

라 페니체에서 단눈치오는 처음으로 자신이 창조한 단어-음악이 권력의 악기로 사용될 수 있음을 보고 느꼈다. 청중—이브닝드레스를 차려입은 귀부인들과 이전 여름 카페 플로리안에서 그에게 아부했던 일단의 젊은 찬미자들—은 콧수염 끝이 치켜올라가고 연미복을 차려입은 댄디가 자신의 작품을 천천히 소리 내어 읽으면서 섬세하게 가꾸어진 작은 손들을 이리저리 휘젓는 모습을 봤다. 단눈치오 자신이 본 것은 좀더 드라마틱한 어떤 것이었는데, 바로 "힘줄이 떨리고 핏줄이 부풀어오른 채 헤라클레스와 같은 운동선수의 에너지가 분출되는 고대의 야만적인 경기"의 모습이 그것이었다.

『불』의 주인공인 스텔리오 에프레나도 그와 유사하지만 그보다 좀더 미화된 환경에서 연설할 것이었다. 스텔리오는 자신의 말에 열심히 귀 기울이는 청중을 지켜보면서 자신의 지성이 마치 거대한 뱀처럼 팽창했다가 이완되는 것을 느낀다. "그는 자신의 여러 마음을 단 하나의 마음으로 모은 뒤 마치 손안에 그 마음을 쥐고 있는 것처럼, 그리고 마치 깃발처럼 그 마음을 흔들거나 주먹으로 깨뜨릴 힘이 있는 것처럼 느꼈다." 그는 기뻐 어쩔 줄 모른다. "그의 영혼과 군중의 영혼이 교감하면서 신비로운 것이, 거의 신성한 어떤 것이 솟아나온다." 단눈치오는 이 세상에 자신의 표식을 남기는 새로운 방식을 발견한 것이다.

21. 잔인함

단눈치오는 손을 보면 흥분하곤 했다. 한때 그는 자신의 왼손이 보여주는 아름다움에 얼마나 기쁨을 느꼈는지에 대해 기록해놓기도 했는데, 그의 왼손은 오른손으로 글을 쓸 때 "물속의 꽃처럼" 방심한 채 책상 위에 놓여 있었다. 이런 모티프는 그의 픽션과 시에서 반복적으로 나타난다. 『바위 위의 처녀들』에는 난간에 기대어 있는 세 명의 여성 주인공을 묘사하는 대가다운 구절이 나오는데, 여기서 처녀들 앞에 우아하게 매달려 있는 세 쌍의 손이 그려지고 있다. 단눈치오의 연애편지들에도 손이 나오고, 실내장식에도 손들이 있다. 비토리알레 저택에는 아예 스텐실 기법으로 장식된 손으로 가득 찬 방이 별도로 있을 정도다.

손은 성적 흥분을 일으켰다. 『쾌락』에서 한 여성이 피아노 위에 남기고 간 장갑은 그녀와 언제라도 성적 관계를 맺을 수 있음을 보여주는 징표이고, 엘레나 무티가 잔을 감싸 쥐고 손에 흘러내리는 샴페인을 남자들이 핥아 먹게 하는 장면은 타락과 유혹의 이미지를 불러온다. 스페렐리는 마리아 페레스의 손을 그리는데, 이는 그녀를 건드리지 않으

2부 물줄기들

면서 애무하는 방식이다. 실제 삶에서 단눈치오는 연인들의 장갑을 승리의 트로피로 수집했다. 그가 마지막에 산 집에는 아직도 장갑으로 가득 찬 서랍이 있다.

손이 그에게 가장 큰 흥미를 불러일으키는 경우는 바로 불구가 되었을 때였다. 그는 자신의 첫 연인이었던 엘다에게 이렇게 썼다. "당신을 기쁘게 하는 게 무엇인지 말해보오. 그럼 나도 그럴 테니…… 내가 손 하나를 잘라 박스에 넣어 우편으로 당신에게 부치면 좋아하겠소?" 초기 소설에서 그는 종교 행사에 쓰이는 인형에 손이 깔린 한 농부의 이야기를 다룬다. 여기에는 남자가 자신의 손을 절단하고 절단된 손을 성자에게 봉헌하는 소름끼치는 구절이 나온다. 거의 30년 후에 단눈치오는 동상에 걸려 괴저가 온 손가락을 절단한 북극 탐험가 움베르토 카니를 만나면서 스릴을 느끼기도 했다.

두세의 손도 가늘고 연약했다. 그들이 함께일 때, 단눈치오는 잇따라 책을 그녀에게 헌정했는데, 책들에는 "아름다운 손을 가진 엘레오노라 두세에게"라고 쓰여 있었다. 그러나 또한 그는 『라 조콘다 La Gioconda』라는 희곡을 쓰기도 했는데(제목은 레오나르도 다빈치의 '모나리자'의 다른 이름이다), 거기서 그 사랑스런 손들은 끔찍하게 짓이겨진다. 단눈치오가 두세 대신 창조한 캐릭터는 조각가 남편이 애인을 모델로 만든 조각상이 넘어지는 것을 막으려고 안간힘을 쓴다. 그녀에게는 굴욕의 이미지라고 할 이 거대한 조각상은 결국 그녀의 손 위로 넘어져 손을 완전히 짓이겨버린다. 단눈치오가 두세를 잔인하게 대했다고 사람들은 말한다. 그가 자신의 소설과 희곡에서 두세와의 관계를 묘사한 방식을 보면, 그가 그런 사실을 잘 알고 있었던 것 같다. 뻔뻔스럽게도 말이다. 두세가 죽은 후 그녀와의 사랑을 반추하면서 단눈치오를 가장 감동시킨 기억은 바로 그녀만의 고유한 기이한 몸짓이었다. 그가 그녀를 울게 했을 때(그는 자주 그랬다), 그녀가 자신의 길고 우아한 손을 위로 움직이며 눈물을 닦던 모습이 바로 그것이었다. 이는 마치 그녀의 신전을 눈물의 성수로 바르는 것처럼 보였던 것이다.

그들은 관계를 맺고 나서 처음 2년 동안 베네토의 이곳저곳을 다녔고, 밀라노와 베네치아, 피렌체, 피사, 로마, 알바노, 아시시에서 함께 지냈다. 그 시절은 달콤한 기억을 남겼다. 그가 빗속에서 그녀를 위해 제비꽃을 꺾었던 피사의 캄포 산토*에서의 어느 오후가 사반세기 후에도 여전히 단눈치오의 뇌리를 맴돌고 있었다. 그러나 두세에게 이 짧은 행복의 순간은 고통이었다. 그들을 모두 잘 알고 있던 한 친구에 따르면, 두세는 단눈치오가 그녀에게 준 성적 쾌락에 중독되었다. 이 때문에 그 친구는 두세에게 연민을 느꼈다. 단눈치오는 "그녀의 감각을 통해 그녀를 지배했다. (…) 그녀는 그 없이는 아무것도 할 수 없었다. (…) 그야말로 한탄스러운 일 아닌가." 그녀는 피사에서 함께한 시절을 가리켜 "육체와 영혼의 끔찍한 경련"으로 묘사했고, 다시 한번 혼자가 되었을 때 그의 손길을 갈망하던 그녀의 반응은 "반쯤 미쳐버린 상태…… 20일간이나 미열로 들뜬 상태"였다. 두세는 애써 단눈치오를 거부함으로써 그에 대한 종속 상태로부터 벗어나고자 했다. "그녀는 창턱에 기대어 흐느끼고 있다. '오, 아니야, 아니야, 나중에 내게 무슨 일이 일어날지 알아요. (…) 당신은 항상 가버릴 거예요. 당신은 나에게서 멀리 멀리 떠나버릴 거예요.'" 우리는 이 고통스런 장면에 대해 알고 있는데, 이것도 단

* 피사의 사탑이 위치한 피사에서 가장 유명한 곳이다.

눈치오가 이별의 여파를 수첩에 기록해두었기 때문이다("그녀는 눈물로 굴복하고 말았다").

단눈치오는 두세가 불행해하는 것을 보는 게 좋았다. 그는 만족스러운 듯 말하기를, 그녀는 눈을 아래로 비스듬히 내리깔고 바르르 입을 떨면서 "창조의 고통을 느끼는 보기 좋은 표정"을 지었다. 어느 동시대 비평가는 그녀를 "상처 입은 피에로"로 묘사하기도 했다. 다른 사람에게는 "열정과 고통의 횃불…… 온몸이 멜랑콜리 그 자체"로 보였다. 그녀는 항상 몸이 불편했는데(결핵을 앓았다), 이는 단눈치오의 관심을 끈 요인이었다. 두세는 단눈치오에게 신체적으로 허약한 여성의 모습과 더불어 자신의 발밑에 위대한 스타이자 디바가 엎드린 모습을 본다는 흥분을 안겨주었다.

그들은 종종 떨어져 있었다. 엘레오노라는 연중 몇 달씩 해외 투어 길에 나섰다. 그때마다 단눈치오는 프랑카빌라와 마리아 그라비나에게로 돌아갔다. 비록 이제는 완전히 소원한 관계가 되어버리기는 했지만 말이다. 1897년 여름에 마리아는 아들을 출산했는데, 가브리엘레 단테라는 이름을 붙여주었다. 단눈치오는 자신의 아이임을 인정하지 않았다. 그는 자신이 아버지가 아니라고 말했다. 아이 아버지는 자신의 시중이라는 것이었다. 마리아는 아무런 말도 하지 않았다.

그는 두세와 여행을 떠나지 않을 때면 자주 로마에 들렀다. 이제 그는 자기 소설들의 프랑스어 및 독일어 번역본으로 상당한 수입을 벌어들이고 있었고(저축은 전혀 하지 않았다), 그의 명성은 크게 높아져서 젊은 기자였을 때 외부인으로서 우러러보던 서클들에 당당히 입성할 수 있을 정도가 되었다. 그는 마침내 고급 '사냥 클럽Il Circolo della Caccia'의 회원이 되었고, 캄파냐에서 사냥개를 쫓아 거침없이 말을 달렸다. 그는 디너파티와 음악회와 티파티, 무도회들에 초대받았다. 이처럼 태평하게 놀러 다닌 시절이야말로 상상력이 무한히 자극된 시기였다고 즐겨 말하곤 했다. "한가하게 보낸 한 주가 고되게 일한 하루보다 더 풍요로운 결실을 내게 안겨주었다." 로맹 롤랑이 그를 만난 것도 바로 그 시절이었다. 어느 날 밤 로바텔리 백작 부인의 집에서 롤랑은 한 젊은이가 단눈치오의 허세를 비난하는 것을 들었다. "그는 자기가 반신반인이라고 생각해요." 이튿날 밤 단눈치오 자신이 백작 부인의 집에 나타났는데, 뾰족한 구두에 다이아몬드 단추가 달린 흰 조끼 차림에 크러뱃에는 "말 타는 기수처럼 보기 흉한 핀을 꽂은 채" 대단히 "속물적으로" 보였다. 처음에 롤랑은 이유 없이 그가 싫었다. "이 꼬리를 펼친 공작새는 모든 이의 눈을 홀리면서 얼빠진 시선의 속물들에 둘러싸여 있었다. (…) 이 하류 아도니스의 냄새라니." 그러나 얼마 안 가 두 사람은 친한 사이가 되었고, 음악을 사랑한다는 동지애로 단단히 결합되었다. 로마에서 그들은 매일같이 음악회장에 함께 다녔다.

단눈치오는 엘레오노라와 처음으로 신성한 사랑을 나누었던 밤에 자신의 최초 희곡인 『죽은 도시』를 쓰겠노라고 약속했으나, 1년 후 쓰게 되었을 때는 엘레오노라 대신 사라 베르나르에게 작품을 바쳤다(그는 두세의 연기를 "좀더 진지하다"고 평한 반면, 베르나르의 연기에 대해서는 "좀더 시적"이라고 평했다). 이 배신은 두 사람의 관계가 거의 끝나갈 무렵에 일어났다. 단눈치오는 수첩에 "눈물과 공허함으로 가득 찬 눈을 가진 고상한 여인"이 그에게서 멀어졌노라고 써놓았다. "그녀의 슬픈 발걸음 소리에서 언제나 월계수 잎들이 바스락거리는 소리를 듣는다." 그는 충분히 이해할 수 있는 시인다운 감수성으로 그녀를 잃었다는 사실을 자포자기의 심정으로 인정한 것처럼 보였다. 그해 겨울 로마에서 그는 두 번의 새로운 연애 사건을 경험했는데, 이 또한 마리아 그라비나와 함께한 시절이 되살아난 것 같았다. 그는 상상하기를, 두세가 "두 팔에 사랑을 가득 담고서 네 다리가 밧줄로 묶인 양처럼 사이프러스 나무들 사이로 내게서 멀어져갔다"라고 했다. 시인과 여배우를 이탈리아에서(전 유럽에서까지는 아니더라도) 가장 유명한 커플로 만들어준 이 로맨스는, 애당초 관계가 시작되기 전 피의 희생과 여성의 비탄이라는—단눈치오에게는 즐거운—상징주의적 이미지로 희미해져갈 찰나에 있었다. 이때 친구들이 개입했다. 1880년대에 단눈치오가 그렇게도 찬탄해 마지않았던 옻칠된 어수선한 살롱을 갖고 있던 프리몰리 백작이 연인들을 모두 자기 집으로 초대해 화해를 주선했다.

엘레오노라는 용서했다. 그로부터 열흘 만에 단눈치오는 새로운 희곡 『어느 봄날 아침의 꿈Sogno d'un Mattino di Primavera』을 화해의 선물로 써서 원고를 앤티크 공단으로 싸 초록색 비단 리본으로 묶은 채 두세에게 선사했다. 이 희곡은—단눈치오의 다른 희곡들과 마찬가지로—장황하고 정적이었는데, 병적일 정도로 에로티시즘에 물들어 있었다. 배신당한 남편이 아내의 남자를 살해한다. 그녀는 밤새도록 피투성이 시신을 부둥켜안고 있고, 아침 무렵에 마침내 미쳐 날뛴다. 단눈치오는 당시 고전 비극 작가들의 양식화된 몸짓을 연구하고 있었고, 그의 무대 연출 지시(그의 대사만큼이나 장황한)는 실제로 설치할 수 없는 비현실적인 세부 묘사로 이루어져 있을 뿐만 아니라 고전 비극 작가들의 것을 모방하고 있었다.

1897년 여름 엘레오노라는 그 희곡을 파리에서 공연했다. 큰 성공을 거두지는 못했다. 그해 가을 단눈치오는 결국 마리아 그라비나를 떠났고, 두세는 피렌체 근교의 세티냐노 인근에 집 한 채를 구했는데, 이곳은 그들이 앞으로 함께할 남은 날들을 위한 보금자리가 될 것이었다.

그들의 관계는 공중의 눈에는 매혹적으로 비쳤고, 그들 두 사람에게도 풍요로웠다. 그들의 관계는 필경 연애관계였으나, 동시에 협력관계이기도 했다. 엘레오노라는 스타 배우였을 뿐만 아니라 다른 배우들을 고용하고 해고하며 유럽과 미국 전역에서 수천 명의 관객 앞에서 연기해야 할 순회공연을 직접 챙기는 매니저이기도 했다. 이제 희곡 작가로서의 경력을 시작한 단눈치오에게 그녀와의 친밀한 관계는 유익하지않을 턱이 없었다(그의 동시대 희곡 작가인 루이지 피란델로도 자신의 희곡이 공연되는 것을 보기 위해서는 수년을 기다려야 했다). 거꾸로 엘레오노라는 자신의 레퍼토리에 질려 있었다. 그녀는 오직 자신만을 위해 희곡을쓰면서 유럽 전역에서 명성을 얻는 작가를 곁에 두고 보는 것이 즐거웠다. 그러나 직업적으로나 예술적으로 그들은 파트너였을지 모르지만,사적으로나 감정적으로는 남성 주인과 그에게 매달리는 절망적인 여성 추종자의 관계였다. 『바위 위의 처녀들』에서 단눈치오는 "노예가 되려는 걷잡을 수 없는 욕망"에 사로잡힌 한 여성을 상상한 적이 있다. 귀부인 마시밀라는 이렇게 토로한다. "나는 완전히 더 높고 더 강한 존재에 속하고 나의 의지를 그에게 위임하며 그의 거대한 영혼의 불길 속에서 마치 번제 의식에서처럼 불타버리고 싶은 욕망에 사로잡혀 있어요."단눈치오는 현실에서 그런 여성의 모습을 엘레오노라 두세에게서 발견했다. "나는 나 자신을 완전히, 완전히, 완전히 지워버리고 싶어요!" 그렇게 두세는 단눈치오에게 말했다. "내 모든 것을 그에게 주어 녹아버리고 싶어요."

두세는 그의 희곡들을 레퍼토리에 추가함으로써 그의 수입을 늘려주었으나, 정작 자신의 수입은 크게 줄었다. 그녀의 주요 작품은 『카멜리아의 여인』과 『안토니우스와 클레오파트라』, 카를로 골도니의 『여관집 여주인』과 『탱커리 씨의 두 번째 부인』 등이었고, 이것들이 박스 오피스에서 순위가 훨씬 더 높았다. 토스카나 언덕 마을에서 이웃에 살았던 예술사가 버나드 베런슨은 단눈치오를 지골로로 묘사했는데, 그의 눈에는 단눈치오가 흡사 성적 서비스를 제공하고 보수를 받는 남자처럼 보였던 것이다. 물론 이는 부당한 평가였다. 단눈치오는 여성에게서 돈을 빼내기에는 너무나 무기력하고 자기 방식만을 고집하며 순진무구한 면이 있었다. 그러나 두세가 그로 하여금 자신을 마음대로 이용하게 했음은 확실한 사실이었다. 그들이 함께했던 초기 시절에 그녀는 올가 오사니(단눈치오에게 페베아라는 애칭으로 불린 한때의 연인으로서 여전히 기자로 활동하던)와 인터뷰를 했는데, 여기서 그녀는 자신이 가진 모든 것을 자기 자신의 예술이 아니라 그의 예술을 위해 쓸 수 있다면 아주 행복할 것이라고 주장했다. "나는 많은 돈을 벌었고, 앞으로도 더 많이 벌 거예요. (…) 내가 그 돈으로 무엇을 하기를 바라나요? 저택을 살까요? (…) 부자가 된 여배우의 파티에서 정복을 차려입은 시종들에 둘러싸인 내 모습을 당신은 볼 수 있나요? 아니에요, 아니에요! 예술만이 내게 기쁨과 흥분과 돈을 주었어요. 예술만이 돈을 가져다줄 거예요." 이것이 두세가 말하는 방식이었다. 그녀는 "지적인 여성은 아니었다". 단눈치오는 그녀와 헤어진 후 잔인하게 그렇게 말했다. 그러나 그녀는 절망적일 정도로 진지했다. "나는 아름다운 것, 아름다운 작품을 만들 수만 있다면 행복해서 죽어버릴 거예요." 단눈치오—곧 아름다움이라는 의회에 입성할—는 이로부터 거대한 이득을 챙겼다.

두세는 단눈치오의 불충실함을 견뎠다. 그녀의 친구들은 그의 성적 난잡함을 상기시키며 그를 믿지 말라고 누차 경고했지만, 단눈치오와 같은 시인의 영혼에 대해 나쁘게 말하는 것은 오히려 그녀에게는 "꿈꾸고 있는 자의 머리채를 잡아당기는 것과 같이…… 꽃을 짓밟는 것"처럼 보였다. 그는 괴물이었지만, 경탄할 만한 괴물, 그러니까 그녀가 보살펴야 할 괴물이었던 것이다. 그녀는 한 친구에게 단눈치오가 다른 여성과 밤을 보내고 난 다음 날 아침에 "간밤에 먹은 것과 여성들에 대한 경멸감을 토해내면서 지치고 멍한 상태로" 자기에게 돌아왔다는 사실을 말하기도 했다. 그녀는 그의 하녀라는 수치스런 역할을 기꺼이 떠맡는 것처럼 보였다. 이 시절 두 사람의 관계를 보여주는 캐리커처는, 뼈만 앙상한 정강이를 드러낸 단눈치오가 마치 보티첼리의 비너스처럼 파도 사이에서 벌거벗은 채 탄생하는 포즈를 취하는 동안 그보다 키도 더 크고 풍만한 엘레오노라가 비너스를 시중드는 님프처럼 그의 목욕 타월을 쥐고 있는 모습이었다. 그는 작업할 때 그녀의 간섭을 일절 허용하지 않았다. 대중이 우러러보는 위대한 여배우는 그가 이제 그만 문을 열어도 좋다고 생각할 때까지 복도에서 온순하게 기다려야 했던 것이다.

그녀를 찬미하는 일군의 사람들은 곧 단눈치오가 그녀를 다루는 방식을 보고 분개해 마지않았다. 그러나 그들의 관계가 의심의 여지 없이 잔인함(여자에 대한 남자의 잔인함)으로 점철되어 있긴 했지만, 그녀의 마조히즘이 그의 사디즘만큼이나 강력했던 것 같다. 그는 그녀를 천박하게 다루는 것을 좋아했다. 그는 그녀의 드레스 소리가 바스락거리거나 문밖에서 그녀의 숨 쉬는 소리가 들릴 때 그녀를 그대로 문밖에 놔두면서 쾌락을 느꼈다. 그러나 그녀 역시 이를 좋아했다. 그녀에게 자신의 독립성은 고사하고 자신의 정체성을 지키려는 희망 따위는 없었다. 두세의 전보에 들어간 서명을 보면 "가브리기솔라Gabrighisola"로 되어 있는데, 이것만 봐도 두 사람을 하나로 취급한 것을 알 수 있다. 그녀는 단눈치오가 자기 곁에 남아 있을 수 있도록 전심전력으로 그에게 헌신하고자 했다. 마치 대지가 농부의 옥수수가 클 수 있도록 양분을 제공하는 것처럼 말이다. "당신을 위해 일하지 않는다면 내가 무엇을 위해 살 수 있을까요?"

그 대신, 그는 그녀에게 가브리엘레 단눈치오에 의해 선택된 파트너라는 특권과 섹스를 통해 보답했다. 엘레오노라에게 성적 관계는 황홀경과 같았다. "내 영혼은 내 육신을 벗어나려고 더 이상 안달하지 않는다. (…) 나는 조화로움을 느꼈다." 그러나 그녀가 그에게 계속 굶주려 있었을지라도 그녀를 향한 그의 욕망은 모호한 것이었다. 1896년 6월, 즉 그들의 사랑이 연애관계로 발전한 지 몇 달 후 단눈치오는 당시 생각하고 있던 소설과 관련하여 약간의 메모를 남겼다. "그가 그녀의 육체적 붕괴에 대해 품고 있었던 명료하고도 노골적인 전망. 그녀의 얼굴이 보여주는 몇 가지 특징, 그녀의 작고 애처로워 보이는 턱…… 그는 동틀 무렵 그녀의 집을 떠날 때 핼쑥한 얼굴이다. 그녀는 그를 너무 젊고 강한 남자로 본다. 마치 해방의 기쁨을 느끼듯이 맑은 공기를 깊이 들이마시면서 말이다. 그는 그녀가 눈물로 자신을 압박하는 질식할 듯한 방을 박차고 나섰다."

단눈치오는 기껏 마리아 그라비나에게서 벗어나고서는 이내 자신이 준 고통으로 미쳐버릴 듯한 상태에 빠진 더 의존적이고 나이도 더 많은 여자에게 묶여버린 셈이다. 이는 반복적으로 나타나는 패턴인데, 단눈치오 속에 있는 무언가가 애원하고 찬미하며 절망에 빠진 여성이 곁에 존재할 때에만 제 힘을 발휘하는 듯했다. 그리고 두세 속에 있는 무언가도 역시 그런 역할을 받아들이도록 부추기는 경향이 있었다. 단눈치오가 그녀를 위해 쓴 희곡들에서 그녀의 역할은 장님이거나(『죽은 도시』) 불구이거나(『라 조콘다』) 미쳐버리거나(『어느 봄날 아침의 꿈』) 살해 당하는(『프란체스카 다 리미니』) 것이었다. 그들의 연애는 단눈치오가 그녀에게 산 채로 불태워지는 역할(『요리오의 딸』)을 맡기기를 거부했을 때 끝이 났다. 여자는 남자에 의해 이용당하고 상처받은 데 대해 절망을 느꼈다. 그녀는 선언하기를, 그는 다른 누구도 고려하지 않고 자신의 유별난 본성에 들어맞도록 스스로 고안해낸 '법'에 따라 사는 절대적 권리를 지녔다고 했다.

그들의 관계 속에서 꿈틀댄 욕망은 복잡했다. 단눈치오는 친구들에게 두세의 질투심과 소유욕에 대해 불평했지만, 그녀가 자신의 신이자 동시에 자식이 될 수 있도록 함으로써 그녀의 성향에 굴복했다. 또한 그녀는 그녀대로 두 사람 사이의 나이 차를 과장하면서 그와 함께 다녔다. 그녀는 그를 가리켜 "내 아기"라거나 "가브리엘레토", 혹은 "내 사탕" 등으로 불렀다. 그녀는 그를 꾸짖기도 하고 빨리 일하라고 재촉하기도 했다. 부모이자 동시에 후원자라는 이중의 자격으로 말이다. "인생은 빨리 지나간다." 그녀는 그에게 이렇게 썼다. "당신의 예술을 통해 인생을 움켜쥐어요." 그들은 어머니와 아들의 역할을 연기했으나, 그렇다고 이것이 그들의 관계가 덜 열정적이었음을 뜻하지는 않는다. 그다음 몇 년에 걸쳐 단눈치오는 한 과부가 자신보다 훨씬 더 어린 남동생과 성적 관계를 갖는다는 내용의 소설을 쓸 터였고, 나아가 아테네의 전설상의 여왕인 페드라와 중세 이탈리아의 공작 부인인 파리시나 데스테를 각색한 작품들을 생산할 터였는데, 이 두 여성 모두 양아들과 열정적인 사랑에 빠지는 인물상이었다. 단눈치오는 근친상간의 관계에 흥분을 느꼈고, 그에 못지않게 성적으로 성숙한 여인들과 아름다운 젊은 남성들 사이의 관계에도 쾌락을 느꼈다.

단눈치오는 잇따라 출간된 책들을 "신성한 엘레오노라 두세"에게 헌정했다. 그는 그녀를 배신하고 모욕하여 그녀를 절망에 빠뜨릴 것이었지만, 그녀의 사랑은 단눈치오—불 속에서 사는 용인 피라우스타처럼—가 자신을 새롭게 일신하는 데 영감을 주는 불과 같았다. 그는 씁쓸하게 회고했듯이 "그녀에게 미쳐" 있었던 것이다.

나중에 단눈치오의 픽션에도 나오게 될 두 가지 작은 사건이 있었는데, 이 사건들은 모두 두세의 사랑스런 손에 상처를 입혔다. 1899년 1월 단눈치오는 이집트로 순회공연을 따라갔다. 그는 카이로의 극장에서 여성 전용석이 비단으로 가려져 무대에서 보면 마치 빈집에서 연기하는 것처럼 보였노라고 기록했다. 그들은 함께 스핑크스와 피라미드들을 보러 다녔다. 한 고고학자가 새로 개방한 석실로 데려가주었고, 고대에 꿀로 가득 차 있던, 여전히 반짝거리는 주전자 뚜껑을 보여주었다. 그들이 유물을 보며 놀라고 있을 때, 벌 한 마리가 날아들었다. 고고학자는 파라오의 꿀에 접근하지 못하도록 벌을 내쫓으려 애썼고, 엘레오노라는 열심히 그를 도왔다. "어두침침한 고분 속에서 허공을 향해 내젓는 그녀의 아름다운 흰 손들이 그날 아침의 2000살이나 먹은 벌과 비행 경쟁을 하는 것처럼 보였다." 결국 단눈치오에게 그 기억을 잊을 수 없게 만든 것은, 벌이 그 우아하고 창백한 손가락 하나를 쏘았다는 사실이다.

며칠 후 단눈치오와 엘레오노라는 케디브 궁전의 정원을 방문했다. 거기에는 높이 둘러쳐진 관목 울타리로 만들어진 미로가 있었다. 그들은 여기저기 거닐다가 서로 떨어지게 되었다. 단눈치오는 그 상태를 즐겼으나, 엘레오노라는 깜짝 놀랐다. "갑자기 나는 그 조밀하게 둘러쳐진 초록의 담벼락들 사이에 난 골목길에서 길을 잃어 혼자가 된 것처럼 느껴졌다." 그녀는 영영 출구를 찾지 못할 것처럼 느껴졌다. "무덤처럼 아주 고요했다." 그렇게 단눈치오는 무대를 팔라디오 양식으로 지어진 베네토의 피사니 저택의 정원으로 옮겨놓은 『불』에서 쓰고 있다. 그의 설명에서 단눈치오의 또 다른 허구적 자아인 스텔리오 에프레나는 의도적으로 자신의 애인을 피해 숨는다. 그는 그녀를 놀리고 조롱하며 이렇게 외친다. "나를 찾아봐!" 그러나 그녀가 미친 듯이 그를 부를 때 그는 한마디 대꾸도 하지 않는다. 그는 관목 울타리 아래로 네발로 살금살금 기어다닌다. 그는 자신을 목양신—음란하고 야생적이며 비정한—으로 상상한다. 아무런 동정심도 없이 그는 자신의 가엾은 연인을 도와주기를 거부한다. 그에게 이 사건은 아주 강렬하고도 은밀한 쾌락을 주었다.

엘레오노라 자신의 설명에 따르면, 그녀는 카이로의 정원에서 거의 공황 상태에 빠졌고, 흐느껴 울면서 촘촘하고 가시가 가득한 관목 숲에서 벗어나려 애쓰면서 손을 허우적거리기 시작했다. "내가 헛되이 관목 숲을 헤치려고 하다가 손에 난 이 상처들을 보세요!"

단눈치오는 관목 울타리의 다른 쪽에서 조용히 그 장면을 지켜보면서 그녀의 사랑스런 손이 찢기고 피 흘리는 것을 구경했다.

"나는 괴로워 어쩔 줄 모르며 계속 외쳐댔어요. '이제 그만! 그만! 더 이상 여기 있기 싫어요! 단눈치오!'"

단눈치오는 계속 숨죽인 채 그 장면을 기록해두고 있었다.

22. 생명

여기 단눈치오가 이탈리아 의회를 묘사하는 몇 가지 방식이 있다. "민족의 존엄성을 짓밟아 뭉갠 집." "사기꾼과 바보천치들로 이루어진 더러운 무리." "거대한 야수를 기르는 외양간에서 일하는 사람들"의 집합. 그들의 "수다는 콩을 너무 많이 먹은 농부의 입에서 나오는 트림처럼 천박하고 역겹다." "악취 나는 하수구." 그는 민주주의가 부조리한 시스템이라고 썼다. "당신은 인간을 흡사 망치질을 기다리며 일렬로 줄서 있는 달팽이처럼 다룰 수는 없다." 그러나 1897년에 아브루초에 단눈치오가 사는 지역구 의석이 공석이 되자 보궐 선거가 치러져 단눈치오가 지명을 받게 되었다. 평생 초청을 거절한 적이 없던 이 남자는 이번에도 저항할 수 없었다. 그는 선거 패배로 굴욕을 겪지 않을 것임을 확신하는 신중한 의견 조사 끝에 지명을 수락했다. 그는 트레베스에게 이렇게 썼다. "세상은 내가 모든 것이 될 수 있다고 확신하는 모양이오."

당시는 이탈리아 역사에서 소란스런 순간이었다. 바로 그 전해에 이탈리아 군대가 에티오피아 황제 메넬리크의 군대에 의해 아도와에서 패배를 당했다. 6000명의 이탈리아 장병이 단 하루 만에 목숨을 잃었다. 이 재앙으로 말미암아 단눈치오의 취향에도 맞았던 호전적인 민족주의 성향의 프란체스코 크리스피 정부가 붕괴했다. 크리스피의 추종자들은 단눈치오를 새로운 대변인으로, 심지어 새로운 지도자로 바라보았다. 하지만 그 자신은 특정한 강령과 동일시되기를 거부했다. 그는 "시학의 정치"를 약속했고, 이 말의 뜻을 모호하게 남겨놓는 것으로 충분하다고 여겼다. 그는 (니체의 구절을 인용하면서) 이렇게 선언했다. "나는 좌우를 초월한다, 마치 선악을 초월하듯 말이다." 그는 자신을 "아름다움을 위한 후보"로 묘사하면서 독자 노선을 견지했다.

그런 입장이라고 해서 물론 보이는 것만큼 비세속적이거나 순진무구한 것은 아니었다. 일찍이 1871년, 그러니까 니체가 유럽 예술의 가장 위대한 보물들을 품고 있는 장소들 중 하나인 루브르에서 코뮈나르들에 의해 방화가 일어나 귀중한 소장품들이 파괴되었다는 소문을 들었을 때(사실 불이 난 곳은 튀일리궁이었다), 니체는 다음과 같이 썼다. "내 인생에서 최악의 날이다." 그는 초록색 카네이션을 꽂고 다닐 뿐만 아니라 스테인드글라스처럼 매혹적인 말을 구사하는 미학자였다. 그는 정의나 인간적 친절함보다 아름다움을 더 고상한 가치로 여기는 사람이었다. 단눈치오도 1902년 베네치아의 산마르코 광장에서 종탑이 무너졌을 때 니체와 똑같은 심정으로 반응할 것이었다. 그는 비탄에 빠져 바닥에 엎드려 흐느끼고 하루 종일 이 방 저 방을 서성대며 일에 조금도 집중할 수 없었다. "그리고 신문에서 누군가 감히 다친 사람이 없어서 다행이라고 말하는 것이 아닌가!" 그에게는 사람 몇 명이 다치거나 죽는 것쯤은 조화로운 건축물이 손상되는 것에 비하면 사소한 일에 불과했다. "헤아릴 수 없이 많은 희생자로도 그 손실을 보상하기에는 턱없이 부족할 것이다."

평등주의와 아름다움 숭배가 양립할 수 없다는 것은 정치적 경향을 막론하고 19세기의 모든 사상가를 괴롭힌 문제였다. 단눈치오가 태어나기 10여 년 전에 공상적 사회주의자이자 카를 마르크스의 친구이기도 한 시인 하인리히 하이네는, 자신이 공감하는 공산주의자들의 "붉은 주먹들"이 "내가 사랑하는 예술세계의 대리석 구조물 전체"를 박살낼지도 모른다고 슬픔에 잠겨 예언했다. 아름다움과 천재성, 고급 문화 중 그 어떤 것도 사회적 평등과 공존할 수는 없을 것이라고 하이네는 생각했다. "상점주들은 내 책 『노래집』을 포장지로 쓰고, 이 포장지는 미래의 노부인들을 위해 커피와 코담배를 저장하는 용도로 사용될 것이다." 그렇게 하이네를 슬픔에 빠뜨린 것은 단눈치오를 분노로 들끓게 했다. 단눈치오는 자기 작품에 나오는 주인공들의 입을 빌려 쓰디쓴 아이러니와 함께 민주주의에서 시인의 기능이 어떨지에 대해 고찰했다. 그가 반문하듯이 시인들은 통탄스럽게도 권력이 대중에게 넘어간 상황을 어떻게 시로 표현할 수 있겠는가?

단눈치오는 『바위 위의 처녀들』을 쓰는 동안 마리아 그라비나를 피해 로마에서 곧잘 시간을 보냈는데, 거기서—친구 데 보시스 덕택에—보르게세 저택의 거대한 방에 머무를 수 있었다. 한때 공작 집안의 응접실로 쓰인 이 방에는 침대 하나와 피아노 한 대, 그리고 벨베데레 토르소* 석고상 한 점만이 있었다. 단눈치오는 이 방의 "우아한 빈곤"을 사랑했다. 그는 거친 손길로 토르소의 대리석 면을 쓰다듬으며 거의 맹목적으로 미켈란젤로의 이미지를 되새기곤 했다. 그는 토르소 옆에 살면서 고전 시대와 르네상스 시대의 천재성과 접촉하고 있었다.

---

* 로마 바티칸 궁전의 벨베데레에 전시되어 있는 토르소를 말하는데, 여기서는 그런 모양의 토르소를 총칭하는 말이다.

1894~1895년 겨울 내내 그는 여러 주 동안 거기에 머물렀는데, "우아하게 숨 쉬는 기쁨"을 만끽하며 친구와 함께 새로운 저널 『연회Convito』의 출간을 준비했다. 저널의 제목은 단테의 '향연Convivio'과 플라톤의 '향연Symposium' 둘 다를 암시했다. (1892년 파리에서 같은 제목의 저널인 『연회Le Banquet』가 약관 20세의 마르셀 프루스트를 포함하여 비슷한 정신세계를 가진 그룹에 의해 창간되었다.) 『연회』는 호화로운 그림을 한껏 수록해 호주머니 사정이 여의치 않은 사람들은 엄두도 못 낼 정도로 비쌌는데, 그야말로 엘리트주의를 강력히 옹호하는, 엘리트만을 위한 잡지였다. 잡지 창간호에서 단눈치오는 "지식인들"(그가 대중화시킨 신조어)에게 모든 에너지를 "야만인들에 맞선 지성의 대의"를 위해 싸우는 데 바치라고 요구했다.

『연회』의 기고자들은 한결같이 한때 소수의 희귀한 정신들을 위한 '은밀한 정원hortus conclusus'이었던 예술과 문학의 왕국이 투박한 다수를 위한 공용 운동장이 된 현실을 개탄하고 있었다. 단눈치오는 자신의 책이 다수에게 팔리는 것을 좋아했지만, 그 점만 빼면 그의 목소리는 다수가 아닌 다른 소수와 합류했다. 그는 쓰기를, 이 시대는 일찍이 고트족과 반달족이 이탈리아 전역을 약탈한 시대만큼이나 재앙으로 가득 차 있었으나, 그 침략자들이 장대한 "피의 거품이 이는 폭력 사태"를 야기하면서 "천둥번개를 동반한 회오리바람"이었던 반면, "새로운 야만주의"는 비열하고 추악한 것이었다. 리소르지멘토는 플루타르코스의 『영웅전』의 지면을 장식한 사람들에 버금가는 또 다른 영웅들을 몰고 왔지만, 그들이 창조한 "제3의 로마"•는 이제 "기이한 대중이 부산스

• 제1의 로마는 황제들의 로마이며, 제2의 로마는 교황들의 로마다. 리소르지멘토는 이와 구분되는 제3의 로마, 즉 민중의 로마를 약속했다.

럽게 물건이나 사고파는 칙칙한 시장 바닥"으로 전락했다.

이런 태도들—엘리트주의적이고 인간혐오적인—이 "아름다움"의 대의를 지지하는 단눈치오의 입장에 깔려 있었지만, 그의 유권자들에게 그는 무엇보다 유명 인사가 된 내 고장 사람이었을 뿐이다. 그는 가는 곳마다 다음과 같은 환성을 들었다. "단눈치오 만세! 아브루초의 시인 만세!"

그는 정력적으로 선거 유세에 나섰다. "이 사업은 어쩌면 멍청하고 내 예술과 전혀 관계없는 일로 보일지 모른다." 그렇게 단눈치오는 트레베스에게 방어적인 입장에서 편지를 썼다. 그러나 그는 이탈리아의 찌는 듯한 8월에 초만원의 마차에 실린 채 덜컹거리며 시골길을 달리는 피곤함과 그 끔찍한 먼지를 감수했다. 연회들에도 참석했다. 그렇게도 혐오한 군악대가 자신을 환영하며 연주하는 소리도 정중하게 경청했다. 그는 코리올라누스*처럼 "인간의 매캐한 냄새"에 움찔했으나, 도시와 마을을 열심히 다니면서 난해한 고전 인용구를 알지는 못하지만 그의 공연에 기뻐하는 군중을 향해 화려하고 달콤한 연설을 쏟아냈다. 연설문 복사본들이 기둥마다 나붙고 거리에 넘쳐났다. 단어가 초상을 대신했다. 그는 언론 유세에도 뛰어들어 작가 친구들에게 지방 신문에 자신을 칭찬하는 글을 써달라고 요청하고 거기에 자신의 코멘트도 (익명으로) 덧붙이곤 했다. 그의 새로운 정치적 모험을 위한 광고는 그의 문학 경력에도 기여할 수 있도록 고안되었다. 연단마다 그의 소설과 시

---

* 고대 로마의 전설상의 장군 가이우스 마르키우스의 명예 호칭이며, 셰익스피어의 비극 작품에 나오는 주인공이다. 그는 군사적 성공에도 불구하고 민중을 혐오하여 호민관들에 의해 반역자로 낙인찍혔다고 한다. 복수를 꿈꿨지만 결국 비참한 최후를 맞이한다.

를 홍보하는 포스터들이 나붙었다. 다른 후보들이 투표자들에게 현찰로 뇌물을 주는 동안, 단눈치오는 친필 서명이 들어간 책을 나눠주는 것으로 충분하다고 여겼다. 책들은 트레베스에 의해 무료로 배포되었다. 아마도 단눈치오가 친히 서명했으리라 생각할 수 있겠으나, 확실치는 않다. (책 서명은 그가 대리인에게 맡길 정도로 싫어하는 잡일이었다. 그의 큰아들은 그의 서명을 모방하는 데 특히 솜씨가 있었다.)

파리 잡지인 『질 블라스』가 그의 선거 유세를 취재하기 위해 기자를 파견했다. 이 특파원은 당시 21세의 필리포 토마소 마리네티였는데, 그때 단눈치오를 처음 봤다. 마리네티는 "고귀한 꿈을 끌로 새기는 조각가"인 단눈치오가 시골 청중을 대상으로 연설하는 모습을 보고 "짭짜름한 아이러니"를 느꼈다. "오만한 귀족 음유시인이 허름한 군중을 향해 굽실거리고 있다." 멀리 떨어진 연단 위의 단눈치오를 뒤에서 관찰한 마리네티에게, 그의 모습은 "검은 정장 차림의 우아하게 왜소하고 섬세하며 작고 연약한" 가냘픈 인물로 보였다. 마리네티는 그의 연설이 "지루하다"고 묘사했으나, 최면을 거는 듯한 효과가 있음을 인정했다. 단눈치오는 마치 "군중의 망망대해"에서 노 젓는 사람처럼 "일련의 재기 넘치는 이미지들"과 "특유의 부드러운 억양"으로 사람들 마음을 자기 쪽으로 끌어당기고 있었다. 연설 말미에 그의 지지자들은 주먹으로 군중을 헤치며 길을 터야 했고, 그길로 단눈치오는 마차 쪽으로 가서 총총걸음으로 사라졌다. 마리네티는 강한 인상을 받았다. 그는 단눈치오가 하는 일, 그러니까 문학적 명성을 정치적 영향력으로 변환하고 유명세를 권력으로 전이하는 작업에서 "공격적인 근대성"(곧 미래주의자가 될 사람에게서 나온 최대의 칭찬)을 인지했다.

단눈치오는 의석을 얻었다. 그런 뒤 곧바로 흥미를 잃었다. 자신의 지위가 타인들의 투표에 좌우된다는 사실은 그에게 모욕적으로 여겨졌다. 그리고 그런 지위에서 얻을 수 있는 특권이라고 해봐야 고작 의회에서 표를 던질 권한일 뿐임에랴, 그런 지위는 오히려 자존감만 떨어뜨리는 것이었다. 그는 원내총무로부터 새로운 법안에 찬성표를 던지라는 독촉을 받자, 이렇게 거만하게 대꾸했다. "나는 숫자가 아니라고 의장에게 말하시오." 그는 의회에 출석한 적이 없었고(이 점에서 그가 예외적이었던 것은 아니다. 통상 선출된 의원들 중 대략 절반만 출석했으니 말이다), 지역구에는 그보다 더 적게 방문했다. 그 후 1년을 그는 두세와 함께 이집트와 그리스 등지를 여행하고 희곡작품 출간을 감독하는 일로 보낸 후, 아브루초의 친척 한 명에게 다음과 같이 편지를 썼다. "유권자들이 어떻게 내게 태만하다고 불평하는지 도무지 이해가 가지 않아요." 단눈치오는 다름 아니라 지중해를 주유하고 자신의 예술을 생각하고 느끼며 추구하는 가운데 자신이 가장 잘 알고 있는 방식으로 자신의 고향에 기여하고 있었던 것이다.

단눈치오가 의회에 입성한 이듬해는 이탈리아 정치에서 격동의 한 해였다. 사회주의자 및 공화주의자 그룹이 특히 산업화된 북부를 중심으로 영향력을 넓혀가고 있었다. 식량 부족 사태와 물가 폭등도 일어났다. 몇몇 도시에서 식량 폭동이 일어난 후 5월 5일에 총파업이 뒤따랐다. 이튿날 총리인 안토니오 루디니는 밀라노에 계엄령을 선포했다. 사회주의 지도자인 필리포 투라티가 체포되었다. 바바베카리스 장군이 군대를 이끌고 밀라노에 들어가 시위대에 발포했다. 이 발포로 100명 이상, 아니 추정컨대 400명이나 되는 사람이 목숨을 잃었다.

아름다움의 대표자임을 자처한 단눈치오는 『뉴욕 저널』과 『런던 모닝 포스트』에 글을 기고했다(두세와의 관계를 통해 그는 영어권에도 자신을 널리 알릴 수 있었다). 그는 이 사태를 가리켜 "피의 봄"이라고 불렀다. 그는 기고문에서 비무장한 시민들을 향해 발포했다는 사실 자체가 아니라 피렌체의 시뇨리아 광장에 서 있는 첼리니의 청동상 '페르세우스' 가 시위대의 돌에 맞았다는 사실에 개탄했다. 그에게 예술작품에 입힌 손상은 죽은 평민들의 수보다 훨씬 더 끔찍한 것이었다.

의회 구성원으로서 그가 취한 유일하게 주목할 만한 행동은 회의장의 이편에서 저편으로 가로질러 간 일이었다. 그는 처음에는 군주제주의자와 민족주의자들에게서 멀찍이 떨어지려고 회의장 맨 오른쪽에 앉았으나, 소요 사태가 일어나면서 정부가 억압적인 입법을 단행하려 하자, 원래 보수주의자라기보다는 극자유주의자libertarian였던 단눈치오는 지지를 철회했다. 그는 어느 날 사회당 의원들이 격렬한 토론을 벌이고 있는 방을 지나가다가 방안에 들어가 토론에 합세하여 열렬한 환대를 받았노라고 말한다. 그는 수첩에 이렇게 썼다. "한편에는 죽어 있으면서 아우성치는 다수가 있고, 다른 편에는 살아 있는 몇 사람이 있다. 지성을 가진 사람으로서 나는 생명의 편으로 간다."

사회주의자들은 역동적으로 보였다. 반면 기성 제도는 어설퍼 보였다. 단눈치오는 자신의 길을 갔다. 의회 회기 중간에 그는 자신의 자리를 떠나 모든 이의 눈이 자신에게 쏠려 있는 상태에서 의회의 다른 편으로 건너갔던 셈이다. 그의 보좌관은 그가 "염소처럼 명민하게" 이 의석에서 저 의석으로 옮겨다닌다고 묘사했다. 왕년의 우파 동료들은 충격을 받았으나, 단눈치오는 반항적이었다. 그의 소설 속 주인공들도 모두 자신의 의지를 대담한 행동으로 표출하는 "아나키스트들"이었노라고 그는 말했다. 그는 우파의 인물도 아니었고, 또 고정된 다른 입장을 가진 인물도 아니었다. "나는 생명의 편에 선 인간이지, 공식으로 움직이는 인간이 아니다."

"생명"—단눈치오에게는 전통적인 정치적 가치를 대체하는 단어—
은 "아름다움"과 마찬가지로 19세기 후반의 미학자들에게는 복잡한 의
미를 지니고 있었다. 그것은 특정의 정치적이고 철학적인 신조—생기
론vitalism—의 표어이기도 했다. 니체는 '조에zoe', 즉 움직이는 모든 사
물을 관통하는 파동과 같은 생명력을 찬미했다. 또한 페이터는 "생기와
에너지, 생명의 불꽃으로 충만한······ 신성한 이성이 존재하는······ 영
원한 자연의 과정"에 대해 글을 쓰기도 했다. 생명은 도덕을 초월하는
것이었다. "생명의 유일한 목적은 자신을 증식시키는 것이다." 단눈치오
는 그렇게 썼다. 생명은 폭력적이었고, 그래서 역설적이게도 죽음과 가
까웠다. 단눈치오는 헤라클레이토스의 말장난, 즉 "그 이름은 생명이
지만 그 작용은 죽음인" 거대한 활을 즐겨 인용했다.

단눈치오는 동맹자를 사회주의자들로 바꾼 지 며칠 후 "끝없는 분쟁
과 끝없는 세계 정복"을 요청하는 글을 썼고, 자신이 사회주의를 찬미
하는 이유는 그것의 "생명"뿐만 아니라 그것의 파괴적인 잠재력 때문이
라고 설명했다. 확실히, 이것은 그의 비뚤어진 해석이었다. 생기론과 사
회주의는 전혀 양립하지 않으니 말이다. 페이터는 다시 헤라클레이토
스를 암시하면서 오직 "소수"만이 생명의 신성한 에너지를 수용하여 분
출시킬 수 있는 반면, 굼뜬 "다수"는 마치 "포도주를 퍼마신 사람들처
럼" 무기력하다는 점을 분명히 했다. "생명"은 "아름다움"처럼 우아하면
서 모호하고 전혀 나무랄 데 없는 것처럼 들렸다. 그러나 단눈치오 등
에게 그것은 특별한 의미가 있었던바, 그 의미는 인간의 형제애에 대한
믿음과는 거의 관계가 없었던 것이다.

그로부터 2년 후 단눈치오는 한 기자에게 이렇게 질문했다. "당신은 정말 내가 사회주의자라고 생각합니까?" "나는 잠시 사자 굴에 들어가는 것이 즐겁습니다. 내가 굴에 들어간 것은 다른 정당들이 엮겨왔기 때문이죠. 이탈리아에서 사회주의는 부조리한 것입니다. (…) 나는 개인주의자이고 또 그렇게 남을 겁니다. 철저하고도 극단적으로 말이지요."

그의 선거 유세 중 가장 유명한 연설에서(그가 트레베스에게 연설문을 팸플릿으로 출간하도록 설득했고, 전국지에 게재되도록 조치했다는 점에서 유명했다) 그는 집단 소유권 개념이 오직 원시적인 유목민들에게만 적합한 것이라고 조롱했다. 그는 선언하기를, 사회주의 아래에서 시민은 타락한다. "그의 에너지는 쇠약해지고, 그의 의지는 나약해지며, 그의 존엄성은 상실된다." 사회주의 아래에서 시민은 스키타이인들이 장님으로 만들어 나란히 묶어둔 채 허구한 날 말젖이 든 거대한 우유통을 젓게 만든 노예들과 하등 다를 바가 없다. 그는 두 개의 충동이 인간 조건의 진보를 가능케 한다고 주장했다. 하나는 재산을 소유하고 보존하려는 충동이고, 다른 하나는 그에 수반되는 "지배"에 대한 충동이다. 개인적 야망과 사적 소유권, "무한한 등급"으로 나뉜 계서제, 이 모든 것을 통해 예외적 정신이 솟구쳐 나온다. 이것들이야말로 번영하는 국가의 본질적 요소인 것이다.

말은 명료하다. 그럼에도 단눈치오는 사회주의자들에게 자신을 받아줄 것을, 나아가 다음번 선거 유세에서 자신을 지지해줄 것을 설득하는 데 어느 정도 성공했다. 훗날 단눈치오의 정적이 될 프란체스코 니티는 그의 연설을 연구하면서 사회주의에 대한 단도직입적인 공격을 과소평가한 채 그 연설이 "어떤 해석에도 잘 어울릴 수 있고, 더군다나 아무것도 말하고 있지 않기 때문에" 공허한 습작에 불과하다고 묘사했

2부 물줄기들

다. 단눈치오는 장황한 연설의 대미를 장식하면서 농부의 땅을 구획하는 경계선, 그러니까 그의 소유권을 보호하고 그의 자긍심을 확인하는 경계선인 울타리에 대한 찬가를 읊었다. 청중 한 명이 회고했듯이, 그 울타리는 명백히 정치적 은유였지만, "그가 말했듯이, 실재하는 것— 사랑스럽고 화려한 울타리—이 되었다". 그는 유권자와 정치적 동맹자들을 완전히 도취시켜 자신이 무슨 말을 하는지조차 해독 불가능한 것으로 만들어버릴 지경이었는데, 여기에는 단눈치오만의 달콤한 유혹의 방식이 있었던 것으로 보인다.

1900년 6월에 의회가 해산되었을 때, 단눈치오는 피렌체에서 재선거에 입후보했다. 결과는 패배였다. 그의 진짜 정치생활은 아직 시작되지도 못했지만, 의회 민주주의에의 참여는 이 시점에서 아예 끝나버렸다.

23. 드라마

　단눈치오의 다음번 소설인 『불』은 리하르트 바그너의 장례식과 함께 대단원의 막을 내린다.

　바그너는 1883년 베네치아에서 사망했다. 단눈치오는 소설 속 주인공이 그 위대한 인물의 관을 운구하는 일원으로 자원할 수 있게끔 하기 위해 의도적으로 소설의 시점을 그해로 설정했다. 헌화 중에는 로마에서 공수해온 월계수 가지들도 있었다. 당시는 겨울이었는데도(바그너는 2월에 죽었다), 월계수 잎들은 "분수의 청동상만큼이나 초록빛을 띠며 승리의 냄새로 가득 차 있었다". 다시 로마로 돌아가보면, 가지들이 잘린 월계수는 "남몰래 찾아온 봄의 소곤거림을 향해" 새싹을 내밀고 있었다. 야만인 바그너는 이제 죽었다. 단눈치오가 그의 로마인 후계자가 될 것이었다.

　1897년 가을 그가 고향 지역 유권자들의 성원으로 의원으로 선출된 지 몇 주 지나지 않았을 당시에 단눈치오는 자신과 엘레오노라가 작심한 거대한 새 프로젝트를 광고하고 이를 위한 후원을 얻기 위해 베네치아와 로마를 기차로 수없이 오가고 있었다. 그들은 로마 근교의 알바니 언덕에 원형 극장을 건축하려고 했고, 바로 거기에 '민족 극장'(당시 유행하던 새로운 개념)을 세울 터였다. 과연 바그너에게는 자신만의 바이로이트*가 있었고, 거기서 새롭고 낡은 튜턴 신화학으로 가득 찬 그의 작품들이 숭배의 분위기 속에서 공연되었다. 바그너는 '니벨룽겐'과 아서 왕 기사들의 전설을 되살리면서 독일인들에게 민족주의 신화학을 제공했다. 단눈치오가 쓰기를, 바그너의 작품은 "제국의 영웅적 위대함을 향한 독일 국가의 열망"을 지지했다. '로엔그린'에서 10세기 독일의 창건자인 매사냥 왕 하인리히**는 이렇게 부르짖는다. "전사들이 모든 독일 땅에서 떨쳐 일어나게 하라." 그렇게 영감을 받은 독일 전사들은 1860년대와 1870년대에 오스트리아와 프랑스에 맞서 군사적 승리를 거두었다. "이러한 승리로 강철 같은 노력과 시적인 노력 모두가 영예를 거머쥐었다." 이제 단눈치오도 그와 유사한 방식으로 예술로 미화된 팽창주의적 승리와 영예를 갈망하기 시작했다.

단눈치오에게 재능을 과시할 엄청난 무대를 제공한 것은 바로 드라마였다. 19세기 후반 유럽에서 문학은 오직 교육받은 계급을 위한 오락이었지만, 유독 드라마만큼은 대중적 성격이 강했다. 단눈치오가 태어나기 반세기 전에 이미 약 600개의 새로운 극장이 이탈리아에 건설되었다. 마리네티는 이탈리아인들의 약 90퍼센트가 극장에 간다고 추산하기도 했다(1870년의 시점에 문자 해득률이 25퍼센트에 불과했음을 고려하라).

단눈치오는 니체로부터 도덕을 초월하는 무도한 열광으로 가득 찬,

* 바그너 음악제가 열리는 남부 독일의 도시를 말한다.
** 작센 공작이자 독일 왕국의 왕 하인리히 1세를 말한다. 독일 국왕으로 선출되었음을 통보받았을 때 마침 사냥매의 새장을 수선하고 있어 '매사냥왕Fowler'이라는 별명이 붙여졌다고 한다.

신성하면서도 무정부적이기도 한 비극의 개념을 취했다. 극장은 보통 사람들이라는 고철덩이들이 용해되고 결합하여 청동처럼 단단하고 윤기 흐르는 '민중People'으로 주조되는 용광로였다. 단눈치오는 아테네인들이 아이스킬로스의 비극 공연이 끝나 고양된 기분으로 극장을 떠날 때 이 신전 저 신전 방문하며 현관 지붕 위에 훈장처럼 걸려 있는 방패를 두드리고 "조국! 조국!"을 외치곤 했다는 것을 책을 통해 알고 있었다. 이는 자신이 드라마를 통해 얻으려고 한 효과이기도 했다.

그리스에서 단눈치오는 수 세기 동안 묻혀 있다가 최근 출토된 고대 조각상들을 봤고, 이 조각상들의 귀환을 새로운 그리스-라틴 르네상스를 위한 선례로 조명했다. 그는 『죽은 도시』에서 근대 고고학의 영웅적 프로젝트를 데카당스한 열정(남매 사이의 근친상간, 살인을 부르는 소유욕)과 뒤섞었다. 소설의 주인공인 고고학자는 교란된 문명의 흔적들을 샅샅이 뒤지면서 무시무시한 에너지를 발산한다. 그렇게 단눈치오는 고대 비극에 바탕을 둔 아주 새로운 종류의 희곡을 쓰면서 이 세상에 디오니소스의 힘을 풀어놓을 터였다. 그는 새로운 드라마를 창조해낼 텐데, 이 드라마는 바그너의 작품에 등장하는 난쟁이와 용과 불구가 된 영웅으로 가득 찬 어두침침한 북유럽 문화가 아니라 현혹적이고 비극적인 폭력으로 가득 찬 고대 그리스 문화에 뿌리를 둔 것이었다.

두세는 어찌할 바를 몰랐다. 그녀에게는 현대적 삶을 사실적으로 재현하는 것으로 충분했건만! 가벼운 오락으로 충분했건만! "극장은 파괴되어야 하고, 남자 배우와 여자 배우 모두 역병으로 죽어야만 한다. 그들은 공기를 유독하게 만들고 예술을 불가능하게 만든다." 새로운 사명이 요구되었고, 그에 따라 새로운 건축이 필요했다. "드라마는 1등석과 특별석, 이브닝드레스, 저녁 식사로 먹은 것을 소화시키려고 찾아오는 사람들로 죽어간다. (…) 나는 로마와 콜로세움, 아크로폴리스와 아테네 사람들을 원한다." 무대와 관객석 사이를 구별하는 아치 따위는 철거하라! 제멋대로의 속물적인 사교 따위는 내다 버려라! "나는 아름다움과 생명의 불꽃을 원한다."

프리몰리 백작은 위원회를 구성했다. 『뉴욕 헤럴드』의 소유주인 제임스 고든 베넷이 열정적인 지지를 보내왔고, 단눈치오와의 긴 인터뷰를 출간했다. 모금 행사를 위한 연회가 조직되었다. 각종 작위를 가진 귀부인들이 기부에 동참했다. 로마의 한 후작은 자신이 아는 두 명의 귀부인이 "단눈치오 스타일의 새로운 미학적 숭배 모임에 가입"했다면서 건조한 어조로 말하기를, "그 숙녀와 시종들은 고대의 님프처럼 호수를 품은 숲속에서 엉큼한 목양신들과 교접하는 것으로 끝나고 말 것이다"라고 내다봤다. 새 극장의 레퍼토리는 고대의 위대한 비극 작가들과 단눈치오의 새 작품들로 이루어졌고, 두세와 그녀가 모은 출연진이 모두 연기할 터였다. 극장은 최초에 단눈치오 자신의 『페르세포네』와 함께 막을 올릴 것이었다. 극장은 "라틴 정신"으로 가득 찰 것이었다. 니체가 추구한 생명력이 극장을 고동치게 만들 것이었다. 극장은 기름 램프처럼 "순수하고 조용한 불꽃"처럼 타는 것이 아니라 "붉게 이글거리며 연기를 내뿜는 횃불"처럼 탈 것이었다.

1897년 여름에 소포클레스의 『안티고네』가 프로방스의 오랑주에 있는 로마식 원형 극장에서 공연되었다. 단눈치오는 거기에 있지 않았으나, 그렇다고 해서 그 사건에 대해 그가 생생하게 묘사하는 것이 불가능하지는 않았다. 그는 직접 보지도 않고서 농민과 노동자들이 몰입해 입도 뻥긋하지 않았다고 썼다. 그의 묘사는 이렇게 계속되었다. "그들의 거칠고 무지한 영혼"은 "비록 이해되지는 않았지만 시인의 말들"에 의해 자극받았다. "거대한 쇠사슬에서 막 풀려나고 있는 죄수와 같은" 감정을 느끼면서 말이다. 심지어 역겨운 냄새를 풍기는 노예 계급의 폭도들조차 단눈치오의 드라마에 의해 고양된 감정을 느끼게 될 것이었다.

그러나 이루어진 것은 아무것도 없었다. 극장은 결코 건설되지 않았다. 『불』에서 스텔리오는 『페르세포네』를 쓰지만, 실제로 단눈치오는 결코 그 작품을 쓰지 못했다. 아마도 가엾은 엘레오노라만이 운이 좋았다. 단눈치오의 희곡들이 종종 그렇듯이 그 비극작품은 슬픔에 빠진 중년 여성—비탄에 빠진 페르세포네의 어머니 데메테르*—이 더 젊은 여배우 옆에서 연기하지 않을 수 없게 만들었을 테니 말이다. 15년 후 파리에서 단눈치오는 다시 극장을 건설한다는 생각에 온통 정신이 팔리게 되었다. 이 극장은 유리와 백철로 만들어져 접어서 운반할 수 있는 원형 가설극장이었는데, 마리아노 포르투니가 설계하고 5000명까지 관객을 수용할 수 있을 것이었다. 이 생각 또한 나중에 이루어진 바가 전혀 없었다.

• 그리스 신화의 데메테르는 로마 신화에서 케레스로 불리는 토지와 곡식, 모성의 여신이다. 제우스와의 사이에서 아름다운 딸 페르세포네를 두었다. 어느 날 딸이 납치되고, 데메테르는 미친 듯이 딸을 찾는다. 그녀는 하계의 신 하데스가 딸을 납치했고 제우스가 이를 모른 척했다는 사실을 알고 분노하여 토지와 곡식을 돌보지 않는다. 지상엔 극심한 흉년이 든다. 이에 제우스의 중재와 하데스의 간계로 페르세포네는 1년 중 3분의 2는 엄마 데메테르와 지내고, 3분의 1은 하데스와 지내게 된다. 그리고 하데스와 지내는 기간이 바로 겨울이다. 한편, 아내 에우리디케를 찾아 하계에 온 오르페우스가 아름다운 연주를 한 것도 바로 하데스와 페르세포네 앞에서였다.

2부 물줄기들

24. 인생의 장면들

1897년 9월 한바탕 소동을 벌인 여름이 지나고(당시 여름에 단눈치오는 아브루초에서 선거 유세를 벌였고, 두세는 그의 작품 『어느 봄날 아침의 꿈』을 공연하고 있었다) 재결합한 그들은 성 프란체스코의 자취가 남아 있는 신성한 장소들을 방문하기 위해 아시시에 함께 갔다. 여느 때처럼 단눈치오는 지적 유행을 잘 따라가고 있었다. 당시에는 성 프란체스코에 대한 폴 사바티에의 전기가 국제적 베스트셀러였다. 그때의 여행을 기록해둔 단눈치오의 일기장에는 안개가 둘러쳐진 채 녹음이 우거진 푸르스름한 언덕들과 부드러운 빗줄기, 밝은 햇빛 등이 묘사되어 있다. 그는 그 장소에서 누릴 수 있는 휴식에 대해 서정적으로 글을 쓴다. 흡사 도시가 성흔 자국이 있는 성자의 손안에 포근히 안겨 있는 것처럼 느껴진다. 손에 페티시즘을 느끼는 단눈치오는 당연한 말이지만 성흔 자국에도 매료되었다.

성 프란체스코는 단지 성스러운 인물만이 아니었다. 그는 성인임과 동시에 이탈리아 문학의 선구자이기도 했다. 그의 『태양의 찬가Canticle of the Sun』는 『피조물들의 찬가Laudes Creaturarum』로도 알려져 있는데,

이탈리아어로 쓰인 최초의 시로 평가받게 되었다. 아시시를 방문한 직후에 단눈치오는 거대한 시작詩作 주기에 진입하여 작업하기 시작했는데, 이 시들은 그가 문학의 판테온에 한자리를 확실하게 요구할 유력한 근거가 될 수 있었다. 그는 이 시들을 『찬가Laudi』라고 부름으로써 명시적으로 자신과 성자를 일체화시키려고 했다.

단눈치오는 두세와 함께 산타 마리아 델리 안젤리 성당을 방문했는데, 5세기에 지어지고 성자 자신이 복원했다고 전해지는 예배당 포르치운콜라 위에 빛나는 돔 지붕이 건설된 성당이었다. 단눈치오는 금과 은으로 된 각종 봉헌물이 걸려 있는 이 작은 고대 구조물을 보고 큰 기쁨을 느꼈다. "그것은 마치 숲속의 예배당과 같다." 그는 성당의 비좁은 문을 보고서 불쏘시개처럼 말라비틀어져 "고통이나 황홀감에 소진된 마음처럼" 갈라져 있다고 느꼈다. 그 문이 얼마나 비좁았냐 하면, 그는 키가 작았지만, 그 문을 통과하려면 칼로 자신을 잘라야 할 거라고 느낄 정도였다.

한 사제가 그들을 장미 정원으로 안내해주었는데, 정원은 성 프란체스코가 육욕을 가라앉히기 위해 장미 가시 위를 벌거벗은 채 뒹군 곳으로 알려져 있었다. 사제는 그들에게 장미 덤불에는 여전히 성자의 핏방울이 찍혀 있는 장미 꽃잎들이 있음을 보여주었다. 시와 장미와 섹슈얼리티와 고통. 이것은 단눈치오에게 기쁨을 주는 완벽한 조합이 아닐 수 없었다. 그 후 단눈치오는 엘레오노라가 최근 세티냐노에 임대한 회반죽 바른 저택을 '포르치운콜라'라고 불렀다. 이듬해 봄 그는 그녀를 따라 거기에 가서 그녀의 저택 건너편에 있는 더 큰 15세기풍 저택인 카폰치나를 임대할 것이었고, 이 저택은 향후 12년 동안 그의 아지트가 될 터였다.

단눈치오의 『찬가』 시리즈 중에서 단연 으뜸으로 사랑받는 시집인 『알키오네』는 서정시 '휴전La Tregua'으로 시작된다. 이 시는 더 이상 군중과 연루되지 않기를 간구하는 시인의 마음을 표현했다. 이제 그에게 군중은 "너무나 고약한 악취를 풍겨 목에 경련이 일어날 정도로 공기를 오염시키는, 그 속을 알 수 없는 음흉한 키메라"였다. 단눈치오는 세티냐노에 살았던 여러 해에 걸쳐 때때로 웅변가이자 선전 시들의 저자로서 공적 생활에 투신하고 있었는데, 이제 가축 냄새가 나는 정치 무대와 거리를 두면서 발언하기 시작한 것이다. 그는 스스로도 말했듯이 언덕 비탈에서 자신의 개와 말과 시종들과 함께 "마치 위대한 르네상스 영주처럼" 살았다. 두세와의 관계를 유지하기 위해서도 예전보다 더 많은 돈이 들었다. 이처럼 새 출발을 한 지 2년이 지나자 그는 가진 것을 거의 모두 채권자들에게 지불하지 않을 수 없었다. 그러나 이 시절

단눈치오는 공적 존재로서 정치 무대와 거리를 두면서 문학에서 엄청난 생산력을 발휘했다.

은 또한 그의 가장 뛰어난 작품들을 생산해낼 창조력을 선사한 시기이기도 했다.

그는 매우 과시적이면서 동시에 고립된 생활을 했다. 그는 공중 앞에 나타날 때면 언제나 주목을 끌었으나(그가 피렌체 시내를 활보할 때면 사람들은 이 유명 작가를 보려고 자동으로 몸을 돌리곤 했다), 그가 나타나는 일은 드물었다. 수 주 동안이나 그는 침대를 함께할 여성이나 여성들, 그리고 비서를 제외하고는 어느 누구도 만나지 않고 책상 앞에서 홀로 자리를 지켰다. 1910년 그가 프랑스로 떠났을 때, 이미 그의 가장 뛰어난 작품들은 거의 모두 생산된 상태였다. 그리고 작업하는 동안 그의 명성은 자자해졌는데, 그의 작품만큼이나 다채롭고 복잡한 명성이었다. 그는 성적으로 난잡한 연인이자 고급스런 탐미주의자, 호전적인 민족주의자, 이탈리아 건축물들의 복원 캠페인에 나서는 호고주의자, 최초의 비행기에 몸을 싣고 창공으로 비상했을 뿐만 아니라 연대적으로는 도저히 믿기 힘든 크고 소음이 심한 자동차를 타고 토스카나의 길들을 누빈(놀랍게도 시속 50킬로미터 정도의 속도로) 근대성의 찬미자였다.

노년에 단눈치오는 한 방문객에게 자신의 마지막 안식처에 대해 말했다. "나는 시인이나 소설가이기 전에 좋은 장식가이자 인테리어 장인입니다." 그는 스스로를 낮추며 말한 것이 아니었다(그는 결코 스스로를 낮춘 적이 없다). 오히려 자신이 또 다른 미술 영역의 장인이라는 점을 자랑스레 과시하며 관심을 끌려고 했다. 첼시에 '아름다움의 집'을 가진 오스카 와일드처럼, 단눈치오 역시 실내 디자인이라는 문제에 매우 진지하게 접근했다. 카폰치나에 체류한 시절에 그는 막대한 돈을 벌어들였다. 그리고 수중에 잠시도 돈이 남아 있지 않을 정도로 언제나 펑펑 써댔다. 1897년 단눈치오의 인생에 들어온 비서 톰 안톤지니는 이렇게 설명한다. "그는 500리라가 있으면 꽃을 삽니다. 1000리라가 있으면 코끼리 상아를 살 수 있겠구나 느끼지요. 그리고 10만 리라가 있으면 즉각 고급스런 실크와 황금 담뱃갑, 개와 말을 떠올립니다. 마침내 100만 리라가 있으면 저택에 관심을 갖죠. 단눈치오는 항상 무언가를 구매해야만 합니다!"

단눈치오는 카폰치나의 통상적인 임대료보다 무려 20퍼센트나 더 높은 비용을 지불하고 있었다. 그런 게 흥정에는 도통 관심 없이 돈 쓰는 충동만을 가진 단눈치오가 사는 법이었다. 저택은 각종 가구로 채워졌으나, 자신의 취향에 맞게 사들인 것은 아니었다. 그의 재무를 직접 관리한 사람들에 따르면, 가장 낭비가 심한 그의 습관 중 하나가 바로 가구를 들여놓기 위해 막대한 초과 비용을 지출하는 일이었다. 그는 새로 집을 임대하면 원래 배치되어 있는 가구들을 몽땅 버리고 엄청난 돈을 들여(집 전체의 가치보다 훨씬 더 많은 돈을 들여) 새로운 가구를 장만했다. 그저 한 줌도 안 되는 사람들—단눈치오가 거의 환대하지도 않았던 사람들—에게 보이려고 그렇게도 많은 돈을 들여 카폰치나의 저택을 장식한 것은 가히 르네상스 영주에 비견될 만큼 지나치게 사치스러운 행태였다. 그의 개와 말들, 그리고 예전 안식처의 창고에 남아 있던 가구들이 그곳으로 옮겨졌고, 저택은 곧 "대장장이와 목수, 석공, 석수, 유리공, 인테리어 업자, 실내장식가, 목각사들로 붐볐다."(아브루초 출신일 뿐만 아니라 얼굴과 이름이 단눈치오의 마음에 들었기 때문에—"그래요, 아주 상냥해 보이는 군요"—고용된) 그의 새로운 집사인 베니뇨 팔메리오는, 단눈치오가 그들과 몇 시간이고 함께했다고 증언한다. 유유히 이곳저곳을 미끄러지듯 다니며 수선을 피우고 "마치 작업실이나 공장의 장인처럼" 자신이 마음에 둔 정교한 개선안에 대해 토론하면서 말이다.

모든 감각이 총동원되었다. 향수와 음악, 낡은 실크의 촉감, 제철 과일의 미각. 단눈치오는 아주 작은 디테일에도 촉각을 곤두세웠다. 그는 램프 갓의 디자인에도 법석을 떨었는데, 자신이 좋아하는 분홍과 복숭아 색상 때문에 공급업자를 끊임없이 괴롭혀댔다. 그는 적당한 침대 시트를 주문하기에 앞서 카탈로그를 아주 세세히 들여다보았다. 대부분의 가구는 주문 제작되었는데, 그의 꼼꼼한 요구 사항으로 만들어진 거대한 유사 르네상스 작품들이었다. 그는 항상 집을 열대 지역을 방불케 할 정도로 덥혀놓아서 방문객들은 그 후덥지근함에 거의 견딜 수 없을 정도였으나, 정작 그는 더운 곳에서 잘만 지냈다.

낮이건 밤이건 그는 책상 앞에서 쉬지 않고 여러 시간 동안 글을 썼다. 틈틈이 산책을 하거나 정원에 앉았고, 개들과 놀거나 말을 타고 나가기도 했다. 대부분은 혼자였고 아무 말도 필요 없었다. "어느 누구도 그런 방법적 규율에 따라 생활할 수는 없을 것이다"라고 팔메리오는 썼다. "우리는 그가 그림자처럼 오가는 것을 볼 뿐이다."

이 시절 몇 개의 영상이 있다. 사적 공간에 침잠한 사람의 영상과 공적 페르소나를 가진 사람의 영상, 그리고 그의 마음속에서 일어나는 일들에 대한 영상이 그것이다.

1897년. 로맹 롤랑은 당시 34세였던 단눈치오에 대한 묘사를 남겼다. 그는 다소 유행에 뒤처진 인물, 그러니까 아마 대사쯤 되어 보이는 인물 같다! "작은 키에 달걀형 머리, 작고 뾰족한 금빛 수염, 고정된 시선, 신중하고 현명한 표정에 대단히 냉랭하고 다부져 보임." 두 사람은 책에 대해 이야기를 나누고, 롤랑은 2년 전 지드와 마찬가지로 단눈치오가 새로 나온 프랑스 서적에 대해 아주 많이 알고 있는 것에 놀라움을 표한다. 단눈치오는 진정한 독서광이지만, 동시에 자기가 읽은 것들을 어떻게 말해야 하는지도 잘 알고 있다. 톰 안톤지니에 따르면, 단눈치오는 그저 10분간 훑어본 것도 한 시간 동안 말할 수 있는 재주를 타고났다. 단눈치오와 롤랑의 대화 주제는 프랑수아 라블레*로 옮겨간다. 단눈치오는 자신이 라블레의 편지들 중 하나, 심지어 누구에게도 보여준 적 없는 레오나르도 다빈치의 라블레 초상화를 갖고 있다고 주장한다. 그를 믿지 않는 롤랑은 이렇게 논평한다. "이 귀여운 허풍에 놀랄 필요는 없다. 그는 다 큰 어린애나 다름없으니까."

카폰치나에서 훌륭한 피아니스트이기도 한 롤랑은 단눈치오를 위해 연주하고, 그에게 프랑스 작곡가들의 작품을 소개한다. 단눈치오는 재빨리 고마움을 표한다. 그는 초창기 음악에 대해서는 해박하다. 그는 클라우디오 몬테베르디의 작품을 발굴하는 데 산파 역할을 할 터였다. 그렇다고 새로운 음악적 트렌드에 뒤처진 것도 아니다. 그는 드뷔시와 함께 작업하고 리하르트 슈트라우스에게 헌정하는 시를 쓰기도 했다. 드뷔시와 슈트라우스 모두 찬미자들에게는 보수적 청중 사이에 경악을 일으키는 아방가르드 작곡가들로 보인다. 10년 후 작곡가 피체티는 단눈치오의 희곡 『배』를 위한 음악을 만들기 위해 방문했을 때 단눈치오가 음악에 조예가 깊다는 사실에 깊은 인상을 받고 놀라워할 터였다. "어느 누구도 단눈치오만큼 찬송가와 다성악에 대해 더 잘 말할 수 없을 것이다."

1898년 1월. 단눈치오는 자신의 『죽은 도시』에 대한 사라 베르나르

---

* 16세기 프랑스의 인문주의 작가. 그의 『가르강튀아와 팡타그뤼엘』은 프랑스 르네상스 문학의 걸작으로 꼽힌다.

의 공연 오프닝에 참석하기 위해 파리에 있다. 그는 이제 대중적 스타로서 환대받고 있다. 매일 밤 그는 호텔 로비에서 자신에게 화환을 전달하거나 사인을 받기 위해, 혹은 그저 자신을 보기 위해 모여든 군중을 맞이해야 한다. 그리고 당대의 가장 위대한 여배우 두 명이 단눈치오의 작품을 서로 공연하겠다며 경쟁하고 있다. 이 두 여배우 중 한 명인 두세는 바로 단눈치오의 연인이기도 하다. 아마 다른 한 명도 그의 연인일 것이다. (악의적인 가십을 지나치게 좋아하긴 하나 단눈치오와 호텔 스위트룸을 함께 쓰고 있다는 점에서 의심의 여지 없이 사실을 알고 있는) 스카르폴리오에 따르면, 단눈치오는 최소한 하룻밤을 베르나르와 보냈다.

당시는 파리의 '아름다운 시절belle époque'이다. 단눈치오는 처음 방문한 이 도시를 샅샅이 훑어보며, 그 거리들에서 "밤의 열정이 관능적인 여인의 혈관에서처럼 불타오르는" 것 같다고 느낀다. 그 자신의 설명에 따르면, 단눈치오는 "황금의 강 속으로 뛰어들고 있다". 그의 일기장은 약속들로 빼곡하다. 단눈치오를 기리기 위해 교육부장관이 주최하는 리셉션과 비베스코 공작 부인과 여주인들이 주최하는 만찬과 음악 연회들, 저명한 문필가들과의 사적 만남이 그런 약속이다. 바레스와 시인 헤레디아, 아나톨 프랑스, 마리네티 등은 극장 객석에서 "어느 저명한 파리 여성의 반지 낀 작은 손에 자신의 손을 포개고 있는" 단눈치오를 본다. 그는 몽마르트르의 한 카바레에서 밤을 보내곤 한다.

에렐이 그가 묵고 있는 호텔을 방문한다. 단눈치오는 그에게 하인 한 명을 보냈으나, 대기실은 그야말로 혼돈 그 자체였다. 도처에 화환들이 널브러져 있다. 식탁과 의자, 궤짝이 모두 단눈치오의 인정을 얻기 위해 발송된 무수한 책으로 가득 차 있다. "그러나 무엇보다 믿을 수 없을 정도로 많은 편지가 있다. 아마 수백 통, 아니 수천 통은 족히 될 것이다. 편지들은 모양이나 형태가 가지각색이고, 봉투는 곱고 보드라운 새 틴이거나 거친 종이로 만들어져 있고 학교 연습장에서 찢어낸 듯한 향 내 나는 편지지들이 그 안에 담겨 있다." 일부 편지는 "지나가는 사람들 도 읽을 수 있을 정도로 봉투 바깥으로 반절쯤 삐져나와 있기도 하다." 나머지 편지들은 개봉도 되지 않은 상태다. "방을 지나갈라치면 소맷자 락이나 코트 자락으로 편지들을 휩쓸고 가지 않을 수 없을 정도다." 이 내 편지들은 바닥으로 와르르 쏟아져 내릴 판이었다.

두세는 비참한 상황이다. 두세는 자신의 것이라고 철석같이 믿고 있 던 배역을 베르나르가 가로채간 공연 오프닝 날 밤에 로마의 프리몰리 백작 저택에 있다. 뜨거운 물병을 쥐고 소파에 누워 있다가도 신경질적 으로 방안을 왔다 갔다 하며 강박적으로 중얼거리기도 하고 꽃을 조각 조각 쥐어뜯기도 하면서 말이다. 이제 그녀는 수십 통의 전보를 보낸다. 이 전보들은 단눈치오의 미개봉 편지함에 들어갈 신세다. 끝내 참지 못 한 그녀는 파리로 날아와서 그를 데리고 니스로 간다. 거대한 산을 이 룬 단눈치오의 팬레터들은 고스란히 호텔 방에 방치된 채로 말이다.

단눈치오는 노이로제라고 해도 좋을 만큼 까다롭다. 호텔에 머물 때 면 침대보를 정리정돈해주고 잠들기 전 시트를 점검해줄 것을 요구한 다. 그의 여행 가방에는 항상 진홍색 실크 쿠션과 나란히 초록색 다마 스크 옷이 들어 있는데, 옷은 자신의 의류 가방 내용물들─상아와 금 색으로 모노그램된 소품들─이 화려하게 늘어놓아진 탁자 위에 가지 런히 펼쳐져 있어야 한다.

이제 그는 카폰치나 저택의 드레싱 룸에 있다. "그곳은 동백나무처럼 밝고 희다." 팔메리오는 그렇게 말한다. 물을 찬양하는 핀다로스의 시

구절 하나가 세면대 위에 금색 에나멜 문자로 새겨져 있다. 거기에는 커다란 유리와 보헤미아식 크리스털 플라스크들, 향수와 로션을 넣어두는 단지들, 카포디몬테 자기*로 만들어진 올림포스 신들의 모형 세트, 가죽 안락의자, 베네치아산 꽃무늬 실크로 만들어진 벽걸개 등이 있다. 그곳은 단눈치오가 긴 시간을 보내는 작은 방이다. 안톤지니는 말하기를, "내 생각에 그는 달리 할 일이 없으면 아침부터 밤까지 목욕하고 옷을 입어보며 온몸에 향수를 뿌리면서 행복해합니다". 그는 매일 코티의 오드콜로뉴 향수를 1파인트씩 사용한다.

여기서 단눈치오는 셔츠를 하루에만 5~6번 갈아입는다. 그는 옷장(광택 나는 호두나무 목재로 만들어진 컵 보드로 칸이 나뉜 옆방)에서 새 셔츠를 선택한다. 그가 방을 떠나면 하인이 뒤집혀 벗어던져진 셔츠를 집는데, 아직도 깨끗한 것을 보고 다림질만 해 다시 조용히 서랍에 넣어둔다.

1898년 12월 단눈치오는 두세를 만나려고 이집트의 알렉산드리아에 도착한다. 그는 여느 때처럼 항해로 인해 몸 상태가 끔찍이도 좋지 않다. 그는 아프고 어지럽다고 느끼지만, 동시에 흥분된다. 이번 여행은 그로서는 아프리카, 혹은 아랍 세계, 혹은 유럽 바깥 세계를 처음 방문하는 길이 된다. 여행 자체가 그에게 영감을 주지는 않는다. 역사로서 알렉산드로스 대왕이 건설한 도시에 있다는 사실이 주는 감흥이 그에겐 더 중요하다. 엘레오노라는 통역을 부둣가에 보내 적당히 고풍적인 인사—'아베Ave!'—를 건네게 했다. 그는 세계 정복의 위업을 이룬 마케도니아인과는 달리 자신에게 군대도 없고 짐을 부리는 일꾼도 없음

---

* 18세기 나폴리 공장에서 만들어진 연질 자기.

에 실망한다. 그에게 있는 것이라곤 엄청난 양의 짐뿐이다. (어린 시절부터 여행 다니고 짐 싸는 데 익숙한 두세는 단눈치오가 여행 때마다 끌고 다니는 과도한 양의 짐을 보고 그저 웃기만 한다.)

호텔에 와서 그는 샴페인 한 잔을 들이킨 뒤, 공복에 술을 먹을 때 느끼는 강력한 효과를 경험한다. 그런 뒤 약간 어지러움을 느끼면서 엘레오노라를 두 팔로 안는다. 그는 이미 전날 밤 그녀의 공연이 박수갈채를 받았다는 사실을 들은 상태다. 이제 그는 자신이 안고 있는 몸이 단지 그녀 혼자만의 몸이 아니라 그녀가 의기양양하게 정복한 사람들로 이루어진 몸이라고 느낀다. 그리고 다시 이탈리아에 돌아와서 그는 그녀의 몸 위에 누워 있고, 그녀가 제비꽃 다발로 그의 입술과 눈꺼풀을 찰싹찰싹 때리는 동안(그는 종종 꽃을 사랑의 도구로 이용한다), 그는 자신이 이집트의 "야만적인 혼혈 인종"이 사랑하는 법을 완전히 터득했음을 보여주고 있다.

1899년 봄 코르푸. 단눈치오와 두세는 임대한 저택에서 그가 도나텔라라고 부르며 틀림없이 유혹하는 데 성공한 그녀의 여자 친구 문제로 언쟁을 벌이고 있다. 두세는 광분한 상태다. "끔찍해! (…) 나는 괴물을 사랑했어. (…) 그년과 당신이, 너희 둘 다 내 가슴을 갈가리 쥐어뜯어 놓았어."

단눈치오는 꿈쩍도 하지 않는다. "이게 뭐람! 당신 완전히 돌아버린 거 아냐?" 그는 이렇게 묻는다. 톰 안톤지니는 단눈치오가 자신이 야기한 미움과 질투의 감정을 이해할 수 없었다고 주장한다. "그는 여성이 느끼는 가장 가슴 아픈 슬픔의 표현도 마치 치과의사가 예민한 환자를 대할 때처럼 아무 거리낌 없이 지켜볼 수 있다."

단눈치오의 마음은 엘레오노라에게 있지 않다. 그의 마음은 자신이 쓰고 있는 정치적 선동극이라고 할 『영광La Gloria』에만 쏠려 있다. 마틸데 세라오가 지적하듯이, 이 드라마는 그가 의회에서 결코 한 적이 없는 연설의 의무를 다하는 것이나 다름없다. 그가 자랑하기를, 『영광』은 "이탈리아라는 악취가 진동하는 늪지에 사는 개구리들을 일깨울 것이다".

한 해 전에 있었던 폭동들로 인해 부패한 금융 스캔들에 휘말린 정부는 취약해진 상태였다. 이 불안한 정치 상황 속으로 단눈치오는 연극 하나를 쏘아 보낸 셈인데, 이 연극에서는 "어제의 용사들"이 오늘의 젊은 급진파에 의해 도전받고 있으며, 이 젊은이들은 정치적 신조가 모호하기는 해도 무기력하고 부패한 기성 제도에 참을 수 없는 분노를 폭발시키고 있다. 젊은 지도자 루제로 플람마는, 그 이름이 암시하듯이, "세상을 불태워버릴 기세였고", 분노한 폭도들에 의해 죽임을 당할 낡은 정치인 체사레 브론테에 맞서 봉기를 지도한다. 단눈치오가 트레베스에게 뻐기며 말하듯이, 희곡은 "보수적인 자네를 쭈뼛하게 만들 것이네".

관객들은 브론테에게서 프란체스코 크리스피의 숨겨진 초상을 보지만, 연극의 주인공들과 실제 정치인들의 호응 관계보다 더 의미심장한 것은, 폭력의 정치에 대한 단눈치오의 진술이다. 연극에서 플람마가 선언하듯이, 희망의 씨앗을 잉태하기 위해 땅은 자신을 갈아엎고 새로 일구라고 외치고 있는 것이다. 변화는 거리의 투쟁을 통해 이루어질 것이다. 부패는 피로써 깨끗이 씻겨야 한다. 민족은 생존을 위해 바다에서든 육지에서든 도처에서 투쟁하는 과정을 통해 정화되고 위대해질 것이다. 오직 "자신의 눈에 위대한 운명"을 담고 있는 "진실한 사람"만이 그런 변혁을 이루어낼 수 있을 것이며, 무슨 일을 하든 의롭게 정당화될 것이다. 플람마는 권력을 잃고 마는데, 그의 애인에 따르면, 그가 권력을 잃은 것은 민중의 사랑을 추구했기 때문이다. 그렇게 하는 대신 그는 낡은 정치질서가 파괴되면서 분출된 "난폭한 열정들"에 의지하여 자신의 길을 갔어야 했다. "어디에 있든 간에 그들의 성질을 돋울 수 있고 그들을 미혹시킬 수 있는 사람만이 그들을 인도하고 그들의 머리를 수그리게 할 수 있는 법이다."

5년 후 단눈치오가 어느 자리에서 소개받게 될 한 젊은 남자는 그와 만나고 느낀 경외심에 대해 이렇게 기억했다. "그는 영광 그 자체다." 과연 단눈치오의 찬미자들 눈에 "깊이를 알 수 없는 광란과 위협으로 가득 찬 어떤 것을 몰고 오면서 명료하고 차가운 어조로" 피의 정화를 요구하는 카리스마적 데마고그(선동가)인 플람마는 바로 시인 그 자신인 것처럼 보인다.

카폰치나 저택의 응접실. 길쭉한 창문의 작고 둥근 노란색 판유리가 흡사 교회처럼 어둑한 분위기를 연출하고 있다. 어디에나 모토가 적혀 있다. 단눈치오의 커프스단추들과 그의 필기용지, 그의 의자와 침대들이 모두 말로 장식되어 있다. 그가 여성들에게 선사한 보석류에도 종종 다음과 같은 경고문이 각인되어 있다. "누가 나를 사슬에 묶을 수 있을 것인가?" 목재 성가대 의자 등받이에는 다음과 같은 라틴어 경구가 금색으로 새겨져 있다. "읽고 읽고 읽어라. 그리고 또 읽어라." "잠들지 않기 위하여"라는 경구도 도처에, 그러니까 창유리에도, 색칠된 프리즈에도, 마룻바닥에도 새겨져 있다. 이 경구는 당시 단눈치오가 가장 좋아한 꼬리말이다. 그는 한 르네상스 양식의 저택 정면 현관에서 그 경구를 발견하고는 자신의 것으로 채택했다고 한다.

방 여기저기에는 무라노산 유리 화병이나 마요르카산 자기 화병, 혹은 청동제 화병에 담긴 꽃들이 있다. 탁자 머리에는 흡사 옥좌와 같은 '객석'이 있는데, 금실로 자수가 놓인 천이 덮여 있다. 이 의자는 두세가 세티냐노에 살 때 쓰던 것이었다. 단눈치오는 그 오른쪽에 앉는다. 그는 적게 먹지만, 디저트가 나오면 탐욕스럽게 돌변한다. 그는 달콤한 음식을 사랑하고 과일도 사랑한다. 그가 식사를 마치면 하인이 은 쟁반에 물을 따르고, 단눈치오는 자신의 손가락을 헹군다. 팔메리오에 따르면, "신성한 의식을 치르듯 그렇게 진지한 태도로" 손을 씻는다.

1899년 4월 나폴리. 두세는 순회공연 중이고, 단눈치오는 그녀와 함께 여행하고 있다. 자신이 인기인임을 아는 단눈치오는 매일 밤 어딜 가나 주목을 받으며 일정한 간격을 두고 인사를 하느라 정신이 없다. 그는 흰 타이와 연미복 차림에 단춧구멍에는 카네이션을 꽂고 외알 안경을 낀(그는 점점 근시가 심해졌다) 말쑥한 차림새다. 두세는 자신의 최근작인 『라 조콘다』와 『영광』을 무대로 옮겨 공연하느라 여념이 없다. 『영광』에 대한 평은 그다지 좋지 않다. 청중은 단눈치오가 귀족 출신이 아니라는 점을 콕 집어내어 그의 아버지의 원래 성을 외치면서 그를 비웃었다. "라파네타Rapagnetta! 라파네타는 가라!" 단눈치오는 미동도 하지 않는다. 그는 두세가 청중의 관심과 선의를 다시 얻으려고 분투하는 동안 오히려 일선에서 철수한다. 나중에 스카르폴리오는 무대 뒤편 어두운 복도에 홀연히 나타나 단추를 채우고 있는 그를 따라간다. 단눈치오는 옛 친구에게 극단의 여배우들 중 한 명과 서둘러 섹스를 즐기고 나오는 길이라고 말한다.

카폰치나. 단눈치오는 작업 중이다. 식당의 큰 교회종도 그에게 밥

먹으러 오라고 울리지 않는다. 그는 글을 쓸 때면 자신에게 편할 때만 밥을 먹는다. 편할 때가 하루 종일 없을 때도 있다. 그의 에너지를 충전시켜주는 것은 커피다. 하인들은 발끝으로 걸어다닌다. '침묵 Silentium'이라는 단어가 그의 집필실 문 위 가로대에 새겨져 있다. 페루자의 프란체스코회 수녀원에서 가져온 긴 작업 탁자는 책과 종이로 수북하다. 거위 깃펜 한 묶음도 재질 좋은 종이 뭉치 곁에 있는 청동제 연필통에 꽂혀 있고(그는 하루에 깃펜을 30개까지 써버리곤 했다), 종이마다 투명무늬로 그가 제일 좋아하는 모토들이 수기체로 쓰여 있다. 이 종이들은 15세기 이래로 재질 좋은 종이를 생산해온 파브리아노의 밀라니 사에서 공수되어온 것이다.

단눈치오는 『불』을 집필 중이다. 그의 마음은 온통 가을과 베네치아, 그리고 늙어가는 여배우의 이미지로 가득 차 있다(여배우는 소설 속에서 포스카리나 혹은 페르디타로 불리는데, 단눈치오의 강력한 항변에도 불구하고, 이 여배우가 실은 두세라는 걸 누구나 알고 있다).

그는 무라노섬의 유리 세공 장인들을 묘사하는 데 시간을 허비하고 있다. 그는 베네치아의 카날 그란데에 걸쳐 있는 하늘이 불타는 듯한 황금색으로 변해갈 때 유리를 가열하며 성형하는 작업을 떠올린다. 그는 마음속으로 조개껍데기들로 포장된 길들이 있는 주데카섬의 에덴동산을 다시 방문하는데, 거기서 단눈치오와 두세는 디기탈리스 꽃과 흰 백합꽃들 사이에서 한가로운 시간을 보내곤 했다. 그는 미쳐버린 예술가와 자기 집에서 허영심에 갇힌 고상한 숙녀에 대해 글을 쓰고 있다(그녀에겐 주름살이 보이는 게 참기 어렵다). 그는 미묘한 상징주의적 판타지 작품이라고 할 물속의 유리 오르간에 대한 우화를 창작한다. 그러면서 자기 방에서 홀로 자신만의 정원을 거닐며 행복에 겨워한다. 글을 쓰면서는 무아지경에 빠져 "일련의 연속적인 현현 상태epiphanies"를 경험한다. 글을 쓰다가 집중력을 잃을 때 그에게 남는 것이라곤 "신비롭고 살벌한" 기분의 아득한 마음 상태일 뿐인데, 그런 상태는 공원묘지에 들어가지 못한 채 벽 너머로 어렴풋이 묘비석들의 머리 부분만 볼 수 있을 때 느껴지는 기분과 유사하다.

방에 있는 모든 것이 구식으로 보이지만, 현대식의 진기한 물품들도 있다. 일부 램프는 전기 램프다. 단눈치오는 최근에 자전거를 배우기 시작했다. 그는 사진 촬영에도 기쁨을 느낀다. 옆방 서재에는 1만 4000권의 장서와 함께 수백 장의 사진이 빼곡히 채워져 있다. 단눈치오는 로마에 처음 체류했던 이래로 알리나리사로부터 사진들을 구입해왔다. 이 예술 사진들을 복제한 시각 이미지들은 그의 작업 재료인 어휘들을 보충하며 그의 두꺼운 책들에 덧붙여질 것이었다.

단눈치오의 집을 방문하는 사람들은 어수선한 집 상태를 보게 될 텐데, 이는 뒤죽박죽 상태라기보다는 특정한 형태의 정리정돈 상태라고 할 수 있다. 벽난로 옆에는 문장紋章이 새겨진 색칠된 궤짝이 하나 있다. 그 안은 정확히 같은 길이로 잘려 있는 소나무와 향나무 조각으로 가득 차 있다. 시인은 밤샘 작업을 할 때면 자신의 작은 손을 보호하기 위해 장갑을 끼고 홀로 불을 때울 것이다.

단눈치오는 독서대에 서서 글을 쓰곤 한다. 두세는 그의 곁에서 산타마리아노벨라 성당에서 공수해온 성가대석에 앉아 있다. 그는 종이 한 장을 다 채울 때마다 그녀에게 건네 읽어보게 한다.

1899년 9월. 다시 한번 엘레오노라는 순회공연 중이고, 다시 한번 단눈치오는 그녀와 함께 여행 중이다. 그들은 취리히의 한 호텔에 머물고 있는데, 이 호텔에서 우연히 로맹 롤랑과 그 부인도 머물고 있음을 알게 된다. 롤랑은 단눈치오가 "단순하고 진지한 — 겉만 번드르르한 영광에 신물이 난" 상태임을 꿰뚫어본다. 2년간 보지 못한 사이에 단눈치오는 빨리 늙어버린 것 같다. 그의 머리는 거의 다 빠진 상태다. 주름살도 늘었다. 그는 순진무구하면서도 동시에 부패한 인간, 즉 "끔찍한 방탕의 표식이 찍혀 있는 젊은 피조물, 아니 차라리 어린아이"처럼 보인다.

두세는 자기 방에 틀어박혀 오직 불평을 늘어놓을 때만 방 밖으로 나온다. "그녀는 영원한 불평꾼이다." 그런 그녀가 롤랑 부인에게는 속마음을 털어놓는다. 단눈치오의 삶은 여인숙과 같다고 그녀는 말한다. "모든 것이 그 속을 지나가지요." 어느 날 밤 극장에 가면서 그녀는 단눈치오가 자살하겠다고 으름장을 놓는다고 말하면서 롤랑에게 그와 함께 앉아줄 수 있겠느냐고 부탁하고 또 그를 진정시키기 위해서는 음악이 필요하겠다고 말한다. 롤랑은 그가 외관상 평정심을 완전히 되찾았음을 알았으나, 부탁받은 대로 단눈치오가 말을 시작할 때까지 피아노를 연주해준다. 단눈치오는 간헐적으로 자신을 휘감는 참담한 기분에 사로잡혀 있다.

또 다른 날 밤에 롤랑 부부는 단눈치오 커플이 함께 극장으로 출발하는 모습을 지켜본다. 두세는 성큼 앞으로 걸어나간다. "키 작은 단눈치오는 그녀의 보폭을 맞추느라 거의 뛰다시피 그녀를 따라간다."

1900년 1월. 단눈치오는 피렌체의 오르산미켈레 성당 안의 새로 복원된 단테 방Sala di Dante 개장식 연설자로 초청받았다. 그는 이 개장식을 "민족적 특성"을 지닌 "엄숙한 의식"으로 간주하고, 여느 때처럼 대중의 관심을 끌고자 애써 노력한다. 그는 자신의 연설 원고가 당일 게재될 수 있도록 언론에 미리 원고를 보낼 뿐 아니라 홍보 범위를 더 넓히는 데도 관심을 기울인다. "나는 『조르노Il Giorno』가 전신으로 배포된 행사 보도자료를 받았는지 알지 못하네." 그렇게 그는 친구 텐네로니에게 쓰고, 텐네로니는 그의 궁금증을 해소해줄 참이다.

행사 당일 오르산미켈레 인근 거리와 광장은 사람들로 붐빈다. 1000명은 훌쩍 넘는 청중 앞에서 단눈치오는 『지옥편』의 한 곡과 단테를 기리는 자신의 시 한 수를 읊고 나서 민족 안에서 시인의 역할이라는 문제로 연설 주제를 확대한다. "세상의 제작자"• 는 "시민들 중 으뜸"이 되어야 한다. 그가 말하기를, 단테는 하나의 산맥, 그러니까 "검은 독수리들과 정교한 사상의 고향"인 거대한 산맥과 같다. 단테는 이탈리아 국토의 대부분을 차지하는 바윗돌들만큼이나 이탈리아의 일부였다.

단눈치오는 대놓고 말하지는 않지만 무언으로 자신을 이탈리아 문학이라는 산맥의 새로운 정상으로 제시하고, 위대한 이탈리아 르네상스를 예언한다. 일찍이 단테는 보편적 행복의 관건이 강력한 독재 정부라고 쓴 적이 있다. 그는 이탈리아 안에서 서로 치고받는 당파들을 제거하고 무력으로 질서를 세울 강력한 황제의 비전을 기꺼이 포용했다. 단눈치오도 "도래할 영웅"을 기다리며 그와 같은 방식으로 생각한다. 그는 이탈리아는 다시 위대해질 것이라고 선포한다. 그는 새로운 이탈리아의 예언자, 즉 위대한 '시성詩聖'의 역할을 자임한다.

1898년에서 1903년 사이에 단눈치오는 엄청난 분량의 시를 지었다.

• 시인을 뜻함. 시poem는 고대 그리스에서 제작을 뜻하는 포이에시스poiesis에서 유래했다.

그의 『찬가―바다와 창공과 영웅들을 찬양하며』 시리즈에서는 고전 시대에 대한 숭배가 위대하고 호전적인 미래에 대한 희망, 나아가 호메로스 시대부터 현재까지 예외적 존재들에 대한 찬미와 뒤섞인다. 2만 행에 육박하는 『찬가』는 물론 그 수준이 제각각이기는 하나, 당대의 한 비평가가 말했듯이, "혼탁한 말들의 바다에서 아름답게 꽃핀 섬들이 출현하고, 불가해한 비극적 위대함의 바윗돌들이 돌출한다".

시들은 처음엔 세 권의 '책'으로 묶인다(나중에 단눈치오는 두 권을 덧붙일 것이다). 제일 마지막에 쓴 『마이아』가 제1권으로 출간된다. 여기에는 '삶의 찬미Laus Vitae'와 단눈치오 자신의 그리스 여행에 대한 기억 및 고전 신화에 바탕을 둔 일종의 현대 '오디세이아'가 포함되어 있다. 제2권 『엘렉트라』는 더 명시적으로 민족주의적인데, 이탈리아 도시들에 대한 26개의 소네트와 이탈리아의 위인들―용병대장과 예술가, 사상가들―과 이탈리아의 미래에 대한 호전적인 전망을 담은 찬가들이 포함되어 있다. 제3권 『알키오네』는 즉각 선풍적인 인기를 끌었고 지금까지도 그렇다. 이 시들에서 단눈치오는 복잡한 형식과 의고적 어휘를 구사하며 다가올 수십 년간 사랑받고 기억되며 시 선집에 포함될 맑고 투명한 우아함의 극치라고 할 서정시의 세계를 창조한다. 과연 단눈치오는 주위에 펼쳐진 토스카나의 풍경을 심상으로 소묘하는데, 모든 것이 상상력으로 도금되어 눈에 거슬리는 현대적 건물과 비속한 현대인들은 제거되고 그 자리에 신화 속 님프와 신과 반신반수들이 들어선다.

그는 쉼 없이 글을 쓴다. "작업 중독에 비견될 만한 것은 아무것도 없다. 작업 이외에 나머지 모든 것은 진흙탕이요 연기일 뿐이다." 그는 오직 하루에 한 번 말을 탈 때에만 작업을 중단하고, 말을 타고 나갈 때면 그레이하운드들이 그의 뒤를 쫓는다. 이탈리아의 봄날에 내리는 따뜻한 빗줄기 속에서(그는 비를 사랑한다) 단눈치오는 주위 나무들에서 피어나는 새로운 잎사귀들처럼 풍성하고도 왕성하게 자기 마음속에서도 이념과 시상이 떠오르는 것을 느낀다.

1900년 3월. 『불』이 출간되었다. 소설의 주인공 스텔리오 아프레나는 한 편의 희곡을 쓰고 있는 극작가인데, 그 희곡은 단눈치오의 『죽은 도시』와 매우 유사하다. 스텔리오는 연상의 여인이자 세계적으로 유명한 여배우 포스카리나와 관계를 맺고 있다. 그는 젊고 명민하며 창조적 에너지가 들끓는 남자다. 그녀는 아름답지만 병적이고 젊음을 잃어가는 것에 끊임없이 비통해하며 그가 더 젊고 더 자신감 넘치는 여성들에 관심을 두는 것에 한탄하는 여자다.

단눈치오는 두세가 일주일 내내 자기 곁에 앉아서 자신이 원고를 완성하자마자 원고를 읽어치웠다고 주장한다. 과연 소설 속 여주인공이 두세와 닮았다고 한다면, 그 여주인공에 대한 묘사는 실제 여성의 정신적 위대함에 바치는 헌사였노라고 그는 말한다. "나는 도덕적 아름다움에 관한 한 포스카리나에 필적하는 현대 소설의 다른 주인공을 알지 못한다." 다른 사람들은 그런 판단에 이의를 제기할지도 모른다. 포스카리나는 부분적으로 페이터의 『모나리자』와 같은 문학적 원형이다. 그녀는 "황금 모루에서 주조된 꿈과 열정에 의해 만들어진 밤의 여신"이다. 그녀의 입은 "성배와 독배 모두로 향하며, 꿀과 독을 모두 맛본다". 여기까지는 특별할 것이 없다. 그러나 그녀는 숱한 연인들이 있었던—단눈치오가 암시하듯이—지쳐버린 여배우다. "그녀를 끌어안고 싶어하던 군중으로부터 얼마나 많은 남성이 선택되었던가?" 그녀의 질투는 피곤하고 그녀의 호흡은 "죽은 사람과 같다". 두세가 읽으면 크게 상처받을 게 분명한 어느 구절에서 스텔리오와 포스카리나는 사랑을 나눈다. 그녀는 그의 몸 위에 누워 있다. 그녀는 무겁다(엘레오노라는 단눈치오보다 키가 더 크고 체구도 더 좋다). 그는 질식할 것만 같다. "그녀는 빈틈없이 그를 붙잡고 짓누른다. 마치 죽은 사람의 팔이 산 사람의 몸에 둘러쳐진 채 뻣뻣해져버려 꼼짝 못하는 상태 같다."

두세의 찬미자들은 분노한다. 극단의 단장인 요제프 슈어만은 『불』의 출간을 금지하라고 간청한다. 그녀는 다 안다는 듯이 자못 허세를 부리며 답신에서 이렇게 말한다. "나도 그 소설을 알아요. 난 책의 출간을 허락했어요. 나의 고통으로 말하자면 이탈리아 문학의 걸작에 비하면 아무것도 아니지요. 게다가 나는 이제 마흔 살이고, 그것도 사랑에 빠져 있는 마흔 살 여자랍니다!" 로맹 롤랑에 따르면, 그녀는 책을 읽었을 때 자살까지도 생각했다고 한다. 그녀의 자살이 단눈치오의 명성에 해를 끼치리라 생각하고서 단념하기는 했지만 말이다.

이때부터 단눈치오는 두세를 이용해 재정적으로 이득을 본 다음 그녀가 닳고 닳은 타락한 여성이라는 이미지를 날조한 남자로 알려진다. 그러나 그녀의 팬들이 그를 용서할 수 없었다고 해도, 그녀 자신은 달랐다. 두 사람은 그 후로도 4년을 함께할 터였다. 그녀는 여전히 그를 찬미한다. 그리고 그가 여전히 자신의 방식대로 그녀와 사랑을 나누었다는 증거는 많이 있다. 『불』이 출간된 후 한 달도 채 안 되어 그는 그녀와 함께 순회공연에 나선다. 그는 수첩에 이렇게 기록해둔다. "내 마음은 쿵쾅거린다. 한 시간도 안 되어 나는 이사₁sa를 보러 갈 것이다." ('이사'는 엘레오노라를 부르던 여러 애칭 중 하나다.) 그들은 서로 얼굴을 보고 만족한다. 그들의 재결합은 필경 둘 모두에게 달콤한 일이다. 그

후 그는 그녀에게 이렇게 쓴다. "당신의 삶이 절정에 달했던 4월 10일을 기억해요." 그는 '삶의 찬미'에서 트로이의 헬레네에 대해, 모든 사람의 사랑으로 지쳐버린 그녀에 대해, 또한 그래서 신성해져버린 그녀에 대해 쓴다. 그가 포르카리나/두세를 대중적 욕망의 대상으로 묘사할 때, 그에게 그녀를 모욕하려는 의도는 없다. 그녀의 늙어감을 노골적으로 묘사한 것에 분노한 공중이 미처 알지 못한 것은, 그가 그녀의 늙어감에 아주 많이 감동했다는 사실이다. 그는 "그녀의 눈가에서 관자놀이까지 이어진 희미한 주름살과 그녀의 눈꺼풀을 제비꽃처럼 보이게 하는 실핏줄, 가을의 우수를 떠올리게 하는 그녀의 모든 것, 그녀의 정열적인 얼굴의 모든 그늘"을 사랑한다.

1900년 4월. 단눈치오는 빈에 있다. 그곳에서 두세가 황제와 그의 궁정 가족들 앞에서 『라 조콘다』를 공연한다. 단눈치오는 극장에 있지 않다. 그는 리허설을 빠뜨리는 법이 거의 없지만, 첫 야간 공연들에는 참석하지 않는다. 그는 해질녘에 거리에 나와 있고, 몸집이 큰 금발 여인들의 "엉덩이들"을 감상하며 찬사를 연발하면서 이에 대해 메모해둔다. 그는 기분이 좋다. 그는 도요새 요리—"근사한 색깔……은 쟁반 위에 진한 황금색 소스가 뿌려진"—를 먹었고, 근사한 잔으로 황금색이 감도는 마르코 브루너 와인을 마셨다. 최근 섹스의 효과로 가벼운 흥분기마저 감돈다. 이 모든 신체적 쾌적함으로 인해 그의 정신도 자극받는다. "최고의 지적 행복감." 그는 꽃가게 진열창 앞에 멈춰서 경탄을 금치 못한다. 그는 아주 진한 붉은색 카네이션 다발에 넋을 빼앗긴다. "보니파치오[베로네세]의 그림에서만 볼 수 있는 색깔." 그는 터무니없이 높은 가격에 깜짝 놀란다. 주위 카페와 레스토랑들은 웃음소리와 카랑카랑한 목소리로 소음이 가득하다. 그는 이 위대한 현대 도시의 번영과 부산함, 즉 "그것의 야만적 힘, 교역과 노동의 권력"을 잘 알고 있다. 그는 부르크 극장* 앞을 왔다 갔다 한다. 그 안에서는 일단의 이방인들이, 자신의 연인이 자신이 쓴 대사를 읊조리는 걸 경청하고 있을 터였다. 그러나 이상한 점은 어느 누구도 그를 보기 위해 몸을 돌리지 않는다는 사실이다. 그가 피렌체나 로마의 거리를 활보할 때면 모두가 그를 보려고 하는데도 말이다. 조금은 당혹스런 일이다. 그는 빈의 거리를 누비면서 일시적으로나마 유명 인사의 "반짝이는 피부"를 탈피했다.

그는 두세를 따라 독일에 간다. 거기서도 큰 인상을 받는다. 프로이센 군국주의와 번성하는 현대 산업의 "경이로운" 조합을 목격하며 그는 입을 다물지 못한다. 오스트리아-헝가리 제국에서는 민족주의가 "강력한 효모"로 작용하고 있는 데 반해, 독일에서는 "지배 본능"이 상업적 성공에 의해 강력한 추진력을 얻고 있다. 그는 고풍스런 건물들의 복원 취미를 잠시 망각한 채 거대 공장들로 변모하는 독일 도시들과 그에 따라 "굴뚝 연기에 검게 그을린" 독일의 대성당들, 독일의 조선소와 철도역들을 찬미한다.

단눈치오는 1900년의 시점에서는 신통한 예지력으로 "교역과 부를 위한 투쟁"의 휘몰아치는 "허리케인"이 어디로 나아가게 될지를 내다본다. "공장의 소음은 전쟁의 개들이 짖는 소리로 들린다." 이 개 짖는 소리는 그에게 경고를 발동하기보다는 오히려 흥분시키는 소음과 같다.

단눈치오는 다시 공부에 몰입한다. 그는 먼 과거의 문학에 뛰어들어 운문 형식과 모델들을 발굴하려 한다. 그에게 이탈리아의 중세 텍스트

---

* 오스트리아의 여제인 마리아 테레지아가 1741년 빈에 세운 황실 극장.

들을 발굴하는 일은 정치적 프로젝트다. 발전한 문학 언어야말로 위대한 민족의 도구이자 휘장이므로 말로 된 텍스트들을 열심히 캐낸다. 근대 유럽의 초기 문화들에서 시를 창작하는 일은 정치적 행위다. 헤르더는 쓰기를, "시인은 민족의 창조자다". 단눈치오는 이 말에 기꺼이 동의한다. 그는 항상 손에 사전을 쥔 채 작업한다. 이탈리아인 대부분은 겨우 800단어 정도만 구사한다고 그는 통렬하게 지적한다. "나는 지금까지 최소한 1만5000단어를 사용했다. 나는 많은 단어를 되살려냈고, 또 많은 단어에 새로운 의미를 부여했다." 그의 서재에 소장된 수천 권의 책 가운데 그에게 가장 기본이 되는 것은 다름 아닌 니콜로 톰마세오의 7권짜리 이탈리아어 사전이다.

단눈치오의 10대 아들인 가브리엘리노가 카폰치나 저택에 머물고 있고, 적막한 집안 분위기에 싫증을 느낀다. "트라피스트 수도원에 사는 것 같다." 점심시간이 다 되어 가브리엘리노는 심한 허기를 느낀다. 하인 로코 페셰가 한때 수도원 회랑에서 기도 시간을 알렸던 청동 종을 울린다. 가브리엘리노는 재빨리 식당으로 향하지만, 아버지는 나오지 않는다. 가브리엘리노의 간청에도 불구하고 페셰는 종을 다시 울리거나 서재의 문을 노크하지는 않을 것이다. 페셰는 주인님이 다시 나올 때까지 결코 점심식사를 내오지 않을 것이 틀림없다.

마침내 단눈치오가 모습을 나타낼 때, 그는 흡사 깊은 잠에 빠졌다가 갓 일어난 사람처럼 보인다. "그의 얼굴에 핏줄이 불거져 보이고 눈엔 초점이 없다." 그러나 일단 식탁에 앉기만 하면 그를 감싼 구름이 걷힌다. 그는 그때까지 호메로스의 영웅들에 대해 쓰고 있었고, 이제는 호메로스의 영웅처럼 밥을 먹는다. 그는 트로이의 포효하는 바다에 삼켜진 새끼 염소들로 차려진 음식 앞에서 아이아스°가 보여준 가공할

단눈치오는 사람보다 짐승을 더 사랑한다고 고백한다.

만한 식성으로 송아지 커틀릿을 입속에 밀어넣는다.

　카폰치나의 정면에 있는 널찍한 정원을 가로질러 가면 작고 아담한 붉은 벽돌집이 나온다. 그 집 옥상에는 초록색 깃발이 나부끼고 있는데, 한 면에는 붉은색으로 '충직Fidelitas'이라 쓰여 있고, 다른 면에는 그레이하운드의 모습이 그려져 있다. 저녁이 다가오면, 새로운 유행인 전기등이 내부에 들어오고, 스테인드글라스 창이 있는 건물이 보석처럼 빛난다. 바로 이 건물이 단눈치오가 기르는 개들이 사는 집이다.

　단눈치오는 사람보다는 짐승을 더 사랑한다고 고백한다. 카폰치나에

• 　트로이 전쟁의 영웅 아이아스Aeas는 영어로는 아약스Ajax로 표기되곤 한다. 그는 아가멤논 휘하 장군들 중에서 아킬레우스 다음으로 뛰어난 무인이었다.

서 그는 처음에 말 두 필을 길렀다. 곧 여덟 필로 늘고, 모두 순종이다. 또한 개 열 마리(나중에는 결국 22마리로 늘었다)가 있는데, 개는 모두 보르조이 혹은 그레이하운드다. 그는 셔츠 소매를 걷어붙이고 개집 앞에 쪼그려 앉아 무릎 사이에 그레이하운드 한 마리를 낀 채 손으로 개의 발과 등, 가슴을 쓰다듬으며 개의 넓적다리 근육과 섬세하고 강력한 힘줄이 주는 감촉을 뿌듯한 마음으로 느낀다. 언젠가 그는 아름다움으로만 따지면 자신의 문장 구성도 그레이하운드의 몸에 비할 바가 아니라고 쓰기도 한다.

그는 외출했다 돌아오면 모든 개의 이름을 일일이 부르는데, 그럴 때면 개들이 개집에서 맹렬한 속도로 뛰쳐나와 그와 달리기 경주를 하며 그의 머리보다 더 높이 뛰어오르기도 하고 짖기도 하면서 외마디 비명을 내지르기도 한다. 그는 즐겁다. 미소가 절로 나온다. 그런 뒤엔 한 단어로 개들을 진정시킨다(단눈치오의 집사가 되기 전에 동물병원에서 일한 적이 있던 팔메리오는 개를 다루는 단눈치오의 기술에 큰 인상을 받았다). 개들은 물러나서 슬금슬금 눈치를 보며 단눈치오 주변에 자리를 잡는다. 이제 그의 관심은 스패니얼인 '텔리-텔리'에게로 쏠린다. 그는 개의 눈길을 붙들어둔 채 일장 연설을 늘어놓는다. 텔리-텔리는 마치 대화에 참여하는 것처럼 낑낑거린다. 단눈치오는 카폰치나를 떠날 때 '철학자 텔리-텔리'라고 쓴 사진과 함께 이 스패니얼을 여자 친구에게 줄 것이다.

1900년 7월 이탈리아 국왕 움베르토 1세가 한 아나키스트에 의해 저격당해 암살당했을 때, 단눈치오는 움베르토 1세의 후계자에게 바치는 송시를 지었는데, 이 송시에서 그는 젊은 왕을 향해 그에게 주어진 소명을 다하라고 권고하고, 나아가 그의 운명이 요구하는 바와 같이 용맹하고 강건해지지 못한다면 어두운 운명이 닥쳐올 것이라고 암시한다. "당신은 가까운 곳에서 반란자들을 보게 되리/오늘 당신에게 절하는 사람조차도."

일찍이 단눈치오는 자신의 선거운동에서 "시학의 정치"를 선포한 바 있다. 이제는 흥미롭게도 정치의 시학에 대해 쓰고 있었다. 애국적 테마를 가진 다른 많은 송시도 지었는데, 그중에는 주세페 베르디의 죽음에 바친 시도 있다. 그는 피렌체에서 이 시의 공개 낭송회를 가졌다. 낭송회 제목은 의분을 일으키는 "이탈리아의 젊은이들에게"였고, 젊은이들에게 과거의 영광을 재현할 사람답게 행동하라고 촉구했다. 그는 가리발디에게 바치는 장편의 시를 쓰고 낭송하기도 했다. 그는 (영웅의 아들인) 메노티 가리발디의 장례식에서 말에 탄 채 나타나 운집한 군중을 향해 피로 빛나는 미래를 예언하는 연설을 했다. "라틴 바다가 물들리라/당신의 전쟁들에서 뿌려진 피로……/오 인종들의 꽃이여!"

매년 여름 단눈치오와 두세는 토스카나 해안의 저택을 임대하곤 했다. 저 멀리 산맥이 어렴풋이 보이며 한쪽에는 긴 모래사장과 다른 쪽에는 솔숲이 펼쳐진 가운데 그 여름날들을 보낸 경험으로부터 단눈치오의 『알키오네』의 시들에 나타난 강렬한 신이교주의적neo-pagan 환상들이 형체를 갖추었다.

단눈치오는 평온하면서 생산적이었다. 그는 자신의 출판업자에게 쓰기를, "내 배 안에서 보낸 마지막 며칠 동안 오직 공기와 소금으로만 절여진 『찬가』를 지었소"라고 했다. 그는 말을 타기도 했다. "탄력 있는 모래사장에서의 격렬한 질주. 파도가 물러나며 남긴 자국들이 마치 내 그레이하운드 목구멍 속의 굴곡선만큼이나 섬세하다." 그러나 바닷가 체류 시절에도 단눈치오는 낮이나 밤이나 대부분 집안에 틀어박혀 작업에 전념했다. 아무것도, 심지어 목숨을 위협하는 사건도 그의 주의를 딴 데로 돌려놓을 수는 없었다.

8월의 어느 날 아침에도 그는 해안가에서 전속력으로 말을 달리고 있었는데, 말이 그만 삐끗하고 말았다. 그는 말 등에서 떨어졌다. 하지만 발이 등자에 걸렸다. 말이 놀라서 그를 단 채 껑충껑충 뛰며 내달렸다. 그는 말에서 떨어지려고 버둥거렸다. 몇 초가 영겁처럼 느껴진 순간이었다. 마침내 그는 말에서 떨어졌고, 기진맥진한 채 널브러졌다. 그는 뜨거운 모래에 뺨을 처박은 채 말 발굽 소리가 점차 멀어지는 걸 듣고 있었다. 그의 지각력은 몹시 날카로웠다. 해초의 차가운 끈적거림과 돌의 딱딱함, 유목流木 조각의 모서리, 모래에서 자란 거친 꽃의 향기 등 모든 것이 그에게는 초현실적hyper-real이었다. 그가 물속에 뛰어들어 피가 흐르는 얼굴을 씻을 때 바다 요정에 대한 환상시라고 할 수 있는 '운둘나Undulna'의 시상이 마음속에 돌연히 떠올랐다. 이 시는 『알키오네』에 수록된 시들 가운데 가장 사랑받을 것이었다.

1901년 여름 다시 토스카나 해안가의 베르실리아에서 단눈치오는 매일 독서대 앞에 서서 무려 14시간 동안 쉼 없이 비극 『프란체스카 다 리미니Francesca da Rimini』를 썼다. 그에게는 이탈리아의 바람직한 미래, 즉 호전적이고 팽창주의적 열강의 미래를 위해 배경이 되는 이야기를 조국에 안겨주려는 의도가 있었다. 바그너가 미래에 영감을 주기 위해 과거를 돌아보며 독일인들에게 영웅적 전통을 안겨준 '니벨룽겐의 노래' 이야기를 부활시켰듯이, 현대 이탈리아의 음유시인인 단눈치오도

　　　　　　　　　　　　　　　　　　2부 물줄기들

금지된 사랑에 대한 단테의 짧은 비극을 소리와 분노로 가득 찬 5막짜리의 위대한 비극으로 탈바꿈시켰다.

무대에서는 교황파와 황제파 사이에 벌어진 13세기의 전쟁들이 벌어지다가 곧 사라진다. 이야기의 핵심은 잘 알려져 있었는데, 이탈리아만 해도 이미 14편의 오페라로 각색되었고 숱한 라파엘로 전파 회화들을 비롯해 차이콥스키의 교향시와 로댕의 가장 유명한 조각품('키스'는 원래 제목이 '프란체스카 다 리미니'였다)에서도 반복되었다. 프란체스카는 집안의 뜻으로 전설적인 전사이지만 불구이자 매력이라곤 찾아볼 수 없는 잔초토 말라테스타와 결혼한다. 이는 사기 결혼이었다. 그녀는 자신의 남편이 잔초토의 잘생긴 동생이자 이미 사랑에 빠진 파올로라고 생각했다. 파올로와 프란체스카는 랜슬롯과 기네비어의 이야기를 함께 읽으며 더 이상 열정을 자제할 길이 없다. 잔초토는 그들이 함께 있는 것을 보고 둘을 죽인다.

단눈치오는 자신이 불러낸, 질투에 눈 먼 흉포한 살인자인 잔초토의 "바로 그 뼈와 살"을 마음의 눈으로 응시할 수 있을 때까지 앉아서 팔꿈치를 무릎에 대고 팔짱을 낀 채 눈을 단단히 고정시켰다(그렇게 했다고 그는 우리에게 말한다). 해질녘에 그는 돌연히 현관에 나타나 불을 달라고 외쳤다(카폰치나 저택에는 전기가 들어왔으나, 바닷가에서는 여전히 하인과 등불이 필요했다). 그는 매일같이 해안가에서 말을 달릴 때―그 자신의 설명에 따르면―말라테스타 가문의 전사들이 좋아했다고 하는 매캐한 냄새를 일부러 맡기 위해 자기 말의 갈기를 태웠던 것이다.

그의 연극은 스펙터클하다. 그는 단순한 플롯에 셰익스피어 연극에 나오는 어릿광대와 여성 코러스를 가미하는데, 코러스는 민속 댄스를 추면서 여주인공의 연애생활에 대한 외설적인 논평을 제공한다. 의류

상인이 나오는 장면도 마련해 중세 직물에 대한 자신의 해박한 지식도 자랑하고 아찔할 정도로 긴 화려한 옷감으로 무대를 채우기도 한다. 근친상간의 욕망으로 두근거리는 형제들도 등장한다. 연극의 분위기는 오래전에 읽은 키츠의 시에서 많이 따온 것으로 보이는데, 그의 유사 중세적인 환상들, 그러니까 보석처럼 빛나는 색채와 잘린 머리를 거름 삼아 자란 바질 단지의 이야기*가 나오는 것이다. 그러나 연극은 온통 단눈치오 자신의 것이라고 할 수 있는 폭력에 대한 열정으로 꿈틀댄다. 연극에는 광기에 사로잡힌 여주인공이 위험천만하게도 '그리스의 불'(비잔티움 제국에서 발명된 초창기 형태의 네이팜 탄)을 만지작거리며 자기 자신을 포함해 적들을 모두 불태워버리겠노라고 과격하게 말하는 장면이 나온다. "새로 입은 상처의 벌어진 입술"과 같은 음란한 표현도 나온다. 끔찍한 비명이 새어나오는 무대 뒤편의 고문실도 있다. 그런가 하면 엄청난 소음과 공성기 및 투석기와 같이 기술적으로 정교한 장치들도 있다. 심지어 선혈을 뚝뚝 흘리며 무대 위로 옮겨지는 절단된 머리도 있다.

단눈치오는 무대 연출을 하며 출연자들에게 과도하게 지시한다. 『영광』에서 그의 여주인공은 "존재의 아득한 미스터리를 연상시키는, 말로 형언할 수 없는 멜로디처럼 들리는" 목소리로 말할 것을 주문받는다. 게다가 그녀의 미소도 "시간을 멈추게 하고 세상을 사라지게" 해야 한

---

* 이 이야기란 키츠의 시 '이사벨라 혹은 바질 단지'를 말한다. 이사벨라는 죽은 연인의 머리를 바질 단지에 묻고 매일 거기에 눈물을 쏟는다. 연인의 머리와 그녀의 눈물에서 양분과 수분을 섭취한 바질이 무럭무럭 자라난다는 이야기가 그것이다. 키츠의 시는 원래 보카치오의 『데카메론』에서 넷째 날의 다섯 번째 이야기에 나오는 '리자베타와 동백꽃 단지' 일화를 다시 극화한 것이다.

다는 것이다. 그의 연출 지시는 심지어 두세 급의 역량을 갖춘 한 남자 배우로부터도 숱한 질문을 받았다.

무대 연출가들도 배우들과 똑같이 불가능한 임무를 부여받았다. 「프란체스카 다 리미니」를 위한 모든 무대 장치는 단눈치오가 일일이 묘사했듯이 복잡한 다중 공간이다. 아치들은 전망이 멀리까지 탁 트여 있어야 하고, 갤러리와 벽감에는 보조적인 행동 공간이 마련되어 있어야 하며, 창문들은 먼 풍경은 물론이요 저 멀리에서 벌어지는 해상 전투를 보여주어야 한다. 바닥이나 천장에 난 문과 커튼이 쳐진 출입문들, 여러 층의 계단, 높은 테라스 등이 무대의 기하학적 구조를 한층 더 복잡하게 만든다. 그리고 이 모든 정교한 구조는 소품들로 가득 차 있다. 벽들에는 무기류가 걸려 있고, 테이블에는 와인과 과일 쟁반들이 놓여 있으며, 장미 덤불과 자수가 놓인 벽걸이 등 모든 것이 공간을 어수선하게 채워놓고 있다. 그러고도 무대는 12명쯤 되는 완전 군장을 한 남성들이 모이거나 한 무리의 하녀들이 황금빛 수선화 화환과 나무로 조각된 새들을 흔들며 '백조의 춤'을 출 수 있는 공간이 확보되어야 한다는 식이다.

단눈치오는 마리아노 포르투니를 자신의 제작 담당 디자이너로 임명하여 그에게 의상과 소품, 조명, 그 외 필요한 복잡한 기계 장치 등을 시시콜콜 설명하는 장문의 편지를 쓰기도 했다. 이 시절에 그는 이탈리아의 예술 유산의 복원을 위해 캠페인을 벌이고 있었는데, 그 일환으로 피에로 델라 프란체스카의 프레스코화들을 보호하기 위해 로비활동을 벌일 뿐만 아니라 레오나르도의 「최후의 만찬」에 대한 송시를 쓰고 있었다. 이제 그는 인종의 영광을 위해 이탈리아의 과거를 무대에 올리고 있었고, 그 과거가 똑바로 보일 수 있기를 바랐다.

단눈치오의 「프란체스카 다 리미니」에서 프란체스카 역을 맡은 엘레오노라 두세

아마도 그리 놀라운 일은 아닐 텐데, 포르투니는 결국 자신의 작업이 실패했음을 깨닫고 일에서 손을 뗐으며, 단눈치오의 옛 친구이자 삽화가인 데 카롤리스가 디자인 책임자로 포르투니의 자리를 대신할 것이었다. 의상은 결국 고급 여성복 디자이너인 찰스 워스에 의해 중세 패턴으로 주문 제작된 옷감으로 만들어졌다. 과연 이 연극에는 그때까지의 이탈리아 연극계에서 가장 비싼 제작비가 투자되었다.

첫날 밤 공연은 단눈치오가 전투 장면을 사실적으로 해야 한다고 고집하는 바람에 뒤죽박죽이 되고 말았다. 그는 진짜 연기를 원했다. 그 때문에 관객들은 반쯤 질식사할 뻔했다. 그는 진짜 발사체들도 원했다. 그래서 공성기에서 발사된 투석들이 무대 벽 한쪽을 진짜로 허물어뜨리기도 했다. 그러나 일단 기계 장치를 통제할 수 있게 되자, 연극은 박수갈채를 받았다. 로맹 롤랑은 그 연극을 가리켜 "르네상스 이래로 가장 위대한 이탈리아 작품"이라며 극찬을 아끼지 않았다.

파리의 '아름다운 시절'에 활동한 가장 유명한 고급 창부들 중 한 명인 리안 드 푸지가 피렌체를 방문 중이다. 단눈치오는 그녀를 카폰치나로 초대하고 그녀를 모셔오기 위해 장미로 가득 찬 마차를 보낸다. 그녀가 마차에서 내릴 때, 단눈치오의 하인들이 마차 안에 있는 것보다 더 많은 장미를 그녀에게 뿌린다. "내 앞에는 눈가가 빨갛고 눈썹이 없으며 머리카락도 다 빠지고 이는 누렇고 입 냄새는 고약하며 사기꾼과 같은 매너를 지니고 있으나 뭇 숙녀들의 남자라는 평판을 누리는 끔찍한 난쟁이 한 명이 서 있었다." 그녀는 그의 화대를 거부하고 떠난다. 이틀 후 마차가 다시 그녀에게 오지만 이번에 그녀는 미안하다는 말을 길게 늘려 쓴 메모 한쪽을 들려주고서 자신의 하녀—"나의 콧대 높은 늙은 아델"—를 그에게 보낸다.

드 푸지는 단눈치오의 추함을 증언하는 많은 사람 중 한 명이지만, 남아 있는 사진들은 잘 편집되어 봐줄 만하게 생긴 중년 남성을 보여주고 있다. 그는 결코 아도니스가 아니었고, 헤라클레스는 더더욱 아니었으나, "끔찍한 난쟁이"도 아니었다. 그의 매력이 그를 변모시키고 일부 사람에게 마력을 뿜어냈듯이, 그의 마력에 저항한 사람들에게는 그의 고질적인 유혹의 충동이 그저 불쾌감만 안겨주었던 듯하다. 드 푸지는 돈 거래만큼은 확실하고 그녀의 호의를 얻기 위해 많은 사람이 돈을 지불하는 데 익숙한 전문가로서 단눈치오가 "아무리 점잖게 말해도 숙녀들에게 배은망덕한 남자"라는 평판을 익히 알고 있었다. 그가 아무리 대단한 남자여도, 빚에 허덕이고 있는 시인이 그녀에게 관심 끌 만한 것을 제공할 리는 없었던 것이다.

1902년. 단눈치오는 토리노에 있다. 「프란체스카 다 리미니」의 공연을 감상도 하고 로마에서 온 옛 지인인 작가 에드몬도 데 아미치스와 대화를 나누기도 한다. 그가 장황하게 말을 할 때, 하인 한 명이 쉼 없이 들락날락거리며 이 대단한 양반을 보고 싶어하거나 그에게 모임 연설을 해주기를 요청하는 사람들이 남긴 명함이나 메모를 가져다준다. "이틀 동안 그는 여덟 번의 공식 연설을 요청받았다." 매번 단눈치오는 몸이 불편하다고 회신하고 나서는 받은 명함이나 메모를 탁자에 던져놓는데, 탁자는 이미 전에 받은 명함이나 메모로 수북하다. 그는 임기응변의 귀재다. 이렇게 하인이 들락날락거리며 방해하는데도 하던 이야기를 놓치는 법이 없다.

그들의 대화가 끝나고, 단눈치오는 공적 관객들을 위해 바깥방에서 기다리는 사람들에게 들어오라고 한다. 이번에도 그의 행동은 흠잡을 데가 없다. 데 아미치스는 이렇게 쓰고 있다. "그는 마치 왕가에서 태어난 것처럼 왕의 망토를 두르고 있다."

이제 그는 밀라노에 있다. 그의 편집자 트레베스의 집에 있다. 그는 새로 유행하는 탁구 놀이를 하고 있다. (셀룰로이드로 만들어진 공과 고무가 압착된 라켓은 유럽에서 바로 전해에 처음 판매되었다.) 그는 아주 건강하다. 책을 쓰는 영웅적인 노동을 위해서는 건강할 필요가 있다고 그는 말한다. 그는 집에 있을 때면 대부분 말을 탄다. 몇 시간 동안 안장 위에 있다가 돌아오면 일종의 황홀경을 느끼곤 한다. 그는 자신이 켄타우로스라고 느낀다. 완전히 인간이 아닌 야성적인 존재 말이다. 그는 테니스와 골프도 친다. 카폰치나에는 1층에 나무 패널로 만든 큰 방이 하나 있는데, 그가 체육관으로 이용하는 곳이다. 거기서 매일 펜싱을 연습하고 역기와 덤벨을 들어올린다. 그의 얼굴은 나이를 먹었을지 모르지만—이 시절에 사람들은 잔주름이 온통 뒤덮여 있는 걸 두고 밀랍이나 상아처럼 보인다고 표현한다—그의 몸만큼은 유연하고 근육질이다.

그는 탁구를 좋아한다. 몇 시간이고 탁구를 친다. 탁구에 열중하는 동안 그는 입을 앙다물고 눈에서 광채를 뿜어낸다.

1902년. 두세는 당시 오스트리아의 영토인 베네치아 줄리아와 이스트리아에서 순회공연 중이다. 단눈치오도 그녀와 함께한다. 이 두 사람은 그들의 연극적 재능보다는 정치에 대한 열망으로 격한 흥분에 휩싸인 군중의 환대를 받는다. 단눈치오와 비슷한 부류인 열에 들뜬 이탈리아 민족주의자들에게 여전히 오스트리아의 통치를 받는 이 땅은 진정한 이탈리아의 상실된irredenti 부분, 즉 실지 이탈리아다.

고리치아에서는 스물일곱 번의 커튼콜(단눈치오도 무대 위에 있다)을 받았다. 그가 이스트리아의 거리들을 지나갈 때마다 꽃과 그의 작품들의 제목이 쓰인 색종이가 창문들에서 비처럼 쏟아진다. 트리에스테에서는 기뻐 어쩔 줄 모르는 군중이 극장에서뿐만 아니라 거리에 나와서도 함성을 지르는데, 한 의원은 그 커플이 지나가는 모습을 두고 "신성한 순례"—여기서 신성하다 함은 천상의 성스러움이라기보다는 더 위대한 이탈리아의 대의를 가리킨다—라고 묘사한다. 그들은 가는 곳마다 오스트리아 경찰들을 달고 다닌다.

단눈치오는 서적 구매 대행자에게 이스트리아와 달마티아 지역에 대한 책들을 보내달라고 주문한다. 그는 단테의 구절들에서 "카르나로만의 폴라에게/이탈리아의 경계를 이루고 그 땅 끝을 씻어주는"이라는 행을 용케 찾아낸다(폴라와 카르나로는 당시 오스트리아 영토 안에 깊숙이 자리 잡고 있는 지역이었다). 그는 트렌토 출신으로서 실지회복주의의 대의를 위해 싸우다가 오스트리아인들에 의해 처형된 이탈리아 "순교자들"인 브론체티 형제에게 바치는 송시를 쓴다. "껍질 안에 숨겨진 나무에서 수액이 분출되네." 그렇게 단눈치오는 실지 트렌토의 민중이 "침묵 속에서도 그대들의 영웅들을 영접해야 한다"고 쓰고 있다. 오스트리아 당국은 자신들이 (제대로) 해석한 바대로 이 일종의 반란 선동에 해당되는 것에 대해 엄중하게 경고하며, 그 시가 게재된 『조르노』를 압수한다.

1903년. 카폰치나 저택의 침실. 사방의 벽들이 고풍스런 초록색의 훌륭한 다마스크 천으로 감싸여 있다. 천정은 꽃이 자수된 벽걸개들과 함께 16세기풍의 침대 캐노피에 의해 가려져 있다. 캐노피는 도금된 화환으로 천장 중앙에 고정되어 있다. 방 안에는 여느 때처럼 다량의 진귀한 물품들, 즉 도금된 하프와 상아 및 원석이 상감된 은빛의 아라비아 검, 장식 기둥들과 화병, 장식함, 모로코제 가죽으로 장정된 책들이 널브러져 있는 탁자가 빼곡하다. 침대 발치에는 사모트라케의 '니케 상 Winged Victory'의 청동 모조품 두 점이 초록색 줄무늬가 있는 대리석 기둥 위에 서 있다. 당시 단눈치오는 『찬가』를 완성했고, 이를 축하하는 엘레오노라 두세의 선물도 집으로 배달되었다. 그녀는 이미 그에게 실물과 같은 크기인 미켈란젤로의 '노예 연작Prisoners' 중 하나의 석고상을 선사한 바 있다. 이번에는 짐꾼들이 그의 침실 안으로 델포이의 '마부' 테라코타 상을 운반해온다. 그들은 '마부'를 침대 발치에 세워둔다.

그 전달 이 방에서 단눈치오는 자신의 마흔 번째 생일날 아침에 눈을 떴다. 여느 때처럼 베개 밑에 단검을 둔 채로, 그리고 자신의 청춘이 용병처럼 투쟁하고 있다는 느낌을 갖고서 말이다. 바야흐로 이 용병은 적의 무릎 아래에 제압된 상태에서 최후의 일격을 맞이하기 직전이다. "이제 나는 청춘의 시체를 방부 처리해야 한다. 그것을 붕대로 감싸 사각의 관 속에 봉인해야 한다. 그것을 문 속에 밀어넣어야 한다. 그러자 문 앞에서 노년의 유령이 블라인드 사이로 홀연히 출몰하여 예의 친숙한 태도로 고개를 까딱하며 내게 좋은 하루가 되라고 인사한다."

1904년. 단눈치오는 루체른의 한 호텔에서 홀로 식사하며 건너편에서 식사하는 팀이 『무고한 존재』의 플롯이 모두 사실에 근거한 거라고 서로 말하는 걸 들었다. 즉 가브리엘레 단눈치오가 실제로, 정말로 아기를 죽였다는 것이다. 이때 다시 한번 그는 자신의 삶을 예술작품으로 만들어야 한다는 영감을 받았다. 이제 다른 이들—기자와 팬과 가십 소비자들—도 모두 그렇게 하라고 부추긴다. 단눈치오는 공적 인물로서 상상의 구성물이 되었다. 인간 단눈치오는 그렇게 상상의 단눈치오에 대해 통제권을 잃지 않으려고 무던히도 발버둥치고 있었다.

명성은 그가 교활하게 이용한 도구였다. 그러나 또한 부담이기도 했다. 인기인 숭배는 예나 지금이나 덧없는 감정이어서 결점을 찾으려는 감시의 눈길과 찬미받는 자의 흠결을 발견하는 비뚤어진 쾌락, 분노의 감정을 일으키는 질시감 등을 수반하기 마련이다. 단눈치오를 인정하지 않는 사람도 많았다. 그런가 하면 그의 어느 한 면에만 집착하면서 찬사를 남발하여 오히려 그를 피곤하게 하는 사람들도 있었다. 그들은 그의 은밀한 사생활을 이 잡듯 뒤졌고, "시인 자신과 그의 삶은 이 더러운 손들에 의해 흉하게 일그러진다".

그는 타고난 사교계 명사로 정평이 나 있었지만, 그의 일상적 삶의 더 진실한 모습은 카폰치나 저택의 문틀 위에 새겨진 다음과 같은 경구가 더 잘 보여준다. "침묵" "출입금지" "고독". 그해에 그를 방문한 롤랑은 그와 두세가 철저히 고립되어 사는 모습에 큰 충격을 받았다. 그들은 절대 외출하지 않았다. "그녀는 친구도 없다. 그는 그 정도는 아니지만 역시 많지 않다."

1904년 밀라노. 단눈치오는 시골을 배경으로 한 비극을 쓰기 위해 다시 원래의 아브루초 출신으로 되돌아갔다. 단눈치오는 결국 자신이 목격한 장면, 즉 술 취한 농부들이 젊은 여성에게 치근대는 장면을 드라마 속에 삽입했는데, 이는 그 사건이 있은 지 20년 후, 그리고 동명의 제목을 가진 미케티의 그림(「요리오의 딸」)이 베네치아에서 상을 받은 지 9년 후의 일이었다. 그는 이 장면을 이탈리아의 신화로 만들었다. 이제 『요리오의 딸』이 리허설에 들어가고, 단눈치오는 원고를 배우들에게 읽어주고 있다. 읽어주는 일은 4시간이나 걸린다. 그는 완전히 명료하게 발음한다. 그는 노래도 부른다. 주연 여배우는 실제 공연에서 정확히 연기하기 위해 그의 지시 하나하나를 기억해두려고 애쓴다. "나는 그의 리듬을 축음기처럼 재현했어요. 나의 밀라는 그의 것이랍니다."

그는 그 희곡을 18일 만에 썼다고 주장한다(사실은 6주가 걸린 것으로 보인다). "나를 통해 노래를 부르는 인종의 다이몬에 복종하면서" 썼다는 것이다. 이야기는 강간할 의도를 가진 수확꾼들을 피해 도망가는 한 소녀―두려움에 빠진 외부인, 마법사의 딸―에 대한 것이다. 그녀는 구제받는다. 그러나 무심코 그녀를 구제해준 가족에게 죽음과 불명예를 몰고 온다. 결혼식이 치러지고, 살인이 벌어지며, 끔찍한 처벌이 잇따른다(사나운 개와 함께 익사당하거나 산 채로 매장 당한다). 언어는 고풍스럽지만 단순하고, 전통 민요와 단테의 인용문들, 성경 및 가톨릭 기도문의 구절들이 혼합되어 있다. 대화의 대부분은 운문 형식이다. 푸가처럼 만들어진 코러스도 있다(음악에 조예가 깊은 단눈치오는 대본을 쓸 때 그런 재능을 아주 유용하게 활용했다). 질박한 자연주의는 명백히 상징적 기능을 갖는 캐릭터들―기적을 행하는 성자, 병도 주고 약도 주는 현명한 노파―이 등장하면서 훼손되곤 한다.

단눈치오는 민속학을 연구하는 친구인 드 니노에게 거의 매일같이 편지 세례를 퍼부으면서 의상 스케치와 연출 기법에 대한 자문을 구할 뿐더러 아주 디테일한 부분들에 대해서도 꼬치꼬치 캐묻는다. 그리고 미케티를 기용했는데, 그는 「최후의 만찬」 몇 점을 그리기 위해 옛 도기류와 자수를 놓은 의상들, 고대 악기들을 찾아 아브루초를 샅샅이 뒤진 적이 있다. 이 두 친구는 조각된 의자와 염소가죽 공들에 대해 의견을 편지로 진지하게 주고받는다. 그 결과로 나온 연극의 스펙터클은

『요리오의 딸』, 가브리엘레 단눈치오의 목가적 비극

유치함과 생명력, 날것의 재료와 아름다운 솜씨의 마구잡이식 혼합물 mélange이 될 터였다.

단눈치오는 박해받는 소녀 속에서 빛을 발하는 여성 영웅을 창조했다. 두세도 기뻐 어쩔 줄 모른다. 바로 여기에 그녀가 항상 탄생할 것이라고 믿어 의심치 않았던 그의 연극적 걸작이 있다. 그러나 연극의 여주인공 밀라는 10대의 순결한 소녀인 반면, 두세는 이제 45세로서 이미 사반세기 동안 색을 밝히는 공중의 가십에 노출된 병든 여성이다. 단눈치오가 첫 번째 공연권을 허락해준 회사에는 밀라의 배역을 기꺼이 맡으려고 하는 전속 여배우가 있다. 신경전이 오가는 협상이 이루어진다. 언론의 가십난은 소문으로 가득 차 있다. 두세는 "자신과 단눈치오 사이에 예술적 이견이 있다는 소문은 사실이다"라는 말을 공식적으로 부정할 필요가 있음을 느낀다.

연극이 리허설에 들어가자, 그녀는 다시 아프다. 치료를 받아도 차도가 없는 감기로 몸이 떨린다. 마지막 순간에 그녀는 우아하게도 밀라의 배역을 맡겠다는 고집을 꺾는다. 연극 준비가 그녀 없이 진전된다. 그녀는 단눈치오에게 여느 때와 마찬가지로 스타카토 스타일로 편지를 쓴다. "가브리―달콤함과 강력함―희망―내 인생에서 가장 강력하고 가장 고통스러운 것…… 바로 그것을, 당신을 위해, 당신의 아름다운 운명을 위해…… 나는 당신에게 주었어요―그리고 심장이 산산이 부서져도―중요치 않답니다!" 그녀는 자신을 위해 제작된 의상들―단눈치오가 바랐던 대로 근사하게 만들어진―을 손수 접어서 자신의 자리를 대신할 여배우인 이르마 그라마티카에게 보낸다.

마틸데 세라오는 두세가 머물던 제노바의 호텔로 찾아온다. 두세는 기침을 하고 피를 토하며 앓아누워 있다. 단눈치오는 여우 사냥을 위해 로마에 가고자 며칠 동안 리허설에 빠질지언정 그녀를 찾아오지는 않을 터였다. 두세가 의심하듯이, 그에겐 로마에서 봐야 할 새로운 사랑이 있었던 것이다. 세라오는 그녀에게 연극에 대해 묻는다. "비명이 터져나왔다. '그건 내 것이에요. 내 거라고요. 그들이 내게서 가로채갔어요!'" 그녀는 서랍에서 대본을 꺼내놓으며 앉으려 애쓰면서 대본을 읽기 시작한다. 아주 병약한 상태임에도 불구하고 "그녀의 목소리는 우렁차다. 화색도 돈다. 마치 1000명의 관객이 보는 무대 위에 서 있는 것처럼 대본을 낭송한다". 세라오는 그녀가 기침 발작을 또 일으키지 않을까 우려하여 그녀에게 그만하라고 만류한다. 그러나 두세는 대본을 끝까지 읽는다.

일주일 후 연극이 밀라노에서 막을 올린다. 공연 준비가 초스피드로 이루어졌으나, 공연은 멋지게 펼쳐졌다. 단눈치오의 드라마는 서로 불신하는 사람들과 초자연적 복수가 난무하는 가운데 두려움에 떨며 살아가는, 난폭한 여성 혐오증에 걸린 사회를 묘사한다. 그러나 그의 첫 관객들에게 드라마는 오히려 그런 사회에 아이스킬로스가 묘사한 미케네나 소포클레스가 묘사한 테베와 같은 도시들에 필적하는 어떤 위대함과 신화적 분위기를 부여하는 것으로 보인다.

제1막이 끝날 때 적막한 침묵이 감돈다. 배우들이 초조하게 관객들의 반응을 기다린다. 그런 뒤에 배우 중 한 명에 따르면, "갑자기, 저 멀리서부터, 거대한 파도처럼, 우레 같은 박수 소리가 들려온다". 단눈치오는 인사를 하기 위해 열 번, 열두 번, 열다섯 번 무대에 오른다.

단눈치오는 재정적인 이유로나(너무나 많은 채권자가 문 앞에서 기다리고 있었다) 낭만적인 이유로나(너무나 많은 여자가 그의 손님용 침실의 전용

2부 물줄기들

사용권을 요구하고 있었다) 잠시만이라도 집을 떠나는 것이 편하리라는 것을 깨달았다. 그는 조각가인 클레멘테 오리고와 함께 피렌체 근교에 묵는다. (건강을 지나치게 염려하고 강박적으로 청결을 의식하는) 시인은 비흡연자이지만, 오리고의 엄청난 니코틴 흡입으로 즐겁기만 하다―그는 하루에 120개비 터키제 담배를 피웠다.

오리고는 키가 매우 컸고 호리호리하다. 어느 날 두 친구는 서로 재킷을 바꿔 입고 사진을 찍는다. 오리고가 우뚝 솟아 있다. 오리고가 단눈치오의 잘 손질된 작은 콤비 상의에 몸을 맞추려고 애쓰면서 어깨를 구부리고 있다. 소매 단 아래로 그의 앙상한 팔뚝이 훤히 드러나 보인다. 그의 옆에, 아니 그의 아래에 단눈치오가 서 있다. 오리고와 바꿔 입은 트위드 재킷의 넓은 어깨가 그에게는 너무 헐렁해 아래로 처져 있다. 소매는 덜렁덜렁 매달린 상태로 말이다. 상의 끝단은 시인의 무릎까지 내려와 있다. 그는 어른의 옷을 입은 어린아이처럼 천진난만하다.

여기 두세와 함께한 단눈치오의 생활에서 에피소드 하나가 있다. 그자신이 묘사한 에피소드다.

그들은 카폰치나 밖에 있다. 엘레오노라는 높은 테라스에서 담쟁이 덩굴로 감싸인 철책에 기대어 있다. 그녀 아래에서는 단눈치오가 말의 허리를 점검하고 있다. 그는 매일 피렌체 너머 언덕길들을 따라 몇 시간씩 말을 달린다. 비탈길 양옆에는 올리브 숲과 포도밭이 늘어서 있고, 풍성한 숲은 예술가와 옛 전쟁들의 사연을 담고 있다. 그의 시는 자신을 감싸고 있는 낡은 것과 새로운 것, 싱그러운 꽃과 흐르는 물, 이미 여러 차례 찬미된 미인의 그윽한 음색에 대한 감각으로 가득 차 있다. 그는 글을 쓸 때 자기보다 먼저 그런 풍경을 묘사한 사람들, 즉 단테와

우뚝 솟은 오리고와 아이처럼 천진한 단눈치오

미켈란젤로, 로렌초 대공*을 암시한다. 이는 그가 계속 함께하고 싶어 하는 동반자 관계다.

"어디로 가려고요?" 엘레오노라가 묻는다.

"아무 데나."

"그럼 어느 쪽으로요?"

"묻지 마."

그의 견해에서 '충직'이라는 단어는 가상의 사슬 소리만큼이나 비현 실적이고 연극적인 말로 들린다(그의 연극에서 여주인공들은 빈번히 사슬 에 묶이므로 사슬 소리는 단눈치오에게 친숙하게 들린다). "어떤 커플도 사 랑에 충실하지 않다…… 나는 사랑에 충실하지 않다." 아마도 이 말은 냉소적인 자기변명이리라. 그는 정말로 자신의 부정이 그녀에게 초래하 는 고통을 이해하지 못하는 것 같다.

그는 피에솔레로 향해 나 있는 비탈길을 둘러 옛길을 달린다. 피렌체 의 두오모와 종탑이 저 아래 연무 사이로 부유하고 있는 것처럼 보인다. 그가 우리에게 해주는 말에 따르면, 그는 깔끔하게 다듬어진 관목들로 둘러싸인 저택의 문 앞에 멈춰서 말에서 내린다. 거기서 그는 둘 다 음 악가이자 "한창 유행하는 게임의 달인"인 자매를 기다린다(이 친절한 아 가씨들은 단눈치오의 에로틱한 상상력이 빚어낸 허구의 인물처럼 보이지만, 확 실히 그가 방문했던 여성들은 있었다). 3시간 뒤 그는 집으로 돌아간다.

그는 외출에서 돌아오면 "하나밖에 없는 동반자"를 부르기 시작한다. 그는 고삐를 풀고 자갈 바닥에 던진다. 여전히 소리친다. "기솔라, 기솔 라벨라!"(그가 두세를 가장 다정하게 부르는 이름이다.)

---

* 로렌초 데 메디치를 가리키며, 피렌체를 통치한 메디치 가문의 지배자로서 피렌체 르네상 스의 황금기를 일구었다. 이탈리아어로는 로렌초 일 마니피코Lorenzo il Magnifico라고 한다.

그녀가 놀라서 약간 두려운 기색으로 나온다. "당신 무슨 일 있어요?"

집안에 들어가 그는 옷을 벗고 욕실로 향한다. 그녀에 대한 욕망이 들끓는다. "일시적인 부정은 사랑에 자극적인 새로움을 선사한다." 그러나 그만큼 까다롭기도 하다. 그는 목욕을 빠뜨리지 않는다. 욕조에서 그는 쉼 없이 그녀를 부른다. "기솔라, 사랑해, 사랑해, 오직 당신뿐이야. 나를 기다려줘. 당신은 날 기다릴 거야." 마침내 말끔히 씻은 후 그는 거실로 간다. 그가 우리에게 말해주는 바에 따르면, 그다음은 죽은 듯이 잠에 곯아떨어지는 일이다.

가엾은 엘레오노라는 충직에 대한 다른 견해를 갖고 있다. 집사인 베니뇨 팔메리오가 그와 관련된 이야기를 전해준다. 어느 날 카폰치나에서 그녀가 집사를 호출한다(단눈치오는 리보르노에 출장 중이다). 그녀는 음악실에 있는데, "죽은 여자처럼, 적어도 반쯤 죽어 있는 것처럼 보이는 태도로" 안락의자에 파묻혀 있다. 비탄과 분노를 연기하는 두세를 보여주는 재생 필름이 하나 남아 있다. 필름 속에서 그녀는 벽에 기대어 있는데, 머리는 아래로 떨구고 입은 떨리며 눈은 반쯤 감기고 사랑스런 창백한 얼굴은 부드럽지만 소용돌이치는 물처럼 보이며 목은 암살자의 칼에 노출되어 있는 것 같다. 바로 이것이 팔메리오가 음악실에 들어가서 목격한 그녀의 모습이다.

그녀는 "자동인형처럼" 말하면서 지시를 내린다. "우리는 당장 집에 불을 피워야 해요." 무대 위에서나 밖에서나 두세는 항상 드라마틱하다. 팔메리오는 말을 더듬고 일을 뒤로 미룬다. 그는 실제적인 사람이자, 실제 세계의 거주자다. 이제 그는 세상에서 가장 비참한 여주인공

가엾은 엘레오노라

의 상대 역을 맡아 멜로드라마의 한 장면을 연기해야 한다는 사실을 깨닫는다. 이것은 당혹스런 일이다. 두세는 흐느끼면서 방을 빙빙 돌기 시작한다. "신전이 모독당했어. 불로써만 정화될 수 있어." 그녀는 성냥을 찾고 있다. 팔메리오는 그녀가 집에 불을 피우면 즉시 소방서에 신고할 거라고 경고한다. 그는 간청한다. 어르고 달래기도 한다. 그녀를 밖으로 인도한다. 그는 문제가 무엇인지 묻는다. 그녀는 꽉 쥔 손을 펴서 자신이 객실에서 발견한 머리핀 두 개를 보여준다(금발 여성이 꽂곤 하던 연한 색깔의 머리핀이다). 그 머리핀의 주인이 누구인지, 그리고 단눈치오가 누구를(그러나 머리핀의 주인과는 다른 여성) 만나러 리보르노에 갔는지 잘 아는 팔메리오는, 그녀를 회유하고 아부하며 점차 진정시킨다. 그녀의 비극적 위엄이 사라지고 마침내 울음을 터뜨릴 때까지 말이다.

1904년 5월. 세티냐노에 있는 단눈치오의 집 소유주이자 이웃인 델라 로비아 후작 부인은 기묘한 기념식을 목격한다. 여성들이 장미꽃잎을 들고 카폰치나로 향해 있는 올리브 숲을 지나 길가 여기저기에 모여 있는 것이다. 제복 차림의 하인들도 도열해 있다. 단눈치오가 흰 실크 정장 차림으로 우아하게 차려입은 키가 큰 금발 여성과 팔짱을 끼고 나타난다. 그들은 마치 결혼식 커플의 엄숙한 분위기를 연출하며 집을 향해 걸어가 제단에 접근해간다. 두세와 단눈치오의 로맨스는 끝났다. 그와 동시에 그가 엄청난 작업을 수행한 상대적 평온기도 그렇게 끝났다. 단눈치오와 팔짱을 낀 숙녀는 알레산드라 디 루디니 후작 부인이다. 그녀는 개인 재산만도 상당한 26세의 미망인으로서 두 아이의 어머니(그러나 이제는 아이들을 포기한)이자 전직 장관의 딸이며 다음 3년 동안 단눈치오의 잘 알려진 애인이 될 여성이다.

25. 속도

단눈치오의 마지막 장편소설인 『아마 그렇거나 그렇지 않을 거예요』
는 붉은색 오픈카를 타고 만토바를 향해 북이탈리아 평원을 맹렬하게
질주하는 한 커플의 모습으로 시작한다. 다루기 힘들고 매력적인 젊은
미망인 이사벨라 잉기라미는 소설의 제목과 똑같은 말로써 저돌적인
모험가이자 조종사인 파올로 타르시스를 감질나게 한다. 과민해진 타
르시스는 속도를 높인다. 자동차는 로마 가도를 일직선으로 뚫고 포효
하듯 달린다. 엔진의 파동이 거대한 금속제 북을 두드리는 듯 호전적이
다. 그는 그녀의 생명이 자신에게 달려 있다고 말한다.

"나는 저 먼지 속으로 순식간에 돌진해 저 바위에 충돌할 수 있어. 당신
이나 나나 모두 피범벅으로 한 덩어리가 되는 거야."
"그래요."
그들은 모두 흥분해 있다.
"눈을 감아봐, 내게 당신 입술을 줘."
"싫어요."

"우리는 죽을 거야."

"나는 준비돼 있어요."

네 마리의 황소가 끄는 우마차 한 대가 한 무더기의 목재를 싣고 그들 앞으로 느릿느릿 움직여오며 길을 막는다. 타르시스는 계속 가속 페달을 밟는다. 이사벨라는 자신의 몸과 다리가 "수천 명의 신도의 경건한 입맞춤을 받은 은빛 십자가처럼 부드럽다"는 것을 아주 잘 알고 있다. 제비 한 마리가 그들 앞을 날아간다. 곧 산산조각 난다. 이사벨라는 사이드미러로 타르시스를 쳐다보고 있다. 그의 얼굴—구릿빛 피부에 수염을 말끔히 깎고 실크 스카프 위로 입술이 불룩한—이 볼록 렌즈로 인해 왜곡되어 미래주의 스타일로, 즉 유선형으로 보인다.

"이걸 원하는 거야?"

"그렇게 해요!"

그들은 우마차를 향해 곧바로 달린다. 마지막 순간에 타르시스는 방향을 바꾼다. 자동차는 크게 요동치며 울퉁불퉁한 길가로 들어선다. 그러고는 수련으로 가득한 운하로 빠지기 직전에 간신히 차를 멈춘다. 이사벨라는 거칠게 웃기 시작한다. 막 시작된 그녀의 광기를 암시하는, 흐느껴 우는 듯한 거친 웃음이다.

속도와 모험, 성적 노골성, 자살, 정신 이상. 이 모든 것은 단눈치오의 작품을 관통하는 테마이자 두세와의 결별과 프랑스로의 이주 사이의 기간에 그의 생활을 따라다닌 테마이기도 하다. 그의 재정 상태는 점점 더 절망적으로 되어갔고, 그의 라이프스타일은 터무니없이 사치스러워졌으며, 그의 연애생활도 더욱더 정신없이 바빠 돌아갔다. 그는 점점 더 자신의 나이를 의식하게 되었고, 그래서 점점 더 침울해져갔다. 그의 주름살과 대머리, 변색된 치아 등 모든 것이 흉한 상처처럼 느껴졌다. 문학적 결과를 산출하는 속도도 느려졌다. 시상이 그의 혈관에서 피처럼 꽃피던 기적의 시절은 과거지사다. 새로움이 소진된 상태에서 그의 명성은 오히려 거추장스런 것이 되었다. 그는 자신의 일거수일투족을 추적하는 기자들을 가리켜 "고약한 삼류 기자들"이라고 불렀다. 그는 혼자라고 느꼈다. 그의 인생에서는 처음으로 연하의 여성들을 찾으면서 빠르게 저물어가는 자신의 청춘을 덧없이 쫓아가고 있음을 알게 되었다.

그는 항상 위험을 자초했다. 그는 불필요할 때도 결투를 했다. (그는 1900년에도 결투를 했는데, 그때 피렌체에서 그의 선거운동에 대해 용서할 수 없는 '인신공격성' 신문 기사가 나왔다.) 그는 빠르고 거칠게 말을 탔고, 종

단눈치오는 빠르고 거칠게 말을 타는 기수였다.

종 말에서 떨어졌다. 형편없는 기수라서가 아니라 무모한 기수였기 때문이다. 여우 사냥을 나갈라치면 자신의 서러브레드 종 말이 '취하여' 통제 불능이 될 때까지 각설탕을 먹이곤 했다. 로마의 캄파냐에서는 언젠가 무려 44개의 벽을 연속적으로 뛰어넘음으로써 기록을 세우기도 했다. 동료 사냥꾼들은 과도하게 흥분한 말이 사냥개들을 덮치는 것을 막지 못함으로써(혹은 막지 않음으로써) 그가 사냥 에티켓을 위반한 것을 두고 이렇게 비아냥거렸다. "시인이 저 지평선으로 가져갈 긴급한 메시지가 있는가보네!"

1903년 가을 두세가 독일과 영국에서 「프란체스카 다 리미니」를 공연해 순회 중이었을 때(이 순회공연은 두세에게 재정적으로 큰 손실을 입혔다) 단눈치오는 로마 근교에서 사냥을 하면서 알레산드라 디 루디니를 만났다. 몇 주 후 그는 다시 피렌체에서 그녀의 남자 형제 결혼식에서 만났고, 그로부터 며칠 이내에 자신이 그녀에게 사랑에 빠졌음을 전하는 편지를 띄웠다. 그해 겨울 『요리오의 딸』이 리허설에 들어갔을 때, 단눈치오는 도중에 자리를 떠서 두세가 앓아누워 있는 제노바가 아니라 다시 사냥을 하러, 그래서 새로운 연인을 만나러 로마로 잠입하곤 했다.

알레산드라는 단눈치오보다 열다섯 살 연하였고, 두세보다는 스무 살 연하였다. 그녀는 키가 크고 몸이 탄탄한 금발의 아마조네스 여인이었는데, 로마 사교계에서는 (놀랍게도) 반바지를 입고 인습과는 달리 다리를 벌려 말을 타는 대담한 여성 기수로 알려져 있었다. "나는 말과 개들, 사냥, 그리고 모든 여성이 남자들의 먹잇감이 아니라는 사실을 몸소 남자들에게 입증할 수 있게 하는 모든 것을 사랑한다." 그녀는 그렇게 단눈치오의 먹잇감이 되기 직전에 말했다. 단눈치오는 항상 중

성적인 여성들에게 매력을 느꼈고 그녀의 귀족적 자부심에도 탄복했는데 그래서인지 그녀를 니케(승리의 여신)라고 불렀고, 그녀를 굴복시키는 일에 착수했다. 그녀는 기쁨에 취해 성급했다. "당신의 사랑이 얼마나 오래갈까요? 끔찍한 고통이 내게 닥쳐올 것만 같아 두려워요. 하지만 그건 중요하지 않아요. (…) 나는 당신을 다시 본다는 생각만으로도 몸이 떨리니까."

단눈치오는 아직 유부남이었다. 알레산드라의 집안은, 아무리 명성이 있다고 해도 일개 부르주아에 불과한 파산한 시인의 애인이 됨으로써 그녀가 자신의 명예를 더럽히는 일에 경악을 금치 못했다. 그녀의 아버지는 딸의 생활비를 끊기까지 했다. 그녀의 시댁에서도 두 어린아이를 빼앗아갔다. 그래도 그녀는 단념하지 않았다. 단눈치오의 모토들 중 하나도 "항상 저지를 필요가 있음을 명심하라"였다. 또 다른 모토는 "잠들지 말도록"이었다. 승리의 여신 니케에게도 졸린 것도 없고 위축될 것도 없었다. 그녀는 각설탕을 과잉 섭취해 높이 뛰는 서러브레드 종 말처럼 흥분하여 위험천만한 상태였다.

베니뇨 팔메리오의 기록에 따르면, 두세와 함께한 시절에 "작업하기에 유리한 환경인 조화와 평정"은 더 이상 존재하지 않았다. 그 여배우는 자신의 명성을 신중하게 의식했고 카폰치나의 저택에도 단지 방문객으로만 있었다. 비록 거기서 수백 일의 밤을 보냈다고 하더라도 말이다. 그러나 인습을 거부할 정도로 충분히 야심적이고 자신만만한 니케는 살림을 들여놓고 집을 확장하는 일에 착수했다. 하인 수가 6명에서 15명으로, 나중에는 21명으로 늘었다. "돈을 지출한 것이 아니다." 팔메리오는 그렇게 썼다. "돈을 뿌린 것이다." 한 대장장이가 말편자들을 만들기 위해 조수 하나를 데리고 밀라노에서 한 달에 두 번씩 왔다(마치 토스카나에는 편자공이 없는 것처럼 말이다). 니케의 의상 구입에 따른 엄청난 액수의 청구서들이 파리 의상실로부터 속속 도착했다. 안톤지니는 말들이 누워 잘 수 있도록 마구간에 페르시아 카펫이 깔려 있는 모습을 두 눈으로 똑똑히 봤노라고 주장한다. "단눈치오와 그의 사랑스런 동반자는…… 그 전의 검소한 바른 생활을 후회하며 단 한 번의 거친 비상으로 스스로에게 보상해주려 하는 듯 보인다." 운명을 거역하는 듯한 그들의 행위에도 불구하고, 곧 이 커플에게 엄습해올 재앙은 그들이 자초한 것은 아니었다.

1905년 봄 니케에게 난소 종양이 발견되었다. 그녀는 세 차례에 걸쳐 전신 마취를 하고 대수술을 받았다(그 시절에는 극히 위험한 수술이었다). 단눈치오는 그녀와 함께 병원으로 거처를 옮겨 거기서 몇 주 동안 함께하면서 그녀를 열심히 간호했다. 그는 마취약이 투여될 때에도 옆에 서 있었다. 세 번씩이나 말이다. 그는 쓰기를, "그녀의 영혼이 어두운 심연 속으로 꺼져가는 동안 나는 손으로 환자의 손을 쥐었다. (…) 나는 세 번씩이나 죽음의 고통을 지킨 것 같다".

그는 그녀의 병을 자신의 시련으로 봤다. "끔찍한 고문 같은 고통이 결코 끝나지 않음." 그는 안톤지니에게 그렇게 전보를 쳤다. "나의 비통함은 형언할 길 없음." 니케의 소생은 자신의 영웅적 노력의 증거였다. "의사들은 나의 인내심에 놀라워했다. 6주 동안 나는 밤새도록 환자 옆을 지켰다." 그녀의 수술은 그의 "순교"였다. "매번 나는 다리가 돌처럼 굳은 채 똑바로 서서 기다렸고, 고통을 신성한 맹세로 승화시키고자 했다." 그럼에도 그의 안에 있는 작가는 초롱초롱했다. 잠재적으로 치명적인 외과 수술이 진행되는 동안에도 그는 연인의 시련 주위에서 작동하

니케

는 메커니즘에 대해 기록하고 있었다. 즉 반짝이는 메스와 겸자, 바퀴 달린 "고문 침대", 외과 의사의 능숙한 움직임, 수술실의 규약 등이 바로 그런 것들이다. 그의 다음번 연극은 그와 유사한 수술에 대한 상세한 묘사를 포함하게 될 것이었다.

그는 니케의 투병에 감동하고 흥분한 상태에서 그녀와 결혼할 수 있기 위해 과거의 결혼 경력을 말소시켜야 한다고 생각했다. 그러나 이탈리아에서 이혼이 합법화된 것은 1974년 이후였다. 그가 자신의 결혼을 끝낼 수 있는 유일한 방법은 스위스 시민권을 취득하는 것이었는데, 이는 이탈리아 인종의 대변인으로 자처한 그로서는 생각할 수 없는 일이었다. 어쨌거나 그런 결단의 순간은 지나갔다. 니케가 회복되었을 때, 그녀를 향한 그의 사랑은 식어버렸으니 말이다.

그녀는 고통을 완화하기 위해 모르핀을 맞았다. 몸이 회복될 때까지 약물에 의존했다. 그녀는 단눈치오에게 이렇게 썼다. "니케는 자신의 절망에 굴복했고, 가브리가 자신에게서 떠나간다는 고통을 한 시간이라도 잊기 위해 모르핀을 투약했답니다." 단눈치오는 그녀의 대담함 때문에 그녀를 사랑했다. 이제 그녀는 절망적인 상태였고, 그는 다른 곳에서 위안을 찾았다. 니케가 맞는 모르핀의 양이 늘어날수록 니케의 남자가 느끼는 짜증도 늘어만 갔다. 남자가 여자에게서 점점 멀어질수록 여자는 점점 비참해지고 더 많은 모르핀을 맞게 되었다. 그들의 연애는 시작될 때와 꼭 어울리는 스타일로 종결되었다. 어느 저녁 그녀는—제정신이 아닌 상태에서—단눈치오의 말들 중에서도 가장 강한 놈을 골라 타고서 맹렬히 질주하다가 이내 통제력을 잃어버렸다. 단눈치오는 그녀를 쫓아가서 어렵사리 말과 기수를 안전하게 되돌려 보냈다.

이튿날 그녀는 그에게 메모를 썼다. "우리가 함께한 삶이 당신에게는 짐만 되었네요." 그녀는 "(당신이 내 말의 고삐를 쥐었던 지난밤에 보여준) 지독한 분노는 말할 것도 없고 (어제와 같은) 당신의 말들, 그러니까 당신의 피로감을 고스란히 드러낸 잔인하고 경멸적이며 짜증내는 말들" 속에서 무언가를 느꼈을 것이다. 마침내 그녀는 자신의 존엄성을 회복하여 로마로 떠났다. 팔메리오는 단눈치오가 그녀를 차에 태워 역으로 데려가 그녀에게 키스하고 작별을 고하는 장면을 지켜보았다. 그 장면은 마치 "단 하루 방문하러 온 손님"을 배웅하는 것과 똑같았다. 단눈치오의 감정은 강렬했으나, 그런 감정은 한번 식으면 완전히 차갑게 식어버렸다.

이제 그의 지출은 완전히 통제력을 잃어버렸다. 『요리오의 딸』은 스페인어와 영어, 노르웨이어, 독일어, 러시아어는 말할 것도 없고 그 외 6개국 언어로 번역되었으나, 여전히 단눈치오의 수입은 지출에 비해 턱없이 부족했다.

재정 상황은 극히 불안정했다. 사생활도 똑같이 빡빡했다. 여자관계는 복잡했다. 길게 만나는 관계도 여럿이었고, 여기에 짧게 만나는 관계도 빈번하게 이루어졌다. 전 유럽의 여성들이 그에 대해 환상을 품고 있었다. 저자로서 그는 자신이 서정시와 소설들에서 묘사한 에로틱한 황홀경의 물결을 경험하고 싶은 찬미자들을 거느리고 있었다. 또한 유명 인사로서 그는 자기 이름을 따라다니는 데카당스한 관능성을 공유하고 싶어하는 팬들을 거느리고 있었다. 그는 카폰치나에 홀로 자신을 찾아와 그저 한번 만나봤던 여인도 쉬이 초대할 수 있었고, 물론 그녀는 응낙했다. 또한 그는 한 카페에서 한 소녀를 데리고 나가 자신의 호텔에서 함께 '쉬자고' 제안할 수 있었고, 물론 그녀는 이에 동의했다. 그런가 하면 그는 한 공식 파티석상에서 품위 있는 기혼 여성을 만나 전혀 작업하지도 않았는데도, 그녀는 그의 집 문 앞에 나타나 "자신을 포기할" 준비를 하고 있었다. 그는 전혀 의도하지 않아도 유혹할 능력이 있었다. 버나드 베런슨은 그가 남자들과 함께 있을 때는 상당히 분별 있게 말하지만, 여성이 근처에 오기만 하면 대번에 명령에 따르는 "훈련된 원숭이"처럼 목소리와 매너가 돌변한다는 것을 눈치 챘다.

오랫동안 친구로 남은 한 여성이 있는데, 바로 엄청난 유산을 물려받은 루이사 카사티 후작 부인이다. 그녀는 열세 살 때 고아가 되어 20세가 되기 전에 밀라노의 한 귀족과 결혼했지만 곧 별거했는데, 인습 타파적인 미인이었다. 마리네티는 그녀를 가리켜 "우리의 철창까지 물어뜯어먹는 표범의 만족스런 분위기"를 지닌 여성이라고 평하기도 했다. 그녀의 스타일은 주도면밀하게 연출된 기괴함 그 자체였다. 그녀는 이국적인 것에 탐닉하는 성향을 표현하는 생물 액세서리들—아프간하운드와 오실롯, 앵무새와 공작—을 거느리고 있었다. 그녀가 파티를 위해 의상을 입힌 흑인 하인들도 티에폴로의 그림에 나오는 그대로였다. 키가 매우 크고 야윈 그녀는 얼굴을 하얀 분으로 칠해 죽은 사람처럼 보이게 했고, 초록빛의 긴 눈에는 콜이나 검정 종이끈으로 아이라인을 그렸으며, 붉게 염색된 모자를 썼고, 일부 머리카락을 파마하여 메두사처럼 머리를 땋기도 했다. 그녀는 볼도니와 오거스터스 존, 자코모 발라, 맨 레이 등과 같은 다양한 예술가의 모델이었다. 그녀는 단눈치오에게 희귀한 검은 그레이하운드를 주었고, 그에게 수수께끼 같은 전보를 치기도 했다. "유리 세공사가 내게 별들처럼 아름다운 두 개의 큰 초록색 눈을 주었답니다. 그것들을 원하세요?" 단눈치오가 쓰기를, 그녀

루이사 카사티 후작 부인

는 "나를 유일하게 놀라게 만든 여성"이었다.

그는 초인의 역할을 다른 방식으로 소화하고자 애쓰고 있었다. 그의 다음번 희곡인 『사랑 그 이상Più Che l'Amore』에서 그는 떡 벌어진 어깨를 가진—단눈치오는 명백히 그렇지 못했다—탐험가이자 전사로서 눈이 놀랄 정도로 거친 남성인 코라도 브란도라는 인물을 창조했다. 브란도는 아프리카 전쟁에 참전했고, 자신이 죽인 적들의 "검은 시체 더미" 위에서 포로로 잡혔을 때도 고문을 받으며 웃고 노래했다.

1887년에 재앙으로 끝난 마사와 침공• 이래로 아프리카는 이탈리아인들이 죽으러 가거나 아니면 남자임을 입증하는 장소로 간주되었다. 게다가 단눈치오는 헨리 모턴 스탠리의 아프리카 탐험기를 읽고 있었고, 단눈치오만큼이나 언론 플레이에 능한 스탠리(리처드 버튼 경에 따르면, "흑인들을 원숭이마냥 쏴 죽인")는 단박에 단눈치오를 사로잡았다. 소설에서 브란도는 근시안적인 당국이 새로운 탐험을 후원해주지 않자 자기 생각에 썩은 빵에 생긴 벌레만큼이나 무가치한 존재인 한 대부업자를 강탈하고 살해한다. 여기서 단눈치오는 『죄와 벌』의 플롯을 그대로 반복하고 있지만, 도스토옙스키의 라스콜니코프가 절망적이고 죄의식에 사로잡힌 캐릭터인 반면 단눈치오의 코라도 브란도는 타인에 의해 평가받을 필요도, 또 비난받을 필요도 없이 원래 그렇게 생겨먹은 인간이다.

• 이탈리아는 홍해의 지배권을 확보할 요량으로 1885년 동아프리카의 마사와 항구를 점령했다. 이에 이탈리아인과 에티오피아인들 사이에 분쟁이 잦았다. 그런 가운데 1887년 도갈리에서 500여 명의 이탈리아 장병이 에티오피아인들에게 학살당하는 사건이 발생했다. 이탈리아 여론이 즉각 악화되면서 에티오피아에 대한 봉쇄가 이루어지고 마사와 수비대가 증강되었다. 그리고 아프리카 팽창 정책을 추구한 크리스피가 총리로 취임하게 되었다. 그러나 크리스피의 아프리카 팽창 정책도 1896년 다시 에티오피아 군대에 의해 아도와에서 약 5000명의 이탈리아 장병이 전사하고 2000여 명이 포로가 되는 충격적인 패배를 당함으로써 저지될 것이었다.

2부 물줄기들

연극 「사랑 그 이상」은 격렬한 반감을 야기했다. 한 관객은 마지막 장면들이 "분노로 휘몰아치는 적대감의 바다에 난파"했다고 회고했다. '허리케인' 같은 야유를 받으며 막이 내렸다. 관객들이 로마의 코스탄치 극장에서 쏟아져 나올 때 마침 지나가던 헌병경찰 부대를 향해 누군가가 고함을 쳤다. "작가를 체포하라!"

단눈치오도 격하게 반응하여 비평가들을 가리켜 똥을 먹고 사는 딱정벌레로 묘사하는 논설을 게재했다(그는 고풍스럽고 의고적인 어휘를 연구했으므로 지저분한 욕설에도 일가견이 있었는데, 확실히 이는 다음 10년간 점점 더 많이 애용하게 될 무기였다). 그는 "저 홀로 성장한 존재, 우리의 경이로운 고통과 신성한 신화 속에서 성장한 아들"에 대해 모호하게 언급했다. 그는 그런 종류의 성장에 반대하는 것은 무엇이든 간에 "술 취한 노예들"의 반란으로 치부해버렸다. 그는 자신의 시점으로 글을 쓰며 위험하게도 자신의 환상이 빚어낸, 떡 벌어진 어깨를 가진 초인과 유사한 정신 상태를 드러냈다. 이 초인에게는 자신의 길을 가로막는 자는 누구나 벌레에 지나지 않았다.

광기가 단눈치오의 드라마와 픽션에 어른거린다. 상상의 세계에서와 마찬가지로 실제 삶에서도 그렇다. 그의 정신 상태가 비정상적이라는 사실을 두드러져 보이게 하는 몇몇 심리적 국면이 있다. 예컨대 강박적으로 일에 열중하다가는 갑자기 똑같은 충동으로 경솔한 행위에 빠져든다거나 한바탕 침울함에 허우적거리거나 현실의 문제나 타인의 감정에 대한 극단적인 둔감함 속에서 놀랄 만한 지적 능력을 보여주는 것이 바로 그런 사례다. 마리아 그라비나는 적어도 간헐적으로 정신 이상을 보였고, 니케의 사나움이 병리적인 것으로 간주되는 것도 당연한 일이었다. 단눈치오의 다음번 연인은 결국 관계가 끝났을 때 정신병원에 감금될 것이었다.

그 연인은 바로 피렌체의 백작 부인 주세피나 만치니였는데, 그녀의 남편은 잘나가는 대지주이자 와인 제조업자로서 처음에는 이 위대한 작가를 자기 집에 기꺼이 초대할 정도로 관계가 좋았던 모양이다. 단눈치오는 그녀를 아마란타라 불렀고, 그녀의 창백함을 찬양하면서 이를 백장미의 창백함이나, 혹은 "신전의 시종들이 장미유와 미량의 황금을 신비한 비율로 섞어 색을 입히곤 했던" 델로스산 대리석의 창백함에 빗대었다. 그는 그녀를 마녀나 고양이로 불렀다. 그녀를 "아기"라거나 "장난꾸러기"라고 부르기도 했다. 그러나 그녀는 실제로 그의 환상 속의 짓궂은 동물과는 거리가 멀었다. 그들이 처음 만나 성적 관계를 시작하기까지는 수개월이 흘러야 했고, 그들의 연애 사건—그 자체 격렬했던—은 가볍거나 편한 종류의 것이 결코 아니었다.

1907년 2월 11일, 그러니까 단눈치오가 남은 생애 동안 기념하게 될 그날, 그녀는 비밀리에 카폰치나에 와서 "거대한 선물"을 안겨주었다. 그날 정전이 있었다. 이 자비로운 어둠은 단눈치오에게 행복의 조짐이나 다름없었다. 그는 침대 위에 백장미를 뿌려놓았고, 꽃잎들 사이에서 그녀와 관계를 맺었다(누구라도 가시를 제거하는 일을 잊지 않았기를 바란다). 그는 그녀의 백단향과 몰약 냄새가 나는 겨드랑이와 꿀을 흘리고 있는 혀를 찬미했다(그는 당시 '솔로몬의 노래'•를 읽고 있었다). 그는 그녀가 실크 속옷의 주름을 걷어내어 "전적으로 소중한 그곳"을 드러내며 아주 달콤한 방식으로 천천히 처음으로 노출한 그녀의 "장미"를 숭배

• 구약성경에 나오는 노래로서 '노래 중의 노래' 혹은 '아가서'라고도 불린다. '백단향'과 '몰약' '혀 밑의 꿀' 등은 여기서 나오는 표현들이다.

2부 물줄기들

했다. 그가 그녀에게 말했듯이, 그들이 나눈 사랑은 "완벽했다". 무한한 멜로디 같은 쾌감이 그녀로부터 그에게로, 다시 그로부터 그녀에게로 전해졌다. "일종의 신비로운 행복감…… 완벽한 모든 것은 신성하므로."

그러나 이 신성한 밀회는 수상쩍고 덧없는 것이기도 했다. 단눈치오는 유부녀의 숨겨둔 남자가 되는 일이 얼마나 비참한 것인지 다시금 깨닫게 될 터였다. 그들의 성적 만남은 종종 속전속결로 끝나고 불편하기 짝이 없는 것이었다. 그들은 다른 일로 외출하고 나서 각자 돌아오는 길에 2시간가량 호텔에서 만났는데, 입이 무거운지 알 길 없는 하인에게 아래에서 기다리라고 일러두곤 했다. 단눈치오가 만치니 백작의 영지에 손님으로 있을 때, 그들은 심야에 만남을 시도했고, 층계참에서 사랑을 나누었다. 당시 단눈치오는 40대였고, 널리 알려진 인사였으며, 이미 성인이 된 아들들을 둔 아버지였다. 그런데도 그는 익살극에서 채신없는 연인의 역할을 연기해야 했다. 문밖에서 오래도록 기다리거나 무모하게도 침실 창문을 통해 오르내리면서 말이다.

단눈치오는 아마란타의 사랑을 확신할 수 없었다. 그들이 함께 있으면서 서로를 쳐다볼 때, 그녀는 무표정한 채 냉담한 태도로 일관했고 (언젠가 그들이 베토벤을 들으며 손을 잡고 있을 때도), 이에 그는 자제심을 잃고 집으로 가버리곤 했다. 그는 남편을 떠나라고 그녀를 설득했으나, 헛된 시도로 끝났다. 이번만큼은 단눈치오도 어찌할 도리 없이 자신이 그녀의 "먹잇감"이자 "소유물"이 되었다고, 그러니까 "비참한 노예 신세"로 전락했다고 푸념했다. 그는 자살까지도 생각했다(허나 그리 심각하지는 않게). "오늘 밤 나는 마약이나 독약을 먹어야 할 것 같다."

단눈치오는 피렌체 아르노강의 어느 다리 위에 멈춰 있는 밀폐된 마차 안에서 그녀를 기다렸다. 그녀는 검정 레이스 옷을 입고 마차 안에서 그와 만났다. 그는 만남을 위해 피렌체의 한 아파트를 임대했다. 침실에는 초록색 다마스크 천이 걸려 있었다. 그는 이 집을 "초록의 수도원 안뜰"이라고 불렀다. 그는 여기에 꽃병과 기모노 옷들을 모아두었다(그가 쓰기를, 이 시절은 "매일이 우아하고 아름다웠던 열정과 쾌락의 2년"이었다). 그러나 그는 거기서 종종 비참한 기분을 맛보곤 했는데, 행여나 그녀가 찾아오지 않을까 하여 도둑고양이를 벗 삼아 뜬눈으로 밤을 보내다가 텅 빈 침대에서 스산하고 아린 마음으로 아침이 다 되어 잠이 드는 것이었다. 그녀는 독실한 기독교 신자로서 죄의식에 시달렸고, 연애가 발각될까 싶어 끔찍하게 두려워했다. 아파트는 1층이었는데, 거리에 면한 철문이 있는 정원이 훤히 보였다. 그들이 거기에 함께 있을 때, 그녀는 철문 경첩에서 소리가 날 때마다 몸을 움찔거렸다.

1907년 2월 카르두치가 죽었다. 나흘 후 『코리에레 델라 세라』는 단눈치오의 시 '조수에 카르두치의 무덤을 위하여'를 게재했다. 시는 다음과 같은 구절로 끝맺었다. "그가 내게 맡긴 살아 있는 횃불/나는 그것을 우뚝한 정상에서 휘두르리라."

루이지 피란델로는 이 말이 주제넘는다고 생각했다. 단눈치오는 살아 있는 유일한 위대한 이탈리아 시인도 아니었거니와—조반니 파스콜리가 있었다—"임종 자리에서 이미 장례식 횃불을 켜고" 저 홀로 최정상의 자리를 향해 밀치고 나아가고 있었으니 말이다. 한 달 후 그는 밀라노에서 개최된 카르두치 추념식에서 연설함으로써 자신의 주장을 입증했다.

극장은 입추의 여지 없이 가득 찼다. 이제 단눈치오는 가는 곳마다 파장을 일으켰다. 그는 그맘때쯤 있었던 오라토리오를 듣기 위해 몇 분

늦게 도착했을 때 좌석에 앉자마자 극장 안이 크게 술렁이고 어수선해지는 걸 깨달았다. 그가 음악이 자기 취향이 아니라고 느껴 음악이 끝나기 전에 자리를 떴을 때, 그는 말하기를, "내 행위가 스캔들을 일으켰다고 믿는다". 밀라노에서 그는 아마란타에게 이렇게 썼다. "모든 사람이 나를 잘근잘근 씹으려고 하오. 그저 뼈마디가 쑤실 뿐이라오." 그는 카폰치나 저택의 정원에서 제비꽃을 감상하고 "개들의 보드라운 귀"를 쓰다듬으며 집에서 보내는 시간이 훨씬 더 좋다고 주장했음에도 불구하고 두 가지 기쁨의 순간이 있기에 기꺼이 자기 자신을 "군중의 제물"로 바쳤노라고 하여 진짜 속내를 드러냈다.

두 가지 기쁨의 순간들 중 하나는 무대에 오를 때였다. "그런 인산인해는 난생처음 봤다." 또 다른 기쁨의 순간은 새롭게 현대화된 일간지 『코리에레 델라 세라』의 인쇄소를 방문한 일이었다. 이 신문의 편집장인 루이지 알베르티니는 1면 전체를 단눈치오의 연설문으로 도배했던 것이다. 자신의 말들이 인쇄되는 과정을 지켜보면서, 그리고 이탈리아 전역으로 30만 부의 신문이 배포될 것임을 예상하면서 단눈치오는 신문이 자신에게 안겨줄 권력과 영향력에 기뻐 어쩔 줄 몰라 했다. 그는 알베르티니가 가장 아끼는 기고자들 중 한 명이 될 것이었다.

그는 카르두치에 대한 추도 연설을 하기로 되어 있었다. 사실 이 연설은 자기 자신을 위한 선언문이나 다름없었다. 그는 헌신성과 민족주의의 담론을 뒤섞어 "인종의 영원한 정신"에 대해 말했다. 그는 로마의 집정관들에 대해, 황제파의 고귀한 유혈 투쟁에 대해, 메디치 가문에 대해, 미켈란젤로에 대해, "고통스런 아름다움과 폭력적인 운명"으로 점철된 역사에 대해 연설했다. 그는 이탈리아의 영웅과 이탈리아의 도시들을 일일이 열거하면서 마치 그런 부분들에 대한 호명을 통해 이탈리아 민족이 생성되기라도 하는 양 연출하기도 했다. 그는 연설에서 영국 작가 러디어드 키플링을 암시하기도 했는데, 키플링은 바로 전해에 출간한 책*에서 '픽Puck'이라는 요정이 푸크 언덕에서 죽은 브리튼 사람의 유령들을 호출했다고 하면서 대영 제국에 대해서도 그와 유사한 기능을 수행했다고 주장했던 것이다.

그의 연설은 무장하라는 호소였다. 반세기 전에 이탈리아의 대지는 용감한 이탈리아인들의 "넘치는 피"로 흘러넘쳤으나, 리소르지멘토의 위대한 모험은 점차 잦아들었다. 이제 단눈치오는 자기보다 한발 먼저 대업에 뛰어든 크리스피처럼 투쟁의 명분을 찾고 있었다. 적이 누구인지는 분명하지 않았다. 그것은 내부의 적일 수도 있었고, "음울한 민주주의의 홍수"일 수도 있었으며, 외국 열강일 수도 있었다. 어쨌거나 적이 누구인지는 중요하지 않았다. 단눈치오는 『영광』에 나오는 상상 속의 독재자에게 이입한 감정들을 되풀이하면서 오염된 대지를 다시 일구어야 한다고 선언했다. 그는 이탈리아가 산업화되어야 하고 현대화된 무기로 무장해야 하며 새로운 공격적인 "민족의식"을 발전시켜야 한다고 주장했다. 그는 독일을 이탈리아만큼 젊은 민족으로 찬양했는데, 거기서는 새로운 세대의 영웅들이 놀라운 역량을 발휘하여 대량의 선박을 건조하고 공단을 건설했다는 것이다. 그는 『프란체스카 다 리미니』를 무대 위에 올리면서 창출한 바 있는 중세세계만큼이나 위험하고 장엄한, 불과 강철로 이루어진 현대세계를 주문으로 불러낸 것이다.

이 모든 엄포는 그의 연애생활에는 하등 도움이 되지 않았다. "초록

* 1906년에 출간된 『푸크 언덕의 요정Puck of Pook's Hill』을 말한다.

의 수도원 안뜰"에서 그는 아마란타의 체취를 간직하고 있는, 제비꽃 패턴 무늬가 있는 가운이나 미케네식 문양이 프린트된 검푸른 색의 주름 잡힌 포르투니 튜닉을 펼쳤는데, 이 튜닉은 그 자신이 몹시 좋아해서 자기 소설에 나오는 두 명의 팜파탈에게도 입힌 옷이었다. 그는 향로를 켜기도 했고, 침대에 꽃잎이나 향기로운 손수건을 흩뿌려놓기도 했다. 그는 아마란타가 곁에 있어주기를, 그래서 자신이 무리엘라와 프라골레타("블랙커런트 열매"와 "작은 스트로베리")라고 부른 그녀의 젖꼭지들을 애무할 수 있기를 열망했다. 그러나 몇 번씩이고 무언가가 방해하여 그녀의 도착은 연기되었다.

그는 자신의 책상 앞에 있을 때 더 행복했다. 그는 지금까지 나온 작품들 중에서 가장 야심적인 드라마인 『배』를 집필하고 있었다. 그가 쓰기를, 작품의 주인공은 "완벽한 인종"이었다. 작품의 중심적 이미지는 전함의 건조였다. 이 전함은 당대 독일의 발트 조선소에서 건조된 장갑함에 해당되는 6세기 전함이기도 했고, 이탈리아가 건설할 수 있기를 열렬히 희망한 것들이기도 했다. 1907년 가을 내내 그는 죽어라고 집필에만 매달렸다. 쉬지 않고 20시간 동안 책상 앞에서 과일과 날달걀만 먹으며 "길바닥의 노동자들처럼" 일했다(보통 "개처럼" 일한다고들 하지만 그는 개가 오히려 귀족적 나태함을 상징한다고 여겨 그런 비유를 쓰지 않았다).

때는 서기 552년이다. 연극은 비잔티움 제국으로부터 해방되기 위해 싸우는 베네치아인들에 대한 끔찍한 이야기다. 대성당(우리가 이해하기로는 베네치아의 산마르코 성당일 것이다) 하나가 베네치아 석호의 섬 하나의 수면 아래로부터 솟아오른다. 건물의 구조는 로마의 잔해들—기둥과 조각된 대리석 파편, 황금색 모자이크들—로 이루어져 있다. 이

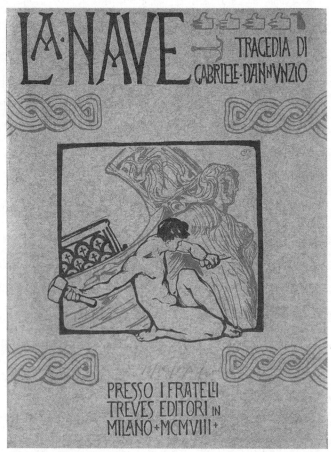

단눈치오가 집필한 『배』

새로운 국가에서는 로마적인 것Romanità이 보존되고 재활성화될 것이다. 절반쯤 건조된 선박 또한 눈에 들어오는데(선박 건조팀에는 조선공 장인도 보인다), 거대한 선박 몸체를 담아낼 수 있는 충분히 큰 전경이다. 드라마의 몇몇 지점에서는 무대에 동시에 울려 퍼지는 세 번의 코러스도 있다.

단눈치오는 작곡가인 일데브란도 피체티에게 "범람하는 강물이 쇄도하고 포효하는 소리"에 해당되는 음향 효과를 만들어달라고 요구했다. 선원들은 승리의 찬가를 노래하고, 기독교도들은 라틴어 찬송가를 부른다. 이에 맞서 이교도들은 디오니소스의 노래를 부른다. 병사들은 승리의 행진을 한다. 전쟁 포로들은 구덩이로 내몰려 하나씩 차례로 활과 화살로 무장한 어느 팜파탈에 의해 죽임을 당한다. 이 여성은 바실리올라 팔레드라인데 복수의 악령이다. 그녀의 아비와 형제들은 모두 비잔티움의 환관-황제에 대항하는 과정에서 그들의 배신으로 눈이 멀었다. 이제 그녀는 적들을, 또 다른 형제들을 파괴하고자 한다. 그녀는 화려한 포르투니 스타일의 실크를 겹겹이 나풀거리며 스르르 미끄러지듯 춤추면서 자신의 몸을 치명적인 무기로 휘두르는 관능적인 나체 발레를 통해 적들을 하나씩 유혹한다.

연극의 언어는 유혹의 속삭임과 종교적 열정의 분출과 전쟁의 함성이다. 행위는 잔혹함과 섹스로 고동친다. 다섯 명의 눈먼 팔레드라가 무대에서 몸을 숙이고 있다. 바실리올라는 "피의 홍수를 보려는 욕망에 사로잡혀 있다". 그녀는 화살을 활시위에 걸 때 화살을 관능적으로 혀로 핥고, 참호에서 화살에 관통당한 포로들은 그녀의 발밑에서 제발 죽여달라고 애원한다. "화살을 한 발 더!" "내게 쏴!" "제발 나를 쏴버려!" 극 말미에 주인공은 그녀가 새로 건조된 배의 선수상船首像이 되어야 한다고 부르짖고, 그녀의 몸은 산 채로 뱃머리에 못질된다. 그녀는 제단 앞의 이글거리는 거대한 불 속에 뛰어듦으로써 결국 그의 계획을 수포로 돌아가게 만든다. 이는 단눈치오가 서문격의 시에서 미리 노출한 프로젝트에 따른 희생 제의이기도 하다. 즉 그것은 모든 바다(무엇보다 아드리아해를 "우리의 바다Mare Nostro*"로 만들려는 프로젝트다.

단눈치오는 리허설을 감독하기 위해 로마로 갔다. 그는 침울한 상태였다. 그가 한때 자극적인 필치로 묘사했던 도시도 그에게는 "창백해" 보였다. 그가 거리에서 만난 얼굴들도 "나약함과 냉소주의, 사나운 질시, 무익한 사랑"을 표현하고 있었다. 그는 배우들의 목소리 때문에 머리가 아프다고 불평했다. "마취하지 않고 두개골을 뚫는 것도 트라바의 트롬본 같은 목소리가 주는 전율에 비하면 아무것도 아니다." 뒤죽박죽인 상황과 무대 뒤편의 겉치레 매너도 그에게 혐오감을 주었다. "나는 먼지 쌓인 책상에서 모든 배우가 보는 가운데 점심을 먹어야 했다!"

10여 년 뒤 「배」를 관람한 D. H. 로런스는 이 연극을 가리켜 "헛소리"라고 했다. 그러나 단눈치오의 첫 이탈리아인 관객들은 이 연극에 열광했다. 이 연극은 그의 연극들 중에서도 가장 큰 논란을 빚으며 작가에게는 참으로 만족스럽게도 소요를 야기했다. 국왕과 왕비도 오프닝 밤에 참석했고, 연극이 끝난 후 단눈치오에게 감사를 표기하기 위해 그를 자신들의 관람석으로 부르기도 했다. 그동안 소란스런 군중이 극장 밖으로 쏟아져 나와 구호를 외치며 로마 중심부 거리를 행진했다.

• 고대 로마 제국에서 지중해는 "우리의 바다Mare Nostrum"였다. 나중에 이탈리아 파시즘도 로마의 예를 좇아 지중해를 "우리의 바다"로 만들려는 팽창주의 정책을 표방했다. 단눈치오의 "우리의 바다"는 명백히 그런 파시즘의 팽창주의를 알리는 서곡이었다고 할 수 있다.

2부 물줄기들

그들의 구호는 실지회복주의의 슬로건이었다. "배에 무기를 실어라, 세계를 향해 출항하자!"

오프닝에 이어 며칠 밤 동안 그를 기념하여 성대한 연회들이 베풀어졌는데, 여기서 단눈치오는 장관도 배석한 자리에서 "가장 쓰라린 아드리아해"를 위해 건배하자고 제의했다. 그는 이 구절에 대해 한 기자에게 이렇게 설명했다. "아드리아해의 쓰라림이란 곧 우리의 죽어버린 왼쪽 허파를 뜻합니다." 즉 이 표현을 통해 그는 아드리아해의 동쪽 해안지대, 그러니까 한때 베네치아 공화국의 영토였으나 지금은 오스트리아 수중에 있는 베네치아 줄리아와 이스트리아, 크로아티아, 달마티아를 가리킨 것이었다.

연극은 수 주 동안 공연되었고, 베네치아에서도 공연되었다. 단눈치오는 손수 쓴 희곡 원고를 베네치아시에 기증하겠노라고 제안했다. 베네치아 시장이 「배」가 성적 난잡함과 기독교 제의를 뒤섞어 교회를 혼란에 빠뜨릴 수 있다고 이의를 제기하자, 일대 논쟁이 이루어졌는데, 이 또한 홍보 효과가 대단했다. 결국 시장의 반대는 꺾였고, 단눈치오는 실크 해트와 연미복을 입은 말쑥한 차림으로 낡았지만 양질의 붉은색 벨벳(그의 주장에 따르면 중세 베네치아 제국의 행정관복의 조각이었다고 한다)으로 감싸고 진홍색 리본을 두른 원고를 갖고서 곤돌라를 타고 시청에 도착했다. 원고 기증식에 이어 100명 이상의 저명한 실지회복주의자를 위한 연회가 호텔 다니엘리에서 개최되었다. 식탁마다 아직 이탈리아에 "반환되지 않은" 이스트리아의 항구인 폴라의 로마식 원형 극장에서 주워온 꽃들이 장식되어 있었다. 연사들은 단눈치오가 "우리의 바다에 승리의 찬가가 울려 퍼지게 했다"며 침을 튀기면서 칭송을 연발했다. 이런 칭송에 그는 "다른 쪽 해안"의 "숨겨진 로마의 불꽃"을 보살핀 사람들에게 헌사로 보답했다.

단눈치오의 베네치아 연설은 전쟁 선동이었다. 며칠 후 당시 국회의
장이던 졸리티가 오스트리아 총리인 폰 뷜로를 만남으로써 단눈치오
의 말이 두 열강 사이에 "험악한 분위기"를 야기했다는 것이 입증되었
다. 그 후 오스트리아 외무장관은 이탈리아가 얼마나 위험스런 나라인
지를 잊지 않기 위해 단눈치오의 『배』 한 부를 항상 자기 서랍에 넣어
두었다고 한다.

연극 공연은 방대한 비용을 상쇄하고도 단눈치오에게 상당한 금액
을 남길 정도로 수익성이 좋았다. 이제 그는 조금은 즐거운 마음으로
자신의 성공을 만끽할 수 있었다.

1908년, 그러니까 『배』의 초연이 이루어진 바로 그해에 필리포 토마
소 마리네티가 밀라노 교외에서 자동차를 몰고 가던 중 두 명의 자전
거 운전자를 피하려고 급전환하다가 배수로에 처박힌 사건이 일어났다.
마리네티는 이 사고를 이듬해에 발표될 '미래주의 선언Futurist Manifesto'
의 서곡으로 간주했고, 자신을 매끈한 금속과 강력한 기계를 찬미하는
새로운 미학의 대변자로 요란스레 소개했다.

당시 마리네티는 최소한 한 세대 동안 지속될, 미래주의라는 하나의
문화적 흐름을 포착하며 대중화하고 있었다. 일찍이 위스망스의 소설
속 주인공인 장 데 제셍트는 "최근에 북부 철로를 달리기 시작한 두 대
의 열차보다 더 아름다운 인간 존재"가 있을지에 대해 의문을 품는데,
단눈치오 역시 이탈리아의 위대한 과거를 찬미하고 그 복원을 주장해
왔음에도 불구하고 다가올 수년 동안 새롭고 빠르고 효율적인 것이라
면 무엇이든 찬미하게 될 터였다. "강철 철로를 달리는 열차 속에서, 강

물과 바닷물을 가르고 나아가는 배 속에서, 그리고 노동과 부를 낳는 모든 기계 속에서 경이로운 아름다움이 잉태되고 있다."

그는 당시로서는 가장 일찍 카폰치나 저택에 전화를 개통하기도 했다. 또한 자동차가 상용화되자마자 자동차를 구매했다. 당시엔 가장 크고 가장 빠른 90마력짜리 엔진을 장착한 붉은색 플로렌티아였다. 또한 자동차 매뉴얼을 구입했고, 새로운 종류의 스티어링 휠을 특허 냈다고 자랑했다(그의 세 아들 중에서 나중에 엔지니어가 되어 아버지의 인정을 가장 많이 받은 이가 바로 베니에로였다). 그는 무모하게 자동차를 몰아서 클레멘테 오리고는 그가 바닷가로 차를 태워주겠다고 할 때면 유언장을 써야 했다고 주장할 정도였다. 단눈치오는 여자 친구들을 차에 태우고 드라이브할 때면 언제나 붉은 장미로 차를 가득 채웠다. 한 숙녀의 증언에 따르면, 장미가 너무 많아서 앉을 공간도 거의 없었다고 한다. 단눈치오는 곧 토스카나의 좁고 험한 도로를 과속으로 질주하는 운전자로 지역 경찰들 사이에서 악명이 자자해졌다.

아마란타도 자신의 연인과 마찬가지로 새로운 속도의 테크놀로지에 흥분을 감추지 못했다. 이 커플을 잘 아는 당대의 관찰자들은 『아마 그렇거나 그렇지 않을 거예요』에 나오는, 죽음을 불사하는 여주인공인 이사벨라 잉기라미가 실은 아마란타를 모델로 했다는 사실을 쉽게 눈치 챌 수 있었다. 단눈치오의 삶에서 그렇듯 정신없이 보낸 10여 년 동안 그가 묘사한 여성들의 복장도 완전히 변했다. 종래의 풍성한 드레스에 딱 붙는 드레스 상단, 그리고 하이넥의 레이스 달린 의상은 날씬한 라인과 유선형으로 대체되었다. 폭이 좁은 새틴 스커트를 입어 움직일 때마다 다리선이 드러나고 맹금류의 날개처럼 매끈하고 각이 진 모자를 써서 얼굴에 그늘이 진 단눈치오의 여주인공은, 여성의 우아함을 모더니즘 스타일로 표현한 것이라고 할 수 있었다.

단눈치오는 아마란타 및 그녀의 남편과 동행하여 1907년 브레시아의 모터 랠리에 참석했는데, 이 랠리는 센세이셔널한 사건이었다. 예전에는 꿈도 꾸지 못한 놀라운 속도를 보여준 광경은 자극적이기 이를 데 없었다. 운전자들은 단호하고 죽음을 불사하는 사람들로 보였다. 여기에 매료된 마리네티는 산문시인 '죽음이 바퀴를 달다'를 썼다. "내 신경의 변속기여, 행성 궤도에 진입하누나!/신성한 본능, 오 기어박스!/오 폭발하여 터져버리는 내 심장이여!"

현대적 기계 장치가 과시한 전광석화와 같은 속도에 대한 이 모든 열광은 단눈치오의 『아마 그렇거나 그렇지 않을 거예요』에 나오는 영웅적 픽션으로 응축되었으나, 실제 삶에서는 가장 음울한 소극이 이어질 터였다. 단눈치오와 아마란타의 관계가 끝난 과정은 비참하기 짝이 없었고, 하나의 익살스런 광경을 눈앞에 떠올리게 한다. 즉 굉장한 열정으로 기계 시대를 환영했던 시인이 완전히 고장나버린 자동차 옆의 길가에 서서 씩씩거리고 있는 광경이 바로 그것이다.

주세피나(아마란타)는 금속제 자동차의 마스코트로서 손색없는 광채 나고 늘씬한 모델처럼 보일지 모르지만, 실은 심리적으로 취약하기 이를 데 없었다. 그녀는 위험을 갈망했으나, 죄의식에 사로잡혀 처벌 또한 갈망했다. 단눈치오와의 관계가 누설되었다. 그녀는 남편과 아버지 둘 다를 두려워했다. 단눈치오의 열정에도 불구하고 그녀는 그가 미덥지 못하다고 느꼈다(그녀가 옳았다). 그녀가 그를 힐난할 때면 그는 그녀가 자신의 신성한 사랑을 부정한다고 비난하면서 난폭하게도 식탁을 그녀 쪽으로 뒤엎는 것이었다. 그녀는 결정을 내릴 수 없었다. 자신에 대한 모든 주장을 받아들일 수도 없었다. 결국 1908년 9월 그녀의 마음은 무너져 내렸다.

어느 아침 그녀는 남편에게 "자신의 목숨을 포함해 모든 것"을 포기한다고 알림과 동시에 자신의 마음이 단눈치오—"이 모든 파멸의 원인인"—에게서 떠났음을 말하는 편지 한 통만을 남기고 느닷없이 집을 떠났다. 그녀는 기차를 잡아탔으나, 그녀의 결심은 확고하지 못했다. 세티냐노에 있는 단눈치오의 집으로부터 그리 멀리 떨어지지 않은 콤피옵비에서 그녀는 기차에서 내려 그에게 전화를 걸었다. 그는 그녀에게 왔으나, 냉큼 달려오지는 않았다. 우리는 그 후 일어난 일에 대해 그가 남긴 단편적인 회상만을 알고 있다. "추적, 도로 한가운데에서의 엔진 과열, 정육점 마차, 먼지를 뚫고 달리는 길, 역에 모여 있는 군중. 광기어린 눈을 하고서 몸을 떨며 전율하고 있는 아마란타." 그녀는 그를 기다리며 너무나 불안해하여 그녀를 넌지시 바라보는 시골 사람들의 관심을 끌게 되었다. 그들이 쳐다보면 볼수록 그녀는 점점 더 두려워졌고, 점점 더 미친 사람처럼 행동하기 시작했다. 이 에피소드가 어떻게 끝났는지 우리는 정확히 알지 못한다. 그러나 그 직후 그녀는 자기 혼자 남편의 집으로 돌아왔고, 남편은 끔찍하게도 그녀를 "창녀puttana"라고 부른 후 아예 나라를 떠나버렸다. 그녀는 "초록의 수도원 안뜰"에서 단눈치오를 만났으나, 밤을 함께 보내는 것은 거절했다. 단눈치오는 그녀가 가도록 내버려두었고, 이튿날 아침 "다른 곳에 있을 필요"를 느끼며 차를 몰고 볼로냐로 가버렸다. 거기서 그는 그녀에게 한 보따리의 전보를 보냈고, 전화 통화를 시도했으나 연결이 되지 않았다.

오후 2시 30분에 그는 그녀로부터 전보를 받았다. "슬픔과 사랑으로 죽어가고 있음. 오세요. 오세요. 제발 오세요." 그는 그녀에게 전보를 세통 더 보냈으나, 그녀에게 가지는 못했다. 다시 한번 그의 자동차가 고장 났다(점화 장치의 문제). 이튿날 아침 그는 다시 그녀에게 전화를 걸었다. 그녀는 감정이 북받쳐 횡설수설했다. 그녀는 그가 어디에 있는지, 혹은 자신이 무얼 하고 있었는지 알지 못했다. "광기의 바람이 내 얼굴을 훑고 지나가 나를 얼려버렸다." 이번에 그는 즉각 출발했으나, 3시간이면 거뜬할 여행이 질질 끄는 소극이 되고 말았다. 자동차가 다시금 고장나버렸던 것이다. 결국 단눈치오는 때마침 근처를 지나던 친구들을 만나 태워달라고 할 수 있었다. 그들이 피렌체에 도착한 것은 해질 녘이 다 되어서였다. 그들은 석유 연료를 쓰는 헤드램프를 밝히기 위해 도시 외곽에 10분 정도 정차했다. 이 10분—훗날 단눈치오가 스스로를 질책했듯이—이 아마란타의 운명을 결정했을 것이다. 그가 마침내 "초록의 수도원 안뜰"에 도착하기 바로 직전에 그녀는 두 명의 낯선 남성과 함께 그곳에 있었는데, 이들은 경찰이라고 하면서 문을 요란스레 두드리고 있었다. 이들은 나중에 단눈치오도 알게 되었듯이 실은 경찰이 아니라 유명한 범죄자들이었다.

결국 경찰이 이야기의 전말을 꿰어맞췄다. 두 명의 낯선 남성은 주세피나의 집으로부터 도보로 몇 분 거리의 한 광장에서 혼란에 빠져 무방비 상태가 된 그녀를 발견했다. 그들은 그녀를 위협하여 마차에 태웠다. 처음에 그들은 그녀를 매춘부로 오해한 것으로 보인다. 그녀가 단눈치오의 은신처 주소를 주었을 때, 그들은 그것이 유곽 주소라고 생각했다. 그들은 이 은신처에 출입할 수 없다는 것을 알게 되고 실제 상황을 이해하기 시작하면서 그녀를 협박해 갈취할 기회를 잡았다. 때는 9시 즈음이었다. 좀더 늦은 밤에 그들이 그녀와 함께 한 카페에 있는 것이 목격되었다. 결국 그들은 밤이 훨씬 더 이슥해진 뒤에 그녀를 그녀 자신의 집에 감금시켰다. 단눈치오는 그사이에 그녀에게 일어난 일을 알지 못했다.

다음 날 아침 의사가 그녀를 봤을 때, 그녀는 겁탈당한 상태였다. 그녀는 층계참에 있는 작은 방에 웅크리고 앉아서 한사코 나오기를 거부했다. 그녀는 독약을 먹었다고 주장했다. 자신의 "적"에 대해서도 말했는데, 의사가 한참 후에야 이해한 바에 따르면, 이 표현은 단눈치오를 뜻하는 것이었다. 그녀는 그를 보려고 하지 않았거나 그의 말을 들으려고 하지 않았다. 그가 선물한 보석들도 던져버렸고, 자신의 결혼반지와 남편이 선물해준 팔찌(단눈치오에 따르면, 형형색색의 돌들을 끼워 끔찍하게 "거슬리는" 취향으로 만들어진)를 다시 끼려고 했다. 그녀의 아버지가 딸을 정신병원에 입원시키려고 했을 때, 단눈치오는 그녀의 방이라고 생각되는 곳 창문턱에 야생 시클라멘 꽃다발을 놔두었다. 그는 그녀를 감금하여 자신에게서 떨어뜨리려는 가족의 음모가 진행되고 있다고 의심했다. 그러나 결코 다시는 그녀를 볼 수 없음에 체념했다.

니케와 아마란타, 그리고 이들보다는 덜 유명한 다른 숱한 여성과의 이 모든 정신없는 일련의 연애 사건들은 약물 중독과 정신 이상, 엄청난 낭비벽과 생명을 위협한 질병 등으로 꼬일 대로 꼬였는데, 아니나다를까 그 과정에서 단눈치오의 재정 문제는 점점 더 악화되었다. 그는 항상 지불 요청을 했으나—그는 결코 돈에 초연한 예술가가 아니었다—수완이 없는 사업가였다. 그에게는 사업적으로 유망한 일 앞에서 오히려 뒤로 물러나는 성향이 있는 것으로 보였다.

자코모 푸치니가 함께 일하자고 제안했다. 오페라 「나비 부인」에 대한 형편없는 반응에 실망한 이 작곡가는 "이탈리아의 으뜸가는 천재"

로부터 대본을 받아 심기일전할 수 있기를 바랐다. 입에 발린 말은 그에게 통하지 않았다. 단눈치오는 그 계획이 성사될 수 없을 정도로 터무니없이 높은 액수를 제시했다. 1908년 푸치니는 그해 여름 바닷가에 은거하고 있던 단눈치오를 방문하여 다시 설득하려고 했다. 단눈치오는 파리시나라는 주제를 제안했는데(사실 그는 이 주제에 대한 대본을 쓸 것이었고, 4년 후 마스카니에 의해 무대에 오를 터였다), 개인적으로는 푸치니가 "그런 비극의 무게를 감당할" 창조력이 있는지 의심하고 있었다. 푸치니는 시인이 더 간결하게 대본을 써야 한다고 제안함으로써 응답했다. 이는 바다에게 덜 젖으라고 요구하는 것이나 다름없었다. 단눈치오는 도통 다른 사람을 믿지 못했기에 모욕당하지도 않았다. "그는 실제로 자신이 작은 것, 즉 몇 달 동안 음악에 배경이 될 사소한 것이 필요할 뿐이라고 내게 말했다! 바로 이 사소한 것을 부탁하려고 감히 나, 『프란체스카 다 리미니』의 시인에게 온 것이었다!"

팔메리오는 쓰기를, 카폰치나는 순례 장소가 되었다고 했다. 채권자들의 행렬이 언덕 위에서 저택까지 늘어서 있었다. "정중하고 끈기 있는 사람들도 있었고, 이빨을 드러내는 사람들도 있었다." 단눈치오는 무사태평했다. 팔메리오가 작금의 상황을 설명할라치면, 그는 재빨리 말을 자르면서 무성한 나무의 아름다움에 대해 감탄사를 연발하곤 했다. 그는 돈줄이 막힌 걸 알고 있었지만, 지출을 줄이려는 기미는 전혀 없었다. 그는 최근 공연에서 벌어들인 수입을 한 사냥꾼에게 모두 써버렸다. 그는 복권에 당첨되기도 했으나—놀라운 행운의 한 방—상금이 아무리 요긴했을지라도 거품처럼 사라져버렸다. 이제 그의 집을 포위하다시피 한 빚쟁이들을 피하기 위해 몇 달 동안 친구 오리고의 집에서 머물려고 야반도주를 했다. 1909년 그는 자신의 경제력으로는 감당이 안 되는 호텔들에 머물며 제노바에서 마르탱 곶을 거쳐 로마로 훨훨 날아다녔다.

단눈치오는 공식적으로는 성공의 꽃을 피우며 자못 활달하게 보였다. 그러나 그의 세계관에는 음울한 "멜랑콜리"가 가득 차 있었다. 그는 말에서 낙마해 어깨뼈가 부러진 일이 있었는데, 신문 기사들은 이 사고가 자살 시도였음을 넌지시 암시하기도 했다. 심지어 섹스도 마뜩치 않아 오히려 피로와 자기혐오만 안겨줄 때도 많았다. 피렌체에 있는 그의 아파트 옆집은 작업실이었는데, 그는 때때로 여성과 함께 침대에 누워 옆집에서 들리는 생산적인 작업 소리에 귀 기울이며 "불임의 성욕 배출 작업"에 전념하는 자신의 충동에 부끄러움을 느끼기도 했다.

단눈치오와 주세피나의 연애는 그의 "마지막 행복"이었다. 적어도 그가 임종 즈음에 쓴 글에 따르면 그렇다. 파국이 일어난 후 단눈치오 주변의 세상은 "하수구"처럼 보였고, "술 취한 광대"가 된 듯했다. 그는 그녀에게 이렇게 썼다. "당신이 아니라면 내 핏속에는 어떤 욕망도 없소. (…) 내 인생에서 다른 어떤 동반자도 볼 수 없소. 난 어떤 즐거움도 볼 수 없소." 그러나 이는 사실이 아니었다. 그녀의 파멸이 있기 몇 달 전에 『배』의 초연이 있던 로마에서 단눈치오는 파리에서 온 러시아 방문객인 나탈리 드 골루베프를 만났는데, 그녀는 한 외교관의 아내로서 남편과 잠시 별거 중이었다. 나탈리는 타고난 가수였다. 그녀는 로댕을 위해 모델이 되어주기도 했다. 단눈치오만큼이나 개와 말을 사랑했다. 단눈치오가 그렇게도 경탄해 마지않았던 뼈대가 굵은 얼굴을 하고서 큰 펠트 모자를 쓴 채 승마바지를 입고 넓적다리까지 올라오는 부드러운 가죽 부츠를 신은 그녀의 사진을 보면, 그녀 특유의 멋들어지게 중성적

나탈리 드 골루베프

인 이미지를 목격하게 된다. 로마에서 그녀는 프리몰리 백작의 후견 아래 있었는데, 백작은—다시 한번 중개자 역할을 하며—그녀를 단눈치오에게 소개했다. 몇 달 동안 그녀는 남편과 아이들, 자신의 사회적 지위를 생각하면서 주저하고 있었지만, 주세피나가 정신병원에 유폐되고 며칠 후 늦은 밤에 단눈치오에게 전화를 걸어 대담하게도 방문해도 되는지를 물어보았다.

그는 원래 성격과는 달리 조심스러웠다. 10년 전 그는 포스카리나*의 시들어가는 연약한 피부에 대해 가혹하게 썼지만, 이제는 본인이 당시 두세의 나이보다 다섯 살이나 더 많은 상태였다. 거울에 비친 그의 모습은 창백했다 "나는 내 키스가 부끄러울 지경이다." 그래도 나탈리에게는 오라고 권했다. "그녀는 창백한 표정으로 몸을 떨며 자신을 내어주기로 결심하고서 내 집에 도착했다. (…) 그 밖의 문제에는 개의치 않은 채로 말이다." 그는 그녀를 "감송향"이라고 불렀는데, 감송향은 그 오일이 고대에 진통제로 쓰이기도 한 허브였다. "하나의 열정이 소진되니", 그의 글은 이렇게 이어진다. "다른 열정이 불붙는구나."

다시 한번 성적 관계가 감정적인 면에서나 창조적인 면에서 그를 구원했다. 그는 그녀를 도나텔라 혹은 자신의 "캅카스의 디아나"라고 부름으로써 나탈리에 대한 자신의 소유권을 주장했고, 곧 희곡 하나를 집필하기 시작했다. 이 희곡이 바로 그녀에게 헌정된 『페드라Fedra』였다. 나탈리는 그의 "붉은 장미"이자 그의 "젊은 궁수"였다. 그는 자신이 얼마나 열렬히 "성 세바스티아누스의 상처"—그녀의 음부를 뜻하는—에 키스하기를 열망하는지에 대해 그녀에게 말했다고 썼다. 그들의 관계는

• 단눈치오의 『불』에 나오는 늙어가는 여주인공의 이름으로 두세의 분신이다.

『페드라』

단눈치오에게는 으레 그러했듯이 고통이 열정의 박차가 되는 그런 관계가 될 터였다. 그는 나탈리를 티무르—난폭한 정복자—의 후손이라고 즐겨 생각하곤 했다. 그녀를 가리켜 "아름다운 머릿결을 가진 벌거벗은 거대한 꿀벌"이라 불렀고(벌침을 쏘는 것은 그에게 성적 흥분을 일으켰다), 그녀의 꿀을 빨아 먹기를 열렬히 희망했다. 그들의 관계는 나탈리에게는 불행만 안겨줄 것이었으나, 다음 7년 동안 단속적으로 유지될 터였다.

1909년 2월 단눈치오가 『페드라』를 집필하는 동안 파리에서 『르피가로』는 1면 전체에 걸쳐 마리네티의 '미래주의 선언'을 게재했다. 이 선언문의 발표는 마리네티의 문화적 쿠데타로서 자신을 국제적 예술운동이자 이데올로기 운동의 대변자로 변모시킨 순간이었다. 그리고 이 운동에서 예술(수준이 천차만별인)과 이데올로기(일관되지 못한)는, 마리네티 자신이 즐겨 사용한 표현을 빌리자면, 전위에 선 인간의 순수한 약동élan에 의해 결국 광채를 잃게 될 터였다.

마리네티는 이집트에서 태어나 파리에서 교육받은 부유한 집안 출신으로서 코즈모폴리턴하고 선동적인 "유럽의 카페인"으로 자처한 기이한 인물이었다. 그는 언론인이자 기업가, 공연예술가, 선동가, 논쟁가였다. 그도 단눈치오처럼 광고의 효과를 잘 이해하고 활용했다. (미래주의 예술가들 중 한 명인 카를로 카라는 이 운동을 "광고 기계"라고 부를 정도였다.) 그리고 마리네티는 단눈치오와 마찬가지로 창처럼 날카로운 재능을 타고나 타인의 이념을 낚아채 자신의 것으로 만드는 데 뛰어났다. 마리네티의 '선언'에서 선동적인 방식으로 제시된 많은 관념은, 몇몇 경우에 이미 오래전 단눈치오에 의해 표현된 것들이기도 했다.

마리네티는 10년 이상 단눈치오에 대해 쓰고 있었다. 현대적이고 역동적인 모든 것("포탄처럼 달리며 굉음을 내는 자동차가 사모트라케의 승리의 여신상보다 더 아름답다")에 대한 옹호자로서 마리네티는, 승리의 여신상 복제품으로 자기 침실을 장식한 단눈치오에 대해 한동안 호들갑을 떨며 반대하기도 했다. 그는 단눈치오의 작품을 문학의 몬테카를로,* 즉 "장식용 야채이자 덧없는 화려함의 무게에 짓눌린 가엾고 애처로운 이념들"로 묘사했다. 그는 이 나이 많은 남자가 "사람을 병들게 하는 노스탤지어라는 지적인 독약"을 퍼뜨렸다고 질책하면서 "강박적 색욕과…… 골동품 수집"에 사로잡혔다고 비난했다. 그러나 최근 몇 년 동안 그는 단눈치오가 여전히 고전 예술과 중세 장식품을 좋아함에도 불구하고 전함과 강철 제품들을 열광적으로 노래하고 미덕보다는 에너지에 더 큰 가치를 부여하는 현대적 시인이라는 점을 인정하게 되었다.

20세기의 첫 몇 년에 걸쳐 마리네티는 '미래주의의 밤'이라는 이벤트를 주도했는데, 그 각각은 정치 시위이자 풍자적 카바레, 아슬아슬한 광고, (거의 항상 이벤트 말미에 벌어지는) 유혈 난투극이었다. 단눈치오를 기념하여 그런 이벤트가 개최되기도 했다. 1901년 두세가 제작한 「죽은 도시」가 좋지 않은 반응을 얻었을 때, 마리네티는 그 연극을 옹호하는 일을 기꺼이 떠맡았다. 그와 "나머지 수백 명"은 극장에 난입하여 "보수적인 관객들의 귀를 붙잡고 복부를 구타했다". 이는 누구나 생각할 수 있겠지만 관객이 연극을 즐길 수 있도록 도와주는 효과적인 방법이 아니라 그저 많은 이의 이목을 끌려는 행위에 불과했다. 단눈치오와 마리

---

* 몬테카를로는 카지노로 유명한 모나코의 휴양 도시다.

네티는 쇼맨십을 활용하는 법에 대한 나름의 세련된 이해를 공유했다. 마리네티는 자신이 "탁월한 유혹자, 칼리오스트로*와 카사노바**의 은밀한 후예"에 "격하게 공감"하며 끌린다고 고백했다.

　1909년 초 그의 '강령'(언론인들이 알기 쉽게 축약된 '미래주의 선언') 수천 부가 멕시코에서 루마니아에 이르기까지 세계 곳곳의 오피니언 리더들에게 발송되었다. 그때 마침 『르피가로』의 주주인 마리네티의 아버지 친구가 신문 전면을 제공했던 것이다. 마리네티는 밀라노에 돌아와서 자신의 저널에 선언문을 게재했고, 밀라노의 주요 도로에 면한 자기 집 발코니에 '미래주의'라는 단어를 새긴 거대한 흰색 간판을 내걸었으며, 새빨간 글씨로 인쇄되어 폭 3미터에 길이 1미터만큼 확대된 자신의 선언문을 이탈리아 전역의 도시들에 있는 옥외 광고판에 부착했다.

　선언은 기이한 문서—절반은 장광설, 절반은 판타지—였다. 그것은 철저히 단눈치오적인 허구적 에피소드 하나로 시작된다. 한 젊은 남자가 반짝이는 비잔티움 반지를 손가락에 낀 채 동양 양탄자와 놋쇠 램프로 가득 찬 방 안에 누워 있다. 그는 벌떡 일어나 자동차에 뛰어올라 시내 도로를 거칠게 운전하다가 충돌하는데 부서진 차체에서 침착하게 기어 나온다. 기실, 단눈치오는 마리네티가 받아 적기 훨씬 전부터 이미 세기말의 나른함과 기계 시대의 속도가 공존하는 시대를 살아오고 있었다. 잇따른 논변은 이미 단눈치오가 표현한 감정들로 가득 차 있었다. 단눈치오는 스스로 에네르게이아라고 이름 붙인 열 번째 뮤즈를 선포했고, 다음과 같이 공언했다. "나는 생을 향해 나아간다." 이제

- 　1743~1795. 시칠리아 팔레르모 출신의 신비주의자이자 연금술사인 주세페 발사모의 별명이다.
- 　1725~1798. 베네치아 출신의 문학가이자 모험가로서 호색가로 유명하다.

마리네티—앙리 베르그송을 따라서—는 생의 약동élan vital을 숭배했다. 단눈치오는 새로이 산업화된 세상의 무시무시한 아름다움에 대해 쓴 적이 있다. "전능한 기계들이…… 알려지지 않은 시와 원하지 않은 즐거움, 존엄한 해방을 선포한다." 이제 마리네티도 "폭력적인 전기 달들"에 대해, "교량들이 번쩍이는 칼처럼 태양 아래 빛나며 거인 체조 선수들처럼 강물 위를 뛰어넘고 있는" 모습에 대해 경탄을 금치 못하며 글을 썼다. 단눈치오는 20년 이상 초인의 도래에 대해 써왔다. 이제 마리네티도 "넓은 관자놀이에 강철 턱을 가진 남자들이 놀랍게도 단 한 번의 강력한 의지의 숨결로 홈 하나 없는 몸짓을 하는 거인들에게 생명을 불어넣을 시간이 가까이 왔다"고 선포했다.

1901년 단눈치오는 유럽을 정화할 전쟁이 임박했음을 예언했다. 이제 마리네티도 전쟁이 "세계의 유일무이한 위생학"이라고 외쳤다. 단눈치오는 신중함과 경제적 타산에 지배되는 삶의 비열함을 한탄했고, 온건함에 대한 디오니소스적 경멸감을 품고서 자기 삶을 살고 드라마들을 썼다. 마리네티도 이렇게 썼다. "끔찍한 지혜의 껍데기를 부수고 나와 우리 자신을 잘 익은 과일마냥 넓고 흉한 바람의 아가리 속으로 던져버리도록 하자!" 마리네티 자신은 미처 눈치 채지 못했지만, 실은 그 자신이야말로 단눈치오의 가장 요란하고 가장 명석한 사도였다.

1909년 여름 단눈치오는 문자 그대로 자신을 바람 속으로 던져버릴 요량이었다. 비행하기를 원했던 것이다. 그는 로마에 체류하면서 (나탈리가 해변에서 자신을 기다리는 동안) 베아트리체 알바레스 데 톨레도 후작 부인과 밀회를 즐기고 있었다. 후작 부인은 다음과 같은 계약에 서명한 상태였다. "지금이나 앞으로나, 살아서나 죽어서나 나의 정신과 육체

2부 물줄기들

는 가브리엘레 단눈치오에게 속한다." 일찍이 윌버 라이트가 최초의 이탈리아 비행사들에게 비행기를 만들고 조종하는 법을 가르친 곳인 첸토첼레 비행장을 방문한 날, 단눈치오는 비행장을 이렇게 묘사한다. 격납고들과 굉음을 내는 엔진과 돌아가는 프로펠러들의 소음, 조용히 대기해 있는 기체들. 그는 비행사들도 관찰했다. 자기네만의 특수 용어와 독특한 스타일을 지닌 불안한 족속, 넓은 승마바지, 꽉 조이는 가죽 비행모, 줄담배.

지금은 눈에 익은 날개 달린 튜브 모양은, 당시만 해도 비행기에 가장 알맞은 형체라는 것을 입증하지 못한 상태였다. 초창기 비행기들은 다양한 형체를 띠고 있었다. 단눈치오는 그런 형체들을 열거했다. "바닥이 없는 상자 더미들과 같은 사각형의 조합, 비계처럼 얼기설기 엮은 엉성한 몸체." 다른 비행기들은 그에게 풍차나 천장 선풍기, 버터를 휘젓는 회전기를 연상시켰다. 그리고 비행사는 거미줄에 붙은 거미처럼 기묘한 구조물 속에 앉아서 레버를 당기며 자신이 타고 있는 기계가 솟아오르기를 열렬히 바라지만 거의 항상 절망에 빠지곤 했다. 수 시간씩 비행 준비를 한 끝에 누군가가 비상을 위한 준비를 마친다. 프로펠러들이 천천히 돌기 시작해 마침내 "창공의 별들"처럼 보이게 되었다. 모든 비행은 아무리 짧고 어설퍼도 기적이었다.

"우리는 지금까지 지나온 수 세기의 끝단에 서 있다." 그렇게 마리네티는 자신의 선언문에 썼다. "왜 뒤를 돌아보는가?" 그러나 마리네티도 단눈치오처럼 심상을 떠올리기 위해 고대 신화들을 뒤지면서 과거를 반복적으로 뒤돌아본다. 그리하여 자동차 운전자들은 켄타우로스에, 비행기 조종사들은 천사들에 비유되었다. 그런가 하면 단눈치오는 반복적으로 유인 비행을 성모 승천에 비유한다. 그는 거듭거듭 이카로스의 신화에 대해 글을 쓴다. 또한 거대한 날개를 달고 새 머리를 한 고대 이집트의 신들을 불러내기도 한다. 마르셀 프루스트도 같은 해 프랑스에서 "감격에 겨워 눈물이 가득 고인 눈으로" 비행 장면을 쳐다보면서 똑같이 "뒤를 돌아볼" 필요를 느꼈다. 그는 "그리스인이 처음으로 반신반인들을 목격했을 때처럼" 사무치게 감동받았다고 썼다.

비행사들은 아무리 신과 같았을지라도 불사의 존재가 아니었다. 그들이 직면한 위험이야말로 단눈치오를 매료시킨 요인이었다. 그의 마음은 지속적으로 죽음에 집착하고 있었다. 그는 강령회에 참석해 점쟁이들의 말을 경청했다. 그는 세 명의 천리안이 입을 맞춘 것도 아닌데 이구동성으로 자신이 1909년 7월 17일에 잔인하게 죽을 거라고 예언했다고 친구들에게 말했다. 그는 적어도 부분적으로는 이 예언을 믿었다. 그는 트레베스에게 진행 중인 작업 목록을 작성하여 보냈는데, 이를 "유고집"으로 부르기도 했다. 아들 가브리엘리노도 예정된 사망일에 아버지가 마치 운명에 대담하게 맞서기라도 하는 것처럼 말 등에서, 자동차 바퀴 옆에서 "위험천만한 행동을 연기하는" 모습을 봤노라고 회고했다. 그러나 그달에 단눈치오를 덮친 재앙은 죽음이 아니라 경제적 파산이었다.

카폰치나의 모든 것이 은행 대출을 위해 담보로 잡힌 상태였다. 단눈치오가 더 이상 대출을 갚을 의지도, 능력도 없음이 분명해지자, 재산 압류를 하러 온 집행관들이 한때는 "꿈과 사상으로 가득 찬 고요한 안식처"였던 저택의 문을 부수고 들어왔다. 단눈치오는 말과 개들만큼은 지킬 수 있으리라는 헛된 희망을 품고서 동물들을 데리고 해안가로 나갔다. 집행관들은 마리나 디 피사의 임차한 집까지 쫓아와 동물들도 압류해갔다. "아마 내일은 그나마 남아 있는 신발과 셔츠까지 압류해갈 것이다." 그렇게 그는 오랜 친구인 스카르폴리오에게 의기소침해서 편지를 썼다. 집행관들은 정말 그렇게 했다.

그런 날벼락 같은 사태에는 해방감을 맛보게 하는 어떤 것도 있었다. 카폰치나 저택과 그 안의 짐들―수백 개의 다마스크 쿠션과 독서대, 성가대석, 데스마스크, 크리스털 화장품 병으로 가득 찬 책장들―이 단번에 사라졌다. (단눈치오의 책들도 압류되었는데, 나중에 친구와 추종자들이 재구입하여 그에게 반환되었다. 그러나 책들을 다시 보기까지는 수년이 걸렸다.) 그가 그렇게도 엄청난 돈과 창조적 에너지를 투입한 집이 산산조각 난 셈이었다. 그럼에도 그의 충직한 집사인 팔메리오는 마지막 순간에 그가 마치 잠깐 체류한 호텔을 떠나듯이 아무렇지도 않은 양 집을 떠나는 모습을 보고 놀라워했다. "소용없는 기억들이 한가득 스며든 오래된 것들을 떠나는 것을 그에게 전혀 상처가 되지 않는다." 그에게는 자기 머릿속에 있는 것이야말로 재산이었다.

유일하게 그를 괴롭힌 것이 있다면, 그것은 바로 당시 집필하고 있던 새로운 소설에 집중하지 못하게 하는 소란이었다. 그는 창밖을 내다보면서 날개를 쭉 펴고 흠뻑 비를 맞는 닭들을 부러워하며 그런 닭이 되면 좋겠다고 생각했다. "그러면 아무도 내가 알을 낳는 것을 방해하지 않을 테지." 그는 기꺼이 돈을 빌려줄 사람을 찾았고, 해변 저택을 "수리"하는 작업에 착수했다. 물론 잠깐 체류할 집에 쏟아부은 돈은 결코 갚지 못할 터였다. 그는 새로운 소설의 배경이 될 만토바와 볼테라, 그리고 가장 중요하게는 에어쇼를 위해 브레시아로 나들이를 나갔다.

에어쇼는 2000년 전 콜로세움에서 벌어진 것과 마찬가지로 죽음을 불사하는 새로운 서커스였다. 그해 여름에 가장 저명한 조종사 두 명이 목숨을 잃을 것이었다. 브레시아의 에어쇼는 거대한 이벤트였다. 부자들과 유행을 좇는 사람들이 손수 자동차를 몰고 더러운 도로에 바퀴 자국을 남기며 도로를 아예 못쓰게 만들면서 속속 도착했다. 카프카와 브로트도 스탠드를 바라보면서 단눈치오의 처남인 갈레세 공작과 단색 옷을 입고 있는 루이사 카사티 후작 부인, 트리에스테로 날아가는 도중에 베네치아에서 다시 만난 모로시니 백작 부인을 볼 수 있었을 것이다. 푸치니도 거기에 있었고, 국왕도 참관 중이었다. 아마 10만여 명의 관중이 운집해 있었던 것 같다. 에어쇼가 끝난 후 사람들은 25킬로미터쯤 떨어진 브레시아로 가는 꽉 막힌 도로를 따라 되돌아가면서 무려 12시간을 허비해야 했다. 이 혼돈스런 장면에 대한 단눈치오의 묘사는 아마도 교통 체증에 대한 최초의 문학적 설명이었을 것이다.

미국인 조종사 글렌 커티스와 단눈치오

미국인 조종사인 글렌 커티스가 그랑프리를 수상했고, 그다음에는 단눈치오를 자신의 비행기 승객으로 받아들여주는 데 동의했다. 이 이벤트에 대한 허구적인 설명에서 단눈치오는 비행기들이 허공의 작은 점처럼 보일 정도로 높이, 그리고 지평선 너머로 사라질 정도로 멀리 나는 자신의 영웅적 조종사들을 묘사할 것이었다. 현실은 그보다는 덜 숭고했고, 종종 우스꽝스러웠다. 루이지 바르치니는 『코리에레 델라 세라』를 위해 쇼를 취재하면서 철선들로 지지된 철창 안에 발을 얌전하게 대나무 장대 위에 올려놓고 벤치에 앉아 있는 단눈치오의 모습—유아용 모자처럼 머리에 딱 붙는 자동차 운전자용 모자의 턱끈을 졸라맨—을 묘사했다. 커티스의 비행기가 "이탈리아의 으뜸가는 천재"를 태우고 앞으로 움직이자 군중은 소리치기 시작했으나, 정작 그들이 시인에게서 볼 수 있는 것은 그의 다리뿐이었다.

"비행기가 울퉁불퉁한 땅 위를 흔들리며 물속에서 배의 움직임마냥 꼬리를 올렸다 내렸다 하면서 출발했다. 그러고 나서 지상에서 몇 미터 이상 오르고는 곧바로 땅에 떨어지며 멈추기 전까지 한동안 지상에서 그러기를 반복했다." 이는 단눈치오가 꿈에 그리던 멋진 비상은 아니었지만, 그래도 그는 자신의 인상을 떠벌리며 비행기 주변으로 몰려든 군중을 맞이할 채비를 갖추었다.

"그는 열정으로 번들거리고 있었다." 바르치니는 그렇게 취재한다. "그것은 신성합니다." 그가 공언했다. "나는 오직 다음번 비행만을 생각할 수 있을 뿐입니다." 누군가가 이탈리아인 조종사인 칼데라라가 여전히 비행장에 있다는 사실을 지적했다. 단눈치오는 즉각 서둘러 그에게도 태워달라고 요청했다. 칼데라라가 동의했고, 이번에 단눈치오는 8분 동안 하늘에 떠 있었다. 다시 한번 그는 착륙하자마자 그의 비행 경험을 들으려고 혈안이 된 기자와 추종자들에 둘러싸였다. 바르치니가 쓰기를, "단눈치오는 심리 측정을 위한 정확한 도구로서 비행기에 태워진, 인간 감각의 대표자다". 그 후 커티스의 기체들이 분해되어 경매에 나왔는데, 단눈치오의 엉덩이가 닿았던 벤치가 그의 요란스런 팬들 사이에서 최고 낙찰가로 팔렸다.

하늘을 날아보았던 단눈치오는 비행 소설을 썼다. 『아마 그렇거나 그렇지 않을 거예요』는 1909년 가을 동안 초고속으로 집필되었다. 그는 폐쇄된 고향의 바닷가 저택에서 밤낮으로 하루 종일 작업에 몰두했다가 아침 5시에 침대에 들어 다시 10시에 일어나 집필을 계속했다. 그해 말 그는 대략 900쪽을 썼다. 트레베스는 이 원고를 두 권으로 출간하기로 결정했다. 그가 두 권으로 분책한 이유는, 필경 플롯에서 충격적인 국면의 이야기들 — 남매의 근친상간과 사디즘, 매춘 — 이 노골적으로 나오는 두 번째 권은 어쩔 수 없다 해도 적어도 그런 이야기가 나오지 않는 첫 번째 권만큼은 온당한 반응을 얻을 수 있을 거라고 기대했기 때문이다.

소설에는 단눈치오의 가장 효과적인 산문시 일부가 포함되어 있다. 화려한 배경과 고딕적인 플롯 장치들 — 근친상간과 자살 약속, 거울에만 비치는 미스터리한 침입자들, 폐허가 된 수도원, 정신병원, 감옥, 고대 무덤 — 이 『쾌락』에서 봤을 법한 세련된 현대 상류사회의 장면 및 극히 인상적인 상징주의적 풍경 묘사들과 함께 번갈아 등장한다. 소설 속 여주인공인 이사벨라 잉기라미는 변덕스런 캐릭터로서 단눈치오가 최근 사귄 애인들의 집단 초상화라고 할 수 있다. 그녀의 연기력은 엘레오노라 두세의 것이고, 젊은 미망인으로서의 독립성과 육체적 대담함은 니케의 것이다. 또한 두꺼운 눈 화장과 포르투니 스타일의 가운은 루이사 카사티를 생각나게 한다. 광기로 치닫는 그녀의 병적인 성향은 아마란타의 캐릭터와 유사한 정도가 아니라 아예 아마란타와 판박이라고 해야 한다. 소설의 모든 페이지에 나오는 단어 하나하나가 이 여성들과의 연애 사건이 맞이한 끔찍한 종말을 기록해둔 단눈치오 자신의 일기에서 뽑아온 것이다.

가공의 연인들은 작은 비행기를 타고 토스카나 해변 위를 날며 여행한다. 그녀는 샌들을 신고 고공 여행에 알맞은 밀짚모자를 쓰고 있는데, 여행하는 동안 그들은 편안하게 대화를 나눈다. 당시에는 단눈치오를 빼고 어느 누구도 사방이 개방된 비행기 안이 얼마나 차갑고 시끄러운지 알려고 비행 경험을 가져본 적이 없었다. 해변은 날개들 아래에 이리저리 구부러져 있다. 그들은 미켈란젤로를 위한 대리석이 채취된 채석장들과 피사의 사탑이 있는 캄포 산토, 그리고 루카의 성벽들을, 인간의 눈으로는 여전히 볼 수 없는 각도로 굽어보고 있다.

마리네티는 현대 이탈리아가 자신의 과거 앞에 무릎을 꿇어서는 안 된다는 열변을 토하고 있었다. 과연 이탈리아는 너무나 고대적인 아름다움으로 가득 차 있어서 속도와 에너지라는 새로운 영광을 위한 공간이 부족했다. "그렇다면 그들을 오게 하자, 새까맣게 탄 손가락을 가진 활력에 넘치는 선동가들을! (…) 도서관의 책장들로 불을 지피자! 운하를 돌려 박물관의 지하 보관소에 홍수를 일으키자! 당신의 곡괭이와 도끼와 망치를 쥐고 고상한 도시들을 무자비하게 파괴하고, 파괴하고, 파괴하자." 단눈치오의 전략은 그보다는 덜 폭력적이고 더 미묘했다. 그는 과거의 유산을 보존하려고 했지만, 그것을 민족주의라는 새로운 대의에 봉사하도록 만들고자 했다.

소설 속 주인공인 파올로 타르시스는 "담대한 의지력과 승리의 열정에 사로잡힌 수척한 얼굴, 약탈자의 번들거리는 눈…… 부드러운 과일을 집어내는 강철 집게처럼 입안의 붉은 살에 박혀 있는 단단한 이빨"을 가진 완벽한 초인이다. 그와 그의 친구 캄비아소는 함께 전함에서 복무했고, 잠수함에서도 싸웠다. 규율을 참지 못한 그들은 함께 해군에서 나와 세계를 여행하면서 가볍게 입은 채 한국의 눈밭을 걷기도 하고 민다나오의 타는 듯한 열대의 열기를 느끼기도 한다. 그들은 사막에서는 며칠 동안 굶었고, 스텝에서는 하루 18시간씩 말을 탔다. (단눈치오는 영국 여행가인 A. 헨리 새비지랜도의 여행기를 읽고 있었고, 타르시스와 캄비아소의 모험에 자신이 읽은 것을 적용했다.) 마침내 그들은 이집트에 도착해 날개 달린 새 머리 모양을 한 신들을 묘사한 고대의 그림을 보게 되고 하늘을 여행하려는 꿈을 꾼다. 그들은 새로운 창공의 귀족 계급의 일원이 되기 위해 이탈리아로 귀국한다.

단눈치오에게는 친구가 많았지만, 그들 대부분은 친구라기보다는 실은 그 자신이 조종한 사도에 가까웠다. 타르시스와 캄비아소는 진정한 동지들이다. 서로에 대한 그들의 느낌은, 단눈치오가 분명하게 말하듯이 여성들의 사랑을 훌쩍 뛰어넘는 "강력한 남성적 감정"이다. 이사벨라 잉기라미가 타르시스의 젖꼭지를 갖고 노는 동안에도 그는 무표정한 채 다른 것에 골몰한다. 그녀가 브레시아의 비행장으로 접근하는 것을 보면서 타르시스에게 맨 처음 떠오른 생각도 자신의 친구가 성적인 사랑이라는 타락한 효과에 휩싸이는 걸 방지하기 위해 캄비아소가 그녀와 만나지 못하게 만드는 것이다. 그녀를 비롯해 에어쇼에 출전한 비행사들에게 한눈에 반한 유행에 민감한 젊은 여성들은 스핑크스이자 히드라, 스윈번의 『죽음의 발라드』에서 튀어나올 듯한 부패한 쾌락의 환영, 세기말의 원형적 팜파탈의 미래주의적 변종으로 보인다.

단눈치오는 『아마 그렇거나 그렇지 않을 거예요』를 집필하기 직전에 한 인터뷰에서 이렇게 말했다. "여성들에 대한 경멸이야말로 현대 남성의 결정적인 조건입니다. (…) 남성들에 대한 멸시가 현대적 여성 영웅들의 특징적인 성향이듯이 말이죠." 그는 인습적인 여성 혐오자는 아니었다. 소설에 나오는 두 명의 여성 캐릭터는 청동처럼 단단한 타르시스나 신성할 정도로 아름답기는 하나 무력한 사춘기 남동생들보다 훨씬 더 흥미롭다. 그러나 페미니즘과 그것의 정반대인 여성 혐오는 공적 담론의 지배적 테마였고, 단눈치오도 이 주제에 대해 할 말이 있어야 했다. 그는 같은 인터뷰에서 말하기를, 사랑은 현대의 영웅주의와 양립할 수 없다. (그는 세계대전이 발발하기 5년 전에 현대의 영웅주의가 오직 스포츠에서만 출구를 발견할 수 있다고 생각했다.) 사랑받는 여성의 어깨는 "히말라야산맥처럼 거대하다. 그것은 우리의 시야를 차단한다".

그는 공식적으로는 그렇게 말했으나, 사적으로는 나탈리에게 다음과 같이 편지를 쓰고 있었다. "우리가 어제 함께 보낸 멋진 시간을 기억하오? (…) 악기 상점에서 터뜨린 당신의 사랑스런 웃음과 음악회, 간헐적인 애무, 백장미. (…) 결코 잊을 수 없는 목소리, 눈물, 분노, 인간적 쾌락을 뛰어넘는 그 관능적 쾌락을 기억하오?" 단눈치오는 남성적이고 과묵하며 순결을 고집하는 이상에 사로잡혀 있었으나, 그런 이상을 자신의 삶에서 모방하려고 하지는 않았다.

단눈치오는 소설 집필을 끝내고 북부 이탈리아의 도시들에서 "창공의 지배"를 역설하는 순회강연에 나섰다. 그는 군부가 예견하기 훨씬 전에 항공 정찰과 항공 폭격이 어떻게 전쟁의 판도를 결정적으로 바꿔놓을 것인지 예견했다. 영국의 동시대 작가인 H. G. 웰스도 그러했다. "나는 미래의 전쟁에서도 지금과 똑같이 머릿수가 중요할 거라고는 생각하지 않는다." 웰스는 블레리오의 영국해협 횡단 비행 직후에 그렇게 썼다. "나는 날개 달린 희한한 기사 앞에서 [일반 병사가] 무엇을 할 수 있을지 알지 못하겠다." 단지 8년 후에 전투기 수백 대가 베르됭의 하늘에 나타날 것이었다. 단눈치오는 그런 폭발적 발전을 예견했다. 1880년대에 이탈리아 정부에 해군 양성을 권고했던 그가, 20년 후에는 공군 창설을 요구하고 있었다.

그의 순회강연을 기획한 사람은 단눈치오에게 후하게 지불했지만, 단눈치오는—자신의 재정적 이해관계에 대해서는 예전처럼 날카로웠던—그와 설전을 벌였다. 청중은 충분히 많지 않았고, 장소도 충분히 넓지 않았다. 예정된 프로그램이 절반쯤 진행되었을 때 단눈치오는 돌연 더 이상 강연하지 않겠다고 선언했다.

다른 기획자인 조반니 델 구초가 그에게 다가왔다. 델 구초가 단눈치오의 인생에 등장한 일은 놀라운 행운이었다고 할 수 있다. 델 구초는 남미로 이민을 떠나서 막대한 돈을 번 아브루초 사람으로서 단눈치오가 아르헨티나로 순회강연을 가서 도시들을 돌며 스페인으로부터의 독립 100주년을 기념하는 연설을 해주기를 바랐다. 강연료도 어마어마해서 예전에는 가능할 법하지 않은 것도 가능하게 해주어 모든 빚을 청산할 수 있을 정도였다. 이는 예기치 않은 구원이나 다름없었다. 델 구초를 "고집 센 식민지 사람"이라며 속물적으로 불렀던 단눈치오조차 엄청난 행운을 얻었다고 인정했다. 그는 델 구초에게 『아마 그렇거나 그렇지 않을 거예요』 한 부를 선사했다. 책에는 이런 헌사가 쓰여 있었다. "호산나의 외침과 함께 도래한…… 메시아에게." 그는 계약서에 서

2부 물줄기들

명했다.

『아마 그렇거나 그렇지 않을 거예요』에서 타르시스는 새벽에 비행장으로 가서 누구도 보지 않는 가운데 홀로 출발하는데, 이는 소설을 집필할 당시에는 감히 엄두도 못 낼 비행 시도였다. 한바탕 『아이네아스』를 참조한 끝에 그가 정한 항로는 티레니아해를 건너 사르데냐섬으로 가는 길이다. 테니슨의 '모래톱을 건너Crossing the Bar'의 시행들도 그의 마음속에 울려 퍼졌으나, 그는 자신의 신성한 "인도자pilot"를 만나려는 영국 시인의 경건한 희망을 거부한다. 오히려 "그는 그 자신의 인도자였다. 그의 영혼이 그 자신의 영혼의 안내자였다". 그의 엔진이 불안정해질 때, 그는 순수한 의지의 힘으로 엔진을 지탱한다. 그는 맹금이다. 그는 강철의 머리를 가진 호루스*다. 그가 건넌 바다는 기억을 지우고 지난 생의 사랑과 복잡한 감정의 "찌꺼기"를 없애는 레테의 강과 같다. 이제 그는 자유롭다.

단눈치오는 여전히 마음속에 생생한 소설 속 탈출의 환영을 떠올리면서 델 구초에게 작별을 고했다. 이 백만장자 메시아는 순회강연을 준비하기 위해 이미 남미로 떠난 상태였다(1만 2000개의 단눈치오 인형이 강연장에서 판매하기 위해 제작될 것이었다. 시인의 명성은 군중을 끌어당겼을 뿐만 아니라 상품화될 수도 있었던 것이다). 델 구초는 단눈치오의 수고 17부와 함께 병원 지하실에 숨겨둔 덕분에 간신히 채권자들의 손아귀에서 벗어날 수 있었던 아끼는 빨간색 자동차를 가져갔다. 단눈치오도 제때에 대서양을 건너 그와 합류하기로 예정되어 있었다.

그러나 단눈치오는 결코 남미로 가지 않았다. 아마도 그는 배를 타

---

* 매의 머리를 한 고대 이집트의 신.

는 일에 자신이 없어 오랜 항해가 될 거라는 생각에 멈칫거렸을 것이다. 혹은 '식민지 사람들'에게 강연하는 일(따라서 그에게는 하찮은 일)이 그의 성미에 맞지 않았을 수도 있다. 그렇지 않으면 그저 나탈리와 함께 있기를 바랐을 수도 있다. 어쨌든 델 구초가 출항한 지 이틀 후에 단눈치오는 긴급히 프랑스 치과의사를 만나야 한다는 사실을 알렸다. 단눈치오는 자신의 기준에서는 적은 짐이라고 할 수 있는 트렁크 세 개와 여행 가방 세 개, 옷가방 한 개와 페트라르카의 『시선집Rime Sparse』• 한 부를 챙겨서 파리행 기차에 올랐다. 그는 그다음 5년 동안 프랑스에 머물 것이었다.

• 『칸초니에레Il Canzoniere』라고도 불린다.

2부 물줄기들

26. 만화경

"단눈치오는 자신의 긴 모험적 인생에서 프랑스에서 보낸 첫 몇 달
만큼 환영적인 시기, 혹은 무익한 시기를 보낸 적이 한 번도 없었다." 톰
안톤지니는 그렇게 쓰고 있었다. 젊은 변호사이자 영감에 넘치는 작가
이기도 한 안톤지니는, 1897년 피렌체의 카페 도니에서 단눈치오와 처
음 만났다. 이 카페는 단눈치오가 항상 아이스크림을 먹으러 가는 곳
이었다. 단눈치오가 소년 시절에 편지를 왕래한 적도 있던 밀라노의 부
유한 예술 애호가인 체사레 폰타나의 조카 손주이기도 한 안톤지니는,
단눈치오가 폰타나에게 접근하려 한 것과 마찬가지로 단눈치오에게 접
근했다. 단눈치오는 안톤지니에게 문학 잡지를 창간해보라며 독려했고,
적절한 때에 잡지를 만들어내지 못함으로써 결국 잡지사가 문을 닫는
데 원인이 되었다. 안톤지니는 프랑스로 건너가 단눈치오가 거기 머문
5년 동안 그의 오른팔이자 절친한 친구, 나아가 파트타임 입주 비서이
자 집사 역할을 도맡아 할 것이었다. 안톤지니는 단눈치오와의 관계 속
에서 기쁨과 절망을 동시에 느꼈다. 요컨대 단눈치오에 대한 비관론자
이자 헌신적 동료였던 것이다.

FORSE CHE SI, FORSE CHE NO

파스타 접시에서 피어오르는 김 속에서 춤추는 단눈치오

1910년 파리에서 안톤지니는 이곳에 처음 온 자신의 후원자가 "매일같이 주야로 선정주의가 기다리는 곳으로, 아니면 색욕을 부르는 곳으로…… 로스차일드 집안에서의 점심식사부터 오퇴유의 경마장까지, 처음 만난 날 밤 오페라에서의 친밀한 둘만의 시간부터, 혹은 화려한 의상 무도회부터 프랑스 학술원의 신규 회원에 대한 환영회에 이르기까지" 안 가는 데가 없음을 지켜보았다. 프랑스에서 단눈치오는 이전과는 다른 사람, 덜 중요한 사람이었다. 그는 자신의 정치적 지명도를 다른 소유물들과 마찬가지로 이탈리아에 두고 떠나왔다. 그는 계속해서 『코리에레 델라 세라』에 논쟁적 시들을 발송하면서 이탈리아의 민족주의적 찬미자들에게 발언하고 있었다. 그는 프랑스의 민족주의 저술가들도 만났다. 그는 군부와 외교계 인사들과도 접촉했다. 그러나 파리에서 그는 미래주의적 애국자라기보다는 세기말의 데카당스한 인물이었다. 셈*이 그린 그 시절의 카툰 하나를 보면, 그가 파스타 접시에서 나는 김 속에서 춤을 추고 있다. 늘씬한 자태로, 그러나 어딘지 공허하고 경망스럽게 말이다. 그에 대한 터무니없는 이야기들도 유포되었다. 파리에 도착하고 나서 며칠 안 돼 그가 호텔 뫼리스의 승강기에서 섹스를 했다는 소문이 났다. (그는 빚쟁이들을 피해서 이탈리아를 떠났을 테지만, 프랑스에 도착하는 즉시 터무니없이 비싼 호텔에 체크인했다.)

나탈리는 이 5년간의 프랑스 '망명' 시절에 그의 동반자가 되어주었다. 그러나 그녀는 다른 일군의 애인들과 경쟁해야 했다. 그 시절의 회고록을 보면, 그녀가 질투심에 흘린 눈물이 그녀의 값비싼 큰 보석들만큼이나 자주 언급되는 걸 알 수 있다. 단눈치오는 이탈리아 언어를 재

---

* 본명은 조르주 구르사트Georges Goursat로서 '아름다운 시절'에 활동한 프랑스의 만평가 (1863~1934).

생시키고 팽창시킨다는 원래의 거창한 사명 따위는 구석에 밀쳐놓고 프랑스어로 글을 쓰면서 현대어는 물론이거니와 중세 프랑스 운문의 고풍스런 어휘 및 문형에도 정통함을 과시하여 프랑스 독자들에게 강한 인상을 심어주었다. 그는 자신의 기억과 수첩들 속에서 내밀하고 자기성찰적인 운문 작업의 재료들을 길어올렸다. 단눈치오는 파리에 도착하기 바로 전해에 『잃어버린 시간을 찾아서』를 집필하기 시작한 마르셀 프루스트처럼 시야를 내면으로 돌려 저자의 핵심 주제가 자기의식의 흐름이라고 할 수 있는 일종의 허구화된 자서전 쓰기를 실험했고, 이런 실험의 목표가 "나 자신을 비추는 것"에 있다고 선언했다.

프랑스에서 머문 5년 동안의 생활은 사람들과 공적 행사로 북적인 파리 체류 시절과, 대서양 해변의 소나무 숲과 모래 언덕이 있는 랑드 체류 시절로 나뉠 수 있다. 랑드에서 다시 한번 단눈치오는 유년 시절에 봤던 것과 닮은 풍경을 발견했다. 거기서 그는 환상적으로 장식된 지붕이 뾰족한 목조주택 한 채를 임대했는데, 이 집에서는 아르카숑 근처의 해변을 굽어볼 수 있었을 뿐 아니라 통상처럼 장식품으로 가득 찬 방들에서 안락하게 쉴 수도 있었고 그의 개들도 기둥 끝에 나무로 조각된 토끼들이 얹혀 있는 특별 제작된 개집에서 쉴 수 있었다.

5년간의 프랑스 체류 시절은 그의 인생에서 일종의 휴지기라고 할 수 있다. 피상적으로만 보면, 그 시절은—일찍이 단눈치오는 그때처럼 바쁜 사교계 생활을 보낸 적이 없었다—빛이 났다. 그러나 작가로서는 구식의 이념들을 재탕하거나 미처 터득하지 못한 형식들을 실험해보는 수준에 그쳤다. 그는 여러 친구를 사귀었지만, 이들은 그의 라이프 스토리에서는 주변적인 인물일 뿐이었다. 그의 라이프 스토리에서 핵심은 아무래도 이탈리아에서의 이야기였던 것으로 보인다. 그에게는 수많은 연인이 있었지만, 위대한 사랑은 없었다. 전 유럽에 대해서도 그러했지만 그에게도 이 시절은 전쟁 이전 시기, 그러니까 아직 개봉하지 않은 드라마의 서막이었다. 과연 사후적으로 볼 때 이 시절은, 이 시절을 살아간 대부분의 사람에게는 아름다움과 낙관주의를 잃어버린 빙하기이거나 비난받아도 할 말 없는 무책임한 시기, 혹은 모든 사람이 다가오는 어둠에는 등을 돌린 채 어리석은 놀이에만 몰두했던 시기로 보일 것이다.

단눈치오는 파리에 도착했을 때 48세였으나, 육체적으로는 시들고 지적으로는 활기차서 나이보다 더 늙어 보이거나 더 젊어 보였다. 그간 12년 동안 그를 보지 못했던 에렐은, 그의 "늙고 추한" 모습을 보고 충격을 받았다. 그의 안색은 창백했고, 피부는 죽은 자의 것과 같았다. 몇몇 프랑스 관찰자는 그의 "유대인처럼" 보이는 큰 코에 대해 언급하기도 했다. (당시 프랑스의 속물적인 서클들에는 일상적인 반유대주의가 퍼져 있었다. 단눈치오 자신도 그런 영향을 받았다. 그는 예전에는 반유대주의라는 주제에 일말의 관심도 보이지 않았지만, 외교관 모리스 팔레올로그는 "단눈치오가…… 유대인을 혐오한다"고 보고했다.)

그의 수많은 찬미자(그의 픽션은 프랑스에서 선풍적인 인기를 끌었다)는 이제 난생처음으로 그를 직접 볼 수 있었다. 일부 찬미자는 초인이 여자처럼 보이는 것에 충격을 받기도 했다. 마리네티는 이 "작고 귀여운 인물"을 염두에 두면서 고급 창부와 포밍 레이스, 혹은 제비꽃이나 글루아르 드 디종* 장미로 만든 꽃다발을 떠올렸고, 그의 "여성적인 몸

---

* 1850년 프랑스의 피에르 자코토에 의해 교배되어 탄생한 장미 종류를 말한다.

짓"에서 풍기는 위태로움과 교활함의 냄새를 맡았다. 그에게서 사악한 분위기를 감지한 사람들도 있었다. 시인 앙리 드 레니에르는 이렇게 썼다. "그는 추하고 정력적이다. 그에게는 교활하고 잔인한 어떤 것이 있다. 피에로를 살해한 할리퀸*처럼 말이다."

이른바 단눈치오의 추악함이 그의 사회적 성공을 방해하지는 않았다. 또한 그가 단지 부르주아 출신임을 한눈에 알아보게 하는, 잘 조율된 파리지앵의 속물근성도 그의 성공을 방해하지 못했다. 소설가 르네 부알레브는 이렇게 썼다. "얼핏 보면 그는 평범한 것 같다. 쉽게 조롱거리가 될 만한 작은 남자일 뿐이다." 그러나 단눈치오가 일단 말하기 시작하면 마법이 걸렸다. 그는 예의 바르고 외관상 겸손했다. 그는 남몰래 뿜어내는 매력으로 청중을 지배했지, 요란스레 자신을 내세우지는 않았다. 아직 10대도 아니면서 사람 보는 날카로운 눈을 가졌던 한 소녀(단눈치오와 파리에서 함께 작업하기도 한 작곡가 피에트로 마스카니의 딸)는 그가 보여준 애교 넘치는 은밀한 매너에 대해 다음과 같이 묘사하기도 했다. "단눈치오 씨가 누군가에게 말할 때면 꼭 그 사람에게만 비밀을 말해주는 것 같아요. 그가 '좋은 아침' 하고 말할 때도 그래요."

두 여성이 그를 파리 사교계에 소개시켜주려고 기다리고 있었는데, 그의 애인과 아내가 바로 그들이었다. 나탈리는 그가 도착하면 놀라게 해주려고 준비한 페르시아 세밀화에 영감을 받아 새 드레스들을 구입했다. 그녀는 불로뉴 숲 근처에서 화려하게 살았고, 한 서클에도 뻔질나게 들락거렸다. (서클의 일원이기도 한) 시인 앙드레 제르맹은 이 서클을 가리켜 "가짜 후작 부인들과 진짜인지 가짜인지 알 수 없는 귀부

---

* 이탈리아 희극인 '콤메디아 델라르테Commedia dell'Arte'의 어릿광대인 아를레키노에서 유래한 교활하고 잔인한 캐릭터를 말한다.

인, 벼락부자, 야심만만한 남색가들, 그 세계에 훤한 매춘 알선업자들"
로 이루어졌으되, 괜찮은 음악가와 예술가도 꽤 많이 포진해 있다고
묘사했다. 이 공간에서 단눈치오는 쉬이 환대받았다.

마리아 아르두앵 디 갈레세 또한 파리에 있었다. 그녀와 단눈치오가
별거한 지 거의 20년이 지났건만 그들은 여전히 원만한 관계를 유지하
고 있었다. 그녀는 그에게 환영식을 베풀어주었고, 그를 로베르 드 몽테
스큐-페장자크 백작에게 소개해주었다. 귀족이고 댄디이자 저자로서
이제 55세가 된 드 몽테스큐는 휘슬러와 볼디니의 초상화로도 알려져
있었다. 또한 위스망스의 소설 속 주인공인 데 제셍트의 원래 모델이기
도 했다(곧 프루스트의 소설에 나오는 샤를뤼 남작의 모델이 되었듯이 말이
다). 위스망스의 소설 『거꾸로』에서 많은 것을 배운 단눈치오는 이제 난
생처음으로 자신의 몇몇 픽션에 간접적이나마 영향을 준 실제 인물을
만나는 짜릿한 경험을 갖게 되었다.

드 몽테스큐는 이내 단눈치오에게 빠져들게 된 것으로 보인다. 그
는 단눈치오를 가리켜 "사랑스런 주인" "신성한 친구" "포르피로제니토
Porfirogenito"* 등으로 불렀다. 그는 단눈치오를 자신의 성에 초대했고,
그의 방문을 기념하여 도개교에 페르시아 카펫을 깔아두기도 했다. 그
는 자발적으로 그와 일종의 계약을 맺었는데, "1년에 일정 기간 동안
감정적일 뿐만 아니라 거의 종교적인 결합"을 약속하면서 마치 가신이
주군에게 맹세하듯이 단눈치오에게 서약했던 것이다. 또한 그는 단눈
치오가 어떤 사람인지 예민하게 관찰했다. 그는 생각하기를, 이 이탈리
아인은 필경 "누군가에게 속할 남자"는 아니었고, 따라서 "관계는 상호

• "자주색을 휘감고 태어난 사람"이라는 뜻이다. 여기서 자주색은 제왕을 상징하는 색깔이다.

적이어야 하며 결코 그는 종속되기를 바라지 않는 것처럼 보였다". 그가 이렇게 말하면서 실제로 뜻한 바는 단눈치오가 동성애자가 아니라는 정도일 수 있겠지만, 그럼에도 그는 단눈치오가 "다른 사람을 기쁘게 해주려고 애쓰는 것"은 다른 사람에 대한 모종의 감정 때문이 아니라 "관계의 기술에서 뛰어났기에 이 기술을 발휘하면서 자신이 쾌락을 느끼기 위해서"였음을 훤히 꿰뚫어보았다.

단눈치오는 또 다른 새 친구를 사귀었는데, 바로 프루스트 서클의 일원인 보니 드 카스텔란 백작이었다(드 카스텔란은 프루스트의 소설에 나오는 로베르 생 루의 모델들 중 한 명이었다). 드 카스텔란은 유행에 민감한 도시 남자이자 사치스런 파티의 주최자요 환상적인 실내장식가로서 단눈치오와 공통점이 많은 인물이었다. "그는 자신이 나보다 돈을 더 헤프게 쓰는 사람이라고 주장하기까지 했다." 드 카스텔란은 처음에 다른 사람이 단눈치오를 두고 "위험한 남자"—"그는 붉은 머리털에 창백한 얼굴, 초록 눈을 가졌다. 한마디로 역겨워 보인다"—라고 품평하는 것을 보고 놀랐지만, 곧 여성들이 차례로 그에게 굴복하는 모습에 그를 다시 보게 되었다. 단눈치오의 매력은 "향수의 그것과 같다. 그것은 마음을 끌고 넋을 빼앗으며 마침내 정신을 가누지 못하게 한다".

곧 단눈치오는 프랑스 문학 동료 몇몇과 만나게 되었다. 아나톨 프랑스와 아나 드 노아유, 모리스 바레스 등이 바로 그들이었다. 그러나 그는 동료 작가들보다는 항상 시각예술가나 음악가를 더 많이 찾았다. 그가 파리에 도착했을 때, 디아길레프의 러시아 발레단이 두 번째 시즌을 개막하고 있었다. 그는 드 몽테스큐의 성화에 못 이겨 「세에라자드」를 공연하는 발레리나 이다 루빈시테인을 보기 위해 함께 발레 공연에 갔다가 극장 바에서 새벽 4시까지 그녀의 다리가 보여주는 "성형적 완벽함"에 대해 떠들어대기도 했다. 그는 그녀를 「클레오파트라」에서 다시 봤고—이미 우리도 봤듯이—무대 뒤로 가서 발끝에서 가랑이까지 그녀의 다리에 키스를 퍼부었다.

루빈시테인은 오직 무언극 연기만 했다. 그녀는 춤을 추지 않고 억센 러시아 억양으로 말할 때도 당시 사람들의 말을 빌리자면 무대에서처럼 압도적인 존재감을 발휘했다. "그녀는 전설이다." 러시아 발레단의 무대 디자이너인 레온 박스트는 그렇게 말했다. 계속해서 그는 이렇게 말했다. "나는 그녀를 숭배한다." 큰 키에 극히 야윈 몸매, 긴 황금색 눈, 진한 머릿결, 무대 의상 센스 등을 갖춘 그녀는 튤립이나 "전령 새와 같았다". 그만큼 섬세한 골격에 유연성과 긴 라인의 각도가 조화를 이루고 있었다. 마스카니의 딸도 단눈치오를 관찰했을 때와 마찬가지의 순수한 직설로써 그녀가 얼마나 섹시한지에 대해 말한다. "나는 그녀가 황금색 자수가 놓인 검은 튜닉 안에 벌거벗고 있다는 인상을 받았어요. (…) 그녀는 말할 때 뱀처럼 기묘한 동작을 보이지요. 그녀는 마치 다리와 엉덩이로만 움직이는 것 같답니다." 단눈치오는 루빈시테인의 이국성과 귀부인의 매너, 풍문으로 도는 양성애 성향을 사랑했다. 그는 선언하기를, 현대 보석 가게에서 반짝이는 장신구가 러시아의 아이콘이듯이, 그녀는 파리 여배우들의 아이콘이라고 했다.

그녀는 또한 두세와 마찬가지로 스스로 극단주가 될 정도로 부자였고, 단눈치오는 즉각 그 사실을 깨달았어야 했다. 그러나 1910년 7월에 그는 그녀를 만난 직후 파리를 떠나 아르카숑으로 갔다. 안톤지니에 따르면, 그는 방탕함으로 "기력이 빠지고 피곤하며 병약해지고 비위가 상했을 뿐 아니라 명민함을 잃어버린" 상태였다. 그러나 우리가 확인할 수 있는 사실은 그가 자신의 창조적 에너지를 회복했음을 보여준다. 즉각 그는 『성 세바스티아누스의 순교Le Martyre de Saint Sébastien』를 쓰는 작업에 착수했던 것이다.

단눈치오가 파리에 도착한 때부터 4년여 후인 1914년 6월 27일 트로카데로 극장에 나타났던 밤까지 몇몇 에피소드가 있다. 이 마지막 날에 단눈치오는 코메디-프랑세즈의 대표 여배우인 세실 소렐의 박스석에 앉아 있었다. 그가 소렐을 처음 만난 것은 이사도라 덩컨과 함께 샤레이드 놀이•를 할 때였고, 이때 그는 소렐의 아름다움이 그레이하운드와 비교해서도 절대 뒤지지 않는다고 말하면서 그녀에 대해 최고의 찬사를 늘어놓았었다. 단눈치오와 소렐은 박스석에서 이사도라 덩컨의 극단이 '보티첼리' 춤 프로그램을 공연하는 것을 관람했다. 다음날 오스트리아-헝가리 제국의 제위 계승자인 프란츠 대공이 사라예보에서 저격당해 암살되었고, 이로써 일찍이 단눈치오가 "가벼운 삶la vita leggera"이라고 부른 것은 끝났다.

1910년 프랑스로 오는 길에 단눈치오는 비행기 조종사들 세계의 허브라고 할 수 있는 곳을 방문한 적이 있다. 당시 파리 바로 북쪽에 위치한 이시레물리노에서는 위대한 루이 블레리오—단눈치오의 눈에는 한때 남유럽 전체를 지배한 프랑크 기사들의 현대적 환생으로 보인—가 점점 수가 늘어나는 초보 조종사와 엔지니어들을 지배하고 있다. 그들의 위업은 인텔리겐치아를 매료시킨다. 프루스트는 운전기사인 알베르와 함께 여행을 하다가 돌연 자신의 소설 속 화자를 소설 속 여주인공인 알베르틴과 함께 비행장으로 보내버릴 것이었다. 모리스 마테를링

• 문제를 내는 사람의 동작과 몸짓을 보고 그것이 나타내는 말을 맞추는 일종의 제스처 놀이.

크와 피에르 로티, 아나톨 프랑스, 앙리 베르그송 등이 당시 단눈치오와 마찬가지로 비행을 보기 위해 여행을 떠난 지식인들이었다. 단눈치오는 마테를링크를 비웃기 좋아했는데("인위적이고 지루하다"), 그럼에도 그를 자주 모방했다. 아나톨 프랑스와는 점차 친해지고 있었다. 곧 그는 이시레물리노에 가까운 담 로즈 농장을 빌려주기도 할 텐데, 나탈리는 자신의 개들과 이 농장에 안락하게 자리 잡을 것이었다.

예술가들도 작가들만큼이나 비행에 열광한다. 비행은 새로운 시야를 창출한다. 비행기 조종사들은 예전에는 불가능했던 고도와 각도에서 지상의 삶을 관찰한다. 입체주의의 선구자인 파블로 피카소와 조르주 브라크는 모형 비행기를 만들고, 비행기가 이륙하는 장면을 보기 위해 이시레물리노를 자주 찾는다. 단눈치오는 그들을 알지 못한다. 그는 격렬한 열정에 사로잡혀 루브르 박물관에 소장되어 있는 고전 시대의 조각상과 르네상스 회화들에 대해, 그리고 개인 컬렉션에 있는 피사넬로*의 메달에 대해 글을 쓰지만, 후기 인상파와 피카소에 대해서는 아무것도 쓰지 않는다. 그는 거대한 예술적 혁신이 이루어지던 파리에 있었지만, 그와 같은 예술적 혁신은 그를 그냥 지나쳐만 갔던 것이다.

불로뉴 숲. 드 몽테스큐는 르프레카틀랑에서 디너파티를 마련했다. 새로 복원된 이 파티장은 길게 늘어뜨린 실크 천들과 크리스털 샹들리에, 거대한 내닫이창, 은밀한 내실들로 이루어진 장소다. 다마스크 천과 은식기는 묵직하며 음식은 풍성하다. 세실 소렐이 여주인 역할을 하고 있다. 디저트 시간 동안 다른 여배우가 단눈치오의 책 『불』의 몇몇 구절을 낭송한다. 단눈치오는 소렐 옆에 앉아서 그녀에게 수작을 걸기 시

---

* 본명은 안토니오 피사노Antonio Pisano로서 15세기 이탈리아의 화가이자 조각가, 메달 제조자다.

작한다. 나탈리는 식탁 저편 끝에 앉아 그 장면을 지켜보면서 눈물을 터뜨린다. 소렐은 당황하지만, 단눈치오는 조금도 동요하지 않고서 일동에게 이렇게 말한다. "그녀는 울 때만 아름답답니다."

디너파티의 목적은 단눈치오를 모리스 바레스에게 소개하는 것이었는데, 바레스는 당시 파리 문단이라는 정글을 지배하던 한 마리의 사자였다. 두 사람의 나이 차는 1년밖에 되지 않았는데, 두 사람 다 자기 나라에서 각자의 길을 가고 있었다. 바레스는 예술애호가이자 개인주의자, 그리고 '자아 예찬culte du moi'의 선동가로 경력을 시작했다. 그의 초기 소설들은 단눈치오가 1890년대에 이념과 이미지들, 심지어 전체 문장까지 건져올린 수원지들 중 하나였다. 그는 다분히 단눈치오적인 스타일의 제목을 붙인 책 『사랑과 신성한 고통Amori et Dolori Sacrum』에서 베네치아에 대해 쓰기도 했다. 그는 의회의 일원이었으나, 그는 오직 의회의 결함에 대해 불평하기 위해서만 의회에 등원했다. 마지막 10년 동안―개인이 자신의 인종과 피와 흙을 완전히 의식할 때에만 성장할 수 있다고 점점 더 확신하면서―그는 신비적인 민족주의로 가득 찬 소설들을 써내고 있었다. 서로 비슷한 정신 상태를 지녔던 그와 이탈리아인은 동맹자가 되어야 하고, 단눈치오는 그의 비위를 맞추면서 자신들이 곧 동맹자가 될 것임을 믿어 의심치 않는다. 그러나 바레스는 처음에는 실눈을 뜬 채 미덥지 않은 마음으로 단눈치오를 관찰하면서 그에 대한 의구심을 거두지 않고 있다. 바레스의 생각에 따르면, 단눈치오는 상징주의자들과 오스카 와일드라는 "사그라지는 전통"에 집착하고 있으나, 실은 그에게 시들고 있는 것은 없다. "그는 낯 두꺼운 작은 이탈리아인이다. (…) 그는 돈줄을 찾는 사업가다."

내털리 바니

매주 금요일 오후 미국 위스키 회사의 상속녀인 내털리 바니가 자코브가에 있는 한 방—단눈치오적인 스타일로 붉은 다마스크 천과 글귀들로 장식되어 있는—을 정기적으로 방문한다. 레이스 커튼들에는 다음과 같은 말이 새겨져 있다. "우리의 커튼 막만이 세계로부터 우리를 보호해주리라." 레즈비언인 바니는 아름다운 창부인 리안 드 푸지와의 관계를 거리낌 없이 숨기지 않았는데, 일찍이 드 푸지는 단눈치오를 "끔찍한 요정"으로 단정한 바 있다. 그녀는 자신의 살롱을 "우정의 신전"으로 부른다. 그녀는 딸기 타르트를 내오고 특정한 경향성 없이 다방면의 사람들을 살롱에 초대한다. 살롱에는 작가들—장 콕토와 라이너 마리아 릴케, 라빈드라나트 타고르—도 있고, 실비아 비치에 따르면, "깃을 세우고 외알 안경을 쓴 숙녀들"●도 꽤 있었다. 비록 바니 자신은 길고 하얀 레이스 드레스를 즐겨 입지만 말이다.

단눈치오는 레즈비언들에게 매료된다. 그는 자기 확신에 가득 찬 동성애 여인들로 이루어진 바니의 코즈모폴리턴한 서클의 입장권을 얻어낸다. 곧 그는 또 다른 미국 상속녀(바니에게 일생의 사랑이 될)로서 화가인 로메인 브룩스와도 만난다.

브룩스는 검은 머리를 짧게 깎고 바지를 입고 있다. 그녀의 의상과 아파트 인테리어는 모두 검은색과 흰색, 혹은 회색 일색이다. 단눈치오는 그녀에게 ('작은 재투성이'라는 뜻의) "치네리나Cinerina"라는 별명을 붙여준다. 그녀는 이제 막 첫 번째 개인전을 가진 참이었다. 드 몽테스큐는 『르피가로』의 지면에서 그녀가 그린 삭막한 흑백 초상화들에 경의를 표하며 그녀를 "영혼 강탈자"로 부른다. 단눈치오는 그녀의 재능과

● 레즈비언을 암시하는 복장.

미모에 깊은 인상을 받고(그녀는 그에게 엘레오노라 두세를 연상시킨다), 그녀의 양성애 성향에 흥분을 느낀다. 그는 말하기를, "비록 그녀는 미국인이지만"―그의 견해에서 신세계는 완전히 야만인들만 거주하는 곳이다―"지적이기도 하고 진실하기도 한 예술가다". 그녀는 단눈치오가 자신의 나이프와 포크를 "무기처럼" 사용한다는 걸 눈치 채고, 그가 가십을 간단히 무시하면서 영국 시에 대해 말하는 모습에 끌린다. 그들은 불로뉴 숲에서 함께 말을 타기도 한다. 그는 그녀에게 퍼피라는 이름의 개를 선물로 준 뒤, 이 개가 그녀의 얼굴을 무참히 공격하는 것을 상상하며 단편소설을 쓴다. 그녀는 단눈치오에게서 "초자연적인 힘"을 느낀다. 그가 7월에 파리를 떠나 대서양 해변으로 갈 때, 그녀는 그와 동행한다. 집세를 낸 이도 아마 그녀이리라.

단눈치오는 비밀리에 파리를 떠난다. 안톤지니와 드 몽테스큐는―장난을 즐기며―그의 짐을 야밤에 이 호텔에서 저 호텔로 옮긴 뒤 철도역으로 운반하는 계획에 동참한다(이는 아마도 빚쟁이를 피하기 위함이기도 하고 그를 추적하는 나탈리와 다른 뭇 여성들에게 알리지 않기 위함이기도 하다). 한동안 그는 사라지는 데 성공한다. 그와 브룩스는 함께 드라이브를 나간다. 그는 뒷좌석에서 곯아떨어지고, 그녀는 "가죽 헬멧을 쓰고 풍성한 모피 칼라를 두른 당신의 귀여운 얼굴"을 감상한다. 그녀는 함께 작업하는 조용한 삶을 꿈꾸고, 단눈치오에 대한 첫 번째 초상화를 그리는 일에 착수하지만, 2주 후 그들의 관계는 방해를 받게 된다. 단눈치오가 브룩스의 초상화를 위해 사냥복―흰 승마 바지와 긴 가죽 부츠, 분홍색 코트―을 갖춰 입고 포즈를 취하고 있을 때 바깥에서 한바탕 소동이 일어나는 소리가 들린다. 나탈리―단눈치오가 "고통스런 여인"이라고 부르곤 했던―가 그들을 추적해와, 브룩스의 운전기사에게서 단눈치오는 집에 없다는 말을 듣자마자 다시금 눈물을 뿌리며 정원 문을 넘어오고 있었던 것이다.

브룩스는 단눈치오와의 관계 결렬에도 흔들리지 않고서 그와의 관계를 즐길 줄 아는 침착함을 가진 드문 여성이다. 자신의 연인에 대한 소유권을 주장하지 않을 정도로 충분히 품위 있었던 그녀는, 파리로 돌아온다. 단눈치오는 그녀에게 보낼, 자기 연민에 가득 찬 작별 편지를 쓴다. 그녀도 답장에서 냉정한 어조로 그가 정확히 원하는 것을 갖고 있으므로 슬퍼할 이유는 없다고 말한다. "친애하는 시인이시여, 천국에는 당신을 위해 마련된, 천 명의 여성의 다리를 지닌(그러나 머리는 없는) 문어가 준비되어 있을 거예요." 이런 방식으로 그들의 우정은 살아남는다.

단눈치오는 나탈리와 관계를 맺기 시작하던 초창기에 산지미냐노에 있는, 베노초 고촐리의 성 세바스티아누스 초상화를 보기 위해 그녀를 데려갔다. 그는 그녀에게 성 세바스티아누스에 대해 이야기해주었다. 나탈리는 긴 다리와 선머슴처럼 보이는 몸 탓에 소년으로 착각할 수도 있었다. 그들이 주고받은 편지들은 거친 섹스를 암시하는 신비로운 문구로 가득 차 있었다. "나의 고통은 마법에 걸린 육욕과 똑같습니다, 오 성 세바스티아누스여!"라고 그는 썼다. 그녀는 답장에서 성 세바스티아누스가 강렬한 쾌락과 함께 "자신의 순교"를 다시 체험하고 있다고 썼다. 그녀/그는 "성 세바스티아누스를 사랑한 궁수를 호출하고, 궁수는 불타는 침상 위에 몸을 죽 펴고 있는 성 세바스티아누스에게 온다." 1910년 가을에 단눈치오는 그와 같은 개인적 판타지를 연극적인 스펙터클로 만들려고 결심한다.

그는 성 세바스티아누스를 묘사한 모든 그림과 동상을 사진으로 찍어달라는 주문을 넣는다. 그는 안톤지니를 보르도의 도서관에 파견해 성인에 대한 자료를 추적하게 한다. 그는 밤에 소나무 숲길을 산책한다. 그는 삼림 감시원들이 베어낸 상처에서 흐르는 송진을 모으기 위해 나무 몸통에 묶어둘 컵을 갖고 있다. 그는 나무들이 화살을 잔뜩 맞고 순교한 성인처럼 피를 흘리고 있다고 생각한다.

그가 2층 서재에서 작업할 때 그의 주위를 둘러싼 호두나무 책장들에는 대략 5000권의 책이 꽂혀 있는데, 모두 프랑스에 온 이래로 구한 것들로서 하나같이 파리의 유명 제본사인 그뤼엘에 의해 만들어진, 황금색 글자가 새겨진 고급 장정본들이다. 그는 이 서재를 라틴어 표현으로 '갈리카 도서관Bibliotecula Gallica'•이라고 부른다. 방 여기저기에, 그러니까 기둥머리와 벽난로 위 장식장과 벽 등에는 그가 좋아하는 라틴어와 이탈리아어의 옛 글귀들은 물론이요, 이제는 평화와 평온을 갈구하는 프랑스 고어로 된 글귀들까지 추가되어 적혀 있다. 예컨대 "입다물라Tais Toy"라거나 "나만의 에즈를 생각하게 내버려두오Laissez Moi Penser a Mon Ayse"••와 같은 프랑스어 글귀가 바로 그것이다. 단눈치오는 혼자 식사하며 새벽 4시까지 이 방에서 작업한 다음에야 비로소 자신의 침대 1호에 기어들 것이다. 그의 침대 2호는 3층에 있는데, 밀회를 위한 것이다. 그의 섹스 파트너들 외에는 그 어떤 방문객도 이 침대를 볼 수 없고, 하인들도 명시적인 허락을 받은 다음에라야 방에 들어갈

• '갈리카'라는 표현은 갈리아, 즉 프랑스를 뜻한다. 이곳이 프랑스임을 상기하면 자연스런 작명이라고 하겠다.
•• 에즈란 샤모니와 주네브 사이에 위치한 사부아 지방의 코뮌 이름인데, 멀리 떨어진 막연한 이상향을 가리키는 것으로 보인다. 또한 헨리 롱펠로의 시구인 "Hence Away, Begone, Begone"을 프랑스식으로 번역한 것으로도 추측된다.

수 있다.

이다 루빈시테인은 그의 제작자이고, 그녀 자신이 세바스티아누스를 연기할 것이다. 그녀와 단눈치오는 서로에 대해 "형제"라고 부른다. 그녀는 그를 이렇게 격려한다. "형제여, 내게 단어에 불을 담아 보내주오!" 그녀와 로메인 브룩스는 이제 연인관계를 맺고 있다. 단눈치오와 함께 그들은 삐딱한 양성애 트리오, 즉 근친상간적인 "형제들"을 이루고 있다. 루빈시테인이 단눈치오를 방문하기 위해 아르카숑에 온다. 단눈치오는 6개의 장궁을 활들과 함께 구매하고, 그들은 모래 언덕들 사이에서 활쏘기를 해본다.

단눈치오는 다시 파산 상태다. 땔감과 석유, 양초를 구매하면서 지출한 비용이 터무니없이 많다. 그마나 얼마 남지 않은 돈의 절반을 꽃을 사는 데 써버린 참이다. 이제 집세를 낼 돈도 충분치 않다. 그는 안톤지니에게 금시계와 시곗줄, 금 펜슬을 비롯한 몇몇 작은 금 장신구를 건넨다. 안톤지니—헌신적인 추종자—는 자신의 반지까지 빼서 저당잡히려고 시내로 나간다. 다음 위기가 찾아올 때, 단눈치오는 오래 처박아두어 좀약 냄새가 나는 겨울 옷 보따리를 샅샅이 뒤진 끝에 500프랑을 찾아낸다. 그는 천성이 자기 능력 한도에서 살아가는 법을 알지 못하는 사람으로서—문자 그대로—제정신이 아닌 것 같다. 그는 돈 문제에 무척 민감해 "트라피스트회 수도원으로 은둔해버릴까 진지하게 고려하고 있다"고 쓰기도 한다. 그런 다음 똑같은 편지에서 잡지들을 한데 묶기 위해 값비싼 초록색 모로코산 제본용 표지를 주문한다.

「성 세바스티아누스의 순교」는 '미스터리'이거나 '안무 시'이거나 준오페라로서 클로드 드뷔시가 음악을 맡는다. 단눈치오는 현대 프랑스 회화에 무지할지는 모르나, 음악에 관해서는 까다롭고 해박하다. 프랑스에서 그는 세자르 프랑크와 모리스 라벨을 듣는다. 레날도 안은 그의 가장 친한 친구가 되어(레날도 안은 한때 자신의 연인이기도 한 프루스트를 단눈치오에게 소개해준다), 어느 날 밤엔가는 담배를 입에 문 채 단눈치오에게 노래를 불러주기도 한다. 단눈치오는 이런 거침없는 태도를 사랑한다.

드뷔시는 마음이 잘 맞는 협력자다. 그는 당대의 비평가로부터 "옛 프랑스적 아름다움"에 "현대적 의상"을 입힌 인물로 묘사된바, 고대의 언어를 통해 현대적 작품을 창출하려는 단눈치오의 의도에 완전히 공감한다. 단눈치오는 (단눈치오 자신이 파리에 도착한 같은 달에 파리에 온 에즈라 파운드와 마찬가지로) 프로방스의 음유시인들에 대한 연구에 착수하고, 이제 그들의 복잡한 운문 형식과 의고적인 언어를 유창하게 구사하여 프랑스 평단으로부터 굉장한 호평을 이끌어낸다.

이다 루빈시테인이 자금을 출연해 제작된 연극은 박스트의 무대 및 의상 연출과 함께 그 자체로 화려한 스펙터클을 자랑한다. 무대에서는 200명 이상의 배우가 연기하고, 무대 아래에는 100여 명의 연주자가 포진해 있다. 작품의 분위기는 번쩍거리는 이미지와 에로틱한 고통으로 충만하여 비잔티움적이면서 사도마조히즘적이라고 할 수 있다. 그것은 플로베르의 작품들(『성 앙투안의 유혹』『헤로디아스』『살람보』)과 오스카 와일드의 작품(프랑스어로 쓴 희곡인 『살로메』), 스윈번의 작품(이것저것), 그리고 무엇보다 단눈치오 자신의 작품들에서 유래한다. 그/그녀가 궁수들에게 화살을 쏘라고 애원하면서 욕망에 몸을 떠는 희생자와 코러스로 채워진 무대, 합창, 성적으로 표현된 상처와 피, 실크 깃발들과 아름다운 무기의 배치에 관한 섬세한 무대 지시, 박해받는 희생자 군중,

이 모든 것이 예전의 「배」를 떠올리게 한다. 섹스와 종교적 황홀경의 언어들이 뒤섞인 것도 마찬가지다. 다만 차이가 있다면, 초창기 연극 「배」는 현대적인 정치적 목적에 쓸데없이 의고적인 공치사들을 동원하고 있다는 것이다. 이제 자신의 '조국'에 거리를 두고 있던 단눈치오는, 오직 자기 자신의 심리에 대해서만 쓰고 있는 것이다.

드뷔시의 음악은 심금을 울리고, 조명은 마술적이며, 합창은 몹시 감동적이어서 작곡가가 반복적으로 눈물을 훔치는 것이 보일 지경이다. 그러나 이다 루빈시테인은 여배우가 아니다. "당신은 젊음의 왕자요"라고 황제는 세바스티아누스에게 말한다. "권력과 즐거움은 당신의 것/꿈과 같은 경이로움/당신의 모호함에 옷을 입혀라." 루빈시테인의 모호함은 조금도 부족함이 없다. 황금 갑주를 입건 거의 벌거벗은 채 죽어가건 그녀는 완벽하게 어울린다. 그러나 그녀가 자신의 프랑스어 실력을 향상시키기 위해 교수까지 고용했음에도 불구하고 그녀의 프랑스어는 단눈치오의 난해한 대사를 소화하기에는 역부족이다. 장 콕토는 그녀가 기적에 의해 움직이는 스테인드글라스 인물처럼 보이기는 하지만 새로 만들어진 목소리는 어쩔 수 없다고 생각한다.

마르셀 프루스트는 코르크 판자로 도배한 자신만의 밀폐된 방에서 참으로 오랜만에 나와 연극의 초연을 관람한다. 드 몽테스큐 옆에 자리를 잡고 그의 손목을 꽉 쥔 채 백작이 얼마나 감정으로 요동치는지 느끼면서 말이다. 프루스트 자신은 별 감흥이 없다. 그는 단눈치오의 언어를 칭찬하지만—"프랑스인들도 그렇게 정확히 쓰지 못할 것입니다"—그럼에도 새벽 1시가 넘어서까지 공연된 연극은, 그 자신의 말을 빌리면, "매우 따분하다". 두 작가는 서로 만나지 못한다. 단눈치오는 여느 때처럼 첫 공연 날 밤에는 극장에 오지 않으니 말이다. 안톤지니

「성 세바스티아누스」에서 열연하는 이다 루빈시테인

는 그가 새벽 1~2시까지 인근 카페에서 깊이 잠들어 있는 모습을 발견한다.

단눈치오는 초기 성가 음악—조반니 팔레스트리나와 몬테베르디—의 감식가이기도 하다. 파리에서 그는 생세브랭 교회 안에서 무릎을 꿇고 단테도 한때 여기서 무릎을 꿇었다는 사실을 생각해내고서는 감동을 받는다. 그는 오르간 연주자인 루이 비에른과 사귀었는데, 그는 한밤중에 단눈치오를 노트르담으로 초대하여 바흐의 토카타와 푸가 D단조를 연주해준다. 그들 두 사람은 그 거대한 건물에서 유일하게 어스름히 빛이 드는 장소에 앉아 있다. 몇 년 후에 단눈치오는 쓰기를, 이때야말로 자신의 '망명생활' 중에서 가장 행복한 순간이었노라고 했다. 그는 유명한 설교가의 사순절 강론장에도 나와 이상한 장면을 목격하는데, 예배를 핑계로 두 젊은 여자가 밀착하여 서로 성적 희롱을 하는 장면이 바로 그것이다. "둘 중 한 여자의 머리는 '파미유 로즈famille rose'• 잔에 담긴 차가운 차 색깔이고, 다른 한 여자의 머리는 짙은 색스블루 색깔의 컵에서 김을 내뿜고 있는 커피 색깔이다." 그는 "이 죄악에 물든 아가씨들" 중 한 명이 "마치 천사cherubim ••가 이들의 반짝이 종이가 붙은 스커트에 떨어졌다가 성스런 두려움에 사로잡혀 소리를 내지르며 날아가버릴 것 같다고 거지반 느낄 정도의 욕정으로" 자기 친구의 손에 키스하는 모습을 지켜본다.

그리하여 단눈치오는 신앙이 없으면서도 교회 신도가 되지만, 이를 교회가 달가워할 리는 없다. 언젠가 한 사제는 니케가 그와 함께 산다

• 중국풍 분채 자기에 사용된 홍색 위주의 채색을 이르는 말이다. 청나라 옹정제 때 훌륭한 작품이 많이 만들어졌다고 하여 '옹정제'라고도 불린다.
•• 여기서 천사란 구약성서에 나오는 사람 얼굴을 하고 사자의 몸과 독수리 날개를 지닌 '케루빔cherubim'을 말하며, '거룹(그룹)'이라고도 번역된다.

는 이유로 그녀에게 성체를 주는 것을 거부하기도 했다. 이제 파리 대주교는 모든 선량한 가톨릭교도에게 「성 세바스티아누스의 순교」와 거리를 두라고 경고했다. '순교'가 여성에 의해 연기되었다는 사실도 충분히 쇼킹하거니와, 이다 루빈시테인이 유대인이라는 사실은 더 심각한 일이고, 그녀가 자신의 유명한 다리를 완전히 노출하며 무대에 나온다는 사실도 참기 어려운 일임에 틀림없다. 논란이 훌륭한 홍보 수단임을 잘 알고 있는 단눈치오는 드뷔시로 하여금 『피가로』에 편지를 보내 그 작품이야말로 "심오하게 종교적"이라고 주장하게 함으로써 논란을 부추기려고 한다. 단눈치오는 예수 그리스도를 아프로디테에 의해 사랑받고 죽은 후 꽃으로 다시 피어난 미소년 아도니스에 비유했다. 두 신화 사이의 유사성은 이제 비교신학에서는 상식이지만, 1911년의 시점에는 성직자들을 경악시킬 내용이었다. 그리하여 단눈치오의 모든 저작은 바티칸의 금서 목록에 오르게 된다.

단눈치오는 아르카숑으로 돌아온다. 나탈리도 그와 함께 거기에 머문다. 그는 죽을 때까지 자기 시중을 들어줄 가정부를 고용했는데, 그녀가 바로 아엘리스라는 별명을 가진 아멜리 마조베르다. 그녀는 평범한 하녀가 아니다. 그녀는 경우에 따라서는 단눈치오의 내연녀이면서 그와 나탈리가 섹스를 위한 침대로 물러나면 심한 질투심에 괴로워하던 여인이다. 아엘리스는 노동 계급 출신이지만, 그녀의 매너는 우아하다. 그녀가 팔꿈치까지 올라오는 긴 흰색 장갑을 끼고 문을 열어주는 모습을 본 한 방문객은, 그녀를 스웨덴 공주에 비유하기도 했을 정도다. 가정부 아멜리 외에도 단눈치오는 피사에서 말 사육인을 고용한 바 있고—그는 파산했을지언정 말을 포기하지는 않았다—마녀처럼 생긴

시녀 한 명도 있는데, 그녀는 빗자루가 아니라 자전거를 타고서 기운차
게 쏘다닌다.

단눈치오가 초기 저작에서 모방하기도 한 시인 앙리 레니에가 단
눈치오를 방문하고 있다. 그의 아내가 단눈치오의 집을 보고 받은 인
상을 남겨두었다. 어떤 인상인지는 충분히 예상할 수 있다—후끈하
고 향수로 가득 찬 공기, 실크 커튼, 어두운 램프, 실물 크기의 석고상
들. 그러나 예전에는 볼 수 없던 새로운 소품이 두 개 더 있다. 이제 '델
포이의 마부'는 죽 뻗은 손에 "극약처럼 보이는 일종의 푸른 돌"을 쥐고
있고, 단눈치오의 책상에는 "천 개의 가는 피아노 건반이 빽빽하게 줄
지어 있는 진짜 전신 키보드"가 놓여 있다.

단눈치오는 무선 전신이라는 새로운 통신 수단에서 엄청난 희열을
느낀다. 그는 여전히 엄청난 양의 편지를 쓰고 있지만, 전보야말로 그가
가장 좋아하는 통신법이다. 그는 전보를 심상주의적인 시로 만들어 보
냄으로써 종종 수신자들을 당혹스럽게 했음에 틀림없다. 그는 아르카
숑에 도착하자마자 안톤지니에게 네 통의 전보를 치라고 했는데, 각각
다른 여성에게 갈 것이고, 그 내용도 암시적이어서 이해하기 어려운 것
들이다. 그중 하나는 이렇다. "파도의 멜로디가 나의 회한을 어루만져주
고 있네. 모든 것이 저 멀리에 있고, 모든 것이 내 가까이에 있네." 또 다
른 것은 이렇다. "나는 당신이야말로 내 동상들 중에서 가장 비싼 청동
상이라고 생각하오."

단눈치오는 자기 자신에 대해 쓰고 있다. 그는 '해머의 불꽃Faville del
Maglio'이라고 명명한 자서전적인 단편들을 『코리에레 델라 세라』에 기
고하고 있다. 자서전의 원천은 그의 수첩들인데, 그는 카폰치나 시절부
터 10여 권의 수첩을 돼지가죽으로 만든 수트케이스에 넣어 다니고 있

다. 그는 이 수첩들을 통해 자신의 과거를 다시 보며, 그것을 예전에 자신이 출간한 책들보다 더 친밀하고 직접적인 방식의 산문으로 바꿔내고 있다. 이 자서전 단편들은 단눈치오 자신이 찬미한 르네상스 시대의 수필가인 미셸 드 몽테뉴와 토머스 브라운의 저술들에 얼마간 빚지고 있는데, 단눈치오는 항상 그러했듯이 고풍스러우면서도 동시에 최첨단이기도 한 어떤 것을 만들어내고 있다. 그가 자신의 '불꽃'을 튀기 시작할 때, 마르셀 프루스트와 제임스 조이스, 버지니아 울프 등도 모두 그와 마찬가지로 저자 자신과 주인공의 마음이 작동하는 흐름을 탐구하기 위해 새로운 서사 형식을 실험하고 있다.

1911년 8월, 「모나리자」가 루브르 박물관에서 도난당했고, 2년 넘게 찾지 못하다가 피렌체에서 페루자라는 이탈리아식 이름을 가진 도둑이 마침내 발각되었다. 이 절도 사건은 파리에서 큰 화제가 되었다. 기욤 아폴리네르와 파블로 피카소가 용의자로 체포되기도 했다. 안톤지니에 따르면, 도둑은 이 위대한 그림을 아르카숑에 있던 단눈치오에게 가져와서 그림을 숨겨줄 것을 요청했다고 한다. 이 이야기는 필경 신빙성이 없지만, 단눈치오는 알베르티니에게 보낸 편지에서 그런 사실이 있었노라고 확인해주고, 나아가 『시대』지의 한 기자에게도 자신이 숨길 수 없는 절도의 진실을 알고 있노라고 말하기까지 한다.

『라 조콘다』의 희곡작가이기도 한 단눈치오는 레오나르도에 대해 자주 글을 썼고, 암묵적으로 자신을 그 위대한 르네상스 박식가와 비교하기도 했다. 아마도 페루자는 단눈치오가 자신을 도와줄 수 있을 거라 생각했을 수 있다. 그 유명한 그림이 프랑스에 소장되어 있다는 사실은, 파르테논 신전의 대리석 조각들을 가져간 엘진 경에 대해 그리스인들이 느낀 것과 마찬가지의 엄청난 분노를 이탈리아 민족주의자들에게 일으킨다. 페루자가 결국 체포되었을 때, 그는 민족주의 서클에서 영웅이 된다.

단눈치오는 그 남자에게 그 걸작품을 진정한 소유자, 즉 이탈리아 민중에게 되돌려주어야 한다고 권고했노라고 주장한다. 그 절도 사건—정치적 연극 혹은 선전 공연예술의 일환으로 간주된—은 단눈치오의 마음을 움직인다. 또한 그는 이 절도가 돈이 되는 사건임을 내다본다. 그는 '모나리자를 훔친 남자'라는 제목의 추리 소설을 쓸 의향을 내비치기도 한다(결코 실현되지는 않았다). 자신이 그 범죄에 연루되었다고 주장하는 것은 예고된 저작에 대한 사전 광고 효과를 냈다. 오래전의 승마 사고로 자신이 죽었다고 홍보한 것만큼이나 대담한 시도인 셈이다.

1911년 10월. 이탈리아는 북아프리카에서 오스만 제국과 전쟁 중이다. 훗날 리비아 내 이탈리아 영토가 될 지역을 둘러싸고 싸우고 있는 것이다. 이 전투 행위는 20년 동안이나 끌어오고 있는 이탈리아의 아프리카 사업의 일환이지만, 미래의 전쟁 선동가가 될 베니토 무솔리니는 당시만 해도 아직 사회주의자이자 반제국주의자로서 전쟁을 인정하지 않는다. 그는 이렇게 쓰고 있다. "수많은 프롤레타리아 대중에게서 단 한 번이라도 외마디 비명이 나오게 해보라. (⋯) 전쟁에 죽음을!" 그는 "전문적으로 미친 전쟁광의 영웅 연기를 한" 혐의로 5개월간 복역한다. 이와는 대조적으로 아직 무솔리니에 대해 들어봤을 법하지 않은 단눈치오는, 전쟁에 격렬하게 흥분한 상태다.

흥하기 짝이 없는 전쟁이다. 튀르크인과 아랍인들이 단 한 번의 교전

　　　　　　　　　　　　　　　　　　　2부　물줄기들

에서 500명이 넘는 이탈리아인을 죽이고, 그들의 훼손된 시신을 야자나무에 못 박아 걸어둔다. 이탈리아인들은 수천 명의 아랍인을 학살하고 또 다른 수천 명을 유형지 섬으로 압송한다. 이런 사태에도 눈 하나 꿈쩍하지 않고 단눈치오는 태연하게 '우리의 해외 개척을 위한 노래'를 집필한다. 한 대령이 이 노래들 중 수고 하나를 입수하여 이를 즉흥적으로 만든 성물함에 연대기와 나란히 보관해둔다. 단눈치오는 자신을 찬미하는 편지로 가득 찬 소포 꾸러미를 받는데, 개중에는 중대원 전체의 서명으로 발송된 것도 있지만 다수는 발신인 불명이거나 혹은 발신인 표시만 된 것들이다.

이 새로운 '노래들'은 튀르크인과 그들의 동맹자―특히나 이탈리아의 '불구대천의 원수'인 오스트리아-헝가리 제국―에 대한 신랄한 공격이다. 이 '노래들'에서 단눈치오는 더러움에 대한 자신의 혐오감을 한 민족 전체에 대한 것으로 바꾸면서 그들에게 가상의 오물을 뒤집어씌운다. 특히 '다르다넬스의 노래'는 완전히 독설로 충만하여 정부가 개입까지 할 정도다. 오스트리아는 여전히 공식적으로는 이탈리아의 동맹국이지만,• '노래들'에서 단눈치오는 프란츠 요제프 황제를 사형집행인이자 죽음의 천사로 묘사하고, 오스트리아를 "시신의 살을 파먹다가 소화시키지 못해 토하는 머리 둘 달린 독수리"••로 야유한다. (이 역겨운 이미지가 단눈치오의 뇌리를 떠나지 않는데, 그는 이를 반복적으로 사용할 터였다.)

알베르티니는 그 시들을 『코리에레 델라 세라』에 게재할 수 없다고

• 이탈리아는 1882년에 독일, 오스트리아-헝가리와 3국 동맹을 체결한 바 있다. 3국 동맹 조약은 제1차 세계대전 직전까지 갱신이 이루어지다가 1915년 이탈리아가 협상국 측에서 참전함으로써 파기되었다.
•• 오스트리아-헝가리 제국을 상징하는 동물이 바로 쌍두 독수리다.

말한다. 나중에 '노래들'을 책의 형태로 출간하게 될 트레베스는 단눈치오게 지나치게 공격적인 구절들은 삭제해달라고 간청한다. 단눈치오는 거부한다. 텍스트는 검열을 당한다. 책이 출간되었을 때, 일부 시구는 삭제되고, 빈 공간에 단눈치오는 다음과 같은 말을 삽입한다. "능욕당한 조국에 대한 이 노래가 이탈리아 정부 수반인 졸리티 경의 명령에 의해 불구가 되었다."

신중하고 실용적인 졸리티가 크리스피의 뒤를 이어 이탈리아 정계의 지배적인 인물로 부상했다. 그는 '변신 정치'의 관행을 통해 가능한 것과 능숙한 것을 솜씨 있게 요리하는 현실주의자였다. 사회주의는 그가 추진한 점진적 개혁과 빈곤의 완화로 진정될 터였다. 노동조합들도 관대하게 다루어질 것이었다. 국제적 분쟁도 경쟁국들을 존중하면서 기민하게 조정될 터였다. 한때 크리스피가 이탈리아에 피의 세례를 주려고 했다면, 이제 졸리티는 번영과 외교라는 오일 마사지로 이탈리아를 위무해주고자 했다. 졸리티의 정적들은 그가 지나치게 "경험주의적"이라고 비난했다. 이에 그는 "만일 경험주의라는 말이 나라와 주민의 실제 조건을 고려하는 것을 의미한다면…… 심각한 위험을 피하면서 할 수 있는 최선의 것을 향해 나아가는 것을 의미한다면" 자신이 경험주의자임을 기꺼이 인정한다고 답했다. 통치에 대한 그런 접근법은 "가장 안전할뿐더러 유일하게 가능한 방법"이기도 했다. 졸리티는 타협술과 신중함의 대가였다. 단눈치오는 그를 혐오했다.

단눈치오를 동료 예술가로서 따뜻하게 대해왔던 외국의 찬미자들은 그의 '노래들'이 보여준 폭력성에 당혹감을 감추지 못한다. 단눈치오에 대한 가장 열렬한 찬미자들 중 한 명이었던 후고 폰 호프만슈탈은 그에게 다음과 같은 공개서한을 게재하기도 한다. "당신은 시인입니다, 그것도 칭송받는 시인입니다. (…) 이제 나는 당신에게서 시인을 보지 못합니다. 심지어 이탈리아 애국자도 보지 못합니다. 나는 다만 행운이 다한 카사노바, 그것도 오십줄에 접어든 카사노바, 전사인 양 행세하는 카사노바, 잠옷 위에 가운을 어설프게 동여맨 카사노바만을 봅니다." 1890년대 나폴리에서 단눈치오와 친하게 지내기도 했던 철학자 베네데토 크로체도 단눈치오가 "전쟁, 심지어 학살을 즐기는" 것처럼 보이는 데 역겨움을 느꼈다. 그렇게 "아름다움의 정치"는 실상 피의 정치임을 스스로 드러내기 시작했다.

단눈치오가 한 편집장과 환담을 나누고 있다. 그는 완벽하게 달콤하며 상냥한 태도를 보여준다. 그는 출판 계약 조건을 논의할 때 조항마다 친절하게 양보하지만, 돈 문제가 언급될라치면 움찔하여 돈 문제에서 벗어나고 싶어한다. 관찰자인 안톤지니는 그럴 때마다 단눈치오가 "이 지저분하고 민망한 논의를 우리 비서들에게 넘겨주시길 간청합니다"라고 말하는 것 같다고 쓴다.

며칠 후 안톤지니는 단눈치오의 대리인으로서 그의 요구를 편집장에게 전달하는데, 그의 요구를 들은 편집장은 얼굴이 창백해지고 안절부절못하면서 다른 저명 작가들―톨스토이와 키플링과 로스탕―도 그보다 훨씬 못한 액수에 만족했음을 지적한다. 단눈치오는 꿈쩍하지 않는다. 거래가 성사되었다.

1912년 4월. 일식이 있다. 아르카숑에서 보면, 태양의 원반이 거의 완전히 가려져 있다. 기괴하고 음울한 빛이 단눈치오의 정조에 어울린다. 그는 수첩에 이렇게 쓰고 있다. 여기에 랑드 지방의 이미지가 있다.

여기에 잎사귀 없는 나무가 있다. 여기에 풀잎 하나를 이빨에 문 미라 시신이 있다. 그는 필멸성을 관조하고 있다. 두 죽음—동료 시인 조반니 파스콜리의 죽음과 온유한 성품을 지닌 80대 프랑스인 지주의 죽음—에 그는 몸을 떤다. 새로운 자기 성찰적 형식의 글을 쓰면서 그는 죽음이라고 하는 불쾌한 육체적 사실을 정면으로 다루는 명상록을 작성한다.

그 전해에 그는 해안가에 쓸려온 익사한 어부의 시신을 본 적이 있다. "가엾은 벌거숭이, 망가진 잔해보다 더 비참하고 해초더미보다 더 끔찍하다." 이제 그는 "여성의 팔보다 더 연약한" 창백하고 수척해진 팔과 푸르스름한 손톱, "짐승의 털" 아래에 숨겨진 창백한 다리, 얼룩덜룩한 발을 떠올린다. 그 기억이 그의 뇌리를 떠나지 않는다. 밤늦게 작업하면서도 그는 끔찍한 '전율'을 느낀다—희미하게 불빛이 드는 자신의 서재 한구석에 서 있는 시체를 상상하면서 말이다. 공포와 두려움이 마치 갑오징어의 먹물이 물을 검게 물들이듯이 그의 마음에 퍼져나간다.

1911/12년 겨울에 그는 오페라 「파리시나」를 위해 모두 합쳐 5000행 분량의 소품을 쓴다. 이 주제에 대해 단눈치오는 푸치니의 음악이 극에 필수적인 비극적 장중함을 감당할 수 있을지 의문을 품는다. 중세 전쟁을 배경으로 한 근친상간의 사랑에 대한 이야기는, 원래 바이런의 장편 시와 도니제티의 오페라에서 다루어진 것이다. 그러나 단눈치오는 자신의 판본에서 직접 중세 서정시들과 13세기 연대기 작가인 판필로 사소를 인용한다. 그는 「트리스탄과 이졸데」 및 자신의 「프란체스카 다 리미니」를 암시하는 요소들을 작품에 가미한다. 작곡가는 한때 단눈치오가 '악대 지휘자'로 치부했으나 이제는 우호적으로 함께

작업하게 된 마스카니다. 극에서 결정적 순간은 주인공이 피투성이가 된 채 전쟁터에서 정신없이 달려와 로레토의 기적을 행하는 교회의 제단에서 자신의 계모를 포옹하며 그녀의 아름다운 옷에 피를 묻히는 장면이다.

1913년. 루이사 카사티 후작 부인이 파리에 있다. 그녀는 리츠 호텔에 머물면서 자신의 보아뱀에게 먹이로 줄 살아 있는 토끼와 보르조이 개들을 위한 신선한 고기를 구해오라고 명하고 있다. 단눈치오는 그녀를 처음 만난 지 7년 만에 그녀와 연인관계를 맺는다. 단눈치오는 그녀를 "신성한 후작 부인"이라고 부르는데, 이는 드 사드 후작을 암시한다. 그들은 생제르맹의 레스토랑 정원에서 악단이 탱고를 연주하는 가운데 함께 식사를 즐긴다. 나중에 그는 "목에 격렬한 키스, 미친 듯이 호텔로 돌아옴, 붉은 키스 자국이 보임"이라고 수첩에 기록해둔다.

루이사는 다이아몬드가 박힌 담뱃갑에서 꺼내 담배를 피는데, 거대한 진주 목걸이와 두꺼운 황금색 공단 바지를 착용하고 발목에는 보석 발찌를 두르고 있다. 그녀에게는 여러 채의 집이 있는데, 하나같이 환상적이다. 로마에 있는 집은 모두 검은색과 흰색으로 장식되어 있으며, 설화 석고로 만든 바닥에는 아래에서 빛이 비치고 있다. 베네치아에서는 카날 그란데에 면한 단층짜리 저택에서 사는데, 이곳은 현재 구겐하임 미술관이다. 이 집에는 연한 황금색 잎사귀로 장식된 살롱과 황금색 레이스 커튼이 쳐진 창문들이 있다. 그녀는 흡사 구스타프 클림트가 그리고 있던 창백한 요부들 중 한 명처럼 보이는데, 이 요염한 여인들은 카사티 후작 부인처럼 희미하게 황금빛으로 빛나는 배경을 뒤로하여 보석 색깔의 직물 천을 휘감고 있는 것이다.

겨울이 오자, 그녀는 장크트모리츠로 간다(당시는 겨울 스포츠가 막 유행하기 시작하던 때다). 그녀는 단눈치오에게 해골과 장미 문양이 새겨진 검은 양피지 종이에 황금색 잉크로 쓴 편지를 보낸다(이 화려한 종이에 비하면 워터마크가 새겨진 단눈치오의 편지지는 무척 수수해 보인다). 그녀는 영화 제작자인 조반니 파스트로네를 만나러 오라며 그를 부른다.

단눈치오는 영화에 관심이 많다. 이미 30여 년 전에 그는 연극 공연을 보존하는 방식에 대해 상상의 나래를 펼치면서 마치 카메라가 스틸 사진을 찍듯이 언젠가는 그와 유사하게 동작은 물론이요 음향까지도 기록될 수 있을 거라고 추측하고 있었다. 이제 그의 예언이 실현되자, 그는 새로운 장르의 "경이로운" 예술이 도래할 거라고 자신 있게 예견한다. 1911년에 그는 자기의 희곡들 중 4편에 대해 영화 제작권을 판매하고, 예전에 푸치니에게 준 대본을 영화 대본으로 다시 작성한다. 그러나 영화 제작에 뛰어들어 단눈치오가 거둔 가장 큰 성공을 꼽으라면, 단연 고대 카르타고에 대한 파스트로네의 서사시인 '카비리아Cabiria'를 작업한 것일 터이다.

그는 영화 제작과 관련하여 사실 할 일이 없었는데, 나중에 지문과 '자막inter-titles'을 고쳐 쓰는 게 전부였다. 그렇듯 단순 작업임에도 영화 제안이 처음 들어왔을 때 그의 대리인 톰 안톤지니가 자기 귀를 의심할 정도로 보수가 좋다. 단눈치오는 대단치 않은 작업으로 엄청난 돈을 벌어들였음에도 불구하고—성격상—작업에 미적거려서 시사회 일정에 쫓기던 파스트로네는 결국 단눈치오의 아파트 거실에 꼼짝없이 붙들리고 만다. 그는 시인이 일을 마치기 전에는 외출하지 못하도록 짐꾼에게 샌드위치를 사갖고 와달라고 사정해야 한다. 작업은 사흘 만에 완료된다.

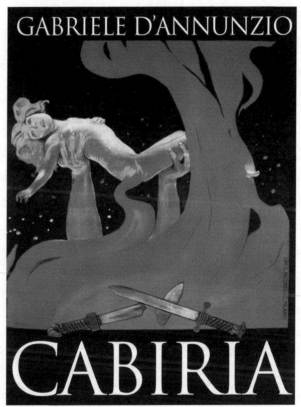

영화 제작에 뛰어들어 가장 성공한 단눈치오의 「카비리아」

「카비리아」는 "가브리엘레 단눈치오의 영화"로 홍보된다. 필경 영화는 충분히 단눈치오적이다. 영화는 고대 카르타고를 배경으로 하여 희생하는 인간들의 모습을 보여주며 청중을 흥분시키면서 로마적 덕성을 찬미한다. 스카르폴리오는 나폴리에서 영화에 대해 평론하며 다음과 같이 요약했다. "인간의 파멸과 문명의 몰락, 거대한 화재의 타는 듯한 열기 속에서 분출하는 열정…… 운명, 그리고 운명에 맞서 연약한 아름다움만으로 무장한 사랑스런 곱슬머리 소녀." 과연 이 영화는 전쟁 이전에 만들어진 이탈리아 영화들 중에서 가장 성공한 작품이다. 파리에서는 6개월, 뉴욕에서는 1년 동안 상영되었다.

단눈치오는 수입으로 자기 호주머니를 채우면서 신용과 찬사를 동시에 얻는다. (보드빌 극장의 감독은 "여러분의 천재"가 "걸작"을 제작했다고 말한다.) 그러나 그는 영화를 보러 가지 않는다. 그는 트레베스에게 영화가 그저 "어리석은 군중"에게만 통하는 "형편없는" 작품이라고 말한다. 단눈치오는 1890년대에 선거판에 뛰어들었을 때만 해도 청중 대중과 교감하는 데 신경을 썼지만, 이제는 영화관이라는 한정된 공간에서 대중과 함께하려는 마음이 전혀 없다. 그들이 냄새를 풍기며 관람하는 방식 자체를 좋아하지 않는 것이다.

랑드 지방에서 단눈치오는 현지 지주는 물론이요, 숲에 사냥용 오두막까지 갖고 있던 웨스트민스터 공작과 친해지면서 멧돼지 사냥에 나선다. 일단 사냥이 오전 7시부터 이튿날 이른 시각까지 지속되는데, 15년쯤 후 그는 어스름한 밤에 어두운 소나무 숲을 지나 집으로 가던 길과, 마침내 집에 도착한 다음 피사 출신의 말 사육인이 물파스 냄새를 온 집안에 풍기면서 마사지해준 일을 떠올리며 상념에 잠길 것이었다. 그는 현지 어부들에게 어선에 태워달라고 설득하여 몇 번인가 격렬한 바다와 직접 대면해보기도 한다.

기후는 폐결핵 환자에게 좋을 것이다. '동절기'가 해안을 따라 들이닥쳤고, 도시에서는 음악회가 개최되었는데, 단눈치오도 거기에 참석하고 있다. 빌라 생 도미니크는 알맞게 멀리 떨어져 있는데, 야간에 랜턴을 들고 애인을 방문하기 위해 숲길을 헤쳐 걸어가지 못할 정도로 그렇게 멀리 떨어져 있는 것은 아니다. 물론 이 애인이 어떤 때는 인근 빌라에 살던 나탈리일 수도 있고, 다른 여인들일 수도 있다.

단눈치오는 섹스도 전혀 하지 않고서 몇 날 며칠을 비참한 기분에 사로잡혀 있다. 아르카숑에서 홀로 지내며 황망한 마음에 안톤지니에게 편지를 쓰기도 하고, 다시 며칠 후에는 훨씬 더 행복에 겨워 자신이 인근 마을에서 "아주 귀여운 길 잃은 고양이"를 발견했노라고 편지를 쓰기도 한다. 앙드레 제르맹이 그를 방문하러 와서는 "진정한 랑드 출신의 광란의 여인, 즉 거의 항상 말을 타고 있고 오직 단눈치오의 팔에 안길 때만 말에 내리는 여인"을 보고 충격을 받는다. 단눈치오는 이 여인을 숲으로 데리고 간다. "그가 광란의 여인을 자기 앞으로 끌어당길 때…… 그는 요정을 유혹하러 가는…… 목양신의 '히힝' 하는 말 울음소리를 냈다."

이 '가정부' 아엘리스는 훗날 단눈치오가 자신에게 하루에 세 번씩 섹스를 하자고 요구했다고 주장한다. 곧 그녀는 시인의 내연녀일 뿐만 아니라 기꺼이 그와 함께하려는 현지 아가씨들을 물색하는 뚜쟁이 역할을 할 터였다.

1913년 2월. 단눈치오는 『피사넬, 혹은 향기로운 죽음La Pisanelle, ou

la Morte Parfumée』을 쓴다. 이 이야기는 몇 년 전 푸치니에게 준 이야기이기도 한데(그는 자신의 장롱 속에 남겨둔 종이를 모조리 사용하고 있다), 12세기 십자군 왕들의 통치를 받는 키프로스가 배경이다. 삼촌과 조카 사이인 두 남자가 동시에 신비의 여인을 사랑하는데, 이 여인은 결국 살해당해 장미꽃 더미 아래 묻힌다. 단눈치오는 이야기의 아이디어를 어디에서 얻었는가? 아마도 네로 황제가 원치 않는 손님을 장미꽃으로 질식시켜 죽였다고 비난한 수에토니우스* 아니면 『사티리콘 Satyricon』**에서일 것이다. 그렇지 않으면 알마타데마의 『헬리오가발루스의 장미The Roses of Heliogabalus』의 복사본을 봤을 텐데, 그 속에는 난장을 이루고 있는 부드러운 살결의 젊은 남녀들이 아마도 튜닉을 미끄러뜨린 채 분홍 꽃잎의 물결에 파묻혀 있는 것이다.

그해 말 단눈치오는 그 연장선상에서 『인동덩굴Le Chèvrefeuille』을 쓰는데, 이는 거침없는 초인이자 유혹자가 신경쇠약에 걸린 귀족 가문에 몰고 온 풍파에 대한 현대적 우화다. 폴 푸아레가 의상을 제작하는데, 단눈치오가 특별 제작된 옷에 대해 초과 비용을 지불하기를 거절하자 다툼이 벌어진다. 푸아레는 소송을 건다.

연극도 성공과는 거리가 멀다.

1913년 8월. 단눈치오는 잡지에 단편소설인 「백조 없는 레다Leda without Swan」***를 게재했다. 소설의 무대는 현대이고, 플롯은 진주 손

---

* 로마 황제 열전을 쓴 역사가.
** 1세기에 페트로니우스가 쓴 소설.
*** 제우스가 백조로 변해 스파르타 왕비 레다를 유혹한다는 그리스 신화의 이야기를 소재로 한 소설.

이다 루빈시테인과 단눈치오

잡이 권총을 지닌 행실이 좋지 않은 여성과 호블 스커트hobble skirt*에 대한 것이다(단눈치오는 여성의 다리 선을 더 잘 보이게 만드는 호블 스커트에 대해 격렬하게 공감을 표한다). 이 무명의 여인은 자신의 운명을 개척하는 모험에 나서는데, 모험은 추잡하고 편협하다. 생명보험증권과 모르핀, 소도시 카지노 혹은 스파에서 우연히 만난 남성들과의 사랑 없는 불장난 등이 나온다. 이는 성적 난잡함과 매춘이 뒤범벅된 종류의 인생사인데, 단눈치오로서는 바르바라가 빠지지 않을까 우려하고, 나아가 당시 마리아 그라비나가 실제로 살고 있던 종류의 인생이기도 하다. 그것은 또한 그 자신의 인생과도 여러모로 닮아 있다—여자 주인공의 문제들은 모두 빚에서 유래한 것이니 말이다.

단눈치오는 대중적이면서도 유혹적인 '스릴러' 혹은 '미스터리'를 쓰고 있었지만, 여기에 우울증과 염세주의라는 유해한 자극제를 쏟아부었다. 그는 문학 동료들을 좋아하지 않았다. 그가 자신의 삶을 좋아하지 않았다는 것을 보여주는 분위기도 있었다. 과연 이 책에서 단눈치오는 소설 화자에게 데시데리오 모리아르(죽음에의 소망)라는 이름을 지어준다.

1913년 가을, 단눈치오는 파리로 돌아와 클레베르가에 아파트를 임대했다. 빚쟁이들이 다시 쫓아다녔다. 임대료도 연체했다. 빌라 생 도미니크도 이미 빚쟁이들에게 포위되었다. 정말이지 그가 빚을 갚을 전망은 없었지만, 다른 한편으로는 영화 「카비리아」에서 횡재를 얻기도 했다. 그는 거대 도시로의 귀환을 최대한 즐겼다. 그는 샹티이의 경마장에

---

* 1910년대 유럽에서 유행한 스커트로 밑통을 좁게 한 발목 길이의 치마를 말한다. 여기서 '호블'이란 치마가 좁아 걷기 어려워 절뚝거리거나 종종걸음으로 걷는 것처럼 보임을 이르는 말이다.

도 출입했고, 나탈리는 이제 파리 북쪽의 빌라쿠블레 인근 담 로즈 농장에 자리 잡고 자신과 단눈치오의 개들을 돌보았다. 그들 사이에는 경주대회에서 우승한 녀석들도 포함해 60여 마리의 그레이하운드가 있었는데, 대부분 혼자 힘으로 컸다. 단눈치오는 생 클루에서 '화이트 아바나'라는 녀석으로 경주대회에서 우승하기도 했다. 그는 권투 경기도 관람했다. 그는 학창 시절 열정적인 권투선수였다. 지금은 아파트 복도에 펀치볼을 설치하고 여기에 검은 곱슬머리 가발을 걸어두었는데, 이것을 본 방문객들은 메두사의 유령을 본 듯 화들짝 놀라곤 했다.

그는 여러 공연에 참석했다. 어느 밤에는 그와 오귀스트 로댕이 '미래주의 여성 선언'의 저자인 발랑틴 드 생푸앵이 마련한 탱고 시연회에 초대받기도 한다. 내털리 바니에 따르면, 그해 겨울 단눈치오는 "맹위를 떨쳤다. 그와 동침하지 않은 여인은 웃음거리가 되었다."

단눈치오는 륌플메예르 제과점에서 케이크와 차를 들고 있다. 사람들이 훔쳐보며 속삭이고 있다. 그는 파리에서 가는 곳마다 대머리와 왁스를 바른 듯한 안색으로 유명하다. 낯선 신사 한 명이 접근해와 자신이 모시는 나폴리의 왕녀를 만나지 않겠냐고 물어온다. 단눈치오는 그러겠노라고 기쁘게 응한다. 반세기 전에 가리발디에 의해 왕위에서 밀려난 왕녀는 그의 저작에서 몇 번인가 등장하기도 했다. 그녀는 "바이에른의 새끼 독수리"로서 이제 단눈치오가 그렇게도 개탄해 마지않던 민주주의의 조류 때문에 전 유럽에서 폐물이 된 왕족 전사 계급의 현현이다. 그는 이 늙은 왕녀에게 허리 굽혀 인사하면서 그녀의 손에 입을 맞춘다.

단눈치오는 클레베르가의 아파트 현관문을 나서고 있다. 그리고 매일 그러하듯이 거리에서 노래하는 이탈리아인 테너에게 20프랑을 준다. 그의 친구는 테너가 예쁜 여성과 최신 카페에서 술 마시는 것이 목격되었으니 돈을 주지 말라고 만류한다. 단눈치오가 반문한다. "자네는 기껏 20프랑으로 그가 무얼 할 거라고 생각하나?" 과연 단눈치오는 자신에게 너그럽듯이 다른 사람들에게도 관대하다.

그가 돈을 얼마나 뿌리고 다니는지 아주 잘 알고 있는 안톤지니는, 온갖 잡기와 애정 행각으로 점철된 그의 방탕함을 관찰한다. "그는 철도역에서 개찰원에게도 팁을 준다. 기차 안에서는 검표원에게도 팁을 준다. 친구 집을 방문할 때 문을 열어주는 하인에게도 팁을 준다. 박물관에서 직원들에게도 팁을 준다. 자신이 떨어뜨린 손수건을 주워주는 부랑아에게도 팁을 준다. 그렇게 쓸데없이 에너지를 낭비하는 모습을 보며 조롱하는 부랑아의 친구에게도 그는 팁을 준다."

1914년 2월. 단눈치오는 잉글랜드에 있다. 그는 네 명의 여성과 함께 여행 중이다. 나탈리와 아엘리스(여행 일기를 보관하는), 그리고 그의 좋은 친구인 마르셀 불랑제의 아내와 애인인 메스담 불랑제와 위뱅이 바로 그 여성들이다. 이들은 모두 개와 말을 열렬히 좋아한다는 공통점을 지녔다.

아엘리스는 자신과 나탈리가 사보이 호텔에서 침대를 단눈치오와 함께 쓰고 있다고 기록에 남겼다. 잠자리 파트너가 너무 많다고 해서 그가 호텔 창문에서 보이는 경관을 감상하고 그 휘슬러의 그림과도 같은 강변 풍경을 메모해두지 못하란 법은 없다. "오팔 색 하늘에 떠 있는 붉은 태양. 교량들은 레이스로 만든 베일이다—회색의 심포니." 일행은 내셔널 갤러리를 방문하고, 그런 다음 랭커셔의 알트카로 여행해 그레이하운드 경주대회인 워털루 컵 행사를 관람하고자 했다. 단눈치오는 비에 흠뻑 젖은 초록의 풍경과 석탄 실은 마차를 끄는 큰 말들, "하루의 스포츠를 즐긴 뒤 광택제를 바른 듯 붉게 상기된 얼굴로 돌아오는" 잉글랜드인들, 축축한 땅에서 양분을 빨아먹는 거머리들처럼 쉼 없이 풀을 뜯는 양을 수첩에 기록해둔다.

1914년 봄. 꽃집 좌판이 계곡의 제비꽃과 백합꽃 향기로 가득 차 있다. 생트샤펠에서 초기 합창곡 음악회가 있다. 단눈치오는 흥분한 상태다. 경탄이 절로 나오는 보석 색상의 창문들을 단 고딕 양식의 건물 안에서 그런 노래를 듣는다는 것은 정말이지 숭고한 체험이 될 거라고 그는 믿어 의심치 않는다. 젊은 러시아 예술가인 카테리나 바르얀스키도 와 있다. "나는 흡사 노란색 밀랍으로 만든 것처럼 보이는 기묘한 얼굴을 한 작고 마른 남자를 봤다. 두피에는 머리카락 한 올 없고, 좁은 얼굴은 작고 뾰족한 수염으로 날카로워 보였다." 그는 폴리냐크 공작 부인을 에스코트하고 있다(그녀의 결혼 전 이름은 와이너레타 싱어로서 미국 재봉틀 회사의 상속녀였는데, 레즈비언이자 저명한 음악 후원가였다. 그녀는 에릭 사티와 스트라빈스키, 프란시스 폴랑크를 후원했다). 그는 자신을 바르얀스키에게 소개한다. "그는 한쪽 어깨를 다른 쪽 어깨보다 높게 만들어 기묘하게 춤추는 듯한 걸음걸이로 내게 다가왔다. (…) 그는 아주 큰 에메랄드가 박힌 보기 드문 넥타이에 실크 셔츠에도 에메랄드 커프스 단추들, 진짜 가죽 구두, 검은 줄이 달린 외알 안경을 갖춘 채 연한 회색 정장을 아주 우아하게 차려입고 있었다."

그는 의미심장하게도 그녀의 손을 꽉 쥔다. 그녀는 그의 손가락에 끼워져 있는 반지들을 느낀다. 그는 그녀의 눈을 응시한다. 그의 응시는 "정말로 벽이라도 뚫을 기세"다. 그는 이렇게 말한다. "당신을 다시 만나고 싶습니다."

며칠 후 바르얀스키는 저녁식사 초대장을 받는다. 그녀는 초대에 응하고 그날 밤 정경을 묘사한다.

"안에 들어가자마자 짙은 향수 냄새, 향초와 향유가 어우러진 냄새가 코를 찔렀다." 그녀가 입고 간 옷에도 수개월 동안이나 그 냄새가 배어 있게 될 터였다. "황금색과 검은색 벨벳 쿠션이 한가득 놓여 있는 은색 양단 소파 위에 상당한 미모의 날씬한 여성 한 명이 앉아 있었다." 이 여성은 나탈리인데, 앞부분이 매우 짧은 드레스를 입고 있고 크고 풍성한 보석들을 두르고 있으며 여느 때처럼 검푸른 색 눈에는 눈물이 그렁하다. 그 밖에 몇몇 "파리 사교계 사람"과 목에서 무릎까지 진주 목걸이를 매단 채 큰 소리로 웃고 있는 여배우 겸 고급 창부 한 명이 있다. 천장에서부터 띠 모양의 자수가 놓인 인도 직물 천들이 늘어뜨려져 있다. 검은 틀의 거울들이 반짝이고 있다. 난초와 난초 더미들, 음악회용 그랜드피아노, 수많은 부처상, 공작 깃털로 장식된 화병들, 복숭아와 포도가 한가득 담겨 있는 공작석(말라카이트) 접시가 눈에 띈다.

음악이 흐른다. 바흐와 베토벤, 크리스토프 글루크의 선율이다. 외알 안경을 낀 채로 단눈치오는 "마치 돌로 변한 듯" 골똘히 음악을 듣고 있다. 그 후 크고 도금된 일본식 병풍으로 에워싸인 라운드테이블 위에 식사가 나온다. 테이블 위에는 백장미로 가득 찬 검은색 쟁반과 검거나 하얀 말 모양의 무라노산 소형 유리 공예품들이 놓여 있다.

단눈치오는 장황하게 말을 늘어놓는데, 특히나 과장된 일화를 들은 후 카테리나 바르얀스키가 이렇게 묻는다. "그 이야기 정말인가요?"

"오, 아니에요." 단눈치오가 대답한다.

단눈치오는 자신의 명성을 놀이의 소재로 잘 활용했다. 그는 파리 전체를 자신의 무대로 활용하면서 어떤 장면을 재현해 보인다. 그와 이 다 루빈시테인이 위아래로 흰색 의상을 빼입고(그녀에겐 근사한 모피 코트가 있다) 흰색 대형 자동차를 타고서 샹젤리제를 드라이브한다. 이제 그가 바르얀스키에게 되묻는다. "내가 세상에서 둘도 없는 거짓말쟁이라는 걸 당신은 모르시나요?"

단눈치오가 파리에서 가식적으로 행동하고 있는 동안 이탈리아로 눈을 돌려보면 그의 이상을 추종하는 새로운 지지자들이 나타나고 있음을 알 수 있다. 그는 훗날 자신을 고독한 목소리의 대변자로 치장할 텐데, 자신이야말로 자유주의적으로 편향된 졸리티의 소심한 행정부 치하의 이탈리아라는 "비굴과 타협의 늪"에서 뿜어지는 희뿌연 연기 사이에 밝게 빛나는 민족주의와 영웅적 행동을 대표한다고 주장할 것이었다. 그러나 진실은 민주주의를 매도하고 폭력을 신성화한다는 점에서 그의 목소리와 유사한, 그러나 다른 목소리들도 점차 나타나고 있었다는 것이다.

그런 다른 목소리들 중에서 미래주의자들이 단연 소란스러웠다. "우리는 공격적 행위를 칭송한다"고 마리네티는 선언했다. "위험천만한 도약, 따귀 때리기와 주먹 날리기…… 우리는 전쟁을 신성화하고자 한다. (…) 군국주의와 애국심…… 아름다운 살해의 이념." 폭력에 대한 마리네티의 열정은 대의 정부에 대한 경멸감과 잘 호응했다. 그는 민주주의자들democrats을 "민주백치들democretins"•이라고 불렀다. 그와 유사한

• 'democretins'란 'democrats'와 발음상의 유사성을 이용해 민주주의자들을 깎아내린 경멸조의 표현이다. 'democretins'란 민주주의라는 말과 지능 저하 등을 유발하는 크레틴병 환자를 뜻하는 말을 조합한 표현이다.

방식으로 생각했던 또 다른 이들이 있었고, 이탈리아적인 활력의 재생 renaissance을 요구한 이들도 있었다. 이들의 대변인 격이었던 집단이 바로 피렌체에서 출간되던 잡지 『목소리La Voce』의 동인들이었다. 1907년 『목소리』의 편집자들 중 한 명인 주세페 프레촐리니는 자기 세대의 정신 상태를 이렇게 묘사했다. "불만과 쓰라림." 프레촐리니는 어떤 정치적 강령도 제시하지 않았으나, 영웅적이지 못한 현실을 받아들일 수 없다는 태도만큼은 분명했다. "우리의 반대는 근본적이고 화해 불가능한 것이다. 철저한 비타협성으로 우리는 현재 상태에 대해 '아니오'를 말해야 한다!"

조르주 소렐의 『폭력에 대한 성찰Reflection on Violence』이 1909년 이탈리아에서 출간되었고, 프랑스에서 그러했듯이 이곳에서도 많은 찬미자를 낳았다. 폭력의 상징적 힘과 집단 히스테리와 군중 행동에 대한 소렐의 이론은 단눈치오와 마찬가지로 열 번째 뮤즈인 에네르게이아를 우상시했던 많은 이탈리아인에게 호소력을 발휘했다. 1913년에 철학자 자코모 도나토는 '스파르타쿠스'라는 필명으로 "젊은 세대는 살기를, 살기를 LIVE, 살기를LIVE, 그들의 삶을 살기를, 열렬하고 강력한 삶을 살기를 원한다. (…) 사아알기이르으을LIIIVVVEEE!!!• 진정한 자유와 용기, 힘, 발작 paroxysm, 스포츠, 욕망, 갈증, 긍지, 무모함, 그리고 필요하다면 광기의 삶을 살기를 원한다." 엄청나게 긴 문장을 통사적으로 완벽하게 풀어내는 재능을 타고난 스타일리스트 지식인인 단눈치오라면 이를 다른 방식으로 썼을 테지만, '살기를, 살기를, 사아알기이르으을!!!'이라는 표현은 그 역시 염원해 마지않는 어떤 것이었다(일찍이 그는 의회의 일원으로서

• 원문에서 "사아알기이르으을LIIIVVVEEE" 다음에는 "싸우라+즐기라Fighting+ Enjoying"라는 부연 설명이 달려 있다.

"생명을 향한 전진"을 추구하지 않았던가).

1914년 3월 단눈치오는 프랑스 언론의 한 사회 칼럼 지면을 통해 이탈리아 대사관 정원에서 하키 게임을 하다가 부상을 당한 뒤로는 더이상 어떤 초대에도 응하지 않겠노라고 선언했다. 3월부터 5월까지 그는 집안에만 머물렀고, 그마저도 대개는 침대에서 꼼짝하지 않았다. 사실 그가 정상적인 생활을 하지 못하게 된 것은 다름 아닌 성병(아마도 매독) 때문이었다. 그는 친구에게 보낸 편지에서 이를 가리켜 "파리 생활의 부끄러운 낙인"이라거나 "비참한 재앙"이라고 불렀다.

그는 육체적으로나 감정적으로 지친 상태였다. 그의 저술활동을 방해한 것은 "지속적인 불확실성의 감정"이었다. 평범한 삶은 멀리 있는 것처럼 느껴졌다. 그를 에워싼 주위 사람들은 실체 없는 유령과도 같았다. 그는 발작처럼 도지는 격심한 향수병에 사로잡혔다. "내가 이 잿빛의 낮은 세계에서 매일 아침 눈을 뜰 수 있더라도 과연 여기서 계속 살아갈 수 있을지 모르겠다." 그가 걸린 병은 아주 불편했을 뿐만 아니라 자괴감에 휩싸이게 만드는 종류의 것이었다. 그 질병에 대해 그가 암시한 것들은 당혹스럽고, 그 자신도 더럽다고 느꼈다. 더구나 그를 에워싼 세상도 도덕적으로나 정신적으로, 나아가 정치적으로 때 묻고 부패한 것으로 보였다.

4월에 있었던 프랑스 총선은 좌파의 압도적 승리로 끝났다. 새로운 반反군국주의적 정부가 병역에 필요한 자격 요건을 완화했다. 한편 공중의 관심은 '카요 사건l'affaire Caillaux'—프랑스 재무장관과 『르피가로』 편집장이 얽힌 간통과 살인, 협박, 정치 부패의 이야기*—에 쏠려 있었다. 당시 이 도시의 분위기(와 간접적으로 자신의 정신 상태)에 대한 단눈치오의 기억은 완전히 혐오감으로 점철되어 있다. 그는 카요 부인 재판의 판사들이 갈색 줄무늬가 나 있는 손톱으로 살해당한 남자의 총상 자국을 헤집은 다음, 그 피 묻은 손가락으로 자기 코를 후비고 찐득한 코 분비물을 옆 사람 소매에 문지르는 장면을 상상한다. 그는 구더기들이 기어다니고 파리들이 윙윙거리는 시체와 거지들의 지저분한 손, 그러니까 한번 접촉한 다음에는 물로 씻어야 할 뿐만 아니라 식초로 소독까지 해야 하는 그 역겨운 손들에 대해 생각한다.

이탈리아에서 들려오는 소식들은 심상치 않았다. 사회주의자들이 주도한 총파업이 일주일 넘도록 폭력적인 시위로 진행되었다. 수백 명의 노동자가 가두 투쟁 과정에서 목숨을 잃었고, 건물들이 불탔으며, 전신은 끊어졌고, 철도역은 점거당했다. 단눈치오는 큰 충격을 받았다. "라틴의 천재성이 진흙탕 속을 기어가고 있다." 그는 자신이 느끼는 혐오감을 이미지로 표현하기 위해 자신의 박식함을 동원해 일찍이 로마가 쇠락하고 있었을 때 제물로 바쳐진 거위들이 카피톨리노 언덕에서 내려와 거대한 하수구에 모여 끼룩끼룩, 꽥꽥 울어댔다는 사실을 기억해냈다. 1914년 6월 16일 그는 러시아 주재 프랑스 대사인 모리스 팔레올로그에게 이렇게 말했다. "우리는 군중과 평민의 참주정 치하에서 악명 높은 시대를 살고 있습니다." 팔레올로그는 심각한 국제 상황에 대해 이야기했다. 단눈치오는 그에게 이렇게 응답했다. "당신이 두려워하

• 1914년 보수적 논조를 띠는 『르피가로』의 편집장 가스통 칼메트가 급진적 성향의 재무장관 조제프마리오귀스트 카요의 부적절한 행위를 증언하는 투서를 공개하자, 카요의 두 번째 부인 앙리에트 카요는 칼메트가 여기에 그치지 않고 카요의 첫째 부인이 있을 때부터 카요와 자신이 친밀한 사이였다는 사생활까지 폭로할 거라고 우려해 자신과 남편의 명예를 지키기 위해 칼메트를 총으로 쏴 죽였다. 재판정은 이 사건이 자신의 감정을 통제할 수 없던 한 여성의 치정 사건으로 판단하여 카요 부인에게 무죄를 선고했다. 당시 카요 부인의 범행과 잇따른 재판은 프랑스 사회를 들끓게 했는데, 한 시대로서 '아름다운 시절belle époque'의 종막을 상징했다.

2부 물줄기들

고 있는 이번 전쟁을, 나는 온 마음을 다해 호출하고자 합니다."

1914년 6월 27일. 단눈치오는 트로카데로 극장에서 세실 소렐 옆에 자리를 잡는다. 이사도라 덩컨의 무용수들이 맨발인 채로 노출이 심한 '고대 그리스식' 튜닉을 입고 있다. 단눈치오는 흰색 타이를 매고 진짜 가죽으로 만들어진 신발을 신은 채 말끔하게 차려입고 자리에 앉는데, 기분이 다소 언짢다. 앉는 일이 불편한 것이다. 그는 치질이 생겨 짜증이 이만저만이 아니다.

오스트리아의 프란츠 페르디난트 대공과 그의 부인 호엔베르크 공작 부인 소피가 보스니아를 순방 중이다. 사라예보의 한 카페에서 검은 손Black Hand*의 지도자 다닐로 일리치가 부하들에게 무기를 나누어주고 있다. 그는 가브릴로 프린치프**에게 총 한 자루를 건넨다.

• 세르비아 민족주의를 추구한 비밀 무장 단체다.
•• 오스트리아 대공 부부를 저격한 세르비아 청년이다.

27. 전쟁의 개들

1914년 7월 27일, 사라예보에서 암살 사건이 발생한 지 한 달 뒤 단눈치오는 친구인 마르셀 불랑제 및 쉬잔 불랑제와 함께 샹티이에서 열린 경주대회에 갔다. 때마침 그날 프랑스 전쟁장관이 비상 동원령을 발표했다. 당시 기동 훈련을 마치고 귀항하던 영국 함대의 함정들도 해산 명령 대신 전투태세를 갖추라는 명령을 받았다. 세르비아 당국은 오스트리아-헝가리의 최후통첩을 기다리고 있었다. 그날은 흐렸다. 경주마들은 여느 때처럼 훌륭했지만, 관중은 모두 "풀밭에서 신비의 약초라도 찾는 양" 눈을 내리깔고 걷기만 할 뿐이었다.

경주대회가 끝난 후 단눈치오는 저녁식사를 하러 인근 불랑제의 집으로 갔다. 도착하자마자 그는 여러 마리의 활기찬 그레이하운드의 환영을 받았다. 그레이하운드들 모두 눈이 빛나고 주둥이가 뾰족하며 빛을 받은 윤기 나는 거죽은 풍뎅이 색깔의 실크처럼 잔물결이 일듯이 번들거린다. 단눈치오와 마르셀 불랑제는 전시에 개들을 먹이는 게 불가능할 거라는 담소를 이미 나누었다. 이 축복받은 피조물들은 대부분 죽음을 면치 못하리라. 단눈치오가 소유한 동물들도 그럴 것이다. "회생의 신이 집안의 수호신들 사이에 자리를 잡았도다."

불랑제는 젊은 시절 군에서 복무할 때 착용한 군복 외투와 모자를 가져왔다. 방수 처리가 되어 수십 년 동안 보관된 군복에서는 좀약 냄새가 났다. 단눈치오는 군복을 만져보며 군복이 피에 물드는 장면을 상상했다. 해질녘에 "아직 하루가 끝나지 않았는데도, 한 세상이 사라져갔다."

이튿날 아침 오스트리아-헝가리가 세르비아에 선전포고했다. 일주일 후 독일도 프랑스에 선전포고했다. 마르셀 불랑제는 사랑하는 그레이하운드들을 가죽 끈에 묶어 숲으로 데려갔고, 개들은 여느 때처럼 즐겁게 그의 주위에서 뛰놀며 껑충거렸다. 깊은 숲속에서 그는 개들을 죽였다. 단눈치오에 따르면, "그는 손수 숲 한복판에 구덩이를 파고 이 우아한 몸을 가진 개들을 나란히 눕혔다. 그러고는 고개를 떨어뜨린 채 빈 개 목걸이와 개 줄을 갖고서 왔던 길로 되돌아갔다".

초여름에 단눈치오에게는 대기가 오염된 것처럼 보였다. 비는 땀과 같았다. 자신이 멈춰버린 배 안의 악취 나는 밑바닥에서 혐오스런 거대한 문어 떼 사이에 갇혀 있다는 느낌이 들었다. 욕이 절로 나오는 이 엉망진창의 상황을 어떻게 정화할 것인가? 거대한 규모의 폭력만이 유일한 치유책이었다. 이제 마침내 정화하는 피의 급류가 유럽을 삼켜버릴 기세였다. "오늘이 굴욕의 마지막 날인가? 이것이 수치의 마지막 시간인가?"

평시의 삶이 배출한 불순물들에서 탈출하게 되었다는 단눈치오의 안도감은, 당시 유럽에서 널리 공유된 느낌이었다. 가령 독일에서 토마스 만은 '전시의 사상Gedanken im Kriege'이라는 제목의 에세이를 썼는데, 여기서 "신이 살찌운 평화로운 세계를 붕괴시킨 것"에 어찌 신을 찬미하지 않을 수 있을 쏘냐라고 반문했다. 라이너 마리아 릴케도 전쟁을 가리켜 "죽음의 활력"이라 불렀고, 개인적 자유가 상실되는 것에도 오히려 기뻐하며 이렇게 말했다. "전쟁의 신이 갑자기 우리를 움켜쥐고 있다." 오스트리아에서는 폰 호프만슈탈이 애국적인 시를 공개했고, 당시 25세의 아돌프 히틀러는 "폭풍 같은 열정에 압도된 채" 무릎을 꿇고서 "젊은 시절의 고통"으로부터 해방시켜준 것에 대해 신께 감사드렸다. 영국에서는 루퍼트 브루크가 이렇게 썼다. "이제, 신은 마땅히 우리의 감사 인사를 받아야 한다/우리를 자신의 시간에 맞추게 해준 신이시여."

독일 침공군이 북부 지역을 행군해나갈 때 파리는 텅 비어 있었다. 그날 오후 4시경 프랑스가 전쟁에 돌입했을 때 파리에서 가장 큰 호텔에 머물고 있던 루이사 카사티는 아침식사를 위한 벨을 울렸다(그녀는 아침형 인간이 아니었다). 그녀에게 서빙을 해줄 직원이 아무도 없었다. 카테리나 바르얀스키는 이렇게 기록하고 있다. "나는 카사티 후작 부인이 히스테리에 사로잡혀 고래고래 고함치는 모습을 봤다. 그녀의 빨간 머릿결이 헝클어져 있었다. 박스트-푸아레 드레스를 입은 그녀의 모습은 무익한 분노의 화신이거나 괴물처럼 보였다." 그처럼 절박한 때 데카당스한 가식은 더 이상 누구에게도 먹혀들지 않았다. "전쟁이 삶의 뿌리를 건드렸다"고 바르얀스키는 생각했다. 단눈치오도 "예술은 더 이상 필요치 않았다"면서 동감을 표했다. "나는 누구인가?" 그는 스스로에게 이렇게 물었다. "나는 지금까지 무엇을 했는가?"

민족들 사이에 전쟁이 시작되자, 이탈리아 정부는 3국 동맹 조약을 준수하면서 중립을 지킬 것이라고 선언했다. 단눈치오는 전쟁이 위대한 미래가 형성되는 도가니가 될 것이라고 믿었다. 그러나 이제는 관직에서 벗어난 졸리티는 전쟁이란 것이 "조국의 명예와 심각한 이해관계가 달려 있을 때만 어쩔 수 없이 감수해야 하는 불행"이라고 봤다. 주전파의 주장은 모두 감정적이었고, 졸리티의 사려 깊은 견해에서는 "어떤 개인이든 어떤 감정을 위해 자신의 목숨을 기꺼이 바칠 수 있다고 하더라도" 어떤 개인도 그런 이유로 조국 전체를 위험에 빠뜨릴 권한은 없었다.

단눈치오는 자신이 연극에서 어떤 배역도 맡지 못한 국외자 시민이라고 느꼈다. 그는 잘못된 장소에 있는 잘못된 연령의 인물일 뿐이었고, 그의 견해에서 자신의 '조국'은 잘못된 정책을 따르고 있었다. 그는 알베르티니에게 다음과 같이 질문을 던지는 편지를 썼다. "내가 무엇을 해야 합니까? (⋯) 내가 처한 상황은 끔찍합니다." 그는 평소답지 않게 의기소침해 있었다. 파리 시민들이 남쪽으로 피란 가고 있을 때에도 그는 썰물 때 드러난 해협 바닥에 남아 있는, 빈 병이나 익사체의 신발과 같은 쓸모없고 불길한 쓰레기처럼 오도 가도 못하는 신세라고 느꼈다. 다음 6개월 동안 그는 운문과 산문을 총동원하여 일련의 논쟁적인 글들을 써댔지만, 작가가 된다는 것은 그에게 더 이상 적절한 소명이 아닌 것처럼 보였다. 파리의 프랑스군 총사령관인 갈리에니 장군을 만나 그는 이렇게 말했다. "이 순간에 내 모든 책을 당신의 행동 하나와 바꾸겠습니다."

반지성주의가 당시의 새로운 지적 유행이었다. 프레촐리니는 그해 초 『목소리』에 이렇게 썼다. "누구도 학자들과 함께, 혹은 흰 장갑을 낀 사람들과 함께 혁명을 하지 못한다. 바리케이드에 총성이 울리고 은행 문이 부서질 때는 대학교수보다 폭력단원teppista이 더 중요한 법이다. 그리고 이제 필요한 것이 파괴와 폭력이라면, 우리는 누구를 호출해야 하는가?" 확실히, 성병 약을 복용하고 나서 우울감에 사로잡힌 근시의 중년 시인을 호출하지는 않을 것이었다.

은행은 문을 닫았다. 여행도 제한되었다. 담 로즈로 드라이브를 나갔다가 단눈치오는 새로운 비행기 격납고, 즉 "전투기들의 검은 둥지"를 지나갔다. 항상 고독을 소중하게 여겼던 그는, 전쟁이 발발한 첫 몇 주 동안 홀로 있을 수는 없다고 느꼈다. 그는 하루 종일 거리로 나가 예전과는 달리 발품을 팔아 파리를 샅샅이 탐구했다. 조만간 완전히 파괴될지 모른다는 불안감 탓에 도시를 알아야(고딕 강조는 단눈치오) 한다는 강박관념에 사로잡힌 채 말이다.

1897년에 신의 피조물들을 사랑한 성 프란체스코의 성지인 아시시를 방문했을 당시에 단눈치오는 한 도축장에서 희미하게 가축의 비명 소리가 들리는 것을 민감하게 감지한 적이 있다. 대부분의 전시 회고록에서 무시된 동물들의 존재가 단눈치오의 회고록에서는 도처에 나타난다.

말들이 군대를 위해 징발되고 있었다. 불로뉴 숲은 징발된 말로 가득 찼고, 베르사유의 공원은 "말의 도시an equine city"가 되었다. 나무 사이마다 밧줄이 쳐졌고, 말들이 나란히 묶인 채 전선으로 파송될 채비를 갖췄다. 베르사유의 골목들과 궁전 바닥의 정경은 그야말로 짚과 말똥으로 어질러져 있었다. 분수들은 가동되지 않았고, 말들은 거품이 인 초록 물을 마시기 위해 분수 주위에 군집해 있었다.

도로들은 가축으로 북새통을 이루고 있었다. 단눈치오는 어느 날엔가 3000마리 정도 되는 소들에 둘러싸이기도 했는데, 소들의 행렬은 도로가와 강둑까지 뻗치며 그야말로 움직이는 살덩이들의 군무를 보여주었다. 이 가축 떼는 주기적으로 전선을 향해 북쪽으로 행군하는 부대 '무리'와 뒤섞이기도 했다. 단눈치오의 눈에 이 젊은이들이 어떻게 보였느냐 하면, 소들이 그 시끌벅적함에도 불구하고 결국은 걸어다니는 고기였던 것과 마찬가지로 젊은이들도 명백히 걸어다니는 시체와 다름없었다. 그는 한 병사가 유모차를 탄 빨간 머리 아기에게 얼굴을 들이미는 것을 봤다. 병사와 함께 있던 여자는 검정 드레스를 입고 있었는데, 단눈치오는 "그녀가 이미 과부인 것처럼" 보였다고 썼다. 그는 트럭들이 지나가는 것을 지켜봤는데, 짐칸에는 병사들이 한가득 앉아 있었다. 그들은 푸른색 군복 상의와 붉은색 승마바지를 착용하고 있었다. 짐칸에 빽빽이 실려 앉아 있는 모습은 그들이 입은 붉은색 바지와 겹치면서, 단눈치오의 눈에 피가 그들의 허리께까지 차오른 모습으로 보였다.

그렇듯 다가올 공포에 사로잡힌 환각적 예지에도 불구하고 단눈치오는 이탈리아가 참전해야 한다는 확신을 굽히지 않았다. 그의 '라틴 부활의 찬가'는 무장하라는 호소였다. 프랑스는 이미 "전사의 자줏빛 군복을 입고" "죽음의 정점에서 종달새처럼" 노래할 채비를 갖추었다. 이탈리아도 프랑스 옆에 서야만 했다.

오늘은 그대의 날, 지금은 그대의 시간
이탈리아여……
불행하게도 그대는 주저하느니
불행하게도 그대는 주사위를 감히 던지지 못하느니

이제는 평화주의자인 로맹 롤랑은 단눈치오가 러디어드 키플링과 함께 "전쟁 찬가를 쓰고 있다"는 사실을 우울한 마음으로 기록해두었다.

8월 내내 독일군은 진격을 거듭했다. 단눈치오는 당시 파리가 겪은 "경이로운 고통"에 마음을 빼앗겼다―"도시는 결코 아름답지 않았다"고 썼다. 8월 24일 독일군은 샤를루아의 프랑스군 방어선을 돌파하여 솜강으로 진격했다. 단눈치오가 눈물을 흘리면서 거리에 나와 있는 모습이 목격되었다. 그는 전선에서 탈영한 25명의 프랑스 병사 중 1명만이 처형되었다는 소식을 듣자마자 처형이 너무 적게 이루어진다며 실망했다. 그날 저녁 그는 식사를 마치고 산책하면서 처음으로 독일의 승리 가능성에 대해 심각하게 생각해보았다. "엄청난 우울감, 희미한 공포심."

프랑스가 패배의 문턱에 위태롭게 서게 되자, 단눈치오는 자신의 개들을 걱정하기 시작했다. 일부 개는 이미 죽인 상태였다("내 가슴이 찢어지네"). 초조한 피란민 대열이 출국 수속을 밟기 위해 줄을 지어 대기하고 있는 이탈리아 대사관에서 다음 며칠 동안 그는 자신의 짐을 남쪽으로 보내는 데 필요한 두 대의 포장마차를 얻으려고 연줄을 이용하고자 (헛되이) 노력했다.

9월 2일 프랑스군이 이미 퇴각하는 가운데 파리를 벗어나는 길은 피란민으로 가득 차 있고 "창문을 통해 아름답고 청순한 여성들도 언뜻 보인다". 그럼에도 그는 나탈리와 함께 베르사유에서 점심을 먹기 위해 제시간에 담 로즈에 도착했고, 그녀의 의상에 반감을 느낄 만큼 전시에도 평시의 스타일이 여전히 살아 있었다. 여름용 의상을 갖춘 그녀의 모습은 청순하고 예뻐서 레스토랑에 가기에는 썩 잘 어울렸지만, 식사 후 부상자들이 수용되어 있는 병원 방문 일정을 고려하면 어울리지 않는다고 그는 판단했다. 그들은 오믈렛과 차가운 닭고기, 그리고 단눈치오가 파리에서 가져온 한 바구니의 산딸기를 먹었다. 레스토랑 주인은 가장 좋은 포도주를 숨겨놓았는데 가만히 놔두었다가 독일군 장교들에게 내놓을 거라고 말해 단눈치오의 비위를 상하게 했다.

전선은 이제 매우 가까워졌다. 전선은 샹티이에 있는 불랑제의 집을 넘어섰다. 나탈리는 개들과 함께가 아니라면 담 로즈를 떠나지 않을 것이며, 그냥 죽고 말겠다고 선언했다. 이 시점에서 단눈치오는 "침략자에 맞서 우렁찬 외침으로 공포심을 촉발시키며 이글거리는 화염 한가운데서 낯선 전장에서 지휘하는" 이른바 "캅카스의 디아나"에 대한 놀랄 만한 판타지에 몰입했다. 그가 그레이하운드를 사랑한 것은 비단 근육질의 아름다운 몸매 때문만이 아니라 그들이 보여준 특유의 난폭함 때문이기도 했다. "그레이하운드들은 상대를 죽이려는 충동이 유난히 강하다"라고 그는 썼다. "그레이하운드들은 온통 상대를 죽이려는 욕망으로 꿈틀댄다."

9월 초 프랑스 정부는 보르도로 옮겼고, 약 80만 명의 파리 시민도 남쪽으로 피란을 갔다. 단눈치오는 아르카숑에 머물러 있었다면 안전했을 것이다. 톰 안톤지니는 단눈치오가 코트다쥐르에 피란처를 제공할 집이 있는 한 숙녀로부터 초대장을 받았노라고 기록하고 있는데, 안톤지니는 수줍은 어조로 덧붙이기를, 그녀는 "그 외에도 여러 가지"를 제공하겠다고 했다. 그러나 단눈치오는 움직이지 않았다. 그는 쇼핑하러 나가 자신과 2명의 하인이 먹기에 충분한 분량의 우유와 잼에 절인 정어리, 그해에 얻은 22마리의 카나리아를 먹일 모이를 사재기했다. 그는 『코리에레 델라 세라』의 종군기자인 루이지 바르치니와 함께 저녁식사를 했고, 전선을 실컷 누비는 그의 자유를 부러워했다. 그러나 단눈치오는 알베르티니에게 애처로운 어조로 자신은 기자가 아님을 인정하면서 자신의 관심사는 "감정과 이념"이라고 밝혔다. "지금 이 순간에 그것이 당신의 독자들에게 관심을 끌 만한 주제일 수 있을까요?"

9월 3일경 독일군이 파리에서 40킬로미터도 채 떨어지지 않은 곳까지 다가왔다. 도시의 나무란 나무는 모두 부러졌고, 도시 입구에는 참호가 파졌다. 생활은 단순해졌다. 단눈치오는 밀가루 포대를 옮기는 수레들이 도시 입구에 설치된 바리케이드로 옮겨지는 모습을 봤다. 이는 사치품이 어울리지 않는 상황에서는 기본적인 조치였다(더 이상 '산딸기'는 없었다). 매일 밤 그는 철도역으로 갔다. 그의 눈에 철도역은 도시에서 겁쟁이들(안전한 곳으로 도망가는 자들)을 배출하고 용감한 자들을 싸움터로 투입하는 거대한 펌프처럼 보였다. 그는 창백한 안색을 가리려고 짙게 화장한 여성들이 여행 가방과 상자 더미와 씨름하는 장면을 봤다. 하이힐을 신은 여성들도 눈에 띄었는데, 그는 이 여성들이 독일인 고객을 맞이할 채비를 하고 있는 매춘부들일 거라고 추정했다. 그의 스타일은 여전히 살아남아 있어서 그 와중에도 "꽉 끼는 스커트 안에서 무릎과 허벅지가 어떻게 움직이는지" 지켜보고 있었다. 그러나 그가 철도역에 간 이유는 일차적으로 전선에서 후송된 부상병들을 보고 "피의 장관"을 보면서 흥분을 느끼기 위함이었다.

그는 다른 기사문을 『코리에레 델라 세라』에 송고했는데, 이 글에는 공적인 분노—"프랑스의 심장부가 적군의 말발굽 아래에 짓밟혔다"—와 가슴 아픈 사적인 정신 상태가 기묘하게 엇갈리고 있다. "나는 내 세계를 잃었고 새로운 세계를 어떻게 정복해야 할지 알지 못한다." 그는 매일 저녁을 카페 드 라 페에서 보냈다. 마차를 끌 말도 없었고, 개인용자동차를 움직일 연료도 없었다. 처음으로 그는 전차를 이용하기 시작했고, 그 효율성에 놀랐다. 기사를 완성하기 위해 하루 종일 집에 처박혀 있어야 했던 그는, 초조함과 비참함을 느꼈다. 그런 감정이 완화되는 것은 황혼녘에 가장 좋아하는 그레이하운드를 데리고 외출할 때였다. 그는 샹젤리제를 따라 날듯이 거닐었다. 불로뉴 숲에서 발밑에 개를 두고 벤치에 앉아 무언가를 골똘히 생각하는 모습이 목격되기도 했다.

야간 소등이 되어 탐조등과 달빛만이 비치는 도시는 그에게 예전에는 몰랐던 아름다운 정경이었다. 예전에 그는 대개 파리 서부 지구의 '그랑 불바르'* 한가운데서만 살았다. 이제 그 여름의 밤들에 그는 미처 유행을 따라잡지 못한 거리들과 중세 지구와 마레 지구, 생미셸, 일 드라 시테, 생루이의 골목길들을 누볐다. 싸구려 상점과 거지들, 창녀들, 작은 램프들이 달린 성지, 퀴퀴한 냄새가 나는 선술집들을 보면서 말이다. 그는 프랑스 왕들을 위해 작업한 벤베누토 첼리니의 『자서전』을 읽었다. 그는 프랑스의 신성한 영웅들―생루이**와 필리프 미남왕,*** 나폴레옹―을 주문으로 불러냈다. 그는 현실 도시의 칙칙한 돌들 위에 자신의 환상을 투사하여 군사적 상징주의와 '훈족' 및 '반달족'의 위협에 맞서는 프랑스-이탈리아의 '라틴' 문화의 흔적으로 가득 찬 도시를 상상했다. 그는 결혼을 통해 프랑스 귀족 가문이나 왕가의 일원이 된 이탈리아 숙녀들에 대한 이야기들을 곱씹었다. 어느 날 밤 그는 퐁데자르Pont des Arts ****에서 쉬면서 정경을 기록해두고 있었는데, 이를 보고

• 문자 그대로 '대로大路'라는 뜻으로 파리의 센강 연안의 번화가를 일컫는다.
•• 프랑스 왕 루이 9세.
••• 프랑스 왕 필리프 4세.
•••• 파리의 다리 이름이다. '예술의 다리'라는 이름답게 많은 예술가가 사랑한 다리였다고 한다.

스파이 활동을 하는 것은 아닌지 의심한 2명의 경관이 다가와 그를 경찰서로 데리고 갔다. 그는 묵묵히 따라갔지만, 바르치니에 따르면, 난생처음으로 경찰들에게 조금만 기다려달라고 애원했다. "형용사 하나만 더 쓰게 해주세요." 그는 정체성이 형성된 이래로 그렇게 많이 애원한 적이 없었다. 프랑스에 사는 가장 유명한 이탈리아인으로서, 그리고 자신의 조국이 조만간 프랑스를 원조할 것이라고 거듭, 단호히 약속하고 있었던 1인으로서 단눈치오는 프랑스 당국이 조심스레 다루어야 할 남자였다.

9월 12일경 프랑스군과 영국군이 마침내 마른강에서 독일군의 진격을 저지했다. 독일군은 후퇴했다. 양쪽은 참호를 팠다. 현대전을 가까이서 지켜본 단눈치오는 그에 대해 두 가지 마음을 품었다. 공식적으로는 그것이 굉장하다고 선언했다. 그러나 개인적으로는 그것이 지루하다는데 깜짝 놀랐다. "두 달 동안 우리는 일련의 단순한 이념과 감정 주변을 빙글빙글 돌았을 뿐이다. 전쟁을 실제로 하게 되자, 전쟁은 인간 행동들 가운데 가장 따분한 것이 된다."

독일군이 퇴각한 후, 단눈치오는 예전 몇 주 동안 적군에게 점령된 지역으로 차를 몰고 가도 좋다는 허락을 받았다. 비가 퍼붓던 어느날 그는 세 친구와 함께 전선으로 나가봤는데, 친구들 중 한 명은 그의 "별난" 복장을 기록해두었다. 단눈치오는 길고 노란 방수 외투와 고글, "귀까지 덮는 왁스 바른 요상한 모자"를 착용했다. 그는 한껏 고무되어 있었다. 이번만이 아니라 다음에도 교전 지역으로 나갈 때면 마치소풍을 나가듯이 처신했다. 그의 동료는 그의 유쾌함과 활달함이 꽤나 "이례적"이라고 느꼈다.

며칠 후에도 그는 비슷한 성격의 외출을 나갔는데, 이때는 안톤지니와 함께였다. 그렇게 전선으로 출타할 때마다 그는 방대하고도 세심한 기록을 해두었다. 그들은 폐허가 된 마을과 버려진 들판을 가로질러 차를 몰았다. 단눈치오는 사소해 보이는 디테일—더러운 장난감과 조화가 꽂혀 있는 화병, 방치된 집에 있는 "이빨 빠진" 피아노, 바람에 삐걱대는 덧창, 검게 그을린 옥수수 더미들—에 집중했다. 바짝 마른 소들과 한껏 부풀었으나 우유를 생산하지 못하는 젖통들도 빌어먹을 삶의 슬픈 잔해였다. 그는 "마분지로 만든 인형처럼 뻣뻣한" 인간 시신들을 봤지만, 그보다 더 관심을 끈 것은 도로와 들판에 널브러져 있는 죽은 말들의 몸으로서 하나같이 보기 흉한 자세로 뻣뻣하고 복부는 가스로 팽창해 있으며 뒷다리는 허공을 향해 뻗어 있는 상태에서 썩은 고기를 먹는 까마귀와 파리 떼가 꼬이고 있었던 것이다. 그의 기록은 감정에 좌우되지 않고 오직 관찰한 대로 솔직하게 쓴 것이었다. 반면, 정식으로 출판된 교전지역 답사기들은 그렇지 못하다.

두 번째로 전선에 나갔을 때 그는 수아송에 도착했다. 안톤지니는 도시 근교에서 한 병사가 단눈치오의 종이 뭉치를 검문하고서 그에게 "도시가 포격당했습니다. 만일 계속 가시려면 갈 수는 있으나 아마 목숨을 잃을지도 모릅니다"라고 말한 내용을 채록해둔다. 중앙 광장에서 그들은 말 한 필과 기수를 찾았는데, 둘 다 피를 흘린 채 죽어 있었다. 한 장교가 집 밖으로 나와 그들을 향해 숨거나 빨리 도망치라고 외쳤다. 이 장교는 단눈치오의 열렬한 애독자였음이 판명되었고—다행히도—그가 두 시간 동안 머물면서 담배 50갑을 병사들에게 나눠주는 것을 허용했다. 단눈치오는 그 자리를 떠나면서 전투가 어디에서 벌어지는지를 물었고, 자신이 전장 한가운데 있다는 말을 듣고 우스꽝스럽게도 기뻐했다.

실제 일어난 일에 대한 안톤지니의 간결한 기록을 소개하는 것은 이쯤 해두기로 하자. 이제부터는 단눈치오의 기록인데, 모두 시적인 감정과 거짓말을 담배 피우듯이 뻐끔뻐끔 내뿜고 있다. 부상병들을 실은 짐수레로 혼잡한 도로 위 언덕 꼭대기에 도착해 그는 도시에 대한 "사랑의 몸짓"으로 팔을 내뻗었다. 그는 대성당의 쌍둥이 첨탑을 볼 수 있었는데, 과연 그 모습이 그에게는 하늘을 향해 손을 벌려 탄원하는 것처럼 보였다. 독일군이 도로를 폭격하고 있었다. 그는 포화 속에 갇혔고, 주위에서 무력하게 짓이겨지는 사람들 또한 그러했다. "내게는 모든 것이 아름답게 보였다." 피가 흥건한 붕대는 빨갛고 하얀 장미 덤불 같았다. 그는 대성당의 쌍둥이 첨탑 사이에서 균형을 잡고 있는 천사의 환각을 보기도 했다.

갑작스런 섬광. 대기의 요동.

"광장에 모인 군중이 무고한 자의 머리가 단두대에서 바구니로 떨어지는 소리를 듣기 위해 쥐 죽은 듯 고요하게 자리를 지키고 있을 때처럼 인간이건 초인이건, 어디서나 무엇이든 고요하다.

두 첨탑 중 하나가 잘려나갔다. 도시는 오직 한 팔과 다른 잘린 팔로 하늘을 향해 탄원했다.

나는 짐수레들에 대고 비명을 질렀다. 이제 모든 부상병이 피 흘리지 않는 그 석조물을 대표하여 피 흘리고 있었다."

진실은 단눈치오가 하늘을 향해 두 손을 처들고 있는 수아송 대성당의 쌍둥이 첨탑을 결코 본 적이 없었다는 것이다. 그는 포격에 시달린 성당이 무너지는 것을 보지 못했다. 그것은 그가 방문하기 며칠 전에 이미 독일군의 포격으로 파괴되었으니 말이다.

단눈치오가 수아송을 떠나기 전날 밤 독일 점령지인 랭스의 또 다른 대성당이 불타 그 안의 목조물들이 전소되고 검게 그을린 벽과 지붕 없는 뼈대만 남게 되었다. 우리가 이미 봤듯이, 단눈치오는 반년 후인 1915년 3월에야 처음 랭스를 방문하여 대성당의 잔해를 봤다. 그러나 폭격 장면을 보지 않고도 처량하게 아름다운 '목격담'을 쓸 수 있었다. "나는 성스런 의식이 거행되는 거룩한 장소인 또 다른 대성당이 화염 속에서 자신을 실현하는 모습을 봤다."

단눈치오는 한때 픽션 작가였다. 이제 그는 선전가였다. 진실을 말하고 사실을 정확히 표현하는 것은 크게 중요하지 않았다. 그는 감정을 휘젓고 마음을 바꿔먹게 하며 전쟁의 혼돈스런 폭력을 어떻게 이해해야 하는지를 독자들에게 말하려고 했다. 대립축의 한쪽은 라틴 인종이었다(그는 프랑스의 동맹국인 영국과 러시아에 대해서는 일언반구도 없었다). 라틴 인종은 중세 대성당 건설자들을 거쳐 고대 그리스인들로 소급되는 한 문명의 상속자이자 옹호자였다. 대립축의 다른 쪽은 야만인 훈족과 반달족이었다. 그는 이렇게 썼다. "이 전쟁은 인종 간의 투쟁, 화해할 수 없는 열강 간의 적대, 라틴어의 적들이 아득한 과거의 철의 법칙에 따라 수행하는 피의 시험이다." 그는 프랑스군—"화사한 아이들"—을 그 적군—역겨운 짐승들—과 날카롭게 대립시켰다.

파리 외곽의 땅이라는 땅은 죄다 전쟁 수행 과정에서 징발되고 있었다. 담 로즈에 있는 단눈치오의 귀한 개 사육장도 독일 침공군이 아니라 프랑스 당국에 의해 징발되어 문자 그대로 역겨운 짐승들에게로 넘어갔다. 한때 그의 개들이 뛰놀던, 오래된 담들이 있는 초원의 짧게 베어진 풀들은 그에게 떠맡겨진 600두의 가축에 의해 진창으로 바뀐 지 오래였다. 동물들은 굶주림을 견디며 괴성을 내질렀다. 나탈리는 목동들 때문에 깜짝깜짝 놀랐다. 이에 단눈치오는 항의하기도 했다. "시인의 은신처가 짐승들의 배를 채우는 곳이 되고 고기와 도축이 횡행한다는 것은 그리 고상한Apollonian 일이 아니외다."

이제 초원은 사라졌고, 그와 나탈리와 개 사육인들은 몇 시간이고 계속 목줄을 채운 채 그레이하운드들을 농장 주변의 숲에서 운동시켜야 했다. 토끼 한 마리가 그들 앞 공터를 가로질러 뛰어가더라도 개들은 쫓아가지 않을 테고 다만 "어둠 속에서 거칠게 개 짖는 소리만 메아리칠" 것이었다. 어느 날 단눈치오는 진창 속에 발이 빠져 손목에 개 줄을 휘감고서야 간신히 빠져나올 수 있었다. 멍이 들고 피를 흘리며 겨우 일어나 비틀거렸다. 입과 콧구멍은 흙투성이였다. 이 볼썽사나운 사건은 참호와 집단 묘지의 이미지로 가득 찬 그의 상상력을 통해 끔찍한 형태의 새로운 대지 숭배, 즉 인간 육신을 향한 신의 탐욕을 기리는 숭배의 출발점이 되었다.

흙의 이미지는 전사들의 피로 수분이 공급되고 비옥하게 될 터였는데, 이런 이미지는 적어도 호메로스 이래로 전생 서사시의 일부였다. 그러나 『일리아스』의 영웅들이 비통해한 반면, 단눈치오는 음침한 쾌락의 이념을 우물거리며 씹고 있었다. 그해 겨울에 쓴 저술들은 "진흙투성이의 갑옷을 입은" 잔 다르크 관련 이미지들과, 참호에서 갓 나와 너무나 지저분해 오직 번들거리는 눈을 보고서야 인간임을 알아차릴 수 있는 병사들의 이미지로 가득 차 있었다. 깊은 참호 구덩이 속에서 싸우다 죽어간 군인들은 이제 자신들을 재생시킬 대지의 자식들이었다. 대지는 그들이 새로운 인종으로 주조되기 위해 일단 용해되어야 할 주물 공장이나 다름없었다. 신성한 번제로서 그들의 죽음을 요구한 이는 다름 아닌 신이었다. 대학살carnage은 부활을 위한 필수적인 서곡이었다. "육신이 부패하는 곳에서 숭고한 발효의 과정도 시작된다." 단눈치오 자신의 작은 사고—개를 데리고 산책하다 갑자기 중단되어 온몸이 진흙투성이가 된 일—조차 일종의 성체 성사로, 그러니까 "신성한" 대지의 "충족되지 않는 식욕"을 보여주는 성찬식으로 변형되었다.

니체는 우월한 인간들을 맥 빠지게 하는 열등한 인간이 너무나 많이 존재한다고 쓴 바 있다. "너무나 많이 살고 있다." 단눈치오에게 대지는 인간 육신을 삼켜버리면서 "신비적인 공간"을 열어젖히는 것처럼 보였다. 벌목을 통해 숲속에 빛이 드는 빈터가 만들어지듯이, 인간의 대량 살육을 통해 "숭고함"으로 통하는 길이 열렸다. 고문과 집단 처형이 나오는 그의 희곡 『배』와 폭력의 정화하는 힘을 찬미한 『영광』도 이제 눈앞에서 보게 되는 광경에 비하면 어린애 장난에 불과했다. 파리에서 그는 "거대한 탱크들이…… 희생 제의에 바쳐질 살덩어리들과 술 취한 노랫소리를 가득 싣고 북쪽으로 이동하는" 광경을 지켜보았고, "운명의 여신이 위대한 비극 시인처럼 사건들을 예정해두었다"고 생각했다.

1914년 9월의 마지막 주에 프랑스 해군의 함정들이 카타로만—지금은 몬테네그로의 코토르—에서 오스트리아-헝가리 함대를 공격했는데, 이곳은 일찍이 단눈치오가 이탈리아의 "잃어버린 허파"라고 하여 수복되어야 할 지역이라고 주장한 동부 아드리아 해안의 일부였다. 이것이 바로 그의 대의였다. 이 싸움이 그의 전쟁, 조국의 전쟁이 되지 못하는 것이야말로 그에게는 참을 수 없는 일이었다. 9월 30일에 그는 분노와 역겨움, 자화자찬으로 가득 찬 장광설을 출판했는데, 여기서 예전에 자기가 쓴 글에서 가장 격렬한 어조의 구절들을 인용하고 향후 그의 수사학에서 반복적으로 요란하게 나타날 주제들을 배치했다. 그 주제란 이런 것들이다. 즉 전쟁에 투신하지 못하는 소심하고 실용주의적인 이탈리아 정부의 "노쇠함". 평화 지향적 대외 정책이 국가에 야기하는 "부패". 훌륭한 애국자라면 마땅히 민족의 위대함을 부정하는 자들에 맞서 분출해야 할 "필수적 증오심". 목적과는 별개의 "행동"의 장엄함. 그의 공적인 언설 하나하나가 그가 고수하는 철학의 본질이 얼마나 노골적으로 변모하고 있었는지를 잘 보여준다. 죽고 죽이는 일, 숱한 젊은이들의 피를 쏟아붓는 일을 하고 나서야 한 인종은 존중받을 권리를 과시할 수 있었던 것이다. 단눈치오가 말하던 것은 끔찍하고 형편없는 언설이었다. 더 끔찍하고 형편없는 것은 그런 언설에 오직 극소수만이 반대했다는 사실이다.

그는 트럼펫을 불어댔다. 다음에 무슨 일이 벌어질지도 알지 못했다. 담 로즈에서 그는 개들과 산책했다. 파리에서는 매일 프랑스-이탈리아 병원에서 부상병들을 방문했는데, 병원을 위해 기금을 모으는 일에 협조했다. 허스트 언론 쪽에서 그를 종군기자로 고용하겠다고 제의해왔는데, 그는 톰 안톤지니를 통해 엄청난 액수의 보수 더하기 송고할 기사 하나하나에 대한 엄청난 고료 더하기 자신과 비서와 하인을 위한 여행 및 호텔 체류 비용을 요구했다. 더욱이 그는 전투에 참가할 자유를 포함한 일체의 행동의 자유까지 보장받아야 했다. 허스트는 이의를 제기했다.

할 일이 별로 없던 그는 주기적으로 우울감에 빠져 의기소침해지곤 했다. 그는 친구들에게 자신이 "슬픔으로 죽어가고" 있다며 불평하는 편지를 썼다. 아르카숑에 있는 그의 집은 이제 그에게는 출입금지 구역이었다. 임대료를 연체했을 뿐만 아니라 빚쟁이들도 거기서 그를 기다리고 있었으니 말이다. 그럼에도 그는 여전히 사들이고 있었다. 그의 지출 장부를 보면, 그가 꽃과 향수, 택시비, 새 정장, 세탁비 등에 여전히 어마어마한 돈을 쓰고 있음을 알 수 있다. 그가 장앙투안 바토*의 것일 수도 있지만, 바토의 것이 아닐 가능성이 더 큰 그림을 구입한 시점도 바로 그 절망적인 시기였다. 그는 그 작품을 싸게 구입했다고 자랑했다. 아마도 한 피란민으로부터 그 작품을 구입했을 텐데, 그에게는 "진정한 전리품"이었던 셈이다.

그는 새 거처를 발견했다. 파리 시청Hôtel de Ville과 마레 지구 사이의 센강 우안을 따라 펼쳐진, 별로 변화하지 않는 구역에는 낡은 집들이 모여 있는 거리가 있는데, 이곳에 줄지어 선 상점들 사이에 포효하는 사자와 문장이 새겨진 카르투슈**가 조각된 정문이 육중하게 자리 잡고 있다. 정문 뒤로는 정교한 바로크 양식의 오텔 드 샬롱-뢱상부르가 있다. 단눈치오는 이 집 주인인 위아르 부인과 그녀의 예술가 남편의 비위를 맞추려고 열심이었다. 그는 그들을 저녁식사에 초대하고 식사가 끝난 후 그들의 환심을 살 회심의 무기를 보여주었다. 단눈치오 자신이 직접 에르메스에서 재단한 붉은색 장식물이 달린 푸른 코트를 입은 그레이하운드 한 쌍이 바로 그것이었다. 거래는 성사되었다. 드디어 단눈치오는 천장이 아주 높은 목재 패널로 만들어진 1층 방들을 임대하는 데 성공했다.

그는 임대한 즉시 그곳을 "개선"하는 데 착수했다. 그는 위아르 부부의 앤티크 가구를 모두 없애고 소파와 쿠션을 높이 쌓은 긴 의자로 공

---

* 로코코 양식을 대표하는 프랑스 화가(1684~1721).
** 소용돌이나 타원형 모양의 프레임으로 그 안에 이름이나 문장을 넣는 서양 바로크의 장식 모티프의 일종이다.

간을 가득 채웠다. 자신의 동양 장식품 컬렉션도 배치했다. 그는 위아르 부인이 칸델라브라*로 은은히 빛나는 "검은색 보루"라고 불렀던 욕실도 싹 바꾸었다(부인은 이곳이 완전히 바뀐 것을 보고 경악하여 집의 반환을 요구하기도 했다). 그는 나무 패널 벽에 거대한 거울들을 붙이기도 했다. 그의 방들은 주랑과 동상이 있는 정원과 앞뜰 사이에 위치했다. 밤에는 조용했고, 낮에는 새소리가 가득했다. 정원에는 찌르레기도 있었다. 단눈치오는 집안에 래커칠을 한 도금된 새장에 카나리아들을 길렀다. 평시의 취미생활로 되돌아온 것이다. 한 이탈리아 방문객은 그가 향수를 제조하고 유리 불기를 실험하는 등 "매우 아름다운 집에서 상당히 행복한" 상태라고 보고하기도 했다. 그는 악기 제조에도 새로 관심을 보였고(거실에는 클라비코드와 스피넷이 있었다), 나무 패널로 된 거실이 완벽한 음향 효과를 내는 것을 보고 몹시 기뻐했다. 거기서 음악가들을 고용해 프레스코발디와 쿠프랭의 곡을 들었다. 그는 이렇게 썼다. "담쟁이덩굴이 벽을 덮는다. 교회와 그 옆 수녀원에서 나는 종소리만이 침묵을 깨뜨린다." 전쟁 첫 몇 주 동안에는 고독을 견딜 수 없어 주야로 거리에 나와 있던 인간이 이제는 집안에 웅크리고 앉아 있었다. "흡사 외진 지방의 작은 성당 도시에 있는 듯하다. 외출할 때면 마치 지옥에라도 가듯이 '파리로 간다.'"

1915년 1월 중부 이탈리아에서 지진이 일어났다. 로마에 주재하고 있던 영국 대사도 샹들리에가 흔들리는 것을 목격했다. 이탈리아 반도의 다른 곳, 즉 아브루초에서도 땅의 떨림으로 야기된 폭력은 극심했다. 무려 2만9000여 명이 사망했다. 아베차노시는 완전히 파괴되었고,

---

• 나뭇가지 모양의 촛대를 말한다.

라킬라도 얼추 비슷한 상황이었다. (라킬라는 1920년대에 재건되어 파시스트 건축과 도시 계획의 가장 완벽한 사례들 중 하나가 되었는데, 2009년의 지진으로 다시 허물어졌다.) 이렇게 큰 지진이 일어났음에도 단눈치오는 아브루초에 있는 자기 가족과 지인들의 안부에는 전혀 관심이 없었다. 그 대신, 자연 재해를 자신이 새로 종합해낸 신화학을 뒷받침하는 우화로 평가했다. 그에 따르면, 지진은 대지가 이탈리아의 참전에 조바심을 낸 결과이자, 자신이 게걸스럽게 먹어치울 인간의 피와 뼈의 성찬을 애타게 갈구한 결과였다. 대지는 "예비적 희생"을 미리 보여준 것이었다. "그것은 우리를 끌고 들어가 우리의 삶과 숨을 소생시킨다. (⋯) 그것은 탐욕스런 사랑으로 우리를 덮친다."

오스트리아와 이탈리아 사이의 협상이 지속되는 가운데 오스트리아는 이탈리아가 계속 중립을 유지하는 대가로 상당한 영토적 양보를 할 채비가 되어 있었다. 지금까지 합리적인 판단을 해온 졸리티는 이탈리아가 참전을 해도 아무리 승전국 편에 선다 한들 이보다 더 많은 이득을 얻어낼 수는 없다고 주장했다(그가 옳았다). 그런 사고방식은 단눈치오에게는 극히 혐오스러운 것이었다. 그는 '이득'에는 전혀 관심이 없었다. 그는 『사랑 그 이상』에 나오는 한 구절을 인용했다. "동전이 어울리는 곳은 시체의 악다문 입속뿐이다."

2월 12일 단눈치오는 '라틴 문명의 방어'라는 주제로 열린 학술대회에 참여했다. 소르본의 대형 원형 강의실에서, 그리고 3000여 명의 청중 앞에서 한 여배우가 단눈치오의 '라틴 부활의 찬가'를 낭송했다. 원래 단눈치오는 이 여배우와 함께 연단에 있어야 했지만, 그날따라 늦게 도착해 슬그머니 객석의 한 자리에 앉아 있었다. (단눈치오가 적당한 때 적당한 곳에 있게 하는 것이 임무였던 안톤지니는, 다른 사람의 일정에 맞추는 일이 단눈치오에게 얼마나 짜증나는 일이었는지를 익살스럽게 들려준다.)
그러나 다음 날 그는 자기 발표 순서에 맞게 출석했다. 그의 연설에는
여느 때처럼 박학다식함을 과시하는 숱한 참조들(팔라스 아테나*와 델
포이, 프랑수아 뤼드의 개선문 조각)과 자기 과시, 무장하라는 호소가 총
동원되었다. 그는 청중에게 이탈리아가 조만간 참전할 것이라는 확신을
심어주었다(희망 사항일 뿐인 확신). 그는 "영웅적인 봄"을 예언했다. 그의
소르본 강연은 이탈리아 내 프랑스 언론들에서 대서특필되었다. 알베
르티니는 단눈치오의 강연을 게재함으로써 『코리에레 델라 세라』의 공
식적인 중립주의 노선을 대담하게 누그러뜨렸다. 단눈치오는 이탈리아
국내에 있지 않았음에도 불구하고 이탈리아 참전론자 당파의 대변인이
되고 있었다. 국왕의 모후도 그에게 감사와 격려의 편지를 보낸바, 단눈
치오는 이를 자랑스럽게 떠벌리고 다녔다.

점점 더 많은 이탈리아인이 단눈치오와 같은 생각을 하게 되었다. 하
나의 문명이 "비옥"해지려면 "증오가 사랑 못지않게 필요하다"라고 루이
지 페데르초니는 썼다. 페데르초니는 샤를 모라스와 악시옹 프랑세즈
Action Française **의 이념을 받아들이고 이탈리아에 대해 독일과 마찬가
지로 인구가 팽창하는 "젊은 민족"이라고 주장하면서 이탈리아가 이 세
상에서 차지할 장소를 확대하기 위해 투쟁해야 한다고 역설한 민족주
의자들 중 한 명이었다. 1910년에 개최된 제1차 민족주의자 대회에서
엔리코 코라디니는 이렇게 말했다. "이탈리아에서 민족주의가 승전에의

---

* 지혜와 전쟁을 상징하는 아테나 여신의 별칭이다. 아테나가 타이탄족 크리오스의 지혜로운
딸인 팔라스의 뒤를 잇는다는 의미에서 사용되었다. 클림트의 1898년 작 「팔라스 아테나」.
** 19세기 말에 결성되어 20세기 전반에 활동한 프랑스의 극우 민족주의 단체. 군주정을 옹
호한 샤를 모라스를 중심으로 반공화주의와 반유대주의 등을 표방하며 프랑스 정치에 큰 영
향을 미쳤다.

의지를 일깨우게 하라." 이 전쟁의 목적은 비물질적인 것이었다. 민족주의자 협회는 처음에는 이탈리아가 3국 동맹 조약을 준수해야 한다고 선동했으나, 1915년 초엽에는 단눈치오와 함께 이탈리아가 그와 다른 편인 3국 협상 편에서 싸워야 한다고 권고했다.

생디칼리스트들도 이에 동의했다. "거대한 다국적 전쟁"이 나태한 부르주아지에게 새로운 정기를 불어넣고 프롤레타리아 폭력—"진정하고" "혁명적인" 폭력, 따라서 평상시의 침체보다 더 나은 폭력—을 촉발시키거나 혹은 "통치할 의지에 충만한 사람들", 즉 중세 이탈리아에서 그 사나움을 입증한 고용된 전사로서 용병대장의 속성과 메시아의 속성을 동시에 갖춘 사람들의 권력 장악으로 나아가는 길을 터주리라는 것이 생디칼리슴의 대변자 조르주 소렐의 신념이었다. 『목소리』의 공동 편집장인 조반니 파피니와 주세페 프레촐리니도 1914년에 이렇게 썼다. "비열한 정신을 가진 민주주의자들이 전쟁에 맞서, 사나운 죽음의 야만적 쇄도에 맞서 악을 쓰는 동안, 우리는 전쟁이 쇠약해진 자들을 다시 일으켜 세우는 거대한 힘이라고, 권력과 부로 가는 빠르고 영웅적인 길이라고 본다."

1914년 11월 참전론자 당파가 새롭게 충원되었다. 그해 8월에 베니토 무솔리니는 제국주의 전쟁에 요란하게 반대하는 선량한 국제주의자로서 이탈리아의 중립주의 노선을 열렬하게 옹호했다. 당시 그는 국기國旗란 "똥더미 위에 꽂혀 있는 걸레"라고 말했고, '조국'은 신과 마찬가지로 "양심을 품은 잔혹한 폭군과 같은…… 유령"이라고 선언했다. 그러나 사람은 마음을 바꿀 수 있다. 11월에 무솔리니는 이렇게 썼다. "승리하는 자들만이 역사를 가질 것이다. (…) 만일 이탈리아가 전쟁에 얼씬도 하지 않는다면 이탈리아는 죽은 자들의 땅, 겁쟁이들의 땅이 되고 말 것이다." 그는 즉각 사회당에서 출당되었고, 그 후 프랑스와 이탈리아 기업가들의 재정 지원을 얻어 새로운 신문인 『이탈리아 민중Il Popolo d'Italia』을 창간하면서 참전론을 왕성하게 선전하기 시작했다. 마리네티는 만족스럽다는 어투로 이렇게 썼다. "무솔리니는 미래주의자다!" 그러면서 그 증거로 "전쟁의 가치와 필요성에 대한 그의 전광석화 같은 개종"을 들었다.

그런 전쟁의 "가치와 필요성"을 믿은 또 다른 인물은 민족주의/참전론을 옹호하는 『영웅L'Eroica』 지의 편집장 에토레 코차니였다. 코차니는 1915년 3월에 단눈치오의 비위를 잘 맞추는 편지를 썼는데, 여기서 그는 단눈치오를 가리켜 "마에스트로"라고 칭했다. 그는 단눈치오에게 근간호에 실을 글을 청탁했는데, 글의 주제는 "이탈리아에 가장 고상하고 위대한 모든 것"이었다. 또한 그는 자신의 조각가 친구가 작업하고 있는 가리발디 기념물에 대해서도 언급했는데, 조만간 콰르토에서 베일을 벗을 거라고 했다. 단눈치오는 편지를 한쪽에 밀쳐두고 답신도 보내지 않았다.

이탈리아 국내에서 그의 재정 문제는 결국 알베르티니가 잘 관리해주고 몇몇 친구와 지지자가 도와준 덕에 잘 해결되었다. 고국으로 돌아갈 시간이었지만, 태생적으로 이사할 결심을 굳히는 일이 어려웠다. 전쟁이 일어난 후 첫 몇 주 동안 독일군이 파리를 향해 밀려들 때, 그의 어머니는 아들에게 빨리 돌아오라고 애원하는 편지를 썼다. 그는 지금과 같은 "비극"의 시간에 프랑스를 떠날 수는 없노라고 답신을 보냈다.

1914년 11월 페스카라시 당국에서 단눈치오 기념식을 갖겠다고 하면서 그를 초대했다. 한때 단눈치오와 바르바라가 함께 여름을 보낸 '은

신처'에 명판이 붙을 예정이었다. 그러나 이 행사는 영웅의 귀환을 강제하기에는 극히 조촐했다. 그는 이렇게 말하며 초대에 응하지 않았다. "여러분은 내가 귀국하기 전에 무엇을 기다리고 있는지 알고 있습니다. 내가 바라는 것은 오직 최후의 심판을 앞당기는 일입니다." 친구들이 귀국하여 지진으로 큰 타격을 입은 고향에 힘을 불어넣어달라고 재촉할 때도 이렇게 답했다. "지금은 아니야. 가더라도 전쟁을 위해 갈 거야." 2월에 그는 라스칼라 극장에서 공연될 일데브란도 피체티가 곡을 붙인 그의 「페드라」 시사회에 참석하고픈 마음이 들었다. "나의 귀국은 더 고상한 목적을 위한 것이 되어야 한다." 그는 고향에 숭고한 전쟁의 조짐과 전조를 휘몰아치게 하고 싶었다. 오직 "로마의 창"만이 자신을 자유롭게 할 수 있으리라고 그는 말했다. "피로 얼룩진" 창 말이다.

그는 자신의 수사학이 쳐놓은 덫에 빠져 영영 귀국하지 못하게 될 위험에 처했다. 그러나 친절한 코차니 씨의 편지가 또 왔다. 애국적 대의로 새로이 투쟁하기 위해 분연히 일어선 영웅들에 대한 단눈치오적 이미지를 발산하는 가리발디 기념물 사진들을 동봉한 채로 말이다. 단눈치오는 이 영상들을 좋아했다. 그는 이제 가리발디 군단의 이탈리아 귀국 문제를 페피노 가리발디와 상의하고 있었다. 마침내 그는 콰르토에서 거행될 기념식에서 연설해달라는 코차니의 초대장을 읽었다. 때는 찌푸린 아침이었다. 파리의 하늘은 잿빛이었지만, 그의 22마리 카나리아는 봄의 향내를 뿜으며 크게 지저귀고 있었다. 이탈리아로 돌아갈 것이었다. 이제부터 "말이 아니라 인간의 목숨을 갖고서 창조"할 것이었다. 바야흐로 영웅으로서 그의 삶이 시작될 찰나였다.

다음 며칠 동안 단눈치오는 민간인으로서 마지막 생활을 즐기려는 듯 돈을 물 쓰듯 쓰면서 엄청난 양의 크러뱃을 사들이고 자기 판단에

렘브란트의 것이 틀림없는(오판이었다) 그림 한 점을 구입했다. 그는 '십자가에 달린 프랑스의 이미지에 대하여'라는 4편의 소네트를 지었다. 문제의 이미지는 『르피가로』에 시들과 함께 재현되었는데, 그림은 로메인 브룩스가 그린 것으로서 제복을 착용한 적십자 간호사의 이미지였다. 모델은 이다 루빈시테인이었다. 예술 취향과 다중 섹스의 욕망이라는 공통점으로 함께였던 세 명의 중성적 인간—브룩스, 루빈시테인, 단눈치오—이 이제 전쟁의 영광을 위해 하나로 합체되었다.

성 목요일*에 최근 몇 주 동안 불구가 되고 시름시름 앓던 아끼는 그레이하운드 '플라이'는 이제 몹시 약해져서 일어설 수조차 없었다. 저녁에 단눈치오는 '플라이'를 수의사에게 데려갔다 온 뒤 내내 함께 있었다. '플라이'의 앙증맞은 머리를 무릎 사이에 두고 흔들며 이튿날 새벽까지 말이다. 1915년 5월 4일 그는 이탈리아로 가는, 그리고 전쟁으로 가는 기차에 몸을 실었다.

• 다른 사람의 발을 씻겨주는 '세족식'이 거행되는 날이다.

3부

—

전쟁과 평화

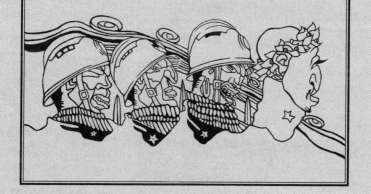

28. 전쟁

이탈리아에 돌아온 지 1년 후 단눈치오는 베네치아의 한 어두컴컴한 방에서 머리에 붕대를 감고 머리를 발보다 낮게 한 채 무기력하게 누워 있었다. 그는 아무것도 볼 수 없는 상태였다.

1916년 1월 16일 그가 탄 비행기가 대공포에 맞았다. 이 충격에 단눈치오의 몸이 요동쳐서 앞에 장착된 기관총에 머리를 세게 부딪혔다. 한쪽 눈도 큰 부상을 입었다. 다시는 이 눈으로 아무것도 볼 수 없게 되었다. 다른 쪽 눈도 회복하려면 수개월 동안 절대 안정을 취해야 한다는 말을 들었다.

그는 실재하는 것은 아무것도 볼 수 없었지만, 눈꺼풀을 닫은 채 스쳐지나가는 환영들을 볼 수 있었다―신기루와 함께 희미하게 빛나는 사막과 바위벽에 새겨진 괴물들을 말이다. 그는 몇 주 동안 누워 있으면서 마치 못질된 관 속에 누워 있는 양 어둠 속에서 팔꿈치를 옆구리에 딱 붙이고 있었노라고 우리에게 말해준다. 그는 일찍이 루브르 박물관에서 보고 감탄한 바 있는 이집트 필경사의 현무암 서판처럼 굳건했다(아무것도 보지 못하는 상태에서도 그는 30년간의 시각적 기억들을 불러내

심상으로 볼 수 있었다). 그런 악조건에도—그 또한 필경사였으므로—글을 쓰고 있었던 것이다.

그는 책상 대용으로 쓰는 널빤지를 지탱하려고 무릎을 살짝 세웠다. 가능한 한 동작과 압박을 최소화하기 위해(머리를 움직이면 안 됐다) 작은 종잇조각에 연필로 썼는데, 손가락으로 종이의 끄트머리를 느끼며 종잇조각 하나에 한 줄씩 썼다. 아엘리스가 그의 곁에 있었고, 스물두 살 먹은 딸 레나타도 함께였다. 레나타가 단눈치오가 붙여준 애칭인 "치추차Cicciuzza"로 불렸을 당시에 그는 수년 동안이나 딸을 보지 못했고, 딸의 학자금도 거의 대주지 않았다. 언젠가 두세가 학자금에 쓰라고 돈을 주었을 때도 그는 이 돈을 말을 사는 데 써, 레나타는 학교를 졸업하기 위해 학생 교사로 일해야 했다. 그녀가 베네치아에 도착했을 때 그는 처음에 엄청난 낭비벽으로 호텔 다니엘리에 머물라고 배려해주었으나, 딸의 존재로 인해 자신의 에로틱한 모험이 방해받기를 원치는 않았다. 그러나 이제 부상당한 그는 도움받을 사람이 없었고, 딸이 아버지의 간호사이자 대필자로서 함께 있을 수밖에 없었다. 그녀는 어둠 속에서 더듬거리며 종잇조각들을 모으고 옆방으로 옮겨가 일일이 대조하면서 필사를 했다. 그렇게 생산된 텍스트가 바로 단눈치오의 전후 회고록인 『야상곡』의 핵심을 이룰 것이었다. 이 저작은 감정적으로 직설적이고 형식상으로 독창적인 산문 저술로서 어니스트 헤밍웨이도 인정한 것이었다. 헤밍웨이는 그가 "얼간이"임에도 불구하고 그에게 찬사를 보낼 수밖에 없었다.

그는 1915년 10월에 친구인 프리츠 폰 호엔로에로부터 아주 싼 임대료로 카날 그란데의 미니 궁전인 카세타 로사를 빌려 짐을 풀었다. 단눈치오에게 오스트리아는 인간의 살을 파먹고 게우는 독수리였을지 모르지만, 오스트리아 공작의 호의를 얻는 것에는 전혀 죄책감이 들지 않았다. 그는 기쁘게도 단테라는 이름의 곤돌라 뱃사공을 포함하여 호엔로에의 직원들도 고용했다. 정원에는 석류나무(그의 상징)를 심었지만, 놀랍게도 인테리어는 거의 건드리지 않았다. 호엔로에와 그의 애인은 18세기 프랑스 가구 및 장식품 수집가였다. 그들의 집은 나머지 전쟁 시기에 단눈치오의 기지가 되었는데, 벽에는 연한 진주색 실크나 꽃무늬 패턴의 패널이 부착되었다. 벽난로 위 선반과 협탁들에는 자기 조각상과 금색과 은색 혹은 에나멜칠이 되어 있는 작은 상자갑이 그득했다. 18세기풍 지갑 컬렉션—자수가 놓이고 구슬로 장식되며 금줄이 달린—이 벽에 걸려 있었다. 다른 쪽 벽에는 보는 각도에 따라 무지갯빛이 나는 프란체스코 과르디*의 수경화 한 점이 걸려 있었다. 응접실에 걸린 로코코 양식의 거울들에서는 바깥 대운하가 비치며 희미하게 빛이 났다. 복도에는 삼각 모자와 진홍색 망토와 마스크domino가 걸려 있었는데, 흡사 18세기 가면무도회 참가자가 피에트로 롱기**의 작품들 중 하나에서(실제로 집에는 롱기의 작품이 몇 점 있었다) 걸어나와 손짓하며 다가오는 것 같았다. 단눈치오는 인테리어에서 딱 하나만 바꾸었다. 호엔로에의 도금된 스피넷 대신 자신의 피아노를 갖다놓았던 것이다. 단눈치오에게는 언제나, 더구나 앞을 볼 수 없었을 때에는 반드시 음악이 필요했다.

단눈치오는 계속해서 (그 자신이 불렀듯이) 이 "인형의 집"에서 나와 전쟁터로 향하곤 했다. 전쟁터에서 시력을 잃을 위험에 처했는데도, 한

---

* 빛과 대기에 대한 뛰어난 감각을 바탕으로 풍경화를 많이 그린 베네치아 출신의 화가 (1712~1793).
** 주로 가면무도회 등 사교계와 일상의 소박한 장면들을 화폭에 담은 베네치아 출신의 풍속화가(1701~1785).

쪽 눈이 회복된 다음에는 의사들의 경고를 무시하고 회복된 한쪽 눈마저 잃어버릴 위험을 무릅쓴 채 전쟁터로 다시 나가기도 했다. 그는 전쟁 영웅이었지만, 동시에 탐미주의자이자 쾌락주의자였다. 그의 공적인 삶은, 가까이에서 보면 전체적인 윤곽을 가늠할 수 없는 모자이크 조각처럼 미세한 관계들을 포함한 사적인 삶과 공존했다. 그는 이손초강에서 벌어진 격렬한 전투에 참가한 직후에 파리에 있는 안톤지니에게 황금색 자수가 놓인 뒷굽이 높은 슬리퍼 몇 개를 사서 보내달라는 편지를 쓸 정도였다(그는 여성들이 침실에서 하이힐을 신는 걸 좋아했다). 그는 계속해서 비행을 나갔는데, 대공포화를 뚫고 점점 더 많은 비행거리를 주파했고, 그 자신 편집자에게 설명했듯이, "목욕하러" 그리고 대저택에서 식사를 하러 베네치아로 돌아왔다.

여기에 전시생활을 이루었던 모자이크 조각들—화제와 일화들—이 있다.

1915년 5월의 마지막 날들에 단눈치오는 로마에서 근무지 배속 명령을 기다리는 동안 친구인 굴리엘모 마르코니와 함께 첸토첼레 비행장에 있는 무선국을 방문하러 짧은 여행에 나섰다. 몇 년 전 파리에서도 그는 마르코니와 함께 호텔 뫼리스에 묵은 적이 있었다. 그런데 전기에 문제가 있었다. 단눈치오는 자기를 위해 세계적으로 유명한 발명가가 백열전구를 달아줄 테니 걱정하지 않노라고 재담을 했다. 이제 전시 이탈리아에서 그의 친구는 더 이상 재담의 대상이 될 만한 인물이 아니었다. 그는 전 세계에 무선전신국을 퍼뜨린 "공간의 마술사"였으니 말이다. 이제 그와 마르코니는 나라의 제복을 입고 있었고, 그들의 창조물들—단눈치오의 시와 마르코니의 무선전신—은 조만간 전쟁 도구로 채택될 터였다.

그들은 미래의 영웅들에게 어울릴 법하게 차를 타고 여행했지만, 군도를 차고 있는 모습은 영락없이 과거의 영웅들에게나 어울릴 법한 모습이었다. 그들은 고대의 무덤들이 흩뿌려져 있는 풍경을 뚫고 활기찬 새 기계로 가득한 비행장을 향해 차를 몰았다. 그들은 고대의 폐허에 둘러싸인 채 미래에 도래할 것들에 대해 대화를 나누었다. 예컨대 텔레비전—이미 마르코니는 이미지 전송을 실험하고 있었다—과 레이더—그는 주파수를 이용해 물밑을 '보게' 하는 방식을 탐구하고 있었다—에 대해 말이다. 목적지에 도착하자마자, 그들은 프랑스와 이탈리아, 러시아, 미국, 그리고 놀랍게도 적성국 오스트리아로부터 메시지를 전송하는 요란한 전신음을 들었다. 마르코니는 마치 마법사가 최면을 건 동물을 살짝 건드리듯이 전송기의 금속제 표면을 어루만졌다. 두 사람은 군도가 바닥에 끌리지 않게 하려고 약간 어색하게 군도를 찼다. 낡은 것/새로운 것, 현대/고대 등 단눈치오의 사상에서 지속적으로 나타나는 주제가 이 전쟁에서 완벽하게 표현될 터였다. 즉 이 전쟁에서 인간은 대부분 효율적인 현대적 산업 병기에 의해 살육되었지만, 이탈리아의 산악 전선에서 병사들은 적군 행렬에 바위를 굴러 떨어뜨렸다—네안데르탈인들이 사용한 방식으로 동료 인간들을 살해한 셈이다.

바람이 거센 날이었다. 단눈치오가 나중에 회상하듯이, "소용돌이 바람이 불어 무덤 속의 재를 날려 미래의 씨로 바꿔놓았다".

1915년 7월에 단눈치오는 베네치아에 도착한 지 불과 36시간 만에 소함대의 기함인 '용맹Impavido'호에 탑승했는데, 배는 야음을 틈타 당시 오스트리아가 점령하고 있던 폴라의 이스트리아반도 쪽 항구 앞바다를 향해 항해했다. 베네치아에 기지를 둔 함대는 움베르토 카니 사령관의 지휘를 받고 있었다. 그는 극지 탐험가로서(스스로 손가락을 절단하기도 했다) 단눈치오도 그의 탐험을 『찬가』에서 칭송하기도 했다. 시인은 요트를 타고 가다 표류하여 전함에 구출되어 처음 베네치아에 도착한 이래로 이탈리아 해군의 친구이자 옹호자가 되었다. 이제 그는 해군 장교들에게 환대를 받았고, 작전에 참여해도 좋다는 허락도 받았다. 8월 12일에 그는 잠수함에 승선하여 13미터 깊이로 잠행했다. 8월 18일은 그가 나중에 자기 인생에서 가장 아름다운 밤이었노라고 묘사한 날이었는데, 이날 그는 '용맹'호에 탑승하고 있었고, 이 배는 트리에스테 동쪽 몬팔코네의 적군 기지에 파견된 60기의 어뢰를 발사한 6척의 전함 중 하나였다.

그는 관찰한 내용을 글로 표현한 전쟁 작가였는데, 흡사 영국이 프랑스의 전쟁터로 파견한 전쟁 화가와 같은 역할을 했다. 그의 기록은 그가 얼마나 세심한지 보여준다. 그는 독성이 있는 노란색 유황 결정체(폭약 제조에 사용된)를 가득 실은 바지선들이 베네치아 조선소를 향해 가는 걸 봤다. 이제 그는 하늘에서 달이 흡사 한 움큼의 유황처럼 노랗게 불타고 있다고 기록한다. 또한 지도를 보려고 손전등을 손으로 가리고 있는 장교도 흡사 한 움큼의 유황을 소지하고 있는 것처럼 보인다고 기록한다.

그는 배가 침몰하면 쉽게 미끄러지는 가벼운 단화를 착용하고 있다. 또한 수병들의 구명 재킷이 이미 부풀어 오른 것을 눈치 챈다. 항해사가 비스킷과 육포 등을 구명정에 실으라고 명령한다. "죽음이 코앞에 있다. (…) 죽음은 삶만큼이나 아름답다. 매혹적이고 전도유망하며 변이적transfigurative이다." 한 장교가 동료들에게 샴페인을 대접한다. 이에 단눈치오는 생각하기를, "마지막 잔이 될 것이니".

그들은 동쪽을 향해 빠르게 나아간다. 갑자기 배가 멈춘다. "배의 기수에서 선미로 가기 위해서는 누워 있는 수병들을 뛰어넘고 어뢰 상자에 정강이를 부딪히며 타는 듯이 뜨거운 연통에 몸을 데일 수밖에 없다." 사람들은 모두 침묵을 지키고 있다. 빛과 담배는 철저히 소등되었다. 그들이 목표물(과 적의 포대)에 접근함에 따라 1초가 1시간처럼 길게 느껴진다. 탐조등이 마치 흰 칼들처럼 하늘에서 교차하고 있다. "우리는 언제라도 발각될 수 있었다. 해안은 겨우 1.6킬로미터 떨어져 있다. 항상 연통들이 우리를 절망에 빠뜨린다. 연기를 너무 많이 뿜어내고 불꽃을 튀기니 말이다." 마침내 어뢰를 발사하라는 명령이 하달된다. 거대한 어뢰들이 어뢰관으로 서서히 미끄러져 내려간다. 배들이 즉시 선회한다. 안심이다. 풍취 좋은 커피가 나온다. 담배도. 그런 다음 무선 신호가 온다. 귀항하는 경로에 두 대의 적 잠수함이 도사리고 있다. "다시 한번 우리는 새벽의 오한을 느끼며 위태로운 죽음의 심호흡을 하면서 폐에 공기를 채운다."

단눈치오의 전시 기록은 물리적인 디테일로 가득하다. 기도를 하려고 무릎을 꿇은 병사의 군화 바닥에 박힌 못의 반짝임, 부상병들이 누워 있는 거친 판자때기들—동물의 생가죽에 나타나 있는 무늬처럼 다양한—의 나뭇결 등. 그러나 자신의 기록을 다시 보면서 출판을 위해 매끈한 산문으로 바꾸는 작업을 할 때 그는 이 날카로운 세부 사실들에 과거의 영광을 상기시키는 화려한 분위기를 덧칠했다. 과연 살인 병기들은 현대적이었지만, 그것을 작동시키는 인간들은 시간이 정지된 전통에서 막 튀어나온 듯했다. 어느 수병은 "오디세우스의 진정한 친구"다. 어느 장교는 르네상스 시대 해군 제독이 말했을 법한 토스카나 억양으로 명령을 내린다. 또 다른 한 시칠리아인은 13세기 신성 로마 제국의 프리드리히 2세의 팔레르모 궁정에서 갓 나온 아랍인 같다. 지금까지 단눈치오는 항상 역사적 유비들을 찾아왔지만, 이 전쟁 기록에 실제 쓰여 있는 글은 단지 기발한 문체로 쓰인 글 이상이다. 이 젊은 병사들을 신화적 영웅이나 이탈리아 황금시대의 위인들에 비유하면서 그는 전쟁에 새로운 의미를 부여하고 있는 것이다.

전시에 단눈치오는 종종 콘타리니 달 차포 궁의 정원을 방문했다. 이 정원은 오늘날에도 허물어진 저택과 막다른 골목들로 격리되어 있는 베네치아 북부 지구에 위치해 있는데, 정원의 양쪽 다 물가에 면해 있으면서 석호를 굽어보고 있다. 이곳은 지지자들에게 성가시게 방해받지 않고 홀로 있을 수 있는 장소였다. 이 당시에 그는 유명 인사였을 뿐만 아니라 거리의 군중을 모으는 영웅이었다. "아뿔싸, 또 목격됐군"이란 말이 그의 일기에 많이 등장한다. 그는 자신의 공적 페르소나가 무채색의 망토와 같기를 간절히 꿈꾸었는데, 이 망토는 언제라도 벗어 개어놓을 수 있었다. 그는 다시금 망토를 벽걸이에서 떼어내 두르려고 했다.

정원 건축은 전형적이었다. 시간과 짠 공기로 풍화된 벽돌들이 정원을 둘러치고 있었다. 고대의 기둥들 위에 얹혀 있는, 등나무덩굴로 둘러쳐진 페르골라들이 정원을 가로지르고 있었다. 그 밖에 계단과 석호를 굽어보는 철제문, 중앙에 위치한 정자, 붉은색과 흰색으로 포장되고 가장자리에 화환처럼 짧고 화사하게 깎은 생울타리가 있는 오솔길들이 있었다. "우리는 일련의 구역을 차례로 지나갔다. 회양목 구역과 서어나무 구역, 화석류 나무 구역, 월계수 구역, 인동 덩굴 구역을 말이

　　　　　　　　　　　　3부　전쟁과 평화

다." 그는 머리카락이 쭈뼛 설 정도로 가장 위험한 비행을 마친 후 조종 사이자 사랑하는 친구인 미랄리아를 이곳으로 데려와 흥분을 가라앉히고 휴식을 취할 수 있게 했다.

미랄리아는 전시에 단눈치오가 친교를 맺고 이상화하며 결국 애도하게 될 젊은 전우들 중 첫 번째 인물이었다. 이 젊은 사자들과의 관계는 감정적으로 아주 친밀했다. 그 자신은 그들에 대해 느끼는 감정에 대해 거리낌 없이 "사랑"이라는 단어를 썼다. 그는 그들의 아름다움에 감탄했다. 그들의 용기를 존경했다. 그들의 찬사도 즐겼다. 그들은 그가 실제로 낳은 자식들보다 더 자랑스러운 아들들이었고, 자신의 우정을 받아들임으로써 자신에게 젊음을 충전시켜줄 동료 전사였으며, 그 몸 뚱이들이 전쟁의 불구덩이 속으로 던져질 신성한 제물이기도 했다.

콘타리니 정원의 북쪽 끝에 있는 계단을 내려가면 철창살에 닿게 되는데, 이곳에서의 전경은 석호를 가로질러 공동묘지 섬인 산미켈레까지 탁 트여 있다. 거기서 단눈치오와 미랄리아는 함께 앉아 있곤 했고, 미랄리아는 담배 연기로 푸른 구름을 만들었다. 어느 날에는 한 여인(아마도 미랄리아의 애인이자 동시에 단눈치오의 애인이기도 한)이 그들과 함께 있었는데, 그녀는 수줍어하면서 자신의 아름다움을 대리석 석조 안의 수련의 아름다움에 비유해주기를 요청했다. 다른 날에는 단눈치오로부터 "극동의 시학"을 배웠고, 또 단눈치오로부터 청동 부처상이나 '스님'처럼 보인다는 말을 자주 들었던 미랄리아가 녹슨 철제문 위에 앉은 흰 나비를 보면서 하이쿠 비슷한 구절을 짓기도 했다. "아직 날개가 퍼덕이네/이미 내려앉았네." 몇 달 후 미랄리아가 산미켈레에 매장되었을 때, 단눈치오는 이 하이쿠 시구가 미랄리아에게 딱 맞는 묘비명이라고 생각하지만, 그의 미묘한 미소에 대한 기억은 이내 "혹독한 운명"

으로 어두워짐을 느꼈다. 정원과 나비와 일본 시와 미묘한 미소는 모두 사적인 즐거움으로서는 훌륭했지만, 전쟁이 지속되는 한 엄격함과 혹독함이 단눈치오의 공적 언설에서 주된 모티프가 될 것이었다.

베네치아가 위험에 처했다. 단눈치오는 어느 날 밤 이 경이로운 도시를 지키기 위해 공습 감시원을 자원한 예술가와 지식인들이 묵고 있는 작고 꾀죄죄한 '여인숙'으로 갔다. 거기서 작곡가 잔 프란체스코 말리피에로가 단눈치오의 희곡 『가을 황혼녘의 꿈Sogno d'un Tramonto d' Autunno』의 배경 음악을 연주하고 있었다. 청중 한 명은 "끔찍한 방과 더 끔찍한 피아노에 당황한 음악가가 형편없이 연주하고 있다"라고 기록하지만, 단눈치오만은 자애로운 표정을 짓고 있다. 그는 초기 음악과 특히 몬테베르디에 열광한다는 점에서 공통점이 있는 말리피에로와 평생지기가 되었다.

1910년에 이탈리아를 떠나기 전 단눈치오는 정부에 대해 공군을 창설하라고 요구한 바 있다. 정부는 늦게야 실행에 옮겼다. 1911년 리비아에서 처음으로 비행기가 활용되었는데, 그때만 해도 정찰용이었다가 나중에 전투용이 되었다. 현장에 있었던 마리네티는 조종사들 중 한 명에 대해 이렇게 썼다. "태양보다 더 크고 더 잘생긴 피아차 대위가 바람의 끌로 조각된 대담하고 날카로운 얼굴을 하고 의지에 불타는 수염을 기른 채 창공으로 솟구쳐 올랐다." 리비아에서는 오스만튀르크 부대를 겨냥하여 최초의 공중 폭격이 이루어지기도 했다. 마리네티는 일몰의 후광을 뚫고 비행기의 날개가 "난폭하게 바람을 가르는" 장면과 조종사가 적군으로 "들끓는 바다"에 폭탄을 투하하며 노래를 부르는 장면을 득의양양하게 묘사한다. 단눈치오는 전쟁에 대한 『노래들』에 실린 시 한 편에서 공군 조종사 피아차 대위에게 찬사를 보냈다.

1914년 이래로 현대 기계화 전쟁의 공포에 망연자실해진 유럽인들도 조종사의 위업만큼은 이 섬뜩한 전쟁에서 용맹함을 입증하는 최소한의 증거로 볼 수 있었다. D. H. 로런스는 런던 상공의 체펠린 비행선을 보면서 "대지를 불태우는 밝게 타오르는 화염"의 묵시록적 환각을 봤다. 과연 이는 끔찍한 것이었지만, 최소한 진창과 잘린 사지들과 폐허가 된 마을을 보여주는 서부 전선의 황무지와는 달리 광채 나고 위엄 있게 보일 수 있었다. 단눈치오는 쓰기를, 높은 고도에서는 "비겁하고 겁 많은 것은 살아남을 수 없다". 저 높은 창공은 영웅들의 영토이자 늠름한 볼거리였다. 미랄리아는 창공에서 빛나는 역할을 수행하며 그를 도와주는 가운데 그의 가슴속에 진정한 욕망을 불어넣어주었다.

우리는 이 두 사람이 1915년 8월 7일에 트리에스테 상공을 어떻게 비행했는지에 대해 이미 살펴본 적이 있다. 25일에는 몬팔코네 인근 바다를 저공비행하여 당시 침몰해 10여 명의 수병이 익사함으로써 강철의 관이 된 잠수함 '젤리Jalea'호를 기리기 위해 꽃다발을 떨어뜨리고자 그라도를 향해 비행했다. 8월 28일에는 두 번째로 트리에스테 상공을 비행했다. 9월 20일에는 다른 조종사와 함께 트렌토 지역에 전단지를 뿌리기 위해 아시아고를 이륙했는데, 트렌토는 이탈리아인들이 가장 열렬히 "회복"하기를 바란 미수복 영토로서 알프스 발치에 있는 오스트리아 구역이었다. 10월에는 고리치아 상공에 있었는데, 이곳은 현재 슬로베니아 국경 근처로 당시 전쟁 내내 전투가 벌어진 지역이었다. 이 비행들은 폭격을 위한 것이었다. 또한 정찰용으로도 중요했다. 전쟁 발발 시점에 군 지휘관들은 오스트리아의 산꼭대기 진지들을 확인하기 위해 관측병들을 교회 종탑에 올려보냈으나 대부분은 부질없는 시도로 끝났다. 단눈치오와 동료 비행사들이 훨씬 더 긴요한 정보를 갖고 돌아왔다.

비행 때마다 단눈치오는 지상 풍경을 기록해두었다. "해안이 마치 말 안장처럼 굴곡지게 잘려 있다." 그는 발밑에 폭탄이 있는 상태에서 시적 비유들을 적어내려갔다. 그는 계속해서 대공포화를 뚫고 나가야 했다. 어떤 경우에는 파손된 비행기가 1800미터까지 하강했다가 겨우 조종간을 작동시킬 수 있었다. 그는 이렇게 죽음을 무릅쓰면서 살아 있다는 생생한 감정을 느꼈다. "적 포수에게 조롱하듯이 손 흔들기, 반쯤 얼어붙은 오른손의 무감각함, 노래하고픈 정신 나간 욕구." 그는 자신을 보호해야겠다는 어떤 욕구도 없었다. "삶이란 목표를 향해 던져져야 할 작살과 똑같은 가치를 지닌다." 중요한 것은 오직 다음번의 예정된 출격이었고, 그것만이 "전부"였다.

지상으로 내려온 뒤에는 자주 다양한 종류의 작가와 예술가, 언론인들—이제는 거의 모두 군복을 입고 있는 사람들—과 함께 레스토랑 몬틴에서 식사를 했다. 그는 특히 셰프의 차발리오네*를 편애했다.

"인간은 이념을 마치 변비약이나 치약처럼 광고하지는 않는 법이다." 오스트리아-헝가리 제국을 통치한 합스부르크 왕조의 마지막 황제 카를은 말했다. 그러나 이는 잘못된 견해로서, 그런 견해는 그 자신의 몰락과 (다양한 형태로) 천년을 견뎌온 제국의 해체에 기여한 원인이 되기도 했다. 단눈치오는 황제보다는 진실을 더 잘 알고 있었다.

• 달걀노른자와 설탕, 포도주 등으로 만드는 커스터드류의 디저트를 말한다.

광고는 20세기 초의 세계에서 급속히 성장하는 문화적 현상이었고, 대부분의 명민한 예술가는 이미 광고 기법을 채택하고 광고 전략을 짜기 시작했다. 파리에서 브라크와 피카소는 광고지들을 콜라주에 붙이고 있었다. 트리에스테에서 전쟁이 발발할 당시 제임스 조이스라는 이름의 한 어학 선생은 단눈치오의 『마이아Maia』*처럼 호메로스의 서사시에 기초한 장편소설 작업을 하고 있는데, 이 소설의 주인공은 작은 광고 회사의 영업사원이다. 단눈치오는 인간 정신에 관계된 것들—시든 정치 강령이든—도 물질적 상품처럼 남김없이 정력적으로 팔려야 한다는 사실을 잘 알고 있었고, 그런 목적을 위해 광고상의 트릭을 사용하는 데 전혀 거리낌이 없었다. 그는 자신의 시를 알리기 위해 공개 낭송회를 이용했다. 또한 정치 연설을 책을 파는 기회로 바꾸었다. 그의 「콜라 디 리엔초의 생애Life of Cola di Rienzo」가 톰 안톤지니의 저널에 연재되고 있었을 때, 저널의 판매 부수에 관심이 많았던 단눈치오는 안톤지니에게 홍보에 더 많은 관심을 기울이라고 재촉하기도 했다. "왜 당신의 잡지를 '팔아치우지hustle' 않는 거요?"라고 그는 물었다. "토트TOT의 사례를 따라봐요." (토트란 소화제를 가리켰다.)

광고업자들은 군대식 표현인 "캠페인"이라는 말을 사용한다. 단눈치오의 전쟁 수행은 현실이었고, 게다가 목숨을 건 일이었다. 그러나 그것은 또한 광고업자들이 사용하는 의미에서 "캠페인"이기도 했다. 그는 비행하면서 광고 전단지를 뿌리고 있었던 셈이다. 흔히 통용되는 "전투 현장"이라는 말도 그대로 사용할 만큼 그는 날카로운 감각을 지녔다.

• '마이아'는 그리스 신화에서 헤르메스의 어머니 이름으로서 그 자체 '어머니'나 '유모'를 가리키는 말이다. 또한 로마 신화에서는 봄의 여신을 뜻하며, '5월'을 뜻하는 May도 '마이아'에서 유래했다고 한다.

트리에스테 상공에서의 비행들은 일련의 위업 중 첫 번째 것—부분적으로는 퍼포먼스이자, 부분적으로는 대담한 행동—이었고, 이로써 단눈치오는 (현실의 폭력 속에서) 행동하는 것이 (쇼 무대 위에서) 연기하는 것과 얼마나 가까울 수 있는지를 입증해 보였다. 그는 공감을 얻는 것이 요새를 얻는 것만큼이나 중요하고, 소규모 테러 행위가 대규모 공격보다 효과가 더 클 수 있으며, 군대의 전투력이 얼마나 잘 먹느냐뿐만 아니라 얼마나 잘 믿느냐에 좌우된다는 사실을 잘 알고 있었다.

트리에스테 상공에서 팸플릿을 뿌리며 그는 앞으로도 반복적으로 채택하게 될, 위협과 회유라는 이중 전략을 실행하고 있었다. 텍스트 자체는 설득을 위한 시도였다. 텍스트를 뿌리는 행위는(이는 그 도시에 폭탄을 투하하는 일도 쉬울 수 있음을 입증해 보이는 일이기도 했다) 위협이었다. 단눈치오는 자신의 조종사인 미랄리아가 선회하여 귀환 항로를 잡았을 때 바다를 마주보는 광장 근처의 거대한 흰 석조건물들을 굽어보며 속으로 이렇게 다짐했다. "이 건물들을 훼손하지는 않을 거야." (그는 여전히 보존주의자였던 것이다.) 그러나 그의 '행동'에 내포된 의미는 정확히 그 건물들을 훼손할지도 모른다는 것이었다.

1915년 9월 19일 동틀녘에 트렌토 상공을 비행하기 전날 단눈치오는 비행기 사고를 당해 엉덩이에서 허벅지까지 터지고 으스러져 근육과 정맥과 힘줄이 훤히 드러나는 꿈을 꾸었다.

그는 비행에 필요한 것들의 목록을 작성했다. 평소처럼 가죽 의상과 털 부츠에 모직 가운 및 모직 파자마, 모직 내의와 양말—단눈치오는 인간 양서류였고, 적당한 온기가 없는 산악 지방의 군사 기지에서 밤을 보낼 것이었다—을 챙겼다. 비누 등 세면도구와 옷솔, 수염빗(더 이

군복을 입을 때조차 단눈치오는 외양에 극도로 신경 썼다.

상 머리빗은 필요치 않았다), 구두광택제, 분첩 등도 가방 안에 넣었다. 이제 그는 공중의 이목을 받게 되었으므로 외모가 중요했고, 열심히 외모를 가꾸었다. 우고 오예티에 따르면, 그는 부대 앞에서 연설할 때도 "분을 바르고 향수를 뿌렸다". 단눈치오는 일찍이 담보물로 잡혔던 두세의 큼직한 에메랄드 반지 두 개를 런던 은행에서 회수하여 이를 항상 오른손에 착용했고, 한 동료 장교는 그가 비행기에 기어오를 때 반들거리는 굽 높은 부츠를 보고 즐거워했다. 적들은 그가 자신의 외모를 꾸미는 데 필요 이상으로 관심을 기울이는 걸 보고 사내답지 못한 행동이라며 조롱했다. 오스트리아 언론에 게재된 한 전시 카툰에서 그는 연지를 찍고 망사 잠옷을 입은 채 화장품이 그득한 화장대 앞에서 코에 분을 바르고 있는 여성으로 형상화되었다.

그의 아들 가브리엘리노와 이제는 그의 절친한 친구가 된 '용맹'호의 대위가 그와 함께 모터보트를 타고 그의 자동차와 운전기사가 기다리고 있는 메스트레(베네치아의 대표 항구)로 향했다. 그는 카날레 디 브렌타를 따라 보트를 몰아 일찍이 두세와 함께 섭렵하여 작품 『불』에서 묘사한 바 있는 정원과 빌라들을 지나쳐가면서 평시 생활의 풍요로움에 대해 몰려오는 향수를 느꼈다. 그는 쇼핑하기 위해 비첸차에 멈췄다. (물품 목록에서 빠뜨린 것이 있던가?) 그를 알아본 군중이 그가 가는 곳마다 따라다니며 환호했다.

도로는 산으로 구불구불 이어졌고, 차체가 긴 자동차는 급커브 길을 어렵사리 통과해야 했다. 아시아고에서 단눈치오는 장교들의 영접을 받으며 알프스 초지에 마련된 비행장으로 안내받았다. 여기서 그는 대기하고 있는 비행기를 이륙시킬 것이었다. 철선들로 지탱되고 캔버스 천으로 덮인 작고 엉성한 기체를 보고 기뻤다. 그의 앞에는 기관총 외

에 아무것도 없었다. 그는 시험 발사를 몇 번인가 했다. 작은 모래주머
니들이 부착된 팸플릿과 빨강, 하양, 초록의 색테이프들도 점검했다. 단
눈치오와 새로운 조종사 벨트라모는 색테이프들이 프로펠러나 혹은 회
전자의 철심에 엉키는 것을 피할 방법에 대해 진지하게 대화를 나누었
다. 그는 주변에 펼쳐진 짧게 깎인 풀밭에 작은 연보라색 꽃들이 피어
있는 모습을 둘러보았다.

그날 밤 어수선한 가운데 식사를 하며 그는 동석한 장교들에게 건
배를 제의했고, 그들에게 자신을 연설자로서가 아니라 실제 복무 중인
군인으로 대우해주면 좋겠다고 요청했다. 그럼에도 이렇게 요청하면서
도 대단히 장황하게, 그리고 틀림없이 자신의 유창함에 만족감을 느끼
며 연설했다.

이튿날 오후 몇 시간 동안 기상 상태를 점검한 후에 그는 비행기 안
에 착석했다. 여기저기서 카메라가 찰칵거렸다. 단눈치오는 선전에 유
용한 이미지와 스릴 넘치는 이야기들을 언론에 제공했다. 사진 기자들
은 조종사와 정비공만큼이나 반드시 필요한 존재였다. 그와 벨트라모는
구름을 뚫고 솟아오른 다음 맞바람을 맞으며 비행했다. 최고 고도에 달
했을 때 그들 아래에는 뾰족한 바위들이 원시적인 형태의 신전이나 니
벨룽겐의 고성처럼 서 있었다. 단눈치오는 수첩이 날아가지 않도록 앞
에 앉은 조종사의 어깨에 수첩을 대고 눌러 쓰면서—그에게는 이례적
으로—수첩은 물론이요 그 연장선상에서 비행기와 탑승자들도 얼마
나 쉽게 심연으로 곤두박질칠 수 있는지 실감하면서 새삼 현기증을 느
꼈다.

트렌토에 도착해 팸플릿을 투하하고 안전하게 귀환한 후 단눈치오는
다시 비행장에서 장교들을 상대로 연설을 했다. 말도 더 많아지고 따르

는 이도 더 많아졌다. 다음 날 그는 참호를 구축하던 정비공들에게도 연설을 했다. 사흘 후에도 그는 1000명 이상이 전사한 전투의 생존병들에게도 장광설을 늘어놓았다. 10월에도 다시 연설했는데, 이번에는 아오스타 공작이 배석한 미사에서였다. 그의 주요 연설은 신중하게 작성되었고, 나중에 『코리에레 델라 세라』 지면에 게재되어 이탈리아 전역에 알려졌다. 그 밖에 다른 것들, 즉 동료 장교들에 대한 건배 제의나 그의 자동차 주위에 몰려든 군중에게 행한 연설 등은 '즉흥적으로' 이루어진 것이다.

연설 주제는 항상 똑같았다. 전투병들은 영웅이다(청중이 누구냐에 따라 공병이나 정비병이 영웅일 수도 있었다). 그들은 순교자다. 그들은 고전 신화학에 나오는 영웅이나 고대 로마 군단의 영웅처럼 고상하고 헌신적인 사람들이다. 그들은 후퇴하거나 항복하지 않을 것이다. 그들의 피가 전쟁터를 흠뻑 적실 것이다. 그들은 "위대한 이탈리아"가 해방될 때까지 쉼 없이 싸워야 할 의무를 죽은 동지들에게 빚지고 있다. 그들이 자신의 가치를 입증하지 못한다면 죽은 자들은 영원히 그들을 따라다니며 괴롭힐 것이다. 그들은 죽을 때까지 싸워야 하며, 그 자신도 그럴 것이다. "우리는 죽은 자들의 신성한 혼령을 걸고 이를 맹세하며 실천할 것이다."

그는 아부하기도 했고 위로하기도 했다. 수치심을 불어넣기도 했고 영감을 불어넣기도 했다. 그의 연설은 듣는 사람의 지성이 아니라 감성을 자극하도록 주도면밀하게 준비되었고, 그런 만큼 흡사 마법을 거는 주문과도 같았다. "이탈리아의 병사들이여, 위대한 운명을 타고난 사수들이여, 오늘 그대들의 교향악을 연주하라, 승리와 영광의 웅장한 교향악을 연주하라." 만일 전쟁이 교향악이라면, 그의 연설 역시 고도의 기교를 보여주는 연주와 되풀이되는 후렴구로 가득 찬 음악작품이었다. 말들―피와 죽음, 영광, 사랑, 고통, 신성, 승리, 이탈리아, 불과 같은 말들―이 주요 가락처럼 연설을 울리고 있고, 다시 피와 죽음, 이탈리아, 피, 죽음, 피 등이 되풀이된다. 그의 연설은 마치 최면을 거는 듯한 언어의 연금술로 서서히 수사학의 물결로 시작해 호소력 짙은 물마루를 거쳐 마침내 환호―청중의 이른바 '영웅주의'에 대한 단눈치오의 환호, 자신의 영웅적 지위에 대한 청중의 환호―를 야기하는 요란스런 절정에 이른다.

이탈리아의 적은 그의 이웃이자 "불구대천의 원수"인 오스트리아-헝가리 제국으로서, 이 나라는 기억이 허락하는 한 오랫동안 이탈리아반도 대부분을 통치해왔다. (독일에 대한 이탈리아의 선전포고는 1916년 8월이 되어서야 이루어졌다.) 대부분의 이탈리아인에게 대전은 무엇보다 이탈리아 해방 전쟁이었다.

합스부르크 군대는 제국의 신민들로 이루어졌다. 이탈리아 병사들이 맞서 싸워야 할 상대는 슬로베니아인과 크로아티아인, 세르비아인, 보스니아인, 즉 종전 이후 유고슬라비아 국가를 형성하게 될 바로 그 민중이었다. 전선은 스위스 국경에서 트리에스테 서쪽의 아드리아 해안까지 600킬로미터가량 뻗어 있었다. 내륙 지대에서 이탈리아 병사들은 오스트리아에서는 티롤이라고 부르고 이탈리아에서는 트렌토 혹은 알토아디제라고 부르는 알프스 남부 사면의 산악지역에서 싸웠다. 이 산악지역의 정상부에는 8월에도 눈사태가 일어났다. 병사들에게는 기후에 맞지 않는 군화가 지급되었다. 최초의 보급품은 종이판지로 된 군화 갑피와 나무 밑창이었다. 동상은 거의 피할 수 없었다. 병사들은 포격을 받기 전에 이미 발을 잃었다. 전선의 남부 끝단에서는 프리울리 지역의 해안도 전쟁터가 되었는데, 이 지역은 겨울에 범람하는 강들이 있어서 양편 모두에게 돌아가며 유용한 방어선 내지는 강력한 보루 역할을 했다.

주된 전장은 카르소—현재의 카르스트—였는데, 이곳은 동쪽으로는 슬로베니아와 북쪽으로는 알프스로 연결되고, 트리에스테에서 내륙쪽으로 뻗어 있는 석회암 지대였다. 깊이 침식된 지역이라서 작음 틈과 동굴이 곳곳에 있는데, 표면 상단은 구멍이 숭숭 뚫려 있고 표면 하단

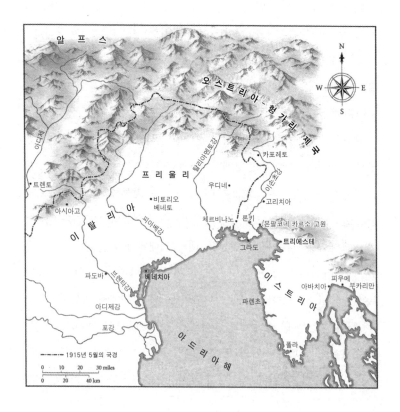

3부 전쟁과 평화

은 날카로운 바위와 깊은 구멍들이 복잡하게 얽혀 있어 말하자면 돌 스펀지에 비유할 수 있는 지형이었다. 단눈치오가 반복해서 수사학적으로 사용했듯이, 물은 지하의 강을 따라 흘렀다. 그는 이렇게 말했다. 카르소는 "피에 굶주려 있다".

고원 지대에는 지속적인 물 공급이 불가능했으나, 범람으로 진흙탕이 암반 구멍에 고이곤 했다. 이 지대는 여름에는 빛이 바위에 반사되어 앞을 볼 수 없게 하며 식수 부족으로 갈증에 시달리는 바싹 구워진 철판이 되고, 겨울에는 위험천만한 삼중의 미로라고 할 눈 언덕과 크레바스와 적토 침전물이 널려 있었다. 과연 카르소는 고유의 명칭까지 갖고 있는 지방풍—보라—까지 불어 어느 모로 보나 사람이 살기에는 부적합한 지형이었다. 그런 만큼 참호전이 전개되는 동안 이곳은 지옥이나 다름없었다. 땅을 팔 수도 없어 부대는 바위에 얕은 홈을 파거나 종종 사람 무릎 높이도 안 되는 엉성한 돌담을 세워 엄폐할 수밖에 없었다. 포탄이 터지면 깨진 돌조각들이 대기에 흩뿌려졌다.

모든 전선에 걸쳐, 거의 항상 이탈리아 병사들은 고지를 향해 산비탈을 오르면서 공격을 감행했는데, 이는 오직 등반 장비를 잘 갖춘 산악부대원들만이 수행할 수 있는 작전이었다. 그들은 30킬로그램짜리 배낭을 짊어진 채 40도 경사면을 기어오르면서 전진했고, 종종 20~30미터씩 미끄러져 간신히 확보한 산비탈을 어이없이 내주기도 했다. 이 전쟁은 그 원시성과 근대성이라는 면에서 지독했다. 단눈치오는 자신의 『프란체스카 다 리미니』에서 중세의 끔찍한 전쟁 기계를 음미한 적이 있다. 이제 사람들은 그와 똑같이 잔혹하고 기괴한 도구들을 갖고 서로 죽이며 죽임을 당하고 있었다. 강철 바퀴에 탑재된 칼날과 못이 박힌 철퇴, 수지와 역청으로 만들어진 불덩이. 그런 살벌한 도구들에 새로운 테크놀로지가 가미되었다. 고립된 산 정상에서는 지뢰가 폭발하여 주변을 산산조각 냈다. 독가스로 구덩이에 있는 중대원 전체가 몰살당했다. 이탈리아 병사들은 수류탄 세례를 받으며 산을 기어올랐다.

풍경은 지옥도였다. 그 속에서 치러진 전쟁은 인간의 어리석음을 여실히 보여준 한 편의 잔혹극이나 다름없었다. 서부 전선에서 독일군이 참호를 팠을 때, 키치너 경은 완전히 당황했노라고 고백한 적이 있다. 당시 통용되던 군사 이론들 중 어떤 것도 당황한 그에게 도움이 되지 않았다. "이것은 전쟁이 아니다." 한편 이탈리아 총사령관 카도르나 장군은 그보다 훨씬 더 난해한 문제에 직면했다. 그가 맞서 싸운 오스트리아 적군들도 방어 진지를 팠지만, 그들의 것은 산맥의 정상이나 산등성이에 있었다. 카도르나는 이 문제를 무시하고 철조망이 쳐진 산 정상 참호 진지에 대한 공격을 명령했다. 군율은 엄했다. 병사들은 사소한 군율 위반으로도 엄동설한에 포승에 묶인 채 야외에 방치되었다. 처우에 대해 불평했다는 죄목으로 6개월간 수감생활을 한 징병자는 이렇게 썼다. "보통의 병사들은 짐승보다 못한 대우를 받았다." 전쟁 개전 직후 몇 개월 동안에는 장교들이 별로 쓸모도 없는 군도를 휘두르며 돌격을 이끌었다. 그러나 1916년 1월에 오스트리아 장교들이 그러했듯이 이탈리아 장교들도 권총으로 탈영병을 사살할 수 있도록 대열의 맨 뒤에 서도 좋다는 명령을 받았다. 병사들은 가까이에서 돌격 명령을 받으면서 오스트리아 기관총의 손쉬운 먹잇감으로 노출되었다. 한 오스트리아 장교는 그들의 돌격에 대해 이렇게 논평했다. "그것은 집단 자살 시도처럼 보였다."

일단 단눈치오가 전선에 며칠이고 계속 체류하기 시작하면서 그는 전진 기지를 필요로 했고, 그래서 체르비냐노의 요새 도시에 있는 집을 임대했다. 주인은 조류학자라서 방들은 박제된 물새로 가득 채워져 있었다. 단눈치오는 박제를 좋아하지 않아서 톰 안톤지니에 따르면 1.8미터 높이의 칸막이 18개를 구입했다. "칸막이를 이리저리 배열하여 시야에서 새들이 보이는 걸 차단했지만, 미로처럼 이리저리 돌아가야만 침대로 갈 수 있게 되었다." 이 기묘한 임시 숙소에서 그는 썩 잘 살았다. 그는 여기에 40개의 다마스크 쿠션과 비극의 뮤즈인 멜포메네 점토상을 갖다놓았다. 매일 아침 그는 미랄리아에게 묘사했듯이 "마에스트로에게 바치는 봉헌물"—갓 짜낸 신선한 우유와 진한 크림과 잼, 마지팬*과 '사보야르디savoiardi'라 불리는 손가락 모양의 작은 케이크들—을 즐길 수 있었다.

전쟁도 그의 낭비벽을 어쩌지 못했다. 그는 여전히 담 로즈에 있는 나탈리에게 그녀 자신과 개들(최소한 개들 중 24마리는 여전히 생존해 있었다)의 생활비를 위해 돈을 부치고 있었고, 특별한 이유도 없이 베네치아의 카세타 로사와 체르비냐노의 방 외에 아르카숑의 집까지 그대로 유지하고 있었다. 알베르티니는 단눈치오가 기고한 글이라면 무엇이든 후한 원고료를 지급했지만, 단눈치오는 천박한 금전적 동기에서가 아니라 기분이 내킬 때 '노래를 부를' 터였다. "내가 일용할 양식을 구하기 위해 노래를 불러야 한다면, 나는 일용한 양식을 포기할 것이다."

단눈치오는 일정 시기 동안 자신이 치른 전쟁을 상세하게 기록해두었으므로 우리는 그가 시간대별로 무엇을 했는지에 대해서뿐만 아니

* 아몬드 가루와 달걀 흰자위, 설탕 등으로 만든 달콤한 과자의 명칭.

라 그의 기분이 어떻게 오르내리고 그의 생각이 어떻게 급변했는지에 대해서도 알 수 있다. 예컨대 1915년 10월 17일 일요일, 그러니까 이손초 강변에서 감행한 이탈리아군의 주요 공세가 시작되기 전날이 바로 그의 생각과 기분의 변화를 잘 보여주는 날이다.

한 군목이 체르비냐노 인근에 야영하는 여단을 위해 미사를 집전하려 했고, 단눈치오는 이 미사에 참석하려고 자동차를 타고 마치 물길을 가르는 뱃머리처럼 긴 부대 행렬을 가르듯이 나아갔다. 병사들은 공식적인 서열에 따라 총검을 고정시킨 채 비스듬히 내리쬐는 10월의 태양 아래 도열해 있었다. 대충 만들어진 제단—병사들이 잠잘 때 덮는 종류의 구멍이 숭숭 뚫린 모직 모포로 덮인 탁자—이 잎사귀들이 쉬지 않고 흔들리는 포플러 나무들 밑에 마련되어 있었다.

한 장군이 명령을 내리자, 병사들은 소총에 몸을 기대며 무릎을 꿇었다. 나무 위에서는 까마귀들이 까악까악 울어댔고, 벌레들이 윙윙 날아다녔다. 단눈치오 옆에서 무릎을 꿇고 있던 한 젊은 장교가 "실례합니다"라고 하면서 막 목을 쏘려던 찰나의 말벌 하나를 잡아 미소 지으며 그에게 보여주었다. 그는 병사들이 친절하다고 생각했다. 일부 병사는 고대 조각상처럼 아름답기까지 했다. 그들은 무릎을 꿇은 채 군화 밑창을 훤히 내보일뿐더러, 일부는 일찍이 그가 애인들의 몸에서 사랑했던 부위, 그러니까 사타구니와 겨드랑이와 무릎처럼 따뜻하고 축축한 은밀한 구석들까지 내보이고 있었다. 그들이 미사를 마치고 몸을 일으켰을 때, 그들의 무릎은 흙투성이가 되어 있었다. 그러나 그들의 육체적 특성을 알고 난 뒤에도 단눈치오는 여전히 그들을 희생되어야 할 대상으로만 평가했다. 그들이 해산하여 풀밭 여기저기로 흩어지자, 그의 눈에 그들은 "다량의…… 산더미 같은" "푸줏간으로 갈 고기들"이

노닐고 있는 것처럼 비쳤다.

아오스타 공작도 그 자리에 있었다. 이 훤칠하고 핸섬한 공작은 자신의 사촌인 국왕보다 모든 면에서 더 인상적인 개성을 지닌 인물로서 열렬한 민족주의자이자 능률적인 지휘관이었다. 단눈치오는 그를 존경했다. 미사가 끝난 후 그들은 비행기에 대해 짧게 대화를 나누었다. 그후 단눈치오는 인근 산마루에 있는 공작의 관측 초소로 이동했다. 적기가 대공포화에 쫓기며 머리 위를 선회하고 있었다. 여느 사람들과는 달리 이미 창공에서 그런 경험을 했던 단눈치오는 옆에 있던 장교에게 창문 유리를 덮어야 한다고 말했다. 허공에서는 지상에서 반짝거리는 유리를 쉽게 식별할 수 있기 때문이었다. 그는 현기증을 느끼며 털썩 주저앉았다. 나무 패널로 덧댄 벙커의 벽들은 화환 그림으로 장식되어 있었는데, 이는 어색하고 심지어 초현실적인 느낌까지 주었다. 이 그림을 그린 이는 단눈치오의 찬미자로서 시인에게 벽 디자인을 완성할 글귀까지 달라고 요청했다.

체르비냐노로 돌아온 후 단눈치오는 오랜 친구인 우고 오예티(조만간 사령부의 대민 홍보부장으로 지명될)와 점심식사를 함께 했다. 그들은 신선한 농어 요리를 먹었다. 그런 다음 단눈치오는 아직 수복되지 않은 영토의 지명을 따 '도베르도'라는 이름을 붙여준 자신의 말을 타고 나가 탁 트인 시골을 샅샅이 둘러보려고 했다. 그는 도로에서 벗어나, 그러니까 버드나무들이 줄지어 서 있는 제방 가의 트럭과 앰뷸런스들이 내는 연기와 먼지, 소음에서 벗어나 개천 하나를 따라 갔다. 죽어가는 잎사귀에 내리쬐는 10월 오후의 햇빛은 온통 황금빛이었다. 단눈치오는 그에 앞선 시인 키츠와 마찬가지로 가을을 의인화하여 상상했다. 그에게 가을은 팔마 일 베키오*가 그린 초상화, 즉 "여성적이고 유순한 대상"이었다. 포플러 나무들이 병풍처럼 둘러쳐진 초지에 도착하자, 그는 말을 전속력으로 달리기 시작했다.

단눈치오는 감상에 젖었으나 냉정했다. 그는 자신이 다음 날에라도 죽을지 모른다고 생각했고, 그렇게 생각이 미치자 오히려 침착해졌다. "이제 죽을 때다tempus moriendi." 이 라틴어 경구(구약성경의 전도서에 나오는 말)는 당시 그의 저작에 계속해서 출몰하게 될 글귀였다.

그는 방으로 돌아왔고 나탈리가 보낸 편지를 분노에 차 읽은 뒤 목욕을 했다. 나름대로 정교한 의례도 갖추었다. 먼저 하인이 말털 장갑으로 그의 몸을 훑고 딱딱한 솔로 그의 등을 문질렀다. 그는 조종사 벨트라모가 창문을 두드릴 때도 여전히 '욕통tub'(단눈치오의 영어) 안에 있었다. 단눈치오는 "그가 아마도 내게 영웅적 죽음을 선사하려고 왔나 보다"라고 생각했다.

이제 훨씬 더 말쑥하고 향기로워진 그는, 조종사와 함께 문밖에 나가 벤치에 앉았다. 벨트라모는 자신이 적십자 소속 간호사와 이제 막 한 시간 동안 "격렬한 쾌락"을 나누고 온 참이라고 말했다. 이 말을 듣고서 단눈치오는 평소에도 자주 그러했듯이 이번에도 이렇게 생각했다. "스물일곱 살로 되돌아간다면 무슨 일인들 못 하겠는가!" 그들은 진지한 문제들에 관심을 돌리며 비행에 대해 논의했다. 공세는 다음 날 아침에 시작될 터였다. 이틀 후 그들은 적진 상공을 비행하면서 정찰 임무는 물론이요 지상군을 보호하기 위해 할 수 있는 임무를 다할 것이었다. "그는 누군가 내게 꽃을 주듯이 내게 위험을 준다." 그들은 빈

• '노老팔마'라는 뜻으로, 이탈리아 르네상스 시대 베네치아 출신의 화가 야코포 팔마 혹은 야코포 네그레티를 말한다(1480~1528). 그는 주로 육감적인 금발 여성들을 소재로 많은 초상화를 남겼다.

3부 전쟁과 평화

상공을 비행하는 자신들의 숙원(단눈치오가 이 숙원을 해결하기 위해서는 3년이라는 세월이 더 필요할 것이었다)과 벨트라모가 사랑을 나눈 소녀에 대해 다소 길게 이야기를 나누었다. 그렇게 이야기를 나누는 동안에도 단눈치오는 동료의 외모—그의 하얀 치아와 짙은 곱슬머리—와 그의 나긋나긋한 성격은 물론이요, 그의 손에 너무 꽉 끼는 장갑("그에겐 진정한 우아함이 없다") 따위를 평가하고 하루나 이틀 후면 자신들 모두 한줌의 새카맣게 탄 고깃덩이로 변할지도 모른다는 생각에 잠기는 것이었다.

벨트라모는 떠났고, 단눈치오는 갑자기 할 일이 없어졌다. 때는 저녁이었으나, 그는 어수선한 상황에서 식사를 하기도 싫었다. 그는 정원에서 자신의 욕조를 비우고 있는 다부진 체격의 하녀를 지켜보면서 이렇게 생각했다. "아마도 나는 그녀를 덮칠 수도 있을 거야." 벨트라모의 자랑 때문에 그의 성적 욕망도 자극받았을 텐데, 그럼에도 그것은 단지 지나가는 생각에 불과했다. (이처럼 그는 노동 계급 출신의 여성들을 겁탈한다고 상상하는 것을 즐겼는데, 이는 단눈치오의 개인적인 글들에 나오는 스쳐지나간 많은 생각 중 하나였다.) 그 대신 그는 도로를 따라 거닐었는데, 등화관제 때문에 도로와 나란히 흐르는 강을 거의 볼 수는 없었다. 다른 통행자들도 있었다. 기병이 일렬로 걸어가고 있었는데, 모두가 자기 말을 끌고 있었다. 푸른색 젤을 붙여 희미해진 헤드라이트를 켠 대형 트럭도 있었다. 누더기를 걸친 포로들도 말에 탄 창기병에 이끌려 길가장자리를 걸어가고 있었다. 결국 노래를 부르며 전선으로 올라가는 1개 보병 여단도 지나갔다. 단눈치오는 어둠 속에서 몰래 그들의 대열 속으로 섞여 들어가 그들과 함께 걸었다. 팔꿈치가 쿡쿡 찌르고 소총 개머리판이 엉덩이에 부딪히는 가운데 그는 뺨에 거친 숨소리를 느낄 수 있었다. 그 순간 이 병사들의 육체적 현실을 첨예하게 인식하게 되었다. "그들은 마치 내가 자기네를 데리고 가는 것처럼, 마치 내가 개인적으로 자기네를 죽음으로 몰고 가는 것처럼 나를 짓누르고 있었다."

이튿날 약 1300문의 이탈리아 대포가 50킬로미터에 달하는 전선에서 일제히 포문을 열었다. 멀리 떨어진 자그레브에서도 땅이 흔들렸다고 한다. 포격에 이어 산악 지형에서, 악천후 속에서 벌어진 전투는 참혹했지만 소득이 없었다. 참호들은 "더러운 수렁"으로 변했다. 한 여단에서는 병력의 3분의 2가 전사했다. 17일 뒤 폭설이 내려 전투가 중단될 때까지 6만7000여 명의 이탈리아 병사가 사방 100미터도 안 되는 땅뙈기를 얻기 위해 목숨을 바쳐야 했다.

공세 첫날 단눈치오는 이손초강 어귀에 있는 모로시나섬에 있었는데, 이 섬에는 배가 침몰하여 해상 임무를 수행할 수 없게 된 1개 중대의 수병들이 포대에서 근무하고 있었다. 그는 진창 위에 깔린 널빤지들 위를 조심스레 걸어갔고, "탑처럼" 생긴 목재 관측소 위로 올라갔다. 그는 두이노에 있는 성의 전경을 보며 감탄했는데, 두이노에서 그는 "권태로운 시대"에 "달콤한 시절"을 보낸 적이 있었다. (이 성의 주인은 라이너 마리아 릴케의 후원자인 마리 폰 투른 운트 탁시스 공작 부인으로서 그의 집주인의 여동생이기도 했다.) 그가 새벽에 집에 도착했을 때 종달새들이 지저귀는 소리를 들었다. 그런 다음 아오스타 공작의 일일 명령이 메가폰을 통해 요란하게 하달되었다. 귀청을 찢는 포성이 시작되었고, "공기도 조금씩 금속이 되어갔다".

단눈치오는 하루 종일 다른 이들이 부상을 입거나 목숨을 잃은 동안 계속해서 섬에 머물렀다. 그가 몇 초 자리를 뜬 사이에 포탄이 그

3부 전쟁과 평화

자리에 터졌다. 그는 영웅주의를 증명하는 사례들을 모으고 있었고, 이를 기념하는 구절들을 수첩에 빼곡하게 적어내려갔다. 그는 응급 치료소로 향하는 부상병들을 따라갔다. 널빤지를 깔아 만든 길은 피로 흥건했다. 그는 복부에 끔찍한 부상을 입은 아브루초 출신 병사를 발견했다. 그 사내는 누더기가 된 셔츠를 빼곤 벌거벗은 상태였다. 몹시 연약해 보이는 그의 성기가 단눈치오의 인상에 박혔다. 단눈치오는 그의 옆 진창에 무릎을 꿇었다. 몇 년 후에도 여전히 그 사내가 고통스러워하며 맨발로 발작하면서 자신의 허벅지를 찌르는 잔상이 단눈치오의 뇌리에 맴돌았다. 포탄 파편에 난도질당해 거의 형체를 알아볼 수 없게 된 장교도 자기 대포의 발포 소리를 들을 수 없었기 때문에 흥분했다. "그는 자기 대포로 돌아가게 해달라고 애원했고, 처절하게 울면서 더 잘할 수 있다고 약속했다. 그는 자신이 숭고하다는 것을 알지 못했다."

항상 병실에서 헌신적으로 환자를 돌보는 데도 익숙했던 단눈치오는, 부상병들과 함께 머물면서 그들을 진정시키고 그들에게 영웅이라고 속삭여주었다. 그날 밤 그는 여전히 손톱에 부상병들의 피를 묻힌 채 체르비냐노로 돌아갔다. 길가의 포플러 나무들이 "대성당의 아치처럼" 마음을 숙연하게 했다. 그는 티치아노*에 대해, 자신의 어머니에 대해, 천사들에 대해 생각했다. 자신이 단 몇 초 차이로 죽음을 피했다는 사실에도 그는 동요하지 않았다. "신성한 전쟁의 비할 데 없는 음악"이 그의 마음속에 울리고 있었다.

다음 2주 동안 단눈치오는 반복적으로 전선에 나갔다. 그는 대포들

---

* 16세기 베네치아 화파의 대가이자 신성 로마 제국의 황제 카를 5세의 전속 화가였다.

이 화산처럼 분출하고 화산 분출 이후처럼 포연이 에워싸면서 주위 산들이 자욱해지는 모습을 봤다. 그는 산비탈에서 관측 훈련을 받을 때 관측 진지로 변한 교회 종탑에 서서 총알이 주위 벽을 때리는 소리를 들었고, 병사들이 물처럼 번들거리는 총검을 메고 산위로 뛰어올라가는 모습을 지켜보았다. 그동안 적군의 기관총이 그들을 향해 드르륵거렸다. 마치 재봉틀이 드르륵거리며 효율적으로 꿰매듯이 말이다.

그와 벨트라모는 교전 지대 상공을 세 번 비행했다. 그는 비행기에 부착된 기관총으로 오스트리아 부대를 향해 발포했지만, 그의 수첩에는 적군을 맞혔다는 기록은 없다. 비록 두 눈으로 관측한 것과 패잔병처럼 흐느적거리던 병사들이 포탄이 터지자 혼비백산하여 뿔뿔이 흩어진 모습을 본 것을 회상하고 있지만 말이다. 그 대신, 그는 빛의 경이로운 효과를 오랫동안 감상한다.

그는 반복해서 부대원들에게 연설했다. 합동 장례식 때도 연설했다. 그는 하루 종일 싸우고 이튿날에도 다시 싸워야 할 병사들에게 장광설을 늘어놓았다. 그는 이탈리아 전역에서 바람에 휘날리는 깃발들에 대해, 시신으로 가득한 강에 대해, 피를 원하는 대지의 끔찍한 갈증에 대해 말했다. 병사들이 납득하지는 못할지라도 그들의 열의를 불태운다는 면에서 끊임없이 입에 발린 말을 했다. 단테조차 그런 끔찍한 고문을 상상하지는 못했다. 카르소는 모든 지옥을 뛰어넘는 지옥이었다. "여러분은 독약을 씹었고 화염을 물어뜯었으며 검은 피의 눈물을 쏟았다." 리소르지멘토의 선동가이자 수사학자인 마치니조차 그런 맹세를 고안해내지는 못했다. 즉 '청년 이탈리아'에 가입한 모든 이에게 "신성한 이탈리아의 대의를 위해 순교한 사람들의 이름으로" 서약하게 한 마치니조차 말이다. 이제 똑같은 종류의 감정적 압박을 가하면서 단눈치오는 산 자들이 죽은 자들에게 끝까지 싸우겠노라고 맹세해야 한다고 주장했다. 그는 죽은 자들이 지하에서 울부짖고 있다고 선언했다. "전진! 전진!" 그는 위대한 이탈리아의 미수복 영토들이 우리 품으로 돌아오지 못하는 한 죽은 자들은 결코 안식할 수 없노라고 말했다.

단눈치오의 수첩들에는 섬뜩한 것과 목가적인 것 사이에서 지속적으로 동요하는 내용이 있다. 초원을 비추는 태양. 새의 노랫소리. "건조한 잎사귀들이 마치 연인의 발밑에 은밀하게 떨어뜨린 러브레터처럼 우아하게 떨어진다." 다른 목격담은 전선의 더러운 악취를 기록한다. 수많은 남자가 제대로 먹지 못했고, 생활 환경도 욕지기가 날 정도로 끔찍했다. 시체들도 매장되지 못한 채 너부러져 있었다. 수많은 부대가 화장실을 만드는 것을 무시했고, 설령 만들었다고 해도 제대로 훈련받지도 못한 채 적군의 저격수에 공포에 질린 징집병들은 기껏 만든 화장실을 이용하지 않고 화장실보다 더 안전하다고 생각되는 곳이면 아무데나 대변을 보기 일쑤였다. 트리에스테 출신의 한 자원병이 기록하고 있듯이, 조만간 산비탈이란 산비탈은 전부 배설물로 가득 덮일 것이었다. 단눈치오는 이에 대해서는 일언반구 언급하지 않았다. 그 대신, 뉘엿뉘엿 지는 태양빛이 흡사 나무상자 속의 포탄들을 은은하게 비추듯이, 깨진 유리 조각을 에메랄드로 바꾸듯이 카르소 구덩이의 전진 기지를 자줏빛 영광으로 물들이는 모습을 기록한다.

1921년에 전쟁이 이미 종결된 시점에 단눈치오는 유리가 그렇게도 밝게 빛났던 험준한 골짜기에서 실제 무슨 일이 일어났는지를 묘사했다. 전진하던 병사들의 후방에서 포격하던 이탈리아 포병부대가 조준 범위를 잘못 판단했다. 적군의 포격 때문에 구덩이에 은신했던 병사들이 오히려 아군의 포격에 당하고 말았다. 곧 짓이겨진 시체 더미가 한

쪽에 쌓였다. 다른 쪽에서는 대위가 생존병들을 확인하고 있었다. 포탄이 여전히 떨어지고 있었다. 한 중위가 흐느껴 울고 있었다. 단눈치오는 그런 숱한 위험 속에서도 오로지 관찰하는 데 여념없었다―빨랫줄에 널린 병사들의 양말과 셔츠, 줄지어 있는 반합, 닳고 닳은 냄비, 대위의 목소리가 떨리는 방식, 그가 여러 개의 반지를 끼고 있다는 사실 등. 그러나 그는 여느 때처럼 대량 학살을 냉정하게 받아들였던 태도와는 사뭇 다르게 이번만큼은 충격을 받았는지 죽은 자들이 스스로 내장을 꺼내고 자기를 향해 미끄러져 오는 상상을 하고 있었다. "나는 중대가 낮은 포복으로 바위와 덤불 사이를 기어가는 소리를 듣듯이 죽은 자들이 다가오는 소리를 듣는다." 대위는 화가 나서 씩씩거리고 욕설을 퍼부은 다음 갑자기 미친 듯이 발작을 일으키며 쓰러져 구덩이 바닥으로 굴러떨어졌다.

단눈치오는 이와 같은 장면들을 전시 독자들에게 전달하지 않았다. 그는 전쟁이 얼마나 엉망진창이며 역겨운 것인지 봤지만, 덕성을 순화한다는 자신의 신념을 계속해서 설교하고 부대원들에게 초인이라는 말을 계속해서 늘어놓았다. "나는 그들이 강철같이 번쩍이는 모습으로 조국의 응시를 받으며 산마루를 올라가는 것을 봤다. (…) 그들은 험준한 바위의 이빨과도 같다. 그들은 영원성을 물어뜯는다."

전쟁 마지막 해에 자원병으로 이탈리아 의무대에서 복무한 어니스트 헤밍웨이는 나중에 『무기여 잘 있거라』에서 이렇게 썼다. "나는 항상 신성함과 영광과 희생을 말하는 공허한 표현들에 당혹스러웠다. (…) 나는 신성한 것은 아무것도 보지 못했고, 영광스러운 것에는 영광이 없었으며, 희생은 시카고 가축 수용소나 거의 다를 바가 없어서 그저 고기를 가공하지 않고 파묻는다는 것만 달랐다. 도저히 당신이 참고

3부 전쟁과 평화

들어줄 수 없는 말이 너무나 많았다." 헤밍웨이의 소설 속 화자는 "빗속에서 소리가 들리지 않는 먼 곳에 서서 오직 고함을 쳐야만 귀에 들어오는" 말들을 듣고 있다. 반면, 단눈치오는 바로 그렇게 고함치는 사람들의 맨 앞에 서 있었다.

11월 6일 전투가 끝났고, 단눈치오는 베네치아로 돌아왔다. 그는 달마티아 해안의 차라(현재의 자다르) 상공을 비행하는 임무—하루에 800킬로미터를 주파해야 할 비행으로 당시로서는 장거리 비행이었다—를 의논하기 위해 타온 디 레벨 제독을 방문하러 갔다. 타온 디 레벨은 비행 계획을 열정적으로 환영했고, 해당 지역을 어뢰정으로 지원해주겠노라고 약속했다.

이튿날 단눈치오는 미랄리아를 호출했는데, 그는 나흘 동안이나 복통을 동반한 감기로 고생하다가 막 나은 참이었다. 두 친구는 담배를 피우려고 카세타 로사의 뒷길을 산보했다(단눈치오는 전선에 나가 있는 동안에는 동료 전우들의 몸에서 나는 냄새보다는 담배 냄새가 더 좋았기에 담배를 피웠다). 그들은 지도와 차라의 사진들을 봤고, 공중전에 대해 상상의 나래를 펼쳤다. 그들은 "전사의 순결"과 "여성에 대한 경멸"에 대해서도 이야기를 나누었다(단눈치오는 때때로 미랄리아를 가리켜 "여성 혐오론자"라고 부르곤 했다).

단눈치오는 쇼핑 여행을 제의했다. 그들은 예술작품의 사진 복제를 전문으로 하는 알리나리사를 찾아갔고, 그는 체르비냐노의 방의 칸막이에 붙일 사진들을 선택했다. 일련의 전사들 그림—카르파초의 산 조반니와 도나텔로의 용병대장 가타멜라타의 거대한 청동상—과 조각 사자상 그림(베네치아의 상징)이 그것이었다. 미랄리아를 위해서는 마르차나 레다의 이미지를 구매했는데, 그 자신은 대용품으로 비토리알레

저택 침실에 석고상을 갖고 있었다. 그들은 수집품 가게로 이동했고, 거기서 단눈치오는 몇몇 유리 제품에 마음이 끌렸으나, 결국에는 "작은 붉은색 모로코 장정본에 넘어갔다". 그 책은 르네상스 시대의 포르노그래피 작가인 피에트로 아레티노*의 『의뭉스런 사랑과 음란한 소네트 Dubious Loves and Luxurious Sonnets』의 18세기 본이었다. 단눈치오는 크게 기뻐했다. "작고 유독한 책이며 역겨울 정도로 음란한 책이다. 게다가 이 모로코 장정을 보라, 얼마나 사랑스러운가!" 그는 당장 책을 샀고, 조심스레 숨겨서 운반했다.

미랄리아는 볼일을 보러 떠났다. 단눈치오는 그가 사탕 봉지를 사들고 가는 것으로 보아 여자를 만나러 갔으리라고 추정했다(아마도 "전사의 순결"에 대한 그의 찬사는 단눈치오의 찬사만큼이나 위선적이었던 것 같다). 단눈치오는 집에 돌아가 아들 가브리엘리노 및 톰 안톤지니와 함께 저녁식사를 했다. 마침 친구들 무리가 찾아왔는데, 단눈치오는 이들과 최근에 "우스꽝스런 카사노바 모험"을 함께 한 적이 있었다. 단눈치오가 "작은 친구" 멜리타라고 부르는 한 여성이 그의 옆에 앉아서 자신의 다리로 은밀하게 그의 다리를 건드렸다. 질투심 강한 자기 남편이 옆에 있는데도 말이다. 그 후 단눈치오는 멜리타와 다른 두 숙녀를 골목길 끝까지 배웅해주었다. 그녀는 고양이처럼 자신의 몸을 그에게 문지르면서 자기 남편이 보초 근무를 서는 다음 날 다시 돌아오겠노라고 속삭였다. "나는 두려움 속에서 위험천만한 새로운 모험이 시작되는 것을 봤다"라고 훗날 단눈치오는 썼다. 이제 그는 유명 인사였으므로 그의 에로틱한 모험에서 그는 사냥꾼의 입장이라기보다는 사냥감의 입장

---

* 독설과 기행으로 유명한 이탈리아의 시인이자 풍자 작가로서 대담하고 외설적인 필치로 당대 사회를 조롱했다(1492~1556).

이라고 할 수 있었다.

그날 밤 그는 잠에서 자주 깼다. 마음이 바빴다. 곧 『코리에레 델라 세라』에 송고할 '세르비아 민족에 대한 송시'가 마음속에 "서정적인 물결"을 일으키며 고동쳤다. 그는 새로 구입한 아레티노의 책을 읽었고, "육감적인 장면들"에 몸을 떨었다.

이튿날 아침 그는 의기소침한 채 잠에서 깼다. 그의 아침은 "영원한 문제의 원천인 돈"과 관련된 따분한 사무로 지나가버렸다. 한 미술상이 찾아와 바토의 드로잉 몇 점을 그에게 팔려고 했다. (씀씀이가 헤프기로 유명한 단눈치오는 베네치아 미술상들의 표적이었다.) 그는 화가 났으나, 따분하기도 했다. 그는 포탄과 파편이 그립다고 생각했다.

오후에 그는 편지 몇 통을 썼고, 그다음에는 멜리타를 맞을 준비를 했다. 백장미와 향초에 서서히 타들어가는 캔디, 향수에 흠뻑 적셔진 채 쿠션 아래에 숨겨진 훌륭한 린넨 손수건들이 준비되었다. 그녀의 머리카락보다 훨씬 더 빨간 그녀의 음모에도 생각이 미쳤다. 목욕과 마사지, 훌륭한 실크 셔츠. 그러나 모피 코트로 몸을 감싼 채 벨벳처럼 부드러운 큰 갈색 나방처럼 보이는 멜리타가 도착했을 때, 이 모든 세심한 준비가 시간 낭비였다는 게 드러났다. 그녀가 판단 착오를 했다. 그녀의 남편이 근무를 서는 날이 아닌 것이었다. 남편이 그녀를 기다리고 있었다. 그녀는 너무나 미안하다고 했다.

단눈치오는 분노에 사로잡혔으나, 싸늘하고 무관심한 태도를 보였다. 그는 자신이 그녀에 대해 제대로 신경을 쓰지 못했다는 사실을 깨달았다. 헛되게도 무대를 꾸미는 데 그렇게 많은 노력을 기울인 것은 정말 짜증나는 일이었다. 문득 섹스에 대한 미랄리아의 견해가 떠올랐는데, 그에 따르면 섹스란 조금도 걱정할 일 없는 9분간의 현상이었다. 멜리타는 좁고 어두운 골목길을 따라 걸으며 자신을 보내달라고 그에게 간청했다. 그는 퉁명스럽게 동의했다. 함께 걸어가면서 그는 그녀를 실제 그대로 25세의 우아한 여성으로서가 아니라 거미줄이 쳐진 옷을 입고 새부리 같은 긴 손톱을 기른 채 손으로 자신을 격려된 작은 광장 한가운데 있는 우물로 데리고 가는 노파로 봤다. 우물 안에는 아무것도 없었다. 그의 냉담한 태도를 느낀 멜리타가 칭얼대기 시작했다.

"다시는 날 보지 않을 거예요?"

"그렇소."

"당신은 예전에도 유부녀와 만나지 않았나요? 결혼했다는 게 뭘 뜻하는지 이해하지 못하세요?"

그녀는 분노에 사로잡혔으나, 여전히 우아한 자태를 잃지 않았고, 붉은색 머리카락에서는 마편초 냄새가 풍겼다. 갑자기 그는 그 자리에서 그녀를 가져야겠다는 생각이 간절해져서 골목의 축축한 벽으로 몰아세웠으나, 때마침 누군가가 랜턴을 들고 다가오는 바람에 멜리타는 도망가버렸다. 단눈치오는 집으로 돌아갔다. 그의 머릿속을 맴도는 새로운 송가에서 가학적 취미의 시행들을 떠올리면서 말이다.

그는 세 명의 남자 친구와 저녁식사를 했다. 그들은 비행기와 폭탄과 새로운 무기에 대해 떠들어댔다. 단눈치오는 지쳤고(미랄리아가 그에게 바이러스를 옮겼는가?) 대화에 전혀 끼지 못했다. 그는 팔걸이의자에 깊숙이 앉은 채 벽난로 불이 그의 다리를 그슬리기 시작해도 다리를 움직일 힘도 없이 그저 축 늘어져 있었다. 사람들이 자리를 뜨자, 그는 잠을 청했으나 발코니 파수꾼들의 외침 때문에 계속해서 깼다. 그는 글을 쓰기 위해 한밤중에 다시 일어났다.

그의 시큰둥한 기분은 격렬한 시적 비판으로 옮겨졌다. 일주일 후에 송시를 『코리에레 델라 세라』에 송고했는데, 여기에는 오스트리아-헝가리 제국의 황제 프란츠 요제프에 대한 증오에 찬 인신공격이 포함되어 있었다. 그에 따르면, 황제는 탐욕스런 입을 갖고서 그의 콧구멍 안을 기어다니는 부패한 벌레이자 그의 이마에서 흘러내리는 역겨운 점액질과 같은 존재였다. 그는 부대원들에게 연설하는 중에도 죽음이라는 불쾌한 육체적 사실은 전혀 언급하지 않았고, 그가 전선에서 본 것은 고스란히 그의 욕설로 이어졌다. 그의 시는 검열로 50행이 삭제되었다.

12월 21일에 그해도 거의 끝날 무렵에 주세페 미랄리아가 죽었다. 당시 단눈치오는 자신을 찾아 베네치아에 와서 이번에는 남근같이 생긴 지휘봉을 움켜쥐고 제복을 갖춰 입은 단호한 전쟁 영웅으로서 자신의 초상화를 그리는 로메인 브룩스를 위해 포즈를 취하고 있었다. 전날 그는 자신의 여행 가방과 투하할 모래주머니들을 갖고서 산탄드레아의 공군 기지로 갔다. 차라 상공으로의 긴 비행을 위해 다음 날 이륙할 수 있기를 희망했다. 그러나 날씨가 험악했다. 모험이 이틀 연기되었다. 단눈치오는 어수선한 상태에서 집에 머무르며 점심식사를 했다. 미랄리아가 그에게 부적을 하나 보여주었다. 그는 이 부적이 비행기에 행운을 가져다줄 거라고 말했다. 그들의 대화는 일반적인 내용이었다. 장교들이 모이면 으레 하는 이야기, 즉 징크스나 부적 따위에 대한 것이었다 (그들의 목숨은 거의 매일 운에 달려 있었다. 운이 그들의 관심사라고 해서 놀랄 것은 없다). 그들 중 일부는 엔지니어였기 때문에 폭발물에 대해서도 이야기했다. 그들은 중국인과 일본인의 "심리"(당시 유행어)에 대해서도 토론했다. 이 젊은이 집단, 그러니까 단눈치오의 민족주의와 모험 취향을 공유하는 높은 교육 수준의 엘리트들은 그에게 기쁨을 주었다. 그들이 이야기할 때 그는 검은 고양이가 소파 아래에 놓여 있는 접시를 핥아먹으며 "사랑받을 때 고양이 꼬리가 그러하듯이" 기쁨에 겨워 꼬리를 흔드는 모습을 지켜보았다. 점심식사 후 그는 미랄리아와 헤어지면서 다음 날 저녁식사에 그를 초대했다.

그날 밤 그는 레나타를 데리고, 그리고 다른 두 명의 젊은 장교와 함께 저녁식사를 하러 외출했다. 레나타를 호텔 다니엘리로 배웅해준 다음 산타마리아 델 질리오 성당을 지나 집으로 걸어갔다. 이 성당의 17세기풍 정면 현관은 베네치아의 달마티아 식민지들을 묘사한 부조로 장식되어 있었고, 그는 항상 그러하듯이(그가 믿는 미신의 하나였다) 한 성곽 도시를 묘사한 작고 익살스런 부조를 손으로 만졌다. 이 도시는 그의 목적지인 차라였다. 그는 새벽 이후에 잠을 이루지 못해 오랫동안 깨어 있었고, 이튿날인 21일 한낮이 되어서야 일어나 (꽃을 사는 데는 아버지만큼이나 낭비벽이 심한) 레나타가 그날 저녁 행사를 준비하기 위해 붉은 장미꽃과 제비꽃, 카네이션, 수선화를 배치하는 모습을 봤다. 아침식사 후 단눈치오는 차테레 선착장에 있는 브룩스의 스튜디오로 갔다. 레나타가 끔찍한 소식을 갖고서 이곳으로 아버지를 찾아왔다. 미랄리아가 시험 비행에 나갔다가 바다에 추락했다는 소식이었다. 파수꾼들이 목격했다고 한다.

다음 3일 내내 단눈치오는 친구의 시신을 지켰다. 집으로 돌아와 잠깐 눈을 붙이고 다시 업무에 복귀했다. 장례식장에서 철야를 했기 때문에 육체적으로나 감정적으로 지쳐버렸다. 슬픔에 제정신이 아니었다. 그러나 젊어 죽는 것을 "아름다운 운명"이라고 부르는 단눈치오와 같은 부류의 인간에게 누군가를 사랑하면서도 동시에 그 누군가의 죽음에서 충족된 완성을 보는 것은 완전히 가능한 일이었다.

그는 시련에 대해 세 번이나 묘사했다. 내밀한 회고록에 쓴 단눈치오의 구문은 완벽하고 감정 표현도 간결하다. 그는 일요일의 음침한 예배당의 냉기에 대해 쓴다. 죽은 미랄리아의 곁에 꽃을 놓으면서 그의 차갑게 굳어버린 다리를 감촉하며 느낀 초월적인 친밀감에 대해서도 언급한다. 네 명의 군인이 그의 시신을 입관할 때 자신이 이빨을 딱딱 부딪치는 소리에 대해 묘사한다. 또한 납으로 만든 관이 닫혀 땜질될 때 느낀 절대적 상실감에 대해서도 기록한다. 그는 장례식장을 방문한 고위 인사와 꽃다발들(그의 견해에서 레나타의 백장미와 그 자신의 화환―너무 커서 옮기려면 건장한 사내 두 명이 필요한―을 제외하면 전부 천박한)뿐만 아니라 타일 바닥의 핏자국을 대걸레로 닦는 남성에 대해 묘사한다. 그는 모호하고 높은 톤의 장황한 어투를 즐기는 취향을 잃어버리지는 않았다. "온몸으로 지평선을 감싼 이 관 속의 남자는 실로 우주의 원환이라고 할 수 있습니다." 그러나 그는 죽은 다음에 어떤 일이 생기는지에 대해서도 매우 명료하게 이해하고 있다. 즉 그는 둘째 날, 셋째 날이 지나면서 시신에 얼룩이 생기고 냄새가 나기 시작하는 것을 음산하지만 정확한 방식으로 기록해두고 있는 것이다.

며칠 후 단눈치오는 다른 조종사에게 함께 차라 상공을 비행하자고 요청했다. 그 조종사는 이렇게 답했다. "엔진 하나로, 믿을 수 없는 기계로, 그것도 9시간 비행을. 우리는 확실히 떨어질 겁니다. 그리고 바다에 착륙하겠지요. 어뢰정이 구조해줄 거라고 기대할 수도 없어요." 그는 도저히 성공 가망이 없다고 확신했고, 그렇게 결론 내렸지만, 비행 명령을 받는다면 훌륭한 군인으로서 명령에 복종할 것이었다. 단눈치오는 실망했다. 미랄리아가 가버리자, "나는 모험을 사랑하는 나의 분신과도 같은 존재를 다시는 보지 못할 거라고 느낀다"고 그는 썼다. 차라로의 모험은 한동안 포기되었다.

　전쟁이 한창인 한겨울의 베네치아는 예전보다 훨씬 더 감상적인 분위기에 휩싸여 죽은 영혼들이 흥청거리며 배회하는 곳이 되었다. 단눈치오는 카세타 로사 앞 작은 정원에서 카날 그란데 맞은편에 있는 친구 루이사 카사티의 창문 닫힌 집을 쳐다보았다. 그 집은 숱한 화려한 파티의 무대였으나, 이제는 방치되어 요정 이야기에나 나올 법한 적막한 저택이 되었다. 더 이상 끽끽 소리를 내며 정원을 어슬렁거리는 흰 공작새들은 없었다. 그저 "뽀얀 면사포를 반복적으로 정돈하는 창백하고 유연한 큰 손들처럼" 앞으로 뒤로 날아다니는 갈매기들만 있을 뿐이었다.

　미랄리아가 죽은 직후 어느 안개 자욱한 저녁에 단눈치오는 어두컴컴한 뒷길을 통해 레나타를 호텔 다니엘리까지 배웅해주었다. "우리는 안개를 썹었다"라고 그는 기록했다. 지나가는 사람들은 모두 허깨비처럼 보였다. 교량들은 그저 계단 테두리를 장식하는 흰 돌의 가장자리만 보고 식별할 수 있을 뿐이었다. "꿈꾸는 도시, 저세상의 도시, 레테 강* 혹은 아베르누스 호수**에 잠긴 도시." 산마르코 광장은 수영장이 물로 가득 차 있듯이 오팔색의 안개로 가득 차 있었다. 홀로 집에 돌아오는 길에 단눈치오는 일상적인 이야기꽃을 피우며 자기를 앞질러가는 가족의 모습을 보고는 기쁨을 느꼈다. 그들은 지나가버리고 그림자만 남았다. 으스스한 침묵이 다시 찾아왔다.

　과거 미랄리아의 하숙집으로 이어진 좁은 골목길에 접어들어 카세

---

* 　그리스 신화에 나오는 망각의 여신 혹은 망각의 강. 이 강물을 마시면 전생의 기억을 잃게 된다고 한다.
** 　이탈리아 나폴리 인근의 작은 호수로서 신화상으로는 지옥의 입구로 일컬어진다.

타 로사로 가는 길에 그는 누군가가 조용히, 맨발로 극도로 조심하며 "마치 소리도 내지 않고 숨도 쉬지 않는 것처럼" 자기 옆에서 걷고 있다는 것을 느꼈다. 단눈치오는 유령의 존재를 일절 믿지는 않았으나, 유령을 본 듯 섬뜩해졌다. 그는 걸음을 늦추었다. 온통 잿빛의 타인은 앞으로 걸어갔다. 그의 키와 형체, 걸음걸이 모두 미랄리아의 것과 똑같았다. 단눈치오의 심장이 쿵쾅거렸다. 안개의 실타래들이 그를 칭칭 감고 있었다. 그는 자신을 앞질러간 타인을 서둘러 쫓아갔다. "저녁이면 항상 피아노가 연주되던 집 뒤로, 앤티크 상점이 있는 집 뒤로 그는 홀연히 사라져버렸다." 좁은 골목길에는 샛길도 없고 뛰어들 운하도 없으며 숨을 출입구도 없었다. 오직 침묵. 그런 다음 멀리서 주정뱅이들의 고함소리가 들려왔다.

1915년 12월 27일 단눈치오는 당시 정부 위원회에서 일하던 한 고고학자의 방문을 받았다. 이 방문객은 트렌토 인근 알프스 산맥에서 아무런 은신처도 없는 군인들에게 흰 방한용 군복을 보급해주고 있었다. 그해 겨울은 기록적으로 추웠다. 12월 전반기에 폭설이 내려 5미터 높이로 눈이 쌓였다. 그가 기록하기를, 카르소에서는 모든 것이 최악이었다. 군인들은 무릎까지 차는 시궁창 속에서 몇 날이고 대기해야 했다. 그에 따르면, "사흘이면 제아무리 강건한 자도 끝장난다".

그들은 이런 끔찍한 상황에 대한 이야기에서 화제를 바꿔 대화를 이어갔다. 방문객은 두 사람 모두의 친구였던 미랄리아에 대해, 일출을 보며 비행할 때 미랄리아가 어떻게 팔짱을 끼었는지에 대해, 그가 노래를 부르는 동안 말과 음악이 그의 입에서 자연스럽게 흘러나오는 가운데 비행기를 조종하지 않고 그냥 활공하게 내버려둔 것에 대해 단눈치오에게 이야기해주었다. 과연 전쟁은 끔찍함과 즐거움을 모두 제공했으니, 하나는 다른 하나를 정당화했다. 단눈치오에게 미랄리아가 새벽녘에 불렀던 노래는 성 프란체스코의 노래들, 즉 그의 위대한 『생의 찬미 Praise of Life』를 떠올리게 해주었다.

전쟁 후반에 W. B. 예이츠는 한 아일랜드 비행사에 대한 유명한 시를 썼다. 그는 애국적 의무감에서가 아니라 "오직 기쁨의 충동"에서 자원입대했다.

나는 모든 것을 따져보고, 가늠해봤네,

다가올 세월은 호흡의 낭비처럼 보였네,

지나간 세월도 호흡의 낭비였을 뿐

이 삶, 이 죽음에 견주어보았을 때.•

단눈치오가 죽음의 지속적 내재성이 '삶'—일출을 보며 노래하는 고독한 조종사의 거의 종교적인 황홀감—에 윤기를 부여한다고 생각한 유일한 인간은 아니었던 것이다.

단눈치오는 여전히 자신의 "부산한 작은 친구"인 빨간 머리의 멜리타를 보고 있었다. 1월 초의 어느 안개 자욱한 저녁에 그는 별다른 기대나 열정 없이 곤돌라에서 그녀를 기다리고 있겠노라고 동의했다. 물

• 예이츠의 시 「한 아일랜드 비행사가 자신의 죽음을 예견함An Irish Airman Foresees His Death」의 한 구절이다. 윌리엄 버틀러 예이츠, 『1916년 부활절』, 황동규 옮김, 솔출판사, 1995, 52쪽을 참조하라. 원문은 다음과 같다. "I balanced all, brought all to mind,/The years to come seemed waste of breath,/A waste of breath the years behind/In balance with this life, this death."

　　　　　3부 전쟁과 평화

은 얕았고, 베네치아는 썩은 냄새를 풍겼다. 그는 기다리면서 키플링을 읽고 있었고, 카사티의 반쯤 무너진 저택을 보며 이번에는 정글 속의 폐허가 된 신전을 떠올렸다. 그는 곤돌라의 작은 선실을 좋아하지 않았다. 쿠션과 깔개와 향수를 동원하면 좀더 매력적인 공간이 될 수는 있겠다고 생각했지만, 이 공간은 그 자체로 싸구려 관이나 다름없었다.

멜리타가 도착했다. 그녀는 "판탈롱*"을 입지 않고" 왔노라고 말했고, 그녀의 말만큼이나 그녀의 상태는 훌륭했다. 모피 코트 안에 단지 스타킹과 남성용의 헐렁한 셔츠만 입은 상태였고, 그녀는 그마저도 순식간에 벗어버리고 자신의 풍성한 머릿결을 가슴까지 풀어헤쳤다. 그녀는 단눈치오가 손수 만든 향수 '악과 눈티아'의 냄새를—반강제로—맡았다. 키스. 애무. "조금만 더! 조금만 더!" 곤돌라가 흔들렸다. 단눈치오는 무릎이 무지근히 아팠다. 멜리타는 예쁜 이빨을 갈며 그에게 두 번이나 다가왔다. 단눈치오는 "내가 하고 있으면서도 정작 나는 없는 것 같았다. 나는 쾌락이 아니라 분노를 느꼈다. 나는 이 폭력에서 벗어날 수 없었다." 주위 물에서는 악취가 풍겼고, 선실은 환기가 안 돼 답답했다. 멜리타는 곧 돌아가야 했다.

전쟁이 발발했을 때 젊은 시인 루퍼트 브룩은 전쟁이 자신과 같은 남자들에게 "보잘것없는 사랑의 공허함"으로부터 도피처를 제공해줄 거라고 썼다. 그날 밤 이지러진 그림자와 메아리치는 발걸음 소리로 가득 찬 골목길을 따라 집으로 돌아오면서 단눈치오는 그 "보잘것없는 공허함"으로 황망해졌다. 그는 미랄리아를 갈망했다. "왜 나를 위로해주지 않지? 왜 날 데리고 가지 않지?" 그 따위 사랑의 모험에는 근사하거나

• 몸에 딱 붙는 좁고 긴 바지를 말한다.

낭만적인 것이 없었다. 그는 그다지 좋아하지도 않는, 자기 나이의 절반 밖에 안 되는 여성의 성적 노리개가 되었을 뿐이다. 갑자기 그의 주변에 있는 모든 것이 끈적거리며 악취가 진동하는 것처럼 보였다. 그는 미랄리아의 관 위에 놓아둔 백장미들을 생각했고, 이 백장미들과 친구의 살이 이미 썩어가고 있을지 어떨지에 대한 생각에 잠겼다. 그는 전선으로 돌아가기를 바랐다. 혹은 죽기를 바랐을지도 모른다.

1916년 1월 15일 단눈치오는 조종사 루이지 볼로냐와 함께 신형 비행기의 시험 비행에 나섰는데, 볼로냐는 미랄리아의 시신 곁에서 슬픔으로 몸을 떨며 단눈치오 옆에 서 있었던 조종사다. 비행기는 굼떴다. 볼로냐는 대공포화로부터 안전한 고도를 확보할 수 있는 정도로 기체를 상승시킬 수 없었다. 그럼에도 이튿날 그들은 그라도에 대한 예정된 공습에서 선도기 역할을 했다. 목적지로 향해 가는 길에 두 대의 오스트리아 전투기가 쫓아왔고 지상에서 포격이 시작되었다. 기체가 손상되었다. 볼로냐는 기체를 물 위에 착륙시키는 데는 성공했지만, 물속에 잠겨 있던 모래톱을 미처 보지 못했다. 단눈치오는 착륙할 때의 충격으로 위로 퉁겼다가 다시 내동댕이쳐지면서 머리를 부딪혔는데, 결국 이 부상으로 눈을 다쳤다.

그의 시력은 즉각 영향을 받았지만, 이 사실을 누구에게도 알리지 않았다. 오예티는 말하기를, "그는 자신의 나이에, 그것도 매우 어린 동료 옆에서 지치거나 고통스런 모습을 보이는 것에 창피함을 느꼈다". 그들은 안전하게 기지로 귀환했으나, 그는 다시 이륙하여 예정된 임무를 완수하겠다며 고집을 피웠다. 그는 그날 저녁 서쪽을 향해 일몰을 뚫고 나아간 귀환길이 "신성"했노라고 썼다. 다음 날에도 다시 한번 비행에 나섰다.

그는 밀라노로 여행했고, 2000여 명을 수용할 수 있는 거대한 오페라하우스인 라스칼라에서 연설했다. 그는 자신이 즉흥적으로 기록한 일기의 간결하고 함축적인 어투와는 대조적으로 듣기 좋은 낭랑한 어조로 가을 공세 기간에 이솔라 모로시나에서 자신이 본 것을 묘사했다. 연설은 『코리에레 델라 세라』에 게재되었다. 이틀 후 그는 베네치아로 돌아와 산미켈레 공동묘지에서 미랄리아의 '30일제trigesimo'에 참석해 추념문을 낭독했고, 친구를 제2의 이카로스로 부르며 애도했다. 과연 그의 머릿속에 저장된 신화들은 전시 환경에 잘 들어맞았다.

그는 결국 비행 사고가 발생한 지 한 달이 지나서야 비로소 도움의 손길을 찾을 수 있었다. 2월 21일 그는 3인승 비행기를 타고 라이바흐—현재의 류블랴나—로 향할 예정이었으나, 비행장에 늦게 도착했다. 다른 장교가 그를 대신했고, 그날 대공포화를 받고 조종사와 함께 전사했다. 세 번째 탑승자는 손상된 기체를 끌고 기지로 돌아오는 데 성공했다(그러나 귀환한 지 2년 후에 사망했다). 단눈치오는 라이바흐 공습을 학수고대하면서 자신의 눈에 문제가 생겼다는 사실을 비밀에 부치고 있었다. 이제 그는 자신에게 일어나고 있는 일을 직시해야 했다. 오른쪽 눈은 자줏빛으로 뿌옇게만 보였고, 다른 쪽 눈으로는 거의 아무것도 볼 수 없었다. 거울을 봐도 자기 얼굴에서 볼 수 있는 것은 이마의 작은 부분이 전부였다. 그는 의사에게 이 사실을 보고했고, 눈에 부상을 입은 사람들을 위한 야전 병원으로 호송되었다.

여기서는 모든 사람이 앞을 보지 못했다. 린넨 붕대와 거즈를 터번처럼 칭칭 감은 병사들이 들것에 누워 있던 그의 주위로 몰려들어 조그만 소리로 중얼댔다. 영웅이 도착하는 바람에 병원이 들썩였다. 맹인들 중 한 명은 붕대를 동여맨 자신의 머리를 흔들어대며 존경과 기쁨의 어조로 조용히 이렇게 말했다. "이 사람이 바로 그 남자야!" 단눈치오는 이들이 짜증나지는 않았다. 그들이 그에게 공감을 표하는 만큼 그도 그들에게 공감했다. 그가 가장 좋아하는 모토는 이런 것이었다. "준 만큼 받는다." 그의 머릿속에는 이 말이 맴돌았다. 이 모토는 그에게 다른 의미도 있었다. 그는 이 모토를 키스를 묘사할 때 사용했다. 쾌락을 더 많이 줄수록 더 많은 쾌락을 얻는다는 것이다. 그러나 이제 그는 이 모토를 경건한 의미로 사용했다 —그는 자신의 시력 상실의 보답으로 위대함을 느낀 것에 행복해했다. 작전 중에 시력을 잃은 사람들은 일반적으로 특별한 대우를 받았다. 이들은 말하자면 부상병들 중에서도 귀족이었던 셈이다.

단눈치오를 검사한 의사는 그의 오른쪽 눈이 영구 손상되어 회복 불가능하다고 말했다. 왼쪽 눈이라도 건지기 위해서는 상당히 오랫동안, 아마도 수개월 동안 절대 안정을 취해야 할 것이었다. 단눈치오는 이 모든 권고를 듣지 않고 베네치아로 차를 타고 돌아가 거기서 자기 딸의 간호를 받으며 자기 침대에 누워 있겠다고 고집했다. 그가 작은 종잇조각들에 글을 쓰며 어둠 속에 누워 있는 동안 그의 집 카세타 로사로 통하는 길들은 헌사를 남기려고 찾아온 찬미자들로 북새통을 이루었다. 살란드라 총리와 카도르나 총사령관, 아오스타 공작으로부터 속속 전보가 도착했다. 베네치아 시장은 몸소 방문했고, 지역의 해군 고위 장성과 장교들도 방문했다. 직접 방문까지는 하지 않더라도 찬미자들은 수천 통의 편지와 선물을 보냈다. 전선에서 한 병사는 다른 사람은 없어도 되지만 그만큼은 무슨 수를 써서라도 보호받아야 한다고 그에게 말하기도 했다. "왜냐하면 당신이 죽어버리면 누구도 당신 같은 사람이 될 수 없기 때문이지요."

　단눈치오는 병상에서 꼼짝하지도 못한 채 반복해서 자신이 매장되는 장면을 상상한다. 그는 땀을 흘리고 탈수 증상을 보이며 입에서는 요오드와 쇠 맛이 나고 다친 눈에서는 계속 눈물이 흐르는 가운데 밀실 공포와 사투를 벌이고 있다. 어둠이 마치 석관의 뚜껑처럼 그를 엄습하는 듯 보인다.

　그는 자신이 다시 볼 수 있게 될지 어떨지 알지 못한다. 『죽은 도시』에 나오는 맹인 여성과 『프란체스카 다 리미니』의 애꾸눈 말라테스티노, 『배』의 맹인 형제들이 주마등처럼 스쳐지나간다. 이 모든 가공의 존재에게 지금 자신이 실제로 겪고 있는 운명을 부여했다고 생각하니, 짜릿함이 느껴진다. 자신이 제정신인지 어떤지도 알지 못한다. 그가 복용하는 약들은 매우 강력해서 정신을 혼미하게 만든다. 그는 거의 지속적으로 환각 상태에 빠져 있다. 정신이상자들도 그의 소설에 항상 출몰했다. 『바위 위의 처녀들』에서 횡설수설하는 엄마와 아들들은 치매의 희생양이 되었다. 『무고한 존재』의 작가는 신경증에 굴복하여 몸이 마비되고 오줌을 흘리며 설상가상으로 실어증에 걸린다. 이런 광기의 이미지들이 어둠 속에 누워 있을 때 단눈치오에게 다시 떠오른다. 그는 이성을 잃은 친구 조각가를 회상하며 그가 악마 같은 염소들이 에워싼 가파른 돌투성이 산비탈을 오르려고 분투하는 정경을 보고 있는 듯하다.

　그는 죽음의 찬가 한 편을 짓는다. 죽은 자들이 상처 입은 독수리처럼 주위를 핏빛으로 물들이며 날개를 퍼덕인다. 자기가 미랄리아 대신 죽었다면 어떠했을지 상상하면서 자신의 종말에 대한 환상을 본다. "영웅적 조종사가 희생한 시인의 피투성이 시신을 조국에 가져온다. (⋯)

모든 이탈리아의 해안이 그의 휘날리는 깃발의 테두리처럼 물결친다."

꿈에서 깨어난 뒤에도 꿈이 그의 머릿속을 쫓아다닌다. 그는 전선 근처의 폐허가 된 마을로 차를 몰고 간다. 집들은 모두 무너졌다. 흩어져 있는 나무들 끝에 보이는 산들은 사파이어블루 색깔로 보인다. 한 젊은 병사가 빵 한 조각을 질겅질겅 씹으며 나타난다. 단눈치오는 바르비에리 대령(라이바흐 공습 때 자기 대신 전사한 사람)을 볼 수 있겠냐고 묻는다. 병사는 사라졌다가 되돌아오는데, 핏자국이 뚜렷한 가죽 재킷 보따리를 들고 있다.

또 다른 꿈. 그는 이륙해야 할 비행장에서 손상된 기체를 검사하고 있다. 기체는 피투성이인데, 여전히 피가 굳지 않고 액체 상태로 떨어지고 있다. 이는 수많은 이탈리아 성당의 유체들에서 나타나는 성인의 피흘림과 같은 기적적인 액화 현상이다. 단눈치오는 기체에 오른다. 그의 손은 마치 성흔을 받은 것처럼 피투성이다. 그는 지상의 목표물을 굽어볼 때 목을 기대는 장소를 바라본다. 마치 단두대에서 목을 놓는 부분처럼 보인다.

그는 나비 한 마리가 자신의 안구 속에 빠진 것을 본다. 날개를 펄럭일 때마다 그에게는 고통이 온다. 그는 자신의 눈을 가리고 있는 양치식물처럼 생긴 무언가를 본다. 점차 그 양치식물이 자신의 눈에 쪼그리고 앉아 자신과 세계를 차단하고 있는 검은 거미로 변한다.

레나타가 그의 얼굴을 씻기고 애정이 담긴 안부를 전한다. 그의 딸이 그의 엄마처럼 행동하고 있는 것이다. 그는 자신이 마치 '피에타'의 죽은 예수 그리스도와 같다고 느낀다.

앞을 볼 수 없는 단눈치오는 평소보다 소리와 냄새에 훨씬 더 민감하다. 무언가 떨어지는 소리를 참을 수 없다. 히아신스 냄새가 그를 압도한다. 음악은 위안을 준다. 그는 베토벤의 삼중주를 듣고 있는데, 베토벤을 "플랑드르인"으로 묘사한다. 독일 작곡가를 찬미할 적당한 때는 아닌 것이다. 음악에 감동하여 그는 눈물을 흘린다.

이런 연주회는 자주 있다. 단눈치오에게는 "전시 5중주단"이라 부르는 음악가들이 있었는데, 이들은 평시에는 연주자였다가 전시에 군인 신분으로 리도섬의 포대에 근무하고 있었다. 이들을 통솔하는 장교들은 음악가들이 시간 날 때마다 부상당한 영웅을 위로해주기 위해 연주할 수 있게 관대하게 허락한다. 단눈치오는 이 음악가들 중에서 특히 첼리스트 한 명과 훌륭한 악기를 제조하는 법에 대해 토론하는 것을 좋아한다. 이 남자가 반나절 동안은 파괴의 도구인 육중한 대포를 다루고, 다른 반나절은 대포와 마찬가지로 육중하지만 아름다움을 창조하기 위해 만들어진 섬세한 도구를 다루는 그 이중적인 짜릿함에 단눈치오의 생각이 머문다. 어둠 속에 누워 있는 동안 음악가들은 옆방에서 연주하고, 유일한 청중(더하기 레나타와 이따금씩 초대되는 특별 손님들)은 음악가들을 볼 수 없다. 음악가들도 그를 볼 수 없듯이 말이다.

피아니스트 조르조 레비가 단눈치오를 위해 프레스코발디를 연주하기 위해 온다. 단눈치오는 가톨릭 취향이다. 그는 항상 그러했듯이 르네상스와 바로크 음악을 사랑한다. 그러나 파리에 체류해 있는 동안에는 현대 실험 작품에도 관심을 가졌다. 그는 드뷔시와 스크리아빈도 듣는다.

스크리아빈처럼, 또 앞선 시대의 보들레르처럼 단눈치오도 다양한 감각적 쾌락 사이의 관련성에 흥미를 느낀다. 카폰치나에서 그는 당시 듣고 있던 음악에 적합한 향수로 방을 꾸미곤 했다. 스크리아빈은 음표들과, 이 음표들과 비슷하다고 생각한 색깔 사이에 비교표를 작성한 바 있다. 단눈치오가 앞을 보지 못하는 상태에서 음악을 들을 때 그의 눈앞에 보이는 색채는 주기적으로 변화한다. 그가 눈을 감은 상태에서 보는 세상은 보라색과 자주색으로 번진다. 그는 자수정같이 빛나는 나무들의 숲을 본다. 한 무리의 새들이 숲으로 날아와 나뭇가지에 앉는다. 이제 모든 것이 노란색으로 변하고, 모든 새가 갑자기 카나리아로 변한다.

한낮의 베네치아는 흡사 앙코르와트처럼 생명이 없는 듯 조용하다고 단눈치오는 생각한다. 그러나 한밤의 베네치아에는 귀청을 찢는 사이렌과 대공포의 포성이 찾아온다.

봄이 오면서 병사들은 카르소의 킬링필드에서 꽃을 꺾어 말린 뒤 단눈치오에게 보내주었다. 아브루초의 농민 여성들도 그에게 치료 효과가 있는 허브와 연고를 보냈다. 마법의 힘이 있는 물건들—어떤 경우에는 신부님이 보내온 신성한 부적들도 있었고 다른 경우엔 마술사가 보내온 것도 있었다—이 계몽주의 시대풍의 인테리어로 꾸며진 그의 작은 집에 계속 쌓여갔다.

단눈치오는 자신에게 온 물품을 군 병원에 보내고 부상자들에게 제공했는데, 여기에는 과일과 사탕, 그 밖의 별미들이 모두 포함되었다. 그의 관대함이 재빨리 알려지자, 훨씬 더 많은 선물이 쇄도하기 시작했다.

4월 2일. 단눈치오가 누운 지도 벌써 5주나 되었을 무렵에 젊은 비행사 친구 중 두 명이 그를 찾아왔다. 이튿날 그들은 신형 비행기를 시험할 예정이었는데, 비행기는 이들 중 한 명인 루이지 브레시아니가 직접 설계한 것이었다. 비행기는 현재 상용 중인 비행기들보다 더 오래 날 수 있었다. 그들은 단눈치오와 함께 이 비행기를 타고 어디까지 갈 수 있을지, 그리고 어떤 오스트리아 진지들에 폭탄을 투하할 수 있을지에 대해 흥분하여 이야기를 나누었다. 긴 구레나룻을 기르고 입술이 얇은 브레시아니는 가냘프고 창백했다. 단눈치오는 그가 "허레이쇼 넬슨* 시대의 키 작은 영국 장교처럼" 생겼다고 생각했다. 애꾸눈의 작고 용맹한 넬슨 제독은 단눈치오가 즐겨 생각했던 인물이다.

브레시아니의 비행기는 실패하여 바다에 추락했다. 탑승한 두 남자 모두 사망했다. 브레시아니의 시신은 수습되어 베네치아로 돌아왔다. 그러나 다른 탑승자인 로베르트 프루나스의 시신은 바다에서 소실되었다. 이 일이 있은 후 어느 날 단눈치오는 깜빡 잠들어 미랄리아와 브레시아니의 관들이 양쪽에서 다가와 자신을 둘러치는 장벽을 만드는 꿈을 꾸었다. 운하의 수면이 차오르자 단눈치오는 창문 아래 떠 있는 배들이 계단에 닿아 둔탁한 소리를 내는 것을 들을 수 있었다. 이제 계속해서 들리는 이 단조롭고 둔탁한 소리는 제발 방에 들여보내달라고 애원하는 프루나스의 시신이 방의 벽을 두드리는 소리로 바뀌었다.

그는 좋아하는 이카로스의 주제를 변형하여 시 한 편을 썼다. 날개를 단 50명의 젊은이가 채석장에 감금되었다. 단눈치오가 사용하는 단어들은 고대 시라쿠사의 악명 높은 채석장 감옥을 떠올리게 하는 고풍스런 것들이다. 투키디데스에 따르면, 시라쿠사의 채석장은 펠로폰네소스 전쟁 당시에 잡힌 포로들을 수감했는데, 너무 빽빽하게 수용하여 죽은 자들이 산 자들 사이에 선 채로 그대로 끼어 있었다고 한다. 단눈치오가 상상한 젊은이들은 더 이상 날 수 없고, 이들의 날개(이카로스의 경우처럼 밀랍으로 만들어진 날개가 아니라 실제 감각이 있는 날개)는 고통스레 찌부러져 있다―날개를 펼칠 공간도 없다. 하늘이 어두워지고 거

---

* 트라팔가르 해전에서 나폴레옹의 프랑스-에스파냐 연합 함대를 물리치고 전사한 영국의 제독(1758~1805).

대한 도끼를 휘두르며 '적'이 출현한다. 그는 주위를 난도질하며 아름답게 떨리는 날개들도 베어버린다. 피가 분출한다. 깃털들은 응고된 피로 얼룩져 있고, 젊은이들은 피 흘리며 죽어간다. 그들이 고꾸라지면서 공간이 열린다. 그들 중 한 명이 불구가 된 형제들의 사체를 밟고 서서 자신의 날개를 펼쳐 하늘로 비상한다. "그리고 우리 눈이 모두 하늘을 응시하네/우리가 깃털 위에 나태하게 누워 있을 때/그리고 우리 인종은 정복되지 않고서 하늘을 날아가네."

대량 학살로 초인이 비상할 수 있는 공간이 열린다는 것이다. 단눈치오는 죽은 비행사 친구들을 애도했지만, 그들의 죽음을 유감스럽게 여기지는 않았다.

한밤중에 흥얼거리는 남자 목소리가 들린다. 한 대의 모터보트에 의해 견인되는 3척의 바지선이 전선으로 파견될 신병을 가득 싣고서 카날 그란데를 지나가고 있다. 단눈치오는 감동받는다. 리알토 시장에 도착하는 보트에 한 짐 가득 실린 과일도 아름답지만, 이 "조국의 짐"—희생 제의에 바쳐질 살—은 더 아름답다.

단눈치오는 회복 중이다. 그는 더 잘 자고 더 행복한 꿈을 꾼다. 그의 잠재의식(재빨리 유포된 용어)도 깨어 있을 때만큼이나 문학적이다. 그는 스코틀랜드 혹은 월터 스콧의 나라에 있는 꿈을 꾼다—그가 상상한 스코틀랜드의 성은 실제보다 훨씬 더 우람하다. "에메랄드 빛 초록과 짚 빛의 노랑, 진홍, 까마귀 같은 검정, 황금색이 스며든 진한 초록의 벨벳들." 단눈치오는 소파들(그렇게 안락한 가구는 이탈리아에 드물다)과 볼에 홍조를 띤 숙녀들, 토머스 게인즈버러*와 조슈아 레이놀즈**의 그림에 나오는 개들만큼이나 아름다운 작은 스패니얼들에 기쁨을 느낀다.

　　　　　　　　　　　　　　3부 전쟁과 평화

꿈에서 현실로 돌아오자 그는 아쉽기 그지없다.

그는 잠깐씩 붕대를 풀어도 좋다고 허락받았다. 그는 일어나 처음으로 방안을 걸어본다. 머리가 흔들리지 않게 조심하며 가능한 한 그 자세를 그대로 유지한다. 그는 성 루치아의 순교를 묘사한 그림들을 생각하는데, 이는 일반적으로 그녀가 자신의 도려낸 눈을 쟁반에 얹어 가져오는 모습으로 묘사된다.

부활절이 다시 돌아오고 있다. 1년 전 단눈치오는 수난일에 자신의 개를 묻었다. 이제 그는 그 자신의 '수난'을 묘사하면서 희생과 애도라는 기독교적 의례를 불러온다. 자신의 상처 입은 눈에 떠오르는 뿌연 자줏빛 안개는 수난 주간에 제단을 덮는 자줏빛 의상과 같다. 또한 병상에 붙들린 자신의 모습은 십자가에 못 박힌 것과 다름없었다.

마침내 그는 외출해도 좋다고 허락받는다. 그는 군복을 입겠노라며 고집을 피우고, 예전에는 딱 맞던 승마 바지가 이제는 쪼그라든 무릎 주위에서 볼품없이 부풀어 오른 모습을 보고는 짜증이 난다. 그는 일광으로부터 눈을 보호하기 위해 검은 실크 붕대를 착용한다. 천천히, 천천히. 계단을 내려간다. 정원으로 나온다. 그는 자수정 색과 보라색의 환상적 섬광 대신 이번에는 (조심스럽게 보호되고 있는 한쪽 눈을 통해) 실제 등나무의 연보라색을 본다. 그는 다리오궁에서 살루테 성당***까지 카날 그란데 전체를 기억할 수 있다. 이제 그것을 다시 보고 있다. 그는 혹여 자신이 오만할까, 아니면 신성 모독을 저지를까 걱정하는 위인이 결코 아니라서 기독교의 의례와 자신의 문제 사이에 명확한 연관을 짓

* 영국의 초상화가이자 풍경화가(1727~1788).
** 게인즈버러와 쌍벽을 이룬 초상화가(1723~1792).
*** 원래 이름은 산타 마리아 델라 살루테다. 17세기에 흑사병이 사라진 것을 기념하기 위해 세워졌다고 한다.

눈에 부상을 입은 단눈치오

는 데 주저함이 없다. "오늘은 부활절이다." (실제로 부활절은 다음 주에 있다.) "내가 부활한 날이다."

단눈치오가 상상의 무덤 속에 누워 있는 동안에도 이탈리아 전선에서 학살은 계속되었는데, 수만 명의 병사가 죽어나가도 전선은 조금도 바뀌지 않았다.

부활절에 단눈치오는 너무 성급하게 일어났다. 1916년 초여름 내내 그는 여전히 요양이 필요했는데, 이제 작업은 할 수 있어서 6월이 지나기 전에 자전적인 『휴가Licenza』를 집필하는 데 착수했다. 그가 글을 쓰는 동안 카도르나 장군은 자신의 지휘권을 박탈하려고 한 살란드라 총리의 시도를 무산시키는 데 성공했다. 카도르나는 국왕의 후원을 받았는데, 이제 국왕은 자신의 궁이 있는 로마보다 카도르나의 사령부가 있는 우디네에서 더 많은 시간을 보내고 있었다. 당시 언론에 따르면, 장군은 권력을 쥐었고, 살란드라는 잃었다. 이탈리아의 의회 민주주의는 단 한번도 견고한 적도 없었거니와 이제는 전쟁으로 거의 재앙 수준으로 약화되고 있었다. 국민은 카도르나의 총참모본부를 "제2의 정부"라고 부르기 시작했다. 카도르나의 지지자들은 일찍이 가리발디가 발굴해 대중화한 고대 로마 시대의 칭호 하나를 끄집어내 카도르나를 두체라고 불렀다. 이 두체라는 말은 사령관뿐만 아니라 안내자를 뜻하는데, 심오한 존경의 뜻을 내포하고 있다.

8월에 카도르나는 일련의 공세를 개시했고, 오스트리아군을 고리치아 너머로 쫓아내고 이손초강 우안과 서부 카르소에 대한 통제권을 얻었다. 대략 15만 명의 병사(이들 중 3분의 2가 이탈리아 병사였다)가 11일 동안의 전투에서 목숨을 잃었다. 폭이 4~6킬로미터 되는 땅뙈기를 차지하기 위해 그런 희생이 필요했던 것이다. 마침내 이탈리아 부대들이

1년 동안 싸우면서 그토록 차지하고 싶어했던 구릉지인 몬테 산미켈레에 도착했는데, 이들은 시커먼 군화와 빈 탄약통과 빈 배낭 차림으로 얼이 빠진 채 근방을 배회했다. 한 장교가 도처에 널브러진 시체들뿐만 아니라 땅속에서부터 기어나오는 구더기를 보고 역겨움을 기록해놓았다. 구더기는 너무 많아서 혐오스럽기 짝이 없었다. 그 현장에 있던 사람들에게 승리란 진부하고 승리의 대가는 기괴할 따름이었다. 그러나 여전히 앙증맞은 꽃무늬 벽지를 바른 은신처에 있던 단눈치오는 의기양양했다. 이 승리를 기념해 그는 "고리치아의 신성한 나날"이라는 주제로 시 한 편을 썼다.

> 한구석에 웅크리고 있던 날개처럼 재빠르게,
> 최초의 함성이 승리의 정점에서 울려 퍼지네.

단눈치오는 무공을 인정받아 또 다른 은성 훈장을 수여받았다. 훈장은 산마르코 광장에 운집한 군중이 지켜보는 가운데 해군 총사령관에 의해 수여되었다. 비행기 사고 이후 처음으로 공식 석상에 나타난 단눈치오는 여전히 칭칭 붕대를 감고 있었지만, 자극적인 연설을 하는 데 오히려 어울렸다.

그는 당분간 군사 작전을 수행할 순 없었지만 자신의 이미지를 효과적으로 활용할 수 있었다. 로메인 브룩스는 그의 초상화를 완성했는데, 일찍이 미랄리아의 죽음이라는 비보를 접했을 당시 포즈를 취하고 앉아 있던 단눈치오의 초상화였다. 요양 중이던 그는 다른 초상화를 위해서도 포즈를 취하고 앉았다. 화가 에르콜레 시벨라토가 그린 초상화에서 단눈치오는 고개를 숙이고 눈에 붕대를 감은 부상당한 챔피언의 모습으로 나온다. 단눈치오는 시벨라토의 그림이 석판 인쇄되어 수백 점의 복제본이 보급될 수 있도록 만전을 기했다. 그는 안톤지니에게 이렇게 썼다. "나는 마스코트의 기능을 수행하고 있다."

그는 새로 출시된 "전쟁 빵"의 품질을 홍보해달라는 요청을 받았다. 당시에 제대로 된 빵은 사실상 구할 수 없었다. 이제 단눈치오는 그 먹기도 힘든 대용품을 가리켜 "전체 조국의 삶이 체현된 성찬식의 빵"이라고 선언했다. 그의 어휘와 구문은 점점 더 종교 의례적으로 변해갔다. 미국이 결국 참전했을 때 단눈치오는 새로운 동맹국을 환영하는 역할을 자임하여 미국 전역에 환영 기사를 송고했다. "여러분은 부와 권력을 갖추었지만 지루한 대중이었습니다. 그러나 이제 보십시오, 여러분은 뜨겁게 타오르는 활동적인 영혼으로 변모했습니다."("지루한 대중"의 구성원들은 자신들에 대한 그런 묘사를 관대하게 허용했다. 단눈치오가 허스트 출판 그룹의 인기 있는 기고자였기 때문이다. 그의 기사들은 파리로 타전되었는데, 파리에서 안톤지니가 그런대로 괜찮은 영어 실력을 발휘하여 기사들을 번역해 다시 타전했다.)

그는 방문객들을 받고 있었다. 오예티가 방문했고, 단눈치오는 그를 "왕처럼" 영접했다. 그의 프랑스인 친구들인 쉬잔 불랑제와 마담 위뱅도 5월에 단눈치오에게 왔다. (아래 사진에서 단눈치오는 왼쪽의 아엘리스와 함께 있다.) 그는 베네치아에서 좋아하는 장소들로 그들을 데리고 다녔다. 모리스 바레스도 도착했다. 단눈치오는 그를 '프랑스식 음악 파티soirée musicale à Française'로 환대하여 자신의 5중주단에게 프랑크와 라벨과 스크리아빈을 연주하게 했다. "그는 자신의 본성에 충실하다"라고 훗날 바레스는 썼다. 여전히 그는 "고귀하고 희귀한 것들로 둘러싸인 분위기 속에 침잠해 있었다."

전쟁 중 단눈치오를 찾아온 방문객들. 단눈치오 왼편 여성은 아멜리스

1916년 9월 13일. 단눈치오는 의사들의 권고도 뿌리치고 다시 비행에 나섰다. 그의 조종사는 볼로냐였다. 그들의 비행기는 파렌초에 대한 공습을 감행하는 폭격기 편대의 일원이었다. 여전히 머리에 칭칭 붕대를 감은 단눈치오는 네 개의 폭탄을 조종석 속에 밀어넣어 자기 다리옆에 나란히 두었다. 의사들은 그에게 높은 고도에서 요동치는 압력 탓에 영구하고도 완전하게 시력을 상실할 수도 있다고 경고했다. 비행기가 솟아오르자, 그는 번갈아 자기 시력을 체크한 뒤 비행 편대가 대형을 유지할 수 있도록 연기 신호를 내보냈다. 비행 중 그와 볼로냐 사이에 오간 대화 기록이 남아 있다.

2200?

보여요.

2600?

　　　　　　　　　　　3부 전쟁과 평화

보여요, 보여.

3000?

아직 보여요—기어오르고 있네, 기어오르고 있어.

3400?

보여요. 기어오르고 있어.

(우리는 고도 1600으로 하강하고 있다.)

광장 위. 폭탄 네 개 투하 준비.

그들은 대공포대 바로 위에 있었다. 볼로냐는 포탄 궤적들 사이를 이리저리 비행하며 포탄들을 피했다. 단눈치오는 폭탄들에서 안전핀을 잡아당긴 뒤 옆으로 던졌다.

기지로 돌아온 후 단눈치오는 한 무리의 젊은 조종사들의 도움을 받으며 조종석에서 나왔는데, 그들은 단눈치오를 어깨에 태워 그의 "재생"을 축하했다.

단눈치오는 팸플릿들을 투하했고 폭탄들도 투하했다. 그를 장님으로 만든 기관총도 사람들을 살상할 수 있도록 여전히 거기에 부착되어 있었다. 그는 이 점을 공적 연설에서나 사적 기록에서 전혀 언급하지 않고 있으나, 그가 수많은 살인 행위에 책임이 있었다는 것은 틀림없다.

카프카는 1909년 브레시아에서 비행 쇼를 관람한 후 나중에 자신에게 떠오른 난감한 생각을 기록해두었다. 창공의 조종사에게는 그 자신도 일원으로 포함되는 지상의 거대한 군중이 평면으로 용해되고 만다. 그리하여 평면을 이루고 있는 사람들은 조종사에게 더 이상 인간처럼 보이지 않고 단지 이정표나 신호수로 보일 뿐이다. 비록 카프카는 이런 생각을 더 발전시키지 않았으나, 그런 생각의 심리학적 함의는 명확하다. 조종사─'초인Übermensch'은 문자 그대로 '위에 있는 사람above-person'이라는 뜻이다─의 눈에 도시들은 단지 기하학적 배치이고 인간 존재는 폐기물일 뿐이다.

지상에서 싸우는 사람들은 자기네한테 일어나는 일을 피할 수가 없고, 조금 더 상상력을 갖춘 사람들은 입장을 약간 바꿔 자신들이 적들에게 무슨 일을 행하는지 모를 수가 없었다. 그러나 비행사들은 사정이 달랐다. 그들이 직면한 물리적 위험은 극단적이었지만, 그들은 지상의 수많은 병사처럼 상호 간에 학살의 공포 때문에 광분에 사로잡히지는 않았다. 그들은 전투의 광경과 냄새에서 충분히 멀리 떨어져 있었기 때문에 자신들이 얼마나 많은 사람을 죽이거나 다치게 만드는지, 얼마나 많은 가정을 파괴하고 있는지 결코 알 수 없었다. 그들은 오히려 창공의 신선함 속에서 미랄리아처럼 무정하고도 죄의식 없이 태양빛을 받으며 노래를 흥얼거리고 비행했던 것이다.

한 예술 애호가의 심야 나들이. 단눈치오는 베네치아 북쪽 끝에 폐쇄된 항구인 사카 델라 미세리코르디아에서 메아리가 들린다는 유명한 소문을 직접 확인하고 싶었다. 그는 자신의 '전시 5중주단'과 유명한 소프라노 가수 한 명을 대동하고 곤돌라를 이용해 그 장소를 방문했다. 가뜩이나 좁은 배 안이 사람들로 발 디딜 틈이 없었다. 첼리스트는 자신의 첼로를 옆에 세운 채 내내 서 있었다. 그는 악기를 자신의 망토로 덮은 뒤 장난삼아 악기 꼭대기에 자신의 모자를 걸어두었다. 어스름한 밤에 그 모습은 과연 인간처럼, 혹은 유령처럼 보였다.

그들이 사카 주위를 선회할 때 소프라노 가수가 목청을 다듬고 아리아를 불렀다. 그런 다음 곤돌라 사공들은 더 이상 노를 젓지 않았고,

그들이 탄 배가 조용히 미끄러져갈 때 그녀는 각 음표를 소리 내봤는데, 각각에 대해 반향이 들리는지 체크하기 위해 일정한 간격을 두고서 처음에는 높게, 나중에는 낮게 소리를 냈다. 잠잠함. 잠깐 메아리침. 다시 잠잠함. 그날은 별도 없는 고요한 밤이었다. 이 웅크린 차테레 선착장, 이 부유하는 목조 선착장의 모습은 단눈치오에게 바다에서 조난된 군중이나 격리된 전염병 희생자로 우글거리는 뗏목을 생각나게 했다.

그들이 막 떠나려던 찰나에 돌연 멀리서 침울한 소리가 들려왔다. 단눈치오는 손을 들어(창백하게 보이는 손) 사공들에게 조용하라는 신호를 주었다. 일동은 암흑 속에서 납빛이 되었다. 모두가 마치 곤돌라 한가운데 서 있는 기괴한 첼로 인간만큼이나 유령처럼 보였다. 누군가가 말했다. "이손초에서 들려오는 대포 소리야."

단눈치오에게 새로운 연인이 생겼다. 그녀는 올가 브륀너 레비였다. 30대의 그녀는 재능 있는 가수이자 피아니스트였는데, 그녀의 남편은 이탈리아에서 가장 훌륭한 개인 음악 도서관을 소유하고 있었다. 부부는 카세타 로사에서 도보로도 금방 갈 수 있는 거리에 위치한 16세기풍의 화려한 비달궁에서 살았다. 단눈치오는 가족의 절친한 친구 자격으로 홀로, 혹은 저녁식사 동료들을 대동하고서 그곳에 종종 놀러 갔다. 올가의 남편은 호의적이었다. (아엘리스는 자기 주인의 사생활과 관계된 일이라면 무엇이든 잘 알고 있었는데, 그 결혼은 육체적 관계가 없는 결혼이라고 믿었다.) 조만간 단눈치오는 올가에게 새로운 이름들을 붙여줄 것이었다. 전설상의 셰바의 여왕 이름을 따서 발키스, 그녀의 집 이름을 따서 비달리타, 그녀의 눈을 닮은 반짝거리는 갈색 무라노 유리잔의 이름을 따서 벤투리나라고 하는 그런 이름들이었다. 또한 앞으로 보낼

1000여 통의 편지 중 첫 번째 편지를 쓰고 있었다.

올가는 트리에스테 출신이었다. 그녀의 아버지와 다른 친척들은 '미 수복된' 도시에 격리되어 있었다. 그녀는 트리에스테가 이탈리아에 병합되어야 한다는 단눈치오의 정치적 신념을 지지했다. 그들은 정치 노선뿐만 아니라 음악에 대한 사랑도 공유했다. 그는 그녀를 가리켜 "미칠 듯이 귀여운 사람"이라 불렀고, 그녀가 's'를 발음할 때 나는 혀짤배기소리도 아주 좋아했다. 그러나 어디까지나 그녀를 동등자이자 친구로 대하면서 편지를 썼다. 그의 편지들은 수수께끼와 알쏭달쏭한 농담으로 가득 차 있었다. 그는 거의 의식하지 못한 채 자신의 생각과 감정을 쏟아냈고, 장난삼아 외설적이거나 풍자적인 2행시를 짓고 가짜 하이쿠를 만들며 말장난을 쳤는데, 이 모든 것은 그녀가 충분한 라틴어와 스페인어 실력을 지녔고 유머를 이해할 수 있으며 자신의 암시를 포착할 수 있을뿐더러 전쟁과 이탈리아의 미래에 대한 자신의 침울한 성찰에 공감한다고 단눈치오가 자신했기 때문에 가능한 일이었다.

그는 그녀가 긴 검은 스타킹을 벗는 모습을 즐겁게 바라보았다. 이 모습을 어찌나 좋아했는지 스타킹을 완전히 벗지 못하게 했다. 스타킹—발목 위 몇 센티미터까지 올라오는 짧은 라인이 유행하고 있던—이 그의 마음을 사로잡았다. 당시 그의 수첩들에는 스타킹에 대한 언급이 많이 나온다. 스타킹이 피부를 감추거나 드러내는 모습과 보송보송한 털이 망사 사이로 삐죽삐죽 나온 모습, 칼집에서 칼을 뽑듯 올가의 다리에서 스타킹이 벗겨지는 모습이 바로 그런 언급이다. 그는 가르다 호수 상공을 비행하면서도 시르미오네곶이 마치 여인이 스타킹을 뒤집기 위해 팔을 갈색 실크 스타킹 속으로 쑥 들이민 모습과 같다고 생각했는데, 과연 그런 이미지는 가르다 호수의 지형에 대해서보다는 단눈치오의 관심사에 대해 더 많은 것을 알려준다. 그는 올가의 스타킹 하나를 위험한 비행에 나설 때마다 주머니에 소지하는 부적들 목록에 추가했다.

올가는 그에게 엄청난 쾌락을 안겨주었다. "펜텔라Pentella*는 토요일 점심식사 이전에 네 번의 오르가슴[강조는 단눈치오]을 느꼈을 때처럼 그렇게 부드럽고 뜨거우며 벨벳같이 매끈한 적이 한 번도 없었으리라." 더 이상 곤돌라 안에서 무릎이 까지면서 멋쩍게 하던 은밀한 행위는 없었다. 올가는 그의 집으로 올 것이고 그의 소파에 누울 것이다. 그러면 그녀의 몸 구석구석을 냄새 맡고 핥을 것이다. 특히 그녀의 그늘진 부위에 오래 머물면서 말이다. 그녀에게 보낸 그의 편지들은 성적 열정으로 충만해 있다. "지난 밤 당신의 맛과 냄새가 나를 미치게 하오. 내가 매번 똑같은 것을 말하기 때문에 당신은 그저 웃지요. 그러나 매번 당신은 나를 더 기쁘게 해준답니다." 그녀는 그에게 새끼 고양이 한 마리를 주었고, 고양이의 장난질과 분홍빛의 작은 코가 "갈색의 꼬리 없는 트리에스테 여인"과 똑같은 방식으로 그를 기쁘게 해주었다.

그녀에게 보낸 편지들에서 단눈치오는 자신의 공훈을 길게 풀어냈지만, 그가 더 좋아한 것은 단연코 "오르델라Ordella와 무리엘라Muriella, 펜텔라"(그녀의 젖꼭지들과 음부)와 관계된 이야기였다. 올가와의 관계는 단눈치오의 생애에서 거창한 사랑 축에는 들지 않았다. 그러나 그들이 주고받은 편지의 어투로 미루어볼 때 그는 올가와 함께 지내면서 큰 어려움 없이 시작하고 큰 원한 없이 끝나는, 복잡하지 않은 행복한 관계를 즐겼다고 할 수 있다. 올가는 그가 수행한 전투에 대한 "포상"이었

* 단눈치오가 연인의 음부에 붙인 별명.

고, 그가 수행한 전쟁의 "장미"였다고 그는 그녀에게 말했다.

그는 비행할 수 있음을 입증한 후에도 수개월 동안 지상에 남았다. 머리에 동여맨 붕대 탓에 헬멧과 고글을 착용하기도 어려웠다. 그는 전선 위를 비행하는 대신 도보로 전선을 시찰했다. 10월과 11월에 그는 반복해서 교전지를 방문해 동트기 훨씬 전에 일어나 부대의 일과가 시작되기 전에 관측 진지로 올라갔는데, 판자를 깔아 만든 길을 따라 걸어가면서 시신들과 마주치고 엄마를 찾는 부상병들의 훌쩍이며 울부짖는 소리를 들으면서 죽음의 냄새를 맡아야 했다.

그는 벨리키산과 파이티산에서 벌어진 전투에도 참가했다. 애꾸눈이라 균형을 잡기가 어려웠고, 거리 판단 능력도 떨어졌다. 그는 구멍이 숭숭 뚫린 카르소의 대지를 비틀거리며 돌아다녔다. 참호와 터널 속에서도 그는 징이 박힌 무거운 부츠를 신고 기립 자세를 취하려고 애썼다. 한번은 파이티산에서 넘어져 다리에 심한 부상을 입는 바람에 응급 치료소로 호송되었으나, 전선에 복귀할 수 있다고 고집을 피워 한 병사의 부축을 받으며 돌아가기도 했다. 아직 시력이 남아 있는 쪽의 기능도 좋지 않아 사물이 왜곡되어 보였다. 주간에 모든 것은 뿌연 노란색 베일을 친 듯했다. 야간에 볼 수 있는 것이라곤 둥그런 빛의 고리뿐이었다. 그는 그런 당혹스러움을 승리의 상징으로 바꾸었다. 동료들이 자신의 후광이었다고 그는 즐겨 말했다.

전선에서 그는 지속적으로 위험에 처했고, 몇 날을 계속 그런 끔찍한 환경에서 보내자니 당연히도 참을 수 없다고 느꼈을 것이다. 그는 "이질이 들끓는 오물"이 무릎 높이까지 차 있는 참호에서 기립 자세를 유지했다. 그는 악취 나는 동굴에서 밤을 보내며 회녹색의 표준형 군복 망토만을 덮고 뒤척이면서 쥐들이 돌아다니는 소리와 부상병들의 신음

소리를 들었다. 비좁은 대피호와 돌 구덩이에서 그는 씻지 못한 병사들과 쉼 없이 부대꼈다. 설상가상으로 자신도 씻지 못했다. "나는 불가능한 것들에 익숙해졌다. 옷도 갈아입지 못하고 세수도 못한 지 꼬박 닷새째다." 그는 배고픔과 갈증, 극한의 추위도 견뎌냈다. 그는 폭격의 소음 속에서 살았고, 행복했다.

정비 부대의 한 장교가 그의 옆에 서 있다가 총탄에 맞았다. 단눈치오는 장교의 다리에 붕대 감는 일을 도와주었다. 그는 중상을 입은 장교가 몸을 피하고 있는 구덩이에 넙죽 엎드렸다. 장교는 자신이 그의 "사도"라고 속삭였다. 그는 품위를 잃는 것만 빼고는 아무것도 두려워하지 않았다. 입에 무언가를 가득 채운 상태에서 죽는 것이야말로 끔찍한 일이었다. 다시 말해, 자기 신체의 일부인 "가엾은 순대"에 먹을 것을 쑤셔넣는 "짐승 같은 행위"를 하다가 죽는 것이야말로 가장 피하고 싶은 일이었다. 그렇게 죽지만 않는다면, 그는 두려울 것이 없었다.

그는 전선에서 공동묘지로, 야전 병원에서 기지로 옮겨다니면서 연설을 했다. 그는 "작은 어뢰정처럼 날씬하고 뾰족한" 신형 자동차인 회색의 '피아트 3Ter 토르페도'를 타고 다니면서 자기가 말한 내용을 대부분 이해할 수 없을지는 몰라도 영웅-시인의 존재만으로도 환호하는 사람들에게 연설을 했다.

병사들은 이탈리아 전역에서 충원되었다. 단눈치오는 수첩에 그들의 출신 지역을 기록해두었다. 그들은 사르데냐인이거나 풀리아인이거나 토스카나인이거나 시칠리아인이었다. 이탈리아의 각 지역은 카르소의 험준한 바위산에서 용출되는 거대한 피의 급류에 합류할 지류들을 내보냈던 것이다. 군대라는 면에서 보자면, 이탈리아는 결국 하나로 보였다. 보병의 얼굴은 하나같이 단눈치오에게 영웅적 과거의 에피소드들을 떠올리게 했다. 모두 피로에 찌든 10대 농부들은 베네치아 공화국의 용감무쌍한 선원과 로마 군단병, 중세 기사, 이탈리아 르네상스의 대가들에 의해 재창조된 전쟁 성인에 비견될 수 있었다. 이탈리아의 영광스런 과거에 대한 그의 비전은 섬뜩한 현대전의 실상을 덮어주는 얇은 천과 같았다. 그리하여 배설물과 소음과 산더미 같은 죽은 소년들의 시체는 빛나는 화려함에 자리를 내주었다.

장교들은 단눈치오가 적의 포로가 되어 상대편에게 엄청난 선전거리를 제공할지도 모른다고 우려했지만, 그는 장교들을 안심시켰다. 그는 결코 살아서 붙잡히지는 않을 것이었다. 그는 에나멜 칠이 된 작은 독약병을 언제나 소지하고 다녔다. 그는 어디를 가건 항상 주목받았다. 전투 명령 다음에는 항상 이런 공지 사항이 뒤따랐다. "새로운 이탈리아의 위대한 시인이 우리와 함께 있다."

그의 수첩들에는 그가 느낀 평정심과 흥분감이 기록되어 있다. 그는 밤을 지새웠던 동굴 밖으로 나와 달빛 아래에서 느낀 "경이로운 감정"을 기록했다. 악취 나는 진창과 포탄에 산산조각이 난 나무로 이루어진 황폐한 풍경 속에서도 그는 아름다움을 찾아 두리번거리며 마침내 관측 진지에서 스쳐지나가는 초록색 딱따구리를 보거나 보병대가 죽은 자들 사이를 기어가며 포복 전진하고 있는 산비탈에서 푸른색과 은색으로 빛나는 잠자리들을 관찰했다. 그에게 포탄들은 거대한 청동 심벌즈의 소리를 내며 폭발하는 듯했으며, 그런 점에서 춤추라는 신호와 같았다.

그는 주위 산들을 쳐다보며 바위 꼭대기가 흡사 예수 그리스도와 같은 순교자들, 즉 수천 수만의 병사가 매달릴 십자가처럼 생겼다고 생각했다. 주위의 젊은이들—겁에 질린 징집병과 미숙한 젊은 장교들—

은 아름다웠다. 그는 이들을 사랑했다. 이들이 자신이나 자신과 같은 사람들에 이끌려 모두 죽을 운명으로 이곳에 왔다는 것에 생각이 미치자 큰 기쁨을 느꼈다.

1916년 말경 그는 두 번째 은성 훈장을 수여받았다. 그는 그런 것에 관심이 많았다. 1년 전에 그는 알베르티니에게 넌지시 말하기를, 푸른색 장식 리본이 이탈리아의 음유시인에게 아주 훌륭한 크리스마스 선물이 될 거라고 카도르나 장군에게 귀띔해주면 좋겠다고 했다. 그는 여전히 파리에 머물고 있던 안톤지니에게 프랑스의 무공 십자훈장을 받으려면 무엇이 필요한지 알려달라고 졸라댔다. 또한 자신에게 훈장을 수여하기를 원하는(아니, 훈장을 수여해달라고 요청할) 나라들에 회람시키기 위해, 그리고 『르피가로』와 『시대』의 지면에 게재하기 위해 자신의 사보이아 무공 십자훈장의 표창장을 번역해달라고 부탁하기도 했다. 그가 이렇듯 훈장 사냥에 집착한 동기는 단순한 허영만이 아니었다 ─ 이런 명예에는 연금이 뒤따랐다.

단눈치오는 1917년 1월에 열에 들뜬 채 들것에 실려 베네치아로 되돌아왔다. 당시 그는 총사령관 카도르나 장군으로부터 직접 어머니의 부음을 알리는 메시지를 받았다.

단눈치오가 살아생전의 어머니 루이사를 마지막으로 본 것은 1915년 페스카라를 방문했을 때였는데, 그때도 마음이 찢어질 것 같았다. 그는 프랑스에 체류했던 5년간 어머니를 전혀 보지 못했고, 오랜만에 만난 뒤에도 너무나 많이 변한 어머니를 알아보지 못했다. 그녀는 제대로 보지도 듣지도 말하지도 못하는 "가엾고 가여운 등이 굽은 형체 없는 대상"에 불과했다. 어머니를 돌봐주는 농부 아낙네가 되풀이하여 가브리엘레가 왔노라고 말해주었을 때, 어머니는 손을 들어 자기 앞에 무릎 꿇고 있던 아들의 머리 위에 놓았다. 손은 묵직했다. 나중에 단눈치오는 어머니의 모습을 보고 흠칫 놀랐음을 인정했으나, 전선에서는 되풀이하여 어머니의 강하고 아름다운 환상을, 어머니가 자신을 보호하기 위해 굽어보는 모습을 봤노라고 주장했다. 그가 포좌에서 떠난 지 몇 초 만에 포탄이 터진 적이 있었는데, 그는 나중에 어머니가 자기 손을 붙잡고 위험에서 벗어나도록 인도해주었노라고 주장했다. 이제 그는 이름 모를 찬미자들과 유력한 장관 모두로부터 조의를 표하는 전보와 편지로 가득 찬 우편물 보따리를 받게 되었다.

그는 병상에서 일어나 어머니의 장례식에 참석하기 위해 제시간에 페스카라에 도착했다(이는 아버지를 위해서는 하지 않은 행동이었다).

1917년 5월 그는 다시 비행을 시작했고, 그달에 카도르나 장군에게 장문의 상세한 편지를 보내 자신이 구상하고 있는 공중전에 대해 설명했다. 단눈치오는 편지에서 100대의 강력한 이탈리아 비행 편대가 독일의 군수 공장들을 폭격해야 한다고 주장했다. 그는 자신의 제안을 뒷받침할 기술적 지식도 갖추고 있었다. 그의 제의는 폭격과 연료 용량, 기체와 날개 구조 등에 대한 세부적인 내용으로 이루어져 있었다. 이탈리아 항공 산업은 1911년에 최초의 비행기를 생산한 이래 눈부시게 팽창하고 있었다. 전쟁이 끝날 무렵 항공 산업은 10만여 명을 위한 일자리를 창출하고 있었다. 단눈치오는 잔니 카프로니의 친구이자 협력자가 되었는데, 카프로니의 공장은 1911년에 최초의 이탈리아제 비행기를 제작했을뿐더러 곧 폭격기들을 생산해 급성장하던 이탈리아 공군

뿐만 아니라 영국과 프랑스 공군에도 공급할 터였다. 단눈치오의 아들 베니에로도 엔지니어이자 시험 조종사로서 카프로니를 위해 일하고 있었고, 카세타 로사에도 정기적으로 들러 아버지를 만났다. 로코코 양식의 거울들로 장식된 응접실에서는 이제 시뿐만 아니라 비행기의 기체와 연료 탱크에 대한 대화가 자주 이루어졌다.

카도르나 장군은 단눈치오의 편지에 강한 인상을 받았다. 단눈치오에게 카프로니 폭격기로 이루어진 비행 편대의 지휘권이 주어졌다. 이제 그는 단지 마스코트가 아니라 상당한 책임을 부여받은 공군 장교였다. 그는 1917년 8월 폴라를 폭격할 때 36대 비행기의 선도 역할을 했는데, 이 비행기들 모두가 그의 지휘권 아래에 있었다. 그는 자신의 편대를 '세레니시마Serenissima'•라고 불렀고, 기체를 장식할 휘장을 디자인하고 포고문을 장식할 모토를 고안했다. 그는 이들의 지휘자로서 일찍이 그렇게도 경탄해 마지않았던 용병대장만큼 화려하고 치명적이었다. 마르셀 프루스트는 파리에 대한 공습을 지켜보면서 조종사들의 용맹함에 마음을 빼앗겼는데, 그의 눈에 조종사들은 "인간 유성"이나 바그너의 발키리••처럼 보였다. 단눈치오는 목숨을 무릅쓰고 창공에서의 임무를 되풀이하여 수행하면서 그런 초인들 중 한 명이 되었다.

그의 동료 조종사들이 차례로 전사했다. 루이지 볼로냐도 미랄리아가 전사한 곳에서 그리 멀지 않은 석호에 추락하여 사망했다. 단눈치

• 이탈리아어로 '가장 고귀한' 혹은 '가장 고요한'이라는 뜻으로서 일찍이 베네치아 공화국의 공식 명칭이었다.
•• 북유럽 신화에 나오는 전쟁의 여신으로서 전사자를 고른다고 한다. 말을 타고 허공을 달리거나 백조의 모습으로 날아다니곤 한다. 바그너의 악극 '니벨룽겐의 반지' 제2부에 해당되는 것이 바로 '발키리의 기행'이다.

오는 대공세 시기에는 하루에도 두 번씩 비행 임무를 수행했는데, 그런 만큼 여느 조종사들과 다를 바 없이 위험에 노출되었고, 오직 부적만이 그를 지켜주는 상태였다. (이제 그는 주머니 크기의 로마 팔루스 점토상과 두세가 준 행운의 에메랄드를 소지하고 다녔다.) 그는 폴라 상공을 날면서 포탄이 마치 "쏜살같이 지나가는 두더지들처럼" 자기 비행기를 스쳐지나가는 모습을 봤다. 그라파산 상공에서는 그의 앞과 뒤, 옆에서 기관총들이 불을 뿜기도 했다. 어떤 경우에는 기체에 열여섯 군데 총탄 구멍이 뚫린 채 귀환했고, 다른 경우에는 스물일곱 발의 총탄을 맞기도 했는데, 그중 한 발은 그의 손목에 맞았다.

어느 날 저녁 탐조등이 켜지기 전 정찰 비행을 마치고 귀대하던 중 단눈치오의 조종사가 하강 각도를 잘못 계산하여 그만 비행기가 활주로에 곤두박질쳤으나, 두 사람은 멀쩡히 탈출하는 데 성공했다. 다른 경우에는 조종사가 이륙을 시도하던 중 기체의 통제권을 잃기도 했다. 비행기는 하늘을 나는 대신 활주로를 제멋대로 달려 대공포좌 주위의 흙더미에 처박혔다. 비행기에는 폭탄이 실려 있었다. 원래 정비사들은 각 비행기가 이륙할 때마다 그러하듯이 전투 구호를 외치며 조종사들을 배웅하기 위해 도열해 있었다. 그러나 이번에 그들은 그저 훌쩍이기만 했고, 단눈치오는 그들이 예정된 파국을 보지 않으려고 몸을 돌린 채 손으로 머리를 감싸는 모습만을 봤다. 그러나 다행히도 폭탄은 터지지 않았다. 비행기도 불길에 휩싸이지 않았다. 단눈치오와 그의 동료는 난파된 기체에서 뺨과 옷에 묻은 흙을 털어내면서 무슨 일이 있었냐는 듯 걸어 나왔다. 얼마 뒤 조종사는 사망했지만, 단눈치오는 살아남았다.

전쟁은 그에게 평화를 안겨주었다. 위험한 임무에 나서는 것은 그에게 "황홀경", 즉 그 자신이 거대한 신비로 알려진 것과 비교한 어떤 것을 맛보는 일이었다. 그는 조종석에서 상체를 내밀고 내려다보며 기쁨을 느꼈고, 그의 눈에는 기쁨이 흘러넘쳐 창공을 채우고 있는 것처럼 보였다.

그는 비행 임무와 지상 전투를 번갈아 수행했다. 1917년 5월 그는 트리에스테 서쪽 바다로 흘러들어가는 짧고 깊은 강인 티마보강 어귀에서 벌어진 전투에 참여했는데, 강은 처음에는 이쪽 편, 다음에는 저쪽 편을 위한 방어선을 이루었다. 단눈치오는 연락 장교로서 낭만적인 이름을 가진 "토스카나 늑대들" 연대에 배속되었다. 그는 지휘관인 시인의 찬미자이자 그의 민족주의적 열정에 공감하는 조반니 란다초 소령을 이미 그 전해 가을에 있었던 전투에서 만난 바 있다. 당시 란다초는 일일 명령으로 부대원들에게 다음과 같이 말했다. "여러분은 모두 영웅이다!" 단눈치오도 동감했다. 란다초는 신이 된 젊은이들로 이루어진 그의 만신전에 합류했다. 그는 란다초를 가리켜 "군인 중의 군인"이라 불렀고, "그와 함께 전쟁을 하는 것은 숭고한 흥분을 맛보는 것과 같다"고 썼다.
이제 두 사람은 전쟁으로 피폐해진 풍경을 배경으로 하여 다시 만났다—노란 꽃이 피어 있는 풀밭에는 거대한 고철 덩이들이 한가득 흩어져 있었고, 습지에는 아무렇게나 방치된 철모와 전사자의 시체들이 널브러져 있었다. 이틀 밤낮으로 "늑대들"은 강을 향해 전진하며 전투를 수행했다. 셋째 날에 작전을 중지하라는 명령이 하달되었다. 단눈치오는 분개했다. 그는 이곳에 올 때 군기들을 품고 왔다. 개중에는 올가가 만든 거대한 이탈리아 삼색기도 있었는데, "티마보강을 넘어"라는 글이 자수로 새겨져 있었다. 그는 총참모본부로 달려가 아오스타 공작과의 면담을 요구했고, 그를 설득하여 명령을 철회하게 하는 데 성공했다. 그런 다음 몸을 씻기 위해("대단히 관능적인 태도") 체르비냐노의 방에 들러 휴식을 조금 취한 후 전선에 복귀했다.

전투 계획은 심야에 좁은 부교를 통해 강—홍수 때 30미터의 폭과 깊이—을 건너 오스트리아 포대가 위치한 28고지 언덕으로 진격하는 것이었다. 이곳을 접수한 뒤에는 두이노를 향해 물밀듯이 밀고 올라갈 터였다. 강의 양안에 있는 병사들은 물론이요, 도하 중의 병사들은 더욱더 적의 사정거리 안에 있었다. 란다초는 신경이 곤두서 있었다. 단눈치오는 그를 "안심시켰다". 이 무모한 전투 계획을 세운 사람이 누구인지는 분명치 않으나, 이 계획이 실행되어야 한다고 주장한 사람은 확실히 단눈치오였다.

부교는 약 40센티미터 넓이의 널빤지들로 만들어졌는데, 물 위에 떠 있던 기름통들과 부딪치며 건들거리고 있었다. 병사들은 야음을 틈타 일렬종대로 부교를 건너야 했다. 널빤지들이 흔들리며 젖혀졌다. 그들은 물에 빠져 엉덩이 깊이의 물을 헤치며 걸어갔고, 발이 어디를 디딜지 짐작조차 할 수 없었다. 강 너머로는 2킬로미터가량의 습지가 펼쳐져 있었는데, 숲이 빽빽한 언덕에 위치한 오스트리아군 총포에 완전히 노출되어 있었다. 첫 번째 공격조가 몰래 습지를 건너 28고지에 도착하여 잠시 동안 점령하는 데는 성공했다. 그러나 오스트리아군의 총포가 부교와 강 양안에 집결해 있던 병사들을 향해 불을 뿜었다. 단눈치오는 당시 장교들이 36시간 동안 식사는 고사하고 깨끗한 물도 전혀 마시지 못했다고 기록했다. 그러니 사병들은 말할 것도 없었다. 이제 강에서 가장 먼 곳까지 진출한 40명의 부대원은 자신들에게 요구된 임무가 무엇인지 똑똑히 깨달으면서 스스로 이미 할 만큼 다 했다고 생각했다. 장교들이 고함치고 권총으로 위협하면서 진지를 지키려고 했을 때, 병사들은 이렇게 외치며 장교들에게 발포했다. "우리는 또다시 도살장으로 내몰리고 싶지 않다." 그들은 하얀 손수건이나 자기가 입고 있는 셔츠나 내의를 총검으로 찢어 만든 흰 조각들을 흔들면서 항복하고 스스로 포로가 되었다.

28고지에 있던 이탈리아 부대들이 이제 부교로 접근해오던 오스트리아 부대들에 쫓기며 다시 퇴각했다. 강에서 가장 먼 쪽에 고립된 이탈리아 부대들 중에서 항복하지 않은 일부 병사가 강을 헤엄쳐 가까스로 귀대했다. (도하하지 않았던) 단눈치오는 그들을 강둑으로 끌어내는 일을 도왔다. 란다초도 총상을 입었다. 단눈치오는 쓸모가 별로 없었던 군기들을 그의 머리에 받쳐주었다. 란다초는 다리에 감각을 느낄 수 없었다. 허리 아래가 마비된 것이었다. 그는 점점 한기를 느꼈다. 단눈치오는 그를 응급 치료소로 데려갔다. 그는 죽어가면서도 단눈치오에게 "우리가 28고지를 점령했소?"라고 거듭 물었고, 이에 단눈치오도 거듭 고지를 확보했노라며 거짓말을 할 수밖에 없었다. 단눈치오는 나중에 이렇게 설명했다. "영웅은 죽더라도 승리하는 법이다."

그는 살아생전의 란다초를 사랑했다. 그는 자신들을 가리켜 "커플"이라 불렀고, 올가에게는 란다초가 자신의 "동료"—그가 타인에게 해주는 최고의 칭찬—라고 말했다. 그러나 단눈치오는 자기 여자들이 죽음의 병상에 누워 있을 때 얼마나 사랑스러운지에 대해 종종 환상의 나래를 펼쳤듯이, 이번에도 그런 방식으로 란다초의 죽음을 숭배했다. "그의 아름다움은 강렬했다. 마치 그와 똑같은 인종에 속한 예술가가 이제 대리석으로 그를 조각해놓은 듯 그렇게 아름다웠다." 단눈치오는 란다초의 장례식에서 이렇게 연설했다. 그의 연설은 적의 폭격 소리와 경쟁했고, 목적지인 두이노에 걸려야 할 군기가 란다초의 시신 위에 덮였다.
전사한 장교는 단눈치오의 전쟁 신화학에서 영웅으로, 순교자로, 신성
한 제물로 핵심적인 인물이 될 것이었다. 그에 대한 단눈치오의 찬미는
팸플릿으로 출간되어 제3군 전체에 뿌려졌다. 죽어가던 란다초의 머리
를 받쳐주고 그의 관을 덮은 군기도 단눈치오의 정치적 연극에서 가장
애용된 소품들 중 하나가 되었다―그것은 죽은 성자의 유물이자 미래
의 승리를 위한 약속이었다.

티마보강 전투 말미에 마지막 부대들이 강을 건너 퇴각하자, 단눈치
오는 이제 강 너머의 잔존병들, 그러니까 오스트리아군의 포로가 된 이
탈리아 병사들에게 포격하라고 명령했다. 카도르나 장군은 생포된 병
사를 모두 '탈영병'으로 간주하여 장교들에게 필요하다면 기관총이나
대포를 이용해서라도 즉결 처형하라는 훈령을 내렸다. 이탈리아 정부
는 병사들이 항복하지 못하게 하려고 당시 교전국들 중에서는 유일하
게 적국에 포로가 된 자국 병사들에게 구호 물품을 보내지 않았다. 그
결과 6명 중 1명이 추위, 기아나 질병으로 죽었다. 단눈치오가 생포된
이탈리아 병사들을 "조국의 죄인들"이라고 부르면서 이들에게 포격 명
령을 내린 것도 카도르나 장군의 지시를 충실히 따른 것이었다. 그러나
그렇게까지 할 필요는 없었다. 역사가 마크 톰프슨이 단눈치오를 "사악
한" 자로 묘사한 것도 다름 아닌 바로 이 사건 때문이었다. 단눈치오는
그날 밤의 이야기를 되풀이하면서도 아군 병사들에게 발포한 이야기는
슬쩍 빼먹곤 했다.

단눈치오는 베네치아의 카세타 로사에 있다. 음악실의 칸막이 뒤에
알락해오라기인 에반드로가 있다. 티마보강 어귀에서 두 병사가 이 새
를 포획하여 전투 기념품으로 단눈치오에게 선물했다. 이제 에반드로는

집 어디나 자유롭게 돌아다니는데, 단눈치오의 비서가 생각하기로는 그 천천히 걸어다니는 품이 한 나라의 장을 맡아도 될 정도로 "엄정한 자부심과 타인에 대한 공명정대함"을 보여준다. 작곡가인 잔 프란체스코 말리피에로가 들어온다. 단눈치오는 그의 작품들 중 하나를 연주시키기 위해 그를 초대했다. 그가 피아노 앞에 앉는다. 그가 첫 건반을 누를 때 에반드로가 칸막이 밖으로 나와 출입구 쪽으로 걸어간다(새는 음악을 견딜 수 없다). "얼마나 교양이 있는지 보라!" 말리피에로는 말한다. "발끝으로 걸어가지 않는가."

비행은 계속되었다. 연설도 계속되었다. 단눈치오는 지치지도 않은 채 교전 지대를 누비고 다니면서 죽고 죽일 채비를 하고 있는 병사들에게 연설이라는 마약을 건네주었다. 합동 장례식에서도 연설을 했다. 전투 전야에도 연설을 했다. 그의 연설은 청중의 감정을 조종하고 마음을 바꾸게 하도록 면밀하게 준비되었다. 즉 그들의 마음을 애국적 열정으로 바꾸고 전투의 분노를 자극하며 하나의 인간 공동체를 다른 공동체와 연결해주는 평화로운 계약을 서슴없이 파기하게 했다. 군 지휘관들은 그의 연설에 공감했다. "만일 단눈치오가 전투가 벌어지기 전에 연설을 할 수만 있다면", 아르만도 디아츠 장군에 따르면, "전투는 4분의 3은 이긴 것이나 진배없다".

어떻게 해야 병사들의 사기를 북돋울 수 있는지 열심히 고민할 필요가 있었다. 전쟁에서 싸웠던 550만 명의 이탈리아인 가운데 겨우 8000명만이 자원병이었고, 나머지는 모두 징집병이었다. 열차가 부대원들을 전선에 데려오자마자 병사들은 헌병에게 총을 쐈고, 수만 명이 탈영하거나 징집을 피하려고 도망쳤다. 란다초가 전사한 날 밤에 항복한 부대원들만이 유혈 낭자한 전쟁 사업에 진저리를 친 게 아니었다. 일부 전선에서 병사들이 자기를 겨누는 적군의 총부리를 향해 행군한 것은 그보다 더 많은 총부리가 뒤에서 자신들을 겨누고 있었기 때문이다. 후방 참호에서 헌병대는 어떤 병사라도 진격을 주저하는 것처럼 보이면 어김없이 사살했다. 어느 전투가 끝난 후 한 군의관은 적 총탄에 맞은 80명의 병사와 헌병대의 총탄에 엉덩이를 맞은 25명의 병사를 치료했다고 기록했다.

부대원 대부분은 교육을 받지 못했다. 고향도 멀고 나이도 아주 어렸다. 그들 대다수는 전쟁이 무엇 때문에 일어났는지 이해할 수 없다고 불평했고, 실지회복주의의 이상을 조금이라도 이해하고 거기에 충성했던 병사들조차 미수복 지역인 프리울리의 주민들이 자신들을 대하는 모습을 보고 당혹감을 느꼈다. 종족적으로 혼합이 된 이 프리울리 사람들은 자기네 마을이 병영이 되고 들판이 전쟁터가 되는 모습을 보면서 자신들을 "구하려고" 온 이탈리아인들을 환영하기는커녕 오히려 인근 은신처로 도망가며 시무룩하고 비참한 마음으로 전쟁의 추이를 관망하기만 했다. 이들 대다수에게 통일 이탈리아—겨우 두 세대 전에 출현한 나라—는 수 세기 동안 이 지역을 지배했던 제국보다 더 나을 게 없었다. 한 언론인은 북부 이탈리아 농민들은 오스트리아인들이 "전쟁을 원한 지주들의 머리를 벤 다음 가난한 사람들을 도와줄 것이라고" 믿으면서 오히려 오스트리아 침공군을 환영할 채비가 되어 있었다고 보고했다.

최고사령부의 공식 역사가인 안젤로 가티 대령은 한 보병 지휘관으로부터 자기 부하들은 공격 명령을 받으면 복종한다는 말을 들었다. 그들은 참호 밖으로 마지못해 떠밀렸던 것이다. "그들은 참호 밖으로 나갔다. 그러나 울면서 나갔다." 그들에게는 울 수밖에 없는 이유가 있었다. 그 끔찍했던 여름에 일부 대대에서는 전체 부대원의 70퍼센트가 전사했다.

모든 병사가 순순히 죽음으로 내몰리지는 않았다. 1917년 7월 당시에 장기 휴가와 좀더 안전한 곳으로의 재배치를 기대하고 있던 한 여단이 단 며칠 동안의 휴식을 마치고 다시 카르소 전선으로 복귀하라는 명령을 받았다. 막사에서는 불평불만이 터져나왔고, 마침내 무장 봉기가 일어났다. 반란자들은 장교 셋과 헌병 넷을 살해한 뒤 기병대와 기갑 차량 및 포병대에 의해 간신히 진압되었다. 그들은 전쟁과 전쟁에 영감을 불어넣은 비이성적인 감정에 맞서 반란을 일으켰고, 그들의 특별한 표적은 그런 비이성적 감정의 대변자이자 구현자로 자처한 한 남자였다. 일부 반란자는 단눈치오가 기거하고 있다고 오판해 한 지방 귀족의 저택에 난입하려고 했다. 이때 그들은 이렇게 외쳤다. "전쟁 반대! 우리는 평화를 원한다! 단눈치오에게 죽음을!"

반란이 일어났을 당시 단눈치오는 인근 비행장에 있었고, 이튿날 반란이 일어난 기지로 향했다. 38명이 총살되었는데, 이들 중 일부는 반란 선동자로 확인되었고, 다른 일부는 무작위로 뽑혀 처형된 이들이었다. 처형된 병사들이 자신에 대해 느낀 적대감을 완전히 알고 있었던 단눈치오는, 기꺼이 처형 현장에 배석했다.

그날 일어난 일에 대한 그의 기록은 완전히 무미건조하다. "회색 담들의 회반죽 사이로 보이는 자갈돌…… 바람 한 점 없는 열기. 종달새들의 노래. 시체들이 얼굴을 땅으로 향한 채 나란히 정렬되어 있었다…… 창백한 귀들…… 깊은 구덩이를 파는 삽과 괭이 소리…… 비극적인 돌담들 사이에 나있는 쐐기풀." 그가 자신의 픽션에서 인간 감정의 복잡성을 묘사하는 데 사용했던 문학적 재능은 전시에도 위축되지 않았다. 그는 전쟁을 해야 했던 사람들을 동정히면서도 완벽하게 전쟁을 하라고 선동할 수 있었다. 그는 처형당한 병사들이 "너무나 많은 전투를 수행해 몸과 마음이 소진된" 농부들임을 인정했다. 그들에 대한 처벌은 잔혹했다. 처형 부대가 발포 명령을 기다리고 있을 때, 단눈치오는 그들이 자기를 노려보는 걸 봤고, 순간 섬뜩함을 느꼈다. 그럼에도 그들의 죽음을 필요한 희생으로 환영했다. 사적인 편지에서 그는 지휘관들이 반란자를 너무 적게 처형했다며 실망감을 드러냈다. "심지어 10분의 1형decimation•도 아니었다!"

카도르나 장군—병사들이 마땅히 자신들의 분노를 터뜨릴 수밖에 없었던 총사령관—은 여전히 부대들을 내보내 밀집대형으로 산을 기어오르게 했는데, 이로써 병사들은 적 포병대의 완벽한 표적이 될 수밖에 없었다. 또한 그는 접근할 수도 없고 전략적으로 중요하지도 않은 모든 산 정상과 산마루를 공격하고 무슨 수를 써서라도 획득한 진지를 전부 고수하라고 명령했다. 대가는 엄청났다. 총사령관의 전략에 비판적 견해를 갖고 있던 한 장교는, 3000미터 정상에서 100명의 수비대를 유지하려면 릴레이식으로 일한다고 해도 최소한 900명의 일꾼이 필요하며, 어떤 경우에 이탈리아군은 산꼭대기를 지키고 있는 12명의 오스트리아 병사들을 몰아내는 과정에서 적군 1명을 죽이기 위해 무려 4톤의 강철 포탄들을 쏴야 했다고 계산했다. 이 모든 것 중에서 가장 큰

• 라틴어로는 '데키마티오decimatio'로 고대 로마 군단에서 탈영이나 반란, 혹은 패배에 대해 책임을 물어 시행한 처형 방식이다. 처벌받을 부대원들을 10명씩 나눈 다음 각 10명 중에서 제비뽑기를 통해 1명을 뽑아 나머지 9명이 처형했다고 한다.

대가는 당연하게도 인명 피해였다.

1917년 8월 이손초강을 따라 또 다른 대규모 공세가 이루어졌는데, 공세가 처음에는 성공적이어서 영국 대사인 로드는 총리 로이드조지에게 전보를 쳐서 "오스트리아군을 완전히 박살낼 것이라고" 기대해도 좋다고 보고했다. 또한 당시 전선을 방문 중이던 작곡가이자 지휘자인 아르투로 토스카니니는 새로 정복한 몬테 산토 정상에서 군악대를 이끌고 "오스트리아군의 면전에서" 애국적인 노래를 연주했다. 그러나 조만간 진격은 다시 저지되었다. 오스트리아군은 포병대와 베이스캠프를 깊은 바위 동굴에 배치했다. 이탈리아군이 아무리 그들의 진지를 폭격해도 별 효과가 없었다. 산 정상에 대한 폭격이 얼마나 심했는지, 산 하나는 높이가 10미터나 낮아졌다. 그렇듯 포탄이 빗발치고 바위산이 흔들리며 수천수만의 젊은이가 죽어가가도(한 달도 채 안 되는 기간에 4만 명의 이탈리아 병사가 전사했다), 크게 얻은 것은 없었다. "내 안의 무언가가 무너지고 있는 느낌이다"라고 가티 대령은 썼다. "나는 이 전쟁에서 살아남을 수 없을 것이다. 우리 중 누구도 살아남을 수 없을 것이다. 이 전쟁은 너무나 거대하다. (…) 우리를 모두 부서뜨리고 있다."

카세타 로사에서 카날 그란데를 따라 서쪽으로 조금만 가면 화려한 바로크 양식의 저택인 피사니궁이 나오는데, 이곳에는 음악 학교가 자리 잡고 있다. 어느 오후 단눈치오는 집에서 작업하고 있다가 멀리서 프레스코발디의 '칸초네' 서곡이 들리는 것을 느꼈다. 그는 서둘러 피사니궁으로 가서 대형 홀로 미끄러져 들어갔다. 홀은 방치되었다가 지금은 유명한 오르간 연주자인 고프레도 자르다가 사용하고 있었다. 당시 자르다는 자원병으로 근무하다가 타고 있던 모터보트가 석호에서 난파된 후 회복 중에 있었다.

자르다는 연주를 멈추지 않고서 주위를 둘러보았다. 단눈치오가 중
얼거렸다. "제가 방해가 되었나요?" 자르다는 머리를 가로저으며 연주
를 계속했다. 연주가 끝난 후 단눈치오는 자신을 소개했고, 두 사람은
바흐가 이 이탈리아의 대가(프레스코발디)에게 얼마나 많은 빚을 졌는
지에 대해 활발하게 대화를 나누었다. 그 후 단눈치오는 그의 연주를
들으려고 피사니궁에 자주 다녔는데, 때로는 혼자 가기도 했고 때로는
숙녀들과 함께 가기도 했다. 또한 때때로 저녁 시간에도 갔는데, 이때는
정전에 대비해 음악이 중단되지 않도록 발전기를 돌리는 것이 임무인
병사 두 명을 대동했다.

어느 날 밤에 단눈치오가 흰 드레스 차림의 영국 여성을 데리고 갔
을 때, 공습을 알리는 사이렌이 들렸다. 곧 소등되었다. 숙녀는 공포에
질려 방 한구석에 웅크리고 앉아 훌쩍거렸고, 지붕에 설치된 대공포대
들에서 포탄이 발사될 때만 잠깐씩 앞을 볼 수 있었다. 단눈치오는 그
녀를 위로해주면서 마에스트로에게 모든 것이 끝날 때까지 작품(프레
스코발디의 '토카타')을 계속 연주해달라고 부탁했다. 자르다는 이 곡을
무려 24번이나 연주했다. 폭탄 하나가 카세타 로사의 맞은편 운하에
떨어졌다. "저건 나를 겨냥한 것이었어." 단눈치오는 그렇게 말했다(이
말은 정확한 지적인데, 오스트리아 총사령부는 그를 제거하려고 혈안이 되어
있었다).

1917년 9월 단눈치오는 카타로에 대한 공습을 위해 출발 준비를 하
며 카세타 로사에 있었다. 이는 그의 가장 야심적인 항공 공격이 될 것
이었다. 두 비행 편대가 서서히 남쪽으로 풀리아의 공군 기지 쪽으로

날아가 아드리아해를 건넜다가 당일 밤에 귀환할 것이었다. 단눈치오는 수개월 동안 아들 베니에로를 비롯해 여러 엔지니어와 함께 이 비행 임무를 수행할 비행기를 개량하기 위해 작업을 해오고 있었다. 그러나 출발 전날 그의 마음은 다른 곳에 있었다.

그와 올가와의 사이는 틀어졌다. 그녀는 질투심이 강했고(물론 그럴 만했다. 당시 베네치아에 살았던 역사가 다메리니는 단눈치오가 최소한 6명의 다른 여인과 관계를 맺고 있다는 가십이 나돌았다고 증언한다), 그와 좋게 헤어질 수 없었다. 단눈치오는 자신의 흉상을 만들고 있던 조각가를 위해 정원에서 포즈를 취하고 있었는데, 크게 낙담한 나머지 흉상을 제작하는 일에서 아무런 재미도 못 느꼈다. 그는 자신의 셔츠를 개면서 심하게 울어 눈가가 빨개진 아엘리스의 도움을 받으며 짐을 쌌다. 그가 돌아오지 못할 수도 있다는 생각이 그의 마음에도, 그녀의 마음에도 떠올랐다. 그의 의사는 적군에 생포될 때를 대비하여 새 독약병을 그에게 건넸다. 레나타와 그녀의 남편(레나타는 최근에 단눈치오 휘하의 장교 한 명과 결혼했다)이 곤돌라로 역까지 배웅해주었다. 그는 딸의 손을 힘껏 쥐었다. 환기가 안 돼 답답한 열차 객실에서 그는 작은 여행 가방을 열어 아엘리스의 메모와 함께 파자마에 핀으로 꽂힌 꽃을 발견했다.

로마에서 그는 전쟁부를 방문해 참모 장교들과 공군력을 증강하는 문제에 대해 이야기를 나누었지만, 그런 와중에도 내내 자신의 사랑 문제를 생각했다. "죽을 만큼 슬프다. 시체에서 온기가 사라지듯 살아갈 의지도 없어지고 있다." 그는 로마로부터 남쪽으로 비행했고, 자신이 조종석에서 민첩하게 몸을 일으켜 세우는 모습을 보고 모르긴 몰라도 비행장에서 기다리고 있는 사람들이 놀랐을 거라고 생각하며 즐거워했다.

며칠 동안 장비와 무기 문제로 하염없이 기다린 후 마침내 그와 비행 편대는 출발 준비를 갖추었고, 그와 동시에 저하된 기분도 다시 고양되었다. 그는 (바그너의 「트리스탄」을 인용하여) 자신이 죽은 후 개봉될, 올가에게 보내는 작별 편지를 썼다. 그는 이동하기 전에 여성의 입을 맛보고 싶다는 충동을 느끼면서 기지에서 만났던 날씬한 발목의 여성을 힘껏 껴안고는 "성 프란체스코의 호칭 기도"를 하며 부하들을 인솔했다.

> 바람의 형제여, 우리에게 맞서지 않을지니, 에이아 에이아 에이아!Eia Eia Eia! 알랄라!Alalà!
> 불의 형제여, 우리를 태우지 않을지니,
> 에이아 에이아 에이아! 알랄라!
> 물의 자매여, 우리를 삼키지 말지니,
> 에이아 에이아 에이아! 알랄라!

마침내 그들은 이륙했고, 그가 맨 앞줄에서 자신의 '알랄라!'를 외치면 동료 조종사들은 위로 급상승하면서 복창하고 손을 흔들었다. 그의 하나밖에 없는 눈은 꽤 잘 보이는 것 같았다. 이 '모험'은 그가 가장 최근에 만들어낸 창조물이었다. 전쟁은 그의 새로운 시였다. 그는 일종의 황홀경 속으로 들어갔다. 남은 인생 동안에도 그는 이 경이로운 경험을 계속 회상할 것이었다. 그는 인간 존재로서 삶과 죽음을 동시에 뛰어넘는 초월적인 "제3의 길"을 발견했다.

비행은 길고 위험했다. 공습은 성공적이었다. 작전에 참여한 14대의 비행기가 모두 안전하게 귀환했다(비록 그중 3대는 목적지인 카타로에 도착하기 전에 회항해야 했지만 말이다). 승리감에 취한 단눈치오는 비행 편대에 자신의 모토인 "사자가 다시 포효한다Iterum rudit leo"를 수여했다

(사자는 베네치아를 상징하는 동물이다).

단눈치오가 카타로에 대한 강습에 나선 지 2주쯤 후에 이손초 계곡 위 산악 지대에 주둔해 있던 이탈리아 부대들은 오스트리아 병사들이 카포레토—현재의 슬로베니아 코바리드—로 이어지는 계곡을 따라 두 줄로 나란히 행군하는 모습을 봤다. 이탈리아군은 포로들을 전선 너머로 호송하는 중일 거라고 추정했다. 그러나 이 추정은 틀렸다. 이미 한 세기 전에 나폴레옹 보나파르트는 카포레토라는 대수롭지 않아 보이는 소도시가 실은 군대가 프리울리 평원으로 밀고 내려갈 수 있는 산악의 요충지에 자리 잡고 있음을 꿰뚫어보았다. 나폴레옹은 판단하기를, 그다음 서쪽 방어선은 베네치아에서 겨우 30킬로미터밖에 떨어지지 않은 피아베강이라고 봤다. 그 후 2주간 발생한 파국 속에서 이탈리아군은 나폴레옹이 옳았다는 것을 깨닫게 될 것이었다.

오스트리아 육군은 처음으로 독일군의 증원을 받아 강화되었다. 1917년 10월 24일 그들은 30킬로미터가량 펼쳐져 있는 모든 전선에 걸쳐 무자비한 폭격을 개시하고 잇따라 독가스 폭탄을 터뜨리며 신속히 진격하여 이탈리아 부대들을 차례로 포위했다. 카도르나 장군이 적군의 중무장된 산악 진지들을 향해 끈질기게 보병대를 올려보냈던 곳에서, 독일군은 산악 요새들을 단지 우회함으로써 이들 요새를 고립시키고 무용하게 만들었다. 이탈리아 부대들은 한꺼번에 항복했다.

카포레토는 순식간에 일어난 궤멸적인 패배였다. 10월 25일 오후 카도르나 장군은 아들에게 이렇게 썼다. "병사들이 싸우지 않고 있다. (…) 재앙이 다가오고 있다. (…) 나는 어디론가 멀리 가서 살 것이니, 누구에게든 어떤 것에 대해서든 묻지 마라." 그는 포기했고, 휘하 장병 대부분도 그러했다. 전선이 붕괴하자, 이탈리아 부대들은 방향을 바꿔 후방으로 다투어 도망쳤다. 그들은 소총을 내던지고 이렇게 읊조렸다. "전쟁은 끝났어! 집에 갈 거야!" 장교들도 울거나 분노에 사로잡힌 채 무력하게 사병들을 지켜보거나 아니면 사병들과 똑같이 행동했다. 항복을 거부했던 한 장교는 부대원들에게 사살되기도 했다. 며칠 동안 계속 좁은 산악로가 지친 병사들로 미어터졌는데, 이들은 장비를 버리고 물품을 불태우며 뒤에 남긴 교량들을 폭파시키고 악착같이 고향 앞으로 퇴각했다. 이들 중 한 명은 이렇게 회상한다. "그들은 한마디도 하지 않으며 계속 이동하고 또 이동했어요. 그들의 머릿속에는 딱 한 가지 생각만 있었지요. 평지로 내려가는 것, 그래서 이 악몽에서 벗어나는 것이었어요." 그들은 평원으로 되돌아와서는 진창이 된 들판으로 퍼져나가 부대들은 해체되고 장교와 사병들은 뿔뿔이 흩어졌다.

카도르나 장군은 탈리아멘토강 서안에서 전선을 재구축하고자 했지만, 오스트리아-독일 동맹군이 이미 배후로 근처까지 치고 들어온 상황이었다. 11월 4일 그는 피아베강으로의 총퇴각을 명령했다. 나흘 뒤 이탈리아 부대들이 피아베강 서쪽 사면에 도착함으로써 간신히 궤멸이 중지되었고, 피아베강의 모든 교량이 폭파되었다. 이로써 적군은 프리울리 평원 전체를 장악하게 되었다. 당시 이손초강에서 싸우던 이탈리아 측 장병 약 100만 명 중에서 불과 2주 만에 4만 명이 전사하거나 부상당하고 30만 명이 포로가 되며 40만 명이 실종되었는데, 이 실종자들은 대부분 고향을 향해 먼 길을 떠난 것으로 추정된다.

그것은 군사적 재앙, 혹은 그 이상이었다. 쿠르치오 말라파르테*는 난폭해진 병사들을 묘사했다―절반은 현대의 아나키스트였고, 절반은 고대의 바쿠스 축제 참가자들이었다. "그들은 종종 창녀와 살찌고 배가 불룩한 고위 장교들 —바쿠스와 아리아드네 •• —과 나란히 환호하며 어깨를 들썩였고, '무장 해제한 자들'의 축제는 싸움과 폭동, 비명, 외설적 노래에 파묻혔다." 과연 카포레토의 패배는 러시아에서 볼셰비키의 권력 장악이 이루어진 지 얼마 안 돼 일어났기에 당대의 많은 관찰자에게 혁명의 시작처럼 보였다.

공식적으로 단눈치오는 재앙을 부정함으로써 재앙에 맞섰다. 나중에 그는 "끔찍한 탈영병 무리"에 대해 글을 쓸 것이었고, 이 겁쟁이들을 가리켜 "발이 푹푹 빠지는 노새의 똥더미와 진흙더미"만큼이나 "불쾌한 자들"로 묘사했다. 그러나 당시 그는 실패로부터 영광을 불러내는 임무에 몰두하고 있었다. 그는 되풀이해서 카포레토를 "승리"로 지칭했다.

체르비냐노에 있는 그의 집은 이제 전선 너머에 있었다(이 집을 차지한 오스트리아 장교는 2년 뒤 친절하게도 집에 있던 40개가량의 다마스크 쿠션을 그에게 돌려주겠노라고 제의했다). 그는 한 우호적인 백작 부인의 손님으로 초대되어 파도바에 근거지를 마련했고, 이곳에서 여러 차례에 걸쳐 피아베 주둔 부대들을 방문하며 민족의 재생과 새로운 승리를 약

• 이탈리아 피렌체 출신의 언론인이자 소설가(1898~1957). 독일 이민자의 아들로서 본명은 쿠르트 에리히 주케르트였다. 필명 말라파르테Malaparte는 '나쁜 편'이라는 뜻으로서 나폴레옹의 이탈리아식 성인 부오나파르테, 즉 '좋은 편'의 패러디로 알려져 있다. 그는 파시즘에 심취하는 등 다양한 정치 경력을 보이면서 대표작 『망가진 세계Kaputt』 등 여러 작품을 남겼다.
•• 크레타의 공주 아리아드네는 괴물 미노타우로스를 죽이러 온 테세우스와 사랑에 빠졌다. 그녀는 테세우스에게 실타래를 주어 그가 미로 속의 괴물을 해치우고 무사히 미로를 빠져나올 수 있게 도왔다('아리아드네의 실'). 그러나 테세우스가 홀로 고향으로 돌아가자 아리아드네는 절망했다. 그때 개선장군으로 돌아온 바쿠스(디오니소스)가 슬픔에 젖어 있던 아리아드네에게 반했고, 아리아드네는 바쿠스의 사랑으로 위로받았다고 한다. 티치아노가 그린 「바쿠스와 아리아드네」는 두 사람의 극적인 만남을 형상화하는데, 지상세계에서 떠들썩한 잔치가 벌어지는 광경을 묘사하고 있다.

속했다. 그는 이제 막 한 지역을 통째로 내주고 고향 쪽으로 퇴각한 군대에게 제군들은 불굴의 영웅이며 조금도 굽히지 않을 것임을 잘 아노라고 말했다. 그는 이제 열일곱 살밖에 안 된 갓 징집된 병사들에게도 이탈리아를 두고 아무리 밀고 던져도 늘 바로 서는 오뚝이 인형에 비유하며 연설을 했다. "이탈리아는 언제나 완전히 부서진 우상들의 잿더미로부터 자신의 천재성을 일으켜 세웠다." 그달의 연설은 팸플릿 형태로 제작되어 부대에 뿌려졌는데, 제목은 그의 간절한 바람대로 '재정복 La Riscossa'이었다.

이제 베네치아는 전선에서 30킬로미터밖에 떨어지지 않았다. 미술품과 문서고와 정부 기관은 모두 서둘러 도시 밖으로 옮겨졌다. 시민 대다수도 도시를 떠나 피란을 갔다. 1917년 12월 베네치아에서 단눈치오는 산차니폴로 성당*에 갔는데, 성당 옆에 서 있던 베로키오의 작품 바르톨로메오 콜레오니의 청동 기마상이 기단에서 내려지는 모습을 보기 위해서였다. 콜레오니는 르네상스 시대의 용병대장들 중 한 명으로서, 단눈치오가 이탈리아의 전체 역사를 통틀어 가장 대담하고 가장 용맹한 자들을 대표한다고 평가한 인물이다. 베로키오의 빛나는 청동상은 당시에는 기술적 경이였고, 오늘날에도 세계에서 가장 위대한 기념물 중 하나로 남아 있다. 앞발을 높이 든 커다란 말에 올라탄 전사의 단호한 표정과 갑옷을 두른 신체는, 보는 이들에게 불굴의 의지와 신체적 강인함을 고스란히 전달하고 있다. 아래에서 위로 올려다볼 수밖에 없는 관중은 난쟁이처럼 압도된다. 미래주의 예술과 파시스트 예

* 조반니와 파올로 성당이라고도 불린다.

술이 영감을 받은 모든 게 여기 있다─금속성의 아름답고 고압적인 권력과 냉혹함의 견고한 이미지. 단눈치오는 이 기마상을 절대적으로 찬미했다.

이제 기마상은 기단에서 내려져 안전한 장소로 옮겨졌다. 땅에 세워진 기마상은 예전과는 달리 좀더 가까이에서 볼 수 있다. 단눈치오는 예술가가 주물에 나 있던 흠집들을 애써 가리려고 했던 흔적과 투구를 받쳐주는 작은 나뭇가지까지 알아볼 수 있었다. 그는 세세한 부분에서 크게 개의치 않고 부주의하게 처리되었다는 사실과 전사의 무시무시한 표정이 칼로 벤 듯한 세 개의 줄로 이루어졌다는 사실에 큰 인상을 받았다. 광장에서는 꼬맹이들이 굴렁쇠를 굴리며 시끄럽게 놀고 있었다. 과연 단눈치오답게 그는 어린이들의 손과, 이 손들이 얼마나 작은지, 또 청동 기사의 거대한 손이 보여주는 "오만한 권력"에 주목했다. 게다가 애꾸눈이었던 그는 눈에도 주목했다─눈동자들은 두 개의 "무시무시한 구멍"이었다. 하나가 다른 하나보다 더 깊은 구멍.

자갈 바닥에 누워 있는 청동상을 응시하는 단눈치오는, 응용미술의 장인이자 감식가였다. 그는 자기 책상 앞으로 돌아와 다음번 연설문의 초안을 작성하면서 과거의 영웅들을 현재의 프로젝트에 제멋대로 동원함으로써 다시 한번 과장된 연설가가 되었다. 그가 실제로 본 것은 말에서 떨어진 전사, 즉 패배의 이미지였으나, 그가 쓴 것은 이탈리아적인 용맹의 의인화인 콜레오니가 말안장 위에 올라앉아 다시 한번 전쟁터로 달려가는 것이었다.

베네치아는 텅 비었다. 남아 있는 사람들에게 단눈치오는 "저항 정신을 상징했다"라고 다메리니(남아 있는 사람 중 한 명이었던)는 썼다. 거의 텅 빈 거리들에서 단눈치오는 "애정과 존경의 함성"에 의해 거듭 발걸음을 멈춰야 했다. 광장을 가로질러 걸어가는 동안에도 그는 환호성과 "만세!Evviva"의 외침을 들을 수 있었다.

그와 올가는 화해했다. 단눈치오는 그녀에게 메모를 보내 지금 자신이 한가하며 당장이라도 두 사람의 집 사이에 있는 골목길과 다리 중 지름길에서, 그것도 우연히 만날 수도 있을 것이라고 했다. 그리고 단눈치오가 무언가를 경험한다는 것은 곧 그것을 종이 위에 옮겨 적는 것을 의미했으므로, 그런 '우연한' 만남들을 가진 뒤 그는 그녀에게, 하루에도 몇 번씩 글을 썼다. 그는 그녀에게 이렇게 말했다. "당신이 내 귀에 대고 말할 수 없는 것들을 말해주었을 때…… 내가 당신의 몸속 깊은 곳에 있었을 때, 내 온몸의 뼈들은 마치 장작더미처럼 불타고 있었소." 또한 그는 적십자 소속 간호사인 네리사라는 젊은 여인과도 만나고 있었다. 그녀의 간호사다운 자세와 자신에 대한 너무나 빠한 사랑의 열정이 그의 허영심을 흐뭇하게 충족시켜주었다. "그녀가 내 목소리만 들어도 애무의 손길을 느끼는 것처럼 흥분하고 있음을 잘 안다." 그럼에도 그는 향수에 젖어 주세피나 만치니에게 처음으로 함께 밤을 보낸 날을 기념하며 편지를 쓰고 있었다. "나는 혼자요. (…) 나는 다시는 사랑받을 수 없소."

지상에서 벌어지고 있던 전쟁은 교착 상태에 빠졌다. 프리울리를 점령한 오스트리아군은 보급로가 너무 길어져 굶주림에 허덕이고 있었다. 그들은 현지에서 조달하라는 명령을 받았지만, 두 달가량 지나자 더 이상 훔칠 것도 남아 있지 않았다. 빵과 폴렌타*는 톱밥이나 모래와 섞여 있었다. 병사들은 풀을 끓여 먹었다. 말들도 지쳐 죽어나갔고, 병사들은 무기를 한 조각의 빵과 바꾸었다. 그리하여 이탈리아군이 스스로를 방어할 힘이 없었던 만큼이나 오스트리아군도 상대를 공격할 힘이 없었다.

지상에서 전투가 더 이상 벌어지지 않는 동안 단눈치오는 다음번 모험을 위해 바다와 하늘을 둘러보고 있었다. 이탈리아 해군의 엔지니어들은 '무장 동력선 백조Motoscafi Armata Svan, MAS'라고 불린 작고 가벼운 공격정을 개발했다. 단눈치오도 이 동력선이 대단히 매력적이라고 생각했는데, 아마 이 배가 소형 전투기들과 마찬가지로 개인 영웅과 그의 대담무쌍한 부하들에게 적합한 수단이라고 생각했을 것이다. 그는 여성에게도 늘 그러했듯이 이번에도 배의 이름을 지어줌으로써 배가 자신의 것임을 과시했다. 수병들은 이 배의 이니셜인 MAS를 '대잠수함 무장 동력선Motoscafi Anti Sommergibile'으로 부르곤 했다. 단눈치오는 아예 한 술 더 떴다. 그는 MAS가 '항상 대담해야 함을 기억하라Memento Audere Semper'라는 경구의 약자라고 선언했다. 해군 사령부에 있던 그의 친구들은 3정의 MAS를 이용한 공격 계획, 즉 피우메 바로 동남쪽의 험준한 크로아티아 해안에서 깊이 패여 있는 곳인 바카르만—현재의 바카르만—의 오스트리아 해군 기지에 대한 공격 계획을 그에게 말해주었다. 이 바카르만은 내륙으로 거의 5킬로미터나 들어가 있는 일종의 피오르fjord로서 바다로의 출입로가 좁을뿐더러 강력하게 방어되고 있었다. 단눈치오는 이 원정에 참여해도 좋다는 허락을 받았다.

배들은 베네치아에서 부카리로 항해할 만큼의 연료를 실을 수 없었다. 목적지 해안까지는 구축함에 견인되어 오스트리아 해군이 순찰하

• 옥수수 죽.

는 수역을 지나 100킬로미터 이상 가야 했다. 그런 다음 야음을 틈타 연안 섬들 사이를 헤치고 나아가 해협을 통과한 후, 이번에는 무장 초소들이 버티고 있는 험준한 산악 지형으로 둘러싸인 좁고 긴 물줄기를 따라 항구로 접근해야 했다. 목적지에 도착한 다음에는 곧바로 적함들을 향해 어뢰를 발사하고 다시 적의 사정거리에 노출되어 있는 똑같이 위험한 경로를 따라 되돌아가야 했다. 단눈치오는 이 계획이 썩 마음에 들었다. 그는 "한쪽은 삶이고 다른 쪽은 죽음인 동전 한 닢만" 주고 인생에서 가장 강렬한 경험을 "구입"하게 되었다고 믿었다. 그는 오스트리아군에 강력한 메시지를 줄 수 있는 글을 쓰려고 애썼다. 그는 동료들이 선체에 고정되어 있던 어뢰를 풀고 있을 때 밀봉된 병들을 배 바깥으로 던졌는데, 병마다 그가 쓴 글이 들어 있고 이탈리아 삼색기 리본으로 장식되어 있었다.

이 공격은 그의 인생에서 가장 거대한 모험 중 하나가 될 터였다. 그는 이 모험을 가리켜 '부카리의 장난Beffa di Buccari'이라고 불렀다. 그의 첫 번째 트리에스테 비행과 마찬가지로 그것은 대담한 도발 행위이자 적에 대한 조롱이었다. 그는 이 공격이 큰 화제가 될 거라고 내다보았다. 공격이 있기 며칠 전부터 그는 일기장에 상세한 기록을 남겼는데, 나중에 그 내용을 바꾸지 않고 『코리에레 델라 세라』에 게재했다. 거기에 담겨 있는 내밀한 기록이 오히려 독자들에게 더 큰 흥미를 유발할 거라고 올바르게 판단하면서 말이다. 그는 비트가 강하고 자극적인 후렴구의 발라드를 썼으며, 민간인과 군인 할 것 없이 사람들 사이에 널리 유포했다.

우리는 하나의 운명으로 묶인 서른 명,

3부 전쟁과 평화

죽음의 사신까지 합치면 서른한 명.

에이아! 그 마지막 한 명이여! 알랄라!……

며칠간의 불안한 나날 동안 '장난꾸러기들'은 청명한 하늘만 기다렸다. 공해상을 항해할 수 있도록 설계되지 않은 작은 배들이 견인되어 아드리아해를 두 번씩이나 성공적으로 건널 수 있으려면 최소한 24시간 동안은 날씨가 도와주어야 했다. 마침내 1918년 2월 10일 원정이 시작되었다.

우리 모두가 돌아오거나 아무도 돌아오지 못하리.

에이아! 카르나로의 심해 속으로! 알랄라!

그들은 항해 중에 아엘리스가 싸준 훌륭한 피크닉 도시락을 먹으면서 마침내 부카리에 안전하게 도착하는 데 성공했다. (그들은 차게 식힌 닭고기, 케이크와 마멀레이드, 비스킷, 귤, 리큐어를 먹었다.) 남은 인생 동안 단눈치오는 항상 그날 밤의 기억을 떠올리게 될 것이었다. 어둠, "다수에 맞서 소수가 된다는 것이 주는 자부심과 흥분감", 그리고 불안정한 소형 선박 속에서 오스트리아 제국의 거대한 기술적 힘에 함께 맞섰던 소수의 동료에게 느꼈던 동지애를 잊을 수 없었다.

단눈치오는 준비해둔 병들을 던졌다. 어뢰도 발사했다. 어뢰 대부분은 항구 앞에 설치되어 있는 그물에 걸렸다. 3정의 MAS는 방향을 바꿔 엔진 소리를 내며 공해상으로 돌아가 다시 안전하게 견인선에 합류했다. 그동안 오스트리아 포수들은 눈앞에서 벌어지는 일을 믿지 못한 채 멍하니 그들을 보내주어야 했다.

방수포와 방수모 차림의 단눈치오

이 '장난'은 적 함대에 타격을 주지는 못했으나(타격을 입은 유일한 배는 상업용 연락선뿐이었다), 엄청나게 성공적인 선전활동이었다. 카포레토의 패배 이후 사기가 저하되어 있던 이탈리아인들에게, 그리고 오스트리아인들에도 그것은 전투가 아직 끝나지 않았다는 신호였다. (카타로 공습이 실제로 그의 계획이었듯이) 그 계획이 단눈치오의 것은 아니었지만, 그 자신이 실행한 것이었다. 병들 속에 담긴 메시지에서 그는 자신을 "최고의 적Nimicissimo"이라 불렀고, 자신은 오스트리아군이 자기 머리에 입힌 부상을 조롱하기 위해 왔노라고 알렸다. 그는 자기 키의 거의 두 배에 달하는 건장한 선원들 옆에서 방수포와 방수모 차림으로 포즈를 취했는데, 그 모습이 흡사 작게 빛나는 바다 요정처럼 보인다.

카포레토의 참사 이후 국왕은 카도르나 장군의 총참모본부를 방문하여 그를 경질할 것임을 알렸다. 대화는 두 시간 동안이나 이어졌다. 항상 진지를 사수하라는 명령을 내림으로써 수만 명에 달하는 휘하 장병을 사지에 몰아넣었던 카도르나는, 대화 내내 예의 완고한 태도로 사임을 거부하고 있었다. 이튿날 정식으로 해임 통보서를 받고 자기 사무실에 후임자가 오고 나서야 그는 물러났다.

후임자는 아르만도 디아츠 장군으로서, 단눈치오가 전투에 앞서 병사들에게 장광설을 풀어내며 연설을 하면 그 전투는 이미 4분의 3은 이긴 것이나 진배없다고 믿었던 인물이다. 카도르나가 장병들에게 맹목적인 복종을 요구하며 임무를 완수하거나 아니면 죽을 것을 요구했다면, 디아츠는 장병들의 사기를 세심하게 배려했다. 그는 장병들에게는 무엇보다 음식과 군화가 필요하다는 사실을 잘 알았을 뿐만 아니라 "기운을 돋우는 건강한 말"의 힘을 믿고 있었다. 그는 선전활동에 우선

권을 부여하면서 이를 위해 새로운 'P 부대'를 창설했다. 포스터와 리플 릿, 대화, 연극과 영화, 그리고 이 부대원들이 동료들을 위해 만든 '참호 신문' 등은 군을 재건하는 디아츠의 노력에서 일익을 담당했다. 전쟁장 관 마르티니는 일기에 다소 시큰둥한 어조로 단눈치오의 '부카리의 장 난'은 "상식을 뛰어넘는" 모험이었지만, 새로운 사령관은 그런 대담한 몸 짓, 그런 이채로운 행동이 전쟁 무대에서 어떤 가치를 갖는지를 이해했 다고 썼다. 디아츠의 후원과 함께 단눈치오는 피아베 전선에 주둔한 부 대들에게 쉼 없이 연설을 해야 했다.

새로운 전쟁 무기를 둘러싸고 기술자 및 제조업자들과 많은 논의 가 있었다. 전쟁 마지막 해에 6500대의 비행기가 생산되었고(1915년의 400대 이하에서 껑충 뛴 수치), 단눈치오는 장관과 제조업자 모두와 그 문 제를 상의했다. 그는 카프로니와 접촉하고 있었을 뿐만 아니라 피아트 의 창업자이자 대표이사인 조반니 아녤리와도 만나고 있었다. 아녤리 의 자동차 회사는 전시에 규모가 6배가량 성장했고, 트럭과 대형 화물 차를 수만 대씩 출하하고 있었을 뿐만 아니라 이탈리아 최초의 전차 들도 생산하고 있었다. 단눈치오는 올가에게 보낸 편지에 이렇게 썼다. "강철 피스톤이야말로 세상에서 가장 중요한 것이라는 양, 내가 정색을 하고 열정적으로 엔진에 대해 말하는 모습을 본다면 내 귀여운 당신도 틀림없이 즐거울 텐데."

하늘에서, 바다에서 좀더 대담한 작전들이 잇따랐다. 4월에 단눈치 오는 폴라를 포격하는 해군 원정팀에 참여했다. 6월에는 피아베 상공 을 비행하여 오스트리아 포대 진지들에 폭탄을 투하했다. 7월에도 다 시 폴라를 폭격했다. 그는 매일같이 비행했고, 때로는 하루에 2~3회씩 출격하기도 했다. "행동함으로써 나는 젊어집니다"라고 그는 알베르티니에게 썼다. "나는 잠 잘 시간도 거의 없습니다." 과연 공습이 없을 때면 최고의 모험을 준비하면서 시험 비행에 더 열중했다.

1년 이상 동안 단눈치오는 최고사령부에게 빈에 대한 공습을 허가해달라고 조르고 있었다. 그러나 그의 요청은 매번 거부되었다. 창공을 누비며 산맥을 넘는 빈으로의 왕복 비행 거리는 대략 1000킬로미터에 달했고, 고도 역시 전례 없는 것이었다. 비행기는 10시간 이상 동안 상공에 있어야 했고, 그나마 연료를 재보급 받을 기회도 없었다. 그런 비행은 아직 시도된 적이 없었다.

1918년 여름 내내 양국의 육군이 피아베에서 대치하는 동안 단눈치오는 연료 용량을 크게 하고 알프스산맥을 넘을 때 발생할지 모르는 난기류에 의한 진동에 대해 저항력을 강화하기 위한 방법을 카프로니와 상의하고 있었다. 마침내 그는 이탈리아산맥 상공을 10시간 동안 1000킬로미터 주파함으로써 숙원이 성취되었음을 보여줄 수 있었다. 디아츠 장군도 이 성취를 인정했다. 8월 8일 단눈치오는 저녁 내내 음악 학교에서 홀로 시간을 보내며 바로크 음악 연주를 들었다. 8월 9일 11대의 단발기가 트레비소를 이륙했고, 단눈치오는 승객 전용석이 꾸며진 비행기 한 대에 탑승하고 있었다. 비행기가 이륙하자마자 세 대는 회항해야 했다. 네 번째 비행기는 오스트리아 영토에서 추락했지만, 남은 일곱 대는 안전하게 제국 수도 상공에 도착했다.

1908년 H. G. 웰스는 소설 『공중전The War in the Air』을 썼다. 이 소설에서 웰스는 한 도시에 대한 공중 폭격을 상상한다. "어느 곳도 안전하지 않다. (…) 폭탄들이 한밤중에 떨어진다. 아침에 사람들이 조용히 밖에 나와 비행 편대가 머리 위를 지나가고 있는 것을 본다. 죽음을 떨어뜨리며, 죽음을 떨어뜨리며!" 당시에 이 이야기는 허무맹랑한 환상에 지나지 않는 것으로 치부되었다. 그러나 이제, 그러니까 단 10년 만에 빈 시민들은 자기네 도시에서 웰스의 상상이 실현될 수도 있다는 가능성에 직면했다. 오스트리아의 폭격기들도 베네치아를 목표로 했으나, 빈에서는 어느 누구도 전선에서 그렇게 멀리 떨어진 자신들의 수도가 그 같은 위협에 봉착할 줄은 상상도 못 했다. 머리 위에 출현한 이탈리아인들은 두려운 존재였다.

이 사건에서 단눈치오는 죽음 대신 말을 떨어뜨렸다. 그와 그의 비행 편대는 단눈치오가 (이탈리아 삼색기를 상징하는) 붉은색과 흰색, 초록색 종이에 인쇄한 텍스트 5만 장가량을 투하했다. 단눈치오는 '빈 상공의 하늘'이라는 이 연설문에서 이렇게 선언했다. "자유의 강들에서 불어오는 승리의 바람을 타고 우리는 이토록 대담한 행동에서 기쁨을 느끼며 이렇게 왔다. (…) 빈 시민들이여! 우리는 오늘 여러분에게 폭탄을 투하할 수도 있었다! 그 대신 먼저 우리의 인사를 투하한다." 단눈치오는 빈 사람들에게 오스트리아 정부에 반기를 들고 평화를 요청하라고 권고했다. "여러분이 전쟁을 계속하기를 원한다면—계속할 것이다! 그렇다면 여러분은 자살해야 할 것이다." 이런 투의 어조보다는 좀더 무미건조하고 명료한 메시지를 담은, 독일어로 번역된 우고 오예티의 인쇄물도 10만 장가량 투하되었는데, 빈 시민들에게 자기 자신과 자신의 도시를 구하려면 다른 길은 없으며 항복하는 수밖에 없다고 권고하는 내용이었다.

귀환하는 길에 단눈치오가 탄 비행기의 엔진이 세 번씩이나 멈췄다. 그때마다 그는 상감 장식이 된 작은 독약 상자를 만지작거렸다. 그때마다 조종사인 나탈레 팔리가 엔진을 다시 가동시키는 데 성공했다. 베

3부 전쟁과 평화

1918년 8월 9일 비행하고 있는 단눈치오

네치아 인근 비행장에 안전하게 귀환하고 나서 단눈치오는 열광적인 환대를 받았다. 그의 공훈은 이탈리아에서뿐만 아니라 모든 연합국에서 널리 찬사를 받았다. (당시에는 오늘날보다 유럽 문학에 훨씬 더 우호적이던) 런던의 『타임스』는 루도비코 아리오스토*의 작품에 나오는 한 인물이 히포그리프hippogryph **를 타고 보여준 용감무쌍한 비행에 빗대 단눈치오를 "새로운 루지에로Ruggiero"라고 불렀다. 프랑스인들도 그에게 무공 십자훈장을 수여했다. 적들도 똑같이 강한 인상을 받았다. 빈에서 발행되는 『아르바이터 차이퉁Arbeiter Zeitung』의 한 논설부장은 이렇

• 이탈리아의 시인으로서 대표작 「광란의 오를란도Orlando Furioso」 등을 남겼다(1474~1533).

•• 독수리의 머리와 날개를 지닌 전설상의 말.

게 반문했다. "그렇다면 우리의 단눈치오는 어디에 있는가?"

1918년 9월 내내 이탈리아 행정부는 디아츠 장군을 압박해 행동에
나설 것을 주문했다. 이탈리아의 열일곱 살짜리 청소년들이 카포레토
의 대규모 탈영으로 약화된 군대를 보충하기 위해 징집되었다. 영국 및
프랑스의 응원군 사단들도 속속 도착했다. 그러나 여전히 디아츠는 군
대가 준비되지 않았다고 주장했다.

10월 19일 오스트리아가 모든 이탈리아 영토에서 철수함으로써 평
화 제안을 해올 거라는 소문이 돌았다. 이탈리아로서는 더 이상의 인
명 손실 없이 원하는 것을 얻을 거라는 전망은 매력적인 것이었고, 총
리 비토리오 오를란도 역시 가만있을 수 없었다. 일찍이 1866년에 오
스트리아인들이 이탈리아에게 중립을 유지해주는 대가로 베네토 지역
을 반환하겠다고 제안했을 때, 단눈치오가 카피톨리노 언덕에서 휘두
른 적도 있던 검의 원래 주인인 가리발디주의자 니노 빅시오는 그런 제
안에 격렬하게 반대했다. 그는 의회를 향해 싸우지 않고 베네치아를 얻
는 것보다 10만 명의 이탈리아인이 베네치아를 위해 싸우다 죽는 것이
낫다고 말했다. 그처럼 비합리적이고 자기 파괴적이며 사악할 정도로
인명을 경시하는 사고 습성은 여전히 살아 있었다. 개전 직후 첫 몇 개
월 동안 단눈치오도 평화적으로 획득한 영토는 이탈리아의 진정한 일
부가 될 수 없노라고 썼다. 영토가 "우리 자신의 피 속에 잠기지" 않은
한, 그 영토는 괴저로 썩어가는 팔다리에 불과할 것이었다. 오를란도 총
리도 그와 유사한 정신 상태를 보여주었다. 그는 디아츠에게 이렇게 전
보를 쳤다. "가만히 있는 것보다 패배하는 것이 차라리 낫소. 당장 움직
이시오!"

카포레토 1주년이 되는 10월 24일에 (단눈치오는 그렇게 썼다). "승리의 여신이 날개에 붙은 가을의 성에를 털어내고 피로 물든 강가의 풀밭에서 맨발로 몸을 푼 뒤 피아베 우안으로부터 하늘 높이 치솟아 위대한 비행을 감행했다." 쉽게 말해, 이탈리아의 반격이 시작된 것이다. 고든 하일랜더 연대의 1개 대대가 베네치아의 곤돌라 사공들의 도움으로 피아베강을 도하했다(이탈리아군이 이 마지막 군사 작전에서 연합군의 도움을 받았다는 사실을 단눈치오는 전혀 언급하지 않았다). 육군 병사의 평균 체중이 50킬로그램도 채 안 될 정도로 굶주림에 시달리던 오스트리아군은 곧 추격군이 따라잡을 수도 없을 정도로 빠른 속도로 퇴각했다. 이 "열흘간의 혹독하지만 신성한" 날들에 단눈치오와 그의 비행편대는 전진하는 이탈리아 부대들의 상공을 비행했다—단눈치오는 자신도 아래를 더 잘 볼 수 있고 다른 조종사들도 자신을 더 볼 수 있게 하려고 불안정하게 흔들리는 비행기 안에 서 있었다. 단눈치오의 비행편대는 퇴각하는 오스트리아군에 70발의 폭탄을 투하함으로써 집으로 가고 싶어하던 사람들을 대상으로 불필요한 살상을 저질렀다. 이번에도 폭탄을 싣고 있던 비행기가 이륙 직후 곤두박질쳐 단눈치오는 죽음의 문턱까지 갔다(폭탄은 폭발하지 않았고, 그는 멀쩡했다).

10월 31일 이탈리아군은 비토리오—현재의 비토리오 베네토—에 도착했는데, 이 도시의 이름은 그야말로 이탈리아의 승리를 기념하기에 딱 알맞아 곧 유명해질 터였다. 11월 1일 오스트리아의 트리에스테 총독이 기차 편으로 서둘러 떠났다. 이틀 후 이탈리아 전함 한 척이 트리에스테 항구에 입항하여 "우리의 죽은 자들은 더 이상 죽은 자들이 아니다"라고 선언한 이탈리아 총독을 데려왔다. 11월 4일 카포레토 전투에서 상실한 거의 모든 영토가 회복되었고, 오스트리아와 이탈리아 사이에 휴전이 이루어졌다.

10월 초에 단눈치오는 마르셀 불랑제에게 이렇게 말했다. "나는 전쟁을 찬양하오." 그러고는 다른 친구에 보낸 편지에서 이렇게 썼다. "나와 당신에게, 또 우리와 같은 사람들에게 오늘의 평화는 재앙이오." 디아츠 장군이 휘하 장병들에게 진격을 명했던 그날, 단눈치오의 '세르날리아의 기도Prayer of Sernaglia'*가 『코리에레 델라 세라』에 실렸다. 그것은 이탈리아의 동맹국들에 대한 비방(비록 이름은 명시되지 않았으나 미국 대통령 우드로 윌슨은 악의에 찬 욕설을 들어야 했다)과 적국들에 대한 분노로 가득 찬 일종의 저주문이나 다름없었다. 오스트리아는 여전히 먹은 것을 토하는 독수리로서 이탈리아의 집들을 더럽히고 이탈리아의 샘들을 오염시키며 이탈리아의 노인들을 구타할 뿐 아니라 이탈리아의 여인들을 강간하고 이탈리아의 젊은이들을 불구로 만드는 사악한 존재였다. 그러나 진정한 적은 따로 있었다. 그것은 비통해하는 사람들에게 "눈처럼 새하얀 비둘기라기보다는 축축한 뱀처럼" 다가오는 평화였다.

전쟁은 단눈치오에게 모험과 삶의 목적, 여인들보다도 더 사랑한 용감한 젊은 대원들, 새롭고 더 남성다운 명성, 그리고 지속적인 죽음의 위협 속에서 살아 있다는 자극을 안겨주었다. 그의 동시대인으로서 트렌토 산지의 건너편에서 복무하기도 했던 오스트리아 소설가 로베르트 무질은, 죽음의 위험에 직면하면서 느낀 아찔한 기쁨에 대해 이렇게 썼다. 그때의 기분은 "돌처럼 영원히 사람의 머리를 짓누르던 죽음에 대한 공포"가 죽음이 눈앞에 절박하게 닥쳐왔다는 사실로 인해 오

* 세르날리아는 베네토주 트레비소의 한 마을로 당시의 격전지였다. 현재의 세르날리아 델라 바탈리아다.

3부 전쟁과 평화

히려 완화되고 "형언할 수 없는 내적 자유가 활짝 열리는" 것과 같았다. 단눈치오도 그런 자유를 느꼈다. 전후에 민간인으로 돌아가자, 그에게 민간인 생활은 고약한 감옥생활처럼 보였다. 유럽 전역의 수백만 명이 어리석은 살상이 끝나기를 희구할 때, 그는 이렇게 썼다. "평화의 악취가 난다."

29. 평화

1917년 12월 베니토 무솔리니는 카포레토의 패배로 트라우마를 갖게 된 민족에게 새로운 질서를 선포했다. "내일의 음악은 새로운 템포를 갖게 될 것이다. (…) 참호에서 배운 난폭하고 유혈적인 경험은 필경 무언가를 의미하게 될 것이다." 1년 후인 1919년 1월 1일 무솔리니는 단눈치오에게 자기네 두 사람이 공유하는 대의를 위해 둘의 만남이 필요하다고 제안하는 편지를 띄웠다. 그러나 전후 첫 몇 주 동안 단눈치오에게는 자기 연설문을 게재하는 많은 신문 중 하나의 편집장을 만나는 것보다 더 중요한 다른 일들이 있었다. 6개월 후에야 두 사람은 만날 수 있었다.

전시에 무솔리니는 처음엔 사병으로, 나중엔 부사관으로 근무했다. 그는 약 9개월 동안 전선에서 근무했고, 아시아고—일찍이 단눈치오가 활주로 주변에 핀 작은 연보라색 꽃들에 감탄한 바 있는 알프스 기슭의 고원—에서 전투에도 참가했다. 1917년에 무솔리니는 박격포탄이 참호에 떨어지는 바람에 부상을 입어 40여 개의 금속 파편이 몸에 박힌 상이용사로 제대하여 귀향했다.

무솔리니의 영감은 단눈치오의 그것과 다르지 않았다. 젊은 시절에 그는 단테의 구절들을 읊으면서 고향 거리를 활보하곤 했다. 니체도 그를 "정신적 에로티시즘"으로 충만하게 채워주었다. 소렐에게서도 배웠다. 그는 "폭력의 사도"로 자처했다. 그는 『이탈리아 민중Il Popolo d'Italia』의 편집장직을 맡으면서 전쟁으로 분출된 "도덕적 힘"을 찬양했고, 전투로 단련된 베테랑들로 이루어진 새로운 엘리트가 지배하는 정치, 즉 "참호 정치trenchocracy"의 미래를 예견했다.

전쟁이 이탈리아의 정치적 배치를 뒤바꾼 것은 사실이었다. 일찍이 카도르나 장군은 자신에게 전술을 바꾸라고 압박하거나 자신을 경질하려고 한 로마의 선출 정부에 맞서 계속해서 저항한 바 있다. 카도르나는 국왕의 암묵적 지지를 등에 업고 정부를 무시하며 의회 민주주의와 군부 사이의 균열을 만들어냈는데, 이 균열로 정부는 약화되고 군대는 민간인 신분의 통수권자들에게 불만을 품으며 의혹의 눈길을 보냈다. 1917년 여름 밀라노에서는 카도르나에게 독재관에 취임하라고 요구하는 시위들도 일어났다.

전쟁에 대해 미온적인 정부를 사정없이 휘몰아친 참전론자들은 민간인 당국을 완전히 신뢰하지 않았다. 1915년에 100명 이상의 의원이 졸리티를 지지했다. 졸리티처럼 그들도 전쟁이 낭비에 불과하며 불필요하다고 봤다. 소모전이 몇 년 동안 지속되면서 이탈리아의 경제적 자원이 무분별하게 차출되고 수십만 명의 젊은이가 전사하거나 부상을 당하고 포로가 되자, 민간인 행정부는 당시 실질적으로 나라를 경영하고 있던 폭력의 사도들과 점점 더 소원해졌다. 다른 한편, 군부도 식량과 장비 공급에 인색한 태도를 보이면서 목숨 걸고 싸우는 용감한 젊은이들을 지원하지 않는 민간인 관료들에게 일상적으로 불만을 갖게 되었다. 그리하여 군대가 소심한 행정부에 "배신"당했다는 소문도 돌았다.

그런 상황에서 카포레토의 퇴각이라는 굴욕이 찾아왔다. 이 패배는 민족 전체에 충격을 몰고 왔고 모멸감을 안겨주었다. 사회주의 혁명에 대한 두려움 속에 살았던 사람들에게도 러시아에서 볼셰비키가 권력을 장악한 바로 같은 달에 일어난 대규모 탈영과 항명이라는 스펙터클은 끔찍한 것이었다. 사람들은 희생양을 찾기 시작했다. 군부는 "패배주의자들"—처음에는 전쟁에 미온적이었고 계속해서 전쟁의 필요성과 예상되는 결과에 문제를 제기했던 사람들—을 비난했다. 지도적인 사회주의자들을 암살하거나 바티칸을 전복하는 것을 목표로 삼은 비밀결사들도 있었다. (당시 베네딕도 교황—무솔리니가 "빌라도 교황"이라는 별명을 붙여준—은 전쟁의 정당성을 인정하기를 거부했다.) "저항 위원회"와 "민족 방위 동맹Fasci"이 형성되었다('파쇼' 혹은 '파시'라는 말이 정치 서클들 사이에서 점점 더 유행하게 되었다). 이 단체들은 온갖 방식으로 "내부의 적"—중립론자와 사회주의자, 졸리티주의자들—을 괴롭히는 역할을 수행했다.

카도르나 장군은 축출되었다. 꼬박 1년 동안 이탈리아인들은 패배를 자각하면서 살아야 했다. 마침내 승리가 찾아왔을 때도 민족의 사기를 복구하기에는 때가 너무 늦었다. 지친 부대들은 전쟁 막판 몇 주일 동안의 반격으로 어느 정도 힘을 되찾았으나, 그들의 노력이 아무런 소득도 없을 것임은 점점 더 분명해졌다. 비토리오 베네토에서의 승전도 그에 합당한 방식으로 강화 조약의 조항들에 반영되지 못할 것이었다.

이탈리아 군대가 1918년 10월 프리울리 전역으로 손쉽게 밀고 올라가며, 굶주린 오스트리아군이 무기를 버리고 뿔뿔이 흩어져 퇴각함에

3부 전쟁과 평화

따라, 단눈치오는 마치 이탈리아 병사들의 군홧발이 닿는 곳은 어디나 이탈리아 땅인 양 기뻐 어쩔 줄 몰라 했다. "포화 사이를 뚫고서 트리에스테 상공을 비행했던 우리가 끝내 트리에스테를 손에 넣었다. 폴라의 지옥에 맞섰던 자가 이 항구도시를 이탈리아를 위해 장악했다. (…) 나는 그런 유형의 인간이었다." 그러나 이런 영토 점유는 현대에 영토 분쟁을 해결하는 방식과는 거리가 멀었다. 이탈리아군의 진격이 시작되었을 때 이미 연합국들과 빈사 상태의 오스트리아-헝가리 제국 사이에서 협상이 진행 중이었다. 11월 초엽에 이스트리아로 통하는 도로나 카르소를 거쳐 슬로베니아로 통하는 도로는 무방비 상태였다. 단눈치오는 이 도로들을 따라 달마티아를 향해 남쪽으로 진격하고 미수복 지역들에 이탈리아 부대를 주둔시키며 마침내 아드리아해를 이탈리아의 바다로 만들고 싶어 몸이 근질거리던 많은 이탈리아 장교 중 한 명이었다. 그러나 휴전 조약이 1918년 11월에 체결되면서 이탈리아의 진격은 중단되었다.

카포레토에서는 군대가 민간인들을 실망시켰다면(민간인들은 그렇게 생각했다), 1년 후 민간인 정부는 휴전 조약에 따른 '휴전선'에 동의하면서 군대를 실망시켰다. 앞의 실망이 충격적 패배였다면, 뒤의 실망은 불완전한 승리였다. 이 양자 사이에서 분노와 불신으로 민족은 분열되었다.

단눈치오는 주기적인 우울함에 빠져들었다. 그는 수백 명의 당황한 10대가 무엇을 위해 싸우는지도 이해하지 못한 채 학살당하는 광경을 지켜보았다. 그는 그들의 죽음이 거의 완전히 헛된 것이었음을 아주 잘 이해했다. 그러나 폭력을 경험한 자에게는 진정되지 않는 폭력에 대한 취향이 흉터처럼 남았다. 전쟁은 음악이었다. 전쟁은 종교였다. 그는 그 것 없이 견딜 수 없었다.

1918년 11월 3일 휴전이 이루어지기 전날 밤, 밀라노의 라스칼라 극장에서 단눈치오의 「배」가 이탈로 몬테메치의 새로운 곡과 함께 무대에 올랐으나, 정작 저자는 이를 축하하지 않았다. 그는 안톤지니에게 아르카숑의 집을 포기한 게 후회스럽다고 말했다. 그는 "구제불능의 군중이 날뛰는" 이탈리아에서는 더 이상 살고 싶지 않았다. 그는 무공을 인정받아 금성 훈장을 수여받았으나, 전혀 기쁘지 않았다. 수도원에 들어갈까 생각하기도 했다. 로메인 브룩스에게는 이렇게 썼다. "영웅주의마저 지쳐버렸고, 한때 우리를 전율케 한 피도 더 이상 빛나지 않으며 (…) 나는 갈증으로 쓰디쓴 물을 찾고 있소. (…) 나는 내 안의 슬픔에 잠겨 있소." 그는 항상 자신이 죽었으면 좋았을 거라고, 살아남는 것은 불명예였다고, 독약병을 늘 소지한다고, 그래서 독약을 마시고 싶은 충동을 느낀다고 말했다. 그는 새로운 슬로건을 채택했다. 그리하여 자신의 침울함에 라틴적인 품위를 덧대 자신이 "환희 속 슬픔에in hilaritate tristis" 잠겨 있다고 선언했고, 이 구절을 자신의 모든 편지에 제사題詞로 활용했다.

그는 올가에게 연락을 끊겠노라고 썼다. 그는 과거 그들이 육체적 쾌락에만 탐닉했음을, 그리고 장미꽃에서 꽃받침을 접어 젖히듯이 그녀의 다리에서 스타킹을 벗기며 드러나는 흰 살에만 열중했음을 반성하면서 그녀에게 이렇게 썼다. "우리는 아마도 영원히 불행할 거요." (올가는 그가 이미 위안을 주는 다른 여성을 찾았다고 의심했다.) 그는 몸이 아팠고, 수일 동안 고열에 들떴다. (공격정의 명칭을 따서) '스바Sva'라고 이름 붙인 새로 구한 강아지만이 그에게 위안이 되었다. 나머지 인생을 어떻게 살아야 할지 고민했다. 자신이 정규군 장교직에 지원할지도 모른다고, "혹은 볼셰비키가 되어 큰 관심을 끌 수도 있거나 스페인 독감에 걸려 일요일에 죽을 수도 있다"고 경솔한 어조로 편지에 썼다. 이제 책상 물림 작가의 실존은 참을 수 없이 따분한 것으로 보였다. "요정 이야기를 쓰거나 시의 운율을 맞추는 일로 되돌아가가만 하는가?"

휴전 직후 '부카리의 장난'을 지휘한 해군 사령관 코스탄초 차노가 카세타 로사에서 함께 점심식사를 하기 위해 찾아왔다. 두 사람은 "최고의 탈리아텔레"*와 "강렬한 분홍색 송어 요리"를 먹으면서 전쟁이 끝난 후 느끼게 된 불행감과 "무언가를 다시 시작하고 싶다는 모호한 희망, 그리고 대담한 계획들"에 대해 이야기를 나누었다. 차노의 아들은 훗날 무솔리니의 딸과 결혼할 텐데, 1918년 12월 당시만 해도 무솔리니는 단눈치오와 차노가 함께한 그런 우아한 점심식사에 초대받을 만한 반열에 드는 인물은 아니었지만 두 사람과 같은 노선에서 생각하고 있었던 인물이다. 단눈치오와 차노가 "우리를 지배하는 보잘것없는 인물들에게 경멸감"을 내뱉는 동안 무솔리니는 병사들에게 "노쇠한 제도의 멍에를 타파하라"고, "민족적 삶의 심오한 갱신"을 위해 "정치적 아방가르드"가 되라고 호소하고 있었다.

영국과 프랑스는 이탈리아를 전쟁으로 꾀어낼 때 달마티아 해안 영토를 인정해주겠노라고 약속했다. 1915년에 이 영토는 오스트리아-헝가리 제국의 일부였고, 당시만 해도 연합국 측은 저 멀리 떨어진 적의 땅에 대해 어떤 약조를 맺는 것에 거리낌이 없었다. 그러나 1918년 휴

• 길고 납작한 면으로 만든 파스타의 일종.

전이 이루어지는 시점에 오면, 유럽의 지도와 연합국 측의 전쟁 목표가 극적으로 변하게 되었다. 제국은 해체되고 있었다. 나중에 전쟁에 참전하고 평화의 중재자로 자처한 미국도 애초에 (이탈리아의 참전을 이끌어 낸) 런던 조약에는 참여하지도 않았거니와 우드로 윌슨 대통령도 그런 비밀 협약 따위는 인정하지 않겠노라고 거듭 천명했다. 아드리아해 동편의 미수복 영토들에서는 새로운 세르비아·크로아티아·슬로베니아 왕국(나중의 유고슬라비아)*이 등장하면서 이스트리아부터 남쪽으로 달마티아 해안까지 영유권을 주장했는데, 이 지역은 단눈치오가 오랫동안 대大이탈리아의 일부라 불렀고, 그 대부분이 런던 조약으로 이탈리아에 할양되기로 약속된 땅이었다.

우드로 윌슨은 강화 회담을 위해 파리에 도착하기 전에 '모든 민족의 자결권'을 선언했다. 그는 남슬라브(유고슬라비아) 민족들의 요구를 우호적으로 받아들이고 있었다. 영국인과 프랑스인도 제각기 새로운 왕국을 잠재적으로 유용한 친구로 간주할 나름의 이유를 가지고 있었다. 그들에게 크로아티아인과 슬로베니아인과 세르비아인은 결국 패배한 오스트리아-헝가리 제국에서 해방된 민족이었고, 그들의 새로운 독립은 전쟁이 필수적이었으며 그 결과는 자비로운 것이었다는 사실을 입증하는 증거이기도 했다. 반면, 크로아티아와 슬로베니아의 파견 부대들이 포함되어 있을 뿐만 아니라 마지막 해에는 한 크로아티아 장군의 지휘를 받은 오스트리아-헝가리 군대에 맞서 오랫동안 유혈 전쟁을 겪어온 이탈리아인들은, 남슬라브 민족들을 다른 시각에서 바라보았다. 그들은 굴복한 적이었던 것이다.

• 제1차 세계대전 이후 새로 출범한 세르비아·크로아티아·슬로베니아 왕국은 1929년에 유고슬라비아 왕국으로 개칭되었다.

윌슨은 '14개 조항'을 발표했고, 이에 따라 평화 협정도 이루어질 터였다. 이 조항들 중 하나는 "이탈리아 국경의 재조정은 명백히 납득할 만한 민족체의 구분선에 따라 이루어져야 한다"였다. 그런 구분선 따위는 없었다. 아드리아해의 동쪽 해안—폴라와 차라, 스팔라토, 피우메 등의 항구도시들—에는 크로아티아인들이 사는 배후지에 둘러싸인, 상당한 규모의 영향력 있는 이탈리아인의 공동체들이 있었다. 파리의 강화 협상가들은 이곳을 결코 본 적도 없었고 이곳에 사는 종족 집단들을 알지도 못하는 상황에서 이곳을 둘러싼 영토 분쟁에 대해 형평성 있는 해결책을 내놓아야 했다. 따라서 그들에게 이탈리아인들이 사는 고립된 정착지에 대한 영토 요구는 정당한 대의라기보다는 성가신 골칫거리로만 보였다. 일찍이 졸리티가 예견했듯이, 이탈리아인들은 전쟁에 참여한 대가로 거의 아무것도 얻을 수 없는 상황에 처했던 것이다.

"우리 승리의 여신이여, 당신은 불구가 되지는 않을 겁니다!" 단눈치오는 1918년 10월에(아직 승리가 확정되기 전에) 그렇게 썼다. 이 말은 그의 슬로건 중 하나가 되었다. 그에게—여러 해 동안 자기 침실에 머리도 없고 팔도 없는 사모트라케섬의 「승리의 여신」 석고상과 함께 잠을 청하고 자기 애인에게도 '승리의 여신'의 이름을 붙여준 남자에게—그 슬로건은 은밀하고 에로틱한 의미를 내포하고 있었다. 그의 청중에게 그것은 또 다른 전쟁을 호소하는 벨소리였다. 휴전 직후 사흘 동안 그는 폴라항에 정박 중이던 오스트리아 선박들을 이탈리아가 몰수하지 못하게 한 연합국들의 조처에 분통을 터뜨리고 있었다. "그들은 이미 우리를 기만하고 있었다!" 그는 새로운 전선을 열어야 하고 베를린을 폭격해야 한다며 거칠게 주장했다. 그는 일찍이 자신이 최고사령부의 유용하고도 놀라울 정도로 유순한 종복임을 입증한 바 있었다. 그가 마지막 받은 표창장에도 이렇게 또박또박 적혀 있었다. "그는 순수하고 고상한 의무와 희생으로 조국의 신성한 이상을 위해 (…) 자신의 드높은 지성과 끈질긴 의지에 온몸을 바쳤다." 이제 그는 "순수하고도 고상한 의무"를 정치적 적대와 맞바꿀 용의가 있음을 거듭 천명했다.

단눈치오는 1915년 5월에 제노바로 돌아온 후 달마티아 출신의 이탈리아인들에게 연설하면서 이들의 고향이 "신의 권리와 인간의 권리에 의해" 이탈리아의 일부가 될 것임을 약속했고, 그달 행한 모든 연설에서도 자신의 전쟁이 동부 아드리아해의 "상실된" 도시들의 회복을 목표로 삼고 있음을 분명히 했다. 전쟁 막판 몇 주 동안 이 도시들이 이탈리아에 편입될 가망성이 점점 희박해지고 있을 때, 그는 전사자 장례식에서 행한 일련의 격렬한 연설에서 "불구의 승리"를 받아들임으로써 전장에서 산화한 병사들의 명예를 더럽히는 일은 하지 않겠노라고 약속했다. 그는 자신의 연설을 "기도"라고 불렀다. 그는 산화한 자들의 피에 목마른 영혼을 숭배하는 새로운 종교의 최고 제사장이었다. 일찍이 "오늘 우리에게 일용할 탄약을 주옵소서"라고 기도한 가리발디를 좇아서 단눈치오도 새로운 주기도문을 작성했다. "죽은 자들이시여, 하늘에서 이룬 것같이 땅에서도 이루어지시며…… 우리를 시험에 들게 하지 마옵시고, 소심한 의혹에서 벗어나게 해주옵소서…… 우리 안에 신성한 증오를 활활 타게 해주옵소서." 그는 문명이 오직 중단 없는 전쟁을 통해서만 번성하는 영광이라고 선포했고, 전사자들에게 이렇게 맹세했다. "우리는 마지막 피 한 방울이 남을 때까지 싸울 뿐만 아니라, 당신들과 함께 마지막 잿더미가 될 때까지 싸울 것입니다…… 아멘."

이탈리아는 전승국 편에 있었다. 이탈리아인들의 결연한 인내심으로 합스부르크 제국은 치명상을 입었다. 이로써 "불구대천의 원수"는 해체되었다. 이탈리아 민족은 자신들의 성공을 축하할 자격이 있었다. 그러나 승리는 카포레토 이후 1년간이나 굴욕적으로 패배당했다고 느낀 시절 이후에야 찾아왔다. 전후 이탈리아의 분위기는 패전국의 분위기만큼이나 분노에 휩싸이고 복수심에 불타고 있었다. 단눈치오는 전쟁의 종결을 이탈리아가 굴욕을 당한 이야기, 희생양이 된 이야기로 받아들인 사람들 중 한 명이었다. 그것은 오래 지속되고 파국적인 결과를 낳을 이야기였다. 민족은 패전으로 트라우마를 입은 나라들처럼 병리적인 방식으로의 정치적 변화를 겪을 터였다.

단눈치오는 『코리에레 델라 세라』에 실을 장황한 격문을 썼다. 알베르티니는 그것의 게재를 거부했다. "당신은 우리가 이룬 위업이 전리품의 양으로 측정되어야 한다고 믿는 이들의 언어를 그대로 말하고 있습니다. (…) 나는 진심으로 당신이 이런 폭력적 이념들을 거부할 수 있기를 바랍니다." 이 말은 두 사람 모두에게 유감스럽게도 그들의 협력이 종말에 이르렀음을 말해주었다.

아직 전쟁이 끝나지 않았던 1918년 10월 31일에 전승국의 '4 거두 Big Four' — 영국, 프랑스, 미국, 이탈리아 — 는 이탈리아 군대가 런던 조약에서 약속된 아드리아 동쪽 해안 영토를 점령해도 좋다는 데 합의했다. 이 점령은 명백히 임시적이고 일시적인 것으로서 이 지역의 미래에 대한 결정은 강화 협상에서 이루어질 것이었고, 결정도 이탈리아 입장이 아닌 연합군 최고 사령부의 입장에서 내려질 것이었다.

이탈리아 부대를 태운 전함들이 폴라와 차라, 카타로에 입항했다. 한 이탈리아 제독은 '달마티아 총독'이라는 직함도 부여받았다. 이 영토가 당연한 권리로 자신들의 것이라고 여기며 흥분에 들떠 있던 이탈리아 병사들은, 얼마 안 돼 처음엔 세르비아인들(이탈리아인들의 전시 동맹국) 에, 나중엔 12월 4일에 막 건국된 유고슬라비아라는 새로운 국가의 민병대의 저항에 직면했다. 한 영국군 장교의 보고에 따르면, "이탈리아군은 이탈리아에 대한 충성 선서에 서명한 사람들에게만 식량을 공급해준다". 남슬라브 민족들이 저항할 때, 다른 연합국 군대들이 파견되어 이탈리아군의 존재감을 약화시켰지만, 이탈리아 장군 디아츠가 해당 지역 최고 계급의 장교였으므로 다른 연합군 병사들도 그의 지휘권 아래에 들어갔다. 유고슬라비아를 구성한 크로아티아와 슬로베니아와 세르비아 민족들에게는 실망스럽게도, 그리고 많은 이탈리아인에게는 기쁘게도 그런 상황은 평화유지군의 파견이라기보다는 이탈리아의 침공과 같은 느낌을 주었다.

단눈치오는 단호하게 그런 환상을 현실화하려고 했다. 그는 이탈리아가 "폭력적인 화려함으로" 밤에 피는 이국적인 꽃들과 같다고 말했다. 조국의 뒤늦은 승리가 이탈리아를 순식간에 위대하게 만들었다. 이탈리아의 미래 운명과, 특히 이탈리아에 인정될 영토가 그에 걸맞은 위대함을 가져올 것이었다.

1919년 1월에 미국 대통령 우드로 윌슨은 런던 조약이 유효하지 않다고 선포했다. 이틀 후 단눈치오는 '달마티아인들에게 보내는 편지'를 공개하여 달마티아에 거주하는 이탈리아인들에게 조만간 그들이 조국 이탈리아와 통합될 것임을 약속했다. 이 편지는 『코리에레 델라 세라』 로부터는 거부당했지만, 대신 무솔리니의 『이탈리아 민중』에 게재되었다. 이 편지에서 단눈치오는 연합국 지도자들―우드로 윌슨, 클레망소, 로이드조지―을 신랄한 용어로 공격했다. 그들은 이탈리아의 팔다

3부 전쟁과 평화

리를 절단하려 하고 있는 돌팔이 의사이거나 이탈리아의 마땅한 권리인 영토를 게걸스럽게 먹어치우려고 입을 딱 벌리고 있는 들짐승이었다. 그는 이탈리아령 달마티아의 대의를 위해서라면 손에 폭탄을 들고 이빨 사이에 칼을 물고 싸울 것이라고 맹세했다. "나는 여러분과 끝까지 함께할 것입니다."(강조는 단눈치오)

1919년의 이탈리아는 정치적으로 불안정하고 재정적으로 침체되어 있었다. 경제는 전쟁 지출로 파탄이 났고, 이는 세금이 아닌 무분별한 외채로 벌충되었다. 국가 채무는 1916년과 1919년 사이에 무려 8배나 증가했다. 리라도 전전 가치에 비해 25배나 급락했다.

군인의 절대다수는 농민이었다. 따라서 일할 젊은이가 없는 농장은 황폐해졌고, 여성들—아들과 연인을 잃고 탄식하는—은 아무런 실익도 없는 전쟁이 지주들 탓이라며 이들에게 분노의 화살을 돌렸다. 병사들은 궁핍한 고향으로 되돌아가지 않으려 했다. 도시는 실업자로 가득 찼다. 장군 제복을 입은 사람이 거리에서 구두를 닦는다는 이야기도 돌았다. 고대 로마의 관행이 되살아나면서 베테랑에게 원한다면 토지를 나눠줄 거라는 소문도 있었지만, 토지 분배는 결코 이루어지지 않았다.

고향의 이탈리아인들은 귀향한 군대를 두려움에 떨면서 맞이했다. "비토리오 베네토의 승리자들"은 영웅에 걸맞은 환대를 기대했지만, 정작 그들을 기다리던 것은 냉담한 표정과 굳게 닫힌 문이었다. 나라는 직업이나 수입이 없는 사람들로 가득 찼고, 폭력이 만연했다. 설상가상으로 사람들은 두 개의 적대적인 그룹으로 갈라졌다. 귀향하는 전사들의 퍼레이드는 반군국주의적 항의 시위들에 의해 중단되었다. 군복을 입은 병사들은 폭행을 당하기도 했다. 5년 후에 자코모 마테오티*를 암살한 폭력배를 이끌게 될 아메리고 두미니는, 그 자신의 주장에 의하면, 피렌체 두오모 인근에서 한 사회주의자에게 공격을 당한 후 파시즘으로 전향했다고 한다. 병사들은 자기네를 조금도 돌봐주지 않는 정부에 대해 분노를 쌓아갔다. "불만이 베테랑들 사이에서 뱀처럼 머리를 들이밀기 시작했다." 그렇게 한 베테랑은 회고했다.

전시에 "병역 기피자imboscato"—문자 그대로 숲으로 사라진 사람들—라는 말이 참호 안에서 남발되었는데, 이는 탈영을 했건 아니면 합법적인 방식으로 병역을 면제받았건 간에 싸우지 않는 사람들을 통칭했다. 전쟁이 점점 길어지면서, 그리고 징집 연령이 점점 떨어지면서 더 많은 가정이 소년들을 숨기고 더 많은 병사가 탈영했다. 심지어 카포레토의 패배 이전에도 시골은 헌병을 피해 도망다니는 사람들로 가득 찼다. 이들은 목숨을 부지하기 위해 강도짓을 하거나 먹을 것을 찾아 돌아다녔다. 패배 이후에는 40만 명 이상의 병사가 실종되었다. 전선을 지키며 싸웠음에도 불구하고 만족스러운 보상 없이 귀향한 사람들에게 "병역 기피자"는 그야말로 혐오스런 존재였다.

귀환병들은 '전투 동맹Fasci di Combattimento'—전투원들의 그룹—을 결성했다. 이들의 목적은 모호했고, 분위기는 폭력적이었다. 1919년 2월 말경에 이르면 20여 개에 달하는 그런 그룹이 등장했다. 이들은 투쟁을 갈망했고, 이들의 자연스러운 반대자들은 사회주의자였다. 무솔리니는

• 무솔리니의 집권 이후 파시즘을 간단없이 비판했던 사회주의자 의원으로서 1924년에 변사체로 발견되었다. 그의 암살은 무솔리니의 지시로 이루어진 것으로 간주되어 파시즘에 대한 비난이 쏟아졌다. 이 '마테오티 사건'을 계기로 이탈리아 의회에서도 반파시즘 성향의 의원들이 뛰쳐나와 독자적인 회기—'아벤티노 회기'—를 갖는 등 정치 위기가 초래되었다. 이때 무솔리니는 1925년 1월 3일의 담화를 계기로 모든 책임을 자신이 지겠다고 선언하고 본격적인 독재 체제로의 이행을 추구했다.

카포레토의 패배 직후에 사회주의자들을 오스트리아군보다 더 위험천만한 적이라고 규정할 정도였다.

"전쟁터에서 돌아왔을 때, 나는 다른 많은 사람과 마찬가지로 정치와 정치꾼들을 증오했다"고 이탈로 발보는 썼다. 그는 조종사로서 1922년에 파시즘의 지도자로 부상할 인물이었는데, 이어서 이렇게 말했다. "모든 이상을 세일 판매라도 하듯이 내놓은 졸리티의 나라"에 돌아오는 것은 참을 수 없는 일이었다. "폐허에서 모든 것을 재건하기 위해서라면 모든 것을 부정하고 모든 것을 파괴하는 것이 낫다." 발보와 발보처럼 생각한 수십만 명의 사람은 폭력과 급진적 변화를 갈망했다. 그들에게 어느 방향으로의 변화인지는 중요하지 않았다. "무솔리니가 없다면 참호에서 귀환한 이탈리아 젊은이의 4분의 3은 볼셰비키가 될 것이다." 발보의 견해에서 파시즘은 사회주의자들을 두들겨 팸으로써가 아니라(파시스트들은 실제로 많은 경우에 두들겨 팼다) 전쟁이 뒤에 남긴 분노를 표출할 대안적 출구를 제공함으로써 이탈리아를 사회주의 혁명으로부터 구했다.

식량 부족에 시달리던 도시들에서 폭동이 발생했다. 상점과 창고는 약탈당했다. 농촌에서는 농민들이 지주들의 저택으로 행진했고, 지주들은 폭력배를 고용해 농민을 위협하거나 강제로 진압했다. "이제 외국인에 맞선 전쟁은 끝났다." 휴전이 이뤄진 지 한 달 후 미래주의자 만나레세는 이렇게 썼다. "다시 계급 전쟁이 더 폭력적으로, 더 격렬하게 타올랐다." 동원 해제된 병사와 탈영병들은 모두 분노에 사로잡혔고 또 배가 고팠다. 지주들은 재산을 지키기 위해 싸워줄 폭력배를 찾았고, 사회주의자들은 혁명을 하고 싶어했으며, 민족주의자들은 '조국'에서 사회주의를 제거하기를 원했다 ─ 모두가 불만에 가득한 거대하고 유독한 인력 풀에서 원하는 것을 끌어낼 수 있었다.

휴전이 선포된 당일 무솔리니는 결사대Arditi가 탑승한 무장 차량에서 환호하는 군중에게 연설했다. 결사대는 이탈리아 육군의 엘리트 부대였다. 그들은 독일의 돌격대Sturmtruppen를 모델로 창설되었는데, 보통의 부대원들보다 보수와 음식이 더 좋았고, 가장 위험한 공격에 투입된 만큼 더 빨리 전사했다. 그들은 소총 대신 수류탄과 대검을 소지했다. 그들의 임무는 배낭도 매지 않고 적진으로 돌진해 중무장한 정규군 부대가 도착할 때까지 백병전으로 싸우는 것이었다. 그들은 간담을 서늘하게 하는 명성을 자랑했다. 화염 모양의 자수로 장식된 검은 군복도 매우 근사했다. 그들의 군기도 검정 바탕에 해골과 뼈 십자가 문양이 새겨져 있었다. 그들은 특징적인 헤어스타일을 선호했는데, 말총처럼 길게 앞머리를 길렀다. 당시의 한 관찰자는 그들을 "마피오시mafiosi"라고 불렀는데, 이 말은 원래 허풍 떠는 사람이라는 뜻으로 통상 "모욕을 참지 않는 용감하고 단호한 남자"를 가리켰다. 그들은 겁 없는 전쟁의 댄디들이었다.

이들 중 한 명인 미래주의자 마리오 카를리는 자신들이 "일반적인 법에서 면제된 전설적인 전사이자 (…) 이빨 사이에 칼을 물고 다니는 도발적인 암살자이며 오랑우탄처럼 흉포한 난동꾼"이라고 자랑스레 썼다. 그들은 교육 수준도 높았고 자부심도 강했다. 정치적으로는 예측 불가여서 최소한의 "공식 규율과 가장 유연한 위계질서"는 받아들였으나, 관료제는 거부했다. 이들 중 일부는 한때 미래주의자였거나 나중에도 미래주의자일 것이었다. 다른 이들은 아나키스트이거나 아나코-생디칼리스트였다. 이들 모두는 폭력을 애호하고 권위를 혐오했다. 카를

리는 이들의 정신 상태를 묘사하는 데 '결사주의Arditismo'라는 용어를
만들어냈고, 이를 다음과 같이 형상화했다. "깊고 검은 배경 위에 번들
거리는 곡예사의 근육…… 버라이어티쇼에 나오는 노래를 흥얼거리며
폭탄을 투척하는 20세의 청년이 보여주는 싱싱한 힘."

전투가 지속되는 한 결사대의 폭력도 합당한 보상을 받고 그들의 반
사회적 성향도 묵인되었다. 그러나 일단 전쟁이 끝나자 공중은 더 이상
그들과 관계를 맺고 싶어하지 않았다. 결사대의 한 일원이 쓰라린 심
정으로 썼듯이, 그들은 조국을 위해 목숨을 바친 뒤 "조국에 의해 (…)
불청객으로 대접받았다." 그들은 "거칠고 난폭한 짐승들로" 생각되었
다. 그들은 "일자리도 얻을 수 없었고, 언론은 그들을 비방하기 일쑤였
다. 경찰은 그들을 박해했다. 그들은 이처럼 민족이 보인 완전히 부당하
고 배은망덕한 태도에 분개했다." 당시의 한 관찰자는 밀라노에서 그들
이 무시무시한 표정으로, 그러나 아무런 목적도 없이 이 술집 저 술집
을 돌아다니며 "큰 소리로 떠들다가 취해 곯아떨어지는" 모습을 묘사하
기도 했다. 그들은 여전히 검은 셔츠를 입고 군가인 '젊음Giovinezza'을
부르며 그 무언가(이탈리아 혹은 내일 혹은 세계)가 자신들에게 속한다는
것을 뜻하는 '우리의 것a noi'이라는 노래를 불렀다. 그러나 그들 중 한
명은 이렇게 썼다. "우리에겐 더 이상 어떤 방향성도 없다. (…) 전쟁은
우리의 제2의 본성이 되었다. (…) 나는 어디로 가게 될 것인가? 나는
무엇을 하게 될 것인가?"

1919년 2월에 전쟁부 장관이 된 카빌리아 장군은 소요가 잇따르는
상황에서 그런 전투단들이 유용할 수도 있겠다고 판단했다. "왜냐하면
그들은 신속하고도 폭력적으로 행동하는 특유의 성향 탓에 거대한 두
려움의 대상이 될 수 있기 때문이다." 다른 한편 만일 그들이 해체된다

면, "그들은 혁명적 정당들을 강화할 수도 있었다". 그는 이 점을 우려했다는 점에서 옳았다. 결사대는 우파와 좌파 활동가들 모두에 의해 동원될 수 있는 잠재적인 세력으로 보였다. 무솔리니는 그들에게 "노쇠한 제도의 멍에를 타파하라"고 선동하며 정치적 "아방가르드"가 되라고 재촉하면서 아부하고 구애했다.

단눈치오는 결사대에 엄청난 존경심을 품고 있었고, 결사대는 또 그들대로 단눈치오를 찬미했다. 그는 연설을 행동으로 바꿀 때마다 그들의 지지에 의존할 수 있었다. 그들처럼 단눈치오도 밀고 당기는 협상을 통해 이루어지는 협정과 민주주의적 논쟁이라는 성가신 절차를 참아내기가 힘들었다. 카를리가 결사대에 대해 썼듯이, 단눈치오도 "진정한 이탈리아, 청년 이탈리아, 선봉에 서서 진군하는 이탈리아, 그리고 단칼에 외교적 미궁 사이에 길을 내고 헤쳐나가는 이탈리아"를 대표했다.

1919년 1월에 장관 레오니다 비솔라티는 라스칼라 극장의 한 모임에서 연설했다. 이 연설에서 비솔라티는 타협을 제안했다. 이탈리아는 달마티아에서 크로아티아인이 수적으로 우세하게 사는 지역에 대한 영유권을 포기하는 대신 이탈리아인이 다수를 이루는 도시인 차라와 피우메를 요구해야 한다는 것이었다. 비솔라티의 제안은 디아츠 장군의 지지를 받고 있었는데, 디아츠도 전임자인 카도르나처럼 달마티아 해안에서 차라와 피우메 외의 다른 이탈리아 기지들은 "군사적으로 쓸모없고 위험한" 지역일 뿐이라고 믿었다. 그러나 이 제안은 의심할 여지 없이 애국적이고 군사적인 인물들의 인정을 받았음에도 불구하고, 지나치게 온건한 것으로 보여 라스칼라 극장에 모인 사람들을 만족시킬 수 없었다. 마리네티와 그의 미래주의자 동료들은 객석에서 야유를 퍼부었다. "지옥의 교향악⋯⋯ 신경질 내는 소리, 악 쓰는 소리, 투덜대는 소리⋯⋯ 애국적 외침이 이따금씩 터져나오면서 이 형체 없는 대중을 난폭한 행진곡의 리듬으로 지배했다." 객석의 다른 곳에서는 베니토 무솔리니가 "창백한 표정으로" 그 북새통에 "캐스터네츠 소리처럼 단숨에 기를 꺾는 냉정하고도 독단적인 어투의 단호한 목소리로" 끼어들었다.

무솔리니는 아직까지 단눈치오가 크게 의식할 정도로 그 영향력이 충분하지는 않았다. 그러나 그의 권력은 점점 커지고 있었다. 1919년 3월 23일 그는 '전투 동맹'의 지도자들을 이들과 비슷한 정신의 민족주의자와 미래주의자, 결사대원과 함께 밀라노의 산세폴크로 광장을 굽어보는 어느 임대한 홀에 마련한 모임에 초대했다. 다음 20여 년 동안 이 모임은 파시즘의 기원 신화에서 극도로 중요한 탄생의 의미를 지닐 터였다. 그러나 당시 모임은 여기저기서 모인 100명가량 되는 불평불만 분자의 허접스런 집합에 불과했다.

이 모임에 있었던 사람들은 참전론자였고, 모두가 전쟁은 영광스러우며 전쟁에서 싸운 사람들이 응당 받아야 할 명예를 받지 못했다고 믿었다. 그런 공통의 신조를 제외하면 그들은 공유하는 게 별로 없었다. 마리네티도 그 자리에 있었고, '시민 결사주의Arditismo Civile'라고 이름 붙인 운동의 지도자인 페루초 베키도 거기에 있었다. 정치적 스펙트럼의 거의 모든 지점에 서 있던 사람들, 즉 공화주의자와 군주제주의자, 아나키스트, 카리스마적 독재관의 강력한 리더십을 요구한 권위주의자들의 대변인도 그 자리에 있었다. 수많은 격정적 토론이 있었음에도 그들 간의 차이는 해소되지 못했다. 다만, 첫 번째 임무가 새로운 지배 계급을 창출하는 것이라는 사실만큼은 틀림없었다. "행정부와 법률, 학교, 식민지 등"에 대해서는 나중에 생각할 시간이 있을 것이었다. 무솔리니는 이렇게 말했다. "우리는 민주주의자일 뿐만 아니라 귀족이기도 한 사치를 누리고 있다. 우리는 혁명가일 뿐만 아니라 반동가이기도 하다. 우리는 비합법적인 행위를 범하면서도 합법성을 옹호한다." 내적 응집성을 결여한 그런 운동에는 지도자, 즉 두체가 필요했다. 산세폴크로 광장에 모인 사람들 중에는 당시 무솔리니보다 더 유명한 이들도 있었지만, 무솔리니는 이미 그런 지도자의 역할을 자임하고 있었다.

3주 후 마리네티와 페루초 베키가 밀라노의 '갈레리아galleria'—유리와 강철로 만들어진 도심의 화려한 쇼핑몰—의 한 인기 있는 제과점에서 만남을 가졌고, 자기네 추종자들과 함께 사회주의 기관지인 『전진!Avanti!』의 사무실로 이동하여 그 안의 집기며 가구들을 파괴했다. 무솔리니는 그 자리에 없었지만, 이 습격이 있은 후 훔친 『전진!』의 간판을 일종의 전리품으로 자기 사무실에 가져왔다. 이틀 후 그는 지면에서 실은 자신과 아무런 관계도 없는 공격(혹은 파괴 행위)이 자기 것임을 주장하면서 그 자신이 "그 사건에 대한 일체의 도덕적 책임을 질 것"이라고 선언했다.

당국은 질서를 유지할 힘이 없는 듯 보였다. 일부는 드러내놓고 폭력을 묵인했다. 『전진!』에 대한 습격 이후 국방장관은 습격자들을 오히려 치하하면서 사회주의자들에게 이렇게 경고했다. "여러분은 4년 동안 매일같이, 하루에도 천 번씩 목숨을 내놓았던 사람들에게 정면으로 맞서고 있습니다." 정부는 그토록 두려워한 사회주의 혁명을 막는 일에 필사적이어서 위법 행위를 허용하고 있었다. 이는 치명적으로 위험한 전략이었다. 조만간 '전투 동맹'이 실질적으로 사회주의자들과의 전쟁에 돌입하여 시민사회의 어떤 세력도 중지시킬 수 없는 갈등으로 비화될 것이었다.

1919년 부활절 일요일, 영국 총리 데이비드 로이드조지의 비서이자 연인인 프랜시스 스티븐슨은 미국 대통령 우드로 윌슨의 파리 아파트 창문을 지켜보고 있었다. 아파트 안에서는 연합국 전승국 대표들로 이루어진 4인 위원회가 이탈리아의 요구에 대한 합의를 도출하려는 최종 시도로서 긴급 세션을 열고 있었다. 스티븐슨은 로이드조지가 약속한 피크닉을 가기 위해 회의가 제때 끝나기를 학수고대하고 있었다. "갑자기 [이탈리아 총리인] 비토리오 오를란도가 창문에 나타나 창문 가로대에 몸을 기대고 머리를 손으로 감싸쥐었다. 나는 그가 울고 있는 것처럼 보인다고 생각했지만, 설마 울기까지 하겠느냐고 생각했다. 그러나 나는 그가 실제로 손수건을 꺼내 자기 눈과 뺨을 닦는 모습을 봤다." 로이드조지의 운전기사가 그녀 옆에서 그 모습을 보면서 이렇게 물었다. "그들이 저 가엾은 노신사에게 무슨 짓을 한 거죠?"

그들이 한 짓은 가엾은 노신사의 요구를 단호히 거부한 일이었다. 런던 조약에서 약속했던 일체의 양보 조치와 피우메에 대한 요구는 거부되었다. 오를란도와 그의 외무장관인 시드니 손니노는 단눈치오와 마찬가지로 이탈리아를 위한 영토에 집착했지만, 뜻을 관철시키는 데 실패했다. 오를란도는 만일 이탈리아를 위해 달마티아를 얻지 못한 채 파리에서 귀국하면 민족주의자들로 이루어진 비밀 결사가 자신을 암살할 게 틀림없다고 확신했다. 그는 다른 대표들에게 만일 자신의 유권자들이 받아들일 만한 조약의 조항들을 갖고 돌아가지 못한다면 이탈리아는 내전으로 붕괴하고 말 거라고 경고했다(그의 말은 결코 과장이 아니었다). 그는 미사여구를 동원해 호소하면서 피우메에 대한 자신의 요구를 거부하는 것은 세계 평화에 치명적인 결과를 몰고 올 거라고 선언했다. 그는 자신의 요구 사항들을 수정하지 않을 것이었다. 그는 그런 경직성에 따른 결과에 "죽을 때까지, 또 죽음까지 포함하여" 책임을 져야 했다. 오를란도는 자신의 손을 움켜잡고 눈물을 흘렸다. 클레망소와 로이드조지는 돌처럼 차갑게 그를 쳐다보기만 했다. (회의 서기였던 모리스 행키는 나중에 만일 자기 아들이 그렇게 남자답지 못한 방식으로 행동한다면 엉덩이를 걷어찰 것이라고 말했다.) 우드로 윌슨은 위로의 표시로 오를란도의 어깨를 토닥여주었지만, 그에게 양보할 의사는 전혀 없었다.

오를란도는 변호사 출신으로서 어려운 전시와 그보다 더 어려운 전후 평시의 첫 몇 개월 동안 나라를 이끈 정치가였지만, 파리에서는 주눅이 들었다. 로이드조지는 잘난 체하며 그가 "매력적이고 호의적인 남자"라고 묘사했지만, 젊은 영국 외교관인 해럴드 니컬슨은 그를 "창백하고 나약하며 무기력한 남자"라고 생각했다. 윌슨의 보좌관인 에드워드 하우스가 "매와 같고 냉혹한" 사람으로 묘사한 손니노는 오를란도보다는 덜 무기력했겠지만, 그의 완고함도 오를란도의 감언이설보다 더 잘 먹히지는 않았다. 일찍이 이 두 사람은 새로운 영토에 대한 이탈리아의 영유권 문제를 평화 회담이 잘 진행될 때까지 연기하자는 제안을 받아들였다. 그러나 회담이 시작되었을 때 연합국들이 자기네 요구를 마뜩잖게 여기는 모습을 보고 당황했다.

그들은 다른 평화 협상가들이 자신들을 낮게 평가하고 있다는 사실을 고려하지 못했다. 파리의 영국 대사는 대표단 사이에서 이탈리아에 대한 일반적인 태도는 "경멸적"이었다고 보고했다. 영국인과 프랑스인들은 런던 조약에서 약속한 양보 조치를 미끼로 이탈리아의 지지를 이끌어냈고, 두 나라의 대표들은—그런 거래에서 아무리 큰 도움을 받았다고 해도—그렇듯 거래로 자신을 팔아넘긴 민족을 무시했다. 그들의 불쾌감은 비합리적인 편견에 의해서도 강화되었다. 클레망소가 오를란도를 "매우 이탈리아적인" 인물로 묘사했을 때, 그런 묘사에는 다분히 인종주의적 편견이 내포되어 있었다. 로이드조지도 이탈리아를 "가장 경멸적인 민족"이라고 언급함으로써 클레망소의 견해에 맞장구쳤다. 영국 외무부 차관인 찰스 하딩은 이탈리아의 협상 파트너들을 가리켜 "어떤 때는 읍소하다가 다른 때는 사납게 구는" "유럽의 걸인들"이라고 언급했다. 영국 해군의 수석 군사위원은 말하기를, 이탈리아 수병들은 쓸모없는 "오르간 연주자들"이라고도 했다. 미국인들의 태도도 긍정적이지 않았다. 윌슨 대통령은 쇄도하는 이탈리아 이민자들을 점점 더 편치 않은 마음으로 받아들이는 미국의 선입견을 베르사유까지 가져왔다. 미국에서─계급과 인종의 분할선들이 유럽에서처럼 직각으로 교차하기보다는 평행선을 달리는 다문화 사회에서─이탈리아인들은 최하층 민족으로 간주되었다. 단도직입적으로 범죄적 민족까지는 아니더라도 최소한 신뢰할 수 없는 민족이었던 것이다.

이탈리아의 참전을 정당화한 단눈치오의 가장 중요한 논거는, 한 민족은 투쟁을 통해서만 용기를 입증하고 타민족의 존중을 얻을 수 있다는 것이었다. 그와 동료 애국자들에게 저 끔찍한 전쟁 속에서 이탈리아의 현역 군인들이 보여준 용맹과 그들이 거둔 궁극적 승리는, 이탈리아가 다른 민족들만큼이나 용감하고 남성적인 영웅들의 민족임을 보여주었다. 그러나 세계는 바로 그 점을 이해하지 못했다. 하나의 제국이 붕괴했다는 사실, 이탈리아 전선에서 수십만 명의 병사가 전사했다는 사실도 파리에서 협상 대표들의 선입견을 바꾸게 하지는 못했던 것이다.

격정적인 부활절 아침으로부터 나흘 뒤 오를란도와 손니노는 회담장에서 퇴장했다. 단눈치오는 그들의 비타협성을 높이 평가했다. "이탈리아는 결사항전의 자세로 홀로 서는 것을 두려워하지 않는다. (…) 나는 오늘 이탈리아만이 위대하고 이탈리아만이 순수하다고, 그렇게 말한다." 외교적 수단으로는 이탈리아의 잃어버린 허파를 되찾을 수 없었다. 이탈리아인들이 파리의 평화 협상가들이 거부한 것을 무력으로 움켜쥐어야 한다고 말하는 저명한 군국주의자들도 있었는데, 그들 중에는 고위 장군도 한 명 포함되어 있었다. 단눈치오도 이들에 동의했다.

바로 그 4월에 단눈치오는 예전 4년 동안 그러했듯이 이번에도 어김없이 호전적이고 격렬한 일련의 연설을 해나가기 시작했다. 베네치아에서는 산마르코 광장에서 연설했다. 그는 선언하기를, 베네치아인들은 응당 자신들에게 속한 것을 계속 거부당하고 있다고 했다. 이탈리아는 전승국이었지만, 이탈리아의 구차한 대표자들이 나라의 영예가 갈취당하도록 내버려두었다. 그는 중세 베네치아 제국의 위대함을 부활시키기 위해 싸울 준비를 하라고 사람들에게 호소했다.

단눈치오는 로마로 이동해서는 메시지를 청중의 몸에 잘 맞도록 재단하여 이번에는 로마 제국의 부활을 요구했다. 그는 카피톨리노 언덕에서 연설하면서 자기가 그 옛날 그 자리에서 찢어지고 피로 얼룩진 카이사르의 옷을 흥분한 군중에게 보여주었던 저 마르쿠스 안토니우스라도 된 듯이 연기했다. 4년 전 니노 빅시오의 검을 숙연한 자세로 높이 치켜들었던 바로 그 자리에서 단눈치오는 이제 티마보 전투에서 전사한 란다초 소령의 관을 덮었던 깃발, 그의 피로 얼룩진 바로 그 깃발을 펼쳤다. 그는 살아남은 모든 사람이 전쟁의 "영광스런 순교자들"에게 지고 있는 빚에 대해 격정적으로 연설했다. 그는 되풀이하여 피묻고 누더기가 된 깃발에 입 맞춘 뒤 아직도 수복하지 못한 영토들에 대한 애도의 표시로 가장자리에 붉은 리본이 장식된 깃발을 날려 보냈다. 그는 새로운 종파의 신조를 읊조리듯이 천천히, 낭랑하게 이제 자신이 "수복"해야 한다고 요구하는 모든 도시와 지역의 이름을 하나씩 외쳤다. 청중은 몸을 떨며 눈물을 흘렸다.

5월에 오를란도와 손니노는 파리로 돌아갔는데, 한 미국 대표에 따르면 오를란도는 "매우 창백하고 지친 듯한…… 기운이 전혀 없이…… 10년은 더 늙어" 보였다. 단눈치오는 점점 더 선동적인 수사를 구사하면서 계속해서 연설하고 있었다. 그는 선거로 뽑힌 정치꾼들, 즉 "나약함과 무기력함, 나태함, 이기주의"로 이탈리아의 승리를 훼손하려는 "기생충들"에 맞서 무기를 드는 것은 결코 죄가 아니라고 설교했다. 5월 26일, 그러니까 이탈리아의 참전 기념일에 그는 아우구스투스 극장에서 연설할 예정이었으나, 연설이 금지되었다. 그 대신 며칠 후 그의 연설문이 언론에 공개되었다. 그것은 이탈리아가 흘린 피가 이탈리아의 약속된 위대한 미래를 위한 희생이며, 전쟁터의 상공이 그런 희생과 용기, 갈망과 화염으로 이글거리고 있다는 내용을 폭포수처럼 쏟아냈다.

이제 단눈치오는 점점 더 종교적 수사를 구사하게 되었다. 그는 젊은 시절 한 예식에 참석하여 농부들이 발작을 일으키는 모습을 목격했는데, 그때 사용된 최면적인 리듬을 끌어냈다. 그는 환상을 본다고 주장했다. 청중에게는 8만 명의 죽은 병사가 자신들이 죽은 산을 옮기면서 로마 상공을 날아다니고 있다고 말했다. "나는 그것을 봅니다. 여러분에게도 보이지 않습니까?" 그는 "전쟁터의 그리스도"를 보기도 했다. 그리스도가 이탈리아인들에게 "분연히 일어나라, 두려워하지 마라"고 호소하고 있다는 것이었다. 그는 청중으로 하여금 '피'라는 말을 복창하게 하면서 합창을 유도했다—이미 피가 흐르고 있다. 강화 협상의 오물통에 빠진 이탈리아를 깨끗이 씻어낼 피가 흐르고 있다. 그는 불경스럽고 비합리적이며 흥분을 자아내는 인물이었다.

군 당국은 그에게 로마를 떠나 베네치아로 돌아가라고 명령했다. 그는 장교로서 명령에 복종해야 했다. 결국 그는 장교직을 내려놓았다. 더 이상 누구로부터도 명령을 받지 않을 것이었다.

전쟁 영웅과 귀향한 군대의 접속은 어떤 경우든 평시의 국가에게는 위험천만한 일이다. 단눈치오에 대한 가장 균형 잡힌 전기작가 중 한 명이 말했듯이, "이탈리아에서 루비콘강은 결코 망각된 적이 없다". 이탈리아 당국은 단눈치오를 엄중한 감시 아래에 두었다. 감시자들은 할 일이 참으로 많다는 걸 깨달았다.

그의 슬로건 중 하나는 "대담하라, 모의하지 말라Ardire non Ordire"였지만, 그는 모의를 꾸몄다. 그는 새로운 친구들을 사귀었다. 그들 중 한 명이 조반니 주리아티였는데, 그는 전쟁에서 두 번 부상당하고 두 번 훈장을 받은 실지회복주의 운동의 주동자였다. 주리아티는 단눈치오만큼이나 대大이탈리아의 창출에 열정적으로 헌신했고, 이탈리아 정부의 신중함에 넌더리를 냈다. 그의 권력 기반은 트렌토와 트리에스테의 민족 협회였다. 정력적인 행정가이자 동시에 섬세한 외교관으로서 주리아티는 단눈치오의 카리스마를 이용할 수 있겠다고 판단했고, 자신은— 쇼맨십이 전혀 없으므로—단눈치오의 빛나는 드라마에서 평범한 조연을 연기하는 것으로 만족했다.

6월에 강화 회담은 이탈리아의 영토 요구 문제를 매듭짓지 않은 채 끝났다. 오를란도는 두 번째로 파리에서 귀국한 후 6월 23일의 선거에서 패배하여 총리직에서 물러나고 프란체스코 니티에게 자리를 내주었다. 니티는 전사도 아니고 초인도 아닌, 경제학 교수였다. 그는 단눈치오가 가장 혐오하는 인물이자 가장 조롱하는 대상, 가장 혹평하는 표적이 될 것이었다. 명민한 정치가인 니티는 급진주의자로서 의회에 입성했고, 졸리티와 오를란도 내각에서 몇 차례 장관을 역임했다. 주리아티는 그를 가리켜 "전쟁 반대자, 승리 반대자, 존재 그 자체로 우리의 적"이라고 묘사했다. 니티는 전쟁보다 협상을 선호하고 이탈리아의 경제 복구를 명예 유지보다 더 중요한 일로 생각하는 실용주의자였다. 그는 단눈치오가 대변하고 있던 새로운 정치 질서에는 조금도 공감하지 않았다. 1924년에 그는 파시스트 정권에 용감하게 반대한 후 망명에 나서 이탈리아를 떠날 것이었다.

휴전이 이루어진 지 7개월 후 여전히 150만 명 이상을 헤아리는 군대는 비용도 많이 들고 다루기도 힘든 존재였다. 병사 대다수는 북부 국경 지대에 배치되어 있었는데, 단눈치오가 믿었듯이, 최고 사령부도 그곳에서 전투가 조만간 재개될 것이고, 재개되어야 한다고 믿고 있었다. 나머지 부대는 치안 유지를 위해 여러 곳에 주둔하고 있었다. 니티는 무장한 병사들의 수를 전전戰前 수준으로 감축하는 것에 정책상의 우선권을 두었다. 이탈리아 군대는 특히 가분수 꼴을 이루고 있었다. 전쟁 말기에 1000명 이상의 장군이 있었고, 이제 이들은 전역하라는 요구에 격렬히 저항하고 있었다. 그리하여 민간 정부를 흔들려고 하거나 미수복된 영토를 허가 없이 침공하려는 모의를 꾸미는 자들은 군부의 상당수 인사로부터 공감을 이끌어낼 수 있었다.

카포레토의 패전에 대한 청문 조사는 니티가 탈영병에 대한 일반 사면을 선언하면서 끝났다. 엄청난 수의 병사가 연루되었음을 고려하면, 이는 임시변통의 결론에 불과했다. 니티는 탈영병들을 추적하는 일에 관심이 없었다. 그는 탈영병들이 귀향하여 일하며 가족을 부양하고 세금을 납부할 수 있기만을 바랐다. 이에 참호 정치를 주장한 사람들은 격분했다. 겁쟁이와 반역자들이 목숨을 걸고 용감하게 싸운 자들과 똑같은 대우를 받을 수 있는가? 단눈치오가 나중에 반란을 일으킬 결심을 굳힌 것도 바로 탈영병에 대한 일반 사면이 발표된 바로 그때였다. 만일 법이 "탈영병들의 엉덩이"를 보호한다면, 그는 거리낌 없이 그들의 엉덩이를 걷어찰 것이었다.

이제 단눈치오는 1890년대 베네치아의 카페 플로리안에서 자기 탁자 주위로 모여든 진지한 젊은 연구자들과는 사뭇 다른 유형의 지지자들을 거느리게 되었다. 1919년 어느 날 밤 로마의 카페 그레코에서 젊은 시인이자 단눈치오의 찬미자 한 명이 어느 패거리가 떠들썩하게 무언가를 주장하는 모습을 봤는데, 그들 중에는 수염을 덥수룩하게 기르고 검은 머리를 치렁치렁 늘어뜨리고 있는 결사대원들도 있었다. 그는 이들이 "단눈치오주의자"로 자처하는 것을 들었다. 과연 결사대는 고딕 양식의 골동품과 무라노산 유리, 중국차를 좋아하는 단눈치오적인 삶의 특정 부분과는 어울리지 않았지만, 젊은 시인은 그들의 신체적 완벽함과 살인 취향을 부각시키면서 일찍이 단눈치오가 자신의 그레이하운드들을 칭찬했던 방식으로 그렇게 결사대를 칭찬했다. 그들이야말로 새로운 신화적 서사시를 쓰는 주인공이라고 부추기며 환심을 샀다. 그는 선언하기를, 만일 카르소가 지옥이라면 그들은 악마라고 했다. 만일 전쟁터 상공이 천국이라면, 그들은 천사라고 했다. 그는 '대담하라 ardire' '열정ardore' '태워라ardere' 등 끝없이 말장난을 이어가기도 했다. 그날 밤 젊은 시인은 그들과 뒤엉켜 저녁식사를 한 뒤, "여러분과 함께 있는 것은 흡사 불타는 용광로에 들어가는 것과 같다"고 말했다. 그는 양손에 수류탄을 쥔 채 화염에 휩싸여 있는 한 결사대원ardito의 모습을 새겨놓은 메달에 찬사를 늘어놓았다. 그러면서 자신도 전시에 어느 결사대원이 준 칼을 전쟁터에서 늘 소지하고 다녔는데, 그 칼에서는 지금도 오스트리아인의 피가 뚝뚝 떨어진다고 말하기도 했다.

니티가 총리직에 취임한 바로 다음 날 단눈치오는 '명령이 민중에게 하달되다'라는 제목의 논설을 썼다. 이제 그는 공공연하게 이탈리아인들에게 정부에 맞서 저항하라고 선동하고 있었다.

1919년 봄여름의 경찰 기록은 단눈치오가 다양한 동맹자—고위 장교들과 아오스타 공작, 페피노 가리발디와 그 외 다양한 부류의 민족주의자, 미래주의자, 실지회복주의자, 아나키스트, 결사대원, 무솔리니와 그의 파시스트들— 와 함께 일련의 음모에 연루되었음을 보여준다.

일찍이 무솔리니가 처음으로 단눈치오에게 한번 보자고 요구한 지반년쯤 지난 6월의 어느 밤, 이 두 사람은 처음으로 얼굴을 맞대었다. 그들은 로마의 그랜드 호텔에 앉아서 이탈리아 국가가 어떻게 재건되어야 하는가에 대해 길게 대화를 이어나갔다. 같은 달에 무솔리니에 대한 경찰 보고서가 니티에게 전달되었다. 보고서는 그에 대해 사람들의 강점과 약점을 재빨리 간파하는 능력이 뛰어난 매우 명민한 인물이자 청중을 단번에 사로잡을 수 있는 웅변가로 묘사하고 있었다.

단눈치오는 파시스트들을 두고 자신을 노골적으로 모방한 자들로 봤다. 그들은 잠재적으로는 유용한 지지자였지만, 그 방법은 개탄스러울 정도로 난폭하고 그 사상은 엉성하기 짝이 없었다. 무솔리니는 "신념과 폭력이라는 면에서 동료"였지만, 그달에 꾸몄던 모의들에서는 부차적인 파트너에 불과했다. 이 모의들의 목표는 스팔라토(혹은 스팔라토나)를 비롯해 다른 달마티아 지방을 장악하거나 로마에서 실지회복에 미온적인 정부에 맞서 쿠데타를 일으켜 단눈치오를 수반으로 하는 혁명 의회를 구성하는 것 등 다양했다.

1919년 그해 여름은 아마 단눈치오의 정치 경력이 정점에 달한 때였다. 모든 음모와 모의가 그의 이름을 사용했고, 모든 쿠데타 계획이 그를 독재관으로 추대하는 것으로 이어질 터였다. 파리에서 오를란도가 로이드조지에게 자신이 의회 내 반란의 결과로든 대중 폭동의 결과로든 어쨌거나 몰락할 것임을 예견했을 때, 로이드조지는 그렇다면 누가 권력을 잡게 될 것인지 물었다. 오를란도는 간단히 답했다. "아마 단눈치오일 거요."

당시 이탈리아 민주주의를 뒤흔들려고 한 사람은 많았다. 그러나 어느 누구도 3년쯤 후 누가 이탈리아 민주주의를 뒤흔들게 될지 예측할 수 없었다. "이탈리아 민중은 귀한 원석과 같은 대중이다. 따라서 연마되고 세척되며 가공되어야 한다. 하나의 예술작품이 될 것이다. 그러려면 정부가 필요하다. 한 인간도 필요하다. 상황이 요구할 때 예술가의 섬세한 손길과 전사의 둔중한 주먹을 가진 인간이 필요하다. (…) 민중을 이해하고 민중을 사랑하며 민중을 지도하고 사로잡을 수 있는 인간이 필요하다—필요하다면 폭력을 통해서라도." 이렇게 말한 이는 무솔리니였지만, 1919년 당시에 기적을 만들어낼 카리스마를 지니고 정권교체를 가능케 할 정도의 광범위한 지지를 향유한 남자는 무솔리니가 아니라 가브리엘레 단눈치오였다.

단눈치오는 여전히 격정적인 스타일로 살았다. 그는 짬을 내 카프리섬에 있던 루이사 카사티를 방문했는데, 거기서 그녀의 정원 관목들에 무라노산 유리로 만든 꽃병들을 걸었다. 그러나 그의 근거지는 역시 베네치아였다. 베네치아에서는 가는 곳마다 환대를 받았다. 콜레오니 기마상이 제자리로 돌아올 때도 단눈치오는 그 자리에 있었는데, 모여 있던 열광적 지지자들이 자신을 전설적인 전사와 동일시하는 것을 은근히 즐기면서 의례적인 겸손함을 보이며 함께 박수를 쳤다. 그가 잠깐 출장을 떠났다가 베네치아로 돌아올 때도 철도역은 찬미자로 가득 찼다. 전쟁 베테랑과 학생, 시장, 시 관리 모두가 그를 둘러쌌고, 하늘에는 비행기가 가득했다. 단눈치오가 이끌었던 비행 편대의 조종사들이 그를 기리며 나선형으로 비행하고 있었다.

로마에서 그가 국왕과 만나고자 했을 때도 전화 한 통만으로 바로 그날 오후에 약속을 잡을 수 있었다. 시인과 군주―작은 금속 물건을 좋아하는 똑같은 취향을 가진, 똑같이 키가 작은 두 남자(단눈치오가 르네상스 시대의 메달에 관심이 많았다면, 국왕은 옛날 동전에 열중했다)―는 45분여 간 빌라 사보이아의 정원을 거닐면서 대화를 나누었는데, 주로 단눈치오가 이야기를 했다. 국왕은 예전보다 더 조용했지만―한 영국 대사는 그에 대해 이렇게 말했다. "추측건대 그는 생각이 있지만 그 생각을 누구에게도 내보이지 않는다"―아마 이 대화를 즐겼을 것이다. 국왕은 자신의 아버지와 할아버지처럼 책을 읽지 않는다고 자랑하는 종류의 인간은 아니었다. 그는 시를 사랑했다. 헤어질 때 국왕은 단눈치오의 손을 따뜻하게 잡고 혹여 헌법이 그의 자유를 구속하지는 않는지 물어보았다. 단눈치오와 그의 추종자들은 국왕의 이 말을 비토리오 에마누엘레 3세가 그럴 힘만 있으면 단눈치오를 대통령으로 임명할 거라는 뜻으로 해석했다.

젊은 벨기에 시인 레옹 코흐니츠키가 7월 로마에서 개최된 한 파티에서 처음으로 단눈치오를 만났다. 그는 단눈치오가 자신을 경외하는 찬미자로 가득 찬 방 한가운데 안락의자에 앉아 쉴 새 없이 셸리와 라스푸틴,* 르네상스 회화들, 자신이 좋아하는 로마의 야간 산책로 등에 대해 말하는 모습을 생생하게 묘사했다. 그는―꼬마였을 때 엄마 친구들이 둥그렇게 모여 앉은 자리에서도 한가운데 소파에 앉아 있었을 때도 그러했듯이―관심의 중심에 있었다. 그의 목소리에서는 멜로디가 흘러나오는 것 같았다. 그는 작은 손짓과 미소만으로도 모든 청중을 사로잡을 수 있었고, 청중은 나이가 많거나 적거나, 무명의 인물이거나 권력자이거나 상관없이 모두 그가 말하고 또 말하며 우아하게 아이스크림―처음에는 딸기 맛, 다음에는 바나나 맛, 마지막에는 다시 딸기 맛―을 먹는 동안 그의 말을 조용하게 경청했다.

이 파티에는 신통한 예지력이 있다고 하는 미국 태생의 귀부인도 있었다. 그녀는 단눈치오에게 카드를 읽어보라고 제안했다. 그는 제안을 수락했다. 카드는 굉장한 길조를 나타냈다. 단눈치오는 경쾌하게 말했다. "그렇다면 나는 피우메로 진군하겠소."

피우메―현재의 리예카―는 단눈치오의 인생 드라마에서 절정의 행위를 위한 무대가 될 곳으로서 여러 민족이 오가며 짧게 끊어진 역사staccato history와 혼혈 주민을 가진 도시였다. 이 도시는 위치상으로도 아드리아해의 북쪽 끝 이스트리아반도와 달마티아 해안이 만나는 모서리에 극적으로 위치하여 배후로는 산악 지대의 보호를 받고 앞으로는 섬들이 점점이 흩어져 있는 카르나로만을 굽어보고 있었다. 도시

---

* 라스푸틴은 러시아의 차르 니콜라이 2세의 황후인 알렉산드라의 절대적 신임을 얻어 막강한 권세를 누렸던 요승이다. 그에 대한 반대 여론이 들끓는 가운데 보수적 귀족들에 의해 암살당했다. 라스푸틴은 로마노프 왕조의 몰락과 러시아 혁명의 발발을 예고한 조짐으로 해석되곤 한다.

중심부는 잇따른 전쟁 통에 심하게 손상을 입어 폐허가 되었으나, 단눈치오가 1919년 이곳에 온 직후 이곳을 방문한 미국인 알렉산더 파월은 도심에 "가로수들이 위풍당당하게 2열로 늘어서서 시원한 그늘을 만들고 있다"고 묘사했다. 또한 여기에는 "놀랍게도 물품을 잘 갖춘 상점이 많았고, 여기저기의 나무와 지붕들 위로 낡고 아름다운 교회 종탑들이 천국을 가리키는 손가락마냥 솟아 있었다".

피우메는 오스트리아-헝가리 제국의 양대 아드리아 항구 중 하나로서 지난 2세기 동안 부다페스트의 해상 출구 역할을 했다. 마치 트리에스테가 빈의 출구 역할을 했듯이 말이다. 도로와 철도는 모두 부다페스트에서 프라하, 베오그라드, 자그레브로 이어졌다. 이 길들 옆에 도시 이름의 기원이 된 한 줄기 강*이 도시 번영의 원천인 공장들에 수력을 공급하며 협곡으로 힘차게 흘러내리고 있었다. 19세기 중반에 피우메의 산업 생산은 크로아티아 전체 생산의 절반을 차지했다. 1914년경 피우메는 하나의 정유 공장과 영국 소유의 어뢰 제조소 하나를 비롯해 주물 공장과 화학 공단, 무두질 공장, 제재소, 비누와 양초, 파스타와 선원복을 만드는 공장들을 거느렸다. 그중 가장 중요한 것은 부두와 조선소였다. 파월은 보고하기를, "수 킬로미터에 달하는 콘크리트 방파제와 선창은 가장 현대적인 항만 기계들을 갖추었고, 그 옆에는 브루클린의 부시 터미널처럼 널찍한 창고들이 겹겹이 자리 잡고 있었다".

피우메는 경제 번영 속에서 규모를 키워나감에 따라 예전보다 더 탐나는 곳으로 변모하여 그 정치적 지위도 복잡해졌다. 18세기 오스트리아의 여제 마리아 테레지아는 이 도시에 거의 자유 도시라고 할 수 있

• '피우메Fiume' 혹은 '리예카Rijeka' 그 자체가 '강'이라는 뜻이다.

는 '분할체corpus separatum'의 지위를 부여했다. 그 후 차례로 헝가리와 나폴레옹의 프랑스, 오스트리아, 다시 헝가리, 그리고 1848년 이후에는 크로아티아, 1867년에는 다시 헝가리 왕국이 재차 도시에 대한 통제권을 획득했다. 이때부터 피우메는 헝가리의 수도에서 300킬로미터 떨어진 전진 기지로서 이 도시에 거주하는 헝가리 총독을 통해 부다페스트 당국이 직접 통치하는 곳이 되었다.

피우메는 내륙 쪽으로는 제국 내부에서 헌정적으로 독립적인 지위를 부여받은 크로아티아에 의해 둘러싸여 있었다. 19세기 마지막 30여 년 동안 헝가리 당국은 피우메가 취약한 곳이라는 불편한 진실을 잘 알고 있었고, 그래서 한편으로는 아드리아 해상 무역을 활성화하기 위한 목적으로, 다른 한편으로는 반항적인 크로아티아 주민들에 대해 균형을 맞추기 위해 이탈리아 상인들을 이 도시에 활발하게 정착시켰다. 1915년경이 되면, 이탈리아인들이 도시 내부에서 다수파를 이루었다.

20여 년 동안 도시 주민의 수는 갑절로 불어났고, 항구를 통과하는 물동량은 6배나 늘어났다. 은행들도 문을 열었다. 피우메는 번성하고 있었다. 베네치아인들이 건설한 구시가의 좁은 골목길들은 이제 신고 전주의 양식의 저택과 장미꽃으로 가득한 정원을 거느린 널찍한 교외 대로들에 의해 에워싸였다. 그러나 이탈리아계 피우메인들은 크로아티아인들보다 더 유순하지는 않았다. 그들은 도시 중간 계급의 압도적 다수를 이루었다. 그들은 성공 가도를 달리고 있었지만, 헝가리인들에게 지배받고 관할되는 상태였다. 얼마 안 있어 그들은 슬라브족 공동체들만큼이나 불만을 갖기 시작했다. 1892년에 그들은 프란츠 요제프 황제의 동상을 파손하기도 했다.

피우메는 자신의 운명에 사로잡힌 도시였다. 사람들이 하루 종일 논쟁을 벌이는 북적이는 카페와 온갖 신문과 출판물이 쏟아져나오는 도시로도 유명했다. 전시에 이 도시에서 발간된 신문과 잡지만 해도 총 346종에 달했다. 한 방문객은 이를 다음과 같이 묘사한다. "도시의 공적 생활은 수많은 호텔과 레스토랑과 커피하우스가 들어차 있는 널찍한 광장을 중심으로 이루어지는데, 광장 앞에는 느지막한 아침부터 밤늦게까지 이탈리아인들이 한가득 진을 치고 앉아 '카페 네로caffè nero'*를 홀짝이거나 달콤하고 밝은 색상의 시럽을 섞어 만든 긴 잔 속의 음료를 들이키면서 신문을 뒤적이고 시끄럽게 손짓 발짓하며 정치 상황과 파리의 강화 회담에서 일어나는 일을 토론한다. 바르셀로나만 제외한다면, 피우메는 내가 아는 어떤 도시보다 더 성마르고 과민한 주민들을 갖고 있다."

1918년 가을 오스트리아-헝가리 제국의 패배와 해체가 불가피한 것으로 보였을 때, 피우메 사람들은 신생 유고슬라비아 국가에 의해 에워싸였다. 도시에는 유고슬라비아에 편입되는 것을 환영한 사람들도 있었지만(이들 대부분은 크로아티아인이거나 이보다는 적지만 목소리는 더 큰 세르비아인 공동체였다), 이들 곁에는 피우메가 다시 한번 '분할체'가 되기를 원한 자치론자도 있었고(주로 사회주의자로서 모든 종족 집단의 일원이 포함되어 있었다), 피우메가 위대한 이탈리아의 일부가 되기를 희망한 이탈리아인이나 친이탈리아 계열의 '병합론자들'도 포진해 있었다.

과연 피우메는 그 작은 규모에 반비례하는 거대한 전략적 중요성을 띤, 고도로 정치화된 혼합 인종의 주민들을 거느린 장소로서 파리의 평화 협상가들에게 문젯거리가 되었다. 이 도시는 런던 조약에서 이탈

• 문자 그대로 '검은 커피'로서 이탈리아 사람들이 즐겨 마시는 에스프레소 커피.

리아에 떼어주기로 약속된 영토에 포함되어 있지는 않았다. 그 미래는 예정되어 있지 않았다.

1918년 10월 28일 이탈리아 부대들이 비토리오 베네토에서 퇴각하는 오스트리아군을 추격했을 때, 피우메의 마지막 헝가리 총독이 시장에게 이제 마자르인들의 통치는 끝났고, 자신은 도시를 떠나겠다고 통고했다. 다음 사흘 동안 경쟁 그룹들이 시의 통제권을 놓고 이전투구를 벌였다. 친유고슬라비아 성향의 인민 위원회는 합스부르크 제국에서 제작된 기관총으로 무장한 크로아티아 부대들의 지지를 받으면서 자신들이 권력을 인수했노라고 주장했다. 그들은 총독 관저를 접수하고 크로아티아 국기를 게양했다. 이와 동시에 피우메의 이탈리아인들은 민족 평의회를 구성하여 70대의 안토니오 그로시치 박사를 의장으로 선출하고 자신들이 도시의 사실상의 정부라고 선포했다. 세 번째의 자칭 행정부는 노동자 평의회로서 크로티아인들의 인민 위원회와 이탈리아인들의 민족 평의회 모두에 도전했다. 소란스러운 시위와 맞불 시위가 잇따랐다. 경쟁 그룹들은 서로 거리에서 싸움질을 벌였다.

10월 30일 민족 평의회가 국민 투표를 시행하여 도시민들이 압도적인 표차로 이탈리아로의 병합을 지지한다고 주장했다. 일부 친유고슬라비아 소식통은 그런 국민 투표가 시행되었다는 사실을 부정했다. 그들에 따르면, 설령 그런 투표가 시행되었다고 해도 그것은 질서 있는 민주주의적 과정이라기보다는 목소리 큰 자들의 주장이 결론이 되는 시끄러운 집회에 불과했다. 그러나 피우메의 이탈리아인과 이탈리아 본토의 지지자들에게 이는 자신들의 역사에서 결정적 순간이 될 터였다.

전쟁이 끝나자 연합군 부대가 도시를 점령했는데, 이들은 대부분 피우메가 이탈리아의 땅이었고 앞으로도 영원히 이탈리아의 땅이 되어야 한다는 단눈치오의 주장에 진심으로 동의하는 이탈리아인이었다. 이탈리아 전함 한 척이 11월 4일 항구에 출현했다. 제독은 총독 관저에 나부끼는 크로아티아 국기를 내리라고 명령했다. 얼마 안 있어 동방 전선에서 튀르크인들과 싸웠던, 프랑스인과 세르비아인들로 이루어진 연합군 부대가 도착하면서 사태가 복잡해졌다. 11월 15일 그들은 피우메강 바로 건너편인 수사크 외곽까지 이동했다. 세르비아 병사들(2년 전 단눈치오가 "우리 미래의 적"이라고 묘사했던 동맹자들)은 피우메의 이탈리아인들에게 환영받지 못했다. 대부분 베트남인이나 북아프리카인들로 이루어진 프랑스 파견대도 마찬가지였다. 당시의 기록을 보면, 유고슬라비아의 주장을 지지하는 것처럼 보인 프랑스 병사들에 대한 의구심이 "중국인"과 "흑인"에 대한 단순한 인종주의적 적대감과 중첩되고 있었다.

피우메의 분위기는 곧 폭발할 듯 긴장감이 팽팽해져 세르비아 부대가 급히 철수하게 되었다. 그들이 철수한 지 한 시간 만에 더 많은 이탈리아 부대가 배에서 하선하거나 내륙 국경에서 육상으로 이동하며 도시로 쇄도해 들어왔다. 크로아티아와 세르비아 국기는 내려지고 이탈리아의 '삼색기'가 대신 나부꼈다. 크로아티아어로 쓰인 상점 간판들은 훼손되고 슬라브 계열 신문은 무조건 판매가 금지되었다. 영국과 프랑스 배들이 도착해 다소 때늦게 모종의 중립적인 임시 정부를 수립하려고 시도해봤지만, 피우메가 사실상의 이탈리아령 고립 영토enclave가 되고 있다는 엄연한 사실을 무효화할 수는 없었다.

이때는 초조한 시기였으나, 동시에 박진감 넘치는 시기이기도 했다. 피우메를 점령한 연합군 부대들과 함께 있던 이탈리아 군인이었던 조반니 코미소는 젊은 시인이었다. 그는 피우메에 도착한 즉시 이 도시를 사랑하게 되었다. "미국인과 영국인, 프랑스인들이 거리를 가득 메우고 있었다. 매일 승전 기념식이 있었던 것 같다." 전쟁터에서 몇 달을 보낸 그에게 피우메는 쾌락으로 가득 찬 지상낙원이나 다름없었다. 아름다운 아가씨들과 향수와 맛있는 케이크가 가득한 상점들, 각양각색의 웨이터가 분주하게 오가는 카페들, 화보가 가득한 잡지들, 크림으로 덮인 커피, 맛난 차발리오네가 있었다(코미소는 자신의 기억 한 페이지를 온통 트리에스테에서 먹었던 커스터드 타르트에 할애할 정도로 단눈치오와 마찬가지로 특출한 미각을 지녔다). 그중에서도 최고의 것은 피우메의 이탈리아인들이 이탈리아 부대를 환대해준 방식이었다. 매일 밤 장교들은 지방 유력자들의 저택에서 개최되는 파티에 초대되었고, 거기서 그들은 이튿날 아침까지 먹고 마시고 춤출 수 있었다.

다음 몇 달 동안 피우메의 이탈리아 거주자들은 이탈리아 정부에 자신들을 보호해달라고 요란스레 청원했다. 다른 한편, 유고슬라비아인들은 연합국 지도자들에게 피우메를 자기네한테 양도해야 한다고 호소했다. 지리적으로 보면, 피우메는 자연스럽게 신생 유고슬라비아 국가의 일부를 이루고 있는 것 같았다. 프랑스인들은 그들의 주장에 동정적인 태도를 보였다. 강력한 신생 국가는 독일을 봉쇄하고 동부 지중해에 대한 이탈리아(클레망소가 신뢰할 수 없는 동맹국이라고 간주했던 나라)의 지배를 견제하는 데도 도움이 될 것이었다.

피우메의 이탈리아인들은 단눈치오에게 눈길을 돌렸다. 1918년 11월에 휴전이 이루어진 지 일주일 뒤 단눈치오는 피우메의 민족 평의회 의장이 보낸 편지 한 통을 받았는데, 편지는 위대한 모국이 피우메의 이탈리아인들을 곧 "해방"시켜줄 것이라는 "열렬한 믿음"과 이 행복한 의무를 앞당기기 위해 그에게 도움을 청하는 내용으로 가득 차 있었다. 처음에 그는 확답을 주지 않았지만, 1919년 1월 14일에 그는 '달마티아인들에게 보내는 편지'를 공개하여 가장 이탈리아적인Italianissimo 도시의 대의에 헌신하겠노라고 공식적으로, 그리고 격정적으로 선언했다.

우드로 윌슨의 고문 에드워드 하우스는 이렇게 썼다. "왜 그들이 인구 5만 명의 도시에, 그것도 이탈리아인들의 수는 그 절반에도 채 못 미치는 도시에 집착했는지는 내게 미스터리로 남아 있다." 그러나 몇 달 동안이나 이탈리아 민족주의자들을 만족시켜줄 만한 좋은 소식이 파리에서 날아오지 않는 가운데 피우메는 이탈리아가 염원하는 모든 것, 동시에 이탈리아에게 거부되고 있는 모든 것을 상징하는 도시가 되었다. 오를란도는 이탈리아 의회에 자신이 "가장 이탈리아적인 저 도시, 카르나로의 보석"을 찾아오는 일에 전념할 거라고 약속했다. 단눈치오도 이 문제에 천착했다. 지금까지 그에게 피우메는 수복을 요구한 많은 도시 중 하나였을 뿐이다. 그러나 이제부터 그는 연설이 절정에 도달하면 선창과 복창을 이어가며 청중 사이에 최면을 거는 과정에서 새로운 슬로건을 도입하기 시작했다. "피우메가 아니면 죽음을!"

1919년 봄 피우메 출신의 결사대 장교인 니노 호스트벤투리 대위(향후 2년 동안 단눈치오의 가장 중요한 협력자들 중 한 명이 될 인물)가 전투 부대원을 모집했는데, 그는 처음에 이 전투 부대를 "체육 클럽"으로 묘사했으나 곧 공공연하게 피우메 군단으로 지칭할 것이었다. 남녀 모두 붉은색과 흰색, 초록색 리본을 달았다. 거리명도 이탈리아식으로 새로 바뀌었다. 당시 피우메의 분위기에 대해서는 이 도시에 거주하던 예수회 사제인 J. N. 맥도널드 신부가 잘 묘사해주고 있다. 맥도널드 신부는 다음 2년 동안 피우메에서 일어난 사건들에 대한 묘사를 남긴 여느 외국인 방문객 대부분과는 달리, 크로아티아어를 말할 수 있었고 도시의 슬라브 민족들에게 공감하고 있었다. "우체통과 가로등, 대문 등등마다 붉은색과 흰색, 초록색 페인트가 듬뿍 칠해져 있었다. 어디를 쳐다봐도 '이탈리아'라는 단어가 눈을 때리고 밤에도 이 단어는 전등으로 환히 밝혀져 있었다." 호스트벤투리의 피우메 군단도 점점 증강되고 있었다 (로마에서 자원병 모집으로 별도의 400명이 충원되었다).

오를란도와 손니노가 4월에 강화 회담장에서 철수했을 때, 피우메의 이탈리아인들은 이렇게 외쳤다. "윌슨 타도! 인디언들 타도!" 다른 한편, 로마로 돌아온 오를란도는 "피우메 만세!"라는 연호를 받았고, 토리노의 대학생들은 '윌슨가'라는 거리 명패를 내동댕이치고 '피우메가'라는 새로운 명패를 붙였다. 무솔리니는 피우메로 와서 사람들의 마음에 불을 지르는 연설을 했다. 새로 결성된 단체인 '청년 피우메Young Fiume'도 선언문을 발표했다. "시민들이여 준비하라! 바야흐로 우리의 권리와 우리의 죽은 자들을 위해 모든 것과 모든 사람에 대항한 전투가 시작되려고 한다. 우리는 피로써 우리 깃발에 이를 써놓을 것이다."

모든 사람에 대항한 전투는 인종주의적 학대의 형태를 취했다. 맥도널드 신부는 최소 20명으로 이루어진 폭력단들이 야밤에 거리를 어슬렁거리며 비이탈리아인들을 겁주고 물씬 두들겨 패는 모습을 묘사했다. 그들은 완력으로 카페에 들이닥쳐 악사들에게 이탈리아 국가를 연주하라고 명령했으며, 국가가 연주되는 동안 다른 손님들은 기립해 있어야 했다. 5월의 어느 날 밤에는 피우메 군단병들이 무리지어 외출하여 비이탈리아인들이 운영하는 상점들의 간판을 타르로 훼손하고 슬라브족 주민들이 사는 집 대문마다 해골 및 뼈 십자가 그림이나 검은 십자가 그림을 멋대로 그려놓았다. 6월에는 민족 평의회가 군대를 모집하겠다는 의향을 공식적으로 선포했고, 이탈리아와의 '정치적 동맹'에 의문을 제기하는 것을 최고 반역죄로 간주하는 법령을 발포했다.

당시 피우메-이탈리아인들의 대의에 기꺼이 복무하려 한 이탈리아 군의 고위 장교가 많았다. 주리아티는 자신이 이끌던 트렌토-트리에스테 실지회복주의 협회의 자원들을 그대로 피우메를 위해 동원하여 '피우메 국민군'을 위한 충원 캠페인을 이탈리아 전역에서 조직했다. 그러나 윌슨과 다른 강화 협상가들은 과거 통치자들에 맞서 봉기했던 공동체들의 독립을 인정해주려는 경향이 강했고, 그런 만큼 이탈리아 침공군이 수립한 정권을 인정해줄 것 같지 않았다. 피우메인들은 독자적인 쿠데타를 준비해야 했다. 그들이 대담하게 쿠데타를 일으키기에 앞서 먼저 영감에 넘치는 지도자가 필요했다. 그들은 저명한 민족주의자들 가운데 적임자 한 사람을 찾았다. 페피노 가리발디와 아오스타 공작, 미래주의 시인 삼 베넬리 등이 호스트벤투리와 그의 협력자들이 고려하고 있던 후보였다. 그러나 그들이 최종적으로 선택한 사람은 바로 단눈치오였다. 5월 29일 그는 피우메의 민족 평의회의 지도자들 중 한 명으로부터 전보 한 통을 받았다. "우리는 이탈리아 민중을 위한 확고하고 용감무쌍한 두체를 찾고 있음. 우리를 지휘해주기 바람. 준비 끝."

드디어 단눈치오가 용병대장을 연기할 절호의 기회가 찾아왔다. 그는 타고난 거만한 태도로 피우메의 해방자라는 역할을 수락하겠다는 전보를 보냈다. "신념과 규율을 유지하며 나를 기다리기 바람. 나는 여러분도, 운명의 여신도 실망시키지 않을 것임. 이탈리아의 피우메 만세!" 6월 8일 성령강림절*에 단눈치오는 "이탈리아의 오순절"이라는 제

---

* 오순절이라고도 하며 예수 그리스도가 부활한 지 50번째 날 혹은 부활절 뒤 일곱 번째 일요일을 가리킨다.

하의 논설에서 피우메를 "오직 하나뿐인 살아 있는 도시, 오직 하나뿐인 열정의 도시, 오직 하나뿐인 영혼과 바람과 불의 도시…… 수 세기에 걸쳐 제물을 바쳐온 가장 아름다운 번제holocaust의 도시"라고 지칭했다. 이틀 후 간밤에 피우메 곳곳의 공공장소에 포스터들이 나붙었다. 포스터는 일제히 이렇게 알리고 있었다. "여러분의 권리를 열렬하게 대변할 가브리엘레 단눈치오가 오늘 이탈리아의 정신과 영혼의 상징이다." 그리고 "그들의 신념이 보상받을 것이라고 신도들에게 말하라".

그들의 신념은 처음으로 격렬하게 분출되었다. 단눈치오는 자신의 시간을 둘로, 즉 음악과 여자에 탐닉한 베네치아 시절과 이와는 다른 역할을 부여받은 로마 시절로 나누고 있었다. 니티는 그에게 직책을 부여함으로써 그를 중립화하려고 했다. 그는 항공 관련 고위 관리가 될 수도 있었다. 단눈치오는 이런 제의에 응답할 것 같지 않았다. 그가 도쿄로 비행하는 일에 착수할 거라는 소문도 점차 돌았다. 이는 좀더 매력적인 선택지였다. 실제로 단눈치오는 일군의 비행사에게 연설하면서 이제는 너무나 "오염되고" 너무나 "척박한" 서방으로부터 등을 돌려야 한다고 요구하기도 했다. 피우메의 이탈리아인들이 "신념과 규율"로써 그를 기다리는 동안 그는 공군 참모부의 책임자들을 만나 도쿄로의 비행을 위한 복잡한 실행 계획을 논의하느라고 너무 바빠 피우메를 망각한 것이 확실해 보였다.

이 비행이 실행될 것을 진지하게 기대한 사람은 있었는가? 설령 있었다고 해도 누군지는 불분명하다. 단눈치오를 다른 쪽 세계의 일로 바쁘게 만들려고 정부가 일종의 유인책으로 비행을 제의했을 가능성이 있다. 이와 유사한 맥락에서 단눈치오도 당시 자신을 24시간 감시하던 경찰 끄나풀들을 속이려고 일부러 비행에 관심을 가진 척했을 수도 있다. 이보다 좀더 그럴듯한 가설을 들자면, 단눈치오가 자신에게 제안된 두 가지 역할 중 어느 게 더 매력적일지 마음을 정하지 못했을 수도 있다. 여기서 그는 다시 머뭇거렸다. 그는 다시 신호를 기다렸다. 앞날을 내다보는 귀부인이 그에게 행동에 나서라고 북돋워주기까지 몇 주일이 더 필요했던 것이다.

1919년 7월 피우메는 긴장 상태에서 치명적인 폭력 사태로 치달았다. 도시는 여전히 연합군 사령부 휘하의 이탈리아 및 프랑스의 혼성 부대가 수비하고 있었다. 여러 종족으로 구성된 프랑스 부대는 저녁에 수사크로부터 강을 건너왔고, 도발적이게도 유고슬라비아 색깔로 만들어진 리본을 달고 피우메로 행진해왔다. 다른 한편 피우메의 이탈리아 아가씨들이 이탈리아 삼색 리본 다발을 나누어주었고, 저녁에 모든 사람이 '산책passeggiata'을 위해 도시의 부둣가에 모였을 때, 실랑이가 벌어졌다. 당시 한 프랑스 병사가 어느 아가씨의 드레스에서 이탈리아 삼색 리본을 뜯어낸 것 같다. 이 사건을 발단으로 하여 갑자기 분위기가 험악해져 소동이 일어나고 끝내 살인으로까지 비화되었다. 13명의 베트남계 프랑스 병사가 목숨을 잃었다—칼에 찔려 죽거나 부두에서 바다로 떨어져 익사했다. 그 밖에 50명 이상이 부상을 입었다. 당시 부둣가 근처의 에우로파 호텔에 투숙해 있던 한 미국 정유회사 직원이 창문을 통해 그 광경을 보고 동료에게 이렇게 말했다. "나를 믿게나, 친구, 그건 정말이지 끔찍한 일이었어. (…) 그들은 문자 그대로 그 가엾은 작은 중국인들을 토막냈다고." 크로아티아인들의 클럽에도 이탈리아 민족주의자들이 난입하여 아수라장으로 만들어놓았다. 이탈리아 부대원들도 그런 폭동에 참가하거나, 실제로 학살에 참가하지는 않았더라도 적어도 학살을 묵인했다.

사태는 무척 심각했다. 학살 소식이 파리에 당도했을 때 4명의 연합군 장군이 조사 위원회를 구성하기 위해 피우메로 급파되었다. 당시 도시를 방문하고 있던 주리아티는 도시가 "말로 표현할 수 없는 광란의 도가니" 속에 있음을 깨달았다. 피우메 시민들은 자신들의 일이 외부인들로 구성된 위원회에 의해 결정된다는 소식에 분개했다. 거친 말이 오가고 종이 울리며 애국적 노래들이 터져나왔다. "누구도 자기 일에 더 이상 신경 쓰지 않았다. 일정 따위는 더 이상 존재하지도 않았다. 진짜 뉴스건 가짜 뉴스건 번개처럼 확산되었다." 사람들은 소문이 나돌 때마다 거리로 쏟아져 나왔다. "한 연설가가 카페 콤메르초의 의자인지 탁자인지에 뛰어올라 연설했는데, 그의 말 한마디 한마디가 열정의 물결이나 분노의 폭발과 장단을 맞출 것이었다." 당시 주리아티는 피우메 군단의 사령관 호스트벤투리와 민족 평의회 지도자 그로시치를 비롯해 여러 명의 저명한 피우메 이탈리아인을 만났다. 그들은 모두 이탈리아와의 병합을 위해 자신의 모든 것을 바칠 태세가 되어 있었다고 주리아티는 보고했다.

피우메 문제Fiume question에 대한 이탈리아 정부의 태도는 모호했다. 단눈치오의 극단적인 욕설은 적잖이 당혹스러웠지만, 유럽 전역에 널리 알려진 그의 연설들은 달마티아에 대한 실질적인 양보 없는 정부가 국내에서 평화를 유지하기 어려울 것임을 입증하는 증거로서 파리의 이탈리아 협상가들에는 매우 유용했다. 오를란도는 피우메에서건 다른 어디에서건 공개적으로 쿠데타를 인정하지야 않았을 테지만, 그가 쿠데타를 은밀하게 환영하리라는 것은 충분히 가능한 일이었다. 그러나 오를란도가 물러나고 니티가 총리가 되면서 상황이 바뀌었다. 피

3부 전쟁과 평화

우메 근처에 주둔하던 제3군 사령관 아오스타 공작이 소환되었고, 그의 자리를 전쟁 마지막 해에 디아츠 장군의 대리 역할을 맡았던 피에트로 바돌리오 장군이 대신 차지했던 것이다.

바돌리오는 단눈치오에게 상당히 공감했다. 3개월 전에 그는 단눈치오에게 이렇게 썼다. "위대한 이탈리아인으로서 당신의 이미지는 군대와 전체 민족에 대한 신념과 영웅주의와 희생의 빛나는 귀감으로 영원히 남을 것입니다." 그는 유고슬라비아 국가의 출범을 방해하기 위해 흑색선전과 '선동가들agents provocateurs'을 활용하고 이탈리아 병사들로 하여금 "자존심 강한 현지 여성들"을 유혹하게 하며 세르비아인과 크로아티아인과 슬로베니아인들 사이를 이간질하는 계획을 짰다. 과연 그는 실지회복주의자들의 자연스런 동맹자처럼 보였다. 7월 말에 주리아티는 최소한 "신중한 공모관계"를 맺을 요량으로 그에게 접근했다. 그러나 바돌리오는 여전히 충성스런 군인이었다. 그는 피우메 군단과 같은 사병 부대의 창설을 용납하지 않을 것이었다. 확실히, 그는 휘하 장병들의 항명도 용서하지 않을 것이었다. "우리 병사 대부분의 경우가 그렇듯이 거의 교육받지 못한 단순한 정신 상태에서 규율의 개념이란 단 한마디로 표현된다. '나는 복종합니다.'" 7월 31일 그는 피우메로의 접근로를 감시하고, "정부 명령에 반하는 이동"을 기도하는 자는 누구도 이 도로를 통과할 수 없으며, 이는 "유명 인사들noti uomini"이라고 해서 예외가 될 수 없다는 훈령을 내렸다. (여기서 '유명 인사들'이란 곧 단눈치오를 뜻했다.)

피우메의 이탈리아인들은 자신들의 계획을 이탈리아 최고사령부가 인정해주지 않자 공공연한 반란을 준비했다. 8월 19일 피우메 군단의 사령관 호스트벤투리는 이렇게 선언했다. "나는 여러분에게 더 이상 이탈리아 장교 자격으로, 이탈리아 시민 자격으로 말하지 않겠다. 나는 오늘부터 혁명가 자격으로 여러분에게 말하는 바이다."

8월에 연합국 측의 피우메 위원회가 도시의 이탈리아인들이 지배하는 민족 평의회를 연합군 통제 아래에서 도시 근교의 크로아티아인 주민들을 더 잘 대표하는 다른 통치체로 대체하고, 피우메 군단을 해산시키며, 연합군 수비대의 일원이었던 이탈리아의 사르데냐 척탄병 연대를 도시 밖으로 이동시키고, 이를 영국 및 미국 부대로 대체하라는 법령을 발포했다. 이런 명령은 소란을 야기했다. 이탈리아 장교들은 가는 골목길마다 우레 같은 환성을 받았고, 교회 종들이 하루 종일 울려댔다. 파티, 이탈리아 장교들과 친절한 피우메의 이탈리아 아가씨들 사이의 로맨스, 웃음소리와 키스, (그리고 코미소에 따르면) "맛난 케이크"가 넘쳐났다.

사르데냐 연대는 그 전달인 11월에 피우메에 진주한 첫 번째 이탈리아 부대였다. 그들은 도시의 해방자이자 수호자로 자처했고, 피우메의 이탈리아인들에 의해서도 그렇게 간주되었다. 연합군 사령부는 시위가 진정되기를 바라면서 이 부대에게 동트기 전에 도시에서 빠져나갈 것을 명령했지만, 그에 아랑곳하지 않고 피우메의 이탈리아인들은 어쨌거나 시위에 나설 것이었다. 오전 3시에 시청 벨이 요란하게 울렸다. 소년들이 함성을 외치고 요령을 흔들면서 시내를 달려나갔다. 사람들도 대부분 이탈리아 국기를 흔들거나 감싼 채로 횃불로 훤해진 거리로 쏟아져 나왔다.

트럼펫들이 울렸다. 민족 평의회 의장이 도시 밖으로 나가는 부대에 연설했다. "우리 형제들에게 말하노니, 우리는 수 세기 동안 이탈리아인이었다. (…) 우리의 어머니에게서 갈라졌어도 우리는 헌신적인 아들이다." 사르데냐 연대원들은 여인네들이 무릎을 꿇고 더 머물러달라고 간청하며 아이들이 자기네 무릎을 움켜잡거나 외투 끝에 매달리는 바람에 행진을 할 수 없었다. 그들은 망설였다. 다른 군인들도 대부분 그러했듯이, 이들도 확신에 찬 실지회복주의자였다. 그들은 피우메에서 몇 달 동안 편하게 보냈는데, 이 기간에 자신들을 영웅적 보호자로서 환영해주고 함께 마시고 춤추고 심지어 섹스까지 했던 이탈리아 시민들을 좋아하게 되었다. 오직 지휘관—병사들이 도시를 떠나지 않고 어슬렁거리는 것을 방치하면 틀림없이 군법재판에 회부될—이 단호하게 명령을 내려야만 그들은 움직일 것이었다. 마침내 그들은 자신들에게 꽃을 던져주는 군중과 함께 합창으로 "이탈리아령 피우메 만세!"라고 외치며 도시를 떠났다.

병사들은 이스트리아반도를 지나 롱키의 군 기지로 철수했지만, 일부 대담한 병사는 즉시 피우메로 돌아가 이탈리아 영토임을 주장할 계획을 세우기 시작했다. 그들은 피우메의 이탈리아인들이 그러했듯이 단눈치오와도 접촉했다. 이 시점부터 의미심장하게도 '롱키의 7인'으로 알려질 7명의 장교는 다음과 같은 편지에 서명했다. "우리는 이탈리아 통일을 위해 산화한 모든 호국 영령을 기억하며 맹세했다. 피우메가 아니면 죽음을! 당신은 피우메를 위해 아무 일도 하지 않을 텐가? 전 이탈리아를 손에 쥐고 있는 당신이?" 서명자들 중 한 명이 편지를 들고 직접 베네치아로 갔다.

단눈치오는 여전히 망설이고 있었다. 또 다른 밀사로서 아틸리오 프로담이라는 사람이 피우메를 출발하여 베네치아의 카세타 로사에 도착했다. 그는 예쁘장한 딸을 대동하고 왔는데, 단눈치오와 더불어서가 아니라면 살아서 피우메로 돌아가지 않겠다는 결연한 의지를 내보였다.

매일같이 프로담은 단눈치오를 방문하여 한 번에 4~5시간씩 그를 접견했다. 끝내 말로는 설득하지 못했다. 그러나 에로틱한 애국적 스펙터클은 성공할 수도 있었다. 때마침 디아츠 장군이 화려한 기념식에서 명예의 검을 수여받기 위해 베네치아로 왔다. 프로담은 자기 딸을 통해 장군에게 꽃다발을 선사할 계획을 짰다. 그녀는 자수로 '피우메가 아니면 죽음을'이라고 새겨진 어깨띠를 두른 채 디아츠 장군에게 "내 도시의 열정을 담은 꽃다발"을 바칠 수 있도록 허락해달라고 간청하는 연설을 했다. 이튿날 9월 6일 프로담은 재차 단눈치오를 방문했다. (여전히 어깨띠를 두른) 그의 딸도 함께였다. 결국 이번에 단눈치오는 피우메로 가는 데 동의했다.

그럼에도 며칠이 그냥 지나갔다. 단눈치오는 특히 길일이라고 여긴 11일까지 기다리고 싶었다. 그가 주세피나 만치니와 처음 관계를 가진 것도 11일이었고, 위험천만한 '부카리의 장난'을 친 것도 11일이었기 때문이다. 게다가 저녁식사 약속들도 있었다. 이다 루빈시테인이 단눈치오의 아들 가브리엘리노가 연출하는 영화인 「배」를 준비하기 위해 베네치아에 있었다. 그녀는 9월 9일 호텔 다니엘리에서 단눈치오와 그의 화가 친구 두 명을 포함하여 여러 손님을 초대해 파티를 열었다. 루빈시테인 자신이 작곡가 플로랑 슈미트와 재능 있는 젊은 피아니스트 루이사 바카라의 음악에 맞춰 춤을 추었고, 단눈치오의 즉석 요구로(그는 여전히 자신의 여성들이 입는 옷에 관심이 지대했다) 은빛 드레스를 입고 흑백의 숄을 두른 채 피아노를 연주했다.

단눈치오는 루이사를 올가의 집(당시 그가 뻔질나게 드나들었던)에서 처음 만났고, 그녀의 피아노 연주 실력과 사랑스런 목소리, 갈색의 홀쭉

한 얼굴, 때 이른 은빛 새치로 줄무늬가 그려진 야성적인 머릿결에 반했다. 9월 10일 단눈치오는 다시 그녀를 카세타 로사에 초대했는데, 이번에 그녀는 강렬한 외국인 혐오적인 후렴구가 있는 가리발디 찬가를 부를 수 있었다. "너희 외국인들은 떠나라", 그렇게 단눈치오와 롱키의 사르데냐 연대 장교들로 이루어진 밀사를 위해 노래했다. 그녀는 밤새도록 거기에 있었다. ("당신은 기억하나요", 단눈치오는 나중에 그녀에게 편지를 썼다. "그 극한의 쾌감을, 그 엄청난 거울을, 그리고 내 손으로 당신에게 음료를 만들어준 마지막 순간을 기억하나요?") 그녀는 단눈치오의 애인으로서 그가 20여 년 후에 죽을 때까지 그의 하렘을 관리하는 역할을 했다.

마침내 9월 11일 단눈치오는 기온이 높았음에도 일찍 일어나 배를 타고 본토로 넘어와 앞으로 그의 새로운 브랜드가 될 새빨간 색의 피아트 501 자동차(그해에 출시된 스포티한 차종)를 타고 스스로 표현했듯이 "끝에서 두 번째가 될 모험"에 나섰다.

30. 번제의 도시

 전쟁이 발발하기 전 프랑스에서 단눈치오는 산불을 목격했다. 아르카숑에 있는 그의 집은 해안을 따라 수 킬로미터나 뻗어 있는 소나무 숲에서 해안 쪽으로 면한 귀퉁이에 위치해 있었다. 여름이 끝나갈 무렵 숲이 갑자기 불길에 휩싸였다. 단눈치오는 불을 보려고 밖으로 뛰쳐나갔다. 점점 다가오는 화선火線 뒤로, 솔잎과 잔가지는 온데간데없이 벌거숭이 나무들의 검게 그을린 뼈대들만이 흡사 말뚝에 묶인 "당당한 순교자"처럼 꼿꼿이 서 있었다. 그 순간 돌풍이 불어 사람 키 높이의 깔때기 모양으로 재들이 소용돌이치며 마치 유령처럼 폐허가 된 숲속에서 비틀거리다 가라앉으면서 차차 희미해졌다.

 불은 단눈치오의 작품 속에서도 활활 타고 있다. 『배』와 『요리오의 딸』에서 여주인공들은 자진해서 장작더미로 뛰어오른다. 그가 가장 좋아하는 단어도 희생물을 완전히 태워버리는 희생 의식인 '홀로코스트'였다. 그는 이 단어가 『살람보』에서 멋지게 사용된 것을 발견했는데, 이 소설에서 플로베르는 많은 아이를 몰록Moloch●에 바치는 희생양으로 살해하는 광경을 묘사했다. 단눈치오는 이 단어를 자신의 전시 수사학의 일부로 만들었다. 전쟁은 평시의 더럽고 부패한 모든 것을 일소하여 상처 입은 세상을 지지고 정화하는 불과 같았다. 죽은 나무는 새로운 나무가 성장할 수 있도록 불타버려야 한다. 수백만 명의 죽음은 새로운 형태의 인류가 출현하는 변화의 불길을 만들어낼 것이다. 단눈치오는 '검은 화염'으로 알려진 결사대의 지휘관과 함께 피우메에 도착함으로써 자신의 개성이라는 성냥불을 붙여 세상의 지켜보는 눈들을 일거에 불태워버리는 대화재를 일으킬 것이었다.

1919년 9월 11일 아침 단눈치오는 피우메를 향해 출발하고 있음을 알리는 편지를 무솔리니에게 띄웠다. 9년 후 무솔리니는 이 편지의 일부를 공개할 것이었다. "나 역시 이 드라마를 함께 살아가고 있었다— 매일매일 단눈치오와 나는 그의 곁에 함께 있었다." 그리고 무솔리니는 이 편지가 자신들 사이에 오갔던 수많은 "형제애로 연결된 편지들" 중 하나였다고 주장했다. 그런 방식으로 무솔리니는 거짓말을 하고 있었다. 이것은 형제들 사이에 오갔던 편지가 아니라 세계적으로 유명한 작가가 아무런 고마움도 느끼지 않은 채 자신에게 순종적인 편집자에게 일방적으로 하달한 일련의 지시 사항이었다. 무솔리니가 공개하지 않은 부분은 이렇다. "『민중의 소식Gazzetta del Popolo』지에 게재될 논설을 요약하시오. 마지막 부분은 전문을 게재하시고. 그리고 우리의 대의를 전심전력으로 지지하시오." 그렇게 홍보의 독보적인 중요성을 이해했던 단눈치오는 여러 장의 담요를 겹겹이 두른 채 자신의 거대한 모험을 향해 출발했다.

• 셈족이 아이들을 바치고 섬기던 신으로서 히브리어로는 몰렉Molek이라고도 한다.

피우메 진군은 계획에 따르면 심야에 롱키의 공동묘지에서 시작될 것이었다. "롱키의 7인"은 대의를 실행에 옮길 186명의 자원자를 모을 수 있었다. 여전히 고열에 시달리던 단눈치오는 군 기지에 도착하자마자 작은 탁자 4개를 붙여 만든 침대에 불편하게 누워 잠깐 눈을 붙였다(여기엔 다마스크 쿠션 따위는 없었다). 몇 년 후 그는 당시에 목이 얼마나 말랐는지, 또 열이 심해 한 농부 여성이 자기 옆 의자에 놓고 간 포도송이에도 손을 뻗지 못할 정도로 힘이 얼마나 없었는지에 대해 기억했다.

출발 시간이 되었지만, 사람들을 태워갈 트럭들이 오지 않았다. 롱키는 피우메에서 100킬로미터 이상 떨어져 있었다. 귀도 켈러라는 이름의 한 조종사가 책임을 맡았는데, 그는 단눈치오의 피우메에서 아주 중요한 역할을 하게 될, 거칠고 악명 높은 사내다. 켈러는 1917년 8월 단눈치오의 비행 편대의 일원으로 폴라 공습에도 참가한 적이 있었다. 그는 애완동물로 독수리를 키우고 야생에서도 살아남을 사내였다. 당시 반란자들 중 한 명에 따르면, 켈러는 자동차에 뛰어올라 군 차고지를 향해 "맹렬한 속도로 차를 몰았다". 거기서 그는 권총을 쥐고 차고지 경비 장교를 제압했다. 경비 장교도 검은 군복을 입은 엘리트 살인 부대인 결사대 출신이었지만, 이 경우에는 겁을 먹었거나, 아니면 묵인해주었을 가능성이 크다. 그는 "폭력에 어쩔 수 없이 양보"했다고 밝히면서 켈러와 그의 일당에게 26대의 트럭를 몰고 가게 내버려두었다. 약속된 시간보다 몇 시간 늦게 부대가 이동할 채비를 갖추었다. 드디어 단눈치오는 다친 눈을 보호하기 위해 검은 선글라스를 낀 채 빨간 자동차 안에 누워 피우메로 향했다.

연합군의 일원으로 이스트리아를 점령하고 있던 이탈리아 군대가 앞에 있었다. 새벽녘에 한 추종자의 표현대로 하늘이 "가리발디처럼 붉게" 변했을 때, 단눈치오는 차에서 내려 30명의 장교단을 대상으로 연설하면서 지금 이 순간부터 이들이 완전히 자신의 것—"전적으로 perdutamente 나의 것"—이라고 말했다. 특정한 종교 숭배의 지도자처럼 그도 이들에게 별도의 정체성을 포기할 것을 요구하고 있었던 것이다. 그는 사색이 될 정도로 창백했다. 그의 성긴 황금빛 수염과 뺨은 먼지투성이였다. 그는 도로를 막고 있는 정규군의 총부리와 대결할 차례라고 말했다. 그는 결코 돌아가지 않을 것이었고, 그들 또한 마찬가지였다. 그는 그들에게 죽음을 선사하고 있었다. 그의 목소리는 처음에는 작았지만, 점점 "강철 칼날처럼 날카롭고 낭랑해지고 있었다".

피우메의 연합군 수비대는 겨우 열흘 전에 부임한 이탈리아 장군 피탈루가의 지휘 아래에 있었다. 그는 니티에게 자신은 그렇게 정치적으로 미묘한 직책에 어울리는 사람이 아니라고 건의했다. 니티는 정부 정책이 직접 하달될 것이니 전혀 어려울 게 없다며 그를 안심시켰다. 그러나 이 말은 난센스였다. 피탈루가는 감당할 수 없었다. 휘하 부대의 충성심도 양분되었고, 피우메 주민들도 "호전적이며 인내심이 바닥 나고" 있었다. 이제 그는 출동하여 다가오는 단눈치오의 부대와 조우해야 했다.

일군의 결사대가 전위를 맡았다. 피탈루가는 지휘관에게 단눈치오를 포위하여 사살하라고 명령했다. 지휘관은 단호히 거부했다. 피탈루가는 차를 몰고 직접 단눈치오를 찾아갔다. 그는 시인에게 "이탈리아를 위해" 돌아가달라고 간청했다. 단눈치오는 소년 시절에 본 영웅담에 대한 기억에 잠기며 외투를 풀어헤쳐 가슴에 걸린 훈장 줄을 내보이면서 이렇게 말했다. "당신이 할 일은 군대에게 나를 사살하라고 명령하는 것이오, 장군." 이와 똑같이 나폴레옹도 엘바 귀양지에서 탈출하여 외투를 열고 프랑스 부대원들에게 원한다면 자신을 사살하라고 말했다. 단눈치오는 나폴레옹과 마찬가지로 명성이라는 갑옷을 두르고 있었다. 일찍이 1815년에 프랑스 병사가 자신의 황제를 죽이는 일이 불가능했던 것과 꼭 마찬가지로 1919년에 이탈리아 병사가 "도살자 시인"을 죽이는 일은 불가능했던 것이다.

피탈루가는 포기했다. 그는 이렇게 외쳤다. "나는 피를 흘리지도 않을 것이고 동족상잔의 전쟁을 시작하지도 않을 것이다!" 『이탈리아 민중』(이 신문을 통해 무솔리니는 의무감에 단눈치오의 대의를 옹호하고 있었다)에 실린 기사에 따르면, 장군은 단눈치오를 손으로 붙잡으며 이렇게 말했다고 한다. "위대한 시인이여, 당신을 만나 영광이외다. 당신의 꿈이 실현되길, 나도 당신과 함께 '이탈리아령 피우메 만세!'라고 외치고 싶소." 그리하여 장군은 온순하게 바뀌어 방향을 돌려 자신이 방어하기로 되어 있던 도시로 철수했다.

당시 단눈치오를 사정거리 안에 두고 있으면서 가능한 모든 수단을 써서라도 그가 피우메에 들어오지 못하게 하라는 명령을 받은 수천의 무장 병사 가운데 단 한 명도 발포하지 않았다. 단눈치오의 소규모 부대는 자석과 같은 힘을 내뿜었고, 더 많은 자원병이 합류하면서 자력은 점점 더 배가되었다. 단눈치오 자신은 닷새 뒤 『코리에레 델라 세라』와의 인터뷰에서 당시 상황을 이렇게 묘사했다. "무장 차량들이 우리 부대를 막기 위해 기다리고 있었습니다. 나는 그들 쪽으로 다가가 그들 옆을 통과했습니다. 나를 따르던 차들도 내 명령에 따라 함께 통과했지요. 참모 장교 한 명이 나를 세우려고 했습니다. 내가 그에게 우리 부대 후미에 정렬하라고 명령하자, 그는 명령에 따랐습니다. (…) 정

3부 전쟁과 평화

말이지 재미있는 장면이었습니다." 그가 도시에 도착했을 때 그를 따른 부대원의 수는 2000명이 넘게 되었다.

무장 차량들의 선도 차가 도시 외곽에서 바리케이드를 뚫고 들어갔다. 차량들은 차례로 기관총을 겨눈 채 피우메의 이탈리아인들이 월계수 가지를 카펫처럼 깔아놓은 거리를 지나 도심으로 진입했다. 20년 전에 단눈치오는 이렇게 쓴 적이 있다. "교차로나 산등성이에서 약속된 도시의 얼굴이 드러날 때 모험가의 눈에 번득이는 욕망의 섬광을 상상해보라." 당시에 단눈치오는 중세 이탈리아의 용병대장들에 대해 생각하고 있었다. 이제 그는 자신만의 도시를 갖게 되었다.

그가 피우메를 향해 접근해왔을 때, 피우메는 한바탕 소란이 일어났다. 척탄병 연대가 피우메를 떠나 롱키로 철수했어도 도시의 소요는 끝나지 않았다. 자치주의 정당의 당원들이 거리에서 폭행을 당했다. 반영국 시위도 있었는데, 한 장교가 루이스 기관총*을 시위대에 겨누고 나서야 간신히 진정되었다. 롱키로부터의 예정된 진군은 더 이상 비밀이 아니었다. 피우메 수비대에서 근무하던 조반니 코미소는 사르데냐 연대에 있는 남자 친구들이 곧 돌아올 거라고 아가씨들이 떠드는 말을 들었다. 맥도널드 신부에 따르면, 9월 11일 내내 "기묘한 반란의 정신이 도시를 배회하고 있는 듯 보였다. (…) 오랫동안 억눌린 흥분이 부글거리고 있었고, 단눈치오 씨의 도착에 대한 기대감이 팽배했다".

단눈치오는 새벽녘에 도착하기로 되어 있었다. 항구에 정박 중이던 이탈리아 전함인 '단테 알리기에리'호는 동이 트자마자 출항하라는 명

---

* 미국의 아이작 뉴턴 루이스에 의해 발명되어 제1차 세계대전 중에 상용화된, 드럼 탄창을 장착한 경기관총이다.

령을 받았으나, 정작 수병들은 모두 승선을 알리는 사이렌을 무시하고 뭍에 있었다. 한 출처에 따르면, 그들은 또 다른 종류의 사이렌을 연기한 '청년 피우메' 소속 여성 단원들의 키스 세례에 붙들려 있었다고 한다. 말하자면, 그들은 승선 사이렌을 듣지 않으려고 "여성 단원들의 키스라는 밀랍으로 귀를 틀어막았던 것이다."• 한 젊은이는 피우메의 한 파티장에서 코미소에게 다가와 아침에 혁명이 있을 거라는 말을 들었다고 설명하면서 자신에게 권총을 빌려줄 수 있겠냐고 부탁하기도 했다.

오후 11시 호스트벤투리 대위는 피우메 군단의 장교들에게 단눈치오가 오는 중이며 그들에게 어떤 희생을 치르더라도 이탈리아령 피우메를 방어하겠다고 맹세하는 서약식을 치를 거라고 알렸다. 오전 3시 일단의 군단병이 도시 밖으로 행군했다. 외관상으로는 통상적인 훈련처럼 보였으나, 실은 단눈치오의 부대를 만나기 위함이었다. 다른 군단병들은 연합군 사령부를 접수하기 위해 대기하고 있었다. 해가 뜨자 도시의 종들이 일제히 울렸고, 거의 모든 피우메의 이탈리아인이 침대를 박차고 거리로 쏟아져 나왔다.

단눈치오는 트럭이 예정된 시간에 오지 않는 바람에 지체되었고, 피우메에 도착하려면 여전히 시간이 더 필요했다. 피우메에서는 누구도 그가 어디에 있는지, 정말로 올 것인지에 대해 알지 못했다. 아침이 참으로 느리게 지나갔다. 호스트벤투리는 희망을 접고 군중을 해산하려 했지만, 누구도 집에 가려고 하지 않았다.

그러고 나서 마침내 "필연적 영웅" 혹은 "도래해야 할 구세주"의 도착

• 이 부분은 오디세우스의 이야기를 패러디한 것이다. 오디세우스는 아름다운 소리로 선원들을 취하게 해 죽이는 바다 괴물인 사이렌들(세이레네스)의 섬을 통과하기 위해 선원들의 귀를 막게 하고 자신의 몸을 돛대에 묶었다고 한다.

을 알리는 소식이 날아왔다. 진군하는 부대를 환영하기 위해 도시 밖으로 쏟아져 나간 군중이 찬가와 애국적 노래를 부르며 물밀듯이 뛰쳐나왔고, 그들 뒤로는 결사대의 장갑 차량들이 뒤따랐다. 단눈치오는 영화 제작진이 올 때까지 도착을 미루었다. 이는 그가 세계 관객을 대상으로 연기하는 한 편의 쇼였던 것이다.

그는 그해 얼마 전 스스로 벗어버린 군복을 다시 차려입고 훈장을 번쩍이며 장갑 차량 안에 서서 도시로 들어왔다. 그의 뒤를 따른 장갑 차량들에도 결사대원이 한가득 탑승하여 일제히 선 채로 "피우메가 아니면 죽음을!"이라고 외쳤다. 그들은 애국적 열정과 수면 부족으로 거칠어진 피우메 이탈리아인들의 환영을 받았다. 여성과 아이들도 월계수 가지를 흔들었다. 단눈치오의 추종자들이 남긴 기록에는 "끝없는 박수"와 "우리를 구세주로 여겨 환호하는 수천 명의 군중" 등이 묘사되어 있다.

부대는 연합군 병영을 통과했다. 창문에 장착되어 있던 기관총들은 조용했다. 단눈치오의 한 조력자에 따르면, 단눈치오는 "비처럼 내리는 꽃과 월계수 가지로 거의 보이지도 않았다. 그의 자동차는 살아 있는 피라미드가 되었다. 병사와 시민들이 사방에서 자동차 위로 기어올랐다. 수천 명이 감격에 겨워 울며불며 용병대장 주위로 몰려와 그의 얼굴과 손에 키스를 퍼부었다." 단눈치오는 이를 자신의 '신성한 입성식 Sacra Entrata'이라고 부를 것이었다.

피우메 진군의 성공은 매우 놀라워 당대의 관찰자와 후대의 역사가들은 공히 이 사건에 대한 설명을 문자 그대로 믿기는 힘들다고 생각할 정도였다. 그런가 하면 신생국 유고슬라비아의 통치자들은 이탈리아 정부가 이 쿠데타 시도를 은밀히 승인해준 것이 틀림없다고 추정했다. 미국과 영국의 외교관들도 이와 유사한 결론에 이르렀다. 맥도널드 신부 역시 그럴 것이라고 확신했다.

사실 정규군 부대가 단눈치오를 막지 못한 것은 예정된 모의가 있었기 때문이 아니라 혼란통에 즉흥적으로 사태가 그렇게 이뤄졌기 때문이다. 장군들은 항명 사태가 번질까 두려워하며 망설였다. 당시 이탈리아 제3군 사령관이었던 디 로빌란트 장군은 단눈치오의 부대가 자신의 부대 쪽으로 이동하자 니티에게 이렇게 썼다. "내가 '이탈리아 만세, 군대 만세, 이탈리아령 피우메 만세'를 외치는 동료들에게 발포하라고 병사들에게 명령할 수 있는지는 확신 못합니다." 최고위급도 자신에게 부여된 임무를 완수할 수 있을지 확신이 없었던 셈이다. 디 로빌란트 장군은 훗날 다양한 정황 증거—단눈치오를 그림자처럼 따라다니던 첩자들이 쿠데타 며칠 전에 철수했다는 사실, "피우메에 동화된" 척탄병들이 그 지역에서 완전히 철수하지 않고 피우메에 위험스러울 정도로 가까운 롱키에 주둔하게 되었다는 사실—를 미루어 짐작하건대 "내 마음속에는 내가 상상할 수도 없고 또 내가 숨길 수도 없는 이유로 정부가 무슨 꿍꿍이를…… 벌이고 있다는 의혹이 생겼다"라고 썼다. 거꾸로 디 로빌란트가 움직이지 않았다는 사실은 다른 사람들에게 단눈치오가 아무런 저항도 받지 않고 통과할 수 있을 정도로 고위급의 보호를 받고 있다는 증거로 여겨졌다.

다른 사람들이 단눈치오를 막지 못할 거라고 여겨 스스로 단눈치오를 막으려고 했던 사람들도 결국 물러났다. 그들이 물러나면서 단눈치오는 피우메를 자신의 것으로 만들었다.

'신성한 입성식'이 거행되었다. 단눈치오는 탁자들 위에서 쪽잠을 잔후 계속 열이 난다는 걸 느끼면서 도시에서 가장 좋은 호텔로 직행하여 오후 내내 잠에 빠져들었다. 새로 해방된 도시가 어떻게 통치되어야하는지에 대한 문제의 결정권을 다른 사람들에게 맡긴 채로 말이다.

단눈치오가 자는 동안 그의 추종자들은 호스트벤투리의 군단과 뒤섞여 도시 전역으로 퍼져나가 총독 관저와 전화 교환소를 접수하고 연합군 사령부 휘하의 이탈리아 부대들이 경계하던 공공건물들로 몰려갔다. 이탈리아 부대들은 그들이 공공건물에 진입할 수 있도록 문을 터주었다. 모든 연합국의 국기가 이탈리아 국기만 빼고 내려졌다. 헝가리군주정의 휘장도 정부 관사들의 상감된 가구에서 제거되었다. 당시 한관찰자의 눈에는 검은색과 은색이 어울린 군복을 입고 전투에 단련된이목구비로 긴 앞머리를 쓸어 넘기며 교차로마다, 광장마다 경계하며서 있는 결사대원들의 모습이 "초인적으로 아름답게" 보였다. 당시 도시에 주둔해 있던 대다수의 이탈리아 부대는 진지를 버리고 단눈치오 편에 가담했다. 한편 단눈치오를 대표하던 귀도 켈러는 피우메의 이탈리아인들에 의해 지명된 민족 평의회 의장인 그로시치와 만나 새로운 질서를 반갑게 받아들이라고 어려움 없이 설득할 수 있었다. 당시 시인이도시의 '사령관Commandant' 역할을 맡아달라고 요청받았음은 확실하다. 민족 평의회는 도시의 일상적 통치 업무를 계속해서 책임졌지만, 그들은 '사령부Command'로 알려진 독자적인 행정부와 독자적인 내각을소유하게 될 단눈치오의 명령 아래에 종속될 것이었다.

단눈치오가 저녁 무렵 잠에서 깨어나 도시를 통치하게 될 거라는 말을 들었을 때, 그는 이렇게 소리쳤다고 한다. "누구요? 나?" 이런 태도는일부러 그렇게 연기한 것일 수도 있다. 그러나 그는 피우메 장악 이후에 잇따를 권력의 문제를 결코 생각해본 적이 없었을 가능성이 농후하다. '신성한 입성식'이라는 드라마는 정확히 그의 취향에 잘 맞았다. 흥분한 군중과 꽃으로 가득한 분위기, 전투병들의 근엄하고 득의양양한 태도, 춤, 파티 옷을 입은 무장한 여성들, 이 모두가 그의 취향에 잘 맞았다. 그의 눈을 붙들어 맨 것도 이 디오니소스적인 해방의 순간이었다. 그가 연설한 것은 황홀경과 정열의 언어였지, 결코 5개년 계획 같은 것이 아니었다.

단눈치오가 곧 자신의 참모본부로 만들 피우메의 총독 관저는 반원형의 경사진 광장의 북쪽 끝에 위치해 있었는데, 그 모습 그대로 연설이나 쇼 무대에 걸맞은 완벽한 강당이나 다름없었다. 관저는 헝가리 권력의 상징으로 건설된 19세기풍 신르네상스 양식의 건물로서 6미터 높이의 거대한 발코니를 자랑했는데, 이 발코니는 다음 15개월 동안 단눈치오의 설교대이자 연단이며 무대가 될 터였다.

낮잠에서 깬 뒤 단눈치오는 깃발과 꽃으로 뒤덮인 자동차를 타고 관저에 도착했는데, 결사대가 자동차의 문 밑 발판과 트렁크와 보닛 위에서 그를 호위하고 있었다. 광장은 사람들로 입추의 여지가 없었다. 지붕에는 더 많은 사람이 있었고, 집 창문마다 사람들이 매달려 있었다. 발코니란 발코니는 모두 깃발이 게양되어 있었다. 결사대원들은 관저 정면의 창턱에 위태롭게 걸터앉아 있었다. 단눈치오는 고열로 몸을 떨고 겉보기에도 완전히 지쳐 있었으나, 일단 대중 앞에 나서서 연설할 때의 목소리는 사방의 벽들에 반사되어 종소리처럼 울리는 듯했다. "피우메의 이탈리아인들이여." 그가 연설을 시작했다. "여기에 내가 있습니다." 그는 이 말을 고집스레 반복했다. "여기에 내가…… 여기에 한 남자가 있습니다…… 이 사람을 보십시오 Ecce Homo." 그는 새로운 메시아이자 새로운 숭배 대상이었고, 이 사건은 그의 현현이었다.

그는 자신의 목숨이 붙어 있는 한 결코 피우메를 떠나지 않을 것이라고 맹세했다. 그는 일찍이 티마보강에 가져갔던 군기를 펼쳤다. 란다초의 관을 덮고 그해 여름 카피톨리노 언덕에서 펼쳤던 바로 그 군기였다. 그는 군중에게 1년 전 10월에 그들이 이탈리아로의 편입을 결정한 주민 투표를 재확인할 것을 요구하며 점점 더 히스테리컬한 어조로 군중에게 답변을 구하는 질문을 읊조려댔다. "그렇소! 그렇소!" 그는 연설의 절정부에서 피우메가 영원히 어머니 이탈리아와 하나가 될 것임을 선언했다. 코미소는 이렇게 썼다. "군중은 열광의 도가니에 휩싸였다."

이 사건을 보려고 그날 밤 늦게 트리에스테에서 급히 피우메로 차를 몰고 온 조반니 주리아티는 보름달이 빛나는 밤에 자기와 같은 방향으로 행군하는 부대를 지나쳤다. 그는 차를 멈추고 한 장교에게 물었다. "단눈치오에게 가서 그와 싸우라는 명령을 받은 거요?" 대답이 돌아왔다. 아니오, 명령은 중요하지 않습니다, 그가 본 모든 병사가 피우메를 해방시키기 위해 단눈치오에 합류하러 가고 있었다. 그들은 모두 노래를 부르고 있었다. "그들은 예루살렘을 굽어보는 십자군 기사들과 같았다."

피우메에서 카페와 레스토랑은 모두 북새통을 이루고 있었다. 깃발이 나부끼고 연설가들이 고함치고 있었다—연설가들의 목소리는 군중의 포효 소리에 막혔고, 장교들은 어깨에 올라타 있었으며, 사람들은 저마다 모자와 손수건을 던졌고, 여성들은 무엇에라도 홀린 듯이 춤을 추고 있었다. 한밤중에 도착한 주리아티는 중앙 광장이 활화산의 분화구처럼 보인다고 생각했다. 중앙 광장에는 "요란스런 소음과 북적임, 소용돌이, 당신을 집어삼킬 듯한 대소동"으로 가득했다. 사이렌이 울부짖고, 종소리가 귀청을 때렸다. "군중은 자연의 힘, 몰아치는 사이클론에 소스라치게 놀라고 있었다." 환희가 있었고, 폭력도 있었다. 유곽에 피신해 있던 일부 프랑스 병사가 질질 끌려나와 죽임을 당했고, 이들에게 피신처를 제공한 매춘부도 마찬가지였다.

이튿날 정오경 피탈루가 장군은 단눈치오와 오랜 시간 머리를 맞대고 숙의한 끝에 피우메의 통치권을 넘겨주었다. 장군은 도시에 있던 다른 연합군 사령관들에게 자신이 "압도적 힘에 굴복"했다고 말했다. 그런 다음 그는 차를 타고 황급히 도시를 떠났다. 휘하 장병들 가운데 일부는 명령에 복종하여 장군을 따랐으나, 상당수의 젊은 부대원은 탈영하거나 피우메에 남았다. 항구에 정박 중이던 이탈리아 전함의 함장들 중에서 한 명은 명령에 복종하여 출항했으나, 다른 두 함장은 단눈치오에게 복종했다. 그날 오후 해당 지역을 관할하는 이탈리아의 총사령부 (피우메에서 단 몇 킬로미터 떨어진 아바치아—현재의 오파티야—에 기지를 둔)가 영국 및 프랑스 파견대에 피우메에서 철수할 것을 요청했다. 근거는 도시를 봉쇄하거나 폭격하게 될 경우 오히려 그들이 있는 게 방해가 되리라는 것이었다. 영국과 프랑스 측도 이 기묘한 상황이 이탈리아의 국내 문제로 처리되는 것이 최선일 거라고 판단하여 철수에 동의했다. 단눈치오는 별다른 분쟁 없이 이 작은 도시국가를 손아귀에 넣게 된 셈이다.

어느 누구도 다음에 무슨 일이 벌어질지 확신할 수 없었다. 단눈치오는 주리아티를 총리로 임명했다. 피우메 군단의 사령관 호스트벤투리는 군부의 수장이 될 것이었다. 귀도 켈러도 단눈치오의 "작전 보좌관Action Secretary"이 되었다. 주리아티는 비록 이탈리아 정부가 겉으로는 자신들을 기피하는 것처럼 보여도 속으로는 자신들이 하는 일을 좋아라 하며 은밀하게 지원할 방법을 찾을 것이라고 믿었다. 단눈치오는 전쟁이 일어나리라고 예견했다. 그러나 전쟁이 찾아온다고 해도, 그는 자신들을 피우메에서 몰아내려는 어떤 시도에 대해서도 "마지막 피한 방울까지 다해" 맞서 싸울 거라고 선언했다. 그는 사령부에 수천 명의 자원병을 받아들일 준비를 하라고 지시했다.

니티는 로마의 의회에 있을 때 전보로 소식을 알게 되었는데, 겉보기에는 주먹으로 탁자를 치는 등 분노에 이성을 잃은 것처럼 보였다. 며칠 전만 해도 디아츠 장군은 군대에 "드높은 규율 의식"이 바로잡혀 있고, 따라서 군대는 어떤 명령에도 "완벽하게 복종"할 거라고 그에게 장담했다. 이제 군대가 단눈치오를 막지 않았다는 사실은 국가 안보에 대한 진정한 위협이랄 수 있는 무규율이 만연하다는 것을 그대로 보여주었다. 니티 자신이 말했듯이, 그는 발밑에서 지뢰가 터지는 듯한 느낌을 받았다. 그는 바돌리오 장군에게 이 문제에 대한 책임을 맡겼다.

바돌리오는 단눈치오 자신의 전략을 모방하여 비행기를 피우메 상공에 보내 24시간 이내에 부대에 복귀하지 않는 장병들을 반역자로 취급할 거라는 내용을 담은 전단지를 투하했다. 단눈치오는 눈 하나 깜짝하지 않았다. 그는 다시 발코니로 나가 추종자들에게 당신들은 탈영병이 아니라고 말했다. 탈영병은 피우메를 지키지 않는 사람들이었다. "이탈리아의 진정한 군대가 바로 여기에 있다." 그들은 환성을 질러대며 자신들의 헌신성을 내보였다. 그는 알베르티니에게 의기양양한 편지를 썼다. "나는 극복했습니다. 나는 모든 것을 내 권력 아래에 두었습니다. 병사들은 오직 내게만 복종합니다. 도시는 조용합니다. 내게 맞서는 일은 아무것도 없습니다."

　피우메의 부두는 거대하고 항구는 깊지만, 도심 한쪽 끝에서 다른
쪽 끝까지 가려면 도보로 30분이면 충분할 정도로 도시는 작다. 단눈
치오는 한 베네치아 도제의 이야기를 즐겨 했는데, 이 도제는 지구의를
보며 베네치아가 매의 눈 크기도 안 될 정도로 작다는 데 화를 냈다고
한다. 단눈치오는 피우메도 작지만 베네치아처럼 세계사의 운명을 바꿀
수 있을 거라고 암시했다. 그러나 당분간 도시가 봉쇄되고 포위되는 것
은 어쩔 수 없었다. 강 바로 맞은편에는 여전히 연합군 부대들이 주둔
해 있었고, 한때 '아름다운 시절'에 헝가리 귀족의 해양 리조트였고 파
스텔 톤 색깔의 으리으리한 호텔이 만 너머로 보이는 아바치아에는 더
많은 부대가 있었다. 단눈치오 휘하의 한 장교가 전화 선로들에 다가가
서 두 기지를 책임지는 장군들이 단눈치오가 "미쳤고" 그의 군단은 "범
죄자들"의 집합소라고 말하는 내용을 도청하기도 했다. 이처럼 단눈치
오가 점령한 피우메는 비웃는 사람들에게 에워싸여 있었지만, 동시에
자력처럼 사람들을 끌어당기고 있었다.

　수천 명의 이탈리아 병사―어떤 경우는 대대 전체―가 탈영해 피
우메로 몰려들었다. 그들은 몰래 기차를 타거나 소형 MAS 공격정을
타고 해안에 상륙하거나 도보로 카르소를 지나 단눈치오에게 합류했
다. 수병들은 폭동을 일으켜 함정을 그곳으로 몰고 갔다. 전투기 조종
사들도 비행기를 타고 날아왔다. '신성한 입성식'이 있은 지 며칠 후 피
우메에 도착한 레옹 코흐니츠키는 기차 안에서 그 장면을 묘사했다.
그들이 휴전선을 넘자 병사들이 보이지 않았으나, 목적지에 가까워지
면서 "가짜 철도원들이 화려한 옷을 벗어버리고 여행 가방에서 군복을

꺼내 입으며 얼굴에 검댕을 묻힌 젊은이들이 기차에서 쏟아져 나왔다."
기차가 역에 진입하자 기차에 몰래 탄 사람들은 일제히 단눈치오 자신
이 그들에게 가르쳐준 전투 구호를 외쳤다. "에이아, 에이아, 에이아! 알
랄라!" 젊은 병사들과 나란히 다국적 예술가와 지식인, 혁명가, 낭만주
의자 무리가 전후 유럽의 황량함을 비추는 한 줄기 밝은 빛과 같은 피
우메로 몰려들었다.

　다음 몇 주 동안 피우메로 몰려든 수천 명의 사람 중에서 자기가 거
기서 정확히 무엇을 하고 있는지 아는 사람은 거의 없었다. 설령 안다
해도 자신의 동기에 대해 극도로 다양한 설명을 제시할 것이었다. 피우
메의 민족 평의회를 지배한 이탈리아 상인과 산업가들이 피우메의 이
탈리아 병합을 선호한 이유는, 대ᄉ이탈리아의 일원으로서만 수지맞는
항만 사업을 가로채려는 유고슬라비아의 시도에 맞서고 피우메의 새로
운 번영을 가져올 수 있다고 믿었기 때문이다. 이들 대다수는 애국적인
이탈리아인이었지만, 그들의 일차적 이해관계는 국지적이고 현실적이었
다. 불안정한 전후 유럽에서 그들은 안전과 사업할 수단을 찾았을 뿐
이다.

　피우메로 몰려온 사람 대부분에게는 그보다 훨씬 더 큰 목표가 있
었다. 주리아티와 같은 실지회복주의자들에게 피우메는 단지 첫 발걸
음에 불과했다. 영광스런 "롱키의 진군"에 열광한 고국의 이탈리아인들
은 좀더 팽창주의적인 정책을 떠들어낼 것이었고, 달마티아의 이탈리
아인들도 분연히 일어나 이탈리아인으로서의 정체성을 내세울 것이었
다. 니티 정부는 붕괴할 것이었다. 신중함과 절제는 폐기처분되었다. 외
교 협상도 폭력에 길을 내주었다. 이탈리아는 다시 위대해질 것이었고,
피우메를 요구한 사람들은 이 명예로운 혁명의 영웅적 선동가로서 환

영받을 것이었다.

최초의 강령은 단순했다. 목표도 현실적이고 실현 가능했다. 두 번째 강령은 극도로 야심적이었고, 역시 극도로 체제 전복적이었다. 그러나 훨씬 더 극단적인 다른 사람들이 있었다. 피우메에 새로 도착한 사람들 중 일부는 새롭게 독립한 피우메와 대ᄉ이탈리아 정도가 아니라 숫제 새로운 세계질서를 건설하려는 원대한 포부를 지니고 있었다. 다른 이들은 그저 흥분을 찾기도 했다. 코흐니츠키는 자신의 정신 상태에 대해 이렇게 말했다. "세상 어느 곳에 가보아도 금과 철, 피 외에 아무것도 없었다. 천국의 빛조차 매수되었다(코흐니츠키의 영어 표현)." 황량함과 각성이라는 일반적인 분위기에서 단눈치오의 행동은 전율을 일으켰다. "보라, 아드리아해 끝자락에서 봉화가 올랐다."

단눈치오는 피우메를 인수한 후 며칠 만에 피우메를 봉쇄하지 않을 수 없었다. 자원병의 수가 부양할 수 있는 수준을 훌쩍 넘어버린 것이다. 9월 23일에 그는 모든 이탈리아 정규군 부대원에게 진지에 머물러 있으라고 요청하는 포고문을 게시했다. 이미 자신에게 합류한 사람들은 기적과 같은 일을 행했노라고 그는 단언했다. "죽은 자들이 보내는 은총의 미소"가 그들과 함께했다. 그러나 나머지 사람들은 정규군 부대에 남아서 유고슬라비아에 맞서 휴전선을 지켜야 한다—그런 방식으로도 번제의 도시가 곧추세운 대의에 복무할 수 있을 터였다.

9월의 날씨가 늘 그렇듯이 화창한 날이었다. 바다는 따뜻하고 도시 뒤편의 언덕들은 포도나무로 뒤덮여 있으며 상점들은—어쨌든 처음에는—사치품으로 가득하고 카페들은 봉쇄에도 불구하고 여전히 크림이 가득한 커피들을 대령할 것이었다. 피우메는 바다에 면해 있다. 분홍색과 흰색의 돌, 부채꼴과 아치 모양의 고딕 양식 창문들, 좁은 보행로와 포장된 광장들, 이 모두가 베네치아의 흔적을 나타내고 있다. 거대한 산들이 도시 뒤에 솟아 있다. 섬들이 흩뿌려져 있는 번쩍이는 만은 도시의 빛나는 미래이기도 하다. "도시는 거대했다"라고 코미소는 썼다. "내 청춘이 도시 정상에 있었고, 바다 너머로 저물어가는 태양처럼 여름도 저물고 있었다."

이제 약 9000명의 신병으로 증강된 군단병들은 댄디로 이루어진 잡탕 부대였다. 장교가 아주 많아 지휘할 부대원이 없었고, 자유를 만끽하며 밤에는 카드놀이에 여념없고 낮에는 예쁜 베네치아풍 시계탑이 있는 돌로 포장된 거리를 어슬렁거리거나 카페에서 정치에 대해 토론했다. 이렇듯 불필요하게 넘치는 장교들은 훈장도 많이 수여받았다. 단눈치오가 도시에 도착하자마자 첫 번째로 조치한 일은 자신을 따라 이곳에 온 사람들에게 훈장을 수여한 것이었다. 역사가 데이비드 캐너다인이 "장식주의Ornamentalism"•라고 부른 것의 힘을 단눈치오는 이미 생생히 느낀 바 있었고, 그래서 자신과 추종자들을 공훈을 치하하는 명예와 칭호, 국가와 기념식이라는 밧줄로 단단히 동여맸다. 장교들의 군복도 황금색 자수로 장식되었고, 가슴께에는 무지갯빛 리본들이 달렸다.

장교들 못지않게 사병들도 알록달록했다. 모든 군단병은 저마다 별난 취향을 뽐냈다. "걸음걸이와 외침, 노래, 대검, 헤어스타일, 이 모든

• 영국 역사가 캐너다인은 영 제국의 지배 방식을 설명하면서 '장식주의'라는 신조어를 만들어냈다. 영 제국의 귀족과 젠트리들은 식민지의 전통적 지배 세력이나 주변적 인물들을 자신들과 같은 반열로 인정해, 이들에게 각종 칭호와 서훈을 수여하고 퍼레이드와 의례 등을 허용함으로써 제국의 통일성과 정체성을 불어넣을 뿐만 아니라 현실적인 협력과 동의를 이끌어내고자 했다는 것이다.

것이 범상치 않았다." 그들은 베트남계 프랑스 부대가 버리고 간 창고를 뒤져 페즈 모자와 은색 별장식으로 치장했다. 그들은 연극에 나오는 해적만큼이나 외설적이고 마초적이었다. "보병들은 재킷을 입지 않았고, 칼라를 풀어헤쳐 해풍에 청동처럼 그을린 목과 가슴을 드러냈다. (…) 모두가 벨트에 대검을 꽂고 다녔다."

규율 따위는 없었다. 피탈루가에 복종하여 도시를 떠난 병사들은 복종에 익숙한 나이 많은 사람들이었다. 도시에 남은 병사들은 젊었고, 대다수가 아직 10대였다. 범죄자인 것이 오히려 자랑스러운 청소년들이었던 것이다. 결사대의 행진가는 젊음을 칭송했다. "젊음, 젊음, 아름다움의 봄Giovinezza, Giovinezza, Primavera di Bellezza." 젊음은 눈부셨다고 미래주의자 마리오 카를리(곧 피우메에 도착할)는 썼다. 왜냐하면 젊은이들에겐 과거가 없고, 그러므로 미래주의자의 눈에는 그저 "녹슨 것"에 불과한 이른바 경험의 지혜가 없기 때문이었다. 마리네티는 '미래주의 선언'을 발표했을 때 이미 그 자신이 30세가 넘었음에도 불구하고 젊다는 것에(혹은 미숙하다는 것에) 매료되었고, 앞으로 10년 안에 자신과 동년배들은 사냥감이 되어 추적당하거나 "흔들리는 비행기 안에 쪼그리고 앉아 있거나 오늘 우리가 쓴 책들을 불쏘시개로 만들어 지핀 끔찍한 불 앞에서 손을 쬐거나" 우리 다음에 오는 세대에게 학살당하리라는 핏빛 예언을 남겼다. "강력하고 진정한 부정의가 그들의 눈에서 밝게 불타오를 것이다." 이에 비하면 1960년대 대항 문화의 슬로건—"30세가 넘은 사람은 누구도 믿지 말라"—이 차라리 너그러워 보인다.

피우메에서 단눈치오는 이렇게 밝혔다. "이제 노년으로 접어드는 문턱에서 나는 젊음의 왕자로 재탄생했다." 그는 되풀이하여 추종자들의 하얀 치아(단눈치오의 검고 누런 치아와는 너무나 달랐다)와 "거침없는 유쾌함", 그들의 "경이로운 순수성", 노년의 더러운 타협에 대한 경멸을 칭송함으로써 그들의 환심을 사려 했다. 이에 대해 그의 찬미자들도 단눈치오가 자기네 일원이라고 말해줌으로써 받은 칭찬을 돌려주었다. 코흐니츠키는 이렇게 썼다. "얼마나 빠른 걸음인가, 얼마나 잽싼 움직임인가, 얼마나 생기 있는 눈빛인가! 그는 자신의 병사들과 나이가 같다. 그는 다시 20세다!" (마지막 지적은 그가 20세가 아니라는 사실을 강조할 뿐이다.)

이탈리아인들에게 피우메는 성적으로 용납되지 않는 평판을 얻었다. 도시의 합법적 시스템—그곳의 다른 많은 것처럼 변칙적인—은 여전히 헝가리 지배 아래의 그것과 동일하여 예컨대 이혼이 허용되고 있었다(이탈리아에서는 1974년에야 이혼이 합법화되었다). 한 회의적인 관찰자는 도시가 기만당한 남편과 불만에 찬 아내로 가득했고, 유일하게 번성하는 사업은 결혼생활을 정리해주는 것이었다고 보고하기도 했다. 대부분의 항구가 그렇듯이, 피우메도 유곽으로 유명했고, 심지어 체통 있는 피우메의 젊은 이탈리아 여인들도 일부 기록에 따르면 이례적으로 개방적이었다. 한 젊은 자원병은 고지식하게도 약혼녀에게 이렇게 편지를 썼다. "여기서는 모든 사람이 즐기고 있어. (…) 아름답기로도 유명하고 어렵지 않기로도 유명한 피우메 아가씨들과 사랑을 나누지." 또 다른 사람은 이렇게 썼다. "모든 군인이 애인을 갖고 그녀의 집에서 살았다."

단눈치오 자신은 "성 프란체스코처럼 순결하게" 살고 있다고 주장했고, 성적으로 난잡한 행위를 꾸짖음으로써 휘하 장교들을 기쁘게 해주었다(장교들은 모두 그의 성적 스캔들을 잘 알고 있었다). 단눈치오는 말하기를, 장교들은 최소한 부하들과 맞닥뜨릴 우려가 있는 유곽에 가는 일을 피해야 했다. 정작 그 자신은 루이사 바카라에게 열렬한 편지를 쓰고 있었는데, 조만간 그녀는 피아니스트로서의 전도유망한 경력을 포기하고 그와 합류할 것이었다. 다른 한편, 부둣가에 면한 한 술집의 전속 여가수인 릴리 드 몽트레소가 단눈치오와 자기 위해 야밤에 몰래 뒷문을 통해 총독 관저로 들어갔다가 새벽녘에 다시 관저에서 나오곤 했다.

각국의 정보원과 대사들은 공히 단눈치오가 이탈리아의 지배자가 될 목적을 갖고 있다고 가정했다. '신성한 입성식'이 있은 지 일주일 뒤 그는 피우메의 자치주의 정당의 지도자인 리카르도 차넬라와 개인적으로 만났다. 차넬라에 따르면, 단눈치오는 자신의 마스터 플랜을 말해주었다. 그가 상정한 순서는 이러했다. 이탈리아의 피우메 병합, 그에 잇따른 이탈리아 전역의 폭동, 로마 점령, 의회 해산, 국왕 비토리오 에마누엘레 3세의 하야, 자신을 군사 독재관으로 추대하는 새로운 정권의 등장. 단눈치오는 이렇게 선언했다. "내가 원하기만 한다면 나는 30만 명의 병사와 함께 로마로 진군할 수 있소." 이는 아마도 사실이었을 것이다. 단눈치오를 영웅으로 추앙하는 전투병 단체들만 해도 최소한 상당수의 자원병을 제공할 수 있었고, 또한 한 고위급 장군의 견해에 따르면 단눈치오는 이스트리아반도에서만 "충성스런" 병사들을 호출함으로써 그들로 하여금 진지를 이탈하게 하여 자신을 따라 로마로 진군하도록 할 수 있었다. "반도의 다른 부대들도 이에 크게 저항하지는 않을 것이다." 9월 말 연합국 점령군의 한 영국 제독은 이탈리아 혁명이 임박했다는 소문이 나돌고 있음을 보고했고, 로마에 주재하던 한 미국인 고위 관리도 이탈리아 정부가 "더 이상 군대를 통제할 수 없다"고 경고했다. 바돌리오 장군은 자신의 정치적 상관에게 편지를 써서 아직 겉으로는 충성스런 태도를 보이는 자신의 부대원들조차 실은 단눈치오에 "홀려" 있다고 말했다. 그는 니티에게 피우메의 병합을 선포하라고 재촉하면서 그렇지 않으면 내전이 일어날 것이라고 경고했다.

단눈치오가 실질적인 권력을 원했다면, 무솔리니가 3년 후 그러했듯이 로마로 가서 권력을 쥐어야 한다는 점을 당연히 깨달았을 것이다. 그러나 이탈리아 전역에 포진해 있던 추종자들이 그가 결정적으로 움직여주길 기다리는 동안 그는 세상을 훤히 밝힐 자신의 "번제"로부터 불꽃이 튀기를 그 자리에 가만히 앉아 기다렸을 뿐이다. 그는 트리에스테와 베네치아의 민중에게, 선원 연맹에게, 그리고 모든 이탈리아인에게 열변을 토하고 연설문을 출간하면서 무장 반란의 불길로 민족을 불태우라고 호소하고 있었다. 그러나 장군들의 근심에도 불구하고 어떤 반란도 일어나지 않았다.

단눈치오는 무솔리니에게 보낸 편지에서 무솔리니의 '전투 동맹'이 마땅히 자신을 지지하며 이탈리아 전역에서 봉기해야 했으나 그렇지 못했다며 분통을 터뜨렸다. 이 편지는 고도로 편집되어 무솔리니의 신문에 공개되었는데, 편집본은 모두 영웅적인 찬사로 가득 차 있었다. "나는 모든 것을 걸었고, 모든 것을 주었다. (…) 나는 피우메의 주인이다. (…) 내가 살아 있는 한 피우메를 지킬 것이다" 등등. 그리고 마지막에는 "알랄라!"가 어김없이 붙어 있었다. 무솔리니는 당시에나 훗날 파시스트 정권 시절에나 자신의 추종자들이 피우메의 두체가 미래의 두체와 승리를 공유하려 했다고 믿기를 바랐다. 마치 단눈치오가 무솔리니를 자신의 영광스런 동료로 인정했다는 듯이 말이다. 편지에서 삭제된 구절들은 그들의 관계가 무솔리니의 희망 사항과 매우 달랐음을 말해준다. 단눈치오는 자신을 실망시킨 이탈리아인들을 싸잡아 힐난하면서 그중에서도 특히 무솔리니를 가장 나태하고 비겁한 인물로 공격한 것이다. "나는 당신에게 놀란다. (…) 당신은 두려움에 떨고 있지 않은가! (…) 당신은 우리가 투쟁하는 동안 거기서 잡담이나 하고 있다. (…) 당신의 약속은 어디에 있는가? 최소한 늘어진 뱃살에 구멍을 뚫거나 바람을 뺄 수는 없겠는가?" 이 말에 따를 것 같으면, '전투 동맹'의 대변인 무솔리니는 분연히 일어나 타도해야 마땅할 저 "돼지 같은porcino" 총리만큼이나 경멸스럽기 그지없는 비대한 수다쟁이라는 것이다.

프란체스코 니티는 이미 사반세기 전부터 단눈치오를 알고 있었다. 1890년대 초 나폴리에서 그들은 모두 스카르폴리오와 세라오의 신문에 글을 싣는 기고자였다. 시인보다 다섯 살 아래의 니티는 시인의 엄청난 작업 능력에 경탄했다. 또한 "단눈치오가 얼마나 체계적이고 근면하게 홍보활동을 전개했는지"에 대해서도 잘 알고 있었다. 니티의 생각에는 "그가 말하거나 행한 모든 것에는 주도면밀하게 계획된 무언가"가 있었다.

니티는 옛 지인의 화려한 행동이 자신의 정부를 위협하고 있음을 인지하면서 그것을 무시하고자 했다. 그러면서 단눈치오의 과장된 애국심을 비웃었다. "이탈리아는 그가 즐긴 수많은 여성 중 맨 마지막 대상이다." 그가 세상 사람들에게 공포한 바로는, 단눈치오는 "아무런 강령도, 아무런 진정한 열정도, 아무런 도덕적 책임감도 없다". 그는 단눈치오의 억지스러운 호칭과 "작은 왕"처럼 행동하는 품새를 실컷 놀려댔다. 심지어 자신의 개 이름을 '피우메'로 지어줄 정도였다. 몇 년 후 자

3부 전쟁과 평화

서전을 집필하면서 그는 피우메의 "이른바 군단병들"에는 수많은 정부 첩자가 포함되어 있었고, 로마 진군에 대한 일체의 소문은 즉각 자신에게 보고되고 있었다고 주장했다. "그 문제로 크게 걱정하지는 않았다. (…) 나는 단눈치오의 위협을 심각하게 생각하지 않았다." 피우메는 단지 코미디이며, 단눈치오는 쇼맨에 지나지 않는다고 니티는 생각했다.

니티는 쇼맨십을 알아본 점에서는 옳았지만, 쇼맨십을 조롱한 점에서는 틀렸다. 피우메에서 단눈치오는 새롭고 위험천만할 정도로 강력한 스펙터클의 정치를 발전시키고 있었는데, 이 스펙터클의 정치에서 다른 사람들이 많은 것을 배워갈 터였다. 3년 후 무솔리니가 로마로 '진군'했을 때, 그의 쿠데타는 단지 또 하나의 코미디, 즉 무장 혁명으로 포장한 평화적 정부 교체, 기차를 타고 편안하게 로마에 온 지도자가 주도한 로마로의 행군이었다. 그러나 단눈치오가 오래전부터 알고 있었고 되풀이하여 보여주었듯이, 그런 연극적 행동은 실질적인 결과를 가져올 수 있었다. 그가 피우메를 통치하는 동안 반년 만에 니티는 총리직에서 쫓겨났던 것이다.

단눈치오는 머릿속에 전체 소설을 구상한 다음 이를 어려움이라곤 전혀 없이 글로 써내려갈 수 있는 인물이었다. 그는 고상한 개념과 수려한 몸짓을 보면 흥분했다. 일상적인 통치 업무는 그에게 잘 어울리지 않았다. 그는 국립 극장을 설립하여 운영한다는 꿈을 꾸었음에도 불구하고 실제로는 고작 자신의 가게를 운영해본 것이 전부였고, 누구도 국가 경제를 자신의 금융 관리에서조차 처절할 정도로 무능력함—심지어 부정직함까지—을 드러낸 사람에게 맡길 리는 없었다. 바돌리오 장군은 그의 애국심이 극도로 고상한nobilissimo 종류의 것이라고 생각했지만, 그의 조직 능력은 형편없다고 평가했다. "그는 단지 에너지 충전제, 대중적 흥분을 발생시키는 고성능 발전기였다." 그렇다면 다른 누군가에게 피우메를 경영하라고 맡기는 것이 필요했다.

9월 20일 그로시치는 성대한 기념식과 함께 민족 평의회의 권력을 단눈치오에게 공식적으로 넘겨주었고, 그를 "신성한 지도자"라고 불렀다. 단눈치오는 또 단눈치오대로 자애롭게 평의회가 계속 존속할 수 있도록, 또 일상적인 통치 업무를 계속 수행할 수 있도록 배려해주었다. 다만 법과 명령, 혹은 정치와 관련된 모든 쟁점은 단눈치오와 그의 사령부에게 위임된다는 단서가 붙었다.

민족 평의회는 계속해서 세금을 징수하고 배수관을 청소하며 조반니 주리아티의 감독 아래에서 법을 집행했다. 주리아티는 수석 장관의 자격으로 단눈치오에게 충성스럽게 복종했고, 그를 대신하여 피우메를 효율적으로 경영하는 데 진력했지만, 그의 실질적인 역량에 대해서는 그리 높게 평가하지 않았다. 단눈치오는 예산 문제를 다루는 것을 귀찮아했고, 법률과 관련해서도 거의 마찬가지로 무관심했다. 훗날 주리아티가 쓰기를, "나는 법률적 문제들에 대해 그로부터 끊임없이 질문을 받았지만, 항상 아이러니한 어조로 (…) 그는 그 문제를 자신의 키보다도 아래에 있는 문제로 치부했다". 결국 이 사람은 인간들로 이루어진 법정에서는 판결할 수 없는 초인이었던 것이다.

또한 그는 잡다한 종류의 추종자들을 제대로 건사할 줄 아는 능숙함도 지니지 못했다. 단눈치오가 피우메에 도착한 지 나흘 뒤 마리네티도 미래주의자 동료 한 명과 함께 피우메에 왔다. 그러나 그달 말에 이 미래주의자들은 다시 종적을 감추었는데, 알고 보니 단눈치오에게서 떠나라는 명령을 받았던 것이다. 까닭은 이들의 공화주의적 수사학이 단눈치오의 지지자들 중 군주제주의자들의 심기를 거슬리게 한다는 것이었다. 항상 말썽을 일으키며 즐거워했던 마리네티는 "우리가 그저 피우메에 있다는 사실 하나만으로도 저 소심하고 멍청한 자들은 신경이 터져나갈 지경이 되었던 것"이라며 빼겨댔다. 마리네티는 단눈치오가 정치적 상식을 결여하고 있었다는 점도 눈치 챘다. "비록 그가 매우 교활하고 자아도취적이기는 하나, 순진할뿐더러 첩자와 무관심 분자와 반역자들을 제거하는 행동에 당장 나서야 한다는 사실도 곧잘 잊어먹는다."

민족주의자들을 대표하는 사절단이 단눈치오에게 로마로 진군하여 전체 이탈리아의 독재관으로 취임해달라고 설득할 요량으로 이탈리아 본토에서 피우메로 건너왔다. 주리아티는 그들과의 만남을 피했는데, 이유는 그가 원칙적으로 그런 쿠데타에 반대했기 때문이 아니라 그의 판단에 지도자가 혁명의 방아쇠를 당길 만한 카리스마가 충분치 않았기 때문이다. "새로운 정권을 수립할 역량을 갖춘 독재관은 아직 준비되지 않았다." 단눈치오는 형편없는 행정가요, 경제 문제에 대해서는 무능했다고 주리아티는 말했다. 그는 항상 이랬다저랬다 했다. 그는 충동적으로, 종종 너무 늦게 결정했고, 이성보다는 미신에 좌우되었다. 간단히 말하면, 그는 일을 감당할 만한 그릇이 아니었던 것이다. 그보다는 더 역량 있는 지도자가 등장할 때까지 기다리는 편이 아마 나았을 것이다. 3년 후 주리아티는 무솔리니의 첫 번째 내각에서 장관이 되었다.

트리에스테 주재 미국 부영사는 피우메가 "온통 깃발로 뒤덮여" 있다고 보고했다. 밤새도록 불빛으로 훤했다. 중앙 광장 주변 집들의 고층마다 단눈치오의 초상화도 걸려 있었다. "이탈리아가 아니면 죽음을"이

단눈치오의 외양, 걸음걸이, 움직임은 마치 배우 같았다.

라고 쓰여 있는 깃발이 거리마다 걸려 있었다. 무대가 준비되었다. 유명 배우도 있었다. 단눈치오는 어디에나 갔고, 장황하게 연설했으며, 부대를 사열했고, 부두에서 구축함을 배경으로 포즈를 취했으며, 밤이나 낮이나 거리를 가득 메운 군중과 자신의 일거수일투족을 카메라에 담는 2명의 영화 제작진을 위해 지치지도 않고 자신을 보여주었다.

또 다른 미국 관찰자는 그를 이렇게 묘사한다. "그의 아름답게 재단된 의복은 보강재를 사용하지 않고서는 그렇게 허리든 엉덩이든 결점 없이 딱 맞을 수 없을 텐데, 부분적으로 중년의 비만을 효과적으로 은폐해준다. 그는 아주 반질거리는 갓 낳은 달걀처럼 보인다. 뾰족한 수염도 나폴리 박물관에서 본 적 있는 사티로스 청동상을 연상시키는 방식으로 다듬어져 있다. 외알 안경이 그의 죽은 눈을 가려준다. 그의 걸음걸이에도 종종걸음과 과장된 걸음이 뒤섞여 있다. 그의 움직임은 자신이 스포트라이트를 받는다는 것을 아는 배우의 움직임이다." 이 미국인은 단눈치오가 "그다지 인상적이지 않은" 인물이라고 생각했으나, 마리네티에게는 그가 흰 장갑을 끼고 거의 항상 손을 들어 인사하는 모습이 "극히 우아하게elegantissimo" 보였다.

매일 그는 발코니에 나와 바로 아래에 모여 있는 수백 명의 청중—대부분 군단병과 현지 여성들—에게 연설했다. 그는 지휘자가 합창대를 다루듯이, 혹은 사제가 회중을 다루듯이 그렇게 청중을 다루었다. 그가 청중에게 큐 신호를 보내면 청중은 그에 응답했다. 그의 연설은 반복적이었다—의도적으로 그러했다. 그는 열정적인 수사학적 질문을 던질 것이었다. "승리는 누구의 것입니까?" 그러면 군중은 예상된 답변을 외쳤다. "우리의 것!" 그는 호메로스의 서사시에 나오는 영웅들의 이름을, 자신의 지지자들의 이름을, 걸출한 전사자들의 이름을, 이탈리아가 승리한 전투의 이름을, 자신이 '해방'시키겠다고 약속한 도시의 이름을 하나하나 나열했다. 이 목록은 그가 서서히, 그리고 조금씩 군중의 흥분의 강도를 높여나가는 장치가 되었다.

이런 연출을 하며 그는 발코니로 연결되어 있는 거대한 응접실에서 반시간가량 온 정신을 집중시켰을 것이다. "민중은 나를 연호하면서 날뛰고 울부짖었다." 단어와 구절들이 그의 마음에 플래시가 터지듯 나타났다 사라졌다. 가슴이 답답했다. 숨 쉬는 공기가 온통 빛을 뿜어내고 있는 듯했다. "내가 소리를 질렀을 것이다. 내 장교들이 달려와 문을 열어젖히고 내 옆쪽에 마치 날개처럼 부채를 펼쳤다. 그 후 무서운 속도로 나는 발코니 난간 쪽으로 향했다."

그는 자신의 연설에 취했을 것이다. 그는 자신이 느낀 감정을 "소용돌이"로 묘사하면서 연설할 때 눈앞을 스쳐지나간 핏빛 군기와 전투의 환각적 이미지들을 봤다. 잠시 시차를 두고서 그는 롱키의 맹세, 즉 피우메를 이탈리아 땅으로 만들기 위해 "결사항전"하겠다는 맹세를 읊조리기 시작할 터였다. 다시 질문과 대답이 이어지며 마침내 전투 구호인 "알랄라!"로 마무리되었다. 수천 명의 목소리가 그의 등 뒤로 울릴 것이었다. "에이아, 에이아, 에이아! 알랄라!"

단눈치오는 이런 "문답식 대화colloquies"를 가리켜 "야외 민회"이자 "그리스 시대 이래로…… 민중과 통치자 사이의…… 직접 소통의 첫 번째 사례"로 지칭했다. 그러나 이는 정치 토론이 아니었다. 그것은 대중 히스테리를 의도적으로 자극하는 것에 지나지 않았다. 피우메에서 그는 행진하는 군인들과 기뻐하는 군중, 꽃다발, 모닥불, 자극적인 음악 등을 재료로 작품을 만들면서 새로운 매체를 실험하고 있었다. 이는 다음 20년 동안 로마에서, 모스크바에서, 베를린에서도 발전하고 정교

3부 전쟁과 평화

화될 장르이기도 했다.

니티는 피우메의 전기 공급을 끊으라고 명령했고, 도시에 대한 봉쇄가 시작되었다. 이탈리아 제3군이 내륙 방면에서 도시를 포위했다. 이탈리아 전함들도 항구로의 진입을 봉쇄했다. 그러나 며칠 만에 니티는 이탈리아의 음유시인이자 민족 영웅인 단눈치오를 노골적으로 공격하는 것이 정치적으로 위험할 수 있음을 깨달았다. 봉쇄는 완화되었다. 훗날 적십자 총재는 피우메가 니티의 은밀한 지원 아래 인간적이고도 효율적으로 식량과 의약품을 공급받았다는 점에 경의를 표하기도 했다. "그[니티]는 항상 자신이 얼마나 많은 일을 했는지에 대해 말하지 말라고 내게 입단속을 시켰다." 단눈치오가 피우메에 체류하던 첫 몇 달 동안 입이 무거운 단눈치오의 한 하인도 그가 거기서 설탕을 친 장미꽃잎들을 먹었노라고 즐겁게 회상했다.

단눈치오의 가계 경제는 여느 때처럼 방탕과 사치로 줄줄 샜다. 생색도 안 나는 사령부 예산 관리의 책임을 맡고 있던 한 관리는 이렇게 항의했다. "참모진 모두가 명백히 감당할 수 없을 정도로 많은 양의 음식을 요구하고 있습니다." 단눈치오는 원래 소박한 저택에서 개인용으로 방 2개를 사용했는데, 이 방들을 카펫과 향로, 다량의 현수막, 피렌체에서 공수해온 2개 이상의 실물 크기 성인 조각상으로 채워놓았다. 맥도널드 신부에 따르면, 그의 침대는 죽은 영웅의 영구대처럼 많은 꽃으로 치장되어 있었다. 꽃은 매일 세 번씩 바뀌었다—아침에는 흰 꽃, 점심에는 분홍 꽃, 저녁에는 빨간 꽃으로 말이다.

해외 언론인들은 단눈치오가 연출하고 연기한 거대한 상징적 드라마를 전통적인 시각에서 하찮은 일상적 타락으로 보는 경향이 있었다.

피우메에서 한 런던 일간지로 타전된 기사의 전형적인 헤드라인은 "합창단 아가씨들과 샴페인"이었다. 또 다른 영국 신문은 이렇게 보도하기도 했다. "향내가 진동하는 가운데 사탄에게 바치는 술독에 빠진 형언할 수 없는 주지육림." 대단히 불편한 감정을 가졌던 한 이탈리아 사회주의자의 표현을 빌리자면, 피우메는 "범죄자와 매춘부들이 어설픈 '상류생활'을 위해 만든 피난처이자 매음굴"로 바뀌어가고 있었다. 한 영국 정보원도 "가브리엘레 단눈치오가 거의 매일 저녁을 애인들과 오리너구리Ornitorinco라는 이름의 레스토랑에서 수많은 샴페인 병을 따며 보내다가 아침 늦게야 귀가한다는 것은 유명한 사실"이라고 보고했다. 단눈치오는 결코 과음하는 사람이 아니었지만 늦게까지 즐긴 것은 사실이다. 정보원의 보고를 정리하던 외무부 관리는 이렇게 말했다. "단눈치오는 피우메에서 난생처음으로 재미난 시간을 보내고 있는 것 같다." 참으로 맞는 말이 아닐 수 없다.

단눈치오는 점점 수가 불어나는 자원병들을 어떻게 먹여 살릴지에 대해 전혀 계획이 없었다. 주리아티는 쓰기를, "더러운 돈이 말랐을 때, 그는 자신이 명백한 부정의의 희생양인 것처럼 굴었다. (…) 피우메에서 수입원은 세상의 모든 나라에서처럼 세금과 외채가 아니라 바로 '습격colpi di mano'이었다." 말하자면, 피우메는 해적질로 필요한 물품을 자체 조달했던 것이다.

단눈치오는 귀도 켈러를 우두머리로 하는 약탈 부대를 창설했는데, 켈러는 이 부대를 16세기에 아드리아해를 주름잡았던 해적들의 이름을 따 '우스코키Uscocchi'라고 불렀다. 그들은 모터보트를 타고 항구 밖으로 나가 연합군 보급함들을 급습하여 음식과 무기, 말, 심지어 인질을 포획했다. 그들은 아바치아의 군 기지를 향해서도 트럭을 몰고 가 노획품을 가득 싣고 돌아왔다. 무기를 사용할 필요는 거의 없었다. 피우메를 봉쇄하고 있는 많은 군인이 그들의 대의에 공감하면서 기꺼이 모른 척했기 때문이다.

그들은 한발 더 나아가 화물선에도 밀항했다. 민간인 복장을 한 결사대가 소그룹으로 도시를 빠져나가 한 항구에 다시 모여 몰래 승선했다. 적당한 때에 그들은 별 특징 없는 재킷을 벗어버리고 훈장이 치렁치렁 달린 검은 셔츠를 내보이며 모자에 숨긴 무시무시한 앞머리를 풀어헤쳤다. 대부분의 경우에 선원들은 제압되어 군말 없이 항로를 변경하여 물자를 가득 실은 채 피우메로 향했다.

단눈치오는 언젠가 유순한 상업주의가 더 위대하고 더 피에 물든 시대의 "아름다운 범죄들"을 대체했다고 한탄하면서 삶의 지루함에 대해 불평을 늘어놓은 적이 있다. 전시에 결사대는 단눈치오의 모토들 중 하나인 "개의치 않는다me ne frego"를 채택했고, 나중에 무솔리니는 이를 파시스트들의 "이상적인 새로운 라이프스타일"로 요약했다. 이제 단눈치오는 이 모토를 현수막에 자수로 새겨 자기 침실에 걸었다. 그는 범죄 국가의 무사태평한 통치자가 되었던 것이다.

단눈치오는 니티에게 "카고이아Cagoia"라는 별명을 붙여주었는데, 이는 신조어로서 대략 '똥덩이'라는 뜻이었다. 단눈치오가 이탈리아 정치 시스템을 가득 채우고 있다고 한탄했던 더러운 오물이 이제 그 자신의 수사학에서 분출했다. 희생과 조국에 대한 열정적인 담화와 나란히 외설적인 표현들이 흘러나왔다. 그는 한때 자신의 아버지에게 그랬던 것처럼 니티를 혐오하면서 상스럽고 야비한 말을 하는 일종의 카툰 작가가 되었다. 그의 독설은 대변과 비만, 트림과 방귀로 가득 차 있다.

니티는 니티대로 단눈치오가 사태를 전혀 통제하지 못하는 상태라고 소문을 퍼뜨림으로써 복수했다. 그는 한 기자에게 시인이 "미친놈들에게 농락당해왔다"고 말했다. 단눈치오는 더 이상 자기 행동에 책임을 지지 못한다. 그는 노망했다(혹은 어린애가 됐다). 그는 측근 장교들의 포로나 다름없다. 그는 돛단배를 타고 피우메에서 도망쳐야 할 판이다. 그는 엄청난 뇌물을 받아먹었고, 곧 항복할 것이다. 이 모든 소문은 단눈치오를 흠집 내고 있으나 그에 대한 명백한 동정심 또한 드러내고 있다. 시인을 직설적으로 욕하는 자가 오히려 고스란히 욕을 되돌려받을 정도로 그의 인기는 식을 줄 몰랐던 것이다.

단눈치오는 그 어떤 것에도 구애받지 않았다. 점점 더 반복적으로 그는 겁쟁이 총리를 비난했다. 그는 티마보 전투에서 총검에 찢긴 옷을 걸고 적군에 항복하던 "겁쟁이들"에 대한 기억을 되살려내면서 니티가 똥 묻은 팬티로 백기를 만들어 적에게 항복하는 기괴한 이미지까지 만들어냈다. 그는 니티가 오직 "먹고 마시는" 데만 정신이 팔려 있다고 호되게 꾸짖었다. 실은 단눈치오 자신도 식욕에 대해 뭐라고 면박을 줄 처지는 아니었지만—그는 글을 쓸 때 구운 메추라기와 딸기와 아이스크림에 대한 왕성한 식욕을 자랑했다—이제는 먹는 행위를 천박한 행위와 동일시했다. 그는 야비했다. 추종자들에게 어떤 수를 써서라도 니티를 욕보이라고 명령했다. 그는 불손했다. 추종자들에게 말하기를, 니티에게 침을 뱉으라고 했다. 그는 아부도 잘했다. 청중을 향해 여러분은 니티 정부에 충성하는 "노예들"과는 다른 자유인이라고 선언했다.

단눈치오의 '신성한 입성식'이 있은 지 2주 후인 9월 25일 로마에서 국왕은 자문 회의를 소집했다. 여기서 단눈치오의 피우메 병합을 인정할 수 없다는 결론이 모아졌다. 이에 고무된 니티는 당장 의회를 해산하고 11월 16일에 새로운 총선을 예고했다. 사실 단눈치오의 피우메 장악은 아마도 그렇게 나쁜 것은 아니었을지도 모른다. 그것은 바로 이전 봄에 오를란도가 베르사유에서 그토록 주장하고 싶었던 것―이탈리아 정부가 국민의 소망을 받들어 달마티아의 할양을 요구하지 않을 수 없다는 것―을 생생하게 드러냈다. 단눈치오에게 항시 경멸의 대상이었던 실용주의자 니티는, 기민하게도 단눈치오를 통제하지 못한다면 활용하겠노라고 작심했다.

항상 번잡했던 피우메는 이제 무장한 젊은이로 가득 찼다. 4개의 군악대가 낮이나 밤이나 악기를 연주하며 거리를 휘저었고, 수많은 추종자가 그들 뒤를 따라 일사불란하게 행진하거나 춤을 추었다. 단눈치오 자신은 매일같이 모자에 꽃을 꽂은 채 부대 맨 앞에서 요란한 트럼펫 소리와 함께 도시를 순행했다. 또한 매일 아침 부둣가에서 자신의 근위 부대인 결사대를 사열하기도 했다. 르네상스 시대의 메디치 공을 호위한 '흑위대Black Band'를 모델로 삼아 근위대는 꽉 끼는 검정 상의를 착용했고, 여느 피우메 부대들과는 전혀 다른 방식으로 훈련했다. 그들은 팔을 하늘로 향해 쭉 뻗는 강렬한 새로운 경례법을 채택했다. "중대원들은 더 이상 근엄할 수 없는 자세로 그를 지나갔다. 그는 박수를 쳤고, 쭉 뻗은 손에 들린 200개의 대검이 하늘을 향했다." 란다초의 군기도 경의의 표시로 잠깐 낮춰졌다가 다시 올라갔고, "200명의 가슴속 깊은 곳에서 터져나오는 우렁찬 외침이 바다까지 들썩였다. 우리의 것A NOI."

매일같이 군단은 도시 근교 시골 주변을 행진했다. 그들은 해변을 따라 있는 소나무 숲에서 뛰고 뒹굴었고, 어떤 때는 가리발디 찬가를, 다른 때는 결사대 군가를 부르며 도시 배후에 펼쳐진 구릉지의 과수원과 올리브 숲 사이를 행진했다. 그들은 잎이 무성한 나뭇가지들을 꺾었다. 해질녘에도 여전히 노래를 부르며 나뭇가지로 만든 화환을 쓰고서 도시로 행진하며 귀환하여 부둣가를 따라 큰 불들을 피워놓고 양고기를 구웠다. 검게 탄 양고기로 벌인 축제판에서 멋진 제복이 불꽃에 번들거리는 가운데 그들은 대단히 고풍스럽고 자극적인 스펙터클을 연출했다. 단눈치오도 평했듯이, 아킬레우스와 그의 용사들이 환생하여 트로이 앞에 진을 치고 있었다.

레옹 코흐니츠키는 16세 때 『불』을 읽은 이래로 단눈치오의 찬미자가 되었다. "황홀! 도취! 우리의 모든 삶을 아름답게 만들어줄 보물을 발견했다는 극도의 기쁨!" 전쟁 이전에 그는 단눈치오를 파리의 오페라에서 처음 봤다. 단눈치오는 빳빳한 크러뱃에 진주 빛이 도는 흰 커프스단추, 반짝이는 외알 안경을 낀 말쑥한 차림이었다. 1919년 여름, 이번에는 그 자신도 시집을 낸 시인으로서 코흐니츠키는 로마로 가서 자신에게 그토록 큰 의미가 있는 음유시인을 다시 만날 수 있었다. 진정한 팬으로서 단눈치오의 장갑 한쪽을 슬쩍해 "부적"으로 삼았다.

코흐니츠키는 1919년 10월 말 피우메에 도착했다. 단눈치오는 꼬박 이틀을 기다리게 한 다음에야 만나주었는데, 일단 만나자 그렇게 사근사근할 수가 없었다. 물론 로마에서의 만남도 기억했는데, 함께 카드 게임을 한 것이며 방에 꽃향기가 난 것 등 그날 밤의 모든 것을 기억했다. 그런 기억력에 놀라 코흐니츠키는 말을 못 할 정도로 경외심을 느꼈다. 나중에야 그는 단눈치오가 모든 지인을 마치 절친한 친구를 대하듯 정겹게 맞이한다는 것을 깨달았다. "그러나 실제로 그는 별로 신경 쓰지 않았다."

코흐니츠키는 단눈치오를 존경하며 따르는 사도였다. "나는 가브리엘레 단눈치오에게서 발산되는 빛으로 숨을 쉬었다. 나는 이 빛 속에서 살았다." 그는 자조 섞인 어조로, 그러나 솔직하게 영웅을 경배하는 수천의 군단병이 공유한 자기 부정적인 감정을 적어놓았다. "나는 아무런 의지도 없는 도구다. 단지 경이로운 예술가 외에는 아무것도 보지도, 느끼지도 못하는 도구다." 그는 이렇게 심취하면서도 자신이 격하된다는 느낌을 받지 않았다. 오히려 그 반대였다. "나는 이렇게 그의 완벽한 창조물을 직접, 매일같이 접할 수 있게 해주신 것에 신께 감사한다."

러시아계 유대인 혈통의 벨기에인인 코흐니츠키에게 이탈리아의 실지회복주의는 거의 관심사가 될 수 없었다. "우리는 어디로 가고 있는가? 누구도 말할 수 없다. (…) 우리가 전쟁하는 목적은 무엇인가? 뭐라고 말하기 어렵다. (…) 그래도 좋다! (…) 우리 머리 위에는 우리를 인도해줄 가브리엘레 단눈치오가 있으니까. 가브리엘레 단눈치오 너머에는 그를 움직이는 미지의 운명이 있고."

단눈치오는 코흐니츠키 외에도 열정적인 젊은 미국 시인인 헨리 퍼스트에게 자기 자신을 세계만방에 알려줄 외국 언론을 찾아보라는 임무를 맡겼다. 퍼스트는 단눈치오의 시를 읽고서 이 위대한 "이교도" 시인을 경배하게 되었다. 일찍이 페이터와, 죽은 후 주전파 영국인들의 아름다운 우상이 된 루퍼트 브룩이 '신이교도' 그룹의 중심에 선 이래로, 이교주의가 영미권 시인 서클들에서 유행하기 시작했다. 단눈치오는 그런 방식으로 자신의 성격이 묘사되는 것에 만족했고, 언어적 재능이 있는 젊은 문학 청년들은 그에게도 썩 유용했다. 코흐니츠키와 퍼스트는 보도자료의 초안을 작성했다. 그들은 단눈치오에게 보낸 초안들이 너무나 자주 구문이 변경되거나 단어가 바뀐 채 되돌아오는 것을 보며 마음에 상처를 입었을 것이다.

단눈치오는 사람들에게 말하지 않을 때면 그들에게 글을 썼다. 그는 피우메시에서 발행되는 이탈리아어 신문인 『망루La Vedetta』를 인수해 자신의 대변지로 삼았다. 신문은 매일 발행되었고, 그의 연설을 토씨 하나 바꾸지 않고서 전재했다. 그는 도시 곳곳에 붙인 광고지나 혹은 거리에서 나눠주거나 저공으로 나는 비행기에서 뿌려지는 전단지 형태로 자신의 결정을 주민들에게 알렸다. 위기 시에는 시시각각 바뀌는 결정을 반영한 새로운 광고지가 하루에도 네 번, 여섯 번, 심지어 여덟 번씩이나 공공장소에 나붙었다. 과연 피우메는 단눈치오에게 무대이자 지면이요, 가식적으로 연설하는 연단이자 자기 자신에 대한 경이로운 이야기를 각인시킬 표면이었다.

단눈치오 자신에 대한 이야기는 피우메를 넘어 널리 중계되어야 했다. 번제의 도시는 세상 모든 곳에서 보이는 등불이 되어야 했다. 단눈치오가 설치한 홍보 부서는 철저히 현대적 효율성의 원리에 따라 조직되었다. 그의 연설은 단 몇 시간 만에 행정부 소유의 인쇄기로 활자화되어 이탈리아 전역의 신문사들로 배부되었다. 한 언론인은 우스코키의 대담한 해적질을 동행 취재한 뒤 이들의 활동을 기사로 송고했다. 단눈치오의 조종사들은 트렌토와 차라 등 분쟁 지역으로 비행을 나가 전단지를 뿌리고 돌아왔다. 그는 피우메 시민들에게 부둣가의 공터에 정렬하여 집체 훈련을 하듯이 몸으로 "이탈리아가 아니면 죽음을"이라고 쓰고 이를 항공 촬영한 뒤 사진을 배부하라고 명령하기도 했다.

10월 7일 단눈치오의 조종사 둘이 정찰 비행 도중 엔진이 고장 나면서 추락하여 사망했다. 단눈치오는 이를 피우메의 최초 '순교'로 간주해 장엄한 추념식을 기획했다. 도시의 꽃가게와 공원에 있는 꽃이란 꽃은 모두 이 추념식에 동원되었다. 장례식 행렬이 몇 시간 동안이나 피우메 시내를 구불구불 나아갔는데, 군악대의 요란한 소리만 없었다면 엄숙하고 인상적인 침묵의 정경이 연출될 수도 있었을 것이다. 고아원에서 모집된 소년병 부대가 행렬을 선도했다. 그 뒤에는 상이용사와 무시무시한 검은 제복을 입은 젊은 전사들로 이루어진 군단병이 따랐다. 피우메의 이탈리아 주민 거의 모두가 행렬을 따랐다. 밤이 오자 관들이 중앙 광장에 전시되었다. 관들은 죽은 이들의 동료 조종사들에 의해 란다초의 군기로 감싸였고, 보름달이 뜨자 단눈치오가 연설을 시작했다. 그는 "날개 달린 기계의 그림자로 만들어진 십자가 형상"에 대해 말했고, 죽은 이들을 "불타는 신앙 고백자"로 묘사했다. 한 군단병은 다음과 같이 회상한다. "시인의 말이 거대한 광장에 높이, 명료하게 울려 퍼졌다. (…) 연설을 들은 수천수만의 사람이 숨도 쉬지 못하고 살아 움직이지도 못하는 것 같았다. 그들은 흐느끼는 유령 같았다."

단눈치오의 사령부는 발족했을 때부터 '정보부'라는 이름의 첩보활동 부서를 운용했다. 주리아티는 기록하기를, "일주일 만에 책임 장교가 가장 믿을 만한 정보원 망을 구축했다". 이들 첩자는 "유고슬라비아의 음모"를 정탐하고 모든 시민의 행동을 보고하며 무엇보다 비이탈리아인들의 동태를 감시하라는 명령을 받았다. 『망루』는 "외국인들", 즉 비이탈리아 출신의 피우메인들의 추방을 요구했다. "우리는 충분히 오랫동안 그들을 참아왔다. (…) 이곳에서 할 일이 없다." 피우메의 이탈리아인들은 자신들을 보호하러 온 "동포들"의 뜨거운 포옹을 고대했다. 그러나 이 "가장 이탈리아적인" 도시는 인종적 다양성을 자랑했고, 그

때문에 이탈리아인들의 단순하고도 영광스런 "구원"의 이야기는 복잡하게 꼬여버렸다.

당시 피우메에 체류한 단눈치오의 지지자들이 남긴 이야기에 따르면, 도시의 비이탈리아 거주민들은 거의 눈에 띄지 않았다. 이탈리아인들은 그들을 무시하거나 내부의 적으로 여기며 두려워했다. 그렇게 편파적이지 않은 일부 관찰자는, 맥도널드 신부가 그해 여름 내내 그러했다고 봤듯이 한 인종 집단에 의한 다른 인종 집단에 대한 학대가 계속되었다고 말했다. 단눈치오 지배기에 무역이 불안정해지고 주춤해지자 식량 부족 사태가 일어났다. 일부 피우메의 이탈리아인들은 희생양을 찾아 이웃 슬라브족을 비난하기 시작했다. 수사크의 크로아티아인 푸주업자들이 고기를 오직 크로아티아어를 말하는 사람들이나 유고슬라비아에 충성 서약을 한 사람들에게만 판다는 소문도 돌았다. 피우메 안에서는 크로아티아인들이 집에서 쫓겨나 밀려드는 이탈리아인들에게 자리를 내주어야 했다. 환하게 불타오르는 도시에는 애초부터 숨겨진 어두운 통로가 있었던 것이다.

단눈치오가 베네치아를 떠나기 직전에 만난 젊은 피아니스트 루이사 바카라가 곧 피우메에 도착해 정규적으로 그를 방문할 것이었다.

단눈치오는 루이사의 아름다움을 묘사하면서 단순하고 명료하며 엄격하고 고전적이라는 표현을 사용했다. 그녀는 진한 눈썹과 단눈치오에게는 죽음의 노래를 내뿜는 백조를 연상시키는 강건한 어깨와 목을 가졌다. 다른 사람들에게도 그녀는 새를 연상시켰다. 그녀가 단눈치오에게 심취한 것에 질투심을 느낀 귀도 켈러는, 언젠가 그녀의 매부리코를 넌지시 비웃으려는 의도에서 그녀에게 앵무새를 선물하기도 했다.

루이사 바카라

루이사는 연인보다 무려 30세나 연하였다. 단눈치오는 그녀를 시레네타*라고 불렀는데, 이는 그가 자신의 딸에게도 붙여준 이름이었다. 그러나 그녀는 단눈치오의 여느 연인들과는 달리 강한 의지를 가진 재능 있는 여성으로서 엘레오노라 두세처럼 스타는 아니지만 관객이 가득 찬 극장에서 자신 있게 연기할 줄 하는 타고난 예술가이자 연기자였다. 단눈치오는 그녀가 피아노 건반을 두드리는 모습, 그러니까 고개를 숙일 때 드러나는 목덜미부터 페달을 밟는 발까지 그녀의 온몸을 관통하는 그 에너지의 물결을 사랑했다. 그런 모습을 보고 있노라면 마치 음악이 피아노가 아니라 그녀의 몸에서 흘러나오는 것처럼 보였다. 단눈치오가 그녀와 사랑을 나누면서 알게 되었듯이, 그녀의 몸은 아름답게 제작되어 류트의 거장이 닿는 손길 하나하나에 반응하는 바이올린 같았다. 그는 그녀를 자신의 "어두운 장미" "올리브색 피부로 감싸인 멜랑콜리" "독약이 든 황금빛 포도"라고 불렀다. 그는 메탈릭 엠브로이더리**와 실버 라메***에서 보여준 그녀의 재능을 칭송했다. 그의 편지들은 그녀가 단지 순응적인 파트너가 아니라 성적으로도 적극적인 여성이었음을 암시한다. 자신감에 차 있고 무슨 일에도 준비가 된 루이사는 단눈치오를 자신의 남자로 만들었다. 그 후 그녀는 단눈치오의 평생 파트너가 되었다. 유일한 파트너는 아니었지만 말이다.

피우메에서 그녀는 단눈치오의 장교와 귀빈들에게 연주회를 베풀었는데, 항상 '롱키의 노래'를 연주하는 것으로 마무리했다. 단눈치오의 묘사에 따르면, 음악이 연주되는 동안 "원시인처럼 머리카락을 길게 늘

• 시레네Sirene의 애칭. 시레네는 아름다운 노랫소리로 뱃사람들을 유혹하여 죽였다는 바다의 요정을 말한다.
•• 금, 은, 청동 등 금속 색깔의 얇은 피륙을 덧대 만드는 자수.
••• 은사로 직물을 짜는 것을 말하는데, 주로 이브닝 의상에 적용된다.

3부 전쟁과 평화

어뜨린 결사대원들은 후렴구마다 대검을 휘두르며 그녀를 복수의 여왕으로 받들었다."

단눈치오의 사령부와 민족 평의회 사이의 관계는 껄끄러웠다. 10월 중순께 단눈치오는 평의회를 해산하고 자기 사람들을 후보로 내보낼 새로운 선거를 예고했다. 투표 당일에 그는 극장에서 연설하면서 청중에게 이렇게 말했다. "여러분의 영혼에 따라 투표해야 합니다. 여러분의 사랑과 열정의 행위로 투표해야 합니다." 선거 결과, 그의 후보들이 70퍼센트 이상을 득표했다. 나흘 뒤 다시 소집된 민족 평의회는 단눈치오의 절대 권력을 추인했다.

맥도널드 신부는 이렇게 비웃었다. "시인-배우가 자신의 순회공연에 성공적으로 동원한 헤픈 여성과 방탕한 군인들로 이루어진 극장의 합창대가 그의 명령대로 투표했다고 믿을 수밖에 없다." 여성들이 단눈치오가 지배한 피우메의 정치생활에서 상당한 역할을 했던 것은 사실이다. 그가 도착하기 직전에 여성들은 투표권을 획득한 상태였는데, 이것이 그에게 엄청난 도움이 되었다고 당대 관찰자들은 증언했다. 단눈치오를 비방하는 사람들의 견해에서 보면, 그는 규방에서 나와 현실의 거친 정치생활로 점철된 남성들의 세계로 나갔다기보다는 구제불능으로 타락하고 외설적인 자신만의 방식으로 정치 영역을 또 다른 규방으로 옮겨버렸다고 할 수 있다. 격동하는 도시를 정복한 외관상의 위업으로 말하자면, 이 역시 또 다른 방식의 유혹이었다.

단눈치오의 지배 아래 피우메에서 마약은 섹스만큼이나 흔했다. 한 예술가는 환각적인 그림을 팔고 "환상적인 인상을 '모르핀 스타일'로"

광고함으로써 생계를 이어가고자 했다. 물론 이 예술가는 자신이 창조한 작품이 무엇인지 소비자들이 정확히 알 거라는 기대감을 품고 있었다.

단눈치오는 상황이 악화된 시점에 자신이 "미사여구나 입에 달고 살며 마약에 찌든 오합지졸"에 둘러싸여 소진되고 있다고 썼다. 미사여구나 마약으로 말하자면, 그도 자신의 추종자들만큼이나 책임이 컸다. 그는 눈 부상에서 회복되어가는 동안 진통제와 수면제를 복용했고, 나중에는 상당량의 아편을 곁에 두고 살았다. 우리는 그가 피우메를 떠난 직후에 심한 코카인 상용벽을 갖게 되었음을 알고 있다. 아마도 그는 거기 있는 동안 이미 코카인 상용자가 되었을 것이다.

전쟁 이전 시절에 코카인은 용기와 인내를 북돋워주는 보조제로 간주되었다. 섀클턴과 스콧도 극지 탐험에 나설 때 코카인을 휴대했다. 전시에는 다른 나라들에서처럼 이탈리아에서도 많은 조종사가 각성 효과를 위해 코카인을 사용했다. 많은 사람이 나중에 코카인을 습관적으로 상용했다. 일찍이 프로이트가 생각했듯이 마약이 건강에 좋지 않다는 것이 명백해졌음에도 불구하고, 다른 많은 사람 역시 코카인 상용자들을 따라했다. 마르셀 프루스트는 코카인을 가리켜 옛 시절로 향하는 이 시대의 특별 급행 열차라고 불렀다(이와 마찬가지로 그는 훌륭한 헤어스타일도 청춘으로 되돌아가는 빠른 열차라고 생각했다).

피우메에서 한 약사가 코카인을 판매한 혐의로 체포되었다. 단눈치오는 그의 석방을 요구했다(아마도 그 남자는 단눈치오에게 코카인을 공급한 당사자였을 것이다). 나중에 피우메를 방문한 오스버트 시트웰은 한 영국 기자가 단눈치오의 "뱀 같은 눈"에서 뿜어져 나오는 "무표정한 광채"가 "마약 중독"의 증거라고 쓴 것을 보고 단눈치오의 한쪽 눈이 유리알 의안이라는 것도 모르고 한 소리라며 조롱을 퍼부었다. 과연 이 글쟁이는 사령관의 유리알 눈을 진짜 몰랐을까? 아니, 몰랐을 것 같지는 않다. 글쟁이가 바로 꿰뚫어보았을 가능성이 더 크다.

이탈리아는 불평불만으로 들끓고 있었다. 제대 군인이나 전사자의 유족들은 전시에 받은 고통과 잃어버린 가족에 대한 보상을 요구하고 있었다. 전투병 단체들이 그들 주위에 집결했다. 그들은 북을 치고 깃발을 휘날리면서 경작되지 않은 토지로 행진해 들어가 토지를 개간하기 시작했는데, 이에 놀란 지주들은 자기 재산을 되찾을 수 없다고 생각하거나 두려움에 젖어서 토지를 서둘러 매각하지 않을 수 없었다. 사회주의자들도 점점 호전적으로 변해갔다. 사회주의 노동조합의 회원 수는 2년 동안 4배로 증가했고, 이 기간에 (단눈치오가 베네치아에 있을 때 그 많은 밤을 보낸 플로리안 카페의 웨이터들까지 포함하여) 100만 명 이상의 노동자가 파업에 참여했다. 1919년 가을 사회당은 당 대회를 개최하여 "정치권력의 폭력적 정복"을 요구하면서 새로운 헌법을 만들자고 결의했다.

이탈리아 당국은 더 이상 군대와 경찰을 믿을 수 없었다. 10월에 군대의 최고 서열 장군 두 명이 단눈치오를 위해 일하고자 피우메에 도착했다. 이들 중 한 명은 카리스마 넘치는 체케리니 장군이었다. 단눈치오는 1916년 전선에서 체케리니를 처음 보고는 그를 "헤라클레스 동상처럼 각진 어깨와⋯⋯ 잿빛 콧수염 아래에 섬세한 입을 가진⋯⋯ 유명한 펜싱 선수"라고 묘사했다. 계속해서 묘사하기를, "그는 가죽 옷을 입고 있어 흡사 갑옷을 벗어던진 전사처럼 보인다". 이제 그는 '피우메 제1사단'의 사령관이 되었다.

피우메에서는 매일같이 퍼레이드가 벌어졌다. 또한 매일 밤 횃불 행렬과 불꽃놀이가 벌어졌다. 물론 두 조종사의 성대한 장례식도 있었고, 체케리니의 지휘권을 공포하는 기념식도 있었다. 그런가 하면 재선출된 민족 평의회의 엄숙한 발대식도 있었고, 아오스타 공작의 방문을 환영하는 군 사열식도 있었다. 아바치아의 한 식당에 들렀다가 정규군에 의해 살해당한 한 군단병의 죽음을 추모하는 행사도 있었다. 군대의 분열식도 있었고, 비행기의 분열식도 있었다. 군중은 고함치고 깃발은 휘날리며 종은 울리고 사람들은 춤을 췄다. 그러나 여전히 이탈리아 혁명은 일어나지 않았다. 여전히 니티는 권좌를 지키고 있었다.

단눈치오는 피우메에 오래 머물러야 할 거라고 체념한 상태에서 자신의 겨울 의복을 보내달라고 요청했다. 부츠와 신발, 크러뱃을 비롯해 각종 제복과 아스트라한 모피가 둘러쳐진 외투 등이 카세타 로사에서 급하게 공수되었다. 물론 그가 좋아하는 초콜릿 열 상자와 스트리크닌 30그램도 함께 말이다. 그는 다시 전쟁 중이었고, 다시 죽을 정도로 돈이 궁해졌다.

당시 피우메의 경제는 침몰하고 있었다. 한때는 그렇게나 바쁘디 바쁜 항구이자 정신없이 돌아가던 제조업 도시인 피우메가 원료 공급이 끊기고 시장이 차단되며 곤경에 몰린 것이다. 항구는 폐쇄되고 부두는 한산하며 공장은 방치되었다. 제분소를 돌릴 쌀도 도착하지 않았다. 올리브유 압착기를 돌릴 씨도 오지 않았다. 점점 더 많은 피우메 노동계급이 실업 상태로 내몰렸다.

통화는 불안정해지고 혼란에 빠졌다. 누구도 피우메가 지금 어떤 정치체인지 알지 못했다. 그러므로 누구도 여러 통화(헝가리, 이탈리아, 유고슬라비아 화폐) 중 어떤 것이 도시에서 유효하게 유통될지 알지 못했

　　　　　　　　　　　　　3부　전쟁과 평화

다. 사령부는 독자적인 지폐를 발행했지만, 아주 쉽게 위조가 가능해서 상점주들은 곧 이 지폐를 받으려고 하지 않았다. 세금은 이 화폐로 납부하고 물건 값은 다른 화폐로 지불했다. 환율은 심하게 요동쳤다. 한 풍자 잡지가 그런 상황을 이렇게 요약했다. "환전상은 7.10을 주고, 카페는 6.50을, 모자 가게는 6을, 문구점은 5를, 피자 가게는 4를 준다. 이 모든 일 뒤에는 피우메의 어린이들이 학교에 가지 않고도 수학을 배울 수 있게 하려는 고상한 의도가 있는 것 같다."

자영업자들은 절망적인 상황에 빠져 있었다. 빵값은 고정되어 있었으나, 빵집 주인들은 빵값을 올릴 권리를 요구하며 파업에 돌입하겠노라고 위협했다. 주리아티는 파업에 대비하여 빵 굽는 오븐을 돌리고자 군단병들을 대기시켜야 했다. 빵집 주인들은 주장을 굽히고 일터로 복귀했으나, 빵을 두 가지 등급으로 나누어 만들기 시작했다. 하나는 비싼 흰 빵이고, 다른 하나는 모래를 씹는 듯 버석버석거리는 회색의 "절약형" 빵이었다. 주리아티는 "절약형" 빵 한 덩이를 우적우적 씹어 먹는 선전용 사진을 촬영했으나, 누구도 자진해서 이 빵을 먹지는 않을 것이었다.

무솔리니는 단눈치오의 모험과는 거리를 두고 있었다. 9월에 그는 "지지자들"(곧 반란자들)을 규합하여 왕정을 타도할 5단계 계획을 짜서 보냈고, 단눈치오의 피우메를 지지하는 기부 행사를 개최할 것이라고 선언했다. (상당한 기부금이 걷혔지만, 이 돈을 피우메에 건네주었다는 무솔리니의 기록은 없다.)

10월 7일 그는 결국 비행기로 피우메에 날아가 단눈치오와 두 시간 동안 비밀 회합을 가졌지만, 이틀 후에는 (여전히 비행 복장을 갖춘 채) 피렌체에서 열린 '전투 동맹'의 전국 대회에 참석하고 있었다. '전투 동맹'은 3월에 결성된 이래로 150개의 지부와 4만 명의 회원을 자랑할 정도로 성장했다. 그는 공식적으로 파시스트들과 피우메 군단병들의 연대를 선언했지만, 정작 그의 마음은 아드리아해에 있지 않았다. 그의 마음은 임박한 선거에 꽂혀 있었다.

1919년 11월 15일 이탈리아는 선거에 돌입했다. 단눈치오는 마치 피우메가 이탈리아 의회에 대표를 보낼 자격이 있는 선거구인 것처럼 의기양양하게 행동하면서 투표 무대를 연출했다. 금성 무공 훈장을 수여받은 전쟁 영웅인 루이지 리초가 일찍이 '부카리의 장난' 때 단눈치오와 함께한 적이 있는 용사로서 '피우메의 대표'로 선출되었다. 더 성대한 행진이 벌어졌고, 더 많은 사람이 거리에서 춤을 췄다. 리초는 의석에 앉기 위해 로마로 가지는 않았다.

총선 결과는 단눈치오와 측근들에게 충격적이었다. 무솔리니와 마리네티가 니티 행정부에 반대하는 데 힘을 합쳤다. 무솔리니는 반복해서 집회를 개최하며 '젊음'을 소리 높여 부르면서 열렬히 선거운동에 나섰지만 헛수고였다. 파시스트-미래주의자 동맹은 창피할 정도로 표를 얻지 못했다. 그들의 후보 중 단 한 명도 선출되지 못했다. 사회주의자들은 무솔리니의 이름을 새긴 관을 운구하면서 밀라노 시내를 행진했다. 이제 생후 6개월짜리 파시스트 운동은 사망한 것으로, 결딴 난 것으로 보였다. 총선 결과가 공표되었을 때 로마와 밀라노 거리에서는 난투극이 벌어졌다. 경찰은 무솔리니의 숙소를 수색하다가 불법적인 무기 은닉처를 발견했다. 무솔리니와 마리네티 모두 짧은 시기 동안 구금되었다.

니티는 더 다수의 지지를 얻으며 권좌를 지켰다. 이탈리아 민중이 단호하게 파시즘을 거부하고 단눈치오에게 등을 돌리며 단눈치오가 켠 등불에 눈을 감은 것처럼 보였다. 이는 심각한 타격이었다.

선거가 끝난 후 니티는 자신에 대해 급증한 지지를 확인하고 안도감을 느끼면서 단눈치오에게 조건을 제시했다. 그의 제안은 '타협안Modus Vivendi'으로 알려진 것으로서 기본적으로 피우메를 이탈리아에 합병하는 것은 꺼리면서도 피우메 민중이 자신의 운명을 결정할 권리는 보장하는 내용이었다. 도시는 이탈리아의 보호 아래 독자적인 '분할체'가 될 것이었다. 이탈리아 군대는 유고슬라비아가 무력으로 도시를 차지하려는 것을 막을 것이었고, 이탈리아 정부는 "피우메를 모국에서 분리시키려는 그 어떤 해결책도 환영하거나 동의하지 않을 것"임을 천명했다.

피우메의 이탈리아인 대다수에게 이 제안은 완전히 만족스러운 것이었다. 민족 평의회는 제안을 받아들일 용의가 있었다. 주리아티도 그러했고, "롱키의 7인" 중 으뜸 격인 레이나 소령도 마찬가지였다. 물론 피우메의 자칭 국회의원인 리초도 그러했다. 그러나 단눈치오만큼은 그들과 달랐다. 단눈치오에게 니티가 제시한 조건을 수용하는 것은 암울하고도 끔찍한 일이었다. 피우메 군단은 당장에라도 해산될 판이었고, 그 자신도 도시를 이탈리아 정규군에게 넘겨주고 떠나야 할 형편이었다. 그가 칭송했던 신비로운 번제의 도시는 그저 약간 중요한 정도의 산업 항구로 왜소화될 것이었고, 그 자신도 도시 차원의 극장과 세계적 차원의 청중 및 주도적인 배역 모두를 잃을 터였다. 그는 "아름다운 것이 끝장날 찰나"에 있다고 썼다. "빛이 꺼지고 있다."

그는 정치 거래를 거부할 방법을 필사적으로 찾으려고 했다. 그는 비현실적인 역제안을 했다. 그는 반복해서 피우메가 이탈리아의 일부가 될 때까지 피우메를 떠나지 않을 것이라고 선언했다. 그는 자신의 장관한 명에게 이렇게 말했다. "나는 아드리아해에서 새로운 쿠데타가 일어나는 것까지 포함하여 모든 일에 준비가 되어 있소." 그의 특사들이 바돌리오의 참모본부와 로마를 번갈아 오갔다. 그들은 더 이상의 어떤 양보도 얻어내지 못했다.

피우메의 분위기는 갈수록 초조해져갔다. 수개월 동안 군단병들은 단눈치오에게 선동되어 "이탈리아가 아니면 죽음을!"이라는 구호를 노래하고 있었다. 그들은 자기네 모험을 빼앗기고 평시의 끔찍한 실업 상태로 되돌아가기를 원치 않았다. 한편 피우메 시민들도 평화를 이루기에는 지나치게 조급했다. 사람들은 서로를 겁쟁이네, 멍청이네 하면서 비난을 퍼붓고 있었다. 인구 과밀의 포위된 도시에서 고함에 가까운 언쟁과 싸움질이 일어나며 부상자가 속출했다. 폭동에 가까운 상황이었다. 주리아티는 "대중적 차원의 사이클론"이 곧 불어닥칠 것이라고 예견했다.

12월 12일 단눈치오는 니티의 특사에게 피우메의 민족 평의회가 승인한다면 자신도 '타협안'을 수용하겠노라고 말했다. 12월 15일 평의원들이 이 문제를 논의하기 위해 회합을 가졌다. 그들이 논의하는 동안 무대 단상에 있을 때의 행복감을 잃어버린 단눈치오는 한창 공연 중이던 극장에 난입했다. 그는 무대 바닥에서 비추는 각광을 받으며 성큼성큼 걸어가 자신과 피우메 군단이 도시에서 떠나라는 명령을 막 받았다고 발표함으로써 청중을 놀라게 했다. 그의 지지자들이 이 소식을 거리로 퍼뜨렸다. 단눈치오는 논의 중이던 평의회를 겁박할 요량에서 고의로 사람들을 선동해 폭동에 나서게 했다. 주리아티는 쓰기를, "사람들이 인간 목숨은 하잘것없다는 듯 살인을 아무렇지도 않게 입에 올렸다."

평의회는 소란에도 아랑곳하지 않고 48표 대 6표로 '타협안'을 수용했다. 그들이 이 결정을 발표할 당시에 약 5000명이 총독 관저 바깥 광장에 몰려들어 단눈치오를 연호했다. 그는 협정문을 들고서 발코니로 나왔다. 그는 마치 배우처럼 연기하듯이 협정문의 조항 하나하나를 읽은 다음 잠시 뜸을 들인 뒤 이렇게 물었다. "여러분은 이것을 원합니까?" 이는 대중의 뜨거운 대답, 즉 "아니오!"를 예상한 질문이었다. 여전히 란다초의 군기가 다시 펼쳐졌다. 단눈치오는 평의회의 결정이 주민투표로 추인되어야 한다고 선언했다. 민중이 결정해야만 한다는 말이었다. 1915년 로마에서처럼 이번에도 다시 한번 그는 대의 정부에 반기를 들고 대중에게 직접 호소하고 있었다.

결사대가 군가를 부르며 행진했다. 밤새도록 아침까지 광장과 인근 거리는 고함치고 노래하며 싸움질을 벌이는 사람들로 가득 찼다. 평의회 의장이 한 무리의 결사대원들에게 잡혀 구타를 당했다. 폭도들이 총독 관저에 난입했다. 이튿날 단눈치오는 포고문을 발표했다. "나는 내 자유의지로는 이 도시와 전우 및 동지 여러분을 결코 포기하지 않을 것이다." 이날 늦게 그는 다소 누그러져서—그는 이 위기 때 완강한 태도와 동요하는 태도를 동시에 보였다—자신과 군단병들이 언제까지나 영원히 번제의 도시와 함께하겠노라고 했던 맹세에서 '풀려날' 수 있도록 허락해줄 것을 피우메 시민들에게 은근히 요청하는 새로운 포스터들을 붙였다. "우리는 피우메의 대의에 복무하기 위해 왔다. 우리는 이와 똑같은 대의에 복무하기 위해 떠날 것이다. (…) 우리는 오직 여러분의 말을 기다린다."

주민투표가 12월 18일에 있었다. 투표 전 이틀 동안 단눈치오보다 더 냉정하고 현실적인 측근들은 패배를 인정하라며 그를 설득했다. 한

편 군단병들은 인쇄기를 압수하여 '타협안'을 옹호하는 팸플릿과 포스터를 파기했다. '타협안'을 지지한다고 감히 선언한 시민들은 거리로 끌려나와 두들겨 맞거나 집을 포위당한 채 감시당했다. 18일에 투표를 관장하던 선거 관리 요원들이 협박당하고 강제 퇴출되어 투표소들은 검은 셔츠를 입은 결사대에게 점거당했다. 일찍이 코흐니츠키는 이들을 가리켜 "또 다른 예언서에 나오는 어두운 천사"*라고 불렀다.

피우메의 민중이 투표소에 갈 때 단눈치오는 레스토랑 오르니토린코(오리너구리)에 있었다. 이곳은 그가 총애하던 장교들과 함께 가재 요리를 먹고 그 자신이 "피"라고 부른 체리브랜디 칵테일을 마셨던 식당이다. 식당 이름은 귀도 켈러가 자연사 박물관에서 박제된 오리너구리를 훔쳐왔을 때 지어졌고, (직언이 허용되는 궁정 광대의 역할을 했던) 그는 오리너구리의 부리가 단눈치오의 상아색 대머리만큼이나 부드럽다고 말하면서 사령관의 테이블에 이 박제를 바쳤던 것이다.

투표 당일 밤에 케이크를 먹고 있던 젊은 시인 코미소는 처음으로 사령관의 식탁에 합석하는 특권을 얻게 되었다. 단눈치오의 맨머리가 붉은 램프 갓에 어렴풋이 비치며 번들거렸다. 그의 얼굴은 밀랍처럼 생기가 없어 보였다. 그는 얼음처럼 차가운 손으로 코미소의 손을 감싸쥐고 이 젊은이를 자기 옆에 앉혔다. 그의 지휘권은 막 끝나가고 있었고, 방은 그의 장교들로 북적였으며, 그들의 신경도 당장이라도 끊어질 지경으로 팽팽했고, 긴장을 고조시키는 웅성거림이 있었다. 그러나 단눈치오는 차분하게 잡담을 이어갔다. 그는 코미소가 엔지니어 배지를 단

---

* 여기서 천사란 구약성경 이사야서에 나오는 최고 직위의 날개 여섯 달린 천사인 '세라핌 seraphim'을 말하며, 하느님에 대한 사랑으로 '불타는 자'라는 뜻의 고어인 '치熾천사'나 '스랍'으로 번역된다.

것을 눈치 채고서 엔지니어들을 칭송하고 전투 중에 전화선을 설치하며 적의 "살인적인" 포화 속에서도 쉬지 않고 작업한 엔지니어들의 영웅담을 끄집어내면서 아첨의 말을 늘어놓았다.

한 장교가 소식을 갖고 도착했다. 투표소들에서 폭력 사태가 벌어졌다. 투표 결과를 발표하던 관리들의 목소리가 성난 군단병들의 고함소리에 묻혀버렸다. 투표함도 부서지거나 탈취되었다. 그러나 피우메의 시민들이 대략 4 대 1의 비율로 '타협안'을 선호했다는 사실, 따라서 단눈치오의 방출을 결정했다는 사실 자체를 무효로 돌릴 수는 없는 노릇이었다. 레스토랑 오리너구리에서는 분노에 들뜬 대화가 오갔고, 이곳에서 단눈치오 자신은 아무런 역할도 할 수 없었다. 그를 지지하는 일부 사람만이 투표지에 쓰인 문구가 모호하다고 말하며 화를 낼 뿐이었다. 한 장교가 모두 구축함에 승선하여 당장 이 "배은망덕한" 도시를 떠나야 한다고 제안했다. 다른 사람들은 투표소를 점거하기 위해 더 많은 결사대원을 파견하는 방안을 선호했다.

단눈치오는 조용히 듣고만 있었다. 다른 전령들도 패배의 소식을 가지고 도착했다. 마침내 그는 일어나 미소를 지으며 자신이 마치 프랑스 학술원 회원으로 인정될 것인지 결과를 듣기 위해 기다리는 프랑스 '문인littérateur'처럼 느껴진다고 쾌활하게 연설했다. 그러고 나서 자리를 떠나 낡은 도시의 골목길을 홀로 걸어서 관저로 돌아갔다. 그의 수첩에는 이렇게 적혀 있다. "저 아랫방에서 노래하는 장교들." "울고 있는 여성들…… 도시를 감도는 비극적 감각…… 끔찍한 노랫소리."

이른바 "선거 짐승"은 그를 저버렸지만, 단눈치오는 이 짐승을 존중한 적도 없으므로 이 짐승이 뭐라고 결정하든 실망할 일도 아니었다. 다음 날 아침 그는 발코니로 다시 나와 이렇게 선언했다. "우리는 승리를 위해 이곳에 왔습니다. 우리는 승리를 맹세했습니다. 만일 이 협정이 조인된다면, 우리는 진정한 승리를 거두지 못한 채 떠나야 할 것입니다." 그는 기도했다. 그리고 개탄했다. "우리가 떠나야 합니까? 우리가 서로에게 작별을 고해야 합니까? 우리가 운명의 가방 속에 도끼를 도로 집어넣고 떠나야 합니까?" 그의 질문에 대한 그 자신의 대답은 "아니오!"였다.

그는 주민투표를 요구했다. 이제 그는 주민투표의 결과를 무시하기로 결정했다. 그는 투표가 아무것도 아니라고 선언했다. 피우메의 미래는 오직 그 자신에 의해 결정될 것이었다. 그는 결코 도시를 포기하지 않을 것이었다(도시가 아무리 자신의 뜻을 명확하게 표현하더라도 그는 그렇게 해야만 했다). 그는 예수 그리스도보다 더 확고부동했다. "이 잔을 저에게서 거두어주십시오, 라고는 말하지 않으렵니다."● 단눈치오는 조금도 번민하지 않고 마지막 한 방울까지 잔을 들이마실 것이었다(그리고 피우메 전체도 자신과 함께 잔을 들이마시게 할 것이었다).

● 예수는 임박한 십자가의 고난과 죽음을 최후의 만찬을 통해 제자들에게 알렸다. 죽음을 앞둔 예수의 번민이 묻어나는 표현이 바로 "이 잔을 저에게서 거두어주십시오Let this cup pass from me"다. 그러나 번민을 극복하기 위해 기도한다. "제가 원하는 것을 하지 마시고 아버지께서 원하시는 것을 하십시오." 하지만 단눈치오는 자신에게는 그런 번민이 추호도 없음을 강조하기 위해 "이 잔을 저에게서 거두어주십시오"라는 말을 하지 않겠노라고 선언한 것이다.

31. 제5의 계절

1920년 1월 첫째 주에 단눈치오는 곤돌라 뱃사공이자 카세타 로사의 잡역부인 단테에게 편지를 써서 자신이 좋아하는 피우메 초콜릿과 손톱에 바를 로션을 더 보내달라고 부탁했다. 그는 지금 있는 곳에서 꼼짝도 하지 않고 있었다.

새해 전날 밤 그는 새로운 계절, 그러니까 지금껏 인간사에서 알려진 적이 없는 "피우메의 제5의 계절"이 시작될 것임을 선포했다. 이 시간을 벗어난 시간 속에서는 무엇이든 가능할 것이었다. 크로아티아에서 포위된 이 작은 도시야말로 진정한 이탈리아로 입증될 것이었다. 중년도 말년에 접어든 애꾸눈 남자가 젊음의 왕자가 될 것이었다.

제5의 계절이 마르스 광장에서 밤샘 축제로 기념되었다. 모닥불이 타오르는 가운데 단눈치오는 군중에게 장광설을 늘어놓고, 그의 목소리는 해변의 파도 소리 및 기관총의 덜거덕거리는 소리와 경쟁하고 있었다. 그의 언어는 마법의 주문을 거는 듯했고, 그의 모습은 성경에 나오는 이미지와 흡사했다. "새해가 시작될 때 수탉이 울기 전에 우리 모두 벌떡 일어나 이렇게 외칩시다. '나는 믿나이다!'" 그는 군단병들에게 함께 새로운 도시를 건설하자고 말했다. 수백 수천 명 전사자의 피와 땀이 이 원대한 작업에 성유를 부어줄 것이었다. 태양이 이 원대한 작업에 금칠을 해줄 것이었고, 꿀같이 달콤한 빛으로 이들을 먹여 살려줄 것이었다. 그들은 새로운 삶을 살 것이었다. 영원히 노래하면서 대담한 신념으로 하나 된 형제들로 살 것이다. 그는 꿈의 나라_{Never Never Land}를, 원인과 결과의 이음매에서 벗어난 자유로운 공간을 창조하고 있었다. 그곳에서는 길 잃은 소년들도 세상의 기준에 구속받지 않은 채 위험한 모험을 즐길 수 있었다.

그는 이를 이렇게 묘사한다. "검푸른 바람이 내 목소리를 낚아채갔네. (…) 주먹이 저 순결한 별들을 향해 화염을 지펴 올렸고, 기관총은 파도치는 바다를 향해 무시무시한 포문을 열었네."

주리아티는 단눈치오에게 '타협안'을 수용하라고 설득하는 데 실패하자 울음을 터뜨리고 말았다. 주민 투표 다음 날 그는 장관직에서 사임하고 피우메를 떠났다. 단눈치오가 이 거대한 모험에 뛰어들게 만들었다고도 할 수 있는 레이나 소령도 1월 초에 주리아티를 따라 도시를 떠났다. 이제 단눈치오는 민중의 표명된 의지와 정반대로 피우메를 지배했고, 레이나는 그렇게 하는 단눈치오를 거부한 많은 사람 중 한 명이었다. 레이나는—이제 단눈치오의 바람대로—군대 전체를 불복종으로 끌어들일 생각은 전혀 없었다. 그는 우스코키 해적들의 "바보 같은 습격_{colpi de mano}"에도 넌더리가 났다. 그는 로마의 쿠데타에 대한 거친 말도 혐오했고, "제5의 계절"이라는 공허한 연극에서 배역을 맡을 마음이 조금도 없었다. 또한 상당히 합리적인 조건을 제시한 정부에 더 이상 반항할 의향이 없는 많은 장교도 피우메를 떠났는데, 그중에는 루이지 리초도 있었다. 군단병들도 장교들과 함께 너무나 많이—약 1만 명—이탈했기 때문에 이전 9월에는 자원병들을 돌려보내야 했던 단눈치오도 이제 자원병을 새로 모집하지 않을 수 없었다.

단눈치오 사령부의 성격도 바뀌고 있었고, 도시의 분위기도 바뀌고 있었다. 도시에 새로 도착한 신참들은 떠난 사람들보다 더 과격했다. (바돌리오 장군으로부터 지역 총사령관직을 이어받은) 카빌리아 장군은 도시가 "외국인 모험가와 선동가, 자기 나라 경찰에게 끊임없이 쫓기는 어둠의 자식들을 위한 피란처"가 되었다고 상부에 보고했다. 단눈치오도 수첩에 이렇게 적어두었다. "우리가 세상의 바로 그 심장에서 활동하고 있다는 느낌. 소외감, 불안감, 적대적인 국가들."

지금까지는 해방자였던 군단병들은 이제 강제 집행자가 되었다. 이제 통치받는 자들의 동의 없이 통치하는 단눈치오는, 자신의 도시국가를 겁박으로 다스렸다. 맥도널드 신부에 따르면, "감옥마다 죄수로 넘쳐났다. 헌병경찰은 뜻밖에도 첩자와 비밀 탐정인 것으로 판명 났고, 밤마다 결사대가 '개조 작업'을 실행에 옮겼다".

단눈치오는 "피우메의 대의에 적대적인 감정을 고백하는" 누구에게라도 사형을 선고할 수 있다고 모호하게 협박하는 포고문을 내걸었다. 현지의 한 사회주의 신문이 단눈치오의 사령부에 대해 비판적인 기사를 계속 내보냈지만, 실제로 처형이 집행되었다는 기록은 없다. 그러나 검열은 엄격해졌고, 적대적인 외국 언론인들은 도시에서 추방되었다. 1920년 1월 말에 단눈치오는 200명 이상의 사회주의자를 이송시켰다. 오랫동안 구전으로 전해지는 전통에 따르면, 강력한 설사제인 피마자유*를 형벌로 처음 사용한 사람들은 단눈치오의 결사대였다고 한다. 한 지도적인 파시스트가 훗날 언급했듯이, 이 "황금빛 구토제"는 심한 설사와 탈수를 일으켰다. 억지로 피마자유를 들이마신 희생자들은 바지에 대변을 흘리면서 고통과 엄청난 모멸을 견뎌야 했다. 그것은 파시스트 행동대들이 다음 몇 년 동안 널리 사용하게 될 폭력의 기술이었다.

언젠가 단눈치오가 염소마냥 기민하게 의회 안을 가로질러 사회주의자들—"생명의 정당"—편으로 성큼 걸어갔을 때처럼 이번에 군주제주의자와 군부의 거물들에게 버림받자 급진파와 혁명파의 지지를 기대하게 되었다. 어쨌거나 당분간 그를 사로잡은 당장의 정치적 야심(니티를 끌어내리고 피우메를 이탈리아에 병합하는 것)은 실패한 것으로 보였다. 그는 모험 사업의 범위를 더 확장함으로써 사태에 대응했다. 그는 이탈리아의 영토 한 조각이라도 더 얻겠다고 안달하며 피우메에 있는 것은 아니었다. 그는 유토피아를 건설하고 있었다. 그는 사임한 주리아티의 장관직을 계승하며 유토피아 건설에 조력할 사람으로 알체스테 데 암브리스를 점찍었는데, 그는 혁명적 생디칼리스트이자 이탈리아 노동연맹의 서기이기도 했다.

생디칼리슴**은 자본주의와 사회주의 사이의 평화로운 제3의 길을 대표했다. 과연 생디칼리슴의 세계에서는 노동자와 고용주 사이의 끝없는 갈등을 대신하여 연합과 합의가 존재할 것이었다. 사용자

• 파시스트들은 사회주의자나 노동조합 활동가와 같은 정적들에게 강제로 피마자유를 마시게 하거나 곤봉으로 구타하는 방식으로 폭력을 행사했다. 특히 피마자유를 마시게 한 것은 깨끗하게 정화한다는 의식의 의미를 지녔다고 한다. 그렇기에 피마자유와 곤봉은 파시즘의 폭력을 상징하는 소품이다. 그런데 이 피마자유를 처음 사용한 것이 바로 단눈치오의 결사대였다는 증언은 흥미롭다.

와 피고용인들이 공히 모든 사람의 번영을 위해 작동하는 '코포레이션 corporation'에 속할 터였다. 모든 사람의 이해관계가 공정하게 대표될 것이었다. 이런 이론은 좌파와 우파 모두에게 매력적이었다. 그렇게 구성된 국가의 잠재적 대표성이 분명해진 것은 몇 년 후 무솔리니 치하에서였다. '코포레이션 국가corporate state'는 필수적으로 전체주의적이었다—만일 모든 사람이 국가에 포함된다면 누구에게도 국가에서 분리될 권한은 허용되지 않을 것이었다. 데 암브리스는 사회주의자로 간주되기도 했다. 그러나 무솔리니와 마찬가지로 데 암브리스도 참전론의 강력한 지지자였을 뿐만 아니라 조르주 소렐의 추종자이기도 했는데, 소렐의 사상은 조만간 극단적 우파에 의해 전유될 것이었다.

소렐은 폭력 투쟁과 총파업, 테러리즘에서 발원하는 순수하고 변형적인 힘 아래에 모든 이데올로기를 종속시킬 것을 요구했다. 산업사회는 부패했고, 민주주의는 실패했다. 이를 대체하기 위해 필요한 것은 영웅적 개인들의 자유로운 연합이었다. ("여러분은 모두 영웅이다!" 란다초는 부하들에게 그렇게 말했다. 그리고 단눈치오도 피우메의 민중에게 그와 똑같이 말했다.) 사실 이런 논리는 아나키즘으로 귀결되는 것으로 보였는데, 소렐은 아나키즘 바로 앞에서 멈췄다. 민중은 고상한 존재였다. 그렇다,

•• 주로 프랑스어로 표현되는 생디칼리슴은 직역하자면 노동조합주의로서 노동자들의 연합과 직접 행동을 주창한 이념이자 운동이다. 이탈리아에서 생디칼리슴은 처음부터 혁명적 생디칼리슴으로 발전했는데, 이는 곧 민족주의와 결합해 민족적 생디칼리슴으로 변형되어 파시즘과 결탁하기도 했다. 또한 이탈리아의 생디칼리슴은 코포라티즘corporatism의 이념으로 확장되기도 했는데, 코포라티즘은 중세 사회에서 기원한 '코르푸스corpus' 혹은 '코포레이션 corporation'을 단위로 한 사회적 연대와 통합의 이념이자 체제였다. 이탈리아의 파시스트 코포라티즘의 경우 이탈리아 사회는 총 22개의 코포레이션으로 나뉘어 각 코포레이션 및 코포레이션 전국 평의회에서 사용자 대표와 노동자 대표, 국가 대표의 협의와 중재를 통해 이해관계의 갈등을 조정하고 전체 민족의 이해관계를 추구하고자 했다. 이런 코포라티즘이라는 독특한 사회경제적 체제는 파시스트 이탈리아에서 의회 체제의 대안으로 설정되었다. 코포라티즘은 우리말로 '조합주의'나 '담합주의'로 옮겨지기도 하는데, 번역하지 않고 원어대로 사용되는 경우가 많다.

그러나 그들에겐 지도자가, 그러니까 번거로운 도덕성이나 진부한 인습에 얽매이지 않은 위대한 인물들이 필요했다. 용병대장의 자부심과 구세주의 카리스마를 갖춘 지도자란 곧 단눈치오의 『영광』에 나오는 상상의 독재자 코라도 브란도와 같은 사람들이었다.

단눈치오가 데 암브리스를 초빙한 이유는, 도시를 경영하는 데 도움을 달라는 것도 있었지만 도시의 새로운 헌법을 기초하는 데 도와달라는 것도 있었다. 맥도널드 신부—단눈치오와 관련된 것이라면 무엇이든 혐오한—는 단눈치오와 데 암브리스가 자신들만의 계획에서 "유서 깊은 방법으로부터 출발하여 현대 예술의 입체주의나 미래주의와 유사한 어떤 것을 생산하려 하는 것처럼" 보인다며 혹평했다. 그의 관찰은 정확했다. 이제 단눈치오가 기초하고 있는 "헌장"은 실천적인 사상이 아니라 예술적 상상력의 산물이었다. 오래전에 단눈치오는 "시학의 정치"를 약속한 적이 있다. 이제 그와 데 암브리스는 그 선언문을 작성한 것이다.

1920년 1월 20일. 단눈치오가 좋아하는 성 세바스티아누스 축일. 한 결사대 출신 사제가 집전하는 엄숙한 의식이 피우메의 산비토 대성당에서 거행되었다. 여성 부대원들이 사령관에게 금과 은으로 장식된 검을 선사하기 위해 복도를 따라 행진했다. 단눈치오는 이 검을 받아들고 연설을 시작했는데, 연설에서는 무기의 이미지와 성적 고통이 황홀하게 교차했다. 단눈치오는 주장하기를, 고문받는 성인은 비처럼 쏟아지는 화살 세례를 받으면서도 이렇게 외쳤다. "조금만 더! 조금만 더! 한 번만 더!" 그렇게 피우메도 더 많은 고통을 달라고 외친다. "나의 자매들이여, 나는 이 선사받은 검이 그 모든 화살의 강철로 만들어졌다고 믿고 싶습니다." 사제가 칼날을 여성들이 볼 수 있도록 돌리면서 결코 기독교적이랄 수는 없는 소망을 읊조렸다. "이 칼로 우리 적들의 살에 승리라는 단어를 새겨넣기를." 자치주의 정당의 지도자인 리카르도 차넬라는 이 칼날이 자신의 목을 겨눌 것이라고 믿어 기관지 편집부를 트리에스테로 옮겨버린다.

의식이 끝난 후 단눈치오는 분열식을 거행하며 군단을 사열한다. 의식에 깊이 감동한 피우메 시장이 이렇게 선언한다. "그는 성인이다!" 코흐니츠키도 이렇게 보고한다. "옛 도시의 가난한 가정들에서 여성들이 성자의 이미지를 교체했다. 가브리엘레 단눈치오라는 인물 앞에서 작은 빛이 반짝인다."

성 세바스티아누스 축일의 의식을 집전한 사제는 잇따라 바티칸에 의해 비난을 받고 당장 피우메를 떠나라는 명을 받았다.

본토에서는 파시스트와 사회주의자들이 많은 경우 한쪽이 죽을 때까지 서로 싸우고 있었지만, 변신의 귀재인 단눈치오는 여전히 모든 정당의 친구였다.

1919년 10월 10일, 그러니까 그가 피우메에 도착한 지 한 달이 지난 때에 그는 뜻밖의 도움을 얻게 되었다. 13톤가량 되는 무기와 탄약을 내전 중의 러시아 백군에게 공급하기 위해 목적지로 가던 화물선 '페르시아'호의 승무원들이 자기네 "동지들"인 볼셰비키의 적들을 지원하는 일에 반기를 들었다. 메시나 해협에서 그들은 선상 반란을 일으켜 피우메로 향했고, 배에 실린 치명적 무기들을 단눈치오에게 건네주며 스스로 그의 지휘권 아래 들어갔다. 그들과 특히 그들의 지도자이자 선원동맹의 의장인 주세페 줄리에티는 피우메 시민들로부터 환대

를 받았다. 단눈치오는 기뻤다. 승무원 대부분이 도시에 체류했고—그
들의 존재는 도시의 정치적 성격을 좌경화하는 데 기여했다—단눈치
오는 줄리에티에게 자신들의 정치가 서로 합류하여 "생고기를 게걸스
럽게 씹어 먹는 자들에 맞선 영혼의 부활"에 영감을 불러일으킬 것이라
고 말했다.

1920년 1월 초 (이제 본토로 돌아간) 줄리에티는 단눈치오에게 또 다
른 쿠데타 계획을 편지에 써서 보냈다. 이것은 일찍이 단눈치오가 바로
전해 여름에 연루된 군주제주의적-군국주의적 음모와는 판이한 정치
적 색채를 보여주었다. 이것은 이탈리아 사회주의자들의 봉기가 될 것
이었고, 그 지도자들 중에는 베테랑 아나키스트인 엔리코 말라테스타
도 포함되어 있으며 그 행동대원들은 줄리에티가 의장으로 있는 선원
동맹과 피우메 군단에서 충원될 것이었다. 단눈치오는 망설였다. 그의
마음은 그 모험에 있지 않았다. 그는 이 기획된 봉기의 정치적 경향이
자신과 맞지 않는다고 느꼈지만, 그는 그저 피우메를 떠나고 싶지 않다
고만 말했다. "여기서 인생의 새로운 형태들이 감지되며 실현되고 있습
니다."

단눈치오는 "지휘의 기술이란 지휘하지 않는 것"임을 신봉하는 사람
으로서 인생의 새로운 형태들이 번성할 수 있고 전혀 이루어질 것 같
지 않은 동맹이 성사되는 공간을 창출하고 있었다. 말하자면, 1920년
의 피우메는 온갖 종류의 정신이 다채롭게 전시되고 있던 바자회나 다
름없었다.

작고 예쁜 베네치아풍의 종탑이 있는 돌로 포장된 거리의 부둣가 카
페들에서는 일군의 시끄러운 논객들이 새로운 세계질서를 구상한답

3부 전쟁과 평화

시고 밤낮없이 죽치고 앉아 며칠 동안 논쟁을 벌이고 있었다. 공산주의자들은 세계 혁명을 설교했다. 미래주의자들은 현수막을 들고 다니며 카페 탁자를 뛰어넘거나 마차 뒤를 졸졸 따라다니며 승객들에게 장광설을 늘어놓았다—그들에게 "모든 종류의 제단과 기단을 박살내고" "은행과 턱수염과 선입견"을 없애버리며 "관대함과 빛나는 광기가 어우러지는 분위기 가운데 모든 것이 가능한" 도시에서 가능한 모든 선택 대안을 실험해보자고 설득하면서 말이다. 그런가 하면 볼셰비키들은 병사 소비에트를 결성했다. 그 밖에 아나키스트와 생디칼리스트, 아나코-생디칼리스트들은 일찍이 프루동*이 제시한 바 있는 다양한 형태의 생산자 네트워크를 수립하고 있었다. 일찍이 1890년대에 단눈치오가 신봉한 것과 같은 엘리트주의적 견해를 열렬히 선언하는 그룹들도 있었다. "우리는 취향도 없고 기능도 하지 않는 의회 중심의 대의 시스템을 거부한다. (…) 우리는 아름다움과 우아함과 고상함과 스타일에서 기쁨을 느낀다. (…) 우리는 우리 머리 위에 기적을 행하는 환상적인 인물을 두고 싶다." 마리네티는 "인생이 더 이상 빵과 일이라는 단순한 문제에 휘둘리는 나태한 생활이 아니라 예술작품이 되는" 한 시대의 도래를 마음속에 그렸다. 1920년 봄에 또 다른 미래주의자이자 결사대 출신인 마리오 카를리는 한 시대가 지나갔다고 선포했다. 피우메에서 "오늘날엔 시학이 지배한다. (…) 삶과 꿈이라는 해묵은 대립은 결정적으로 극복되었다".

단눈치오는 전 세계를 지배하는 새로운 비전을 갖고 있었다. 그는 지난 수십 년 동안 로마 제국과 베네치아 제국의 위대함을 격찬해왔

---

* 프랑스의 저명한 아나키스트로서 상호부조주의와 탈집중주의 혹은 연방주의 등 폭넓은 사상들을 개진하며 훗날 생디칼리즘 등에 큰 영향을 미쳤다(1809~1865).

다. 또한 그는 이탈리아의 리비아 침공도 열정적으로 찬미했다. 그러나 단눈치오는 이탈리아의 것이 아닌 다른 제국들은 조금도 인정할 수 없었다.

그는 선언하기를, 피우메의 번제에서 튄 불꽃이 서구 식민주의자들, 특히 영국 식민주의자들에 맞선 "세계적 차원의 반란의 욕망"을 점화시킬 때라고 했다. 그는 "불굴의 아일랜드 신페인 당"과 "초승달과 십자가를 합친 이집트의 적기"를 지지하노라고 공언했다. 그의 사명은 "아일랜드에서 이집트까지, 러시아에서 미국까지, 루마니아에서 인도까지" 전 세계의 모든 악에 맞서는 것이었다. 그것은 보편주의적 사명이었다. "그것은 백인종과 유색 인종을 한데 모으고 가스펠과 쿠란을 화해시킨다." 이로써 회귀적 목표—고대 제국의 창출—를 가진 민족주의적 기획으로 시작한 피우메의 모험 사업은 사회주의 인터내셔널과 닮은 어떤 것으로 변형되었다.

1920년 1월에 시인이자 단눈치오의 언론 부서에서 일하던 카피라이터인 레옹 코흐니츠키가 외무장관으로 발탁되었고, 동료 시인 헨리 퍼스트가 단눈치오의 특사로 지명되었다. 단눈치오는 자본주의-제국주의 열강에 의해 억압당하는 모든 민족의 동맹체, 즉 피우메 연맹League of Fiume을 제안했다. 이 연맹은 1월 16일 파리에서 첫 회합을 가진 국제 연맹League of Nations을 정확히 겨냥해 수립될 것이었다. 공산주의에도 동조하던 코흐니츠키는 피우메 연맹의 발상을 열정적으로 받아들였다. 그는 말하기를, "오직 가브리엘레 단눈치오의 손이 닿을 만한 가치가 있는 것은 빛나는 지구뿐"이라고 했다(그는 일찍이 한 오페라 공연장에서 단눈치오의 반들거리는 셔츠를 처음 응시했을 때와 똑같이 스타를 동경하는 마음에 여전히 사로잡혀 있었다).

3월경 코흐니츠키는 달마티아에 사는 다양한 종족 주민들과 아드리아해 주변 섬들의 거주자뿐만 아니라 이집트인과 인도인, 아일랜드인들로부터 지지 약속을 받아냈노라고 보고할 수 있었다. 그는 튀르크인과 플랑드르인들로부터도 고무적인 반응을 끌어냈다. 또한 카탈루냐인들과도 교섭했다. 그런가 하면 캘리포니아의 중국인 노동자들과도 접촉했다. 이 모든 그룹에서 파견된 특사들이 피우메를 오가거나 이탈리아 본토에서 열린 비밀 회합들에 참석했다.

영국 정보원과 외교관들은 세계적 차원의 반영 민족주의 운동과 연

단눈치오의 작전보좌관 귀도 켈러

관 있는 피우메 연맹을 날카로운 눈으로 감시했는데, 과연 이 주제와 관련된 영국 외무부에 남아 있는 방대한 메모가 그 점을 입증하고도 남음이 있다. 이탈리아 내무부도 그와 마찬가지였다. 기대에 부푼 말과 협력 및 연대에 대한 열렬한 약속이 난무했지만, 단눈치오는 피우메 연맹에 대한 기대감 섞인 뜨거운 분위기를 병사와 대포로 바꿔내기 위해 효과적으로 자원을 동원하지는 못했다.

당시 피우메에서 공연되던 지적 서커스의 연기 지도를 맡은 단눈치오의 대리인은 다름 아닌 그의 작전보좌관인 귀도 켈러였다. 켈러는 전쟁이 발발하고 몇 달 후 베네치아에서 단눈치오를 알게 되었는데, 풍경화를 그리는 화가이자 풍경화를 그릴 때의 태평함으로 죽음을 거역하는 조종사라는 평을 얻고 있었다. "모든 진정한 영웅처럼", 주리아티는 운을 뗀 뒤 이렇게 말했다. "그는 거만하게 으스대는 것을 경멸했다. (…) 모든 위대한 희극배우처럼 그는 거의 웃지 않았다." 켈러는 가볍게 여행을 다녔고 나체로 해안을 산보하는 것을 좋아했다. 전쟁 이전에 그는 노출 혐의로 몇 번인가 체포되기도 했다. 그는 전시에 세운 위업으로 세 개의 은성 무공 훈장을 수여받았는데(훈장 세 개가 받을 수 있는 최대치였다), 받은 훈장들을 결코 패용하고 다니지 않았다. 극도로 날카로운 검은 눈과 무성한 검은 수염, 결사대원 스타일로 긴 머리를 마치 말꼬리처럼 정수리로부터 얼굴 앞으로 늘어뜨린 그의 모습은 정말이지 놀랍게 보였다.

그는 고도로 엄숙했던 단눈치오의 피우메에 일련의 블랙 유머를 도입했다. 전시 취리히에서 다다이스트들*이 어리석은 학살로 귀결된 세계질서를 해체하는 방식으로 반예술과 횡설수설을 만들어내기 시작했

·

다. 켈러는 그들의 평화주의에 공감하지는 않았지만 그들의 무례함과 외설성, 부조리한 장난 취향은 공유했다. 한번은 정찰 비행으로 세르비아 영토 상공을 날다가 비행기 엔진이 고장 나서 황급히 수도원 마당에 동체 착륙을 해야 했다. 거기서 그는 작은 당나귀 한 마리를 봤고, 무작정 당나귀가 좋아졌다. 수도사들이 수도실 문 앞에 서서 그에게 고함치는 동안에도 그는 침착하게 비행기를 수리한 다음—이 가엾은 짐승을 기체 버팀대에 묶은 채—기체를 이륙시켜 안전하게 착륙한 후 이 짐승을 단눈치오에게 선물로 주었다.

20대 이상의 트럭을 탈취함으로써 '신성한 입성식'을 가능하게 한 사람도 켈러였고, 지속적으로 필요한 자원을 훔치며 단눈치오의 우스코키를 충원하고 지휘한 사람도 켈러였다. 제5의 계절에 우스코키는 해적질 대신 테러리즘으로 전공을 바꾸었다. 1920년 1월 26일 우스코키 대원들이 휴전선을 넘어 때마침 트리에스테로 향하던 이탈리아 육군의 한 장군을 매복 공격하여 포로로 잡고 피우메로 압송했다. 거기서 장군은 한 달 동안 관저에 구금되었고, 지나칠 정도로 정중하게 대접받으며 (단눈치오의 피우메에 대한 그의 공공연한 적대감에도 불구하고) "성스러운 대의에 대한 신념과 위협받는 도시의 수호자들에 대한 존경심"을 선언하라는 압박을 받았다.

당시 피우메는 디오니소스적인 도취 상태에 빠져 고통에 허우적대는 도시처럼 보였고, 단눈치오는 이 도시의 신이었다. "단눈치오"라는 말이

• 1915년 이후 유럽과 미국에서 반문명과 반전통을 외치며 일어난 전복적 경향의 문화 운동인 다다이즘의 추종자들을 말한다. 마르셀 뒤샹의 '레디메이드'가 다다이즘의 가장 유명한 상징으로 남아 있다.

극장에서건 다른 공공장소에서건 어디서나 울려 퍼졌고, 그 말 한마디만으로도 청중을 일으켜 세우고 미친 듯한 "만세"라는 괴성을 내지르게 할 수 있었다고 맥도널드 신부는 자못 불쾌하다는 투로 쓰고 있다. 여성들은 단눈치오가 군단병들과 함께 행진할 때면 어김없이 꽃을 던졌다. 그의 부하들은 그와 가까이 있으려고, 그를 만지려고, 그의 자필 서명을 얻으려고, 단 몇 초만이라도 그와 이야기하려고 경쟁했다.

단눈치오는 저녁 시간 대부분을 부하 장교들과 질펀하게 어울려 식사하며 보내거나 때때로 자세를 낮춰 일반 사병들과 뒤섞여 식사하는 퍼포먼스를 행하며 보냈다. "소음과 고함, 정신 사나운 숭배와 광기로 가득 찬 저녁"이었다. 그는 자신의 총애를 공정하게 분배하는 데도 신중을 기했다. 아닌 게 아니라 그가 한 사단을 매우 자주 방문하자, 이에 질투심을 느낀 다른 사단의 병사들이 기관총을 휘두르며 그의 총애를 독점한 사단의 막사를 공격한 일도 있었다.

거의 10년쯤 전 파리에서 단눈치오는 눈치 없이 자신의 대머리에 대해 위로의 말을 건넨 한 프랑스 숙녀에게 자신은 "초인의 두개골"이 자랑스럽다면서 이렇게 말했다. "마담, 미래에는 대머리가 아름다움의 대명사가 될 겁니다." 그의 예언은 거의 믿을 수 없는 것이었음에도 실현되었다. 피우메 주교가 언급했듯이, 당시 피우메에서 그의 헌신적인 지지자들은 "사령관의 수많은 캐리커처"가 되었으니 말이다. 정말로 그들은 머리를 박박 밀었다(스킨헤드 패션의 시작이었다). 또한 작고 뾰족한 수염을 길렀다. 그들은 흰 장갑과 외알 안경을 착용했고, 단눈치오가 그러했듯이, 움직일 때마다 강한 향수 냄새를 풍겼다. 누군가는 "장교들은 사탕을 먹었고 (…) 여성들의 매력을 추구했다"고 보고했는데, 이 또한 그들의 존경하는 주인님을 흉내 낸 것이다.

코흐니츠키는 당시 피우메에서 오갔던 대화가 얼마나 입에 발린 장황한 말인지 잘 알고 있었는데, 이렇게 된 것도 단눈치오의 사도들이 자기네 주인님의 특기, 즉 환상적으로 에둘러 말하기를 흉내 내려고 했기 때문이다. 그냥 "두 달"이라고 말하면 될 것을 "열정의 60일 낮과 비통의 60일 밤"이라고 말하는 식이었다. 단눈치오의 언어적 매너리즘도 모방의 대상이 되었고, 그의 사고방식도 그러했다. 주교는 이렇게 썼다. "위대함의 전염이야말로 피우메에 사는 모든 사람에게 치명적인 위험이었다. 실제로 전염성 강한 광기를 모든 사람이 따라하고자 했다."

미래주의자이자 결사대원이며 이른바 '결사주의'의 대변인인 마리오 카를리에게, 피우메는 "케케묵은 천 개의 전통"을 "기념비적으로 걷어찰 수 있는" 훌륭한 기지처럼 보였다. 단눈치오는 피우메에서 행한 한 연설에서 깃털 모자를 벗어 자신의 대머리를 보여주었다. 그는 말하기를, 군대의 신이 자신에게 적들보다 더 강한 머리를 주셨다고 했다. 그러면서 청중에게 이렇게 말했다. "여러분은 모두 강철 머리입니다!" 강철 머리Testa di Ferro는 피우메의 캐치프레이즈가 되었고, 그가 찬미자들로부터 감탄의 괴성을 끌어내기 위해 언급한 말 중 하나였다. 카를리는 이를 피우메에서 1920년 2월 1일 창간한 자신의 신문 제목으로 삼았다.

카를리에게 "세계 혁명의 중심지"로는 두 곳이 있었다—한 곳은 모스크바였고, 다른 한 곳은 피우메였다. 그는 피우메의 정치적 에토스를 "우리의 볼셰비즘"으로 묘사했고, 혁명의 러시아적 변종과 연관지으려고 했다. 피우메 연맹을 위해 소련의 후원이 필수적이라고 본 코흐니츠키의 견해도 이와 마찬가지였다. 공산주의 러시아는 "우리 시대에 정신적으로 살아 있는 요소들" 중 하나였다.

당시 레닌과 그의 측근들은 거대한 영지의 통제권을 두고 각축을 벌이면서 단눈치오의 작은 모험에 관심을 둘 여력이 조금도 없었다. 그러나 그들은 단눈치오의 모험을 호감어린 시선으로 바라보았다. 한 이탈리아 공산당 대표는 이렇게 선언했다. "단눈치오의 운동은 완전히, 심오하게 혁명적이다." 계속해서 단언하기를, "레닌조차 모스크바 대회에서 그렇게 말했다". 그러나 단눈치오가 소련과 교섭하며 1920년 3월에 코흐니츠키와 소련의 '공식 사절'로 묘사된 엔지니어 보도보소프 사이의 회합을 성사시키려고 했을 때, 보도보소프는 회합을 거절했다.

단눈치오의 정치적 입장이 무엇인지 정확히 파악하는 것은 점점 더 어려워졌다. 코미소는 코흐니츠키와 퍼스트가 세계적 차원의 공산주의 혁명의 불가피성에 대해 떠들 때 단눈치오가 그들의 말을 정중히 듣고 있는 모습을 보고 기뻐했다. "그는 경청한 다음 밖으로 나갔고 예전에 결정한 대로 행동했다."

"모든 고대의 신념은 배반당한다. 모든 고대의 공식은 균열된다." 『강철 머리』의 사설은 그렇게 공포했다. "우리는 우리 신념을 제시할 것이고 우리의 유일하고 경이로운 지도자 가브리엘레 단눈치오 외의 다른 어떤 사람에게도 복종하지 않을 것이다." 그의 숭배자들('숭배자'라는 표현도 그렇게 강한 것이 아니다)은 대의가 아니라 인간을 따르고자 했다.

단눈치오가 홀로 외출하기는 어려웠다. 그가 총독 관저 밖으로 한 발짝만 나가도 외침이 들릴 것이고 군중이 몰려들 것이었다. 자신의 인기에 의해 감금된 그는, 자기 집에 자신만의 굴을 만들었다. 그의 침실 여기저기마다 각종 깃발과 군기가 걸려 있었다. 향수병으로 뒤덮인 탁자도 있었다. 쿠션으로 가득한 소파도 있었는데, 그는 이 소파에 몸을 쭉 뻗고 누워 상상의 나래를 펴거나 루이사 바카라와 "최후의 관능"을 즐겼는데, 자신들이 사랑을 나누는 모습을 전략적으로 배치된 큰 거울을 통해서도 볼 수 있었다. 종종 그가 병참이나 외교 혹은 병사들의 속보 행진(그는 보고하기를 "오늘 우리는 뛰다시피 했다") 등의 문제를 놓고 장관들과 협의할 때도, 그의 마음은 언제나 이 은밀한 개인 침실에 가 있었다. 그는 적어도 루이사에게 그렇게 말했다.

포도주와 설탕을 뿌린 꽃잎을 즐기던 시절은 끝나가고 있었다. 연료 부족 사태가 발생했다. 사병뿐만 아니라 장교들에게도 보급 식량이 점점 부족해졌다. 1920년 3월에 단눈치오는 루이사에게 피우메에는 꽃이 없노라고, 자신의 화병이 모두 텅 비어버렸노라고 말해야 할 지경이었다.

단눈치오의 오랜 낭비벽은 예전 그대로였고, 그의 추종자들도 그를 따라했다. 그리고 단눈치오와 참모진의 가계 경제를 관리하는 재무 관련 부서가 부패했다면, 도시 전체의 경제는 놀랄 정도로 잘못 운영되고 있었다. 단눈치오의 사령부가 군단병들에게 봉급을 지불하고 보급품을 공급했으며, 시의 지출은 평의회가 책임지고 있었다. 이 두 개의 분리된 예산의 균형을 맞추는 일로 잡음이 끊이질 않았다. 데 암브리스는 자신의 사령관만큼이나 경제 문제에 대해서는 무관심한 것으로 보였다. 1920년 2월의 시점에 그는 경제 상황을 통제하고 있다고 발표했다. 그러나 한 달 후에는 피우메가 겨울을 나기 위해 필요한 식량과 연료를 전부 외상으로 구매했고, 그래서 이제 공급자들이 대금 지불을 요구하고 있으며, 창고는 "사실상 텅 빈 채로 더 이상 물품을 공급받을 가능성도 없는 상태"임을 인정해야 했다.

1920년 2월 단눈치오는 지금까지 자신이 만들어낸 예술작품 중에서 아마도 감정적으로 가장 강력하고 가장 냉담할 정도로 무책임한 작품을 창조했다. 그는—니티의 잔인한 봉쇄의 결과로—피우메가 더 이상 어린아이들을 먹여 살릴 수 없다고 선언하면서 애국적인 이탈리아인들에게 그러잖아도 목숨이 위태로운 피우메 아기 수백 명을 입양하라고 요구했다. '전투 동맹'을 대표하는 일군의 밀라노 부인들이 적절한 때에 커다란 깃발을 들고 피우메에 도착해 약 250명의 피우메 아기를 본토에서 기르기 위해 데려갔다. 니티—홍보의 달인 앞에서는 풋내기나 다름없는—는 처음에 이 아이들을 본토에 상륙시킬 수 없다고 했지만, 여론이 악화되자 물러날 수밖에 없었고, 결국 아이들은 이탈리아의 각 가정으로 입양되었다. 이런 방식으로 단눈치오는 자기 자신의 아이들도 포기한 남자였음에도 불구하고 이번에는 수백 명의 아이를 돌보는 선량하고 사랑 넘치는 아버지라는 인상을 성공적으로 각인시킬 수 있었던 반면, 니티에게는 굶어 죽어가는 죄 없는 아이들에 대한 원조까지 거부한 냉혈한의 역할을 떠넘겼던 것이다.

루이사 바카라에게는 경쟁자들이 있었다. 1920년 2월 21일 단눈치오는 (언제나 그렇듯이) 자신이 바르바렐라라는 이름을 지어준 한 여성과 "관능, 진한 키스, 망각"과 "야만적 섹스"를 즐기고 있었고, 다음 날에는 세 명의 여성 방문객을 맞이했다—한 명은 "작은 비앙카"였고, 다른 한 명은 이름 모를 "매끄러운 갈색 피부의" 여성이었으며, 세 번째 여성은 "메라노Merano의 작은 애인"으로 불린 여성이었다. 이들 네 여성은 서로 스와핑 관계에 있었고, 단눈치오가 언급했듯이 침대 파트너 수가 많을수록 통상적인 수준 이상의 쾌락을 제공해주었다.

피우메는 원래의 민간인 인구에다 2만여 명의 군인까지 덧붙여진 채 일종의 군대 야영지가 되고 군의 방침에 따라 운영되었다. 그러나 군단병들은 스스로가 이미 명령에 불복종하여 피우메로 왔거니와 규율에 고분고분하게 복종하지도 않았다. 이 비행 청소년들은 귀도 켈러 주변에 모여들었다. 켈러는 원래 "최대로 무질서한 것"에 마음이 끌리는 인간형이었고, 이 비행 청소년들을 가장 대담한 자들로 간주하고 있었다. 개중에는 이탈리아의 지지자들이 사령부에 보낸 상당한 액수의 돈을 횡령한 "붉은 해적"도 있었는데, 이자는 감옥에서 석방된 직후 켈러에 의해 전도유망한 "행동대원"으로 발탁되었다. 또한 켈러가 자신의 개인 당번병으로 고용한 군단병도 있었는데, 이자는 어느 날 저녁 총을 들고 창문에서 무차별적으로 난사하기도 했다. 그런가 하면 켈러가 우연히 알게 된 세 명의 젊은 아나키스트도 있었는데, 켈러는 "퇴폐 여관"에서 해시시를 지나치게 많이 피운 나머지 바닥에 뻗어 기절해 있던 이들을 데려왔던 것이다.

그 밖에 한가한 조선소에서 거칠게 살던 사람들도 있었다―탈영병과 범죄자들, 신분증도 없이 피우메에 도착한 도피 중인 미성년자나 기타 도주자들이었다. 니티의 정보원들이 보고하기를, 이 "혼탁한 무리"는 너른 창고에 기거했는데, 창고 주변에는 무장 차량이 줄지어 늘어서 있었고, 만성적인 연료 부족에도 불구하고 낮이나 밤이나 엔진을 켜놓고 있었다고 한다. 켈러는 이곳을 조사차 방문하면서 반 벌거숭이들과 무거운 금속, 거친 노래로 가득한 거대한 모험의 무대를 발견했다. 이곳은 그야말로 지옥의 천사들로 북적이는 소용돌이 모양의 지하세계였다. 내뿜는 증기와 끝없는 기계음 한가운데서 남자들은 방치된 배들의 뱃머리에서 바다로 다이빙하거나, 다른 이들은 피우메-부다페스트 철로 위에 방치된 움직이지 않는 엔진들을 가동시키려고 끙끙거리며, 또 다른 이들은 부둣가의 거대한 크레인들 위를 기어 올라가는 등 모두가 "아름답고 자신감 넘치며 반쯤 미친 듯하고 즐거워 보였다". 켈러는 이들이 유용할 것이라고 생각했다. 그는 이들을 비정규군 부대로 편성했는데, 부대 이름은 "죽음의 백인대" 혹은 "필사의 군단" 등 다양했다. 켈러는 이 부대를 단눈치오에게 제공했는데, 단눈치오는 이들을 자신의 경호대로 삼았다. 그들은 피우메의 공적 생활에서 가장 두드러진 집단이기도 했다. 잘생기고 거칠며 폭력적인 그들은 가슴을 풀어헤친 채 거리를 행진했다. 야간에는 진짜 수류탄을 사용해 전쟁놀이를 하기도 했다. 전쟁놀이 중에 죽는 사람도 있었다.

단눈치오와 켈러는 서로를 못살게 굴었다. 그들은 서로 장난을 치면서도 장난이 과해 껄끄럽기도 한 기묘한 관계를 맺고 있었다. 공적으로는 자못 거들먹거리며 진지한 태도로 임했던 단눈치오도 사석에서는 장난기가 발동했고, 특히 최근에 친해진 젊은 켈러와 함께 있으면 긴장이 풀어지는 걸 느꼈다. 켈러는 참모본부에 없었고, 바다가 보이는 한 호텔 방에 묵고 있었다. 거기서 그는 2월의 냉기에도 불구하고 벌거벗은 채 발코니에서 햇볕을 쪼이곤 했는데, 그럴 때면 항상 독수리를 곁에 두었다. 그는 독수리가 자신의 뻣뻣한 검은 머리 속에 부리를 파묻고 다듬어주는 걸 좋아했다. 단눈치오는 그가 시간을 어떻게 보내는지 듣자마자 한 군단병에게 명령을 내려 켈러가 목욕하러 들어갈 때까지 기다렸다가 그의 독수리를 가져오라고 했다. 명령대로 일이 진행되었다. 독수리가 없어진 걸 알고 흥분한 켈러가 타월만 두른 채 거리로 뛰쳐나왔다. (종종 그러했듯이) 마침 집회가 거행되고 있었다. 행진하던 일군의 결사대가 세미누드 상태의 행동대장을 알아보고는 그에게 경례를 붙였다 ─ 손에 단검을 쥔 채 팔을 쭉 뻗어서 말이다.

켈러는 그렇게 자신에게 도발할 수 있는 자는 피우메에서 단 한 명뿐이라고 추측하면서 집으로 돌아와 도전장을 작성했다. 결투가 필요했다. 강탈자─그가 누구라도─는 그와 대적해야 할 것이었다. 결투를 청하는 편지가 그의 심복들을 통해 관저에 전달되었다. 단눈치오는 쾌활하게 자신의 소행을 인정하고는 독수리를 돌려주었다. 이제 독수리는 이탈리아 삼색기 리본과 표찰을 목에 걸고 있었는데, 표찰에는 독수리가 미래 제국의 기별을 갖고 왔다고 라틴어로 쓰여 있었다. 결투는 없었다. 사령관은 도전장을 갖고 온 켈러의 두 심복과 독수리를 자신의 차에 태워 돌려보냈다. 그들이 군중이 운집한 거리를 뚫고 돌아오는 그 짧은 시간에도 결사대는 매일 그러하듯이 유명한 자동차 주변으로 몰려와 차 안의 독수리를 향해 환호성을 보내고 있었다.

어느 누구도 유고슬라비아가 지속되리라고는 예상하지 못했다. 그것은 하나의 민족이 아니라 괴물 소굴, 그러니까 단테가 상상한 지옥의 소굴이 지상에서 재현된 곳이라고 단눈치오는 말했다. 그것은 부분적으로는 비잔티움적이고, 부분적으로는 로마적인데, 이곳에서 "베오그라드는 명령하고 사라예보는 음모를 꾸미며 자그레브는 협박하고 류블랴나는 입에 거품을 문 채 대들며 가톨릭과 정교와 이슬람은 서로를 갈기갈기 물어뜯는다". 당시 1920년의 시점에 아무리 정보에 밝은 논평자라도 서로 적대적인 주민들이 으르렁대며 피의 역사를 가진, 얼기설기 급조된 신생국 유고슬라비아가 거의 70년씩이나 생존할 거라고는 절대 예상할 수 없었을 것이다.

이탈리아 정부는 유고슬라비아의 구성 요소들이 서로 갈등을 일으키게 할 방안을 궁리하고 있었다. 피우메의 불법 전초기지도 이와 마찬가지였다. 1919년 가을에 주리아티는 단눈치오에게 주문하기를, 피우메를 감싸고 있는 슬라브 주민들을 무차별적인 적이라기보다는 잠재적 지지자 집단으로 보라고 했다. 사령부는 몬테네그로인 및 크로아티아인들과 접촉했고, 주리아티는 세르비아인들이 동료 유고슬라비아인들을 과잉 통치하는 것에 대한 적대감을 이용하려고 배후에서 분주하게 움직였다. 그가 피우메를 떠난 후 1920년 초에 단눈치오는 한 통신문에서 이렇게 말했다. "아무리 크로아티아인이라고 한들 세르비아의 멍에에서 벗어나려 한다면 내게로 올 것이다." 그해 봄 내내 그는 유고슬라비아를 다시 종족 집단들로 해체하여 이탈리아가 원하는 영토를 움켜쥘 수 있도록 하는 봉기를 획책했다. 그가 말하기를, 혁명은 조만간 "폭발"할 것이었다. "나는 운동을 이끌 수 있다. 나는 해방자로서 자그레브에 입성할 수 있다. 모든 준비가 완료되었다."

루이사 바카라는 단눈치오 주변의 젊은이들에게는 인기가 없었다. 피우메는 소년다운 모험의 장소였지, 성인의 섹스 파트너에게 어울리는 곳이 아니었다. 위험천만하게도 원정대를 구성하여 해안을 따라 내려가는 임무가 논의되었을 때, 루이사는 자신의 연인이 이 모험에 나서는 것을 바라지 않았다. 그러다가 연합군 전함들과 마주치면 어쩌나? 그러다가 어뢰 공격을 받으면 어쩌나? 귀도 켈러와 그가 총애하는 조수인 코미소는 어이없게도 그녀가 로마 정부의 정보원임에 틀림없다고까지 추론했다. 그들은 그녀를 제거하기로 결정했다.

카니발 주간이 왔을 때 켈러는 '축제'를 조직하라고 명했고, 코미소는 사랑의 성Castle of Love이라는 옛날 게임을 재현해보면 어떻겠냐고 제안했다. 전해지는 말로는 중세 트레비소에 나무로 만든 성이 세워졌다고 한다. 도시에서 가장 예쁜 젊은 여성들이 성안에 갇혀 음식과 꽃을 던져주는 구혼자들에게 "포위"되었다는 것이다. 켈러는 해변에서 파티 겸 모의 전투를 계획했는데, 이때 루이사 바카라가 이끄는 피우메 여성 부대가 전설과 유사하게 '성'(실제로는 가설 목욕탕)에 갇히도록 꾸몄다. 당시 피우메에서 각 민족을 대표하는 그룹은 각자의 배를 보유하고 있었다. 헝가리인과 슬라브인, 이탈리아인들이 해상 모의 전투와 해변에서의 '마상 시합'에서 경합을 벌일 터였다. '성'에 갇힌 문제의 여성들을 누가 차지하느냐를 결정하기 위해서 말이다.

단눈치오는 이 게임이 "너무나 단눈치오적"이라는 흥미로운 이유로 게임을 불허했다. 그는 이제 사령관이었다. 골동품에 탐닉하는 시인이 아니었던 것이다. 그리고 역사 이야기가 어떻게 공연되는지를 직감으로 아는 그로서는 구태여 유사 중세적 성격의 에로틱한 게임을 벌이고 싶지도 않았다.

단눈치오가 게임을 불허한 것은 그로서는 다행이었다. 당시 켈러와 그를 추종하는 일부 급진파는 공안위원회라 불리는 조직을 만들었는데, 이는 의도적으로 위협적인 역사를 떠올리게 했다. 그렇듯 켈러는 다다이스트적인 로베스피에르*로서 사랑의 성 게임도 일종의 숙청으로 의도했다. 그것도 아직 스탈린주의적 의미의 숙청이라는 말이 나오지도 않았을 때 말이다. 광란의 춤 파티에서 켈러가 "과거의 사람들"로 점찍은 일단의 사람들이 "붙들려 배에 태워져 어디론가 이송될" 것이었고, 이때 루이사도 "암탉처럼 우리에 갇혀" 무인도로 이송되어 격리될 터였다.

---

* 프랑스 혁명기 산악파의 지도자로서 공안위원회와 혁명재판소를 통해 혁명의 급진화를 추구하며 공포정치를 주도했다(1758~1794).

단눈치오의 군단병들이 썰물처럼 빠져나갔다. 일주일에 750명이 떠났다. 그는 『망루』에 실은 글에서 지금까지 피우메에 왔던 군단병들이 얼마나 용감했는지, 나아가 이 경이로운 도시에 들어서는 순간 "갑자기 당신들이 하나의 화염으로 바뀌었다"는 점을 상기시켰다. 그러나 지금은 얼마나 바뀌었는지! 그는 비난조의 단어를 마구잡이로 사용했다. 오명, 위증, 위반, 포기 등. 배신자들은 예수 그리스도를 세 번이나 부정한 성 베드로와 같았다. 그들을 가게 하라. 남아 있는 사람들이 그의 죽음과 영광을 공유하리라. 진정한 사도들이 그리스도의 죽음과 영광을 공유했듯이 말이다.

그가 자신의 구절들 중 하나를 반복할 때마다 이 구절은 과도한 멋과 과도한 권위를 갖게 되었는데, 군단병들은 이 구절을 우렁차게 외치며 그에게 되돌려주었다. 그럴 때면 군단병들은 좋아하는 곡의 첫 소절이 나오자마자 무슨 노래인지 알아채고 따라 부르는 로큰롤 팬들과 같았다.

단눈치오와 데 암브리스는 헌법, 즉 '카르나로 헌장'을 작성하고 있었다. 1920년 3월경 초안이 완성되었다.

헌장에 기술된 정치 제도들은 고대 아테네의 민회와 중세 이탈리아의 코뮌 정부, 베네치아 공화국의 제도 등 다양한 사례를 모델로 삼고 있다. 헌장은 과연 아나코-생디칼리슴의 교리에 따라 "성과 인종, 언어, 계급 혹은 종교와 관계없이" 모든 시민에게 "집합적 주권"을 인정하면서 권력을 탈집중화하고 있다. 또한 양원제 의회가 설치되었는데, 두 의회는 보편 선거제로 선출된 의회로서 1년에 1~2회만 회합할 것이었다. 단눈치오는 의원생활을 할 때 거의 가보지도 않은 몬테치토리오*에서 지루하게 보낸 기억을 떠올리면서 의회 회합은 "극히 짧고 압축적으로" 해야 한다고 명시한다. 위대한 연설의 명인은 다른 사람들의 연설을 듣고 싶지 않았던 것이다.

정부의 진짜 활동은 9개의 '코포레이션'에 의해 이루어질 것이었는데, 코포레이션들은 각기 수행하는 작업에 따라 규정된 공동체의 각 부문을 대표했다—선원 코포레이션도 있었고, 장인 코포레이션도 있었으며, "민중의 지적 꽃다발" 코포레이션(교사, 학생, 예술가) 등이 있었다. 모든 시민은 이 코포레이션들 중 하나에 반드시 참여해야 했다.

아이딜리스 참사회College of Ediles **가 (고대 로마에서처럼) "도시의 아름다움"과 공적 기념식의 상당 부분에 대한 책임을 맡을 것이었다. 창조성은 공적 의무가 되었다. 모든 코포레이션은 "각자 별도의 기념식과 의례를 개최하기 위해, 즉 가능한 한 장엄하게 보일 수 있도록 연중 축제와 게임들에 참여하고 망자를 추념하며 지도자를 칭송하고 영웅들을 기리기 위해…… 각자의 휘장과 상징, 음악을 고안할 것"이었다.

거대한 건물도 세워질 것이었다. 일찍이 단눈치오와 두세가 로마 근교의 알바니 언덕에서 구상한 것과 유사한 대형 극장이었다. 한 번에 1만 명의 관객이 "교회 사제들이 신의 은총이라고 명명한 것과 똑같이 무료로" 극장에서 열리는 음악회에 참석할 수 있을 것이었다. 이 유토피아에서는 종교가 아니라 음악이 대중의 아편이 될 터였다.

헌장에 묘사된 헌정 체제에 사령관을 위한 자리는 없었다. 그러나 단눈치오가 채워야 할 정치 구조에서의 또 다른 공백이 있었다. 곧 "램

• 로마에 있는 이탈리아 국회의사당 건물.
•• 아이딜리스Ediles, Aedilis는 고대 로마 공화정에서 축제와 경기, 제사, 치안 등을 주관하고 공공 건축물 관리를 감독하는 관직의 이름이다.

프로 환하게 밝힌 시민의 성소에서 대표되는 열 번째 코포레이션"이 있었는데, 이 코포레이션의 성격과 기능은 마법의 주문으로 감싸여 있어서 도리 없이 헌법의 원문으로만 묘사될 수 있다. "그것은 민중의 신비스러운 힘을 위해 마련된 것이다. 그것은 미지의 천재에게, 새로운 인간의 출현에, 노동과 일상의 이상적인 변형에, 성취된 영혼의 해방에 바치는 상징이다." 여기서 미지의 천재란 니체의 초인과 다소 유사하게 들리며, 유일하게 가능한 방식으로 이상적인 것이 육화된 존재란 물론 단눈치오 자신이었다.

단눈치오의 동시대인들은 대부분 헌장이 외관과 의례를 지나치게 강조하는 것을 보고 이것이야말로 단눈치오가 경솔하기 짝이 없는 한물간 무언극 배우에 지나지 않는다는 증거라며 조롱했다. 물론 단눈치오가 정통했던 예술과 공동체의 집단 감정에 대한 조작이 갖는 중요성을 곧바로 꿰뚫어본 사람들도 있었다. 바로 무솔리니와 미래의 파시스트들, 즉 피우메에 체류한 적이 있는 파시스트들이었다. 정치적 교리는 이 교리를 홍보하는 예술이 없다면 무기력할 뿐이었다.

4월에 우스코키 해적단은 말 도둑떼로 변신하여 최근 해산된 이탈리아 정규군 연대에 속했던 46필의 건강한 기병대 말을 포획하여 피우메로 데려갔다. 단눈치오는 기뻐 어쩔 줄 모른 채 답례했다. "나의 젊은 해적들이여!" 그토록 신속하게 포획물을 피우메로 몰고 가는 동안 그들은 "흡사 극동의 동굴에서 태양신의 말들을 포획한 것처럼 흐린 아침에도 환하게 빛났다."

단눈치오에게 그들의 습격 행위는 환생한 토르콰토 타소와 같은 시인에 의해 경축될 가치가 있는 위업이었다. 그러나 이탈리아 주둔군 사령관인 페라리오 장군에게 그것은 단눈치오가 그렇게나 오래 피우메에 머물 수 있도록 눈감아주는 대가로 쌍방이 암묵적으로 합의한 양해 사항을 위반한 것이었다. 페라리오는 말들을 돌려달라고 요구했고, 만일 사흘 안에 돌려주지 않는다면 지금까지의 형식적인 봉쇄를 실질적인 봉쇄로 전환하겠다고 으름장을 놓았다. 예컨대 기차는 더 이상 피우메에 도착하지 않을 것이었고, 밀가루나 기타 식량도 반입되지 않을 것이었다. 이 대목에서 역사가들에게 흥미로운 점은, 그런 으름장이 도리어 그 이전까지의 이른바 봉쇄라는 것이 그저 생색내기에 지나지 않았다는 점을 명확히 자인하고 있다는 것이다. 그러나 단눈치오에게 이 으름장은 "순교한" 도시의 "고문받고 굶주리는 육신"에 가해진 "악랄하고 잔혹한" 금수 조치였다. "병원에는 더 이상 약이 없게 될 것이다. 지친 아이들을 먹일 우유도 없게 될 것이다." 그는 니티에 대해 분노를 터뜨렸고, 봉쇄를 실행하고 있던 이탈리아 정규군 병사들에 대해서는 애원도 하고 비난도 했다. 그는 이 에피소드를 "즐거운 포식자들"의 활기찬 장난에 과잉 반응하는 짐승 같은 억압자들의 이야기로 간주했다.

이 에피소드는 또 다른 장난으로 끝났다. 단눈치오는 46필의 말을 페라리오의 참모본부에 되돌려주었다―돌려준 말들은 원래의 윤기나는 것이 아니라 피우메에서 점점 줄어드는 비축분 가축들로서 모두 뼈만 앙상하게 남았다. 이는 장군을 조롱거리로 만들 뿐만 아니라 아이들을 먹일 우유는 물론이고 말에게 먹일 사료도 없는 피우메의 절망적인 궁핍 상황을 효과적으로 보여주는 방식이었다. 그는 하나의 성명서를 발표했는데, 이는 신비적이고 무의미하며 허세를 부리고 야유할 뿐 아니라 반항하는 글이었다.

우리는 46마리의 네발짐승을 훔쳤네.

우리는 굶어 죽고 체포되며 처형될 자격만 있다네.

우리는 물러날 것이라네.

그러나 나는 지난 밤 예언서의 말도 훔쳤음을 고백하는 바일세……

두려움과 더불어Cum Timore.

봄이 찾아오면서 피우메 군단의 일상적인 행진은 좀더 축제 같은 분위기가 되었다. 군단병들은 제비꽃으로 가득한 초원을 가로질렀다. 그들은 아몬드 나뭇가지와 복숭아꽃을 꺾어 군기처럼 휴대했다. 그들은 무거운 군화를 쿵쾅거리며 큰 소리로 노래를 불렀고, 이 무리 중에서 키가 가장 작고 나이도 많을뿐더러 자신의 "쑥대밭이 된 얼굴"을 늘 의식하는 단눈치오도 이들을 따라 노래를 부르며 즐거워했다.

단눈치오의 정치는 시학의 정치였고, 그의 시학은 감각의 시학이었다. 단눈치오 치하의 피우메에서 정치 집회는 자연스레 거리 축제로, 나아가 러브인love-in•으로 넘어갔다. 젊다는 것과 열정적이라는 것은 그 자체 애국적 의무였다. "광기와 소란의 시기였다." 그렇게 한 참여자는 썼다. "무기 소리가 들리고, 나지막이 사랑을 나누는 소리도 들렸다." 도시를 가득 메운, 어디에도 얽매이지 않은 이 젊은이들을 상대할 여성도 많지 않았다. 동성애가 허용되었다. 단눈치오는 어느 날 창밖을 보다가 서로 손 잡고 도시 뒤의 언덕으로 함께 걸어가는 결사대원 커플을 지켜보면서 애정 어린 투로 이렇게 말했다. "페리클레스의 시대에서처럼 커플이 되어 산보하는 나의 병사들을 보라." 맥도널드 신부는 이

• 1960년대 히피들이 개최한 사랑의 집회를 말한다.

　　　　　　　　　　　　　　　　　3부 전쟁과 평화

탈리아 장교들이 "매춘부처럼 화장하고 분을 바른" 모습을 보고 충격을 받았다. 한 이탈리아 군의관은 서로 다른 통증을 느끼는 15명의 환자에게서 총 150건의 성병이 발견되었음을 보고하기도 했다. 단눈치오 자신이 매독에 감염되었다는 소문도 돌았다(더 정확히는 이미 파리생활의 "낙인"을 이곳에 갖고 왔다).

피우메의 "제5의 계절"에서 봄이 여름으로 바뀌자, 결사대원들은 옷을 훌렁 벗고 강에서 목욕하며 거의 러닝셔츠와 팬티 차림으로 거리를 활보했다. 코미소는 "연애 사건이 무한정 있었다"고 말한다. 도시 배후에 있는 언덕 위 공동묘지는 밤에 사랑을 나누는 커플로 가득 찼다.

보급 식량이 점점 더 바닥나기 시작했다. 1920년 3월에 케이크와 비스킷, 초콜릿, 캐러멜의 판매가 금지되었다. 달콤한 제과류는 더 이상

부사관 군복을 입고 병사들과 식사하는 장면을 연출한 단눈치오

없었다. 기본 식품은 배급되었고, 상점에 식품이 있을 때도 노동자들은 식품을 살 돈이 없었다. 단눈치오는 배고픈 부대와의 연대감을 과시하기 위해 허름한 부사관 군복을 입고 병사들과 함께 식사하는 장면을 연출해 사진으로 남겼다.

4월에 피우메의 노동조합들이 최저임금을 지키기 위해 총파업을 호소했다. 단눈치오는 사용자 연맹과의 협상에서 중재자로 행동했다. 그는 노동자들의 처지에 공감했지만(그는 여전히 노사관계에 대해 줄리에티와 연락을 주고받고 있었다), 이 모든 일에 따분함을 느꼈다. 그는 원한 맺힌 말이 오가는 토론장에 앉아 있으려니 답답한 회의실에 갇혀 죽을지도 모른다는 조바심이 났다. 다른 때라면 제비꽃을 꺾으러 야외에 나가 있었을 시간에 말이다. 그는 생활 물가(그가 항상 생각하고 싶지 않았던 주제)에 대해 토론이나 하려고 피우메에 온 것이 아니었다. 그는 노동자들의 적정 임금 수준을 확보하는 데는 아무런 관심도 없었다. 다만 그는 "격렬한, 보석 같은 불꽃hard gem-like flame"으로 이 지겨운 모든 것을 태워버리고 싶었다.

그는 주로 제조업자와 사업가로 이루어진 민족 평의회와 점점 멀어졌다. 그들은 단눈치오가 노동자들의 대의를 내세우자 당황했다. 또 단눈치오는 단눈치오대로 그들이 자신에게 자문도 구하지 않고 말썽꾼들(대부분 노조 활동가)을 도시에서 추방하는 등 멋대로 행동하는 것에 화가 나 있었다. 500명의 노동자가 체포되었다. 로코 바달라 대위가 이끄는 현지 경찰이 주요 노동조합 한 곳의 사무실들을 기습하여 폐쇄했는데, 이 모든 일은 단눈치오의 동의를 구하지 않은 채 벌어졌다. 요컨대 피우메 행정에 대한 그의 장악력이 사라지고 있었다. 1920년 4월 시장과 민족 평의회의 몇몇 대표가 니티를 만나 단눈치오가 도시에 몰고 온 "무질서와 부패, 광기"에 자신들이 얼마나 분노하고 있는지를 말하기 위해 로마에 갔다.

5월 우스코키 일당이 식량을 가득 실은 트리에스테발 헝가리 선박에 몰래 올라탔다. 그들은 선박의 석탄 칸에 숨어 거의 석탄에 파묻힌 채로 밀항을 했기 때문에 며칠이 지나자 모두 새까매졌는데, 승무원들에게 선상 반란을 일으켜 피우메로 항로를 변경하라고 설득했다. "우리는 여덟 달 치 빵을 구했다!"라며 단눈치오는 기뻐했다. 그것은 빵과 물고기의 기적이 재현된 것이었다. 그것은 새로운 화체설이었다. "어제 어두운 비탄 속에서 우리는 피로 성찬식을 가졌다. 오늘 우리는 남자다운 평정심을 되찾아 신이 보내주신 빵으로 성찬식을 가질 것이다." 그것은 하늘에서 내려온 동아줄이기는 했으나, 추락을 멈추게 할 정도로 튼튼한 동아줄은 아니었다.

1920년 5월 바달라 대위가 750명의 부하를 이끌고 피우메를 떠났다. 단눈치오는 그들의 탈주를 일종의 정화로 해석했다. "우리는 더 이상 불량한 양심에서 나는 악취에 구역질하지 않아도 된다." 그는 배신자들에 의해 거부당하고 있었다기보다는 오히려 배신자들을 거부하고 있었다. 단눈치오에게 그들의 도덕적 타락은 썩어 문드러져 끈적거리는 걸어다니는 시체처럼 끔찍했다.

단눈치오의 혐오로 가득한 수사학이 추종자들을 자극해 폭력으로 이끌었다. 탈영병들이 휴전선에 접근했을 때, 그들은 결사대의 기습 공격을 받았다. 세 명이 죽고 몇 명이 다쳤다. 『망루』의 1면 전체가 이 사건에 할애되어 결사대가 "고귀한 피"를 흘리며 어떻게 "반역자들"을 징벌했는지를 떠들어댔다.

다시 이탈리아로 시선을 돌리면, 단눈치오의 지속적인 반항으로 정부의 권위가 심각하게 훼손된 가운데 이탈리아인들은 서로 싸우고 있었다. 사회주의자들은 그해, 즉 1920년 5월까지 자신들의 지지자 145명이 경찰에 의해 목숨을 잃었다고 주장했다.

선거 패배로 심하게 동요한 파시스트 운동은 빈사 상태에 있었다가 돌연변이를 일으켜 좀더 악성적인 형태로 다시 성장하기 시작했다. 파시스트 운동의 부활은 이탈리아의 동북쪽 모퉁이에서, 그러니까 이스트리아반도를 사이에 두고 단눈치오의 피우메와 바로 마주보고 있는 트리에스테와 그 인근 지역에서 시작되었다. 트리에스테는 휴전 이후에야 다시 이탈리아 영토가 된 곳이었다. 트리에스테 주민들은 피우메 주민들처럼 여러 종족이 섞여 있는 상태였다. 이곳의 파시스트 그룹은 종종 "변경 파시스트들border fascists"로 알려졌는데, 이들은 이데올로기만큼이나 인종에 관심이 지대했다. 그들은 사회주의를 비난했지만, 그들의 일차적인 적은 그들 사이에 있는 슬라브족이었다. 단눈치오가 선포한 "제5의 계절" 마지막 몇 달 동안 트리에스테 주위에서 파시스트 폭력은 점점 빈번해지고 흉악해졌다. 신문사 사무실들은 습격당해 폐허가 되었다. 슬로베니아인과 크로아티아인들은 괴롭힘을 당했고, 사회주의자들의 집회는 해산되었다. 노동조합 사무실들도 불에 탔다. 사회주의자들은 총격을 받아 사망하기도 했다.

트리에스테 외에 다른 곳에서도 파시스트들이 대거 충원되는 두 번째 물결이 일었는데, 이 물결을 지배한 정신은 첫 번째 물결 때의 참호 정치와는 사뭇 달랐다. 규율과 위계를 신성시하는 군사적 에토스를 대신하여 범죄적 정신 상태가 들어섰다. 전쟁 직후에는 희생과 헌신의 담론이 우세했다. 반면 새로운 파시스트들은 처벌받을 걱정 없이 자행하는 폭력에 도취되었다.

경제도 대중의 분위기와 마찬가지로 요동쳤다. 물가가 전쟁 이전에 비해 4배로 뛰었다. 5월에는 토리노에서 폭력적인 시위가 발생했다. '노동자 평의회Workers' Councils'가 공장을 점거했다. 온건파도 민족주의 우파와 마찬가지로 사태의 심각함을 느꼈다. 이 노동자 평의회는 러시아 소비에트의 재판으로 보였다. 니티는 5만 명의 병사를 토리노에 파견했다. 붉은 혁명의 위협으로 감지된 사태에 폭력적으로 반응한 것은 단지 파시스트 행동대원들만이 아니었다.

이탈리아 국내 정치가 점점 양극화되는 동안 피우메에서 단눈치오는 자신의 상상을 차용한 것이라면 어떤 이념이든 포용했다. "어떤 것에도 놀라지 말라. 당장 내일이라도 그는 이슬람 수도자의 의식을 집전할 수 있고 이집트의 가장 개명된 아랍인들과 환상적인 불빛 아래에서 함께 춤출 수도 있을 테니까." 카를리는 그렇게 썼다. "이처럼 천 개의 모습으로 변신할 수 있다는 것, 그것은 천재의 특권이다. 그것이야말로 그가 변치 않고 기적적으로 그 자신으로 남아 있을 수 있는 비결이다."

천재만큼의 특권이 없는 다른 사람들은 점점 사태의 심각함을 느꼈다. '카르나로 헌장'은 9월에 가서야 공표되었지만, 그에 대한 소문은 이미 널리 퍼졌다. 소문에 따르면, 헌장은 충격적일 정도로 평등주의적이고 독립적인 공화국을 선포하고 있는데, 이는 단눈치오가 피우메를 이탈리아를 위해서가 아니라 그 자신을 위해서 장악하려는 의도를 보여준다는 것이었다. 아바치아에 있는 카빌리아 장군은 수많은 정보원의 눈과 귀를 통해 단눈치오의 "가장 뛰어난 장교" 다수가 "사령부의 혁명적 태도에 염증을 느낀 채" 사령관 곁을 떠난 것을 알고 있었다.

피우메의 지적 생활은 점점 열기를 더해가고 인습 타파적으로 변해 갔다. '완성을 향한 자유 영혼 동맹'은 감옥의 대안과 "도시 미화"에 대해 토론하고자 무화과나무 아래에서 회합을 가졌다. 좀더 순수한 형태의 '이탈리아적인 것'을 요구하는 민족주의자들도 있었다. 그런가 하면 지구상에서 가장 멀리 떨어진 곳에서 나온 교리를 차용하려는 국제주의자들도 있었다. 또한 반세기 후 캘리포니아에서 나타날 경향과 얼추 비슷하게 피우메의 대항 문화 사상가들은 인도를 계몽의 전진 기지로 봤다. "행동에의 열정…… 천재성과 신비의 분노"에 매료된 단체인 '요가'는 힌두교에 심취한 베네치아 출신 장교의 머릿속에서 나온 발명품이었다(1880년대에 『바가바드기타』를 읽었던 단눈치오도 베네치아 장교의 열정을 공유했다). '요가' 회원들에게 초인과 노예의 니체적 구분은 힌두 모델에 따라서도 공식화될 수 있었다. 그들은 카스트 제도를 채택하여 "영적 능력"에 따라 지위를 할당하자고 제안했다. 그 밖에 자본주의와 화폐와 현대 산업과 도시를 매도하고 동양 신비주의에 심취하며 자연으로 돌아가 지구의 리듬에 따라 단순하게 생활하자고 주장한 원조 히피 단체인 '갈색 연꽃Brown Lotuses'도 있었다. 반면 '붉은 연꽃Red Lotuses'도 있었는데, 이들은 성적 사랑으로 변형되는 새로운 세계의 도래를 선포한 현대판 디오니소스 찬미자들이었다. 심지어 명쾌한 동성애자 선언을 발표하여 "신성한 사랑"에서의 하나됨과 "성자와 광인처럼 소진하며 사는 것"에 매료된 그룹도 있었다.

피우메에서 니체적 정신에 장단을 맞춰 파티를 열 줄 알았던 귀도 켈러도 '요가 축제Festa Yoga'를 조직했다. 이 단체의 초대장에는 "깊은 바다 속 심연에서의 춤. 아프리카 숲속에서의 춤. 선과 악을 넘는 춤. 집회! 자유 영혼들"이 약속되어 있었다.

1920년 6월 니티가 권좌에서 내려왔다. 단눈치오는 가짜 장례식을 거행하고 복수의 여신을 찬양하며 이를 축하했다. 그가 이 '카고이아', 즉 "죽은 자들을 순무를 위한 거름으로 이용한" "악취 나고 얼빠진 떠버리"에게 토해낸 그 모든 욕설을 후렴구처럼 되풀이하면서 말이다. 그러나 니티의 실각은 그에겐 오히려 재앙이었다.

니티에 이어 은퇴해 있던 졸리티가 총리직에 올랐는데, 그는 일찍이 1915년에 단눈치오가 반역자로 낙인찍었던 인물이다(이제 졸리티는 78세의 고령이었다). 파리에서 연합국 열강은 결국 피우메에 대해 아무것도 결정하지 않겠다고 결정했으며, 이탈리아인과 유고슬라비아인들이 알아서 협상을 통해 해결할 문제로 내버려두었다. 니티보다 더 자신감에 넘친 졸리티는 단눈치오를 무시하면서 유고슬라비아와 협상에 돌입했다.

피우메에서 카니발의 분위기는 어둡게 바뀌고 있었다. 코흐니츠키에 따르면, "아무런 위험 없이 그렇게 오래도록 숭고함을 유지할 수 있기란 불가능하다". 그해 여름의 뜨거운 밤에 "에이아, 에이아, 에이아! 알랄라!"라는 외침이 공원과 부둣가에서 울려 퍼졌는데, 이 소리는 환희에 차 있었지만 동시에 위협적이기도 했다. 피우메에는 폭력의 냄새가 진동했다. 맥도널드 신부는 이렇게 묘사한다. "피우메가 아니면 죽음을, 이라는 외침과 잔혹 행위, 가두의 폭탄 투척, 명사들의 투옥이 횡행했다. 특히 명사들이 투옥된 것은 그저 단눈치오의 지지자가 아니라는 이유에서였다—바로 이런 것이 피우메가 통치된 방식이었다. 이 역겨운 코미디가 언제까지 지속될 것인가?"

희생자 대부분은 비이탈리아인들이었다. 헌장상으로만 보면, 단눈치오와 데 암브리스는 크로아티아 시민들의 존재를 인정하여 자신들의 원대한 국가 체제에 통합시켰으나—그들이 원한다면—독자적인 크로아티아 코뮌을 만들어 이탈리아 코뮌들과 동등한 권리와 자유를 향유하는 것도 허용했다. 그러나 헌장의 문구가 아닌 현실에서 단눈치오는 유고슬라비아에 욕설을 퍼부으며("발칸의 돼지우리" 혹은 "죽어가는 오스트리아 독수리의 토사물에서 태어난 '짐승'") 새로운 국가 체제에 포함될 다양한 종족 집단에 대한 증오심을 확산시켰을 뿐이다. 가령 세르비아인들은 "포악한" 종족이었다. 그들은 여자들의 가슴을 베고 요람의 아기들을 살해했다. 그는 크로아티아 이웃들에 대해서도 경멸적으로 "크로아탈리아Croataglia"•라고 불렀다. 그는 크로아티아인과 세르비아인들뿐만 아니라 슬라브족 일반을 "돼지치기들"이라며 비웃었다.

크로아티아 시민이나 세르비아 시민들은 거리에서 체포되어 수사크로 추방되기 전에 극장에 수용되었다. 강제로 폐쇄된 그들의 집은 이탈리아인들에게 분양되었다. 실업과 기아가 인종 간의 긴장에 기름을 부었다. 슬라브 노동자와 이탈리아 사용자들 사이의 노사 분규가 종족 갈등과 뒤섞였다. 군단병들은 수사크로 통하는 강을 건너고 거리를 활보하면서 크로아티아 시민들을 위협했다. 그들은 위조된 증명서를 내보이며 자신들이 비밀경찰이라고 주장하면서 가택을 침입하여 귀중품을 "몰수"했다. 이런 사태를 트리에스테에서 관찰한 차넬라에 따르면, 피우메는 "중세적이고 부조리하며 유치한 통치의 멍에 아래에서 신음한다. 시민들은 자신들의 집에서조차 더 이상 안전하지 않고 (…) 농민들은 가축을 지키려면 자기네 침실에 숨겨야 할 판이다".

• '크로아티아'와 '잘리다' 혹은 '납작하다'라는 뜻의 '탈리아taglia'가 합성된 표현이다.

한 이탈리아 장교와 그의 운전기사가 스팔라토(스플리트)에서 세르비아 부대의 공격을 받고 사망하는 사건이 발생했다. 이 사건은 피우메에서 분노한 군중의 시위를 야기했고, 단눈치오는 세르비아인들이 분뇨를 흘리며 디오클레티아누스 황제의 궁전 홀을 더럽히고 있다면서 온갖 욕설을 퍼부었다.* 이 사건과 관련된 추념식도 거행되었다. 죽은 자들은 스팔라토에 매장되었으나, 이에 개의치 않고 단눈치오는 장례식을 피우메에서 거행하라고 명령했다.

이미 폭력에 무감각해진 군단병들은 존경하는 '두목capo'에게서 이웃이 적이라는 말을 귀에 못이 박히게 들어온 터라 거의 제정신이 아닌 상태에서 "크로아티아인들의" 상점과 집을 방화했다. 이에 단눈치오는 그들에게 막사로 돌아갈 것을 명령했고, 사령부는 "정치적으로 불온한 개인들"에 대해 "특별 감시"에 들어가겠노라고 발표했다. 그러나 실제로 감시 대상은 군단병이 아니라 슬라브인들이었다.

전쟁 이전에 번성했던 도시의 산업들이 일시적으로 마비되었지만, 적어도 하나의 산업만큼은 여전히 활발하게 돌아가고 있었다. 수류탄 제조업이 바로 그것이었다. 군사 훈련도 실탄을 사용하여 이루어졌고, 부상자도 속출했다. 군단병들은 실제 화염방사기로 모의 전투를 벌였고, 피 흘리며 그슬린 채로 훈련에서 돌아왔다. 단눈치오가 피우메를 통치한 지 열 달째 되는 시점에는 이를 기념하여 바다에서, 산에서, 해안가에서 대포를 발사하며 성대한 군사 훈련이 행해지기도 했다. 당시 단눈치오는 군단 전체를 사열했는데, 사열하는 데 몇 시간이나 걸렸다.

* 스팔라토에는 로마 제국 말기의 개혁 황제인 디오클레티아누스의 궁전이 있다.

그는 대열을 하나하나 지나가면서 병사 한 명 한 명의 눈을 똑바로 마주보며 그들이 초원의 야수처럼 아름답고 억세며 빠르다고, 화염의 벽처럼 강건하다고 칭찬을 아끼지 않았다.

집회를 열고 구호를 외치며 다양한 기념식이 거행되었다. 군단병들은 월계수 가지를 소총에 꽂고 행진했고, 단눈치오는 발코니에서 영웅 숭배와 군사적 용맹을 부르짖는 폭풍 같은 연설을 쏟아냈다. 팡파르도 계속해서 울렸다. 국기도 계속해서 나부꼈다. 이탈리아를 상징하는 붉은색, 흰색, 초록색의 삼색기와 피우메를 상징하는 보라색, 노란색, 진홍색의 삼색기 말이다. 철도역에서도 환영 파티가 벌어져 여인들이 막 도착한 신참 자원병들의 옷깃에 장미 리본을 꽂아주었다.

6월에 피우메의 성자인 산 비토를 기리는 축제 때 거리는 빛나게 번들거리고 항구는 배로 가득 찼는데, 배마다 화환으로 장식되고 랜턴이 달렸다. "그들은 어디서나 춤췄다", 코흐니츠키는 그렇게 기록했다. "광장에서, 거리에서, 부두에서. 매일 낮, 매일 밤 그들은 춤추고 노래했다." 팡파르가 울리고 불꽃놀이가 벌어졌다. "어디를 둘러봐도, 시선 가는 곳마다 춤과 랜턴과 불꽃과 별을 볼 수 있었다." 그것은 "난장판"(단눈치오가 애용한 표현)이었다. 코흐니츠키는 "병사와 선원과 여성과 시민들이 진하게 포옹하고 있는 것을 봤다." 그것은 또한 '죽음의 무도danse macabre'였다. "이글거리는 화염과 빗발치는 포탄 아래서 죽음의 문턱을 오가며 굶어 죽고 망가지며 고통받으면서도 피우메는 횃불을 휘두르며 바다를 마주보면서 춤을 췄다."

단눈치오는 결정적인 조치를 준비하고 있었다. "인내의 여신은 더 이상 할 말이 없다. 내가 지난 밤 그녀의 목을 땄기 때문이다. 이제 용기가 말할 것이다."

8월 30일 그는 피우메 시민들을 향해, 그리고 이튿날에는 다시 군단 장교들을 향해 새로운 헌법인 '카르나로 헌장'을 소리 높여 낭독했다. 이 연설은 관저 발코니에서가 아니라 피우메의 페니체 극장에서 이루어졌다. 최대 인파로 가득 찬 극장은 열기로 후끈했다. 단눈치오는 시련의 은유를 동원하여 시련을 새로운 질서가 제련되는 용광로로 묘사했다. 그는 청중에게 이렇게 말했다. "헌법 조항들은 바로 여러분의 것입니다. 여러분의 영혼이 그 조항들을 썼습니다. 여러분이 가진 단검의 칼날로 잘려 뾰족해진 독수리의 깃털로 새겨졌습니다."

일부 장관은 헌장의 제9항(소유권이 절대적이지 않음을 암시한)이 삭제되어야 한다고 항의했다. 그렇지 않으면 피우메로의 투자 유치를 희망하는 것은 공염불이 될 거라고 지적했다. 코포레이션도 걱정스럽기는 마찬가지여서 노동조합과 유사해 보였고, 이를 통해 "도시가 노동자들의 수중에 들어갈 것" 같았다. 단눈치오는 걱정하지 않았다. 그는 참호로 가득한 풍경 한가운데 서서 군단병들에게 이렇게 말했다. "우리는 생명의 도시를 위한 토대를 마련했습니다."

그는 "이탈리아로의 병합이 조만간 이루어질 것입니다. 확실하게 이루어질 것입니다, 에이아, 에이아, 에이아, 알랄라!"라는 열렬한 구호로 연설을 마무리했다. 그런 울부짖음이 일체의 비판을 삼켜버렸을 때도, 만일 피우메가 이탈리아의 일부가 된다면 그래도 피우메에 독자적인 헌법이 필요할 것인지 의심을 품는 사람들이 있었다. 원래 데 암브리스가 기초한 초안에서 피우메는 '공화국'으로 규정되었다. 단눈치오는 자신의 지지자들 중 군주제주의자들을 달래려고 '공화국'이라는 단어를 '섭정Regency'이라는 단어로 슬쩍 바꿔치기했다. 그러나 정작 단눈치오는 바람대로 자신의 도시를 병합하게 될 국가로부터는 점점 더 멀어지고 있었다. 이제 그는 "이탈리아식으로" 생각하는 것은 천박하고 비겁하며 가식적으로 생각하는 것이라고 말하기까지 했다.

단눈치오의 측근 중에는 이탈리아에 대항하여 반란을 일으켜야 한다고 재촉하는 사람들도 있었다. 카를리의 『강철 머리』는 피우메가 "경이로운 섬"이며, 그 민중은 "미래로 진군하는 모든 민족의 전위이자…… 우리 힘의 씨앗을 세계에 파종할…… 소수의 신비로운 창조자"라고 공언했다.

여기서 힘은 비유적인 것일 수도 있고 실재하는 것일 수도 있다. 단눈치오와 함께 제5의 계절을 살았던 다른 많은 이처럼 데 암브리스에게도 피우메의 정치적 변형은 더 광범위한 혁명을 위한 실험이었다. 데 암브리스는 단눈치오에게 피우메가 "이탈리아를 병합"하고 거기서 자신들의 원대한 헌장의 노선에 따라 조직된 새로운 사회를 수립해야 한다고 말했다. "이탈리아는 현자를 요구하고 현자를 기다린다. 가장 개명된 이들은 그 현자가 바로 가브리엘레 단눈치오라고 생각한다." 오직 단눈치오만이 프롤레타리아트와 부르주아지와 군부를 통일할 수 있을 것이었다. 귀도 켈러도 이에 동의했다. 그는 피우메 자체에는 별로 관심이 없었다. 그에게는 이탈리아 혁명으로의 일보 전진, 그리고 "이탈리아 다음에는 세계로의" 일보 전진만이 중요했다.

수십 년 동안 단눈치오는 독재의 비전을 갖고 장난을 쳤다. 그는 국가가 전능한 철학자-왕에 의해 통치되어야 한다고 주장한 플라톤에게 찬사를 보냈다. 또한 가리발디를 대리석처럼 번쩍이는 인물로, 모든 불평분자와 폭도의 지배자로 형상화하기도 했다. 그의 희곡 『영광』에서는 주인공 플람마가 "가장 위중한 순간에 필요한 진실한 인간이자 가장 자유로운 인간 영혼"으로 나온다. 『영광』은 그 명쾌하고 경이로운 예지력으로 인해 나중에 파시스트들로부터 찬사를 받았다. 그러나 단눈치오는 그 작품을 쓰면서 무솔리니의 도래를 예언하지는 않았다. 그저 자기 자신을 위한 배역을 창조하고 있었을 뿐이다. 전쟁 이전 프랑스에서 그는 점쟁이 여인을 만났는데, 그녀는 단눈치오가 "일종의 왕"이 될 거라고 말했다(혹은 그렇게 말했다고 그는 주장했다).

그러나 지지자들의 재촉에도 불구하고 그는 루비콘강을 건널 준비가 되어 있지 않았다. 데 암브리스는 이탈리아에서의 봉기를 위해 무솔리니와 협약을 맺자고 제안했는데, 이 봉기에서 단눈치오는 "천재성"을 제공할 것이었고 무솔리니는 인력을 제공할 것이었다. 그러나 이제 자신의 권위에 자신감이 붙은 무솔리니는 다른 사람을 위해 반란을 일으키는 것에 관심이 없었고, 단눈치오는 항상 그러했듯이 마음을 정하지 못하고 있었다.

피우메의 민족 평의회는 '카르나로 헌장'에 만족할 입장이 아니었다. 단눈치오와 그의 군단을 직접 상대하느라 신경이 곤두선 평의회 위원들은 법적 테두리를 넘지 않는 선에서 지연책에 의존했다. 9월 8일 평의회는 해산하고 '집행 위원회'로 대체되었는데, 그 목적은 '카르나로 헌장'을 "숙의할" '제헌의회' 의원들을 선출하는 새로운 선거를 6주 안에 준비하는 것이었다. 단눈치오는 이런 식의 관망적 태도라면 질색하는 인간이었다. 그는 『망루』를 통해 하나의 포고문을 발표해 모든 피우메의 민중에게 바로 그날 저녁 관저의 발코니 아래에 모이라고 요구했다. "오늘 여러분이 도시의 운명을 결정할 것입니다." 사이렌과 종소리가 울렸다. 란다초의 군기도 펼쳐졌다. 광장은 입추의 여지가 없었다. 단눈치오는 이 순간이 피우메의 미래를 위해 "결정적인 시간"이라고 부르짖었다. 그런 다음 그는 자신의 권위로 "이탈리아 카르나로 섭정국"의 수립을 선포했다. 그가 언제나 요구해왔던 "생명의 행위"는 곧 쿠데타였음이 입증되었다.

민족 평의회를 대표한 그로시치가 항의했다. 단눈치오는 그에게 오만하게 답했다.

노예들의 무리가 우리에게 항의하고 반대한다.

아주 좋다.

투쟁이여 오라.

우리는 싸울 테니.

단눈치오의 군단에 반대할 기력이 없는 평의회는 마지못해 동의했다. 그러나 헌장의 말은 결코 행동으로 이어지지 않았다. 지금부터 단눈치오는 자신의 행정부를 섭정국으로 불렀으나, 어떤 것도 실현되지 못했다. 코포레이션도, 거대한 음악당도, "마음을 뛰게 하는 사실"도 하나 없었다.

9월 12일. '신성한 입성식'의 1주년이 되는 날이었다. 단눈치오는 새로운 표준을 제시했다. 자신의 꼬리를 먹는 뱀을 테두리로 하여 황금색 별들이 그려진 자주색 국기가 바로 그것이었다. 또한 새로운 피우메 우표를 발행하기도 했다.

9월 20일. 이탈리아 통일 50주년 기념일이었다. 거리는 꽃으로 장식되고 자갈길 위에 월계수 가지가 뿌려졌다.

9월 22일. 도시 전체 차원에서 발명가 굴리엘모 마르코니의 방문을 기념하여 시위 겸 거리 축제가 벌어졌다. 단눈치오는 자신의 오랜 친구에게 엄숙한 환영식을 베풀어주면서 그를 "우주적 에너지의 지배자"로 칭하고 이탈리아인의 천재성을 빛의 속도로 우주에 확산시킨 공로를 칭송했다. 마르코니는 피우메의 목소리가 전파를 타고 세계 전역에 울리도록 무선 안테나를 설치하기 위해 이곳에 왔다. 단눈치오는 마르코니의 배인 '엘렉트라'호에 승선하여 선실 스튜디오에서 최초의 방송을 내보냈다.

코흐니츠키의 찬미는 차갑게 식어버렸다. 단눈치오는 더 이상 피우메 연맹에 관심이 없었고, 코흐니츠키는 내부 서클에서 설 자리를 잃어버렸다(귀빈이었던 오스버트 시트웰은 그를 "피우메에서 단연 지겨운 인간"이라고 불렀다). 그는 단눈치오와 처음 만났을 때 슬쩍한 그의 장갑을 아직도 갖고 있었지만, 이제는 때로 자신의 분노를 해소하기 위해 장갑을 펜 지우개로 사용하고 싶은 충동이 일었다.

코흐니츠키의 특사이자 친구인 헨리 퍼스트가 단눈치오의 심복 중 한 사람을 비난하자, 사령관—여전히 권투 선수처럼 튼튼한—이 마치 한 대 치려는 듯 주먹을 들어올리는 날도 살다보니 왔다. 그런가 하면 코흐니츠키에게 작별인사를 할 때 단눈치오가 손을 그에게 잠깐 내밀었다가 오른쪽을 몸을 홱 돌려 순식간에 등을 저버리는 날도 왔다. 모든 사람은 그런 행동이 무엇을 뜻하는지 잘 알았다. 코흐니츠키는 사령관의 총애를 잃은 것이다. 이로써 외무부는 폐쇄되었다.

코흐니츠키와 퍼스트는 사무실에서 짐을 정리할 때 루이사 바카라가 바로 위층 단눈치오의 방에서 바흐의 푸가를 연주하는 소리를 들었다. 그리고 단눈치오의 욕실에서 물이 새 두 사람의 사무실 천장으로 떨어진 것은 사령관이 그들에게 준 마지막 모욕이었다고 할 수 있다. 한때 이들의 우상이었던 사람이 지금 이들의 머리 위에서 애인에게 정신이 팔려 수도꼭지를 틀어놓았던 것이다. 코흐니츠키는 즉시 철도역으로 갔는데, 조금도 거기 있고 싶지 않아서 방금 놓친 기차를 따라 철로를 뛰어가다 기차가 휴전선에서 정차했을 때 올라타고 갔을 정도다.

1920년 9월에 소규모 내전이 시작되었다. 신병 충원을 놓고 경쟁을 벌이던 군단 장교들이 부하들에게 상대방을 향해 전투에 돌입하라고 명령했다. 단눈치오의 장관 한 명이 사령관에게 장교들이 술 취한 약탈자처럼 행동하고 있다고 말했다. 단눈치오는 이 사태에 주의를 기울였으나, 정작 그 자신이 도입한 개혁들 중에는 규율을 강화하기 위해 만들어진 게 하나도 없었다.

그해 여름 '요가' 그룹이 무화과나무 아래에서 벌인 토론 주제들 중 하나는 이 젊음과 화염의 도시 피우메에서 군의 위계는 부조리하고 군율은 억압적이라는 이념이었다. '요가' 회원들은 "상급 장교들을 공식적이고도 폭력적으로 공격"하겠노라고 서약했다. 켈러는 몇 가지 해결책을 세웠다. 즉 지나치게 단정한 뻣뻣한 칼라와 장교들이 쓸모없이 덜렁거리며 차고 다니는 군도를 없애버리는 등 군복을 새로 디자인했다. 과연 홀로 적진에 침투하여 작전을 수행하는 영웅적 개인인 결사대원은 모든 병사의 귀감으로 간주되어야 했다. 그렇듯 켈러는 누구에게도 종속되지 않는 개인적 전사들로 이루어진 전투 부대의 창설을 머릿속에 그리고 있었다. 그런 전투 부대란 곧 중세 전쟁터를 난투장으로 만든 중무장 기사들로 이루어진 부대와 같았다.

　　　　　　　　　　　3부 전쟁과 평화

단눈치오도 그에 동의했다. 10월 27일 그는 군 개혁안을 발표했다. 그는 자신이 구상한 이상적인 부대를 묘사했는데, 비록 소수지만 각자가 모두 하나의 어뢰처럼 치명적인 무기가 되는 그런 부대였다. 한 명의 군단병은 구보하고 점프하고 수영하고 승마하고 역기를 들고 투석하고 나무에 오를 수 있어야 한다. 그는 어깨로 문을 부수거나 낭떠러지에서 점프할 준비가 되어 있어야 한다. 그는 노래하고 춤추고 휘파람을 불고 "인간과 짐승의 소리를 모방"할 수 있어야만 한다. 군단병들은 살인 자임과 동시에 연기자로서 전쟁이라는 단눈치오의 이상적인 무대에서 스타 배우가 될 것이었다. 그리고 소렐이 마음속에 그린 영웅들처럼 한 개인으로서 폭력적이고 고상하며 우아하게 공연하듯 작전을 수행할 것이었다.

더 이상 장교는 없었다. 사령관과 부대원 사이에 존재하는 일체의 중간 서열은 폐지되었다. 전체 군대가 직접적으로, 배타적으로 단눈치오의 명령을 받았다. "생각할 권한은 오직 사령관에게만 있다. (…) 오직 그만이 전쟁을 선포할 권리가 있다." 단눈치오는 부하들을 자유롭게 풀어주었다. 각자는 군 평의회에서 한 표를 행사할 권한을 가졌는데, 군 평의회에서는 가장 어린 신병도 가장 나이 많은 상급 장교와 다를 바 없이 자신의 의견을 개진할 수 있었다. 그러나 단눈치오는 이들을 자신에게 단단히 묶어두었다. "그에게 무제한으로, 전심전력을 다해 복종해야 한다."

군 개혁안은 '카르나로 헌장'과 마찬가지로 실행되지는 않았다. 그렇기는 해도 새로운 군사 규정이 반포된 이후 피우메에 남아 있던 장교 중 다수가 떠났다.

남자들은 떠나고 소년들이 그 자리를 대신했다. 오스버트 시트웰은 피우메에 올 때 열여섯 살짜리 소년 둘과 열차 객실을 함께 썼는데, 이들의 가방에 단눈치오의 시집이 한가득 들어 있는 것을 목격했다. 이로부터 그는 만일 기차가 연착되면 이 소년들은 산을 넘어서라도 피우메로 걸어갈 거라고 예상했다. 그들의 머리에는 단단한 강철이 아니라 시와 사춘기의 불만이 가득 차 있었고, 그런 점에서 그들은 군단 신병들의 전형—열정적이고 헌신적이나 아마도 그리 쓸모는 없는—이었다.

단눈치오의 다친 눈이 그를 괴롭히고 있었다. 남은 일생 내내 그럴 것이었다. 차라리 완전히 보이지 않는 게 나았다. 다친 눈 쪽으로 약한 불빛과 희미한 환각을 보면서 당황하게 되고 주의가 산만해졌다.

켈러와 그의 거친 부하들은 점점 더 들썩거리고 있었다. 그들은 단눈치오를 가리켜 오디세우스를 수년 동안 나태한 생활에 빠뜨린 요정의 이름을 따서 '칼립소'라고 불렀다. 11월 4일 휴전 2주년에 켈러는 단눈치오에게 허락을 구하지 않은 채 비행기를 타고 로마로 천천히 날아갔다. 그는 도시 상공을 선회하면서 의사당 건물에 당근과 조롱의 메시지를 한가득 담은 요강 단지를 투하했다. 바티칸은 성 프란체스코에게 바치는 백장미를 받았다. 켈러는 왕궁 상공에서는 왕비와 이탈리아 민중에게 바치는 붉은 장미 부케를 떨어뜨렸다. 이 상징적인 선물들 중 압권은 한 보병의 낡은 군화 한 짝이었는데, 이는 휴전 기념식이 거행될 예정인 카피톨리노 언덕에 투하되었다. 그러나 기념식은 폭력 사태를 우려하여 취소되었다. 이탈리아는 점점 더 불안해지고 있었다.

저공비행하는 비행기에서 사뿐히 떨어진 메시지와 성 프란체스코를 향한 기원을 담은 꽃, 위협과 재치 있는 농담이 뒤섞인 군화 한 짝, 이 모든 것은 다름 아니라 단눈치오적인 행동이었다. 그러나 그런 행동을 저지른 사람은 단눈치오가 아니었다. 그는 주기적으로 찾아오는 우울증의 먹잇감이 되어 시야에서 사라져갔다.

당대인들의 설명을 통해 단눈치오에게서 특징적으로 확인되는 어떤 것, 즉 무대에서 제 위치를 찾지 못해 우왕좌왕하고 연극 내내 연습한 적 없는 즉흥 연기를 해야 하는 배우의 불안과 같은 어떤 것이 있음을 어렴풋이 눈치 챌 수 있다. 마리네티는 처음 피우메에 도착한 후 그를 보고 단 며칠 만에 그에 대해 이렇게 썼다. "그는 자신의 사업이 지니는 혁명적이고도 결정적인 위대성을 이해하지 못한다." 이 말은 단순히 단눈치오가 자신의 사업을 마리네티가 보는 방식과 다르게 봤음을 뜻하기도 하지만, 동시에 정곡을 찌르는 관찰이기도 하다. 단눈치오는 의회 회기에 출석조차 하지 않은 위인이자, 인간 대중에 대해서는 눈곱만큼도 흥미를 느끼지 못하는 위인이며, 신사들의 대화 주제―사업과 정치, 외교, 돈―에 대해서는 아는 게 별로 없어 불리한 입장에 있으므로 신사들이 출입하는 클럽을 피하는 위인이었다. 그는 그렇게도 바라마지않던 전쟁이 시작되자마자, 알베르티니에게 전쟁의 무료함에 대해 불평을 늘어놓았다. 피우메에서도 그는 때때로 자신의 위대한 사업이 따분하다고 느꼈다. 그는 그런 인간이었다.

그는 혼자였다. 젊은이들로 이루어진 그의 군단―너무나 미숙하고 너무나 다루기 힘든―은 그의 영광스러운 전망에 딸려 있는 빛나는 액세서리였지만, 그들은 단체를 이루고 있었다. 그런가 하면 루이사를 보는 게 즐거웠지만, 그녀는 자신의 스케줄에 따라 오고 갈 것이었다. 단눈치오는 그녀가 피우메를 방문한다고 해놓고선 공연을 핑계로 취소한다면서 반복적으로 그녀를 비난했다. "당신이야말로 이 즐거울 것 없는 투쟁에서 유일한 낙이라는 것을 알 거요. 그럼에도 당신은 콘서트를 내 영혼보다 더 중요한 것으로 여기고 있소! 난 이해할 수 없소, 이해할 수 없소." 그녀의 부재 속에서 그는 상실감에 빠졌다. 그는 오스버트 시트웰에게 "책과 그림과 음악을 사랑했던 그가 어떻게 거기서 수개월 동안 농부와 병사들에게 잡혀 있을 수 있었는지"에 대해 불평했다. 이 특별한 작은 국가, 그러니까 수십 개의 서로 다른 이데올로기가 경합하고 있던 정치적 실험장의 지배자는 지쳐 있었다.

졸리티는 피우메라는 골칫거리에 종지부를 찍기 위해 분주하게 움직이고 있었다. "배신이 가까워졌다", 단눈치오는 그렇게 선언했다. 그는 자신의 유명한 "불구의 승리"라는 구절을 한층 더 발전시켰다. 이탈리아의 승리의 여신은 지금 고통 속에 괴로워하고 있었다. 그녀의 날개는 잘렸고, 더 이상 날 수 없었다. 그녀의 발도 절단되어 더 이상 진군할 수도 없었다. 그녀는 이제 아무짝에도 쓸모없는 제물이 되어 기괴하게 옷을 입고 화장한 채로 보잘것없는 제단으로 옮겨졌다.

1920년 11월 12일 이탈리아 정부와 유고슬라비아 정부가 라팔로 조약에 조인했다. 조항에 따라 피우메는 육로로 이탈리아와 연결되는 독립적인 도시국가가 되었다. 이탈리아는 줄리아의 알프스 지역과 카르소, 차라, 이스트리아반도의 거의 전부, 일부 아드리아해의 제도들을 획득했다. 달마티아의 나머지 지역에 사는 이탈리아인들에게는 이탈리아 시민권이 인정되었다.

이 조약으로 단눈치오가 수년 동안 요구해왔던 것 대부분이 인정되었으나, 조약은 단눈치오의 등 뒤에서, 단눈치오의 허락 없이 이루어진 것이었다. 이탈리아인들이 흘린 피는 새로 획득한 지역의 흙을 적시지도, 정화하지도 못했다. 이는 승리가 아니라 거래였다. 더 나쁜 것은 조

3부 전쟁과 평화

약에 의해 그가 피우메 정부를 인계하고 떠나야 한다는 점이었다. 그는 1년 전 '타협책'이 제의되었을 때의 모습으로 돌아왔고, 당시에 그랬던 것처럼 모든 면에서 비타협적이었다.

다시금 그의 지지자들은 그에게 상황을 받아들이라고 권고했다. 피우메는 유고슬라비아로부터 독립적이 될 것이었다. 상황이 그럴진대 그가 더 이상 요구할 수 있는 게 있었을까? 무솔리니도 그에게 조약을 인정하라고 조언했다. 체케리니 장군도 그렇게 하라고 간청했다. 그러나 이제 확고부동해진 단눈치오는 계속 이탈리아의 피우메 병합을 고집스레 요구했다. 점점 더 격해지는 그의 노선과 앞뒤가 안 맞는 그의 포고문 사이에서 오락가락하다보면 당시 그의 동기가 무엇인지 알기 어렵다. 확실히 말할 수 있는 하나의 동기는 권력을 포기하고 싶지 않은 마음이었다. "나는 대권을 유지해야만 한다", 단눈치오는 장교 한 명에게 그렇게 말했다. "그것만이 이 지루한 것들 속의 유일한 낙이다." 그런데 조약을 받아들이는 대가로 아주 많은 것이 약속되었다는 사실 때문에 단눈치오는 고민에 빠졌다. 그와 군단에게는 "은으로 만든 길과 금으로 만든 다리"가 제공될 것이었다. 그러나 그는 매수당하지 않겠노라고 결심했다. 이제 자신의 순교와 정화하는 피의 수사학에 기대어 자신의 "희생"을 끝까지 밀어붙이기로 했다.

그는 15시간이나 꼼짝 않고 자기 방에 틀어박혔다. 켈러가 루이사 바카라에게 선물한 앵무새와 그레이하운드만이 유일한 벗이 되어주었는데, 이 그레이하운드로 말하자면 마르셀 불랑제가 그해 초 단눈치오를 방문했을 때 "마치 술탄이 천막 속에 숨겨놓은 애첩처럼 관저에서 가장 은밀한 곳에" 숨어 있다가 불쑥 튀어나와 손님을 깜짝 놀라게 한 바로 그놈이었다. 그는 관리들과는 오직 총애하는 장교 한 명을 통해서만 연락했다. 그는 예전의 지지자들(무솔리니를 포함하여)에게 편지를 마구잡이로 발송했으나 답장은 없었다. 단눈치오가 피우메를 탈출하려 했다거나 숙소를 총독 관저에서 출항 대기 중인 항구의 배로 옮겼다는 말이 나돌았다. (이런 소문은 아마 그가 떠나기를 바라는 사람들의 희망 사항이었을 것이다.) 그는 자신의 고립에 비통해했다. "우리는 다시 혼자가 되었다. 모든 사람에 맞서 혼자가 되었다. (…) 혼자다, 우리의 용기밖에 없다. (…) 거대한 음모에 맞서 혼자인 것이다." 그의 발표문은 점점 더 이해 불가능한 것이 되었고, 그의 정치적 입장도 점점 더 오락가락했다. 그는 '대의'를 위해 죽으려고 했다. 그는 이탈리아인처럼 그렇게 배은망덕한 인간들을 위해서는 피를 한 방울도 흘리고 싶지 않았다. 그는 협상할 준비가 되어 있었지만, 결코 타협하지는 않을 것이었다.

이런 그의 비이성적 태도에 실망한 체케리니 장군도, 그러니까 그 존재만으로도 병사들에게 피우메의 대의를 설득할 수 있는 헤라클레스적 풍모를 지닌 그 체케리니 장군도 단눈치오의 거듭된 만류에도 불구하고 도시를 떠났다.

행동을 위한 마지막 기회가 고개를 내밀었다. 여전히 실지회복주의 운동의 대의를 위해 일하던 주리아티가 단눈치오의 군단병들을 피우메에서 차라로 이동시키면 차라에서 총독인 밀로 제독—단눈치오만큼이나 조약에 불만이 많았던—이 봉기를 지원할 것이라고 제안했다. 밀로는 준비되어 있었다. 행동 태세를 갖춘 군단병들도 이렇게 노래하고 있었다. "배신자 정부여, 그것은 바로 너, 그것은 바로 너, 그것은 바로 너/누가 달마티아를 팔아치웠나/우리가 너를 믿는 동안."

그러나 이번에도 단눈치오는 머뭇거리다가 때를 놓쳤다. 주리아티가

3부 전쟁과 평화

피우메에 도착했으나, 단눈치오는 그를 기다리게 했고, 결국 약속대로 만남을 가졌을 때도 그는 너무 바빠 반란을 일으킬 형편이 아니었다. 당시 단눈치오는 자신의 포병대를 위한 새로운 군기 수여식을 계획하고 있었다. 주리아티는 그런 행사라면 차라로 가는 배 안에서도 충분히 치를 수 있을 거라고 제안했다. 그러나 단눈치오는 그렇게 생각하지 않았다. 주리아티는 그에 대해 두 손 두 발 다 들고 베네치아로 떠났다.

단눈치오는 자신의 협력자들을 모두 떠나보내고 난 뒤 라팔로 조약에 따라 유고슬라비아에 할양된 달마티아 해안의 두 섬, 벨리아와 아르베를 점령하라고 군단병들을 파견했다. 그들은 사람보다 더 큰 거대한 청동 종을 갖고 돌아왔는데, 단눈치오는 연설에서 이 종을 종종 언급했다. 그는 종을 개인 서재에 설치했고, 자신의 부적 목록에 추가했다. "오 신비로운 황금색의 청동이여!"

카빌리아 장군은 피우메를 둘러싼 전선에 부대를 증강하고 군단병들을 섬에서 쫓아내며 피우메에 대한 해상 봉쇄를 강화하기 위해 카르나로만에 더 많은 전함을 배치했다. 단눈치오가 한때 "침을 질질 흘리는 사형집행인"이라는 별명을 붙여준 졸리티도 올가미를 서서히 조이고 있었다.

은둔생활clausura을 끝낸 단눈치오는 다시 연설하기 시작했다. 그는 추종자들에게 이렇게 말했다. "우리는 충분히 고통받지 않았다." 그가 서 있는 발코니에서는 도시를 봉쇄하고 있는 전함들이 바다에 떠 있는 것이 보였다. 그는 자신을, 잔이 거두어지기를 바란 예수와 제멋대로 비교했다. 이렇게 비교해놓고서도 양심의 가책을 조금도 느끼지 않을 것이었다. 결코 굴복하지도 않을 것이었다. 대의를 포기하기보다는 죽음을 택할 것이었다(지겹게도 그럴 거라고 말했다).

그는 죽음의 전투를 위해 자기 자신은 물론 자신의 작은 군대도 준비시켜놓았지만, 그의 모든 수사학은 하나의 허구적인 전제에 기초해 있었다. "동족상잔의 비극은 일어나지 않을 것이다." 그의 이 말은 곧 자신의 군단과 이탈리아 사이의 전투는 생각할 수 없다는 것을 의미했다. 그는 오물을 흘리는 슬라브인들과 "크로아탈리아", 더러운 세르비아 돼지치기들에 대해 반복적으로 욕설을 퍼부었다. 그러나 이 적들은 그의 앞에 나타나지 않았다. 도시를 봉쇄하는 전함과 도시를 겨눈 대포, 휴전선을 따라 집결한 부대는 모두 이탈리아를 위해, 조국을 위해 복무하고 있었다. 민족 영웅인 단눈치오는 이탈리아 국가의 적이 되었지만, 이 사실을 도무지 이해하지는 못하는 것처럼 보였다.

귀도 켈러는 지금 피우메를 포위하고 있는 이탈리아 군대의 전선을 뚫고 나가 먼저 트리에스테로 진군하고 다음에는 로마로 진군하자고 재촉했다. 그러나 켈러의 제안은 단눈치오의 장교들에 의해 반박당했다. 이 장교들 중 한 명은 왕의 아주 먼 친척뻘 되는 인물이었는데, 자신은 이탈리아에서 결코 "산적질"을 할 수는 없노라고 선언했다. 단눈치오와 같은 마음이었던 것으로 보인다. 군단은 그냥 피우메에 남았다. 켈러는 루이사 바카라가 단눈치오를 유약하게 만들었다고 욕을 했다. 그는 총독 관저의 계단에서 그녀를 만나자 칼을 그녀의 발 사이에 던져 그녀를 깜짝 놀라게 했다.

이제 추워졌다. 그러나 겨울비가 내리는 야심한 시간임에도 광장에 인파가 몰렸다. 일촉즉발의 위기가 감도는 상황에서 지금까지 군단이 준수하고 있던 최소한의 규율마저 사라지고 있었다. 12월 1일에 데 암브리스는 단눈치오에게 군단병들이 거만한 태도와 약탈로 시민들과 척을 지고 있다고 보고했다. 장교들도 군단병을 통제하기 위한 어떤 조치도 취하지 않았고, 도둑을 경찰에 넘기는 것도 거부했다.

1920년 12월 4일. 산바르바라의 축일. 전설에 따르면, 바르바라가 자신의 기독교 신앙을 부정하기를 거부하자, 그녀의 아버지가 딸의 머리를 잘랐다고 한다. 단눈치오는 선전용으로 그녀의 이야기를 활용했다. 그의 피우메는 이 처녀-순교자였다. 무정한 아버지는 바로 졸리티의 로마였다. 봉쇄는 점점 더 고통스러워졌다. 군단병들은 배고픔에 허덕였다. 단눈치오는 그들에게 어떤 안락함도 베풀 수 없었다—그가 해줄 수 있는 일이라고는 오직 진급시키는 것뿐이었다. 그들은 태워지기 위해 쌓여 있는 장작과 같다고, 그는 군단병들에게 말했다.

12월 5일. 이탈리아 부대가 승선한 첫 번째 배가 라팔로 조약에 따라 차라를 떠났다. 차라의 시민들은 배의 출항을 막으려고 폭동을 일으켰다. 피우메에서 군단병들은 전투 태세에 돌입했다. 단눈치오는 그들을 향해 지금 자기가 기대고 있는 발코니 난간이 우리의 창살처럼 혐오스럽다고 말했다. 그는 당장 우리를 부수고 그 돌들을 투석으로 이용하기를 원했다. 그러자 누군가가 항구에 그런 목적으로 사용할 수 있는 수십 톤의 고철이 있다고 외치며 화답했다. 단눈치오는 이렇게 응수했다. "여러분은 여러분에게서 낡은 고철을 제거하기 전에 먼저 여러분에게서 낡은 민중을 제거해야 합니다." (여기서 그는 러시아 혁명가들이 사용한 "과거의 민중" 대신 "낡은 민중"이라는 구절을 사용하고 있다.) 청중은 힌트를 알아챘다. "반역자들에게 죽음을!" 단눈치오는 인간의 목숨과 감정이라는 자신이 제일 좋아하는 매체를 이용하여 린치를 행하는 폭도를 양산해내고 있었다. "우리는 사령관과 함께한다. 우리는 신념으로 똘똘 뭉쳐 있다. (…) 어디서나 그와 함께한다! 목숨이 다할 때까지!"

12월 6일. 봉쇄하고 있던 전함 두 척의 승무원들이 선상 반란을 일으켜 구축함과 어뢰정을 피우메 항구로 몰고 왔다. 단눈치오는 침울한 태도로 새로 도착한 이들에게 감사를 표했다. "동지들이여, 지금은 저녁이다. 곧 밤이 올 것이다." 그가 말하기를, 그들은 자기와 함께 죽으러 온 것이라고 했다.

다시 이탈리아로 돌아가보면, 단눈치오의 위신은 움츠러들고 있었다. 졸리티는 어떤 기준에서 보더라도 합리적인 방식으로 라팔로에서 이탈리아를 위해 훌륭하게 거래했다. 그는 단눈치오라는 선전과 비방의 도구를 어떻게 활용할지 잘 알고 있었다. 이탈리아 공산당의 공동 설립자 중 한 명인 안토니오 그람시는 피우메에 대한 졸리티의 선전전이 "극히 노골적"이었다고 생각했다. 그람시는 이렇게 요약했다. "군단병들은 오직 인간의 야수적 본능을 충족시키는 데만 혈안이 된 산적 떼로 대표된다." 단눈치오는 "광인이자 연기자, 조국의 적"으로 간주된다. 그람시는 생각하기를, 졸리티의 작전 전체가 놀라울 정도로 성공적이었다. 졸리티는 "동족상잔의 비극, 술과 탐욕으로 미쳐버린 군인들에게 위협받는 개인의 자유와 권리, 절제되지 않는 성욕에 더럽혀지는 처녀성"이라는 주제곡들을 능숙하게 연주하면서 여론을 기민하게 바꿔나갔다.

1919년 가을에 고위 장교들은 부하들에게 단눈치오에 맞서라고 요구하는 것이 불가능하다고 판단했다. 1년 뒤 사정은 달라졌다. 단눈치오의 찬미자들조차 당혹감에 빠져 있거나 인내심이 바닥나 있었다. 그는 라팔로 조약을 받아들이라고 권고하는, 80명의 동정적인 의원이 서명한 편지를 받았다. 같은 날 그는 군단병들에게 보내는 포고문을 발표했다.

여러분의 무기를 손에 들라, 어느 때나.

반란자로 불리는 것을 자랑스러워하라

겁쟁이들의 얼굴에 침을 뱉어라……

죽은 자들의 은총이 내릴지어다.

졸리티는 기한을 설정했다. 그는 단눈치오에게 12월 24일 오후 6시 까지 군단과 함께 피우메를 떠나라고 명령하고 제시간에 떠난 모든 이 를 사면해줄 거라고 약속했다. 단눈치오는 저항할 준비를 했다. 그는 자 신의 모토로 "결코 흔들리지 말라Semper Adamas"를 채택했다. 그는 피우 메를 자신의 화장을 위한 장작더미로 바꾸겠다고 말했다. 그가 죽거나 포로가 될 경우 연료 창고를 불 지르라고 명령했다는 소문이 나돌기도 했다. 즉 번제의 도시가 그 이름에 부응할 수 있도록, 그리고 그와 함께 완전히 소진될 수 있도록 말이다.

12월 21일에 그는 휘하의 모든 장교를 회의장에 소집했다. 그들은 관 저의 그랜드 홀에 모여 그가 긴 탁자의 중앙에 자리를 잡자 예의 "에이 아, 에이아, 에이아, 알랄라!"를 외쳤다. "그 기간에", 라고 코미소는 운을 뗐다. "그는 정말 감탄이 절로 나오는 인간이었다. (…) 그를 끝장내려 하는 정부군에 포위된 채 (…) 그는 아무리 심각한 순간에도 심오하고 시적인 표현을 발견해내는 법을 알고 있었다." 그는 피우메가 전시 상태 라고 선포했다. 그는 발코니에서 그날에만 두 차례나 군중을 향해 연설 했다. 그는 자신의 대의를 위해 기꺼이 죽을 의향이 없는 자들에게 떠 나라고, 건너편의 "사면받은 탈영자들"에게 합류하라고 조롱조로 권유 했다. 그는 말하기를, 자기 곁에 남아 있는 자들에게는 학살만이 기다 리고 있다고 했다. "동족 살해의 명령이 내려졌다."

군단은 방어 태세를 갖췄다. 접근로에 고기잡이 그물을 쳤고, 시내 거리 곳곳을 철조망으로 차단했다. 바리케이드를 치기 위해 수레가 한데 모였다. 아바치아로 가는 도로는 오스트리아군의 구식 대포로 봉쇄되었다. 피우메는 스스로 세상으로부터 봉인되었다.

12월 24일 크리스마스이브에 졸리티의 부대가 피우메 국경선을 따라 진지를 구축했고, 이탈리아 전함들도 항구로 이동했다. 6000명의 군단병에 맞서 2만 명의 정규군이 포진했다. 단눈치오는 부하들에게 시가전을 준비하라고 명령했다. 그의 비행기 한 대가 "형제들을 포위하고 있는 형제들"의 머리 위로 전단지를 뿌렸다. 전단지에는 어머니와 크리스마스의 이름으로 무기를 버리라는 호소문이 쓰여 있었다. 그날의 좌우명은 확실히 "배은망덕한 이탈리아"였다.

졸리티가 단눈치오에게 철수하라고 통보한 시한이 끝났다. 마침내 정규군이 전선을 넘어 철로를 따라 피우메로 진군했다. 단눈치오는 부하들에게 도시에 배수진을 치라고 명령했다. 이는 그가 절대로 원치 않은, 아마도 실제로 가능하리라고 믿지 않은 싸움이었다. 예전 오스트리아의 "토하는 독수리들"이나 슬라브의 "돼지치기"들과의 싸움이 아니었다. 이것은 사랑하는 조국의 군대와 벌이는 싸움이었다.

그날 저녁 조반니 코미소는 몇몇 동료 장교와 식사하면서 이렇게 말하는 여자를 만났다. "당신은 총을 맞지 않을 거예요. 그들도 우리와 같은 이탈리아인들이에요." 코미소는 화가 났다. 화가 난 이유는 부분적으로 그도 자신의 사령관처럼 적의 정체에 대해 애써 부정하고 싶었고 적들이 동포이자 동료 군인("그들은 그저 경찰일 뿐이죠")이라는 사실을 군이 듣고 싶지 않았기 때문이다. 또 다른 이유는 그 자신도 기록해놓았듯이 진지한 남성들 사이의 토론에 끼어든 여성의 존재를 참을 수

3부 전쟁과 평화

없었기 때문이다. 그가 그녀에게 냅다 소리를 치자 그녀는 소스라쳤다. 그런 뒤에 물러가라는 뜻으로 그녀에게 꽃을 주었다. 이내 그와 다른 장교들은 자신들이 임박한 전투에 얼마나 흥분해 있는지에 대해 대화를 이어나갔다. 순간 어디선가 폭발이 일어나 레스토랑이 진동했다. 단눈치오가 수사크로 이어진 교량을 폭파한 것이다. 음식이나 꽃이나 여성(특히 진실을 말하는 여성)에 대해 더 이상 아무것도 생각할 수 없었던 남성들이 거리로 쏟아져 나왔다. 코미소는 자신의 부대를 아바치아를 향해 배치했다, 자신은 도로를 굽어보는 테라스에 설치된 기관총 앞에 자리를 잡고 대기한 채. 순간 인근 집에서 한 여성이 결사대의 군가를 부르는 소리가 들렸다. 그날 밤 전투가 개시되었다.

전투는 사흘 동안 지속되었다. 단눈치오는 이를 "인간사에서 가장 영광스러운 전투"이자 "피의 크리스마스"라고 불렀다. 그는 부대에 반복해서 장광설을 늘어놓았고, 죽는 것이 행복하지 않다면 당장 떠나라고 명령했다. 그는 정규군 병사들을 향해서도 이탈리아 형제들을 격퇴하고 "시체 위를 걸어다니는" 것이 부끄럽지 않느냐고 호통을 쳤다. 그는 문답식 복창 기도로 군단병들을 이끌었다.

승리는 누구에게?
우리에게!
승리는 누구에게?
영웅들에게!

그는 황홀경에 취해 있었다. 그는 제정신이 아니었다. 피우메의 주요 은행의 한 이사에 따르면, "그는 전선으로 달려나가 거기서 죽겠노라고

30분마다 선언했음에도 불구하고 교전지 쪽으로는 가지 못했다. 그의 장교들이 그가 관저를 떠나는 것을 계속해서 만류했다." 그러나 그는 순교할 준비가 되어 있었다. 그는 결코 항복하지 않을 것이었다.

루이사는 상대적으로 안전하게 시장의 집에 머물고 있었다. 단눈치오는 그녀에게 매시간 어떤 사건이 벌어지고 있는지를 기록한 메모를 보냈다. 크리스마스 아침 일찍 그는 이렇게 썼다. "나는 암살자들[충성스런 정규군에 대한 그의 표현]이 6:30분에 공격해오리라고 믿소. 우리는 저항할 것이오." 실제로는 오래 걸리지 않을 것이었다. 그는 점심을 먹으러 그녀에게로 왔으니까 말이다.

그의 낙관론은 근거가 박약했다. 크리스마스 아침에 정규 기병대가 언덕에서 피우메를 향해 기습했다. 기병 결사대의 저항도 수포로 돌아갔다. 어뢰정들도 항구에 출현했고, 기관총 진지들이 부둣가에 설치되었다. 도시 외곽에서는 집집마다 배치된 결사대가 낮은 담 밑에 쭈그리고 있던 정규군을 향해 총을 난사했다. 탄약고가 총을 맞아 큰 폭발을 일으켰다. 시커먼 연기가 바다를 가렸다. 정오경에 단눈치오는 전사자와 부상자들을 애도했고, 루이사에게는 "비탄이 사랑을 버리게 하고 소생시키기에" 이제부터는 그녀를 더욱 사랑하겠노라고 썼다. 그러나 그 모든 화염과 소음에도 불구하고 이 전투는 전력을 다한 싸움이 아니었다. 양편 장교들은 상대방에게 먼저 경고를 보냄으로써 기습의 이점을 일부러 포기했고, 더 이상 전진하지 말라고 간청했다─그들은 상대방에게 총질하기 싫었던 것이다. 코미소는 권총을 버리면서 자기 시력이 나쁘고 "적을 부둥켜안을 정도로 근시"이기 때문에 원거리로 권총을 사용할 수 없다고 변명하기도 했다. 사흘간의 전투로 총 33명이 목숨을 잃었다.

크리스마스 다음 날인 복싱 데이*에 단눈치오가 언급했듯이 황혼 빛이 바다를 적시고 하늘이 핏빛 붉은색으로 물들었을 때 전함 '안드레아 도리아'호가 총독 관저를 향해 함포 사격을 가했다. 포탄 하나가 단눈치오의 숙소 창문을 뚫고 들어와 그가 앉아 있던 곳의 바로 아랫방에서 폭발했다. 창문이 모조리 부서졌다. 회반죽이 천장에서 우수수 떨어졌다. 책상 앞에 앉아 있던 단눈치오도 앞으로 튕겨나가 잠깐 기절하기도 했다. 한 목격자에 따르면, 그는 공황 상태에 빠져 이렇게 외쳤다고 한다. "도와줘! 구해줘!" 장교 두 명이 건물 잔해 사이로 비틀거리며 다가와 그를 잡았다. 그들은 그를 방 밖으로 내보내 층계참에 뉘였다. 앞뜰은 대검과 소총, 수류탄을 휘두르며 이리저리 구보하는 결사대원으로 가득 찼다. 단눈치오는 절반은 부축을 받고 절반은 질질 끌리다시피 하면서 아수라장을 뚫고나와 부둣가에서 차단되어 있는 안전가옥으로 대피했다.

단눈치오는 관저가 피격당했을 때 자신들의 사령관이 위험에 빠졌다고 생각한 여성들이 일제히 발코니로 나와 아기들을 부둥켜안은 채 이렇게 외쳤다고 주장할 것이었다. "이 아이도 이탈리아야! 아이를 가져가! 그러나 그HIM는 안 돼." 그러나 더 믿을 만한 다른 이야기가 있다. 일군의 여성이 시장 집의 대문을 마구 두드리며 단눈치오가 항복하도록 설득해달라고 탄원했다. 자기네 아이를 구하기 위해서 말이다.

포탄은 다가올 일을 경고하는 전조였다. 이탈리아 사령관이 최후통첩을 보내왔다. 단눈치오가 떠나거나 사령관이 폭격을 명하거나 둘 중 하나였다. 시장과 주교, 민족 평의회 위원들이 단눈치오에게 패배를 인

---

* 12월 26일로, 과거 영국 등 일부 유럽 국가에서 공휴일로 기념되었다. 옛날 영주들이 주민들에게 선물을 담은 상자를 나눠준 데서 유래하여 복싱 데이Boxing Day라고 불린다.

정함으로써 도시와 주민들을 구해달라고 간청하러 왔다. 그는 망설였다. 안톤지니에 따르면, 결정장애에 빠져 있던 단눈치오는 동전을 던졌다. 아마도 그는 마음을 정할 수 없었을 것이다. 아마도 그는 굴욕적인 결정의 책임을, 눈을 가린 운명의 여신에 떠넘기고 싶었을 것이다.

그는 그동안 운집한 군중에게 수백 번이나 "피우메가 아니면 죽음을!"이나 "이탈리아가 아니면 죽음!"을 외치도록 선동했다. 그는 죽을 때까지 싸울 준비가 되어 있었다. 나중에 피우메에 진입한 이탈리아 부대들은 군단이 수 주 동안 너끈히 버틸 수 있는 탄약을 비축하고 있음을 발견했다. 그가 그토록 자주 읊조렸던 영웅적 죽음이 눈앞에 다가왔다. 순교자의 왕관이 머리 위를 배회했다. 그러나 '안드레아 도리아'호의 대포가 다시 포격 준비를 갖추었을 때, 단눈치오의 운명의 동전은 항복을 권하는 쪽으로 뒤집혔다. 피우메의 민중은 그가 그토록 오랫동안 요구했던 그 끔찍한 장관을 피할 수 있게 되었다. 죽음과 영광의 사도는 불명예와 목숨을 선택했다. 단눈치오도 거기에 동의했다.

그동안 단눈치오가 용맹한 연설을 수없이 행했음에도 불구하고 그저 포탄 한 발로 몸을 돌려 도주했다고 조롱하는 목소리가 여기저기서 들리기 시작한 것은 자연스런 일이었다. 그러나 그는 겁쟁이가 아니었다. "내 목숨을 수백 번이나 전쟁에 바쳤다. 그것도 미소를 지으면서 말이다", 라고 그는 말했고, 이는 사실이었다. 그는 말하기를, 기쁘게 죽을 수 있었지만, "크리스마스 술판에서 뒹구는" 이탈리아 민중에게는 그런 희생을 감당할 자격이 없다고 주장했다.

애초에 그는 이탈리아인들이 자신을 향해 발포할 거라고는 믿지 않았다. 그러나 실제로 그들이 포격했을 때, 그는 즉각 마력의 불사신으

로서의 능력을 상실했다. '신성한 입성식' 때 아무 탈 없이 적군의 포위
망을 뚫고 통과했을 때의 바로 그 능력을 상실했던 것이다. 그가 잃어
버린 것은 이 능력뿐만이 아니었다. 자기기만의 능력도 잃어버렸다. 피
우메의 민중이 그를 위해 자기네 목숨을 희생하지 않겠노라며 주민 투
표에서 의견을 피력한 지 정확히 1년 만에 '안드레아 도리아'호의 포탄
이 결국 그를 미망에서 깨어나게 했다. 그는 언제나 자신이 있는 곳이
이탈리아라고 선포했다. 그러나 진실은 정반대임을 깨닫게 되기까지는
포탄 한 발로 충분했다. 사실 그가 이탈리아의 적이었던 것이다.

  졸리티는 자신의 적만큼이나 뉴스를 어떻게 이용할지 잘 이해하고
있었는데, 공격 날짜도 신중하게 계산하여 정했던 것이다. 크리스마스
주간에 사흘 동안 전개된 전투는 일간지에 기사화되지 않았다. 그러나
여전히 선전가로서 출중한 능력을 지녔던 단눈치오는 마르코니가 피우
메에 세운 라디오 기지로 하여금 매시간 군단의 용감한 저항을 세계에
알리도록 했다. 이제 그는 패배에 대한 장엄한 스펙터클을 만들 준비를
했다.
  군단병들은 주저하면서, 시간을 끌면서 무기를 내려놓았다. 그들은
자신들의 민중이 "배신"한 것에 격노한 상태였다. 어떻게 이탈리아 부대
가 자신들과 싸우는 데 동의할 수 있었단 말인가? 왜 고국의 이탈리아
인들은 그런 공격에 맞서 분연히 일어나지 못했단 말인가? 왜 그들은
자신들이 학살당하도록 내버려둔 것일까? 그들은 군복에 남아 있는 각
종 배지를 떼버리고, 이를 피우메의 기념우표들로 대신했다.
  단눈치오는 다시 그들을 중앙 광장에 소집했다. 날씨도 음산했다.
총독 관저는 중앙 광장 위 언덕에 부두를 굽어보는 위치에 자리 잡고

있었는데, 관저와 광장 사이에 일련의 긴 계단이 있었다. 단눈치오는 매우 느리게 돌계단을 내려왔는데, 그의 주름진 상아색 안색이 더 창백해 보였고, 군복 위에는 노란색 레인코트를 걸치고 있었다. 그는 자신이 "필사의 군단"에게 수여한 군기를 바라보며 걸음을 멈추고는 군단병들에게 집중해줄 것을 요구했다. 목소리가 터져나왔다. "이건 아무것도 아닙니다, 사령관!" 이는 싸우겠다는 의사 표시였다. 그러나 이걸로 끝이었다.

1월 2일 그는 도시 고지대에 위치한 공동묘지에서 1000명이 넘는 장례 행렬을 인솔했다. "피의 크리스마스" 전투 때 전사한 33명의 관이 월계수 가지와 란다초의 군기로 덮여 있었다. 단눈치오는 침울하게 연설했다. 그러나 우아하게, 친절한 태도로 연설했다. 그 옛날 뭇 여성을 무장해제시키고 뭇 남성을 제 편으로 끌어들인 그런 태도였다. 전사자들 사이에는 "충성스럽고" 동시에 "반란적인" 부대들이 서 있었다. 애도하는 단눈치오는 더 이상 공격적이지 않고 관대했는데, 만일 죽은 자들이 다시 일어난다면 "울고 서로에게 용서를 구하며 서로의 팔에 안길 것"이라는 자신의 믿음을 이야기했다. 그는 무릎을 꿇었다. 장례식에 참석한 군중도 그와 함께 무릎을 꿇었다. 마침내 흐느끼는 소리만이 들리는 적막 속에서 그는 피우메의 이탈리아인들을 자기들의 도시로 돌려보내주었다.

그는 이탈리아 국가에 대항하여 무기를 들었으나, 이탈리아에서 여전히 정부보다 더 많은 추종자를 거느리고 있었다. 그는 처벌받지 않고 떠날 수 있었다. 법에 대한 그의 도전은 결코 좌시할 수 없는 것이었으나, 졸리티는 눈을 감아주기로 했다. 재판도 없었고, 처벌도 없었다.

군단병들은 열차로 이송되었다. 일단의 장교들이 단눈치오에게 작별을 고하러 왔다. 그는 일일이 장교들과 악수했다. 장교 대다수가 흐느꼈으나, 아마도 단눈치오만큼 외로움을 느낀 사람은 없었을 것이다. 그들은 계단을 내려가면서 뒤를 돌아보다가 창가에 서 있는 그의 모습을 봤다. 창문에 비친 그의 얼굴은 파리해 보였고, 그들이 더 이상 보이지 않을 때까지 손을 흔들고 있었다.

그는 1월 18일에 피우메를 떠났다. 패배했음에도 그는 여전히 우상이었다. 피우메 거주자 대다수는 그의 뒷모습을 보며 안도의 한숨을 내쉬었을 테지만, 그럼에도 이들 중 수천 명은 그가 떠나는 모습을 보려고 배웅을 나왔고, 트리에스테 '전투 동맹'의 한 지도자는 먼지투성이의 길가에서 무릎을 꿇자면서 그가 지나갈 때 그의 손에 키스를 하기도 했다.

단 하루 만에 단눈치오는 신과 같은 사령관에서 지친 노인으로 돌아왔다. 그날 안개 자욱하고 에일 듯이 추운 저녁에 그는 베네치아에 도착하여 우리가 앞에서 이미 봤듯이 미리 나와 기다리고 있던 안톤지니와 만났다. 그는 그동안 살았던 집들에서 가져온 온갖 잡동사니가 흩어져 있는 널찍하고 침울한 베네치아의 집에 도착하자마자 곧장 자기 방으로 들어갔다. 그는 할 말이 없었다.

32. 은둔

　1920년 9월 단눈치오가 피우메에서 새로운 헌법 선포식을 축하하고 있을 때 이탈리아에서는 노동자들이 봉기했다. 대략 50만 명의 노동자가 파업에 돌입해 적기(사회주의자)와 흑기(아나키스트)를 휘날리고 노동자 통제권을 요구하면서 공장과 조선소를 점거했다. 거의 한 달 동안 이탈리아인들은 임박한 혁명의 문턱에서 살았다. 레온 트로츠키가 2년 후 공산주의 인터내셔널의 제4차 대회에서 다음과 같이 말했을 때, 그는 사태를 아주 약간 과장했을 뿐이다. "이탈리아 노동 계급은 사실상 국가와 사회와 공장들에 대한 통제권을 장악했다."

　그러나 노동 계급의 리더십은 분열되어 있었다. 각 공장은 고립된 요새에 불과했다. 파업자들의 궁극적인 목적도 각기 달라 합의란 존재하지 않았다. 대체로 졸리티의 능란한 중재 덕에 노동자들은 관대한 조항들―임금 상승과 노동 시간 단축, 노동 조건 향상―을 받아들이는 쪽으로 기울고 있었다. 노동자들은 일터에 복귀했으나, 공장마다 무기와 폭약이 발견되었다. 신경이 곤두선 자본가들은 (올바르게도) 공장 점거가 더 광범위하고, 더 폭력적인 반란의 서막일지 모른다고 결론지었

　　　　　　　　　　　　　　　3부 전쟁과 평화

다. 그런 위협에 직면하여 당국도 무슨 수단을 써서라도 위협을 봉쇄할 태세가 되어 있었다. 그런 단호한 대응으로 새로운 문제가 야기되더라도 말이다. 총참모본부의 고위 장교들에게 회람된 한 공문에 따르면, "전복 세력과 반민족 세력에 맞서기 위해" 파시스트 갱단이 유용할 수도 있었다.

11월에 단눈치오가 라팔로 조약을 거부할 명분을 찾고 있었을 때 이탈리아 전역에서는 지방 선거가 치러졌다. 사회주의자들이 주목할 만한 득표를 하면서 그 적들을 한층 더 걱정스럽게 만들었다. 볼로냐는 사회주의자들이 지방 의회를 지배한 최초의 도시들 중 하나였다. 11월 21일 볼로냐에서 새로운 사회주의 행정부가 들어섰다. 정적들은 즉각 대응에 나섰다. 300명의 무장한 파시스트가 시청으로 행진했다. 수류탄이 터졌고, 사람들이 목숨을 잃었다.

그런 공격이 잇따랐다. 파시스트들은 이제 행동대로 조직되어 단눈치오에게서 차용한 스타일을 개발하고 있었다. 단눈치오와 데 암브리스가 제안한 "코포레이션들"처럼 파시스트 행동대들도 자기네만의 깃발과 슬로건, 의례를 만들었다. 그들은 검은 제복을 착용했다. 그들은 습격 전에 체리브랜디를 신주로 여겨 벌컥벌컥 들이켰다. 그들은 소속된 행동대에 이름도 붙였다─죽은 영웅이나 자신들의 용맹을 기념하는 이름을 지었다. 피우메에서 켈러가 조직한 갱단 부대의 이름을 따서 "필사의 군단"으로 불린 행동대도 있었다. 다수의 행동대원 스스로가 이미 피우메에서 활동한 적이 있었다.

당시에는 사회주의자들이 잘나가는 것처럼 보였다. 그에 비하면 파시즘은 취약했다. 그러나 무솔리니가 허풍을 쳤듯이, "수백만의 양떼도 언제나 한 마리 사자의 포효에 흩어져버리는 법이다". 이는 언제나 무력이 우세한 법이라는 뜻이다. 파시스트 행동대들은 트럭에 올라타고 공격할 사회주의자들을 찾아 농촌지역을 뒤지고 다녔다. 무솔리니는 공개적으로 그들을 지지했다. "사회당은 이탈리아에 진을 친 러시아 군대다. 이 외국 군대에 맞서 파시스트들은 게릴라 전쟁을 개시했다. 그들은 이 전쟁을 아주 진지하게 수행할 것이다."

공산주의 지도자인 안토니오 그람시는 파시스트들을 가리켜 "역사가 아니라 뉴스를 만드는" "원숭이 인간들"이라고 조롱했다. 그러나 많은 이탈리아인은 다음과 같은 사설을 쓴 페라라의 신문 편집장의 견해에 동의했다. "새롭고 젊은 사기충천한 세력이 필요하다. (…) 파시스트들이 바로 그런 세력이다. 오직 그들만이 지금 이탈리아를 휩쓸고 있는 광기의 물결을 가라앉힐 수 있다." 볼로냐에서 패싸움이 벌어진 지 5개월 만에 파시스트당의 회원 수는 10배로 증가했다.

전시 동안, 그리고 피우메에서 단눈치오는 반복적으로 자신의 예전 생활을 가리켜 믿을 수 없이 경멸스럽다는 투로 "단순한 시인"의 생활이라고 암시했다. 마치 자신이 과거엔 문학을 갖고 놀았으나, 더 이상 그런 장난감이 필요 없을 정도로 커버렸다는 듯이 말이다. 그는 전사요 사령관이었다. 그는 군단병들에게 말하기를, 자신에게는 멜로디 대신 행진곡이 있을 뿐이라고 했다. 그러나 피우메에서 돌아온 뒤로는 돌연 서둘러 작업에 복귀했다. 5년 전 아무것도 볼 수 없었던 병상에서 쓰기 시작한 『야상곡』을 수정 보완하는 작업에 착수하기를 원했다. 물론 돈을 벌 필요도 있었으나, 동시에 자신의 문학적 재능을 발휘하면서 쾌락에 몰입할 필요도 있었다. 그는 데 암브리스에게 보낸 편지에서 이렇게 썼다. "그렇게 시끄러운 소음 속에서 살아본 후에 침묵을, 그렇게 숱한 전쟁 속에서 살아본 후에 평화를 열렬히 원하게 되었소."

피우메에서 패배하고 베네치아로 돌아온 후 어느 날 아침에 단눈치오는 신문을 뒤적거리고 장신구들도 꼼지락거리며 어수선한 방안을 짜증내면서 왔다갔다하다가 갑자기 멈춰 톰 안톤지니에게 무언가를 지시했다. 그리하여 곧 여섯 명의 조력자가 즉각 그를 위한 새로운 집을 알아보기 시작했다. 집을 물색하는 사람들은 북부 이탈리아 각지로 흩어졌다. 단눈치오는 가르다 호숫가 주변을 안톤지니에게 맡겼다. 그 임무를 맡기면서 단눈치오는 특유의 낯부끄러운 어조로 이렇게 말했다. "내 운명이 거기서 살라고 이끄는 것을 느꼈다."

가르다는 변경이었다. 호수 북쪽으로 오스트리아와의 국경선이 산맥을 따라 뻗어 있었다. 이탈리아 민족주의자들은 이 지역의 주요 도시가 '데센차노암제Desenzano-am-See'•로 알려져 있는 것에 불만이었다. 그만큼 이 지역에는 독일 관광객과 독일어 사용자가 많이 거주하고 있었던 것이다. 단눈치오는 여전히 자신에게는 해결되지 않은 분쟁의 땅에 가까이 있고 싶은 뜻이 있어 이 지역을 선택했다. 그러나 다른 이유도 있었는데, 산이 호수와 만나 압도적인 자연 풍광을 연출하면서 유럽의 여유 많은 코즈모폴리턴들을 위한 놀이터를 제공하는 지역에 살고 싶은 욕구도 있었던 것이다. 시인은 오랜 친구에게 귓속말로 속삭였다. 집을 찾는 다른 사람들은 그저 피우메 사령관인 단눈치오를 알 뿐이지만, 안톤지니 당신은 인간 단눈치오를 알고 있다고 말이다. 당신은 "내 취향과 내 악덕과 내 미덕"을 모두 알고 있다는 것이다.

안톤지니는 그를 위해 18세기풍 농장인 빌라 카르냐코를 찾았는데,

• '데센차노Desenzano'는 이탈리아어지만, 뒤에 붙어 있는 '암제am-See'는 '바닷가' 혹은 '물가'라는 뜻의 독일어다. 오늘날은 '데센차노 델 가르다Desenzano del Garda'이다.

이 저택은 깎아지른 절벽으로 격리된 언덕배기에 사이프러스 나무와 너도밤나무들이 병풍을 쳤으나 호수와 호수 반대편 산맥의 풍광을 탁 트이게 바라볼 수 있는 절묘한 곳에 위치해 있었다. 저 아래편에는 가르도네 리비에라라는 휴양 도시가 있었는데, 이곳은 발코니가 있고 회반죽 마감재로 처리된 고급스런 그랜드호텔과 레스토랑, 목련과 재스민이 흐드러진 정원, 놀이용 배가 있는 선착장으로 빼곡했다. 그러나 단눈치오의 유일한 이웃은 가르도네 디 소프라─가르도네 위편이라는 뜻─라는 중세 마을의 거주자들뿐이어서, 일찍이 그가 세티냐노에서 사랑했던 종류의 풍광─건조한 바위와 올리브 관목─으로 둘러싸여 있었다.

집 자체는 수수했으나, 집 주변의 풍성한 장미꽃밭 등 그 배경과 부속 시설들만큼은 두드러져 보였다. 예전의 집주인 헨리 토데는 다니엘라 센타 폰 뷜로와 결혼했는데, 그녀는 리스트의 손녀이자 바그너의 양녀였다. 집은 1918년 이탈리아 정부에 몰수되어 아직도 예전 소유자의 집기가 한가득 남아 있었는데, 개중에는 6000여 권의 장서를 자랑하는 토데의 서재와, 다니엘라와 그녀의 어머니 코시마 바그너가 연주했을 스타인웨이 그랜드 피아노가 있었다. 단눈치오는 기뻤다. 그는 자신의 이사를 애국적 행위로 간주했다. 자신은 독일인의 재산을 "이탈리아화"함으로써 조국에 기여하고 있다는 것이었다.

그는 성 밸런타인 데이에 이사했다. 그는 자신의 여생 17년간 실로 엄청난 시간을 들여서 이 집을 환골탈태시키는 데 전념할 터였다. 그것은 그의 마지막 예술작품이었는데, 그의 기념물이자 성지로서 그가 죽은 뒤에도 계속 살아남도록 고안된 집이었다. 처음에 그는 집 이름을 성 프란체스코의 은거지와 두세의 세티냐노 저택의 이름을 따서 포르치운콜라로 불렀다. 그러나 나중에 집의 기능이 은신처에서 기념물로 바뀐 후에는 이름을 바꿔 비토리알레로 불렀다. 이 표현은 고풍스러웠다. 단눈치오는 성가 합창 소리를 듣는 동안 신성한 영감을 떠올렸다고 주장했다. 사실 그는 이 표현을 군사학 사전에서 발견하여 끄집어낸 것이다. 그것의 출처야 어떻든 간에 그 의미는 분명했다―즉 '승리의' '승리를 뽐내는' '승리와 관계된' 것이라는 의미였다.

집수리는 결코 끝나지 않았다. 단눈치오의 건축가인 잔 카를로 마로니는 이 집의 영원한 일원이 되었다. 석공과 유리공, 조각가, 미장이, 화가, 대장장이, 금속 세공사, 목수들이 수년 동안 시인의 놀라울 정도로 세밀하고 기묘한 비전을 정교하게 현실에 옮기느라 바쁘게 일해야 했다. (그가 집을 떠났을 때에야 원상태가 보존된) 비토리알레는 그의 특별한 개성을 가시적으로 표출했다. 그의 재기才氣와 괴팍함이 모두 구체적인 형태에 담겨 있다.

방에는 모두 이름이 있다. 나병 환자의 방, 달마티아 기도실, 십자가의 길 회랑 등. 방들은 어둡고 겹겹이 장식되어 있다. 각각이 의미로 가득 찬 설치예술 작품이라고 해도 좋다. 백합의 방은 이례적으로 잘 정리된 단눈치오의 마음을 대표한다. 이 방에는 3000권의 책이 세심하게 정돈되어 있고, 작은 오르간 한 대와 그가 "사유의 장소"라고 부른 작고 어두운 벽감들이 있다. 그루터기의 방은 계단을 올라가서 한적한 곳에 위치해 있는데, 그의 불안정한 심기를 표현한다. 이곳도 서재라서 어두운 패널로 짜인 책꽂이에 책이 가지런히 정돈되어 있지만, 천장은 절단된 손 그림 패턴의 벽지가 발라져 있다.

비토리알레에서는 모든 것이 마땅히 있어야 할 곳에 있지 않다. 오리엔탈 융단 위에 상감 탁자가 있고, 탁자 위에는 마요르카산 자기 함이 있으며, 함은 자수가 놓인 벨벳으로 덮여 있고, 그 위에는 묵주를 걸고 있는 작은 동상이 있는 식이다. 창문은 모두 스테인드글라스로 덮여 있고, 두꺼운 직물 커튼이 쳐져 있다. 벽이나 천장의 모든 면은 명판과 형형색색의 모토로 뒤덮여 있다. '엘진 마블스Elgin marbles'• 조각도 있고, 부처상과 성모상도 있다. 성유물함들과 검들, 청동 동물상들, 교회 가구도 있다. 화병과 숄, 태피스트리, 기타 과일 접시처럼 생긴 수많은 유리 램프 갓들도 있다. 그리고 예술인 척하며 고상을 떠는 수많은 잡동사니 사이에 현대의 유물들도 눈에 띈다—쾌속정의 핸들과 그림물감 통, 녹슨 못 등이 그것이다. 단눈치오가 죽기 몇 달 전에 비토리알레를 방문한 맥스 비어봄은 이렇게 썼다. "만일 알라딘이 환생하여 이 집과 영지를 본다면, 분하다는 듯이 이렇게 혼자 되뇔 것 같다. '여기에 비하면 내 집은 얼마나 단조로운가. 내 집은 오히려 단출한 수프pot-au-feu ••와 같다.'"

1922년 10월 28일 무솔리니가 이탈리아 국가의 통제권을 장악했다. 바로 그날 그는 단눈치오에게 보낸 편지에 이렇게 썼다. "나는 당신에게 우리 편에 서달라고 부탁하지는 않겠습니다. 그렇게 된다면 우리에게 엄청나게 유리하겠지만 말입니다. 그러나 당신이 당신과 우리 이탈리아를 위해 싸우고 있는 이 경이로운 젊음에 맞서는 편에 서지는 않으리라고 확신합니다." 결코 다른 누구 편에도 선 적이 없는 단눈치오는, 항

• 아테네 파르테논 신전 주변에 흩어져 있던 대리석 조각과 기둥, 벽면을 영국 대사인 엘진 경이 모아 영국으로 실어갔는데, 이를 '엘진 마블스'라고 부른다.
•• '포토푀'는 고기와 몇 가지 야채만으로 간단히 끓여 내는 수프를 말한다.

3부 전쟁과 평화

상 비일관성 속에서 안식처를 찾았다. 답장에서 그는 소식을 듣고 느낀 "서글픔과 정신적인 불편함"을 언급하면서도 "전력을 다해 강건하고 단호하게 노력할 것"을 약속한다. 나아가 그는 (범죄자에게 말하듯이) "아무것도 보지 않고, 아무것도 듣지 않겠노라"고 약속한다. 그는 이 마지막 약속을 지켰다. 안톤지니는 이렇게 썼다. "파시즘의 도래와 함께 가브리엘레 단눈치오의 정치적 행동은 종지부를 찍었다. (…) 전쟁 선동가, 하늘과 바다와 카르소의 절벽과 경이로운 피우메의 영웅은 이제 전설의 왕국으로 칩거했다." 단눈치오는 여생 동안 집에 머물며 정원과 개인 컬렉션, 집, 개인 박물관, 자신의 문학적 명성, 옷장, 점점 일탈적인 성적 취향, 심해지는 마약 흡입, 자기 숭배에 심취할 것이었다.

그는 작업을 했다. 피우메에서 돌아온 후에는 완전히 새로운 글을 쓰지는 않았다. 그러나 기성 작품들을 부지런히 수정하고 편집하면서 증보했다. 루이사 바카라가 거기에 있었다. 그녀는 그가 죽을 때까지 함께했고, 그가 1912년 프랑스에서 고용한 가정부 겸 첩이라고 할 수 있는 아엘리스 또한 그럴 것이었다. 그의 아내도 이따금씩 방문하여 그 지역의 별채에서 기거할 것이었다. 그는 속도가 빠른 기계들에 열광했다. 예컨대 호수에서 모터보트를 타고 질주했다. 그는 크고 샛노란 색의 자동차도 구입했다.

단눈치오는 흡사 미궁 속 밀실에 숨어 보이지 않는 괴물 미노타우로스*와 같아서 그에게 다가가는 것 자체가 어려웠음에도 불구하고 많은 방문객이 그를 찾았다. 찬미자와 사도, 옛 친구 모두 단눈치오가 어렵

* 고대 크레타섬에 있는 크노소스 궁전의 미궁에 살면서 인간 제물을 받았던 괴물이다. 아테네의 왕자 테세우스가 크레타 공주 아리아드네의 실타래를 묶고 미궁으로 들어가 괴물을 처치했다고 한다.

사리 만나줄 때까지 비토리알레의 객실이나 인근 호텔에서 몇 시간, 며칠, 심지어 몇 주 동안 하염없이 기다려야 했다. 일부 달갑지 않은 방문객은 그와 눈도 마주치지 못한 채 발길을 돌려야 했다. 유명 인사들은 실망할 수밖에 없었지만, 다른 무명 인사들은 환대를 받았다. 미노타우로스처럼 단눈치오는 젊은 제물을 정규적으로 공급받아야만 했다. 일련의 새로운 젊은 여성이 그의 침실을 거쳐갔는데, 대부분 매춘부와 현지 아가씨, 시인-영웅에게 자신을 던지기 위해 유럽 전역에서 여행 온 열정적인 찬미자들이었다. 그는 항상 자신의 정력을 자랑했는데, 이제 그의 수첩에는 "난장판", 그러니까 마약의 힘을 빌려 수 시간 동안 지속된 그 밤의 향락에 대한 자아도취적 묘사가 빼곡하다.

그의 기벽이 돌과 석고를 통해 표출되어감에 따라 그의 영지도 점점 더 환상적으로 변모해갔다. 그는 일찍이 두세와 함께 꿈꾸었던 종류의 원형 극장을 구상했다. 그는 곡면의 열주와 대리석 벤치로 둘러싸인 광장을 조성했다. 비극의 가면이 장식된 광장 한가운데에는 깃대가 자리 잡을 것이었다. 거기서 그는 음악회와 기념식이기도 하고 드라마이기도 한 공연을 올릴 것이었다. 정원은 관람객의 눈과 코를 기쁘게 하도록 설계되었다. 안톤지니는 단눈치오가 수년에 걸쳐 이곳에 1만 송이 장미꽃을 심었다고 했다. 그는 적당하게 딸려 있는 별채들을 우뚝한 전시실과 성지로 개조하고, 여기에 자신의 공훈을 기념하는 각종 트로피로 채워넣었다.

집 자체는 밀실 공포증 환자의 악몽과 같은 특징을 띠고 있었다. '노는' 공간이 전혀 없었다. 단눈치오의 리모델링으로 집은 과도하게 많은 작은 방으로 이루어진 무질서한 토끼 굴로 바뀌었다. "누구나 벽면 뒤에 숨어 있는 비밀의 통로를 상상할 수 있다"라고 한 방문객은 썼다.

3부 전쟁과 평화

"태피스트리 뒤에는 벽감이 있다. 모든 것이 겹겹이 덧대어져 있고, 술탄의 궁전처럼 가득 채워져 있다." 약간이라도 남는 공간이 있으면 어김없이 지나치게 큰 조각상이나 대리석 칸막이벽을 세워놓았다. 심지어 거실 입구도 대리석 기둥이 막고 있다. 집안 전체가 후끈하고 향내가 진동하며 대낮에도 어스름한 어둠이 뒤덮고 있었다. 유일하게 밝은 방이 단눈치오의 서재다. 그러나 이곳의 개방감도 출입구 탓에 상쇄되어버리는데, 키 작은 주인조차 지나가려면 허리를 굽혀야 할 정도로 출입구가 낮았던 것이다.

단눈치오가 자신의 집을 누에고치처럼 짜는 동안 무솔리니는 정보원을 통해 단눈치오의 행동과 접촉 대상들을 주의 깊게 감찰했다. 이탈리아 공중이 단눈치오가 새로운 정권을 진심으로 후원하고 있다고 믿는 것이 무솔리니에게는 유리했다. 그러나 실제로 독재자와 시인은 계속해서 서로를 의심하고 있었다. 때로 단눈치오는 무솔리니와 그의 추종자들이 자신에게서 얼마나 많이 배워갔는지를 (올바르게도) 지적하면서 온정적인 태도를 취했다. 무솔리니도 기꺼이 그에 동의했다. 그러나 여전히 시인은 공식적으로 지지 표명을 하지 않고 있었다. 그는 믿을 수 없었고 그러면서 위험천만하게도 영향력이 컸다. 그는 관리되어야 했다. 무솔리니는 그에게 자신이 제공할 수 있는 모든 편의를 제공했다. 딱 한 가지만 제외하고 말이다. 즉 시인의 빌라 근처에 개인 비행장을 건설하는 문제만큼은 거절했던 것이다. 요컨대 탈출로만 빼면 시인은 원하는 것을 모두 가질 수 있을 것이었다.

단눈치오가 격리되어 생활하는 동안 그에 대한 이상한 이야기가 나돌았다. 한 방문객은 그가 분수 아래서 홀딱 벗고 앉아 특별히 고무 종이에 인쇄된 단테의 책을 읽고 있었다고 보고했다. 또 다른 방문객은 그가 홀로 펠라티오를 할 수 있도록 자기의 늑골 두 개를 제거했다는 기괴한 말을 전하기도 했다. 이런 이야기 가운데 어떤 것은 믿을 만하지만, 다른 것은 상상력이 풍부한 기자들이나 자신에 대한 기담이 퍼지는 것을 즐긴 단눈치오 자신에 의해 날조되었을 것이다. 언젠가 전쟁 이전에 있었던 디너파티에서 그는 생각에 잠긴 채 어린아이 고기가 어린 양고기 맛과 대단히 유사하다고 말해 주위 손님들을 경악시키기도 했다. 그는 사람들을 놀리는 취향을 잃어본 적이 없었다. 이상한 이야기는 계속된다. 한 러시아 사절이 비토리알레를 방문했을 때 그는 화려한 '2인용' 만찬으로 그를 환대해주었다. 그들이 식탁에 앉았을 때 군장을 갖춘 무시무시한 2명의 결사대원이 초승달 모양의 언월도를 하나 갖고 들어왔다. 그들은 검을 단눈치오에게 건네주고 밖으로 나가 식당 문을 잠그고는 문 앞에 버티고 섰다. 단눈치오는 정중하게 유감이라는 어조로 방문객에게 이제 그의 목을 벨 것이라고 알려주었다. 그러고 나서 몇 분이 흘렀을까, 그는 결국 지금은 방문객의 목을 벨 기분이 아니므로 그만두겠노라고 선언했다.

그의 건강은 악화일로에 있었다. 비토리알레에 왔을 때 그는 57세에 절반은 장님이고 특유의 활달한 에너지도 5년간의 소모적인 활동으로 방전된 상태였다. 매독에 걸린 것도 거의 확실하다. 그가 피우메에 있는 동안 맥도널드 신부는 이렇게 쓴 적이 있다. "시인이 늘 벌이고 있는 난장판과 그가 앓고 있다고 알려진 질병이 그의 뇌에도 영향을 미쳐 그를 말과 행동 모두에서 무책임한 사람으로 만들고 있다." 단눈치오에게 정상적인 행위는 신부에게 병리적인 것으로 보였다. 그러나 맥도널드 신부가 옳았을 것이다. 단눈치오는 비토리알레에서 사는 수년간 점점 이랬다 저랬다 하는 인간으로 변질되어갔다. 무언가가 그의 정신을 엉망으로 만들어놓고 있었던 것이다. 약물도 도움이 되지 않았다. 그는 눈의 통증을 줄이기 위해, 잠을 자기 위해 아편을 흡입하기도 했다. 그리고 확실히 1920년대 중반에—아마도 그때보다 더 일찍—그는 상당량의 코카인을 흡입하고 있었다.

그는 손수 만들어낸 자신의 영묘이자 은신처에 칩거하는 동안 외부인에게는 요정 이야기에 나오는 야수처럼 해롭고 불길한 존재로 보였다. 월터 스타키*는 이렇게 썼다. "가엾은 노쇠한 음유시인이여! 그대를 동정합니다." 그러나 진실은 그가 인생 말년에도 종종 행복했다는 것이다. 그의 수첩에는 쾌락에 대한 지속적인 열정의 증거가 빼곡하다. 그는 양고기 커틀릿의 풍취에 대해, 성적 실험에 대해 글을 남겼다. 그는 새로운 군단의 후원자 역할도 열정적으로 떠맡았다. 단, 이번 군단은 전사들의 군단이 아니라 예술가와 장인의 군단이었다. 그의 편지는 그가 장난도 많이 치고 즐거워했음을 보여준다. 높은 벽을 치고 그 안에 숨은 그는, 음유시인과 사령관이라는 위대한 역할을 그만둔 대신 그 자신 언급하듯이 자신의 출판된 저작들에서는 일절 찾아볼 수 없는 유머 감각에 몰입했던 것이다.

권좌로 다가오는 인간은 점점 더 노골적으로 "노쇠한 음유시인"의 모델을 따르고 있었다. 1922년 10월 무솔리니가 권력을 장악한 그달에 파시스트 잡지인 『위계Gerarchia』에 실린 한 논설은 파시즘 치하의 공적 생활의 분명한 표식들에 대해 이렇게 묘사했다. "바람에 펄럭이는 깃발과 검은 셔츠, 헬멧, 노래, '에이아, 에이아, 에이아, 알랄라!'라는 구호, 로

• 아일랜드 출신의 작가이자 음악가다. 특히 스페인 문학의 번역자로 유명했다.

마식 경례, 죽은 자들의 이름 낭송, 공식 축제들, 행사 때마다의 엄숙한 맹세, 군대식 퍼레이드." 이 표식들은 모두 단눈치오 치하의 피우메에도 고스란히 적용될 수 있었다. 『위계』의 편집장이자 무솔리니의 애인인 마르게리타 사르파티는 단눈치오에게 "파시즘 치하에서 예술 형식이자 삶의 방식이 된 의례들"의 창안자라는 영예를 안겨주었다. 과연 이 의례들은 "즐겁기도 하고 근엄하기도 하며, 꾸밈없기도 하고 종교적이고 도덕적인 내용을 가득 품기도 한" 것들이었다.

그동안 단눈치오는 종종 표절했다는 혐의로 비난을 받기도 했다. 그러나 이제 상황이 역전되었다. 이탈리아 공산당의 창립자들 중 한 명인 안젤로 타스카는 이렇게 꿰뚫어보았다. "피우메 점령은 파시즘에게 민병대와 제복, 행동대의 명칭들, 전투 구호, 각종 예식을 제공했다. 무솔리니는 단눈치오로부터 군중과 대화하는 법을 포함해 무대 장치 전체를 차용했다." 그뿐만 아니라 독재자는 시인의 정신상의 태도 대부분을 차용했다. 타스카는 결론 내리기를, 단눈치오는 파시즘 치하에서 "이제까지 본 표절들 가운데 가장 심각한 표절의 희생자"가 되었다.

단눈치오의 몰락. 무솔리니의 상승. 이 상반된 두 궤도 사이에 위치한 많은 정거장이 아래에 제시되어 있다.

1921년 1월에서 5월까지의 상황은 이렇다. 단눈치오가 피우메를 떠난 후 5개월 동안 파시스트 행동대와 사회주의자들 사이의 충돌로 200명 이상의 사람이 죽고 약 1000명의 사람이 다쳤다. 파시스트들은 흡사 '신성한 입성식' 전날 밤의 켈러처럼 합법적인 방식이건 아니건 간에 트럭을 확보했다. 그들은 농촌지역을 누비며 사회주의자들에게, 아니 그들의 견해에서 사회주의자로 간주되는 사람들에게 무차별 테러를 자행했다. 그렇게 하고도 처벌받지 않았다. 한 사제는 이렇게 보고했다. "헌병경찰이 그들과 함께 트럭에 타고 근방을 순찰했다. (…) 그들의 노래를 따라 부르고 그들과 함께 먹고 마셨다." 이 많은 트럭도 군대에서 제공되었고, 많은 고위 장교도 행동대에 우호적인 태도를 취했다. 흡사 내전이 시작되는 것 같았고, 양편 모두에서 사망자가 속출했다. 판사들도 편파적이었다. 살인 혐의로 기소된 파시스트 다수가 무죄로 선고된 반면, 사회주의자들은 최고 형량을 선고받았다. 농촌지역에 널리 퍼진, 반권위주의적인 성향의 행동대들은 독립적인 그룹의 느슨한 연합이었는데, 각 그룹은 단지 지방의 '두목capo'이나 '라스ras'에게만 복종했다 ('라스'는 에티오피아의 족장을 가리키는 말이다). 무솔리니는 폭력의 물결을 창출하지는 않았지만, 그 물결에 제대로 올라탈 수 있었다.

1921년 2월 1일. 단눈치오는 새로운 집으로 이사할 날짜를 기다리며 데 암브리스에게 작금의 이탈리아 정치생활에 대해 개탄하는 편지를 쓴다. "모든 것이 부패했소. 모든 것이 잘못되어가고 있어요."

데 암브리스는 전국 피우메 군단병 연맹을 설립하는 데 주도적인 역할을 했다. 피우메에는 '전투 동맹'도 있었다. 단눈치오도 거기에 합류했지만 '동맹'의 집회에는 참가하지 않으면서 거리를 두었다. 파시즘은 그의 운동이 아니었다. 그는 파시즘과 관계 맺기를 원치 않았다. 이제 그는 자신의 군단병 연맹에 다른 조직들이 침투하는 것을 바라지 않는다. "오늘날 이탈리아에는 진실한 정치 운동이 없다."

1921년 3월. 피렌체에서 파시스트들이 사회주의 일간지인 『방어La

Difesa』의 사무실들을 습격해 닥치는 대로 기물을 파손했다. 2월과 5월 사이에만 726개의 건물―도서관과 인쇄소, 고용 사무소, 사회당 지부―이 파시스트 행동대들의 공격을 받아 부서졌다. 그 건물들을 이용한 사람들도 구타당하거나 살해당했다.

1921년 4월 5일. 무솔리니가 단눈치오를 방문한다. 목전에 선거가 있다. 무솔리니는 단눈치오가 차라에서 후보로 나서주면 어떻겠냐고, 또한 그가 파시스트들이 선거운동에 이용할 수 있는 글―포고문과 강령―을 써주면 어떻겠냐고 제의한다. 단눈치오는 이 두 가지 제의를 모두 거절한다. 그는 의회를 경멸한다. 그는 다른 사람의 밀집대형 phalanx*에 "정렬할" 생각이 추호도 없다.

1921년 4월. 로마 일간지에 이야기 하나가 실리고, 잇따라 『뉴욕타임스』에도 인용되는데, 그 이야기에 따르면 단눈치오가 피우메에서 새롭고 관대한 이혼법을 통과시켜 자신의 첫 결혼을 무효화하여 루이사 바카라를 새로운 아내로 맞이하려 했다는 것이다. 이는 사실이 아니었으나, 루이사가 그의 애인이자 안주인, 입주 음악가, 사서, 뚜쟁이, 변장 놀이의 상대라는 것은 사실이다. 그녀의 의상은 점점 더 화려해졌다. 키크고 깡마른 체형의 소유자인 바카라는 중세풍의 은색 가운과 보풀이 인 벨벳을 걸쳤고, 바닥까지 쓸리는 뾰족한 모양의 소매와 '로마네스크' 양식의 자수 레이스, 금몰이 달린 거들을 착용했다. 단눈치오는 그녀를 (여자 교황이라는 뜻의) '파페사Papessa'로 부르곤 했다.

* 고대 그리스와 로마의 중무장 보병 밀집대를 말한다.

1921년 4월 24일. 피우메에서 선거가 있다. 리카르도 차넬라의 자치주의 정당이 최대 득표를 한다. 그의 적들—파시스트와 민족주의자, 단눈치오의 추종자들—이 정부 사무실에 난입하여 투표함들을 부수고 절차를 무시하며 권력을 잡는다. 단눈치오는 이들 반란자에게 축하의 전보를 대량으로 보내고, 시장 리카르도 지간테에게 그 전해에 산비토에서 선물로 받은 도금된 총검도 보낸다. 이는 일찍이 차넬라가 자신을 암살할 때 쓸 무기라고 주장하기도 한 바로 그 총검이다. 그럼에도 단눈치오는 많은 군단병이 피우메로 가자고 간청했는데도 불구하고 그곳으로 가지는 않는다. 그는 한 친구에게 보낸 편지에서 이렇게 쓴다. "요즘은 슬프고 우울하다." (그로서는 분통 터지게도, 도금된 총검을 돌려받지 못한다.)

1921년 5월 15일. 이탈리아 총선. 졸리티는 예의 '변신 정치'의 관행을 통해 파시스트들을 견인하고 통제하려는 특유의 시도에 여념없다. 그는 파시스트들에게 자신의 '민족 블록'이라는 선거 연합에 참여하라고 초대했다. 그는 사석에서 이렇게 말했다. "파시스트 후보들은 불꽃놀이와 같은 것이다." "그들은 소리가 요란하지만 남는 것은 자욱한 연기뿐이다." 이런 판단은 그의 정치 경력에서 최악의 오판이 될 것이었다.

결과는 무솔리니에게 최상이다. 그는 36명의 파시스트 의원 중 한 명으로 선출된다. 그들은 재빨리 졸리티와의 거래를 없던 일로 하고 반대 진영에 가담한다. 무솔리니는 전혀 자유주의적이지 않다. 그는 자신이 부르주아지에게는 "납과 불"로 대응할 것이며, 의회의 일이란 대부분 "쓸모없는 수다"에 불과하다고 선언한다.

이제 무솔리니는 합법적인 권력의 사정거리 안에 들어와 있으므로,

자신이 행동대들의 폭력을 통제하기 위해 노력하고 있다고 널리 광고한다. 그는 행동대들에게 '내전'은 끝났고 볼셰비즘은 격퇴되었다고 말한다. 그러나 지방 파시스트 행동대장인 로베르토 파리나치가 한 공산주의 의원을 두들겨 팰 때도 무솔리니는 그와의 관계를 끊지 못한다.

1921년 6월. 단눈치오는 자신에 대한 다큐멘터리 영화를 제작하는 데 협조한다. 그는 자신의 책상에서 포즈를 취한다. 이제 그는 작가이지, 사령관이 아니다.

이제 63세가 된 엘레오노라 두세가 다시 순회공연 중이다. 그는 평소처럼 장황하고 화려한 스타일로 그녀에게 편지를 보내는데, 편지에서 그는 자신이 힘을 내어 그녀의 공연을 보러 갈 수 있으리라고 생각했고, 또 그녀에게 자신의 모습을 보여줄 용기가 있으리라고 생각했지만, "수년 동안 입은 부상" 때문에 실제로 그럴 수 없노라고 말했다. 그는 군중을 대면할 수 없는 것이다.

6월 19일에 그는 로마 대회에 모인 결사대에 메시지를 보내는데, 거기에서 현재의 정치적 대형과 거리를 유지하라는 조언을 되풀이한다. 이 말인즉슨 파시즘과 거리를 두라는 명백한 암시다.

1921년 8월. 단눈치오는 친구인 불랑제에게 언젠가 대중의 입에서 다음과 같이 언급될 사람이 되고 싶다는 열망에 대해 말한다. "이봐 보라구! 그 사람밖에 없어!" 그러나 정작 그날이 오자, 그는 기회를 흘려버린다.

이제 무솔리니는 정적들에게 테러를 자행하는 일보다는 자신의 권력을 확대하는 일에 관심이 더 많다. 그는 사회주의 노동조합들에 '평화 협정'을 제의한다. 그의 추종자들 중에서 좀더 전투적인 분자들은 분노한다. 행동대의 깡패나 지방 파시스트 우두머리 할 것 없이 분노한다. 격한 논쟁 이후에 무솔리니는 파시스트 실행 위원회에서 사임한다. "만일 파시즘이 나를 따르지 않는다면, 누구도 파시즘을 따르지 않게 될 것이다." 파시스트 '라스들'은 그를 대신할 사람을 물색한다. 후보에 오른 두 인물은 (초창기에 의회에서 분노를 터뜨려 사회주의 지도자를 구타한) 디노 그란디와 저명한 조종사인 이탈로 발보다. 두 사람이 비토리알레에 있는 단눈치오를 방문한다. 그들은 "민족 세력"의 리더십을 맡아달라고 그에게 부탁한다. 언제나 그러했듯이 결정의 기로에서 단눈치오는 망설이면서 정말인지 아니면 그런 척하는 건지는 모르겠지만 미신에 의탁한다. 그의 말에 따르면, 우선 별들에 자문을 구해야만 한다. 그날 밤 하늘은 흐렸다. 방문객들은 하늘이 개일 때까지 기다려야 할 것이다.

아마도 단눈치오가 적당한 인물이 아니라고 생각한 그란디와 발보는 그의 대답도 듣지 않고 서둘러 비토리알레를 떠난다. 그러나 단눈치오가 언제라도 은둔생활에서 뛰쳐나올 가능성은, 그를 고대하는 사람이나 두려워하는 사람들의 뇌리에서 떠나지 않는다. 2년 후 사회주의적 성향의 역사가인 가에타노 살베미니는 무솔리니가 단눈치오에 의해 축출될 수도 있다고 우려하기도 했다. 즉 "초파시스트 강령Superfascist programme"을 내건 "미치광이" 단눈치오가 무솔리니 대신 권력을 차지하는 것은 살베미니에게 최악의 시나리오였던 것이다.

1921년 9월 10일. 이탈로 발보가 이끄는 3000명의 파시스트가 라벤나에 모여 도시의 사회주의자들을 난폭하게 공격할 준비를 하고 있다. 그 후 그들은 비애국적인 적색분자들에 대해 승리를 거둔 것을 기념하여 새로 지어진 단테 기념관 옆을 엄숙하게 행진했다. 그들은 이탈리아의 위대한 시인이 자기네 편이라고 주장하는 것이 얼마나 현명한 선택인지를 이미 단눈치오에게서 배워 잘 알고 있었다. 단눈치오는 단테의 한 구절을 빈번하게 인용한다. "아름다운 이탈리아의 저 위에 호수가 자리하고 있네……." 이는 자신의 거처 선택이 완벽함을 입증하는 증거다.

단눈치오는 여전히 쇼핑에 여념없다. 1년 전 톰 안톤지니는 파리 강화 회담에서 피우메 측 사절이었다. 이제 밀라노로 돌아온 그는, 다시 한번 단눈치오의 심부름꾼이 된다. 단눈치오는 그에게 편지를 자주 보낸다. "『보그』 사•에서 내 소포 좀 찾아주기 바람. 코르벨라에게 모직 이불 여섯 벌과 린넨 이불 여섯 벌을 부탁할 것. 옅은 풀색 광택제를 가져오기 바람. 2만 리라를 찾아오기 바람."

단눈치오는 안톤지니에게 기분이 썩 좋고 "아주 흥분한" 상태라고 말한다.

1921년. 무솔리니가 연설을 하고 있다. 단눈치오의 오랜 친구인 우고 오예티가 연설을 지켜보고 있다. 무솔리니가 연설을 마치자, 두 명의 검은 셔츠 대원이 감정에 북받쳐 눈물을 흘리며 그의 허리를 붙들고 그를 대중 앞에 들어올린다. 마치 "현시함에 담긴 성체를 거양하는 사제의 분위기"가 감지된다. 무솔리니는 한때 피우메에서 단눈치오가 그랬

• 1892년 미국에서 창간된 패션 문화 잡지로 당시 각국에 지사를 두고 있었다.

듯이 우상이 되고 있다.

1921년 10월. 단눈치오는 평생 갚은 적이 없는 은행 대출의 도움을 받아 정원과 올리브 관목과 레몬 관목이 딸린 빌라 카르냐코를 구입하고 이 저택을 비토리알레로 개명한다. 비토리알레는 그가 난생처음으로 소유하게 된 집이다. 그는 이미 다음 17년 동안 집과 뜰을 확장하고 리모델링하면서 함께할 건축가인 잔 카를로 마로니와 만났다.

비토리알레는 그가 마지막으로 살게 된 집으로서 은둔처라는 뜻의 '에레모Eremo'라는 별명을 갖고 있다. 그는 이 집을 계율의 집이라는 뜻의 '카노니카Canonica'라고도 부른다. 저택 본관은 수도원Priory이라고 불린다. 그는 "탁발승poverello"을 자처하면서 때때로 성 프란체스코를 떠올리는 수도복을 입고 집안일을 봐주는 여인들을 성 클라라 수녀회*의 이름을 따 "클라리사들Clarissas"이라고 부른다. 그를 방문한 폴 발레리는 식사할 때 "내 자매여 물을"이라거나 "내 형제여 빵을"이라고 말하는 것을 보고 마치 성 프란체스코와 함께 식사하는 듯한 느낌을 받는다.

단눈치오에게 종교적 감정이 있었는지 여부를 말해주는 증거는 없다. 그는 자유자재로 변장하고 공중에게 데카당스한 신성 모독의 전율을 맛보게 해주는 인물일 뿐이다("클라리사들"도 순결함과는 거리가 멀다).

1921년 11월. 무솔리니가 로마 대회에서 사회주의자들과의 '평화 협정'을 포기한다고 선언하고 파시스트 운동의 통제권을 다시 요구한다. 수년 동안 그는 파시즘이 구식의 정당 정치에 얽매이지 않은 유동적이

---

* 아시시의 클라라가 성 프란체스코에 감복하여 세운 수도원을 말한다. 영어식으로는 성 클레어라고도 불린다.

고 창조적인 현상이라고 주장해왔다. 이제 그는 마음을 고쳐먹고, '파시스트 민족당'•의 창당을 선포한다.

단눈치오의 서재는 "작업장"으로 불린다. 비토리알레 자체가 어찌 보면 작업장이다. 집은 활기가 넘친다. 집이 계속해서 건설되고 장식되는 가운데 장인 군단이 포진해 있다. 이 집은 단눈치오의 새로운 궁정이다. 그는 자신의 환상을 실현하기 위해 일하는 사람들과 함께 있는 것이 편하다. 그들을 놀리기도 하고 별명으로 부르기도 한다. 그들에게 약간의 칭찬과 격려의 말을 보내기도 한다. 그는 농담도 즐긴다.

1921년 12월. 파시스트 민족당의 강령이 공표되었다. 강령은 이미 수년 동안 단눈치오가 옹호해온 제안과 감정으로 충만하다. 민족은 역사를 관통해온 "유기체"로서 규정되고, 그렇기에 구성원들의 단순한 총합 이상의 어떤 실체로 간주된다. 코포레이션들도 사회 조직의 기본 단위로 규정된다. 이탈리아는 "라틴 문명의 보호자"가 된다. 이탈리아를 위해 절실하게 필요한 것은 "지리적 통일성"을 획득하고 해외에서 이탈리아인들의 권리를 방어하는 것이다. 이탈리아 군대를 육성하고 이탈리아의 젊은이들을 항상 "위험과 영광"을 위해 훈련할 필요성이 제시된다.
행동대들과 이들의 폭력 행위는 포기되지 않았다—오히려 정반대다. "그들은 파시스트 이념을 구체화하고 방어하는 살아 있는 힘의 원천이다."

• 이탈리아의 공식 명칭은 Partito Nazionale Fascista(PNF)이다. 영어식으로는 National Fascist Party라고 쓴다.

단눈치오의 정치적 입장은 불분명하다. 그는 불평하기를, 군단병들이 여전히 자기더러 리더십을 떠맡으라고 성화란다. 그러나 그는 공적 삶에는 더 이상 취미가 없다.

그는 자신에 대한 이야기를 출간하는데, 여기서 베르길리우스의 아이네아스와 예수 그리스도의 역할을 자임한다. 그는 아이네아스처럼 "신실한 자들"을 이끌고 불타는 도시를 탈출한다(자신의 작은 무리가 전사들이라기보다는 연인과 하인들이라는 사실은 얼버무린다). 그는 말하기를, 비토리알레는 수호신이자 성지다. 거기서 그는 피우메에서 죽은 자들을 기념하고 그들이 감복했던 정신을 가꾸어나갈 것이다. 거기에는 그의 "생명의 도시"의 흔적은 남아 있지 않고, 다만 "어두운 피의 얼룩"만이 있다. 그런 얼룩은 퍼져나갈 것이다. 마치 그리스도의 십자가 발치로 떨어진 피가 세계로 퍼져나갔듯이 말이다.

1921년 11월 4일. 휴전 3주년 되는 날, 『야상곡』이 마침내 출간되었다. 단눈치오가 이 책을 집필한 과정 자체가 신화적이었다. 그는 전쟁의 소란통에서 작은 방에 갇혀 앞을 보지도 못하고 탈진한 상태에서 집필한 것이다. 작은 종잇조각들. 밀턴의 딸이 앞을 보지 못하는 아버지의 천재성을 위해 헌신했듯이, 아버지 단눈치오에게 헌신한 딸.* 사실 그가 1916년의 그 지독한 달들에 쓴 것은 허접한 일기에 불과했다. 이제 그는 일기의 이례적인 단편적 구조와 자기 성찰을 유지하면서 일기를 확대하고 그것에 새로운 형체를 부여했다. 이 책 전체에 걸쳐서 단눈치

---

* 존 밀턴은 영국 내전(혁명) 이후 왕정복고 후 정치적으로 어려운 상황에 빠지지만 간신히 처형은 면한다. 그는 이미 실명 상태였으나, 딸의 도움으로 『실낙원』을 비롯한 역작들을 써낸다. 단눈치오도 실명 상태에서 딸 레나타의 도움으로 집필한 자신을 밀턴의 경우와 비교한 것이다.

오의 의식은 버지니아 울프의 소설에 나오는 주인공들의 의식처럼 시간 순서가 헝클어진 채 유동적으로 흐른다. 어린 시절의 추억에서 돌연 환각으로, 전시 르포르타주에서 갑자기 에로틱한 환상으로 급선회하는 것이다.

단눈치오가 『야상곡』의 집필에 착수했을 때는 이미 프루스트의 『잃어버린 시간을 찾아서』가 부분적으로 출간된 상태였다. 그와 프루스트가 드 몽테스큐 백작과 각기 좋은 친구관계로 지냈음을 고려하면, 단눈치오는 아마 그 책에 대해 알았을 것이다. 그러나 단눈치오는 프루스트적인 유아론의 느낌으로 글을 쓰기 위해 굳이 프루스트의 책을 읽을 필요는 없었을 것이다. 그는 1890년대에 쓴 도스토옙스키적인 소설들에서 이미 감정의 유동에 세심하게 신경을 썼다. 나아가 이미 1880년대에 쓴 소품들에서도 복수의 종속절들이 분명한 의미를 담지 못하는 하나의 본동사로 이어지며 긴 문장이 물결치는 모습을 확인할 수 있다. 그는 전통적으로 픽션에 포함되지 않던 역겨운 사실들까지 포함하여 일상의 자질구레한 모습 어느 하나도 놓치지 않고 세심하게 묘사하는 것과 관련해서는 다른 누구에게 배울 필요가 없었다. 그가 전시에 트리에스테 상공을 비행하고 있을 때, 제임스 조이스는 바로 그 도시에서 현대판 고전 서사시 『율리시스』를 쓰고 있었는데, 그런 서사시라면 이미 단눈치오가 『마이아』에서 보여준 바 있었다. 조이스가 외설적인 현대의 창녀들과 호메로스 전설의 요부들을 비교하는 것도 실은 단눈치오가 시도한 것이다. 또한 고대 신화에서 들리는 지하세계의 그르렁거리는 소리에 현대의 날카로운 소리가 겹치는 말의 교향악에서 고대 언어와 현대 언어를 동시에 구사하는 것도 마찬가지다. 단눈치오는 수십 년 동안 이런 전략을 실행에 옮겨왔다. 이제 책의 출간과 동시에 어니스트 헤밍웨이는 전쟁 찬미자인 단눈치오에 대한 그동안의 역겨움은 어디다 갖다버렸는지 "우리가 존경해 마지않는 『야상곡』의 위대하고 사랑스런 작가"라는 찬사를 그에게 보낸다.

거의 60세가 된 단눈치오는 애석하다는 투로 이렇게 쓰고 있다. "이제 창법을 완벽히 터득했는데, 고작 내일 아침까지만 노래를 부를 수 있다니."

책의 판매 부수는 놀랍다. 단눈치오는 돈을 번다. 허스트 출판 그룹의 『뉴욕 아메리칸』에도 글을 기고하고 엄청난 원고료를 받는다. 그는 또한 자서전 판매에서도 짭짤한 재미를 보고 있다.

1922년 1월. 아름다운 목련꽃이 만발한 정원의 공터에 단눈치오는 자신만의 '아렝고Arengo'를 창조하는데, 아렝고란 의회나 민회를 뜻하는 고어다. 석조 벤치들이 둥글게 배치되고, 단눈치오를 위한 부조된 대리석 왕좌가 연단 위에 우뚝 자리 잡는다. 이탈리아에 승리를 안겨준 17번의 전투(이는 단눈치오의 생각일 뿐이다)를 기념하여 17개의 석조 기둥이 세워져 있고, 카포레토의 패배를 뜻하는 하나의 부러진 기둥이 있다. 또한 특별 주문 제작된 승리의 여신 청동상이 가시 왕관을 쓰고 있다(고통받는 희생자를 이상화하는 기독교 전통에 이교적 승리주의가 가미된 모습이다). 여기서 단눈치오는 모임을 주재하면서 자신에게 경의를 표하기 위해 비토리알레를 찾아온 군단병들에게 연설을 한다.

지금 단눈치오가 참가한 전투들 중 하나를 기념하는 의식이 열리고 있고, 그가 의식을 집전하고 있다. 석쇠 밑에 불을 지핀다. 단눈치오는 화염 위에 월계수 가지들을 올린다. 그 후 재를 자신의 오랜 전우들에게 나누어준다.

단눈치오가 자신의 정원에 마련한 '아렝고'에 앉아 있는 모습

1922년 2월 23일. 단눈치오는 루이사 카사티에게 편지를 써서 자신의 "성 프란체스코의 정원"으로 초대한다. 그는 다른 곳에서 일어나는 일들에 대해 못마땅한 심기를 에둘러 표현한다. "세계 전체가 천박한 심연 속에 익사하고 있습니다." 카사티는 그의 초대에 응한다. 오히려 단눈치오가 날짜를 미룬다. 그는 과거의 여인들과 재회하는 데 신중하다. 여인들이 얼마나 늙었는지 보는 게 고통스럽다. 또한 자신이 얼마나 늙었는지 여인들에게 보여주는 것은 더더욱 고통스럽다.

그러나 우고 오예티는 2월 24일 방문을 허락받아 용광로처럼 후끈하고 백단유 향내로 가득 찬 집에 들어선다. 단눈치오는 "날씬하고 민첩하며 말쑥한" 모습으로서 정력과 쾌활함으로 가득 차 있다. 그는 즉시 오예티에게 집 주변을 보여주고 싶어한다. 그는 양계 관련 안내 책자를 읽고 있었다. 이제 그는 오예티에게 희귀 품종으로 가득 찬, 정원 안의 "합리적인 닭장"을 보여주며 그의 찬사를 이끌어낸다. 또한 그에게 정원사를 소개해주는데, 그의 이름은 재미있게도 베르길리우스다.

비토리알레의 개조 작업은 아직 시작되지 않았다. 금방이라도 무너질 듯한 이 낡은 집은 정말이지 불안하기 짝이 없다. 벽은 여기저기 금이 가 있으며 간신히 비계 구조물로 지탱되고 있다. 침실 천장에서는 상당량의 석회가 단눈치오의 베개맡에 떨어졌다. 머리에 치명적 일격을 당하는 것도 시간문제일 것이다. 그는 글 쓰는 책상을 창가에 배치하여 마루가 꺼지더라도 얼른 발코니로 점프해 누군가 사다리를 갖고 와서 구조해줄 때까지 난간에 매달려 있을 수 있도록 만전을 기했다. 단눈치오가 늘어놓는 이 모든 비관적인 설명이 오예티에게는 재미난 농담으로 들린다. 한때 전쟁 영웅으로서 단눈치오는 자신이 얼마나 모험을 사랑하는지, 위험에 직면하여 얼마나 용기를 발휘했는지에 대해 오랫동안 근엄하게 늘어놓을 수 있었다. 그러나 이제 그는 그와 똑같은 주제들을 유머로 반복하고 있다.

1922년 봄. 파시스트들이—사회주의 조직가들을 대신하여—노동 조합과 대형 언론사들에 대한 통제권을 획득한다. 지금 5개 중앙 일간 지와 80개 지방 일간지를 로마의 파시스트 본부가 거의 직접 운영하고 있다. 무솔리니는 사회주의자들과 동맹한다는 복안을 버렸고, 오히려 추종자들이 사회주의자들에게 폭력을 가하는 것을 은밀히 부추기고 있다. 이제 파시즘의 탄생일로 떠들썩하게 기념되는 산세폴크로 광장 모임의 3주년이다.* 밀라노를 비롯한 북부 도시들에서 집회가 개최된다.

건축가 잔 카를로 마로니가 단눈치오를 위해 처음 일하기 시작했을 때, 그의 나이는 28세였다. 얼마 안 있어 그는 단눈치오에게 마지막으로 가장 사랑받는 측근이 되었다. 단눈치오는 그와 함께 장난을 치고 그에게 별명을 지어준다. (친애하는 잔이라는 뜻의) 잔 카로나 (사형집행인 잔이라는 뜻의) 잔 카르네피체 같은 별명이 바로 그것이다. 그는 잔을 형제 혹은 마법사Magus 혹은 "살아 있는 돌의 장인"이라고 부른다.

1922년 4월 5일. 무솔리니가 단눈치오를 방문하러 가르도네에 온다. 그는 문학에 조예가 깊다. 그의 모토 하나도 다음과 같다. "책과 총—

---

* 파시즘은 통상 1919년 3월 23일 일요일 밀라노의 산세폴크로 광장에 면한 건물 홀에서 '이탈리아 전투 동맹Fasci italiani di combattimento'이 전국 조직으로 공식 출범한 것을 계기로 탄생했다고 간주된다.

완벽한 파시스트." 그는 몇 권의 책을 쓰기도 했다.

열흘 뒤 단눈치오가 로마에서 새로 공연되는 「요리오의 딸」에서 주연을 맡은 여배우에게 공개서한을 발표한다. 그는 공연장에 갈 수는 없을 거라고 쓴다. "나는 자유로운 시민의 모든 권리와 특권을 박탈당했습니다." 무솔리니가 그를 위협했는지 여부 — 혹은 단눈치오가 가택에 머물며 침묵한 것이 그의 자유의지였는지 여부 — 는 불분명하다. "나는 지금 나만의 비밀을 묻기 위해 내 좁은 땅에 구멍을 파는 신세가 되고 말았습니다."

1922년 4월 21일. 이번에는 로마 건국을 기념하는 더 많은 파시스트 집회들이 개최되고 있다. 파시스트 연설가들이 현대 이탈리아가 고대 로마의 위대함을 모델로 삼고 있으며 또 그럴 가치가 있다는 단눈치오의 주장을 차용한다. "로마에서 우리는 미래의 약속을 본다. 로마는 우리의 신화다."

단눈치오의 집 — 그의 대다수 작품과 마찬가지로 — 은 온갖 암시와 복제로 가득 찬 특이하고도 독창적인 창조물이다. 집의 방들은 유명 인물의 석고상과 유명 그림의 복제품으로 가득 차 있다. 크기와 색조도 기이하다. 「모나리자」는 흑백 엽서로 축소되어 있다. 또한 수 세기 동안 흰 대리석으로만 알려져 있던 고대 그리스 조각상들은 도금되어 있다. 그런가 하면 미켈란젤로의 비극 「죽어가는 노예」의 모조품은 목걸이를 걸고 있고, 그 잘린 다리들은 실크 숄로 덮여 있다.

건물들은 그 내용물만큼이나 모방품의 콜라주라고 할 수 있다. 정원 곳곳에 있는 석조 벤치마다 달려 있는, 풍요를 상징하는 염소 뿔 장식은 루카 대성당의 로마식 묘지에서 차용한 것이다. 기둥 상단에 얹혀 있는 독수리 장식은, 젊은 시절 단눈치오가 달빛 아래에서 리스트의 음악을 들었고, 또 바르바라와 함께 행복한 시간을 보냈던 빌라 데스테의 정원에서 봤던 것을 복제했다. 원래 저택의 본관, 즉 이제는 수도원으로 불리는 중앙 건물은 아레초의 중세 건물인 델 포데스타궁을 직접 모방하여 석고 방패 장식으로 덮여 있다. 진입로에 늘어서 있는 돌기둥도 로마의 수도교에서 차용한 것이다.

단눈치오는 루이사 카사티의 로마 저택에 있는 하얀 정육면체의 방과 로메인 브룩스의 간소한 회색 방에서 모더니즘과 맞닥뜨렸다. 이제 그는 모더니즘이라는 용어가 통용되기 반세기 전에 이미 자신의 거대한 설치예술 작업과 과거의 위대한 건물 및 조각상의 편린들을 뒤섞으면서 일종의 포스트모더니즘을 창출하고 있었다.

1922년 5월 27~28일. 단눈치오는 소련 외무 위원회의 인민위원인 게오르기 치체린을 영접하는데, 그는 단눈치오와 함께 이틀쯤 머물 것이었다. 당시는 행동대원들이 공산주의자가 방문한 것으로 알려진 집들에 방화하던 시절이었다. 치체린은 도착하자마자 이렇게 말한다. "감사합니다. 제가 방문하는 것보다 제 방문을 받아주는 것이 더 큰 용기를 필요로 하는 일임을 잘 알고 있습니다." 단눈치오는 고의로 말을 곡해한다. "나는 결코 전염병에 걸릴까 두려워하지는 않습니다." 계속해서 말한다. "이는 피우메의 전염병 희생자들도 잘 알고 있습니다." (그는 페스트가 피우메에 창궐했을 때 태연히 병원을 방문함으로써 일찍이 자파에서 나폴레옹이 그랬듯이 질병을 두려워하지 않는 자로서 명성을 날린 사실을 자랑스러워했다.)•

그는 소련 인민위원을 영접하는 데는 관심을 보였지만, 그의 교리에 흥미를 느낀 것은 전혀 아니다. 그는 이렇게 쓰고 있다. "러시아 인민은 유치한 환상으로 세계를 해방시켰다." 계속해서 말한다. "계급 독재는 웬만한 삶의 필수 조건들을 창출하는 데는 역부족인 것으로 입증되었다." 단눈치오가 언월도로 참수를 위협하는 장난을 친 것도 아마 이 치체린의 방문 때였을 것이다.

1922년 5월. 수만 명의 행동대원이 이탈로 발보의 지휘 아래 한 파시스트의 '순교'를 기념하는 장례식에 참석하고자 페라라에 집결해 있다. 장례 행렬이 반파시스트 시위대와 충돌한다. 양편의 사람들이 목숨을 잃는다. 무솔리니는 이렇게 쓴다. "모든 이탈리아의 파시스트에게: 지금 이 순간부터 여러분은 육체적으로나 도덕적으로 언제라도 동원될 수 있음을 염두에 둘 것." 그들은 빛의 속도로 움직일 것이었다. "당신의 일격에 모든 게 허물어질 것입니다." 수만 명의 파시스트가 볼로냐로 밀고 들어가 진입로 기둥들 사이에서 야영을 한다. 그들은 도시의 지사를 내쫓고, 자신들에게 동조하는 한 장군을 경찰서장으로 임명한다.

1922년. 단눈치오의 헌신적인 친구와 찬미자들의 공동 노력 덕분에 12년 동안이나 돌려받을 수 없었던 카폰치나 저택의 모든 책이 결국 그의 품으로 되돌아왔다. 그는 자신의 과거라는 광산을 다시 채굴하면

• 나폴레옹은 1798년에 이집트 원정을 떠나 이집트와 그 인근 지방을 공략했다. 그러나 팔레스타인의 자파에서 페스트가 돌아 프랑스 병사들이 희생되었다. 이에 나폴레옹은 1799년 3월 11일 전염병에도 아랑곳하지 않고 병원을 방문하여 희생자들을 위로했다고 한다. 그러나 실제로 나폴레옹은 희생자들을 만지거나 하지는 않았고 오히려 퇴각하며 희생자들을 죽이라고 명령한 것으로 알려져 있다.

서 글쓰기 작업을 재개하는데, 이제 자신의 어린 시절과 학창 시절을 다룬 준허구적인 자서전 시리즈의 일환으로 『불꽃Faville』을 증보하는 일에 착수한다.

그는 여전히 낭비가 심하다. 그는 2월에 밀라노로 여행하다가 한 친구에게 캘리포니아산 복숭아를 최소 한 상자만 사와달라고 부탁하기도 한다. "가격은 괘념치 말게나." 그의 집에서 작업하는 장식가와 장인 군단도 품삯을 받기 위해 몇 달, 심지어 몇 년을 기다려야 하지만, 그는 성인 축일 때마다 하인들에게 값비싼 선물을 아낌없이 나누어준다. 그는 안톤지니에게 "두세 개의" 선물용 장식품을 사라고 하면서 후하게 돈을 내어준다. 안톤지니는 그에게 선택하라고 20개 이상의 장식품을 보낸다. 커프스단추를 비롯해 금제 및 은제 담뱃갑, 반지 몇 개, 넥타이 고정 핀들이 그것이다. 단눈치오는 이것들 중에서 몇 개를 고르는 대신 통째로 사버린다. 그는 서랍마다 손님들에게 나누어줄 그런 선물용 장식품을 가득 채워놓고 있다.

1922년 7월. 사회주의자들이 전국 규모의 파업을 호소했다. 파업에 대한 대응은 잔혹하다. 이탈로 발보가 이끄는 파시스트들이 동북부 이탈리아를 휩쓸면서 사회주의자들의 집이란 집은 모두 방화하고 그들의 모임 장소들을 타격한다. 발보는 일기에 이렇게 쓰고 있다. "공포의 밤이었다. 우리가 가는 곳마다 연기와 화염 기둥이 치솟았다. 로마냐 지역의 모든 평원과 구릉지가 적색 테러를 끝장내겠다고 결의한 파시스트들의 잔인한 앙갚음의 무대가 되었다." 계속해서 말한다. 목표는 "현재의 정권과 그에 딸린 존경하옵는 제도들을 파괴하는 것이다. 우리의 행동이 충격적으로 보이면 보일수록 좋다".

1922년 8월. 두세가 밀라노에서 「죽은 도시」를 공연하고 있다. 1909년의 시점으로 돌아가면, 당시 단눈치오는 두세에게 페드라의 배역을 연기하라고 요구했다. 그녀는 이를 단호하게 거부하는 답신을 썼다. 그가 그녀를 떠났을 때, 그녀는 마치 그가 자신을 산산조각 낸 것 같다고 말했다. 그녀는 더 이상 그의 작품을 읽을 수조차 없다. 그녀에게는 그에게 말하는 것이 죽은 자가 일어나는 것보다 더 어렵다. "나는 당신에게 모든 것을 주었지요. 내게는 아무것도 남아 있지 않답니다."

그러나 그로부터 13년 후 그녀는 옛날과는 다른 감정을 느낀다. 그녀는 단눈치오에게 희곡 대본의 수정을 허가해달라고 요청하면서 만나자고 제안하는 편지를 부쳤다. 단눈치오는 답신에서 자신이 지금까지 맺어온 그 어떤 인간관계도 "당신과 함께했고, 당신과 함께하는 관계에 비길 만한" 것은 없었다는 사실을 "확실히, 신비롭게" 깨닫게 되었노라고 말한다.

그는 밀라노로 간다. 그들의 재회에 대한 이야기는 다양하다. 단눈치오의 하인은 나중에 호텔 방의 열쇠 구멍을 통해 단눈치오와 두세가 서로 눈물을 쏟으며 르네상스 제단화에 나오는 기증자들처럼 무릎을 꿇고 서로 얼굴을 마주보고 있는 장면을 목격했노라고 주장한다.

두세 자신은 서로 다른 두 명의 여자 친구에게 단눈치오와 나눈 전혀 뜻밖의 대화를 전해준다. 한 친구에게는 자신이 그를 모욕했다고까지 말한다.

단눈치오: 내가 당신을 얼마나 사랑했는지 상상조차 할 수 없을 거요.

두세: 나도 당신을 얼마나 잊어먹었는지 상상조차 할 수 없을 거예요.

이런 종류의 뾰족함은 원래 두세의 스타일이 아니었다. 그녀가 전해주는 다른 이야기가 더 두세답고, (구제불능으로 오만한) 더 단눈치오다운 판본일 것이다.

단눈치오: 당신이 얼마나 나를 사랑했는지!

두세(스스로에게 조용히): 그는 아직도 자신을 기만하는군. **자기가 생각하듯이** 내가 자기를 사랑했다면, 우리가 헤어질 때 나는 이미 죽었어야해. 하지만 나는 이렇게 멀쩡히 살아 있잖아.

1922년 8월 초 제노바에서 약 5000명의 행동대원이 '젊음'을 부르고 권총을 휘두르며 거리를 휘젓고 다니면서 인쇄소를 파괴하고 사회주의 기관지를 발행하는 사무실을 부수며 선주 연합의 의장을 사무실에서 내쫓는 등 난동을 부렸다. 안코나와 리보르노에서도 이와 유사한 장면들이 연출되었다. 이곳들에서는 파시스트 행동대들이 단눈치오가 사랑하는 동지인 차노 백작에 의해 인솔되고 있었다. 한편 파르마에서는 단눈치오의 예전 협력자였던 데 암브리스가 파시스트의 학살에 용감히 저항하면서 헤비급 파시스트인 발보와 파리나치가 이끄는 수천 명의 행동대원에 맞서 사회주의적인 '민중 결사대People's Arditi'의 선봉에서 싸우고 있었다.

밀라노에는 사회주의적인 시의회가 있었다. 8월 3일 행동대들이 무리를 지어 도시를 헤집고 다니면서 시의원들을 마리노궁의 시청 밖으로 내쫓고 시청을 점령했다. 시장은 로마 정부에 보호를 요청했는데, 가만있으라는 조언을 받았다.

1922년 8월 3일. 단눈치오는 밀라노에서 두세를 보고 난 후 편집자인 트레베스에게 자신의 『전집』을 빨리 내자고 재촉하고 있다. 이제는 행동대에 몸담고 있는 전시 동지 몇몇도 그를 보러 호텔 카보우르에 찾아온다. 당시 그와 함께 있던 안톤지니에 따르면, 그들의 검은 셔츠는 땀에 절어 있고, 그들의 "불타는 신념"이 그들의 몸짓 하나하나에서, 그리고 이글거리는 그들의 눈빛에서 고스란히 드러나고 있다. 도시 주변을 떼 지어 서성거리는 수천 명의 파시스트와 함께 단눈치오는 마리노궁으로 떠밀려간다. 거기서 그는 발코니에 나와 피우메를 떠난 지 20개월 만에 처음으로 대중을 향해 연설을 한다.

그의 연설은 길고 모호하다. 그의 화려한 말-구름에서는 어떤 의미의 빛도 밝게 비치지 않는다. 그는 '파시스트'라는 말을 사용하지 않는다. 무솔리니도 언급하지 않는다. 그는 피우메에서 완성한 금언 투의 종교 예식 스타일로 연설한다. "우리가 숨 쉬는 것이 아니라 우리를 통해 민족이 숨 쉬는 것입니다. 우리가 살아가는 것이 아니라 우리 안에서 조국이 살아가는 것입니다."

그를 변호하려는 사람들은 이는 신념의 행위가 아니라 정치적으로 순진한 행위라고 주장할 것이다. 확실히, 그는 말로는 파시즘을 인정하기를 주저하지만, 아마도 자신이 검은 셔츠의 밀집대형과 나란히 발코니에 등장했다는 사실 자체가 얼마나 강력한 이미지를 주는지 미처 깨닫지 못한다. 그를 변호하려는 주장은 받아들일 수 없다. 단눈치오는 정치적 연극의 대가다. 그는 자신이 이용되고 있음을 알았을 것이다. 아마도 그는 검은 셔츠의 초대를 거부하는 데 두려움을 느꼈을 것이다. 또는 다시 한번 포효하는 군중 앞에 설 기회를 못내 포기할 수 없었는지도 모른다. 그러나 마리노궁에 간 이유가 무엇이든 간에 그는 그곳에 간

것을 즉시 후회하게 된다.

파시스트들은 세 번째로 폭탄과 소총, 전기 철조망 등을 이용하여 사회당 기관지 『전진!』의 사무실을 습격한다. 기관지 보관 창고도 불길에 휩싸인다. 공산주의 클럽에 난입하여 집기를 부수어버린다. 거리마다 한편에는 시 당국의 탱크들과 다른 한편에는 파시스트들의 무장 트럭 40여 대가 대치하며 전투를 벌이고 있다. 무솔리니는 로마에서 메시지를 보내 "결정적 순간의 장엄하고 아름다우며 거침없는 폭력"을 찬미한다.

단눈치오는 공적 소동에는 관심을 두지 않는다. 호텔 카부르에 안전하게 틀어박혀 루이사에게 두세의 방문을 준비하라고 일러두며 일련의 전보를 여기저기에 보낸다. 이제 그는 두세를 일생일대의 위대한 사랑으로 신성화한다.

가르도네에 돌아와서 그는 헛되이 두세를 기다린다. 그는 파시스트 당서기로부터 전보를 한 통 받는다. "파시스트 민족당은 당신의 외침인 '파시즘 만세!'를 복창하고 있다." 그런 "외침"을 입 밖에 내지 않도록 조심해온 단눈치오는 화가 나서 자신의 유일한 "만세"는 이탈리아를 위한 것밖에 없다고 응수한다. "나는 [이탈리아] 외에 다른 어떤 것도 알지 못합니다." 그러나 때가 너무 늦었다. 파시스트들은 유리한 것이라면 무엇이든 재빨리 퍼뜨리는 데 단눈치오만큼이나 일가견이 있다. 전보 복사본이 파시스트 기관지인 『이탈리아 민중』에 보내지고 신속히 게재된다. 이제 단눈치오는 명백히 파시즘과 연루되었다는 사실을 빼도 박도 못하는 신세가 된다. 3주 후 무솔리니는 호전적인 논설을 발표한다. "우리 신병들은 싸우고 싶지, 논쟁하고 싶지 않다." 그는 논설 제목을 '피우메에 대하여La Fiumana'로 붙인다. 그는 자신과 단눈치오의 연관성을 강조

　　　　　　　　　　　　3부 전쟁과 평화

하는 데 여념없다. 단눈치오는 물론 그렇지 않다. 그의 수첩에는 라틴어 경구가 하나 적혀 있다. "침묵해야 할 때Tempus tacendi"라는 글귀가 그것이다. 그는 다시는 공중 앞에서 연설하지 않을 것이다.

밀라노에서 돌아온 직후 단눈치오는 깜짝 놀랄 만한 편지 한 통을 받았다. 단눈치오가 그렇게도 싫어했던 전직 총리인 프란체스코 니티—'카고이아'—가 보낸 편지였다. 니티는 나라를 위해 단눈치오가 과거 자신에게 퍼부었던 모든 욕설을 눈감아줄 준비가 되어 있었다. "나에 대한 문제는 중요치 않습니다." 그는 이탈리아를 분열시키는 폭력으로부터 나라를 구하기 위해 자신들이 함께 일해야 한다고 제안했다. "우리의 모든 힘은 통합되어야 합니다. (…) 당신은 위험을 목격하고 있고 젊은이들을 빛으로 인도하며 옳은 방향으로 이끌 힘이 있습니다." 니티는 8월 15일 토스카나의 한 저택에서 약속된 자신과 무솔리니의 만남에 단눈치오를 초대했다. 그들이 어떤 종류의 합의에 도달할 수 있었는지에 대해 상상하기란 어렵다. 그러나 사반세기 후에 니티는 그 모임이 실제 성사되었더라면 이탈리아의 역사는 완전히 달라졌을 거라고 쓸 것이었다.

예정된 모임 이틀 전이다. 단눈치오는 저녁 음악 모임을 즐기고 있다. 루이사가 비토리알레에서 주변보다 높은 1층에 위치한 음악실에서 피아노를 연주하고 있다. 밤 11시경이다. 파자마 차림에 슬리퍼를 신은 단눈치오가 열린 창문을 뒤로한 채 창가 의자에 앉아 있다. 당시 정경에 대한 진술은 그 방에 있던 사람마다 다르다. 한 사람은 루이사의 여동생이자 첼리스트인 욜란다가 단눈치오 옆에 앉아 있었고, 그녀와 단눈치오가 서로 애무하고 있었다고 말한다. 당시 집에는 하인과 손님을 포함해 많은 이가 있었다. 이들 중에는 단눈치오와 함께 빈 상공으로 비행했던 조종사 중 한 명인 알도 핀치도 있었다. 지금 핀치는 파시스트당 본부에서 일하는 영향력 있는 인물이다.

왜 그런 일이 일어났는지는 모르나 단눈치오는 창문 밖 3미터 아래 자갈 바닥으로 머리부터 떨어졌다. 두개골에 금이 갔고, 다음 사흘 동안 의식불명 상태에 빠져 최소한 6명의 저명한 의사가 그를 치료했다.

이 갑작스런 창문 추락 사건이 어떻게 일어났는지 설명하기 위해 많은 이론―대부분 입증되지 않은―이 제시되었다. 적어도 세 명이 그 사건이 일어나는 것을 목격했다. 당시 방문객이던 한 변호사와 핀치, 그리고 정원사 아들이다. 그러나 이들 중 누구도 그 사건에 대해 속 시원한 전말을 제시하지 않았다. 단눈치오의 자식들은 바카라 자매가 아버지를 살해하려 했다고 비난하지만, 자매가 왜 그를 죽이려고 했는지 동기를 상상하기란 어렵다. 단눈치오는 훗날 자식들의 그런 비난에 몹시 화가 나서 아들 마리오와 심지어 사랑하는 레나타에게 비토리알레에 다시는 오지 말라고 출입금지 조치까지 취한다. 반파시스트들은 그를 창문 밖으로 밀어버린 사람이 핀치였다고 주장한다. 파시스트 최고사령부가 단눈치오의 정치적 개입을 위험한 참견으로 판단했다는 것이다. 그를 공식적으로 추종하는 사람들이 여전히 상당했다(그의 추락은 1면 기사로 실렸고, 그가 회복되기 시작하자 『코리에레 델라 세라』는 프란체스코 니티부터 자코모 푸치니까지 명사들의 쾌유를 비는 메시지들을 연속으로 게재했다). 단눈치오는 어디로 튈지 모르는 인간이었다. 파시스트들은 그가 니티와 만나는 것을 방해하기를 원했을지도 모르고, 단순히 그를 제거하기를 원했을지도 모른다.

그러나 핀치는 단눈치오의 친구이자 찬미자였고, 당시에도 여전히 그러했다. 게다가 이 추락이 암살 미수 사건이었다면, 이는 지독히도 어설픈 미수 사건으로서 오히려 희생자로 하여금 암살에 더 대비하도록 경각심을 주기만 했을 것이다. 단눈치오는 절반은 픽션이자 절반은 자서전이라고 해도 좋을 『비밀 일기Libro Segreto』에서 자신의 '추락'이 자살 시도였다고 주장했다. 아마 그랬을지도 모른다. 그는 수년 동안 막연하게 자살한다는 생각을 떨치지 못하고 있었다. 그리고 마리노궁에서 적절치 못하게 군중 앞에 등장하게 됨으로써 가뜩이나 시달리던 우울증이 또 한바탕 밀려왔을지도 모른다. 혹은 아마도—이것이 가장 그럴듯한 설명으로 보이는데—그냥 떨어졌을 것이다.

애꾸눈인 그는 초점이 잘 안 맞는다거나 균형을 잡기 힘들다고 자주 불평했다. 게다가 현지 약사에 따르면, 그는 당시에도 상당량의 코카인을 복용하고 있었다. 또한 마취제, 더 정확히는 중독성 강한 수면제도 상용하고 있었는데, 그 부작용 중에는 균형을 잃고 비틀거리는 것도 포함되어 있었다. 아마도 그는 약물이나 알코올에 취해 휘청거렸을 것이다(그는 언제나 술을 자제했지만, 그럼에도 고급 샴페인은 즐겼다). 아마도 그가 다가오는 것을 싫어한 욜란다가 자기 생각보다 더 세게 밀쳐냈을 수도 있다. 이 모든 가설 속에서—불길한 암살이든 절망의 행위든 약에 취해 정신이 오락가락하는 호색한의 주책없는 행동이든—그 사건은 단눈치오의 마이다스의 손에 의해 곧 스토리가 있는 화려한 우화로 탈바꿈할 터였다. 그 사건과 관련하여 무언가가 그에게 부끄러울 수도 있고 두려울 수도 있었는지, 그는 그 사건을 영광스러운 것으로 미화하면서도 희미하게 덮어둠으로써 더 이상의 조사가 이루어지지 않도록 중간에서 막았다. 그는 자신이 죽었다가 살아난 것을 초자연적인 개입으로 설명했다. 그는 자신의 추락을 "대천사의 비행"이라고 불렀다. 그는 의식불명에 빠진 지 사흘 만에 부활했다.

1922년 9월 26일. 파시스트 당은 수천 명의 신규 당원을 받아들였는데, 그 수가 너무 많아 당서기는 당이 독립적인 제도로는 더 이상 유지될 수 없고 "국가가 되어야" 한다고 주장하기에 이른다. 무솔리니는 불길한 연설을 하면서 국왕에게 이미 '책임'을 떠맡을 준비가 되어 있는 '파시스트 혁명'에 반대하지 말라고 경고한다—바꿔 말해, 권력 장악에 반대하지 말하는 이야기다. 수십 년 동안 단눈치오는 로마를 가득 채우고 있는 오물을 줄기차게 비난해왔고, 로마가 정화되어야 한다고 요구해왔다. 이제 무솔리니가 그의 일을 기꺼이 대신 떠맡고 있다. "로마를 우리 영혼의 도시로, 즉 로마를 부패시키고 로마를 진창으로 끌고 들어가는 모든 역겨운 요소가 정화되고 소독된 도시로 만드는 것이 우리의 의도입니다."

1922년 10월 4일. 파시스트들이 오스트리아 국경 인근 도시인 트렌토와 볼차노를 점령했다. 그러나 정부는 그들의 광란을 제지하기 위해 움직이지 않는다. 무솔리니는 밀라노에서 추종자들에게 연설을 한다. 그는 이렇게 선언한다. 자유주의 국가는 "얼굴 없는 가면이며, 건물 없는 비계다." 무솔리니의 한 측근은 이렇게 쓰고 있다. 정부는 "아무 짝에도 쓸모없다. (…) 우리는 정부를 인수하지 않을 수 없다. 그렇지 않으면 이탈리아의 역사는 농담이 되고 말 것이다."

1922년 10월 11일. 무솔리니가 단눈치오를 방문한다. 이제 추락 사건에서 외관상 완전히 회복한 단눈치오는, 피우메에서 자신과 많은 일

을 했고 당시 경쟁 상대인 파시스트 선원 연맹에게 회원을 빼앗기고 있
는 주세페 줄리에티의 선원 연맹을 위해 무솔리니와 협상하고 있었다.
이 협상은 지지부진하고 종종 결렬 직전까지 간다. 그것은 결실 없는
언쟁이고, 단눈치오는 이 언쟁에 자신의 노력을 소진하고 있다. 그렇지
않다면 이탈리아 정치생활을 좀더 의미 있게 발전시키는 데 자신의 노
력을 투여할 수 있었을 텐데 말이다. 모임 후에 무솔리니는 파시스트
연맹을 없애기로 하는 데 동의하면서 줄리에티의 단체에 자유 재량권
을 부여한다. 단눈치오는 기뻐한다. 그는 무솔리니에게 빚을 진 셈이다.
그는 피우메에서 형성된 자신의 군단을 해산하는 데 동의한다.

1922년 10월 14일. 무솔리니는 이제 참모총장인 바돌리오 장군에게
편지를 써서 파시스트들을 무력으로 진압하려는 그 어떤 시도도 학살
로 이어질 것이라고 경고한다.

1922년 10월 21일. 단눈치오는 안톤지니에게 다음과 같은 편지를
띄운다. "나는 이탈리아의 '탁발승'도 아니고, 또 그렇게 되고 싶지도
않아. 그저 내 일을 하면서 살고 싶을 뿐이야." 그는 앞으로 5권의 책을
낼 텐데, 개중에는 유년 시절에 대한 비망록도 포함되어 있다. 허스트
출판 그룹에서 그에게 자서전을 쓰는 대가로 100만 리라의 원고료를
선불로 지불했다. (그는 결코 원고를 넘겨주지 않을 것이었다.) 그는 7년 동
안 공적 영역에서 "강제 노동"을 수행했다. 그는 전쟁터에서, 광장에서
몸을 낮춰 "일반 대중hoi polloi"과의 "불쾌한 뒤섞임"을 감내했다. "어느
누구도 내가 이 피난처를 열렬히 희구했고, 나 자신과 내 시가 샘솟는
비밀의 샘을 돌보는 일에 얼마나 열중하고 싶었는지 상상할 수 없을

것이다."

1922년 10월 24일. 나폴리에서 개최된 파시스트 당 대회에서 로마로 진군하자는 주장이 반복되고 있다. 세 번의 트럼펫 소리와 함께 대회장에 입장한 무솔리니는, 그런 요구에 동의하는 것으로 보인다. "화살이 시위를 떠나든, 아니면 줄이 끊어지든 둘 중 하나다." 검은 셔츠를 입은 파시스트 대표들이 3시간 동안 군가를 부르면서 도시를 행진한다. 그들은 자신들을 "행동대" 대신 "군단"(단눈치오에게서 가져온 또 다른 모방품)으로 부른다. 외침과 경례, 요란한 음악이 이어진다. 특별히 피우메 대표들에 대해서는 더욱 시끄러운 환성이 터진다. "로마로!"라는 외침이 터져나온다. 마침내 '종교적' 침묵 속에서 무솔리니가 말한다. "그들은 우리에게 정부를 주든지, 아니면 우리가 로마로 쳐들어가서 정부를 차지하든지 둘 중 하나입니다. 그것은 아마 시간문제일 것입니다. (…) 여러분의 도시로 돌아가서 명령을 기다리십시오." 명령은 폭력적 행동에 돌입하는 것과 관련 있다. 왜냐하면 "역사에서 만사를 결정하는 것은 힘"이기 때문이다. 3년 전에 피우메로 차를 몰고 들어갔을 때의 단눈치오처럼 무솔리니도 자신만의 '신성한 입성식'을 거행할 찰나에 있다.

자유민주주의의 대표자들은 가망 없이 분열되어 있다. 현직 총리인 루이지 파크타는 자리에서 내려오기만을 바라고 있다. "나는 며칠만 지나면 이 모든 것에서 자유로워진다는 큰 희망에 부풀어 있소"라고 그는 아내에게 쓰고 있다. "오 내 사랑…… 내가 자리를 떠나는 날이야말로 말할 수 없이 행복한 날이겠구려." 다음 나흘 동안 전직 총리인 살란드라와 오를란도, 졸리티가 파시스트들을 배제하는 전략에서 합의를 도출하는 데 실패한다. 합의를 도출하기는커녕 자기 아닌 다른 사람이 총리가 되느니, 차라리 무솔리니가 총리가 되는 게 낫겠다고 생각한다. 한편 사회주의자들과 가톨릭 계열의 인민당Popolari이 전략적 동맹을 모색하면서 정부를 구성할 가능성을 협의한다. 온건한 '개량주의적' 사회주의자 대다수는 동맹에 호의적이다. 그러나 강경한 '최대 강령파maximalists'는 민중의 '아편'을 공급하는 사람들과 협력한다는 생각을 도저히 소화시킬 수 없다. 그들은 자기네 원칙을 더럽히지 않는 대신 파시스트 독재로 가는 길을 열어주고 있다.

1922년 10월 26일. 피아베의 반격 4주년 기념일이다. 모든 파시스트 지도자가 각자의 행동대를 동원하라는 명령을 받는다. 군대와 경찰 내의 파시스트 동조자들도 개입하지 말라는 경고를 받는다.

1922년 10월 27일. 파시스트들이 이탈리아 전역의 주요 도시에서 무리 지어 헤집고 다니며 전화교환소와 전신국, 경찰서, 시청을 접수한다. 날씨는 춥고 비까지 내린다. 행동대원들은 정확한 지도 없이 이리저리 헤매고 있다. 그래도 약 1만 6000명이 집결지인 로마 변두리의 한 아치에 모인다. 무솔리니는 밀라노에 머물면서 극장에도 가고 취침 중에는 전화선도 끊으며 애써 태연한 모습을 내보인다. 훗날 이 위기는 용맹한 두체가 이끈 '혁명'으로 되풀이하여 묘사될 것이었으나, 당시 무솔리니는 신중하게 곧 일어날지 모를 잠재적 폭력과 거리를 두는 데 여념 없다. 그가 원하는 것은 매혹적인 반란이 아니라 견실하고 논쟁의 여지 없는 합법적 권력이다.

1922년 10월 28일. 이른 아침에 파크타 총리는 장관 및 고위 장군들과 모임을 갖는다. 로마 인근에 야영하는 파시스트들 중 (곤봉 외에) 무기를 소지한 자는 극소수에 불과하고, 아무런 물품도 공급받지 못한 상태다. 바돌리오 장군은 그들을 해산시키라고 명령한다. 오전 8시가 되기 직전에 파크타는 비상사태를 선포하고 정오를 기해 계엄령을 전국에 발동시키려고 결심한다. 이탈리아 전역의 관리들도 전보를 통해 이 사실을 통고받는다. 오전 9시에 파크타는 국왕에게 가서 선언문에 서명해주기를 요청한다. 국왕 비토리오 에마누엘레 3세는 서명을 거부한다. 거부한 이유는 오늘날까지도 알려져 있지 않다. 아마도 그는 군대가 파시스트들을 진압하라는 명령을 받으면 반란을 일으킬 수 있다고 두려워했는지도 모른다. 마치 피우메에서 군대가 단눈치오를 공격하라는 명령을 받으면 반란을 일으킬지 모른다고 자신과 장군들이 두려워했던 것처럼 말이다. 또는 아마도 군사 쿠데타가 일어나 자신을 하야시키고 자신보다 더 저돌적인 사촌인 아오스타 공작을 옹립하려는 낌새를 알아차렸을 수도 있다. 그렇지 않으면 아마도 유혈사태가 벌어지는 것을 꺼리고 내전이 시작되는 것을 두려워했을 수도 있다. 아마도 국왕은 당시의 자유주의 정부보다는 파시스트 정부의 가능성을 더 선호했을 수 있다. 훗날 그는 자신이 군대를 향해 "겁쟁이 내각"을 위해 싸우라고 명령할 마음이 추호도 없었다고 말할 것이었다.

파크타는 사임한다. 계엄령도 취소된다. 파시스트들이 수도에 진입한다. 이는 훗날 파시스트 신화에서 장엄하게 묘사하는 "로마 진군"이라기보다는 무질서하게 산발적으로 이루어진 수도 진입이었다. 많은 파시스트가 군대가 못 본 체하는 사이에 특별 열차 편으로 로마에 도착한다. 국왕은 살란드라를 호출하여 정부를 구성하라고 요청한다. 아직 밀라노의 편집부 책상 앞에 있는 무솔리니는 이렇게 쓰고 있다. "검은 셔츠들이 중앙 이탈리아를 완전히 점령했다. (…) 정부는 한 점 의혹도 없이 파시스트적이어야 한다." 그는 힘찬 구절을 외친다. 이것도 단눈치오로부터 차용한 것이다. "우리의 승리는 불구가 되어서는 안 된다!"

자기 자신과 비밀스런 시상의 샘에 열중하던 단눈치오는, 그날의 사건들에서 아무런 배역도 맡지 않는다. 그러나 무솔리니는 단눈치오가 얼마나 큰 영향력을 갖고 있는지 잘 알고 있고, 그래서 그의 동향을 면밀히 살핀다. 아침에 전보 한 통이 비토리알레에 도착한다. "우리는 비참한 상황을 끝내기 위해 우리의 힘을 동원해야 했소. 우리는 이탈리아의 대부분 지역을 절대적으로 통제하고 있소. 그 밖의 곳에서도 우리는 민족의 본질적인 중심지들을 점령하고 있소." 그런 다음 단눈치오가 "정렬할" 거라고 예상되지는 않는다는 말이 나오고 마지막으로 이렇게 요청한다. "포고문을 읽을 것! (…) 당신은 해야 할 말이 많소." 단눈치오는 한마디도 하지 않는다.

오후가 절반쯤 지났을 때 무솔리니는 또 다른 메시지를 보낸다. "가장 최근 들어온 소식에 의하면, 우리의 승리가 공고해졌소. 내일의 이탈리아는 하나의 정부를 갖게 될 것이오. 우리는 우리의 승리를 함부로 사용하지 않을 만큼 충분히 현명하고 신중해질 것이오." 그 자신이 말하듯이, 그는 단눈치오가 이 경이로운 발전을 축하하고 "재탄생한 젊은 이탈리아를 축성할" 거라고 확신한다. 그는 그리 진지하지는 않게 몇 마디 의례적인 아부성 발언으로 메시지를 마무리한다. 무솔리니는 자신이 권력을 장악했다고 단눈치오에게 말한다. "당신에게! 당신을 위하여!"

해가 떨어진 다음 단눈치오가 마침내 답신을 한다. 그는 꽤나 바쁜 하루를 보냈다고 말하는데, 전보를 읽으려고 잠시 짬을 냈다. 그는 무솔리니가 보내온 소식에 분명한 논평을 붙이지 않는다. 그 대신, 무솔리니에게 자신의 전시 연설집 한 권을 보낸다. 금언 투의 경고를 첨부해서 말이다. "승리의 여신은 팔라스 아테나의 형형한 눈을 갖고 있다. 그녀를 눈멀게 하지 말라."

1922년 10월 29일. 여전히 비가 내리고 있다. 축축하게 젖은 수천 명의 검은 셔츠가 로마에 집결했지만, 파시스트들의 권력 장악은 무력을 통한 행위라기보다는 공갈 협박 행위다.

살란드라는 국왕에게 자신이 권력을 떠맡을 수도 없거니와 감히 그럴 마음도 내키지 않는다고 말하며 고사한다. 마침내 무솔리니가 그토록 학수고대하던 국왕의 전화를 받는다. 그는 겨우 36명의 파시스트 의원 중 한 명에 불과하지만, 비토리오 에마누엘레는 그에게 연립 정부를 구성해달라고 제의하고 있다. 사건 자체보다는 사건에 대한 매스컴 보도가 더 광범위한 효과를 지닌다는 것을 단눈치오가 일찌감치 예리하게 감지했듯이, 무솔리니도 언론 보도자료의 초안을 쓰기 위해 로마로의 여행을 미룬다. 그가 세계에 대고 말하듯이, 무솔리니는 "검은 셔츠를 입은 파시스트로서" 로마에 갈 것이고, "내 명령에 복종하는" 30만 명의 지지를 받고 있다. 무솔리니는 뒤늦게야 남부행 야간열차를 잡아타고서 "로마 진군"의 선봉에 나서게 된다.

1922년 10월 30일. 14시간의 기차 여행 끝에 무솔리니가 밀라노에서 로마에 도착해 퀴리날레궁에 온다. 중절모를 쓰고 각반을 두른 채 검은 셔츠 위에 정장을 걸친 차림이다. 그는 단눈치오에게서 배운 화려한 말솜씨로 국왕에게 자신을 소개한다. "폐하, 저는 폐하께 비토리오 베네토의 이탈리아를 선사해드리겠습니다." 비토리오 에마누엘레는 그에게 정부를 구성하라고 요청하고는 검은 셔츠들을 집으로 돌려보내라고 부탁한다. 무솔리니는 앞의 요청은 받아들이지만 뒤의 부탁은 거절한다. 그의 "군단들"은 로마의 승리를 기념할 권리가 있으니 말이다.

1922년 10월 31일. 무솔리니가 총리 취임 선서를 하고, 5만 명의 파시스트는 로마 거리에서 승리를 자축한다. 그들은 일찍이 단눈치오가 '카고이아'라고 부르며 경멸하라고 가르쳤던 인물인 니티의 집에 난입하여 집기들을 부수고 강탈한다. 피우메에서 단눈치오의 총리로 일했던 조반니 주리아티도 이제 무솔리니의 장관이 되는데, 그의 소임은 "최근 해방된 지역들"을 관할하는 일로서, 그 지역은 곧 달마티아 해안가의 예전 오스트리아 영토를 뜻한다. 그런가 하면 단눈치오의 전시 수사학을 그렇게도 높이 평가했던 디아츠 장군도 무솔리니의 참모총장이 된다.

다섯 시간 동안 국왕은 궁 옆을 지나는 검은 셔츠단을 지켜본다. 그들은 왁자지껄하며 깃발을 펄럭이고 단눈치오가 가르쳐준 "에이아, 에이아, 에이아, 알랄라!"를 외치며 '젊음'을 부르고 있다. 그들은 꼿꼿하게 거수경례를 붙인다. 단눈치오와 함께 피우메에서 동고동락했던 사람들에게는 번제의 도시 피우메에서 튄 불꽃이 마침내 로마에서 화염으로 번진 것처럼 보인다.

1922년 11월 2일. 단눈치오가 자신의 군단병 협회에서 발행하는 신문에 성명서를 발표한다. 성명서는 어정쩡한 입장을 보인다. 그는 국왕을 찬양하지만, 막연한 표현들로 그럴 뿐이다. 그는 다가올 봄에 있을 총선까지는 작금의 "실험적 정부"가 "허용"될 수는 있을 거라고 말한다. 그러면서 미궁과 무지개를 언급한다. 그는 자신의 글에 라틴어 경구를 양념처럼 가미한다. 그는 무솔리니와 파시스트들 편에도, 혹은 그 반대 편에도 서지 않는다.

안톤지니에게 보내는 편지에서는 그가 좀더 명료하게 말한다. 그는 자신의 이름이 부적절하게 이용되고 있다고 불평한다. 그는 파시스트 들이 아전인수 격으로 자기 명성을 이용하기를 원치 않는다. 그럼에도 그는 파시스트들이 새로 얻게 된 권력을 개인적 목적으로 이용하는 데 는 꽤 열심이다. 다시 한번 그는 안톤지니에게 목록 하나를 내민다. 이 번에는 그에게 가정용품을 사달라고 하지는 않을 참이다. 그는 안톤지 니 편으로 새로운 총리와 그의 장관들에게 몇 가지 제안과 요청을 할 작정이다. 그의 제안과 요청은 이를테면, 트렌티노의 군사 기지는 강화 되어야 한다, 정부 청사로 이용되는 아시시의 수녀원은 다시 성 프란체 스코회에 반환되어 복원되어야 한다, 등등이다. 단눈치오는 여생 동안 쉼 없이 무솔리니에게 이런저런 청탁을 한다. 일부는 굵직한 청탁이고 (정책 변화), 일부는 자잘한 청탁이다(자기 측근들을 위한 일자리). 무솔리 니는 그런 청탁을 인내심 있게 받아들이고, 쉽게 동의할 수 있는 청탁 들은 들어준다.

1922년 11월 16일. 무솔리니의 첫 의회 연설이 있다. 그는 당혹감에 빠진 의원들 앞에서 우쭐대며 연설한다. 그는 1915년 5월, 그러니까 단 눈치오가 로마 전체를 포효하게 만들었고, 이탈리아가 의회의 동의 없 이 전쟁에 뛰어들게 되었던 바로 그달을 상기시켰다. "그때처럼 지금도

의회의 승인 없이 정부가 세워졌습니다." 일찍이 빈 시민들을 향해 그들이 폭격을 피할 수 있는 것도 모두 자신의 넓은 아량 때문이라고 말했던 단눈치오와 똑같은 어투로 무솔리니도 의원들에게 말한다. 자신은 "이 음침한 회색 의회를 검은 셔츠단을 위한 무장 주둔지로, 혹은 군대 야영지로" 바꿀 수도 있다는 것이다. "나는 의회 문에 못을 박고 오직 파시스트 정부만을 구성할 수도 있습니다." 그렇게 할 수 있지만 하지 않는 것은 모두 자신의 관용 때문이며, 이것이 명백히 암시하는 바는 누구도 지금의 지위를 계속 누릴 수 있다고 믿어서는 안 된다는 말이다. 그는 단눈치오로부터 '달리 될 수도 있었을 일'을 암시하는 연극적 효과를 잘 배웠다.

단눈치오는 자신의 침묵이 음악적이라고 쓴다. 무솔리니 편으로 "정렬한" 왕년의 동지들은 더 잘 들리는 음악을 원한다. 11월 24일 이제는 무솔리니의 항공 부문 고위 관리로 일하는 알도 핀치가 그를 비난하는 편지를 보낸다. 비난인즉슨, 단눈치오처럼 "아름다운 우리 이탈리아의 운명에 대한 탁월한 예언자"가 어떻게 자신의 예언을 현실에 옮기고 있는 사람들을 지지하지 않을 수 있느냐는 말이었다. 핀치는 무솔리니를 맹목적으로 추종했다. 무솔리니야말로 단눈치오의 비전을 실현할 수 있는 유일한 사람이라고 믿게 되었기 때문이다. "우리가 무엇을 잘못 생각하고 있는지요? 우리 목표와 당신이 예언하고 갈망한 목표가 어떻게 다른지요?" 핀치의 이런 질문에 대한 대답은, 단눈치오가 루이지 알베르티니에게 보낸 편지에 간접적으로 나온다. 단눈치오는 파시스트적인 "이상적 세계"가 자신의 판본임을 인정하지만, 그것은 "과장되고 위조된" 것이었다. 그는 그것과 관계 맺기를 원치 않는다.

무솔리니는 런던으로 떠난다. 그는 클래리지스 호텔에 묵으면서 영국 총리와 국왕의 영접을 받는다. 그는 전몰용사 기념비를 방문해 화환을 바친다. 그의 꽁무니를 따라다니는 군중 가운데는 형편없는 억양으로 '젊음'을 노래하는 영국의 검은 셔츠단도 있다. 귀국한 뒤에는 태도가 더 확고해진다. 12월 15일에 그는 자신의 내각에 '사이비 피우메주의'를 포함하여 일체의 불온한 정치적 경향에 맞서 "어떤 수단을 써서라도 필요한 조치"를 취해도 좋다고 허락한다.

당시 단눈치오는 무솔리니에게 지시 사항을 퍼붓고 있었다. 비행장을 건설하라, "이탈리아라는 신전에 아름다운 박공pediment"을 건설하라, 등등. 그는 자신이 파시즘의 발명가라는 역할을 했다고 주장해왔다. "스스로를 '파시스트'라고 지칭하는 운동에서 가장 훌륭한 것은 바로 내 정신에서 유래한 것이 아닌가? 작금의 대변동은 이미 40년 전에 내가 고지하고 롱키의 용병대장들이 개시한 것이 아닌가?" 그는 두체의 답변이 늦고 무뚝뚝한 것에 실망한다. 12월 16일 그는 무솔리니에게 보낸 편지에서 이렇게 말한다. "나는―오늘―침묵 속으로 퇴각하여 내 예술 작업에만 전적으로 몰입하겠노라고 결심했습니다." 이는 거부이자 약속이며 항복이었다.

사흘 뒤 단눈치오의 군단병들에게 강력한 탄압이 들어온다. 아나키스트와 "체제 전복 분자들"에 대한 일제 단속이 시작된다. 군단병으로 이루어진 무장 그룹들이 해체된다. 데 암브리스와 노동조합 활동가들도 온갖 괴롭힘을 당하다가 결국 망명을 떠난다. 이에 단눈치오는 항의하지만 별무신통이다. 그달 말경 무솔리니는 관심을 공산당으로 돌렸다. 그람시를 포함하는 공산당 중앙 위원회의 위원 대부분이 검거되고, 수천 명의 사회주의 성향의 노동자와 공산주의 성향의 노동자들이 이탈리아를 떠난다.

1922년 12월에서 1923년 1월까지. 파시스트 대평의회가 유권자에게 책임지지 않는 초헌법적 기구로서 출범하는데, 대평의회는 전통적인 장관의 권력과 기능 대부분을 점진적으로 흡수하게 될 것이었다. 이와 동시에 파시스트 민병대가 구성된다. 그것은 한때 피우메 군단이 단눈치오의 것이었듯이 무솔리니 자신의 개인 사병과 같다.

단눈치오가 자발적으로 세상을 등진 것인지의 여부는 불분명하다. 그는 루이지 알베르티니에게 이렇게 말한다. "나는 이곳의 영원한 포로입니다." 그는 이따금씩 자신의 구금에 화를 낸다. "내가 왜 도로를 달리지 못하고 인파로 북적이는 도시를 지나지 못하며 도서관에 들어갈 수 없고 내가 해석했고 사랑한 작품들 앞에서 사색하며 휴식을 취하지 못하는가?" 확실히, 그는 밀착 감시 대상이고, 확실히, 그 또한 보이지 않는 철책이 있어 권력의 중심에서 멀리 떨어진 호숫가에 머물 수밖에 없는 것처럼 행동한다. 그가 죽은 지 15년 후에 피우메에서 그의 가장 믿음직한 부관들 중 한 명이었던 에르네스토 카브루나는 이렇게 쓰고 있다. "역사는 어떻게 파시즘이 사악하게도 말년의 단눈치오를 비토리알레의 죄수로 만들었는지를 드러낼 것이다. (…) 단눈치오 곁에서 21명이 수발을 들었는데, 그중 6명이 파시스트 경찰이었다."

1923년 3월. 무솔리니는 이렇게 쓴다. "아마도 인류는 자유에 피로감을 느끼는 듯하다. 자유의 난장판이 벌어졌다." 그는 좀더 엄격하고 냉정한 이상들을 제안한다. "질서, 위계, 규율." 로마 주재 영국 대사가 런던에 타전한 보고에 따르면, 무솔리니는 비록 "성마르고 폭력적"이며

"화를 주체하지 못하는" 성향이기는 해도 "예외적인 능력과 진취성을 지닌 정치가"로서 실제로도 상당히 신사적인 인물이다. 그는 "2인승 스포츠카 옆 좌석에 발육 상태가 좋은 새끼 사자를 두고 로마 시내를 질주하기도" 했다. 대사는 이것이 "생경한" 장면이라고 생각하지만, 이렇게 결론 내린다. "이탈리아인들은 이런 유의 것을 좋아하는 듯 보인다."

1923년 5월 6일. 단눈치오는 점점 더 세상을 버리고 있다. 그의 타이피스트는 그가 방에만 틀어박혀 있다고 보고한다. 그는 누구도 만나지 않는다. 누구도 만나기를 원치 않는다. 며칠 동안 내내 정원에도 나가지 않는다.

그럼에도 섹스를 할 시간은 있다. 이제 그는 집에는 있으나 그를 만나지 않으려고 하는 루이사에게 편지를 쓴다. 몇몇 여성 방문객이 루이사의 질투심을 자극했기 때문이다. 단눈치오는 사과한다. "내가 미처 몰랐구려." 계속해서 이렇게 말한다. "내가 때로 당신에게 요구한 것이 비인간적인 것임을 이제야 알겠소." 그러면서 그녀를 안심시키려고 애쓴다. "당신이 빼앗긴 것은 아무것도 없소. 당신은 언제나 내 마음, 내 생각 깊숙한 곳에 자리 잡고 있소. 나는 당신 없이 살아갈 수 있는 방법을 모르오." 여기까지는 삐쳐 있는 연인에게 하는 평범한 말이다. 그러나 단눈치오는 한발 더 나아가는데, 이것이 가관이다. 실제로 그는 그녀가 자신을 동정해야 한다고 쓴다. 그녀의 "원한에 사무친 침묵"은 자신에게 너무 괴롭다. 그녀의 "쓰디쓴 말들"은 더욱 괴롭다. 그는 자신의 난잡함에 책임이 없다. 그의 설명에 따르면, 문제는 자신의 "유전적 병약함"인데, 이것이야말로 그녀가 비참하다고 느끼는 것보다 자신을 더 비참하게 만드는 요인이다. 자신은 그녀의 "우정 어린 애정"을 받을 가치가 있다(혹은 요구한다).

1923년 5월 15일. 한 주가 훌쩍 지나갔고 루이사는 아직도 진정되지 않은 상태다. 그녀는 단눈치오에게 둘 사이의 연애관계가 "끝났음"을 알렸다. 그는 항의한다. 그는 그녀를 떠나고 싶지 않다. 자신의 다정함을 보여주는 그토록 숱한 증거를 주었는데, 이것으로도 충분치 않단 말인가? 그는 짜증이 난다. 자신이 다른 성적 파트너들과 관계를 가진 것은 쾌락을 위해서가 아니라 "주체할 수 없는 호기심" 때문이라고 그토록 누누이 설명했는데, 이것으로도 충분치 않단 말인가? 다른 파트너들은 그에게 상상력을 일깨워준다—그녀들과 함께 자는 것은 일종의 연구이며, 작업의 일환이다. "우리는 이에 대해 그토록 여러 번이나 말하지 않았던가."(가엾은 루이사여!) 그는 자신이 다른 여성을 품은 후에 자신과 그녀가 더 흥분되는 관계를 가진 기억을 상기시킨다. "우리의 광란은 한계가 없었소."

아마도 그것이 "감각의 노예가 되어" 루이사가 계속 머물렀던 이유였을 것이다. 그녀에 앞서 두세도 그러했다. 다음 15년 동안에도 그녀는 단눈치오와 함께 그의 즐거움을 위해 피아노를 치고 그의 가계를 운영하며 그를 위해 다른 여성들을 물색하고 그의 손님들을 접대할 뿐 아니라 밤에 그와 함께 있기를 원하면 자신의 침실 열쇠 구멍에 장미꽃 한 송이를 꽂아두면서 살아갈 것이다.

1923년 6월. 단눈치오는 점점 더 특별해지는 자신만의 정원을 여전히 가꾸고 있다. 이달에 제1차 세계대전에서 이탈리아가 전투를 벌인 산 정상의 바위들을 소포로 받는다. 그는 이 선물로 받은 바위들을 정원의 '아렝고'에 진열하고 문구로 장식한다.

그는 3월에 60세가 되었고, 새로운 섹스 파트너를 찾았다. 22세의 프랑스 여성인 앙젤 라거였다. 그녀는 가르다 호숫가에서 사는데, 봉급을 받으면서 파리 출신의 단눈치오의 오랜 지인을 시중들고 있었다. 그녀는 다음 3년 동안 만남과 헤어짐을 반복하며 그의 연인이 될 것이었다. 그는 짧은 머리 때문에 훤히 드러나는 그녀의 목을 무는 걸 좋아한다. 그는 그녀를 (젊음이라는 뜻의) '주방스Jouvence'라고 부른다. 그는 그녀에게 딸기와 복숭아를 보내고—그들의 관계가 정리된 후에 그녀는 주장하기를—그녀에게 코카인을 소개해주고 그녀에게 성병을 감염시킨다.

1915년의 시점으로 돌아가면, 마리네티는 무솔리니에 대해 귀감이 되는 미래주의자라고 찬사를 보낸 적이 있다. 이제 그는 두체에 대한 것이라면 무엇이든 좋아한다. 그의 경멸감과 그의 대담성, 그의 호전성을 좋아한다. "공허하고 느리며 성가시고 무용한 것이라면 무엇이든 무시하는" 그의 태도도 좋아한다. 그의 큰 바위 머리와 "질주하는 자동차와 같은 극도로 역동적인 눈"도 좋아한다. "아펜니노산맥의 시커먼 계곡에 두텁게 걸려 있는 검은 구름"과 같은 그의 중절모도 좋아한다. 어릿처럼 생긴 그의 외모도 좋아한다.

그러나 그런 느낌은 이심전심이 아니었다. 무솔리니는 미래주의자들을 그다지 좋아하지 않는 것이다. 그는 마리네티를 믿기는커녕 밀착 감시하게 한다.

1923년 9월 24일. 단눈치오가 무솔리니에게 '보호'를 요청하는데, 표면상의 이유는 아직도 사령관에게 경례를 붙이기 위해 피곤할 정도로 자주 그의 집 앞에 나타나는 성가신 군단병들을 막기 위함이다. 무솔리니는 이 요청을 기쁘게 받아들여 얼른 그의 집에 조반니 리초라는 경찰을 파견하는데, 리초는 보호자이자 교도관이면서 스파이라는 3중의 역할을 할 것이다. 단눈치오는 자신이 감시받고 있다는 사실을 잘 알고 있다. 파시스트 정보원들은 여러 핑계를 대며 마을 주변을 어슬렁거리고 있었다. 이제 그는 자진하여 스파이를 자기 집에 들여놓음으로써 사실상 가택 연금 상태인 자신의 상황을 오히려 장악하려고 한다.

리초는 파시스트 본부에 정규적으로 보고서를 보낸다. 이 사실을 알고 있는 단눈치오는 무솔리니에게 메시지를 전달하는 수단으로 그를 이용한다. 단눈치오는 리초에게 오히려 좋은 주인이 된다. 무솔리니에 대한 자신의 영향력을 이용하여 리초를 계속 진급시켜주었던 것이다. 이제 리초는 리초대로 자신의 주인이자 감시 대상을 점점 더 좋아하게 되어 무솔리니에게 보내는 보고서에서 시인의 위험할 수도 있는 공적 발언을 무색무취하게 편집함으로써 단눈치오를 보호해준다. 또한 그는 현지 경찰을 구워삶아 단눈치오의 명백하고도 빈번한 교통 위반조차 무마해줄 정도로 알토란같은 역할을 수행한다.

단눈치오는 옷을 벗고 있다. 그는 씻는다. 몸에 향수를 바른다. 그는 코카인 생각에서 벗어나려 애쓰고 있다. 그러나 실패한다. "도둑처럼, 암살자처럼 나는 빛을 조롱하면서 캐비닛에서 독약을 꺼내러 간다." 그는 코카인과 수면제뿐만 아니라 정규적으로 아편과 '아달리나'라 불리는 진통제도 복용한다.

루이사의 방문이 약간 열려 있다. 새벽까지 "난장판"이 이어진다.

1923년 11월 23일. 무솔리니가 아돌프 히틀러라는 인물이 이끄는 독일 바이에른 지역의 '파시스트들'에 관심을 갖게 되었지만, 뮌헨 비어

홀 폭동 사건*이 실패로 돌아간 후에는 그들을 "어릿광대"로 일축해버린다. 무솔리니는 차라리 자신을 방문하고 있던 스페인 장군 미겔 프리모 데 리베라가 더 마음이 통한다고 느낀다. 그는 무솔리니를 "해체와 무정부 상태에 맞서 세계적 규모의 운동을 설파하는 사도"로 부르면서 그에게 경례를 한다.

1923년 12월 22일. 단눈치오는 자비롭게도 자신의 저택 비토리알레를 이탈리아에 기증하겠노라고 제안한다. 자기가 좋아하는 경구에 새로운 의미를 부여하면서 말이다. "나는 내가 준 것을 갖고 있다." 그는 이 말을 출입문 위 아치에 새겨놓는다. 이 말은 극도로 모호하다. 단눈치오는 자신의 제안이 아주 훌륭한 거래임을 잘 알고 있다. 저택은 계속해서 그의 집으로 남을 테지만, 그는 저택의 유지 보수와 관련한 재정적 책임을 더 이상 지지 않을 것이다.

1924년 1월 27일. 피우메는 결국 유고슬라비아와의 새로운 조약에 따라 이탈리아의 일부가 되고, 단눈치오는 몬테 네보소 공Prince of Monte Nevoso이라는 새로운 귀족 호칭을 얻는다(몬테 네보소란 '눈 덮인 산'이라는 뜻이다). 그는 주방스에게 이렇게 쓴다. "오 어여쁜 말데스트라여, 나는 '위인'이자 '공인'이 되었다네, 이런, 이런, 이런!"

그가 뭐라고 말하건, 그는 새로운 호칭에 대단히 만족하여 좋아하는 예술가 한 명에게 돈을 지불하고 문장—월계수 관과 산, 일곱 개의 별—을 디자인해달라고 부탁하는데, 문장은 곧 비토리알레의 현관 돌

---

* 1923년 11월 8일 히틀러와 600여 명의 나치 돌격대원이 뮌헨의 한 비어홀에서 일으킨 반란. 반란은 곧 진압되고 히틀러는 수감되었다. 수감 중 히틀러는 『나의 투쟁』을 썼다.

에 새겨질 것이다. 리초는 무솔리니에게 단눈치오가 원하는 것은 단 두 가지라고 보고서에 쓴다. 하나는 후대에 기억될 위대한 이름이고, 다른 하나는 "그동안 살아왔던 대로 조금의 걱정도 없이 살 수 있는" 충분한 돈이다.

1924년 4월 6일. 또 한 번의 총선. 선거 유세가 거칠다. 집회는 패싸움으로 변질된다. 파시스트들은 기만하고 겁박하며 살인한다. 무솔리니는 파시스트들을 처벌하지 않겠다고 보장하면서 경찰을 숙청하고 340명의 관리와 의원을 강제로 사임시킨다. 반대파들―사회주의자와 공산주의자, 자유주의자들―은 파시즘에 맞서 함께 싸우기 위해 서로 간의 차이를 극복하는 것이 불가능함을 다시 한번 확인한다.

무솔리니의 지지자들이 전체 투표의 3분의 2를 얻고, 이제 의회를 쉽사리 지배한다. 파시스트 의원들은 초선―그들 중 80퍼센트가 의석에 앉아본 적이 없는 신참이다―이고 젊다. 그들 중 3분의 2가 40세 이하다. 피우메에서 단눈치오처럼 무솔리니도 이제 "젊음의 왕자"인 것이다.

1924년 4월 12일. 폴 발레리가 비토리알레를 방문한다. 그는 데센차노에서 "극악무도한 모터보트"와 맞닥뜨렸는데, 일진광풍과 물보라를 일으키며 호수를 무서운 속도로 가로질러갔다. 그 바람에 그의 옷과 머리, 심지어 피부까지 떨어져나갈 지경이라고 그는 불평한다. 그는 ("용광로처럼 후끈한") 비토리알레에 도착한 후 눈썹까지 포함하여 얼굴에 난 털이란 털은 모두 매끈하게 면도한 단눈치오의 인사를 받는다. 그들은 포옹하지만 동등한 자격으로 이루어지는 포옹은 아니다. 발레리가 말하듯이, 단눈치오의 포옹은 "왕이 아랫사람에게 내리는 포상"과 같다.

단눈치오가 발레리에게 말하기를, 일찍이 카타로 상공의 야간 비행에서 어렴풋이 체험했듯이 살아 있는 것도 아니고 죽은 것도 아닌, "제3의 장소"로의 재진입을 위해 노력하고 있다고 한다. 그의 코카인 소비와 강박적인 성적 난잡함은 단순한 방종만이 아니다. 약물과 섹스, 기괴하지만 의미로 충만한 내적 공간을 통해 그는 신비로운 자기 초월성을 얻으려 노력하고 있다. 그는 디오니소스 숭배에 대해 쓴 고대 작가들의 글을 읽고 있다. 그는 성 바울의 "절제된 음주sobria ebrietas"라는 말을 인용한다. 그는 리그 베다와 소크라테스, 니체, 예언자 호세아를 공부해왔다.

그는 방종만큼이나 금욕에도 관심이 많다. 그는 마하트마 간디에 대해 메모를 남긴다. 그는 간디가 약간의 오트밀만 먹으면서 살아간 방식에 깊은 인상을 받는다.

1924년 4월 24일. 영국 언론인인 존 세인트 로 스트래치가 무솔리니를 만나기 위해 로마의 키지궁에 온다. 스트래치는 나중에 영국 파시스트인 오즈월드 모즐리•의 의회 담당 보좌관이 될 인물이다. 무솔리니는 책상 앞에 구부정하게 앉아 있다. 그는 퉁명스럽게 고개를 까딱하는 것으로 인사를 대신한다. 스트래치는 단눈치오가 자주 자기 자신을 비유했던 인상적인 말을 떠올린다. "대장간에서 잠깐 쉬는 불카누스••를 상상하라." 무솔리니는 자신의 모루에서 새로운 이탈리아

• 영국 보수당과 노동당을 두루 거친 정치인으로서 1930년대에 영국 파시스트 연합British Union of Fascists(BUF)을 이끌며 영국 파시즘 운동의 지도자로 활동했다.
•• 로마 신화에서 불의 신, 대장간의 신이다. 그리스 신화에서는 헤파이스토스로 알려져 있다.

를 주조하고 있는 불카누스다. 스트래치는 주이탈리아 대사인 그레이엄의 말에 공감한다. "당신은 그의 몸에서, 그의 얼굴 근육에서, 그의 두툼한 어깨에서, 그의 모든 면에서 중압감을, 용광로의 열기를 느낄 수 있을 겁니다." 그레이엄은 무솔리니의 "끓어오르는 힘"을 느끼면서도 약간의 유보 조항을 둔다. "나는 그가 실제로 정적들에 대해 조금도 주저함 없이 폭력을 사용한 것이 두렵습니다."

1924년 5월 22일. 단눈치오는 무솔리니가 보낸 아주 거대한 선물을 받는다—시인이 1918년 8월 빈 상공을 날았던 비행기다. 단눈치오는 이 비행기를 전시하기 위해 거대한 돔 지붕을 가진 방을 따로 만들 것이다.

1924년 4월 21일. 엘레오노라 두세가 미국 순회공연 중에 피츠버그의 한 호텔에서 사망한다. 단눈치오는 이 소식을 듣자마자 무솔리니에게 편지를 쓴다. "머나먼 이국땅에서 이탈리아의 심장이 멎었습니다." 그러면서 그녀의 "경배받는 시신"이 국가 비용으로 고국에 안치되어야 한다고 요구한다. 이는 마땅한 일이다. 유명 인사의 상징적 유용성을 누구보다 잘 이해하고 있는 무솔리니였으므로, 그녀의 시신을 고국에 모시자고 그를 구태여 설득할 필요도 없다.

이제 두세는 단눈치오에게 더 이상 무엇을 요구할 수 없는 상태다. 그래서인지 단눈치오도 마음껏 두세를 애도한다. 그는 가장 좋아하는 조각가에게 그녀의 흉상을 만들어달라고 부탁하고 이를 자신의 책상에—천을 씌워—올려놓는다. 그는 여생 동안 매년 그녀의 기일을 챙긴다. 그는 항상 죽은 연인을 상상하길 즐겼다.

두세의 딸 엔리케타는 단눈치오가 자기 어머니에게 보낸 편지들을 남김없이 없애버린다. 그녀는 두세가 자신에게 그렇게 하라고 "지시"했다고 주장하지만, 그런 경우라면 차라리 엘레오노라가 손수 편지들을 없애는 것이 자연스럽기에 그녀의 주장은 이상하게 들린다. 엔리케타는 편지의 내용에 충격을 받았음에 틀림없다. 의심할 여지 없이 단눈치오의 다른 연애편지처럼 두세에게 보낸 편지들에도 이 커플이 나눈 사랑이 노골적으로 쓰여 있었을 것이다. 단눈치오는 분노에 사로잡혀 엔리케타에게 편지를 보내 "기솔라에게 보낸 내 편지를 없앤 행위는 그 무엇으로도 정당화될 수 없는 정신에 대한 범죄"라고 비난한다. 그는 엔리케타보다 두세의 마음을 더 잘 알고 있다. "그녀는 말없이 말하면서 언제나 내 곁에 있다."

1924년 5월 30일. 사회주의 세력의 새로운 지도자인 자코모 마테오티가 의회 연설에서 파시스트들이 최근 선거에서 승리하기 위해 자행한 "터무니없는 폭력"을 비난한다. 시끄러운 야유. 무솔리니는 조용히 앉아 있다. 험상궂은 표정에 미동도 하지 않고서 말이다. 그러나 그의 지지자들은 고함을 치고 주먹을 흔들며 마테오티를 연단에서 끌어내리려 한다. 내각석에서 쩌렁쩌렁한 외침이 들린다. "당신이 우리를 존경할 수밖에 없도록 가르치고 말겠소! 엉덩이를 걷어차서라도, 아니면 등 뒤에서 총을 쏴서라도 말이지." 마테오티는 그 소란통에서 다시 자기 말이 들릴 때까지 가만히 기다린 뒤 정부에 대한 고발을 이어나간다. 그는 불법적인 민병대의 창설에 대해 항의한다. 그는 이렇게 선언한다. "여러분은 나라를 후진성으로, 절대주의 쪽으로 내동댕이치려고 합니다."

그는 자신이 위험에 빠진 것을 잘 알고 있다. 그는 자기 친구들을 향해 몸을 돌려 미소를 지으며 이렇게 말한다. "이제 자네들은 내 장례 연설을 준비하면 될 거야."

1924년 5월 26일. 단눈치오는 루이사 카사티가 함부르크의 동물원에서 가져온 거북이 한 마리를 받는다. 정원사들은 이 거북이를 카롤리나라고 부른다. 단눈치오는 톤이 더 높은 이름으로 켈리(거북이의 그리스어 명칭)라고 부른다.

1924년 6월 10일. 마테오티가 로마 시내 한가운데의 테베레 강변을 걷고 있다. 그는 의회에서 파시스트 정부에 도전했을 뿐만 아니라 해외에 중요한 연줄도 많이 갖고 있는 저명한 변호사이기도 하다. 그가 파시스트 정부 내의 부패, 특히 이탈리아의 연료 배급권을 장악하기 위해 미국 정유회사가 제공한 뇌물을 정부 관리들이 받았다는 증거를 모으고 있다는 소문이 파다하게 돌았다.

마테오티가 홀로 걷고 있을 때, 다섯 명의 남자가 그를 에워싼 뒤 차안으로 끌고 들어간다. 그들은 모두 (소련 비밀경찰의 이름을 따서) '체카 Ceka'로 알려져 있는 파시스트 비밀 청부 살인 부대 소속이다. 마테오티는 칼에 찔려 사망한다. 살인자들은 몇 시간 동안 차로 시내 주위를 돌다가 마침내 그의 시신을 시골로 가져가 길가에 얕은 무덤을 파고 묻는다. 그의 시신은 실종된 지 두 달 후에 발견될 것이다. 그들의 차가 살인이 자행된 전날 밤 내무부 앞뜰에 주차되어 있었다는 사실이 급속히 퍼졌다. 살인이 자행된 날 저녁 늦게 살인자 가운데 한 명이 무솔리니를 방문하여 그에게 피 묻은 차량 시트 씌우개를 보여준다.

무솔리니는 살인에 대한 일체의 책임을 부인하면서 측근들에게 그 사건과 관련된 사실을 "뒤죽박죽" 섞으라고 명령한다. 그는 곧 조사가 이루어질 것이라고 발표한다. 그러나 조사의 주체는 독립적인 사법 기구가 아니라 파시스트 경찰총장이다. 그는 자신의 참모들에게 이렇게 말한다. "만일 우리가 이 사건을 그대로 묻으면 우리는 모두 살 수 있다. 그렇지 않으면 우리 모두 파멸이다."

다음 두 주 동안 단눈치오는 자서전을 출간하기 위해 글을 수정하는 작업을 하고 있다. 그가 트레베스에게 말하듯이, 매일 정오부터 이튿날 아침 5시까지 꼬박 작업하고 있다. 그는 마테오티의 죽음에 대해 일절 논평하지 않는다.

1924년 6월 13일. 100여 명의 반파시스트 의원―민주주의자와 사회주의자, 가톨릭 인민당 소속 의원들―은 파시스트 정부가 "위헌적"이라고 선언하고 마테오티 암살에 대한 비난의 표시로 회기를 보이콧하며 의사당을 나온다. 이 반파시스트 의원들의 철수는 기원전 5세기 로마 평민들의 반란을 연상시킨다고 하여 '아벤티노 회기'라고 알려졌는데, 이는 재앙을 몰고 올 실책이다. 무솔리니는 자신에 대한 신임을 호소하고, 반대파가 부재하는 가운데 쉬이 신임을 얻는다.

G. 워드 프라이스*는 『데일리 메일』에 이렇게 쓰고 있다. "우리 시대만이 아니라 역사를 통틀어 무솔리니는 자유를 추앙하고 조국 땅을 사랑하는 모든 사람에게 하나의 영감으로 남을 것이다."

* 영국 언론인으로서 특히 히틀러와의 인터뷰로 유명하다.

3부 전쟁과 평화

단눈치오는 국내 편집진과 저술에 대해 의견을 주고받는다. 이제 그는 알비나 자매라고 부르는 자신의 요리사에게 하는 방식으로 장난기 심한 외설적인 글을 쓴다. 그는 알비나 자매가 만든 페이스트리와 크림 케이크를 사랑하는데, 그 모든 음식에 신성한 이름을 붙여준다. "성스런 님프의 다섯 개 눈"은 휘핑크림 다섯 덩이가 위에 얹어진 초콜릿 밤 과자의 이름이다. 이제 그는 알비나 자매에게 전날 저녁에 만든 비스킷이 프랑스에서는 "수녀들의 가슴"으로 알려져 있다는 말을 아엘리스("수녀원장")에게 들었노라고 말한다. 그는 편지엔 "수도원장"으로 서명한다.

1924년 6월 15일. 파시스트 정부는 단눈치오에게 『영광』의 원고에 대해 (짐작건대 그의 침묵에 대한 대가로) 엄청난 액수의 돈을 지불하는데, 이 희곡에서 그는—일반적으로 파시스트 비평가들이 동의하듯이—이제 이탈리아에 은총을 내리는 지도자, 즉 무솔리니를 묘사했던 것이다.

단눈치오는 편집자의 아내인 안토니에타 트레베스에게 정원에 필요한 우산 두 개, 즉 빨간색 줄무늬와 파란색 우산과 향수 혼합에 필요한 최고 품질의 오포파낙스를 구입해달라고 부탁한다. 이번 여름에 그는 자기 집에 이웃한, 발코니가 있고 살구색으로 회칠된 근사한 빌라 미라벨라를 게스트하우스로 구입한다. 그는 은둔과 멜랑콜리에 대해 이러쿵저러쿵 많은 말을 했음에도 불구하고 여전히 손님을 맞이하는 저택 주인이다. 이다 루빈시테인도 여기 와서 체류한다. 그녀가 떠나자마자 루이사 카사티가 온다. 그리고 카사티가 떠난 지 일주일 후에 단눈치오의 아내가 자리를 잡는다. 그는 자기 아내를 몬테 네보소 공작 부인으로 지칭하며 맞이하는 것에서 기쁨을 느낀다. 40여 년 전에 그들의 야반도주가 귀족으로 가는 길을 열어준 셈이다. 이제 그는 아내에게도 이 귀족의 호칭을 수여한 것이다.

1924년 7월 23일. 단눈치오는 왕년의 군단병에게 편지를 써서 작금의 정치 상황을 "악취 나는 폐허"라고 묘사한다. 그나마 마테오티의 죽음에 대한 거의 유일한 논평이라고 할 수 있다. 편지가 공개되자, 리초는 무솔리니에게 단눈치오의 이 진술이든 다른 공적 진술이든 액면 그대로 받아들일 필요는 없다고 보고한다. 리초는 단눈치오가 이 편지를 쓴 것은 반파시스트들이 권좌에 복귀할 경우를 대비해 일종의 '알리바이'를 만들기 위함이라고 생각한다. 리초의 말에 따르면, 시인은 "결코 파시스트가 아니었지만" 지금은 정치적으로 활동 정지된 상태다.

1924년 9월. 한 파시스트 의원이 로마 거리 한복판에서 총에 맞아 죽는다. 파시스트 '라스' 중에서 가장 공격적인 성향의 로베르토 파리나치가 공산주의자들을 비난하고 복수를 요구한다. "마치니와 단테의 땅이 레닌에게 넘어가게 놔두어서는 안 된다." 행동대들이 사회주의자로 간주된 사람들을 괴롭히고 구타하며 그들의 재산을 때려 부수는 등 다시 힘을 쓰기 시작한다.

이탈리아의 유명한 극작가인 루이지 피란델로가 무솔리니에게 전보 한 통을 보낸다. "각하께서 제가 파시스트 민족당에 입당할 만한 가치가 있다고 여기신다면, 저는 각하를 따르는 가장 미천하고 순종하는 자의 지위를 기쁘게 받아들일 것입니다." 단눈치오는 마테오티 암살에 대해 일언반구도 언급하지 않는다고 비난받기는 하지만, 적어도 피란델로처럼 말하지는 않는다.

1924년 10월 4일. 화가인 귀도 마루시그와 귀도 카도린이 단눈치오가 거느리고 있는 장인과 예술가 군단에 합류했다. 그들은 마로니와 함께 곧 허물어질 듯한 단눈치오의 집을 신성한 공간—부분적으로 성 프란체스코적이고, 부분적으로 불교적이며, 부분적으로 19세기풍의 데카당스적이고, 부분적으로 완전히 유아론적인—으로 변형시키느라 바쁘다. 단눈치오는 브레시아 도청에 보내는 공개서한에서 자신의 소유물 밖에서 일어나는 일에는 조금도 관심이 없다는 점을 천명한다.

이제 그는 카도린에게 쪽지를 보낸다. 카도린은 '나병 환자의 방'에서 작업하는 중인데, 방안에는 피우메 공동묘지의 흙으로 채워진 관이 하나 있다. 카도린은 단눈치오의 명령에 따라 「성 프란체스코가 나환자 단눈치오를 포옹하다」라는 제목의 그림을 그렸다. 단눈치오는 세상으로부터 단절된 채 자신을 숨기면서 군중에게 발언하고 있는데, 자기 자신을 나환자와 동일시하는 것이다.

그 어두침침한 작은 방은 성 프란체스코의 금욕적 삶을 연상시키면서도 놀랄 정도로 값비싼 방식으로 꾸며지고 있다. 벽과 소파는 사슴 가죽으로 씌워지는데, 가죽은 12세기 아시시 주변의 숲에서 얻을 수 있는 것처럼 보여야 했기에 1920년대 시점에서는 극도로 비싼 재질이 아닐 수 없다. 가죽 테두리는 도금된 술이 달린 레이스로 처리되어 있다. 카도린은 검정 래커칠이 된 옷장을, 단눈치오가 가장 좋아하는 모티프—나체의 궁사와 그레이하운드, 사육된 말, 비행기, 벌거벗은 채 묶여 있는 여성—를 담은 그림들로 장식한다.

단눈치오는 카도린에게 쓴 글에서 그를 "귀도토 형제"라고 부르며 "불의 형제"라는 자신의 서명을 붙인다.

1924년 12월 27일부터 1925년 1월 2일까지 수만 명의 무장한 검은 셔츠가 이탈리아 각지의 도시에서 난동을 부렸다. 반파시스트들의 집을 파괴하고 감옥에 난입하여 자기 동료들을 풀어주었다. 무솔리니가 마테오티 암살에 연루되었음을 말해주는 추가적인 증거가 공개된다. 전시 총리이자 초창기 파시스트 정부를 지지하여 파시즘에 정당성을 부여하기도 한 살란드라가 반대편으로 건너갔다. 민병대 사령관들은 무솔리니가 반대파를 격멸하지 않는다면 파시스트 운동이 무솔리니 없이 반대파를 격멸할 것이라고 말했다. 국왕이 무솔리니를 해임하고 계엄령을 선포할 거라는 소문이 파다하게 돌았다.

이런 위기 상황에서 무솔리니는 적어도 잠재적으로 위험한 비판자 한 명만큼은 입 다물게 하기 위해 조치를 취했다—비토리알레를 '국립 기념관'으로 선포하는 데 동의한 것이다. 이는 아마도 무솔리니가 단눈치오에게 주는 최고의 선물이었을 것이다. 그 이후로 건물 수리에 드는 비용은 국가가 책임질 터였다.

단눈치오는 축음기를 구입한다. 초창기에는 음질이 좋지 않아—"개가 짖는 듯한"—예민한 귀에는 "끔찍하게" 들린다. 그러나 그는 재빨리 그 잠재성을 파악한다. 그는 일생 동안 음악가들을 찾아다녔다. 이제 그는 밤이나 낮이나 음악을 들을 수 있다. 보이지 않는 음원에서 신비하게 나오는 합창 소리는 그가 예배당 겸 내실에 꾸며놓은 유혹적인 장면들을 극대화시킬 것이다.

1924년 12월 30일. 무솔리니는 1월 3일로 예정된 자신의 중요한 연설을 들어야 한다면서 크리스마스 휴가를 떠난 의원들에게 휴가에서 돌아오라고 요구한다.

1925년 1월 3일. 그는 의회에서 연설한다. 그는 이제 이탈리아인들의 생활에서 전염병처럼 번지는 폭력이 그 자신이 창출한 "특별한 기후"의 결과임을 인지하고 있거나 심지어 자랑하고 있다. (이렇듯 '기후'라는 말도 단눈치오의 독특한 표현인데, 무솔리니는 단눈치오에게 진 빚을 부정한다.) "나는 내가, 나만이 지금 벌어진 모든 사태에 대한 정치적이고 도의적이며 역사적인 책임을 떠맡겠노라고 선언한다."

일찍이 1915년 카피톨리노 언덕에서 린치를 반항적으로 옹호했던 단눈치오처럼 무솔리니도 그렇게 할 것이다. "만일 파시즘이 범죄 집단이었다면, 나는 범죄 집단의 수장일 것이다." 이런 식으로 그는 반대파 지도자를 살해했노라고 인정하고 필요하다면 그런 범죄를 반복할 것이라고 협박하고 있다. "신사들이여, 이탈리아는 평화와 고요와 한결같은 꾸준함을 원한다." 그는 이탈리아에 "가능하다면 사랑으로" 평화를 이루겠지만, "두 힘이 적대적이며 충돌하는 상황에서는 오직 힘만이 상책"이라고 말한다. 그는 독재의 필요성을 역설하고 난폭하게 독재를 옹호하리라고 선언하고 있는 것이다.

그의 연설은 요란한 박수갈채와 "무솔리니 만세!"라는 구호를 이끌어낸다. 파리나치는 의사당 회의실을 성큼성큼 걸어나가 그와 악수를 한다. 전국의 지사들은 "국가를 침해"한다고 의심되는 모든 조직을 폐쇄하라는 명령을 받는다. 땅거미가 질 무렵 파시스트 민병대와 경찰이 수많은 반대파를 체포하고 있다.

1925년 1월. 무솔리니가 보낸 선물이 단눈치오에게 쏟아지고 있다. 단눈치오는 밀폐된 공간에서 안락함을 느끼고 손바닥에 놓고 볼 수 있는 귀중품을 애지중지하는 작은 사나이다. 반면 무솔리니는 항상 특대형 취향을 가진 인물로서 단눈치오의 취향에는 아랑곳없이 거인국에서

나 오갈 법한 선물들을 풀어놓는다.

처음에는 단눈치오가 '부카리의 장난'에서 탑승한 어뢰정인 MAS가 선물로 온다. 단눈치오는 자기 집 근처 언덕에 격납고를 지어 MAS를 전시할 것이다.

그다음에는 정상적으로 작동하는 수상 비행기가 온다. 단눈치오는 이를 자신의 시집 제목을 따서 '알키오네'라고 부른다. 디아츠 장군도 그에게 기념품을 보낸다. 불발탄의 탄피들이다. 단눈치오는 '강철 머리의 다리'로 부르는 교량 위에 일부 탄피를 세워둔다. 나머지 탄피들은 밑돌과 기둥에 세워둔다.

다음으로는 '풀리아'호의 뱃머리가 온다. 가파른 비탈에 세워진 이 절반짜리 전함은 적절한 경고성의 정치적 알레고리로서 단눈치오의 장미 정원에 다가오는 듯하다—치명적 힘으로 그늘진 시인의 놀이터라는 정치적 알레고리가 바로 그것이다.

1925년 2월 2일. 단눈치오는 응접실에서 음식을 먹으며 무언가를 필기하고 있다. 탁자에는 그해 처음 핀 제비꽃과 수선화가 있다. 그는 수명이 짧은 꽃잎의 부드러운 촉감과 에나멜 공작새의 번들거리는 단단한 내구성을 비교해가며 명상에 빠져 있다.

그는 여전히 부상을 입은 눈에 떠오르는 환각 때문에 고생한다. 다른 쪽 눈의 시야도 왜곡되어 보인다. 평면이 튀어나온 것처럼 보인다. 색깔도 기묘하게 보인다. 그의 눈에는 모든 게 이중으로 보인다. 클로즈업된 대상의 복사본이 지평선에 있다. 멀리에 보이는 것은 가까이에 있는 것의 복제품인 셈이다. 그는 짜증이 날 만한데도 극기심이 있다. 그러나 애꾸눈인 그는 거리 판단이 잘 안 된다. 그는 물을 마시다가도 유리잔을 놓치고 종이에 물을 쏟는다. 이에 대해 그는 거의 불평하지는 않지

방수 외투에 허리띠를 졸라맨 무솔리니와 그를 환영하는 듯한 단눈치오

만, 여기에 그가 홀로 밥 먹는 것을 선호하는 이유가 숨어 있다.

그는 지금 자신의 허리춤까지 오는 크고 털이 짧은 개인 그레이트 데인 몇 마리를 키운다. 개의 이름은 모두 자기 이름처럼 'D'로 시작한다—당키, 단체타, 단나조, 단노초, 단니사.

비토리알레에는 여인들이 오간다. 그가 파리에서 알게 된 한 여배우는 나병 환자의 방에 안내되어 붉은 콩과 노란 콩으로 이루어진 간소한 성 프란체스코 스타일의 저녁을 대접받는다. 이탈리아 영화배우 엘레나 산그로는 1919년에 그가 피우메 진군을 앞두고서 정신없이 바쁘던 몇 주 동안 로마에서 처음 사랑을 나눈 여인이다.

1925년 5월 29일. 무솔리니가 비토리알레를 다시 방문한다. 단눈치오는 대기실에 글귀가 새겨진 명판을 놓는다. "방문객에게: 당신은 나르시스의 거울을 소지하고 있는가? (…) 당신의 가면을 얼굴에 쓰시오/그러나 당신이 강철에 맞서는 유리라고 생각하라." 만일 이 글귀가 방문객을 은근히 협박하는 것을 의도했을지라도, 무솔리니는 이 경고를 간단히 무시한다. 단눈치오는 그를 데리고 호수를 건너 MAS 쪽으로 간다. 무솔리니는 방수 외투를 입고 벨트를 바짝 졸라맸으나, 정중하게 환대받는 듯하다. 저녁에 현악 4중주단이 베토벤과 드뷔시를 연주한다. 무솔리니가 떠난 후 단눈치오는 발코니로 나가 모여 있는 군중에게 자신과 두체가 함께 국왕에게 존경을 표하며 보낸 전보를 읽어준다. 다음번 보고서에서 리초는 이렇게 언급할 것이다. "그리하여 두 애국자를 서로 사정없이 싸우게 만들려고 한 사람들의 마지막 희망이 사라지다."

단눈치오가 자신의 정원에 있다. 그는 풀밭에 누워 있다. 그의 주위에는 전투지에서 가져온 바위와 오스트리아군으로부터 노획한 기관총, 세베니코에서 가져온 석조 사자상이 있다. 그러나 그의 시선이 너무 낮아서 단지 작은 푸른색, 노란색, 흰색 꽃들만 볼 수 있다. 이 꽃들은 흡사 수태고지 그림에 나오는 천사가 발 딛고 온 꽃처럼 보인다. 개들이 그를 찾아온다. 그는 개들에게 누우라고 명령하고 개들도 차례로 그의 주위에서 조용해진다. 사람과 개들이 박자를 맞춰 함께 숨 쉬고 있는 것 같다. 저 위층 창문에서 루이사가 셰익스피어적인 영어로 그를 부른다. "생각과 함께 와요, 연약한 아리엘."

1925년 6월 22일. 무솔리니는 전체 민족이 "파시스트화"되어야 한다고 선포한다. 그는 자신의 "비타협성"을 과시하고 자신의 "거친 의지"를 "사정없이 실행에 옮길 것"이라고 선언한다. 반파시스트 정치가와 지식인들이 조국을 떠난다. 남아 있는 자들은 협박받고 학대당하며 구타당할 것이었다. 조반니 아멘돌라―마테오티 암살 이후 무솔리니의 범죄 행위를 입증하는 증거를 용감하게 공표한 자유주의적 언론인이자 정치가―는 구타당해 사망에 이른다.

1925년. 여름 내내 단눈치오는 자신의 영지를 확장하고 있다. 그는 호숫가 아래편에 탑을 하나 구입한다. 그는 마로니에게 자신의 소유지 입구에 자신의 '부모'인 미켈란젤로에게 헌정하는 거대한 주랑 현관을 만들게 한다. 그는 이웃한 또 다른 건물인 호텔 워싱턴도 구입한다. 7월에는 그의 아내가 그를 방문한다(그녀의 방문 기간에 루이사 바카라와 그녀의 여동생은 패키지로 코르티나로 보내진다). 토스카니니를 포함하여 다른 방문객들도 오간다. 단눈치오는 그들을 에스코트하며 자신의 영지

단눈치오가 방문객들에게 승선시키곤 했던 '폴리아'호

를 보여준다. 영지는 지금 그 기묘함으로 유명세를 타고 있다. 그는 방문객들을 '풀리아'호에 승선시키기도 하는데, 이 절반짜리 배에서 선원들이 분열식을 거행한다. 중요한 방문객인 경우에는 함포로 축포까지 터뜨린다.

1925년 10월. 무솔리니가 정치 이론에 특별한 중요성을 가질 교리, 즉 전체주의 교리를 선포한다. 모든 반대 정당과 노동조합, 결사는 금지된다. 금후로 이탈리아는 유일 정당이 이끄는 국가다. 5년 전 단눈치오와 데 암브리스는 '카르나로 헌장'의 초안을 완성했는데, 헌장에는 모든 시민이 소속되어야 할 코포레이션들이 명시되어 있었다. 그 당시에 여전히 정치 강령을 만들고 있던 무솔리니는 이렇게 선포하고 있었다. "나는 개인과 함께 출발하여 국가에 맞서 나아간다." 국가는 "질식시킨다". 그러므로 당시에 그는 이렇게 생각했다. 국가는 "단지 해만 끼칠 뿐이다". 그러나 이제 그는 정확히 반대 입장을 취하며 개인주의의 죽음을 요란하게 선언하고 있다. "모든 것이 국가 속에 있다. 국가에 맞서는 것, 국가 바깥에 있는 것은 없다."

1925년 10월 4일. 마을의 교회 종들이 내는 소음에 짜증을 내며 불평하던 단눈치오는, 오히려 자기가 소음을 낸다. 개인적으로 카타로 공습을 기념하여 '풀리아'호에서 21발의 축포를 발사한 것이다.

단눈치오의 침실 장식이 마침내 완성된다. 검은색으로 래커칠이 된 도금된 부조 및 푸른색과 황금색 줄무늬가 들어간 벽지를 배경으로 하여 평소처럼 직물과 화병, 작은 조각상들이 넘치게 배치되어 있다. 벽난로 위의 대리석 벽감에는 에로틱한 그리스 석판—백조와 함께 있

는 레다―의 도금된 모조품이 있다. 방은 남근의 상징들―기둥과 창,
밀 이삭, 코끼리 엄니―로 가득 차 있다.

1925년 11월. 개량주의적 사회주의자들의 정당이 금지된다.

단눈치오는 죽음에 대해 생각하고 있다. 그는 무솔리니에게 비행선
을 통한 북극 탐험을 제안하는 편지를 쓴다. "그 접근 불가한 장소에
우리 깃발을 꽂는다고 생각해보십시오. 깃발의 발치에 남아 있으면서
형형한 눈으로 조국을 향해 출발하는 승리감에 취한 비행선을 지켜본
다고 생각해보십시오!"

무솔리니는 죽음의 소망은 무시한 채 그 제안을 문자 그대로 받아
들여 제안을 구체화하기 위해 단눈치오를 로마로 초대한다. 단눈치오
는 꼼짝도 하지 않는다. 그는 다시는 로마를 보지 않을 것이다. 그는
탐험가-영웅이 되는 대신 탐험가-영웅을 환대한다. 단눈치오 자신이
1919년에 기획했던 도쿄 비행을 완수한 조종사 프란체스코 피네도가
비토리알레를 방문하여 자신의 비행기 프로펠러를 선사함으로써 단눈
치오의 영웅적 철물 컬렉션에 전시품을 하나 추가한다. 일련의 연설과
'알랄라' 구호, '풀리아'호의 축포가 잇따른다. 축포를 너무 터뜨려 나중
에 단눈치오는 무솔리니에게 화약을 좀더 많이 공급해달라고 요청해
야 할 판이다.

1925년 12월에 루이지 알베르티니―지면으로나 사석에서나 무솔리
니에 반대했던―가 『코리에레 델라 세라』의 편집장직에서 쫓겨난다. 무
솔리니는 이탈리아가 "항구적인 전쟁 상황에" 처해 있다고 선언한다. 알

체스테 데 암브리스도 시민권을 박탈당한 채 프랑스로 망명을 떠난다.

1926년 1월. 무솔리니가 올해는 파시즘의 나폴레옹적인 영광의 해가 될 거라고 공언한다. 나폴레옹은 그가 롤 모델로 받드는 인물이다. 그는 심지어 그에 대한 희곡도 한 편 쓴 적이 있다. 학창 시절 부터 보나파르트주의자였던 단눈치오는 비토리알레에 나폴레옹 관련 수집품을 모아둔 성유물함도 갖고 있다. 나폴레옹의 데스마스크와 그의 모래시계, 그가 세인트헬레나섬에서 사용한 코담배갑 등이 석회암 밑돌에 로마 독수리가 새겨진 선반에 진열되어 있었다.

가톨릭 인민당 소속 의원들이 의사당의 자기 의석들로 되돌아가려고 한다. 그러나 파시스트 근위대에 의해 쫓겨난다.

1926년 봄. 단눈치오가 장군 서열로 진급한다. 그는 자신을 위해 세벌의 훌륭한 군복과 이에 잘 어울리는 긴 부츠를 주문함으로써 진급을 자축한다. 무솔리니가 오스트리아인들을 알토아디제에서 몰아낼 거라면서 호전적인 연설을 하고 있을 때, 단눈치오는 '풀리아'호에서 27발의 축포를 터뜨려 그에게 동의한다는 사실을 알린다.

이다 루빈시테인이 밀라노의 라스칼라 극장에서 토스카니니의 지휘로 「성 세바스티아누스의 순교」를 공연하고 있다. 단눈치오는 자신의 새 장군복을 입고서 박스석에서 공연을 관람한다.

클레멘타인 처칠*은 무솔리니와 만나 그가 "황갈색의 아름답고 날

---

* 영국 총리를 역임한 윈스턴 처칠의 부인이다.

카로운 눈을 가진…… 상당히 꾸밈없고 자연스러우며 매우 품위 있는" 사람이라는 인상을 받는다. 그녀는 이제 도처에서 발견되는, 근육질의 두체에 매료된 수많은 여성 중 한 명이다. 단눈치오처럼 무솔리니도 영상이 발휘하는 정치적 힘을 잘 이해하고 있다. 2500가지 포즈를 취한 총 3000만 장의 무솔리니 사진이 시중에 유통되고 있다.

3월 28일에 그는 한 경기장에서 5만 명의 검은 셔츠 앞에서 연설하고 있다. 이 새로운 "계시록의 어둠의 천사들"이 입고 있는 제복과 경례법, 노래, 주문이 연설자와 군중 사이에 오가는데, 이 모든 것이 실은 단눈치오가 피우메에서 택한 스타일이다. 무솔리니의 죽음에의 도취감도 마찬가지다. "살아 있는 것은 아름답다. 그러나 필요하다면 죽는 것이 훨씬 더 아름다울 것이다."

작은 정원에 둘러싸인 채 공중의 시선에서 벗어난 단눈치오는 삶을 즐기고 있다. 그는 장난질을 친다. 그는 자신의 세계 속에 안주한다. 그는 자신의 요리사에게 줄 다음과 같은 메모를 쓴다.

친애하고, 친애하는 알비나여, [그는 또한 그녀를 '소스 자매'라고도 부른다.]
내가 사등분된 달걀찜을 먹은 지 벌써 수년째요.
당신의 음식은 절대적으로 완벽하다오.
숭고해요.
내가 아이였을 때, 나는 달걀을 넓게 펼쳐 안초비 페이스트를 조금 가미해달라고 요구하곤 했소. 나는 내 손가락까지 핥아 먹었고, 때때로 한 입에 삼켜버리기도 했소. 오늘 밤 나는 그 신성한 황홀경을 다시 경험했소. 나는 졸도하여 식탁 아래로 미끄러졌소. 이제껏 어떤 여성도 내게 주지 못한 황홀경이라오.

알비나여, 당신은 언제나 칭송되어 마땅하오. 그리고 달걀의 성좌와 안 초비의 성운에서 영원히 빛날 것이오! 아멘.

1926년 4월 7일. 중년의 아일랜드 부인인 바이얼릿 깁슨이 카피톨리노 언덕에서 무솔리니를 아주 가까운 거리에서 저격한다. 무솔리니가 '젊음'(피우메 군단병들의 시그널 음악이자 지금은 파시스트 군가인)을 부르는 일단의 대학생들을 알아보고 머리를 돌린 사이에 총탄은 아슬아슬하게 그의 코를 스쳤다. 그날 오후에 그는 코에 반창코를 붙이고 또 다른 자극적인 연설을 한다. 단눈치오는 추종자들에게 "항상 대담하라는 것을 기억하라"라고 촉구한다. 무솔리니도 추종자들에게 이렇게 말한다. "위험하게 살아라." 그리고 군인의 교범을 따르라. "내가 전진하면 나를 따르라. 내가 후퇴하면 나를 죽여라. 내가 죽으면 나를 위해 복수하라."

1926년 6월. 국가 기금으로 조성된 '단눈치오 전집 출간을 위한 연구소'가 출범한다. 문제의 전집, 즉 44권의 전집은 아르날도 몬다도리에 의해 출간될 것이다(단눈치오는 이 출판사가 자신의 새로운 물주가 될 거라고 생각하여 칭찬 삼아 출판사 이름인 몬다도리를 비슷한 발음으로 ('황금의 산'이라는 뜻의) '몬테 도로Monte d'Oro'라고 바꿔 부른다). 이는 단눈치오의 허영심을 크게 충족시켜주는 일이다. 그는 전집 출간 작업을 하며 행복한 여생을 보낸다. 그는 편집하고 수정하며 글을 한데 모으고 종이 재질과 페이지 디자인을 감독한다.

1926년 9월. 작센-바이마르의 공주인 파올라 폰 오스트하임이 단눈치오를 보러 비토리알레를 방문한다. 그녀는 21년 전 고막 치료차 로마에 왔을 때 처음 그의 눈에 띄었다. 당시 그녀는 고통스런 치료를 끝내고 호텔로 돌아가 방으로 반쯤 들어가는 길에 단눈치오 곁을 지나갔던 것이다. 당시 단눈치오는 귀족처럼 보이는 지인과 함께 복도에서 잡담을 나누고 있었다. 그녀는 허약하고 고통에 질려 있는 아름다운 이방인으로서 단눈치오로서는 덥석 물지 않을 수 없는 미끼였다. 그가 기록해놓기를, 그녀는 영양처럼 부드럽고 다리가 긴 짐승이었다.

그는 그녀의 수행원들을 따돌리고 그녀의 방으로 잠입하는 데 성공했다. 방에서 그는 침대 위에 벌거벗고 누워 있는 그녀의 모습—"하얀 장미꽃이자 황금색 무라노 유리"—을 마음껏 즐겼다. 그는 침대로 미끄러져 들어갔고, 세티냐노에 있는 자기 집에 들러달라는 초대장이 담긴 작은 황금색 상자를 그녀에게 주었다. 공주는 초대를 받아들이지 않았으나, 이제 그녀는 자신의 비망록을 출간하고 이 책 한 권을 단눈치오에게 보내 다시금 비토리알레에 초대받은 것이다. 이번에는 초대를 받아들였다.

그녀는 역에서 붉은색 대형 스포츠카를 운전하는 한 조종사의 마중을 받는다. 그리고 나서 자동차는 비토리알레로 이어진 언덕길을 무시무시한 속도로 질주해간다. 그녀는 비좁은 현관 입구에 안내되어 집주인이 나오기를 기다리는데, 마침내 오드코티 향이 집주인의 등장을 예고한다. 그는 흰색 제복 차림이다. 살이 늘어진 볼에는 흰색 파우더가 두텁게 칠해져 있다. 눈은 축축하고 어딘지 모르게 구린 듯하다.

공주는 그다음 이야기에 대해 얼버무리고 있지만, 단눈치오는 그들이 나눈 사랑을 잔인할 정도로 세세하게 기록해둔다. 그녀의 영양 같은 다리는 여전히 아름답지만, 그녀의 나머지 육체는 너무 늙어 그로서는 보고 싶지 않다. "나는 교활하게도 그녀의 가슴을 황금색 원피스로 가리고 그녀의 얼굴을 수많은 쿠션의 그림자로 가렸다네."

공주는 그에게 놀랄 만한 선물을 가져왔다. 미케네산 황금 걸쇠인데, 이는 『죽은 도시』의 저자에게 주는 선물로는 안성맞춤의 고대 보물이다. 아침에 그녀는 선물을 "클라리사들" 중 한 명의 손에 들려 보낸다. 그는 선물을 황금색 상자에 담아 돌려보낸다. 그녀는 그가 선물을 받아주기를 바란다고 항의한다. 그는 다시 선물을 돌려준다. 이번에는 짜증나는 메모와 함께 말이다. "미안합니다. 나는 목욕 중입니다. 나는 이 선물을 원하지 않습니다. 이해 못 하세요?"

1926년. 무솔리니의 유대인 애인 마르게리타 사르파티가 '둑스Dux'• 에 대한 전기를 출간한다. 그녀는 무솔리니를 천재로, 이탈리아적인 덕성의 본질로, 그리고 순교자로 그린다. 그가 전쟁에서 부상을 입은 채 고향에 돌아왔을 때, 그의 육체는 "화살들로 살이 꿰뚫린 성 세바스티아누스"의 육체와 같았노라고 그녀는 쓰고 있다. 이런 표현은 의식적으로 차용된 것이다. 사르파티는 단눈치오의 글을 알고 있다. 그녀는 "피우메의 영주"이자 미래주의의 아버지, 남성적 민족주의 문학의 "폭풍 같은 검투사적 태도"의 기원이 되는 시인 단눈치오를 호출하고 있는 것이다.

단눈치오의 음악실을 재단장하는 작업이 끝났다. 음악실에는 15개의 기둥—붉은색 대리석과 검은색 대리석, 흑단 나무—이 있는데, 이 기둥들은 구조를 지탱하는 역할을 하지 않는다. 기둥들은 불균형하게

• '두체Duce'의 라틴어 표현이다.

배치되어 있다. 단눈치오에 따르면, 기둥들의 위치는 푸가의 구체적 표현이다. 기둥들 꼭대기에는 박 모양이나 과일 바구니 모양으로 생긴 형형색색의 유리 램프가 있는데, 모두 무라노섬의 유리 공예 장인으로서 단눈치오에 의해 "나페 형제"라고 불리는 나폴레오네 마르티누치가 특별 제작한 것이다. "비토리알레 4중주단"도 있다. 단눈치오가 후원하는 베네치아 출신 음악가들로 이루어진 4중주단이 자주 방문해 연주한다.

1926년 가을. 무솔리니는 또 한 차례의 암살 시도를 용케 모면한 후에 내무장관을 경질하여 내무부를 이미 자신이 장악하고 있는 내각 부서들의 목록에 추가한다. 의회를 뛰쳐나와 독자적인 "아벤티노 회기"를 갖던 반대파 의원들도 공식적으로 의석을 박탈당한 상태다. 공산주의 지도자인 안토니오 그람시는 다시 체포되어 무솔리니의 "특별 법정"에서 재판을 받는다. 그는 감옥에서 죽을 것이다. 단눈치오가 "카고이아"라고 부르며 그토록 비난했던 프란체스코 니티 역시 시민권을 박탈당한 채 망명길에 오른다. 파시즘에 우호적인 일간지 『제국L'Impero』은 한발 더 나아가—한때 단눈치오가 그러했듯이 매섭게—니티가 사형선고를 받아야 한다고 요구한다. "그를 잡는 데 성공한 시민 누구에 의해서나 처형될 수 있다는 선고"를 받아야 한다는 말이다.

무솔리니는 "현대 제국의 카이사르"라고 선포된다. 기념식이 로마 독수리와 파스케스, 도금된 왕관 등이 동원되며 성대하게 치러진다. 파시스트 소년단 운동인 '발릴라Balilla'•를 위한 교본도 이렇게 선포하고 있다. "카이사르가 두체로 환생했다. 그는 수많은 군단병의 선두에서 말

• 1926년에 8세부터 14세까지의 소년들을 소집하여 결성된 이탈리아의 유소년 조직이다. '발릴라'는 1746년 12월 5일 오스트리아 장교에게 돌을 던져 거대한 민중 봉기를 야기한 제노바의 애국 소년 조반니 바티스타 페라소의 애칭이다.

을 타고 간다. 로마의 문화와 새로운 힘을 재건하기 위해 모든 겁쟁이와 모든 불순분자를 짓밟으면서 앞으로 나아간다."

이미 이전 세기부터 무솔리니가 '로마적인 것Romanità'이라고 부르는 것의 부활을 요구해온 단눈치오는, 또 다른 거대한 선물을 받는다. 비첸차시가 기증한 한 쌍의 로마 아치다. 마로니가 이 아치들을 비토리알레의 앞뜰에 다시 세워놓을 것이다.

1927년 1월 14일. 윈스턴 처칠이 무솔리니와 만나 독재자의 "신사적이고 꾸밈없는 태도"에 매력을 느낀다.

행동대를 이끌던 거친 인물들이 제거되고 있다. 그들의 폭력은 무솔리니가 권력으로 나아가던 때에는 유용했지만, 그가 구축한 새로운 정권에 참여하기에는 너무 무정부적이고 예측 불가능하다. 수천 명의 행동대원이 당에서 쫓겨난다. 파시즘은 이제 점잖은 정당으로 변모하고 있다.

무솔리니는 단눈치오에게서 또 다른 교훈도 배웠다. 그는 의회를 향해 해군을 강화하고 "공군—내가 점점 더 믿음을 갖게 되는—을 수적으로 늘려 강군으로 양성하여 비행기 엔진들의 포효가 반도에서 들리는 다른 모든 소리를 집어삼켜버릴 뿐 아니라 비행기 날개의 표면이 우리 땅 전체에 걸쳐 태양을 가려버리게 할 것"이라고 말한다.

1927년 9월. 롱키로부터의 진군을 기념하여 비토리알레의 정원에서 「요리오의 딸」이 공연된다. 국왕을 대표하여 아오스타 공작도 참석해 있고, 메이예르홀트*와 스타니슬랍스키,** 막스 라인하르트***를 포

* 러시아 및 소련의 연극 연출가로서 생체역학적·구성주의적 성격의 새로운 연극 이론을 제시한 것으로 평가받는다.

함하는 연극계의 유명 인사들도 초대되어 있다. 단눈치오는 장군복 차림으로 앉아 있고, 막이 오를 때마다 축포가 발사된다. 시인의 은둔지는―그가 고요와 고독을 갈망한다고 주장함에도 불구하고―시끌벅적한 공연 장소로 변모하고 있다. 그는 바이올린 모양의 연못을 만들 구상도 하는데, 연못 한쪽 끝에는 춤출 수 있는 무대도 마련될 터였다.

1927년. 새로운 파시스트 달력이 도입되는데, 과거 이탈리아의 영광스런 나날과 비극적 죽음을 기리는 성스런 날로 가득 차 있다. 새로운 해는 10월 29일부터 시작하고, 햇수 표기는 파시즘이 권력을 장악한 1922년을 원년으로 계산된다.

전쟁 기념관이 나라 전역에서 축조되고 있다. 예전에 단눈치오가 그토록 빈번하게 그러했듯이, 무솔리니도 반복적으로 60만 명의 전사자를 불러내면서 이탈리아인들에게 그들의 희생을 헛되이 하지 말게 하라고 다그친다. 학생들도 "그렇게도 많은 피로 적셔지고 그렇게도 많은 순교자가 희생한 이 땅에 태어난 것"에 자부심을 갖도록 교육받는다.

1927년 9월 21일 아침. 단눈치오는 아직 침실에 있다. 한 여성이 막 떠났다. 침대는 헝클어져 있다. 향수병도 뒤집혀 있다. 미량의 코카인 흔적이 남아 있는 작은 황금색 상자도 있다. 차갑게 식어버린 저녁식사도 식탁 위에 그대로다. 단눈치오는 아직 음식에 손도 대지 않았으나, 여성은 그가 몸을 씻고 새 실크 나이트셔츠를 갈아입고는 "난장판"이

•• 러시아 및 소련의 연극 연출가로서 '스타니슬랍스키 시스템'(연기법)을 정립하고 사회주의 리얼리즘 연극을 완성한 것으로 평가받는다.
••• 오스트리아 출신으로 독일과 미국에서 활동한 연극 연출가이며 반자연주의적 연출을 통해 연극성을 부활시킨 것으로 평가받는다.

나 다름없는 침실로 되돌아오는 사이에 약간의 음식을 먹었다. 이제 홀로 남은 그는 음식을 입에 게걸스럽게 우겨넣는다. 무화과와 프로슈토*는 그에게 간밤에 자신을 방문한 여성의 음부를 연상시킨다.

1928년 3월 16일. 향후 선거에서는 모든 의원 후보가 파시스트 대평의회에 의해 임명될 것이라는 새로운 법령이 반포된다. 이제 86세인 졸리티만이 의원으로서 유일하게 이 법령에 항의한다.

단눈치오는 자신의 우울증을 라틴어로 "삶의 권태tedium vitae"라고 불렀는데, 이 우울증에는 많은 원인이 있으나, 그중 하나는 그가 그토록 열심히 쌓아올리려고 했던 자신의 명성이다. 그는 자신이 "전시 괴물mostro"이라고 말하는데, 이 모호한 표현은 '괴물'과 '쇼'(프릭 쇼)**라는 두 가지 뜻을 동시에 내포한다.

왕년의 세 군단병이 비토리알레에 도착하는데, 이들은 마치 순례자처럼 도보로 나폴리를 향해 여행 중이다. 단눈치오는 이들을 접견하기를 거부한다. 또 다른 열성 신도가 정원을 거니는 단눈치오를 보려고 나무에 올랐다가 떨어져 다치는 일도 발생한다. 마로니는 그의 영지에 높은 담을 둘러치기 위해 작업을 속개한다.

1929년. 무솔리니가 집무실을 로마의 중심인 베네치아궁으로 옮긴다. 그는 '세계지도의 방Sala del Mappamondo'이라고 이름 붙여진 방에 책

• 돼지고기 넓적다리를 염장하여 만든 이탈리아식 햄.
•• 프릭 쇼freak show란 남과 다른 기형적 외모를 가진 사람이나 동물을 출연시켜 흥미를 유발하는 쇼를 말한다.

상을 들여놓는데, 이 방 이름은 단눈치오가 비토리알레의 자기 서재에 붙인 것과 같다. 단눈치오는 자신이 7만5000여 권의 장서를 보유하고 있다고 추산한다. 그는 점점 살아 있는 사람들과는 멀어지고 자기 또래의 죽은 자들을 벗 삼아 시간을 보낸다. 그는 몽테뉴와 단테를 읽는다. 그가 메모한 수첩을 보면, 그들과 논쟁을 벌이기도 하고, 그들이 자기 의견에 권위를 부여한다고 느낄라치면 열렬히 그들에게 공감하기도 한다.

단눈치오의 '세계지도의 방'은 작은데, 특히 훌륭한 편집본의 『신곡』 시리즈와 천장에 매달린 1.5미터가량의 베네치아 갤리선 모형이 눈에 들어온다. 반면 무솔리니의 방은 광대하다. 한 기자는 방을 가로질러 그를 보기 위해서는 쌍안경이 필요할 거라고 말하기도 한다. 그럼에도 두 방 모두 의미로 가득 차 있고 의도적으로 방주인을 기리기 위해 설계되었다는 공통점이 있다. 무솔리니의 모자이크 바닥은 황소로 변한 제우스에 의해 납치되는 에우로파를 보여주는데, 지금 세계가 황소 목의 두체에 의해 지배되고 있는 양상을 상기시킨다. 그의 개인 비서의 보고에 따르면, 거의 매일 다른 여성들이 한 차례의 사무적인 섹스를 위해 그의 집무실에 들어온다고 한다.

베네치아궁은 무솔리니의 무대다. 마치 피우메에서 총독 관저가 단눈치오의 무대였듯이 말이다. 매일같이 그는 베네치아궁의 발코니에서 자신의 민중을 향해 연설한다. 그는 의도적으로 과장된 몸짓을 하는데, 이 또한 단눈치오가 고대 그리스 연극의 몸짓 언어를 공부한 후 자기 배우들에게 요구한 것이기도 하다. 무솔리니는 얼굴을 찡그리고 주먹을 불끈 쥐며 팔을 휘젓는 등의 몸짓을 한다. 그의 신체 언어는 충동적으로 보이지만, 미리 신중하게 연습한 것이기도 하다.

1929년 5월 12일. 단눈치오가 한 레즈비언과 함께 밤을 보낸다. 그들은 스릴 넘치는 섹스를 하지만, 아침에 그는 아무런 예의도 차리지 않은 채 그녀를 내보낸다. 그녀가 역에서 여행 가방 위에 앉아 있는 동안 그는 마멀레이드를 바른 작은 케이크를 먹는다. 그는 성교 후에 먹는 조용한 아침식사를 사랑한다. 그는 뭄 샴페인* 한 잔을 부탁하고, 새들의 지저귀는 소리로 가득 찬 아침에 느끼는 감각은 그에게 흡사 인간의 경험을 초월하는 것처럼 보이기도 한다.

1929년 11월 10일. 피우메에서 단눈치오의 행동대장 역할을 한 귀도 켈러가 자동차 사고로 죽는다. 단눈치오는 그의 시신을 비토리알레로 데려와 '풀리아'호의 갑판에 뉘여 철야 기도를 한다. 그런 다음 시신을 자기 정원에 묻는다. 그는 마로니에게 묘당을 만들 계획에 대해 이야기한다.

카사티 후작 부인이 다시 방문한다. 단눈치오는 그녀가 준 거북이 월하향을 과다 섭취하여 죽었노라고 말해준다. 단눈치오는 일찍이 드 몽테스큐 백작의 현실세계와 위스망스의 픽션세계에 공히 등장하는 거북의 존재를 의도적으로 연상시키면서, 자신이 제일 좋아하는 동물 조각가 레나토 브로치로 하여금 죽은 거북에 청동 다리와 머리를 입혀 새로 꾸민 응접실 탁자 머리에 올려둔다. 단눈치오의 설명에 따르면, 과식에 대한 경고의 의미로 말이다. 그의 견해에서 이 응접실은 이 프리오리아(수도원)에서 유일하게 "슬프지" 않은 곳이다. 진홍색 및 황금색 벽면들과 빛나는 푸른색 및 황금색의 반원통형 천장이 있다. 모든 게

---

* 뭄은 프랑스 샹파뉴 지방의 유명한 샴페인 제조 회사를 말한다.

래커칠이 되어 있어 밝게 반들거린다. 이것은 현대적인 방이다. 윤곽이 명확하고 번드르르하며 화려하다.

1930년 3월. 무솔리니가 당 지도자들에게 일장 연설을 늘어놓고 있다. 그는 여기서도 다시 단눈치오를 앵무새처럼 따라한다. 그가 말하기를, 세계는 이탈리아인들이 싸울 수 없다고 믿는다고 한다. 그런 모략을 퇴치하는 것이 이탈리아인들의 사명이다. 이를 위해 중세 용병대장들의 문화를 부활시킬 필요가 있다. 그들은 "강철 같은 기질을 타고났고 용기와 증오와 열정을 전쟁에 쏟아부었다." 현대 이탈리아인들도 그들과 똑같이 행동해야 한다. 왜냐하면 "민족의 위신은 거의 전적으로 군사적 영광과 무장력으로 결판나기 때문이다". 이것이 단눈치오가 『프란체스카 다 리미니』를 쓴 이유이고, 이탈리아가 1915년에 참전하기를 원한 이유다.

단눈치오는 와일드풍의 "아름다운 집"을 꾸미고 있는 장인들과 나란히 일하고 있다. 그는 맛밋한 하얀 회반죽 벽면을 차와 커피를 섞은 물로 가볍게 문질러줌으로써 그윽한 운치를 내고 있다(이 방법은 그가 두세와 행복한 시절을 보내던 그 세기 초의 베네치아에서 한 미국인 여성이 알려준 트릭이다). 그는 긴 실크 천에 황도 12궁을 그려넣는데, 이는 거의 반세기 전에 나온 그의 첫 소설에서 묘사된 경이로운 침대보를 현실에 옮겨온 것이기도 하다. 그것은 무솔리니의 딸이자 단눈치오의 오랜 친구인 차노 백작의 아들과 결혼할 에다에게 줄 결혼 선물이다.

그는 스카프와 숄, 여성 속옷, 기모노, 스타킹 등의 컬렉션을 갖고 있는데, 이 소품들로 "지나가는 클라리사"마다 변장시키곤 한다. 그는 연인일 뿐만 아니라 스타일리스트다. 새로운 여성에게 옷을 입히는 것과 벗기는 것 중에서 그가 어느 쪽을 더 즐겼는지 말하기는 어렵지만 말이다.

단눈치오와 아엘리스는 모두 재즈에 열광한다. 그는 하인을 밀라노에 보내 약 열두 장의 음반을 사오게 한다. "재즈-밴드. 재즈-밴드. 재즈-밴드!"(단눈치오의 영어식 표현) 그는 한 친구에게 이렇게 말한다. "우리는 매일 밤 춤을 춘다."

비토리알레는 말로 가득 차 있다―모토와 경고, 지시, 단눈치오 자신의 시에서 따온 시구가 여기저기에 있다. 성 프란체스코의 송시에서 가로챈 것도 있다. 성경 구절을 살짝 비튼 글귀도 있다. "정당한 전쟁에서 죽은 자들에게 은총을." 현관홀에 새겨진 라틴어 글귀를 보면 이 집 주인이 어떤 사람인지 쉽게 알 수 있다. "나는 신들 앞에 선 가브리엘 대천사다/날개 달린 형제들 사이에서 유일하게 돋보이는 존재로다."

무솔리니도 모토를 좋아한다. "대담한 자가 승리한다." "전쟁과 인간의 관계는 모성과 여성의 관계와 마찬가지다." "망설이는 자는 패배한다." (이 모토는 오랜 경구지만, 무솔리니는 이를 아마도 단눈치오의 『영광』에서 인용했을 것이다.) "신의는 불보다 강하다." "무솔리니는 언제나 옳다." "우리 이빨 사이에 단검을 물고, 우리 손바닥 사이에는 폭탄을 두며, 우리 마음에는 무제한의 경멸감을 담자." "허약한 자를 교수대로."

1930년 6월. 이탈리아인들이 리비아에 있다. 단눈치오의 피우메 이야기에서는 모호한 배역을 맡았던 피에트로 바돌리오 장군이 리비아 총독이다. 바돌리오는 부하들에게 "사납고 냉혹"해지라고 말하면서 10만 명 이상의 민간인―여성과 아이, 노인들―을 모아 사막을 횡단하게 하고(몇몇 경우에는 1000킬로미터 이상), 이들을 벵가지 인근의 철조망이 둘러쳐진 수용소에 감금한다. 다음 3년 동안 수감자의 약 40퍼센트가 질병이나 영양 부족으로 사망하게 될 것이다. 이탈리아 점령에 저항하는 리비아인들은 독가스 공습을 받는다.

이탈리아의 리비아 식민화를 기념하여 단눈치오는 레나토 브로치에게 메달을 제작해달라고 의뢰한다. 메달은 상아와 금(단눈치오는 '금과 상아로 된chryselephantine'이라는 단어를 선호한다)으로 만들어지고, 코를 위로 쳐든 코끼리 한 마리가 새겨져 있다. 이런 글귀도 있다. "아프리카여, 나는 너를 갖고 있도다Teneo te Africa."

1931년 8월. 단눈치오는 실내장식 전문 잡지이자 조 폰티라는 건축가 겸 디자이너가 편집하는 『도무스Domus』의 애독자다. 단눈치오의 집에서 일하는 많은 장인에 대해 처음으로 관심을 갖게 된 것도 모두 이 잡지의 지면을 통해서다. 이제 폰티 자신이 단눈치오의 욕실을 재단장하고 있는데, 욕실 벽면은 대리석이고 욕조 등은 푸른색 석조 제품이다. 유리 공예 장인인 피에트로 키에사가 일본풍에서 영감받은 아르데코* 양식의 창문을 만드는데, 창에는 가장 어두운 인디고 색에서 가장 밝은 울트라마린 색까지 푸른색 일색으로 된 배경에 날개를 펼친 왜가리로 이루어진 현란하기 그지없는 디자인이 새겨져 있다. 단눈치오는 여전히 새로운 테크놀로지에 기뻐하며 미적 유행을 따라가고자 애쓴다.

그는 자신의 소유물을 정리하는 것을 좋아한다. 그는 페르시아 투구

---

* 제1차 세계대전 이후 프랑스에서 나타난 모더니즘적인 디자인 양식.

에 낡은 초록색 유리 증류기를 살짝 얹어놓는다. 그런 느낌을 좋아하는 것이다.

1931년 10월. 피우메에서 단눈치오의 수석 장관이었던 조반니 주리아티가 무솔리니의 당 비서다. 이제 주리아티는 피우메에서도 그랬던 것처럼 충성스러우나 날카로운 눈을 갖고 있다. 그는 무솔리니의 허풍과 부정부패에 대한 냉소적인 묵인에 당혹감을 느낀다.

1931년 9월. 단눈치오의 말에 따르면, 그는 침묵을 찾아 가르도네에 왔건만 건물 부지의 소란스런 상황 속에서 열흘가량 머물러야 했다.
마로니가 원형 극장을 연구하기 위해 폼페이로 파견되고, 그런 다음 자신의 후원자를 위해 1500명은 거뜬히 수용할 수 있는 거대한 극장을 설계하는 작업에 착수한다. 그는 주차장도 건설한다. 단눈치오는 여전히 자동차를 좋아하고, 자신의 전시 협력자이자 피아트 회장인 조반니 아넬리로부터 정기적으로 피아트의 최신 모델 자동차를 선물받고 있다. 그는 자동차가 여성이라고 단정한다. 그가 좋아하는 자동차는 여성만큼이나 우아하고 생기 있으면서, 그만큼 순종적이기도 하다. 그는 특히 자신의 밝은 노란색 자동차에 기쁨을 느낀다.

1932년 2월 18일. 단눈치오는 무솔리니에게 건물을 짓기 위해 기금을 좀더 조성해줄 수 있느냐고 문의한다. 생활 공간을 확장할 의도는 없다. 그것과는 거리가 멀다. 안톤지니는 비토리알레를 베르사유에 비교한다. 베르사유는 거대한 궁전이지만, 방문객들은 마리 앙투아네트의 작은 사저를 보고 놀란다. 단눈치오는 콘서트홀과 영화관, 하늘 정원(이는 실현되지 못할 것이다)을 가진 전쟁 박물관을 건설할 구상에 빠져 있다. 거기에는 엄청나게 많은 페르시아 카펫과 "그 외 아름답고 풍부한 물품"이 그득할 것이다. 물론 최고급 화장실들도 마련될 것이다.

이 모든 것이 마로니가 조르조 데 키리코*의 건축학적 판타지에서 영감을 받아 설계한, 단눈치오의 새로운 "성채"에 갖추어질 것이다. 단눈치오는 이곳을—세상에서 벗어났다는 뜻의— "스키파몬도 Schifamondo"라고 부를 텐데, 이는 자신의 소설 『쾌락』의 일부 배경인 해변 저택과 14세기 페라라의 데스테 궁전의 이름을 암시하기도 한다. 이곳은 뒤죽박죽으로 과잉 장식된 프리오리아(수도원)에서 파생했으면서도 프리오리아보다 훨씬 더 크고 훨씬 더 당당한 건물로서, 수직의 표면들은 모두 널찍하고 부드러우며 아치는 장식이 없고 높을 뿐 아니라 텅 빈 공간에 권력을 암시하는 장엄함의 느낌으로 가득 찰 것이다. 단눈치오는 파시스트 건축을 본 적이 없지만—그는 결코 집을 떠나지 않고 있다—삽화 잡지들을 탐독하면서 새로움을 간파하는 특유의 예리한 눈으로 새로운 미학의 본질을 파악했다.

영화관도 엄청난 성공을 거둔다. 마로니가 영사기사로 작업하는 동안 단눈치오는 완전히 몰입하여 입도 뻥긋하지 않고 영화를 감상한다. (공공 영화관에서는 생음악 반주가 섞이며 영화가 상영된다.) 그는 서부 영화들을 즐긴다. 그가 가장 좋아하는 스타는 그레타 가르보다. 그는 프리츠 랑의 「메트로폴리스」와 「마스크 오브 조로」, 채플린의 「골드 러시」를 좋아한다. 그는 해럴드 로이드**의 익살스런 행동에 배꼽을 잡는다.

무솔리니도 희극 영화를 즐긴다. 그가 중절모 착용을 중지한 것도

---

* 그리스 태생의 이탈리아 현대 화가로서 형이상학적이고 초현실주의적인 작품들을 남겼다.
** 무성 영화 시대 미국의 희극 배우로서 스피디한 슬랩스틱 코미디를 선보였다.

「로렐과 하디」*를 보고 난 뒤다. 예전에는 좋아라 하며 쓰고 다니던 모자가 그렇게 웃긴지 미처 몰랐던 것이다.

1931년 9월. 단눈치오는 아주 얇은 블라우스에 대해 글을 쓰는데, 그는 이 새로운 유행을 환영해 마지않는다. 또한 실크 스타킹에 대해서도 글을 쓰는데, 특히 훌륭한 무라노산 유리잔이 가장자리에만 색이 보이듯이 스타킹 솔기에만 색을 넣는 방식에 관심이 많다. 그는 니케에 대한 기억을 떠올리며 생각의 열차를 타고 간다. 이제 기억이 좀더 분명해진다. 그의 손가락에 묻은 생리혈과 은빛 피부의 가슴, 밀고 들어가는 그의 "꼿꼿한 단검"까지 모든 것이 기억 속에 새롭다. 과연 섹스는 글쓰기를 자극하고, 글쓰기는 성적 자극의 수단이다. 단눈치오의 성충동libido은 언제나 그에게 요긴한 뮤즈였다.

그는 수박을 먹으면서도 미소를 지어 수박의 유리 같은 분홍색과 초록색에서 느낀 쾌락을 표현한다. 그는 때로 며칠 동안 계속 아무것도 먹지 않지만―코카인 때문에 그의 식욕이 죽었다―배고픔을 대신 충족시켜줄 음란한 쾌락에 탐닉한다. 그는 광천수 감식가라고 해도 좋을 정도로 광천수를 좋아한다. 이제 그는 커피―특히 밀크를 섞은 커피―를 혐오한다. "저런!"

그는 이 지상세계의 3대 경이로움이 바닷가재와 금발 여성의 음모, 오렌지의 "깨끗하고, 깨끗하고, 깨끗한" 풍미라고 말한다. 그는 이런 유의 격언을 구사하는 것을 즐긴다. 또한 말하기를, "그레이하운드 혹은 잘 먹인 경주마, 이다 루빈시테인의 다리, 피아베강을 건너는 결사대원

---

* 무성 영화 시대 미국의 희극 배우인 스탠 로렐과 올리버 하디가 짝을 이룬 유명한 코미디 듀오다.

의 몸, 자신의 윤기 나는 두개골의 형태와 구조, 이런 것들이야말로 세상에서 가장 아름다운 현상이다".

그는 쓸모없는 눈의 고통을 덜고 환각의 피로에서 벗어나기 위해 여전히 수면제를 복용하고 있다. 그는 최면 상태에서 깨어나듯이 생생한 꿈을 꾸다가 일어나는 경우가 많다. 그는 자신만의 화려한 은신처에 갇힌 자신을 세인트헬레나섬에 유배된 나폴레옹에, 늑대 인간에, 자신의 성에 갇힌 푸른 수염 사나이*에, 예술가-폭군인 네로에, 혹은 "고대의 의식에 따라" 자신의 보물 창고에 묻힌 한 고대의 왕에 비유한다.

그는 축음기 한 대를 더 갖고 있다. 미래주의 화가인 카를로 카라는 그를 "축음기-예언자"라고 부르기도 한다. 이 축음기는 가면의 방이라 불리는 작은 대기실에 있는데, 이 방에는 아르 데코 양식의 청동 말 조각상과 풍요의 뿔 더미를 표현하고자 했으나 실은 아이스크림콘으로 보이는 무라노산 유리 샹들리에가 있다. 그는 재즈와 폭스트롯, 스피리튜얼, 룸바를 듣는다. 그는 조세핀 베이커**의 음반 '나의 두 사랑J'ai deux amours'을 소장하고 있고, 음반이 닳고 닳을 때까지 틀어댄다.

1931년 12월 12일. 파시즘의 기념식과 전례가 점점 더 정교해지고, 군중 안무도 점점 더 야심적으로 변해간다. 무솔리니는 한 기자에게 이렇게 말한다. "모든 혁명은 새로운 형태와 새로운 신화, 새로운 의례를 창출한다." 피우메에서 단눈치오의 경우도 그랬듯이, 모든 공식 모임은

• 푸른 수염 사나이Bluebeard는 프랑스 전설이나 동화에서 아내들을 연쇄 살인한 잔혹한 인물을 말한다.
•• 미국 태생의 프랑스 댄서이자 가수로서 유럽에 미국 흑인 문화의 아름다움을 알렸다. 제2차 세계대전 기간에는 프랑스의 레지스탕스 활동에, 1960년대에는 미국의 반인종주의 활동에 참여했다.

3부 전쟁과 평화

"두체에 대한 경례"라는 의례와 더불어 시작되어야 한다고 공포된다.

『크리티카 파시스타Critica Fascista』에 실린 한 논설에서는 이탈리아인들이 무솔리니를 모방해야 한다는 주장이 제기된다(마치 기독교도들이 그리스도를 모방하도록 권유받듯이 말이다). 한 사제는 무솔리니가 환생한 아시시의 성 프란체스코라고 선포하기도 한다. 순례자들이 꽃들로 장식된 트럭을 타고 그의 고향을 찾아온다. 그들은 그의 생가를 방문하여 엄숙하게 벽과 가구, 마루 등에 입을 맞춘다. 학생들도 새로운 신조를 교육받는다. "나는 저 고매한 두체—검은 셔츠단의 창설자—를 믿습니다. (…) 그가 로마에 오셨습니다. 셋째 날에 그는 국가를 다시 창건했습니다. 그는 저 높은 관직에 오르셨습니다." 단눈치오는 전쟁 이전부터 이런 유의 종교적 수사를 이용해왔지만, 나이 탓에 독실함이 사라진 지 오래다. 그는 천상의 의식이 일으키는 "불꽃"과 먹고 섹스하는 두 가지 "동물성"을 대조하면서 드는 생각을 기록하며 이렇게 쓴다. "신은 폭군이자 동시에 어릿광대다. 그는 가짜 왕관과 벨이 달린 모자를 동시에 쓰고 있다. (…) 나는 그가 혐오스럽다!"

1932년 4월. 단눈치오는 69세이고, 이제 거의 항상 그러하듯이 죽을 운명에 대해 생각하고 있다. 그가 쓰기를, 생명은 "부패한다". 그러나 그것은 아름다운 여성들의 다리를 뒤덮은 것과 같은, 일종의 사랑스런 솜털을 갖고 있다. "나는 그것들[생명과 여성들]에 내 입술을 갖다 댄다." 쾌락은 경이롭지만, 그의 입술은 임박한 부패와 보드라운 살갗 밑의 뼈마디를 느낄 수 있다. 그는 오랜 친구의 부음을 듣는다. 그는 자신의 음악가들에게 베토벤이 말년에 작곡한 현악 4중주를 연주해달라고 부탁하고, 동틀 때까지 꼼짝하지 않고 음악을 감상한다. "모든 심오한 곡이 그렇듯이 소중한 것의 상실을 구슬퍼하는구나."

1932년 7월 6일. 단눈치오가 염세적인 분위기에 젖어 있다. 친척들이 자신에게서 돈을 짜내가고 있다고 그는 불평한다. 자신이 마치 스위스 암소나 에페수스의 가슴 여럿 달린 디아나라도 된 것 같은 느낌이라고 한다. 그의 여동생과 조카가 그를 방문한다. 그는 이들의 방문을 거부한다.

1932년 7월. 민족 대백과사전에 실은 무솔리니의 기고문이 출판된다. 철학자 조반니 젠틸레의 도움으로 쓰인 이 글은, "파시즘의 교리"에 대한 것이다. 여기서 표명된 주장들 중에는 다음과 같은 것이 있다. 개인의 자유는 미망에 불과하다. 유일하게 현실적인 덕성은 국가에 헌신하는 것이다. 전쟁은 도덕적 위대함을 수여한다. 이탈리아는 계속 팽창해야 한다. 인간은 투쟁으로 고상해진다. 19세기가 개인의 세기였다면, 20세기는 "집합적" 세기, 즉 "파시즘의 세기"다.

무솔리니의 글에 덧붙인 부록에서 역사가 조아키노 볼페는 1919년의 소요 시기에 "공산주의자나 탈영병"과 맞서 싸우다가 죽은 파시스트 영웅들을 추모한다. 그들은 귀감이 되는 인물이라고 볼페는 쓴다. 그는 전형적인 파시스트들의 이력서 견본을 이렇게 제시한다. 그들은 참전론자로서 자원하여 싸우면서 무엇보다 피우메에서는 군단병으로 복무했다. 단눈치오는 여전히 의미심장하게도 자신의 추종자들에게 파시스트가 되라고 요구하지 않지만, 싫든 좋든 파시스트들은 그들이 자기네 편이라고 주장하고 있다.

1932년 10월. 로마 진군 10주년. '제국 가도'가 콜로세움과 카피톨리노 언덕 사이를 자르면서 고대 로마를 관통했다. 무솔리니는 자신이 경멸적으로 "형편없는 그림 같은" 중세 지구라고 부른 11개 거리도 없애버려 도시 심장부에서 군 부대들이 대규모로 행진할 수 있게 만든다.

박람회 궁에서 개최된 '파시스트 혁명 전시회'를 400만 명이 방문한다. 궁의 신고전주의적 외관은 검은색과 붉은색, 은색으로 완전히 새롭게 단장되었고, 표면에 알루미늄을 입힌 4개의 거대한 파스케스 기둥이 세워져 있다. 전시회에서 가장 놀라운 공간은 상징적 광경이 재현된 방들이다. 가령 '파시의 갤러리'는 벽기둥들이 벽에서 돌출되어 우뚝 서 있는 홀인데, 마치 '두체'라는 단어가 새겨진 천장을 향해 파시스트적으로 경례를 붙이고 있는 형국이다. 또한 '무솔리니 홀'은 지도자의 집무실을 그대로 모방한 것이고, '순교자들의 성지'는 수천 개의 금속 명판으로 뒤덮여 있는 어두운 돔 모양의 방으로 각 명판은 전사한 병사를 표현하고 있다. 단눈치오가 자신의 격리된 공간에서 실험하고 있던 예술—설치예술 겸 실내장식—이 이제 정권에 의해 대규모로 실현되고 있는 셈이다.

11월에 무솔리니가 단눈치오를 방문한다. 그는 여전히 이 노인에 대한 존경심을 보여줄 필요가 있는데, 노인은 "도시와 해안선의 기증자*이자 파시즘에서 좋은 것은 모두 예지한 선각자"로 자처한다.

1933년 1월 30일. 아돌프 히틀러는 독일 총리가 된다. 히틀러는 무솔리니를 "훌륭한 정치가"로 여기면서 "독보적인 무솔리니"에게 거대한

• 단눈치오가 이탈리아의 영토 획득에 기여했음을 자화자찬하는 표현으로 여겨진다.

찬사를 보낸다. 물론 두 지도자와 두 정권을 구분 짓는 요소는 많다—아닌 게 아니라 나치의 인종 이론이 그런 요소다. 이탈리아인들은 아리아 인종이 아니며, 심지어 인도-유럽인도 아니다. 그들은 유럽의 혈통 집단들 가운데 세 번째로 우수한 "지중해" 인종이다. 또한 이탈리아가 제1차 세계대전에서 연합국 편에 서면서 독일을 배신한 전례가 있다. 그런가 하면 남부 티롤/알토아디제 지역을 둘러싼 양국의 영토 분쟁도 있다. 다른 한편, 오스트리아계 독일인 억압자들에 대한 수 세기에 걸친 이탈리아인의 해묵은 적대감도 무시할 수 없는 요소다.

이 모든 사실에도 불구하고 두 지도자는 서로 따뜻하게 결속하고 싶어한다. 히틀러는 뮌헨의 나치 당사에 실물 크기의 무솔리니 흉상을 모셔두고 있고, 1922년 무솔리니의 로마 진군이 있은 지 몇 주 후에 무솔리니는 자신의 한 정보원으로부터 "국가 권위를 복고하고 파업을 폐지하며 (…) 한마디로 질서를 복고하려는" 나치의 정치 강령이 "대부분 이탈리아의 '파쇼'에서 차용된 것"이라는 말을 듣고 크게 기뻐했다.

1933년 2월. 이탈로 발보가 24대의 수상 비행기로 오르베텔로에서 시카고까지 대서양 횡단 비행을 이끈 뒤 편대를 그대로 유지한 채 복귀하는 데 성공한다. 이는 빛나는 위업으로서 한때 단눈치오가 기획한 도쿄 비행도 성공했더라면 그런 위업의 반열에 들었을 것이다. 발보는 미국에 잠시 들른 사이에 인디언 수족에 추장 '하늘을 나는 독수리'로 소개되고, 루나 파크에서 코코넛 떨어뜨리기 게임에도 참가하여 여흥을 돋운다.

1933년 7월. 단눈치오는 몇 년 동안이나 줄기차게 불평한 이후 마침

3부 전쟁과 평화

내 비토리알레 입구 근처의 "더러운 술집"을 폐쇄하고 없애는 데 성공한다. 그는 자신의 변호사에게 말하기를, 거기서 주정뱅이들이 자신의 숙녀 친구들을 자주 놀라게 했다고 한다. 새롭게 정화된 공간에서 마로니는 '전사자 광장'—광장 겸 전쟁 기념물—을 시공할 계획에 착수한다. 석조 아치들에는 비토리알레를 "살아 있는 돌들"로 만들어진 "종교서"로 묘사하는 글귀가 각인되어 있다.

무솔리니는 스스로 코포레이션부의 장관으로 취임한다. 파시스트 철학자인 우고 스피리토가 '코포라티즘'에 대한 정의를 담은 책을 출간한다. 책에 따르면, 코포라티즘은 "평등한 국가"(사회주의)와 "무정부적 개인"(자유주의) 모두에 반대한다. 그 본질은 만장일치에 있다. "의지들이 결합하여 단일 의지를 형성한다. 복수의 목표들이 어우러져 단일 목표를 형성한다." 이런 일괴암적 국가monolithic state는 그 정상에 위대한 지도자를 두고 있다. 이제 무솔리니에 대해 쓸 때면 신에 대해 쓸 때처럼 대문자를 사용하는 것이 관례가 되었다. "혁명은 바로 그HIM다. 그가 바로 혁명이다." "그는 이탈리아 민중에게 행운을 몰고 온 천재GENIUS다."

노동자들이건 사용자들이건 간에 모든 시민은 이런저런 코포레이션에 소속되어야만 하고, 그 코포레이션들 속에서 "민족과 파시즘의 대의에 완벽히 헌신하면서" 동등한 조건 속에서 일할 것이다. 피우메에서 단눈치오와 데 암브리스가 정교하게 만든 헌법이 마침내 실현되었다고 말할 수 있다.

1934년 2월. 단눈치오에게는 그가 라크네라고 부르는 새로운 애인이 생겼다. 그녀는 아엘리스가 그를 위해 밀라노에서 찾은 25세의 매춘부다. 라크네는 결핵을 앓고 있다. 그녀는 4년 후에 죽을 것이다. 그는 그녀의 긴 손과 창백한 안색, 눈두덩의 보라색 그늘을 사랑한다. 그녀는 호숫가 저 아래에 있는 '로 스포르트'라는 식당 위층에 산다. 그녀가 누추한 환경에서 비좁은 침대에 누워 있는 모습을 생각하면서 그는 흥분을 느낀다. 그는 그녀의 음모에 찬사를 보내며 중세적 운율로 시를 쓴다. 그녀를 자기 집에 데려오기 위해 번쩍이는 대형 차를 보낸다. 집에서 그는 자신이 제일 좋아하는 리소토를 그녀에게 먹인다. 또한 그녀에게 모피 코트를 입혀준다. 다시 코트를 벗기고 벌거벗긴 다음 다시 옷을 입히는데, 한번은 황금색 가운을 입히고, 다음번엔 그가 손수 그림을 그려넣은 훌륭한 모슬린 천으로 덮어준다. 그는 그녀에게 경이로운 편지도 써주는데, 편지에서 그녀 이전에도 다른 많은 여성에게 항상 그러했듯이 그들이 나눈 사랑을 세밀하게 묘사한다. 그녀가 그 기간이 되면, 그는 퉁명스럽게 대하면서 다른 매춘부와 영화나 보라고 말한 뒤 자신의 진짜 애인인 '멜랑콜리'의 품에 안기는 것이다. 밀회가 끝나면 그는 코카인을 과다 복용한 뒤 침대에 뻗어 기절한다.

무솔리니는 이탈리아인들이 자기네 조국과 과거를 사랑하는 법을 배워야 한다고 선포한다. 전통 의상 전시회와 민속춤 및 민속음악 공연, 그리고 1880년대에 단눈치오와 미케티가 수집하곤 했던 시골의 다양한 제례 관행—기독교적인 것과 아닌 것 모두—의 재현이 이루어지는데, 이 모든 것이 "이 세상에서 위대함을 성취하는 데 필요한 민족혼"을 고양하기 위함이다.

20대 초반의 여성 에미 휘플러와 함께하는 단눈치오

1934년 6월. 단눈치오는 무솔리니에게 "얼굴에 회반죽과 아교가 덕지덕지 붙어 있는 야비한" 히틀러와 거리를 두라고 권고하는 편지를 보낸다. 무솔리니는 그의 충고를 무시하면서 이제 베네치아에서 처음으로 히틀러와 만난다. 이는 행복한 방문이 아니다. 히틀러는 베네치아 비엔날레에서 타락한 모더니스트 예술가로 가득 찬 방들을 보고 역겨움을 느낀다. 무솔리니는 그가 "방수 외투를 입은 배관공"같이 보인다고 생각하면서 그의 비판에 싫증을 느낀다. 히틀러는 독일로 돌아가는 길에 '장검의 밤'*의 살인을 명령한다. 그다음 달에는 독일 대통령 폰 힌덴부르크가 사망하고, 히틀러가 스스로를 퓌러라고 선포하면서 절대 권력을 차지한다. 나치 당원들은 오스트리아 총리인 엥겔베르트 돌푸스를 살해하기도 하는데, 돌푸스는 무솔리니와 우호적인 관계를 맺고 있었다. 돌푸스가 살해당하던 시점에 그의 아내와 자식들은 무솔리니 가족과 함께 체류하고 있었다.

무솔리니가 비토리알레를 다시 방문한다. 사흘 뒤 로마로 돌아온 무솔리니는 국왕과 함께 피란델로가 연출하고 데 키리코가 무대 연출을 맡은 「요리오의 딸」 개막 공연에 참석한다. 단눈치오와 그의 작품은 여전히 성황을 이루고 있다.

단눈치오에게 새로운 친구가 생기는데, 알토아디제 지역 출신인 20대 초반의 젊은 금발 여성으로서 이름은 에미 휘플러라고 한다. 때로 그는 그녀와 함께 자신의 사저로 들어가 문을 잠그고 2~3일 동안 나오지 않는다. 휘플러는 단눈치오가 죽을 때까지 비토리알레에 머물 것이다.

1934년 10월 29일. 로마 진군 12주년을 맞이하여 37명의 파시스트 "순교자"가 피렌체의 산타크로체 성당으로 이장되는데, 이 성당은 이미 미켈란젤로와 마키아벨리, 갈릴레오가 영면하고 있는 곳이다. 관들이 엄숙한 행렬 속에 운구되는데—단눈치오의 피우메 "순교자들"의 경우와 마찬가지로—관들은 각기 죽은 사람의 이름이 쓰인 깃발을 앞세

---

* '장검의 밤Night of the Long Knives, Nacht der langen Messer'은 히틀러가 에른스트 룀을 비롯한 돌격대SA를 해산시킨 사건이다. 이 사건을 통해 나치즘 내부의 급진적인 요소들이 숙청되었다.

우고 있다. 이 의례는 신성하면서도 세속적이다. 한 일간지가 "파시즘의 시민 종교적 제례"와 신이 아닌 무솔리니에 대한 군중의 "위대한 믿음"을 논평한다.

1934년 11월 8일. 단눈치오는 몸이 아프고 우울하다. 그는 조각가 레나토 브로치에게 편지를 쓴다. 그가 말하기를, 사흘 동안 그의 유일한 친구는 브로치가 제작한 청동 독수리와 고양이, 오리, 가젤, 개, 돼지들이었다고 한다. 그는 스스로를 마지막에 열거한 동물, 즉 돼지와 동일시한다. 한때 코르셋으로 조인 듯한, 아니 코르셋으로 실제 조인 것이 틀림없는 잘록한 허리를 과시하면서 피우메 일대를 휘젓고 다닌 이 남자, 단눈치오가 이제 무기력해졌다. 그저 음식만이 초미의 관심사다. 그는 요리사에게 바나나 껍질처럼 얇게 다진 커틀릿이 "미치도록 먹고 싶다고" 말한다. 브로치에게는 자신이 "천사의 날개를 단 돼지"라고 말한다.

1934년 12월. 브레시아 전투 협회가 단눈치오에게 『아마 그렇거나 그렇지 않을 거예요』에 나오는 1세기경의 승리의 여신상 복제품을 선사한다. 마로니는 이를 안치할 신전을 세운다. 장소는 단눈치오의 집을 에워싸면서 집을 문서고와 도서관에 연결시켜주는, 벌꿀색 회반죽 마감재로 시공된 널찍한 회랑이다. 그런 선물이 잇따른다. 밀라노 코무네는 새로 주문 제작한 「피아베의 승리의 여신」을 그에게 선사하는데, 이 승리의 여신은 묶여 있는 여성을 형상화한다. 이는 다음과 같은 단눈치오의 시행에서 영감을 받아 제작되었다. "그 죽음의 문턱에서 우리는 승리의 여신을 불사의 죄수로서 우리 곁에 붙들어두었도다." 마로니는 승리의 여신을 높은 기둥 꼭대기에 얹어놓고, 부서진 아치들로 둘러친다.

1935년 6월. 민중문화부가 신설된다. 반세기 전에 단눈치오는 언론이 문학보다 더 큰 영향력을 발휘한다고 주장했다. 이제 파시스트들도 그에 동의한다. 하나의 정치 이념이 책과 고급 문화를 통해 사람들에게 "많은 숙제를 내주면서" 확산될 수 있다고 생각하는 것은 착각이다. 한 파시스트 지도자는 "대중이 정치적 삶에 밀려들면서" 이데올로기를 광고하는 것이 필요해졌다고 성찰한다. 마치 은행이나 기업을 광고하듯이 말이다. 지도자의 얼굴과 그의 어조, 그의 말이 "사진과 영화와 다시 사진 등등을 통해 되풀이하여" 반복되어야 한다. "정확히 상업 광고처럼 말이다." 이는 단눈치오의 또 다른 가르침이다.

1935년 9월. 단눈치오의 자서전인 『죽음에 매혹된 가브리엘레 단눈치오가 수백, 수백, 수백 쪽에 걸쳐 기록한 비밀의 책The Hundred and Hundred and Hundred Pages of the Secret Book by Gabriele d'Annunzio Tempted to Die』이 출간된다. 『비밀의 책』은 단절적인 저작이다. 그것은 허구적 감탄사들을 포함하는 자서전이자, 잦은 사색으로 끊기는 이야기다. 그 대부분은 단눈치오의 수첩에 기록된 것에서 비롯되는데, 이미 그 많은 내용이 『불꽃』이나 『야상곡』에서 다듬어져 공개된 바 있다. 그러나 재료는 낡았어도, 형식은 새로우며 실제로 모더니즘적이다.

T. S. 엘리엇은 1922년에, 그러니까 단눈치오가 『비밀의 책』의 집필에 착수한 해에 이렇게 썼다. "이 파편들로 나는 내 폐허를 지탱해왔다."• 단눈치오는 자신의 인생을 추억담과 내적 성찰, 그리고 지금까지

• 엘리엇의 시집 『황무지The Waste Land』에 나오는 한 구절이다. 원문은 다음과 같다. "These fragments I have shored against my ruins."

그의 마음속에 집적된 수많은 텍스트 파편이 어우러진 문학적 모자이크로 변형시키면서 다시 한번 시대정신을 감지하는 자신의 재능을 과시하고 있다.

1935년 10월 2일. 무솔리니가 베네치아궁의 발코니에서 에티오피아에 대한 전쟁을 선포한다. 그의 연설은 전국으로 중계되어 광장마다 확성기가 울리고 있다. 두 주 뒤 국제연맹League of Nations은 이탈리아의 에티오피아 침공을 비난하면서 이탈리아에 대한 경제 제재를 가한다. 지금까지 무솔리니를 좋아했던 많은 영국인도 다시 생각하게 된다. 앤서니 이든•은 그를 가리켜 "완벽한 갱스터"이자 "적그리스도"라고 부른다. 그러나 이탈리아에서 정권에 가장 비판적이었던 자유주의자들, 특히 편집장 루이지 알베르티니조차 이탈리아인들을 위해 "태양 아래 한 자리"를 차지하고 40여 년 전 아도와에서의 패배를 설욕하려는 무솔리니의 시도에 지지를 표명한다.

단눈치오는 무솔리니에게 보낸 편지에서 자신이 "마음속 깊이―초자연적 현시에 의한 것처럼" 감동받았노라고 말한다. 그는 무솔리니에게 칼을 선사하는데, 칼자루에는 황금색으로 피우메시의 모형이 훌륭하게 새겨져 있다. 그는 국제연맹에 대한 항의문을 써서 이를 황금 걸쇠와 술을 단 진홍색 실크로 싸 프랑스인 의장 알베르 르브룅에게 보낸다. 의장은 이를 읽어보지도 않는다.

1936년 1월. 안톤지니가 단눈치오를 방문하는데, 벌써 1년 동안이나

• 영국 외무부 차관과 국제연맹 영국 대표, 외무장관, 총리 등을 역임한 영국의 정치가.

보지 못했다. 그는 약속을 잡기까지 며칠이나 기다려야 했는데, 마침내 단눈치오의 방에 안내되었을 때, 그는 자신의 예전 고용주가 얼마나 늙어버렸는지를 보고 큰 충격을 받았다. 그의 몸은 시들어버린 듯 보인다. 왼쪽 어깨도 눈에 띄게 처져 있다. 얼굴도 피폐해졌다. 그는 여전히 말이 많다. 그는 4시간 동안 내내 과장된 이미지로 가득 찬 환상적으로 정교한 문장을 쉬지 않고 내뱉는다—그러나 그의 말은 앞뒤가 연결되지 않으며 같은 말이 되풀이된다. 주된 대화 주제는 섹스다. 안톤지니에 따르면, 호숫가에 있는 카페들은 "가브리엘레 단눈치오의 최근 사랑 이야기로 부산하다".

1936년 5월 5일. 바돌리오 원수가 겨자 가스와 비화수소 등 불법적인 독가스를 사용해 에티오피아군의 저항을 물리치고 에티오피아의 수도인 아디스아바바에 입성한다. 로마에서는 40만 명이 무솔리니의 승리 연설을 듣기 위해 베네치아궁 주변의 거리로 쏟아져 나온다. 군중은 무솔리니를 연호하며 열 번이나 다시 발코니로 나오게 하고, 베네치아궁 옆의 비토리오 에마누엘레 기념관 계단에 도열한 1만 명의 어린이 합창단이 국가를 부른다. 단눈치오는 이를 기념하여 '풀리아'호에서 27번의 축포를 터뜨리고, 두체에게 축하 서한을 발송한다. "당신은 운명의 모든 불확실성을 극복했고, 인간의 모든 망설임을 물리쳤습니다."

1936년 7월 17일. 프란시스코 프랑코를 앞세운 일단의 스페인 장성들이 스페인의 민주주의 정부에 대항하여 봉기함으로써 3년간의 내전을 개시한다. 일찍이 스페인 공화국에 대해 "오늘날 의회제 공화국이란 전기의 시대에 기름 램프를 사용하는 것이나 다름없다"며 냉소적으로 말한 바 있는 무솔리니는, 당연히 군부의 반란을 지지한다.

1937년 8월 26일. 우고 오예티가 마지막으로 비토리알레를 방문한다. 그의 기록에 따르면, 단눈치오는 즐겁고 평안하지만, 육체적으로는 망가질 대로 망가진 상태다. 그는 남은 이빨이 하나도 없고, 얼굴은 주름투성이에다 잔뜩 부어 있다. 한때는 그토록 단정했던 그가 이제는 흐트러져버렸다. 그의 신발은 닳아 있고, 끈도 잘못 묶여 있다. 재킷과 셔츠도 "탄식이 절로 나올 정도"다.

1937년 9월 28일. 무솔리니가 독일을 방문 중이다. 헤르만 괴링이 방문객을 영접하면서 즐겁게 해주려고 자신의 장난감 기차 세트를 보여준다. 베를린에서 무솔리니는 거의 100만 명의 독일 군중 앞에서 연설하면서 파시스트 이탈리아와 나치 독일 사이에 공통점이 얼마나 많은지 역설하고 있다. 양국은 공히 비슷한 시기에 통일 국가로 등장했다. 양국의 문화에서도 젊음과 정력이 찬미되고, 인간의 의지가 역사를 이끌어가는 힘으로 간주된다.

귀국길에 무솔리니가 탄 기차가 베로나를 지나간다. 이것이 단눈치오와의 마지막 만남이 될 것이다.

1938년 3월 1일. 이제 74세의 단눈치오가 책상 앞에 앉아 있다가 뇌출혈로 죽는다. 그의 죽음을 무솔리니의 참모본부에 전한 전화 연결수는 누군가가 맞은편 사람에게 "드디어!"라고 외치는 것을 듣는다.

단눈치오의 금발 여자 친구인 에미 휘플러는 즉시 비토리알레를 떠난다. 이곳을 떠난 직후 그녀는 베를린에서 독일 외무장관인 폰 리벤트로프를 위해 일한다. 그녀는 단눈치오를 감시하기 위해 독일이 그의 집에 심어놓은 나치 스파이였던 것이다. 그녀가 코카인을 과다 복용시켜 단눈치오를 살해했다는 말도 있지만, 그의 약물 남용 및 성병 감염 내역, 그리고 잘 기록된 그의 건강 악화 과정을 고려하면, 그녀가 구태여 살해할 필요는 없었을 것 같다.

무솔리니는 최고위급 파시스트들을 대동한 채 이튿날 비토리알레에 도착해 상주 역할을 자임하며 시인이 살아서는 입장이 모호했을지라도 죽어서는 파시즘의 대의를 확고하게 지킬 것이라고 장담한다. 단눈치오의 시신이 정장 차림으로 '폴리아'호 선상에 누워 있고, 의장대가 횃불을 들고 시신을 지킨다. 낮이나 밤이나 온종일 문상객들이 애도하며 그의 관 옆을 지나간다.

장례식이 교회 입구에서 거행되는데, 생전에 그는 교회 사제들에게 상당한 액수의 뇌물을 바친 적이 있다. 자신의 평화를 깨뜨리는 교회 종소리를 울리지 말라고 청탁하기 위해서였다. 올가 레비가 그를 위해 만든 깃발과 란다초의 관을 덮은 군기, 그 외 그가 소품으로 애용했던 깃발들이 장례식 제단 위에 걸린다. 무솔리니와 국왕의 특사가 문상객들을 이끈다. 문상객 맨 앞에는 너무 늦게 비토리알레의 방문객이 된 그의 아내와 자식들(그는 자식들을 수년 동안 보지 못했다)이 있다. 이 장례식에 대한 설명에서 루이사 바카라나 아엘리스에 대한 언급은 없다―단눈치오가 티티라고 부른 매춘부와 마지막 몇 달 동안 그가 가장 좋아한 파트너에 대한 언급도 없다.

그의 시신은 일찍이 그와 마로니가 구상한 영묘 건설이 중단된 상황에서 비토리알레 앞마당에 있는 "작은 번제의 신전"에 안치되었다.

1938년 9월 1일. 베네치아의 산텔레나섬에서 단눈치오의 「배」가 야외 공연된다. 무대는 거대하고 캐스팅도 화려하다. 세트는 단눈치오가 언제나 원했듯이 정교하다. 절반쯤 건설된 성당과 배, 거대한 성곽과 해자와 포대가 동시에 무대에 펼쳐지며, 모두 실물 크기에 가깝다. 4000여 명의 관객이 매일 밤 공연에 참석한다. 이 공연을 재정적으로 후원한 문화부 장관이 카세타 로사에 대리석 명판을 달면서 이렇게 선포한다. "정권의 의지로 가브리엘레 단눈치오는 진정으로 중요한 국가의 인물로 추념될 것입니다."

단눈치오는 죽었다. 그러나 이제 비토리알레 재단의 이사가 된 마로니는 여전히 그를 위해 작업하고 있다. 건축가와 의뢰인은 강령회를 통해 소통한다. 단눈치오의 영혼이 영매를 통해 원형 극장과 영묘 건설계획이 완수되어야 한다고 주장한다. 마로니는 단눈치오의 사후 메시지와 더 많은 자금이 필요하다는 요청서를 무솔리니에게 전달한다. 무솔리니는 요청을 받아들인다.

영묘는, 단눈치오가 '아성' 혹은 '성산'이라고 부른 언덕에 세워졌다. 그것은 비토리알레의 짙은 노란색 마감재를 바른 흙벽 건물 위로 희고 육중하며 불길해 보이는 조야한 성소다. 동심원 구조의 세 기단이 있는데, '비천한 자와 기능공과 영웅들의 승리의 원환'이라고 불린다. 깨끗한 돌계단과 크고 부드러운 아치 모양의 열주도 있다. 모든 것이 거대하고 압도적이다. '영웅들의 원환'에 귀도 켈러와 피우메에서 최초로 죽은 군단병인 루이지 시베리오를 포함한 단눈치오의 사도들에게 헌정된 (일부는 유체를 보관한) 10개의 석관이 있다. 또 다른 둥근 기단과 장식 없는 뭉툭한 돌기둥들이 있는 중앙 돌출부에 단눈치오의 석관이 있다.

영묘는, 벽면은 물론이고 천장까지 다마스크 천으로 둘러 부드럽게

단눈치오는 사후 강제로 파시스트로 '정렬'되었다.

하며 정원에 1만 송이 장미를 심고 동상에도 목걸이를 거는 등 형형색색의 실크로 덮는 것을 좋아한 사람에게는 정말이지 어울리지 않는다. 마로니는 단눈치오가 무덤 속으로부터 말하면서 이 모든 것을 받아들였노라고 하지만, 이것은 믿기 어렵다. 단눈치오는 인생 말년에 "강탈에 혈안이 된 젊은 모방자들"이 그 자신 인정하기를 거부한 목적을 위해 그의 이념과 말과 명성을 이용하는 동안 자신을 숨기고자 했다. 그는 죽은 뒤 결국 강제로 "정렬"되었다. 그의 영묘는 본질적으로 파시스트 기념물이다.

주註

대부분의 경우 인용문의 출처는 본문에 명시했다. 첨부한 참고문헌 목록을 통해 관심 있는 독자들은 별다른 어려움 없이 출처를 찾을 수 있을 것이다. 아래의 후주들은 본문에서 출처가 명시되지 않은 부분은 어딘지, 또 내가 많은 정보를 찾은 곳은 어딘지 알려주는 데 유용할 것이다. 다른 영미권 저자들의 인용을 재인용하는 경우에 나는 그들의 번역을 따랐다. 그 밖의 다른 인용문들은 내 번역이다. 정확한 쪽수를 알기 원하는 독자들은 '포스 이스테이트Fourth Estate' 웹사이트, 즉 www.4thestate.co.uk를 통해 내게 문의해주면 언제든지 환영이다.

약어표

아래는 단눈치오의 저작 컬렉션의 약어다.

AT - Altri Taccuini
PDRi - Prose di Ricerca di Lotta di Commando
PDRo - Prose di Romanzi
SG - Scritti Giornalistici
T - Taccuini
TN - Tutte le Novelle

아래는 단눈치오의 개별 저작의 약어다.

자서전류
DG - Diari di Guerra
DM - Di Me a Me Stesso
FM - Faville del Maglio
LdA - Lettere d'Amore
LL - La Licenza
LS - Cento e Cento e Cento Pagine del Libro Segreto di Gabriele d'Annunzio Tentato di Morir
N - Notturno

10. 아름다움

'장식품 수집광bric-à-bracomania'은 SG에 있다. 베레타 자매의 상점에 대해서는 SG에 수록된 'Toung-Hoa-Lou, Ossia Cronica del Fiore dell'Oriente'를 보라. "나는 우리에 갇힌 짐승처럼……"과 "아기가 너무 심하게……"라는 인용문은 Ledda에 나오는 넨초니에게 보낸 편지에서 취했다. 취주악단에 대해서는 Andreoli를 보라. 스카르폴리오에게 보낸 편지들에 대해서는 Ledda를 보라. 단눈치오의 꿈에 대해서는 SG에 수록된 'Balli e Serate'를 보라. "작은 새처럼 가볍고 즐겁게"라는 인용문은 Chiara에서 취했다. 호텔 경영자와 수표에 대해서는 Antongini를 보라. 마페오 콜론나에게 보낸 편지에 대해서는 Andreoli를 보라. 카르두치에 대해서는 Duggan을 보라.

11. 엘리트주의

정치적 배경에 대해서는 Mack Smith와 Duggan을 보라. 이 장의 모든 인용문은 Duggan에서 취했다. "제발 당신 자신을 소중하게 여기세요……"라는 인용문은 Alatri에 나오는 Vittorio Pepe에게 보낸 편지에서 취했다.

12. 순교

"남편과 결혼할 때……"라는 구절은 Guerri에서 인용했다. 올가 오사니에 대해서는 SG에 수록된 'Il Ballo della STampa'와 Ledda, Andreoli, LdA에 나오는 그녀에게 보낸 편지를 보라. 헨리 제임스에 대해서는 http://www.romeartlover.it/James.html#Medici를 보라. 성 세바스티아누스로서의 단눈치오에 대해서는 DM과 Andreoli에서 인용된 올가에게 보낸 편지를 보라. 성 세바스티아누스의 도상학에 대해서는 Boccardo를 보라. "곁눈질로 힐끗, 아주 힐끗 우리의 눈길이……"라는 인용문은 FM에 수록된 'Il Compagno dagli Occhi senza Cigli'에서 취했다. 폰타나에게 보낸 편지에 대해서는 Ledda를 보라. 피에타의 환상에 대해서는 Andreoli를 보라.

13. 질병

엘비라 프라테르날리에게 보낸 편지들은 Ledda와 LdA에서 볼 수 있다. "한 여성을 전율시키는 데는 헤라클레스의 괴력도……"라는 구절은 Guerri에 인용된 단눈치오의 말에서 취했다. "로마에서 가장 아름다운 눈"은 Woodhouse에 인용된 Gatti의 말에서 취했다.

14. 바다

"바다의 잉태"는 Andreoli에 인용된 에렐에게 보낸 편지에 나온다. "나는 홀딱 벗은 상태에서……"라는 구절은 LS에서 인용했다. "장난삼아 쓴 한 원고"에 대해서는 SG에 수록된 'I Progetti'를 보라. 해변의 피크닉에 대해서는 Damerini가 편집한 책에 수록된 Morello의 글을 보라. "단순한 시인"은 Alatri에서 인용했다. '이탈리아의 무적함대'는 PDRi에 나온다.

15. 데카당스

"가든파티"에 대해서는 SG에 수록된 'La Vita Ovunque —Piccolo Corriere'를 보라. "50~60킬로미터 이내에 여자라고는……"이라는 인용문에 대해서는 LS를 보라. "어제는 아침에 5시간을 작업한 뒤……"라는 구절은 Alatri에 인용된 편지에서 취했다. 픽션과 『쾌락』의 저술에 대한 단눈치오의 생각은 TdM의 서문에서 찾아볼 수 있다. 말라르메와 드 몽테스큐에

PV – La Penultima Ventura
SAS – Solus ad Solam

소설류
F – Il Fuoco
FSFN – Forse che sí, Forse che no
I – L'Innocente
P – Il Piacere
TdM – Il Trionfo della Morte
VdR – Le Virgine delle Rocche

제1부 이 사람을 보라

1. 창

피우메에 대해서는 Comisso, Berghaus, Kochnitzky, Ledeen을 보라. 생디칼리슴과 민족주의에 대해서는 Alatri가 편집한 책에 수록된 Angelo Olivetti의 글을 보라. 파시스트 "청사진"에 대해서는 Nardelli를 보라. 부알레브에 대해서는 Jullian을 보라. 밴시타트 경에 대해서는 Chadwick을 보라. 사르파티에 대해서는 Schnapp을 보라. 시체더미에 대한 단눈치오의 묘사는 LL에 나온다.

2. 관찰

스카르폴리오와 베스터루트에 대해서는 Andreoli(2001-Andreoli를 참조한 경우는 모두 이 책을 통해서다)를 보라. 에렐에 대해서는 Alatri(1983-Alatri를 참조한 경우는 모두 이 책을 통해서다)를 보라. 지드에 대해서는 Andreoli, Kochnitzky를 보라. 익명의 여인에 대해서는 Antongini를 보라. 사바에 대해서는 Andreoli를 보라. 카프카에 대해서는 Wohl을 보라. 프랑스의 인상들에 대해서는 Jullian을 보라. 이다 루빈시테인에 대해서는 DM을 보라. 랭스에 대해서는 Ojetti, Tosi, DG를 보라. 카피톨리노 언덕에 대해서는 PDRi, N을 보라. 헤밍웨이에 대해서는 Allan Massie, Telegraph(28 Feb. 1998)를 보라. 벤투리나에게 보낸 편지에 대해서는 Andreoli를 보라. 베네치아로의 귀환에 대해서는 Antongini를 보라.

3. 6개월

이 장에서 출처 없는 인용문이 나오는 주요 사료는 단눈치오 자신의 수첩들이다. 이는 DG로 출간되어 있다. 파캥에 대해서는 Giannantoni를 보라. "아마존"과 단눈치오의 다른 파리 연인들에 대해서는 Chiara를 보라. 그의 출발에 대한 세부 사항은 Tosi에 있다. 카르두치와 제노바의 교수에 대해서는 Rhodes를 보라. "그는 자신의 숭고한 전망에 넋을 빼앗긴 채……"라는 인용문은 Thompson을 보라. 콰르토항에서의 단눈치오의 출현에 대해서는 Corriere della Sera(16 May 1915)와 www.cronologia.leonardo.it를 보라. 일련의 연설문은 PDRi에 있다. 트리어와 다른 적대적 캐리커처들에 대해서는 Chiara를 보라. 롤랑은 Woodhouse에서 인용했다. 오예티는 Chiara에서 인용했다. 의원의 질문은 Andreoli에 있다. 졸리티에 대한 지지는 Roger Griffin을 보라. 휴 돌턴은 Woodhouse에서 인용했다. 무솔리니는 Chiara에서 인용했다. 카레르는 Antongini에서 인용했다. "그의 대머리에서 빛나는 광채와……"라는 인용

문은 Muñoz를 보라. 토마스 만과 코스톨라니는 Strachan에서 인용했다. 마르티니는 Tosi에서 인용했다. 모후에 대해서는 Antongini를 보라. 1915년 5월의 헌정 위기에 대해서는 Alatri, Thompson을 보라. 투라티는 Thompson에서 인용했다. 카피톨리노 언덕의 연설과 대중의 반응에 대한 단눈치오의 설명은 N에 있다. 청동상을 주조하는 조각가에 대한 그의 묘사는 FSFN에 있다. 니체는 Hollingdale에서 인용했다. "금빛 먼지들이 사이사이로 떠다니는……"이라는 인용문은 P에 있다. 아르헨티나 부인에 대한 마리오 단눈치오의 진술은 Rhodes에 있다. "나는 앉아서 하는 작업에 두려움을……"이라는 인용문은 Ledda에 나오는 알베르티니에게 보낸 편지에 있다. "확실히 그것은 내게……"라는 인용문은 Woodhouse에 나오는 프라테르날리에게 보낸 편지에 있다. 마르티니는 Alatri에서 인용했다. 알베르티니의 편지는 Andreoli에서 인용했다. 살란드라에게 보낸 편지는 Ledda에 있다. 마르티니는 Alatri에서 인용했다. "짐 꾸러미 곁에서 기쁨에 겨워 전쟁무戰爭舞를……"이라는 인용문은 Damerini를 보라. "돌아온다는 생각일랑……"이라는 인용문은 LL에 있다. 로이드조지는 Parker에서 인용했다. "나의 모든 송시보다"라는 인용문은 Damerini에 있다. "과거의 모든 것이……"라는 인용문은 N을 보라. "평생에 걸쳐 나는……"이라는 인용문은 Ledda에 나오는 알베르티니에게 보낸 편지에 있다.

제2부 물줄기들

단눈치오의 일생을 설명하기 위해서 나는 1차 사료뿐만 아니라 다양한 전기를 참조했다. 내 생각에 유용한 모든 자료는 참고문헌에 제시했다. 나는 특히 Annamaria Andreoli와 Paolo Alatri의 책에 크게 의지했는데, 이 책들은 그 설명의 포괄성이라는 면에서나 단눈치오의 동시대인들의 풍부한 증언을 담고 있다는 면에서 단연 두드러진다. Piero Chiara와 Giordano Bruno Guerri, (영미권의) John Woodhouse의 책들도 특별히 유익했다.

4. 숭배

"주님의 천사가……"라는 인용문에 대해서는 Winwar를 보라. "한 쌍의 흰색 소들이 끄는 페인트칠된 마차가……"와 "우리의 낡은 침대보를……"이라는 인용문에 대해서는 N을 보라. "광신의 바람이……"라는 인용문에 대해서는 TDM을 보라. "나는 고대의 피를……"이라는 인용문에 대해서는 LS를 보라. "그는 나를 함부로……"와 "어머니의 눈짓만으로도……" "희귀한 짐승"이라는 인용문에 대해서는 LS를 보라. "제가 어렸을 때 즐거움으로 반짝이던……"이라는 인용문에 대해서는 Ledda에 나오는 프란체스코 파올로 단눈치오에게 보낸 편지를 보라. "삶은 마치 돼지 잡는 칼을 손에 쥐고……"라는 인용문에 대해서는 N을 보라. 수녀원 방문에 대해서는 LS를 보라. 마술에 대해서는 LS를, '처녀 오르솔라'에 대해서는 TN과 TdM을 보라. 각종 노래와 의례에 대한 단눈치오의 회상은 TdM에 있다. 새의 둥지와 발코니 사건에 대해서는 LS를 보라. 학교 생활부는 Chiara와 Guerri에 있다.

5. 영광

새조개와 주머니칼 사건은 FM에 있다. "부대들이 무기와 장비를 강에 버리고 해산하는"이라는 인용문에 대해서는 TN을 보라. 국왕의 방문에 대해서는 Alatri를 보라. 학창 시절에 대한 단눈치오의 회상에 대해서는 FM을 보라. 양친에게 보낸 그의 편지들은 Ledda에 있다. "그는 완전히 헌신적이다"라는 구절은 Guerri에서 인용했다. 치코니니 학교에서의 생활에 대해서는 Chiara가 편집한 책에 수록된 Fracassini의 글을 보라. 카르두치와 넨초니, 폰타나, 키아리니에게 보낸 편지들은 Ledda에 있다. 단눈치오의 위장 죽음에 대해서는 Chiara를 보라.

6. 사랑의 죽음

지셀다 추코니에게 보낸 단눈치오의 편지 모음은 Ledda와 LdA에 있고, 각각의 책에는 좀 더 풍부한 부연 설명이 담겨 있다. 동부의 딸을 겁간한 사건에 대해서는 FM에 수록된 'Il Grappolo del Pudore'를 보라. 티토 추코니와 키아리니에게 보낸 편지들은 Alatri에 있다. "끈적거리는 뜨거운 증기가……"라는 인용문은 SG의 'Aternum'에서 취했다. 마니코에 대해서는 Chiara를 보라. 사르데냐로의 여행에 대해서는 SG와 Winwar에 나오는 스카르폴리오와 단눈치오의 설명을 보라. 거절하지 못하는 단눈치오의 성향에 대해서는 Antongini를 보라. "그는 당시에 슬쩍 사라졌다가는……"이라는 구절은 Guerri에 있는 스카르폴리오의 말에서 인용했다. 엘다가 단눈치오의 편지를 팔고 싶어한 것에 대해서는 Woodhouse를 보라.

7. 고향

미케티와 그의 '체나콜로'에 대해서는 Andreoli, SG에 나오는 단눈치오의 'Ricordi Francavillesi', Andreoli에 나오는 지셀다 추코니에게 보낸 그의 편지들을 보라. 토스카니니에 대해서는 Antongini를 보라. 부활절 예배는 수녀원 바깥의 명판에서 기념되고 있다. "독일의 보통 농민들 사이에서 발견한"이라는 인용문에 대해서는 Zipes를 보라. "갑자기 작은 광장에 아름다운 젊은 여성이……"라는 구절은 Andreoli에 수록된 1921년의 인터뷰에서 인용했다. 밀리아니코의 순례자들에 대해서는 SG와 TdM에 나오는 단눈치오의 'Il Voto'를 보라. "이가 바글거리는"이라는 인용문에 대해서는 TdM을 보라. "나는 아브루초의 흙을……"이라는 인용문에 대해서는 LS를 보라.

8. 젊음

이 장과 다음 10개 장에서 인용된 단눈치오의 모든 구절은 SG로 출간되어 있다. 지셀다 추코니에게 보낸 편지들은 Ledda에 있다. 스카르폴리오에 대해서는 Guerri를 보라. "연고를 발라 번지르르하고 향내가 나는 밤색 머리채"라는 인용문에 대해서는 Antongini를 보라. 로마에서 시작된 단눈치오의 때 이른 사교생활에 대해서는 Andreoli, Ojetti, Antongini, SG의 Annunzio를 보라.

9. 귀족

포조 아 카이아노 방문은 단눈치오가 어머니에게 보낸 편지에 묘사되어 있는데, 그 내용은 Ledda에 있다. "일부는 무릎을 꿇고……"라는 인용문에 대해서는 LS를 보라. "그는 얼굴을 개져서 불같이 화를 내며……"라는 구절은 Guerri에서 인용했다. "우월한 부류"라는 것에 대해서는 VdR을 보라. 뒤에서 관찰된 엘레나 무티에 대해서는 Andreoli와 SG의 서문을 보라. 사교계와 유행에 대한 단눈치오의 기록은 SG에 수록된 'La Cronachetta delle Pellicce', Casa Huffer' 'Alla Vigilia di Carnevale'를 보라. 스카르폴리오에 대해서는 Rhodes를 보라. 크리스피와 헤어의 인용문은 Duggan에서 취했다. 저택들의 황폐화에 대한 단눈치오의 설명에 대해서는 SG의 서문을 보라. "당신의 손은 슬쩍 숙녀의 몸을……"이라는 SG에 수록된 'Christmas'에서 인용했다. 마리아 디 갈레세에 대해서는 SG에 수록된 Capitolina Favente'를 보라. "18세기풍 파스텔 톤의 여리고 우아한 자태……"라는 Guerri에서 인용했다. 프리몰리 백작에 대한 묘사는 Andreoli를 보라. '프리몰리의 단눈치오의 설명은 SG에 있다. "젊은 시인은……"이라는 구절은 Andreoli에 인용된 의 말이다.

대해서는 Baldick을 보라. 단눈치오가 『쾌락』과 『거꾸로』의 유사성을 알고 있다는 사실은 G. Gatti에서 찾아볼 수 있다. 트레베스에게 보낸 편지는 Alatri에 있다.

16. 피

이탈리아의 애국심과 전쟁에 대한 열망에 대해서는 Mack Smith와 Duggan을 보라. 이 장의 모든 인용문은 Duggan의 해당 부분에서 취했다. 베르디에 대한 부분만 Gilmour를 참조했다.

17. 명성

리스트와 하이네에 대해서는 Walker와 SG에 수록된 'Franz Liszt'를 보라. "책을 어떻게 선보여야 하는지"라는 구절은 Guerri에서 인용했다. "우리는 한정판 부수만 찍을 겁니다……"라는 인용문은 Andreoli에 나오는 사르토리오에게 보낸 편지에서 취했다. "나는 무명의 대중과 신속하게 소통하는 것이 좋다"라는 구절은 SG의 서문에 나온다. "수천 명의 젊은이가……"라는 구절은 Alatri에서 인용했다.

18. 초인

비 내리는 밤에 대해서는 Andreoli에 나오는 프라테르날리에게 보낸 편지를 보라. 프라테르날리와 헤어지는 것에 대해 단눈치오가 느낀 비참함은 LS에서 찾아볼 수 있다. "내게 최악의 적은……"이라는 인용문은 LdA에 나오는 프라테르날리에게 보낸 편지에서 취했다. "피, 그렇게도 많은 피……"라는 인용문은 Andreoli에 나오는 프라테르날리에게 보낸 편지에서 취했다. 마리아 디 갈레세와 그녀의 아버지에 대해서는 G. Gatti를 보라. 마리아와 "라스티냐크"에 대해서는 Chiara를 보라. 독일의 자살 열풍에 대해서는 de Waal을 보라. 물품 목록에 대해서는 Andreoli를 보라. "나는 불길한 새벽녘에 완전히 힘이 빠진 채……"라는 구절은 Alatri에서 인용했다. 판폴라의 비평은 오스카르 판 『무고한 존재』의 서문에서 찾아볼 수 있다. "우리가 돈을 빌린 사람들의 밥맛 떨어지는 행렬"이라는 구절은 Guerri에서 인용했다. 프라테르날리에게 보낸 편지들은 LdA에서 찾아볼 수 있다. 크리스피는 Sassoon에서 인용했다. "부패putrefaction"에 대해서는 Antona-Traversi에 인용된 단눈치오의 연설을 보라. 니체에 대해서는 Safranski와 Hollingdale을 보라. 모든 인용문은 Safranski에서 취했다. "트렁크를 나르며 쉴 새 없이 떠드는 그 인간들과 내가 정녕 같은 종에 속한단 말인가?"라는 구절은 DG에서 인용했다. "나는 앞이 거의 보이지 않을 지경이다"라는 구절은 Alatri에서 인용했다. "이렇게 힘들게 사느니 차라리 급류에 몸을 던지는 게 낫겠다"라는 구절은 Guerri에서 인용했다. "또 시작되었다"라는 구절은 Woodhouse에서 인용했다. "한 시간 내내……"라는 구절은 Andreoli에서 인용했다. 에렐과의 인연에 대해서는 Ledda를 보라. 스카르폴리오에 대해서는 Andreoli를 보라.

19. 남성성

마리아 그라비나의 광기에 대한 단눈치오의 편지들은 Andreoli와 Chiara에서 찾아볼 수 있다. 베네치아에 잠시 체류한 에렐에 대해서는 Andreoli에서 인용했다. "나의 노래하는 책"과 "신비적인 것과 이성적인 것"은 TdM에 있는 단눈치오의 서문에서 인용했다. "나는 헬레니즘이 내 뼛속까지……"라는 인용문은 Andreoli에 인용된 수첩에 있는 내용이다.

20. 웅변

엘레오노라 두세의 초기 삶에 대해서는 Weaver와 Winwar를 보라. "기묘한 일본식 머리"는 SG에 수록된 'Carnevale'에서 인용했다. "그 지옥 같은 단눈치오의 영혼을 사랑하느니……"

라는 인용문은 Winwar에서 취했다. "극장이 박수갈채로 떠나갈 듯하고……"라는 구절은 Winwar에 인용된 두세의 편지들에서 취했다. 단눈치오의 회상에 대해서는 DG와 LS를 보라. 단눈치오의 목소리에 대한 묘사는 Damerini에서 찾아볼 수 있다. 자기 목소리를 훈련한 것에 대해서는 LS, FM, TdM의 서문을 보라. "무채색으로"와 "단조롭게"는 Rolland과 Marinetti에서 인용했다. "고대의 야만적인 경기"와 "그의 영혼과 군중의 영혼이 교감하면서……"는 F에서 인용했다.

21. 잔인함

"물속의 꽃처럼"은 LS에 나온다. 단눈치오의 회상에 대해서는 LS를 보라. 별다른 언급이 없는 한 두세의 편지들은 모두 Winwar에서 인용했다. "상처 입은 피에로"는 Guerri에서 인용했다. "열정과 고통의 횃불"은 Rolland에서 인용했다. "좀더 진지한"과 "좀더 시적"이라는 인용문도 Rolland에서 취했다. "나는 나 자신을 완전히, 완전히, 완전히 지워버리고 싶어요!"라는 구절은 Andreoli에 인용된 두세의 말에서 취했다. 두세/오사니 인터뷰에 대해서는 Andreoli를 보라. "지적인 여성은 아니었다"라는 인용문은 Antongini에서 취했다. "꽃을 짓밟는 것"은 Andreoli에서 인용했다. "지치고 멍한 상태"는 Rolland에서 인용했다. "절대적 권리……"에 대해서는 Andreoli를 보라. "그녀에게 미쳐" 있는 상태에 대해서는 Guerri를 보라. 미로에 대해서는 F를 보라. 단눈치오의 설명에 대해서는 F를, 두세의 설명에 대해서는 Winwar를 보라.

22. 생명

의회 안의 단눈치오에 대해서는 Antongini, VdR, Ledda에 나오는 트레베스에게 보낸 편지를 보라. "나는 좌우를 초월한다……"라는 구절은 Alatri에 나오는 Lodi에게 보낸 편지에서 인용했다. 니체와 하이네에 대해서는 Safranski를 보라. 종탑에 대한 단눈치오의 말은 Guerri에서 찾아볼 수 있다. '향연'과 관련된 단눈치오의 말은 PDRi에 있다. 생기론에 대해서는 Alatri와 Thompson을 보라. 선거 공학에 대해서는 Ledda에 나오는 트레베스에게 보낸 편지와 SG에 인용된 Marinetti의 말을 보라. 정치적 배경에 대해서는 Alatri, Duggan, Woodhouse를 보라. "염소처럼 명민하게"라는 인용문은 Palmerio를 보라. "생명"과 헤라클레이토스의 활에 대해서는 LS를 보라. 니티는 Alatri에서 인용했다. "울타리"에 대해서는 Palmerio를 보라.

23. 드라마

바그너에 대한 단눈치오의 평가는 SG에 수록된 'Il Caso Wagner'와 F에서 찾아볼 수 있다. 문자 해득률에 대해서는 Riall을 보라. 두세와 로마의 후작에 대해서는 Winwar를 보라. 드라마에 대한 단눈치오의 입장은 PDRi에서 찾아볼 수 있다. 오랑주에 대해서는 Andreoli에서 찾아볼 수 있다.

24. 인생의 장면들

카폰치나에 대한 묘사와 여기서 살았던 단눈치오의 라이프스타일에 대해서는 Palmerio를 보라. 단눈치오의 직관적 인상에 대해서는 T와 AT에 나오는 그의 수첩들과 Ledda에 나오는 트레스와 텐네로니 등 여러 인물에게 보낸 편지를 보라. 그 시기에 대한 그의 회상은 FM과 그의 『콜라 디 리엔초의 생애Vita di Cola di Rienzo』에 붙인 서문에서 찾아볼 수 있다. 아시시 방문은 FM에 수록된 'Scrivi che Quivi è Perfecta Letitia'에 나온다. "좋은 장식가"에 대해서는 Antongini를 보라. 피체티는 Andreoli에서 인용했다. 파리의 단눈치오에 대해서는 Andreoli에 인용된 그의 편지와 Andreoli와 Marinetti(1906)에 인용된 Hérelle과 Scarfoglio의 말을 보라. 그의 강박적인 청결함에 대해서는 Antongini와 Palmerio를 보라. 이집트 방문에 대해서는 Andreoli를 보라. 코르푸에서 두세의 질투에 대해서는 Weaver를 보라. '영광'의 나폴리 공연에 대해서는 Chiara를 보라. 오르산미켈레 연설에 대해서는 PDRi를 보라. "혼탁한 말들의 바다에서……"라는 인용문은 Alari에 있다. "나도 그 소설을 알아요"라는 구절은 Palmerio에 나오는 두세의 말에서 인용했다. "희미한 주름살"이라는 구절은 Antongini에서 인용했다. 빈의 단눈치오에 대해서는 LS를 보라. 가브리엘리노의 방문에 대해서는 Andreoli를 보라. 개집에 대해서는 Palmerio를 보라. 드 푸지에 대해서는 Souhami를 보라. 데 아미치스는 Andreoli에 서 인용했다. 단눈치오의 체육활동에 대해서는 LS를 보라. 탁구에 대해서는 Rolland를 보라. 40세 생일에 대해서는 FM에 수록된 'Esequie della Giovinezza'를 보라. 루체른에서 우연히 들은 대화와 명사들에 대한 여론의 품평은 LS를 보라. "나는 그의 리듬을 축음기처럼 재현했어요"라는 구절은 Ledda에서 인용했다. 두세의 진술은 『요리오의 딸』에 붙인 서문에서 찾아볼 수 있다. "한 에피소드"는 LS에서 취했다. 델라 로비아는 Jullian에서 인용했다.

25. 속도

"고약한 삼류 기자들"에 대해서는 DM을 보라. 사냥에 대해서는 Antongini와 LS를 보라. 알레산드라의 편지는 Woodhouse와 Winwar에서 인용했다. 그녀의 수술에 대한 단눈치오의 설명은 Palmerio와 Antongini에서 찾아볼 수 있다. 베런슨은 Andreoli에서 인용했다. 카사티에 대해서는 Jullian과 Ryerson을 보라. '사랑 그 이상'의 공연에 대한 반응은 Alatri에서 찾아볼 수 있다. 주세피나 만치니와의 관계에 대해서는 Ledda와 LdA, SAS에 나오는 그녀에게 보낸 편지들을 보라. "아드리아해의 쓰라림"과 정치적 맥락에 대해서는 Alatri를 보라. 베네치아의 연회에 대해서는 Damerini를 보라. "강철 철로를 달리는 열차 속에서……"라는 인용문은 Andreoli에서 취했다. 주세피나가 당한 사고에 대한 설명은 SAS에서 취했다. 푸치니에 대해서는 Andreoli를 보라. "불임의 성욕 배출 작업"에 대해서는 SAS를 보라. 나탈리에 대해서는 Ledda와 LdA에 나오는 단눈치오의 수첩과 그녀에게 보낸 편지들을 보라. 마리네티와 미래주의에 대해서는 Ottinger, Berghaus, Marinetti(1972)를 보라. 톨레도 후작 부인에 대해서는 Andreoli를 보라. 비행에 대해서는 Wohl을 보라. 비행에 대한 단눈치오의 견해에 대해서는 FSFN을 보라. 가브리엘리노는 Chiara에서 인용했다. 바르치니는 Andreoli에서 인용했다. H. G. 웰스는 Wohl에서 인용했다.

26. 만화경

레니에와 부알레브는 Alatri에서 인용했다. 마스카니의 딸은 Guerri에서 인용했다. 드 몽테스큐는 Jullian에서 인용했다. 데 카스텔라네는 DM과 Alatri에서 인용했다. 루빈시테인에 대해서는 Alatri, Antongini, Jullian, Winwar를 보라. 마테를링크에 대한 단눈치오의 평가는 Jullian에서 찾아볼 수 있다. 바레스는 Jullian에서 인용했다. 로메인 브룩스에 대해서는 Souhami, Jullian, Woodhouse를 보라. 아르카숑의 집에 대해서는 Antongini를 보라. 레날도 안에 대해서는 LS를 보라. "옛 프랑스적 아름다움"이라는 인용문에 대해서는 Carr, Proust, Jullian에 수록된 Règnier를 보라. 비에른은 LS에서 인용했다. 무솔리니는 Stonor Saunders에서 인용했다. 졸리티에 대해서는 Gentile와 Thompson을 보라. 폰 호프만슈탈은 Guerri에서 인용했다. 크로체는 Chiara에서 인용했다. 익사한 어부에 대해서는 PDRi를 보라. 영화 제작에 대한 단눈치오의 견해는 Alatri와 Guerri에서 찾아볼 수 있다. "맹위를 떨친" 단눈치오에 대한 내털리 바니의 증언은 Jullian에서 찾아볼 수 있다. 잉글랜드 방문에 대해서는 LS를 보라. 프레촐리니와 도나토는 Berghaus에서 인용했다. 단눈치오의 우울증에 대해서는 LL을 보라. 팔레올로그에게 보낸 편지는 Tosi에서 찾아볼 수 있다.

27. 전쟁의 개들

이 장에서는 Tosi의 책을 많이 참조했다. 단눈치오의 인용문은 LL이나 DG에서 끌어온 것이다. 토마스 만과 릴케는 Strachan에서 인용했다. 히틀러는 Sassoon에서 인용했다. 바르얀스키는 Ryerson에서 인용했다. 졸리티는 Thompson에서 인용했다. 프레촐리니는 Alatri에서 인용했다. 위아르 부부의 집에 대해서는 Ojetti를 보라. 페테르초니는 Bosworth(1983)에서 인용했다. 코라디니는 Duggan에서 인용했다. 『목소리』는 Alatri에서 인용했다. 무솔리니는 Sassoon에서 인용했다. 마리네티는 Berghaus에서 인용했다.

제3부 전쟁과 평화

28. 전쟁

개인적 경험에 대한 단눈치오의 설명은 LL, DG, N, LS, Ledda와 LdA에 나오는 편지들에서 끌어온 것이다. 그의 연설과 관련된 유용한 자료는 PV와 PDRi에 있다. 전시 베네치아에 대해서는 Damerini를 보라. 이탈리아 전선에 대한 전쟁 상황 설명은 Mark Thompson의 포괄적이면서도 뛰어난 설명을 참조하라. 그의 책에는 전투와 관련된 모든 사실과 통계 수치, 수많은 목격자의 증언이 실려 있다. 말리피에로는 Damerini에서 인용했다. 마리네티와 피아차, 로렌스는 Wohl에서 인용했다. 카를 황제는 Bello에서 인용했다. "보통의 병사들은 짐승보다도 못한 대우를……"이라는 구절에 대해서는 Bosworth(2006)를 보라. "그것은 집단 자살의 시도처럼 보였다"라는 구절은 Thompson을 보라. 마치니는 Riall에서 인용했다. 장님에게 합당한 예우에 대해서는 Roshwald를 보라. "날개처럼 재빠르게"는 Thompson의 번역이다. "전쟁 빵"과 미국, 바레스에 대해서는 Alatri를 보라. 티마보 전투에 대해서는 Thompson을 보라. 알락해오라기인 에반드로에 대해서는 Antongini를 보라. 디아츠는 Alatri에서 인용했다. 가티는 Thompson에서 인용했다. "한 장교"와 로드, 가티는 Thompson에서 인용했다. 자르다는 Demerini에서 인용했다. 카포레토에 대해서는 Thompson과 Duggan을 보라. 말라파르테는 Duggan에서 인용했다. 디아츠는 Thompson에서 인용했다. 마르티니는 Alatri에서 인용했다. 웰스는 Wohl에서 인용했다. 무질은 Thompson에서 인용했다.

29. 평화

무솔리니에 대해서는 Griffin과 Duggan, Bosworth, Berghaus를 보라. 단눈치오의 우울증에 대해서는 Ojetti와 Antongini를 보라. 강화 회담에 대해서는 MacMillan과 Thompson을 보라. "그는 순수하고도 고상한 의무와 희생으로……"라는 인용문은 Woodhouse에 있다. "신의 권리와 인간의 권리에 의해"라는 인용문은 Giuriati에 있다. 알베르티니는 Andreoli에서 인용했다. 영국 장교는 MacMillan에서 인용했다. "폭력적인 화려함으로"라는 인용문은 Damerini에서 취했다. "불만이 베테랑들 사이에서 뱀처럼 머리를 들이밀기 시작했다"라는 인용문은 Santoro에서 취했다. 발보는 Duggan에서 인용했다. 만나레세는 Alatri에서 인용했다. 결사대에 대해서는 Berghaus, Bosworth(2002), Duggan, Ledeen을 보라. 카를리는 Berghaus에서 인용했다. "우리에겐 더 이상 어떤 방향성도 없다……"라는 인용문은 Ledeen에서 취했다. 무솔리니는 Berghaus에서 인용했다. "진정한 이탈리아"라는 인용문은 Woodhouse에서 취했다. 비솔라티의 제안은 Thompson에서 인용했다. "행정부와 법률……"이라는 인용문은 Schnapp에서 취했다. 『전진!』에 대한 습격은 Ledeen과 Bosworth(2002)에서 찾아볼 수 있다. 파리의 오를란도에 대해서는 MacMillan을 보라. 행키는 Duggan에서 인용했다. 영국 대사와 클레망소는 MacMillan에서 인용했다. 하딩은 Sassoon에서 인용했다. 영국 해군의 수석 군사위원은 Thompson에서 인용했다. "매우 창백하고 지친 듯한……"이라는 인용문은 MacMillan에서 취했다. "이탈리아에서 루비콘강은 결코 망각된 적이 없다"라는 인용문은 Rhodes에서 취했다. "젊은 시인"과 관련된 이야기는 Comisso에서 찾아볼 수 있다. 오를란도와 로이드조지는 MacMillan에서 인용했다. 무솔리니는 Duggan에서 인용했다. "추측건대 그는 생각이 있지만 생각을 누구에게도 내보이지 않는다"라는 인용문은 Sassoon에서 취했다. 피우메의 역사와 인구, 경제에 대해서는 Žic(1998)를 보라. 피우메에서 전쟁 종결 상황에 대해서는 Žic(1998)와 Macdonald를 보라. 1918년 11월부터 1919년 8월까지 피우메에서 일어난 사건들에 대해서는 Macdonald와 Comisso, Giuriati, Powell, de Felice(1974), Ledeen, Lyttelton을 보라. "도시의 공적 생활은……"이라는 구절에 대해서는 Powell을 보라. 에드워드 하우스는 MacMillan에서 인용했다. "신념과 규율을 유지하며 나를 기다리기 바람……"이라는 인용문은 Ledeen에서 취했다. "신도들에게 말하라"라는 인용문은 Macdonald에서 취했다. "나를 믿게나……"라는 인용문은 Powell에서 취했다. 바돌리오는 Andreoli에서 인용했다. "……거의 교육받지 못한 단순한 정신 상태에서……"라는 인용문은 de Felice에서 취했다. "……이탈리아 시민 자격으로 말하지 않겠다……"라는 인용문은 Macdonald에서 취했다. "우리의 형제들에게 말하노니……"라는 인용문은 Giuriati에서 취했다. "우리는…… 맹세했다"라는 인용문은 Ledeen에서 취했다.

30. 번제의 도시

무솔리니에게 보낸 편지는 Ledda에 있다. 피우메 진군에 대해서는 Susmel과 Santoro, Macdonald, de Felice(1974)를 보라. 피우메에서의 단눈치오의 연설들에 대해서는 PV와 de Felice의 논평, 그리고 PDRi를 보라. "……귀를 틀어막았던……"이라는 인용문은 Comisso에서 취했다. 디 로빌란트 백작 부인은 Ledeen에서 인용했다. "초인적으로 아름답게"와 "누구요? 나?"라는 인용문은 Comisso에서 취했다. "걸음걸이와 외침, 노래……"라는 인용문은 Kochnitdzky에 있다. "한 회의적인 관찰자"와 관련된 내용은 Nitti를 보라. "여기서는 모든 사람이 즐기고 있어……"라는 인용문은 Ledeen에 있다. "모든 군인이 애인이 있고……"라는 인용문은 Comisso에 있다. 단눈치오의 의도에 대해서는 Žic(1998)와 Rhodes, Ledeen, de Felice, Chiara를 보라. 무솔리니에게 보낸 편지는 Andreoli에서 인용했다. 니티와 바돌리오는 Andreoli에서 인용했다. 마리네티는 Ledeen과 Berghaus에서 인용했다. 미국 부영사는 Ledeen에서 인용했다. "한 미국인 관찰자"와 관련된 내용에 대해서는 Powell을 보라. "민중은 나를 연호하면서 날뛰고 울부짖었다"라는 인용문은 LS에서 취했다. "문답식 대화colloquies"에 대해서는 Macdonald와 Sitwell(1925)을 보라. "참모진 모두가……"라는 인용문은 Ledeen에서 취했다. "합창단 아가씨들과 샴페인"이라는 구절은 Sitwell(1925)에서 인용했다. "……매음굴……"이라는 구절은 Ledeen에서 인용했다. "유명한 사실"에 대해서는 Woodhouse를 보라. "흑위대Black Band"에 대해서는 Nardelli와 Kochnitzky를 보라. "시인의 말이……"라는 인용문은 Ledeen에 수록된 Maranini의 글에서 취했다. 크로아티아인들에 대한 적대감은 Macdonald와 Ledeen, Žic에서 찾아볼 수 있다. "포식한 무리들"에 대해서는 Woodhouse를 보라. "환전상"에 대해서는 Ledeen을 보라. "타협안Modus Vivendi"에 대해서는 Giuriati를 보라.

31. 제5의 계절

카빌리아는 de Felice에서 인용했다. 성 세바스티아누스 축일에 대해서는 Žic(1998)와 Ledeen을 보라. "지휘의 기술이란……"이라는 인용문은 Comisso에 있다. 피우메의 지적 생활에 대해서는 Berghaus와 Comisso를 보라. 켈러에 대해서는 Comisso를 보라. "마담, 미래는 대머리가……"라는 인용문은 Antongini에 있다. 주교는 Alatri에서 인용했다. 이탈리아 공산주의자는 Ledeen에서 인용했다. "사실상 텅 빈 채로……"라는 인용문은 Ledeen에서 취했다. "필사의 군단", 켈러의 애완 독수리 실종 사건, 그의 계획된 축제에 대해서는 Comisso를 보라. '카르나로 헌장'의 본문은 PV와 PDRi에 있고, 부속된 논평도 참조하라. "광기와 소란의 시기였다" 라는 인용문은 Ledeen에서 취했다. "……나의 병사들을 보라"라는 인용문은 Comisso에서 취했다. "반역자들"과 "고귀한 피"라는 인용문들은 Ledeen에서 취했다. 카빌리아는 Ledeen에서 인용했다. 컬트 종교와 그 종파들에 대해서는 Comisso와 Berghaus를 보라. "요가 축제"에 대해서는 Berghaus를 보라. 차넬라는 Macdonald에서 인용했다. 데 암브리스는 Ledeen에서 인용했다. "일종의 왕"이라는 인용문은 Jullian에서 취했다. 불랑제는 Antongini에서 인용했다. "배신자 정부여……"라는 인용문은 Comisso에서 취했다. 그람시는 de Felice(1974)에서 인용했다. "그는…… 교전지 쪽으로는 가지 못했다……"라는 인용문은 Alatri에서 취했다. "도와줘!"에 대해서는 Alatri를 보라. "이 아이도 이탈리아야!"라는 인용문은 Rhodes에서 취했다. "이건 아무것도 아닙니다, 사령관!"이라는 인용문은 Comisso에서 취했다.

32. 은둔

이탈리아의 전간기 정치사와 경제사, 그리고 파시즘의 발흥과 관련된 내 설명에 대해서는 Bosworth(그의 책에서 무솔리니의 말을 비롯한 주요 인용문을 다수 끌어왔다), Duggan(그의 책도 많은 인용문의 출처다), Mack Smith, Lyttelton, Sassoon, Gentile, de Felice, Schnapp을 참조하라. 비토리알레에서의 단눈치오의 삶에 대해서는 DM과 LS, Ledda와 LdA에 수록된 많은 편지와 Andreoli에 인용된 편지들이 주요 사료가 된다. Ojetti, Antongini, Jullian, Nardelli, Damerini, Winwar, Chiara, Andreoli, Guerri는 모두 일화를 제공해주었다. 비어봄은 Woodhouse에서 인용했다. "……비밀의 통로를 상상할 수 있다"라는 인용문은 Ojetti에서 취했다. 사르파티는 Schnapp에서 인용했다. 타스카는 Lyttelton에서 인용했다. 카브루나는 Winwar에서 인용했다. 마리네티는 Griffin에서 인용했다. 스트래치는 Stonor Saunders에서 인용했다. 워드 프라이스는 Foot에서 인용했다. 피란델로는 Duggan에서 인용했다. 카라는 Andreoli에서 인용했다.

엄선된 참고문헌 목록

단눈치오의 저작들은 몬다도리Mondadori의 훌륭한 메리디아니 판본Meridiani으로 이용할 수 있다. 제목은 아래와 같다.

Altri Taccuini (1976)
Prose de Romanzi (2권, 1988, 1989)
Prose di Ricerca di Lotta di Commando (2권, 2005)
Scritti Giornalistici (2권, 1996, 2003)
Taccuini (1965)
Teatro: Tragedie, Sogni e Misteri (2권, 1939, 1940)
Tutte le Novelle (1992)
Versi d'Amore e di Gloria (2권, 1982, 1984)

각 권에는 서문과 연표, 참고문헌 등이 풍부하게 수록되어 있다. 서문을 쓴 저자들은 다양하다. 원래 시리즈의 책임자는 E. 비앙케티E. Bianchetti였다. 그의 후임자도 단눈치오 연구의 최고 권위자인 안나마리아 안드레올리Annamaria Andreoli였다. 개별 저작들은 또한 몬다도리 오스카르Mondadori Oscar의 페이퍼백으로 이용할 수 있다. 모두 연구자의 주석과 서문이 붙어 있다. 특히 유용한 저작들로는 다음의 책을 꼽을 수 있다. Le Faville del Maglio (ed. Andreoli, 1995), Diari di Guerra (ed. Andreoli, 2002), Lettere d' Amore (ed. Andreoli, 2000).

Adamson, Walter L., "The Impact of World War I on Italian Political Culture", in *Aviel Roshwald and Richard Stites* (Cambridge, 2002)
Alatri, Paolo, *Gabriele d'Annunzio* (Turin, 1983)
Alatri, Paolo(ed.), *Scritti Politici di Gabriele d'Annunzio* (Milan, 1980)
Alatri, Paolo, Nitti, *d'Annunzio e la Questione Adriatica* (Milan, 1959)
Albertini, *Luigi, Origins of the War of 1914-18* (London, 2005)
Andreoli, Annamaria, *Il Vivere Inimitabile: Vita di Gabriele d'Annuzio* (Milan, 2001)
Andreoli, Annamaria, *D'Annunzio* (Bolgna, 2004)
Andreoli, Annamaria, *Il Vittoriale degli Italiani* (Milan, 2004)

Antona-Traversi, Camillo, *Vita di Gabriele d'Annunzio* (Florence, 1933)
Antongini, Tom, *D'Annunzio* (London, 1938)
Baldick, Robert, *The Life of J. K. Huysmans* (Cambridge, 2006)
Barjansky, Catherine, *Portraits with Backgrounds* (New York, 1947)
Bello, Piero, *La Notte di Ronchi* (Milan, 1920)
Berghaus, Günter, *Futurism and Politics* (Oxford, 1996)
Boccardo, Piero, and Xavier F. Salomon, *The Agony and the Ecstacy—Guido Reni's St Sebastians* (Dulwich/Milan, 2007)
Boccioni, Umberto, *Gli Scritti Editi e Inediti* (Milan, 1971)
Bosworth, R. J., *Italy and the Approach of the First World War* (London, 1983)
Bosworth, R. J., *Mussolini* (London, 2002)
Bosworth, R. J., *Mussolini's Italy* (London, 2006)
Bourke, Joanna, *An Intimate History of Killing* (London, 1999)
Brendon, Piers, *The Dark Valley* (London, 2000)
Bultrini, Nicola, and Maurizio Casarola, *Gli Ultimi* (Chiari, 2005)
Cadorna, Luigi, *La Guerra alla Fronte Italiano* (Milan, 1921)
Carli, Mario, *Con d'Annunzio a Fiume* (Milan, 1920)
Carlyle, Thomas, *On Heroes, Hero-worship and the Heroic in History* (London, 1993)
Carr, Helen, *The Verse Revolutionaries* (London, 2009)
Caviglia, Enrico, *Il Confitto di Fiume* (Milan, 1948)
Chadwick, Owen, *Britain and the Vatican during the Second World War* (Cambridge, 1987)
Chiara, Piero, *Vita di Gabriele d'Annunzio* (Milan, 1978)
Clark, Martin, *Modern Italy* (London, 1996)
Clarke, I. F., *Voices Prophesying War* (Oxford, 1966)
Comisso, Giovanni, *Opere* (Milan, 2002)
Croce, Benedetto, *A History of Italy* (Oxford, 1929)
D'Annunzio, Mario, *Con Mio Padre sulla Nave del Ricordo* (Milan, 1950)
Damerini, Gino, *D'Annunzio e Venezia, Postfazione di Giannatonio Paladini* (Venice, 1992)
De Felice, Renzo, *Sindicalismo Rivoluzionario e Fiumanesimo nel Carteggio de Ambris/d'Annunzio* (Milan, 1973)
De Felice, Renzo, *D'Annunzio Politico* (Milan, 1979)
De Felice, Renzo(ed.), *Carteggio d'Annunzio-Mussolini* (Milan, 1971)
De Felice, Renzo, *La Penultima Ventura—Scritti e Discorsi Fiumani a cura di Renzo de Felice* (Milan, 1974)
De Waal, Edmund, *The Hare with Amber Eyes* (London, 2010)
Dos Passos, John, *The Fourteenth Chronicle* (London, 1974)
Duggan, Christopher, *The Force of Destiny: A History of Italy since 1796* (London, 2007)
Farrell, Joseph, *A History of Italian Theatre* (Cambridge, 2006)
Flaubert, Gustave, *Salammbô*, trans. A. J. Krailsheimer (Harmondsworth, 1977)
Foot, Michael, *The Trial of Mussolini by 'Cassius'* (London, 1943)
Gadda, Carlo Emilio, *Giornale di Guerra e di Prigionia* (Milan, 1999)
Gatti, Angelo, *Caporetto: Diario di Guerra* (Bologna, 1997)
Gatti, Guglielmo, *Vita di Gabriele d'Annunzio* (Florence, 1956)
Gentile, Emilio, *Storia del Partito Fascista* (Bari, 1989)
Gentile, Emilio, *The Sacralisation of Politics in Fascist Italy*, trans. Keith Botsford

(Harvard, 1996)

Germain, André, *La Vie Amoureuse de Gabriele d'Annunzio* (Paris, 1925)

Gerra, Ferdinando, *L'Impresa di Fiume* (Milan, 1974)

Giannantoni, Mario, *La Vita di Gabriele d'Annunzio* (Mondadori, 1933)

Gilmour, David, *The Pursuit of Italy* (London, 2011)

Giuriati, Giovanni, *Con d'Annunzio e Millo in Difesa dell'Adriatico* (Rome, 1953)

Glenny, Misha, *The Balkans* (London, 1999)

Griffin, Gerald, *Gabriele d'Annunzio: The Warrior Bard* (London, 1935)

Griffin, Roger, *The Nature of Fascism* (London, 1991)

Griffin, Roger(ed.), *Fascism* (Oxford, 1995)

Guerri, Giordano Bruno, *D'Annunzio: l'Amante Guerriero* (Milan, 2008)

Hemingway, Ernest, *Across the River and into the Trees* (London, 1966)

Hemingway, Ernest, *A Farewell to Arms* (London, 2005)

Hérelle, Georges, *Notolette dannunziane* (Pescara, 1984)

Hollingdale, R. J.(ed.), *A Nietzsche Reader* (Harmondsworth, 1978)

Huysmans, Joris Karl, *Against Nature*, trans. Robert Baldick (London, 2003)

James, Henry, *Selected Literary Criticism*, ed. Morris Shapira (Cambridge, 1981)

Jullian, Philippe, *D'Annunzio* (Paris, 1971)

Kochnitzky, Leone, *La Quinta Stagione o I Centauri de Fiume* (Bologna, 1922)

Ledda, Elena(ed.), *Il Fiore delle Lettere—Epistolario* (Alessandria, 2004)

Ledeen, Michael A., *The First Duce: d'Annunzio at Fiume* (London, 1977)

Lussu, Emilio, *Sardinian Brigade* (London, 2000)

Lyttelton, Adrian, *The Seizure of Power* (Princeton 1987; revised edition 2004)

Macbeth, George, *The Lion of Pescara* (London, 1984)

Macdonald, J. N., *A Political Escapade: The Story of Fiume and d'Annunzio* (London, 1921)

Mack Smith, Denis, *Modern Italy: A Political History* (London, 1997)

Mack Smith, Denis, *Mussolini* (London, 1981)

MacMillan, Margaret, *Peacemakers* (London, 2003)

Marinetti, Filippo Tommaso, *Les Dieux s'en vont: d'Annunzio reste* (Paris, 1906)

Marinetti, Filippo Tommaso, *Selected Writings*, ed. R. W. Flint (London, 1972)

Martini, Ferdinando, *Diario 1914-18* (Milan, 1966)

Melograni, Piero, *Storia Politica della Grande Guerra, 1915-18* (Bari, 1977)

Moretti, Vito, *D'Annunzio Pubblico e Privato* (Venice, 2001)

Muñoz, Antonio(ed.), *Ricordi Romani di Gabriele d'Annunzio* (Rome, 1938)

Mussolini, Benito, *My Autobiography* (New York, 1928)

Nardelli, Federico and Livingston, Arthur, *D'Annunzio: A Portrait* (London, 1931)

Nicolson, Harold, *Some People* (London, 1926)

Nietzsche, Friedrich, *A travers l'œuvre de F. Nietzsche: extraits de tous ses ouvrages*, ed. Lauterbach and Wagnon (Paris, 1893)

Nitti, Francesco Saverio, *Rivelazioni* (Naples, 1948)

Ojetti, Ugo, *As They Seemed To Me*, trans. Henry Furst (London, 1928)

Ottinger, Didier(ed.), *Futurism* (London, 2009)

Paléologue, Maurice, *My Secret Diary of the Dreyfus Case, 1894-99*, trans. Erich Mosbacher (London, 1957)

Palmerio, Benigno, *Con d'Annunzio alla Capponcina* (Florence, 1938)

Panzini, Alfredo, *La Guerra del '15* (Bolgna, 1995)

Parker, Peter, *The Old Lie* (London, 1987)
Pasquaris, G. M., *Gabriele d'Annunzio — Gli Uomini del Giorno* (Milan, 1923)
Pater, Walter, *The Renaissance: Studies in Art and Poetry* (London, 1902)
Pater, Walter, *Marius the Epicurean* (London, 2008)
Paxton, R. O., *The Anatomy of Fascism* (London, 2004)
Powell, Edward Alexander, *The New Frotiers of Freedom from the Alps to the Aegean* (www.gutenberg.org/files/17292/17292-h/17292-h.htm)
Praz, Mario, *The Romantic Agony* (Oxford, 1970)
Procacci, Giovanna, *Soldati e Prigionieri nella Grande Guera* (Turin, 2000)
Rhodes, Anthony, *The Poet as Superman: A Life of Gabriele d'Annunzio* (London, 1959)
Riall, Lucy, *Garibaldi: Invention of a Hero* (London, 2007)
Ridley, Jasper, *Mussolini* (London, 1997)
Roberts, David, *Syndicalist Tradition and Italian Fascism* (Manchester, 1979)
Rodd, Sir J. Rennell, Social and Diplomatic Memories (http://net.lib.byu.edu/~rdh7/wwi/memoir/Rodd/Rodd10.htm)
Rolland, Romain, *Gabriele d'Annunzio et la Duse: Souvenirs* (Paris, 1947)
Roshwald, Aviel, and Stites, Richard(eds.), *European Culture in the Great War* (Cambridge, 2002)
Ryerson, Scot D., and Michael Yaccarino, *Infinite Variety, the Life and Legend of the Marchesa Casati* (Minnesota, 2004)
Safranski, Rüdiger, *Nietzsche: A Philosophical Biography* (London, 2002)
Santoro, Antonio, *L'Ultimo dei Fiumani: Un Cavaliere di Vittorio Veneto Racconta* (Salerno, 1994)
Sassoon, Donald, *Mussolini and the Rise of Fascism* (London, 2007)
Schiavo, Alberto(ed.), *Futurismo e Fascismo* (Rome, 1981)
Schnapp, Jeffrey T.(ed.), *A Primer of Italian Fascism* (Lincoln, Nebraska, 2000)
Sforza, Carlo, *L'Italia dalla 1914 al 1944 quale io la vidi* (Rome, 1944)
Sitwell, Osbert, *Discursions on Travel, Art and Life* (London, 1925)
Sitwell, Osbert, *Noble Essences* (London, 1950)
Soffici, Ardengo, *I Diari della Grande Guerra* (Florence, 1986)
Sontag, Susan, "Fascinating Fascism", in *A Susan Sontag Reader* (Harmondsworth, 1983)
Souhami, Diana, *Wild Girls* (London, 2004)
Stanford, Derek(ed.), *Writing of the Nineties: From Wilde to Beerbohm* (London, 1971)
Starkie, Walter, *The Waveless Plain: An Italian Autobiography* (London, 1938)
Stonor Saunders, Frances, *The Woman who Shot Mussolini* (London, 2010)
Susmel, E., *La Città di Passione: Fiume negli Anni 1914-20* (Milan, 1921)
Tasca, Angelo, *The Rise of Italian Fascism 1918-22* (London, 1938)
Thompson, Mark, *The White War* (London, 2008)
Toseva-Karpowicz, Ljubinka, *D'Annunzio u Rijeci* (Rijeka, 2007)
Tosi, Guy, *La Vie et le rôle de d'Annunzio en France au début de la Grande Guerre, 1914-15* (Paris, 1961)
Trevelyan, G. M., *Scenes from Italy's War* (London, 1919)
Turr, Stefania, *Alle Trincee d'Italia* (Milan, 1918)
Valeri, Nino, *D'Annunzio davanti al Fascismo* (Florence, 1963)
Vecchi, Ferruccio, *Arditismo Civile* (Milan, 1920)
Walker, Alan, *Liszt, the Virtuoso Years* (Cornell, 1988)
Weaver, William, *Duse* (London, 1984)

Wickham Steed, Henry, *Through Thirty Years: 1892–1922* (London, 1924)

Winwar, Frances, *Wingless Victory* (New York, 1956)

Wohl, Robert, *A Passion for Wings: Aviation and the Western Imagination* (London, 1994)

Woodhouse, John, *Gabriele d'Annunzio: Defiant Archangel* (Oxford, 1998)

Woodward, Christopher, *In Ruins* (London, 2001)

Žic, Igor, *Kratka Povijest grada Rijike* (Rijeka, 1998)

Žic, Igor, Riječki Orao, *Venecijanski Lav I Rimska Vučica* (Rijeka, 2003)

Zipes, Jack(ed.), *The Complete Fairytales of the Brothers Grimm* (New York, 1987)

감사의 말

조너선 키츠와 데이비드 젱킨스, 루퍼트 크리스티안센, 그리고 특히 내 동생 제임스 휴스핼릿에게 감사를 표한다. 그들은 초고를 읽어주고 논평해주었다. 내가 지난 8년간 단눈치오와 연관 주제들에 대해 함께 이야기한 수많은 사람에게도 감사를 표한다. 그런 대화들은 내 산만한 생각들에 초점을 맞춰주고 새로운 질문을 던질 수 있도록 이끌어주었다. 특히 플라덴 우렘에게 고마움을 느끼는데, 그가 문서고에서 베풀어준 도움으로 나의 리예카 방문은 결실을 맺을 수 있었다. 그는 이고르 지치를 소개해주기도 했다. 이 두 사람의 도움으로 나는 단눈치오의 전기작가들 중에서는 처음으로 크로아티아인들의 시선까지 포함하여 단눈치오의 피우메 에피소드를 서술할 수 있었다. 런던도서관도 단눈치오 저작들의 아름다운 초기 판본들을 보여주는 호의를 베풀었다.

나의 에이전트인 펠리시티 루빈시테인과 나의 출판사 대표인 니컬러스 피어슨 등 이 책의 출간에 도움을 주신 모든 분께 감사를 표한다. 또한 앤드루 밀러와 '크노프'의 동료들을 비롯해 '포스 이스테이트'의 모든 분께도 감사를 표한다.

제인 행크스에게도 특별히 고마움을 느끼는데, 그녀가 내 가족에게 베풀어준 특별한 호의와 헌신이 없었다면 이 책은 결코 완성될 수 없었을 것이다.

함께하는 것만으로도 엄청난 기쁨을 주는 메리와 레티스에게도 감사한다. 댄에게도 사랑을 가득 담아 감사를 표한다.

옮긴이의 말

가브리엘레 단눈치오,
악보 없이 파시즘을 연주하다*

이 책은 다음과 같은 공격적인 구절로 포문을 연다. "이 사람을 보라." 여기서 이 사람이란 가브리엘레 단눈치오Gabriele d'Annunzio다. 사람의 이름을 번역하는 것이 우습기는 하지만, 가브리엘레 단눈치오를 직역하면 마리아에게 성령으로 예수를 수태할 것임을 고지했던 대천사 가브리엘Gabriel of Annunciation이 된다(수태고지). 이렇듯 고귀하고 성스러운 이름을 가졌건만, 단눈치오는 사악하고 속물적인 인간이었다. 그가 고지한 것도 그리스도의 수태가 아니라 파시즘의 잉태였다. 단눈치오는, 그에게 익숙한 성경적 표현을 빌려 말하자면, 파시즘의 세례 요한쯤 되는 인물인 셈이다. 우리말 번역본의 제목을 '파시즘의 서곡, 단눈치오'로 정한 까닭도 여기에 있다.

그러나 이렇게 제목을 정하는 데는 망설임도 있었다. 말라르메의 말을 패러디하면, 어떤 인간의 정체를 미리 누설하는 것은 전기를 읽는 즐거움을 앗아가는 일이 될 테니 말이다. 과연 독자들이 책의 제목에

---

* 이 문구는 레닌이 악보 없이 혁명을 연주했다는 앨버트 린드먼의 표현에서 착안한 것이다. 앨버트 S. 린드먼, 『현대 유럽의 역사』, 장문석 옮김, 삼천리, 2017, 438쪽.

따라 '파시스트 단눈치오'라는 도식을 전제하고 그의 전기를 읽게 된다면 독서의 즐거움이 반감될지도 모른다. 게다가 단눈치오는 '파시스트'라는 하나의 단어로 규정될 만큼 명료하고 단순한 인간은 아니었다. 단눈치오 스스로도 어떤 편에 "정렬되는" 것을 끔찍이 혐오했다. 그가 파시스트임을 자인하지 않았음은 두말하면 잔소리다. 과연 단눈치오에게는 이면이 있었다. '시인 단눈치오'가 그것이다. 그는 고전 문학과 현대 문학을 두루 섭렵하고 타고난 언어 구사력과 운율감으로 아름다움과 생명과 사랑과 상상력을 시로 노래했던 문학 천재다. 그렇다면 '파시스트 단눈치오'와 '시인 단눈치오' 가운데 누가 진실하고, 누가 허구적인가? 아니면 둘 다 진실하거나 허구적인가?

루시 휴스핼릿이 선보이는 이 전기가 답하려는 질문도 그것이다. 그녀는 두 명의 단눈치오가 있다고 선언한다. 하나는 자연과 신화를 노래하는 '안전한' 단눈치오이고, 다른 하나는 전쟁과 죽음을 선동하는 '위험한' 단눈치오다. 그런데 단눈치오에 대한 지금까지의 모든 해석은 두 명의 단눈치오 중 어느 하나만을 취사선택해왔다고 한다. 단눈치오의 찬미자들은 '위험한' 단눈치오를 부정했고, 단눈치오의 비판자들은 '안전한' 단눈치오를 폄훼했다. 그러나 휴스핼릿에 따르면, "두 명의 단눈치오는 한 명의 동일인이다". 어느 역사가도 논평했듯이, 단눈치오라는 특이한 개성을 관찰하면서 창조성과 비인간성이 양립할 수 있음을 증명한 것은 휴스핼릿의 놀라운 성취라고 할 만하다. 그렇듯 양립할 수 없는 것들의 양립을 인정하며 이 전기작가는 '인간 단눈치오'의 그 모든 복잡한 내면을 풍부하고도 섬세하게 드러내고자 한다. 그리하여 단눈치오의 삶이 흘러왔고 흘러가는 '물줄기들'이 어떻게 굽이굽이 이어져 파시즘의 바다로 합류하는지, 급류와 관류, 탁류와 청류 어느 것 하나

놓치지 않고 기록하는 것이다.

무엇보다 단눈치오는 뛰어난 글쟁이였다. 글을 쓴다는 것의 가치가 현저히 떨어져버린 오늘날, 그의 문재文才가 뭐 그리 대단한 것이었을까 생각하기 쉽다. 그러나 텔레비전도 없고 인터넷도 없던 그 시절에 자유자재로 언어를 빚어내 마음을 움직이는 사람은 '아이돌'의 반열에 오를 수 있었다. 단눈치오는 그런 자신의 재능을 십분 활용해 대중의 인기를 얻고 이를 권력과 금전으로 바꿨던 당대의 '아이돌'이었다. 중요한 것은 그가 글만 잘 쓴 것이 아니었다는 점이다. 그는 자기 홍보의 달인이었다. 어린 나이에 발칙하게도 자신이 낙마해 요절했다는 가짜 뉴스를 퍼뜨려 대중의 관심을 집중시킨 것이 그 점을 잘 말해준다. 그런가 하면 어울리지 않게 정계에 입문한 뒤에도 그는 정치가 공연예술이라는 진리를 통찰했다. 그의 연설은 대중에 최면을 거는 종교적 예식과 같았다. 오늘날 파시즘 연구에서 파시즘을 '정치 종교'로 보는 견해가 유력한데, 이 세속 종교의 기원은 다름 아닌 단눈치오로 거슬러 올라가는 것이다.

한편 단눈치오는 새로운 것을 감지하는 후각이 가히 동물적이었다. 호기심이 왕성했던 그는 새로운 것에 열광했다. 다른 작가들의 참신한 기법을 받아들여 열심히 배우고 익혀 자기 것으로 만들었다. 위대한 '혼성 모방자pasticheur'로서 단눈치오는 "베르가처럼, 플로베르처럼, 도스토옙스키처럼 썼다". 휴스핼릿이 주목하는 그의 개성도 바로 이것인데, 이를 '창pike'에 빗댄다(책의 원제도 '창'이다). "그는 자신의 지성에 양분을 공급해주는 어떤 것이 주위에 어른거리기만 하면, 어김없이 그것을 창으로 꿰어 낚아채고 게걸스럽게 소화한 뒤 다시 더 나은 표현으로 세상에 내보냈다." 요컨대 그는 "이념들을 기다리며 조용하게 떠돌며" 웅크리고 있는 포식자였다.

이처럼 단눈치오는 창을 꼬나들고 닥치는 대로 이념들을 사냥했지만, 정작 이념들의 날선 공격으로부터 자신을 방어할 만한 방패는 없었다. 그는 방패 없이 창만 들고 홀연히 세상과 맞섰던 것이다. 그리고 자신이 숭배한 성인 세바스티아누스처럼 자신에게 쏟아지는 온갖 이념의 화살들에 온몸을 꿰뚫리며 황홀경을 느꼈던 것 같다. 그런 이념들의 화살 세례 속에서 단눈치오는 극도로 절충적이고 현학적인 인물로 변질되어갔다. 그를 유혹하던 이념들을 적당한 거리에서 비판적으로 성찰하는 게 가능했더라면 그는 다른 인물이 될 수도 있었다. 그러나 그는 무언가와 거리를 두는 인간이 아니었다. 오히려 죽을 것을 알면서도 불나방처럼 달려드는 유형이었다.

단눈치오는 그런 인물이었다. 그를 적당한 거리에서 관찰했던 미래주의 지식인 토마소 마리네티는, 그가 "야망과 긍지의 코르셋으로 한껏 조여져 있는" 인물임을 일찌감치 꿰뚫어보았다. 페르디난도 마르티니 장관도 그에 대한 통렬한 한 줄 평을 다음과 같이 남겼다. "단눈치오는 오직 자기 자신과 자신의 성공만을 생각한다." 그와 친했던 로맹 롤랑도 한 젊은이가 단눈치오를 보고 속삭인 말을 이렇게 기록해두었다. "그는 자기가 반신반인이라고 생각해요." 단눈치오는 자신이 그리스 신화에서 갓 튀어나온 특별한 존재인 양 행세했고, 따라서 특별한 대우를 받아야 한다고 확신했다. 이런 점에서 단눈치오는 어린아이 같은 존재였다. 세상이 오직 자기를 중심으로 돌아간다고 믿는 순진무구한 아이 말이다. 이런 단눈치오 특유의 유아론唯我論 내지 유아성幼兒性은 그의 소설 『무고한 존재』의 주인공 툴리오의 독백에서 고스란히 드러난다. 툴리오는 단눈치오의 분신이다.

나는 내가 선택받은 영혼일 뿐만 아니라 **희귀한** 영혼을 지닌 존재라고 굳게 믿고 있었다. 내가 어떤 식으로 행동하든, 나의 감정과 감수성이 가지고 있는 희소성이 그 행동을 격상시키고 **특별하게** 만든다고 굳게 믿고 있었다. 이러한 희소성에 대한 자부심과 호기심 때문에 나는 희생이란 것을 알지 못했고 스스로를 낮출 줄도 몰랐다. 아울러 나의 욕망을 과시하듯 드러내는 걸 포기할 줄 몰랐다. 하지만 이 모든 섬세함을 뒷받침하는 것은 결국 무시무시한 이기주의뿐이었다. 왜냐하면 나는 의무를 소홀히 하면서도 특혜만을 기꺼이 누렸기 때문이다. •

단눈치오가 자신을 "희귀한 영혼"이라고 지칭한 것이 그저 허풍은 아니었다. 그는 어린 시절부터 특별한 존재였다. 소년 단눈치오는 이웃들이 집에 와도 작은 황제처럼 떡하니 방 한가운데 소파를 차지해 모임을 주재했다. 그러면 이웃들은 그를 "희귀한 짐승"을 쳐다보듯 감탄을 연발했다. 무엇보다 그는 희귀한 감수성, 일찍이 월터 페이터가 말한 "격렬한, 보석 같은 불꽃hard gem-like flame"을 타고났다. 아름다움에 대한 특별한 감식안을 소유했고, 일생 아름다움을 추구했다. 선거에 나서면서도 좌우를 초월한 "아름다움을 위한 후보"로 자처했다. 결국 그의 탐미주의와 데카당스는 "사람은 자기 삶을 예술작품으로 만들 듯이 만들어야 한다"는 말로 집약되었다. 그는 자신이 희귀한 예술가임을 누구보다 잘 의식하고 있었다.

그러나 삶을 예술작품으로 만들려는 그의 과도한 의지는 삶을 예술에 종속시키는 결과를 낳았다. 예술이 삶을 잘 살아내기 위한 수단이

• 가브리엘레 단눈치오, 『무고한 존재』, 윤병언 옮김, 문학과지성사, 2018, 10쪽. 강조는 원문.

된 것이 아니라 거꾸로 삶이 예술적 아름다움을 위한 수단으로 전락한 것이다. 예술에 대한 삶의 종속은 실제로 삶을 살아가는 사람들에 대한 공감의 결여로 표현되었다. 공감 능력의 결여야말로 단눈치오의 악덕 중의 악덕이었다고 할 만하다. 열쇠 구멍으로 보이는 반딧불이와 녹슨 철제문에 내려앉은 흰 나비에도 감동하는 사람이 인간의 고통에 그토록 무심할 수 있다는 것이 정녕 놀랍다. 사랑한 연인들에게 무정하게 등 돌리는 모습은 물론이고, 전쟁에 지친 병사들이 피의 희생을 요구한 단눈치오에게 저주를 퍼부으며 항명한 대가로 총살형에 처해지는 모습을 무덤덤하게 지켜보는 모습에서 우리는 단눈치오가 얼마나 타인과 공감하지 못하는 인물인지 알 수 있다. 그런 공감 능력의 결여가 그저 '악동'에 그칠 수도 있는 인물을 '괴물'로 만들었을 것이다. 그러니까 이 '괴물'은 싸우지 않고 베네치아를 얻기보다는 베네치아를 위해 싸우다 10만 명이 죽는 것이 낫다고 말했는데, 그만큼 "비합리적이고 자기 파괴적이며 사악할 정도로 인명을 경시하는 사고 습성"에 젖어 있었다.

이와 관련하여 단눈치오가 배석한 가운데 탈영병들의 총살이 집행된 장면에 대한 묘사는 이 책에서 단연 인상적인 대목들 중 하나일 것이다. 다음의 인용문에서 앞부분은 집행이 끝난 처형장에 대한 단눈치오의 메모이고, 뒷부분은 처형을 지켜본 단눈치오에 대한 휴스핼릿의 묘사다.

회색 담들의 회반죽 사이로 보이는 자갈돌…… 바람 한 점 없는 열기. 종달새들의 노래. 시체들이 얼굴을 땅으로 향한 채 나란히 정렬되어 있었다…… 창백한 귀들…… 깊은 구덩이를 파는 삽과 괭이 소리…… 비극적인 돌담들 사이에 나 있는 쐐기풀. (…)

그는 처형당한 병사들이 '너무나 많은 전투를 수행해 몸과 마음이 소진된' 농부들임을 인정했다. 그들에 대한 처벌은 잔혹했다. 처형 부대가 발포 명령을 기다리고 있을 때, 단눈치오는 그들이 자기를 노려보는 걸 봤고, 순간 섬뜩함을 느꼈다. 그럼에도 그들의 죽음을 필요한 희생으로 환영했다. 사적인 편지에서 그는 지휘관들이 반란자를 너무 적게 처형했다며 실망감을 드러냈다. "심지어 10분의 1형도 아니었다!"

이처럼 '악동'이 '괴물'이 된 것은 단눈치오 개인의 탓도 물론 컸겠지만, 그에 못지않게 시대의 탓도 컸음을 간과해서는 안 된다. 그의 시대가 그런 종류의 인간을 원하기도 했다는 말이다. 단눈치오는 시대의 요구가 무엇인지 직관적으로 간파했다. 그리하여 그에 맞는 상품들을 기민하게 개발해 공급했다. 19세기 말과 20세기 초의 이탈리아 및 유럽에서 등장한 격앙된 민족주의적 대중은, 단눈치오에게는 절호의 시장이었다. 그는 새로운 시대가 이데올로기조차 일반 상품처럼 광고를 통해 판매해야 하는 시대임을 금세 알아차렸다. 말하자면, 단눈치오는 실지회복주의로 대표되는 민족주의라는 인기 상품의 뛰어난 세일즈맨이었던 것이다.

그가 불티나게 팔아치운 상품의 목록은 이렇다. "바람에 펄럭이는 깃발과 검은 셔츠, 헬멧, 노래, '에이아, 에이아, 에이아, 알랄라!'라는 구호, 로마식 경례, 죽은 자들의 이름 낭송, 공식 축제들, 행사 때마다의 엄숙한 맹세, 군대식 퍼레이드." 나아가 "기후"―"특별한 기후"나 "정치적 기후"―라는 용어와 "개의치 않는다(내 알 바 아니다)"라는 말로 상징되는 라이프스타일도 목록에 포함된다. 심지어 파시즘의 상징이자 어원인 파스케스fasces도 단눈치오적인 상상력의 산물이었다. 도끼 주위에 나뭇가지들을 동여맨 파스케스의 형상은, 전시에 단눈치오가 목격한 끔찍한 장면, 그러니까 죽은 병사들이 10명씩 포개어져 수직으로 말뚝에 묶여 있는 장면에서 착상되었던 것 같다. 적어도 휴스햄릿의 상상력에 따르면 그렇다. 그리고 이 모든 상품은 유사 모조품들을 낳았으니, 파시스트 베니토 무솔리니야말로 최고의 짝퉁 제조업자였다고 할 만하다. 변명의 여지 없이 무솔리니는 단눈치오를 "표절"한 것이다. 당시에 누군가 단눈치오에게 무솔리니의 표절 사실을 지적하자 단눈치오는 이렇게 대꾸했다고 한다. "개의치 않는다."•

그렇기에 파시즘은 단눈치오적이었다. 그렇다면 단눈치오는 파시스트적이었던가? 설핏 보면, 그는 파시즘을 연주한 것 같다. 그러나 연주자 단눈치오에게는 악보가 없었다. 그에게 중요한 것은 파시즘의 악보가 아니라 연주하는 자기 자신이었다. 그렇다면 단눈치오가 파시스트적이라고 단정하기는 어려울 법하다. 단눈치오 자신도 부정했거니와, 그를 연구한 휴스햄릿의 판단도 그렇다. 단눈치오는 파시즘이든 아니든 어떤 단일 사상으로 자신이 규정될 수 있다는 생각을 비웃었던 인물이다. 그는 놀라운 자만심으로 파시즘을 비롯한 모든 사상을 초월한다고 선언했다. 즉 좌와 우, 선과 악을 초월한 단눈치오는 '초인Übermensch, above-person'이었던 것이다. '초인'은 문자 그대로 모든 것 위에über, above 존재하는 존재다. 그가 비행에 매료된 것도 모든 것 위에 있을 수 있었기 때문이다. 비행사는 초인에 맞먹는 '천사'였다(단눈치오도 가브리엘 천사였다). 이 대목에서 휴스햄릿은 멋진 타이밍으로 윌리엄 예이츠의 비행 찬가를 인용한다. "나는 모든 것을 따져보고, 가늠해봤네/다가올 세

• Robert Hughes, *Rome: A Cultural, Visual, and Personal History*, New York: Alfred A. Knopf, 2011, p. 389.

월은 호흡의 낭비처럼 보였네/지나간 세월도 호흡의 낭비였을 뿐/이 삶, 이 죽음에 견주어보았을 때." 단눈치오도 예이츠처럼 애국적 의무 감보다는 "오직 기쁨의 충동"에서 목숨을 걸고 비행에 나섰다. 단눈치오가 역설한 민족주의적 대의도 실은 단눈치오 개인의 야망과 쾌락을 위한 도구였던 것이다. 그렇게 그는 세상의 모든 사상과 대의를 자신을 위한 도구로 만들었던 것이다.

과연 '초인 단눈치오'는 지상의 맥락(콘텍스트)에서 벗어난 기호(텍스트)였다. 그러니 지상의 기준으로 그를 재단할 수는 없었다. 그는 '탈맥락화된' 기호-인간이었던 것이다! 파시즘도 단눈치오의 영향을 받은 꼭 그만큼 '탈맥락화된' 기호-이념이었다고 할 수 있다. 일부 파시즘 연구자가 파시즘을 "좌파도 아니고, 우파도 아닌" 이데올로기로 규정한 것도 그런 '탈맥락화된' 특징을 부각한다. 그러나 적어도 무솔리니라는 기호-인간 뒤에는 현실 정치라는 맥락이 있었다. 그는 자신이 현실 정치의 무대에서 무엇을 하고 있는지, 무엇을 해야 하고, 또 해서는 안 되는지 알고 있었다. 그는 좌파 이념에서 많은 것을 차용했어도 자신의 적이 좌파임을 한시도 잊지 않았다. 그러나 단눈치오에게는 현실 정치라는 맥락 자체가 없었다. 그는 자신이 하는 일이 현실 정치의 무대에서 무엇을 의미하는지 알지 못했다. 아니, 관심이 없었다. 그가 "생명의 편"을 찾아 의사당을 가로질러 좌파 정당으로 간 것이 대표적으로 맥락 없는 행위였다. 그가 통치한 도시국가 피우메도 '탈맥락화된' 공간이었다. 그곳에는 모든 것이 기입될 수 있었다. 그곳은 68운동의 슬로건처럼 "금지하는 것이 금지되고" "불가능한 것을 요구하는" 텍스트-공간이었다. 이 기묘한 텍스트-공간의 통치자는 군주제주의자이면서 극자유주의자이면서 극좌파 혁명가였다. 그리고 이처럼 양립할 수 없는 것들을 양립시키는 자력의 중심이 곧 '단눈치오'였다.

단눈치오의 숭배자들도 어떤 사상이나 대의를 추종한 것이 아니라 바로 가브리엘레 단눈치오라는 인간 자체를 추종했다. 피우메 군단병들은 단눈치오의 빛나는 대머리마저 숭배하여 머리를 박박 밀며 향수를 쏟아붓고 훈장을 주렁주렁 늘어뜨리고서 '단눈치오 스타일'로 살았다. 결사대원 출신의 미래주의자인 마리오 카를리가 피우메에서 창간한 단눈치오적인 신문 『강철 머리』는 이렇게 썼다. "우리는 (···) 유일하고 경이로운 지도자 가브리엘레 단눈치오 외의 다른 어떤 사람에게도 복종하지 않을 것이다." 여기서도 거듭 확인되거니와 단눈치오는 숭배받는 현대 '아이돌'의 원조였다.

그러나 가브리엘레 단눈치오의 비극은 지상의 모든 대상을 자신을 위한 도구로 삼고자 했으나, 실은 그 자신이 다른 무엇의 도구가 되었다는 역설에 있다. 그는 죽을 때까지 섹스와 음식의 쾌락 속에서 산 듯하지만, 그의 말년은 삼엄한 감시의 눈길을 받으며 가르다 호숫가라는 저 후미진 곳에 유폐된 시절이었을 뿐이다. 그의 인생에서 마지막 애인이라고 할 에미 휘플러도 나치 독일이 그의 집에 심어놓은 스파이였음에랴. 말년에 단눈치오는 "강탈에 혈안이 된 젊은 모방자들"이 자신이 거부한 목적―파시즘―을 위해 그의 말과 명성을 표절하는 동안 스스로를 낮추며 살아야 했다. 그렇다면 단눈치오는 위에 거처하는 존재Übermensch, above-person가 아니라 아래에 기거하는 존재Untermensch, below-person였던 셈이다. 휴스핼릿은 '단눈치오의 잔'처럼 차고 넘치는 이 책의 대미를 다음과 같이 건조하나 정곡을 찌르는 단 두 개의 문장으로 장식한다. "그는 죽은 뒤 결국 강제로 '정렬'되었다. 그의 영묘는 본질적으로 파시스트 기념물이다." 모든 대중의 '아이돌'이었던 그가 오히려 자신이 거부한 파시즘의 '아이콘'이 된 것이다. 또한 모든 대상을 도구로 삼았던 그가 오히려 도구가 된 것이다.

가브리엘레 단눈치오라는 '문제적' 인물에 대한 전기를 번역하면서 옮긴이의 생활도 '문제적'으로 되어갔다. 분량도 분량이거니와 '스타카토'와 '레가토'가 교차하는 리드미컬한 휴스햅릿의 "말-음악"을 우리말로 옮기는 것은 불가능에 가까웠으니, 번역 과정이 이만저만 고역이 아닐 수 없었다. 컴퓨터 앞에서 하얗게 밤을 지새운 날은 손에 이루 다 꼽을 수 없다. 그나마 단눈치오라는 "권력의 악기"가 들려주는, 미묘하면서 기괴한 다성곡을 듣는 신비한 체험이 있었기에 번역을 끝낼 수 있었다. 이 책은 옮긴이에겐 시련을 안겨주었지만 독자들에겐 예술과 성, 전쟁과 정치에 대한 무수한 디테일과 더불어 굉장한 감각적 재미를 선사해주리라 확신한다. 그러나 무엇보다 이 전기는 단눈치오라는 한 인간을 통해 19세기 후반 유럽의 빛나는 예술과 문화가 어떻게 20세기의 광폭한 전쟁과 학살로 이어지는지를 생생히 보여준다는 점에서 그 자체 빼어난 역사서다. 특히 이 책은 파시즘의 역사에 관심이 있는 독자들에게 박식한 안내자 역할을 해줄 것이다. 한 서평에도 쓰여 있듯이, 파시즘을 이해하기를 바란다면 단눈치오에서 출발해야 하고, 단눈치오를 이해하기를 바란다면 바로 이 책을 읽는 데서 출발하라는 말이 과장은 아니다. 서양사를 전공하는 학자로서 독자들께 주저 없이 일독을 권한다.

이제 번역이 끝났다는 낭보를 서둘러 가족에게 전해야겠다. 항상 곁에서 즐거움과 괴로움을 함께해주는 아내 박미애와 아빠의 자랑인 진서에게 기쁜 소식을 전한다. 물론 태산처럼 우리 가족을 지켜주시는 어머님께도 기쁜 소식을! 또한 프랑스어 번역을 즐겁게 함께 고민해주신 영남대의 백찬욱 교수님께도 단눈치오가 어디선가 가져온 구절을 기쁘게 선물해드린다. "나만의 에즈를 생각하게 내버려두오Laissez Moi Penser a Mon Ayse." 옮긴이의 말을 마치며 번역 중에 소년 단눈치오가 남긴 아름다운 구절을 딸과 함께 영어로 읊조렸던 기억이 새롭다. 콘텍스트를 떠나 텍스트 자체의 아름다움을 자꾸 음미하게 된다. 독자들께서도 음미해보시길! "곁눈질로 힐끗, 아주 힐끗 우리의 눈길이 마주치자마자, 서로 미소가 번졌다We smiled at each other, scarcely glancing at each other from beneath the corners of our eyelids."

2018년 12월

나만의 에즈에서

찾아보기

파시즘의 서곡, 단눈치오

| 초판 인쇄 | 2019년 1월 2일 |
| 초판 발행 | 2019년 1월 7일 |

지은이	루시 휴스핼릿
옮긴이	장문석
펴낸이	강성민
편집장	이은혜
마케팅	정민호 이숙재 정현민 김도윤 안남영
홍보	김희숙 김상만 이천희
독자모니터링	황치영

펴낸곳	(주)글항아리	출판등록 2009년 1월 19일 제406-2009-000002호
주소	10881 경기도 파주시 회동길 210
전자우편	bookpot@hanmail.net
전화번호	031-955-8891(마케팅)	031-955-1936(편집부)
팩스	031-955-2557

| ISBN | 978-89-6735-573-9 03900 |

글항아리는 (주)문학동네의 계열사입니다.

이 도서의 국립중앙도서관 출판시도서목록(CIP)은 서지정보유통지원시스템 홈페이지
(http://seoji.nl.go.kr)와 국가자료공동목록시스템(http://www.nl.go.kr/kolisnet)에서
이용하실 수 있습니다. (CIP제어번호: CIP2018039652)